VERLAG HERMANN BÖHLAUS NACHFOLGER WEIMAR
16 24

GOETHE-JAHRBUCH

Im Auftrag
des Vorstands der Goethe-Gesellschaft
herausgegeben
von
Werner Keller

EINHUNDERTUNDSECHZEHNTER BAND
DER GESAMTFOLGE

1999

Verlag Hermann Böhlaus Nachfolger Weimar

Redaktion: Dr. Petra Oberhauser, Dr. Karina Gómez-Montero und Dr. Ingrid Reul

Mit 28 Abbildungen

ISBN 3-7400-1120-3

ISSN 0323-4207
Erschienen im Verlag Hermann Böhlaus Nachfolger Weimar GmbH & Co.

Dieses Buch ist aus säurefreiem Papier hergestellt und entspricht den Frankfurter Forderungen zur Verwendung alterungsbeständiger Papiere für die Buchherstellung.

Printed in Germany
Satz: Grafik-Design und Satzstudio Fischer, Weimar
Druck und Bindung: Franz Spiegel Buch GmbH, Ulm

Inhaltsverzeichnis

11 *Vorwort*

13 *Rede des Präsidenten der Goethe-Gesellschaft zur Eröffnung der 76. Hauptversammlung*
Professor Dr. Werner Keller

22 *Grußworte des Oberbürgermeisters der Stadt Weimar*
Dr. Volkhardt Germer

24 *Grußworte des Thüringer Ministerpräsidenten*
Dr. Bernhard Vogel

27 *Vorträge während der 76. Hauptversammlung*

27 Katharina Mommsen
Goethe und unsere Zeit

41 James Simpson
Goethe und England

54 Gonthier-Louis Fink
Goethe, der andere Deutsche? Die französische Goethe-Rezeption zwischen 1870 und 1949

75 Jane K. Brown
Goethe und die amerikanische Literatur – der Fall Edith Wharton

85 Yoshito Takahashi
Reiz und Rätsel des „Faust" für die Japaner

96 Lili Kaufmann
Goethe und die Moskauer Universität in der 2. Hälfte des 19. Jahrhunderts

102 Wladimir Gilmanow
Goethe und das „Silberne Zeitalter" der russischen Kultur

112 Michael Jaeger
Goethe im Widerstreit des liberalen und des radikalen Denkens in der Weimarer Republik

129 Dirk Kemper
Goethes Individualitätsbegriff als Rezeptionshindernis im Nationalsozialismus

144 Günther Mahal
Goethes „Faust" auf dem deutschen Theater des 20. Jahrhunderts

158 Volker Braun
„Dem Geyer gleich". Goethe und Kafka in der Natur

168 Wilhelm Voßkamp
Wilhelm Meisters „Theatralische Sendung" und dessen „Lehrjahre" im 20. Jahrhundert bei Botho Strauß und Thomas Bernhard

178 Eberhard Schmidhäuser
Goethes Denken über Recht und Staat – aus der Sicht von gestern und heute

191 Claus Günzler
Goethe und die Pädagogen. Exemplarische Etappen einer wechselhaften Rezeptionsgeschichte

206 Dieter Borchmeyer
„Die Genies sind eben eine große Familie ...". Goethe in Kompositionen von Richard Strauss

224 Dietrich von Engelhardt
Goethes Farbenlehre und Morphologie in den Naturwissenschaften des 19. Jahrhunderts

234 Irmgard Müller
Goethes Farbenlehre und Morphologie in den Naturwissenschaften des 20. Jahrhunderts

245 *Abhandlungen*

245 Günter Saße
Woran leidet Werther? Zum Zwiespalt zwischen idealistischer Schwärmerei und sinnlichem Begehren

259 Thorsten Valk
„Alles macht einen ewigen Zirkel in mir". Aurelie als Melancholikerin in Goethes „Wilhelm Meister"

271 Karl Eibl
Zur Bedeutung der Wette im „Faust"

281 Katharina Mommsen
Goethes Morgenlandfahrten

291 Günter Niggl
Das Problem der morphologischen Lebensdeutung in Goethes „Dichtung und Wahrheit"

300 Horst Jesse
König Ludwig I. von Bayern und Johann Wolfgang von Goethe

306 Gerhard und Irmtraut Schmid
Goethe der Chef – Beobachtungen zu seiner amtlichen Tätigkeit seit 1788

319 Wolf von Engelhardt
Goethe und die Geologie

331 Peter Hofmann
Goethes Theologie der Natur

345 *Dokumentationen, Miszellen und Rezensionen*

345 Volker Wahl
„ein wundersam Gebäude von Glück und Wohlbehagen". Goethes letzter Geburtstagsbrief an Großherzog Carl August vom 3. September 1827

353 Sergej W. Turajew
Vorwort zu den Moskauer „Goethe-Studien"
Übersetzt von Friedrich Schlawe

355 Dorothea Hölscher-Lohmeyer
Widerspruch zum Widerspruch: Antwort auf Rolf Christian Zimmermanns Rezension des „Faust" II-Kommentars der Münchner Goetheausgabe

360 Johannes Irmscher
Solomos und Goethe – zwei Jubiläen

362 Marie-Luise Kahler
Erfolgreiche Spurensuche im Fichtelgebirge. Ein von Goethe 1785 gezeichneter Felsen unter dem Namen „Weißer Fels" entdeckt

365 Doris Strack
Omnia vincit amor. Heinrich Meyers Supraporten in Goethes Wohnhaus

391 Benvolio
Neues aus der Goethe-Literatur

397 *Johann Wolfgang Goethe: Sämtliche Werke nach Epochen seines Schaffens. Münchner Ausgabe, hrsg. von Karl Richter in Zusammenarbeit mit Herbert G. Göpfert, Norbert Miller, Gerhard Sauder und Edith Zehm. München 1985–1998*
Besprochen von Regine Otto

404 *Johann Wolfgang Goethe: Sämtliche Werke nach Epochen seines Schaffens. Münchner Ausgabe [...] Bd. 11.1.2: „West-östlicher Divan"*
Besprochen von Jochen Schmidt

406 *Johann Wolfgang Goethe: Sämtliche Werke nach Epochen seines Schaffens. Münchner Ausgabe [...] Bd. 20.1–3: Briefwechsel zwischen Goethe und Zelter in den Jahren 1799 bis 1832*
Besprochen von Georg Kurscheidt

410 *Goethe-Handbuch in vier Bänden [...]. Stuttgart/Weimar 1996–1998*
Besprochen *von Jochen Schmidt*

412 *Christoph Perels: Goethe in seiner Epoche. Zwölf Versuche*
Besprochen von Joachim Wohlleben

414 *Gerhard Schulz: Exotik der Gefühle. Goethe und die Deutschen*
Besprochen von Joachim Wohlleben

415 *Klaus F. Gille: Zwischen Kulturrevolution und Nationalliteratur: Gesammelte Aufsätze zu Goethe und seiner Zeit*
Besprochen von Ehrhard Bahr

416 *Matthias Luserke: Der junge Goethe. „Ich weis nicht warum ich Narr soviel schreibe"*
Besprochen von Peter Matussek

418 *Peter Matussek (Hrsg.): Goethe und die Verzeitlichung der Natur*
Besprochen von Karl Richter

421 *Andreas Rumler: Goethes Lebensweg. Wanderungen durch Leben und Werk*
Besprochen von Karina Gómez-Montero

422 *Friedrich Sengle: Kontinuität und Wandlung. Einführung in Goethes Leben und Werk*
Besprochen von Ingrid Reul

423 *John R. Williams: The Life of Goethe. A Critical Biography*
Besprochen von Ingrid Reul

424 *W. Daniel Wilson: Das Goethe-Tabu. Protest und Menschenrechte im klassischen Weimar* und *W. Daniel Wilson: Unterirdische Gänge. Goethe, Freimaurerei und Politik*
Besprochen von Hans-Jürgen Schings

429 *Angelika Jacobs: Goethe und die Renaissance. Studien zum Konnex von historischem Bewußtsein und ästhetischer Identitätskonstruktion*
(Selbstrezension)

429 *Larissa Kritschil: Zwischen „schöpferischer Kraft" und „selbstgeschaffnem Wahn". Die Imagination in Goethes Romanen*
(Selbstrezension)

430 *Liisa Saariluoma: Die Entstehung des modernen Ich im deutschen Roman des 18. Jahrhunderts: von der Aufklärung bis zu Goethes „Wilhelm Meister"*
(Selbstrezension)

433 *Aus dem Leben der Goethe-Gesellschaft*

433 *Bericht über die 76. Hauptversammlung vom 27. bis 29. Mai 1999*

435 *Tätigkeitsbericht des Präsidenten*

439 *Rechenschaftsbericht der Schatzmeisterin*

440 *Kurze Introduktion des Präsidenten zu den Ehrungen 1999*

441 *Ehrung mit der Goldenen Goethe-Medaille*

447 *Verleihung der Ehrenmitgliedschaft*

451 *Antrag auf Ernennung zum Ehrenpräsidenten*

451 *Zur Vorstandswahl – einige knappe Präliminarien des Präsidenten*

452 *Neuwahl des Vorstands*

453 *Resümees der wissenschaftlichen Konferenz*

470 *Chronik und Dokumentation des Getanen*
Oktober 1998 – Juli 1999

499 *Tätigkeitsberichte der Ortsvereinigungen*
Januar – Dezember 1998

517 *Aus dem Leben ausländischer Goethe-Gesellschaften*
Januar – Dezember 1998

521 *Ausschreibungstext zur Vergabe von Stipendien*

523 *Die Mitarbeiter dieses Bandes*

527 *Goethe-Bibliographie 1998*
Heidi Zeilinger

545 *Autorenregister*

549 *Bildnachweis*

550 *Siglen-Verzeichnis*

551 *Hinweise zur formalen Gestaltung von Typoskripten*

Vorwort

Der vorliegende 116. Band unseres Jahrbuchs enthält die Vorträge der 76. Hauptversammlung, die *Goethe und das 20. Jahrhundert* zum Gegenstand hatten und seiner Nachwirkung auf die Weltkultur gewidmet waren.

Aus mehr als dreißig Staaten reisten am 27. Mai 1999 Kongreßteilnehmer an; etwa 1 200 erlebten die Eröffnung im Nationaltheater mit. Die Vorsitzenden der ausländischen Goethe-Gesellschaften waren anwesend, überdies Studenten aus zwanzig Staaten – auch aus Jugoslawien und Albanien, die mit freundlicher Offenheit einander begegneten. Eindrucksvoll die kluge Rede des scheidenden israelischen Botschafters Avi Primor über Goethes Verhältnis zum Judentum, geistreich und kühn Katharina Mommsens Festvortrag über *Goethe und unsere Zeit* – mit dem Nachweis, daß Goethe, Minister in einem absolutistischen Kleinstaat, demokratische Tugenden in Gestalt der Toleranz, des „Gemeinsinns" und der Doppeleinheit von Recht *und* Pflicht vorgelebt habe, noch ehe sich diese Gesinnungen institutionalisierten.

Seit 1949 erschienen über 2 000 Goethe-Übersetzungen in mehr als 60 Sprachen. Daher war es angebracht, Übersetzer zu uns, nach Erfurt, zu bitten, um ihnen dafür zu danken, daß sie Goethes Mahnung ernst nahmen, wonach alles Bedeutende in Kunst und Wissenschaft allen Nationen gleicherweise gehöre. Das Gespräch der Fachleute aus 20 Staaten verdeutlichte, welches ungewöhnliche Sachwissen vorausgesetzt wird, um eine verstehende „Rekonstruktion" der Texte zu erreichen, – um der Sprache Goethes ihr Alter zu belassen und doch dem Werk seine Alterslosigkeit zu sichern, um Eigentümlichkeiten einer Nation in den Eigenheiten ihrer Sprache wiederzugeben.

Mitte Juli fand ein Kongreß in Gotha statt, der an Shakespeares und Diderots Einfluß auf Goethe und an die Wechselwirkung mit Puschkin und Mickiewicz erinnern sollte. Die Rückblicke bestätigten, wie die einzelnen Literaturen erst durch gegenseitige Ergänzung an Ganzheit gewinnen und wie die Einverwandlung des Fremden das Individuelle eines Autors kräftig konturiert. Die Vorträge, die in unserer „Schriftenreihe" veröffentlicht werden, berichten vom alten Europa, sofern dessen Denken und Dichten seine geistige Zusammengehörigkeit vorwegnahm. Kulturelle Unterschiede bürgen auch fortan für die produktive Vielfalt in der erstrebten Einheit.

Die Frage, wie man Goethe im Jubiläumsjahr angemessen „feiern" könne, beantworteten wir auf unsere Weise: mit den genannten drei Kongressen und den ungezählten Veranstaltungen unserer deutschen Ortsvereinigungen. Beispiele eines beeindruckenden Engagements waren von unseren ausländischen Freunden zu vernehmen. An vielen Orten wurde viel geleistet. Von „Kult und Kommerz" an anderer Stelle sprach die Kritik: Wir hielten uns von beidem frei, müssen allerdings eingestehen, daß das Niveau des Jahres 1932, das Gide, Thomas Mann u. a. bestimmten, schwerlich wieder erreichbar ist. Wird ein Goethe-Kongreß noch je die Aufmerksamkeit finden, die 1949 Aspen (Colorado) durch Wilders, Spenders, Ortegas, Bubers und Schweitzers Anwesenheit zuteil wurde? Gehört es angesichts überfüllter Goethe-Bibliotheken zum Geschick der Spätgeborenen, nur noch neugefundene Nuancen zu verwalten? Doch was Heine in den *Reisebildern* schrieb, gilt für jede Gegenwart: „Spätere Zeiten werden noch vieles in Goethe entdecken, wovon wir jetzt keine Ahnung haben.“ Eine andere Befürchtung ist dagegen real: daß die gewandt formulierte Ungenauigkeit den unprätentiös-präzisen, zugleich anschaulichen Begriff verdrängt und der abstrakte Jargon die Distanz zum Publikum vergrößert. Musil notierte im Tagebuch, Stil sei die „exakte Herausarbeitung eines Gedankens“, und Goethe rief Jacobi zu: „Du, dem es um Wahrheit zu tun ist, befleißige Dich auch eines bestimmten Ausdrucks.“ Auf dieser „Bestimmtheit“ dürfen wir Leser des Jahrbuchs bestehen.

Unsere Absicht muß bleiben, jungen Goethe-Forschern durch die Wiedergabe ihrer Resultate Mut zu machen; unser Ziel muß sein, die Konzentrate – die abstracts – der ausländischen Goethe-Jahrbücher zu sammeln und noch öfter Studien aus allen „Weltgegenden“ aufzunehmen. Das Jahrbuch behielt nach 1990 sein bescheidenes Gewand, da es bis heute kostenfrei in viele Richtungen geht. Bewußt förderten wir Stipendiaten, Übersetzer und Übersetzungen; daher sahen wir davon ab, unsere Mitglieder mit den ursprünglich geplanten Goethe-Faksimiles zu beschenken. Wir haben zuerst für Menschen in Not da zu sein.

Die Geschichte unserer Gesellschaft bildet trotz mancher Irritationen ein lebendiges Kontinuum, im Gedächtnis der Jahrbücher gewissenhaft aufbewahrt. Deren Gehalt und Gestalt prägen für eine gewisse Zeit die Herausgeber mit. Sie kommen und gehen, während die Aufgaben bleiben. Gracian fordert in seinem *Handorakel*, daß man sich einem Amt als Mensch überlegen erweisen müsse – auch durch die Fähigkeit, es abzugeben. Demokratische Traditionen bestehen ebenfalls auf Selbstbegrenzung in Form einer zeitlich limitierten Amtsführung. Daher werden fortan der Präsident, Herr Dr. Golz, Frau Dr. Zehm und Herr Professor Leistner unser Jahrbuch herausgeben. Der Trias gehören meine freundschaftlichen Wünsche; den Lesern gebührt mein herzlicher Dank für ihr vielfältiges Interesse. Wie hieß unser Motto zum 27. Mai? „Es gilt am Ende doch nur / Vorwärts.“

Köln, im Dezember 1999

Werner Keller

Rede des Präsidenten der Goethe-Gesellschaft zur Eröffnung der 76. Hauptversammlung

PROFESSOR DR. WERNER KELLER

Herr Bundestagspräsident Thierse, Herr Ministerpräsident Dr. Vogel, Exzellenz, hochverehrter Herr Primor, Herr Generalkonsul, Herr Oberbürgermeister, Magnifizenzen,
– ich darf das Protokollarische verkürzen –:
meine sehr verehrten Damen und Herren, liebe Studenten, Freunde der Goethe-Gesellschaft!

Ich begrüße Sie alle im Namen der international orientierten, übernational engagierten Goethe-Gesellschaft in Weimar. Wir danken Ihnen, daß Sie die Mühe einer oft langen, anstrengenden und auch kostspieligen Reise auf sich nahmen, um Goethes 250. Geburtstag mit uns zu begehen, wir danken doppelt für Ihre Anwesenheit, da unsere Form des Feierns – sie steht unter der Schirmherrschaft des Europarats – mit intellektueller Anstrengung verknüpft ist.

Wir freuen uns, daß die Präsidenten der neunzehn ausländischen Goethe-Gesellschaften anwesend sind, traditionsreiche, wie die österreichische mit ihren 121, die englische mit ihren 113 Jahren, neugegründete, wie die bulgarische und serbische, die rumänische, slowakische, die lettische und armenische und – unser jüngster Sproß – die spanische Goethe-Gesellschaft. Daß wir allen, daß wir auch dem indischen, chinesischen und kolumbianischen Vorsitzenden unseren großen Dank für alles Getane mündlich sagen können, vervielfacht die Freude dieses Tages. Wahre Dankbarkeit verringert sich nicht, wenn sie wiederholt und auf viele verteilt wird: Unser ungeschmälerter Dank gehört auch den Leitern der ausländischen regionalen Goethe-Gesellschaften, die heute ebenfalls unsere Gäste sind: den Damen und Herren aus dem georgischen Kutaissi und Poti, aus dem russischen Tambow, Pskow, Ishewsk, Lukojanow, St. Petersburg und Kaliningrad. Sie alle haben die erwünschte Gelegenheit, hier in Weimar ihren deutschen Kollegen und Freunden zu begegnen, die den 53 inländischen Goethe-Gesellschaften vorstehen. Nur mit Bewunderung kann ich deren uneigennützigen Beitrag zum kulturellen Leben ihrer Heimatstädte andeuten: Mit wenig Geld, doch viel Phantasie und Tatkraft wird hier versucht, das Geglückte einer bedeutenden Tradition für die Forderung des heutigen Tages fruchtbar zu machen. Man ist offen für das Literarische aller Epochen und verwischt nicht die bittere Differenz zwischen dem damals Gewollten und dem Erreichten. Nein, wir verklären weder das Gewesene noch flüchten wir in die vermeintlich heile Welt um 1800, da wir uns erinnern, was Goethe dem Historiker Luden (am 19. August 1806) als geschichtliche Einsicht weitergab: „daß es zu allen Zeiten und in allen Ländern miserabel gewesen ist", denn „die Menschen haben sich stets geängstigt und geplagt", einander „gequält und gemartert".

In den Dialog mit der Vergangenheit versuchen wir das Gespräch zwischen den Generationen aufzunehmen. Zum heutigen Kongreß luden wir daher wieder Studenten aus neunzehn Nationen, zudem von drei polnischen und sieben deutschen Universitäten ein. Kamen letztes Mal Kommilitonen auch aus dem Senegal und der Türkei zu uns, heute begrüßen wir erstmals junge Germanisten aus Indien und Israel, aus Albanien, Griechenland, Portugal und Irland, Finnland und dem Baltikum. Freude und – für eines Augenblicks Länge – Zufriedenheit erfüllt uns, denn damit haben wir den Kreis aller europäischen Staaten abgeschritten. Um die Kontinuität der Goethe-Forschung an schmalen Stellen zu bewahren und dem Traditionsbruch im östlichen Europa entgegenzuwirken, begannen wir vor sechs Jahren mit einem Stipendiatenprogramm, das Forschern aus mehr als zwanzig Staaten zugute kam. Der thüringischen Landesregierung verdanken wir die Einladung für sechs Goethe-Aspiranten. Mit ausschließlich privaten Mitteln konnten wir bisher über neunzig Doktoranden und Habilitanden zu uns bitten. Das ist unsere Antwort auf die Nöte und Chancen dieser Jahre.

Alle Gäste sind gleich. Indes begrüßten wir vor zwei Jahren mit ausnehmender Herzlichkeit die neugegründete serbische Goethe-Gesellschaft. Wir baten um Verzeihung für das Leid, das deutsche Soldaten seit dem 6. April 1941 in ihr Land gebracht hatten. Uns trennt die Geschichte, so sagten wir auf unserem 75. Kongreß, doch uns verbindet der Wille zur künftigen Gemeinsamkeit. Damals erlaubten wir uns noch die scheue Hoffnung, daß Europa, gezeichnet von den Tragödien dieses Jahrhunderts, fortan im Geistigen durch die Anstrengung für den Frieden geeint sein werde – und durch die Toleranz, das Befremdende im Fremden, im Nachbarn, hinzunehmen und das Menschliche in ihm anzuerkennen.

Die bitterste Erfahrung Europas innerhalb der vielfältigen Bitterkeit der letzten Jahre ist, daß die Realgeschichte die Züge des Tragischen annahm und die – wohl – notwendige Entscheidung der Politiker, die Leiden der Kosovaren zu beenden, das Leid serbischer Menschen recht eigentlich hervorrief, daß die vermeintliche Hilfeleistung für die einen in Verschuldung an den anderen umschlug. Nur Professor Krivokapić und Professor Babić konnten mit zwei Studentinnen unserer Einladung folgen: Den anderen serbischen Freunden gehört unsere Sorge in diesen so bedrückenden wie verwirrenden Wochen. Ihre heutige Abwesenheit liegt wie ein schwerer Schatten auf uns.

Alle Gäste sind, wie gesagt, gleich. Heute sei jedoch hervorgehoben, daß erstmals israelische Studenten, zusammen mit Herrn Dr. Jürgen Nieraad, anwesend sind – als Ehrengast der sehr verehrte Botschafter Israels, S. E. Herr Avi Primor. Die Abwesenheit serbischer Freunde, dagegen Ihre Präsenz – so gemischt ist das Leben, so sehr sind wir eingezwängt zwischen Freude und Wehmut im selben Moment. Wir freuen uns, und wenn sich unsere Dankbarkeit nur in dürftigen Worten ausspricht, so mag diese Zurückhaltung für den Ernst unserer Empfindung stehen.

Im Rückblick betrachtet, aus der Zeit um 1930, hatte es seinen guten Sinn, daß der erste Präsident unserer 1885 gegründeten Goethe-Gesellschaft jüdischer Herkunft war: Eduard von Simson, seit 1877 Präsident des Reichsgerichts in Leipzig. Von Zelter empfohlen, konnte er als 19jähriger – mit bereits abgeschlossener juristischer Promotion – zu Goethes 80. Geburtstag selbst gratulieren. (Im Dezember 1848 war er Präsident der Nationalversammlung in der Frankfurter Paulskirche.) Auch der erste Herausgeber des Goethe-Jahrbuchs, Ludwig Geiger, war jüdischer Abstammung, Editor im selbstgestellten Auftrag schon seit 1880, also fünf mutige Jahre vor der Gründung unserer Gesellschaft. Und die schönste Goethe-Sammlung jener Tage besaß Salomon Hirzel, der sie der Universität Leipzig überließ. Nietzsche notierte gelegentlich, die einzigen wahren Goethe-Verehrer seien zu dessen Lebzeiten zwei jüdische Damen gewesen, Henriette Herz und Rahel Levin, spätere Frau Varnhagen von Ense, denen aber noch als dritte Dorothea Veit, Moses Mendelssohns Tochter, beigesellt werden müßte. Im gleichen Atemzug sei hinzugefügt, daß die bis heute eindringlichste Goethe-Kritik Ludwig Börne schrieb. Ihm hatte das Frankfurter Ghetto in der Jugend die Augen geschärft für die Privilegien, die den Enkel des Bürgermeisters Textor begünstigt hatten. Bedenken wir, daß erst mit Michael Bernays 1866 die strenge Goethe-Philologie begann, dann ergibt sich der Schluß, daß der Anfang der Goethe-Verehrung und der Beginn der nüchternen, vielfältigen Arbeit für Goethes Werk an jüdische Mitbürger gebunden waren.

Albert Bielschowsky verdanken wir seit 1896 die am weitesten verbreitete zweibändige Goethe-Biographie, – Hausbuch des damaligen Bildungsbürgers. Emil Ludwig, ein ebenfalls jüdischer Autor, veröffentlichte seinen *Goethe* während der Weimarer Republik in sage und schreibe 34 Auflagen. Zur gleichen Zeit vermittelten auf anspruchsvollstem Niveau Georg Simmel (1913), Friedrich Gundolf (1916) und Walter Benjamin ihr Bild von Goethe. Natürlich konnten sie nicht die Popularität Bielschowskys und Ludwigs erreichen, doch ihre Wirkung in den Hörsälen war ungewöhnlich groß. Sie begründeten oder bestätigten den Kanonisierungsprozeß von Goethes Leben und Werk. Georg Simmel setzte die subtilste Goethe-Kenntnis voraus und konzentrierte sich auf „Wesensformeln". Auch Gundolf eliminierte das Nur-Faktische. Auf dem Weg zum monumentalen Goethe-Bild, zur Beschwörung des „Sehers" und „Gestalters", wird alles am Urerlebnis geprüft, dem das Bildungserlebnis weit nachsteht. Der George-Kreis war es, der dem Glauben an die, wie er es formulierte, „Wesensverwandtschaft von Juden und Deutschen" anhing, doch war die Integration durch die isolierende Emanzipation vom jüdischen Glauben oft teuer erkauft.

Und dann erinnere man sich an Ernst Cassirer, den Philosophen der *Symbolischen Formen*, der die Analogien von Natur und Kunstgestalt bei Goethe nachwies, und an Helene Herrmann, der die *Faust II*-Forschung die erste Formanalyse verdankt. Sie beschrieb feinsinnig Stil und Komposition, mit geschultem Gehör Klänge und Rhythmen und differenzierte und legitimierte duch die Untersuchung der Gestalt Resultate der Gehaltsanalyse. Unvergessen der Tag, an dem ich 1960 erfuhr, daß diese verehrte Frau im Mai 1944 nach Auschwitz gebracht worden war. Der jüdische Beitrag zur Goethe-Forschung setzte sich sogar nach 1945 noch fort, denn Walter Benjamins Aufsatz von 1924 über *Die Wahlverwandtschaften* wurde, erst in den 50er Jahren rezipiert, zum unerreichten Vorbild einer Auslegung.

Was nach 1933 geschah, ist nicht vorstellbar und nicht verstehbar. Die Wunde im Bewußtsein der Gewissenhaften kann sich seitdem nicht schließen. Unbegreiflich, was Menschen angetan wurde, unbegreiflich, was wir, blind und verblendet, auch uns selbst angetan haben. Auch wer als Nachgeborener schuldlos ist, bleibt hineingenommen in den Schuldzusammenhang der Nation. Er übernimmt schweigend eine Verantwortung, der er sich im Alltag unterstellt.

Auch die Goethe-Gesellschaft konnte sich dem Verhängnis unserer nationalen Geschichte nicht entziehen. Schon der Gründungsaufruf im Frühsommer 1885 gesteht mit wirklichkeitsfremder Naivität, daß man Goethe zur geistigen Legitimierung der Macht brauche, auf der das kaiserliche Deutschland seit 1871 basiert: „Ein großes nationales Reich weiß den größten seiner Dichter in seinem vollen Werte zu schätzen. Die Begründung und Erhaltung der politischen Größe unseres Volkes" gehe, so heißt es weiter, „Hand in Hand mit der Pflege und Förderung seiner idealen Güter". Die Ideologie des Einheitsreichs bedurfte der ideellen Sanktionierung; das machtpolitische Ansehen sollte durch die imaginative Kraft des Geistes ergänzt und beglaubigt werden. Nach dem Ersten Weltkrieg fanden die Weimarer Republik und ihre demokratische Verfassung wenige entschiedene Verfechter. Auch die Goethe-Gesellschaft war politisch gespalten, einige ihrer Ortsvereinigungen befehdeten einander. Thomas Mann widersetzte sich dem dumpfen Irrationalismus, dem Rassenwahn, dem Revanchegelüst und der Kommunistenangst des Bürgertums. Der engstirnige Nationalismus dieser Jahre zahlte ihm dies heim. Bei den Vorstandswahlen unserer Gesellschaft 1929 unterlag die Liste, die seinen Namen mitenthielt, – wenn auch nur weniger fehlenden Stimmen wegen. Was für eine Groteske! – An der Schuld der nazistischen Jahre tragen verantwortungsbewußte Deutsche schwer. Das Dunkel hellt sich kurz auf, wenn wir gewahr werden, daß die Goethe-Gesellschaft der „Gleichschaltung" widerstand, der andere kulturelle Institutionen damals erlagen, und daß es dem Gauleiter von Thüringen, Fritz Sauckel, nicht gelang, die Vorstandswahl 1938 in seinem Sinne zu beeinflussen. So wird die Notiz (vom 28. Dezember 1938) auf dem Brief der Reichsleitung der NSDAP an Sauckel verständlich: daß man die Goethe-Gesellschaft „unangefochten arbeiten und aussterben lassen solle". Diese schwieg nach falschen Zungenschlägen in den Anfangsjahren der braunen Diktatur. Das Jahrbuch zeigt, daß sich die seriöse Forschung von den Verfälschungen jener Zeit – in Grenzen zumindest – freihalten konnte. Die Goethe-Gesellschaft machte sich unter Anton Kippenbergs Leitung, so überlegen wie mutig, seltener als andere gemein, doch auch sie trägt das Kainsmal der Zeit.

Bewährt haben sich aber ihre Mitglieder während der europäischen Teilung. Sie widersetzten sich der Politisierung des Vorstands durch den Minister Johannes R. Becher, verweigerten sich platten Funktionären wie Abusch und Hager und widerstanden der drohenden Spaltung, – weniger durch politische Abstinenz als durch eine oft überstrapazierte Toleranz. Weimar blieb der Ort geistiger Begegnungen in einer Zeit, als der Eiserne Vorhang die Völker trennte; die Goethe-Gesellschaft blieb die einzige größere Vereinigung, die trotz vieler Belastungen die Teilung überstand – im Zeichen von Goethes Duldsamkeit und unter dem Schutz seines weltweiten Ansehens.

Nach den Mühen der Berge seit 1990 die Mühen der Ebene. Die Erfahrung lehrt, daß jede Zeit ihre eigenen, bis dahin ungekannten Aufgaben und Nöte hat. Am Ende des 20. Jahrhunderts, in dessen Verlauf Menschen einander immer neue Verluste an Menschlichkeit zufügten, kennen wir die geringe Verbindlichkeit des Ästhetischen, die Friedrich Schlegel schon 1808 im Blick auf die damalige ästhetische Kultur beklagte. Das Geistig-Sinnenhafte der Kunst braucht als notwendige Ergänzung, als Grundierung, die Verantwortung fürs Soziale, soll der Umgang mit dem „schönen Schein" der Erinnerung nicht im Selbstgenuß der Person versanden. Daher unser Stipendiatenprogramm und unsere weithin privat finanzierten Einladungen auch zum heutigen Kongreß, daher die Unterstützung für mehrere Übersetzer und unsere Selbstverpflichtung zuzuspringen und zu helfen, wann dies möglich ist. Während der nächsten vier Jahre werden wir alljährlich einem Studenten aus Israel ein Weimar-Stipendium gewähren. Wir bemühen uns nüchtern und selbstkritisch, jene Stufe der Kultur zu gewinnen, von der Goethe Eckermann gegenüber (am 14. März 1830) sprach: wo „man ein Glück oder ein Wehe seines Nachbarvolks empfindet, als wäre es dem eigenen begegnet".

Daß das Verbindende, das Goethes Werk auszeichnet, auch in dunkler Zeit gepflegt wurde, belegt das Jahrbuch 1918: Noch vor dem Ende des europäischen Bruderkriegs erschienen hier Dokumente freundschaftlicher Beziehungen zwischen Frankreich und Deutschland, und ehe die politische Finsternis hereinbrach, tauschten 1932 die „Neue

Rundschau" und die „Nouvelle Revue française" zentrale Beiträge aus. Friedrich Gundolf erhielt die Einladung zur Gedenkrede an der Sorbonne, der englische Außenminister sprach zu Ehren Goethes, das Jahrbuch nahm zehn Vorträge auf, die Goethes Wirkung im Heimatland der Referenten darstellten. Goethes Gedächtnis wurde 1932 weltweit gefeiert: Mit seinem Namen verband sich die hoffnungsvollste Aussöhnung seit dem Weltkrieg. Auch das Jahr 1949 führte unter dem Zeichen der Verständigung großartige Kenner zusammen. In Aspen (Colorado) organisierte Arnold Bergstraesser einen Kongreß, an dem Thornton Wilder und Stephen Spender, Ortega y Gasset, Martin Buber und Albert Schweitzer teilnahmen. Bedenken wir, daß während der letzten fünfzig Jahre 2000 Übersetzungen in sechzig Sprachen erschienen, dann ergibt sich das Verbindliche in Goethe, das zur Verbundenheit unter Menschen beiträgt.

Heute nun die Frage: Wie läßt sich Goethes 250. Geburtstag angemessen begehen? Wir wissen, daß sich ein Gutteil des Reichtums einer jeden Gegenwart der klugen Aktualisierung der kulturellen Vergangenheit verdankt, daß aber bewußt in seiner eigenen Zeit stehen muß, wer das Gewesene für die Zukunft fruchtbar machen will. Goethe suchte in Rom nicht das Alte, Abgelebte, – er fand dort die „Gegenwart des Vergangenen" vor. Ohne uns an die Geschichte um 1800 mit ihren realen Mängeln zu verlieren und ohne der eigenen Zeit kritiklos zu verfallen, bemühen wir uns um diese „Gegenwart des Vergangenen", wenn wir heute und morgen der weltweiten Wirkungsgeschichte Goethes im 20. Jahrhundert nachgehen.

In seiner Frankfurter Rede vom 14. April 1999 mahnte der Bundespräsident, Goethe nicht „unkritisch zu idealisieren" und jede „Heldenverehrung" zu unterlassen. Die Goethe-Gesellschaft pflichtet da gerne bei. Diszipliniert wahrt sie den Abstand, den die geschichtliche Ferne bedingt, mit selbstkritischer Bewußtheit prüft sie, was an der Vergangenheit bewahrenswert ist. Der Bundespräsident reagierte, wie er sagte, auf „neuere Forschungen". Die neuesten Widerlegungen durch ausgewiesene Kenner kannte sein Redenschreiber, wie zu befürchten war, so wenig wie die unveralteten alten Richtigstellungen.

Goethe wußte, daß seinem Leben mehr noch als seinem Werk etwas Fragmentarisches, etwas Unabgeschlossenes und Unvollendetes anhing. Aber er durfte sich sagen, daß ihn Uneigennützigkeit im Umgang mit andern lebenslang bestimmte, daß sein Engagement fürs Gemeinwesen ihn über Mängel und Zweideutigkeiten im Einzelfall hinaushob. Jeder von uns zahlt für seine Vorzüge mit den zugehörigen Nachteilen; ein bedeutender Mensch bezahlt bedeutend mehr. Goethe, Minister in einem feudalen System, war kein Republikaner und kein Demokrat, doch er machte sich um die res publica wahrlich verdient. Es ist unhistorisch, ihn dafür zu tadeln, daß er sich der Regierungsform seiner Zeit verschrieb, und Ausdruck der Anmaßung von Nachgeborenen, sich ihm – 200 Jahre später – an politischer Reife überlegen zu fühlen. Im übrigen ist Goethe seinen Kritikern immer um eine überzeugende Erläuterung voraus. So bekennt die „Schöne Seele": „Ich hatte niemals einen Menschen ohne Schwäche gesehen; nur ist sie auffallender bei vorzüglichen Menschen." Die Ottilie der *Wahlverwandtschaften* notierte sich, daß auch die größten Menschen mit ihrem Jahrhundert durch eine Schwachheit zusammenhängen (vgl. HA 6, S. 398), und eine Maxime vermerkt: „Die Meisterschaft gilt oft für Egoismus" (HA 12, S. 479). An Wilhelm von Humboldt ging am 16. Juli 1798 ein Billet mit strenger Selbsterkenntnis: „Man mag sich noch so sehr zum Allgemeinen ausbilden, so bleibt man immer ein Individuum, dessen Natur, indem sie gewisse Eigenschaften besitzt, andere notwendig ausschließt." Wie verständig, augenzwinkernd, so ganz anders als die, die vorsätzlich verunglimpfen, verfährt

Thomas Mann, wenn er auf Goethe als Kollegen eingeht und darauf, daß dieser für das Lob des Publikums nicht unempfänglich war: „Er ist sehr groß, aber er ist wie wir alle."

Woher rührt die vielfältige Verkennung Goethes? Von seiner Proteusnatur sprach schon Wieland kurz nach Goethes Ankunft in Weimar. Mit Erstaunen, mit Großmut und bald mit Neigung nahm der Ältere die Weite und Vielfalt von Goethes Anlagen hin. Der Schriftstellerin Friederike Brun mißfiel – im Juli 1795 – in Karlsbad dieses Proteische zunächst. Beim weiteren Umgang erkannte sie jedoch die Liebenswürdigkeit von Goethes Charakter: „Goethe liebt die Leidenden und gesellt sich sanft und teilend zu ihnen." Ein Notat des Kanzlers von Müller vom 24. April 1830 beklagt ein letztes Mal Goethes „Proteusnatur, sich in alle Formen zu verwandeln, mit allem zu spielen, die entgegengesetztesten Ansichten aufzufassen und gelten zu lassen". Goethes Phantasie war unvergleichlich reich. Daß sich in ihr viele Gestalten stritten, kann nicht verwundern, daß er die Widersprüche des politisch-gesellschaftlichen Lebens seiner Zeit in sich auszutragen und auszugleichen hatte, ist nur folgerichtig. Kein Vorwurf, der sich nicht relativieren, kein Vorbehalt, der sich durch andere Beispiele nicht korrigieren ließe. Seine Güte, seine finanzielle Großzügigkeit verschwieg Goethe. Wie schrieb Gundolf, Kenner und Verehrer in einem, für seinen Sorbonne-Vortrag über den Autor und die Polyphonie der gedichteten Figuren? „Kaum ein Satz von ihm, zu dem nicht auch sein Widerspruch sich fände." Und Romain Rolland resümierte, es sei verlorene Mühe, Goethe in ein einziges Wortporträt einfassen zu wollen. In seiner Basler Rede vom Sommer 1949 deutete Karl Jaspers Goethes Reichtum hellsichtig als Ausdruck einer Überfülle an Gegensätzen. Und zu welchem Resultat kam T. S. Eliot 1953? Wer seine Antipathie gegenüber Goethe überwinde, befreie sich von „einer Begrenztheit des eigenen Geistes". Geschrieben im noblen Rückblick auf ein eigenes Fehlurteil.

Gegen das bloße Negative mancher heutigen Kritik seien Erfahrungen gesetzt, von Not und Tod beglaubigt. Im Konzentrationslager Dachau vertiefte sich der holländische Schriftsteller Nico Rost während des Fliegeralarms jeweils in Goethes Werk, dem er Kraft zum Überleben entnahm. (Am 6. Februar 1945 stellte er sich die Frage, die Jahre später die Gemüter erregte, ob Goethe das Tragische vermied, um in seiner Bedrohung „nicht selbst darin zu versinken".) Der Kreisauer Kreis befaßte sich im August 1940 mit Goethes Ehrfurchtslehre. In den Wochen vor dem Attentat auf Hitler las Peter Graf York von Wartenburg mehrfach in der *Iphigenie*, dem Drama der Entsühnung; wir wissen auch, daß die Heilige Schrift und Goethe es waren, die Dietrich Bonhoeffers letzte Tage erfüllten.

Unser Kongreß beschäftigt sich mit Goethes Wirkungsgeschichte im 20. Jahrhundert. Die Referenten müssen sich dabei im Entsagen üben, denn schon Goethes Primärwirkung auf Schriftsteller ist in vielen Literaturen ungemein groß. Diesen Einfluß nachzuzeichnen, verlangt beides: die Rekonstruktion der Rezeption wie der verwandelnden Produktion, wenn – beispielsweise – die ungezählten *Faust*-Dramatisierungen nach Goethes Tod zu beurteilen sind.

Über die methodischen Probleme des wirkungsgeschichtlichen Verfahrens reflektierten Hans Robert Jauß und Karl Robert Mandelkow, von denen wir dankbar lernten. Mit zwei anderen Problemen, die man moralische nennen könnte, sind die heutigen Referenten wie alle Rezeptionshistoriker konfrontiert. Nur wer Geschichte an sich selbst erlebt habe, so Goethe, könne über Geschichte urteilen. Dies heißt: Zurückhaltung ist angebracht im Urteil und mehr noch in der Verurteilung früherer Generationen. Die Verschuldung der Älteren erlaubt den Jüngeren keine Selbstgerechtigkeit. Und eine zweite Maxime Goethes:

„Wahre Liberalität ist Anerkennung." Dies heißt: Erst Selbstdistanz, erst die Freiheit vom eigenen Ich ermöglicht die wahre Anerkennung des anderen Ich.

Im Juni 1822 notierte sich Kanzler von Müller Goethes Diktum: daß ein Buch, das eine große Wirkung hatte, „eigentlich gar nicht mehr beurteilt werden" könne. Diese Skepsis ist stets mitzubedenken, doch gilt gleicherweise, daß jede Gegenwart neue Probleme vorfindet, die alten, aspektreichen Texten neue, bisher unbekannte Perspektiven abverlangen – und auch abgewinnen. Das Gewesene verhilft damit uns Heutigen zu einem Stück Selbsterkenntnis, auf die wir angewiesen sind.

Natürlich bedauern wir, daß aus Zeit- und Raumgründen nur sechs Referate über Goethes weltweite Wirkung angekündigt werden konnten. Das Bedauern vergrößert sich noch, wenn wir uns an Namen und Leistungen wichtiger Vermittler erinnern – an Benedetto Croce beispielsweise, der die Stadien der italienischen Goethe-Forschung ermittelte und mit seinem Goethe-Buch auch nördlich der Alpen kräftig wirkte, oder an Ortega y Gasset, der, mit der deutschen Existenzphilosophie vertraut, auf der Erarbeitung eines Goethe für die im Leben Scheiternden bestand. Seine Forderung: die Klassiker vor dem Vergessen retten, indem wir sie „zu unserer eigenen Rettung gebrauchen"; sein Einwand: Goethe habe sich in seinen „unbeschränkten Möglichkeiten" verloren, anstatt „unwiderruflich etwas Bestimmtes" zu sein. Die Folge: Der Gleichnischarakter seiner Dichtung entspreche dem dezimierten Wirklichkeitsgehalt seines Lebens. Georg Simmel dagegen hatte eben dies gerühmt: das „symbolische Erfassen der Lebensinhalte".

Nun – Referenten, Korreferenten und Diskussionsleiter kommen aus zwanzig Staaten. Dies bürgt für den Reichtum an Perspektiven und für die liberalisierende Vielfalt der Auffassungen.

Frau Professor Mommsen, unseren Mitgliedern seit langem und aufs beste bekannt, hält den Eröffnungsvortrag. In mehreren Literaturen bewandert, ist sie – wie wer sonst? – in Goethe daheim. Sie spricht über *Goethe und unsere Zeit*. Daher noch einige knappe Worte zum Motto unserer Tagung, das sich auf die Zukunft bezieht, denn in jedem Rückblick sollte ein Vorblick aufscheinen. Unsere Losung an der Schwelle zu einem neuen Jahrhundert, dem Brief an Zelter vom 6. November 1830 entnommen: „Es gilt am Ende doch nur / Vorwärts." Mit ihr beschloß Kanzler von Müller seine Gedächtnisrede auf Goethe vor der Erfurter Akademie am 12. September 1832. „Es gilt am Ende ..." Wer Goethe als den genuin Konservativen abtut, müßte auch hier sein Urteil revidieren, denn selbst der alte Herr mahnte in ungezählten Varianten, daß man sich „ans fortschreitende Leben" zu halten habe. Mit guten Gründen verbat er es sich, als Freund des Bestehenden, insofern es schlecht oder veraltet sei, verkannt zu werden, wußte er doch, daß die Zeit „im ewigen Fortschreiten begriffen ist" und etwas Vollkommenes um 1800 fünfzig Jahre später von Übel sein könne (zu Eckermann, 4. Januar 1824).

„Am Ende" das „Vorwärts" – forciert und selbstbeschwichtigend von Goethe ausgesprochen. Dieses „Vorwärts" erscheint im Werk in Gestalt des kolonisierenden Faust, die Sorge des „doch nur" vor dem Kommenden verdinglicht sich im „Maschinenwesen" der *Wanderjahre*. Diese beschreiben, wie die Maschine die Mechanisierung der Arbeitsformen einleitet und dem Menschen die Arbeit nimmt, die die nötige Selbstobjektivierung ermöglicht. Der Schlußakt von *Faust II* demonstriert, wie Philemon und Baucis, alteingesessen, Faust, dem fremden Technokraten, weichen müssen. Der technisch-zivilisatorische Fortschritt verdrängt das Überkommene und verfügt mithilfe exakter Berechnung über die Natur. Goethe anerkennt den Nutzen der technischen Erfindung, er erkennt aber auch deren Nachteile und durchschaut damit die Ambivalenz, die die Technodizee des 19. Jahrhunderts zu verdrängen wußte. Janusgesichtig, wie sie ist, bedarf die Technik eines ungeheuren Aufwands an Technik, um ihren Schaden zu begrenzen. Und der Mensch selbst, der über bislang ungekannte Machtmittel verfügt? An der Faust-Figur verdeutlicht Goethe die Richtung, die die verweltlichte Welt nimmt, in der die Natur kommerzialisiert und das Eigentum fetischisiert ist. Faust, Prototyp der radikalen Selbstverwirklichung und zugleich der Emanzipation von sittlichen Beschränkungen, kehrt, so Goethes eigene Ankündigung des *Helena*-Akts, von seinen Unternehmungen „immer unglücklicher zurück" (HA 3, S. 438). Und in der *Geschichte der Farbenlehre* heißt es mit ernüchternder Deutlichkeit: Wie auch der menschliche Geist voranschreitet, „fühlt er immer mehr, wie er bedingt sei, daß er verlieren müsse, indem er gewinnt" (HA 14, S. 80).

Verlust im Gewinn, aber auch Gewinn im Verlust – dies ist die prägnante Formel für die Paradoxie der Moderne. Wie kann man diesem Verlust begegnen, wie ihn ausbalancieren? Albert Schweitzer nannte in seinem Ulmer Vortrag von 1932 Goethe den einzigen in seiner Zeit, der Sorge um die Zukunft der Menschen empfunden habe.

Da die vorweggenommenen alten Sorgen unsere heutigen immer neuen Sorgen sind, empfiehlt es sich, auf Goethe zu hören. Er wußte, daß der Fortschritt Probleme erzeugt, zu deren Überwindung er sich selbst in Teilen wieder aufbraucht; wir wissen, daß Leben und Umwelt bedroht sind, da der heutige Mensch seinen technischen Möglichkeiten und egomanischen Freiheiten sittlich nicht gewachsen ist. Mit seiner Anweisung zur Ehrfurcht, mit der daraus resultierenden Selbstverpflichtung für eine religionslose religio schreibt Goethe, schreibt sich die Vergangenheit mahnend in unsere Zukunft ein.

Gegen Ende des ersten Buchs der *Wanderjahre* erfährt der Leser von einer „pädagogischen Provinz", deren Schüler zur „Ehrfurcht" angeleitet werden. Ehrfurcht, das ist ein Wort, das man nur schweigend nennen möchte, ein Begriff, der erst durch Goethe, später durch Albert Schweitzer, seine volle Bedeutung erhielt: als sittliches Grundgesetz, das aus freiem, von Furcht gereinigtem Willen Verehrung anmahnt. Drei Formen der Ehrfurcht werden erläutert; sie bilden eine Einheit: Ehrfurcht vor dem, was über, was neben, also unseresgleichen, und unter uns ist. Die dritte – gleichwertige – Form meint die Erde, die den Menschen trägt und erhält und ihm „unsägliche Freuden" und „unverhältnismäßige Leiden" zuteilt. Es überrascht, daß die oberste, die drei anderen einbeziehende Ehrfurcht dem Menschen, und zwar der „Ehrfurcht vor sich selbst" gilt (HA 8, S. 157), doch die Verwunderung löst sich auf, wenn wir bemerken, daß damit an die uralte Vorstellung vom „Gott in uns" erinnert wird. Dies bedeutet, daß der Schöpfer in jedem seiner Geschöpfe anwesend und daher mitzuehren ist, daß die Arbeit am Ich zugleich als Anstrengung für das inwendige Göttliche geschieht und jene „Weltfrömmigkeit" einschließt, die der Roman an die Stelle der bisherigen „Hausfrömmigkeit" setzt. Diese Gesinnung umfaßt nicht nur den Nächsten, sondern nimmt jeden, auch den Fernsten, in unsere Achtung und Fürsorge auf.

Mit unfertigen Strichen ist damit das universale Ethos der *Wanderjahre* für die Welt von morgen wiedergegeben – das Substantielle der Ehrfurchtslehre, nicht die irritierende Einübung der Schüler in ihre formalisierte, künstliche Welt. Von spezifischen Dogmen ist sowenig die Rede wie von strikten Glaubensinhalten; Achtung, Verehrung, Ehrfurcht sind die alle anderen Gesinnungen, Kenntnisse und Fertigkeiten integrierenden Elemente in Goethes Erziehungslehre. Wir sind nüchtern genug, um zu wissen, daß ihrem Anspruch immer nur wenige genügen werden. Und doch fordert die Globalisierung der Wirtschaft seit Jahren auch eine ins Globale erweiterte Verantwortung ein, welche die gängigen Abläufe des Markts mit strengen Kautelen versieht. Auch der Pluralismus ist auf verbindliche und damit auf verbindende Werte angewiesen. Ein weltweit gültiges Ethos für Technik und Wirtschaft zu entwickeln, wofür sich Hans Küng, der Theologe, und Helmut Schmidt, der frühere

Kanzler, seit Jahren engagieren, ist Aufgabe der Fachleute; dieses Ethos zu praktizieren, ist jedem einzelnen aufgetragen. Artikel 29 der UNO-Charta von 1948 besteht auf der Pflicht des einzelnen gegenüber der Gesellschaft, die ihm im Gegenzug die freie Entfaltung seiner Persönlichkeit zu gewährleisten hat. Das Grund*recht* auf Freiheit bedarf der Grund-*pflicht* zur Verantwortung fürs Ganze; der Gebrauch des Eigentums soll – nach Artikel 14 unseres Grundgesetzes – „zugleich dem Wohl der Allgemeinheit" dienen. Nur so läßt sich die „Bewahrung der Zukunft", wie Paul Valéry einmal sagte, erhoffen.

„Das Vergangene als das Zukünftige?" Es ist Aufgabe des einzelnen, das Fragezeichen durch einen Doppelpunkt zu ersetzen und den freien Raum danach mit seinem nüchternen Willen zur Solidarität zu füllen, – einem Willen, der Enttäuschungen einkalkuliert, ohne sich jener Schwermut der „erinnerten Zukünftigkeit" zu überlassen, die Camus' Sisyphos bei seiner täglichen Wiederholung der gestrigen Vergeblichkeit belastet.

André Gide sprach 1932 von seinem Lebensdank für Goethe und davon, daß dieser weniger deutsch zu sein scheine „als die anderen Schriftsteller seines Landes", dafür aber „auf eine allgemeinere und umfassendere Art menschlich" sei. Diesem Dank schließen sich viele von uns, schließen sich Ungezählte an. Unsere Ehrfurcht gehört Gott-Natur, der wir Goethes unvergleichliche Begabung verdanken, unsere Verehrung gehört ihm, der in einer ebenfalls unvergleichlichen Anstrengung diese Begabung ausbildete und bis zum Ende produktiv zu erhalten verstand. Die einzigartige Begünstigung bedurfte der lebenslangen einzigartigen Mühsal, damit durch Goethe der Traum von der Steigerung aller in einem Menschen angelegten produktiven Möglichkeiten wirklich – und dies heißt immer auch mehrdeutig, vieldeutig – werden konnte.

Ohne den Abstand zu verwischen, darf ich am Ende in Thomas Manns Bekenntnis einstimmen, das dieser 1932 in Goethes Geburtshaus ablegte: „Ich kann von Goethe nicht anders sprechen als mit Liebe."

Grußworte des Oberbürgermeisters der Stadt Weimar

DR. VOLKHARDT GERMER

Sehr geehrter Herr Bundestagspräsident,
sehr geehrter Herr Professor Keller,
sehr geehrter Herr Ministerpräsident,
sehr geehrte Exzellenzen und Präsidenten,
sehr geehrte Mitglieder der Goethe-Gesellschaft,
meine sehr geehrten Damen und Herren!

Auf nach Weimar! Ein imaginäres und zugleich imaginierendes Signal ruft – so scheint es – in diesem Jahr alle Welt hierher.

Die Stadt, die wie kaum eine andere in Deutschland janusköpfig Glanz und Elend unserer Kultur spiegelt, ist Kulturstadt Europas 1999. Dies ist ein guter Anlaß zu wissenschaftlicher und künstlerischer Auseinandersetzung mit eben diesem wechselvollen Vergangenen. So hat auch der Suchende und Besuchende derzeit die Gelegenheit, sich der Stadt auf unterschiedliche Weise zu nähern. Neben der obligaten Stadtführung möchte ich Ihnen zwei weitere Varianten empfehlen.

Sie können eine „Zeitreise" unternehmen, indem Sie mittels einer Karte ein Wegenetz mit 23 Lausch- und Lesestationen innerhalb der Stadt abschreiten. Interessante Text- und Tondokumente vermitteln Geschichte auf sehr lebendige Weise. (Eine dieser Stationen ist Ihnen vielleicht schon aufgefallen, sie befindet sich dem Theater gegenüber.)

Oder Sie unternehmen eine Kopfreise zu Fuß von Schloß Ettersburg, entlang einer dafür angelegten „Zeitschneise", zum ehemaligen Konzentrations- und späteren Internierungslager auf dem Ettersberg. Wenn Sie dort den Appellplatz betreten, der mich selbst im Hochsommer frösteln läßt, sind Sie bereits wieder im Hier und Jetzt angekommen.

Zu den Bildern der vermeintlichen Vergangenheit gesellen sich neue: Bilder aus dem Kosovo – von Vertreibung, Folter und Mord, von zerstörten Kulturlandschaften, vom täglichen Wahnsinn eines Krieges heute in Europa. Der Satz William Faulkners: „Das Vergangene ist nicht tot; es ist noch nicht einmal vergangen." bestätigt sich auf furchtbare Weise.

An der Schwelle zum 21. Jahrhundert dürfen wir nicht wegsehen, wenn ein Brand in auch nur einem Raum des gemeinsamen europäischen Hauses schwelt. Unsere Existenz und die nachfolgender Generationen hängt davon ab. An der Art, wie wir uns diesem Problem stellen, und wie wir ermöglichen, daß dieses Haus für alle bewohnbar bleibt, wird wohl auch einmal die Kulturleistung dieser Epoche bewertet werden.

„Daß Weimar dennoch zu Recht als eine herausragende, unvergleichbare Kulturstadt bezeichnet wird, verdankt sie einem Wunder, und dieses Wunder heißt Goethe." So formulierte es kürzlich Paul Raabe. Und „die Nachwelt hat den Dichter der Weimarer Klassik, nach dem ein ganzes Zeitalter als Goethezeit benannt wurde, als den größten Deutschen bezeichnet. Damit bezog man sich nicht nur auf seine dichterischen Werke, sondern auch auf seine Persönlichkeit, in der man die höchste Individualität und Menschlichkeit vollendet sah. Seine Lebensweisheit und Gedankenfülle, sein ästhetischer Anspruch und sein Naturglaube, seine Weltfrömmigkeit und seine Sprache wurden Vorbild für nachgeborene Generationen. Dank seines langen, erfüllten Lebens wurde sich der Dichter selbst historisch und baute den Denkmälern vor, die man ihm überall in der Welt setzte."

Das Verdienst der Goethe-Gesellschaft besteht darin, der Universalität Goethes bis heute international und interdisziplinär Geltung zu verschaffen. Dafür sei ihr – und besonders auch ihrem Präsidenten Professor Dr. Werner Keller – sehr herzlich gedankt.

Das Thema dieser nunmehr 76. Hauptversammlung der Goethe-Gesellschaft beschäftigt sich mit der Rezeptionsgeschichte der Goethezeit in den letzten Jahrzehnten.

„Goethe und das 20. Jahrhundert" sehe ich unmittelbar im Kontext mit der Erforschung Weimars im 20. Jahrhundert. Die Frage im Untertitel: „Das Vergangene als das Zukünftige?" läßt sich wohl aus gegenwärtiger Sicht nicht eindeutig beantworten. Sie wirft für mich zwangsläufig weitere Fragen auf, wie: Die Renaissance des Vergangenen als das Zukünftige? oder: Die Spiegelung des Vergangenen als das Zukünftige?

An dieser Stelle möchte ich Sie auf eine „Wiederholte Spiegelung" aufmerksam machen. So lautet nämlich der Titel der neuen ständigen Ausstellung, die wir zu Beginn des Monats im Goethe-Nationalmuseum eröffnen konnten. Mit diesem gelungenen Museumskonzept endet die teilweise Ausstreuung von Biographien der klassischen Epoche über Museen der Stadt. Die Lebenswerke der Dichter, Philosophen und Förderer von Kunst und Kultur wurden in einem Hause bewußt zusammengeführt, und damit „die Kulturstadt Europas gewissermaßen historisch definiert". „Die Perspektive heißt: Weimar." – So wird die Absicht der Kuratoren im einleitenden Katalogtext benannt. Dem möchte ich nichts mehr hinzufügen!

Ich wünsche Ihnen interessante Fragen und Antworten, die Sie in den nächsten Tagen im interkulturellen Dialog finden und als Impulse für Zukünftiges aus der Kulturstadt mitnehmen werden.

Grußworte des Thüringer Ministerpräsidenten

DR. BERNHARD VOGEL

Verehrter Herr Präsident,
Herr Botschafter des Staates Israel,
verehrter Herr Oberbürgermeister,

es ist für mich selbstverständlich eine große Freude, diese große Versammlung von Goethe-Kennern und Goethe-Bewunderern hier in der Goethe-Stadt Weimar und im Freistaat Thüringen willkommen zu heißen. Es ist unbestritten, keine Stadt in Europa hat Goethe so geprägt wie Weimar. Herzlich willkommen in der literarischen Residenz in der Mitte Deutschlands und im Zentrum des zusammenwachsenden Europa. Herzlich willkommen in der Stadt, die Roman Herzog anläßlich der Eröffnung des Kulturstadtjahres, wie ich finde zurecht, dadurch gekennzeichnet hat, daß er sagte: „Deutschland in nuce. Das ist Weimar." – In nuce: in den großartigsten Ergebnissen deutscher Kultur und auch in den schrecklichsten Ergebnissen dieses zu Ende gehenden 20. Jahrhunderts.

1874, also im Jahre des 125. Geburtstags Goethes, schrieb Herman Grimm: „Goethes erstes Jahrhundert erst ist abgelaufen. Keinem der folgenden aber, soweit wir die Zukunft ermessen dürfen, wird die Mühe erspart bleiben, Goethes Gestalt immer neu sich aufzubauen." Wie wahr. Und die Goethe-Gesellschaft hat seit ihrer Gründung hier im Jahre 1885 darin ihre zentrale Aufgabe gesehen, Goethe aus der jeweiligen Zeitperspektive zu begreifen und zu interpretieren. Der Muttergesellschaft hier in Weimar, den ausländischen Goethe-Gesellschaften und den Goethe-Gesellschaften vor Ort überall in Deutschland dafür herzlichen Dank.

Die Goethe-Gesellschaft hat nie ein rückwärts gewandtes Goethe-Bild gesucht. Im Gegenteil: Sie hat großen Anteil daran, daß der geistige Nachlaß Goethes hier in Weimar, wo er 57 Jahre lang lebte, in ganz Deutschland, in Europa und in der Welt höchst lebendig ist, daß auch Goethe-Gedenkstätten, Archive und Bibliotheken weit mehr sind als ein literarisches Schattenkabinett. Wenn sich heute mehr Menschen denn je mit Goethes Leben und Werk beschäftigen, wenn seine Gedanken auch Jahrhunderte später noch zum geistigen Band zwischen Menschen vieler Nationen werden, dann ist das nicht zuletzt den wissenschaftlichen Veranstaltungen und Publikationen der Goethe-Gesellschaft, der Förderung der Goethe-Forschung und der Goethe-Übersetzung weltweit zu verdanken. Dafür bekunde ich größten Respekt.

Daß die Goethe-Gesellschaft auch in der Zeit der deutschen Teilung und in der Zeit des Kalten Krieges dem politischen und ideologischen Druck widerstand und ungeteilt blieb, verdient auch zehn Jahre nach dem Ende der DDR große Anerkennung. Und es verdient in meinen Augen ebenso Anerkennung, daß nach dem Ende der Teilung beherzt die neuen Chancen der Gesellschaft ergriffen wurden und die internationale Ausstrahlung sich verstärkt hat. Dabei denke ich an die Bedeutung ihrer Botschaft für den inneren Zusammenhalt der Menschen in Deutschland, aber ich denke auch an das weltweite Engagement der Goethe-Gesellschaft an der Schnittstelle unterschiedlicher Kulturen, ich denke insbesondere an ihren Einsatz für die Kontinuität der Goethe-Forschung in den Ländern des ehemaligen Ostblocks.

Einen besonderen Gruß den Stipendiaten aus den Ländern Ost- und Mitteleuropas, die durch die Spenden der Mitglieder der Goethe-Gesellschaft hier in Weimar ihre Studien vervollständigen können. Und ich freue mich, daß auch das von mir gestiftete Stipendium jedes Jahr mehr Studenten hierher nach Weimar und nach Thüringen führt.

Goethes Sprache war Deutsch, und kaum ein anderer Dichter ist so zum Inbegriff deutscher Kultur geworden wie er. Aber dennoch liegt die Größe seines Werkes gerade darin, daß es nicht nur für die Deutschen, sondern für alle Menschen geschaffen worden ist. Goethes Verse sind jedem zugänglich, der sich auf sie einläßt, gleichgültig, ob er Deutscher oder Franzose ist, Europäer oder Amerikaner, ob er in der kulturellen Tradition des Abendlandes steht oder ob er einem anderen Kulturkreis angehört.

Goethes Gedankenwelt schlägt Brücken und schafft damit Verbundenheit, die alle materiellen Veränderungen überdauert. Deshalb kann man der Goethe-Gesellschaft nur gratulieren, wenn sie beispielsweise im Juli auf Schloß Friedenstein in Gotha zu einem Kongreß literarischer Gesellschaften gemeinsam mit der Puschkin-Gesellschaft, mit der Shakespeare-Gesellschaft und mit der Diderot-Gesellschaft unter dem Titel „Die europäische Kultur und Goethe – Goethe und die europäische Kultur" einlädt, und mit einer weiteren internationalen Konferenz im August in Erfurt die Arbeit der Goethe-Übersetzer würdigt.

Wenn ich der Aktivität der Gesellschaft Respekt bekunde, so gilt dieser Respekt insbesondere einem Mann, nämlich dem Präsidenten Ihrer Gesellschaft, der seit 1991dieses Amt führt. – Der nicht mehr kandidieren möchte und dem ich heute in aller Öffentlichkeit dafür danken möchte, daß er acht Jahre seines Lebens dieser großen Aufgabe gewidmet hat. Herzlichen Dank Herr Prof. Dr. Werner Keller.

Weimar 1999, der Oberbürgermeister hat das Stichwort schon gegeben, vieles ist für dieses Jahr geschehen. Als wir uns bewarben, wußten wir Gott sei Dank nicht alle, was wir taten. Zum ersten Mal eine Stadt des ehemaligen „Ostblocks", zum ersten Mal eine bei aller Größe doch von der Einwohnerzahl begrenzte Stadt. Trotz allem: Weimar 1999 ist dabei, zu gewinnen! Es gibt immer wieder Irritationen, es gibt gelegentlich Unpünktlichkeiten, es gibt gelegentlich Diskussionen und Unnötiges. Aber Weimar 1999 ist dabei, zu gewinnen, nicht nur das, was in diesem Jahr zu sehen und zu hören ist, sondern auch, was über das Jahr hinaus bleiben wird. Das Neue Museum, das wir am Neujahrstag einweihten, das neu entstandene und neu ausgerichtete Goethe-Nationalmuseum, die Weimarhalle. Die Zeitschneise, die durchgeschlagen ist durch den Wald und vom Eingang des KZ Buchenwald zum Schloß Ettersburg führt, einem alten Landweg folgend. Das Haus am Horn: das erste Bauwerk der Bauhäusler, das wiederentstanden ist in alter Form und vieles andere mehr.

Und auch wichtige Ausstellungen, beispielsweise die Ausstellung „Wege nach Weimar" und auch „Aufstieg und Fall der Moderne". Letztere hat viel Diskussion ausgelöst. Das ist an sich eine zu begrüßende Tatsache, wenn eine Ausstellung zur Diskussion anregt. Und trotzdem möchte ich – an die Verantwortlichen gerichtet – sagen: Es ist tapfer, sich zu verteidigen; es ist weise, sich auch korrigieren zu können.

Wer Goethes Werk auf seine Allgemeingültigkeit hin und seine Aussagekraft für uns heute hinterfragt, der findet vielerlei Antworten auf unsere heutigen Probleme. In einem Gespräch mit Eckermann am 23. Oktober 1828 hat sich Goethe über die Einheit Deutschlands geäußert. Man ist ja immer wieder verblüfft, wozu er sich geäußert hat, als ob er sich 100 Jahre später geäußert hätte. Also Goethe im Gespräch mit Eckermann 1828: „Mir ist nicht bange [...], daß Deutschland nicht eins werde; unsere guten Chausseen und künftigen Eisenbahnen werden schon das Ihrige tun.“ Da ist nicht die ICE-Strecke gemeint. „Vor Allem aber sei es eins in Liebe untereinander! [...] Es sei eins, daß der deutsche Taler und Groschen im ganzen Reiche gleichen Wert habe; eins, daß mein Reisekoffer durch alle sechs und dreißig Staaten ungeöffnet passieren könne. [...] Es sei von Inland und Ausland unter deutschen Staaten überall keine Rede mehr.“

Wenn Goethe die heutige Wirklichkeit sähe, hätte er auch Grund, sich zu freuen. Es ist nicht alles schlechter geworden, seit seinem Tod. Es ermutigt uns, neue Visionen ins Auge zu fassen. Es wäre nicht zuletzt ein Beitrag zum Frieden in Europa und zum Frieden in der Welt, wenn wir heute dazu fähig wären. Und die Goethe-Gesellschaft kann dazu einen Beitrag leisten. Dafür möchte ich ihr danken.

VORTRÄGE

KATHARINA MOMMSEN

*Goethe und unsere Zeit**

Meine Herren und Damen!
Goethe und unsere Zeit – das Thema ist wichtig, denn erst wenn wir das Verhältnis Goethes zu unserer Zeit und das Verhältnis unserer Zeit zu Goethe geklärt haben, wissen wir, was wir eigentlich tun, wenn wir uns mit Goethe beschäftigen, welchen Sinn es hat. Hat es überhaupt einen Sinn? Oder ist das, was in Deutschland und der Welt in diesem Jahr des 250. Geburtstages über Goethe gesagt und verkündet wird, nichts anderes als der Ausdruck eines abgelebten spätbürgerlichen Kulturverständnisses, das – entgegen der Zeit – an der Vorstellung festhält, daß Dichtung nun mal zur Kulturgeschichte gehört. Haben die Klassiker der Kunst die Funktion der Perlenketten übernommen, mit denen wir Frauen uns bei Konzert- und Theaterbesuchen schmücken?

Was weiß unsere Jugend von Goethe? Was ist die Vorstellung, die junge Leute von der großen Dichtung unserer Sprache haben? Das Urteil ist ziemlich eindeutig: langweilig. Langweilig, weil es nichts mit ihrem Leben zu tun hat. W a s wird ihnen w i e von Goethe beigebracht? Wie stehen die Deutschlehrer zu Goethe? Empfinden nicht die meisten von ihnen die Behandlung von Goethe-Texten in der höheren Schule als eine lästige Verpflichtung, der sie nicht aus Überzeugung nachkommen, sondern deswegen, weil die Lehrpläne der Kultusministerien es ihnen vorschreiben? Und was hat man ihnen in den Universitäten über Goethe beigebracht? Achtung, Verständnis – oder ‚kritische Distanz'?

Wir leben ja in einem ‚aufgeklärten Zeitalter'. Unsere ‚geistige Mündigkeit' zeigt sich darin, daß wir uns verpflichtet fühlen, kritisch-rational an die Dinge heranzugehen. Und so ‚entlarven' wir die Verehrung, die früher den Meistern der Kunst entgegengebracht wurde, als ‚unkritische Idealisierung' oder ‚Mythisierung'. Darauf fallen wir heute nicht mehr herein.

Unser kritischer, wissenschaftlicher, aufgeklärter Geist zermalmt dergleichen irrationalen Humbug und zeigt uns jene, die man früher einmal groß nannte, in ihrer wahren Gestalt als recht fragwürdige, eigentlich miese Charaktere.

Goethe hat – so heißt es – das Urteil einer Kindsmörderin unterschrieben, war also eine Art Freisler. Goethe hat – so vernimmt man – die Illuminaten bespitzelt, eine Art Mielke also. Er hat – wie behauptet wird – zur Entlassung Fichtes beigetragen, war also ein Unterdrücker freien Geistes. Er hat – noch so eine Behauptung – andere Dichter in Untergang und Verzweiflung getrieben, war also ein herzloser, kalter Zyniker, der unbarmherzig das Schicksal seiner Nächsten mißachtete. Goethe hatte gar – man höre und staune – „Furcht vor dem Ge-

* Festvortrag, gehalten auf der 76. Hauptversammlung der Goethe-Gesellschaft in Weimar 1999.

danken der Demokratie", er war also ein Feind der Freiheit. Und so meinte ja auch Bundespräsident Herzog in seiner Frankfurter Rede über *Goethes Bedeutung für Deutschland als Kulturnation* „für unkritische Idealisierung des Menschen Goethe besteht also kein Anlaß mehr".[1]

Die Vorwürfe, die hier vor dem deutschen Volk, der deutschen Jugend zumal, gegen Goethe erhoben werden, sind durchweg falsch und leicht zu widerlegen. Sie stammen von dem an der kalifornischen Universität Berkeley lehrenden Germanistikprofessor W. Daniel Wilson. Interessant ist nur, daß sie in eine Rede wie die des deutschen Bundespräsidenten übernommen werden. Das scheint mir charakteristisch für das Verhältnis der Deutschen unserer Zeit zu ihrem geistigen Erbe zu sein. Es ist eine deutsche Spezialität. In anderen Ländern – z. B. Frankreich, England, Polen, Rußland, Italien, Japan, Korea und auch Amerika – ist so etwas nicht vorstellbar. Unser Selbstbewußtsein beruht darauf, daß wir uns weigern zu ‚verehren'. Es widerspricht unserer kritischen Grundeinstellung.

Goethe selbst verhielt sich da anders gegenüber Großen, etwa zu Shakespeare:

> Einen Einzigen verehren
> Wie vereint es Herz und Sinn!
> Lida! Glück der nächsten Nähe,
> William! Stern der schönsten Höhe,
> Euch verdank' ich was ich bin
> (*Zwischen beiden Welten*; FA I, 2, S. 473 f.)

Verehrung und Dankbarkeit ist das, was Goethe gegenüber Shakespeare und andern Großen im Reich des Geistes empfindet. Dergleichen Gefühle haben wir abgeschafft. An der Vereinigung von „Herz und Sinn" in der Verehrung eines großen Menschen ist uns nichts mehr gelegen.

Und wenn ich es richtig sehe, dann sind unsere höchsten Werte: die Wissenschaft und die Demokratie. Untersuchen wir also Werk und Leben Goethes nach diesen höchsten Werten. Ist seine Art, Wissenschaft zu betreiben, nicht ganz und gar unmodern? Seine Abneigung gegen die Mathematik z. B., auf der alle modernen Kommunikationstechnologien unserer Zeit beruhen, ist, wie deren Erfolg beweist, unzeitgemäß.

War Goethe nicht sein Leben lang gegen demokratische Revolutionen? Können wir, gute Demokraten, die wir sind, in politischer Hinsicht etwas von ihm lernen? Bundespräsident Herzog hat uns gesagt: „in politischen Tagesfragen" könne Goethe uns nicht helfen. Seine Welt sei uns „fern". – Übrigens eine merkwürdige Argumentation. Im nächsten Jahr feiern wir den 2000. Geburtstag von Jesus Christus. Ist dessen Welt nicht noch beträchtlich ferner? Und Platon – der ist ja noch einmal ein Halbjahrtausend ferner!

Wir stellen also, auf der Höhe der Menschheitsentwicklung stehend, die Frage nach der ‚Relevanz' Goethes für unsere Zeit. Gewöhnlich lautet die Antwort auf diese Frage: Da ist nicht viel. Wir sind in fast jeder Hinsicht über Goethe hinausgewachsen.

Gleichwohl gibt es eine große Fülle von Goethe-Literatur. Goethe, das muß man ihm neidlos zugestehen, setzt ja einige Divisionen von Germanisten in Brot und Arbeit. Man ist eigentlich kein ernstzunehmender Germanist, solange man nicht seinen Senf zu Goethe produziert. Das gehört einfach dazu. Und diese Literatur wird hauptsächlich wiederum von

---

1 Eröffnungsvortrag einer von der Stadt Frankfurt und der Frankfurter Allgemeinen Zeitung (FAZ) veranstalteten Vortragsreihe zum Goethejahr am 14. 4. 1999.

Literaturwissenschaftlern gelesen und in Fachzeitschriften rezensiert. Goethe findet fast nur noch in der Literaturwissenschaft statt.

Aber sind die zentralen Fragen, die unsere Zeit an Goethe wie an das gesamte sogenannte ‚kulturelle Erbe' stellen muß, nämlich die Fragen nach den Mächten, die unser Denken bestimmen, die Frage nach Goethes Verhältnis zur Wissenschaft, wie wir sie verstehen, die Frage nach Freiheit und Demokratie, wie wir sie verstehen, schon einmal untersucht worden? Gibt es ein Buch, das sich mit dem Thema „Goethe und die Demokratie" ernsthaft auseinandersetzt? Ich kenne keines. Das ist sehr seltsam und wiederum auch nicht. Dies Thema wird wohl hauptsächlich deshalb nicht bearbeitet, weil das Ergebnis von vornherein festzustehen scheint: daß Goethe kein Demokrat war und folglich uns auch zur Demokratie nichts zu sagen hat. Und ein weiterer Grund liegt wohl darin, daß die Literaturwissenschaft sich scheut, politische Fragen aufzugreifen. Sie hat sich allzuoft daran die Finger verbrannt. (Ich persönlich bin sehr froh darüber, daß wir uns bei dieser Feier nicht die neuesten Parteitagsbeschlüsse der KPdSU oder der SED zum „sozialistischen Realismus" anzuhören brauchen.)

Das Verhältnis der deutschen Politik zum deutschen Geist ist nun einmal ein besonders trübes Kapitel deutscher Geschichte. Den dümmsten Parolen und Ideologien ist sie nachgerannt: Nationalismus, Liberalismus, Nationalsozialismus, Rassismus, Kommunismus etc. etc. Um den deutschen Geist hat sie sich nie gekümmert.

Aber die Demokratie ist nun einmal nach unserer Überzeugung die humanste Form staatlich-menschlichen Zusammenlebens. Und die Frage ist: Wie verhält sich die Humanität der Demokratie zur Humanität Goethes?

An dieser Stelle muß ich ein Bekenntnis ablegen: Meine lebenslange Beschäftigung mit Goethe hat mich zweierlei gelehrt, was mir gegen Ende meines Lebens als das Wesentlichste erscheint: staunende Bewunderung, ja ich scheue mich nicht zu sagen Demut und – Dankbarkeit! Je tiefer ich in Goethes Welt eindrang, desto mehr wurde ich mir meiner eigenen Begrenztheit bewußt. Ja, ich gehe so weit zu sagen, daß sich mein Selbstbewußtsein darauf gründet, daß ich meine, heute in der Lage zu sein, den sehr großen Abstand deutlich zu erkennen, der meinen Geist und meine Menschlichkeit von Goethes Geist und Menschlichkeit trennen. In dieser Erkenntnis fühle ich mich, auch das muß ich bekennen, ziemlich allein. Ich kann mich nicht genug über die Selbstsicherheit wundern, mit der in der Forschung und Politik über Goethe geurteilt wird. Da wird z. B. behauptet, daß Goethe im Nachkriegsdeutschland „weit über seine künstlerisch-schriftstellerische Bedeutung hinaus" verehrt worden sei!

Die Weltbedeutung des Schriftstellers Goethe ist in den Gedenkjahren 1932 und 1949, also unmittelbar vor und nach der Nazizeit, von großen geistigen Persönlichkeiten in der ganzen Welt anerkannt und gepriesen worden.[2] Zum Beispiel schrieb André Suarès, der durchaus kein besonderer Freund der Deutschen war, 1932 ein Buch mit dem Titel *Goethe, le Grand Européen.* Und anschließend schrieb er gar einen Aufsatz *Goethe – l'Universel.* Der

---

2 Die Nazi-Diktatur wurde ja eingerahmt von zwei Goethe-Jahren – 1932 und 1949 –, ein Jahr vor Hitler und das erste Jahr des neuen deutschen Staates. Im Jahre 1932 kamen im Goethe-Haus zu Frankfurt achtzehn große Europäer zusammen, um den Geist Goethes gegen die heraufkommende Barbarei zu beschwören – unter ihnen Karel Capek, Salvador de Madariaga, Thomas Mann, Gilbert Muraya, Ugo Ojetti und Paul Valéry. Im Jahre 1949 – die beiden deutschen Staaten waren gerade erst gegründet – gab die UNESCO einen Sonderband *Goethe, Hommage de l'Unesco* in Paris heraus, der auch in englischer Sprache erschien: *Goethe, Unesco's Hommage On The Occasion Of The Two-Hundredth Anniversary Of His Birth,* Paris 1949. Dieser Band enthielt die erstaunlichsten Beiträge aus aller Welt. Geistesgrößen aus Ägypten, Chile, Deutschland, England, Frankreich, Indien, Italien, Polen, Mexiko, Nordamerika und

erste Satz des erwähnten Buches heißt: „Goethe ist der größte Europäer." Dann fährt Suarès fort: „Es gibt kein Heil für Europa als im Geiste Goethes. Aber es ist nicht möglich, daß dieser Geist erlischt, weil er der Geist Europas selber ist und weil Europa nichts als ein leeres Wort wäre – ohne ihn."[3]

Auch andere sehr bedeutende Männer und Frauen verschiedenster Nationalität rühmten Goethe, wie er kaum je in Deutschland gepriesen wurde. Zu ihnen gehörten: Romain

---

der Schweiz trugen dazu bei: Staatsmänner, Dichter, Schriftsteller, Gelehrte, die dem Auseinanderfallen der Welt Einhalt gebieten wollten, indem sie Goethe ehrten als eine Erscheinung, die der Menschheit Ehre macht. Der Generaldirektor Jaime Torres Bodet feierte Goethe (im Vorwort, S. X) als „großen Europäer" und als „universalen Geist". Der Vertreter Polens, Jaroslaw Iwaszkiewicz, Président of the Fédération internationale des Sociétés de Gens de Lettres, erklärte Goethe zum „Präsidenten Europas" (*The President of Europe*; a. a. O., S. 49–60). Der Londoner Dichter und Essayist Stephen Spender betitelte seine Goethe-Laudatio *The Last Prince of Poets*; der Neapolitaner Benedetto Croce klagte in seinem Beitrag die Deutschen an, nicht im Sinne Goethes gehandelt zu haben (*Goethe and Germany;* a. a. O., S. 39–47). Der Ägypter Taha Hussein Bey, Member of the Fouad 1st Academy of Arabic language, Cairo, rühmte Goethe als erstes europäisches Genie, das eine tiefe Vertrautheit zwischen Ost und West bewirkte (*Goethe and the East*; a. a. O., S. 165–179): „Goethe was the first European genius to have attempted to establish a profound familiarity between the East and the West. In so doing, he succeeded in overcoming distance and differences, and in revealing the fundamental unity of the human spirit." Der indische Philosoph und spätere Staatspräsident Sir Sarvepalli Radhakrishnan rief dazu auf, den Geist Goethes in den internationalen Beziehungen der Mächte lebendig zu erhalten; nie sei das nötiger als in Zeiten, wenn der ideologische Fanatismus die Gemüter zu verdunkeln drohe (*Goethe*; a. a. O., S. 100–108): „Never was there a time when it seemed more necessary that Goethe's spirit should be kept alive among us than now when international relations between the leading powers of the world are severely stained and when ideological fanaticism are darkening all wise counsel and extinguishing human sympathies." Die chilenische Lyrikerin und Nobelpreisträgerin Gabriela Mistral dichtete einen *Irdische Botschaft* betitelten Hymnus, in dem Goethe als Vater über den Himmeln und zwischen den Thronen der Herrschenden angerufen wird als Weltbaumeister von planetarischer Wirkung! Léopold Sedar Senghor, später Staatspräsident des Senegal, überschrieb seinen Beitrag *Goethe's message to the „New Negroes"* (a. a. O., S. 139–147). Er schildert, wie Goethes Gedichte ihm in einem Kriegsgefangenenlager für Farbige zur Offenbarung wurden, so daß er von ihm lernte, das vollkommene Gleichgewicht von Herz und Haupt zu erringen. Damals habe er erkannt, daß Goethe für die neuen Afrikaner eine Botschaft habe. Er habe ihn und seine Gefährten die Gefährlichkeit der kulturellen Isolation gelehrt, des Irrtums, ausschließlich auf die eigene Rasse, die eigene Nation, die eigenen besonderen Qualitäten zu bauen. Goethes Diktum: „Jeder sei auf seine Art ein Grieche! Aber er sei's!", gelte auch für die Schwarzen. Alle hier angeführten Beiträge von hohen Repräsentanten der ganzen Welt lassen erkennen, daß Goethe außerhalb der deutschen Grenzen oft besser verstanden wurde als von seinen eigenen Landsleuten. Gleichfalls erwähnenswert scheint es, daß die Beiträger, die Goethe hier ehrten, allesamt Demokraten waren. Warum feierten sie ihn auf so exorbitante Weise? Weil sie einen geistigen Begriff von Demokratie hatten.

3 André Suarès: *Goethe, le Grand Européen.* Paris 1932. Dort heißt es: „Goethe est le plus grand des Européens; il est aussi le premier, depuis Montaigne [...] Goethe est le grand médiateur. Il n'y a de salut pour l'Europe que dans l'esprit de Goethe. Mais il n'est pas possible que cet esprit s'éteigne, puisqu'il est celui de l'Europe même, et que l'Europe ne serait qu'un mot vide sans lui." Suarès' Aufsatz *Goethe – l'Universel* war ein Beitrag zu der von André Gide zum 100. Todestag Goethes herausgegebenen Sondernummer *Hommage à Goethe* der *Nouvelle Revue Française*, Paris 1932 (Fotomechanische Reproduktion 1991). Erstaunlicherweise existiert Suarès' Buch, in dem Goethe als Repräsentant des europäischen Geistes erscheint, nirgends in der ‚Kulturhauptstadt Europas' Weimar, d.h. weder in der Herzogin Anna Amalia Bibliothek noch in der Bibliothek des Goethe- und Schiller-Archivs. Doch wird es auch im elektronischen Katalog des Deutschen Bibliotheksverbunds, zu dem alle wichtigen Bibliotheken Deutschlands gehören, nicht verzeichnet. Es scheint, die Nazis haben ganze Arbeit geleistet, dies Buch eines geistreichen Franzosen, in dem Goethe als Europäer gefeiert wird, verschwinden zu lassen. – Alfred Bergmann faßte schon 1932 das *Welt-Echo des Goethejahres* in einer Jahresgabe für die „Freunde des Goethehauses", eingeleitet von Hans Wahl, zusammen.

Rolland, André Gide[4], Paul Valéry[5], Salvador de Madariaga, Gabriela Mistral, Benedetto Croce, Sir Sarvepalli Radhakrishnan, Alfonso Reyes, Léopold Sedar Senghor, Stephen Spender, Taha Hussein Bey, Karel Capek, Jaroslaw Iwaszkiewicz, Carl J. Burckhardt, Albert Schweitzer, Georg Lukács und viele andere mehr. Deutschland hatte in jenen zwölf furchtbaren Jahren seine Ehre verloren. 1949 gab es nur einen Namen, der Deutschlands Ehre in der Welt vertrat: Johann Wolfgang von Goethe. Und freudig haben sich die größten Vertreter der Welt des Geistes vor diesem Namen in Ehrfurcht verneigt.[6] Die Weltbedeutung Goethes zu bestimmen ist Sache der Welt, der geistigen Welt, und nicht Sache kurzsichtiger Professoren und Politiker.

Dankbarkeit: Der lebenslange Umgang mit Goethe hat mein Leben unendlich bereichert. Ich sage: mein Leben (nicht nur mein Wissen und meine Kenntnisse) – d. h. die Sicht meiner selbst, der Menschen, der Gesellschaft, der Poesie, der Kunst, der Natur, der Politik. Jeder Bereich des Lebens wird durch Goethes Werk geöffnet, wird klarer, heller, lebendiger.

Goethe und unsere Zeit. Ist unsere Zeit überhaupt noch in der Lage, vor irgendeiner Leistung ‚Demut' zu empfinden, ‚Dankbarkeit' zu empfinden? Oder widersprechen diese Gefühle, die früher einmal Tugenden waren, unserer ‚kritischen Mündigkeit'?

Wissenschaft und Demokratie – das sind sicherlich hohe, zu bewahrende Werte. Und wir tun recht daran, unsere Zukunft auf diese Werte aufzubauen. Unsere Zukunft wird um so sicherer sein, je verantwortlicher wir mit diesen Werten umgehen.

Wissenschaft und Demokratie haben etwas Gemeinsames: Es gehört zum Wesen beider, sich selbst immer wieder in Frage zu stellen. Das hängt damit zusammen, daß beide in einem skeptischen Verhältnis zur Wahrheit stehen. Die Wissenschaft weiß, daß ihre Ergebnisse immer nur vorläufig sind. Sie sagt nicht: Das ist so, sondern: Soweit wir es bis jetzt erkennen, ist dieses und jenes so oder so. Die Demokratie gar setzt an die Stelle der Wahrheit die Mehrheit. Sie verhält sich so, als ob die Auffassung der Mehrheit die Wahrheit wäre. Wer anderer Auffassung ist, muß für diese Auffassung werben, bis er eben die Mehrheit bekommt. Dieser Skeptizismus im Hinblick auf die Wahrheit macht Wissenschaft und Demokratie zu geschworenen Feinden aller Ideologien, die ja stets mit einem absoluten Wahrheitsanspruch

---

4 André Gide bekannte (in der in Anm. 3 erwähnten *Hommage à Goethe* von 1932 auf S. 368), er verdanke Goethe mehr als irgendeinem anderen Menschen, ja als allen anderen zusammen: „jamais encore je n'ai parlé directement de ce génie auquel, sans doute, je dois plus qu'à aucun autre, peut-être même qu'à tous les autres réunis [...] le rôle qu'il a joué dans mon développement intellectuel et moral, dans ma vie [...] a été considérable. Plus important sans doute que celui qu'il a pu jouer dans la vie de bien des Allemands, plus important que si j'avais été Allemand moi-même. Car, venu de plus loin, Goethe pouvait m'apporter davantage." – Ernst Robert Curtius übersetzte diesen Aufsatz und veröffentlichte ihn u. d. T.: André Gide: *Leben mit Goethe.* In: Neue Rundschau, Jg. 1932, S. 514 f. Bedauerlicherweise ist auch die von André Gide zum 100. Todestag Goethes herausgegebene Sondernummer *Hommage à Goethe* der *Nouvelle Revue Française*, Paris 1932 in den Weimarer Bibliotheken nicht vorhanden.

5 Paul Valéry rühmte Goethe emphatisch in einer Rede zum 100. Todestag an der Sorbonne vom 30. 4. 1932. Er schloß seine Rede mit den Worten: „von Helena gerufen, erscheint er [...] durch die Zustimmung der Welt erhoben in den Rang der Allergrößten, unter die Väter des Gedankens und die Doktoren der Dichtung: PATER AESTHETICUS IN AETERNUM." Hier zit. nach Michael Engelhards Übersetzung in: ders.: Ansprache bei der Enthüllung einer Kopie der Goethe-Büste von Pierre-Jean David d'Angers in Heidelberg am 5. 5. 1987, S. 5.

6 Vgl. die internationalen Würdigungen im Goethejahr 1949, vor allem die *Bicentennial Convocation* in Aspen/Colorado (veröffentlicht in: *Goethe and the Modern Age.* Edited by Arnold Bergsträsser. Chicago 1950) und die bereits erwähnte, von der UNESCO in Paris 1949 in frz. und engl. Sprache hrsg. *Hommage à Goethe.*

auftreten. Und so können wir ja auch allgemein beobachten, daß in den Demokratien selbst politische Entscheidungen mit wissenschaftlichen und immer weniger mit ideologischen Argumenten begründet werden.

Das Absterben der Ideologien – ein großer Menschheitsfortschritt – hat aber nun zur Folge, daß das abstrakte wissenschaftliche Denken zum alleinigen Richter der Realität geworden ist. Um nur ein Beispiel zu geben: In der Diskussion um das ‚Global Warming' berufen sich diejenigen Politiker, die mit erkennbarem Selbstinteresse nichts gegen die Erwärmung der Erdatmosphäre unternehmen wollen, darauf, es sei ‚nicht wissenschaftlich erwiesen', daß es eine solche Erwärmung überhaupt gebe und daß, selbst wenn es sie gäbe, sie mit dem Verhalten der Menschen zusammenhänge. Dahinter steht die These: Nur das wissenschaftlich Erwiesene sei eine tragfähige und unantastbare Grundlage politischer Entscheidung.

Verfallen wir da nicht einer Wissenschaftsgläubigkeit, die direkt zur Ideologie führt? Müssen wir nicht anfangen, die Gefahren zu sehen, wenn wir die Wissenschaft, das abstrakte Denken, zur alleinigen Hüterin der Wahrheit machen?
Johann Gottlieb Fichte schrieb in einem Brief an Goethe:

> Verehrungswürdiger Mann! [...] So lange hat die Philosophie ihr Ziel noch nicht erreicht, als die Resultate der reflektierenden Abstraktion sich noch nicht an die reinste Geistigkeit des Gefühls anschmiegen. Ich betrachte Sie und habe Sie immer betrachtet als den Repräsentanten der letzten auf der gegenwärtig errungenen Stufe der Humanität. An Sie wendet mit Recht sich die Philosophie: Ihr Gefühl ist derselben Probierstein.[7]

Fichte nannte seine Philosophie bekanntlich ‚Wissenschaftslehre'. Er wollte damit ausdrücken, daß aller Wissenschaft die Denkstrukturen der Philosophie zugrunde liegen müßten. Und er nennt nun die „Geistigkeit des Gefühls" den Prüfstein reflektierender Abstraktion. „Geistigkeit des Gefühls" dürfen wir ruhig mit Goethes Definition des „Geistes" gleichsetzen: „Denn das Leben ist die Liebe / Und des Lebens Leben Geist."[8] Das ist der Geist, der die Poesie bestimmt. Ein wissenschaftliches Ergebnis, das diesem Geist widerstreitet, muß, so glaubt Fichte, falsch sein. Der poetische Geist zeigt also der reflektierenden Abstraktion die Richtung an, in der sie sich zu bewegen hat, wenn sie nicht in die Irre gehen soll.

Treiben wir nicht richtungslos auf einem Meer von Forschungsergebnissen, z. B. in der Genetik und der Gen-Technologie? (Ist es nicht bezeichnend, daß die Forscher auf diesem Gebiet plötzlich auf die Vermeidung von Erbkrankheiten, von Krebs etc. verweisen, wenn es um die Begründung der Forschung geht, während sie deren mögliche Schäden systematisch verschweigen?)

Braucht die Wahrheit der Wissenschaft nicht eine Rückbindung an eine höhere humane Wahrheit? Das scheint mir eine zentrale Frage unserer Zeit zu sein. Goethe war es, der eine Naturwissenschaft zu begründen versuchte, die vom Geist der Liebe zu Mensch, Natur und Gott durchdrungen war.

Sollen wir unsere Zukunft allein auf die ‚abstrahierende Reflexion' bauen? Wohin treiben wir da? Verliert die Wissenschaft ihre Würde, wenn sie bewußt dem Humanum dient? Oder besteht ihre Würde darin, unbekümmert um das Humane, um „die reinste Geistig-

---

[7] Brief vom 21. 6. 1794, in: *Johann Gottlieb Fichte. Briefwechsel 1793–1795.* Hrsg. von Reinhard Lauth u. Hans Jacob unter Mitwirkung von Hans Gliwitzky u. Manfred Zahn. Stuttgart-Bad Cannstatt 1970, S. 143.

[8] *West-östlicher Divan, Buch Suleika:* „Nimmer will ich dich verlieren!"; FA I, 3.1, S. 390.

keit des Gefühls", ihre abstrakte Wahrheit zu suchen? Das ist eine Entscheidungsfrage. Sie wird vom Dichter und Naturforscher Goethe an den ideologischen Wahrheitsanspruch der heutigen Wissenschaft gestellt. Wir müssen eine Antwort darauf finden, die wir vor der Zukunft der Menschheit zu verantworten haben.

‚Goethe und die Demokratie'. – Der einzige, der sich meines Wissens mit diesem Thema ernsthaft auseinandergesetzt hat, ist Thomas Mann, der mit gleicher geistiger Leidenschaft Goethe und der Demokratie ergeben war.[9] Er hat im Jahre 1949 in Zürich einen Vortrag mit eben diesem Titel *Goethe und die Demokratie*[10] gehalten. Warum in Zürich? Weil er auf die demokratische Substanz der Schweizer vertraute, deren er bei den Deutschen noch keineswegs sicher war. Thomas Mann zitiert das Gedicht *Das Göttliche* („Edel sei der Mensch, / Hülfreich und gut") und fährt dann fort: „Habe ich Unrecht, in diesen Versen den höchsten Ausdruck aller Demokratie zu sehen?" Goethe hat die amerikanische Revolution eine „Erleichterung für die Menschheit" genannt. Thomas Mann kommentiert: „ein demokratischer empfundenes Wort gibt es nicht." Der große amerikanische Philosoph Ralph Waldo Emerson hat Goethe mit Benjamin Franklin verglichen. Der amerikanische Dichter Henry Wadsworth Longfellow hat das ebenfalls getan. Ernst Beutler und Ekkehart Krippendorff haben die geistige Verwandtschaft zwischen Goethe und Thomas Jefferson hervorgehoben.[11] Goethe führte den jungen Herzog in die Schweiz, damit er dort lerne, wie ein Staat menschlich zu regieren sei. Er veröffentlichte den großartigen Bericht seines Zöglings Prinz Bernhard über dessen Reise durch die USA, in dem die damals noch jungen demokratischen Institutionen des Landes mit Bewunderung beschrieben werden. In *Wilhelm Meisters Wan-*

---

9 Gerechtigkeitshalber sei hier nachgetragen, daß dem hervorragenden Goethekenner und Politikwissenschaftler Ekkehart Krippendorff die trefflichsten Darstellungen von Goethes staatsmännischen Überzeugungen und Leistungen zu verdanken sind. Besondere Erwähnung verdienen in diesem Zusammenhang die im Suhrkamp und Insel Verlag erschienenen Bücher: *Wie die Großen mit den Menschen spielen. Versuch über Goethes Politik* (1988) und *Goethe. Politik gegen den Zeitgeist* (1999) sowie die Kap. *Konfuzius in Weimar* und *Das Vorbild* in: *Schöpferische Unzufriedenheit. Ethische Politik von Sokrates bis Mozart* (1999). Zu nennen ist hier auch E. Krippendorff: *Leidenschaft aus Leiden an der Politik: 1785–1995*, in: *Das Pathos der Deutschen.* Hg. von Norbert Bolz. München 1998. Bei allen diesen Publikationen geht es dem Verfasser darum, die politischen Einsichten Goethes für die Welt, in der wir leben, nutzbar zu machen. So liegt es in der Natur der Sache, daß seine Darstellungen auch außerordentlich Wichtiges zum Demokratie-Thema enthalten. Man kann nur wünschen, daß diese vorzüglichen Publikationen viele Leser und auch ihren Weg zu den deutschen Schulen und Universitäten finden.

10 Rede vom 3.6.1949 im Schauspielhaus Zürich zur Eröffnung der dortigen Goethe-Festwochen; am 13.5.1949 hatte Mann sie schon anläßlich der Verleihung der Ehrendoktorwürde am Taylorian Institute in Oxford vorgetragen und auf englisch am 2.5.1949 als *Goethe and Democracy* im Coolidge Auditorium der Library of Congress in Washington. Die am 25.7.1949 in der Frankfurter Paulskirche und am 1.8.1949 im Deutschen Nationaltheater zu Weimar gehaltene *Ansprache im Goethejahr 1949* (engl. u.d.T. *Goethe's Life and Work.* In: Picture Post, London, 27.8. u. 3.9.1949) ist nicht damit identisch.

11 In *Goethe. Politik gegen den Zeitgeist* kündigt E. Krippendorff eine Publikation über *Goethe und Thomas Jefferson* an; (sie soll bei der EVA in Hamburg in der Reihe der ‚Duographien' erscheinen). Zum Demokratie-Thema dürfte gerade dieses Buch von besonderer Wichtigkeit sein, gilt doch ‚der Weise von Monticello', der „the pursuit of happiness" als Menschenrecht in die amerikanische Verfassung einbrachte, noch heute in den USA als ‚patron saint' der Demokraten. Wahrhaft demokratische Formen des Regierens und Miteinanderlebens lassen sich von Jefferson wie auch von Goethe lernen. Wäre Goethe wirklich mit Lili nach Amerika ausgewandert, woran beide 1775 dachten, so hätte er dort sicher eine ähnliche Rolle gespielt wie die ihm wesensverwandten ‚Gründungsväter' Amerikas, denen zur Durchsetzung ihrer politischen Ideale weit mehr Spielraum zur Verfügung stand als Goethe in den allzu beengten Verhältnissen eines deutschen Zwergstaates damaliger Zeit.

derjahre, einem Auswanderer-Roman, legte Goethe sein geistiges Vermächtnis nieder. Und wohin geht die Reise? Ins freie Amerika! ‚Furcht vor dem Gedanken der Demokratie'? Hier scheint doch einiges korrekturbedürftig zu sein.

Aber Goethe war doch gegen Revolutionen? Ja, das ist richtig. Aber war er deswegen gegen ‚den Gedanken der Demokratie'? Und ist die Demokratie denn für Revolutionen? Wünschen die westlichen Demokratien ernsthaft eine demokratische Revolution im heutigen China, mit den voraussehbaren Millionen von Toten, die mit einer solchen Revolution notwendig verbunden wären?

Goethe hat die alten Demokratien Venedig, England, die Schweiz, die Niederlande geachtet und bewundert. Warum? Weil in diesen Staaten das demokratische Bewußtsein in Jahrhunderten organisch gewachsen war. Er war gegen Revolutionen und Krieg, weil er gegen jede Art von Gewalt war. Ist diese Abneigung gegen Gewalttätigkeit nicht ein zutiefst demokratischer Zug in seinem Wesen?

Endeten nicht alle durch Revolutionen übereilt eingeführten Demokratien in Bürgerkrieg und Gewalt? Die blutige Französische Revolution fiel zunächst in die Hände Robespierres und anschließend in die Diktatur Napoleons; danach wieder Monarchie, 1830 Revolution, Bürgerkönigtum und wieder Revolution, die im 2. Kaiserreich endete. In Rußland führte die Oktoberrevolution zur Diktatur Lenins und Stalins. Portugal fiel in die Hände Salazars, Spanien nach einem grausamen Bürgerkrieg in die Hände Francos. Zaghafte Demokratieversuche in Italien endeten in der Diktatur Mussolinis. In Deutschland führte die Einführung der Demokratie zu bürgerkriegsähnlichen Zuständen und endete in der grauenvollen Diktatur Hitlers. Um 1960 wurden die meisten Kolonien Afrikas in die demokratische Unabhängigkeit entlassen. Ein allgemeines Morden begann, das bisher noch nicht beendet ist. Hatte Goethe denn gar so unrecht, wenn er um 1790, um 1815, um 1830 die Einführung der Demokratie in Deutschland für unverantwortlich hielt? War ein Volk, das noch 1933 bis 1945 der Parole „Führer befiel, wir folgen" gehorchte, 150 Jahre früher reif für die Demokratie? Da gibt es doch ganz erhebliche Zweifel.

Die Weimarer Republik, woran ist sie denn gescheitert?[12] Ist sie nicht hauptsächlich daran gescheitert, daß es in ihr zu wenig Demokraten, zu wenig wirklich freie Menschen gab, so daß ein großer Teil dem ‚Führer' und ein anderer großer Teil einer abstrakten Ideologie hinterherlief, beide von tiefem Haß auf die Demokratie erfüllt?

---

12 Nicht an der Arbeitslosigkeit, nicht am Versailler Vertrag, nicht an der Inflation ist die erste deutsche Demokratie zugrunde gegangen, sondern weil die meisten Menschen noch keine wirklichen Demokraten waren. Das führte zu Mord und Totschlag und schließlich zu Adolf Hitler. Die Deutschen wollten eben einen ‚Ersatzkaiser' haben. Sie konnten mit der Demokratie nichts anfangen. Sie hatten nicht gründlich und ernsthaft genug Goethe gelesen. Alle wahren Demokraten der Weimarer Republik – Friedrich Ebert, Walter Rathenau, Gustav Stresemann – waren Goethe-Verehrer. Ihr Versuch, endlich einmal deutsche Politik auf den Geist Goethes zu gründen, ist jämmerlich gescheitert, nicht weil der Geist Goethes es nicht vermocht hätte, eine wahrhafte Demokratie zu gründen, sondern weil die Gegner der Demokratie diesen Geist haßten. Zu den Zerstörern der Weimarer Republik gehörte leider auch die konservative bis reaktionäre Bürgerschaft Weimars, die ihre undemokratische Gesinnung schon demonstrierte, als sie 1914 Henry van de Velde rausekelte, 1925 das Bauhaus hinauswarf und alle fortschrittlichen Ansätze kaputtmachte. Das Nichternstnehmen von Goethes politischer Ethik, seine „Entpolitisierung" war typisch für die deutsche Bourgeoisie insgesamt, die dadurch zur Stärkung der Nazis beitrug. Doch empfindet man den schamlosen Verrat Goethes an den „Führer" im Falle Weimars als besonders schmerzlich und daß ausgerechnet dort, noch in der Republik, die erste Landeshauptstadt mit einer Nazi-Regierung war, daß die Nazis und ihr Führer sich dort besonders wohl fühlten, das Gauforum bauten und dann Buchenwald.

Muß die Freiheit nicht erst in Menschen gewachsen sein, bevor eine freiheitliche Verfassung funktionieren kann? Hier stehen wir vor dem Kern der Frage Goethe und die Demokratie: Was hat Goethe für das Wachstum der Freiheit in den Menschen geleistet? Er selbst hat von sich bekannt:

> Wenn ich aber aussprechen soll, was ich den Deutschen überhaupt [...] geworden bin, so darf ich mich wohl ihren Befreyer nennen; denn sie sind an mir gewahr geworden, [...] wie der Mensch von innen heraus leben [...] müsse.
> (*Noch ein Wort für junge Dichter*; FA I, 22, S. 933)

Goethe – der Befreier der Deutschen – den Titel hat er von Simón Bolívar, dem Libertador, übernommen, der die Sklaverei in Südamerika abgeschafft hat. Und nun gilt es doch einmal herauszufinden, wer für das Wissen darüber, was ‚Freiheit' ist und meint, mehr getan hat: Goethe oder der Student Sand, der Kotzebue ermordet hat, oder Karl Marx? Wer hat denn die Demokratie in den Menschen vorbereitet?

Die Revolutionäre oder Männer wie Scharnhorst und Gneisenau mit der preußischen Heeresreform, wie Wilhelm von Humboldt mit der Gründung der Berliner Universität, wie der Freiherr vom Stein mit Bauernbefreiung, Gemeinde- und Kreisreform im Sinne der Selbstverwaltung? Alle diese Männer waren Verehrer Goethes und haben, wie Goethe, einem Fürsten, hier dem König von Preußen, gedient! Aber mindert das ihre großartigen Verdienste um die Vorbereitung einer wahren deutschen Demokratie? Alexander von Humboldt, der Freund Simón Bolívars und Thomas Jeffersons, zeitlebens ein glühender Demokrat, hielt es nicht für unter seiner Würde, Kammerherr des preußischen Königs zu sein. Es ist übereilt, von einem Amt in einer Monarchie auf die Gesinnung eines Menschen zu schließen. Der Freiherr vom Stein wußte, daß sein Wirken für die Freiheit des Volkes einen Verbündeten ganz sicher brauchte: Goethe. Er wußte, daß alles staatliche Handeln nichts taugt, wenn es nicht vom Geist getragen ist. Und Goethe hat ihm die Hand gereicht. Die Steinsche Politik, das war für ihn die Politik, die in die Freiheit führte. Bevor das Volk einen Staat regierte, schien es ihm notwendig, daß es lernte, die Angelegenheiten der eigenen Gemeinden und Kreise zu regeln. „Alles menschliche muß erst werden und wachsen und reifen, / Und von Gestalt zu Gestalt führt es die bildende Zeit."[13] Das erschien Goethe vernünftiger, menschlicher, ‚organischer', als mittels einer gewaltsamen Revolution die Monarchie abzuschaffen und eine Demokratie einzuführen, in der es – keine Demokraten gab. Doch Goethe hielt es für seine Pflicht, die Saat der Freiheit in seinem Volke auszusäen: „Erwachsne gehn mich nichts mehr an, / Ich muß nun an die Enkel denken" (*Zahme Xenien I*; FA I, 2, S. 621). Das ist auch so ein Vers Goethes, von dem demokratische Politiker lernen könnten: statt nur an die nächste Wahl, ans Wohl der Enkel zu denken.

Goethes Werk ist nicht zuletzt ein „Liebewerk" für sein Volk, im stillen geschaffen;[14] es enthält keine politischen Proklamationen, scheint mir aber gerade deshalb, auch in politischer Hinsicht, haltbarer, solider als *Das Kommunistische Manifest*, das in den Geschichtsbüchern einen so weiten und zentralen Raum einnimmt. Und die schlichte Tatsache, daß schier niemand auf seiten des Staates und der Literaturwissenschaft den gewaltigen und fun-

---

13 Schiller, *Das Glück*, V. 63 f.; Frankfurter Ausgabe, Bd. 1, S. 458.

14 Vgl. die Schlußstrophe von Goethes Gedicht *Vermächtnis* (FA I, 2, S. 686): „Und wie von Alters her, im stillen, / Ein Liebewerk, nach eignem Willen, / Der Philosoph, der Dichter schuf; / So wirst du schönste Gunst erzielen: / Denn edlen Seelen vorzufühlen / Ist wünschenswertester Beruf".

damentalen Beitrag Goethes für unsere Begriffe von der „Würde des Menschen", der „freien Entfaltung der Persönlichkeit", der „Freiheit der Person", Begriffe, auf denen jede Demokratie ruht bzw. ruhen sollte, überhaupt zur Kenntnis genommen hat, zeigt auf betrübliche Weise, wie flach das demokratische Denken bei uns immer noch ist.

Demokratie wird noch immer allzusehr als ein Regelwerk von Paragraphen, Institutionen und Mechanismen verstanden. Demokratische Gesten, ohne jegliche Substanz wie das Hambacher Fest oder die Ermordung Kotzebues, werden als gloriose Vorläufer der Demokratie gefeiert, während Goethe als Befreier weder von den Politikern noch den Literaturwissenschaftlern noch den Historikern zur Kenntnis genommen wird:

Ihr könnt mir immer ungescheut,
Wie Blüchern, Denkmal setzen;
Von Franzen hat er euch befreit,
Ich von Philister-Netzen.
(*Zahme Xenien VII*; FA I, 2, S. 724)

Es gibt auch einen ‚Geist der Demokratie', es sollte ihn zumindest geben. Doch von ihm ist in der Demokratie-Diskussion allzuwenig die Rede. Goethe ging es nicht um leere Freiheitsgesten oder um Paragraphen und Institutionen. Letztere schienen ihm nur so viel wert zu sein wie die Menschen, die sie anwendeten oder handhabten. Ihm ging es um den freien Geist des Menschen, den er als das Ziel der Schöpfung pries.

Wenn der freie Geist des freien Menschen die Grundlage und die höchste Aufgabe des demokratischen Staates ist, dann hat Goethe durch sein Leben und seine Werke mehr dafür getan als jeder andere Deutsche. Es ist unmöglich, eine Geschichte des freien deutschen Geistes zu schreiben, ohne der Befreiungstaten Goethes zu gedenken.

Und so finden wir diesen Geist Goethes ja auch in der deutschen Verfassung wieder. Deren erste zwei Sätze lauten: „Die Würde des Menschen ist unantastbar. Sie zu achten und zu schützen, ist Verpflichtung aller staatlichen Gewalt." (Sollte das nicht eigentlich auch im Verhältnis des Staates und seiner Vertreter zur Würde Johann Wolfgang von Goethes gelten? Nicht deswegen, weil er ein bedeutender Schriftsteller war, sondern weil er ein Mensch war?!)

Was aber ist denn nun diese „Würde des Menschen"? Geben Grundgesetzkommentare darüber genügende Auskunft? Ist das eine Frage nur des Verfassungsrechts? Belehren uns Soziologen und Psychologen ausreichend darüber, Philosophen? Sie alle haben uns Wichtiges darüber zu sagen. Aber ich meine, es sind unsere großen Dichter und ihre Werke, in denen „die Würde des Menschen" am umfassendsten, am sichersten und am glaubhaftesten aufgehoben ist. Wenn ein Deutscher wirklich wissen will, was das ist, die „Würde des Menschen", dann lese er die Werke Goethes. Dort wird er es erfahren, besser, tiefer als irgendwo sonst.

Artikel 2 des Grundgesetzes spricht von der „freien Entfaltung der Persönlichkeit". Nun, wer erfahren will, was das ist, eine Persönlichkeit, die sich frei entfaltet, der schaue sich Werk und Leben Goethes an. Er hat seinem Volk und der Welt in dieser Hinsicht ein wahrhaft ewiges und unerreichtes Vorbild gesetzt. Ihm kam es darauf an, die „Pyramide seines Daseins" so hoch wie möglich hinaufzuspitzen.[15] Und das ist ihm wie wenigen anderen ge-

---

15 Vgl. Goethes Brief an Johann Kaspar Lavater vom September 1780: „Das Tagewerck das mir aufgetragen ist, das mir täglich leichter und schwerer wird, erfordert wachend und träumend meine Gegenwart. Diese Pflicht wird mir täglich teurer, und darin wünscht ich's den grössten Menschen gleich zu tun, und

lungen. Er war ein in jeder Hinsicht überbegabter Mensch. Er hatte vom Schöpfer die zehn Talente bekommen. Aber am Ende seines Lebens hatte er nicht nur 20, sondern 30 daraus gemacht. Menschen, die so mit ihrem Pfunde wuchern, hat Christus als vorbildlich gepriesen.[16]

Artikel 2 des Grundgesetzes spricht ferner von der „Freiheit der Person". Auch über diesen Begriff kann Goethes Leben und Werk erschöpfende Auskunft geben. Sein Geist war souverän, war niemandem untertan. Er dachte mit seinem eigenen Kopf, keiner Zeitströmung oder Mode unterworfen. Er diente seinem Fürsten und seinem Staat, weil sie ihm eben diese Freiheit, er selbst zu sein, garantierten. Und dieser Dienst war für ihn keine Nebenbeschäftigung. Er widmete ihm die besten Kräfte seines Geistes und einen großen Teil seiner Zeit. Aus Dankbarkeit. ‚Freiheit' war für ihn nicht denkbar ohne Dienst an der Gemeinschaft. Er war ein vorbildlicher ‚Bürger' seines Staates. „Sich frey zu erklären", sagt Goethe, „ist eine große Anmaßung; denn man erklärt zugleich daß man sich selbst beherrschen wolle" (*Noch ein Wort für junge Dichter*; FA I, 22, S. 934). Auch hier könnten die Demokraten eine Menge von ihm lernen. Begreifen sie die demokratische Freiheit denn wirklich als Pflicht zum Dienst an der Gemeinschaft, wie es Goethe tat? Wird unsere Jugend in Elternhaus, Schule und Universität in diesem Sinne erzogen? Nehmen wir nicht ‚Freiheit' einfach nur hin als eine banale Selbstverständlichkeit, die uns zu nichts verpflichtet?

Artikel 3 des Grundgesetzes spricht von der „Gleichheit" aller Menschen vor dem Gesetz. Hierzu hat Goethe, der angebliche Anti-Demokrat, ein sehr nachdenkenswertes Wort gesagt:

> In der Gesellschaft sind alle gleich. Es kann keine Gesellschaft anders als auf den Begriff der Gleichheit gegründet seyn, keineswegs aber auf den Begriff der Freyheit. Die Gleichheit will ich in der Gesellschaft finden, die Freiheit nämlich die sittliche daß ich mich subordiniren mag bringe ich mit.
> (*Maximen und Reflexionen*; FA I, 13, S. 187)

Ein Staat ist für ihn also nur in dem Maße wirklich frei, in dem seine Menschen bereit sind, sich dem Gemeinwohl unterzuordnen. Das ist, zugegeben, ein sehr strenger Freiheitsbegriff, von dem in den bisherigen Demokratie-Lehrbüchern nun wirklich gar nichts zu finden ist. Bei Goethe ist die Freiheit offenbar sehr viel mehr als eine zu nichts verpflichtende Parole. Er drängt auf die Substanz der Freiheit: „Nur der verdient sich Freiheit wie das Leben, / Der täglich sie erobern muß" (*Faust. Der Tragödie Zweiter Teil.* 5. Akt, V. 11575 f.; FA I, 7.1, S. 448). Und dieser Satz gilt in jeder Staatsverfassung, auch in einer Demokratie. Wie wäre es, wenn die Demokratie bei Goethe einmal in die Schule ginge, um sich etwas von der Substanz der Freiheit einzuverleiben, statt sich in eitlem Dünkel überlegen zu glauben, nur weil sie das Wort ‚Freiheit' ständig im Munde führt, wohinter sich nur allzuoft der krasseste Egoismus verbirgt?

---

in nichts g r ö s s e r m. Diese Begierde, die Pyramide meines Daseins, deren Basis mir angegeben und gegründet ist, so hoch als möglich in die Luft zu spitzen, überwiegt alles andre und läßt kaum augenblickliches Vergessen zu. Ich darf mich nicht säumen, ich bin schon weit in Jahren vor, und vielleicht bricht mich das Schicksal in der Mitte, und der Babylonische Turm bleibt stumpf unvollendet. Wenigstens soll man sagen, es war kühn entworfen und wenn ich lebe, sollen, wills Gott, die Kräfte bis hinauf reichen."

16 Vgl. Matth. 24, Luk. 29.

„Würde des Menschen", „freie Entfaltung der Persönlichkeit", „Freiheit der Person" – das sind die Grundwerte der Demokratie, wenn man denn der deutschen Verfassung glauben soll. Und da haben nun die Deutschen das große Glück, in Goethe ein Vorbild zu besitzen, das diese Werte wie kaum ein zweiter in der Neuzeit verkörpert. Deswegen ist es nötig, daß die Jugend mit Leben und Werk Goethes vertraut gemacht wird. Deswegen braucht die Demokratie Goethe, deswegen kann sie nicht auf ihn verzichten.

Am 7.4.1830 behauptete Goethe gegenüber dem Kanzler von Müller aus voller Überzeugung: „Wer ist denn noch heutzutage ein Christ, wie Christus ihn haben wollte? Ich allein vielleicht, ob ihr mich gleich für einen Heiden haltet."

Mir scheint es sehr möglich, daß er auf den in unserer Zeit erhobenen Vorwurf, er sei ein Antidemokrat mit gleichem Recht, antworten würde: „Wer von euch ist denn ein Demokrat, wie ihn das Grundgesetz haben will? Ich allein vielleicht, ob ihr mich gleich für einen Antidemokraten haltet."

Und eben deswegen, weil er der vielleicht einzige wahre Demokrat in seinen Tagen war, war er gegen die gewaltsame Einführung der Demokratie durch eine Revolution und mußte es sein. Denn es ging ihm nicht um die Durchsetzung einer Freiheits-Ideologie, sondern darum, sein Volk von innen zu befreien, aus Untertan-Seelen und Befehlsempfängern wirklich freie Menschen zu machen.

Goethe hat den Sinn seines Werkes im Triumph des ‚Rein-Menschlichen' gesehen. Ist dies nicht auch der letzte Sinn aller Demokratie? Anstatt Goethe anzuschwärzen, sollte die deutsche Demokratie ihn als ihren wichtigsten Verbündeten betrachten. Der Triumph des ‚Rein-Menschlichen', er konnte nur einem Menschen gelingen, dessen Seele keine Sekunde dem sinnlos Bösen hörig war, wie es Hans Carossa in seiner trefflichen Rede von 1938 formuliert hat.[17]

Über Goethes Charakter ist in letzter Zeit allzuviel Dummes und böswilliges Zeug gesagt und geschrieben worden. All das wird durch einen Brief Schillers an die Gräfin Charlotte von Schimmelmann vom 23.11.1800 weggefegt. Schiller preist darin zuerst den Dichter:

> Nach meiner innigsten Überzeugung kommt kein anderer Dichter ihm an Tiefe der Empfindung und an Zartheit derselben, an Natur und Wahrheit und zugleich an hohem Kunstverdienste auch nur von weitem bei. Die Natur hat ihn reicher ausgestattet als irgend einen, der nach Shakespeare aufgestanden ist.

---

[17] Hans Carossa: *Wirkungen Goethes in der Gegenwart.* Leipzig 1938, S. 22: „Wenn ich über alle Sender der Welt verkündige, daß in den *Wanderjahren* Sätze stehen [...] von planetarischer Gültigkeit, Aussprüche, durch welche unsere Erde schöner, das Menschengeschlecht ehrwürdiger geworden ist, so werden mir vielleicht einige Tausende zuhören; wenn ich aber, über die nämlichen Sender hin, Goethe einer dunklen Tat bezichtige, so spitzen sich augenblicklich Millionen Ohren. Vortreffliche Männer haben immer wieder Zeit und innigen Fleiß geopfert, um die Lauterkeit von Goethes Charakter zu erweisen und das Unwahre der gegen ihn berichteten Vorwürfe darzutun. Sie verdienen den Dank der Nation; aber für uns, die wir Goethes innere Geschichte kennen, für uns wäre keine Ehrenrettung nötig [...] Geistreiche Wendungen ersinnen oder handfeste Versgebäude zimmern, dies kann auch ein Talent mit gemischtem Alltagsgewissen; aber jene Höhen, wo der tiefste Sinn, die strengste Satzung als freies Lied erklingen, die erfliegt keine Dichterseele, die sich ihr Saitenspiel durch finstere, tückische Gedanken beschwert hat [...] und wer berufen war, die Orphischen Urworte zu schreiben oder die *Selige Sehnsucht*, wer die Gesichte und Gesänge des Zweiten Faust im Herzen trug, der durfte nie auch nur eine Sekunde lang dem sinnlos Bösen hörig sein" .

Dann kommt Schiller auf den Naturforscher Goethe zu sprechen:

> außer diesem, was er von der Natur erhalten, hat er sich durch rastloses Nachforschen und Studium mehr gegeben als irgend ein anderer. Er hat es sich 20 Jahre mit der redlichsten Anstrengung sauer werden lassen, die Natur in allen ihren drei Reichen zu studieren [...]. Welcher von allen Dichtern kommt ihm in solchen gründlichen Kenntnissen auch nur von ferne bei!

Danach kommt Schiller auf den Staatsdiener zu sprechen: „Und doch hat er einen großen Teil seines Lebens in Ministerialgeschäften aufgewendet, die darum, weil das Herzogtum klein ist, nicht klein und unbedeutend sind."

Ein großer Dichter also, und ein Mensch, der große Teile seiner Zeit und Kraft der Suche nach der Wahrheit und seinen Mitmenschen als Staatsdiener widmet. Das ist ja eigentlich schon eine ganze Menge; es steckt auch eine ganze Menge Menschliches darin, menschlich Achtungswürdiges und Respektheischendes. Aber damit läßt Schiller es nicht bewenden. Er fährt fort:

> Aber diese hohen Vorzüge seines Geistes sind es nicht, was mich an ihn bindet. Wenn er nicht als Mensch für mich den größten Wert von allen hätte, die ich persönlich je habe kennen lernen, so würde ich sein Genie nur in der Ferne bewundern. Ich darf wohl sagen, daß ich in den sechs Jahren, die ich mit ihm zusammen lebte, auch nicht einen Augenblick an seinem Charakter irre geworden bin. Er hat eine hohe Wahrheit und Biederkeit in seiner Natur und den höchsten Ernst für das Rechte und Gute; darum haben sich Schwätzer und Heuchler und Sophisten in seiner Nähe immer übel befunden. Diese hassen ihn, weil sie ihn fürchten, und weil er das Flache und Seichte im Leben und in der Wissenschaft herzlich verachtet und den falschen Schein verabscheut, so muß er in der jetzigen bürgerlichen und literarischen Welt notwendig es mit vielen verderben.[18]

Dies ist das schönste Zeugnis über den Charakter Goethes, das Zeugnis eines Mannes von unbestreitbar herrlichem Charakter nach sechs Jahren intensivsten Zusammenlebens. Man möge es mir nicht verübeln, wenn ich den Geist, das Urteilsvermögen, den Charakter und die Goethe-Kenntnis Schillers höher einschätze als die entsprechenden Eigenschaften von Herrn Professor Wilson und anderen.

Friedrich Schelling sprach, als er vom Tode Goethes erfuhr, die Worte:

> Der Mann entzieht sich [...], der in allen innern und äußern Verwirrungen wie eine mächtige Säule stand, an der viele sich aufrichteten, wie ein Pharus, der alle Wege des Geistes beleuchtete; der, aller Anarchie und Gesetzlosigkeit durch seine Natur feind, die Herrschaft, welche er über die Geister ausübte, stets nur der Wahrheit und dem in sich selbst gefundenen Maß verdanken wollte; in dessen Geist und, wie ich hinzufügen darf, in dessen Herzen Deutschland für alles, wovon es in Kunst oder Wissenschaft, in der Poesie oder im Leben, bewegt wurde, das Urteil väterlicher Weisheit, eine letzte versöh-

18 Schiller an Charlotte von Schimmelmann, 23. 11. 1800 (*Schillers Werke*. Nationalausgabe, Bd. 30, Weimar 1961, S. 212 ff.).

> nende Entscheidung zu finden sicher war. Deutschland war nicht verwaist, nicht verarmt, es war in aller Schwäche und inneren Zerrüttung groß, reich und mächtig von Geist, so lange Goethe – lebte.[19]

Meine Herren und Damen, es liegt an uns, es liegt am deutschen Volk, es liegt an Europa, es liegt an der Welt, ob Goethe lebt oder nicht. Lassen wir nicht zu, daß er von Unkundigen mit Dreck beworfen und verunglimpft wird. Tun wir das Unsere, um sein Vermächtnis lebendig zu erhalten. Ein Volk, das seine wahrhaft großen Geister nicht ehrt, hat keine Zukunft. Lehren wir unsere Jugend, auf Goethe mit der Achtung und, wenn irgend möglich, mit der Liebe zu schauen, die er wie wenige andere Deutsche verdient.

Ich rate nicht dazu, auf Goethe stolz zu sein. Die deutsche Geschichte hat ihn allzu oft verraten. Aber es besteht durchaus Anlaß dazu, ihm für sein Werk und sein Beispiel dankbar zu sein. Es besteht Anlaß dazu, sich dieses Werks und dieses Beispiels von ganzem Herzen zu freuen. Freuen wir uns über ihn, preisen wir ihn, der vor 250 Jahren der Welt ‚verliehen' wurde!

---

19 Worte nach Goethes Tod in der Münchner Allgemeinen Zeitung vom 4. 4. 1832. Hier zit. nach *Schellings Philosophie.* Für die Deutsche Bibliothek in einer Auswahl hrsg. und eingel. von Otto Braun. Berlin 1919, S. 340.

JAMES SIMPSON

Goethe und England

Englische Goethe-Verehrer muß die Goethe-Rezeption in England in vieler Hinsicht traurig stimmen. Man kann sich des Eindrucks nicht erwehren, daß hier ein Unrecht geschehen ist. Shakespeare wurde von der deutschen Literatur wie einer der ihren behandelt, er wurde entsprechend deutscher Bedürfnisse adaptiert und zu einem deutschen Klassiker erhoben. Warum nicht etwas Ähnliches mit Goethe in England geschah, ist eine interessante Frage, die allerdings im Rahmen dieses Beitrags nicht zu beantworten ist. Statt dessen habe ich mir eine einfachere Aufgabe gestellt. Ich möchte mich einer Frage widmen, die für die Goethe-Rezeption in England zentral ist. Es handelt sich dabei um die merkwürdige historische Tatsache, daß Goethe im 19. Jahrhundert eindeutig eine herausragende Gestalt in der literarischen Landschaft Englands war. So herausragend, daß er weder zu übersehen noch zu ignorieren war. Im krassen Gegensatz dazu ist der Goethe des 20. Jahrhunderts wenngleich nicht gerade unsichtbar, so doch auch nicht herausragender als andere fremdsprachige Dichter. In diesem Beitrag möchte ich kurz und schematisch die Goethe-Rezeption in England skizzieren und dabei versuchen, Erklärungen zu finden für ihre jeweilige Ausprägung. Einiges von dem, was ich zu sagen habe, wird manchen Lesern bereits bekannt sein; überdies werde ich mich einiger dreister Vereinfachungen schuldig machen. Ich hoffe jedoch, daß die Gründe dafür offensichtlich sind.

Eine der wichtigsten Lektionen, die wir von der Shakespeare-Rezeption in Deutschland lernen können, ist, daß es sich dabei niemals um eine rein ästhetische Angelegenheit handelte. Im Verlauf des 18. Jahrhunderts war das Anwachsen von Shakespeares Bedeutung in England eng mit dem dort erwachenden Nationalismus verbunden und mit der wachsenden Feindseligkeit Frankreich gegenüber.[1] Auch in Deutschland spürte die sich neu herausbildende Gruppe bürgerlicher Literaten das Bedürfnis, eine Alternative zu finden zur vorherrschenden Ästhetik des Neoklassizismus. Das Beispiel Shakespeares diente als Legitimation dieser Selbstbefreiung. Wenn wir die Goethe-Rezeption in England betrachten, sollten wir daran denken, was uns das Beispiel Shakespeares lehrt: daß ästhetische und politische Fragen auf enge und verwirrende Weise miteinander verbunden sein können, und daß die Rezeption eines Dichters mit beidem verknüpft sein kann: – allerdings muß ich betonen, daß ich den Begriff ‚politisch' nur provisorisch und in seiner allgemeinsten Bedeutung verwende. Eine weitere Lektion ist diese: Bei der Betrachtung der Shakespeare-Rezeption ist

---

1 Zur Shakespeare-Rezeption in England und Europa vgl. Jonathan Bate: *The Genius of Shakespeare*. London 1996.

es hilfreich, zwei Dinge zu unterscheiden: auf der einen Seite das, was man als das literaturkritische Konstrukt eines Shakespeare-Bildes bezeichnen kann und was vielleicht ideologischen Zwecken dienen mag, und auf der anderen Seite das, was vielleicht eine subtilere und weniger sichtbare Rezeption Shakespeares war, wobei Shakespeare als ein schöpferischer Einfluß und Impuls diente. Was die Goethe-Rezeption angeht, sind beide Aspekte relevant.

Goethe wurde in England zuerst als Autor des *Werther* bekannt. Die Besprechungen, mit denen man in England auf die Veröffentlichung reagierte, beschäftigten sich hauptsächlich mit der scheinbaren „Unmoral" des Buches in seiner angeblichen Verteidigung des Selbstmords. Ein zeitgenössischer Kritiker bemängelte „die schädliche Tendenz" des Werkes und stimmte denen zu, die „Herrn Goethe [...] als einen Apologeten des Selbstmords bezeichnen" [2]. Dies ist in zweierlei Hinsicht von Bedeutung, denn es etablierte den Tenor – einen sehr bedauerlichen Tenor – für die Goethe-Rezeption generell. Goethe blieb in englischen Augen ein gefährlicher und unmoralischer Autor. Diesen Vorwurf kann man in verschiedenen Formen bis weit ins 19. Jahrhundert verfolgen. In gewisser Hinsicht formt es den Kern der gesamten Goethe-Rezeption. Zumindest oberflächlich gesehen, scheint diese Betrachtungsweise keine politische Dimension gehabt zu haben. In Wirklichkeit allerdings verbergen sich hinter diesem Vorwurf von „Unmoral" viel interessantere Fragen zur Natur der moralischen Autorität in der Gesellschaft. Die quasi-politische Natur der ästhetischen Reaktionen läßt sich einfach dadurch veranschaulichen, daß man sich fragt, wer sich denn eigentlich für *Werther* begeisterte und wer nicht.

Der Roman repräsentiert natürlich nur einen Teil dessen, was dazu beitrug, daß sich England am Ende des 18. Jahrhunderts der Literatur und Kultur Deutschlands öffnete. Um 1790 herum erlebte England ein erstaunliches und zugegebenermaßen kurzlebiges Anwachsen des Interesses am deutschen Drama. Und Goethe spielte dabei eine kleinere Rolle als Schiller, dessen *Räuber* einen gewaltigen Eindruck auf Walter Scott, Wordsworth, Coleridge und Hazlitt machten. Es ist leicht – aber, wie ich glaube, irreführend –, die Bedeutung dieser Begeisterung zu verleugnen, nur weil der am häufigsten inszenierte deutsche Dramatiker dieser Zeit Kotzebue war. Am Ende des 18. Jahrhunderts waren es nämlich die gewaltsamen, die extremen und sensationellen Elemente dieser Werke, die ihre bedeutendsten Merkmale zu sein schienen. Und diese Bedeutung war wiederum, den Reaktionen nach zu urteilen, politischer Natur, selbst wenn die vordergründige Entrüstung moralistisch war. Es ist wichtig, sich in Erinnerung zu rufen, wie gespalten die englische Gesellschaft in ihrer Einstellung der Französischen Revolution gegenüber war, was zu einem zunehmend repressiven kulturellen Klima führte, je näher der Krieg mit Frankreich rückte. Ein Symptom dieses Klimas waren auch die satirischen Angriffe gegen Goethe in der Wochenzeitschrift *The Anti-Jacobin* (‚Der Anti-Jakobiner'), die gegründet worden war, um die Pitt-Regierung lautstark zu unterstützen. Im allgemeinen zeigte diese Zeitschrift keinerlei Interesse an literarischen Themen, was ihre Angriffe auf deutsche Autoren umso interessanter macht.

Bezeichnend für genau diese Art der politischen Sympathien ist das Beispiel des jungen Robert Southey, der später ein unbedeutender Hofdichter (Poet Laureate) wurde. Seiner eigenen Beschreibung nach ging er 1792 nach Oxford an die Universität „mit einem Kopf voll Rosseau und Werther" [3]. Angeblich trug er eine Kopie des Romans bei sich, wohin er auch ging. Wie viele junge Männer seiner Generation war er voller Begeisterung für die Franzö-

2 The Critical Review 47 (1779), S. 477.
3 Zit. nach: Richard Holmes: *Coleridge. Early Visions.* Harmondsworth 1989, S. 62.

sische Revolution, und diese Sympathien führten ihn zur Gruppe um Coleridge und den jungen Wordsworth. Ebenso charakteristisch war allerdings, wie schnell er vom Republikanismus desillusioniert war. Die Beziehung von Wordsworth zu Goethe ist vielleicht das traurigste und peinlichste, aber auch ein bedeutsames Kapitel in der Geschichte der Goethe-Rezeption in England. Es ist heute unmöglich festzustellen, worin der Ursprung von Wordsworths Feindseligkeit Goethe gegenüber lag. Es mag sein, daß er ganz einfach von boshaften Gerüchten über Goethes Beziehung zu Christiane Vulpius beeinflußt war.[4] Seine aggressiven Anmerkungen zu Goethe sind jedoch typisch für eine Art der Entrüstung, die Goethe im 19. Jahrhundert auslöste; aber das Unangenehme daran läßt sich auch nicht dadurch entschuldigen, daß er, wie er selbst zugab, wenig von Goethes Werk gelesen hatte. Hier ein Zitat von Wordsworth über Goethe:

> Seine Werke zeigen eine Verworfenheit, eine unmenschliche Sinnlichkeit, die abstoßend ist. Ich bin nicht im Detail vertraut mit seinem gesamten Werk. Aber ich begründe meine Anklage mit Bezug auf das erste Buch von *Wilhelm Meister*, und als Staatsanwalt der menschlichen Natur beschuldige ich ihn der schändlichen Beleidigung der Menschheit.[5]

Diese Anmerkungen machte er in seinen letzten Lebensjahren, in denen seine politischen und religiösen Einstellungen sich bereits dogmatisch verhärtet hatten. Man bemerke auch hier wieder den Rückgriff auf das Thema der Moral.

Zu dem Zeitpunkt, als Coleridge und Wordsworth 1798 nach Deutschland gingen, war ihre Begeisterung für die französische Republik bereits abgekühlt. Die Position von Coleridge als ein Vermittler zwischen England und der deutschen Literatur ist paradox. Obwohl er nichts über die deutsche Literatur veröffentlichte, wurde er durch seine Gespräche und persönlichen Kontakte zum größten und einflußreichsten Vertreter deutschen Gedankenguts seiner Zeit, zumindest vor Thomas Carlyle. Sein Hauptinteresse galt allerdings eher der Philosophie und der Literaturkritik. Seine Versuche, zwischen kritischer und transzendentaler Philosophie und christlichem Glauben zu vermitteln, haben ihm Bedeutung gebracht.[6] In vieler Hinsicht war seine Einstellung Goethe gegenüber der von Wordsworth recht ähnlich. Crabb Robinson hielt 1812 eine Unterhaltung mit Coleridge fest, in der dieser darüber sprach, „wie unmöglich es sei, ein guter Dichter zu sein, ohne gleichzeitig ein guter Mensch zu sein", und dies als Beweis benutzte, warum Goethes angebliche Unmoral bedeute, daß er kein guter Dichter gewesen sein könne.[7] Im selben Jahr allerdings berichtet Crabb Robinson ebenfalls, daß „Coleridge Goethes Genie in einer Weise akzeptierte, wie er es bis dahin nicht getan hatte". Doch Coleridge fügte hinzu – und dies ist für Coleridge von großer Bedeutung –, daß „es Goethe an Religion mangele" [8]. Dieselbe Widersprüchlichkeit findet sich in seiner Einstellung *Faust* gegenüber. Dies mag der Grund sein, warum er seinen Plan aufgab, das Drama selber zu übersetzen. In einem Gespräch im Jahre 1833 behauptete Coleridge, daß er moralische Bedenken gehabt hätte, das Werk zu übersetzen. Er fände *Faust*

---

[4] Kenneth Johnston: *The Hidden Wordsworth. Poet, Lover, Rebel, Spy.* New York 1998, S. 626.

[5] *Wordsworth's Literary Criticism*, hrsg. von Nowell C. Smith. London 1905, S. 260.

[6] Zu Coleridge und Kant, Fichte, Schelling und A. W. Schlegel vgl. Rosemary Ashton: *The German Idea. Four English writers and the reception of German thought 1800–60.* Cambridge 1980, S. 36–56.

[7] *Diaries, Reminiscences, and Correspondence of Henry Crabb Robinson*, hrsg. von T. Sadler. London 1869, Bd. 1, S. 388.

[8] *Henry Crabb Robinson on Books and their Writers.* London 1938, Bd. 1, S. 107.

„vulgär, liederlich und gotteslästerlich“ [9]. Es ist allerdings nicht einfach, diese Bedenken *Faust* gegenüber zu trennen von Coleridges Befürchtungen, daß das übersetzte Werk von der englischen Öffentlichkeit und den englischen Kritikern verrissen werde, denn diese nahmen schnell Anstoß, wenn ein Werk religionsfeindlich oder gar unmoralisch erschien.

Die zweite Generation romantischer Dichter in England teilte diese Vorbehalte nicht. ‚Monk‘ Lewis war eine Art unschuldiger Plagiator deutscher Dichter; aber es ist ein anderer Umstand, der ihm seine Fußnote in der Literaturgeschichte verschaffte. Er war derjenige, der Lord Byron und Percy Bysshe Shelley Goethe, und insbesondere *Faust*, nahebrachte. 1816 besuchte er Byron in Genf, wo sich zur selben Zeit auch Shelley aufhielt. Die genauen Umstände sind nicht mehr zu rekonstruieren, aber anscheinend gab Lewis zur Unterhaltung der beiden eine Live-Übersetzung von *Faust* zum besten.[10] Hierauf folgte eines der faszinierendsten Kapitel in der gesamten Geschichte der Goethe-Rezeption in England, denn das Resultat war, daß sich ein regelrechter Goethe-Kult in dieser Gruppe radikaler Schriftsteller ausbreitete. Es scheint, als ob der Name Goethe sowohl Byron als auch Shelley bereits bekannt gewesen war. Für Shelley war Goethe der Autor des *Werther*, aber Byron scheint durch Madame de Stäels 1813 erschienenes *De l'Allemagne* von Goethe gewußt zu haben. Für beide Autoren war *Faust* mehr als nur eine Entdeckung, er wurde zu einem kreativen Impuls. Byron war sehr empfindlich, wenn es darum ging, Fremdeinflüsse in seinem Werk zu leugnen; und mit der Wahrheit nahm er es dabei nicht immer ganz genau.[11] Man darf also nicht allzu viel auf seine Beteuerungen geben, daß das Drama *Manfred*, das er kurz nach dem ersten Kontakt mit *Faust* schrieb, keinerlei Bezug auf Goethes Werk enthielte. Es ließe sich stundenlang über die genauen Auswirkungen von Byrons Entdeckung des *Faust* diskutieren, aber dies brächte uns nicht weiter.[12] Ein allgemeiner Einfluß existierte unbestreitbar: In der Eröffnungsszene von *Manfred*, die in einem ‚gothischem Zimmer‘ mit Monolog und der Heraufbeschwörung von Geistern beginnt, läßt sich ein konkreter Einfluß nicht übersehen. Aber Goethe, dem dies selbst auffiel, hatte natürlich recht, als er auf den individuellen Charakter von Byrons Werk verwies: „Er hat die seinen Zwecken zusagenden Motive auf eigne Weise benutzt, so daß keins mehr dasselbige ist, und gerade deßhalb kann ich seinen Geist nicht genugsam bewundern“ (WA I, 41.1, S. 189). Dies ist eine sehr hellsichtige Bemerkung, und Goethe hatte ebenfalls recht mit seinem Eindruck, daß es Ähnlichkeiten zwischen Mephistopheles und Byron selber gab[13]: Der zynische, respektlose, aber zugleich geistreiche und weltmännische Ton paßte dem englischen Lord genau.

Im Fall von Shelley ist es kaum möglich, Goethes Bedeutung zu übertreiben. Shelleys Briefe und Gedichte in seinen letzten zwei Lebensjahren sind voll von Hinweisen auf Goethe. Der Grund, warum *Faust* einen so tiefen Eindruck bei Shelley hinterließ, mag zumindest zum Teil rein privat gewesen sein. Die Gretchentragödie muß sich für ihn wie eine Geschichte aus seinem eigenen Leben angehört haben – sein Verlassen von Frau und Kind mit dem anschließenden Tod seiner Frau. Aber das ist vielleicht zu oberflächlich. Die neuere

---

9 *Specimens of the Table Talk of Samuel Taylor Coleridge*, hrsg. von H. N. Coleridge. ²London 1836, S. 199.

10 Vgl. Louis L. Peck: *A Life of Matthew G. Lewis.* Cambridge Mass. 1961, S. 159 f.

11 Vgl. z. B. Peter Cochran: *Byron and „Tully's Tripoli“*. In: The Byron Journal 20 (1992), S. 77–88.

12 Goethes Beziehung zu Byron ist ausführlich diskutiert in J. G. Robertson: *Goethe and Byron.* In: Publications of the English Goethe Society N. F. 2 (1925), S. 1–129 u. Eliza Marian Butler: *Byron and Goethe. Analysis of a Passion.* London 1956.

13 Johann Peter Eckermann: *Gespräche mit Goethe in den letzten Jahren seines Lebens*, hrsg. von Paul Stapf. Berlin und Darmstadt 1958, S. 188 f.

Forschung hat nachweisen können, wie stark Shelley seine Interessen in *Faust* widergespiegelt fand und wieviel seiner eigenen zerrissenen Persönlichkeit er im Protagonisten wiederfand.[14] In Shelleys Brust wohnten zwei Seelen, die sich ständig miteinander in Konflikt befanden. Die eine war die des prometheischen Rebellen, des aggressiven Materialisten, die andere gehörte zu einem Visionär mit tiefem Glauben an eine Geisterwelt und an das Böse. Der Dichter Shelley hatte keine Angst vor Fremdeinflüssen und nahm freudig Anregungen und Ideen anderer auf. Der unvollendete Prolog zu seinem Drama *Hellas* zum Beispiel basiert ganz offensichtlich auf dem *Prolog im Himmel*. Andere Kritiker meinen sogar, Goethes Einfluß in Shelleys Drama *Prometheus Unbound* feststellen zu können.[15] An anderen Stellen verwendet Shelley Einzelheiten direkt aus *Faust*. Die Zeile aus dem späten Gedicht *Ginevra*: „Old winter is gone / In his weakness back to the mountains hoar" ist uns bekannt als: „Der alte Winter in seiner Schwäche / Zog sich in rauhe Berge zurück". Oder, um noch ein anderes Beispiel zu nennen, ein Auszug aus dem unvollendeten Gedicht *The Triumph of Life*. Der Haupteinfluß, wie die Terzinen zeigen, ist zweifellos Dante, aber wir können auch Goethe hören. Aus Goethes „Vor mir den Tag und hinter mir die Nacht" wird „before me fled / the night; behind me rose the day". Wie schon T. S. Eliot bemerkte: „Unreife Dichter imitieren; reife Dichter stehlen." [16]

Man muß bedenken, daß sowohl Byron als auch Shelley von der englischen Gesellschaft verstoßen waren, sich in Rebellion befanden gegen die politische und moralische Ordnung ihrer Heimat. Ihre politische Einstellung, besonders die Shelleys, paßte eher zu Brecht als zu Goethe. Ihre Begeisterung war, zu diesem Zeitpunkt, von derselben politischen Bedeutung wie zuvor die Begeisterung der Generation von 1790 für *Werther* und *Die Räuber* gewesen war. Diese frühere Schriftsteller-Generation, zu der auch Wordsworth und Southey gehörten, war nun, literarisch und politisch gesehen, der Gegner. Byron war sich vollends bewußt, daß *Faust* für den Geschmack der lesenden Masse in England abstoßend sein werde. Im Exil bemerkte er:

> Was würden die Methodisten zuhause zu Goethes *Faust* sagen? Sein Teufel spricht nicht nur ganz vertraulich über den Himmel, sondern tut das sogar im Himmel. Was würden sie von den Gesprächen zwischen Mephistopheles und seinem Schüler halten, und was würden sie über die gewagte Sprache des Prologs denken, den sich niemand zu übersetzen trauen wird.[17]

Doch darin behielt er nicht ganz recht. Shelley hat den Prolog schließlich übersetzt, und diese Übersetzung gerade derjenigen Szenen, über die sich die englische Öffentlichkeit empörte, war an und für sich bereits ein politischer Akt. Die Zeitschrift, in der die Übersetzung abgedruckt wurde, ist ein Beleg dafür, denn es handelt sich dabei um Leigh Hunts *The Liberal*, eine Zeitschrift, die als Gegenstimme zum konservativen *Quarterly Review* gegründet worden war. Goethe hat nie von Shelleys Verehrung erfahren. Und innerhalb von zwei Jahren waren sowohl Shelley als auch Byron tot. Hätten diese beiden Dichter länger gelebt, hätte dies nicht nur die Geschichte der englischen Literatur verändert, sondern auch

---

[14] Zu Shelley und Goethe vgl. Timothy Webb: *The Violet in the Crucible. Shelley and Translation.* Oxford 1976, S. 142–203.

[15] Lawrence John Zillmann: *Shelley's „Prometheus Unbound". A Variorum Edition.* Seattle 1959, S. 67–69.

[16] T. S. Eliot: *Philip Massinger* (1920). In: *Selected Essays.* London ^{3}1951, S. 206.

[17] Thomas Medwin: *Conversations of Lord Byron.* London 1824. Bd. 1, S. 181 f.

die Geschichte der Goethe-Rezeption in England. Dieses Kapitel stellt die erste und vielleicht einzige Gelegenheit dar, in der Goethe der Dichter einen starken Einfluß auf bedeutende englische Dichter als Dichter ausübte.

Als Hazlitt 1820 schrieb, daß das Lesen von Goethe und Schiller Männer zu unverbesserlichen Jakobinern mache, drückte er damit eine Einstellung aus, die bereits veraltet war.[18] In einer Rezension von *De l'Allemagne* sieben Jahre vorher wurde darauf hingewiesen, daß die automatische Gleichsetzung von deutscher Literatur mit revolutionärer Politik ein Mißverständnis der Vergangenheit sei.[19] Zwar trifft zu, daß man immer noch Stimmen hörte wie die von de Quincey 1824, dessen Angriff auf Goethe wegen der angeblichen Unmoral des *Wilhelm Meister* ein Paradebeispiel für Ignoranz und abfällige Arroganz ist.[20] Aber vieles hatte sich verändert. Nach dem Ende der Napoleonischen Kriege und mit der Niederlage Frankreichs war ein neues Interesse und eine neue Offenheit Europa gegenüber entstanden. Und trotz der andauernden Attacken auf Goethe in den konservativen Zeitschriften gab es nun auch neue Stimmen, die zu seiner Verteidigung auftraten, wie zum Beispiel Gillies und Walter Scotts Schwiegersohn Lockhart. Aber eine unter diesen neuen Stimmen war von herausragender Bedeutung, die von Thomas Carlyle. Zwar hat dieser sein einstiges Ansehen verloren, aber was seinen Einfluß angeht, haben wir folgendes Zeugnis von George Eliot, die 1855 über ihn schrieb:

> Es gibt in dieser Generation kaum einen aktiven und überlegenen Geist, der nicht durch die Schriften von Carlyle verändert worden ist; in den letzten zehn, zwölf Jahren ist kaum ein englisches Buch erschienen, das nicht anders wäre, hätte Carlyle nicht gelebt.[21]

Carlyle war sehr erfolgreich darin, Goethe in England bekannt zu machen. Das Merkwürdige an Carlyles Essays über Goethe ist allerdings, daß sie eigentlich wenig über Goethe aussagen. Diese Essays, so erfolgreich sie auch darin waren, die öffentliche Meinung zu beeinflussen, wären von geringerer Bedeutung, wenn Carlyle nicht im Nachhinein durch seine anderen Schriften zu einer so dominanten literarischen Figur geworden wäre. Es ist wichtig zu begreifen, warum er für seine Zeitgenossen von solcher Bedeutung war. Es lag vor allem daran, daß seine Schriften sich ganz konkret mit Fragen der Politik und der Religion auseinandersetzten. Carlyle behandelte diese auf autobiographische Weise. In *Sartor Resartus* (1833/34) porträtiert er mit der Figur des Professor Teufelsdröckh seine eigene religiöse Entwicklung, den Verlust des christlichen Glaubens seiner Kindheit, die Schwärze des nihilistischen Materialismus, die folgende Skepsis und Verzweiflung und schließlich die triumphierende Entdeckung und Bestätigung eines neuen Glaubens an einen Gott, der überall gegenwärtig ist in der Natur, die als „der Gottheit lebendiges Kleid" angesehen wird. Aber bezeichnenderweise ist Carlyles Gott nicht der Gott des Christentums. Im Prinzip handelt es sich um denselben Gott wie in Fausts Credo: „Wer darf ihn nennen?". Hier findet sich religiöser

---

18 William Hazlitt: *On the Spirit of Ancient and Modern Literature – On the German Drama, contrasted with that of the Age of Elizabeth*. In: *Complete Works*, hrsg. von A. R. Waller und A. Glover. London 1902, Bd. 5, S. 362.

19 James Mackintosh in der Edinburgh Review 22 (1813), S. 201.

20 Thomas de Quincey: *Goethe as reflected in his novel of „Wilhelm Meister"*. In: *Works*. Bd. 12. Edinburgh 1863, S. 191–229.

21 George Eliot: *Essays*, hrsg. von Thomas Pinney. New York 1963. S. 213 f. Für eine moderne Würdigung von Carlyle siehe Simon Jeffers: *A Moral Desperado: A Life of Thomas Carlyle*. London 1996.

Glaube ohne die Nachteile von Dogma, Bekenntnis oder Kirche. Carlyle stellt sich sogar in der Rolle des Propheten dar, dessen rhetorische Energie eine echte spirituelle Autorität bezeugt.

Mehr noch, Carlyle ignoriert weitgehend das Problem, das sich durch den Zusammenbruch ethischer Autorität stellt. In seinem System nimmt die Moral auch nach dem Entfernen dogmatischer Stützen keinerlei Schaden. Entsagung und Tätigkeit bleiben menschliche Pflicht. Man braucht keine Heilige Schrift. Literatur nimmt ihren Platz ein. Die großen Dichter ersetzen die Heiligen und Propheten. Es ist sehr schwer, Carlyles Stil authentisch auf deutsch wiederzugeben, aber vielleicht ist die folgende Passage repräsentativ:

> „Aber gibt es keine Religion?“ [...] „Dummkopf, Ich sage Dir, es gibt wohl eine. Hast Du Dir Kenntnis verschafft von allem, was in diesem unermesslich brodelndem Ozean verborgen ist, den wir Literatur nennen? Zerstreute Scherben einer wahren Kirchen-Homiletik liegen dort, die die Ewigkeit zusammenfügen wird. Ja, sogar Bruchstücke einer Liturgie könnte ich Dir zeigen. Und kennest Du keinen Propheten [...], dem sich der Gottähnliche enthüllt hat [...]? Kennst Du einen solchen nicht? Aber ich kenne einen solchen und nenne ihn. Er heißt – Goethe.“ [22]

Diese weltlichen Propheten gehören zu den ‚Helden‘, die er uns 1841 in seinem Werk *Heroes, Hero-Worship and the Heroic in History* vorstellt. Geschichte ist dabei auch ein Evangelium. Carlyle sieht den Historiker als einen Interpreten der Botschaft, die die Vergangenheit für die Menschheit darstellt.

In der Konstruktion von Carlyles Goethe-Bild sind diese Schriften ebenso wichtig wie die Essays, die sich direkt mit Goethe beschäftigen. In *Heroes, Hero-Worship and the Heroic in History* wird Goethe genannt als ein Beispiel für einen „Helden der Literatur“ [23] und, wie schon in *Sartor Resartus*, als Prophet. Aber „Erlöser“ beschreibt noch besser Goethes wahre Rolle als derjenige, der Carlyle vom „Ewigen Nein“ zum „Ewigen Ja“ geführt hat. Das Bild Goethes ist dem von Carlyle selber ähnlich. Auch Goethe wird dargestellt als einer, der aus einer Phase der Verzweiflung und Skepsis (repräsentiert durch *Werther* und *Faust*) zu einem persönlichen Credo geführt wird:

> Denn Goethe hat nicht nur in schwerer Not unter den geistigen Verwirrungen seiner Zeit gelitten und geächzt. Er hat sie auch überwunden, er hat sich über sie erhoben und hat anderen den Weg aufgezeigt, dasselbe zu tun. Einstmals haben wir ihn in geistiger Dunkelheit vorgefunden, aber nun hat er das Licht gefunden. Einst war er ein Ungläubiger, aber jetzt ist er ein Gläubiger.[24]

Carlyle macht Goethe zur Verkörperung geistiger Größe und stellt Goethe als Lehrer und Weisen dar. (Dabei stellt sich heraus, daß Goethes Weisheit eine erstaunliche Ähnlichkeit mit der von Carlyle hat.) Durch die Verbreitung dieses Goethe-Bildes machte Carlyle den abfälligen, spöttischen Ton von De Quincey und Hazlitt fast unmöglich. Fast alle Übersetzer, die sich an *Faust* heranwagten, bekannten sich zu dem großen Einfluß, den Carlyle auf

---

22 Thomas Carlyle: *Sartor Resartus and On Heroes and Hero-Worship.* London 1964 (Everyman Edition), S. 190.

23 Thomas Carlyle (Anm. 22), S. 386.

24 Thomas Carlyle: *Goethe.* In: *Critical and Miscellaneous Essays.* London 1888, Bd. 1, S. 159.

sie hatte.[25] Trotzdem begannen die liberalen Intellektuellen langsam, ihr Vertrauen in Carlyle zu verlieren, denn sie fanden seine deutlich illiberalen Ansichten zum Thema Sozialpolitik befremdend. Matthew Arnold, der wie viele andere durch Carlyle auf Goethe aufmerksam geworden war, nannte ihn später einen ‚moralischen Desperado' und vertrat die Auffassung, daß nur wenig von Carlyles literaturkritischen Schriften zum Thema Goethe Bestand haben werde.[26]

Die Mitte des 19. Jahrhunderts markierte den Höhepunkt in Goethes Bedeutung und Einfluß in England. Durch Carlyle war es für Schriftsteller und Intellektuelle fast unmöglich geworden, Goethe zu ignorieren, und wir wissen durch viele der wichtigen literarischen Persönlichkeiten dieser Zeit, zum Beispiel durch John Stuart Mill, George Eliot, Matthew Arnold, Walter Pater, daß es Carlyle war, durch den sie von Goethe erfahren haben. Carlyle hat jedoch mehr getan, als nur Goethes Namen bekannt gemacht zu haben. Er hat den Tenor bestimmt für die Goethe-Rezeption, und für viele ist durch ihn Goethe zu einer geistigen und intellektuellen Autorität geworden. Die Reaktion auf Goethe wurde zu einer Art Lackmus-Test, der offenbarte, wie ein Autor zu Fragen der Religion und der Glaubenskrise stand. Die eben erwähnte Autoren-Liste spricht für sich selbst, und man kann daran erkennen, daß Goethe für diejenigen keine Rolle spielte, die ihre orthodoxen Bindungen noch bewahrt hatten. Für liberale Freidenker aber und für die, die sich mit einer Glaubenskrise quälten, war Goethe ein beruhigendes Beispiel dafür, daß es möglich war, den christlichen Glauben zu transzendieren und dabei die Möglichkeit religiöser Gefühle offenzulassen. All das war das Vermächtnis von Carlyle.

George Henry Lewes war auch ein Schüler Carlyles, besaß aber eine deutlich kühlere, distanziertere Intelligenz, die wenig mit Carlyles Religiosität gemein hatte.[27] Und er teilte Arnolds Unzufriedenheit mit Carlyles Goethe-Bild. Lewes' Goethe-Biographie *The Life of Goethe* erschien 1855 und war ein wertvolles Korrektiv für die exzentrisch anmutende Goethe-Begeisterung in Carlyles Schriften. Die Biographie war zu ihrer Zeit eine feine Leistung, der zu verdanken ist, daß ein kompletteres und ausgeglicheneres Bild des Dichters und Menschen Goethe entstehen konnte. Sie öffnete den Blick für die gesamte Palette von Goethes Aktivitäten und lenkte die Aufmerksamkeit auf Schaffensbereiche, die für Carlyle ohne Interesse gewesen waren, wie zum Beispiel Goethes Interesse an der bildenden Kunst und seine naturwissenschaftlichen Leistungen. Und vielleicht ist es in diesem Zusammenhang nicht uninteressant zu bemerken, daß sich in Darwins *The Origin of Species*, das vier Jahre nach Lewes' Biographie veröffentlicht wurde, eine, wenn auch kurze, Anerkennung von Goethe findet. *The Life of Goethe* hat seinen Erfolg wirklich verdient.

Die vorhin erwähnte Namensliste (Mill, George Eliot, Arnold, Pater) zeigt noch etwas anderes auf, denn nur zwei dieser Namen, George Eliot als Schriftstellerin und Matthew Arnold als Dichter, verbinden wir direkt mit schöpferischer Kreativität. Und selbst Arnold wird mehr als Kritiker und Essayist denn als Dichter geschätzt. Man bemerke, welche Namen diese Liste nicht enthält: Charles Dickens, Alfred Tennyson, Robert Browning oder Gerard Manley Hopkins. Sie waren literarische Gestalten, die auf keine Weise auf Goethes Leben und Werk reagiert zu haben scheinen. Ohne verallgemeinern zu wollen, scheint es

25 Zum Thema *Faust*-Übersetzungen vgl. W. F. Hauhart: *The Reception of Goethe's „Faust" in the First Half of the Nineteenth Century*. New York 1909.

26 Matthew Arnold: *Letters*, hrsg. von G. W. E. Russell. London 1895, Bd. 2, S. 144.

27 Zu Lewes' Goethe-Biographie siehe Rosemary Ashton: *G. H. Lewes. A Life*. Oxford 1991, S. 149–68.

doch, als sei die schöpferische Reaktion auf Goethe, die wir bei Byron und Shelley finden, nicht nur kurzlebig, sondern auch einzigartig gewesen, und sie scheint mit dem vorzeitigen Tod dieser Dichter ein abruptes Ende gefunden zu haben. Es ist zwecklos, nach Goethes Einfluß auf die Dramen der Viktorianischen Zeit zu forschen, denn in dieser Zeit sind praktisch keine Stücke von Rang geschrieben worden. Und wie stand es mit dem Viktorianischen Roman? Goethes bekanntester Roman war *Wilhelm Meister*. Und dieser Roman erfüllte für dieses Zeitalter die Rolle, die *Werther* im Jahrhundert davor gespielt hatte. Es gelang auch *Wilhelm Meister* nie wirklich, seinen Ruf als ein unmoralisches Werk abzuschütteln. George Eliot hat auf brilliante Weise die Merkmale des Romans analysiert, die Anlaß zu diesem Ruf gegeben hatten, und dabei den Roman auf intelligente und energische Weise verteidigt. Sie bemerkte, daß das, was den Lesern Unwohlsein verursachte, zum einen das Fehlen offensichtlichen Moralisierens durch den Autor und zum anderen seine scheinbare Gleichgültigkeit gegenüber den Handlungen der Charaktere war. Sie argumentierte, daß dies der Beweis für Goethes größeren, humaneren Standpunkt war.[28] Dieses fehlende Moralisieren findet sich in Eliots eigenen Romanen wieder, aber es ist nicht leicht, darüber hinaus noch weitere überzeugende Belege für Goethes Einfluß auf ihre Arbeit zu finden, und man muß sich nicht auf Goethe beziehen, um diesen Aspekt ihrer Arbeit zu erklären.[29] Es gibt andere Namen, die als bessere Beispiele für Goethes Einfluß auf englische Schriftsteller dienen könnten, aber diese Namen sind nicht diejenigen, die wir mit den großen Errungenschaften des Romans im 19. Jahrhundert assoziieren: Froudes *Nemesis of Faith*, G.H. Lewes' *Ranthorpe* oder Bulwer Lyttons *The Disowned* mögen zwar historisch von Interesse sein, aber lassen sich kaum als Klassiker ihres Genre bezeichnen.[30]

Carlyles Goethe-Bild war zwar verzerrt, aber in seiner Einfachheit leicht zu verstehen. Der Goethe, der Teil der literarischen Kultur liberaler, bürgerlicher Schriftsteller wie Arnold und Pater wurde, verdankt seine Herkunft weitgehend Carlyle. Sein Bild von Goethe als Held und weltlichem Heiligen war zwar unglaubwürdig geworden, aber Goethes Ruf als ‚Weiser' und überragender intellektueller Geist war weiterhin intakt. Goethe war für diese Autoren, die zwar nicht kreativ, aber im weitesten Sinne als Kritiker tätig waren, zu einer ‚Autorität' geworden, mit der sie die Standpunkte verteidigen konnten, die sie einnehmen wollten. Und dies war genau so, wie Matthew Arnold, eine der repräsentativsten Figuren des 19. Jahrhunderts, Goethe sah: Er betrachtete Goethe als einen wichtigen Einfluß in seinem Leben und beschrieb ihn als einen „großen und einflußreichen Geist [...] in der Entwicklung modernen Gedankenguts". Seiner Meinung nach verdankte Goethe seine Erhabenheit seiner Geisteskraft.[31] Der prägende Einfluß auf Arnold beschränkte sich auf die Jahre zwischen 1847 und 1857, als dieser eine neo-klassizistische Ästhetik entwickeln wollte. Danach jedoch wurde Goethe für Arnold das, was er auch für Carlyle gewesen war – ein rhetorisches Hilfsmittel. Arnold diskutierte Goethe meist nicht direkt, sondern benutzte ihn für polemische Zwecke. Standpunkte wurden dadurch untermauert, daß Arnold sich auf Goethe als eine akzeptierte Quelle intellektueller Autorität bezog.

---

28 George Eliot: *The Morality of „Wilhelm Meister"*. In: *Essays*, hrsg. von Thomas Pinney. New York 1963, S. 144–147.

29 Vgl. Ashton (Anm. 6), S. 172 f.

30 Vgl. Susanne Howe: *Wilhem Meister and his English Kinsmen*. New York 1930.

31 Arnold: (Anm. 27), Bd. 1 S. 239 und S. 127. Zu Arnolds Beziehung zu Goethe siehe: James Simpson: *Matthew Arnold and Goethe*. London 1979.

Am besten läßt sich die Verbindung zwischen Arnolds und Carlyles Beschäftigung mit Goethe an Arnolds Essay über Heine aufzeigen. Das Goethe-Bild hier ist das eines Mannes, der den Bruch zwischen „dem modernen Geist und den Formen der modernen Welt gesehen hat, dem System der Institutionen, akzeptierter Wahrheiten, Dogmen, Gebräuche, Regeln, die aus Zeiten kommen [...], die nicht modern sind" [32]. Goethe wird hier dargestellt als ein Verbündeter bei der intellektuellen Befreiung Europas. Er sei ein „Zersetzer der alten Ordnung der in Europa vorherrschenden Ideen": „Niemand ist so völlig modern wie die, die Goethes Einfluß tief erlebt haben." Im Prinzip argumentiert Arnold, daß das, was er Goethes „Naturalismus" nennt, tödlich ist für alle Dogmen. Goethe war ein Beweis dafür, daß es möglich war, sich über das Christentum zu erheben, daß eine geistliche Basis auch ohne christlichen Glauben möglich war. Hieraus läßt sich erkennen, wie Goethe in Arnolds Pläne paßte. Arnold war überzeugt, daß das übernatürliche Christentum mit seinen Wundern, seinem personifizierten Gott einer wissenschaftlichen Untersuchung nicht standhalten könne. Gleichzeitig war ihm sehr daran gelegen, daß der unvermeidliche Übergang von einer gesellschaftlichen Ordnung, in der das Christentum den sozialen Zusammenhalt schafft, zu einer von sozialer Demokratie geprägten Ordnung ohne eine gewaltsame Revolution abgehe. Und man kann in dem *Heine*-Essay von Arnold die peinliche Berührung darüber spüren, daß man den modernen Goethe nicht als Vorreiter für politische Demokratie ausgeben kann. Arnold füllt das Vakuum, das Religion hinterläßt, mit dem Konzept ‚Kultur', die Arnold als das Beste definiert, was bisher gedacht und gewußt wurde. Religiöse Erfahrungen sind Teil dieser Kultur, aber eben nur ein Teil. Religion ist der Kultur untergeordnet, und die Bibel ist nicht mehr das Wort Gottes, sondern ein Werk der Literatur wie andere auch. Der emotionale Einfluß auf menschliches Verhalten, den Religion so lange ausgeübt hatte, wird ersetzt durch den Einfluß der großen Werke der Literatur. Arnold mag nicht von Dichtern als Heiligen, Propheten oder Helden sprechen, aber in einem späten Essay *The Study of Poetry* (1880) ist die Verwandtschaft mit Carlyle deutlich erkennbar.

Carlyle und *Wilhelm Meister* waren auch für Walter Pater entscheidend in seiner Entdeckung Goethes.[33] Jedoch war es die Goethe-Biographie von Lewes, die einen anderen Aspekt Goethes herausstellte, der ihn für Pater besonders relevant erscheinen ließ. Das Problem des Religionsverlustes und der sozialen Aspekte der Religion waren für Pater nicht in demselben Maße von Bedeutung, und hierin zeigt sich ein Wandel des vorherrschenden intellektuellen Klimas. Pater war vermutlich der letzte der großen Literaten, für den Goethe eine zentrale Rolle in seiner geistigen Entwicklung spielte. Der Goethe, der für Pater relevant wurde, war einer, der von Carlyle übersehen worden war und der erst durch Lewes' Biographie sichtbar wurde: Goethe, der Kunstliebhaber, der Autor des *Winckelmann*-Essays und der *Italienischen Reise*. Goethe war für Pater nicht nur ein Beispiel hellenistischer Menschlichkeit, in der sich die Vielseitigkeit und Freizügigkeit des griechischen Ideals wiederfindet, sondern auch einer ihrer wichtigsten Fürsprecher. Doch die sogenannte Ästhetische Bewegung, für die Pater repräsentativ war, erwies sich als kurzlebig. Oscar Wildes *Bildnis des Dorian Gray* (1890) hat ihre Ideen zwar vertreten, aber auch kritisiert. *Faust* ist manchmal als eine mögliche Quelle für diesen Roman vorgeschlagen worden, aber dies er

---

32 Matthew Arnold: *Heinrich Heine*. In: *Complete Prose Works*, hrsg. von R. H. Super. Michigan 1960–77. Bd. 3, S. 109.

33 Zu Walter Pater und Goethe siehe David J. DeLaura: *Hebrew and Hellene in Victorian England*. Austin and London 1969, S. 165–230.

scheint mir unwahrscheinlich.[34] Allerdings war sich Wilde sicher, daß Goethe den Roman zu schätzen gewußt hätte. Im Rahmen eines Beitrags über die Goethe-Rezeption in England mag es merkwürdig erscheinen, wenn man die Zusammenfassung über das 19. Jahrhundert mit einem Hinweis auf Oscar Wilde im Gefängnis beschließt: Dort hat er deutsche Sprache studiert und sich von dort aus eine Kopie des *Faust* bestellt.[35]

An dieser Stelle ist es angebracht sich zu fragen, unter welchen Bedingungen ein fremdsprachiger Klassiker Aufnahme findet. Die offensichtlichste Barriere ist der Sprachunterschied. Mitte des 19. Jahrhunderts galt das Erlernen der deutschen Sprache als ein essentieller Bestandteil einer liberalen Erziehung. Errungenschaften der deutschen Naturwissenschaft sowie die historische und biblische Forschung waren zu bedeutsam, als daß man sie ignorieren konnte. Aber die Lehre, die man aus der Shakespeare-Rezeption in Deutschland ziehen kann, ist noch eine andere. Deutschland hat Shakespeare so umfassend aufgenommen, weil von seinen Stücken Übersetzungen existierten, die selber Klassikerstatus besitzen. T. S. Eliot erinnert uns daran, daß Faust eine der wenigen „mythischen Figuren" ist, die den Status eines „Europäischen Symbols" erlangt haben.[36] *Faust* ist im Verlauf des 19. Jahrhunderts unzählige Male übersetzt worden, und auch im 20. Jahrhundert sind noch eine Anzahl von neuen Übersetzungen hinzugekommen. Aber dies ist ein zweischneidiges Schwert. Jede neue Übersetzung weist auf eine Unzufriedenheit mit den vorherigen hin. Dazu nochmals Eliot: „Was kann man übersetzen? Eine Geschichte, eine dramatische Handlung, einen dramatischen Charakter, ein Bild, eine Idee. Was man nicht übersetzen kann ist das Beschwörerische, die Musik der Worte, und die Bedeutung, die in dieser Musik liegt."[37] Es ist die „Musik" in *Faust*, die in den englischen Übersetzungen verlorengegangen ist. Vielleicht hatten Byron und Shelley recht mit ihrer Feststellung, daß nur Coleridge die rechte Kombination aus poetischem Talent und Deutschkenntnis besaß, um eine solche Übersetzung zustande zu bringen. Und wenn dem so ist, gibt dies Anlaß zu Trauer, denn eine Übersetzung von Coleridge oder Shelley hätte gewiß ein Klassiker werden können.

Es ist nicht schwierig, plausible Gründe zu finden, warum Goethes Status in der englischen Literatur so eine dramatische Veränderung erlebt hat von seiner zentralen Bedeutung für das 19. Jahrhundert zu einem relativen Schattendasein im 20. Jahrhundert. Es wäre zu vermuten, daß dies damit zusammenhängt, daß sich die neue Ästhetik der Moderne andere Vorbilder gesucht hat, oder vielleicht damit, daß die sich entwickelnde Rivalität zwischen England und Deutschland, die im Ersten Weltkrieg ihren Höhepunkt fand, eine Wiederholung der Gegebenheiten um 1800 produzierte, was die literarischen Beziehungen belastete. Ich möchte eine andere Erklärung vorschlagen. Das 19. Jahrhundert hatte Goethe zu einer Ikone gemacht und damit einen Bruch zwischen dem Mann und seinem Werk bewirkt. Diese Ikonen, Goethe als Prophet, als „Weiser", als Apostel eines ästhetischen Heidentums, als intellektuelle Autorität, scheinen weniger nötig geworden zu sein, weniger relevant, und zwar in dem Maße, in dem die Kontroversen und Ängste des 19. Jahrhunderts verschwanden und durch andere ersetzt wurden. Merkwürdig an der Goethe-Verehrung des 19. Jahrhunderts ist, daß sich davon so wenig auf Goethe als Lyriker bezog. Und das Fehlen einer klassischen Übersetzung seiner kurzen Gedichte erschwerte unweigerlich das Herausschälen

---

34 Vgl. Richard Ellman: *Oscar Wilde*. Harmondsworth 1988, S. 293.

35 Oscar Wilde an More Adey, 16. Dez. 1896. *Letters*, hrsg. von Rupert Hart-Davis. London 1962, S. 416 f.

36 T. S. Eliot: *Goethe as the Sage*. In: *On Poetry and Poets*. London 1957, S. 212 f.

37 Eliot (Anm. 36), S. 216.

eines klaren Bildes von Goethes Leistungen und seiner Größe. Der zeitgenössische Dichter Peter Porter mag recht haben, wenn er meint, Goethes Lyrik sei für diejenigen unerreichbar, die ihn nicht im Original lesen können. Porter beschwert sich darüber, daß Goethes Lyrik in der englischen Übersetzung kaum wie Lyrik erscheint, mehr wie „moralische Anekdoten, zusammengehalten von Reimen", wie er es beschreibt.[38] So mag es eine weitere Widersprüchlichkeit in der Geschichte der Goethe-Rezeption sein, daß es im 20. Jahrhundert die Lyriker sind, die sich mit Goethe auseinandersetzen. Allerdings ist es, in Anbetracht seiner Größe, eine recht bescheidene Reaktion. Bei Yeats finden wir ein Echo des Goethe-Bildes, das die ästhetische Bewegung so geschätzt hatte: Er spricht nebenbei vom „heiteren Goethe".[39] Aber Yeats konnte kein Deutsch. W. H. Auden und Louis MacNeice hingegen konnten etwas Deutsch, und man kann bei beiden annehmen, daß ihre literarische Kultur auch Goethe umfaßte, denn sie waren an Übersetzungen von einigen Goethe-Werken beteiligt.[40]

Die dringlichste Frage ist die, ob das Bild, welches wir im 20. Jahrhundert vorfinden, mit der Theorie übereinstimmt, die ich hier entwickelt habe. Da die Kontroverse um Goethe weniger hitzig geworden ist, ist es weniger leicht zu argumentieren, daß ein Zusammenhang existiert zwischen der ästhetischen und der politischen Sphäre. An dieser Stelle muß man allerdings den Begriff ‚politisch' problematisieren. Carlyle bemerkte einmal, daß es keine Glocke gibt, durch die wichtige historische Veränderungen angekündigt werden; und der kulturelle Wandel, den Carlyle und andere gespürt und als politische Sache aufgefaßt haben, beinhaltete, wie wir jetzt mit entspechendem Abstand feststellen können, einen fortschreitenden Prozeß der Säkularisierung. „Das zwanzigste Jahrhundert ist noch das neunzehnte", so schrieb T. S. Eliot 1920.[41] Der Titel seines berühmten Essays *Goethe as the Sage* (‚Goethe als Weiser betrachtet') könnte so ausgelegt werden, daß sich Eliot lediglich auf bereits vorgegebenen Bahnen bewegt hat. Dies wäre jedoch unfair. Einer der interessantesten Aspekte des Essays ist Eliots Bemühung um eine gerechte und großmütige Einschätzung eines Dichters, dem gegenüber er Gefühle von Antipathie hegte, wie er selbst zugab. Seine Antipathie war bestimmt noch stärker, als er offen zugab. – So scheint es zumindest, wenn man private Äußerungen mit seinem Essay vergleicht.[42] In einem öffentlichen Tribut ging Eliot natürlich nicht detailliert auf seine Antipathie ein, aber er gibt einen Hinweis auf ihre Ursache, und die ist von Bedeutung: „Für jemanden wie mich, der ich eine katholische Geisteshaltung, ein calvinistisches Erbe und ein puritanisches Temperament in mir habe, stellt Goethe in der Tat einige Hürden auf, die es zu überwinden gilt."[43] In diesen Worten hören wir ein mehr als nur schwaches Echo auf das 19. Jahrhundert, trotzdem hat Eliots Antipathie mit der moralistischen Entrüstung dieser Zeit wenig gemeinsam. Man muß den Grund dafür anderswo suchen, und in seiner Bemerkung, daß Goethe und Wordsworth in der Natur etwas erlebten, das er – Eliot – nicht erleben konnte, finden wir den Kern seiner Ab-

---

38 Peter Porter: *Silliness re the Cross*. In: Times Literary Supplement 4825 (22. 9. 1995), S. 20.

39 William Butler Yeats and Thomas Kinsella: *Davis, Mangan, Ferguson. Tradition and the Irish Writer*. Dublin 1970, S. 23.

40 Goethe: *Italian Journey*. Übersetzt von W. H. Auden und Elizabeth Mayer. Harmondsworth 1962. Und Goethe: *„Faust". Parts I and II*. Übersetzt von Louis Macniece und E. L. Stahl. London 1951. Zu MacNeice und Goethe vgl. Jon Stallworthy: *Louis MacNeice*. London 1995, S. 373–75.

41 T. S. Eliot: *Dryden*. In: *Selected Essays*. London ^{3}1951, S. 305.

42 Vgl. Peter Ackroyd: *T. S. Eliot*. London 1984, S. 316.

43 Eliot (Anm. 36), S. 209.

lehnung der ganzen Romantik und des Agnostizismus des 19. Jahrhunderts. Denn dieses Etwas war Gott, oder zumindest das Göttliche. Und in seiner Beurteilung von Goethes Erben, den Ungläubigen wie Carlyle, Arnold und Pater, war Eliot gnadenlos.

Der Dichter Ted Hughes selbst teilte Eliots christliche Vision nicht; aber Hughes sei hier erwähnt als einer der großen Dichter des 20. Jahrhunderts, dessen breite literarische Kultur auch Goethe umfaßte. Dies schließe ich daraus, daß Goethe in Hughes' kritischen Schriften mehrmals Erwähnung findet. Zwar fügt sich daraus kein Goethe-Bild zusammen, und man kann daraus auch nicht schließen, daß Goethe einen derartig inspirierenden Einfluß auf Hughes hatte, wie etwa Dante auf T. S. Eliot. Aber was Hughes über Eliots religiöses Erleben schreibt, eröffnet uns eine Einsicht über die mögliche Bedeutung, die Goethe für einen post-christlichen Dichter wie Hughes haben mochte. Hughes kann man sowohl einen Natur-Dichter als auch einen religiösen Dichter nennen. Für Hughes war die entsetzliche Realität einer radikal „entsakralisierten" Existenz unausweichlich. Das „metaphysische Universum, das sich um Gott dreht, ist mitsamt aller seiner Bedeutung verschwunden". Aber Hughes schränkt diese Vorstellung ein, indem er vorschlägt, daß dieses Universum nicht zerstört, sondern lediglich verlegt ist, nach innen verlegt. Und er nennt Goethe als einen, der die Autorität des poetischen Selbst, des verinnerlichten Gottes, verstand.[44] Obwohl Hughes dies nicht direkt ausdrückt, lag sein Interesse an Goethe doch zumindest zum Teil in der zentralen Rolle, die die Naturwissenschaft für Goethes Dichtung gespielt hat. Für Hughes ist Naturwissenschaft genausowenig eine Gegnerin der Dichtung wie für Goethe selber, und Hughes' Gedichte benutzen immer wieder die Naturwissenschaft als Quelle der Metaphern.

In diesem besonderen Jubiläumsjahr und zum Anbruch eines neuen Jahrtausends ist es angebracht, sich zu fragen, ob Goethe jemals wieder eine solche Vorrangstellung einnehmen wird, wie er sie in der Viktorianischen Zeit innehatte. Eine berechtigte Frage, die aber sehr schwer zu beantworten ist. Goethe wird immer, wie T. S. Eliot sagte, eine der drei großen literarischen Figuren bleiben, die dem Europäer erklären, was und wer er ist. Und man kann hoffen, daß es immer wieder englische Dichter geben wird, so wie Eliot und Hughes, die in sich die Notwendigkeit spüren, sich mit der europäischen Kultur auseinanderzusetzen. Und das bedeutet selbstverständlich eine Begegnung mit Goethe. Die Geschichte der Shakespeare-Rezeption in Deutschland und auch in England weist darauf hin, daß es sich dabei um einen beständigen Prozeß der „Neu-Erfindung" handelt. Goethe bedarf aber wohl weniger der neuen Erfindung als der Wiederentdeckung. Und das ist nicht unmöglich, wenn man daran denkt, daß Dante bis zum Beginn des 19. Jahrhunderts in England praktisch unbekannt war. Unlängst fielen mir zwei kurze Zeitungsmeldungen ins Auge. Die eine meldete den Selbstmord einer jungen englischen Dramatikerin. Angeblich arbeitete sie zur Zeit ihres Todes an einer Dramatisierung des *Werther*. Die andere Meldung kam aus Amerika. Ein Journalist hat herausgefunden, daß Norman Mailer Deutschunterricht nimmt, und ihn gefragt: „Warum?". Mailer: „Damit ich Goethe im Original lesen kann." – Kann es einen besseren Grund geben?

---

[44] Ted Hughes: *The Poetic Self*. In: *Winter Pollen*. London 1994, S. 269–76.

GONTHIER-LOUIS FINK

Goethe, der andere Deutsche?

Die französische Goethe-Rezeption zwischen 1870 und 1949

So überraschend es scheinen mag, zwischen 1870 und 1949 ist die französische Goethe-Rezeption so reich und so vielfältig wie kaum die eines anderen Landes[1]; sie ist zwar nur bis ungefähr 1900 aufgearbeitet[2], doch dürfte sie, soweit ich sehe, quantitativ durchaus der in Deutschland vergleichbar sein. Von Vollständigkeit kann hier natürlich nicht die Rede sein; ich kann nur einen repräsentativen Querschnitt zu vermitteln suchen. Wir können heute gelassen auf diese konfliktvolle Zeit mit ihren drei deutsch-französischen Kriegen zurückblicken, und auch dies erst seit Ende der 60er Jahre. Obgleich die Zensur mehrfach die freie Aussage beschränkte oder gar zwischen 1940 und 1944 unmöglich machte, wirkten sich alle diese politischen Konflikte auch auf das französische Goethe-Bild aus, das ja eng verbunden war mit dem französischen Deutschlandbild der Zeit. Und gerade dadurch hebt es sich von dem anderer Länder ab. So bietet die französische Goethe-Rezeption zugleich ein gutes Beispiel dafür, daß literarische Rezeption auch Teil der Zeitgeschichte ist.

Zunächst spielt die Publizistik eine weit bedeutendere Rolle als die Fachliteratur; dies ist einerseits zeitgeschichtlich bedingt, andererseits ein Zeichen dafür, daß Goethe Teil des französischen Bildungshorizonts war, so daß es sich mit ihm immer wieder auseinanderzusetzen galt. Hinzu kommen strukturelle akademische Gründe. Im 19. Jahrhundert gab es an den französischen Universitäten zwar Lehrstühle für allgemeine, nicht aber für deutsche Literatur. So veröffentlichte z. B. Alfred Mézières, der zwischen 1863 und 1899 an der Sorbonne einen solchen Lehrstuhl innehatte[3], außer einem für seine Zeit bedeutenden zweibändigen Buch über Goethes Werke[4] Arbeiten über Shakespeare, Dante und Petrarka. Sich auf

---

1 Dies wurde auch von Heinz Kindermann: *Das Goethebild des 20. Jahrhunderts.* Darmstadt ²1966, S. 96 erkannt, der sich auf Fernand Baldensperger: *Goethe en France.* Paris ²1920 stützt.

2 F. Baldensperger (Anm. 1) fußt auf breiter, kommentierter Dokumentation; der letzte Teil ist Goethes Persönlichkeit gewidmet; ders.: *Bibliographie critique de Goethe en France.* Paris 1907, die durch zahlreiche Zitate seinen *Goethe en France* gut ergänzt. Fortan zit. B-*Bibl.*; Alfred Grosser: *Esquisse d'une bibliographie de Goethe en France de 1912–1948.* In: Etudes Germaniques 1949, S. 312–44 führt Baldensperger weiter. Sowie *Goethe in Lob und Tadel seiner französischen Zeitgenossen.* Berichte und Urteile gesammelt und übersetzt von Hermann Sauter. Speyer o. J. (1957). Theodor Heinermann: *Goethe in Frankreich. Eine Übersicht über die französische Goethe-Literatur der jüngsten Zeit.* In: Euphorion 1932, S. 328–40 (für die Kritik ist die Auswahl sehr schmal, aber interessant durch den kritischen Kommentar). Einen kurzen Überblick sowohl über Goethes Auseinandersetzung mit Frankreich als über die französische Goethe-Rezeption bietet Joachim Wieder: *Frankreich und Goethe. Das Goethebild der Franzosen.* München 1976.

3 Michel Espagne, Michael Werner: *Les études germaniques en France (1900–1970).* Paris 1994, S. 58.

4 *Goethe. Les oeuvres expliquées par la vie.* Paris 1872–1875, 2 Bde.

die universitäre Goethe-Forschung zu beschränken hieße schon darum ein falsches Bild der Goethe-Rezeption vermitteln, als diese etwas weniger von der Zeitgeschichte bedingt erscheint. Daneben und nur zum Teil im Austausch mit ihr gibt es eine Fülle von verschiedenartigen Zeugnissen, die besser als die Monographien der Professoren die öffentliche Meinung, genauer gesagt die der geistigen Elite widerspiegeln. Um ein ungefähres Bild der französischen Goethe-Rezeption zu geben, müssen wir darum drei Textsorten berücksichtigen, einerseits die Fachliteratur, dann die Aussagen bedeutender Schriftsteller, schließlich Essays und Aufsätze in kulturellen Zeitschriften, vor allem in der liberalen *Revue des Deux Mondes*, an der im Lauf des 19. Jahrhunderts alle bekannten Schriftsteller und Dichter mitgewirkt haben, die aber auch im 20. Jahrhundert tonangebend blieb, obgleich nach 1919 die von A. Gide mitbegründete *Nouvelle Revue française*, das maßgebende Foyer der jungen Generation, ihr den ersten Platz streitig machte. Ergänzt werden sie einerseits durch die *Revue de Paris*, die während des zweiten Weltkriegs verboten worden war, und den 1889 gegründeten *Mercure de France*, der lange einem rationalistischen Literaturverständnis verhaftet blieb[5].

In der genannten Zeitspanne lagen Übersetzungen von fast allen dichterischen und autobiographischen Werken Goethes sowie von mehreren seiner Korrespondenzen und Gespräche vor, so daß der französische Leser kaum benachteiligt war gegenüber dem deutschen. Aus leicht verständlichen Gründen war die Lyrik trotz Mme de Staëls Würdigung derselben lange Zeit ein Stiefkind geblieben; nur einige Balladen hatten eine gewisse Resonanz gefunden, doch fand sie 1878 in Ernest Lichtenberger einen neuen Apologeten, wenn auch aus positivistischer Sicht[6]. Für manche Werke, vor allem für *Werther*, *Faust*, *Dichtung und Wahrheit* verfügte das Publikum über verschiedene Übertragungen und sogar Adaptationen. Der französischen Tradition der sog. „belles infidèles" gemäß, derzufolge der fremde Text in interkultureller Perspektive den Gepflogenheiten oder der Mentalität des eigenen Landes gemäß adaptiert wurde, wurden auch manche von Goethes Werken nicht getreu übersetzt; aber dies verdiente eine eigene Untersuchung.

I

Die Auseinandersetzung mit dem romantischen Goethe-Bild

Auch die französische Goethe-Rezeption nach 1870 ist nur zu verstehen, wenn man die Bewunderung im Blick behält, die die französischen Romantiker im Anschluß an Mme de Staël Goethe entgegenbrachten, denn sie ist zu einem guten Teil auch eine interne Auseinandersetzung mit dem idealistischen Deutschland- und Goethe-Bild der Vorgänger. Während der Bildhauer P. J. David d'Angers in Goethe „die große dichterische Gestalt unseres Zeitalters" sah[7], vereinigt *De l'Allemagne* zufolge Goethes Werk all das, was die deutsche Literatur darstellt, zumal er diese wie niemand sonst geprägt habe. Während er in sei-

---

5 La Revue des Deux Mondes, zit. RdDM; die Nouvelle Revue française, zit. NRF; die Revue de Paris, zit. RdP, der Mercure de France, zit. Mercure. Aus Raummangel werde ich in den Anmerkungen nur die wichtigsten Zeugnisse vermerken, die nicht aus dem Kontext erschlossen werden können.

6 *Etude sur les poésies lyriques de Goethe*. Paris 1878, der in chronologischer Folge Goethes Gedichte und lyrische Zyklen analysiert.

7 Pierre J. David an Goethe, 18. 6. 1831. Vgl. Hippolyte Loiseau: *Goethe et la France, ce qu'il en a connu, pensé et dit*. Paris 1930, S. 81 ff.

nen Jugendwerken sein empfindsames Herz habe sprechen lassen oder sich dem Feuer seines Genies überlassen habe, habe er in der Folge sein Talent beherrscht und sich zum großen Bedauern von Mme de Staël nicht mehr von seiner großen, schöpferischen Fantasie fortreißen lassen; er verfüge vielmehr über die poetische Welt wie ein Eroberer über die reelle. In der Weimarer Zeit habe schließlich die Darstellung für ihn mehr Bedeutung gehabt als das Erlebnis, ein Diktum, das nach 1870 mehrfach variiert wurde. Goethe schien kalt, ja zuweilen hart zu sein; auch sei er kein Patriot gewesen, sein universeller Geist schien vielmehr über alles erhaben zu sein; auch dies Problem wurde später mehrfach diskutiert, wie überhaupt manche Urteile von Goethes Zeitgenossen in der Folge wieder auftauchen[8]. Zugleich war Mme de Staël die erste, die die überragende geistige Bedeutung des damals kleinen, unscheinbaren Städtchens Weimar erkannte, das sie als Deutschlands „capitale littéraire" bezeichnete, da es sich zwar nicht durch seine politische, aber durch seine geistige Bedeutung über alle anderen deutschen Residenzen erhoben habe.

Lange schon vor 1870 sprach die französische Publizistik von zwei gegensätzlichen deutschen Reichen, indem der mehrheitlich katholische, gemütliche Süden dem protestantischen, nüchternen, rationalistischen Norden gegenübergestellt wurde. Die Vormachtstellung Preußens und der Krieg von 1870/71 verlieh diesem ambivalenten Bild eine ungeahnte Aktualität, indem darüber hinaus das ehemalige Volk der Dichter und Denker dem derzeitigen kasernierten und materialistischen Deutschland Bismarcks gegenübergestellt wurde. Zugleich schien der Deutsche als sentimentaler Barbar oder als Krieger und Ästhet ein Janusgesicht zu haben[9].

Kein Wunder, daß 1870 das gedemütigte Frankreich den Unterschied zu dem östlichen Nachbarvolk deutlich betonte. War dieser früher vor allem als ein kultureller oder ein mentaler betrachtet worden, so wurde er nun als ethnisch und damit als unüberbrückbar begriffen[10], zumal sowohl die romanischen wie die germanischen Völker sich damals als unverkennbar unterscheidbare Rassen verstanden, obgleich dieses Wort nicht immer die gleiche Bedeutung hatte wie heute und mehrfach als Synonym von Volk oder Nation gebraucht wurde[11].

Die neue, historisch bedingte Variante des Mythos der zwei deutschen Reiche deutet schon an, daß die Zeitgeschichte sich auch auf die Diskussion um Goethe auswirken wird.

---

8 Die Gegenstimmen haben natürlich nicht gefehlt, erinnern wir nur an H. Heine und an Egar Quinet; aber die kritische Überprüfung des idealisierten Goethe-Bildes begann vor allem nach 1870.

9 Vgl. z. B. René Lote: *Les relations franco-allemandes.* Paris 1921, S. 174. Siehe G. L. Fink: *Les deux Allemagnes dans le miroir des lettres françaises. Du mythe polymorphe à une réalité politique duelle* (1750–1990). In: Recherches germaniques (1994) 24, S. 3 ff.

10 Siehe z. B. Paul Bourget: *Nouveaux Essais de psychologie contemporaine.* Paris 1885, S. 256, wo er den germanischen Geist definiert und *Wilhelm Meister* als dessen Vertreter der *Princesse de Clèves* der Mme de La Fayette als der Verkörperung des französischen Geistes gegenüberstellt. Weiter Maurice Barrès: *Au Service de l'Allemagne.* Paris o. J. (1905), S. 42 et passim. Julien Benda: *Les Sentiments de Critias.* Paris 1917, S. 89, 168 et passim. In Deutschland war es jedoch nicht anders: vgl. z. B. Thomas Mann: *Betrachtungen eines Unpolitischen* (1918) sowie Eduard Wechßler: *Esprit und Geist. Versuch einer Wesenskunde des Deutschen und des Franzosen.* Bielefeld/Leipzig 1927, S. 1 ff. und 39 ff. Dieser Unterschied geistert auch noch durch F. Strichs *Goethe und die Weltliteratur.* Bern 1946. Selbst André Gide (*Nationalisme et littérature.* In: *Oeuvres complètes.* NRF Bd. 6, Paris 1934, S. 17 f.) ist nicht frei davon.

11 Vgl. Charles Renouvier: *L'Esprit germanique et l'Esprit latin.* In: La Critique Philosophique, politique, scientifique, littéraire, I, 1872, 18. April, S. 161; M. Barrès: *Au Service de l'Allemagne* (Anm. 10), S. 42; Charles Maurras: *Devant l'Allemagne éternelle. Gaulois, Germains, Latins. Chronique d'une Résistance.* Paris 1937, S. 268, der zwar im Gegensatz zu Barrès betont, daß die „Latinité" nicht als ethnische, sondern als geistige Einheit zu verstehen sei, aber hinzufügt: „pas à comprendre à la boche".

In der Tat war letzteres mitbedingt durch das nationale Trauma nach 1870, dem Jahr, das dem Titel von V. Hugos während der Belagerung von Paris geschriebenem Gedichtzyklus zufolge als *L'Année terrible* (1872) bezeichnet wurde. Die neue Aufgabe der französischen Publizistik war, zunächst eine allgemeine kritische Bilanz zu ziehen, sowohl über das Verhältnis zur deutschen Literatur, vor allem aber zum Gegner jenseits des Rheins, um zu verstehen, was Preußen zu siegen erlaubt hatte und woran Frankreich krankte, daß es so schnell hatte überwunden werden können. Die Antwort auf diese doppelte Frage war widersprüchlich: Insofern der Sieg der Preußen durch deren Volksschullehrer vorbereitet worden zu sein schien, sollten die deutschen Bildungsanstalten den französischen als Vorbild dienen[12]. Umgekehrt galt es, sich von allem Fremden, besonders allem Germanischen abzugrenzen und abzuschirmen, um die nationale Identität, die durch Sedan sehr gelitten hatte, neu zu begründen. Die Kritik betraf in erster Linie die französische Romantik, deren irrationale und „barbarische" Tendenzen P. Lasserre, E. Seillière, L. Reynaud u. a. m. englischen und deutschen Einflüssen, Goethe einbegriffen, zuschrieben; damit wurden sie zugleich als unvereinbar mit dem französischen Nationalcharakter erklärt, der am reinsten in der französischen Klassik zum Ausdruck zu kommen schien[13].

II

Goethe, der andere Deutsche? *Goethe als Deutscher im negativen Licht der Nachkriegszeit*

Wenn infolge der durch die Kriege gezeitigten nationalen Überempfindlichkeit und Germanophobie jeder Deutsche grausam und barbarisch zu sein schien, mußte dieses Vorurteil auch Goethe treffen, sobald er als Verkörperung des deutschen Wesens betrachtet wurde. Darum sollte Frankreich sich weder für ihn noch überhaupt für die deutsche Literatur interessieren. So betonte G. d'Hugues 1896 in seiner Dijoner Antrittsvorlesung, daß Goethe „in seiner Person und in seinem Werk die ganze Indifferenz und Apathie, den tiefen Egoismus der alten germanischen Rasse" vereine. Während einige Kritiker Goethes großen bisherigen Einfluß auf Frankreich leugneten, geißelten andere die bisherige Verblendung ihrer Landsleute. Die Fallhöhe des deutschen Dichterfürsten unterstrich L. Ménard 1872, indem er die Epitheta aus der Zeit der Verehrung mit dem nun als Trug entlarvten Bild zusammenstellte: „leur grand Goethe", er schien zwar „groß", war aber „nichtig" und „aufgebläht". Am deutlichsten kommt diese Verketzerung, die zugleich Persönlichkeit und Werk verfälschte, 1915 in einem Artikel des nationalistischen Romanciers Louis Bertrand über *Goethe et le Germanisme* zum Ausdruck. Napoleons bekanntes Wort: „Vous êtes un homme, Monsieur Goethe" zitierend, fügte er hinzu: „Ja, aber ein deutscher Mann, und nichts als ein deutscher", was in seiner Sicht einem Schimpfwort gleichkam[14]. Auch ihm war es darum zu tun, die Bewunderung des „alten Idols", das Frankreich seit hundert Jah-

---

12 Claude Digeon: *La Crise allemande de la Pensée française. 1870–1914*. Paris 1959.

13 P. Lasserre: *Le Romantisme français*. Paris 1907; E. Seillière: *Le Mal romantique. Essai sur l'impérialisme irrationnel*. Paris 1908; L. Reynaud: *Le romantisme. Ses origines anglo-germaniques*. Paris 1920. F. Neubert: *Der Kampf um die Romantik in Frankreich*. Und: *Der französische Kreuzzug gegen die Romantik im 20. Jahrhundert*. In: *Studien zur vergleichenden Literaturgeschichte, im besonderen zum Verhältnis Deutschland Frankreich*. Berlin 1951, S. 7–39 und 40–53.

14 *Goethe et le Germanisme*. In: RdDM (1915) 2, S. 752.

ren verehrte, es aber verblendete, einer Kritik zu unterziehen, was schließlich in einen grotesken Zerriß auslief. So liest er *Faust I* und *II* gegen den Strich – im Licht oder besser im Schatten des zweiten Weltkrieges – als aktuelles Werk, indem er Aussagen der Gestalten aus dem Kontext herausriß und notfalls gar etwas retouchierte, so daß er darin die typische deutsche Kriegsmoral herauszulesen oder besser hineinzuprojizieren vermochte. Auf diese Weise mußte Fausts gleich wieder verworfene Deutung des Johannisevangeliums, „im Anfang war die Kraft", verbunden mit den Maximen der drei brutalen Elementarkräfte des 4. Aktes von *Faust II*, deren „Durst nach Beute" und deren Zerstörungswut dazu dienen, das von der deutschen Heeresführung praktizierte Recht des Stärkeren zu rechtfertigen. Schließlich kam L. Bertrand zu dem Schluß, daß Goethes Nachfahren, d. h. die deutschen Krieger, dabei seien, Fausts Lektion sehr konsequent anzuwenden. Darum sollte fortan dieses Drama in Frankreich verboten werden. Je größer Goethe als Dichter sei, umso mehr treffe ihn Schuld für die Verbreitung einer solchen Moral.

Nichts beleuchtet besser den Wandel im Verhältnis zu Deutschland und die vergiftete Atmosphäre nach 1870 und 1914 als die Erklärungen einiger Autoren. So versicherte selbst Ernest Renan 1871, er habe unter dem Krieg um so mehr gelitten, als er sehen mußte, wie die Deutschen, die er seinen Landsleuten als das gebildetste und moralischste Volk vorgestellt hatte, wie das Vaterland Kants, Fichtes, Herders und Goethes sich einem exklusiven Patriotismus verschrieben habe[15]. Dennoch wurde er seiner Deutschfreundlichkeit wegen angegriffen. Bei der Aufnahme von Victor Cherbuliez in die französische Akademie 1885 antwortete er daraufhin, daß sein Urteil über Herder und Goethe sich nicht geändert habe und daß er seine frühere Bewunderung für dieselben nicht bereue, denn was er bewundert habe, war bewundernswert. Alfred Mézières, der 1871 die Haltung seiner Landsleute dem vorurteilslosen, „freiesten Geist Deutschlands" gegenüber untersucht hatte, glaubte 1872 sich entschuldigen zu müssen, als er sein schon vor dem Krieg vorbereitetes zweibändiges Goethe-Buch veröffentlichte, indem er betonte, daß „Goethe bewundern" keineswegs das gleiche sei wie „Deutschland oder gar Preußen bewundern". Auch als er 1874 in die Académie française gewählt wurde, fand sein Laudator es angebracht, ihn vor Goethe als einem gefährlichen Autor zu warnen, der darüber hinaus viele Herzen gebrochen und diese Erlebnisse gar in seinem Werk verwertet habe. Ähnlich sah Saint-René Taillandier, der den *Briefwechsel zwischen Goethe und Schiller* übersetzte, sich genötigt, seinen Eifer zu mäßigen, denn „der Argwohn war groß und der Haß, der seit dem Vertrag von 1815 im Verborgenen geschwelt hatte", war durch die letzten preußischen Kriege neu angefacht worden. Auch J. M. Carré hielt eine Rechtfertigung für angebracht, als er 1920 seine Habilitationsschrift über *Goethe en Angleterre* vorlegte. Denen, die fragten, was die englische Goethe-Rezeption Frankreich angehe, und die die Beschäftigung mit dem deutschen Dichter generell verwarfen, weil es ihrer Meinung nach jenseits des Rheins nur noch „des Boches" gebe, erklärte er, er wolle zeigen, was Deutschland an Kant, an Goethe und Beethoven verloren habe. Mit anderen Worten, in seinen Augen war die Weimarer Klassik für das gegenwärtige Deutschland verloren, war Goethe tot!

Den unversöhnlichen Kritikern gegenüber, die wie Jacques Rivière[16] alle Deutschen als Barbaren und Franzosenhasser betrachteten, machte A. Gide 1919 geltend, daß man das

15 *La Réforme intellectuelle et morale* (1871), Préface. In: *Oeuvres complètes.* Hrsg. von Henriette Psichari. Paris 1947, Bd. I, S. 327 f.

16 *L'Allemand. Souvenirs et réflexions d'un prisonnier de guerre.* Paris 1919.

Kind nicht mit dem Bade ausschütten dürfe, was auch für L. Bertrands Deutung des *Faust* galt, dessen These er absurd fand, denn sonst verstärke man nur das schlechte Deutschland. Anstatt Goethe zu verleumden, sollte man ihn vielmehr mit Leibniz und Nietzsche, die den Weltkrieg sicher nicht gutgeheißen hätten, Preußen gegenüberstellen, das Deutschland in den Krieg zog[17]. Sowohl für Deutschland wie für Frankreich war also das Heil in der Theorie der zwei deutschen Reiche zu suchen; nur wenn man der Jugend des heutigen Deutschland den Geist des Deutschland von gestern vermittle, könne man der Verpreußung entgegenwirken. Wie aber hätte die französische Kritik Goethe als pädagogische Leitfigur für die deutsche Jugend instrumentalisieren können?

Nationalistische Kritiker, darunter auch der frühere Goethe-Verehrer M. Barrès, warnten hingegen das Publikum vor dem großen deutschen Dichter, der infolge seines überwältigenden Einflusses den französischen Nationalcharakter gefährde[18]. Es ist interessant zu sehen, wie die nach 1760 besonders von Lessing und Herder gegen Frankreichs kulturelle und vor allem literarische Hegemonie vorgetragenen Argumente, ihre Warnung vor Verfremdung des deutschen Nationalcharakters, sich im Ausgang des 19. und zu Beginn des 20. Jahrhunderts mutatis mutandis in Frankreich wiederfinden, dieses Mal aber gegen die deutsche Literatur, auch gegen Goethe gerichtet.

Damit war die klassizistische Tradition, die bisher zwar kritisch, aber nur unterschwellig die Goethe-Rezeption begleitet hatte, durch die Erlebnisse des Krieges reaktualisiert worden. Unfähig sich zu erneuern, war sie jedoch erstarrt; indem sie sich mit dem Nationalismus verband und sich auf Schule und Universität sowie auf ein negatives Deutschlandbild stützte, überlebte sie trotzdem, und dies bis in die 60er Jahre unseres Jahrhunderts, als Pendant der deutschen Gallophobie, die ihrerseits die französische Klassik und Aufklärung verhöhnte. Wenn in der Folge diese Tradition sich weniger hervortat, so verdanken wir dies weniger der neuen Goethe-Forschung als der schwindenden Bedeutung von Goethe selbst, der nach 1968 mehr oder weniger aus den Schulbüchern und dem neuen französischen Kulturbewußtsein verschwand, zugleich mit den französischen Klassikern.

Wenn in der Zeit der drei deutsch-französischen Kriege Goethe nicht nur im Bewußtsein eines kleinen Kreises, der sich von den nationalen Vorurteilen frei gemacht hatte, – was jedoch nicht von allen Goethe-Forschern oder Germanisten gesagt werden kann –, weiterleben sollte, so war dies zunächst nur möglich, wenn er entweder sich deutlich von den verhaßten Preußen unterschied oder so wenig wie möglich als Deutscher wahrgenommen wurde.

Im Gegensatz zur nationalistischen Sicht tradierten einige Kritiker, die nicht weniger patriotisch gesinnt zu sein schienen, ein mehr Mme de Staël verpflichtetes Goethe-Bild. Hatte diese das Werk des großen Weimarers als Ausdruck wahren deutschen Wesens verstanden, so bestand auch diesbezüglich eine gewisse Kontinuität zwischen ihr und der Kritik nach 1870. Auch jetzt wurden dem deutschen Dichterfürsten andere Geistesgrößen wie Kant oder Beethoven, weniger häufig Schiller beigesellt. Dabei wurde Goethe als der andere, der bessere Deutsche, als würdiger Vertreter der geistigen Nation betrachtet, der Bismarck und Moltke und später Hitler, den Personifikationen des verfemten preußischen bzw. national-

---

17 *Réflexions sur l'Allemagne*. In: NRF (1919), S. 37.

18 Dies gilt auch für Barbey d'Aurévilly (*Goethe et Diderot*. Paris 1913, S. XII), aber aus katholischer Gegnerschaft gegen den Protestanten. Siehe vor allem Louis Reynaud: *L'influence allemande en France*. Paris 1922, S. 306 ff.

sozialistischen Deutschland, gegenübergestellt wurde. Wählen wir aus den zahlreichen diesbezüglichen Zeugnissen, die zwischen 1870 und 1933 in Zeitschriften, Essays, Gedichten, Romanen und historischen Werken zu finden sind, wenigstens einige aus. Nach Th. de Banville, der in seinen ironischen *Idylles prussiennes* zeigt, wie der Geist Goethes in Gemeinschaft mit anderen deutschen Genien einen vernichtenden Blick auf die von Bismarck angeführte Kriegsschar wirft und sowohl ihre Lorbeeren wie ihre Frevel verdammt, nach E. Caro[19], V. Tissot und M. Prévost betonte auch H. de Régnier den Gegensatz zwischen Goethe und dem „eisernen Kanzler“[20]. Darum bemerkte H. Albert, daß man Goethe nur verstehen und schätzen könne, wenn man Deutschlands pangermanistische Ambitionen vergesse, denn die beiden Reiche, „das Bismarcks und dasjenige Goethes“, seien unvereinbar[21].

Der Historiker Ernest Denis wußte zwar 1906, als er den letzten Teil seiner Geschichte des neuen Deutschland herausgab, daß das Werk Bismarcks und Kaiser Wilhelms in Deutschland nicht in Frage gestellt wurde, er hoffte aber, daß „die Mängel und Auswüchse“, die das wilhelminische Deutschland entstellten, verschwinden werden, „sobald das Volk Bismarcks und Moltkes wieder das Volk Goethes und Heines geworden“ sein werde[22]. Die Geschichte sollte dies jedoch als Illusion entlarven, wie einige Schriftsteller schon im Jahr von Hitlers Machtübernahme bedeuteten. Während der Philosoph und Schriftsteller Julien Benda 1933 noch die Diskrepanz herausstellte zwischen dem eng national ausgerichteten Bismarck, der sich 1870 über den Humanismus lustig gemacht, und dem Humanisten Goethe, der sich an der Antike orientiert und dem Kult des Wahren, Guten und Schönen gewidmet habe, der keiner Nation allein eigen sei[23], während der Philosoph René Berthelot 1932 bedauerte, daß es Goethe nicht gelungen sei, sein Ideal seinen Landsleuten zu vermitteln, so daß in Deutschland eine Kluft bestehe zwischen der humanistischen Bildung der Weimarer und der zeitgenössischen Realität, betonte Jacques-Richard Grein, daß jedes Gedicht Goethes und jede Sonate Beethovens im Namen der Kultur gegen die Barbarei Hitlers und seiner Gesellen protestiere. Zugleich bewiesen in den Augen des Essayisten die Werke der beiden großen Deutschen die Unvereinbarkeit zwischen dem Prinzip der Rasse und dem Prinzip des universellen Humanismus[24]. Wenngleich einige Kritiker noch hofften, daß das Deutschland von gestern nicht endgültig verloren sei, weil es zur Substanz des deutschen Wesens gehöre, zeigten sich die meisten skeptisch und betonten zwischen 1870 und dem zweiten Weltkrieg den unüberbrückbaren Abgrund zwischen Goethes kosmopolitischem Humanismus und dem pangermanistischen, militaristischen Imperialismus, der sowohl das Reich Bismarcks wie das Hitlers charakterisiere, wobei letzteres, wie Alexandre Arnoux vermerkt, glücklicherweise Goethe nicht annektieren könne, da sein Universalismus dem Nazi-Regime ein Dorn im Auge sei[25].

---

19 *La Morale de la Guerre. Kant et M. de Bismarck.* In: RdDM (1870) 6, S. 580 f.

20 H. de Régnier: *Figures et Caractères.* Paris 1901, S. 252: „Goethe ou Heine me font oublier Bismarck ou Moltke“.

21 Henri Albert: *Goethe à Weimar en 1806.* In: Mercure 63 (1906), S. 481, und *Allemagne.* In: Mercure 132 (1919), S. 166. Sowie René Berthelot: *Goethe et l'esprit de la renaissance.* In: NRF (1932) 1, S. 442, sowie E. Renan, in: *La Guerre entre la France et l'Allemagne.* In: *Oeuvres complètes* (Anm. 15), Bd. 1, S. 431.

22 *La Fondation de l'Empire Allemand* (1852–1871). Paris 1906, S. 523.

23 *Discours à la Nation européenne.* In: NRF (1933) 1, S. 213.

24 Jacques-Richard Grein: *Contre le principe d'Hitler.* In: Mercure 247 (1933), S. 598.

25 *Contacts allemands. Journal d'un demi-siècle.* Paris 1950, S. 274.

Die Entlarvung des Trugbilds

Gab es aber noch zwei deutsche Reiche? Da das in den schwärzesten Farben gemalte Preußen das übrige Deutschland zu militarisieren und sich einzuverleiben schien, wurde zwangsweise auch das bisherige idyllische Deutschland- und das positive Goethe-Bild in Frage gestellt. Mehrfach wurde so von der klassischen, national gesinnten Kritik die schmähliche Verblendung der französischen Goetheaner angeprangert. Sich auf Briefe eines preußischen Soldaten berufend, stellte P. Albane Goethes Hermann als einen deutschen Besatzer mit dem stereotypen Janusgesicht vor, der die preußische Armee als Heer Gottes bezeichnete, das zu Recht dem korrupten Frankreich mit der notwendigen Härte und Grausamkeit begegnete; zugleich schickte er jedoch seiner Dorothea das aus einer Schloßbibliothek entwendete Gedicht *Jocelyn* von Lamartine, da es ihn zu Tränen gerührt habe[26]. Mit diesem Beispiel eines empfindsamen Barbaren wollte Albane zeigen, daß das von Goethe in seinem bürgerlichen Epyllion gezeichnete Bild der Deutschen einem anderen Platz gemacht hatte, das die Idylle der Lüge zieh. Ähnlich vermerkte 1870 der Essayist P. de Saint-Victor: „Jetzt wissen wir, wie sich der verpreußte Rekrut Hermann in einem eroberten Land beträgt". Die Entlarvung des Goethischen Helden als grausamer, sentimentaler Besatzer zeitigte zugleich den Wunsch, sich abzukapseln gegenüber dem neuen Deutschland, ein Wunsch, dem P. de Saint-Victor einen sehr sprechenden Ausdruck verlieh: „nous n'irons plus au bois de l'idylle allemande, ses vergiss-mein-nicht sont tachés de sang". Für die Franzosen von 1870/71 hatte der Krieg den Mythos der beiden deutschen Reiche als Trugbild entlarvt. Hatte am Vorabend des Ersten Weltkriegs der Germanist F. Bertaux noch versichert, daß die beiden Reiche weiterhin bestünden, da auch im wilhelminischen Deutschland Idealismus und Realismus sich die Hand reichten, so konstatierte er wenig später, daß das Volk, das gestern noch das Volk der Dichter und Denker gewesen sei, sich nun vom Materialismus berauschen lasse und daß die Idealisten nur noch eine kleine Minderheit seien. Darum erklärte der Literarhistoriker Gustave Lanson, daß zwischen Frankreich und Deutschland jede Verbindung unmöglich geworden sei, solange kein anderes Deutschland das preußische vergessen lasse. Höchstens mit dem kleinen Kreis, der der Welt Goethes, Kants und Beethovens sich verpflichtet fühlte, wäre noch ein geistiger Kontakt möglich[27].

Während des zweiten Weltkriegs und danach begann die Entlarvungstragödie von neuem, zumal infolge der deutschen Kriegführung und der seit Ende des 19. Jahrhunderts sich verbreitenden pangermanistischen Propaganda nicht nur das Deutschland- und das Goethe-Bild der Mme de Staël, sondern die deutsche Kultur schlechthin von verschiedenen Seiten in Frage gestellt wurde, sogar von bisher germanophilen Schriftstellern wie H. de Régnier[28]. 1915 klagte René Gillouin, daß das Land der Musik, der Dichter und Denker, das noch

[26] P. Albane: *Lettres de Hermann à Dorothée*. In: RdDM (1872) 2, S. 721–74. Hermann entspricht dem Stereotyp des janusköpfigen Deutschen, Pendant des Mythos der beiden deutschen Reiche.

[27] Mercure (1915), S. 668: *Un projet de rapprochement intellectuel entre la France et l'Allemagne*. Siehe auch M. G. Valbert (Pseudonym von Victor Cherbouliez): *Un historien allemand, Leopold Ranke*. In: RdDM (1886) 5, S. 693.

[28] H. de Régnier: *La faillite de la „Kultur"*. In: Mercure 110 (1914–15), S. 658 ff. Ähnlich H. Albert, ib. 692 ff.: *L'université allemande et les sources du pangermanisme*. Siehe auch E. Caro: *Les Deux Allemagnes. Madame de Staël et Henri Heine*. In: RdDM (1871) 2, S. 5, und das Kapitel „Culture et barbarie" in J. Rivière: *L'Allemand* (Anm. 16), S. 225 ff.

[29] *Psychologie du Germanisme*. In: RdP (1915) 1, S. 218. Sowie Suzanne Moret: *A Weimar*, RdP (1919) 3, S. 171.

ihre Väter bewundert hätten, durch den Kult des Staates und der Rasse, durch Preußen, Houston St. Chamberlain und Treitschke zerstört worden sei[29]. Die Analogie zwischen der Haltung nach 1870 und der nach dem Ersten Weltkrieg wird indirekt von G. Brunet herausgestellt, als er 1919 die Idylle der Gretchen und Dorotheen als konfuse Träume bezeichnet, aus denen Renan erst 1870 gerissen worden sei, als er mit der harten Wirklichkeit konfrontiert worden war. Auch J. Rivière, der neue Herausgeber der NRF, trug zur Entlarvung des idyllischen Deutschlandbildes bei, indem er, die schlechten Erfahrungen seiner Gefangenschaft naiv verallgemeinernd, ein vielbeachtetes, äußerst negatives Porträt der Deutschen zeichnete, dem jedoch deutsche Nationalisten unbewußt Vorschub leisteten. Für die deutsche Barbarei muß ihm Goethe als Kronzeuge dienen, der Eckermann gegenüber erklärt, die „barbarische Zeit" kommt nicht erst, „sie ist schon da, [...] denn worin besteht die Barbarei anders als darin, daß man das Vortreffliche nicht anerkennt?" Und dafür schien in seinen Augen die deutsche Malerkolonie in Rom zu stehen. Wenn Rivière dann aber Goethes Ausspruch dahingehend deutet, daß der Barbar daran zu erkennen sei, daß er nicht ruhig zu bleiben vermöge, schiebt er Goethe seine eigene Auffassung des Deutschen unter, des unruhigen Aktivisten, den die Devise „durch Tat und Leben" charakterisiere, die er dem Philosophen Paul Natorp, seinem anderen Gewährsmann, entlehnte. Schien Deutschland schon zu Goethes Zeiten der Barbarei verfallen zu sein, wie viel mehr dann 1919. Es gab also nur noch e i n Deutschland, das militaristische, denn das ideale war von dem schlechten korrumpiert und absorbiert worden[30]. Infolge der Verleugnung des goetheschen Humanismus vermochte das „andere Deutschland", das wahre, das Goethes, höchstens noch in Katakomben zu überleben, wie Albert Béguin für 1940 feststellt. Was Wunder, daß infolge solcher in der Presse verbreiteten Informationen über Deutschland Alain Desportes in der NRF bedauernd feststellt, daß für viele Franzosen das Land jenseits des Rheins einfach „la Bochie" geworden sei. Während angesichts der drohenden Kriegsgefahr Robert Bourget-Pailleron 1938 nur schwer verstehen konnte, daß Mme de Staël sich in ihrer Germanophilie derart habe täuschen lassen, verführte nach dem Zweiten Weltkrieg die Erfahrung der Diskrepanz zwischen Mythos und Wirklichkeit den Komparatisten J.M. Carré dazu, die Geschichte des Deutschlandbildes seit Mme de Staël als Geschichte eines Trugbildes nachzuzeichnen[31].

Wenn es jedoch nur noch ein Deutschland gab, hieß dies auch, daß es Goethe verleugnet habe. Während Renan 1878 in einem Brief an einen deutschen Freund fragte, wo dort noch das vernommen werde, was Goethe, Schiller und Heine verkündet hatten, und R. Rolland noch hoffte, daß Deutschland nicht definitiv mit seiner Vergangenheit gebrochen habe, daß die Erinnerung an Goethe es am Abgrund zurückhalten werde, antworteten mehrere Stimmen, das deutsche Reich habe Goethe verkannt, habe sich ihm entfremdet[32]. Und das Gleiche vermerkte 1932 J. Godefroy-Demombynes als Bilanz einer Deutschlandreise. Die Mehrzahl der deutschen Studenten verabscheue Goethe und verzeihe ihm weder seine *Italienische Reise* und seine *Iphigenie* noch sein mildes Urteil über Frankreich. Das heißt, in ihrem exklusiven Patriotismus verurteilten sie Goethe als Kosmopoliten. Ihrer Meinung

30 Vgl. Charles Maurras: *Devant l'Allemagne éternelle* (Anm. 11), S. 298.

31 *Les écrivains français et le Mirage allemand.* Paris 1947.

32 So kritisiert H. Albert (Bericht über die Weimarer Nationalversammlung) die zwar patriotischen, aber nur vorgeblich gebildeten Philister, die sich in der Goethe-Gesellschaft einem kindischen und sterilen Goethe-Kult weihen, ohne den Dichter wirklich zu kennen. In: Mercure 132 (1919), S. 166–70.

nach verlange die Zukunft Deutschlands nicht Traum, Musik, Poesie und philosophische Spekulationen, sondern Taten. Hatte die Diskrepanz zwischen der den Deutschen nachgerühmten Bildung und dem als barbarisch empfundenen Verhalten der deutschen Streitkräfte die Debatte über Sein und Schein der deutschen Kultur hervorgerufen, so schienen die deutschen Studenten die Debatte zu schließen mit dem Ruf: „Weg mit dem Begriff Kultur!", zuerst komme das Vaterland[33]. Die Angst, die die Bedrohung durch den Nationalsozialismus, das Verhalten und die Leitsprüche nationalsozialistischer Gruppen in manchen Kreisen Frankreichs hervorriefen, verführte Godefroy-Demombynes dazu, seine wohl authentischen Beobachtungen zu verallgemeinern.

Goethe als universeller Geist und Europäer

Hatte schon Mme de Staël Goethe als universellen Geist betrachtet, so findet sich auch diese Charakterisierung verschiedentlich unter der Feder der Essayisten und Literaturhistoriker wieder. Während L. Houllevigue Goethe als die bedeutendste Persönlichkeit Deutschlands und eines der universellsten Genies betrachtete, die die Erde je getragen habe, was Mgr. Bougaud bestätigte, wenn er auch hinzufügte, er sei zugleich „der heidnischste moderne Dichter", betonte der Romancier Paul Bourget, daß Goethe Deutschland bedeutend überrage. Durch seine Adaptationsfähigkeit repräsentiere er ein Beispiel der Psychologie des modernen Europäers.

Für einige Kritiker ist Goethe aber auch der andere Deutsche, weil er sich in ihren Augen grundsätzlich von seinen Landsleuten unterschied. Während A. Mézières zeigt, daß Goethe nicht die nationalen Vorurteile seiner Landsleute Frankreich gegenüber geteilt, obwohl er an der Seite der Preußen an der Campagne in Frankreich teilgenommen habe, betrachtet in Jean Giraudoux' *Siegfried et le Limousin* ein antipreußisch gesinnter, sächsischer Prinz Goethe als den größten Deutschen; doch könne er nicht mehr seine durch den Weltkrieg „verarmte, verwirrte Nation repräsentieren", er, der „Glück und Weisheit" vorgelebt habe, zumal er der einzige Weise sei, den sein Land je hervorgebracht habe; am französischen Mittelmeer hingegen falle ein Strahl des Lichtes, das sich auf der Stirne des Olympiers breche, sogar auf die Gesichter mancher kleinen Leute. Der nationalistische Schriftsteller Charles Maurras ging einen bedeutenden Schritt weiter, indem er, den Fall Nietzsches verallgemeinernd, die von der nationalen Norm abweichenden „großen Deutschen" wie Goethe und Schopenhauer nicht nur von der klassischen Kultur geprägt sah, sondern auch als einmütige Verächter des geistigen Deutschland verstand, die er verschiedentlich für seine Thesen bemühte, um die Deutschen mit ihren eigenen Waffen zu schlagen. Manche Kritiker wurden durch ihr nationales Vorurteil gar dazu verführt, Goethes Unterscheidung von seinen Landsleuten durch den Einfluß Frankreichs und der Antike zu erklären. Er sei so sehr vom romanischen Geist geprägt worden, daß er fast von Frankreich naturalisiert worden sei, wie in der Sicht der Nationalisten übrigens auch das Rheinland, dem der Frankfurter ja zugehörte. Als würdiges Gegenstück zu L. Bertrands These von Goethes „Germanisme" wurde bezeichnenderweise 1919 die mehrfach vertretene These des romanischen Goethe mit aller Einseitigkeit von A. Maurel verfochten. Beethoven sei zwar niederländischen Ur-

---

33 J. Godefroy-Demombynes: *Hitler ou la faillite du surhomme.* In: Mercure 237 (1932), S. 519, 521, 523 f.; darunter versteht er nicht nur das Scheitern Nietzsches, sondern auch das Goethes.

sprungs, aber deutsch, da er in Deutschland aufgewachsen sei. Goethe hingegen sei schon in seiner Jugend als „reiner Romane" erzogen worden, habe er doch früh Italienisch gelernt; darüber hinaus sei er von den lateinischen Autoren und schließlich während der französischen Besetzung von Frankfurt durch die französische Klassik geprägt worden. *Götz* und *Werther* seien zwar Ausdruck seines deutschen Erbes, doch habe er dieses bald wieder abgestreift, wie seine Weimarer Werke und *Dichtung und Wahrheit* bewiesen. Der Autor der *Iphigenie* habe nichts mehr gemein mit dem Autor des *Werther*. Wie Goethe am 17. 11. 1782 Fritz Jacobi schrieb, habe er seine „Natur von den vielen Schlacken" befreit, und dies hieß natürlich in Maurels Sicht, von den deutschen Schlacken. Eine sehr bedeutende Rolle in Maurels Argumentation spielt selbstverständlich die italienische Reise und Goethes „Wiedergeburt" in Rom; peremptorisch erklärte er: „Ohne Rom wäre Goethes Dichtung das Werk eines bedeutenden deutschen Autors, aber nicht das eines großen Menschen schlechthin". Nichtsdestoweniger sah er in Nausikaas Tod – er sprach von Selbstmord – ein letztes Zeichen germanischen Geistes. *Faust* stelle die Synthese seiner – chronologisch gesehenen – Doppelnatur dar, indem der erste Teil noch an *Werther* erinnere; lese man jedoch den zweiten in romanischem Geiste – „à la lumière latine" –, so sei er „einfach und kristallklar". Goethe sei eine rein geistige, ja zerebrale Natur, wie Maurel sagte – und er habe alles nicht Intellektuelle verachtet. Ganz abgesehen von der Fehldeutung, der Mißachtung von Goethes Sensibilität ist der Schluß, den er daraus zog, so überraschend wie paradox: „Ein so unempfindlicher Mann konnte nur sein Dienstmädchen heiraten"![34] Nicht weniger überraschend ist, daß mit der Französischen Revolution der französische Geist Besitz von Goethes Seele genommen habe.

Sicher war der Einfluß Italiens und Frankreichs ausschlaggebend für Goethes Entwicklung, doch hat die von der getrübten Zeitgeschichte geprägte Ethnozentrik nicht nur A. Maurel, sondern manch andere Kritiker, selbst Komparatisten und Germanisten wie z. B. Jean-M. Carré, Louis Reynaud und Hippolyte Loiseau verblendet, die ebenfalls den französischen Einfluß verabsolutierten. Wenn Goethe sich grundsätzlich von seinen Landsleuten unterscheide, wenn er mehr der Menschheit als seinem Land angehöre, so verdanke er dies großenteils dem Einfluß der französischen Klassik und Aufklärung. Und darauf war H. Loiseau sehr stolz, als ob er daran teilgehabt hätte, denn als guter Patriot identifizierte er sich einfach mit dem gleichsam unwandelbaren Genius seines Landes! J. M. Carré vertrat eine ähnliche These, wenn er erklärt, Goethe habe sich „progressiv von den deutschen bzw. germanischen Fesseln befreit und in einer steten doppelten Aufwärtsbewegung dem Ideal antiker Schönheit und vollkommener Humanität" angenähert.

Der europäische Gedanke, der sich in den 20er Jahren auf der Basis elitärer deutsch-französischer Beziehungen kundtat, für die auf französischer Seite A. Gide, W. d'Ormesson, P. Viénot, J. Rivière, der Kreis der NRF einerseits, P. Desjardins, Ch. Du Bos u. a. m. andererseits eintraten, bedeutete auch eine Besinnung auf die großen Europäer der Vergangenheit, namentlich auf Goethe, der gleichsam Hoffnung für eine Erneuerung Europas und den Kosmopolitismus gab. André Suarès betrachtete Goethe zwar als Deutschen, betonte aber zugleich, daß er schon insofern anders sei als seine Landsleute, als er das Gesetz anerkannt habe[35], – eine

---

34 *Goethe, Génie latin*. In: RdP (1919) 6, S. 121–145 und S. 394–413. Zu einem gleichen Schluß kam J. Barbey d'Aurévilly: *Goethe et Diderot* (Anm. 18), S. 105.

35 *Goethe le Grand Européen*. Paris ^{8}1932, S. 170: „Si allemand qu'il puisse être, il s'est plié à un ordre; il s'est donné une discipline".

Aussage, die wohl unbewußt noch auf das Stereotyp der deutschen Anarchie rekurierte. Auch verstieg er sich zu sagen, Goethe habe mehr Geist gehabt als jeder andere Deutsche; er habe die Menschen nur als Individuen betrachtet, gleichviel, welcher Nation oder Rasse sie angehörten. Er sei „der große Europäer" gewesen, der erste seit Montaigne. Darüber hinaus sei er ein großer Vermittler zwischen der germanischen Welt und dem übrigen Abendland, ja zwischen den Nationen der Welt gewesen, insofern er sie aufgefordert habe, sich im Spiegel der nachbarlichen Literaturen zu erkennen, womit Suarès auf Goethes Idee der Weltliteratur anspielte, die A. Hallays noch unter dem Gesichtspunkt des Eklektizismus betrachtet hatte. Schiller hingegen sei ein Philister gewesen; er habe zwar die Freiheit auf seine Fahnen geschrieben, habe aber keine Notiz von Christiane genommen, obwohl er ihr Gast gewesen sei. So wechseln in Suarès' *Goethe le Grand Européen* interessante Einsichten mit überraschend banalen oder naiven Erklärungen ab. War Goethe für H. Albert ein Klassiker, der die nationalen und die historischen Grenzen übersprang, so sah Gide in ihm weniger einen Deutschen als einen Weltbürger, was J. Ernest-Charles bestätigte, indem er aufzeigte, wie Goethe nach dem Sturm und Drang sich immer deutlicher zum Kosmopolitismus bekehrt, d. h. sich für den Austausch innerhalb des geistigen Europa eingesetzt habe, wovon vor allem sein Alterswerk zeuge[36]. L. Lévy-Bruhl ergänzt dieses Bild, wenn er vermerkt, daß Goethe die Zugehörigkeit zu seinem Land mit der Überstaatlichkeit problemlos zu verbinden gewußt, da er sich nicht um geistige oder politische Grenzen gekümmert habe. Manch andere Kritiker ignorierten hingegen Goethes nationale Dimension, da er doch den Deutschen so wenig glich, besser gesagt, dem negativen, stereotypen Bild, das man sich in Frankreich damals gern von den Deutschen machte, – was übrigens diese den Franzosen ebenso willig heimzahlten, was Frankreich wiederum gegen Deutschland ausspielte, Gide aber zu mildern suchte[37].

In diesem Klima ist es nicht verwunderlich, daß die französische Kritik mehrfach Goethes politische Indifferenz näher betrachtete. Während der Religionshistoriker G. Goyau diese auf die Rechnung von Goethes Egoismus setzte und behauptete, er habe das Prinzip „Ubi bene, ibi patria" vertreten[38], vermerkten die meisten Kritiker die Passivität des Weimarer Geheimrats während der Befreiungskriege positiv, auch wenn sie selbst sich als französische Patrioten erwiesen. A. Mézières dient Goethes politische „Unparteilichkeit" gar als Mittel moralischer Aufrüstung der durch Sedan gedemütigten französischen Armee, indem er sich auf die *Campagne in Frankreich* beruft, wo der Dichter den Patriotismus und die Kühnheit der Revolutionsarmee bewundert habe, ein Zeugnis, das umso gültiger sei, als es von einem Gegner stamme. In Wirklichkeit verallgemeinert Mézières jedoch in patriotischer Absicht zwei von Goethe angeführte Beispiele republikanischen Opfergeistes und verschweigt negative Beobachtungen. E. Renan und L. Lévy-Bruhl hingegen korrigierten die

---

36 *L'influence française de Goethe.* In: Revue politique et littéraire, 1904, zit. nach B-*Bibl.* (Anm. 2), S. 238. sowie: „ce qu'il y avait de particulièrement allemand dans Goethe a cessé d'agir dès le romantisme fini; on ne voit plus guère dans son oeuvre que ce qu'elle a d'essentiellement cosmopolite", in: Revue bleue, 20. 2. 1904, zit. nach B-*Bibl.* (Anm. 2), S. 388.

37 A. Gide: *Réflexions sur l'Allemagne* (Anm. 17), S. 40 gegen Rivière und Barrès: „vous allez criant que les Allemands nous détestent et faites votre possible pour le mériter, sans comprendre que tout au contraire leur secrète faiblesse c'est de ne pas pouvoir nous détester". Siehe auch die Franzosenhaßliga in J. Giraudoux' *Siegfried et le Limousin.* Paris 1922.

38 *L'Idée de patrie et l'humanitarisme.* Paris 1902, S. 179. Ähnlich E. Seillière: *L'esprit prussien et le romantisme allemand.* In: RdDM (1939) 2, 213.

Interpretation von Goethes patriotischer Indifferenz, indem sie darauf hinwiesen, daß gerade er durch sein Werk, seine Persönlichkeit und seine Resonanz bedeutend dazu beigetragen habe, das deutsche Selbstbewußtsein zu heben. Auf seine Weise sei er also doch ein deutscher Patriot gewesen!

III

Die gegensätzlichen Aspekte von Goethes Persönlichkeit

Wie schon die Bibliographien von F. Baldensperger und A. Grosser zeigen, interessierte sich zwischen 1870 und 1920 die Publizistik vor allem für Goethes Persönlichkeit, zumal nun auch Übersetzungen von mehreren Briefsammlungen und Gesprächen vorlagen, die ein neues Licht auf Leben, Beziehungen und Charakter des Dichters warfen. Wichtig schien vor allem, wie Goethe das Leben gemeistert hatte. Besonders Eckermanns *Gespräche mit Goethe* sowie *Dichtung und Wahrheit* wurden mit einem neuen Blick gelesen; diesen Dokumenten ist es zu verdanken, daß das mehrfach negative Urteil über Goethes Charakter nuanciert wurde. Während Romain Rolland bezüglich dessen charakteristischem Stillschweigen gegenüber Beethoven, das sich übrigens gegenüber Berlioz u. a. wiederholte, erklärte, daß die Maske des Olympiers die notwendige Schutzmaßnahme eines sehr sensiblen Menschen, ja die Kehrseite seiner „krankhafter Reizbarkeit" sei[39], bemühten sich andere, das Stereotyp des unnahbaren Olympiers zu korrigieren, war er doch in seinen Briefen an Christiane und an seine Freunde einfach, natürlich und aufgeschlossen. Während Saint-René Taillandier, einer der ersten, der sich auch um die Germanistik verdient gemacht hatte, im Kommentar seiner Übersetzung des Briefwechsels zwischen Goethe und Schiller die Bedeutung dieser Verbindung hervorhob, sah 1923 der Philosoph Alain darin das Zeugnis eines einzigartigen geistigen Austauschs, in dem jeder den andern als besondere Persönlichkeit respektierte. Nicht minder interessierte das Verhältnis zwischen Charlotte von Stein und Goethe; E. Seillières verfolgte zuerst deren Einfluß und den der Gräfin Werthern, die beide Goethe Menschenkenntnis, Haltung und Mäßigung gelehrt hatten; Henry Blaze de Bury hingegen, der für seine Goetheforschungen vom Großherzog von Sachsen-Weimar geadelt worden war, betrachtete dieses Verhältnis im Hinblick auf Goethes langersehnte und endlich verwirklichte Italienreise; dabei kam er zu dem Schluß, daß Goethe sich nicht leicht aus sich heraus zu etwas entschlossen habe; und je älter er wurde, je mehr habe er sich von äußeren Umständen, vom Schicksal leiten lassen. So brachten die Kulturzeitschriften manche Artikel über Goethes Leben und Persönlichkeit, berührten aber seltener seine Werke, so daß auch aufgrund des Vorbildcharakters, der vielgerühmten „Sagesse de Goethe"[40], sein Leben eine größere Rolle spielte als sein Werk, was sowohl A. Bossert, der das Leben Goethes als sein größtes Werk betrachtete[41], und M. Barrès[42] sowie Karl Hille

39 Romain Rolland: *Goethe et Beethoven.* Paris 1931, S. 120, sowie S. 127 und 140.

40 Michel Arnauld: *La Sagesse de Goethe.* 1900–1906. Siehe B-*Bibl.* (Anm. 2), S. 234; Lichtenberger: *Etudes sur les poésies lyriques de Goethe* (Anm.6), S. 154 ff., und 415 ff.; Suarès (Anm. 35), S. 388, 404. Michel Drouin: *La Sagesse de Goethe*; Paris 1949.

41 *Goethe et Schiller.* Paris 1873, S. 50: „l'oeuvre la mieux ordonnée de Goethe, c'est sa propre vie".

42 M. Barrès: *Un voyage à Sparte*(1906). In: *L'Oeuvre de Maurice Barrès*, annotée par Philippe Barrès. Paris (1921) 1967, Bd. 7, S. 242–48. Auf seiner Reise in den Süden setzt sich Barrès u. a. auch mit Goethes *Italienischer Reise* und *Iphigenie* auseinander; als Werk betrachtet er sie als „une oeuvre palladienne", und zugleich als Ausdruck von Goethes innerer Bildung unter Charlotte von Steins Einfluß. So spricht er von dem Beispiel seines Lebens, das uns zu reinigen und zu adeln helfe.

brand bestätigten, dem zufolge der Dichter durch Entsagung und Ausdauer die ruhige Harmonie zwischen Ideal und Wirklichkeit errungen habe[43].

Daß dieses bürgerliche Jahrhundert auch an Goethe gerne einen moralischen Maßstab anlegte, ist leicht verständlich. Während aber die einen ihn schon aufgrund der Apologie der Entsagung als Lehrer der Moral[44] oder als Idealbild des vollkommenen Menschen propagierten, nahmen andere den seit dem Wertherfieber immer wieder vorgebrachten Warnruf vor dem Verführer wieder auf, sprachen von seinem Immoralismus oder Amoralismus[45] und seiner Irreligiosität. Diesen Vorwurf suchte E. Renan zu entkräften, indem er die transzendente Immoralität des Künstlers als eine höhere Moral verstand, die Goethe als Dichter erlaubte, seine göttliche Sendung zu erfüllen. Während A. Gide Goethe als Befreier begrüßte, der das Individuum in einem kritischen Streben bestärkte und ihm erlaubte, die Leichtgläubigkeit seiner Kindheit zu überwinden, ohne darum sich verarmt zu fühlen, sah Henri Lichtenberger, der sich auf den *Divan* beruft, in Goethe gar den „religiösen Genius seiner Zeit".

Je nach Ideologie des Betrachters sowie je nach den literarischen Strömungen erhielt so das Bild Goethes eine bald positive, bald negative Beleuchtung. Während die Jesuiten, die sich gerne auf Arbeiten ihres deutschen Konfraters Alexander Baumgartners stützten[46], ihn als einen Verführer brandmarkten und seine Formkunst, die die Parnassiens bewunderten, als heidnischen Kult der Form verurteilten, benutzten andere das Klischee des Weimarer Olympiers als Aufhänger, um dessen Indifferenz, gefühllose Kälte und Egoismus zu brandmarken oder eine deutliche Diskrepanz zwischen dem großen Dichter und dem unbedeutenden oder engherzigen Menschen aufzuzeigen[47], dessen Leben dem Literaturhistoriker E. Faguet 1898 im Vergleich zu anderen großen Persönlichkeiten ziemlich banal erschien, weil es in einem engen Bezirk eingeschlossen war, bevor er ihn 1903, wohl aufgrund neuer biographischer Zeugnisse, als den originalsten Menschen charakterisierte, der ihm je begegnet sei. Individualisten vom Schlag A. Gides oder des frühen M. Barrès sahen hingegen in Goethe das Vorbild des Ich-Kults.

Wenn die Subjektivität der Aussagen eine so große Rolle spielte, so, weil Goethe in dieser Zeit für Frankreich zugleich ein Spiegel der Zeit, ein Katalysator des nationalen Fremd- und damit des Selbstverständnisses sowie der geistigen deutsch-französischen Beziehungen war, gleichviel, ob er als Verkörperung des deutschen Geistes oder als Kosmopolit begriffen wurde. Dies bedeutet aber auch, daß die Aussagen über Goethe vor allem einen historischen Wert haben.

Entwicklung des Goethebildes

Gab es, abgesehen von den gediegenen positivistischen Arbeiten der Professoren für allgemeine Literatur, A. Mézières und A. Bossert, in den 70er Jahren des 19. Jahrhunderts nur wenige positive Stimmen, so änderte sich das Klima etwas in den 80er Jahren, wenn auch

43 *La société de Berlin 1789–1815.* In: RdDM (1870) 3, S. 70.

44 A. Mézières: *Une page de la vie de Goethe: Les Affinités électives.* In: RdDM (1872) 4, S. 881; sowie Robert d'Harcourt: *La sagesse pratique de Goethe.* In: RdDM (1932) 2, S. 343.

45 Jules de Gaultier: *L'Amoralisme de Goethe.* In: NRF 1932, S. 445–53; siehe auch Martinow: *Le vrai Goethe.* In: Etudes des Pères de la Compagnie de Jésus. Dez. 1892, und P.L. Chervoillot: *Goethe, sa vie, son oeuvre.* In: Ibid., 1898.

46 Vgl. *Goethe.* 2 Bde. 1885, mehrfach aufgelegt.

47 T. de Wyzewa: *Nos maîtres.* Paris 1895, S. 257: „Goethe était un très grand poète, mais c'était aussi un très méchant homme".

die „ire antigermanique“, wie A. Gide sagte, der Haß zwischen den beiden Völkern, noch lange nicht überwunden war, wovon auch E. Rods damals vielbeachteter *Essai sur Goethe* zeugt. Er versprach zwar, unvoreingenommen „die Akten des Prozesses“, d. h. Goethes bedeutendste Werke unter die Lupe zu nehmen, um ihre Bedeutung für das derzeitige französische Publikum herauszustellen. In Wirklichkeit konfrontiert er aber die Aussagen der Apologeten mit denen der Gegner, wobei das Zünglein an der Waage fast immer zugunsten der letzteren ausschlägt[48]. Wenn Rods vorgebliche Unparteilichkeit dennoch zahlreiche Kritiker bestach, so, weil er im Grunde ihre eigenen Vorbehalte bestätigte.

Während vor 1870 vor allem der romantische Goethe im Vordergrund stand, wurde danach auch der alte Goethe gewürdigt; zwar gab es – wie ja zur gleichen Zeit auch in Deutschland – mehrfach Hinweise auf das Nachlassen der schöpferischen Kraft besonders in den *Wanderjahren* und in *Faust II,* die zu allegorisch seien, einem Wald von Symbolen glichen, aber die Anerkennung der Persönlichkeit und der Weisheit des alten Goethe wirkte sich auch positiv auf das Verständnis seines Spätwerks aus. So vermerkt A. Suarès, daß wir abgesehen von *Iphigenie* und *Tasso* den wahren Goethe gar nicht kennen würden, wenn Goethe mit 60 Jahren gestorben wäre, da er sich erst danach in seinem Werk offenbart habe.

Obgleich Goethes 150. Geburtstag im Jahr 1899 M. Muret zum Anlaß diente, das 19. Jahrhundert als das Napoleons und Goethes zu bezeichnen, wurde dieser Tag in Frankreich anscheinend nicht sehr groß gefeiert. Die Goethekritiker behaupteten weiterhin das Feld, indem sie wie der Abbé Delfour 1902 oder Seillière 1906 die Goethe-Verehrer bezichtigten, zu sehr von Deutschland eingenommen zu sein. Kein Wunder, daß J. Bonzon damals meinte, Goethe bleibe dem französischen Geist immer etwas fremd, niemals könne er naturalisiert werden.

Während in den kulturellen Zeitschriften die zeitgeschichtliche Diskussion weitergeführt wurde, begann in den 20er Jahren durch die nunmehr emanzipierte Germanistik ein neues Kapitel der französischen Goethe-Rezeption, indem A. Vuillod, H. Loiseau, H. Lichtenberger, G. Bianquis und R. d'Harcourt die Beziehungen Goethes zu Darmstadt, zu England, zu Schiller und zur Musik sowie seine innere Entwicklung oder bisher auch in Deutschland wenig beachtete Werke wie *Die Geheimnisse* untersuchten. Goethes 100. Todestag bezeichnet einen unvergleichlichen Höhepunkt, denn außer den Feiern in verschiedenen Städten Frankreichs fand in der Sorbonne im Beisein des Staatspräsidenten ein Festakt zu Ehren Goethes statt, bei dem Paul Valéry die Festrede hielt. Als Echo der Zeitgeschichte bedauerte er eingangs, daß in Europa Politik und Geist einander fremd geworden seien und daß Bildung und Haltung der Menschen auseinanderklafften, während Goethe, der erste Dichter Deutschlands, der sich nach dem von den Griechen gestifteten Mythos der Schönheit und der Wahrheit gebildet habe, als letzter Vertreter der Harmonie zwischen beiden Mächten erscheine; durch seine Universalität stelle er einen der besten Versuche der Menschheit dar, Gott ähnlich zu werden, so daß er uns schließlich selbst zum Mythos geworden sei. Zwar erscheint uns heute die Rhetorik Valérys zuweilen zu hagiographisch; im Munde eines solchen Dichters war sie jedoch in ihrer Zeit von größter Bedeutung. Im Anschluß daran glaubte die *Revue des Deux Mondes* in ihrem Bericht über die Goethe-Ausstellung in der Französischen Nationalbibliothek gar behaupten zu können, daß Goethe in Frankreich keine Gegner mehr habe, so daß auch 1932 noch wahr wäre, was Paul-F. Dubois, der Herausgeber des *Globe*, 1826 Goethe geschrieben hat: „Sie werden in Frankreich ebenso geliebt wie in Deutschland“.

---

48 *Essai sur Goethe*. Paris 1898, S. 3, 151, 256 et passim.

An dem von der „Société des Nations“ im Mai 1932 in Frankfurt organisierten europäischen Symposium nahmen neben bekannten Schriftstellern und Wissenschaftlern fast aller europäischen Nationen von französischer Seite P. Valéry, der Kunsthistoriker Henri Focillon und der Historiker Julien Luchaire, von deutscher Seite Thomas Mann und der Kunsthistoriker Wilhelm Waetzoldt teil. Dabei ging es um Goethe als Europäer. Ausgehend von der Idee der Metamorphose betrachtete P. Valéry Goethe einerseits als letzten europäischen Universalgeist sowie als Evolutionist, indem er auf seine bisher in Frankreich vernachlässigten Verdienste auf dem Gebiet der Biologie und der vergleichenden Osteologie hinwies, und andererseits als Proteus, der Deutschland die klassische und Frankreich die romantische Seite seines Janusgesichts zukehre, womit P. Valéry Goethes unterschiedliche Rezeption in Deutschland und Frankreich richtig bezeichnete. Darüber hinaus wurde dessen Verhältnis zu verschiedenen europäischen Ländern ins Auge gefaßt. In bezug auf die damals vielfach betonte grundsätzliche Differenz zwischen Deutschheit und Latinität bemerkte H. Focillon zu Recht, daß es an der Zeit sei, dieses rassische Vorurteil, das zuweilen unser Urteil verfälsche, wie auch die Aufteilung in ein Europa des Südens und eines des Nordens aufzugeben zugunsten der geistigen Einheit des Abendlandes, wovon Goethe ein Beispiel gab, wie von verschiedenen Seiten bemerkt wurde. So lieferte dieses Symposium das interessante Beispiel einer harmonischen europäischen Zusammenarbeit. Aber mit der SDN ging auch einer der letzten Versuche zu Ende, sich unter den Auspizien von Goethe auf die gemeinsame geistige Vergangenheit Europas zu berufen.

Es gab jedoch auch weiterhin kritische Stimmen. Überdies stand das Jahr 1932 bereits unter einem bösen Stern, denn schon mehrten sich die Anzeichen für eine baldige Machtübernahme durch Hitler. Und 1933 wurden gleichsam alle an Goethe geknüpften Hoffnungen auf eine geistige Verbindung der europäischen Völker zerstört, woran J. Benda in der NRF erinnerte, indem er den deutschen Pädagogen vorwarf, ein eng nationales statt eines universellen humanistischen Ideals zu verkünden, obwohl gerade ein Deutscher, nämlich Goethe, letzteres am besten verkörpert habe. Damit tat sich auch eine neue Kluft auf zwischen Frankreich und Deutschland. Während in diesem Sinne J. Misler 1939 betonte, daß fortan nicht mehr Goethe, sondern der kritische Heine als Vorbild dienen sollte, meinte L. Gillet 1942, daß gerade jetzt Goethe allen not täte, zumal er, um mit A. Gide zu reden, „das beste Beispiel dessen gegeben habe, was der Mensch allein ohne Hilfe von oben zu leisten vermag“. Neben der Instrumentalisierung Goethes durch die Kollaborateure und die deutsche Propaganda traten jedoch auch eine Anzahl guter Arbeiten von Germanisten hervor, namentlich Einleitungen zu zweisprachigen Ausgaben verschiedener Werke Goethes, in denen H. Lichtenberger, L. Mis u. a. von der unliebsamen Zeitgeschichte abstrahieren konnten bzw. mußten. Sicher war auch die Fachliteratur durch den Geist der Zeit geprägt, hat doch jede Epoche ihre eigene Sicht, die im stets gleichen Objekt bisher Übersehenes oder Altbekanntes neu sieht. Doch gerade dadurch kann sie auch uns überraschende Einsichten geben, manches neu sehen lehren.

Der französische Kritiker E. Faguet resümierte 1904 etwas pauschal die französische Rezeption von Goethes Werk, indem er sagte: „Dreißig Jahre lang war Goethe für die Franzosen der Autor *Werthers*, dann zwanzig Jahre lang der Autor *Fausts*, und wieder zwanzig Jahre derjenige von *Faust II.* Zur Zeit ist er der Autor *Werthers*, der beiden Teile des *Faust* und der Lieder, darüber hinaus gilt er als Vertreter einer neospinozistischen Philosophie und des Glaubens an den Fortschritt. Weder die *Wahlverwandtschaften* noch *Wilhelm Meister* noch sein Theater haben Frankreich interessiert.“[49] Dies gilt zwar für die Publizistik, die

[49] *Goethe en France.* In: Annales politiques et littéraires, 10.4.1904 [B-*Bibl.* (Anm. 2), S. 237].

zunächst den „romantischen" Goethe rezipierte, nicht aber für die Goetheforschung, die Ende des 19. Jahrhunderts damit begann, die verschiedenen Phasen seines Lebens und seines Werks zu untersuchen. Darüber hinaus unterschätzt Faguet die Bedeutung von *Hermann und Dorothea*, diese glückliche Erneuerung des antiken Epos, das A. Mézières und A. Bossert zu den Juwelen zählen, von denen jede Nationalliteratur nur wenige besitze. Nicht minder war das Echo von *Dichtung und Wahrheit* sowie der Briefe und Gespräche, namentlich mit Eckermann, eines der Lieblingsbücher von R. Rolland. Léon Blum wußte, warum er 1901 an diese Gespräche anknüpfte, als er in den *Nouveaux Entretiens de Goethe avec Eckermann* Goethe für sozialistische Ideen und für die Dreyfus-Affäre in Beschlag zu nehmen unternahm.

Für die Zeit zwischen 1912 und 1949 sind einige Verlagerungen zu verzeichnen. Nach wie vor kommen *Werther* und *Faust*, der als die Bibel des modernen Menschen bezeichnet wurde, an erster Stelle. Zugleich entspann sich im Anschluß an L. Bertrands Pamphlet ein Streit, indem es darum ging, ob *Faust I* ein typisch deutsches oder ein universales Werk sei. Mehrfach wurde es in negativem Sinne umgedeutet, indem die Aussage einer Gestalt aus dem Kontext herausgerissen wurde. So verkörperte für E. Drumont Faust die Eigenliebe und das Vergessen Gottes, während das Werk selbst äußerst verworren sei, was Barbey-d'Aurévilly und E. Rod bestätigten. Diese Sicht korrigierten die Germanisten, angefangen von A. Bossert und A. Mézières, – der jedoch als guter Katholik an der unchristlichen Moral Anstoß nahm, denn er konnte nicht verstehen, wieso Faust begnadigt wurde, obwohl er keinerlei Reue zeigte –, bis hin zu H. Lichtenberger, der alle Stadien vom *Urfaust* zu *Faust II* eingehend untersuchte und auch das Ende rechtfertigte[50], während E. Rod zu dem Schluß kam, daß man schließlich nicht wisse, ob man den Stein der Weisen in der Hand halte oder nur Scheingold. In dieser konfliktreichen Zeit findet auch *Iphigenie* ein neues Echo, wobei E. Denis ihre „stille Klarheit und Abgeklärtheit" und M. Barrès die „Tugend dieses weiblichen Herkules", dieser „germanisierten Griechin" bewunderte[51], während Suzanne Moret sich fragte, ob durch die „versöhnende Weltanschauung" dieser Tragödie Frankreich nicht einer neuen Illusion zu erliegen drohe.

Auf die französische Goetheforschung zurückblickend, fand der Schweizer Literarhistoriker V. Rossel zwar, daß Frankreich Goethes reichem Werk nicht alles abverlangt habe, was es ihm hätte bieten können, doch sei wenigstens die Persönlichkeit des Dichters, der die wahre Humanität verkörpere, am Ende des 19. Jahrhunderts den Franzosen vertrauter geworden als zuvor[52].

Wenn ich auf die französische Goetherezeption zwischen 1870 und 1949 zurückblicke, würde ich betonen, daß sie großenteils ein Politikum war, denn sie war deutlich bedingt durch die deutsch-französischen Auseinandersetzungen, wobei jedoch paradoxerweise Goethe sowohl von der deutschfreundlichen als auch von der deutschfeindlichen Kritik bald als typischer Deutscher, bald als der andere Deutsche oder gar als durch den romanischen Geist geprägten Kosmopoliten betrachtet und gegen Deutschland ausgespielt wurde. Insofern jedoch die konfliktuelle Zeitgeschichte einen Schatten auf das französische Goethebild

50 *Faust*. Traduit et introduit. Paris 1932, 3 Bde. Rezensiert von E. Spenlé. In: Mercure 239 (1932), S. 239–40. Siehe diesbezüglich auch A. Suarès: *Goethe le Grand Européen* (Anm. 35), S. 50, für den Faust durch seine Liebe des Lebens erlöst wurde.

51 *Un voyage à Sparte* (Anm. 42), S. 243, er liebte sie zwar, aber im Gegensatz zur elsässischen Ottilie war sie ihm zugleich fremd.

52 *Goethe en France*. In: La Tribune libre du 21. Mai 1904, siehe B-*Bibl.* (Anm. 2), S. 238.

warf, mußte dieses aus deutscher Sicht als das eines anderen, eines fremden Goethe erscheinen[53]. So warfen anläßlich der französischen Hundertjahrfeiern von Goethes Tod die deutsch-nationalen Goethe-Apologeten den französischen Veranstaltern vor, sich nur für den Menschen Goethe zu interessieren und seine Deutschheit zu übersehen[54]. Abel Chevallet wies diesen Vorwurf zwar zurück, denn er meinte, die deutsche Kritik sollte sich freuen, daß Frankreich sich so sehr für ihren großen Dichter interessiere, der übrigens vielseitiger sei, als sie vermutete; der esoterische Charakter seiner Werke habe immer wieder die Interpreten auf falsche Fährten gelockt und so auch sie. Er übersah jedoch ebenfalls die zeitgeschichtliche Bedingtheit des französischen Goethebildes. Hinter dem Vorwurf der Deutschen stand auch die einschränkende Behauptung, daß Goethe den Deutschen gehöre und letzthin nur als solcher zu verstehen sei, womit sie dem Dichter natürlich keineswegs gerecht wurden. Vergessen wir aber nicht, daß diese Einschränkung dem damaligen, hüben wie drüben grassierenden nationalistisch überreizten Zeitgeist entsprach. Hatte nicht selbst A. Suarès betont, daß nur ein Franzose imstande sei, Racine wirklich zu verstehen, da die vollendete Kunst sich nicht mit dem Intellekt erfassen ließe? Dies ist letzthin nur die konsequente Schlußfolgerung der These des grundsätzlichen Unterschieds zwischen romanischen und germanischen Völkern.

Zugleich spielte für Frankreich dabei die durch die Kriege gezeitigte kritische Auseinandersetzung mit der eigenen Tradition und Suche nach der nationalen Identität eine Rolle, wobei meist die Lösung des Problems in der Regression auf den Klassizismus und in der damit verbundenen Verfemung der als artfremd betrachteten Romantik gesucht wurde; daß damit zuweilen auch der Autor von *Werther*, *Götz* und *Faust*, d.h. der „romantische" Goethe verworfen wurde, folgt daraus fast von selbst. Neben diesen zeitgeschichtlich bedingten Goethebildern gibt es jedoch noch ein anderes, der europäische Dichterfürst, dessen Leben und Werk klassischer Wert zugesprochen wurde. Wenn jedoch die französischen Essayisten bisweilen der deutschen Goetheforschung vorwarfen, sie idealisiere zu sehr, ja vergöttliche ihren großen Dichter, so traf der gleiche Vorwurf auch einige französische Arbeiten, denn nicht nur die ideologische Position der Kritiker führte zu Einseitigkeiten, ja zu Fälschungen aufgrund von ethnozentrischer Voreingenommenheit, sondern gelegentlich auch eine idealisierende Apologie.

Sofern nach 1870 Goethes Persönlichkeit im Vordergrund stand, was die nun erst zugänglich gewordenen Dokumente mit sich brachten, spielte der positivistische Biographismus eine bedeutende Rolle, wovon schon der Untertitel von A. Mézières großer Monographie zeugt: „Les oeuvres expliquées par la vie". Ähnlich suchte Ernest Lichtenberger im Zirkelschluß Goethes Gedichte durch das Leben und im Sinn der Erlebnisdichtung das Leben durch die Gedichte zu erklären. Wie in den angelsächsischen Ländern fand der Positivismus in Frankreich Anhänger in der ganzen hier betrachteten Zeitspanne, obgleich er schon 1898 von Emile Faguet in Frage gestellt wurde, indem er auf die Diskrepanz zwischen Dichter und Werk verwies. In den 40er Jahren wurde der positivistische Biographismus ergänzt durch die Biographie intérieure[55]. Zwar beriefen sich die Germanisten zuweilen auf

---

53 Siehe z. B. Ernst R. Curtius: *Goethe ou le classique allemand.* In: La NRF (1932) 1, S. 321–350.

54 Siehe Abel Chevallet, der die deutschen Veröffentlichungen zu Ehren von Goethes 100. Todestag bespricht. In: Mercure 234 (1932), S. 734 f.

55 Siehe Albert Fuchs: *Goethe. Un homme face à la vie.* Essai de biographie intérieure. Première Partie: La Jeunesse. Paris 1946; Charles du Bos: *Goethe.* Paris 1949 (zum Teil früher veröffentlicht in 6. und 7. Serie der *Approximations*).

die einschlägige deutsche Kritik, doch distanzierten sie sich auch im Namen der klassischen Klarheit und Allgemeinverständlichkeit von dem „jargon" ihrer deutschen Kollegen der 20er und 30er Jahre, den sie als Wortklauberei abwerteten.

Dominant ist jedoch in der ganzen Zeitspanne der Essay, der sich weit besser für die oft polemischen und ideologisch geprägten Aussagen und Stellungnahmen der Kritiker eignete. Zuweilen scheinen sie gar Stellung zu dem Problem Goethe genommen zu haben, ohne dessen Werke zu kennen, wie auch A. Gide noch 1942 vermerkt, was jedoch apodiktisch vorgetragene Behauptungen und einseitige Stellungnahmen eher erleichtert als erschwert haben dürfte.

So bleibt uns, die Frage, die schon P. Valéry gestellt hatte, wieder aufzugreifen und zu fragen, was Frankreich Goethe verdankt. Eine erste Antwort darauf gaben E. Renan[56], A. Gide[57], M. Barrès[58] und R. Rolland[59], die jeder auf seine Weise bekannten, daß sie mehr als jedem anderen Dichter und Denker gerade Goethe einen guten Teil ihrer geistigen und moralischen Bildung verdankten. Selbst Léon Daudet spricht von dem tiefen Einfluß, den Goethe und seine Werke auf Literatur und Geistesleben Frankreichs ausgeübt haben[60].

Goethe, ein französischer Klassiker?

Werther, Faust und Mignon waren durch die Kompositionen und Opern von Hector Berlioz, Louise Bertin, Charles Gounod, Ambroise Thomas und die Vertonungen von Gedichten und Balladen wie *Erlkönig* in Frankreich „populär" geworden, so daß Goethes Aussage Eckermann gegenüber, „meine Sachen können nicht populär werden", sich nur halb bewahrheitet hat. Ja, für Persönlichkeiten des öffentlichen Lebens war es fast zur Gretchenfrage geworden: Wie hältst du es mit dem großen deutschen Dichter? Politiker wie der Minister Joseph Caillaux zitieren 1903 im Senat aus *Faust II* oder legitimieren wie Léon Blum ihre sozialistischen Ideen, indem sie sich auf Goethe berufen; nicht nur Philosophen wie E. Caro, Ch. Renouvier, E. Seillières und Alain, Religionsphilosophen wie E. Renan, auch Bischöfe wie Monsignore Bougaud setzen sich mit Goethes Philosophie und Moral auseinander; Historiker wie H. Taine, E.Denis, E.G. Cavaignac und J. Bainville, Soziologen wie Lucien Lévy-Bruhl, Komponisten wie C. Debussy, Musikologen wie E. Schuré oder Ad. Jullien verfolgen seinen Einfluß oder seine Entwicklung. Es genügt in alphabetischer Folge die Namen der französischen Schriftsteller aufzuzählen, die sich in dieser Zeit über Goethe geäußert haben, um das Echo, das er in Frankreich zwischen 1870 und 1949 fand, zu verdeutlichen: A. Arnoux, Th. de Banville, J. Barbey d'Aurevilly[61], M. Barrès,

---

56 *La Réforme* (Anm. 15), Bd. 1, S. 328: Préface: „[…] L'Allemagne avait été ma maîtresse; j'avais la conscience de lui devoir ce qu'il y a de meilleur en moi […] la nation qui m'avait enseigné l'idéalisme […] quand la patrie de Kant, de Fichte, de Herder, de Goethe […]".

57 *Goethe*. In: NRF (1932) 1, S. 368: „Goethe […], ce génie auquel, sans doute, je dois plus qu'à aucun autre, peut-être même qu'à tous les autres réunis […] il me semble aujourd'hui que je m'acquitte d'une dette […], le rôle qu'il a joué dans mon développement intellectuel et moral, dans ma vie. Ce rôle a été considérable".

58 Artikel *France-Allemagne*. In: Courrier de l'Est, 11. 4. 1891: „Je ne passe guère de mois sans profiter dans les mémoires de Goethe tant il domine toute l'humanité".

59 Brief vom 3. 9. 1932. Siehe R. Cheval: *Romain Rolland. L'Allemagne et la Guerre*. Paris 1963, S. 130 f.

60 *Les Idées en marche*. Paris 1896, S. 4.

61 Dem Goethes unvergleichlicher Ruhm in Frankreich zum Anlaß einer haßerfüllten Polemik dient.

H. Bordeaux, P. Bourget, A. Camus, L. Daudet, Alex. Dumas d. J., G. Flaubert, A. France[62], A. Gide, J. Giraudoux, V. Hugo, Ed. Jaloux, A. Maurois, Ch. Maurras, J. Moréas, M. Prévost, H. de Régnier, R. Rolland, J.Romains, P. Valéry und viele andere mehr. So kann man sagen, daß Goethe im Laufe des 19. Jahrhunderts Teil der Bildung der französischen Elite geworden war und als einziger deutscher Dichter neben Homer, Virgil, Dante und Shakespeare dem Kanon der großen europäischen Klassiker angehörte. In diesem Sinn erklärt A. Suarès, daß die Form einiger seiner Werke wohl nicht mehr modern, daß aber sein Geist zeitlos sei. P. Stapfer meinte sicher zu Recht, Goethe verdanke dieses große Prestige seinem unstillbaren universalen Bildungsstreben[63]. Es erklärt sich aber auch aus der Nachwirkung von Mme de Staëls *De l'Allemagne*, dessen kulturgeschichtliche Bedeutung kaum überschätzt werden kann, da es das 19. Jahrhundert tief geprägt hat. Goethe ist zwar nur durch die Musik populär geworden, aber seine große Ausstrahlung verdankt er nicht zuletzt dem bedeutenden Platz, den er in den damaligen Schulbüchern für die deutsche Sprache einnahm, in denen die Weimarer Klassik gut vertreten war.

Der Unterschied zwischen Goethes 100. Todestag 1932, der Anlaß für mehrere Feiern, Ausstellungen und Veröffentlichungen war[64], und Goethes 200. Geburtstag ist bezeichnend. An Veröffentlichungen steht das Jahr 1949 allerdings nicht zurück. Die *Revue de littérature comparée*, die Zeitschrift *Europe* und die zu jener Zeit einzige germanistische Zeitschrift *Etudes germaniques* widmeten Goethe interessante Hefte, an denen sich neben Schriftstellern und Komparatisten die damals bekanntesten Germanisten beteiligten, zumal es sich in jener Zeit noch für einen Germanisten gehörte, sich auch über Goethe geäußert zu haben. Darüber hinaus nahmen mehrere Autoren dieses Fest zum Anlaß, Goethe Monographien zu widmen[65]. Abgesehen von der vom französischen Hochkommissariat in Mainz und den Archives Nationales veranstalteten Ausstellung unter dem Thema *Goethe et la France* und mit dem Motto „L'Allemagne doit [...] revenir à l'esprit goethéen"[66], gab es, soweit ich sehe, in Frankreich kaum kollektive Feiern; dazu war es wohl noch zu früh; es galt, zuerst wieder Distanz gegenüber der Zeitgeschichte und Deutschland zu gewinnen und in bezug auf den großen deutschen Dichter eine Bilanz zu ziehen.

Auch Joseph F. Angelloz fragte sich 1949, was Goethe heute noch bedeuten könne. Ausgehend von dem gespaltenen und in vielfacher Hinsicht auch aufgespaltenen, mit Ruinen bedeckten Deutschland verweist er auf den deutschen Dichter, der während der Französischen Revolution eine Antwort auf die Wirren der Zeit suchte und schließlich in *Hermann und Dorothea* seinen Landsleuten eine solche vermittelt habe. Daran anschließend glaubt er im Gegensatz zu Jaspers und den Existentialisten, daß in dieser schweren Zeit Goethe auch für Frankreich und überhaupt für die Menschen des 20. Jahrhunderts als wünschenswertes Beispiel und Vorbild dienen könne; nicht dadurch, daß sie einfach seine humanistische Lehre übernähmen, sondern daß sie sich von ihr inspirieren ließen, sie für ihre Zeit und ihre

---

62 Der gar sagte: „Deux choses occupent mes vieux jours: l'art grec et l'oeuvre de Goethe". Zit. nach P. Troyon: *L'exposition Goethe à la Bibliothèque Nationale*. In: RdDM (1932) 6, S. 448.

63 *Des Réputations littéraires*, 2e série. Paris 1901, S. 368.

64 NRF. *Hommage à Goethe*. 1. 3. 1932; Revue d'Allemagne, Numéro spécial sur Goethe, 15. 2. 1932, Europe. Numéro spécial consacré à Goethe. 15. 4. 1932 u. a. m.

65 J. Angelloz: *Goethe*. Paris 1949; Jean Boyer: *La pensée de Goethe*. Paris 1949; Marcel Brion: *Goethe*. Paris 1949; Michel Drouin: *La Sagesse de Goethe*; Paris; Robert d'Harcourt: *La religion de Goethe*. Strasbourg 1949; Edmond Jaloux legte eine vermehrte Neuauflage seines *Goethe* (1933). Paris 1949 vor.

66 Préface von André François-Poncet des Katalogs: *Goethe et la France 1749–1949*. Paris 1949, S. 16.

Nöte adaptierten, wofür Goethe selbst das Beispiel gebe, habe er sich doch stets zu erneuern gewußt. Als Antwort auf die Nöte der Zeit und der industriellen Revolution habe er im abschließenden Hymnus von *Faust II* auf das Wirken für die Gemeinschaft und in den *Wanderjahren* auf die Notwendigkeit sozialer Verpflichtung und eines Humanismus gewiesen, den Thomas Mann 1949 als Antipode des Fanatismus deutete. Goethe habe sich nicht in sein Klein-Weimar wie in einen Elfenbeinturm eingeschlossen; er habe sich der Welt aufgeschlossen, den geistigen Beitrag zahlreicher Völker zu würdigen und in sich aufzunehmen gewußt, sich all dem geöffnet, was ihn bildete und förderte, und er habe als Weltbürger gewirkt. Goethe, der das Dämonische kannte und zu bannen wußte, der im *Faust* das Böse in den Dienst des Guten stellte, tue den Europäern der Nachkriegszeit mehr denn je not. Wenn sie dies beherzigten, würden sie Goethe als Gegenpol des Nationalismus verstehen, der Europa ins Verderben gestürzt habe[67]. So sollte gerade die Wiederkehr von Goethes Geburtstag das Zeichen einer Wiedergeburt sein. Die vielfachen Hinweise in Angelloz' Rede auf aktuelle deutsche Schriftsteller und Kritiker wie Carossa, Th. Mann, H. Hesse zeigten zugleich, daß die französische Germanistik bereit war, den Dialog mit Deutschlands „Hommes de bonne volonté" wieder aufzunehmen.

---

67 *Actualité de Goethe*. Etudes germaniques (1949) 2–3, S. 97–103.

JANE K. BROWN

Goethe und die amerikanische Literatur – der Fall Edith Wharton

In den vier Jahrzehnten vor dem ersten Weltkrieg war die deutsche Literatur dem amerikanischen Lesepublikum wie sonst zu keiner Zeit vor- oder nachher weitgehend bekannt. Auerbach, Freytag, Reuter, Spielhagen sowie auch die populären Schriftstellerinnen der Zeit fanden eine ausgedehnte Leserschaft in Nordamerika, und zwar nicht nur unter deutschen Ausgewanderten; Schiller und vor allem Goethe nahmen selbstverständlich ihren Platz unter den größten Dichtern der Weltliteratur ein. Besondere Kenntnisse der deutschen Literatur lassen sich bei Edith Wharton (1862–1937) feststellen, die zu den berühmtesten amerikanischen Romanschriftstellern ihrer Zeit gehörte. Diese Tochter des New Yorker Patriziats wurde Chevalier der französischen Ehrenlegion, Pulitzer-Preisträgerin und Ehrendoktorin der Yale Universität. In ihren von einem breiten Publikum wohlaufgenommenen Romanen und Erzählungen nahm sie beständig auf ihren Lieblingsautor Goethe Bezug. Ich möchte sie heute als Beispiel nehmen, um diese Goethe-Rezeption darzustellen und sie auch in gewissem Sinne zu „messen".

Ich beschreibe zunächst die kulturellen Umstände, die Whartons Bekanntschaft mit der deutschen Literatur und die Aufnahmefähigkeit ihres Publikums für ihre Anspielungen darauf ermöglichten. Nach einer kurzen Darstellung ihrer Kenntnisse der deutschen Literatur nehme ich als Sonderbeispiel ihren bekannten Bestseller *The House of Mirth* (Das Haus der Freuden, 1905), zu dem sie Goethes *Wahlverwandtschaften* ausgiebig als Quelle benützte. Die Untersuchung der auffälligen Parallelen und der noch auffälligeren Unterschiede zwischen beiden Romanen deutet auf eine scheinbar unreflektierte Rezeption von Goethes Roman hin, der hauptsächlich als Stoffquelle und wohl noch als Legitimation dient. Zuletzt ziehe ich einen Vergleich mit der Rezeption der *Wahlverwandtschaften* durch Walter Benjamin und den Engländer Ford Maddox Ford (in seinem Roman *The Good Soldier* [Der gute Soldat], 1927), um auf die abweichende Behandlung in Whartons Roman hinzuweisen – wo *Die Wahlverwandtschaften* als reiner Sittenroman widerspiegelt werden. Aus dieser begrenzten Auffassung läßt sich vielleicht eine Hypothese aufstellen bezüglich der Tatsache, daß Goethe und die klassische deutsche Literatur infolge des ersten Weltkrieges in Amerika fast unsichtbar wurden.

Die Kenntnisse der deutschen Kultur unter gebildeten Amerikanern nicht-deutscher Abstammung nahmen in der zweiten Hälfte des 19. Jahrhunderts wesentlich zu. Die frühesten Begegnungen im 17. und 18. Jahrhundert hatten sich hauptsächlich auf Theologie und Alchemie beschränkt, obwohl das Volksbuch von Dr. Johann Faust (in englischer Übersetzung) ziemlich beliebt war.[1] Die Rezeption zeitgenössischer deutscher Literatur

[1] Henry A. Pochmann: *German Culture in America: Philosophical and Literary Influences 1600–1900.* Madison 1957, S. 26–28.

setzte erst am Ende des 18. Jahrhunderts ein, zunächst zögernd mit Geßner, Wielands *Oberon* (vom späteren Präsidenten der Vereinigten Staaten John Quincy Adams übersetzt), *Werther* und dem bekanntesten Weimarer Dramatiker dieser Zeit, August von Kotzebue, dessen Dramen 1799 bis 1804 die New Yorker Bühne beherrschten und noch später erfolgreich gespielt wurden. Erst Mme de Staëls *De l'Allemagne* (1813, erste amerikanische Ausgabe 1814) lenkte das Interesse amerikanischer Leser auf Goethe, Schiller und die deutschen Romantiker. Besonders Goethe wurde dann durch die alljährlichen Vorlesungen des Dichters Henry Wadsworth Longfellow, Professor für moderne Sprachen an der Harvard University, in den 40er Jahren in die gleiche Stellung gerückt, die er im späteren 19. Jahrhundert auch in Deutschland innehatte.

Die Bekanntschaft gebildeter Amerikaner mit der deutschen Kultur in Edith Whartons Milieu läßt sich an der deutschsprachigen Bühne in New York am Anfang des 20. Jahrhunderts am besten ablesen, denn seit Mitte der 1850er Jahre gab es bis zum ersten Weltkrieg wenigstens eine deutsche Berufsbühne in New York. Zwar brachte sie zum großen Teil Komödien und Operetten, doch wurden auch gelegentlich die deutschen Klassiker gespielt.[2] Es gehört schon zum guten Ton in Whartons Romanen, daß man Goethes *Faust* (und nicht nur über Gounods Vertonung) und auch das deutsche Theater in New York kennt.[3] Wir können hier drei Bereiche unterscheiden, in denen die deutsche Bühne von Englischsprechenden anerkannt wurde.

Zunächst brachten Wagner-Aufführungen das englisch- und das deutschsprachige Publikum zusammen. Über die erste Aufführung einer gesamten Wagnerischen Oper (*Tannhäuser*) im New Yorker Stadttheater 1859 berichtet ein gewisser George Templeton Strong, auf den dieser abenteuerliche Theaterbesuch anscheinend etwas befremdend wirkte, wie folgt: „Ein großer Andrang, teutonisch und im allgemeinen etwas muffig [...] Bier und Kuchen während den Pausen herumgereicht. Publikum grimmig auf die Musik aufmerksam, die ebenfalls grimmig ist."[4] Immerhin hielt Herr Strong den Chor (einen New Yorker Gesangverein) für den besten Opernchor, den er je gehört hatte. Auch die Erstaufführung von *Lohengrin* 1871 brachte englischsprachige Besucher in das (diesmal Neue) Stadttheater. Als die deutschen Dirigenten Leopold Damrosch und nach ihm Anton Seidl das erst 1883 eröffnete Metropolitan Opera House von 1884 bis 1891 in eine weitgehend deutsche Oper verwandelten, besuchten Deutschsprachige regelmäßig die Wagneraufführungen, bei denen die reichen Patrizier in ihren Logen von den „muffigen" Besuchern aus dem deutschen Ghetto zum Schweigen gemahnt werden mußten.[5]

Das zweite Moment dieser Rezeption der deutschen Bühne ist der allgemeine Ruhm Heinrich Conrieds, Leiter des deutschsprachigen Irving Place Theatres 1893–1907 (ungefähr derselbe Zeitraum, in dem die erwachsene Edith Wharton in New York gelebt hat). 1855 in Schlesien als Heinrich Cohn geboren, spielte Conried schon mit 19 Jahren am Wie-

[2] Eine detaillierte Chronologie der deutschen Bühne in New York findet sich in Edwin Hermann Zeydel: *The German Theater in New York City, with Special Consideration of the Years 1878–1914*. In: Deutsch-Amerikanische Geschichtsblätter. Jb. der Deutsch-Amerikanischen Historischen Gesellschaft von Illinois 15 (1915), S. 255–309.

[3] *Faust* zu kennen wird dem Helden in *Hudson River Bracketed* empfohlen; *The Age of Innocence* beginnt mit einer Aufführung von Gounods *Faust;* in *The Custom of the Country* erweist sich die Heldin als der guten Gesellschaft dadurch nicht zugehörig, daß sie nichts von der deutschen Bühne weiß.

[4] Zit. nach Joseph Horowitz: *Wagner Nights: An American History*. Berkeley 1994, S. 42.

[5] Ebd., S. 79 f.

ner Burgtheater und wurde mit 22 Jahren vorübergehend Leiter (und Retter) des Bremer Stadttheaters. Als ihm die Oberleitung in Bremen wegen seiner Jugend verweigert wurde, ging er nach Amerika, wo er bald zu einem der einflußreichsten Agenten und Regisseure der deutschen Bühne in ganz Amerika wurde – eine Tätigkeit, die er übrigens mit seinem Liegestuhlgeschäft, Ocean Comfort Company, finanziert hat. Mit dem Irving Place Theatre bemühte sich Conried, ein Repertoiretheater nach dem Modell der großen deutschen Bühnen einzurichten, ein Modell, das noch heute (außer der Metropolitan Oper) den Vereinigten Staaten fremd bleibt. Das Theater war auch für sein gutes Ensemblespiel berühmt. Da Irving Place, wie jedes amerikanische Theater, ohne staatliche Subvention auskommen mußte, konnte Conried es sich nicht leisten, ein so anspruchsvolles Programm aufrechtzuerhalten, wie es seine hohen Ideale von der Bühne als moralische Bildungsanstalt eigentlich verlangten. Immerhin war bei ihm dienstags Klassikerabend, an dem Goethe, Schiller, Lessing (deren Namen überm Vorhang standen) oder sonst ein europäischer Klassiker gespielt wurden. Das Irving Place Theatre funktionierte also als Bildungsmodell, das dem von Goethe und Schiller durchaus vergleichbar ist.

Die Vorbildlichkeit dieses Theaters ging dem amerikanischen Publikum nicht verloren. In seinen letzten Jahren wurde Conried eingeladen, einen Plan zu einem amerikanischen Nationaltheater zu entwerfen, und zum Generaldirektor des neuen Projekts ernannt[6] – ein für den Leiter einer deutschsprachigen Bühne bedeutender Auftrag, dem er mit Eifer nachgekommen ist. Schon 1903 hat die Metropolitan Opera Conried die Oberleitung angetragen, trotz seines völligen Mangels an Erfahrung mit der Inszenierung von Opern. Die Stelle hat er dann auch bis 1908 erfolgreich ausgefüllt (sogar mit Eclat im Falle des ersten *Parsifal* außerhalb von Bayreuth) und gleichzeitig hat er seine Arbeit im Irving Place Theatre ununterbrochen fortgesetzt. Als die berühmte englische Schauspielerin Mrs. Patrick Campbell Sudermanns *Es lebe das Leben* in New York aufführen wollte (übrigens in einer in ihrem Auftrag von Edith Wharton hergestellten Übersetzung), wandte sie sich bei der Einstudierung der Rolle an Heinrich Conried.[7] Conrieds deutschsprachiges Theater war nicht mehr „Ghettotheater", sondern, wie der englische Name schon angibt, ein New Yorker Theater unter anderen.

Die englischsprachigen Rezensionen der Aufführungen im Irving Place Theatre sind für die Stellung der deutschen Klassiker am amerikanischen Horizont zu dieser Zeit besonders aufschlußreich. In einer Sammlung seiner Rezensionen aus den Jahren 1897–1900 widmet Norman Hapgood ein ganzes Kapitel dem Irving Place Theatre. Hapgood scheint Deutsch verhältnismäßig gut gelesen und verstanden zu haben, bemerkt aber bezüglich der Aufführung von Hauptmanns *Fuhrmann Henschel,* daß die ausgezeichnete Deklamation sogar den schwierigen schlesischen Dialekt leicht verständlich machte.[8] Die Anzahl und der Ton der Besprechungen lassen deutlich erkennen, der Rezensent rechnete von vornherein damit, daß sein Publikum diesen Aufführungen leicht folgen und sie meistens gut verstehen würde. Die Titel der deutschen wie auch der französischen Stücke gibt er immer in der Ursprache und ohne Übersetzung, während russische oder norwegische Titel auf englisch gegeben werden. Es scheint ihm ferner unnötig zu sein, die Handlungen der berühmten deutschen Stücke nachzuerzählen. Auch seine Nebenbemerkungen deuten auf die unausgesprochene

---

6 Montrose J. Moses: *The Life of Heinrich Conried.* New York 1916, S. 270–281.

7 Ebd., S. 94.

8 Norman Hapgood: *The Stage in America: 1897–1900.* New York, London 1901, S. 229.

Erwartung hin, daß sein Publikum sich in den deutschen Klassikern auskennt.[9] Er schließt sein Kapitel über die ausländische Tragödie mit der Feststellung, die Tragödie gedeihe am besten in New York in Irving Place.[10] Conrieds Theater war also nicht nur vorbildlich, sondern auch dem gebildeten amerikanischen Publikum leicht zugänglich und von diesem Publikum gebührend anerkannt.

Conrieds Verbindungen zu amerikanischen Universitäten bilden das dritte Moment in dieser Diskussion. Er hielt Vorträge an mehreren der damals bedeutendsten Universitäten im Lande, wie Harvard, Yale, Columbia, Cornell, die University of Pennsylvania. Er bot Studenten Karten zu ermäßigten Preisen an, und sie wurden von ihren Professoren in sein Theater geschickt. Er half, an mehreren Colleges einen deutschen Verein zu organisieren.[11] Seine Inszenierung der *Iphigenie auf Tauris* zum 68. Todestag Goethes wurde in Harvard von einer „Unmenge" Studenten, dem gesamten Harvarder Lehrkörper und der „intellektuellen Elite" der Städte Boston und Cambridge „mit Jubel" begrüßt.[12] Sämtliche Einträge wurden dem Germanic Museum der Harvard University gestiftet. Im folgenden Jahr wiederholte Conried diese generöse Tat mit *Minna von Barnhelm,* und die Eröffnung des Museums hat er mit drei Einaktern gefeiert, darunter Goethes *Geschwister.*[13] Ähnliches hat er an der Columbia University of Pennsylvania und in Yale getan. Dabei ist zu betonen, daß diese Universitäten damals die führenden Bildungsanstalten des Landes waren, wo die intellektuelle und gesellschaftliche Elite (zum Teil deckten sie sich immer noch) ihre Söhne (Töchter waren hier noch die Ausnahme) ausbilden ließ. Es nimmt vielleicht weniger wunder, daß die *Faust*-Vorlesung an der University of Michigan kurz vor dem ersten Weltkrieg – laut mündlicher Überlieferung – der meistbelegte Kurs in allen Fakultäten gewesen sein soll, denn in der Gegend wohnte eine große Anzahl deutscher Emigranten. Im Nordosten handelt es sich hingegen hauptsächlich um die alten Familien aus der Kolonialzeit, d. h. um das amerikanische Äquivalent der Aristokratie. Dieser Elite wurden also das Beste und das Neueste des deutschen Theaterlebens in der Ursprache ins Haus gebracht. Und es wurde auch, wenn nicht immer „mit Jubel", so doch mit regem Interesse aufgenommen, wie sich aus den gut informierten Rezensionen der Aufführungen und Vorträge in der Yaler Studentenzeitung ersehen läßt.[14] Harvard und Pennsylvania haben Herrn Conried sogar den Ehrenmagister angeboten. Und als verwandtes Beispiel führen wir zuletzt an, daß Schillers *Jungfrau von Orleans* (zwar auf englisch) 1909 vor 15 000 Zuschauern im Harvarder Fußballstadion mit einer Besetzung von 1 500 Schauspielern aufgeführt wurde.[15] Die Aufführung hängt nicht direkt mit Conried zusammen, zeigt aber doch das weitverbreitete Interesse an deutschen Klassikern zu dieser Zeit.

Wenden wir uns jetzt Edith Wharton zu, um die individuelle Seite dieses Phänomens zu beleuchten. Als Tochter einer alten reichen New Yorker Familie gehörte sie einer sozialen Schicht an, die eigentlich eher Kulturkonsumenten als Kulturträger waren. Männer dieser

---

9 So z. B. „Was dieses [Stück] in aller Wahrscheinlichkeit zur größten Tragödie seit Goethe und Schiller macht" (ebd., S. 220).

10 Danach, merkwürdigerweise, in den jüdischen Theatern in der Bowery (ebd., S. 247).

11 Moses (Anm. 6), S. 115.

12 Kuno Francke, Professor der Germanistik an der Harvard Universität. Zit. nach Moses (Anm. 6), S. 126.

13 Ebd., S. 133 f.

14 Ebd., S. 125 u. S. 137.

15 Albert Bernhardt Faust: *The German Element in the United States.* Bd. 2. Boston 1909, S. 334.

Klasse besaßen schöne Bibliotheken, sammelten – vielleicht im Ernst – Bücher oder Kunstgegenstände verschiedener Art[16]; Männer und Frauen besuchten das Theater und besonders die Oper, wenn auch nur, um sich sehen zu lassen. Die jungen Männer dieser Elite studierten an den Colleges und Universitäten, von denen die Rede war. In ihrer Autobiographie betont Wharton jedoch, daß eine mehr als dilettantische Teilnahme an der Kultur nicht salonfähig war, weder für Männer noch für Frauen. Als Frau und als begabte Schriftstellerin ist Edith Wharton also zwar nicht typisch – ist ja das Genie an und für sich nicht „typisch" –, doch immerhin repräsentativ. Man sieht die Tendenzen ihrer Zeit in ihr konzentriert und in ihren Werken, die diese Gesellschaft schonungslos beschreiben, konsequent zur Schau gestellt.

So verhält es sich auch mit ihren Deutschkenntnissen. Sie lernte nämlich auf einer Kur im Schwarzwald mit acht Jahren Deutsch. Die Familie wohnte damals in Paris, denn die Abwertung des amerikanischen Geldes nach dem Ausgang des Bürgerkrieges zwang sie, deren Reichtum hauptsächlich aus Grundstücken bestand, ihre Stadt- und Landhäuser an die aus dem Krieg hervorgegangenen Neureichen zu vermieten und, „zusammen mit vielen Freunden und Verwandten", 1866 nach Europa zu flüchten.[17] Als die Familie dann 1872 nach New York zurückkehrte, konnte die zehnjährige Edith schon ziemlich gut Französisch, Deutsch und Italienisch.[18] Ihre Kenntnisse der deutschen Literatur verbesserten sich wesentlich, als sie im 15. Lebensjahr Stunden bei dem deutschen Kindermädchen der benachbarten Familie nahm. Diese, Anna Bahlmann mit Namen, wurde 1904 Whartons Sekretärin und literarische Assistentin auf Lebenszeit.[19] Wharton las lebenslang deutsche Bücher, „von den Minnesängern bis zu Heine",[20] eigentlich bis zu Nietzsche.[21] Ihr bekanntester Roman, *Ethan Frome* nimmt augenscheinlich Gottfried Kellers *Romeo und Julia auf dem Dorf* zum Ausgangspunkt[22]; ein anderer Roman von ihr, *The Custom of the Country*, spielt wiederholt und raffiniert auf Fouqués *Undine* an.[23] Man gewinnt Einblick in die Bedeutung der deutschen Sprache für sie aus einem Tagebuch, das sie in den Anfängen ihrer einzigen Liebesaffäre führte: die Stellen über den Geliebten sind meistens auf deutsch geschrieben, als ob, laut ihrem Biographen, sie solche Augenblicke „heilig halten" wollte.[24]

Goethe blieb bis zu ihrem Tod ihr Lieblingsdichter, *Faust* ihr Lieblingswerk. Überall bei ihr begegnen Goethe-Zitate – in der Autobiographie (schon auf dem Titelblatt), in den Romanen, in den Briefen. Oft sind es witzige Bemerkungen, so zum Beispiel „ein Londoner Diner erinnert mich an Klärchens Lied; sie konnten so ‚freudvoll' oder so ‚leidvoll' – selten aber ‚gedankenvoll' sein;[25] oder ein anderes Mal in einem Brief: „‚Zwei Seelen wohnen, ach, in meine [sic] Brust' und seit zwei Wochen hat die Haushälterin die Oberhand".[26] Oft sind die Zitate und Anspielungen ernst gemeint; die Mütter aus dem *Faust II* bilden ein Leitmo-

16 Das Motiv kommt in fast jedem Roman von Edith Wharton vor.
17 Edith Wharton: *A Backward Glance.* New York 1936 [^{1}1933], S. 44.
18 R. W. B. Lewis: *Edith Wharton: A Biography.* New York 1975, S. 19.
19 Ebd., S. 150.
20 Wharton (Anm. 17), S. 48.
21 Richard H. Lawson: *Edith Wharton and German Literature.* Studien zur Germanistik, Anglistik und Komparativistik. Bd. 29. Bonn 1974, S. 30–40.
22 Ebd., S. 51–70.
23 Ebd., S. 109–119.
24 Lewis (Anm. 18), S. 203.
25 Wharton (Anm. 17), S. 218.
26 Zit. nach Lewis (Anm. 18), S. 111.

tiv in dem späten Roman *Hudson River Bracketed*, (1929; der unübersetzbare Titel bezieht sich auf einen heute vergessenen amerikanischen Baustil), und dem Helden wird empfohlen, Goethes Meisterwerk zu lesen. Auf dem Höhepunkt der erwähnten Liebesaffäre schickte Wharton ihrem Liebhaber ein Gedicht, zu dem er schriftlich bemerkte, das Metrum entstamme Goethes *Römischen Elegien*.[27] Die Vermutung liegt nahe, von Goethe sei während der vorangegangenen Liebesnächte gesprochen worden. Wie dem auch sei, die wiederholten Zitate und Anspielungen lassen deutlich sehen, wie gut Wharton ihren Goethe gekannt hat, und wie typisch ihre Anwendung gewesen ist. Wie so vielen Deutschen ihrer Generation war ihr für jede Gelegenheit ein passendes Goethe-Zitat zur Hand. Ihr Goethe war vor allem Spender der Weisheit, der philosophische Dichter, den der damals berühmte Philosoph und Professor in Harvard George Santayana 1910 zelebriert hat.[28] Das Drama, sagt Wharton in der Autobiographie, interessierte sie gar nicht.[29] Goethe erscheint in ihrer Poetik des Romans, *The Writing of Fiction* (1924), hauptsächlich als „einer der Pioniere, dem niemals gegeben ist, das eigene Werk erfüllt zu sehen, sondern intellektuelle Häuser zu bauen, in denen die nächste Generation leben wird".[30] Wharton schätzte Goethe wohl mehr als Denker denn als Dichter.

Die Ausnahme scheint ihre Rezeption der *Wahlverwandtschaften* zu sein, das einzige Werk deutscher Sprache, das in *The Writing of Fiction* zweimal erwähnt wird. Schon die Erwähnung der *Wahlverwandtschaften* zeugt von ungewöhnlich reichen Goethe-Kenntnissen, denn der Roman stand damals ziemlich am Rande des Goethe-Kanons und wurde erst in den 20er Jahren für den Modernismus wiedergewonnen. Noch merkwürdiger ist Whartons Gebrauch der *Wahlverwandtschaften* in *The House of Mirth*, das schon 1905 erschien. Da dieser Roman hier unbekannt sein dürfte, beschreibe ich kurz die Handlung: Die schöne verwaiste Lily Bart versucht ohne Beistand der reichen Tante, bei der sie wohnt, einen reichen Mann der richtigen Klasse zu finden. Diese Jagd findet bei Besuchen auf den Landhäusern und Jachten unterschiedlicher mütterlicher Freunde statt. Trotz großer Schönheit und außerordentlicher gesellschaftlicher Fähigkeit ist Lily leider zu intelligent und zu ungeduldig, sich ganz den Gebräuchen ihrer langweiligen Umgebung anzupassen, und schlägt aus diesem Grund einige gute Partien aus, andere läßt sie entwischen. Der einzige Mann im Roman, den sie richtig lieben kann (und der sie auch liebt), ist leider nicht reich genug, um als Ehemann in Frage zu kommen. Im Laufe der Handlung tritt sie in zweideutige Beziehungen zu den Männern von zwei älteren Freundinnen; im zweiten Fall will der Mann sich von seiner Frau scheiden lassen und Lily heiraten, was Lily aber ablehnt. Sie verliert auf nicht ganz verdiente Weise ihren guten Ruf, die Erbschaft der Tante und ihre gesellschaftliche Stellung. Nur ihre langweilige arme Kusine Gerty steht ihr bei, die ihr aber in ihrer Armut nicht viel helfen kann. Lily besitzt noch die Möglichkeit, ihre Situation zu verbessern, falls sie ihre schlimmste Feindin durch Briefe, die ihr zufällig in die Hände gefallen sind, zu erpressen bereit wäre. Das will sie aber nicht; außerdem kompromittieren diese Briefe auch den Geliebten. Sie zerstört die Briefe, ohne daß der Freund jemals etwas davon erfährt. Sie stirbt endlich an einem zu starken Schlaftrunk und wird von der Kusine und dem Freund beweint.

---

[27] Ebd., S. 260.

[28] George Santayana: *Goethe's Faust.* In: *Three Philosophical Poets: Lucretius, Dante, and Goethe.* Cambridge 1945, S. 139–199.

[29] Wharton (Anm. 17), S. 160.

[30] Edith Wharton: *The Writing of Fiction.* New York 1997, S. 83.

Wieso, fragen Sie sich sicher, basiert dieser Roman auf den *Wahlverwandtschaften*? Die Zeichen, die unzweideutig auf Goethes Roman hinweisen, sind erstens das Thema der Ehescheidung und zweitens eine Szene, in der lebende Bilder die Hauptunterhaltung sind, wobei Lily Bart freilich der große Star ist. Sobald man die Anspielung erkennt, leuchten gleich andere Parallelen auf: Lily ist wie Goethes Ottilie eine Waise, die ihren Platz in der Welt, ihre „Bahn", finden muß. Beide Romane fangen mit dem Besuch der Waise auf dem Landgut eines älteren Ehepaars an; in beiden Fällen verliebt sich der Mann in den Schützling seiner Frau. Bei Wharton kommt das Motiv zweimal vor, und das zweite Mal führt die Situation, wie bei Goethe, bis an den Rand der Ehescheidung. Das Thema der Scheidung ist in beiden Romanen schon lange vorher durch Nebenpersonen zur Sprache gekommen. Sowohl Ottilie wie auch Lily werden ferner von Männern geliebt, die ihnen aus gesellschaftlichen Gründen nicht genügen können (im Falle von Ottilie sind es sogar zwei, der Architekt und der Gehülfe aus der Pension). Gegen Ende beider Romane versuchen die Heldinnen ihren Mitmenschen zu dienen, Ottilie zwar entschiedener als Lily; das Motiv ist aber umso bedeutender bei Lily, da nichts diese Wendung vorbereitet. Beide Romane enden schließlich mit dem mehr oder weniger freiwilligen Tod der Heldin, die von einem Liebhaber, der seine Liebe nie richtig ausgesprochen hat, im Tode noch einmal besucht wird. Die Romane sind sich also in bezug auf Themen, Motive, Episoden und zum Teil auch deren Anordnung auffallend ähnlich.

Trotz dieser Parallelen ist das Leseerlebnis bei Wharton grundsätzlich anders als bei Goethe. Lily Bart hat viel mehr mit der unausstehlichen Luciane der *Wahlverwandtschaften* gemein als mit Ottilie, während die langweilig-gute Kusine Gerty Ottilies Rolle zu spielen scheint. Erst zögernd nimmt Lily die Eigenschaften von Goethes Heldin an. Wie ihr Name sich vom Anfangslaut der Luciane zur vorletzten Silbe der Ottilie bewegt, so bewegt sich auch Lily im Laufe des Romans von Lucianes Egoismus und gesellschaftlichem Elan zu Ottilies moralischer Reinheit. Noch bedeutsamer als solche Unterschiede in der Handlung und bei den Personen ist die ganze Führung der Erzählung. Whartons Roman besteht aus einer Reihe von Episoden, die sich alle um die eine Protagonistin drehen und die einer einzigen fallenden Linie folgen. Bei Goethe hingegen vollzieht sich die eigentliche Handlung zum großen Teil hinter der Szene, während die Erzählung scheinbar ziellos wandert oder sogar stagniert. Deshalb ist die Erzählperspektive auch grundsätzlich anders bei Goethe. Wharton wechselt zwischen dem Blickpunkt der Heldin und dem ihres Freundes; der Erzähler berichtet oft nachträglich übersprungene Episoden, kommentiert die Handlung aber selten. Die Neutralität der Erzählstimme ist umso bemerkenswerter, da Wharton selbst in der von ihr beschriebenen Gesellschaft aufgewachsen und ihr lebenslang treu geblieben ist. Der Erzähler der *Wahlverwandtschaften* ist jedoch alles andere als neutral, und die Erzählperspektive ist oft ironisch und notorisch labil – es gibt ja Einlagen von fremden Stimmen (so z. B. Ottilies Tagebuch, die Novelle), deren Standpunkt nicht klar definiert ist. Im *House of Mirth* handelt es sich also darum, eine bestimmte Schicht einer bestimmten Gesellschaft zu einer bestimmten Zeit darzustellen und zu kritisieren. Bei Goethe handelt es sich hingegen darum, das Universelle im Einzelnen darzustellen und gleichzeitig die Parameter solcher Darstellung zu untersuchen und schließlich ihre Möglichkeit in Frage zu stellen.

Es handelt sich hier um zwei verschiedene Traditionen des Romans. Wharton schreibt in der realistischen Tradition des 19. Jahrhunderts, wie sie sich besonders in Frankreich und England etablierte. In der Orientierung am Leben der Großstadt und in ihrem Sinn für das Böse in der Gesellschaft steht sie vielleicht Balzac am nächsten. Auch Goethe schreibt teilweise in dieser Tradition, wo er mit der Isolation auf dem Landgut und im Tone eher Jane Austen gleicht.[31] Beide Romane sind Sittenromane, und zwar kritischer Art, doch ist die Gesellschaftskritik bei Wharton auffälliger als bei Goethe. Bei Goethe drängt sich so viel anderes hinzu – eine Auseinandersetzung mit der Romantik, epistemologische Probleme, das Verhältnis der wissenschaftlichen und der moralischen Sphären usw. –, daß das Gesellschaftliche an sich im Schatten bleibt. Damit hat Goethe den Gewinn der weniger strukturierten „philosophischen" Romane des 18. Jahrhunderts – Laurence Sternes *Tristram Shandy* oder sein eigener *Wilhelm Meister* – in die linearere Erzählform des Sittenromans integriert. In dieser Verbindung ist die Form des Sittenromans kaum noch erkenntlich. Whartons *House of Mirth* deckt diesen verschleierten Aspekt der *Wahlverwandtschaften* wieder auf.

In dieser Hinsicht unterscheidet sich Whartons Rezeption der *Wahlverwandtschaften* von den wichtigen Reaktionen der 20er Jahre, denen Walter Benjamins und Ford Maddox Fords. Benjamin sieht in seinem Aufsatz, *Goethes Wahlverwandtschaften* (1924), unergründliche Tiefen im Roman, indem er den hinter dem Sachgehalt befindlichen Wahrheitsgehalt sucht.[32] Die Personen im Roman verfallen der mythischen Natur (S. 132), dieser „verborgene[n] Macht im Dasein der Landedelleute" (S. 133), „dem Unergründlichen" (S. 133). Überall bei Benjamin begegnet das Unzulängliche, ob „in der rätselhaften Stille" des Wassers (S. 133) oder in Formulierungen wie der folgenden: „Dabei ist das Spiel am Tage und der Ernst geheim" (S. 137), „als ein mythisches Schattenspiel in Kostümen des Goetheschen Zeitalters erscheint sein Inhalt" (S. 140–41), „Alle mythische Bedeutung sucht Geheimnis" (S. 146), „Der Mensch erstarrt im Chaos der Symbole" (S. 154), bis zur „Macht der Zweideutigkeit" (S. 183). Benjamin definiert dabei das Wort „olympisch" um: es bezieht sich nicht mehr auf die überlegene Klarheit und Ruhe des großen Dichters, sondern es

> bezeichnet die dunkle, in sich selbst versunkene, mythische Natur, die in sprachloser Starre dem Goetheschen Künstlertum innewohnt. Als Olympier hat er den Grundbau des Werkes gelegt und mit kargen Worten das Gewölbe geschlossen. In dessen Dämmerung trifft der Blick auf das, was am verborgensten in Goethe ruht (S. 147).

Das Programm dieser Angleichung des Romans an die Undurchsichtigkeit der Moderne wird hiermit offensichtlich: Goethe soll den kargen, starren Stil der Moderne rechtfertigen.

Ähnliches steht auf dem Spiel in Ford Maddox Fords Roman *The Good Soldier*. Er handelt von der Auflösung der Ehe zwischen einem Edward und einer Leonora, statt einer Charlotte. Die Namensänderung ist bedeutend: Leonora schließt in sich einerseits die Idealität und Würde der Prinzessin Leonore aus *Tasso* und andererseits auch die gesellschaftliche Gewandtheit und Weltlichkeit ihrer Gegenspielerin im gleichen Stück, Leonore Sanvitale. Der Roman spielt auf Edwards Landgut, wo der Erzähler – ein reicher Amerikaner, der auch die Rolle von Goethes Hauptmann spielt – diese „allertraurigste Geschichte"[33] niederschreibt; die erzählte Handlung selbst spielt sich hauptsächlich in einem deutschen Kur-

---

31 Diese Beziehung habe ich ausführlicher behandelt in meinem Aufsatz *„Die Wahlverwandtschaften" and the English Novel of Manners*. In: Comparative Literature 28 (1976), S. 97–108; in dt. Übers. als *„Die Wahlverwandtschaften" und der englische Sittenroman*. In: Jane K. Brown: *Ironie und Objektivität: Aufsätze zu Goethe*. Würzburg 1999, S. 135–47.

32 Walter Benjamin: *Goethes „Wahlverwandtschaften"*. In: *Gesammelte Schriften (Werkausgabe)*, hrsg. von Rolf Tiedemann und Hermann Schweppenhäuser. 12 Bde. Bd. I, 1, Frankfurt/M. 1980, S. 123–201, hier: S. 123. Im Folgenden im Text zitiert.

33 Ford Maddox Ford: *The Good Soldier*. New York 1983, S. 3.

ort kurz vor dem ersten Weltkrieg ab. Die Erzählung beschreibt Edwards mehr oder weniger unschuldige, sentimentale Liebesaffären und die Versuche seiner scheinbar kalten Frau (die ihn in der Tat leidenschaftlich liebt), ihn durch Geduld und allgemeine Tüchtigkeit wiederzugewinnen. Edwards Liebschaften gipfeln in einer brennenden Liebe zu einem Mädchen, das zu ihm im gleichen Verhältnis steht wie Goethes Ottilie zu Eduard und Charlotte. Beide versuchen, sich dieser Liebe zu widersetzen; infolgedessen fällt das Mädchen in unheilbaren Wahnsinn und Edward nimmt sich das Leben. Leonora heiratet ihren Nachbarn, während der Erzähler lebenslang die schöne Wahnsinnige, die er gern geheiratet hätte, auf Edwards ehemaligem – jetzt seinem eigenen – Landgut pflegt. Was bei Goethe mit einer freundlich-ironischen Schlußgeste auf ein eventuelles Wiedersehen der toten Liebhaber und bei Wharton unumwunden sentimental ist, entpuppt sich bei Ford als einerseits banal (durch Leonoras zweite Ehe) und andererseits völlig unlösbar.

Das Interessanteste aber an diesem Roman ist die Erzählhaltung. Ford erzählt durch einen naiven Amerikaner, der am Anfang überhaupt nichts von den von ihm berichteten Umständen versteht, auch nicht, daß seine eigene Frau während der ganzen neunjährigen Freundschaft mit Edward und Leonore Edwards Mätresse gewesen ist. Sein klagendes „Ich weiß nicht“ tönt wiederhallend durch die dämmernden Windungen seiner Überlegungen. Erst im Laufe der Erzählung wird ihm klar, wie alles sich in Wirklichkeit verhielt, auch dann kommen ihm die Begebenheiten noch sinnlos vor. Seine Urteile über seine Mitspieler ändern sich von einem Kapitel zum anderen; dadurch wird die allgemeine Undurchsichtigkeit gesellschaftlicher Zustände thematisiert, und der Vorgang des Zur-Erkenntnis-Bringens zum Brennpunkt gemacht. In dieser Hinsicht steht Fords Auffassung der Bedeutung der *Wahlverwandtschaften* Benjamin viel näher als Wharton. Verborgenheit, epistemologische Schwierigkeiten, Zweideutigkeiten, das Unergründliche menschlicher Zustände sind für beide die Kernpunkte in ihrem Verständnis des Goetheschen Romans.

Ehe man aber Whartons *House of Mirth* als eine unselige Vereinfachung Goethes verschmäht, ist anzuerkennen, diese Abkehr von der Darstellung der Undurchsichtigkeit sei nicht ganz zufällig gewesen. Schon am Anfang ihrer *The Writing of Fiction* charakterisiert Wharton *Die Wahlverwandtschaften* als „unheimlich modern“,[34] obwohl es möglich ist, daß sie dabei nur an das Thema der Ehescheidung denkt. In dem etwas späteren Roman *The Reef* (Das Riff, 1912) gelangt die Heldin zu der Erkenntnis: „Die Wahrheit ist durch ihren eigenen unwiderstehlichen Druck ans Licht gekommen; und diese Einsicht verlieh ihr eine überraschte Ahnung verborgener Mächte, von einem Chaos anziehender und abstoßender Kräfte tief unter den geordneten Oberflächen des gesellschaftlichen Verkehrs.“[35] Wharton kannte das Phänomen und konnte es wenigstens beschreiben; so lag es wohl hauptsächlich an ihrer Treue zum realistischen Roman, daß sie Goethes Stoff auf so ganz andere Weise in *The House of Mirth* aufgriff. Ihre wenigen Bemerkungen zu den *Wahlverwandtschaften* in *The Writing of Fiction* sind in dieser Hinsicht einleuchtend. Wharton unterscheidet da zwischen Charakterromanen und Situationsromanen und sagt in bezug auf den zweiten:

> Einer der frühsten, sowie auch der berühmtesten, ist Goethes *Die Wahlverwandtschaften*, in dem ein großes und fürchterliches Drama Personen befällt, dessen Marionetten-Drähte

34 *Wharton (Anm. 30), S. 10.*

35 Wharton: *The Reef.* New York 1986, S. 339. Dieser gilt als der Roman von Wharton, der sich dem Stil von Henry James am meisten angleicht. Man spricht hier freilich von James, weil man *Die Wahlverwandtschaften* nicht mehr kennt.

> der Schöpfer nicht ganz hat abschneiden können. Wer erinnert sich denn noch an diese vagen mit Buchstaben bezeichneten Geschöpfen, die der Autor selbst in seiner Eile, sie zur Reife zu bringen und zu polieren, aus ihrem Limbo zu ziehen vergessen hat?[36]

Kurz darauf setzt sie fort:

> Nur vielleicht Balzac ist es gelungen, aus seinen Situationsromanen [...] so hartnäckige und eindringliche Charakterstudien zu machen, daß die Protagonisten und die sie befallenden Verwicklungen zusammen ins Gedächtnis springen, sooft die Erzählungen genannt werden. Diese Verschmelzung der Kategorien ist aber das Vorrecht nur der wenigen, die aller Romanarten fähig sind, und die jedesmal die dem Thema am besten entsprechende Art wählen.[37]

Hiermit deckt Wharton ihre zutiefst versteckten Prinzipien auf: trotz der zweiteiligen Typologie hält sie eigentlich den Charakterroman für den besseren; der Situationsroman ist nur dann wirklich groß, wenn er sich auch als Charakterroman ausweist. Die Romanschriftsteller, auf die sie sich wiederholt bezieht, sind wohl aus diesem Grund zuerst Balzac und Thackeray, darauf Tolstoi, Eliot und Austen, und an dritter Stelle hinterher Flaubert. Trotz der Bewunderung, die sie ihr Leben lang Goethe entgegenbrachte, und trotz der lebenslangen Beschäftigung mit der deutschen Literatur gehörte eigentlich kein deutscher Roman in ihren Kanon.

Es ist weitgehend bekannt, daß die klassische deutsche Literatur nach dem ersten Weltkrieg fast spurlos aus dem amerikanischen Blickkreis verschwunden ist. Die Abnahme wird normalerweise, wohl im Grunde richtig, durch den Krieg selbst erklärt. Es ließe sich immerhin fragen, wieso sie so schnell und so gründlich stattgefunden hat, besonders da die deutsche Musik keineswegs einen vergleichbaren Rückgang erlitten hat. Die paradoxen Umstände, die ich eben in bezug auf Edith Wharton dargelegt habe, erlauben wenigstens eine Hypothese aufzustellen, die sich vielleicht bestätigen läßt: Kenntnisse der deutschen Literatur nehmen nach dem ersten Weltkrieg nämlich so geschwind ab, weil ihre eigentliche Rezeption in Amerika trotz allen Anscheins sich eher auf den Inhalt als auf den Gehalt bezog. Dem Zweck und der Form nach war Wharton vollkommen dem französischen und englischen Roman verpflichtet. Goethe interessierte sie im Grunde nur als Denker.

Es ist freilich gewagt, diesen einzigen Fall zu verallgemeinern, könnte man doch sogleich auf die Tatsache hinweisen, daß unser heutiges Beispiel eine Frau war, die keine Schule besucht hat, geschweige denn eine Universität. Das ist aber nicht ganz untypisch auch für reiche Männer ihrer Zeit und ihre gesellschaftlichen Kreise. Ausschlaggebend bei Edith Wharton ist jedoch ihre belegte Vertrautheit mit der deutschen Literatur und zugleich ihre anerkannte dichterische Leistung. Die Bestätigung dieser Hypothese wäre in einer Untersuchung der amerikanischen Literatur wie auch der akademischen und nichtakademischen Diskussion im Deutschland der zweiten Hälfte des 19. Jahrhunderts zu finden – für uns heute ein zu weites Feld. Die Amerikanistik interessiert sich im allgemeinen sehr wenig für die Rezeption Goethes in Amerika. Ich hoffe hiermit gezeigt zu haben, daß dieses Desinteresse, das für das 19. Jahrhundert nicht zutrifft, doch – leider – für das 20. nicht ganz von der Hand zu weisen ist.

---

36 Wharton (Anm. 30), S. 90.

37 Ebd., S. 90 f.

YOSHITO TAKAHASHI

Reiz und Rätsel des „Faust" für die Japaner

1

Einer vor vier Jahren durchgeführten Umfrage der amerikanischen Zeitschrift „News-Week" zufolge glauben zwei Drittel aller Amerikaner, daß es einen Teufel gibt. 37 Prozent gestanden sogar ein, selbst einmal vom Teufel verführt worden zu sein.[1] Dieser Bericht hat uns Japaner völlig verblüfft, weil wir – wie wohl auch die meisten Asiaten – nicht an Teufel glauben. Zwar meint man in Japan oder China, daß es Dämonen gibt, aber der Glaube an die Existenz des Teufels ist den allermeisten Chinesen oder Japanern fremd.

Den Menschen übelgesinnte Dämonen bringen uns – so glaubt man in Japan – Unglück, Mißernten oder Unwetter. Deshalb ist für uns das Fest der Dämonenjagd auch so ausnehmend wichtig. Nach dem alten Kalender beginnt in Japan am 4. oder 5. Februar der Frühling. Am Vorabend dieses Tages kommt es zur Dämonenjagd: Männer mit Dämonenmasken kommen zu den Häusern, und wenn sie erscheinen, rufen die dort versammelten Personen „Glück ins Haus, Dämonen raus" und werfen mit Bohnen nach den Maskierten.

Solche Dämonen sind aber ihrem Wesen nach nicht nur bösartig. In verschiedenen Orten Japans ruft man nicht „Glück ins Haus, Dämonen raus", sondern vielmehr „Glück ins Haus, Dämonen auch", weil man glaubt, daß die Dämonen mit ihrem kraftvollen Fußgetrampel Krankheiten verjagen und die Erde fruchtbar machen können.

In Japan werden die Dämonen als Knechte des Gottes betrachtet. In einer Region Mitteljapans, in Oku-Mikawa, feiert man am Neujahrsbeginn ein Fest, bei dem der älteste Mann des Dorfes einen Gott darstellt und drei weitere Dörfler Dämonenmasken tragen. Die Dämonen fragen den Gott, wie alt er sei, woraufhin dieser ihnen antwortet: „Hundertmal so alt wie die Dämonen." Nachdem sie mit dem Gott das Alter gemessen und verloren haben, wollen sie nun mit ihm die Kräfte messen. Der Gott und die Dämonen ziehen, jeder von einer Seite (wie beim Tauziehen), an einem Ast des Gottesbaumes. Der Gott siegt. Die Dämonen gestehen ihre Niederlage ein. Von nun an machen sie alles, was ihnen der Gott befiehlt: Sie verjagen schädliche Insekten, verbessern die Qualität des Bodens und bringen den Bauern eine gute Ernte.

Sogar regelrechte Dämonenstädte gibt es in Japan. Sie sind bekannte und beliebte Touristenziele, wie z. B. Noboribetsu auf der japanischen Nordinsel Hokkaido, ein – wie man in Deutschland sagen würde – „Badeort mit heißen Quellen", die dem ehemaligen Krater eines Vulkans entströmen. Diesen Krater nennt man die Hölle – denn den Begriff der „Hölle" kennen wir –, in der Dämonen wohnen. Diese Dämonen sind aber gut und

---

[1] Yomiuri-Abendzeitung, 14. 11. 1995.

freundlich, weil sie Krankheiten oder Unglück der Touristen in die Hölle verjagen. Danach können die Besucher mit ruhigem und zufriedenem Herzen das Bad in den heißen Quellen genießen.

Die älteste Form asiatischen Volksglaubens findet sich heute noch in Okinawa, d. h. auf Japans südlichsten Inseln, und in Taiwan. Die Verstorbenen oder auch sehr alte Menschen gelten als Geister der jeweiligen Sippe. Wenn diese Geister entsprechend verehrt werden, werden sie zu Göttern, und wenn man sie vernachlässigt, zu Dämonen. Wenn diese Dämonen nun Verehrung erfahren, wandeln sie sich zu Göttern, während umgekehrt Götter, die man vernachlässigt hat, zu Dämonen werden müssen. Der Übergang zwischen beiden ist also offenbar fließend.

In der westlichen Kultur verkörpert bzw. ist der Teufel das absolute Böse, und ein Wechsel, wie er eben beschrieben wurde, zwischen Gott und Teufel ist genauso undenkbar wie die Vorstellung, der Teufel werde Gott helfen. Um den Vergleich mit einer inzwischen vielstrapazierten Formel abzuschließen: Dem dualistisch geprägten Europäer steht der von monistischem Denken bestimmte Asiate gegenüber.

Im Jahre 1549 machte Francisco Xavier, ein portugiesischer Jesuit, die Japaner zum ersten Mal mit der christlichen Religion und Vorstellungswelt bekannt. Viele der sich damals zum Christentum bekehrenden Japaner unterlagen dabei aber der irrigen Annahme, daß das Christentum eine buddhistische Sekte sei. Etwa 60 Jahre später, im Jahre 1612, wurde die christliche Mission in Japan verboten; mit der Verfolgung und Vernichtung der Christen (1617–1638) endete der erste Versuch, die Japaner zu christianisieren. Erst fünf Jahre nach der Meiji-Restauration wurde 1873 den christlichen Kirchen wieder erlaubt, in Japan zu missionieren. Seitdem hat sich die Zahl der Christen zwar wieder vermehrt, doch machen sie auch heute noch in Japan nur eine Minderheit aus. Der Grund dafür dürfte wohl darin liegen, daß den Japanern die christliche dualistische Vorstellungsart allzu fremd ist. Natürlich glauben alle japanischen Christen an Gott, aber interessanterweise glauben sehr viele von ihnen nicht an die Existenz des Teufels.

Für unser Thema stellt sich nun nach alledem die Frage, was man in Japan, in einer Kultur, die den Teufel gar nicht kennt, überhaupt mit einem Motiv wie dem „Pakt mit dem Teufel" anzufangen weiß und damit letztlich mit *Faust*.

Im Jahre 1913 erschien in Japan Goethes *Faust* (*I* und *II*), übersetzt von Ogai Mori, einem der bekanntesten Dichter der japanischen Neuzeit. Mori studierte 1884 bis 1888 in Berlin Medizin. Er beherrschte mehrere europäische Sprachen und übersetzte beide Teile des *Faust* in nur sechs Monaten. Seit dieser ersten Übersetzung sind in Japan mehr als zehn weitere Übertragungen des *Faust* erschienen, doch gilt Ogai Moris Arbeit immer noch als die beste von allen. Als sie vor fast neunzig Jahren veröffentlicht wurde, erregte sie immenses Aufsehen. Damals bemühten sich die Japaner intensiv darum, europäische Kultur und Zivilisation in Japan einzuführen. In dieser Situation wurde Goethes *Faust* nahezu mit dem europäischen Geist gleichgesetzt. Fasziniert vom Reiz des *Faust* wurde dessen erster Teil immer wieder mit großem Erfolg in Japan aufgeführt, zum ersten Mal im Jahre 1913 durch den „Verein des modernen Theaters". An diesem Reiz hing aber auch das Rätsel: Was ist denn der „Teufel", und was bitte ist der „Pakt mit dem Teufel"?

Dieser „Teufel" ist und bleibt den Japanern ein rätselhaftes Wesen. Shusaku Endo (1923–1996), ein katholischer Dichter, der mehrfach als Kandidat für den Nobelpreis nominiert wurde, versuchte dem Begriff des „Teufels" auf den Grund zu gehen, um ihn zu verstehen. Sein Roman *Teufel am hellen Tage* (*Mahiru no Akuma*, Tokyo 1980) ist ein Ergebnis dieses Versuchs.

Am Anfang dieses Romans spricht ein französischer Priester während der Messe in seiner katholischen Kirche in Tokyo über Luzifer. Unter den Zuhörern hört er eine Stimme, die in sich hineinlacht. Er erwähnt auch, daß sich der Teufel sehr freue, wenn die Menschen nicht an ihn glaubten, und bezieht sich auf die Worte André Gides, daß die größte List des Teufels darin bestehe, uns glauben zu lassen, daß er nicht existiere.

In seinem Roman stellt Endo die Frage ins Zentrum, ob der Teufel existiert oder nicht. Endo, der unter einer katholischen Mutter aufwuchs und ein frommer Christ war, litt lebenslang unter der Kluft zwischen der christlichen Lehre und der japanischen Mentalität. Diese Leiden waren aber gleichzeitig die Quelle seines dichterischen Schaffens. Er wollte katholische Romane schreiben. Doch sah er sich dabei mit dem gravierenden Problem konfrontiert, in japanischen Lesern, die von Christus, Engeln und Teufeln keine Ahnung haben, wirkliches Verständnis für christliche Dichtung zu wecken.[2] Aus diesem Problembewußtsein heraus ist dann der Roman *Teufel am hellen Tage* entstanden.

Die Heldin dieses Romans ist eine wunderschöne Ärztin, die eine Übeltat nach der anderen begeht und mehrere Menschen ermordet. Von jung auf ist ihr Herz sehr kalt. Sie kennt weder Rührung noch Ergriffenheit. Was sie haben will, ist der scharfe Schmerz der Gewissensbisse, der ihr kaltes, ungerührtes Herz in Erregung versetzen könnte. Nur unter diesem Schmerz kann sie sich vergewissern, daß sie wirklich existiert. Um ihn zu fühlen, begeht sie immer neue Übeltaten. An ihr nimmt der französische Priester den Geruch des Teufels wahr, den er seit dem Besuch eines Hauses in der Stadt Lyon kennt, in dem vor mehreren Jahrhunderten schwarze Messen gehalten worden sein sollen.

Der Priester sagt ihr, daß er aus ihren Worten den Teufel rieche und daß sie darum beten möge, wieder ein menschliches Herz zu haben. Diesen Rat lehnt sie ab: „Sie empfehlen mir zu beten. Ich glaube aber, wie ich schon gesagt habe, nicht an Gott, und auch nicht an Teufel. Erlauben Sie mir, daß ich Ihrem Rat nicht folge, aber ich bin eine normale Japanerin."[3]

Unter den vielen japanischen Romanen ist *Teufel am hellen Tage* wohl der einzige, der sich mit europäischer Dämonologie auseinandergesetzt hat, und Endo konnte sich genau vorstellen, wie japanische Leser darauf reagieren werden. Am Ende des Buches erklärt der Priester in einer Vorlesung an der Sophia-Universität in Tokyo seinen Studenten, wie furchtbar der Teufel sei. Nach der Vorlesung fragt er einen Studenten nach dessen Meinung. Voller Verlegenheit antwortete dieser Student: „Wenn Sie vom Bösen sprechen, verstehe ich es gut. – Wenn Sie aber vom Teufel sprechen, – das will mir nicht in den Kopf."[4]

2

Wie diesem Studenten, geht es fast allen Japanern. Wie verstehen wir dann den „Pakt mit dem Teufel" in Goethes *Faust*? Finden die Japaner die Szene des Paktes vielleicht komisch? Keineswegs. Während das Volksbuch von Johann Spies, die *Historia von D. Johann Fausten*, für uns ziemlich lächerlich ist, wird Goethes *Faust* hochgeschätzt, weil Mephistopheles hier nicht als wirkliche Existenz wie im Volksbuch, sondern als Metapher zu verstehen ist. Er stellt sich mit den Worten vor, er sei „ein Teil von jener Kraft, die stets das Böse will und

---

2 Shusaku Endo: *Das Problem der katholischen Dichter*. In: *Shukyo to Bungaku* (*Die Religion und die Dichtung*). Tokyo 1963, S. 72 ff.

3 Shusaku Endo: *Mahiru no Akuma*. Tokyo 1984, S. 239.

4 Ebd., S. 266.

stets das Gute schafft" (V. 1335 f.). Er ist auch „der Geist, der stets verneint" (V. 1338). Er äußert ferner, er sei „ein Teil des Teils, der anfangs alles war, ein Teil der Finsternis, die sich das Licht gebar" (V. 1349 f.). Sind hier Gott und Teufel, das Gute und das Böse, das Licht und die Finsternis nicht relativ aufgefaßt? Eine solch relative Auffassung der Welt paßt uns Japanern. Ogai Mori z. B. schrieb über Goethes *Faust* ein umfangreiches wissenschaftliches Werk, in dem er dieser relativistischen Auffassung von Gott und Teufel zustimmt. Die wirkliche Welt sei nicht vollkommen. Deshalb gebe es sowohl das Gute als auch das Böse, und der Teufel trage dazu bei, die jetzige Welt zu verbessern. Bei dieser Deutung wird Mephistopheles nicht als das absolute Böse, sondern als die ungeheure Kraft aufgefaßt, die gegebenenfalls Faust helfen könnte. Diese Deutung ist von vielen Japanern bereitwillig akzeptiert worden. In den Augen der Japaner ist Mephistopheles dem asiatischen Dämon ähnlich, der z. B. oft einem Gott beim Ackerbau hilft.

Seit der Übersetzung von Ogai Mori diente Goethes *Faust* mehrfach als Modell für japanische Romane oder Dramen. Dabei benutzten die japanischen Autoren, die vom christlichen Teufel keinen Begriff haben, Mephistopheles als Metapher für „Häßlichkeit", „Verführer" oder „Zerstörer der Erde". Diese drei Metaphern finden sich in den Dichtungen von Yukio Mishima, Tatsuzo Ishikawa und Osamu Tezuka, die ich im folgenden näher vorstellen möchte.

Für Yukio Mishima (1925–1970) war Goethe einer seiner Lieblingsdichter. Er erwähnt ihn öfters und hat sogar seine *Proserpina* ins Japanische übersetzt. Als japanischer Dichter kennt er zwar keinen Streit zwischen Gott und Teufel, aber für ihn spielte ein anderer binärer Gegensatz eine wichtige Rolle, und zwar der Gegensatz von schön und häßlich, jung und alt. Unter diesem Gesichtspunkt lassen sich zwei Werke Mishimas interpretieren.

Von 1951 bis 1953 schrieb er den Roman *Kinjiki* (*Die verbotene Liebe*), in dem verschiedene Motive des *Faust* wie „Teufel", „Verjüngung", „Pakt" oder „Rettung durch die Mütterlichkeit" vorkommen. Mishima schrieb diesen Roman als seinen *Mon Faust*. Als Shunsuke, ein alter häßlicher Dichter, erfährt, daß Yuichi, ein sehr schöner Jüngling, homosexuell ist und keine Frauen lieben kann, wird er – so schreibt der Dichter – „wie ein Teufel guter Laune"[5]. Er schlägt Yuichi vor, einen „Pakt im Spiegel" zu schließen. Yuichi bekommt von Shunsuke viel Geld und das Versprechen, ein Geheimnis daraus zu machen, das Eheleben ohne Liebe zu führen. Dafür übt der „häßliche" Shunsuke, kraft der Schönheit von Yuichi, Rache an jenen drei „schönen" Frauen, die früher einmal Shunsukes Liebe abgelehnt hatten.

Warum heißt der Pakt zwischen den beiden Personen „Pakt im Spiegel"? Der Dichter Shunsuke lebt nur in seinen Kunstwerken. Auch Yuichi lebt als eine Puppe, deren Schönheit von Männern und Frauen bewundert wird, nicht in der Wirklichkeit. In diesem Sinne führen die beiden ein fiktives Leben. Sie leben nur im Spiegel, so, wie Goethes Homunculus in einem Glas eingeschlossen ist. Homunculus äußert seinen Wunsch: „Ich [...] möchte gern im besten Sinn entstehn, / Voll Ungeduld, mein Glas entzweizuschlagen" (V. 7830 ff.). So wünscht auch Yuichi in der Mitte des Romans: „Ich möchte werden. Ich möchte zur wirklichen Existenz werden."[6] Unter dem Gesichtspunkt „schön und häßlich" sind die beiden ein Gegensatz, aber im Hinblick auf die Wirklichkeit und die Fiktion sind sie miteinander verwandt.

---

5 Yukio Mishima: *Kinjiki*. In: Yukio Mishima: *Sämtliche Werke*. Bd. 5. Tokyo 1974, S. 40.

6 Ebd., S. 196.

Dieser Roman ist in zwei Teile gegliedert. Zunächst gelingt der Plan des teuflischen Shunsuke. Die drei Frauen werden dadurch in Verzweiflung gestürzt. Yasuko verheiratet sich mit Yuichi, der aber mit ihr keinerlei sexuelle Beziehung eingeht. Sie leidet unter dem Gefühl, daß ihr Mann eine andere Frau lieben könnte. Kyoko verliebt sich in Yuichi. Sie geht mit ihm in ein Hotel. Im dunklen Zimmer wechselt er seine Position mit Shunsuke, der in der Dunkelheit mit Kyoko geschlechtlich verkehrt. Frau Kaburagi begeistert sich für die Schönheit von Yuichi, nachdem sie aber eine Szene der homosexuellen Liebe zwischen Yuichi und ihrem Mann mitansehen mußte, steht sie kurz vor dem Selbstmord und verschwindet.

Bis zu diesem Moment bleibt Yuichi eine bloß „schöne" Puppe von Shunsuke. Dann aber kommt die Umkehrung. In der Hochzeitsnacht kann er mit Yasuko nur deshalb schlafen, weil er sich in seiner Phantasie vorstellt, daß sie sich in einen Jungen verwandelt habe. Diese Tat trägt aber Früchte, und sie wird schwanger. Als Yuichi der Entbindung seiner Frau beiwohnt und die – für Japaner – abscheuliche, blutige Szene mitansieht, erwacht er zur Wirklichkeit. Die Wirklichkeit ist ein Komplex von Schönheit und Häßlichkeit. Als er dies begreift, ist er nicht mehr der anzusehende Mann, sondern der ansehende Mann, der handelnde Mensch.

Shunsuke, der nur in seinen Kunstwerken lebt und die Wirklichkeit haßt, sieht in dem verwandelten Yuichi einen lebendigeren Menschen als sich selbst. In seinen Augen ist Yuichi die Verkörperung der schönen Natur und Shunsuke selber die Verkörperung des häßlichen Geistes. Als er dies begreift, beginnt er, Yuichi zu lieben, und hofft, die tiefe Kluft zwischen Geist und Natur zu überwinden. Die Vereinigung von Geist und Natur ermöglicht jedoch seiner Meinung nach nur der Tod in der Liebe. Shunsuke sagt: „Yuichi, es gibt in dieser Welt einen höchsten Augenblick, einen Augenblick, in dem sich Geist und Natur versöhnen und vereinigen."[7] Und dieser Augenblick ist der Moment des Todes.

Während Goethes Faust im höchsten Augenblick ausruft: „Verweile doch, du bist so schön!", glaubt in Mishimas Roman der teuflische Shunsuke, nun den höchsten Augenblick erreicht zu haben und sich ihm mit Genuß hingeben zu können. Trotz dieses großen Unterschieds waren wohl Goethe und Mishima sich darin einig, daß der höchste Augenblick nur im Tod möglich sei.

Das Ende der *Verbotenen Liebe* ähnelt dem in Thomas Manns *Tod in Venedig*, für den Mishima weitaus mehr Sympathie empfand als für Goethe. Wie Aschenbach, der in Gegenwart Tadzios, eines schönen Knaben, stirbt, nimmt Shunsuke in Anwesenheit des Jünglings Yuichi Gift und stirbt, wobei er ein Testament hinterläßt, in dem er Yuichi sein gesamtes Vermögen vermacht.

Dadurch wird Yuichi vom teuflischen Dämon und dessen fiktiver Welt befreit und begibt sich eines schönen Morgens in die wirkliche Welt, in der auch Mishima leben wollte.

Im Jahre 1952, also gerade zu der Zeit, als sich Mishima mit der *Verbotenen Liebe* beschäftigte, veröffentlichte er auch ein kleines Noh-Drama *Sotoba Komachi* (*Die hundertste Nacht*), in dem der gleiche Gegensatz behandelt wird, der Gegensatz von schön und häßlich, jung und alt.

Hier nun treffen zwei Personen zusammen: ein armer, junger Dichter und Komachi, die früher als die schönste Frau galt und jetzt eine 99jährige, häßliche Bettlerin ist. Während Komachi in der häßlichen Wirklichkeit lebt, möchte der junge Dichter in der Schönheit leben.

---

[7] Ebd., S. 567.

Diese Schönheit findet er in der Phantasie, in Träumen und in der Begeisterung. Die Alte weiß aber längst sehr genau, daß alle Träume leer sind. Sie begeistert sich für nichts. In ihr kocht kein heißes Blut der Leidenschaften. Wie Mephistopheles ist sie unsterblich, weil, so Mishima, gewissermaßen kein Blut des Lebens in ihr fließt.

In der Bühnenanweisung steht, daß das Bühnenbild wie in einer Operette vulgär und abgedroschen sein soll. Auf dieser Bühne erscheinen die beiden Protagonisten, eine steinalte Frau und ein armer Dichter. Mittels dieser Bühne und der beiden Personen zeigt Mishima, daß die Wirklichkeit häßlich ist. Sie ist so häßlich wie die 99jährige Komachi. Von ihr erfährt der junge Dichter, daß sie einmal die schönste Frau der Welt war. Vor 80 Jahren suchte sie der schöne Jüngling Fukakusa auf. Ihm versprach sie, „seine Wünsche [zu] erfüllen, wenn er [sie] hundertmal besuchen würde“[8]. Das Motiv des „Pakt[es] im Spiegel“ aus der *Verbotenen Liebe* erscheint hier als „Versprechen“. Als Fukakusa sie wirklich hundertmal besucht hatte und so ans Ziel seiner Wünsche gekommen war, starb er mit dem Ausruf: „Du bist schön!“ Das erinnert uns an die Worte Fausts, der gegen Ende des zweiten Teils meint, den höchsten Augenblick vorwegnehmen zu dürfen: „Verweile doch! du bist so schön!“ und daraufhin stirbt. Fukakusa stirbt im höchsten Augenblick, in jenem Moment, in dem seine Wünsche erfüllt werden. Daher warnt die jetzt 99jährige Komachi den „ärmlich gekleideten jungen Dichter“: „Alle Männer, die mir gesagt haben, ich sei schön, sind gestorben. Und jetzt habe ich das Gefühl, daß jeder sterben muß, der mir sagt, ich sei schön.“[9]

Komachi ist also die Verführerin zum schönen, höchsten Augenblick, aber auch zum Verderben. Weil sie jedoch so alt und so häßlich ist, läßt der junge Dichter diese Warnung außer acht und beginnt mit ihr zu tanzen, indem er die Rolle Fukakusas spielt. Wie sich Faust verjüngt hat, so verwandelt sich der arme Dichter in einen reichen Adligen. In seiner Phantasie ist endlich die hundertste Nacht gekommen. Für seine Augen sind die Falten der alten Komachi verschwunden, und für ihn ist sie so jung wie einst die 20jährige Komachi.

> Der Dichter: Und wirst du auch bestimmt das Versprechen
> halten?
> Die alte Frau: Mein Versprechen?
> Der Dichter: Ja, das wegen der hundertsten Nacht.
> Die alte Frau: Du kannst daran zweifeln? Nach allem, was
> ich gesagt habe?[10]

Der Augenblick ist nahegekommen, in dem ihn Komachi erhören wird und er dafür sterben muß. In Vorahnung des höchsten Augenblicks ruft er:

> Er ist gekommen. Der Augenblick, auf den ich neunundneunzig Nächte gewartet habe, neunundneunzig Jahre […] Ich will es dir sagen, Komachi. Du bist schön, du bist die schönste Frau der Welt. Und deine Schönheit wird nicht vergehen, nicht in zehntausend Jahren.[11]

---

8 Yukio Mishima: *Sechs moderne No-Spiele*, übertragen aus dem Amerikanischen von Gerda von Uslar. Hamburg 1962, S. 26.
9 Ebd., S. 25.
10 Ebd., S. 30.
11 Ebd., S. 32 f.

Der Dichter weiß sehr gut, daß die Wirklichkeit häßlich ist. Trotzdem muß er als Dichter die Schönheit finden und sie erleben. Zu diesem Erleben führt ihn die alte Komachi. Es bedeutet aber nichts anderes als seinen Tod. Die Alte, als Verführerin zur Schönheit, ist eigentlich die Führerin zum Tod. In diesem Sinne könnte man sie wohl als „Mephistophela" bezeichnen.

3

Mephistopheles als Verführer. Dieses Motiv behandelt auch Tatsuzo Ishikawa (1905–1985). In seinen zahlreichen Romanen setzte er sich mit der damaligen sozialen Welt auseinander. Er hob besonders die geistige Verarmung der Soldaten, der Auswanderer nach Brasilien oder der Angestellten hervor. Im Roman *Auflehnung eines 48jährigen* (*48sai no Teiko*, Tokyo 1956) erscheint Mephistopheles zwar als Verführer, aber nicht zur schönen Welt wie bei Mishima, sondern zur erotischen, amoralischen Welt, und Faust ist ein durchschnittlicher japanischer Angestellter.

Herr Nishimura, der Held dieses Romans, ist 48 Jahre alt und verheiratet. Er fühlt sich nicht mehr jung. Eines Tages liest er Goethes *Faust* und verspürt den Wunsch, noch einmal die Jugend zu erleben. Da lernt er einen Herrn namens Soga kennen, der sich selbst als „Mephisto" vorstellt. Von Mephisto wird er zu einem kleinen Haus geführt, das der Autor „Hexenküche" nennt. Hier nimmt er Kräftigungsmittel und fühlt sich verjüngt. Er faßt den Entschluß, einen Seitensprung zu wagen. Mit „Mephisto" besucht er ein Kabarett mit vielen halbnackten Frauen. Dieses Kabarett wird als „Walpurgisnacht" gezeichnet, und hier werden auch Strophen von Goethes *Faust* zitiert:

> Das drängt und stößt, das ruscht und klappert!
> Das zischt und quirlt, das zieht und plappert!
> Das leuchtet, sprüht und stinkt und brennt!
> Ein wahres Hexenelement! (V. 4016 ff.)[12]

In einem Haus namens „Marthes Haus" begegnet Nishimura Yuka, einem schönen Mädchen, das sehr rein und jungfräulich aussieht. Nishimura verliebt sich in sie. Für ihn ist sie Gretchen. Sie liebt ihn aber nicht. Sie arbeitet als Aktmodell und betrügt ihn. Sie ist keineswegs die reine Jungfrau, die Nishimura in ihr sieht, und heiratet am Ende des Romans nicht ihn, sondern „Mephisto". Nishimura muß sich mit der bitteren „Entsagung" begnügen.

Wie Faust im Volksbuch jagt Nishimura dem Genuß nach und denkt nicht an die Übereinstimmung des Mikrokosmus und des Makrokosmus, in der eigentlich das Ziel des Goetheschen Faust liegt: der höchste Augenblick. Wo kann Nishimura seinen Makrokosmus finden? Selbstverständlich in seiner Firma. Für ihn – und auch für die meisten heutigen Angestellten – lassen sich jedoch das Ziel seines eigenen Lebens und das seiner Firma schwer vereinbaren. Deshalb sucht er in der erotischen Welt Befriedigung und Wohlbehagen, ohne aber je das Gefühl echten Glücks zu empfinden.

Die *Auflehnung eines 48jährigen* ist eine groteske Parodie auf Goethes *Faust*. Der erhabene Geist des Dramas fehlt Nishimura völlig. In diesem Roman schildert der Dichter die verdorbenen Sitten der modernen Welt Japans. Wie Faust ist Nishimura müde, aber nicht

---

12 Tatsuzo Ishikawa: *48sai no Teiko*. Tokyo 1971, S. 103.

müde der Wissenschaften, sondern müde der ihn langweilenden Familie und müde der Büroarbeit. In diesem Roman werden wiederholt Verse aus Goethes *Faust* zitiert:

> Weh! steck' ich in dem Kerker noch?
> Verfluchtes dumpfes Mauerloch. (V. 398 f.)[13]

Dieser Kerker ist aber nicht das Arbeitszimmer eines großen Wissenschaftlers, sondern das Büro eines mit eintönigen, banalen Arbeiten beschäftigten Angestellten und seine langweilige Familie. Er lehnt sich gegen diesen „Kerker" auf, aber ohne Erfolg. Dieser unheroische Held verdient nicht, Faust genannt zu werden, und auch seine Geliebte ist weit davon entfernt, ein Gretchen zu sein. Die schöne Liebeswelt von Faust und Gretchen ist ihnen versperrt, und am Ende des Romans muß Nishimura wieder in seine alltägliche Welt zurückkehren.

Wie Nishimura hegen viele Angestellte in Japan den stillen Wunsch, dem Alltag zu entfliehen. Darum besuchen sie ab und zu ein erotisches Kabarett oder eine Striptease-Show mit reizvollen Frauen und träumen von einem Liebesabenteuer. Ihr Traum bleibt aber in der Regel ein Traum.

Diesen Traum benutzt Mephisto. Er verdient aber auch nicht, „Teufel" genannt zu werden. Er ist nichts anderes als ein Werber für die sexuelle Welt. Auf der Folie des Goetheschen *Faust* zeigt der Autor die arme, verkümmerte und verwüstete Geisteswelt der modernen japanischen Angestellten.

4

Im Tanzpoem *Doktor Faust* von Heinrich Heine erscheint der Teufel als Schlange und zugleich als schöne Frau, d.h. als Mephistophela. Hierbei beruft sich Heine auf die gängige Deutung der „Schöpfungsgeschichte", daß es der Schlange erst durch Eva gelungen sei, Adam zu verführen. Für Heine haben schöne Frauen mehr oder weniger die Eigenschaft der Lorelei, die einen Mann verführt und dann zugrunde gehen läßt. Deshalb nennt er Mephistophela „die in die Weiblichkeit übergegangene Teufelei". Yukio Mishima und Tatsuzo Ishikawa kannten Heines *Doktor Faust* wohl nicht, aber Mishimas *Die hundertste Nacht* und Ishikawas *Auflehnung eines 48jährigen* stehen in der Heineschen Tradition, denn in den beiden Werken handelt es sich ebenfalls um die Verführung in eine schöne, erotische Welt.

Auf dieser Tradition fußt auch Tezukas *Neo-Faust* (1988). Die Mangas (Comics) und Trickfilme von Osamu Tezuka (1928–1989) sind nicht nur in Japan, sondern auch in den USA sehr bekannt. Er gilt als japanischer Walt Disney. Wie berühmt er war (und noch ist), zeigt sich z.B. daran, daß er von Stanley Kubrick um Mitarbeit an seinem Film *2001: A Space Odyssey* (1968) gebeten wurde. Tezuka konnte dieser Bitte nicht folgen, weil er mit seinen eigenen Arbeiten zu beschäftigt war. Es heißt auch, daß Disneys *The Lion King* (1994) eine Nachahmung von Tezukas *Der König im Dschungel* ist (Mangas 1950–54, Zeichentrickfilme für das Fernsehen in den 60er Jahren), und man kann nicht leugnen, daß sich die Figuren und die Handlung der beiden Werke in hohem Maße ähneln.

In einem Gespräch sagte Tezuka einmal, daß die Menschen von alters her drei Wünsche hätten: erstens durch die Luft zu fliegen, zweitens sich zu verwandeln und drittens mit Tieren

---

12 Tatsuzo Ishikawa: *48sai no Teiko.* Tokyo 1971, S. 103.

13 Ebd., S. 76.

zu sprechen. Wenn man dergleichen in Mangas darstelle, könne man immer auf ein gutes Echo rechnen. In *Faust* fand Tezuka diese drei Motive. Faust kann mit Mephistos Hilfe fliegen, Mephisto verwandelt sich in verschiedene Figuren und Faust spricht mit einem schwarzen Hund.

Dreimal zeichnete Tezuka *Faust*-Mangas. Sein erster *Faust* ist nicht so originell. Sein zweiter *Faust* ist viel interessanter. Hier handelt es sich um kriegerische Auseinandersetzungen im Japan des 16. Jahrhunderts, und der Teufel erscheint als schöne „Mephistophela". Tezukas Originalität zeigt sich aber in seinem dritten und letzten *Faust* am stärksten. Deshalb behandele ich im folgenden diesen *Neo-Faust*, der zugleich Tezukas letztes und überdies ein auch heute immer noch sehr aktuelles Werk ist.

Was wären Faust und Mephisto in unserer Zeit? Das ist die Frage, die Tezuka sich stellt. Der Ort des Geschehens ist die Stadt Tokyo, die wegen einer Studentenrevolte sehr unruhig ist. Faust erscheint als namhafter Wissenschaftler der Biochemie. Gerade ist er als Kandidat für den Nobelpreis benannt worden. Er beschäftigt sich jetzt mit dem „Homunculus-Plan", nämlich mit der Neugruppierung der Gene. Aber er ist schon zu alt, als daß er seinen Wunsch, ein künstliches Lebewesen zu schaffen, noch erfüllen könnte.

Deshalb schließt er mit Mephistophela einen Pakt, worauf er mit ihr zur Hexenküche geht, einen Zaubertrank trinkt und zu einem schönen Jüngling wird. An seine eigene Biographie erinnert er sich nach der Verwandlung zwar überhaupt nicht mehr, aber er verfügt immer noch über das gesamte biotechnische Wissen des „alten" Faust und ihn beherrscht der gleiche Wunsch, „wie ein Gott Lebewesen zu erschaffen"[14]. Mephistophela entgegnet ihm jedoch, daß ein solches Verlangen eher in die Sphäre des Teufels als in die Gottes gehöre[15]. Faust ereifert sich: „Sei es in der Sphäre des Teufels oder nicht, ich werde meinen Plan ausführen."[16] Auch Gretchen sagt an anderer Stelle zu Faust, ihr sei zumute, als ob etwas Teuflisches in seinem Plan stecke, der sich gegen das Gesetz der Natur verginge.[17]

Tezuka hat in seinen vielen Mangas immer wieder gezeigt, daß mit dem beschleunigten Fortschritt der Zivilisation zugleich mehr und mehr die Natur zerstört wird, und er stand dem wissenschaftlichen Fortschritt durchweg sehr skeptisch gegenüber. In seinem wichtigen Werk *MW* (1976-78)[18] beschäftigt er sich mit dem Giftgas MW, das von der amerikanischen Armee auf einer kleinen Insel Südjapans versteckt wurde. Der Held, der von diesem Gas Gehirnschäden erlitten hat, wird zum „Teufel" und plant, sich an der unmenschlichen Menschheit, die dieses fürchterliche Gas hergestellt hat, zu rächen und sie mit eben diesem MW selbst zugrunde zu richten. Offenbar war Tezuka der Meinung, daß in den Naturwissenschaften sozusagen „das Blut des Teufels fließe" und viele Naturwissenschaftler, ohne es zu wissen, den Pakt mit dem Teufel schließen. In *MW* greift Tezuka auch die Idee auf, daß man selber „Teufel" werden muß, um die „teuflischen" Kräfte der modernen Naturwissenschaft bekämpfen zu können. Der „Teufel" ist hier also ein Held. Diese Idee ist seit der 70er Jahren in der Welt der japanischen Mangas sehr populär. Die Japaner haben damit dem „Teufel" eine ganz andere Bedeutung verliehen.

Während das Giftgas in *MW* die „teuflische" Naturwissenschaft symbolisiert, ist in *Neo-Faust* der „Homunculus-Plan", also der Plan, Klonmenschen zu erschaffen, teuflisch. Auch

---

14 Osamu Tezuka: *Neo-Faust*. Tokyo 1989, S. 147.
15 Ebd., S. 148.
16 Ebd., S. 149.
17 Ebd., S. 212.
18 Osamu Tezuka: *MW*. Bd. 1 u. 2. Tokyo 1995, S. 212.

hier erscheint eine gleichsam „teuflische“ Person, Ishimaki. Er kämpft als Führer der Studentenrevolte gegen die soziale Situation des modernen Japan. Eines Tages sucht er Faust auf, getrieben von der Ahnung, daß er bald ermordet werde. Er bittet darum, ihn, Ishimaki, mit Hilfe seines Samens zu klonen. Bald nach diesem Besuch wird er auch wirklich durch den Zauber der Mephistophela Opfer eines Brandes.

Tezuka schrieb den *Neo-Faust* nur bis zum Ende des ersten Teils, der mit dem Tod Gretchens abgeschlossen wird. Was wollte er eigentlich im zweiten Teil darstellen? Das war lange ein Rätsel. Im vorigen Jahr (1998) wurde aber ein Manuskript des *Neo-Faust* entdeckt, in dem Tezuka die gesamte Handlung des kompletten *Neo-Faust* grob skizziert hatte. Danach gelingt es Faust, anstelle des Homunculus ein Abbild von Ishimaki, nämlich einen Klon-Menschen, zu erschaffen. Ishimaki war ein radikaler, „teuflischer“ Student. Deshalb ist sein Klon-Mensch ebenso radikal und „teuflisch“. Als Klon-Mensch hat er zudem keine Vernunft. Faust, mit Reichtum und Macht ausgestattet, vermehrt diesen Klon-Menschen immer wieder und organisiert aus den neuen Geschöpfen eine große Armee. Die Klon-Menschen sind jetzt Mordwaffen.

Von Mephisto verführt, hat Faust nun vor, die ganze Welt mit seiner Armee, die in der Zeichnung der Tezuka-Produktion einer Nazi-Truppe ähnelt, zu erobern. Während sich Goethes Faust darum bemüht, die glückliche Übereinstimmung des Mikrokosmus und des Makrokosmus zu erreichen, sind die modernen Menschen vom Erreichen dieses schönen Ziels ganz und gar ausgeschlossen. Deshalb versucht Tezukas Faust, mit seinen Klon-Menschen eine neue Welt zu erschaffen und auf seine eigene Weise seinen Mikrokosmos mit dem Makrokosmos in Übereinstimmung zu bringen. Zwischen den Menschen und den Klon-Menschen bricht nun der Krieg aus. Durch diesen Krieg wird aber die gesamte Erde zerstört. Der Untergang der Welt ist gekommen. Bei diesem Anblick ruft Faust: „Ist das die Welt, die ich mir gewünscht habe?“

In einem Schutthaufen findet Faust ein Mädchen, das Gretchen ähnlich sieht. Er schleppt sie aus den Trümmern heraus und bemüht sich darum, ihr Leben zu retten. Er setzt sich jetzt zum ersten Mal von ganzem Herzen für einen anderen Menschen ein. In dieser Liebe und den Anstrengungen der Rettungsarbeit fühlt er zum ersten Mal den echten Wert des Lebens, in dem sich der Mikrokosmos mit dem Makrokosmos vereinigt. Und diesen Augenblick will er unbedingt festhalten, wie Goethes Faust mit den berühmten Worten: „Verweile doch, du bist so schön.“

Auf diesen Ruf hin steht die Zeit still, und die ganze Welt gefriert. In dieser gefrorenen Welt gibt es kein Leben mehr. Der Moment der Katastrophe ist gekommen. Mephistophela erscheint, um sich der Seele Fausts zu bemächtigen. Faust aber widersetzt sich. Dann fängt die Zeit an, sich wieder zu bewegen, und ringsum ist alles vom Feuer der Liebe umgeben. Auf der zerstörten Erde wird neues Leben rege. Mephistophela begreift ihre Niederlage. Und aus dem Feuer fahren zwei Lichter zum Himmel, – die Seelen von Faust und dem Mädchen – gerettet.

Tezuka warnte immer wieder davor, daß mit dem Fortschritt der Wissenschaften notwendigerweise das Ende der Welt kommen müsse. Dies ist, verbunden mit offenkundigem Wissenschaftspessimismus, das Hauptthema seines *Neo-Faust*. Tezuka quälte sich aber offensichtlich lange mit dem Gedanken, wie er seinen *Neo-Faust* beenden sollte. Solange sein *Neo-Faust* mit der Katastrophe abschließt, endet er wie das Volksbuch von Doktor Faust ohne Hoffnung auf Rettung. Tezuka war sicher, daß das Ende der Erde irgendwann kommen werde. Viele Menschen sind heutzutage auch dieser Meinung. Sie streben deshalb danach, die Katastrophe so weit wie möglich zu verhindern. In ihren Bestrebungen sieht Tezuka das Licht der Hoffnung. Seine Überzeugung korrespondiert mit dem Gesang der Engel am Ende von Goethes *Faust*: „Wer immer strebend sich bemüht, / Den können wir erlösen" (V. 11936 f.).

In allen vier japanischen *Faust*-Dichtungen erscheint der Teufel, aber nicht als Verkörperung des Bösen. Von daher könnte man diese Werke durchaus als japanisierten *Faust* bezeichnen. Doch die Themen, die dort aufgegriffen werden, reichen viel weiter: sie sind allgemeingültig. Yukio Mishima, Tatsuzo Ishikawa und Osamu Tezuka haben sich anhand ihrer *Faust*-Adaptionen auf ihre Art und Weise mit der jetzigen aktuellen Welt auseinandergesetzt: dem Mangel an Realitätssinn, der Kluft zwischen Kunst und Wirklichkeit, dem ermüdenden Alltag und der Bedrohung durch die modernen Naturwissenschaften. Das waren die „Teufel", die diese drei Dichter mit viel Engagement zu bekämpfen suchten.

LILI KAUFMANN

Goethe und die Moskauer Universität in der 2. Hälfte des 19. Jahrhunderts

Die Moskauer Universität wurde durch einen Erlaß der Zarin Elisabeth vom 12. 1. 1755 gegründet. Anfangs gab es nur drei Fakultäten: Jura, Medizin und Philosophie. An der Fakultät für Philosophie wurden Logik, Ethik und russische Geschichte gelehrt.

Es gab viele Professoren aus Deutschland, die in Tübingen und Heidelberg studiert hatten. Die Vorlesungen wurden zur damaligen Zeit in Latein gehalten. Nur zwei Professoren beschäftigten sich ausführlicher mit europäischer Literatur. Die damaligen Studenten D. Vonwisin und N. Karamsin erinnern sich voller Dankbarkeit an ihren Professor Johannes Mathias Schaden, der in seinen Vorlesungen zur Philosophie und Psychologie regelmäßig belletristische Texte verwendete. I. Turgenjew und I. Lapuchin berichten in ihren Memoiren von den Seminaren Johannes George Schwarz', des Verfassers der *Entwürfe der Grundsätze des deutschen Stils* (1780), der deutsche, englische und französische Autoren behandelte.

Die „deutsche" Periode, in der von 236 Hochschullehrern der Moskauer Universität 63 aus Deutschland kamen, endete nach dem ersten Drittel des 19. Jahrhunderts. Aber der Geist Kants beispielsweise lebte weiter in den Universitätsgemäuern.

In den 40er Jahren des 19. Jahrhunderts fuhren jeweils vier bis fünf der besten Absolventen der geisteswissenschaftlichen Fakultät zu Studienzwecken nach Deutschland, wo sie nicht nur an einer, sondern an verschiedenen deutschen Universitäten studierten. Solche Praktika durchliefen die späteren Professoren T. Granowskij, D. Krjukow, A. Kirpitschnikow, N. Tichonrawow, N. Storoshenko, F. Fortunatow und andere. Sie alle begründeten das spätere hohe geistige und intellektuelle Potential der Universität. Weltliteratur als Studienfach wurde jedoch lange vom Rektorat der Universität abgelehnt.

In den 40er Jahren des 19. Jahrhunderts fand in der russischen Gesellschaft ein ideologischer Umbruch statt. Nach dem Dekabristenaufstand verstärkte sich die Zensur russischer Periodika; diese Jahre stellen eine Zäsur dar: Die damalige Regierung unterbrach die Vermittlung westlichen Gedankengutes und damit die Rezeption der Literatur, wovon auch die Moskauer Universität betroffen war.

Unter dem Einfluß progressiver Wissenschaftler wurde dann jedoch Anfang der 60er Jahre ein Lehrprogramm für die ausländische Literatur eingeführt. Gleichzeitig wurde eine Liste von ins Russische zu übersetzender ausländischer Literatur angelegt. Studenten und andere Hörer sammelten die Vorlesungen ihrer Professoren, um sie zu veröffentlichen.

Grundlage für meine anschließenden Ausführungen sind die im 19. Jahrhundert veröffentlichten Vorlesungen vor allem folgender Professoren: N. Storoshenko, A. Schachow, A. Kirpitschnikow und P. Kogan.

Ungeachtet der scharfen Zensur waren Kant, Schelling und Hegel sehr beliebt; die Veröffentlichung ihrer Werke in russischer Übersetzung war jedoch verboten. Deshalb wurde Ende der 40er Jahre der ‚Philosophie-Kurs' aus dem Lehrplan gestrichen. Aus der Universitätsbibliothek wurden auch die Bücher von Schlosser, Gervinus und anderen entfernt. Die staatliche Politik rief in den Kreisen der Moskauer Bürger eine Explosion antieuropäischer Stimmungen hervor. Dies betraf natürlich a u c h die Moskauer Universität.

So beschuldigte z. B. A. P. Grigorjew, der von 1838 bis 1842 studiert hatte und unter dem Einfluß Hegels stand, in einem Artikel Goethe des Individualismus. Er habe die „Wirklichkeit wie eine alte Haut abgelegt". „Anstatt die kleinbürgerlichen Verhältnisse offenzulegen", habe er in „seinen *Wahlverwandtschaften* eine amoralische Utopie geschaffen".

Unter den Bürokraten, die die Universität zu verwalten hatten, herrschte die Meinung, daß Rußland die europäische Kultur nicht brauche. „Jede Bewegung im Westen führt bei uns zu brutalen Maßnahmen", schrieb T. Granowski.

Anfang der 50er Jahre des 19. Jahrhunderts wurden die Professoren für westliche Literatur zusätzlich noch mit einer Bewegung gegen die idealistische Ästhetik konfrontiert. In einem Erlaß des Rektors stand geschrieben, daß diese Ästhetik nichts mit den aktuellen Interessen Rußlands zu tun hätte. Im November 1849 verteidigte Tschernischewskij, damals noch Student, in einem Seminar von Professor Nikitenko Goethe gegen den Vorwurf „des Egoismus und der fehlenden Nähe zum Volk". Aber schon fünf Jahre später beschuldigte er ihn in einem Aufsatz der völligen Gleichgültigkeit gegenüber dem Schicksal Deutschlands. Lessing jedoch stellt er im gleichen Aufsatz beinahe als Vorläufer Feuerbachs dar.

Die damals jungen Professoren Storoshenko und Kirpitschnikow gaben sich viel Mühe, sowohl dem hohen intellektuellen Niveau der Universität als auch der Zensur gerecht zu werden. Sie versuchten, den Inhalt ihrer Vorlesungen zu erweitern und sie europäischer zu machen. Wie aus zahlreichen Beispielen hervorgeht, wurden diese Vorlesungen auch von vielen Gasthörern besucht. Vor allem unter dem Einfluß dieser Gasthörer bekam der Lehrplan für westliche Literatur 1858 nach etlichen Verboten endlich einen offiziellen und endgültigen Status. Die Zensur erlaubte nun sogar, deutsche Autoren in russischer Übersetzung in der Druckerei Pypins zu veröffentlichen, wie beispielsweise Scherer. Die Liste mußte jedoch von der Zensur genehmigt werden.

Nun Anmerkungen zu den Vorlesungen über das Werk Goethes:

In der Mitte des 19. Jahrhunderts wurde der Roman die herrschende Literaturform in Rußland; Lyrik trat in der öffentlichen Rezeption zurück. Deshalb gibt es in den Vorlesungen aus dieser Zeit kaum Erwähnungen der Balladen und der Lyrik Goethes. Storoshenko z. B. behandelte *Götz von Berlichingen*, *Clavigo*, *Egmont* und *Torquato Tasso* in vier Stunden, dem *Faust* dagegen widmete er nur zwei Stunden. Denn P. Grigorjew und andere Professoren, die zum Universitätsrat gehörten, hatten die klassischen Werke der Autoren als unbedeutend eingestuft. Über Goethe schrieb Grigorjew, daß seine feinen plastischen Darstellungen falsch klängen. Dieser Meinung war dann auch die Universitätszensur. Sie wies Storoshenko an, die klassischen Werke Goethes nicht zu erwähnen. Aber Storoshenko behandelte in seinen Vorlesungen trotzdem die *Iphigenie* und den *Tasso*.

Auf Druck der demokratischen Opposition Belinskijs, der in den 50er Jahren Goethes Liebeslyrik ablehnte – sie hatte sich angeblich „überlebt" –, wurde auch Storoshenko gezwungen, sie in seinen Vorlesungen außer acht zu lassen. Aber er sagte seinen Studenten, die Herren Belinskij und Botkin verträten die Meinung, daß „die Interessen der modernen Gesellschaft wichtiger sind als die Liebe, ihre Begeisterung und Trauer", daß „die erotischen

Dichter dumm und langweilig sind, weil sie sich von den Interessen der Gesellschaft losgelöst haben".

Einen solchen Schnitt in seinen Vorlesungen mußte auch Schachow machen, der die Epoche des „Sturm und Drang" ausführlich behandelte, den Individualismus des 18. Jahrhunderts betrachtete und dann zu Anschauungen Goethes im *Götz von Berlichingen* überging.

Kirpitschnikow beschäftigte sich als Seminarleiter mit der Beziehung zwischen Herder und Goethe und der Wirkung Spinozas auf Goethe. In seinem Seminar zu den *Leiden des jungen Werthers* erörterte er ausführlich den Begriff des „Weltschmerzes". In seinem Lehrplan nimmt die hellenistische Epoche Goethes einen gewichtigen Platz ein, aber dazu gibt es keine schriftlichen Quellen.

Großen Einfluß auf die Professoren für westliche Literatur übten die Vorlesungen Schewirjows über die Geschichte der russischen Literatur aus. Storoshenko, Granowskij und Schachow erinnern sich in ihren Memoiren immer wieder, daß Schewirjow seinerzeit einen Kurs über Ästhetik durchgesetzt hatte, den Kurs *Die Darstellung der Kunst in Form der synkretischen Einheit von Literaturkritik, Theorie und Literaturgeschichte.*

Die Vorlesungen Schachows standen unter dem Thema: *Die deutsche Literatur Ende des 18. Jahrhunderts – Goethe und seine Zeit.* Er begann damit, daß „jedes literarische Werk eine historische Erscheinung ist": einerseits als Ergebnis bekannter historischer Bedingungen und andererseits als Faktor, der die historischen Bedingungen beeinflußt. Dabei bezieht er sich auf Äußerungen I. Kirijewskijs, der unabdingbar auf dem Standpunkt steht, daß alle Literatur aus historischer Perspektive zu betrachten ist: „Die Geschichte ist heute das Zentrum aller Erkenntnis, die Wissenschaft der Wissenschaften."

Alle angeführten Professoren – außer Kogan – arbeiteten nach Belinskijs Periodisierung der Literatur. Darin werden die Klassik, der Sentimentalismus und die Romantik zum ersten Mal in Rußland als eigenständige, inhaltlich miteinander verbundene Strömungen aufgefaßt.

Ende der 50er Jahre gewannen außerhalb der Universität revolutionäre und demokratische Ideen an Gewicht. „In 16 Jahren Arbeit an der Universität", so schrieb 1889 Professor Owjsaniko-Kulikowski, „habe ich keinen Studenten kennengelernt, der Tschnischewskijs *Was tun?* nicht schon im Gymnasium gelesen hätte".

N. Dobroljubow und D. Pisarjew forderten von der Literatur die Auseinandersetzung mit den sozialen Problemen der Gegenwart. Jegliche Beschäftigung mit der Romantik und dem Sentimentalismus verstanden sie als Beleidigung des Zeitgeistes. Die universitäre Studentenschaft reagierte ablehnend auf diese Lehre, die sich ihrer Meinung nach nicht genügend mit dem neueren Ideengut auseinandersetzte. Die starke Universitätszensur und diverse Einzelzensuren – es gab bis zu 18 solcher spezialisierten Zensuren – verhinderten die Auseinandersetzung mit oder gar die Kritik an vielen gesellschaftlichen Erscheinungen. Solche Probleme versuchten die Universitätsprofessoren zu überwinden. Sie waren zum Glück nicht vom Nationalismus angesteckt und konnten, wenn auch oft nur mit Mühe, ihre kulturellen Einstellungen, ihren Standpunkt zur Kultur des Westens bewahren und der überheblichen, gar hochnäsigen Einstellung gegenüber allem „Europäischen" trotzen.

Was Goethe betrifft, so versuchten die Anhänger Pisarjews, den „sentimentalen" *Werther* aus dem Lehrplan zu nehmen, weil er den Forderungen des Zeitgeistes nicht gerecht werde. Einige Studenten wollten in den Seminaren die Probleme des *Faust* nicht besprechen. Sie zogen die leidenschaftlichen Anklagen Diderots und Voltaires der apolitischen Einstellung Goethes vor. In seinem Referat schrieb ein gewisser Iwanowskij, daß „Goethes Herz sich nicht für die Welt interessiert". Danach zitiert er Pisarjew: „In unserem Zeitalter sind nur die einer Erwähnung wert, die für die ewige Gerechtigkeit kämpfen."

Appollon Grigorjew schreibt in seinen Memoiren: Einen Entrüstungssturm rief unter den Studenten die Beschäftigung mit Lyrik, vor allem mit Erlebnislyrik, hervor. Die Stimmung wurde noch verstärkt, nachdem sich L. Tolstoi über die westliche Kunst geäußert hatte: „Beim Lesen von Goethe sehe ich den ganzen schädlichen Einfluß dieses unbedeutenden, bürgerlich-egoistischen, aber begabten Menschen auf die Generation, die ich antraf. Welch fürchterlicher Schaden! Ein berühmter Mensch – eine Pseudoautorität!"

Trotzdem stimme ich Shirmundski nicht zu, wenn er meint, daß „die akademische Periode der Goethe-Rezeption ein niedriges intellektuelles Niveau hatte und wenig neue, innovative Zugänge zu Goethe aufwies, denn Schachow schrieb erst in diesen Jahren die Vorlesungen zu *Goethe und seine Zeit*. Es waren die ersten Forschungen innerhalb der russischen Philosophie. Storoshenko und andere Professoren arbeiteten gleichzeitig an Übersetzungen verschiedener Autoren, beispielsweise 1856 aus dem Englischen: Georg Henri Lewes *Life and Work of Goethe*. Sie arbeiteten zudem an Übersetzungen der deutschen Philosophiehistoriker Kuno Fischer und Kuno Frank ins Russische.

Zum Inhalt der Vorlesungen:

Storoshenko geht in seinen Vorlesungen so gut wie nicht auf die Biographie Goethes ein. Er verweist lediglich auf das Werk von Lewes. Nach einer kurzen Charakterisierung des *Götz von Berlichingen* stellt er den *Clavigo* in den Vordergrund. In bezug auf *Götz* spricht er von seinen glänzenden Dialogen, aber der „Ritter mit der Eisenhand" hat seiner Meinung nach nicht genügend Dramatik. Dagegen gebe es keine so gut geschriebene Szene wie die, in der Carlos Clavigo davon überzeugt, nicht an eine Heirat mit Maria zu denken.

Im Gegensatz zu anderen Professoren beschäftigt sich Storoshenko intensiv mit dem *Egmont*. Jedoch hat dieser Volksheld nicht die für einen Volkstribun notwendigen Fähigkeiten. Er interessiert sich beispielsweise mehr für die Freuden des Lebens als für die Politik. Unklar sei auch, so Storoshenko, warum die Herrscherin Egmont mehr als Wilhelm von Oranien fürchtet. Hier fehlt nach Storoshenko eine echte dramatische Intrige.

Storoshenko berichtet ziemlich ausführlich über den ersten Teil des *Faust*, aber er hält die Tragödie nicht für ein vollständiges Kunstwerk. Das „Schauspiel", wie er das Werk nennt, sei eine interessante Mischung aus der *Faust*-Legende und Goethes Biographie. Im ersten Teil ist Faust ein typischer Metaphysiker, der die absolute Erkenntnis sucht. Aber ein Mensch der Idee ist nur dann wirklich groß, wenn er sich im Bereich der Ideen befindet. Weder Ruhmsucht noch Erfolg in der Politik, noch Vertiefung in sich selbst können dem Menschen Glück geben. Aber insgesamt handle es sich um eine schwer zu entziffernde Tragödie.

Trotz der Forderung der Zensur beschäftigt sich Storoshenko auch mit der *Iphigenie*. Er betrachtet die Heldin als eine neuzeitliche Frau voller Liebe und hebt ihr Mitleid mit den Menschen hervor. Jedoch ist er der Meinung, daß Goethes Werk in wesentlichen Teilen schlechter ist als die *Iphigenie* von Euripides.

Torquato Tassos Charakter erinnert ihn an Goethe selbst, der in sich versenkt und exaltiert war und sich schwer am Hofe einleben konnte. Nach einer kurzen Begründung von Goethes Aufenthalt in Wetzlar schreibt er, daß Goethes Zeitgenossen einerseits mehr die Elegien Grays, die *Nächte* von Young gelesen und sich andererseits weniger mit Ossian und Homer beschäftigt haben.

Werthers Unzufriedenheit mit der Wirklichkeit entstand, so Storoshenko, unter dem Einfluß Rousseaus. Sein sentimentaler Egoismus forderte mehr vom Leben, als es geben konnte. Goethe versuchte immer, den Problemen des Alltags aus dem Wege zu gehen. Deshalb tat er sich auch vor allem in epischen und nicht in dramatischen Werken hervor.

Schachows Vorlesungen umfassen 290 Seiten. Das ist faktisch ein Überblick über Goethes Leben, sein literarisches Schaffen und seine literarische Umgebung. Schachow setzte sich intensiv mit Zeitgeschichte und der Funktion der Geschichte in der Literatur auseinander, erklärte sein eigenes Verständnis vom Sentimentalismus, sprach von Lessings Bedeutung für das Deutschland der damaligen Zeit und gab eine interessante Darstellung des Sturm und Drang. Die Ereignisse, die Götz' Charakter gebildet haben, betrachtet er als „Tatsachen, die aus den historischen Bedingungen heraus entstanden sind". Er sieht in der Figur des Götz den Einfluß von Herder und Shakespeare. Götz ist urständig und edel, eine starke Persönlichkeit, die gegen ihr Jahrhundert angetreten ist, – ein Jahrhundert aus Intrige, Lüge und Charakterschwäche. Dabei, so Schachow, spielte für Goethe keine Rolle, daß Götz ultrakonservativen Interessen diente. Aber das Interessanteste an diesem Drama sei, daß es alle Regeln des Klassizismus zerstört habe.

Über *Werther* hält Schachow zwei Vorlesungen. Hier charakterisiert er Werther als nervös, feinsinnig, mit einer starken Phantasie begabt, ständig begeistert und verzweifelt, oft im Zustand eines religiösen Affekts und allmählich voller Zweifel, die zur Unentschlossenheit führen. Der Grund für seine psychische Krankheit: religiöse Unsicherheit, Unentschlossenheit und Kränkungen durch Adel und engstirnige Vorgesetzte.

Schachow ist überzeugt davon, daß Europa den Sentimentalismus und die Literatur den Weltschmerz durchlaufen mußte. Faust sucht die unbedingte und grenzenlose Welterkenntnis. Er ist Metaphysiker und Idealist und hat eine besondere Beziehung zur Religion, daher auch sein Weltschmerz. Viel Sympathie zeigt Schachow für Mephisto, das alles analysierende Genie. Ihn hält Schachow für vielschichtiger als Faust; er ist der Meinung, daß Mephisto den Intellekt des 18. Jahrhunderts verkörpert. Dieser hat viel Französisches – jener, Faust, ist ein lebendiger Mensch, der leidet und sucht. Mephisto ist eine wunderbare Allegorie.

Storoshenko und Schachow betonen in ihren Vorlesungen, daß sie Anhänger der kulturhistorischen Schule von Hettner und Brandes sind und den Wert der klassischen Literatur an ihrer sozialen und gesellschaftlichen Relevanz messen.

Einen anderen Pol, der der revolutionären Bewegung zuzurechnen ist, stellt P. Kogan dar. Die Kunst muß, wie er es formuliert, dem natürlichen Leben folgen und die realen gesellschaftlichen Forderungen wiedergeben. In der ihm eigenen Art und mit harten Worten bezeichnet er Goethe als den letzten Sproß des Feudalismus, der die Forderungen der neuen Zeit nicht erkannt hatte. In seinen Vorlesungen wird Werther charakterisiert als Opfer seines inneren Widerspruchs zwischen dem gefühlsstarken Mann und der Unfähigkeit zur Realisierung seiner Pläne – „ein talentierter Bürger, der nicht über die Veränderungen der Welt nachdenken kann". Nach einer ausführlichen Darstellung des Faust verurteilt Kogan dessen Streben nach absoluter Erkenntnis: „Natürlich kann er sie nicht finden, weder im Glauben, noch in der Wissenschaft, noch im Leben." Um so mehr imponiert ihm die Gestalt des Mephisto, der das Leben nüchtern analysiert und Faust auf neue Gedanken bringt. Goethes größter Fehler sei, so Kogan, daß Faust isoliert und nicht mit dem Volk verbunden ist. Der zweite Teil des *Faust* stellt den Höhepunkt eines gebändigten Idealisten dar. Aber trotzdem ist er am Ende, so Kogan, beinahe ein Sozialist, der beginnt, an das Volk und seine Fähigkeiten zu glauben.

Für Kogan sind *Wilhelm Meisters Lehr- und Wanderjahre* ein wichtiges Werk, das ganz vom sozialen Gedanken durchdrungen ist. Kogan ist voller Optimismus. Seiner Meinung nach kann durch gemeinsame Arbeit und durch das wechselseitige humane Verhältnis der Glieder einer Gesellschaft soziale Gerechtigkeit erreicht werden. Der große Einfluß von Tschernischewski auf Kogan ist nicht nur inhaltlich in seinen Vorlesungen zu spüren, sondern auch in deren publizistischer Darstellungsweise.

Siebzehn Jahre des 20. Jahrhunderts dauerte der Kampf der Slawophilen gegen den westlichen Einfluß, gegen „das gottlose Selbstverständnis der Aufklärer". Da die Professoren der Moskauer Universität auch nach der Oktoberrevolution auf ihrem historisch-kulturellen Standpunkt bestanden, wurde die Fakultät von der Sowjetregierung als gefährlich eingestuft, geschlossen, die Professoren wurden entlassen.

1936 wurde das Institut für Geschichte, Philosophie und Literatur gegründet. Die Professoren der Moskauer Universität, die die Zwischenzeit überlebt hatten, begannen dort zu arbeiten, z. B. Purishew, Smirnow, Vater und Sohn Samarijn und Anikst. Dort erhielt eine Reihe bekannter Germanisten ihre Ausbildung: A. Karelskij, M. Morosow, Michailow, L. Kopelew, L. Losinskaja und andere. Aber auch dieses Institut existierte nur bis Juni 1941. Die Professoren, die in der westlichen Literatur, in westlicher Geschichte und Philosophie etwas leisteten, waren 1936/37 und von 1948 bis 1973 starken Repressalien ausgesetzt. Letztlich überlebte die russische Germanistik auch dies und erstand später wieder – wie Phönix aus der Asche.

WLADIMIR GILMANOW

Goethe und das „Silberne Zeitalter" der russischen Kultur

1. Die Aktualität Goethes für die russische Geistesgeschichte ist kaum zu überschätzen, was auf mehrfache Weise von hervorragenden Goethe-Kennern Rußlands – wie A. Anixt, V. Zirmunskij, L. Kopelew, N. Wilmont, M. Bent, F. Fjodorow und vielen anderen – erkannt und hervorgehoben wurde. Es sei aber darauf hingewiesen, daß in der gegenwärtigen Zeit, in der fieberhaft nach einem neuen geistigen Paradigma der Kultur gesucht wird, ein bewundernswertes Verschwistertsein Goethes mit einem wenig aufgearbeiteten und wenig berücksichtigten Kontext der russischen Geistesgeschichte gerade in bezug auf den tragfähigen Sinn eines neuen Kulturparadigmas nachzuweisen ist. Eben dieses Thema ist das Hauptanliegen der nachfolgenden Ausführungen.

Von meinem Standpunkt aus müßte das kommende dritte Jahrtausend mit der „Philosophie der Unmöglichkeit" anfangen, denn die Geschichte, wie uns die historische Dramaturgie, insbesondere im 20. Jahrhundert, vorzeigt, ist nicht nur für die fortschrittlichen Veränderungen offen, sondern auch für den grausamsten Regreß. Diese sogenannte „Philosophie der Unmöglichkeit" verzichtet keinesfalls auf die „Möglichkeit" – auf die Möglichkeit der Lösung der globalen Probleme der Menschheit; gemeint sind solche Probleme wie das Problem der Entfremdung sowie das der interkulturellen Kommunikation und das der Umwelt, dazu das Problem der „anthropologischen Katastrophe" und anderes mehr. Die „Philosophie der Unmöglichkeit" basiert auf der Überzeugung, daß die genannten Probleme schwerlich lösbar sind auf der Grundlage der geistig-praktischen Grundsätze der neuzeitlichen Metaphysik, deren Folgen im Endeffekt die zunehmenden „Ent-phänomene" der Gegenwart sind – Entgeistung, Entwurzelung, Entmythologisierung, Entindividualisierung usw. Der Modus „Unmöglichkeit" ist nicht ontologischer Natur, eher epistemologischer: Dieser Modus ist beherrscht nicht vom Objekt, sondern vom Subjekt, vom Subjekt mit seiner Zeichenaggression, mit seinem Aufstand gegen das Wort, mit seinem Angriff gegen die existierende Realität.

2. In der Erkenntnis, daß die positivistischen und utilitaristisch-pragmatischen Prioritäten des neuzeitlichen Weltbilds durch ein neues geistiges Paradigma abgelöst werden sollten, wendet man sich den geistigen Erfahrungen derjenigen Kontexte der Geistesgeschichte zu, die im Grunde genommen verkannt blieben. In Rußland ist es das sogenannte „silberne Zeitalter" der russischen Kultur, das in der zweiten Hälfte des 19. Jahrhunderts mit dem Werk von Wladimir Solowjow begann. Im literarischen Bereich sind F. Dostojewskij und L. Tolstoj wohl die bedeutendsten und bekanntesten Vertreter dieser Periode. Weniger bekannt und weniger verstanden erscheinen die anderen Denker dieses „silbernen Jahrhunderts", die größtenteils als Philosophen gelten, obwohl viele von ihnen eine glückliche Synthese von philosophischem Geist und literarischer Begabung zeigen. W. Solowjow beispielsweise war ein sehr guter Dich-

ter. In diese Reihe gehören Nikolaj Berdjajew, die Gebrüder Fürsten Sergej Trubetzkoj und Eugen Trubetzkoj – die beiden waren auch mit W. Solowjow befreundet – Sergej Bulgakow, Pawel Florenskij, Semjon Frank und viele andere. Das geistige Suchen dieser Denker eint der Versuch, die sog. „dritte Dimension" aufzuspüren und aufzuarbeiten, die Dimension, daß Wissenschaft und Religion, vor allem das Christentum, nicht einander gegenübergestellt, sondern als eine einander ergänzende Ganzheit erkannt werden. Bemerkenswert ist die Tatsache, daß praktisch alle Vertreter dieses einmaligen russischen Diskurses eng mit dem dichterisch-geistigen Erbe Goethes verbunden sind. Mehr als dies: verwandt! Die tiefgründige Bekanntschaft mit den Werken jener russischen Philosophen führt zu dieser bemerkenswerten Erkenntnis, die davon zeugt, wie die geistigen Traditionen Rußlands und Deutschlands durch Goethes Befruchtung und Vermittlung miteinander verflochten sind.

Schon der symbolhafte Grundbegriff von W. Solowjow, übernommen von seinen Nachfolgern, der der „Sophia" – dadurch auch der Name der Lehre „Sophiologie" –, wird sowohl von ihm als auch in dem jeweiligen Denksystem mit dem Goethischen Begriff des „Ewig-Weiblichen" gleichgesetzt, verstanden als eine sinnlich-symbolische Figur für die Ganzheit, die All-Einheit der Welt.

3. Goethes Einfluß auf das russische religiös-philosophische Suchen läßt sich erkennen sowohl indirekt, d. h. durch die vermittelnde Einwirkung der deutschen Philosophen – Schelling, Fichte, Nietzsche u. a. –, als auch direkt durch die profunde Bekanntschaft mit Goethes Schaffen. In den zahlreichen Bemerkungen von W. Solowjow, S. Frank, A. Losskij, P. Florenskij, N. Berdjajew und vielen anderen wird Goethe immer wieder als der größte Deutsche bezeichnet. So zum Beispiel W. Solowjow in dem umfangreichen Werk *Die Nationalfrage in Rußland* (1882–1883), in dem er eine tiefgreifende Zusammenfassung der Gedanken über das Schicksal Rußlands vor dem Hintergrund der Geschichte des Christentums und der europäischen Kultur darbietet:

> Erinnert euch an Goethe – dieser ist ohne Zweifel der größte Vertreter des deutschen Volkes, ein echter Verkünder der wahren Offenbarungen des deutschen Geistes.[1]

Und weiter:

> Das aber störte ihn nicht, allen nationalistisch-patriotischen Interessen gegenüber gleichgültig zu sein. Dabei vertrat Goethe das deutsche Volkstum besser, er diente seinem Volk besser und erhöhte seinen Ruhm mehr als z. B. Menzel und die anderen Germanophilen.

Als Goethes Verbündeten in diesem Themenbereich betrachtet er Schopenhauer.

> Mein Hinweis auf den Antinationalismus Goethes und Schopenhauers bezweckt gar nicht die Inspiration zur Nachahmung, diese beiden beweisen aber, daß das Volkstum oder der Volkscharakter, als eine dem Volk immanente und sich in den besten Menschen zeigende positive Kraft, das eine ist und daß der Nationalismus, d. h. die eifersüchtige und anstrengende Sorgsamkeit um die nationale Eigenart, die verstärkte Aufheizung des Nationalegoismus, das andere ist, sogar das entgegengesetzte.[2]

---

1 Соловьев, В. С.: *Сочинения* (в 2-х томах). Москва 1989, Bd. 1, S. 300. Hier und in der Folge vom Russischen ins Deutsche übersetzt vom Autor des Beitrags.

2 Ebd.

Wie aktuell sind diese Überlegungen Solowjews über das Nationale und das Übernationale angesichts der heutigen Nationaldramatik in der früheren UdSSR sowie im Kontext der europäischen Einigungsprozesse!

4. Vom profunden Vertrautsein der russischen Autoren des „silbernen Zeitalters" mit Goethes Werk zeugen sowohl das häufige Zitieren von Goethe, des öfteren in der Originalsprache, als auch Bezüge auf Goethes Einsichten in solche Themenbereiche wie: 1) die Dialektik der wahren Erkenntnis; 2) das Problem der Ur-Realität; 3) die Wechselwirkung zwischen Wissenschaft und Religion; 4) die Geheimnisse der Menschennatur; 5) die ästhetische Urteilskraft u. a. Als Beispiel sei S. Bulgakow genannt, einer der Autoren des bekannten Buches *Aus der Tiefe*, einer Sammlung von Aufsätzen über Sinn und Ursachen der russischen Revolution. S. Bulgakow suchte die geistigen Wurzeln des Bolschewismus aufzudecken, unter anderem in dem Aufsatz *Beim Festmahl der Götter. Pro und contra* (1918). An einer Stelle dieses Werks preist S. Bulgakow den philosophischen und ästhetischen Geist Goethes:

> Man muß ein weises, gesegnetes Herz haben, um das Schöne in der Menschenmasse zu entdecken. Goethe wußte um dieses Geheimnis, und wer beherrschte besser das ästhetische Maß des Lebens? Erinnern Sie sich an Faust, als er mit Wagner durch eine Menschenmenge geht, an seinen hervorragenden Monolog.[3]

Und an dieser Stelle zitiert S. Bulgakow den Anfang des *Osterspaziergangs* im Original: „Vom Eise befreit sind Strom und Bäche" (*Faust*, V. 903).

Daß S. Bulgakow ein sehr guter Goethe-Kenner war, bezeugen unter anderem die zahlreichen, inmitten des russischen Textes auf deutsch auftauchenden Schaltwörter aus dem Goethischen Thesaurus. So im Aufsatz *Beim Festmahl der Götter*:

> Es gibt eine rätselhafte und bewundernswerte Neigung des Judentums zur russischen Seele. Das verspürten auf ihre eigene Weise W. Solowjow, Dostojewskij, dann W. Rosanow. Diese *Wahlverwandschaft* [dieses Wort steht mitten im russischsprachigen Text auf deutsch; d. Vf.] ist eine sehr intime, gleichfalls aber eine sehr bedeutende Eigenart.[4]

5. Seiner geistigen Verwandtschaft mit Goethe war sich N. Berdjajew bewußt. Ein Zeugnis dafür legt nicht nur die Tatsache ab, daß in seinen Werken Goethe ein echter Stammgast ist, vertreten durch die Zitate und Wortgruppierungen „Goethische Künste", „Goethisches Lebensgefühl", „Goethisches Ideal" u. a. Diese Verwandtschaft hat einen deutlichen konzeptionellen Charakter. Dadurch ist es zu erklären, daß in seinem mutigen Bestreben, die „dritte Dimension" der geistigen Realität zu begründen – diese Dimension ist einer der Höhepunkte des russischen Denkens im „silbernen Jahrhundert", die des harmonischen Zusammenseins von Religion und Wissenschaft – sich N. Berdjajew mehrmals auf Goethe beruft, in dem er gerade diese wahrheitsrettende Synthese zu erkennen glaubte. Im Aufsatz *Philosophie der Freiheit* (1927) behauptet N. Berdjajew:

> Der Weltauffassung Goethes hat sich die Natur als Gottes Schöpfung offenbart. Am Beispiel Goethes ist der höchste Sinn der Wissenschaft zu sehen.[5]

---

[3] Булгаков, С. Н.: *На пиру богов. Pro и contra. Современные диалоги*. In: *Вехи. Из глубины*. *Москва* 1991, S. 334.

[4] Ebd., S. 316 f.

[5] Бердяев, Н. А.: *Философия свободы. Смысл творчества*. Москва 1989, S. 63.

Und weiter:

> Der große Goethe vertritt den wahrhaft wissenschaftlichen Geist, den vollständig gesunden Objektivismus, Realismus und Intuitionismus; er ist ein Gegner des krankhaften Subjektivismus und Kritizismus. Goethe war im tiefsten Sinne des Wortes kirchlicher und der Weltseele näher als Kant, Fichte und Hegel und verwirklichte in seinem Leben das Ideal des ganzheitlichen Wissens.[6]

Augenfällige Übereinstimmungen mit Goethes Weltbild weisen die Grundbegriffe der Philosophie von N. Berdjajew auf, und zwar „Ungrund" und „Objektivierung". Der „Ungrund", die „jenseitige" ideale Dimension, in der Ursachen und Grundideen des „diesseitigen" Seins verwurzelt sind, ist das Goethische „Unzulängliche" (der Begriff aus dem *Chorus mysticus* im *Faust*). Durch die „Objektivierung" wird der „unzulängliche" „Ungrund" zum „diesseitigen" „Ereignis", zur Welt der vergegenständlichten Objekte. Diese „objektivierte" Welt hat einen „gefallenen" Charakter, weil sie durch die „Objektivierung" von der Ur-Wahrheit entfremdet und vom Bösen, Mephisto, beherrscht wird. In dieser Welt herrschen das Gesetz der Notwendigkeit und die geistige Unfreiheit. Im Gegensatz zu dieser Welt der „Objektivierung" steht in dieser irdischen Dimension das schöpferisch denkende und schaffende Subjekt, das die ganze Welt in sich aufnimmt, sie in seiner Innenwelt verklärt und dadurch von der Versklavung der „Objektivierung" befreit. Diese Idee von N. Berdjajew befindet sich im vollen Einklang mit Goethes Erkenntnis der verklärenden, die Wahrheit offenbarenden Rolle des geistig-schöpferischen Strebens, das am deutlichsten in *Faust II* vertreten ist:

> Engel: Gerettet ist das edle Glied
> Der Geisterwelt vom Bösen,
> Wer immer strebend sich bemüht,
> Den können wir erlösen. (V. 11934 ff.)

6. Goethes Wirkung ist deutlich zu sehen im Werk von S. Frank, der seine Weltansichten selber als „christlichen Realismus" bezeichnet hat, zu sehen auch im Titel eines seiner wichtigsten Aufsätze – *Das Unergründliche.* (Vergleichen Sie diesen Begriff mit dem „Unbeschreiblichen" im *Chorus mysticus* des *Faust.*) Goethe ist so wichtig für Frank, daß er sich in seinen Überlegungen zu den bedeutendsten Themen seines Schaffens immer wieder auf Goethe beruft. In hermeneutischer Hinsicht erscheinen die nachfolgenden Gedanken Franks wichtig:

> Hinter der gegenständlichen Welt, die unser nüchterner Verstand „Wirklichkeit" nennt, sowie in deren innigsten Tiefen, verspüren wir das Unergründliche als stumme Realität, die anscheinend in einer ganz anderen Dimension des Seins liegt, in der Dimension, die ganz anders als die gegenständliche, logisch faßbare Welt ist, wenn man sie mit der gewöhnlichen Umgebung vergleicht. [...] Und wenn wir uns dieses Unergründlichen bewußt werden, wenn wir uns in diese Dimension vertiefen, beginnen wir mit anderen Augen sowohl die uns umgebende gegenständliche Welt als auch uns selbst zu sehen. Es ist so, als ob alles uns schon längst Bekannte, alles Alltägliche verschwinde und auferstehe, in einer neuen verklärten Gestalt.[7]

---

[6] Ebd., S. 74.

[7] Франк, С. Л.: *Сочинения.* Москва 1990, S. 193.

An dieser Stelle beruft sich S. Frank auf Goethes *Selige Sehnsucht*, indem er dessen „Stirb und werde“ (HA 2, S. 19) als „geistige Auferstehung“ zum wahren Leben nach dem „Tod“, d. h. „nach dem Ausgang in die geheimnisvolle Tiefe der irdischen Welt“, auslegt. Er schreibt:

> Wem das verschlossen bleibt, wer dieses Goethische „Stirb und werde“ nicht erlebt hat, diese geistige Auferstehung zum Leben nach dem „Tode“, nach dem Ausgang in die geheimnisvolle Tiefe der irdischen Welt, der ist in der Tat nach Goethes Worten „nur ein trüber Gast auf der dunklen Erde“.[8]

Interessant ist die Übereinstimmung des Grundsatzes der erkenntnistheoretischen Ausrichtung der russischen religiös-philosophischen Mystik, bekannt als „Isichasm“ und vertreten im Werk von S. Frank, mit Goethes Gnoseologie. Diesem Thema hat S. Frank einen Aufsatz unter dem Namen *Goethes Gnoseologie* gewidmet. Erwähnt ist diese Übereinstimmung auch im Aufsatz *Das Unergründliche*:

> Das kontemplative Wissen, von dem wir uns leiten lassen, ist, was Goethe „das stille bessere Wissen“ nannte. Das ist ein stummes, unaussprechbares, im Schweigen erlebendes Wissen [...] das Wissen um das Unergründliche – das Wissen um die Realität in ihrer wirklichen, metalogischen Natur.[9]

Diese Erkenntnisform bedinge eine ganz besondere Beziehung zwischen Mensch und Gott. Bei den Ausführungen zu diesem Thema im Kapitel *Gott und Ich* beruft sich S. Frank wiederum auf Goethe:

> Gott ist ein bedingungslos unergründlicher, absoluter Ur-Anfang, der erfahrungsmäßig als „Du“ offenbart und erlebt wird. Dabei sei es hervorgehoben, daß diese „Du-Gestalt“ Gottes als das Seinem Wesen und Seiner Daseinsform Innewohnende empfunden wird. Über Gott in der dritten Person zu sprechen, Gott „Ihn“ zu nennen, ist vom religiösen Standpunkt her Blasphemie, denn die dritte Person beinhaltet die Voraussetzung, daß Gott nicht da ist, daß Er mich nicht hört, mir nicht zugewandt ist und daß Gott im Endeffekt etwas gegenständlich Seiendes ist [...] Die religiöse Erkenntnis Gottes äußert sich unvermittelt nicht im Reden über Gott, sondern in den an Gott gerichteten Worten – im Beten – sowie auch im Wort Gottes über mich. In diesem Sinne ist Goethes Bemerkung berechtigt: „Über Gott sprechen kann man eigentlich nur mit Gott selbst“.[10]

7. Einen bedeutenden Platz nimmt Goethes Weltbild im geistigen Schaffen N. Losskijs ein. Als Vertreter des Intuitionismus und Personalismus sieht N. Losskij die Welt als Ganzheit, die durch religiöse Erfahrung erkannt wird. Den mystischen Mittelpunkt der Welt bilde die Persönlichkeit als überzeitliches Subjekt des schöpferischen Schaffens. Das Objekt lasse sich erkennen, genauer gesagt, offenbaren, und zwar dank verschiedener intuitiver Erkenntnisformen wie der intellektuellen Intuition, der sinnlichen oder der mystischen Intuition. Eine entscheidende Voraussetzung dafür sind nach N. Losskij die zielgerichteten Willensakte.

---

[8] Ebd., S. 193.

[9] Ebd. Vgl. Франк, С. Л.: *Гносеология Гете*. In: *Живое знание*. Берлин 1923. S. 27–70.

[10] Ebd., S. 469.

Schon sein Hauptwerk *Begründung des Intuitionismus* (1924) beginnt mit einer Anspielung auf *Faust* und dessen „Durst nach der unendlichen Lebensweite"[11].

In seinem Werk wendet sich N. Losskij dem Problem der Formen und der Grenzen der menschlichen Erkenntnis zu. Seine Überlegungen werden im Hintergrund der Tragödie *Faust* angestellt, die von N. Losskij mehrmals zitiert wird. In seinen erkenntnistheoretischen Ausführungen unterscheidet er zwischen zwei unterschiedlichen Erkenntnisformen in der Wechselwirkung zwischen Subjekt und Objekt. Bei der wahren Erkenntnis des Objekts, des „Andersseins", vertraut N. Losskij vor allem dem „dichterischen" Verhalten zum Leben. Dabei beruft er sich immer wieder auf Goethes *Faust*, z. B.:

> Und wenn schon mein „Ich" nicht imstande ist, sich so zu erweitern, daß es sich mit dem anderen „Ich" identifiziert, verfüge ich doch über ein Mittel für den Ausgang aus der Beschränktheit meiner Individualität: es besteht im Wissen. Es handelt sich selbstverständlich nicht um das Wissen solcher Bücherwürmer wie Wagner, auf den sich die folgenden Worte Mephistos beziehen:
>
> Wer will was Lebendiges erkennen und beschreiben,
> Sucht erst den Geist herauszutreiben,
> Dann hat er die Teile in seiner Hand,
> Fehlt leider! Nur das geistige Band.
>
> Es handelt sich um das Wissen des Dichters, der bis in die innigsten Tiefen das Innenleben der Welt zu begreifen vermag.[12]

In dem postmodernen Weltbild, in dem der Wahrheitsbegriff eher den Sinn eines Artefakts bekommen hat, erscheinen die anspruchsvollen Überlegungen N. Losskijs über den absoluten Charakter des wahren Wissens höchst aktuell. Und es ist gar nicht erstaunlich, daß seine Gedanken über das Ideal der Erkenntnis mit dem Suchen Goethes nach dem Proto-Phänomen, der „Ur-Pflanze" übereinstimmen. Das wird von N. Losskij selbst gezeigt, unter anderem auch durch das häufige Zitieren des *Faust*, z. B.:

> Wenn uns gesagt wird, es gebe keine Erkenntnis des wirklichen Lebens, die Kenntnisse haben nur symbolischen Charakter, wir erkennen nicht das Ding selbst, sondern nur seine Wirkung auf uns; wenn uns gesagt wird, die von uns erkannte Welt sei nur die Welt unserer Vorstellungen, die Erscheinungswelt, die nach den Gesetzen unseres Verstandes ausgestaltet werde, so geben wir uns nicht letztendlich mit dieser Erkenntnisweise zufrieden: es ist uns schwül in der engen Sphäre des „Ich", wir wollen in den endlosen Ozean der Wirklichkeit auslaufen, in die Realität, wie sie unabhängig von den Beschaffenheiten unseres „Ich" existiert.[13]

An dieser Stelle führt N. Losskij ein Zitat aus dem *Faust* (V. 1092 ff.) an:

> Doch ist es jedem eingeboren,
> Daß sein Gefühl hinauf und vorwärts dringt,
> Wenn über uns, im blauen Raum verloren,
> Ihr schmetternd Lied die Lerche singt.

---

11 Лосский, Н. О.: *Избранное*. Москва 1991, S. 17.
12 Ebd., S. 17–18.
13 Ebd., S. 18.

8. Eng verbunden mit Goethes Weltbild ist das religiös-philosophische Schaffen von Pawel Florenskij. In seinen glänzenden Werken wendet er sich mehrmals dem philosophischen und künstlerischen Erbe Goethes zu, so in einem hervorragenden Aufsatz *Vor der Grenzlinie des Denkens.* Im Kapitel über die Dialektik, die P. Florenskij als ununterbrochenes Sammeln von Erfahrungen über die Wirklichkeit versteht, schreibt er:

> Durch den Rhythmus von Fragen und Antworten, Thesen und Antithesen, Aufstiegen und Abstiegen – also pulsiert der Gedanke des Philosophen. Ein- und Ausatmen, Zerstören und Schöpfen weben ein schillerndes Gewebe, in dessen Falten die Umrisse der tief verborgenen Isida sowohl verhüllt als auch enthüllt werden.[14]

An dieser Stelle zitiert P. Florenskij den Erdgeist auf deutsch:

> In Lebensfluten, im Tatensturm
> Wall ich auf und ab,
> Webe hin und her!
> Geburt und Grab,
> Ein ewiges Meer,
> Ein wechselnd Weben,
> Ein glühend Leben,
> So schaff ich am sausenden Webstuhl der Zeit
> Und wirke der Gottheit lebendiges Kleid.

Bei weiteren Überlegungen über die emotionale Prägung der wahren Erkenntnis nimmt P. Florenskij wiederum Bezug auf Goethe:

> Wie ein Refrain aller Philosophie erscheint nach Plato und Aristoteles das Thema des Schauderns. Ohne die entsprechenden Meinungen mehrerer Dichter zu sammeln, will ich Bezug auf Goethe nehmen: seine Meinung, verglichen mit vielen anderen, hat einen besonderen Wert."[15]

Dann folgt das bekannte Zitat aus dem ersten Akt von *Faust II* (V. 6272) auf deutsch:

> Das Schaudern ist der Menschheit bestes Teil.

Nach diesem Zitat stellt P. Florenskij umfangreiche Reflexionen über das Thema „Ur-Realität und Schaudern" an:

> In diesem Schaudern, im Schaudern des Erstaunens wird jede große Idee geboren. Das war auch der Fall bei Goethe, als er, seinen eigenen Worten nach, auf die „alleinheitliche Ganzheit" in der Botanik stieß, d.h. auf seine „Urpflanze" [...] Goethe hielt jeden für einen Schwachkopf, der nicht imstande war, sich über die ewige Gesetzmäßigkeit der Natur zu wundern, und war der Meinung, der wahre Weise und der echte Mensch höre auf, sobald er die Fähigkeit zum Erstaunen verloren habe.[16]

---

[14] Флоренский, П. А.: *Сочинения* (в 2-х томах). Москва 1990. Bd. 2, S. 132.
[15] Ebd., S. 135.
[16] Ebd., S. 136.

Goethes Thema der philosophischen „Ur-Pflanze", des „Proto-Phänomens" des Seins, beeindruckte Florenskij, denn im Mittelpunkt seines philosophischen Weltbilds steht das Konzept der Ganzheit der Welt sowie die Lehre von der Sophia, der Urweisheit. In seinen Überlegungen über die Synopsis, d. h. über die Aufhebung der Vielfalt zu einer Einheit und über die Erkenntnis der Einheit in der Vielfalt – die Synopsis hielt Florenskij für das innigste Wesen der Dialektik –, wendet er sich wiederum Goethe zu, indem er ausführlich seine Ansichten zum jeweiligen Thema auslegt:[17]

> Was ist das Allgemeine? – fragt Goethe sich selbst –
> Der einzelne Fall.
> Was ist das Besondere?
> Millionen Fälle. (HA 12, S. 433)

Das Allgemeine sei zudem, nach Goethes Worten, das Simultane und das Sukzessive. Plato gebrauchte den Begriff „Synopsis", Goethe den Begriff „geniales Verfahren" in bezug auf den Adlerblick von der Höhe, der in einem konkreten „Einzelfall" das Universale erkennt. Nach Plato ist es die „Idee", der „Typus" des Seins, nach Goethe die „Ur-Pflanze", das „Proto-Phänomen".[18] An dieser Stelle zitiert Florenskij einen Brief Goethes an Schiller:

> Ich habe daher die Gegenstände, die einen solchen Effect hervorbringen, genau betrachtet und zu meiner Verwunderung bemerkt daß sie eigentlich symbolisch sind, das heißt, wie ich kaum zu sagen brauche, es sind eminente Fälle, die, in einer charakteristischen Mannigfaltigkeit, als Repräsentanten von vielen andern dastehen, eine gewisse Totalität in sich schließen, eine gewisse Reihe fordern, ähnliches und fremdes in meinem Geiste aufregen und so von außen wie von innen an eine gewisse Einheit und Allheit Anspruch machen.[19]

Nach der Wiedergabe dieses Briefes schreibt Florenskij:

> In ihrer absolut denkbaren irdischen Verwirklichung beinhaltet diese Formel Goethes den geheimen Sinn aller religiösen Gottesoffenbarungen, ihre ungefähre Verwirklichung ist ein Grundgesetz der künstlerischen Tätigkeit. [...] Der Weg zum Allgemeinen, zur „alleinheitlichen Ganzheit" heißt nach Plato „Dialektik". Bei Goethe ist es „Darstellung". „Die Philosophie", schreibt Goethe im Jahre 1794, indem er seine eigene Aufgabe bestimmt, „ist berufen, die Natur nicht gesondert und vereinzelt vorzunehmen, sondern sie wirkend und lebendig, aus dem Ganzen in die Teile strebend, darzustellen."[20]

---

17 Florenskij zitiert Метнер: Эмилий *Размышления о Гете*. Книга 1: *Разбор взглядов Р. Штейнера в связи с вопросами критицизма, символизма и оккультизма*. Москва. Изд-во „Мусагет", 1914, S. 101.

18 Флоренский, S. 146.

19 Florenskij zitiert den Brief Goethes an Schiller [16. 8. 1797] nach Метнер: *Размышления о Гете*, S. 204.

20 Флоренский, S. 147.

Diese These Goethes führt Florenskij auf deutsch an. Den nächsten Absatz beginnt Florenskij mit Goethes Begriff der „Darstellung“ und des „Symbols“, um dann zum Verhältnis von „außen“ und „innen“ in der Naturbetrachtung überzugehen:

> Bekannt ist Goethes Antwort auf den Aphorismus von Haller: „In das Innere der Natur kann kein einziger erschaffener Geist eindringen, glückselig, wem sie mindestens ihre äußere Schale weist.“ Goethes Erwiderung ist nach wie vor nicht genug verstanden.[21]

Daher führt Florenskij Goethes Antwort in der Originalsprache an:

> Natur hat weder Kern
> Noch Schale,
> Alles ist sie mit einem Male;
> Dich prüfe du nur allermeist,
> Ob du Kern oder Schale seist. [HA 1, S. 359]
>
> Müsset im Naturbetrachen
> Immer eins wie alles achten;
> Nichts ist drinnen, nichts ist draußen:
> Denn was innen, das ist außen.
> So ergreifet ohne Säumnis
> Heilig öffentlich Geheimnis.
>
> Freuet euch des wahren Scheins,
> Euch des ernsten Spieles:
> Kein Lebendiges ist ein Eins:
> Immer ist’s ein Vieles. [HA 1, S. 358]

Florenskijs Überlegungen, die eng mit Goethes Weltbild verwandt sind, spiegeln das Bestreben wider, die „konkrete Metaphysik“ zu schaffen. Ihr Hauptziel sah Florenskij im Entdecken und Erforschen der primären Symbole, die er als grundlegende geistig-materielle Strukturen des Seins und der Kultur betrachtete.

Eine der wichtigsten Komponenten des religiös-philosophischen Denkens von Florenskij ist die Lehre über die synergetische Natur des Wortes. Mir erscheint diese Lehre als die wichtigste im gesamten philologischen Diskurs. Bei der Auslegung dieser Lehre wendet sich Florenskij wiederum an Goethe, und zwar in der Überzeugung, daß der große Dichter das geheimnisvolle innigste Wesen des Wortes erspürt und dargestellt hat. Im Kapitel *Sinn und Sprache* des erwähnten Werks schreibt er:

> Das Wort ist eine Art menschliche Energie, sowohl die des gesamten Menschengeschlechts als auch die einer einzelnen Person. Das Wort ist die sich durch das Individuum offenbarende Energie der Menschheit. Diese Energie aber darf man nicht im eigentlichen Sinne für den Gegenstand des Wortes oder dessen Inhalt halten: das Wort als Erkenntnisprozeß führt den Verstand über die Grenzen der Subjektivität hinaus und läßt ihn in Berührung kommen mit der Welt, die jenseits unserer eigenen psychischen Zustände liegt.

---

21 Ebd., S. 147 f.

> Angesichts seiner psycho-physiologischen Natur verdampft das Wort in der Welt nicht, sondern führt uns von Angesicht zu Angesicht mit der Realität zusammen; indem das Wort mit seinem Gegenstand in Berührung kommt, bezieht es sich sowohl auf die Offenbarung des Gegenstandes in uns als auch auf unsere Offenbarung in ihm und vor ihm. So kamen wir zur Überzeugung von der Verbindung des Wesens mit dessen Energien. Diese Lehre wird in jeder lebensnahen Denkkultur vorausgesetzt, zu allen Zeiten und bei jedem Volk bildete sie die Grundlage der jeweiligen Weltansicht. Philosophisch wurde diese Lehre zergliedert durch den antiken Idealismus dargelegt, dann durch den Neuplatonismus; später wurde sie dem mittelalterlichen Realismus zugeschrieben, vertieft dargestellt durch die ostchristliche Kirchenlehre des 14. Jahrhunderts, verbunden mit den theologischen Ausführungen über das Licht von Phavorus. Später inspirierte sie Goethe.[22]

Die Tatsache, daß einer der bedeutendsten Denker der russischen Geistesgeschichte eines der zentralen Themen des russischen Denkens und Fühlens mit Goethe in Zusammenhang bringt, ist symptomatisch für die geistige Annäherung zwischen Rußland und Deutschland auf der Suche nach geistigen Ur-Realitäten.

Florenskij wie auch andere bedeutende Vertreter des „silbernen Zeitalters" der russischen Kulturgeschichte waren nicht nur in Sorge um das Schicksal Rußlands, dessen Volk sie vor den Gefahren der selbstmörderischen Revolution zu warnen suchten, sondern zugleich um die sich verschlimmernden Krankheiten der neuzeitlichen Weltkultur. Florenskij nahm die krisenhaften Entwicklungen der modernen Zivilisation vorweg, vor allem die heutigen „Ent"-Phänomene: die Entgeistung und die geistige Entwurzelung, die Sinnentleerung, die Entfremdung vom wahren Sinn des Daseins. Bei der Darlegung seiner Besorgnisse beruft er sich auch auf Goethe, den er als seinen geistigen Verbündeten erkannt hat. Florenskij schreibt im Kapitel *Schlüsse* des Werks *Vor der Grenzlinie des Denkens*:

> Kultur heißt die Sprache, die die Menschheit verbindet. Sind wir aber nicht von der Babylonischen Sprachverwirrung erfaßt, da keiner einen anderen versteht und die Sprache eines jeden Einzelnen nur dazu dient, die gegenseitige Entfremdung endgültig zu bestätigen und festzulegen? Mehr als dies, diese Entfremdung schleicht sich in die eigentliche Einheit des einzelnen Menschen ein; mit sich selbst hat er die Kommunikationsfähigkeit verloren, indem er durch die einander ausschließenden Gesichtspunkte zerrissen wird.[23]

Am Ende aber steht das positive Denken Florenskijs, der die Hoffnung und den Glauben an den Menschen nicht aufgibt, was wiederum seine geistige Verwandtschaft mit Goethe belegt:

> Der Mensch kann aber nicht endgültig versklavt werden. Es wird ein Tag kommen, und der Mensch wird das Joch dieser Zivilisation abschütteln, sogar mit all den Vorteilen, die die Zivilisation ihm bietet. [...] Die unterirdischen Erdbebenstöße waren schon einmal zu hören: Goethe, Reskin, Tolstoj, Nietzsche, Spengler und viele andere warnten vor dem Schlamm der Katastrophen.[24]

Symptomatisch und vielsagend, daß in dieser Liste Goethe den ersten Platz einnimmt ...

---

22 Ebd., S. 281.
23 Ebd., S. 346.
24 Ebd.

MICHAEL JAEGER

Goethe im Widerstreit des liberalen und des radikalen Denkens in der Weimarer Republik

Für Carsten Colpe[1]

I. Der Geist von Weimar

Als Friedrich Ebert vor achtzig Jahren die Delegierten der Nationalversammlung in Weimar empfing, waren ihm revolutionäre Triumphgefühle fremd. Er berichtet von der „üblen Herrschaft", die er als „Konkursverwalter des alten Regimes"[2] angetreten habe. Zu den verhängnisvollsten Hinterlassenschaften des Krieges zählt Ebert die Untergrabung nicht nur der öffentlichen und privaten Moral, sondern die damit verbundene Bedrohung einer Kultur der Rationalität durch eine aus dem Geiste des Desperadotums geborene radikale Politik. Ebert entwirft den düsteren Ausblick auf eine Epoche der Emotionalisierung in einem zerrütteten Deutschland, sobald die Entwurzelten und Hasardeure, die keine soziale und kulturelle Bindung mehr kennen, die politische Bühne als Akteure betreten. Diesem extremistischen Szenario setzt er seinen eigenen Politikentwurf entgegen. Ausgleich, Pragmatismus und Realismus lauten die Schlüsselworte seiner Position, die er in der spannungsgeladenen Atmosphäre seinen Zeitgenossen nahe bringen will. In zwei dezidiert ernüchternden Argumenten widerspricht Ebert der durch Niederlage und Revolution aufgeheizten Stimmung: Zum einen plädiert er für Pathosverzicht und wendet sich gegen die heroische Umdeutung des Krieges zum identitätsstiftenden Ereignis. Zum anderen soll das politische Geschehen von der Straße zurückgeholt werden in die parlamentarische Beratung, die die Affekte der revolutionären Situation beruhigt und rationalisiert.[3] Wann immer die Verfassung der Weimarer Republik bekämpft wird, dann geschieht das, rechts wie links, nach ein und derselben Taktik, den parlamentarischen Ausgleichs- und Rationalisierungsprozeß der Politik umzukehren.

---

[1] Der Verfasser hatte das Glück, während seines Studiums an der Freien Universität Berlin in den religionswissenschaftlichen Vorlesungen Carsten Colpes jenes der historischen Methode zugrundeliegende tolerante Humanitätsdenken kennenzulernen, das in der liberalen Tradition Adolf von Harnacks und Ernst Troeltschs steht. Der Argumentationsgang der vorliegenden Untersuchung beruht auf dieser Erfahrung, denn zuletzt ist es das Verhältnis zu den ursprünglich theologischen Phänomenen der „reinen Lehre" und des „Synkretismus", das liberale und radikale Positionen als solche kennzeichnet.

[2] Friedrich Ebert: *Schriften, Aufzeichnungen, Reden*. Hg. v. Friedrich Ebert jun. Mit einem Lebensbild von Paul Kampffmeyer. Dresden 1926. Bd. II, S. 154.

[3] Über die Bürgerkriegssituation zu Beginn der Weimarer Republik und zu Eberts Strategie, den Bürgerkrieg zu vermeiden: Hagen Schulze: *Weimar. Deutschland 1917–1933*. Berlin 1994, S. 155–188; Heinrich August Winkler: *Weimar 1918–1933. Die Geschichte der ersten deutschen Demokratie*. München 1993, S. 13–108. – Zu Eberts politischer Biographie und zu seinem Konzept des parlamentarischen Interessenausgleichs vgl. Peter Christian Witt: *Friedrich Ebert. Parteiführer, Reichskanzler, Volksbeauftragter, Reichspräsident*. Bonn 1992.

Im konsequenten Widerspruch zum Zeitgeist 1919, gegen die Faszination von Grenzsituation und Ausnahmezustand, entwirft Ebert die Konturen der neuen Republik. Beim Versuch, den Leidenschaften für das Unbedingte zu widersprechen, bringt Ebert Goethe, den Geist von Weimar, ins Spiel. Daher heißt es am Ende seiner Rede:

> Jetzt muß der Geist von Weimar, der Geist der großen Philosophen und Dichter, wieder unser Leben erfüllen. Wir müssen die großen Gesellschaftsprobleme in dem Geiste behandeln, in dem Goethe sie im zweiten Teil des Faust und in Wilhelm Meisters Wanderjahren erfaßt hat: Nicht ins Unendliche schweifen und sich nicht im Theoretischen verlieren. Nicht zaudern und schwanken, sondern mit klarem Blick und fester Hand ins praktische Leben hineingreifen.[4]

Nun ist Faust wahrlich keine praktisch veranlagte Natur, nicht klar sehend, sondern blind und, wie die Sorge berichtet, schwankend und zaudernd. Goethes Tragödie zeigt uns gerade das Desaster der Faustischen Unendlichkeitsobsession. Kein Zweifel, Eberts Interesse gilt, wie es die Berufung auf die *Wanderjahre* deutlich macht, dem Prinzip der „Entsagung". Er greift sich aus der deutschen Geistesgeschichte genau den Gedanken heraus, den er 1919 als kulturhistorisches Fundament braucht für sein politisches Programm: Wenn Ebert unter Berufung auf Goethe Utopieverzicht, Pathosverzicht, Revolutionsverzicht fordert, wird man darin unschwer die Übersetzung der spinozistischen Resignation Goethes in die Verhältnisse der Politik erkennen. Das Goethe-Zitat, das Ebert am Ende seiner Rede dann folgen läßt, stammt indessen weder aus den *Wanderjahren* noch gar aus dem *Faust*, sondern aus *Hermann und Dorothea*. Ebert, ein denkbar unrevolutionärer Geist, könnte seine Position nicht treffender kennzeichnen: „Denn der Mensch, der zur schwanken Zeit auch schwankender Gesinnung ist, / Der vermehrt das Übel und leitet es weiter und weiter. / Aber wer fest auf dem Sinne beharrt, der bildet die Welt sich."[5] Zum

---

[4] Ebert (Anm. 1), S. 156. – In der historischen Forschung besteht Konsens darüber, daß es in erster Linie sicherheitspolitische Erwägungen waren, die die Parlamentarier von Berlin nach Weimar ausweichen ließen. Ebert habe dann versucht, dieses für die angehende Republik peinliche Zeichen der Schwäche hinter Klassikerzitaten zu verbergen. Was über diesen prosaischen Gehalt des „Geistes von Weimar" hinausgehe, sei zwar gut gemeint, aber ohne politische und ideelle Substanz. So die Einschätzung Schulzes (Anm. 3, S. 184) und neuerdings wieder Peter Merseburgers: *Mythos Weimar. Zwischen Geist und Macht.* Stuttgart 1998, S. 280–290. – Der vorliegende Beitrag darf als Widerspruch gegen diese communis opinio gelesen werden, als Plädoyer dafür, den literatur- und mentalitätsgeschichtlichen Horizont in die zeitgeschichtliche Fragestellung miteinzubeziehen. (Schulze selbst regt eine solche Öffnung der Perspektive an. Anm. 3, S. 425.) Denn sofern man Eberts Goethe-Bezug beim Wort nimmt, kommt die alte Debatte zwischen Revolutionären und Reformisten, Bildungsgegnern und Bildungsanhängern, zwischen den Positionen von Marx und Lasalle, von Lenin und Kautsky bzw. Bernstein zum Vorschein. Innerhalb dieser seit den Anfängen der Arbeiter- und Gewerkschaftsbewegung nie zur Ruhe kommenden Diskussion gewinnt Eberts unter Berufung auf Goethe formulierter Revolutionsverzicht einen präzisen ideengeschichtlichen Gehalt. Jetzt zeigt sich das bemerkenswerte Phänomen, daß ein deutscher Arbeiter- und Parteiführer in der Nachfolge August Bebels und Wilhelm Liebknechts in der revolutionären Situation 1919 nicht etwa Marx, sondern Goethe zitiert. Im Gegensatz zu weiten Teilen des Bildungsbürgertums haben die radikalen Republikgegner Eberts Worte sofort verstanden, und sie wurden später nicht müde, Ebert als Verräter zu verteufeln.

[5] Ebert (Anm. 2), S. 156. Ebert zitiert – nicht ganz buchstabengetreu – aus dem 9. Gesang des Goetheschen Epos (vgl. HA 2, S. 514). Goethe entwirft die epische Handlung vor dem Hintergrund des in die Terreurs abstürzenden Revolutionsgeschehens in Frankreich (insbes. im VI. Gesang *Klio. Das Zeitalter,* ebd., S. 478–490), und Ebert skizziert 1919 im Blick auf die historisch-literarische Analogie sein politisches Programm, das den drohenden Absturz in die Schrecken des Bürgerkriegs verhindern soll. Mit großer Präzi-

Erlösungs- und Utopieverzicht gesellt sich der Realismus als charakteristisches Goethesches Erkenntnisprinzip. Die pragmatische, auf der Wahrnehmung der Wirklichkeit beharrende Weltbildung des Realisten führt Ebert ins Feld gegen die radikale Weltveränderung des Revolutionärs. Verspricht im Kalkül der Revolutionstheorie Lenins der katastrophisch beschleunigte Lauf der Dinge – das ist 1919 der Zerfall der Infrastruktur und der Zusammenbruch der Energie- und Nahrungsversorgung – einen dramatischen Wendepunkt, da die revolutionäre Avantgarde auftritt und nach der Auflösung der politischen und sozialen Strukturen im allgemeinen Desaster das Heft an sich reißt, so zielt Eberts Politik darauf, die revolutionäre Dramaturgie zu unterlaufen. Für sein Programm der Beruhigung der aufgewühlten Zeitläufte nimmt Ebert Goethe in Anspruch und inauguriert den Geist von Weimar.[6]

Dieses Konzept präzisiert Gustav Radbruch, wenn er 1919 den Pluralismus der Gesellschaftsentwürfe der *Wanderjahre* im Sinne eines pluralistischen Verfassungstyps auslegt und den Resignationsgedanken als sozialpolitischen Reformismus aktualisiert. Deutschland 1919 ist nicht einfach das „Amerika" des Romans und mithin kein geschichtsleerer Raum. Radbruch zur historischen Gleichzeitigkeit des Ungleichen im Roman: „Was für den Wanderer auf der neuen Erde Recht ist, das würde, so ist Goethes Meinung, für den ‚auf unserem Kontinent' Daheimgebliebenen Frevel sein."[7] Auch in der Übersetzung der literarischen Verhältnisse in die Gegenwart wird man einen Kompromiß finden müssen zwischen der Art des Oheims, „überkommene Zustände freisinnig fortzubilden" und „Lenardos ‚Haupt-

sion wählt Ebert aus der deutschen Literaturgeschichte das Textbeispiel aus, das sowohl das postrevolutionäre Chaos als auch seine Intention der Affektberuhigung illustriert. – Grundlegend für die Goethe-Rezeption im Kontext der Weimarer Republik: Karl Robert Mandelkow: *Goethe in Deutschland. Rezeptionsgeschichte eines Klassikers.* Bd. II. 1919–1982. München 1989, S. 9–77. Ders.: *Zwischen Weimar und Potsdam. Aspekte der Goetherezeption in den zwanziger und dreißiger Jahren in Deutschland.* In: *Weimar 1930. Politik und Kultur im Vorfeld der NS-Diktatur.* Hg. v. Lothar Ehrlich u. Jürgen John. Köln 1998, S. 123–138. Die beiden Editoren geben in ihrer Einleitung (S. VII–XXXVIII) einen Überblick über die vielfältigen, Literatur- und Zeitgeschichte verbindenden Forschungen zur Weimarer Republik. – Weiterhin zur Goethe-Thematik von Mandelkow: *Goethe und die deutsche Gegenwart. Die Rezeption Goethes und der Dichter der deutschen Klassik in der Weimarer Republik und im „Dritten Reich".* In: *Wege nach Weimar. Auf der Suche nach der Einheit von Kunst und Politik.* Hg. v. Hans Wilderotter u. Michael Dorrmann. Berlin 1999, S. 87–98.

6 Der in der Forschungsliteratur vielfach unerkannt spukende „Geist von Weimar", den sich hier die aus dem proletarischen Milieu aufgestiegenen Führer der MSPD gleichsam als Bildungströdel umhängen, gewinnt scharfe Konturen, wenn er so wahrgenommen wird, wie er von Ebert konzipiert war, nämlich als Symbol des Interessenausgleichs zwischen Bürgertum und Arbeiterschaft. Die Brisanz dieser Symbolauswahl erschließt sich freilich nur der historischen Retrospektive, die zugleich jene Ereignisse in den Blick nimmt, die Ebert unmittelbar vor Augen hatte: Kronstadt, Petrograd und die Machtergreifung der Bolschewiki in Rußland. Ebert konnte sich der ihm in der Strategie des deutschen „Roten Oktobers" zugedachten Rolle eines deutschen Kerenski entziehen, weil er mit Hilfe des „Geistes von Weimar" das Prinzip des unversöhnlichen Klassenkampfes zwischen Bürgertum und Arbeiterklasse und mithin das Alpha und Omega der Leninschen Revolutionstheorie außer Kraft zu setzen verstand. Zu Eberts Reaktion auf die Russische Revolution vgl. Witt (Anm. 3), S. 114–118; Schulze (Anm. 3), S. 156 ff.

7 Gustav Radbruch: *Wilhelm Meisters sozial-politische Sendung.* In: Logos VIII (1919/20), S. 152–162, hier S. 157. Überarbeitet und erweitert erscheint 1944 der gleiche Aufsatz unter dem Titel *Wilhelm Meisters sozialistische Sendung* in dem Sammelband Radbruchs: *Gestalten und Gedanken.* Leipzig 1944, S. 93–127. – Der revolutionsvermeidende Bildungsbegriff Goethes ist dann auch als das geistesgeschichtliche Fundament der Kulturlehre Radbruchs anzusehen, die er in Auseinandersetzung mit der marxistischen Überbautheorie entwickelt. Gustav Radbruch: *Kulturlehre des Sozialismus.* Leipzig ^{2}1922.

neigung', ganz von vorne anzufangen".[8] Die historisch entwickelte Rechtswirklichkeit kann nicht kurzerhand im Dienste einer absoluten Gerechtigkeitsidee übersprungen werden, Rechtsphilosophie ohne Rechtsgeschichte, so Radbruch, ist ein Ding der Unmöglichkeit. Es ist nicht so, als ob Goethes Roman und dessen aktualisierende Deutung versagen vor der Widersprüchlichkeit. Vielmehr ist die widersprüchliche Bedeutungsvielfalt – politische Gegensätze, rechtliche Kontroversen, weltanschauliche und konfessionelle Widersprüche –, diese Pluralität selbst ist vielmehr als ein Spezifikum der Realität anzusehen. Nur durch die Destruktion der historisch gewachsenen Realität ließe sich ein absolutes Prinzip und eine vermeintlich widerspruchsfreie Ordnung gewinnen. Und im Interesse der unzulänglichen, aber eben humanen Realität machen Ebert, Radbruch und die Repäsentanten des republikanischen Geistes von Weimar den Verzicht auf das Unbedingte zum Programm.[9] So liegt in wünschenswerter Deutlichkeit der philosophische Gehalt des Geistes von Weimar offen. Letzten Endes sind es immer dieselben Gedanken des Realismus und der Resignation, die die Argumentation der wenigen liberalen Repräsentanten der Republik kennzeichnen.

Wechseln wir den Schauplatz, von der Verfassungsdiskussion der Nationalversammlung in den Hörsaal zu Max Weber vor Münchner Studenten. Auch die Moderne, nicht zuletzt manche Repräsentanten der zeitgenössischen Boheme und Avantgarde, so die Webersche Paradoxie in den beiden berühmten Reden *Wissenschaft als Beruf* (1917) und *Politik als Beruf* (1919), auch die Moderne vereitelt das Aufklärungsprojekt und läßt die alten Götter säkularisiert als Gespenster wiederkehren: „Das aber, was gerade dem modernen Menschen so schwer wird, und der jungen Generation am schwersten, ist: einem solchen Alltag [in der entzauberten Welt; d. Vf.] gewachsen zu sein. Alles Jagen nach dem ‚Erlebnis' stammt aus dieser Schwäche."[10] Die Götzen der neuen profanen Kulte verheißen Befreiung aus der Langeweile des bürgerlichen Alltags. Sensation, Abenteuer, Katastrophen- und Todesnähe – Grenzsituationen des Extrems – versprechen Erlösung und bedingungslose Persönlichkeitserfahrung. Weber verteidigt die reflektierte Indifferenz als das Ethos des wissenschaftlichen Berufs gegen die zeitgenössische Faszination für Entschlossenheit und unbedingte Parteilichkeit, gegen den modernen „Standpunkt, der den Intellektualismus, wie es heute die Jugend tut [...] als den schlimmsten Teufel haßt. Dann gilt für sie das Wort: ‚Bedenkt, der Teufel, der ist alt, so werdet alt ihn zu verstehn.'"[11] Weber zitiert Mephisto, der mit diesen Worten den Baccalaureus zur Besonnenheit ermahnt. Der Baccalaureus, Fausts kleiner Bru-

---

8 Radbruch 1919/20 (Anm. 7), S. 157.

9 So auch der Grundgedanke in Radbruchs Rechtsphilosophie, die im Sinne der auf Goethes Zeitgenossen Savigny zurückgehenden historischen Rechtsschule dem abstrakten (unhistorischen) System des Naturrechts eine Hermeneutik des (historischen) natürlichen Rechts der jeweils konkreten Rechts- und Gesellschaftsrealität gegenüberstellt. Eine Annäherung an das Gerechtigkeitsideal kann demnach nur im Ausgleich der beiden Rechtspositionen gelingen. Gustav Radbruch: *Rechtsphilosophie* (urspr. 1914/1922). Stuttgart 1950. Vgl. hier auch S. 17–77 die Einleitung des Herausgebers Erik Wolf: *Gustav Radbruchs Leben und Werk*; zu Radbruchs Goethe-Bezug S. 27–30, 55–57.

10 Max Weber: *Wissenschaft als Beruf.* In: *Max Weber Gesamtausgabe.* Hg. v. H. Baier, R.M. Lepsius u.a. Bd. 17. Tübingen 1922, S. 101. – Zu Webers Kritik eines spezifisch modernen pseudoreligiösen Erlebniskultes vgl. Karl Löwith: *Max Webers Stellung zur Wissenschaft.* (1964.) In: Karl Löwith: *Sämtliche Schriften.* Bd. 5. Stuttgart 1988, S. 419–447. Zu Webers Polemik gegen politische Ersatzreligionen vgl. auch Eric Voegelin: *Die Größe Max Webers.* Hg. v. P.J. Opitz. München 1995. Mit drei Aufsätzen Voegelins über Weber aus den Jahren 1925, 1930 und 1964.

11 Weber (Anm. 10), S. 105. Vgl. *Faust. Der Tragödie zweiter Teil.* HA 3, S. 209, Verse 6817 ff. Im folgenden nach der Verszählung dieser Ausgabe zitiert.

der im Ungeiste, ist in Webers Perspektive der literarische Repräsentant des modernen jugendlichen Hasses auf die Intellektualität.

Und so charakterisiert Goethe den Baccalaureus: Dieser gehört zu den „Neusten", die „sich grenzelos erdreusten" (V. 6687 f.) und in solcher Grenzüberschreitung neue Identität suchen. Dazu zählt der Protest gegen Büchergelehrsamkeit und historisches Wissen und der Protest gegen das Alter als solches. „Hat einer dreißig Jahr vorüber, / so ist er schon so gut wie tot. / Am besten wär's ihn zeitig totzuschlagen" (V. 6787 f.). Dazu zählt weiterhin die Sturm-und-Drang-Faszination für das Grobe – „im Deutschen lügt man, wenn man höflich ist" (V. 6771) – und die gleichsam nietzscheanische Begeisterung für das Starke: „Des Menschen Leben lebt im Blut, und wo / Bewegt das Blut sich wie im Jüngling so? [...] Da regt sich alles, da wird was getan, / Das Schwache fällt, das Tüchtige tritt heran" (V. 6776 ff.). Zum Enthusiasmus für die primitive Aktion gesellt sich die Verachtung der Reflexion. Der Baccalaureus verkündet die Befreiung von den „Schranken / Philisterhaft einklemmender Gedanken" (V. 6801 f.), ermächtigt sich selbst zur hybriden Neuschöpfung der Welt, „dies ist der Jugend edelster Beruf! / Die Welt, sie war nicht, eh' ich sie erschuf" (V. 6793 f.), und verabschiedet sich mit einem gleichsam futuristischen Flugbild: „Das Helle vor mir, Finsternis im Rücken" (V. 6806).

Goethes düstere Ahnung kommender Zeiten trifft am Ende des Ersten Weltkriegs den Zeitgeist offenbar so genau, daß sie bruchlos eingehen kann in Webers aktuelle Phänomenologie der Moderne. Wohin Weber auch blickt, überall und nicht zuletzt in den Hörsälen sieht er die von Goethe beschriebenen „Hansnarren", die mit allen historischen Bedingtheiten radikal brechen und von vorne anfangen wollen, die Dilettanten, die den Propheten oder Heiland spielen, schließlich die Unzahl derer, die nach dem Erlöser rufen.[12] Goethes Entsagungskonzept gewinnt neue Gegenwärtigkeit, denn gerade unter den Bedingungen des Fanatismus in der entgötterten Welt findet Weber, nicht anders als zur selben Zeit Friedrich Ebert, in Goethes *Betrachtungen im Sinne der Wanderer* die Maxime für verantwortungsvolles Handeln. Sie lautet: „an unsere Arbeit gehen und der ‚Forderung des Tages' gerecht werden – menschlich sowohl wie beruflich. Die aber ist schlicht und einfach, wenn jeder den Dämon findet und ihm gehorcht, der seines Lebens Faden hält."[13]

---

12 Bereits in Webers religionssoziologischer Studie über die aus dem säkularisierten Geiste der protestantischen Askese hervorgehende kapitalistische Wirtschaftsform spielt Goethe eine prominente Rolle. Für Weber ist Goethe der Repräsentant eines epocheübergreifenden Säkularisationsprozesses, dessen historische Analyse als das Fundamentalthema der Weberschen Wissenschaft angesehen werden darf. Max Weber: *Die protestantische Ethik und der Geist des Kapitalismus* (1906). In: Max Weber: *Die protestantische Ethik. Eine Aufsatzsammlung.* Bd. I. Hg. v. Johannes Winckelmann. Tübingen [6]1981. Zu Goethes Entsagungskonzept in der Überlieferung der protestantisch-bürgerlichen Berufsaskese hier S. 183–190. Der Säkularisationsprozeß ist jedoch bei Goethe nicht am Ziel; er nimmt in Webers Entwicklungsschema im ausgehenden 19. und erst recht im 20. Jahrhundert eine verhängnisvolle Wendung und führt in das „stahlharte Gehäuse" (S. 188) der geistlosen und zwanghaften Arbeit. – Zu Webers Deutung der Goetheschen Resignation als asketisch-bürgerliche Kultur-Antwort auf die „Entzauberung der Welt" vgl. Wolfgang Frühwald: *Goethes Spätwerk – die Erfahrung sich selbst historisch zu werden.* In: GJb 114 (1997), S. 23–34, hier S. 32 ff.

13 Weber (Anm. 10), S. 111. Vgl. *Betrachtungen im Sinne der Wanderer*, Nr. 3. In: *Wilhelm Meisters Wanderjahre oder die Entsagenden.* HA 8, S. 283. Zu Webers Verbindung des individuellen Daimonions mit dem Resignationsprinzip und zu seinem programmatischen Realismus einer vita activa vgl. Eric Voegelin (Anm. 10), S. 27 f., 93 ff. Bei aller Verehrung ist schon an dieser Stelle Voegelins Kritik an Webers transzendenzloser Immanenzphilosophie nicht zu überhören. – Es ist evident, daß auch Webers Gedanke aus dem Vortrag *Politik als Beruf*, die Unterscheidung zwischen Verantwortungs- und

II. Der „Bürger" als Feind

Erkennen die wenigen Fürsprecher der Weimarer Republik in der Aktualisierung des Goetheschen Resignationskonzeptes einen Ausweg aus der Krise, so sehen die zahlreichen Kritiker des neuen Staates denselben Geist von Weimar als Wurzel aller Übel an. Stets ist es der Gedanke der Resignation und des Kompromisses, der bei den Republikgegnern auf strikte Ablehnung stößt.[14]

Zwei wichtige Einschränkungen sind an dieser Stelle einzufügen. Es gab während der Weimarer Republik in den Kreisen ihrer Gegner zahlreiche Versuche, gerade auch Goethe, freilich nie den spinozistischen Goethe, dienstbar zu machen für die epochentypischen pseudoreligiösen Sinnstiftungen.[15] Zweite Einschränkung: Auch bei prominenten Repräsentanten der Goethe-Philologie, etwa bei Hermann August Korff und Julius Petersen, tritt Goethe mitunter im messianischen Gewande auf und stiftet einen typisch deutschen, gar faustischen Glauben.[16] Es soll nicht der Eindruck entstehen, als seien die Kritiker der Republik notwendigerweise auch Goethe-Kritiker, als seien Goethe-Verehrer immer auch Republik-Freunde. So weit die notwendigen Einschränkungen.

Es ist bemerkenswert, daß auch in der Weimarkritik der Avantgarde jene von Max Weber als epochentypisch beschriebenen antirationalistischen Argumente zu Wort kommen. In der Nachfolge des Neuevangeliums Nietzsche-Zarathustras heißt es 1919 in Raoul Hausmanns *Pamphlet gegen die Weimarische Lebensauffassung*: „Ich verkünde die dadaistische Welt! Ich verlache Wissenschaft und Kultur, diese elenden Sicherungen einer zum

---

Gesinnungsethik, zurückgeht auf das spinozistische Resignationskonzept Goethes. Wie in *Wissenschaft als Beruf*, so läßt Weber in *Politik als Beruf* abermals Goethes Baccalaureus auftreten, in diesem Fall als Prototyp des in der Politik dilettierenden Gesinnungsethikers, der glaubt, die widersprüchliche Realität nach dem absoluten Prinzip seines subjektiven Geistes umschaffen zu können zur widerspruchsfreien schönen neuen Welt. Vgl. Weber: *Politik als Beruf.* Gesamtausgabe, Bd. 17 (Anm. 10), S. 248 f.

14 Einen Überblick über die intellektuellen Auseinandersetzungen um den „Geist von Weimar" während der Weimarer Republik geben Hagen Schulze (Anm. 3), S. 123–138; Peter Gay: *Die Republik der Außenseiter. Geist und Kultur in der Weimarer Zeit.* 1918–1933. Frankfurt 1970; Walter Laqueur: *Weimar. Die Kultur der Republik.* Berlin 1976. Hier zu Weimar-Kritik im links- und rechtsextremen Spektrum der Avantgarde S. 62–138.

15 Da dieser Teil der Rezeptionsgeschichte vom Weimarer Forschungsprojekt über die „Instrumentalisierung kultureller Traditionen" auf beeindruckende Weise rekonstruiert wird, möchte ich mir erlauben, das ideengeschichtliche Interesse auf einen anderen Aspekt zu lenken. Dazu Lothar Ehrlich u. Jürgen John (Hg.): *Weimar 1930* (Anm. 2).

16 Hermann August Korff: *Geist der Goethezeit. Versuch einer ideellen Entwicklung der klassisch-romantischen Literaturgeschichte.* 4 Bde. Leipzig 1923 ff. War schon 1923 im Sturm-und-Drang-Teil des Korffschen Entwicklungsschemas die deutsche Geistesgeschichte „mit Lessing und Goethe in die Periode ihres Heidentums" eingetreten – eine vermeintlich unumstößliche Erkenntnis, an der Korff nur noch „unreinliche Geister" zweifeln läßt (4. Aufl., S. 267 f.) –, so ist 1930 im Klassik-Band bereits von der „faustischen Religion" die Rede, die unverkennbar die zarathustrischen Züge Nietzsches trägt. Das „ewige Streben" ersetzt die Meditations- und Geduldsprinzipien des christlichen Glaubens. Im Sinne dieser modernen Bewegungsreligion kann Korff dann sogar „auch Faust – eine schöne Seele nennen." (Bd. 2, 1. Aufl., S. 421 f.) – Messianische Züge nimmt 1932 das Goethe-Bild Julius Petersens an; es symbolisiert das in der Endphase der Weimarer Republik verbreitete Bewußtsein des Äonenwechsels. Jetzt sei es erlaubt, „die Zeitrechnung umzustellen und die Marksteine der Jahrhunderte nicht nach Christi Geburt anzusetzen, sondern nach seinem Tod." Petersen: *Erdentage und Ewigkeit. Rede bei der Reichsgedächtnisfeier in Weimar am 22.3.1932.* In: GJb 18 (1932), S. 3.

Tode verurteilten Gesellschaft."[17] Der extremen Kulturkritik der Avantgarde liegt als Gedankenfigur der Konversionsgedanke zugrunde, den Nietzsche aus der Säkularisierung der theologischen Fundamentalkonversion gewinnt – das Leben ist der Tod und der Tod ist das Leben –, und dessen Prinzip er in der Umwertung der Werte an das radikale Denken der Moderne weitergibt. Kein weimarkritisches Manifest, das nicht geprägt wäre von Umwertungsvorstellungen, die die bürgerliche Überlieferung als etwas Totes und die Republik von Weimar als Fälschung entlarven. Die „Weimarische Lebensauffassung", und die parlamentarische Demokratie zählt dazu, ist, so Hausmann, ein „Gesäusel am Bauche des Gottes Mammon".[18] Im Bewußtsein, den Skandal eines epochalen Baalskultes aufzudecken, entsteht die Faszination für das Sinnlose. „Die Heiligkeit des Sinnlosen ist der wahre Gegensatz zur Ehre des Bürgers, des ehrlichen Sicherheitsgehirns".[19] Der Erfinder des in dieser Perspektive unredlichen bürgerlichen Sicherheitsdenkens ist Goethe, der gemeinsam mit Schiller in der Klassik das bewegte, wahre Leben fesselt:

> Ich bin nicht nur gegen den Geist von Potsdam – ich bin vor allem gegen Weimar. Noch kläglichere Folgen als der alte Fritz zeitigten Goethe und Schiller – die Regierung Ebert-Scheidemann war eine Selbstverständlichkeit aus der dummen und habgierigen Haltlosigkeit des dichterischen Klassizismus. Dieser Klassizismus ist eine Uniform [...] für Dinge, die nicht das Erleben streifen. Außerhalb aller Strudel des realen Geschehens.[20]

Um im Sinne der modernen Bewegungsfaszination in den Strudel hineinzugeraten, bedarf es einer Befreiung von den weimarischen Kulturwerten. Entsprechend gibt Hausmann die Devise aus:

> Wir wollen nicht Demokratie, Liberalität, [...] wir werden nicht scharfsinnig Begriffe spalten oder vor dem reinen Erkennen uns beugen – wir sehen nur Mittel hier, unser Spiel vom Bewußtwerden, ins Bewußtseintreten der Welt zu spielen, getrieben von unserem Instinkt; und wir wollen Freunde sein dessen, was die Geißel ist des beruhigten Menschen: wir leben dem Unsicheren, wir wollen nicht Wert und Sinn [...] Wir wollen alles selbst schaffen, unsere neue Welt. [...] Der Dadaist ist gegen den Humanismus, gegen die historische Bildung! Er ist für das eigene Erleben!!![21]

---

17 Raoul Hausmann: *Pamphlet gegen die Weimarische Lebensauffassung* (1918). In: Richard Huelsenbeck (Hg.): *DADA. Eine literarische Dokumentation* (Urspr. 1964). Reinbek 1994, S. 37–39, hier S. 37 f.

18 Ebd.

19 Ebd.

20 Ebd., S. 38.

21 Ebd., S. 38 f. Raoul Hausmann, typischer Repräsentant der in den Okkultismus abdriftenden radikal weimarkritischen Avantgarde, war nicht nur Dadaist, sondern zugleich Anhänger der „Welteislehre" Hanns Hörbigers, einer apokalyptisch-kataklystischen Explosionskosmologie, der dann nach 1933 in Deutschland auch offizielle Anerkennung zuteil werden sollte. Vgl. dazu: *Scharfrichter der bürgerlichen Seele. Raoul Hausmann in Berlin 1900–1933.* Hg. u. komm. von Eva Zimmer. (Ausstellungskatalog.) Berlin/München 1998. – Zum antiintellektuellen und antirationalistischen Gestus der Avantgarde vgl. Corona Hepp: *Avantgarde. Moderne Kunst, Kulturkritik und Reformbewegungen nach der Jahrhundertwende.* München ^{2}1992. Insbes. die Kapitel „Apostel und Gemeinde" und „Bruder und Fremdling" bieten reichhaltige Illustrationen zur Neureligiosität der Moderne im Zeichen Zarathustras. Ebd. S. 75–147.

„Dada ist ein Wirbel", „fortwährende Beweglichkeit", ohne jede „intellektuelle Erfassungsmöglichkeit".[22] „Ein Moment auf einem Stuhl gesessen, heißt, das Leben in Gefahr gebracht haben", wird es im *dadaistischen Manifest* heißen.[23] Verabscheuungswürdig erscheint in dieser Perspektive das Ruheideal der intellektuellen Reflexion. Als Agent des lebensfeindlichen Prinzips tritt hier der Bürger auf, der seine eigene sicherheitsbedürftige Lebensschwäche ästhetizistisch-klassizistisch verbrämt. Diesen Schwindel gilt es aufzudecken. Aus dem Dada-Programm:

> Dada macht eine Art Anti-Kulturpropaganda, aus Ehrlichkeit, aus Ekel [...]. Es bekämpft zum Beispiel die Kulturideologie, die es für eine der größten und infamsten Lügen hält – rein aus Lust an der Bewegung, wenn man will aus Grausamkeit, vielleicht aus Koketterie. Der Bürger, der satte Karpfen, und Viehhändler [...] soll von Dada ermordet, abgemurkst, für immer unschädlich gemacht werden.[24]

Der Kampfbegriff gegen Bildung und Kultur ist das „Nichts" – „Dada bedeutet nichts", heißt es immer wieder[25] –, und das ist ganz konkret zu verstehen: Das Nichts ist das Faszinierende, Utopische.

Gleichsam als Initialzündung einer radikalen Avantgarde und ihrer Begeisterung für das Nichts sind die Tabula-rasa-Phantasien des italienischen Futurismus anzusehen, der alles aus dem Weg räumt, was dem modernen Bewegungsrausch als Hindernis in die Quere kommen könnte. Im folgenden werde ich versuchen, in der Avantgarde der Kunst, Literatur, Theologie und Philosophie die das radikale Denken antreibende Faszination für das Nichts zu skizzieren. In diesem Zusammenhang soll deutlich werden, warum der Goethe-Bezug der ersten deutschen Republik den neuralgischen Punkt der antiliberal eingestellten Avantgarde trifft: Goethe ist das Symbol der Selbstbegrenzung und die Summe all dessen, was dem modernen Rausch der grenzenlosen Bewegung und der Hochgeschwindigkeit in die Quere kommt. Es ist eine Abneigung, die auf Gegenseitigkeit beruht, denn das Veloziferische einer antizipierten Moderne war Goethe ein Greuel.

Der moderne Ekel vor einer Kultur und Politik im Geiste des Resignationsprinzips hat nun selbst, trotz aller Gesten des radikalen Traditionsbruchs, eine Überlieferung, die Aufschluß gibt über die Energien, die den Kampf gegen Goethe und Weimar befeuern. Unentschiedenheit, Indifferenz, Charakterlosigkeit lauten seit dem beginnenden 19. Jahrhundert die stets wiederkehrenden Stichworte der Kritik an Goethes Realismus- und Ausgleichsprinzip. Und der Ausbund an Charakterlosigkeit ist in dieser Perspektive der literarische Repräsentant der Entsagungslehre: Wilhelm Meister. Da sich die Gründer der Weimarer Republik auf Wilhelm Meister berufen, können sich die Kritiker dieses Staates des überlieferten Arsenals der Wilhem-Meister-Schelte bedienen.[26]

---

22 R. Hausmann: *Dada ist mehr als Dada.* 1921. (Anm. 17), S. 40.

23 R. Hausmann u. a.: *Dadaistisches Manifest.* 1918. (Anm. 17), S. 33.

24 Richard Huelsenbeck: *Einleitung zum Dada-Almanach.* 1920. (Anm. 17), S. 106.

25 Richard Huelsenbeck: *Erklärung* (1916) und *Dadarede* (1918). (Anm. 17), S. 33 f.

26 Das überlieferte, auch in der modernen Goethe-Kritik stets virulente Quellenmaterial der Wilhelm-Meister-Schelte dokumentiert Klaus F. Gille (Hg.): *Goethes „Wilhelm Meister". Zur Rezeptionsgeschichte der „Lehr- und Wanderjahre".* Königstein 1979. Jene goethekritische Überlieferung, die den für die Moderne charakteristischen Paradigmenwechsel vom klassischen Ausgleichsdenken zur romantischen Utopie- und Unendlichkeitsfaszination in exemplarischer Deutlichkeit zeigt, analysiert ebenfalls

So heißt es etwa 1922 in der Zeitschrift „Die Aktion“ bei Franz Pfemfert in einer der zahllosen Polemiken gegen Friedrich Ebert, es gelte, den „bürgerlichen Gedankenkehrricht der anmarschierenden Klasse aus dem Weg zu räumen“, den der Emporkömmling und Renegat Ebert dort angehäuft habe. Denn: „Besonders schädlich ist der alte, der ‚klassische‘ Dreck, da er von den Ausbeutern durch abertausend Kanäle (‚Kultur‘, ‚Bildung‘ ...) in die Köpfe der auszubeutenden, produktiven Menschheit geleitet wird und die Unterdrückten mit den Ideologien der Unterdrücker verpestet.“[27] Diese klassenkämpferische Ebert-Polemik läßt Pfemfert dann unmittelbar übergehen in ein ausführliches Zitat aus Ludwig Börnes Goethe- und Wilhelm-Meister-Polemik von 1835, mit den für die Goethe-Kritik so typischen Vorwürfen, Goethe habe keine Moral und Goethe habe keine Religion. Goethe kenne nur die „gemeine Liebe“, die „aus dem Unterleib kommt“, polizeiwidrig sei die „Liebeswirtschaft der Maitressen und Günstlinge im *Wilhelm Meister*“. Nicht zu trennen von solchen Verhältnissen ist hier Goethes Religionslosigkeit, „keine Sehnsucht, keine Gläubigkeit“, alles wird zum Maßvollen verwässert, das „Unendliche und die Ewigkeit“ bleibe dem „Stabilitätsnarr“ unverständlich, „die Bequemlichkeit war seine Religion“. Wie Liebe und Glauben, so schlage Goethe das Leben tot, weil er „nur das verstand, was tot war“. Es gibt nur einen Weg zum Leben zurück: „über seine [Goethes; d. Vf.] Leiche muß es [das Volk; d. Vf.] schreiten, will es zu seinem Glück kommen.“[28]

Diese Erkenntnis wird dann unmittelbar auf den Staat von Weimar übertragen, dessen Leiche desgleichen überschritten werden muß. Sofort tritt der Spezialist für literarische Leichenschau in der Weimarer Republik auf; Pfemfert erteilt das Wort Gottfried Benn, damit dieser, wie es heißt, das „Goethe-Deutschland von 1922“ schildere:

Die Börsenbullen und die Bänkeljulen,
Die haben Deutschland wieder aufgebaut.
Der Jobber und die liederreichen Thulen,
Zwei Ferkel, aus demselben Stall gesaut – [...]

Avant! Die Hosen runter, smarte Geister,
An Spree und Jordan großer Samenfang!
Und dann das Onanat mit Demos-Kleister [d. i. der Parlamentarismus; d. Vf.]
Versalbt zu flottem Nebbich mit Gesang.[29]

Gottfried Benn hat auch bessere Gedichte geschrieben, aber dieses zeigt besonders deutlich die im Expressionismus weit verbreitete Sodom-und-Gomorrha-Perspektive auf die Weimarer Republik. Hier ist es nicht anders als bei Goethe selbst: außen die Fassade der Kultur, dahinter der Baalskult der verwerflichen Lüste. Auch in der expressionistischen Version

---

Klaus F. Gille: *„Wilhelm Meister“ im Urteil der Zeitgenossen. Ein Beitrag zur Wirkungsgeschichte Goethes.* Essen 1971.

27 Franz Pfemfert: *Herr Ebert entdeckt Goethe.* In: Die Aktion 12 (1922), S. 123–128, hier S. 124.

28 Ludwig Börne zitiert bei Pfemfert (Anm. 27), S. 125 f.

29 Gottfried Benn: *Prolog.* In: Die Aktion 12 (1922), S. 131 f. – 1932 vermag Benn dann ausgerechnet Goethe ins antirationalistische Gefecht zu führen gegen das Wissenschaftsverständnis der bürgerlichen Überlieferung. Goethes Begriff der Natur-Anschauung verschwindet hier hinter Benns Zivilisationsinvektiven, die diktiert werden von der modernen Sehnsucht, die erkenntniskritische Distanz zwischen Subjekt und Objekt aufzuheben. Vgl. Gottfried Benn: *Goethe und die Naturwissenschaften.* In: Die Neue Rundschau 43, 1 (Goethe-Sonderheft 1932), S. 463–490.

Gottfried Benns gehören solche Bilder des prophetischen Zorns ins Umfeld der epochetypischen, weimar- und goethefeindlichen Theologie und Philosophie der Krise.

Nicht zu überschätzen in seinem Einfluß auf die Anti-Weimar-Argumentation ist der 1919 erschienene Römerbrief Karl Barths, weniger wegen seines originären theologischen Gehalts als vielmehr wegen seiner an Schärfe nicht mehr überbietbaren Kulturkritik. „Nahe ist uns das Wort, bereit liegt das Dynamit, wo wir auch hinblicken“, so lautet Barths Devise für die Grundstimmung der Zeit.[30] Der alte, sündhafte Adam muß absterben, ehe der neue Mensch aus dem Desaster der bestehenden Welt hervorgehen kann. Der paulinisch-nietzscheanische Konversionsgedanke wird auf alle Bereiche der Kultur übertragen. Alles, was jenem Totaliter aliter, der immer nur paradox, in der Negation erfahrbaren Gnade in den Weg kommen könnte und die Existenzverneinung mildert, ist Baalskult: das Gerede von „Natur“ und „Kultur“, die Fata Morgana der „göttlichen Harmonie“.[31] Der getröstete, ungebrochene Mensch lebt in der Lüge. Das „Spezifische an Gott“ ist ihm unbekannt. Das aber ist, so Barth, das Nichts: „der Gedanke an die Gletscherspalte, an die Polarregion, an die Verwüstungszone“.[32]

Dieser abstrakte theologische Radikalismus nimmt schon bei Friedrich Gogarten, mit dem Barth bis 1933 gemeinsam die extreme Protestation anführt, konkrete Formen an im Kampf gegen die Republik von Weimar und natürlich gegen Goethe, den wichtigsten Repräsentanten der bürgerlichen Bequemlichkeitskultur.[33] „Zwischen der alten und der neuen Schöpfung steht immer das Ende unserer Tage, das Ende dieses Menschen und dieser Welt“, so Barth[34], und dieses Ende, die Zwischenzeit und Zeitenwende, präzisiert Gogarten, ist jetzt in der Weimarer Republik erreicht. Gottlos ist in der eschatologischen Perspektive, wer die moribunde Kultur des Weimarer Staates verteidigt und der heilsgeschichtlichen Bewegung in den Arm fällt.[35]

---

30 Karl Barth: *Der Römerbrief.* 2. Fassung 1922. Zürich [15]1989, S. 398. – Gerade die Theologie der Krise illustriert drastisch die epochentypische Widersprüchlichkeit des geistes- und mentalitätsgeschichtlichen Geschehens: Dieselbe intolerante Zivilisationskritik Barths, die im theologischen Auftrag einer „radikalen Negation alles Menschlichen“ (S. 396) für ein liberales Kompromißdenken während der Weimarer Republik keinen Spielraum läßt, sondern im Sinne des unbedingten Entweder-Oder radikal trennt zwischen Baalskult und reiner Lehre, stellt von 1934 an das theologische Abwehrpotential bereit gegen die ideologische Vereinnahmung der evangelischen Kirche durch den totalen Staat. – Zur zwiespältigen, dezidiert antiliberalen Rolle der negativen Theologie in der Weimarer Republik vgl. Kurt Nowak: *Protestantismus und Weimarer Republik: Politische Wegmarken in der evangelischen Kirche 1918–1932.* In: Karl Dietrich Bracher u. a. (Hg.): *Die Weimarer Republik. 1918–1932. Politik, Wirtschaft, Gesellschaft.* Düsseldorf 1987, S. 218–237.

31 Barth (Anm. 30), S. 28, 312.

32 Ebd., S. 26 f.

33 „Zwischen den Zeiten“ lautet der chiliastische Titel der Zeitschrift (1922–1933), in der Gogarten und Barth ihrer epochentypischen Faszination für die „Krisis“ und die „große Störung“, trotz aller theologischen Differenzen, gemeinsam Ausdruck verleihen.

34 Barth (Anm. 30), S. 83.

35 Die Absage an ein liberales Staats- und Gesellschaftsverständnis und die radikale Weimar-Kritik insbes. in: Friedrich Gogarten: *Politische Ethik. Versuch einer Grundlegung.* Jena 1932. Zur Goethe-Kritik vgl. Friedrich Gogarten: *Goethes Frömmigkeit.* In: Zeitwende 8, 1 (1932), S. 161–173; mit dem unvermeidlichen existentialistischen Argument, daß Goethe sich der eigentlichen Existenz, dem heroisch-tragischen geschichtlichen Sein, als „Privatmann“ entziehe. Ebd., S. 172 f. Zu Gogarten vgl. Kurt Nowak: *Evangelische Kirche und Weimarer Republik. Zum politischen Weg des deutschen Protestantismus.* Weimar [2]1988, insbes. S. 236–240. – Zu Gogarten und Barth vgl. Alexander Schwan: *Zeitgenössische Philosophie und Theologie in ihrem Verhältnis zur Weimarer Republik.* In: Karl Dietrich Erdmann, Hagen Schulze (Hg.): *Weimar. Selbstpreisgabe einer Demokratie. Eine Bilanz heute.* Düsseldorf 1980, S. 259–304, insbes. S. 262–267.

Das das Zeitalter der Weimarer Republik auf allen Ebenen beherrschende Gefecht gegen die Philister zeigt sich gleichsam unter dem Vergrößerungsglas im Kampf der Theologie der Krise gegen die liberale Theologie. Die prominenten Liberalen, allen voran Adolf von Harnack und Ernst Troeltsch, hatten sich nicht nur, gar als Staatssekretäre, in den Dienst der verteufelten Republik gestellt, sondern zudem erscheint in ihrem Konzept des Kulturprotestantismus und einer historisch definierten toleranten Humanitäts- und Bildungsreligion ausgerechnet Goethe als der genuine Typ des Homo religiosus.[36] Goethe aber ist der Götzendiener schlechthin in den Augen der radikalen Theologie, denn mit Hilfe Spinozas holt Goethe Gott in die Welt; „in herbis et lapidibus" (an Jacobi, 9. 6. 1785) ist das Göttliche im Dasein anwesend, „die Natur ist immer Jehova" (HA 12, S. 365). Ob bei Pastor Pustkuchen, bei Kierkegaard oder Gogarten, stets ist die Empörung groß über den indifferenten Goethe, der es sich bequem macht, insofern er den Riß, der durch die Schöpfung geht, kittet, die unbedingt feindlichen Prinzipien Gott und Welt, Absolut-Gut und Absolut-Böse durcheinanderbringt und sich dem Entweder-Oder entzieht.

Dem radikalen Dualismus widersprechend, begründet Goethe seine Weltfrömmigkeit nicht nur philosophisch-spinozistisch, sondern auch theologisch. Pelagianisch läßt er die Erbsünde und das radikal Böse aus der Welt verschwinden. Infolgedessen ist auch die radikale Umkehrung aller Dinge überflüssig, statt dessen herrscht in der Welt das tröstende Prinzip der Wiederbringung aller Dinge, in theologischer Originalität als originistische Apokatastasis im *Faust*. Übersetzt in die Verhältnisse der Wilhelm-Meister-Romane ist es das Prinzip der Heilung. „Alles, was uns begegnet, läßt Spuren zurück, alles trägt unmerklich zu unserer Bildung bei", so der Abbé in den *Lehrjahren* zu Wilhelm (HA 7, S. 422). Es bedarf keiner Konversion, keines Zerbrechens der Biographie, um zur wahren Identität zu gelangen. Und am Ende der *Wanderjahre* lautet das pelagianisch-originistische Bekenntnis der Heilung: „Wirst du doch immer aufs neue hervorgebracht, herrlich Ebenbild Gottes!" (HA 8, S. 460.)

Mit der unorthodoxen Argumentation Goethes hat die liberale Theologie keine Schwierigkeiten, weil sie den unhistorischen Begriff der reinen Lehre nicht kennt und statt dessen die historischen Erscheinungsformen der Religion betrachtet. Das gilt zumal für die Vertreter der religionsgeschichtlichen Schule, für Harnack und Troeltsch. Denn im Unterschied zum radikalen Denken, das auf den vermeintlich reinen Ursprung, die Wurzel, fixiert ist, orientiert sich die historische Schule am Prinzip der Entwicklung.

---

36 Adolf von Harnack: *Die Religion Goethes in der Epoche seiner Vollendung.* In: Harnack: *Erforschtes und Erlebtes.* Gießen 1923, S. 141–170. Goethes Religion in einem allgemeinen Sinn erläutert Harnack im Blick auf den Begriff der „Ehrfurcht", hier S. 146 ff. – Ernst Troeltsch: *Protestantisches Christentum und Kirche in der Neuzeit.* In: *Die Kultur der Gegenwart.* Hg. v. Paul Hinneberg. Teil I, Abt. IV. Leipzig 1906, S. 253–458. Die religionsgeschichtliche Argumentation Harnacks und Troeltschs entzieht den literarisch-theologischen Kreuzzügen gegen das vermeintliche „Heidentum" Goethes das Fundament. Charakteristisch für diesen Gedankengang ist das synthetische Argument Troeltschs: „In Wahrheit ist er [Goethe, d. Vf.] doch nur eine neue Kombination der uralten Elemente der europäischen Kultur, der Antike und des Christentums. [...] Das Christentum hat nie ohne Ergänzungen und Hinzuziehungen existiert, und so vollzieht sich hier ein neuer Versuch der Ergänzung, der mit einem verinnerlichten Christentum den Erwerb der antiken und modernen Kultur neu verbindet." Ebd., S. 430 f. – Grundlegend zum Verständnis der Goetheschen „Ehrfurcht" im Sinne einer allgemeinen und vergleichenden Religionsphänomenologie: Hans Heinrich Schaeder: *Goethes Erlebnis des Ostens.* Leipzig 1938; Grete Schaeder: *Gott und Welt. Drei Kapitel Goethescher Weltanschauung.* Hameln 1947.

Es war später der Literaturwissenschaft vorbehalten, eindrucksvoll die europäische Entwicklung eines originär christlichen Prinzips darzustellen. Die Rede ist von Erich Auerbachs *Mimesis*, der Geschichte des christlich-kreatürlichen Mischungs- und Immanenzprinzips.[37] Den Sermo humilis, die Überzeugung vom unhintergehbaren Wert des individuellen Humanums und des beliebigen Augenblicks, findet Auerbach wieder in den historischen Entwicklungsformen des europäischen Realismus. Natürlich ist Goethe in der deutschen Literaturgeschichte der originäre Repräsentant dieser Entwicklung des Immanenzdenkens, wenngleich es Auerbach beklagt, daß Goethes Realismus der Natur und nicht der Geschichte zugewandt war.[38]

„Wie es auch sei, das Leben es ist gut" (HA 1, S. 386). Der Vers Goethes, der in den Ohren der radikalen Theologie blasphemisch klingen mag, ist in der Perspektive der Entwicklungsgeschichte des Sermo humilis als literarische Übersetzung des christlich-kreatürlichen Mischungsprinzips zu lesen. Aufgrund dieser Mischung ist jedes individuelle Leben, wie es auch sei, gut.

Jedoch, das Mischungsprinzip erregt den Protest auf seiten des extremen Denkens. Extremes Denken trennt, und zwar radikal. Damit kehren wir von den theologischen Ursachen des Streits um Goethe zurück zum pseudotheologischen Streit um die Weimarer Republik, und zwar zu den beiden radikalsten Vertretern der dezidiert antiliberalen Avantgarde, zu Carl Schmitt und zu Martin Heidegger. Bereits der Titel von Schmitts berühmtesten Buch, die *Politische Theologie* von 1922, zeigt an, daß wir uns auf dem von Max Weber und später von Eric Voegelin und Karl Löwith beschriebenen Terrain der politischen Religionen befinden.[39] Nichts ist in den zeitgenössischen Texten der Weimarer Epoche so symptomatisch für die vergiftete Atmosphäre der gar nicht so goldenen zwanziger Jahre wie die permanente Rede von den Todfeinden. Schmitts *Politische Theologie* und sein *Begriff des Politischen* geben dazu die Theorie und trennen radikal zwischen Freund und Feind. Und die ganze Verachtung trifft die Weimarer Republik und ihre Repräsentanten, die mit ihrer ‚humanitätsduseligen' Berufung auf das klassische Weimar glauben, es gebe

---

37 Erich Auerbach: *Mimesis. Dargestellte Wirklichkeit in der abendländischen Literatur* (urspr. 1946). Bern [8]1988.

38 Im Kapitel „Musikus Miller" geht Auerbach ausführlich auf Goethe ein (Anm. 37, S. 413–429), dessen Stilmischung er unterscheidet von „Schillers dualistischer Anlage, die Idee und Sinnlichkeit scharf trennte" (S. 413). Goethes Dichtung repräsentiert in der Perspektive Auerbachs jene „deutsche Geistesbewegung", die „in der zweiten Hälfte des 18. Jahrhunderts die ästhetische Grundlage des modernen Realismus schuf: ich meine dasjenige, was man neuerdings als Historismus bezeichnet" (S. 412). Ein „zeitgenössischer Realismus tragischen Ranges" (S. 413) entsteht im 19. Jahrhundert jedoch nicht in der deutschen, sondern in der französischen Literatur, so die von Auerbach beobachtete und auf Goethes Wirkung zurückgeführte geistesgeschichtliche Paradoxie. Weitere Erläuterungen zu Goethe im Spannungsfeld der stiltrennenden und stilmischenden Überlieferungen gibt Auerbach im Homer- (S. 7), Dante- (S. 177) und Shakespeare-Kapitel (S. 315).

39 Carl Schmitt: *Politische Theologie. Vier Kapitel zur Lehre von der Souveränität.* München/Leipzig 1922. „Souverän ist, wer über den Ausnahmezustand entscheidet" (S. 9). So lautet die Devise, mit der Schmitts Staatslehre anhebt. Die epochentypische Faszination für die Grenz- und Ausnahmesituation nimmt in Schmitts säkularer Theologie die Züge einer formaljuristischen Obsession für das „Reine" an. Denn der Ausnahmezustand offenbart „ein spezifisch-juristisches Formelement, die Dezision, in absoluter Reinheit" (S. 13). Getrennt von klassischer Weisheit und ihrer europäischen Überlieferung, formuliert Schmitt die Grundregeln des Dezisionismus: „Die Ausnahme ist interessanter als der Normalfall. Das Normale beweist nichts, die Ausnahme beweist alles [...]. In der Ausnahme durchbricht die Kraft des wirklichen Lebens die Kruste einer in Wiederholung erstarrten Mechanik" (S. 15).

irgend etwas zu versöhnen, zu heilen, zu vermitteln im Ausgleich der Interessen. „Ab integro nascitur ordo", so lautet 1932 der letzte Satz in Schmitts *Begriff des Politischen*.[40] Der Weg zum Integrum, zum Reinen, Unbefleckten, Unberührten, aus dem die neue, widerspruchsfreie Ordnung entstehen soll, führt nur über den Trümmerhaufen der liberalen Kultur. Den hinterläßt die universelle Auseinandersetzung zwischen den Mythen von Rasse und Klasse, zwischen den Mächten des Lichts und der Finsternis – oder wie immer Schmitt den radikalen Dualismus seiner Geschichtsmetaphysik nennt. Auf der rechten wie auf der linken Seite der Weimargegner sind die Gegensätze zwischen Freund und Feind und die Klassengegensätze unversöhnlich. Wer hier von Vermittlung und Kompromiß spricht, ist ein Verräter am dualistischen Weltbild.

In abstrakter Radikalität wischt Martin Heidegger die bürgerlich-indifferente Bequemlichkeitskultur vom Tisch. Nicht anders als die Dadaisten schleudert er dem Bürgertum das „Nichts" entgegen. Die gesamte europäische Überlieferung, so Heidegger, Nietzsches Protestation noch steigernd, ist ein ungeheures Verhängnis, das den Blick verstellt auf die Wahrheit der Negation, auf das Sein zum Tode. Goethes Dichtung repräsentiere die „Bildungssachen"[41] des verwünschten Neuhumanismus. Das, wie Heidegger sagt, „glatteste Versgehüpfe und Reimgeklingel"[42] der Goetheschen Poesie ist geschwätzig, wie überhaupt die gesamte europäische Kultur ein oberflächliches Geschwätz ist. Gleichsam ex negativo bestätigt Heidegger zornig das Entwicklungsschema Erich Auerbachs. Goethes Klassik, so Heidegger empört, sei nämlich gar nicht heidnisch, vielmehr gehöre sie in den Horizont einer „christlichen Weltbetrachtung", die den „Weg zur Erkenntnis des Griechentums mißleite[t]" und den griechischen Ursprung in einer verhängnisvoll nihilistischen Dekadenz verstelle.[43] „Der deutsche Humanismus hat dieses Unvergleichbare ineinandergemischt und

---

40 Carl Schmitt: *Der Begriff des Politischen. Text von 1932 mit einem Vorwort und drei Corollarien.* Berlin 1963, S. 95. Hier auch Schmitts radikale These über das Substrat jeder Politik: „Die spezifische politische Unterscheidung, auf welche sich die politischen Handlungen und Motive zurückführen lassen, ist die Unterscheidung von Freund und Feind" (S. 26). Zwar betont Schmitt, daß der politisch-öffentliche Feind als hostis und nicht als inimicus zu verstehen ist und daher „nicht moralisch böse" oder gar „ästhetisch häßlich" zu sein braucht (S. 27, 29). Indessen nimmt sich Schmitt als politischer Theologe ein Beispiel an Donoso Cortes, „der sich mit großartigem Radikalismus des metaphysischen Kernes aller Politik bewußt war", so daß dann gerade auch der politische Feind zum „metaphysischen" inimicus schlechthin im eschatologischen Weltkampf wird (*Politische Theologie*, Anm. 39, S. 46 u. 49–56).

41 Martin Heidegger: *Hölderlins Hymnen „Germanien" und „Der Rhein"* (1934/35). Martin-Heidegger-Gesamtausgabe (GA), Bd. 49. Frankfurt 1980, S. 47. Heideggers Hölderlin Auslegungen treiben den für die expressionistisch-existentialistischen zwanziger Jahre charakteristischen Paradigmenwechsel von Goethe zu Hölderlin auf die Spitze. Hölderlin allein übersteht Heideggers Destruktion der Überlieferung und weist den Weg zurück zum verschütteten „reinen" griechischen Ursprung. Zum geistesgeschichtlichen Paradigmenwechsel in der Weimarer Republik vgl. Mandelkow: Goethe in Deutschland, Bd. II (Anm. 5), S. 17 ff. Ders.: „Goethe und die deutsche Gegenwart" (Anm. 5), S. 92–94. – Zur Goethe-Kritik Heideggers: Günter Martin: Von der weltanschaulichen Differenz. Heidegger und Goethe. In: DVjs. 70 (1996), S. 475–500.

42 Heidegger: *Hölderlins Hymnen* (Anm. 41), S. 16 f. In Heideggers Perspektive zeigt sich vor dem Hintergrund der Goetheschen „Oberflächlichkeit" um so eindrucksvoller der „Machtbereich der Dichtung" (S. 19), über den Hölderlin verfügt: „diese scheinbare Prosa des ganzen Gedichts [„Germania"; d. Vf.] ist dichterischer als das glatteste Versgehüpfe und Reimgeklingel eines Goetheschen Liedes oder eines anderen Singsangs" (S. 16).

43 Heidegger: *Hölderlins Hymne „Der Ister"* (1942). GA 53. Frankfurt 1984, S. 94. Hier repräsentieren Goethe und Schiller in Heideggers Dekadenzschema eine universelle Perversion, die darin besteht, „daß der Mensch in seinem Wesen selbst eine καταστροφή ist – eine Umkehrung, die ihm vom eigenen Wesen abkehrt. Der Mensch ist innerhalb des Seienden die einzige Katastrophe" (S. 94). Die unter dem

das Griechentum vollends unzugänglich gemacht. Goethe ist ein Verhängnis." So lautet dann später das vernichtende Urteil Heideggers.[44]

Wenn Auerbach den Realismus als Zivilisationssynthese, als historisch gewachsene Mischung aus antiken und biblischen Gedanken feiert, so geißelt Heidegger dasselbe Phänomen als verhängnisvollen, oberflächlichen Nihilismus. Es komme alles darauf an, so Heideggers Argumentation in der Folge von *Sein und Zeit*, die verhängnisvolle Mischung aufzulösen in einer radikalen Destruktion der Überlieferung. Das könne nur gelingen, so die typisch existentialistische Gedankenfigur, in der nackten Entschlossenheit vor dem Nichts. Der existentialistische Aktionismus bezieht sein Pathos des heroischen Standhaltens aus der permanenten Beschwörung des Todes. Es gelte, in vorlaufender Entschlossenheit das Nichts auf sich zu nehmen, denn nur diese radikale Entscheidung verleihe dem Leben einen neuen, heroisch-tragischen Sinn. So wird man auch in Heideggers Protest gegen die Überlieferung eine Variation des die Epoche beherrschenden Themas erkennen, und das ist die Todes- und Katastrophenfaszination und die Faszination für das Nichts, aus dem dann das Neue, ganz Andere entstehen soll.

„Den Tod aber statuiere ich nicht."[45] Den Ausspruch Goethes darf man mit Bernhard Groethuysen als Grundregel der bürgerlichen Weltanschauung ansehen.[46] Und dort, wo die bürgerliche Kultur zertrümmert werden soll, statuiert man permanent den Tod. Wohin man auch blickt in der Epoche der Weimarer Republik, so imaginieren die extremen Gemüter den Tod, und zwar radikal, archaisch: als Menschenopfer. Von Oskar Kokoschka, expressionistisch bluttriefend, bis zu Bertolt Brecht, hier gleichsam klinisch rein: es wird geopfert. In der allgegenwärtigen Todes- und Opferfaszination zeigt sich die von Hannah Arendt eindrucksvoll beschriebene epochentypische Leidenschaft des „épater le bourgeois".[47] Die Todes- und Opferfaszination zerstört das Fundament der Überlieferung. Das Humanitätsideal wird ausgelöscht.

In besonders schrillen Farben zeigt dies Ernst Jünger 1932 in seinem Buch *Der Arbeiter*, in dem er aufruft zum „Angriff auf alles, was dem Bürger das Leben kostbar macht"[48]. Jün-

---

Humanismus-Etikett verborgene Verdrehung setzt mit Platon ein (S. 95) und führt in Heideggers befremdlicher Perspektive zuletzt in das von der liberalen westlichen, „gemixten" Kultur angetriebene planetarische Verhängnis: „der Bolschewismus ist nur eine Abart des Amerikanismus. Dieser ist die eigentlich gefährliche Gestalt der Maßlosigkeit, weil er in der Form der demokratischen Bürgerlichkeit und gemixt mit Christentum auftritt" (S. 86). – Heideggers Aversionen gleichen den Feindbildern der negativen Theologie. Denn wie das „kulturfreudige Christentum" fällt in demselben Atemzug auch der „goethische Klassizismus" unter die Kategorie „historisch zusammengebrautes Ersatzgebilde, mit dessen Hilfe man sich schielenden Auges noch zu einer vermeintlichen ‚Transzendenz' rettet." Heidegger: *Heraklit* (1943/44). GA 55. Frankfurt 1979, S. 107.

44 Heidegger: *Parmenides* (1942/43). GA 54. Frankfurt 1982, S. 108. Die Goethe-Schelte während des Zweiten Weltkriegs ist als ein bizarrer Ausläufer von Heideggers radikaler Kritik an der Subjekt-Objekt-Relation anzusehen, die während der 20er Jahre im Zentrum der erkenntniskritischen Invektiven gegen Rationalismus, Realismus und gegen die gesamte europäische Kultur steht. Zur Polemik gegen den überlieferten, „nihilistischen" Wahrheitsbegriff im Sinne einer Übereinstimmung von Gegenstand und Aussage vgl. Heidegger: *Sein und Zeit* (1927). Tübingen [12]1972, S. 212–230.

45 *Goethes Gespräche*. Biedermannsche Ausgabe. Ergänzt und hrsg. von Wolfgang Herwig. München 1998, Bd. 3.2 (1825), S. 289.

46 Bernhard Groethuysen: *Die Entstehung der bürgerlichen Welt- und Lebensanschauung in Frankreich*. Bd. 2: *Die Soziallehren der französischen Kirche und das Bürgertum* (1927). Frankfurt 1978, S. 214 f.

47 Hannah Arendt: *Elemente und Ursprünge totaler Herrschaft* (1951). München 1991, S. 539 ff.

48 Ernst Jünger: *Der Arbeiter. Herrschaft und Gestalt* (1932). Stuttgart 1981, S. 27.

ger apodiktisch: „Wir werden nirgends stehen, [...] wo nicht der Flammenwerfer die große Säuberung durch das Nichts vollzogen hat. Weil wir die [...] unerbittlichen Feinde des Bürgers sind, macht uns seine Verwesung Spaß.“[49] „Unsere Aufgabe ist es, die Vabanquespieler der Zeit zu sein“, so Jüngers Programm.[50] Pistole, Handgranate und Explosionsmotor heißen die Spielzeuge im Vabanquespiel des épater le bourgeois. Es sind die Spielsachen „eines Menschenschlages, der sich mit Lust in die Luft zu sprengen vermag.“[51] Was sich der ängstlich kultivierte Bürger nie zutrauen würde und weshalb er den vollen Einsatz des Lebens und mit ihm das Erleben immer versäumt, das ist für den neuen Typus des Soldaten und Arbeiters und für die den neuen „Menschenschlag“ antizipierende Avantgarde der Vabanquespieler zur typischen Geste geworden, die es ermöglicht, „daß der Mensch mit der Gestalt zugleich seine Bestimmung, sein Schicksal entdeckt, und diese Entdeckung ist es, die ihn des Opfers fähig macht, das im Blutopfer seinen bedeutendsten Ausdruck gewinnt.“[52]

Wo das Blutopfer gefeiert wird, befinden wir uns in goethefernen Konstellationen. „Den Tod aber statuiere ich nicht“, sagt Goethe, und das bedeutet auch: Das Opfer statuiert Goethe nicht. Wann immer Goethe vom Menschenopfer spricht, siedelt er diesen Kult in der Sphäre des Barbarischen an, die es in einer humanen opferfreien Kultur zu überwinden gilt. Goethe schafft das Opfer ab, weil er den die Welt sprengenden Dualismus der zwei feindlichen Prinzipien nicht anerkennt, die das Opfer tragisch zerreißen. Diese Regel charakterisiert das Welt- und Menschenbild des klassischen, italienischen und dann vor allem des alten Goethe – mit einer Ausnahme, die die Regel bestätigt.

Einmal, im *Faust*, im zweiten Teil, statuiert Goethe den Tod, in aller Ausführlichkeit und mit Hilfe Mephistos bis an die Grenze der Obszönität gehend, und dies wahrlich nicht, um in Faust eine Identifikationsfigur zu stiften. Und hier schließt sich dann auch der Kreis meiner Argumentation. Max Weber hätte nicht nur den Baccalaureus, sondern gleich Faust selbst als Repräsentanten des modernen Irrationalismus vorstellen können. Denn von der verkehrten Logos-Übersetzung des sich selbst hassenden Theologen Faust zu Beginn des Trauerspiels führt der Weg nicht in die Freiheit, sondern in irrational-magische Verstrickungen – und er endet im Schrecken. Die blutenden Menschenopfer und der Scheiterhaufen, auf dem Philemon und Baucis und der Wanderer verbrannt werden, zeigen Goethes Horror vor allem Opferwesen. Und es ist bei Goethe so, wie es Max Weber achtzig Jahre später in seiner Gegenwartsanalyse schildert: Die fehlgeleitete Aufklärung führt in

---

49 Ernst Jünger im Vorwort des von ihm herausgegebenen Bandes: *Der Kampf um das Reich*. 2. Aufl., o. J., S. 9.

50 *Der Arbeiter* (Anm. 48), S. 51.

51 Ebd., S. 41.

52 Ebd., S. 42. – „Entscheidung“ heißt ein Schlüsselbegriff der radikalen Kritik am liberalen Toleranzdenken im allgemeinen und an der parlamentarischen Verhandlung im besonderen. Diese ist in der extremen Perspektive das politische Spiegelbild der bürgerlichen Konversationskultur bzw. des ‚philiströsen Geschwätzes‘. Grundlegend dazu: Christian Graf von Krokow: *Die Entscheidung. Eine Untersuchung über Ernst Jünger, Carl Schmitt, Martin Heidegger*. Stuttgart 1958. Hier auch die für die vorliegende Studie bedeutsame Schlußbetrachtung: „Eine solche Hinnahme [des Widerspruchs von Wirklichkeit und Möglichkeit, Öffentlichkeit und Privatheit, Objektivität und Subjektivität; d. Vf.] mag als Resignation interpretiert werden und muß als Verzicht auf ‚ganzheitlich‘ gestaltendes soziales Handeln gedeutet werden. Aber die Alternative heißt eben entweder ideologische Realitätsflucht oder totalitärer Terror“ (ebd., S. 159). – Zur radikalen Weimar-Kritik im Umfeld von Dezisionismus, Existentialismus und revolutionärem Nationalismus ebenfalls nach wie vor grundlegend: Kurt Sontheimer: *Antidemokratisches Denken in der Weimarer Republik. Die politischen Ideen des deutschen Nationalismus zwischen 1918 und 1933* (1962). Studienausgabe. München 1968.

neue irrationale Kulte und ins stählerne Gehäuse eines totalitären Arbeitsbegriffs: Nach drüben ist die Aussicht verstellt, umrungen von Gefahr müssen alle, vom Kind bis zum Greis, das Überleben täglich erobern, totale Bewegung ohne Reflexion, Gewimmel. Das ist die Allegorie des 20. Jahrhunderts, wie in Lenins *Staat und Revolution*, wie im *Arbeiter* Ernst Jüngers. Hier gilt: Menschliches Sein ist Arbeit, Kampfbewegung und sonst nichts. Nichts darf das Sein als Arbeit transzendieren.[53]

Bei Goethe ist das freilich noch nicht alles. Das ganze Elend scheint sich der ironische Goethe nur ausgedacht zu haben, um einmal mehr dem Gedanken der Heilung, wir können auch sagen der Misericordia, Ausdruck zu verleihen. Alles Vergängliche ist nur ein Gleichnis für den vernünftigen Kosmos, dessen Vernunft freilich nur einer spinozistischen scientia intuitiva – oder aber der Religion zugänglich ist. Hier ist der Tod gerade nicht das alle Bedeutung und Kultur nichtende Nichts, das zu heroischen Entscheidungen und pathetisch-tragischen Entschlüssen zwingt. „Am farbigen Abglanz haben wir das Leben" (V. 4727). Das Leben ist, wie die Farbe, eine Eintrübung des Reinen, die Mischung aus Licht und Finsternis. Dieses Leben muß der stören – oder gar zerstören, der nach dem Unbedingten, Unvermittelten, absolut Reinen greift. Und das tut Faust: sein Regenbogenerlebnis bleibt eine flüchtige, folgenlose Episode.

Die goetheferne radikale Faszination für das Unbedingte und Irrationale im 20. Jahrhundert zeigt sich besonders drastisch in der Umdeutung der Gewimmelphantasie Fausts zur Utopie. Der theologische Rahmen, der Heilungsgedanke und Goethes Ironie sind hier ausgestrichen. Nicht Goethe, sondern Faust, der Anti-Wilhelm-Meister, der Anti-Winckelmann par excellence, der auf prinzipielle Weise nie genug haben, nie resignieren kann, beherrscht das Feld. „Und Fluch vor allem der Geduld" (V. 1606), Fluch der Toleranz –, so lautet die faustische Devise der modernen Zeitgenossen. Unter solchen Bedingungen hat der Geist von Weimar, den wir als den Gedanken der Resignation erkannt haben, ausgespielt. Wir befinden uns hier bereits im Übergang zur totalitären Epoche. Als die Republik 1932 zum letzten Mal den Geist von Weimar beschwört, gibt es kaum noch Fürsprecher der humanen Resignation. Selbst Thomas Mann, so hat es den Anschein, verteidigt diesen Geist jetzt nicht mehr, sondern er stellt der Republik die Sterbeurkunde aus.[54]

---

53 Wladimir I. Lenin: *Staat und Revolution.* (1917.) Berlin 1948. Ein Schlüsseltext der für den Marxismus-Leninismus typischen Begeisterung für Maschinenwesen und Großproduktion. Auf dem Weg in die „höhere Phase der kommunistischen Gesellschaft" (S. 99), so Lenins berühmte Büro-Utopie, ist ein Zustand universeller Arbeitsbewegung notwendig: „Die gesamte Gesellschaft wird ein Büro und eine Fabrik mit gleicher Arbeit und gleichem Lohn sein" (S. 106). Dieselbe charakteristisch moderne Faszination für die entindividualisierende totale Mobilmachung durch Arbeit – und Krieg, was in dieser Perspektive das gleiche und gleichermaßen attraktiv ist – demonstriert Ernst Jünger. Nach der Destruktion der Überlieferung – nach der „Umwertung der Werte" der liberalen Kultur – stiftet die „Identität von Arbeit und Sein" einen spezifisch modernen Sinn und gewährleistet „eine neue Sicherheit, eine neue Stabilität". *Der Arbeiter* (Anm. 48), S. 92 f. – Weit entfernt vom totalitären Arbeitsbegriff der Moderne sind Goethes Entwürfe des persönlichkeitsbildenden Handwerks des Lebens in den *Lehr-* und *Wanderjahren.* Dasselbe gilt für das Ethos der von Max Weber beschriebenen bürgerlichen „Berufsidee".

54 Thomas Mann: *Goethe als Repräsentant des bürgerlichen Zeitalters.* (1932.) In: Thomas Mann. Ges. Werke in 13 Bänden. Bd. 9. Frankfurt 1990. Hier S. 330 f. über Goethes Begeisterung für „utopisch-welttechnische Fragen" und über die in *Faust II*, wie Mann es sieht, antiziperte und erstrebenswerte „Selbstüberwindung" des Bürgertums in der „Einheits- und Planwelt" der Zukunft. An der perfektibilistischen Faustdeutung hält Mann in seinen Goethe-Reden auch später fest – in auffälligem Kontrast zu seinem Faustus-Roman. In der Rede *Freud und die Zukunft* (1936) wird die Gewimmelphantasie der Herrschaftsparanoia Fausts gar als Vision „einer angst- und haßbefreiten, zum Frieden gereiften Zu-

Zu den wenigen prominenten Verteidigern der gefährdeten Republik zählt Albert Schweitzer. In der Frankfurter Oper hält er 1932 seine Goethe-Rede. Vor dem Gebäude ist die SA gegen die verhaßte Republik aufmarschiert. Drinnen erklärt Schweitzer:

> Überhaupt, was ist das, was in dieser grausigen Zeit vor sich geht, anderes als eine gigantische Wiederholung des Faustdramas auf der Bühne der Welt? In tausend Flammen brennt die Hütte von Philemon und Baucis. In tausendfacher Gewalttätigkeit und tausendfachem Morden treibt entmenschte Gesinnung ihr frevelhaftes Spiel! In tausend Fratzen grinst uns Mephistopheles an! In tausendfacher Weise hat sich die Menschheit dazu bringen lassen, das natürliche Verhältnis zur Wirklichkeit aufzugeben und ihr Heil in Zauberformeln irgendeiner Wirtschafts- und Sozialmagie zu suchen, die die Möglichkeit, aus dem wirtschaftlichen und sozialen Elend herauszukommen, nur immer in weitere Ferne rückt![55]

Diese unzeitgemäße Deutung des irrationalen Strebens Fausts gewinnt Schweitzer vor dem Hintergrund seiner liberalen Theologie, die dem Mischungsprinzip des religionsgeschichtlichen Denkens folgt und solchermaßen christliche und Goethesche Argumente in der Ethik der „Ehrfurcht vor dem Leben" verbindet.

Ein letzter Gedanke: Das „Zeitalter der Extreme" nennt der Historiker Eric Hobsbawm das 20. Jahrhundert.[56] Richten wir den Blick auf die Weimarer Republik, so können wir diesen Titel noch präzisieren, denn uns zeigt sich eine ‚Epoche der Leidenschaften für das Extreme'. In dieser Zeit mußte der urbane, tolerante Geist von Weimar „ein Zwischenfall ohne Folgen" bleiben.

---

kunft" gelesen (ebd., S. 501). Und noch 1949 heißt es in der *Ansprache zum Goethejahr* apodiktisch: „Nur Geister, die nicht wollen, daß etwas geschieht, daß irgend etwas sich ändere, können behaupten, nie sei es dem Dichter ernst gewesen mit Fausts ‚höchstem Augenblick', mit seinem Sozialwerk der Menschenbeglückung" (ebd., Bd. 11, S. 495).

55 Albert Schweitzer: *Gedenkrede, gehalten bei der Feier der 100. Wiederkehr von Goethes Todestag in seiner Vaterstadt Frankfurt am Main am 22. März 1932.* In: *Vier Reden von A. Schweitzer.* München 1950, S. 48.

56 Eric Hobsbawm: *Das Zeitalter der Extreme. Weltgeschichte des 20. Jahrhunderts.* München/Wien 1995.

DIRK KEMPER

Goethes Individualitätsbegriff als Rezeptionshindernis im Nationalsozialismus

Goethe an uns lautete der Titel der Rede, mit der am 14. Juni 1937 Baldur von Schirach die „Weimar-Festspiele der deutschen Jugend" eröffnete. Seine Ansprache bietet eines der wenigen Beispiele für die öffentliche Auseinandersetzung eines hohen Funktionsträgers des nationalsozialistischen Machtapparats mit Goethe. Diese Zurückhaltung hatte Gründe, auf die von Schirach selber zu sprechen kommt:

> Denn was hätte Goethe mit uns zu schaffen, Goethe, der Weltbürger, der liberale Prophet des sogenannten Fortschritts? Hatte er sich nicht über Vaterland und Nation weit erhoben, der Olympier, und sich von den Fesseln jeder vaterländischen Bindung befreit, um ein Prophet der Menschheit zu werden? Ein so zum Götzen abstrakten Ästhetentums und demokratisch liberaler Vaterlandslosigkeit verfälschter Goethe ist freilich nicht mit den marschierenden Kolonnen der Jugend des Dritten Reiches zu vereinen. Welcher Widersinn, gleichsam mit Gewalt eine Jugendbewegung, die das revolutionäre Erziehungsprinzip der Selbstführung der Jugend, der Uniformierung aller und der Gemeinschaftserziehung vertritt, mit einer Persönlichkeit zu verbinden, die nach mancher Vorstellung das Ideal einer durchaus individualistischen Bildung verkörpert.[1]

Mit dem Goethe-Bild, das ihnen aus großen Teilen der Rezeptionsgeschichte im 19. und frühen 20. Jahrhundert entgegentrat, konnten die Nationalsozialisten offenbar wenig anfangen. Für den „Jugendführer des Deutschen Reiches" bildet den Stein des Anstoßes dabei nicht nur Goethes Bekenntnis zum Weltbürgertum, das er als „Vaterlandslosigkeit" diskreditiert, sondern vor allem sein „Ideal einer durchaus individualistischen Bildung".

Nicht ‚Bildung', sondern deren ‚individualistisches' Konzept stellt hier den inkriminierten Aspekt dar. In der Tat berührt von Schirach mit dem modernen Begriff des Individuums nebst seinen vielfältigen Implikationen einen zentralen, neuralgischen Punkt im Bemühen der Nationalsozialisten, Goethe als einen der ihren zu instrumentalisieren. Einerseits war ein auf dem Prinzip der Fremd- oder gar Selbstausbildung des Individuums basierendes Bildungsideal mit dem völkischen Kollektivismus der nationalsozialistischen Rassen- und Massenideologie prin-

---

1 Baldur von Schirach: *Goethe an uns. Rede, gehalten am 14. Juni 1937 zur Eröffnung der Weimar-Festspiele der deutschen Jugend.* In: Wille und Macht 5, 1937. Zit. nach: Karl Robert Mandelkow (Hg.): *Goethe im Urteil seiner Kritiker. Dokumente zur Wirkungsgeschichte Goethes in Deutschland.* Teil IV: 1918–1982. München 1984, S. 178.

zipiell unvereinbar, andererseits ist die Entfaltung und problematisierende Weiterentwicklung gerade dieses modernen Individualitätskonzepts nicht nur für Goethes Frühwerk, sondern für das gesamte Œuvre derart konstitutiv, daß es sich in den nationalsozialistischen Adaptionsversuchen nicht ausblenden ließ. Meine im folgenden zu entfaltende und zu verteidigende These lautet daher, daß Goethes Individualitätsbegriff ein im Rahmen des historisch-hermeneutischen Wissenschaftsdiskurses unüberwindbares Rezeptionshindernis für die Nationalsozialisten darstellte,[2] das nur auf dem Wege kruder Ideologisierung zu durchbrechen war.

I.

Für die Entfaltung und Durchsetzung der für die Moderne spezifischen Vorstellung vom Individuum im letzten Drittel des achtzehnten Jahrhunderts bietet kein anderer Autor reicheres Material als Goethe. Dies gilt nicht nur, weil er etwa im *Werther*, im *Götz* und in ästhetischen Schriften dieses neue Konzept des Individuums mit kaum zu unterschätzender Wirkungsmächtigkeit zum Teil erst entwickelt, zum Teil emphatisch begrüßt und experimentell radikalisiert hat, sondern auch weil er in dieser experimentellen Zuspitzung zugleich das Problem- und Gefahrenpotential dieser neuen, modernen Art der Selbstdefinition auszuloten vermochte. Im folgenden soll die Behauptung vom hohen Stellenwert der Goetheschen Frühschriften für die Entfaltung und das Verständnis der Individualitätsproblematik der Moderne am Beispiel des *Götz von Berlichingen* belegt werden. Konzentrieren werde ich mich dabei auf einige im weiteren Sinne politische Implikationen des Individualitätsbegriffs, die in der Forschung bislang weniger Beachtung gefunden haben. Unsere Überlegungen sollen dabei drei analytische Kategorien leiten, deren erste „Besitzindividualismus“[3] lautet.

Im Zentrum von Götzens Selbstverständnis steht ein anthropologisch aufgeladenes Freiheitspathos. Seine Eingangsklage, „Es wird einem sauer gemacht, das bißgen Leben und Freiheit“ (I,2; FA 4, S. 283), enthält in nuce, was das Drama entfalten wird, nämlich den Kampf um die unveräußerbare Freiheit des einzelnen gegen die freiheitsbedrohenden und -erstickenden Tendenzen einer anderen Rechts- und Gesellschaftsordnung. „Leben“ als Mensch und „Freiheit“ der Selbstbestimmung sind für Götz untrennbar aufeinander bezogen, bilden fast ein Hendiadyoin. Selbst im Stande der äußeren Unfreiheit, der Gefangenschaft, bleibt die Freiheit als anthropologisch (hier durch Geburt) verbürgter Besitz des Menschen unangetastet. Elisabeth kann daher Götz nach der Gefangennahme von Georg und Franz mit dem Argument zu trösten versuchen:

> Sie haben ihren Lohn, er ward mit ihnen geboren, ein freies edles Herz. Laß sie gefangen sein, sie sind frei. (IV,1; FA 4, S. 356)

Entsprechend formuliert Götz auch explizit sein eigenes Selbstverständnis durch den Rekurs auf diese ursprüngliche und unveräußerbare Freiheit. Weislingen hält er vor:

---

[2] Den Gegenstand dieser Untersuchung bildet die *ideologisch-propagandistische* Goethe-Rezeption im NS, nicht aber die nationalsozialistisch beeinflußte oder unter den Bedingungen des NS fortarbeitenden Germanistik.

[3] Vgl. Crawford Brough Macpherson: *Die politische Theorie des Besitzindividualismus. Von Hobbes bis Locke.* [The Political Theory of Possessive Individualism. Toronto 1962] Übers. von Arno Wittekind. Frankfurt/M. [3]1990.

> Bist du [Weislingen] nicht eben so frei, so edel geboren als einer in Teutschland, unabhängig, nur dem Kaiser untertan [...]. Verkennst den Wert eines freien Rittersmanns, der nur abhängig von Gott, seinem Kaiser und sich selbst [...]. (I,3; FA 4, S. 297)

Gott, dem Kaiser und dem eigenen Selbst – allein diesen drei Instanzen will Götz sich unterstellen. Der Bezug auf Gott ist hier jedoch rhetorisch verblaßt, denn der Götz des Dramas interpretiert an keiner Stelle ernsthaft sein Schicksal mit dem Hinweis auf den unmittelbaren Willen Gottes oder eine diesen Willen mittelbar repräsentierende Ordnungsstruktur. Auch der Kaiser ist keine Instanz, die die ursprüngliche Freiheit des Individuums einschränkte. Im Gegenteil, seine Bedeutung wird aus der Wertungsperspektive Götzens fast gänzlich auf die Funktion reduziert, diese Freiheit politisch zu garantieren. Was bleibt, ist der Rekurs auf das eigene Selbst. Daher entscheidet über den „Wert eines freien Rittersmanns" [Hv. d. Vf.] allein die Konsequenz, mit der er sich selbst, und das heißt, seiner Freiheit, treu bleibt.

Diese Freiheit aufzugeben, wie es Weislingen aus der Sicht Götzens durch seinen Anschluß an den Bischof von Bamberg getan hat, bedeutet daher, seine eigene Identität preiszugeben und letztlich gar zu zerstören. Vom freien Individuum zum bloßen „Werkzeug" (I,3; FA 4, S. 299) der Fürsten sei er mutiert, indem er sich „unter Vasallen" (I,3; FA 4, S. 297) geschmiegt habe und „zum ersten Hofschranzen eines eigensinnigen neidischen Pfaffen" (I,3; FA 4, S. 298) geworden sei. Entsprechend spiegelt sich Weislingens mehrfacher Seitenwechsel in einer Dialektik von Identitätsverlust und -wiedergewinn. Sein erneuter Anschluß an Götz trägt den Charakter der Rückkehr zum eigenen Ich, des Wiederfindens der ursprünglichen Freiheit:

> Götz teurer Götz hast mich mir selbst wieder gegeben [...]. Ich fühle mich so frei wie in heiterer Luft [...] will alle die schändliche Verbindungen durchschneiden, die mich unter mir selber hielten. (I,5; FA 4, S. 308)

Und aus derselben Logik heraus löst Weislingens erneuter Abfall von Götz eine Identitätskrise aus:

> Ich bin so geplagt mit dem was ich bin, daß mir wenig bang ist für was man mich nehmen mag. (II,6; FA 4, S. 320)[4]

Nur nebenbei sei in diesem Zusammenhang darauf hingewiesen, daß diese Vorstellung, nach der das einzelne Individuum Rechtsinhaber der eigenen Person und der ihm durch Geburt zugefallenen unveräußerlichen Freiheit sei, in der historischen Zeit Gottfried von Berlichingens noch gar nicht existierte. Wirkungsmächtig ausgebildet wurde sie erst in der Anthropologie und Staatsphilosophie von Thomas Hobbes und John Locke, also im 17. Jahrhundert.[5] Goethe selbst stellt mehrfach heraus, daß ihn an der Berlichingen-Zeit vor allem die Herausbildung von modernen und aktuellen Strukturen interessiert habe. Mit anderen Worten: Er unterlegt der historischen Folie des 16. Jahrhunderts Probleme der eigenen Gegenwart, und

---

[4] Im Ergebnis dieser Krise definiert Weislingen seine Person gänzlich um, die er nunmehr ganz mit der (schon früher eingenommenen) Position der Gegenseite identifiziert. In diesem eigentlichen Wesen fühlt er sich von Götz durchschaut: „Ich fühls wohl es gilt hier kein Säumen. Er ist berichtet, daß ich wieder Weislingen bin." (II,9; FA 4, S. 327).

[5] Vgl. Macpherson (wie Anm. 3).

diese Problemkonstellationen des späten 18. Jahrhunderts sind es – wie zu zeigen sein wird –, die auch unser eigenes Gegenwartsbewußtsein am Ende des 20. Jahrhunderts noch mitbestimmen.

Doch zunächst zur zweiten Leitkategorie, anhand derer sich die politischen Implikationen des modernen Individualitätskonzepts verdeutlichen lassen. Sie lautet: staatsphilosophischer Isolationismus beziehungsweise Atomismus.

Nach der Idee des Besitzindividualismus ist das Individuum primär Rechtsinhaber an der eigenen Person, es existiert für sich in seinem Wesen atomisiert und in diesem Zustand unantastbar. Seine erste Erwartung an die Gesellschaft beinhaltet daher die Sorge um ein ungestörtes, möglichst friedliches Nebeneinander; Herrschaft als Ordnungsmacht hat den einzelnen in seinem Kreise, an seinem jeweiligen Sitz im Leben zu respektieren und nicht zu einem dem Herrschaftssystem funktional dienenden Typus umzubilden.

„[T]reffliche Menschen" unter den Fürsten sind für Götz daher diejenigen, die „nicht erst die Ritter zu Hofschranzen umzuschaffen brauchten um mit ihnen zu leben" (III,19; FA 4, S. 352). Seine gesellschaftspolitische Utopie beschreibt die friedliche Koexistenz politisch atomisierter Individuen:

> Sollten wir nicht hoffen, daß mehr solcher Fürsten auf einmal herrschen können, und Verehrung des Kaisers, Fried und Freundschaft der Nachbarn, und der Untertanen Lieb, der kostbarste Familien Schatz sein wird der auf Enkel und Urenkel erbt. Jeder würde das Seinige erhalten und in sich selbst vermehren, statt daß sie jetzo nicht zuzunehmen glauben, wenn sie nicht andere verderben. (III,19; FA 4, S. 353)

Das „Seinige erhalten" ist eine Kategorie des Besitzes. Es meint das dem jeweiligen Individuum Gemäße, auf das es Anspruch machen kann. Doch ist dieses Seinige nicht für alle gleich; der Individualitätsgedanke ist in Götzens Utopie keineswegs egalitär, sondern ständisch geprägt. Dem Ritter gemäß ist seine ursprüngliche Freiheit, dem Bürger Friede und sichere Handelswege, dem Untertan die Fürsorge seines Herrn. Dies alles vorausgesetzt, stellt sich das friedliche Miteinander isolierter (atomisierter) Individuen ein, die ihren Nutzen „in sich selbst vermehren", also jeder für sich und unter Wahrung der Ansprüche des anderen.

Wie angedeutet, wird der Kaiser nicht als eine diese individuelle Freiheit einschränkende Instanz dargestellt, sondern im Gegenteil als Garant der Prinzipien des Besitzindividualismus und Isolationismus. Ganz im Gegensatz zum tatsächlichen ethischen und staatsphilosophischen Denken des sechzehnten Jahrhunderts, dem zufolge der Kaiser auf Werte wie „gemeiner Nutz", „gute policey" oder „Staatsraison" rekurrieren müßte,[6] wird ihm im Drama ein dezidiertes Bekenntnis zum Prinzip des Isolationismus, das primär das Wohl des einzelnen sicherzustellen hat, in den Mund gelegt:

> O! sagt er: hätt ich von jeher Räte gehabt, die meinen unruhigen Geist mehr auf das Glück einzelner Menschen gewiesen hätten. (IV,4; FA 4, S. 365)

Das dritte konstitutive Element des Individualitätsbegriffs im *Götz* bildet das Recht der freien, i n n e r e n B i n d u n g an das ihn bestimmende Ordnungssystem. Gerade diese

6 Vgl. Winfried Schulze: *Deutsche Geschichte im 16. Jahrhundert. 1500–1618.* Darmstadt 1997 (*Moderne Deutsche Geschichte*, 1), S. 222–226.

Problematik ist für das Stück derart tragend, daß sie in der Exposition relativ breit entfaltet wird, um das Ende Götzens in einem für das späte achtzehnte Jahrhundert relevanten individualitäts- und rechtsphilosophischen Problemzusammenhang zu perspektivieren.

Eingeführt und entfaltet wird diese Problematik am Beispiel Bruder Martins, des dramatischen Porträts Martin Luthers, in der zweiten Szene des ersten Akts. Martins von Natur festgelegte Individualität wird durch kirchliche Gesetze, durch das Gelübde seines Ordens unterjocht:

> Was ist nicht beschwerlich auf dieser Welt, und mir kommt nichts beschwerlicher vor, als nicht Mensch sein dürfen. Armut, Keuschheit und Gehorsam. Drei Gelübde, deren jedes, einzeln betrachtet, der Natur das unausstehlichste scheint, so unerträglich sind sie alle. (I,2; FA 4, S. 287)

Ganz im Sinne des späten 18. Jahrhunderts argumentiert Bruder Martin hier anthropologisch und nicht, wie es die historische Ebene des Stücks eher nahegelegt hätte, theologisch. Im Zentrum seiner Argumentation steht der Gedanke, „Mensch sein zu dürfen", das heißt in der Sprache des achtzehnten Jahrhunderts, der anthropologisch festgelegten ‚Bestimmung des Menschen' oder besser ‚Bestimmung als Menschen' nachgehen zu können. Dessen Wesen liegt im unveräußerlichen Verfügungsrecht des Individuums über sich selbst und in seiner darin begründeten Freiheit. Wird es dennoch dazu veranlaßt, dieses Recht zu veräußern, indem es sich etwa der gänzlichen Fremdbestimmung der klösterlichen Ordensregeln unterwirft, handelt es gegen seine Natur, sperrt es sich und seine Natur gleichsam – so Martins eigener Begriff für sein Kloster – in einen „Käfig" (I,2; FA 4, S. 287). Indem das klösterliche System dem Individuum den Verzicht auf Unveräußerliches abnötigt, desavouiert es sich selbst, und entsprechend zeigt sich Bruder Martin im Begriff, diesem Ordnungssystem die innere Bindung aufzukündigen. Das neue, alternative Werte- und Ordnungssystem, dem er sich innerlich verpflichtet fühlt, liegt in seinem emphatischen Begriff der Natur. Denn allein in der Natur, hier im Wesen des Menschen, erkennt er den Willen Gottes, der durch die klösterliche Ordnung verletzt wird:

> Wollte Gott, meine Schultern fühlten sich Kraft, den Harnisch zu ertragen, und mein Arm die Stärke, einen Feind vom Pferd zu stechen! [...] Kein Gelübde sollte mich abhalten, wieder in den Orden zu treten, den mein Schöpfer selbst gestiftet hat. (I,2; FA 4, S. 287)

Diese kurze Bruder Martin-Episode exponiert zwei Grundprobleme, die Martin und Götz gemeinsam sind. Das erste besteht in der Problematik, wie eine solche innere Bindung unter den Bedingungen der Moderne möglich ist; das zweite betrifft das noch schwierigere Problem, ob und unter welchen Bedingungen diese innere Bindung an ein Ordnungssystem aufgekündigt werden darf, ob und unter welchen Bedingungen der einzelne das Recht hat, sich innerlich an ein anderes Wertesystem zu binden.

So, wie Martin hier argumentiert, stellt er seine äußere Bindung an das klösterliche Ordnungssystem von vornherein in Frage. Der Autorität, die dieses System selbst für sich in Anspruch nimmt, nämlich in der Repräsentanz des kirchlichen Rechts göttlichem Recht oder göttlichem Willen zu entsprechen, vermag er innerlich nicht zu folgen. Damit ist ein spezifisch neuzeitliches und – in zugespitzter Form – spezifisch modernes Problem berührt. Wie kann der Regelkanon eines Ordnungssystems Autorität erheischen, wenn diese nicht mehr durch höhere Autoritäten wie etwa diejenige der Idee (in Platons *Staat*) oder diejenige Gottes (im christlichen Weltbild des Mittelalters) verbürgt ist? Die spezifisch neuzeitliche Antwort lautet: Wenn Autorität verbürgende Sinnstrukturen nicht mehr vorgegeben sind, müssen sie neu erschaffen werden; wenn der einzelne nicht mehr die Autorität einer höheren Instanz vorfindet und damit seinen Willen nach außen hin an sie binden kann, muß er diese Autorität erst selber erzeugen, indem er sich in (theoretisch) freier Willensentscheidung innerlich an ein Werte- und Regelsystem bindet. Das jeweilige staatliche Ordnungsmodell beispielsweise kann seine Plausibilität aus unterschiedlichsten Quellen herleiten – als Garant für den allgemeinen Nutzen, als Rechtssicherheit verbürgender Gesellschaftsvertrag, als Harmonisierungsinstanz divergierender utilitaristischer Interessen oder wie auch immer –, daß etwas plausibel oder überzeugend ist, heißt noch nicht, daß wir ihm auch folgen w o l l e n. Diese Autorität setzt nicht nur die rationale Anerkennung, sondern in erster Linie die voluntative Bindung an das jeweilige System voraus.

Goethe stand die Notwendigkeit dieser inneren, willentlichen Anerkennung und Bindung, auf die jedes neuzeitliche Gemeinwesen angewiesen ist, klar vor Augen. In den *Maximen und Reflexionen* heißt es dazu:

> Es kann keine Gesellschaft anders als auf den Begriff der Gleichheit gegründet sein keineswegs aber auf den Begriff der Freiheit. Die Gleichheit will ich in der Gesellschaft finden, die Freiheit nämlich die sittliche daß ich mich subordinieren mag bringe ich mit.
> Die Gesellschaft in die ich trete muß also zu mir sagen: du sollst allen uns andern gleich sein, sie kann aber nur hinzufügen wir wünschen daß du auch frei sein mögest das heißt wir wünschen daß du dich mit Überzeugung aus freiem vernünftigem Willen deiner Privilegien begibst. (MA 17, S. 882)

Was damit formuliert wird, ist ein hohes Freiheitsgut des einzelnen, aber auch eine unendlich schwierig wahrzunehmende Verantwortung, insbesondere dann, wenn zwei Ordungs- oder Wertesysteme mit einander in Widerstreit liegen. Für Bruder Martin ist dieses Problem scheinbar einfach zu lösen: Er fühlt sich innerlich gebunden an „den Orden [...], den mein Schöpfer selbst gestiftet hat" und der die natürliche Freiheit des Menschen garantiert. Gemessen daran, desavouiert sich das Reglement der klösterlichen Ordensregeln, indem es diese Freiheit in einen „Käfig" sperrt. Daraus gewinnt er für sich die Legitimation, diesem äußeren Regelsystem nicht nur die innere Bindung aufzukündigen, sondern auch, dieses aktiv zu bekämpfen – doch das führt das Drama aus guten Gründen nicht mehr aus. Auch Götz sieht das Werte- und Ordnungssystem des freien Rittertums, für das aus seiner Sicht der Kaiser als Garant steht, in dem Moment desavouiert, in dem er sich von den kaiserlichen Räten in Heilbronn in Treu und Glauben betrogen fühlt. Das macht ihn bereit, die unveräußerliche Freiheit des einzelnen nunmehr auf der Seite der aufständischen Bauern zu verfechten. „Warum seid ihr ausgezogen?", fragt er die Aufständischen, und gibt sich selbst in seiner Antwort die Legitimation für den Seitenwechsel:

> Eure Rechte und Freiheiten wieder zu erlangen! Was wütet ihr und verderbt das Land! Wollt ihr abstehen von allen Übeltaten, und handeln als wackere Leute, und die wissen was sie wollen, so will ich euch behülflich sein zu euren Forderungen, und auf acht Tag euer Hauptmann sein. (V,2; FA 4, S. 372)

Doch bekanntlich verhallt Götzens Appell gänzlich unbeachtet. In der Sphäre des Politischen, in die er hier eintritt, herrscht der Kampf zwischen Partikularinteressen, die nicht mehr durch die Bindung an eine Werteordnung gesteuert oder kontrolliert ist. An der fortgesetzten Mordbrennerei der Bauern zerbricht Götz; das Individualitätsdrama des „einzelne[n] Privatmann[es]", wie es in *Dichtung und Wahrheit* heißt, der, „wo nicht gesetzlich, doch rechtlich zu handeln dachte", (IV,7; FA 14, S. 772) endet in einer Aporie, die Elisabeth in der Turmszene prägnant zusammenfaßt: „Du verglühst in dir selbst" (V,13; FA 4, S. 386).

II.

Die damit nur angerissenen Probleme des modernen Individualitätsbegriffs sind keineswegs spezifisch für die begrenzte Periode der Sturm und Drang-Literatur, wie gelegentlich behauptet. Im Gegenteil, das Ringen um Antworten auf die Herausforderungen dieses Individualitätsbegriffs hat Goethe sein Leben lang beschäftigt, und als spezifische Probleme der Moderne[7] prägen sie auch heute noch unser Gegenwartsbewußtsein.

Für Goethe stelle ich dies in anderem Zusammenhang[8] unter die Leitthese, daß im Frühwerk die Individualitätsproblematik der Moderne außerordentlich weit und streckenweise emphatisch entfaltet, gleichzeitig aber auch in ihrem abgründigen Gefahrenpotential erkannt und ausgelotet wird. Am Ende dieser Periode steht gleichsam ein tiefes Erschrecken vor der als unabweisbar erkannten Individualitätsproblematik, und es erweist sich als produktives Verfahren, das mittlere und späte Werk als Ringen um Antworten und Auswege zu lesen. Läßt sich nicht das erste Weimarer Jahrzehnt verstehen als Phase des bewußten Ringens um eine innere Bindung an das Werte- und Ordnungssystem, das Goethe in Weimar teils vorgefunden, teils durch Reformen zu verbessern suchte? Stellen nicht auch Goethes und Schillers Bemühungen um eine ästhetische Erziehung eine Antwort auf die im Götz deutlich gewordene Aporie dar? Bedarf nicht wirklich jedes Gemeinwesen, das unveräußerliche Freiheits- oder Menschenrechte des einzelnen in den Mittelpunkt stellt, auch der inneren Zustimmung und Bindung jedes einzelnen an diese Werteordnung? Bedarf nicht das Politische tatsächlich der Rückbindung an eine innerlich akzeptierte Werteordnung, die ihr auch als Korrektiv dienen kann? – So gesehen, hätten sich Goethe und Schiller keineswegs im klassischen Jahrzehnt in den unpolitischen Elfenbeinturm zurückgezogen, sondern der vielzitierten „Forderung des Tages"[9] in einer sehr weitsichtigen Weise gedient.

Doch sind es in erster Linie nicht die historisch bedingten und zum Teil auch wechselnden Antworten Goethes auf die Individualitätsproblematik, die für uns heute noch verbindlich sind, sondern der von ihm weit aufgezogene Problemhorizont. Wenn wir uns heute mit Erscheinungsformen der „Anspruchs-" oder „Besitzstandsgesellschaft" auseinandersetzen, so steht dies im Problemhorizont des Besitzindividualismus; wenn wir den Verlust allgemeiner Werte und den Zerfall in Partikular- oder Individualinteressen in unserer Gesellschaft beklagen, so antwortet dies auf die Problemstellung des Isolationismus; und

---

7 Zur Verwendung des Begriffs der Moderne vgl. Dirk Kemper: *Ästhetische Moderne als Makroepoche.* In: Silvio Vietta/Dirk Kemper (Hg.): *Ästhetische Moderne in Europa. Grundzüge und Problemzusammenhänge seit der Romantik.* München 1997, S. 97–126.

8 Vgl. Dirk Kemper: *„individuum est ineffabile". Goethe und die Individualitätsproblematik der Moderne.* [in Vorb.]

9 „Was aber ist deine Pflicht? Die Forderung des Tages." (WA I, 42.2, S. 167)

wenn etwa Richard von Weizsäcker mit dem Begriff des Verfassungspatriotismus einen möglichen Weg der voluntativen Annahme unserer Werte- und Rechtsordnung diskutiert, so ist dies unsere zeitgenössische Antwort auf die seit der frühen Goethezeit virulente Problematik der inneren Bindung.

III.

Wenn es zutrifft, daß die von Goethe mitentfaltete Problematik des Individuums zu den Grundproblemen unserer Moderne zählt, so mußte sie auch zu einem Zentralproblem für die Goethe-Rezeption des Nationalsozialismus werden. Der Hinweis bei von Schirach, daß gerade im Individualitätsbegriff eines der größten Rezeptionshindernisse lag, bestätigt sich durchaus.

Eine der sprechendsten Quellen für den propagandistischen Umgang mit Goethe erschien 1939 anläßlich von Goethes 190. Geburtstag. Im Mai des Jahres hatte das Propagandaministerium damit begonnen, einen *Zeitschriften-Dienst* herauszugeben, der den Chefredakteuren Anweisungen für die ideologisch-propagandistische Gestaltung ihrer Blätter übermittelte. Vorgesehen war der *Zeitschriften-Dienst*

> nur zum persönlichen Gebrauch des ausdrücklich zugelassenen Hauptschriftleiters [...]. Er ist weder befugt, den Zeitschriften-Dienst seinen Schriftleitern und Mitarbeitern zu zeigen, noch ihnen überhaupt vom Vorhandensein dieser Informationsquelle Kenntniss zu geben. Vielmehr soll der Hauptschriftleiter seine auf diesen Dienst zurückgehenden Weisungen so weitergeben, als entsprächen sie seinen persönlichen Wünschen.[10]

Unter der Überschrift *Goethe in der Gegenwart* bietet die Ausgabe vom 13. Juni eine umfangreiche Sammlung von Stichworten, Zitaten und Literaturangaben, mit deren Hilfe der 190. Geburtstag propagandistisch aufbereitet werden sollte. Unter der Rubrik „Ziel" heißt es einleitend:

> Goethe ist als Mensch darzustellen, der grösser ist als sein Werk. Nachweisen, dass er nahezu ein Jahrhundert des gesamtdeutschen Schicksals verkörpert. Er ist als Persönlichkeit im höchsten Sinne zu sehen, d. h. als Mensch, der seinem Volke nützt.[11]

Schon der Eingangssatz verdient unser ungeteiltes Mißtrauen. Daß er als Mensch größer sei als sein Werk heißt in dem hier völlig offenliegenden propagandistischen Verwertungszusammenhang nichts anderes, als daß in der Stilisierung des Menschen größere Möglichkeiten der ideologiegeleiteten Adaption liegen als in der konkreten Auseinandersetzung mit den Texten. In der Tat fällt auf, wie wenige Stellen aus dem Werk – aus dem Zusammenhang fiktionaler Texte herausgerissen und dem Autor als persönliches Bekenntnis untergeschoben – dem nationalsozialistischen Propagandaapparat einschlägig genug erschienen, um hier angeführt zu werden. Sie decken sich übrigens auffällig mit den auch bei von Schirach herangezogenen Stellen.

Nach welchen Leitlinien aber soll die verordnete Stilisierung des Menschen vonstatten gehen? Die „Ziel"-Formulierung gibt zwei Richtungen vor: Goethe als „gesamtdeutsche[s]

---

10 Gustave Mathieu: *A Nazi Propaganda Directive on Goethe*. In: Publications of the English Goethe-Society 23, 1953, S. 129–137; hier 129.

11 Ebd., S. 130.

Schicksal" und Goethe als „Persönlichkeit", die „seinem Volke nützt". Der letzte Punkt beinhaltet im Kern nichts anderes als eine implizite Kampfansage an den von Goethe entwickelten Individualitätsbegriff. Bereits in der nächsten Rubrik „Ausrichtung" heißt es entsprechend dazu:

> Goethes scheinbarem „Individualismus" mit sachlichen Argumenten entgegentreten.[12]

Wie dies geschehen soll, erläutert die Rubrik „Erzieherisch":

> Goethes heute noch gültigen Gedanken über die Erziehung: Die Dienstbereitschaft, das höchste Ziel der Jugenderziehung. „Man erziehe die Knaben zu Dienern und die Mädchen zu Müttern, so wird es überall wohlstehen!" – Goethes Bewertung der Gemeinschaftserziehung: „Männer sollten von Jugend auf Uniform tragen, weil sie sich gewöhnen müssen, zusammen zu handeln, sich unter ihresgleichen zu verlieren, in Masse zu gehorchen und ins Ganze zu arbeiten." [...] Goethes Freiheitsbegriff: Freiheit im Gehorsam.[13]

Auf der Grundlage dieser „sachlichen Argumente[]" soll Goethes Individualitätsbegriff kollektivistisch umgebogen werden:

> Goethes scheinbarer Individualismus, eine Schule der Persönlichkeit, die ihren höchsten Wert darin sieht, dem Volke zu nutzen.[14]

Der auf die Rechte des einzelnen und die Ausbildung seiner Einzigartigkeit und Unverwechselbarkeit abgestellte Individualitätsbegriffs Goethes, der im Frühwerk entwickelt wird und in modifizierter Form auch noch das gesamte Autobiographieprojekt der späteren Jahre leitet, soll hier im Begriff der Persönlichkeit in sein Gegenteil verkehrt werden: in den gehorsamen und die Individualität nivellierenden Dienst gegenüber dem kollektiven Subjekt des Volkes.

Dazu gibt der *Zeitschriften-Dienst* Literaturhinweise. Wilhelm Fehses 1935 vorgelegte Studie *Goethe im Lichte des neuen Werdens* sei im Kapitel „Persönlichkeit und Gemeinschaft" „sehr brauchbar".[15] Dort heißt es gleich einleitend:

> Das Erste und Wichtigste, was ein zum Bewußtsein seiner selbst gelangtes Volk zu lernen und in allen Fährnissen festzuhalten hat, ist das Wörtlein „Wir". Mit eiserner Notwendigkeit ergibt sich daraus sein Kampf gegen den Individualismus. [...] Der geborene Feind aber des zu kraftvoller Einheit sich zusammenballenden „Wir" ist immer das sich absondernde und nur sich selbst bejahende „Ich". Bei dem großen Wandel jedoch, der sich in unserer Gegenwart vollzieht, bedeutet der Individualismus noch mehr. Er ist die Vergangenheit, die sich gegen das Sterben wehrt. Und er ist eine schuldbeladene Vergangenheit; denn nur zu deutlich tragen alle Erscheinungen des Niederganges und der

---

12 Ebd., S. 131.

13 Ebd., S. 133 f. – Goethe-Zitate: *Wahlverwandtschaften*; WA I, 20, S. 282, 280.

14 Ebd., S. 133.

15 Ebd., S. 136.

> Zersetzung, gegen die sich die neue Zeit waffnet, seine Züge. Individualismus ist das Kennzeichen des Jahrhunderts ohne Goethe.[16]

Deutlicher läßt sich die prinzipielle Unvereinbarkeit zwischen Goethes Individualitätsgedanken und der Ideologie des Nationalsozialismus kaum formulieren. Die weitere Argumentation, mit der Fehse diese Unvereinbarkeit dennoch zu überbrücken sucht, unterzieht sich keineswegs der Mühe, irgendeinem Gedankengang oder Text Goethes zu folgen, sondern montiert lediglich vereinzelte Zitate, baut sie in die Entfaltung nationalsozialistischer Ideologeme ein und gelangt im Ergebnis zu der Gleichung: „Persönlichkeit ist Freiheit vom Ich. [...] Individualismus ist Ichgebundenheit."[17]

Indem er diesen Persönlichkeitsbegriff Goethe unterschiebt, feiert Fehse abschließend den Verfasser von *Dichtung und Wahrheit* als Vordenker eines autoritären Kollektivismus:

> Und diese Freiheit ist es nun auch, darauf Goethe seinen Anspruch gründet, der Befreier der Deutschen zu sein. Weil er mit seinem Leben von innen heraus ihnen beispielhaft die Befreiung von der Ichgebundenheit vorlebte, wies er ihnen den Weg aus der Philisterenge heraus, und das schien ihm eines Denkmals wert.[18]

Fehse paraphrasiert hier – wie stets ohne Quellenangabe – eine Passage aus Goethes spätem Aufsatz *Ein Wort für junge Dichter*, dessen Wortlaut jedoch das exakte Gegenteil beinhaltet:

> Wenn ich aber aussprechen soll, was ich den Deutschen überhaupt, besonders den jungen Dichtern geworden bin, so darf ich mich wohl ihren Befreier nennen; denn sie sind an mir gewahr geworden, daß, wie der Mensch von innen heraus leben, der Künstler von innen heraus wirken müsse, indem er, gebärde er sich wie er will, immer nur sein Individuum zu Tage fördern wird. (WA I, 42.2, S. 106; Hv. d. Vf.)

IV.

Der „Kampf gegen den Individualismus", der in Fehses Trivialideologie seine krassesten Ausprägungen findet, erweist sich generell als Grundproblem für die Goethe-Rezeption des Nationalsozialismus. Da der Begriff des Individuums so, wie er bei Goethe vorgedacht ist, keinesfalls in die NS-Ideologie integrierbar war, wurde er aufgespalten, unterschiedlichen Trägern zugewiesen und in diesen Zuweisungen neu bewertet. Bezugsobjekt des Begriffs konnte erstens jeder einzelne sein, wodurch sich das Konzept der Individualität in den pejorativen Kampfbegriff des Subjektivismus verwandelte, oder zweitens der besondere einzelne, was in den mythisch überhöhten Persönlichkeitsbegriff des Führers mündete, oder aber drittens Volk beziehungsweise Nation als Kollektiv, so daß der Begriff der Individualität in dem des National-Individuellen oder der ‚Volkheit' aufging.

Subtiler als Fehse bekämpft Alfred Rosenberg die vermeintlich subjektivistische Variante des Individualitätskonzepts. „Das germanische dynamische Wesen äußert sich nirgends in

---

16 Wilhelm Fehse: *Goethe im Lichte des neuen Werdens.* Braunschweig 1935, S. 93.
17 Ebd., S. 118.
18 Ebd., S. 119.

der Weltflucht, sondern bedeutet Weltüberwindung, Kampf",[19] lautet seine Ausgangsposition. Aus Goethes Schriften zieht er daher nur aus, was dem Prinzip der Weltüberwindung, dem Ethos der Tat entspricht, die allein aus Eskapismus und Vereinzelung herausführe.[20] Auf dieser Grundlage idealisiert er den *Faust* als „größte[n] Hymnus auf menschliche Tätigkeit" und als Ausdruck des „innersten seelisch-rassischen Freiheitswillen[s]"[21] der Deutschen. Mit Anklängen an Goethes Unterscheidung von Manier und Stil legt er sodann dessen Ästhetik gänzlich auf den letzten Begriff fest, um freie Hand zu bekommen für eine massive Kritik der subjektivistischen Manier:

> Der Subjektivismus bedeutet in jeder Hinsicht und auf jedem Gebiete die Vergewaltigung sowohl der Persönlichkeit wie des Objekts, der „Sache" [...]. Der Subjektivismus als philosophisches sowohl als auch als rein künstlerisches Problem ist das Ergebnis einer inneren Unfruchtbarkeit (der rassischen Zerkreuzung) eines Volkes, einer Individualität, einer ganzen Zeitepoche oder überhaupt – als Ende – das Gleichnis eines seelisch-rassischen Zusammenbruchs.[22]

Auch wenn Rosenberg die damit implizierte Kritik an Goethes Frühwerk hier nicht ausspricht, um Goethe für seine Zwecke nicht ganz preiszugeben, ist sie doch unüberhörbar und zeitigt – wie noch zu zeigen sein wird – an anderer Stelle ihre deutlichen Konsequenzen.

Der zweite Weg, Goethes Konzept des Individuums und der auf der Grundlage der Individualität reifenden Persönlichkeit zu neutralisieren, bestand in dessen Anverwandlung an das Ideologem des Führers. Einen solchen Versuch unternimmt August Raabe in seiner Aufsatzsammlung *Goethes Sendung im Dritten Reich*, in der er im Kapitel „Persönlichkeit" Goethe und Hitler als „Geistesverwandte"[23] auszuweisen sucht. Nicht jeder einzelne könne auf das auszeichnende Attribut der Persönlichkeit Anspruch erheben, denn dessen „Bestimmung" liege im „Aufgeben der Einzelpersönlichkeit, [im] Aufgehen des Individuums im großen Ganzen".[24] Das aber zeige wiederum dessen Bedürftigkeit einer Führerpersönlichkeit, wie sie angeblich von Goethe wie Hitler gedacht worden sei:

> Indem der Goethesche Mensch wirkt, vollendet er seine eigene Wesenheit und nützt damit, ungewollt und ohne Absicht, auch seinen Mitmenschen, da er sie zu Gott hinleitet. Hitlers Weg ist bestimmt durch das mit Hülfe der Opferbereitschaft des arischen Menschen zu erfüllende Gebot der Selbsterhaltung; er ist ein Weg des Kampfes. Der Kampf aber, dessen Erfolg von Erfindung und Organisation abhängig ist, erfordert einen Führer. So ist die Persönlichkeit in Hitlers Sinne der Führer. Gewiß, auch Goethes Mensch ist Führer; aber dessen Wesen ist Hingebung [...], während das Wesen der Führerpersönlichkeit Hitlers Abwehr ist.[25]

---

19 Alfred Rosenberg: *Der Mythus des 20. Jahrhunderts. Eine Wertung der seelisch-geistigen Gestaltenkämpfe unserer Zeit.* 99. München [10]1936, S. 262.
20 Ebd., S. 259 ff.
21 Ebd., S. 260, 436.
22 Ebd., S. 351.
23 August Raabe: *Goethes Sendung im Dritten Reich.* Bonn 1934, S. 24.
24 Ebd., S. 18.
25 Ebd., S. 22.

Beide Persönlichkeits- beziehungsweise Führer-Begriffe seien nur zeitbedingte Spiegelungen einer Sache, die sich über die Vorstellungen von Pflicht – „mit der Goetheschen Persönlichkeit untrennbar verbunden“[26] – und Opfer weiter analogisieren ließen.

In Anknüpfung an diese Ideen entwickelt Ernst Rudolf Huber die dritte, im nationalsozialistischen Schrifttum vertretene Strategie der Eliminierung des Goetheschen Individualitätsgedankens. Insbesondere in den Werken der klassischen und späten Periode habe Goethe nicht nur „die Ideen des Menschlich-Allgemeinen und des National-Indviduellen“ aufeinander zu beziehen, sondern auch schon in der „historisch-individuelle[n] Erscheinung der Nation“ die Idee der „Volkheit“[27] von den Erscheinungsformen des Pöbels und der Masse zu unterscheiden vermocht. Um sich seiner hier kollektiv aufgefaßten Individualität jedoch bewußt zu werden, bedürfe das Volk – auch das sei eine Erkenntnis Goethes aus der Französischen Revolution – des Führers:

> Das Volk erkennt sich und sein Wesen nicht selbst; es gibt kein unmittelbares, aus der Tiefe des Volkstums allein quellendes Selbstbewußtsein und Selbstverständnis des Volkes. Volksbewußtsein und Volkswille sind lebendig nur im Regenten und Gesetzgeber, der für das Volk denkt, will und handelt. Nicht die Revolution, sondern nur die Autorität hat volksschaffende Kraft.[28]

V.

Diesen drei Strategien der Eliminierung von Goethes Individualitätsbegriff entsprechen unterschiedliche Wertungsperspektiven auf den *Götz*. Auch solche Autoren, die Goethe für den Nationalsozialismus zu instrumentalisieren suchen, nehmen Rosenbergs Subjektivismuskritik auf, um Positionen des Sturm und Drang zu verwerfen. In Arnold Bergsträssers Ausführungen zu *Mensch und Staat im Wirken Goethes* heißt es zum „zügellose[n] Genie“ dieser Periode:

> Menschliche Reife und klares Gefüge des Gemeinwesens erringen wollen vermöge einer bloßen Entbindung der freien Seele ist ein Wahn, der sich vergeht gegen die Wirklichkeit und gegen das Gebot der Verwirklichung.[29]

Anders Huber. Er sucht das Problem zu lösen, indem er nicht das Individuum Götz, sondern das Volk zum eigentlichen Helden und Träger der deutschen Idee im Drama macht. Im Unterschied zu Schillers *Räubern* sei es im *Götz* nicht das „große Individuum“, das gegen den Staat aufstehe:

> Es ist der altdeutsche Gedanke des Widerstandsrechts des Volkes gegen Mißbrauch der Staatsgewalt, der den beiden Dramen einen objektiven historisch-politischen Sinngehalt gibt.[30]

---

26 Ebd., S. 22.

27 Ernst Rudolf Huber: *Goethe und der Staat.* In: Das innere Reich 1944/45, H. 1, S. 1–19; hier 3, 4.

28 Ebd., S. 5.

29 Arnold Bergsträsser: *Mensch und Staat im Wirken Goethes. Pandora.* In: Corona 6, 1936, S. 99–123; hier 102.

30 Huber (wie Anm. 27), S. 2. – Diese Position erlaubt es Huber auch, trotz der Vorbehalte gegen den *Götz* das Gesamtwerk Goethes zu instrumentalisieren: „Wenn das Wesen des großen politischen Dichters

Daß dieser Widerstandsversuch im *Götz* fehlschlägt, liegt für Huber einerseits darin begründet, daß hier nicht das Volk, sondern der Pöbel beziehungsweise die Masse agiere, andererseits entspricht dieses Scheitern auch seinem Geschichtsbild, da auf der Seite der Gegner Götzens „der moderne Staat [...] in seinen ersten tastenden Ansätzen"[31] heraufziehe.

Der dritten Strategie, den auf den einzelnen bezogenen Individualitätsbegriff Goethes in eine kollektive Nationalindividualität zu verwandeln, entspringen krude, zumeist ohne Textbelege und Argumente vorgetragene nationalistische Vereinnahmungen. In seiner Schrift *Goethe der Deutsche* feiert Adolf Bartels den *Götz* als „Fleisch von unserem Fleisch und Blut von unserem Blut":

> Deutschritterliche Kraft und Biederkeit sind menschlich zehnmal wertvoller als Fürstenschlauheit und Bürgerpfiffigkeit, und es ist und bleibt uns Deutschen tiefstes Herzensbedürfnis, gehörig dreinzuschlagen, wenn uns gemeine List einfangen will. Mit dem Schwerte braucht es ja nicht gerade immer zu sein.[32]

Dazu sekundiert Ferdinand Lion über „Goethesche Politik": „Sein eigener Götz war ausreichend als Urbild der arischen Figur".[33]

Gewaltsamkeit und Uneinheitlichkeit der Versuche, den *Götz* in die nationalsozialistischen Strategien der Goethe-Rezeption einzubinden, zeugen von den Schwierigkeiten gerade im Umgang mit diesem Stück. Wie das intensive Bemühen um eine Umdeutung des Individualitätsbegriffs dabei zeigt, liegen die Ursachen dafür insbesondere hier, und sie lassen sich im Lichte der drei anhand des *Götz* entwickelten Kategorien leicht nachzeichnen. Die im Stück entwickelte Vorstellung vom einzelnen als Besitzer unveräußerlicher Freiheitsrechte findet im Nationalsozialismus ihren Widerpart in einem mythisch und rassistisch überhöhten Pflichtbegriff.[34] Doch auch in der NS-Ideologie gibt es eine Kategorie des Besitzes der Persönlichkeit, allerdings ins Völkische verkehrt:

> Die Wertschätzung, die der Nationalsozialismus der Persönlichkeit widmet, begründet er [Hitler; d. Vf.] ausdrücklich aus dessen Weltanschauung, „die sich bestrebt, [...] dem besten Volke, also dem höchsten Menschen, diese Erde zu geben.[35]

Ähnlich steht dem Isolationismus des das Seinige in seinem Kreise findenden Individuums im Nationalsozialismus die Forderung nach dem „Aufgeben der Einzelpersönlichkeit, [dem] Aufgehen des Individuums im großen Ganzen"[36] diametral entgegen. Und das Recht

---

darin besteht, nicht den Forderungen des Tages und der Stunde zu dienen, sondern die ewigen Gesetze der Volks- und Staatsgestaltung in gültiger Form darzustellen, so ist Goethes Werk vom Götz bis zum Faust II das Höchste an politischer Dichtung, was unser Volk besitzt" (ebd., S. 17).

31 Ebd., S. 3.

32 Adolf Bartels: *Goethe der Deutsche*. Frankfurt/M. 1932, S. 30. – Vgl. auch ebd., S. 187: „Ganz nahe an Goethe heran kommt aber dann erst der deutsche Jüngling: so etwa zwischen 14 und 16 Jahren nimmt man zuerst ‚Götz von Berlichingen' in die Hand und erhält den ‚deutschesten' Eindruck seines Lebens. Ja, der ‚Götz' wird nie veralten – das wäre ein trauriges Geschlecht, das nicht mehr an ihn heranwollte."

33 Ferdinand Lion: *Goethesche Politik*. In: Mass und Wert 1938, S. 764–782, hier 777.

34 Vgl. etwa Huber (wie Anm. 27), S. 4: „Die revolutionäre Erhebung in fessellose Freiheit zerstört das Menschentum; in Pflicht und Dienst findet der Mensch den wahren Adel seines Daseins."

35 Raabe (wie Anm. 23), S. 21.

36 Ebd., S. 18.

auf freiwillige, innere Bindung an ein Ordnungssystem wird in der politisch gänzlich entmündigenden Vorstellung eines Volkes, dessen Führer für es „denkt, will und handelt",[37] ad absurdum geführt.

Einen Ausweg suchten die Ideologen des Nationalsozialismus in der Marginalisierung der frühen Schriften zugunsten der Werke und Lebenszeugnisse der mittleren und späten Periode. Hier erweist sich der Individualitätsgedanke der Moderne zwar als keineswegs weniger virulent, doch tritt er im Vergleich mit den experimentellen Radikalisierungen im Frühwerk in gänzlich anderer Weise in Erscheinung. Ein Ausspielen der ‚gereiften' Klassik gegen den noch ‚ungebärdigen' und ‚ungeformten' Sturm und Drang findet sich bei Bergsträsser[38] wie bei Huber, der erst in den *Wanderjahren* „den politischen Erziehungsgedanken und damit die Schlüsselstelle des Gesamtwerks"[39] ausmacht.

Doch vermag dieses Ausweichen nicht über die prinzipielle Unvereinbarkeit von nationalsozialistischer Ideologie und Goetheschem Individualitätsbegriff hinwegzutäuschen. Indem er dies anerkennen muß, beschreibt Alfred Rosenberg Goethes Bedeutung für die nationalsozialistische Bewegung mit der gebotenen Distanz:

> In den kommenden Jahrzehnten jedoch wird er [Goethe; d. Vf.] zurücktreten, weil ihm die Gewalt einer typenbildenden Idee verhaßt war und er sowohl im Leben wie im Dichten keine Diktatur eines Gedankens anerkennen wollte, ohne welche jedoch ein Volk nie ein Volk bleibt und nie einen echten Staat schaffen kann.[40]

VI.

Im 20. Jahrhundert gibt es, sehr vereinfacht gesprochen, zwei Grundrichtungen, auf die politische Dimension der modernen Individualitätsproblematik zu antworten. Die eine besteht in einem Politik- und Staatsbegriff, der auf den Rechten und Pflichten des Individuums gründet, die andere manifestierte sich in den beiden großen ideologischen Systemen, die unser Jahrhundert prägten, im Nationalsozialismus und im Marxismus. Der erste Weg nimmt die Herausforderung der Moderne an, indem er den einzelnen tatsächlich als Besitzer, als Rechtsinhaber individueller Freiheiten respektiert. Unser Begriff von den „unveräußerlichen Menschenrechten" antwortet mit der Kategorie des Veräußerns, die ja einen Besitz voraussetzt, deutlich auf die bei Goethe und anderen entfaltete Problematik des Besitzindividualismus. Wir verdanken Goethe tatsächlich Einsichten in die Entstehungsgeschichte dieses Problemhorizonts der Moderne, ohne daß damit behauptet sei, daß Goethe unter den Bedingungen seiner historischen Situation auch schon in der Lage gewesen wäre, in allen Lebens- und Tätigkeitsbereichen diesem Prinzip volle Geltung zu verschaffen.

---

[37] Huber (wie Anm. 27), S. 5.

[38] Vgl. Bergsträsser (wie Anm. 29), S. 104: „Wo die Dichter der deutschen Klassik die Formung des Menschen als das Dringlichste erkannten, haben sie nie das freischwebend sich genügende Individuum gemeint, sondern den in Vollkraft Gebundenen, der durch seine eigene Ausbildung die nationale Mitgift zur Erscheinung bringt."

[39] Huber (wie Anm. 27, S. 12 f.) bezieht sich auf folgende Stelle: „Es ist gut, daß der Mensch, der erst in die Welt tritt, viel von sich halte, daß er sich viele Vorzüge zu erwerben denke, daß er alles möglich zu machen suche; aber wenn seine Bildung auf einem gewissen Grade steht, dann ist es vortheilhaft, wenn er sich in einer größern Masse verlieren lernt, wenn er lernt um anderer willen zu leben, und seiner selbst in einer pflichtmäßigen Thätigkeit zu vergessen" (WA I, 23, S. 119 f.).

[40] Rosenberg (wie Anm. 19), S. 515.

Den anderen, ideologischen Weg möchte ich als Verweigerung der Moderne beschreiben. Beide ideologischen Systeme fallen hinter die spezifisch neuzeitliche oder moderne Erkenntnis zurück, daß unsere (profanen) Weltdeutungsentwürfe immer nur von heuristischem Wert sind und durch die Praxis korrigiert oder falsifiziert werden können. Nationalsozialismus und Marxismus traten jedoch mit dem Anspruch unbedingter, vermeintlich wissenschaftlich begründeter Wahrheit auf und leiteten daraus die Legitimation ab, die Rechte des Individuums theoretisch zu verneinen und in der Praxis tief zu beschneiden oder brutal zu mißachten. Ich erinnere nur an Gottfried Benns unselige „Formel der neuen [nationalsozialistischen; d. Vf.] Staatsidee": „Wo die Geschichte spricht, haben die Personen zu schweigen."[41] Damit ist Goethes Individualitätsbegriff prinzipiell unvereinbar.

---

41 Gottfried Benn: *Sämtliche Werke.* Stuttgarter Ausgabe. Hg. v. Gerhard Schuster in Verbindung mit Ilse Benn. Bd. 4. Stuttgart 1989, S. 12.

GÜNTHER MAHAL

Goethes „Faust" auf dem deutschen Theater des 20. Jahrhunderts

Das ursprüngliche Thema „Goethes Nachleben auf der Bühne" habe ich in Absprache mit Werner Keller verschlankt, aus zwei Gründen: Zum einen hätte ich, der genannten Formulierung auf der Spur, kaum anderes bieten können als eine Kurt Tucholskys *Ratschlägen für einen schlechten Redner*[1] entsprechende Datenfülle aus der Statistik des Deutschen Bühnenvereins. Wie viel, oder schlimmer: wie wenig Zeit bei einem solchen Verfahren etwa für *Götz* oder *Egmont* zur Verfügung gestanden hätte, brauche ich nicht eigens zu erläutern.

Zum anderen fühle ich mich ‚nur' beim *Faust* etwas eher zuhause. Freilich, die Verschlankung bedeutet keine Radikalkur, ist doch der *Faust* das bei weitem am häufigsten inszenierte Drama Goethes – schon deshalb, weil seine Theaterpräsenz gleich in vierfacher Form registriert werden muß: als *Urfaust*, als *Faust I*, als *Faust II* und als *Faust I und II*. Daß die letztere Gesamtdarbietung, abgesehen von Dornachs Exerzitien und Peter Steins Planung, stets mit erheblichen Kürzungen daherkommt und mit Verteilungen auf einen, zwei oder mehr Spieltage, macht aus den vier Grundformen eine nahezu beliebig lange Reihe weiterer Varianten.

Allein der *Urfaust* ist seit seiner Bühnenpremiere 1920 durch Max Reinhardt[2] hundertfach aufgeführt worden, auch er mit Varianten, weil man immer wieder dem Fragment Perspektive geben oder die große Lücke auffüllen zu müssen meinte. Ich habe diesen *Urfaust* miserabel auf der Profi-Bühne gesehen und atemführend auf einer Schülerbühne. Und das will ich zur Gelegenheit nehmen, auf das von den Bühnenhistorikern fast immer unerwähnte Laientheater hinzuweisen, das allenfalls eine lokale Presse hat und das doch abseits von Starrummel und Originalitätssüchtelei den Kampf mit einem Text aufnimmt, redlich und mit strebendem Bemühen, zuweilen gleichwohl inspiriert und aller Ehren wert – dies zumeist fernab allen Versuchungen, avantgardistisch zu inszenieren.

Ein zweites sei hinzugefügt: In aller Regel stehen hinter den Laien-Aufführungen des *Urfaust* oder des *Faust I* Lehrerinnen und Lehrer, denen die – wenn überhaupt – nur wenigen Deputats-Stunden mit Goethes *Faust* zu schmal erscheinen und die sich mit einem modischen Sonderbarkeiten unterworfenen Lehrplan[3] nicht begnügen wollen, die also die gym-

---

1 In: Kurt Tucholsky: *Gesammelte Werke* 8 (1930). Reinbek bei Hamburg 1976, S. 290–99.

2 Weiterführende Literaturhinweise bringt: *Faust und Mephisto. Goethes Dramenfiguren auf dem Theater.* [Ausstellungs-Katalog] Köln 1983, S. 94.

3 Die Sonderbarkeiten beginnen bereits bei den wenigen Stunden, die der Behandlung des *Faust* eingeräumt werden. Einmal gilt der *Faust* verbindlich als Lektüre, dann wieder nicht; das Saisonale hat ganz offenbar mit Unmutsäußerungen einmal der Schüler und ein anderes Mal der Eltern zu tun.

nasiale Vermittlung des *Faust* nicht als Pensum ableisten, sondern als einmalige Gelegenheit, ein anspruchsvolles und schwieriges Werk zu erschließen. Vergessen werden sollte dabei nicht, daß heute schon längst Lehrerinnen und Lehrer unterrichten, die nicht mehr in einem Bildungskontext aufgewachsen sind, welchem der *Faust* Goethes eine krönende Selbstverständlichkeit bedeutete.

Bin ich vom Thema abgekommen? Ich denke: nein. Denn die jungen Leute, die ohne genauere, heute per Anstrengung erworbene Kenntnis des *Faust* gelegentlich eine Aufführung in einem Landestheater oder auf einer großen Staatsbühne sehen, eine Aufführung von Gnaden regietheaterlicher Dominanz – sie werden rasch für *Faust* etwas halten, das einem Warendiebstahl aus dem gleichkommt, was Martin Walser das „Kaufhaus" Goethe genannt hat.[4]

Von solchen Inszenierungen wird und muß noch ausführlicher die Rede sein, wenn vom Bühnen-Faust des 20. Jahrhunderts gesprochen werden soll. Hier handelt es sich nicht mehr um gelegentliche Sonderlingshaftigkeiten, vielmehr um eine seit etwa 20 Jahren herrschende Mode, in Frankfurt, in Weimar und andernorts auch.[5]

Glücklicherweise kann ich den entlastenden Hinweis auf Bernd Mahls Buch *Goethes „Faust" auf der Bühne*[6] anfügen, das die meisten bedeutenden Inszenierungen zum Gegenstand hat. Was er in 30 Jahren zusammentrug, ist in einer Dreiviertelstunde auch nicht annähernd zu leisten.

Erwarten Sie bitte keine Kurzfassung von seiner den Jahresringen geduldig entlanggehenden Dokumentation, die dann pro Inszenierung im Schnitt allenfalls eine Minute dauern könnte und Sie unter ein ständiges Gewitter von Namen, Jahreszahlen und kleinen, wertenden Aufkleberchen setzen müßte, eins-zwei-drei im Sauseschritt und statt Information nur Verwirrung erzeugend. Erlauben Sie mir statt dessen, die Ergebnisse des genannten Buches stillschweigend vorauszusetzen oder es künftiger Lektüre zu empfehlen, um hier Platz für das allenfalls zu Leistende zu gewinnen: einige große Linien aufzuzeigen, oft grob genug, um späterer Differenzierung zu bedürfen; all dies zuweilen bewußt feuilletonistisch und auch polemisch formuliert anstelle in jener Aus- und Abgewogenheit, die sich wissenschaftlich nicht nur gibt, sondern im Modus des vorgezeigt Objektiven auch eine Debatte rasch verhindert.

Kein Werk Goethes steht, selbst heute noch, im Zentrum eines wie auch immer begründeten Interesses, vor allem der Bühnen, wie der *Faust*. Ihn aufzuführen ist dank vielfacher technischer Möglichkeiten kein Problem mehr, selbst für seinen Zweiten Teil. Daß im 20. Jahrhundert die Formen unbefangener oder forcierter Verehrung und die Darbietung des *Faust* als Weihespiel zurücktreten mußten, ist nicht weiter verwunderlich. Irritierend und zuweilen über Kritik hinaus empörend bleibt die Tatsache, daß in der Nach-Gründgens-Ära anstelle einer „doppelten Zeitgenossenschaft"[7] Modernismen und Privatismen domi-

---

4 Martin Walser: *Goethes Anziehungskraft* (1982). In: M. W.: *Liebeserklärungen*. Frankfurt/M. 1983, S. 237–259, hier S. 242.

5 Das Knittlinger Faust-Archiv, von einem Zeitungs-Ausschnittdienst zuverlässig versorgt, könnte hier leicht eine bizarre Blütenlese zusammenstellen.

6 Bernd Mahl: *Goethes „Faust" auf der Bühne (1806–1998). Fragment – Ideologiestück – Spieltext*. Mit 12 Farb- und 239 Schwarzweißabbildungen. Stuttgart, Weimar 1999.

7 Werner Keller: *„Faust". Das Drama und die Hauptfiguren*. In: *Faust und Mephisto* (Anm. 2), S. 11–24, hier S. 12.

nieren, die den Zugang zu diesem Werk und seinen Intentionen aktionistisch verstellen. Wenn der Theater-*Faust* mehr über den jeweiligen Regisseur verrät als über seinen Autor, dann ist entschiedener Widerspruch gefordert.

Eines gilt für unser gesamtes Jahrhundert, und diese Gültigkeit wird die Jahrtausendgrenze überdauern: sobald Goethes *Faust* auf dem Theater-Spielplan angekündigt wird, bedeutet dies volle Häuser. Dabei spielt es keine Rolle, ob namhafte Premieren-Kritiker eine Verirrung diagnostizieren oder der Aufführung Ruhmesblätter winden; schlechte oder niederschmetternde Kritiken zeitigen oft geradezu stimulierende Wirkung. Der *Faust* auf dem Spielplan gilt als Superlativ des Angebots, das um so bereitwilliger angenommen wird, als das anspruchsvollste Werk Goethes der Lektüre der Nicht-Germanisten (und oft genug auch den Vertretern dieses Faches) unüberwindlich erscheinende Schwierigkeiten bereitet. Von der Bühnen-Umsetzung erwartet man um so mehr eine verständniserleichternde Versinnlichung, als gültige Interpretationen seitens der Literaturwissenschaft nur unter großer Anstrengung zu erwerben sind und sich überdies wechselweise oft aufheben.

Unser Jahrhundert als Einheit zu begreifen wäre naiv: Zu groß und zu folgenreich sind die nicht nur martialischen Zäsuren der beiden Weltkriege; zu grundsätzlich und auch eigendynamisch wirkt die wachsende Entfernung zu Goethe und einer durch seinen Namen verbürgten, s e l b s t v e r s t ä n d l i c h wirksamen Humanität.[8] Der Bühnen-*Faust* unseres Säkulums ist zu dessen Anfang Erbe einer vorerst unirritierten Goethefrömmigkeit des 19. Jahrhunderts. Am Ende unseres Jahrhunderts erscheint er über seine Säkularisierung hinaus trivialisiert, banalisiert, oft nachgerade wider Goethes Anspruch gebürstet und nur noch als armes Substrat originell sich dünkender Köpfe, die ihre grobe Handschrift gegen den geduldigen Text stellen – in Einrichtungen, die oft Zurichtungen und allzu häufig Hinrichtungen dieses Textes sind.

Solches zu sagen, liefert den Kritiker unmittelbar dem Verdacht bräsiger Verhocktheit aus, dem Befund, er sei rückständig und verstehe den „Geist der Zeiten" nicht, jener Zeiten, in denen wir es – mit den Worten Wagners – doch „so herrlich weit gebracht" hätten. Ich denke, an solcher Frohgemutheit sind Zweifel am Platz.

Goethes *Faust* gilt als der klassische Text deutscher Dichtung schlechthin. Trotzdem oder gerade deswegen mußte dieser Text ins Zentrum von Skepsis und Ablehnung rücken, sobald das Klassische ganz allgemein als Bedrückung ausgemacht worden war, als autoritäres Syndrom antidemokratischer Enthobenheit, als letztlich inhuman elitäre Überforderung usf.

Es ist hier nicht der Ort, in eine Debatte über solche Wertungen einzutreten. Der *Faust* Goethes geriet im genannten Kontext allererst unter das Verdikt der Ikonoklasten, desto mehr, als er über das „verteufelt Humane"[9] hinaus immense Verstehensschwierigkeiten bot, im Mythologischen, Allegorischen und Symbolischen.

Um nur vier Namen zu nennen: Reinhardt – Gründgens – Schröder – Peymann – das 20. Jahrhundert ist nicht arm an in hohem Maß diskussionswürdigen *Faust*-Inszenierungen,

---

8 Belege bringen Heinz Kindermann: *Das Goethebild des 20. Jahrhunderts.* Zweite, verbesserte und ergänzte Ausgabe mit Auswahl-Bibliographie der Goetheliteratur seit 1952. Darmstadt 1966. – Und: André Dabezies: *Visages de Faust au XXe siècle. Littérature, Idéologie et Mythe.* Paris 1967.

9 Goethes kopfschüttelnde Distanzierung von seiner *Iphigenie* ist unschwer auf die *Faust*-Rezeption übertragbar.

und zu den genannten hinzu kommen Dutzende von Aufführungen, die tüchtig oder redlich zu nennen ohne Ironie geschieht.

Wann, von wem, wie und vor welchem Publikum Goethes *Faust* aufgeführt wird, ist über die Wirkungs- und Rezeptionsgeschichte seines „Hauptgeschäfts"[10] hinaus ein schlechterdings untrüglicher Indikator für ein je und je zeitgenössisches Goethe-Bild, das gerade für den *Faust* stets ein synthetisches ist, ein multifaktorell bedingtes. Wer meinen möchte, es handle sich dabei allein um Bedingnisse literarischer Art, der täuscht sich.

Was indessen in aller Welt, und dies seit dem mittleren und späteren 19. Jahrhundert, als Nonplusultra deutscher Literatur und, mit Goethes eigenem Terminus, der Weltliteratur gilt, ist im Lande Goethes allzu häufig ein numinos angstbesetztes Gebilde, ein zum Gebirge aufgetürmter Stolperstein, seinerseits mit noch höheren und breiteren Gebirgen von Forschungsliteratur oft weniger erschlossen als verdeckt und zusätzlich hermetisiert.

Dem Theater wird angesichts solcher Blockaden häufig die Hoffnung überantwortet, den Text unverfälscht und verständlich-eingängig zu präsentieren – als ob die Bühnen einen Generalschlüssel besäßen.

Goethe hat bekanntermaßen zumindest den Zweiten Teil seines *Faust* für unaufführbar gehalten: einen geradezu filmischen Bild- und Perspektivenwechsel konnte sich der Leiter des Weimarer Liebhabertheaters schlechterdings nicht vorstellen. Die ersten Aufführungen des Zweiten Teils oder beider Teile im 19. Jahrhundert waren denn auch noch sehr statuarische Unternehmungen; erst die technischen Möglichkeiten durch eine Drehbühne oder durch das Simultan-Arrangement von Clemens Holzmeisters Salzburger Fauststadt[11] erlaubten die vom Text geforderte Dynamik.

Auch den *Faust II* in optische Kontexte einzubetten, sofern man nicht die nackte Bühne bevorzugt, herrscht heute kein Mangel mehr. Wir haben längst Bühnenmöglichkeiten, von denen Goethe nicht einmal träumen konnte. Was auf diesen wandlungsfähigen Bühnen indes gezeigt wird – ist es noch Goethes *Faust*?

„Machen Sie mit meinem Faust, was Sie wollen."[12] – Was Goethe 1829 dem ebenso devot wie ratlos anfragenden August Klingemann in Braunschweig mitteilt, seinerseits ratlos und noch nicht einmal für die Aufführung des *Faust I* vor seiner Weimarer Haustür kooperativ – dieses pauschal-lustlose Abwinken haben allzu viele Regisseure unseres Säkulums für eine direkt an sie gerichtete Anweisung betrachtet. Mit dem *Faust* haben sie in der Tat gemacht, was sie wollten; Goethes Intentionen blieben dabei nur zu häufig auf der Strecke oder kamen gleich unter die Räder.

Aus dem 19. Jahrhundert stammen zwei Modi, den *Faust* Goethes auf der Bühne vorzustellen: zum einen der Stil der Meininger, zum anderen die Vorrangigkeit des Dichters vor seinem Werk. Den Meiningern ging es um eine Bühnenausstattung, deren Aufbau und Hintergrund eine eindeutige Ansiedlung zuwies, wobei keine imaginative Phantasie der Zuschauer gefragt war; Naturalistik und Opulenz zeigten, was der Autor sich gewünscht hatte.

---

10 Vgl. Goethe, *Faust*. Hrsg. und kommentiert von Erich Trunz. Sonderausgabe München 1986, z. B. S. 454, S. 458.

11 Vgl. *Faust und Mephisto* (Anm. 2), S. 103, und Mahl (Anm. 6), S. 118–122.

12 Zit. nach Mahl (Anm. 6), S. 17.

Den Dichter vorrangig vor seinem Werk zu sehen: das hatte zur Folge, daß der – sehen Sie mir das Kunstwort nach – Olympismus ins Spiel kam, daß die Titelgestalt mit Goethe weithin oder ganz identisch wurde, daß nicht mehr ein fiktionales Schicksal auf dem Spiele stand, sondern daß die verehrte Autorität Goethes ein Aufschauen auch zu Faust bedingte, der dann am Ende in seiner Rettung zur Bestätigung von Goethes Ruhm diente.

Was sich aus dem 19. Jahrhundert fortsetzte, zuweilen sogar bis in Inszenierungen der zweiten Nachkriegszeit, war die Präsentierung der berühmtesten deutschen Dichtung als nationale Selbstvergewisserung, als Beschwörung des Klassischen und Vorbildlichen. Den *Faust* auf die Bühne zu bringen war etwas anderes – oft etwas kategorial anderes –, als ein sonstiges Stück Goethes oder eines von Schiller oder Kleist ins Programm zu nehmen. Da kam ein Plus ins Spiel, das man Aura nennen mochte oder Nimbus, etwas weniger benennbar als vielmehr erfahrbar Exzeptionelles oder, mit Goethes eigenem Wort, Inkommensurables.[13]

Von dieser Ausnahmestellung des *Faust* zehrt im übrigen noch jede heutige Aufführung wie von einem offenbar unabtragbaren Kapital, das die Zinsen regen Publikumsinteresses weiterhin abwirft.

Die in Goethes Weimar gegründete Republik, nicht mehr als vierzehn Jahre von Bestand, definierte sich in ihrem kulturellen Selbstverständnis weithin über die Ansprüche der deutschen Klassik – wobei über deren kompensatorischen Charakter angesichts eines verlorenen Krieges nachzudenken wäre (dies gilt übrigens auch nach dem Zweiten Weltkrieg, und hier zumindest für die Reklamierung des nationalen Kulturerbes in der DDR).[14]

Man hat das 19. Jahrhundert das Jahrhundert Goethes genannt, mit guten und hier nicht näher zu erläuternden Gründen. Für das 20. Jahrhundert wird man schwerlich einen Dichter-Namen finden, der unser Säkulum überzeugend kennzeichnen würde. Goethes Jahrhundert – man wird es auf die Phase bis 1932 ausdehnen dürfen, 100 Jahre nach dem Tod des Dichters, 100 Jahre auch nach Erscheinen des *Faust II.*

Unirritiert bleibt die Hochachtung vor einem Autor unvergleichlichen Ranges, der als präsent empfunden wird, dessen Aussagen nichts Antiquiertes haben, der über Expressionismus und Dadaismus oder Neue Sachlichkeit hin als Garant eines vorbildlichen Verstehens und Aneignens von Welt gilt. Und ebenso fraglos bleibt die Bedeutung seines Zentralwerks, dessen Herausgehobenheit aus dem sonstigen Werk Goethes gerade auch den Theaterleuten als verbindlich gilt.

Den *Faust* zu inszenieren bedeutet nicht weniger, als Goethe selbst die Reverenz zu erweisen. Der *Faust* erscheint als die am wenigstens personal abgelöste Dichtung, als Botschaft direkter Nähe. Gegen Wortlaut oder Intention des *Faust* anzuspielen, hätte eine Attacke gegen Goethe selbst bedeutet, einen Verrat sozusagen am unbezweifelten Zentrum seines poetischen Schaffens. Der *Faust*, trotz aller seiner Schwierigkeiten im Zweiten Teil, wird als Huldigung an Goethe verstanden, als Weihespiel, das vorerst der einen, großen, unerreichbaren Autorität zugewandt ist.

Das Stichwort „Weihespiel" hat mittlerweile so viel Patina angenommen, daß man es gerne dem 19. Jahrhundert zuweisen möchte. Vergessen wird dabei, daß die Bemühungen,

---

13 Zit. nach Trunz (Anm. 10), S. 460.

14 Kritisch dazu: Volker Braun: *Die Goethepächter.* In: V. B.: *Texte in zeitlicher Folge*, Bd. II. Halle, Leipzig 1990, bes. S. 248. – Vgl. auch: York-Gotthart Mix: *Mit Goethe und Diderot gegen die Pächter des klassischen Erbes.* In: Jb. der deutschen Schiller-Gesellschaft, Bd. XLII, 1998, S. 401–420.

Goethes *Faust* aus dem übrigen Korpus dramatischer Literatur zu exkludieren, weit in unser Jahrhundert hineinreichen. Das ganz und gar Besondere an dafür reservierten Plätzen und Zeitpunkten darzustellen, jeweils an Ostern etwa und etwa hier in Weimar:[15] das sind Absichten, die ein Über-Bayreuth zum Ziel haben und die nur jenen Nachgeborenen Kopfschütteln hervorrufen können, die aus der Sicht der letzten Jahrzehnte urteilen, einer Sicht, die Goethe und *Faust* und alles dazu, was Klassik und Autorität heißt, als längst verabschiedet ansehen zu können meint.

Für die Phase bis zum Ende der Weimarer Republik, die ihren Namen von dem Platz bezog, an dem Goethe 57 Jahre lang lebte, für den Zeitraum also bis zum Beginn der glücklicherweise dann doch nicht tausend Jahre, ist der *Faust* der Bühnen kein Experimentierfeld regietheaterlicher Subjektivismen oder modischer Spielarten, sondern ein von Goethe vorgegebenes Problem, dem gerecht zu werden alle Kräfte dienen.

Nicht, daß die Inszenierungen bis 1933 einander wie ein Ei dem anderen glichen; in einer Zeit der Stars personalisierte sich jede Aufführung neu, samt der Schwierigkeit, den Bühnen-Faust nicht unter die rasche Dominanz des Bühnen-Mephisto geraten zu lassen, jener Rolle, die Goethe 1829 in Weimar als einzige auf seine Bahnen zu bringen unternommen hatte.[16] Die Jahre bis zum Ende der Weimarer Republik waren eine Zeit, in der das Pathos noch nicht gescheut wurde, in der die aus dem Büchmann vertrauten Zitate noch zelebriert wurden, in der die Bühnenausstattung realistischer Art und mithin der perfektionierte Illusionismus vorherrschten, gleichsam *ad maiorem gloriam* eines Weltspiels, das alle Nüchternheit und alle formale Distanzierung verbot und sein Pondus verlangte. Wenn die anthropologische Grundthematik und wenn ein außer aller Konkurrenz verehrter Dichter zu ihrem Recht kommen sollten, dann ging es nicht um Vorstellungen, die ansonsten *à la suite* auf dem Programm stehen mochten; dann war es um höchstrangige Adäquanz zu tun, um eine Werkgerechtigkeit klassischer Überhöhung, die erst Erhebung bringen sollte: Theater als Vorgang der Initiation in Ansprüche hinein, die getrost gegen die eigene Zeit stehen mochten, die aber trotzdem oder gerade deswegen ein „Hinanziehen" erst verbürgten.

Das – wie auch anders in unserem raschen Überblick: weitmaschige – Bild dieser Jahrzehnte wäre indes unvollständig, vergäße man, daß es um ein isoliert Ästhetisches nicht zu tun ist; daß diese Zeit also falsch beschrieben wäre, sähe man ausschließlich dichterische Kategorien am Werk. Der Bühnen-*Faust* dieser Jahre hat seine Berührungen und Verquickungen mit dem Nationalen, auch dem säbelrasselnd Patriotischen nicht nur bei den Soldaten, die mit dem *Faust* im Tornister in den Ersten Weltkrieg ziehen (was sich im Zweiten Weltkrieg wiederholen soll);[17] er hat zugleich seine Affinität zum Deutschen und zum „Faustischen" als Erbe des 19. Jahrhunderts im geistigen Rucksack.[18] Dies gilt für die individuelle Lektüre, die öffentliche Proklamatorik und die Bühnen dieser Ära.

---

15 Vgl. Mahl (Anm. 6), S. 49–60.

16 Bekanntlich ‚schulte' Goethe für die Weimarer Inszenierung nicht etwa den Darsteller des Faust, sondern den des Mephistopheles, Karl von La Roche – in einem Maß, daß „jede Gebärde, jeder Schritt, jede Grimasse, jedes Wort von Goethe" stammte. Zit. nach Mahl (Anm. 6), S. 30.

17 Beispiele aus beiden Weltkriegen bringt der Knittlinger Sonderausstellungskatalog *„Faust" im Zeichen des Mars* (1992).

18 Vgl. Hans Schwerte: *„Faust" und das Faustische. Ein Kapitel deutscher Ideologie*. Stuttgart 1962.

Zu erinnern ist daran, daß *Der Kampf um die Faustdichtung* – so der Titel von Ernst Beutlers Essay von 1941 – für den Zweiten Teil der „Tragödie" erst 1870/71 gewonnen wird. Ein zuvor seiner sachlichen Rätselhaftigkeiten und vor allem seines dann doch entschieden katholisierenden Schlusses wegen weithin abgelehntes und geradezu höhnisch attackiertes Drama avanciert unter dem Kanonendonner von Sedan zu einem Stück Literatur, das nationale Identität zu enthalten und begründen zu können verspricht; ein bislang als sperrig und geradezu unlesbar verketzertes Werk erhält seine Signatur als deutsche Prophetie, als Plattform politischer Selbstvergewisserung, als Leittext eines Strebens, das nicht mehr allein im fiktionalen Raum geortet wird, sondern das einer ganzen Nation das Programm vorgibt.[19]

Der Bühnen-"Faust" dieser Jahrzehnte – auf die Differenzierungsnotwendigkeiten vor und nach dem „Dolchstoß" kann ich hier nur hinweisen – wird zum Bekenntnis für Goethe und für ein Deutschtum, das dem Dichter fremd genug gewesen war. Das „Faustische", diese nie zu überanstrengende Dehnvokabel des 19. Jahrhunderts, umfaßt eine dichterische Figur und einen immer längeren Rattenschwanz von Annotaten. Der „faustische" Bühnen-*Faust* wird nicht erst unter den Nazis zu einer das fröhliche Sündigen lizenzierenden Ermunterungsfigur;[20] er wächst, bemerkt oder unbemerkt, schon in der Weimarer Republik zu einer Gestalt, die vom Theater herab Lehrstunden dafür vermittelt, wie ein Ausnahmestatus zur Regel gedehnt werden kann. Daß man bei alledem immer noch Goethe für den Stichwortgeber hält, mag in kühler gewordenen Klimaten verwundern; für die beschriebene Ära erscheint das gefundene Amalgam nicht analysierensbedürftig.

Ideologische Beeinflussung, Befrachtung, Aufrüstung, Überfrachtung, Vereinnahmung – die Übergänge sind fließend. Für die Nazis jedenfalls bedurfte es nur noch geringfügiger Gleichschaltungen, das für Goethe und seinen *Faust* längst Angebahnte zur sukkurstüchtigen Doktrin zu erklären. Goethe, rasch als Kosmopolit enttarnt, paßte zwar insgesamt keineswegs ins simple Konzept eines braun-rassistischen Chauvinismus. Aber Hitler erklärte sich bereit, dem ungeliebten Dichter vieles um des einen Faust-Satzes wegen nachzusehen: „Im Anfang war die Tat".[21]

Man wird es begrüßen müssen, daß Goethe sich nicht zum Barden versimpeln ließ: denn Aufführungen seines *Faust* sind im Dritten Reich eher selten. Und die Inszenierungen von Gustaf Gründgens entsprechen keineswegs den erwartet plumpen Mustern. Wer hier nur von Klaus Manns Roman *Mephisto* her urteilte, vergröberte individuell herleitbare Verletztheit zum objektiven Befund.[22] – Wer sich über eine systemtreue *Faust*-Inszenierung der Nazizeit informieren möchte, lese in Bernd Mahls Buch den Abschnitt über Karl Wüstenhagens Hamburger Aufführung 1940 nach.[23] Für diese hatten biegsame Philologen längst vorgearbeitet, indem sie in Mephistopheles typisch jüdische Züge ermittelt oder Philemon und Baucis als Paradebeispiele lebensunwerten Lebens ausgemacht hatten,[24] Faust als einen

---

19 Ernst Beutler: *Der Kampf um die Faustdichtung.* In: E. B.: *Essays um Goethe.* 2., erw. Aufl. Leipzig 1941, S. 350–368.

20 Vgl. Günther Mahal: *Der tausendjährige „Faust". Rezeption als Anmaßung.* In: *Literatur und Leser. Theorien und Modelle zur Rezeption literarischer Werke.* Hrsg. von Gunter Grimm. Stuttgart 1975, S. 181–195.

21 Ebd., S. 183 f.

22 Vgl. Carlotta von Maltzan: *Masochismus und Macht in Klaus Manns „Mephisto. Roman einer Karriere".* In: *Kanonbildung – Psychoanalyse – Macht.* Red. John K. Noyes, C. v. M. Frankfurt/M. 1990, S. 145–163.

23 Vgl. Mahl (Anm. 6), S. 127.

24 Vgl. Mahal (Anm. 20), S. 192 ff.

unter Erlösungsgarantie Strebenden, welches Streben einschloß, über Leichen zu gehen. Ideologen suchen sich immer Leseweisen heraus, die dem Text und seiner Intention gegenüber noch so quer stehen mögen; was ins eigene Konzept paßt, ist rasch – trotzdem – gefunden; kein Volk besteht aus kritischen Literaturwissenschaftlern und aus unkäuflichen Theaterrezensenten; der Glaubensdruck von oben gibt eindeutig vor, was unten allgemein gelten soll.

Es kann niemanden wundern, daß in der Zeit zweier deutscher Staaten gerade Goethes *Faust* dazu auserkoren wurde, *recte*: dazu herhalten mußte, hier wie dort die ideologische Profilierung sozusagen mit kultureller Höchstamtlichkeit zu bestätigen. Mit Schwierigkeiten und mit breiten Zonen von Uneindeutigkeit gespickt, konnte Goethes Werk zum flatternden Panier und zum Parolen-Lautsprecher werden.

Die überaus informative Sammelmappe *Faust in Weimar*, 1982 herausgegeben, dokumentiert in Text und Bild DDR-offiziöse Inszenierungen, darunter vier Aufführungen von Fritz Bennewitz, samt einem interpretatorischen Geleitschutz, der die ideologische Instrumentalisierung von Goethes Werk gar nicht erst verbergen möchte. Der Bundesrepublik und ihren *Faust*-Aufführungen wird Formalismus vorgeworfen, eine schlank daherkommende Keulenvokabel.[25]

Die DDR hingegen meinte sich auf dem richtigen Deutungsweg. Ulbrichts Vorstellung, man arbeite hier politisch am Dritten Teil des *Faust*,[26] sei nur beiläufig erwähnt. Intensivere Erinnerung verdienen die parteiamtlich-rechthabenden Aktionen gegen die *Urfaust*-Inszenierung von Peter Monk und Bert Brecht sowie das ideologische Sperrfeuer gegen Hanns Eislers geplante Nationaloper *Johann Faust*, deren Textbuch 1952 erschienen war.[27] Die DDR begriff sich als Verwalterin und Mehrerin des nationalen Kulturerbes, das im Westen imperialistisch, militaristisch, kapitalistisch verraten werde. Goethe galt als sakrosankt und zuvörderst sein *Faust*; seine „positive", seine „optimistische" Lösung infrage zu stellen oder ihr gar zu widersprechen, sie zurückzunehmen[28] stieß auf den entschlossenen Widerstand der Parteileute.

Der Name von Gustaf Gründgens ist nicht allein deswegen eng mit unserem Thema verknüpft, weil er als Schauspieler und Regisseur über Jahrzehnte immer neu dieses Werk verkörpern half; weit mehr noch war es die unfilmische Verfilmung der Hamburger Musterinszenierung des *Faust I*, die wiederum über Jahrzehnte seine Auffassung verbreitet und verbindlich gemacht hat, eine Beschneidung des Spiels auf das Wort, eine Konzentration auf den dichterischen Text, vertrauend darauf, daß hiermit genug für die mitschaffende Imagination des Publikums getan sei.[29] Über die Kinos im ganzen Land wurde der Gründgens-*Faust* bekannt als ein nahezu aller Kritik enthobenes Paradigma, wie die „Tragödie" in ihrem

---

25 Deutsches Nationaltheater Weimar (Hrsg.): *„Faust" in Weimar. Dokumente*. (6 Hefte).

26 Vgl. Deborah Vietor-Engländer: *„Faust" in der DDR*. Frankfurt/M. u.a. 1987, S. 26 ff.

27 Bernd Mahl: *Brechts und Monks „Urfaust"-Inszenierung mit dem Berliner Ensemble 1952/53. Materialien, Spielfassung, Szenenfotos, Wirkungsgeschichte*. Stuttgart, Zürich 1986. – Vgl. Günther Mahal: *Kritisches und Historisches zu Hanns Eislers „Johann Faustus"*. In: Faust-Blätter 27, 1974, S. 835–857.

28 Der Terminus einer „Zurücknahme" fiel bereits in Thomas Manns *Doktor Faustus* – hier gegenüber Beethovens Neunter Symphonie.

29 Vgl. Georg Seeßlen: *Faust*. [Gustaf Gründgens Meisterwerk] Materialien zu einem Film von Peter Gorski. Hrsg. von Atlas Film + av. Duisburg 1992.

ersten Teil auf die Bühne zu bringen sei, spartanisch geradezu, ein Appell ans Hirn, eine Mustergültigkeit gesuchter und gefundener Beschränkung. Wer nach 1960 den *Faust* aufführen wollte, kam um Gründgens nicht herum. Aber weil dies so war, gerieten die Sezessionsbemühungen desto forcierter, auch verkrampfter. Dem Schatten des Gründgens-Musters zu entgehen, blieb offenbar wenig außer dem Sprung aus diesem Schatten heraus, hinein ins nicht mehr Karge.

Die Nachfolger von Gründgens, kein Zweifel, hatten es schwer. Sobald sie sich zur Abweichung von der verfilmten Theater-Norm entschlossen und zudem die Originalität ihrer eigenen Handschrift vorweisen wollten, bedeutete das nicht nur einen mitunter großen Schritt weg von Gründgens, sondern auch ein Abrücken von Goethe, dessen Sprache und Personenführung man in der Hamburger Inszenierung optimal repräsentiert sah. Die bleibende Präsenz von Gründgens' *Faust I* über das Kino und seit einigen Jahren auch über Video-Kassetten[30] hat viele spätere Aufführungen – diese These möchte ich aufstellen – in die Goethe-Ferne rücken lassen, mit welcher Bewußtheit auch immer.

Der Bereich des Angemessenen, Authentischen, Kongenialen war und blieb durch Gründgens besetzt. Für Sezessionen indes und für Exzentrisches blieb Platz in Fülle, und abseits von Gründgens oder schließlich auch Goethe zu inszenieren, konnten sich die Regisseure desto eher ermuntert oder gar legitimiert fühlen, als Goethes Name und sein Werk immer weniger die vordem unbezweifelte Höchstrangigkeit einnahm. Man mag das Dichterdämmerung nennen oder ein besonders auffälliges Exempel allgemeinen Werteschwunds oder auch einen wachsenden Überdruß an gymnasialen und bildungsbürgerlichen Pensen. Unbestreitbar wird sein, daß der nicht allein für Thomas Mann 1949 noch als schirmend-unverdächtiges Dach für ein desolates Deutschland (oder gleich deren zwei) geeignet scheinende Name Goethes[31] den saturierteren deutschen Staaten immer mehr zum Zierat wurde, ein schöner Erker, konstruktiv verzichtbar und am Ende nur noch etwas für feiertägliche Rückzüge.

Als Gründgens seinen *Faust I* auf die Bretter brachte und auch im Film auf das enge Brettergeviert nicht verzichtete, befand er sich eben noch innerhalb eines Kontinuums, das bald nach 1960 Risse zeigte und Auflösungserscheinungen nicht mehr verbergen konnte, verursacht nicht zuletzt durch entschiedene Gegenbewegungen, welche Autoritäten jeglicher Provenienz als Instanzen hohler Macht diskreditierten.

Die Aufführungen der letzten Jahrzehnte sind ohne die Gründgens-Folie und eine wachsende Goethe-Ferne und -Schelte nicht denkbar. Entpersonalisierung, Enttheologisierung und Enttragisierung haben einen widerständigen Text allzu geschmeidig gemacht.

Vor allem die Inszenierungen von Schröder 1966[32] und von Peymann 1977[33] zeigen, daß das Theater bei seiner Umsetzung von Goethes Text die Rundungen und Glättungen der kanonischen Kommentare nicht mehr brauchen kann – dort vor allem, wo es für den mehr

---

30 Taurus-Video 1015. Ismaning/München 1991.

31 Vgl. Bettina Meier: *Goethe in Trümmern. Zur Rezeption eines Klassikers in der Nachkriegszeit.* Wiesbaden 1998.

32 Zu Schröder vgl. das Sonderheft der Zeitschrift *Theater heute*: *Theater 1966. Chronik und Bilanz des Bühnenjahres.* Velber bei Hannover 1967, S. 41–72.

33 Johann Wolfgang von Goethe: *Faust. Der Tragödie Erster und Zweiter Teil. Die Aufführung der Württembergischen Staatstheater Stuttgart. Eine Dokumentation von Hermann Beil, Achim Freyer, Bernd Mahl, Claus Peymann, Vera Sturm.* Stuttgart, Zürich 1979.

als zweifelhaften Helden der „Tragödie" die Anachoreten-Serpentinen emporgeht in einen Himmel, der katholisch möbliert ist und der einen keineswegs als strebend Ausgewiesenen gratifiziert. Die Aporie von Fausts Himmelfahrt, interpretatorisch oft zurechtgebogen: sie erscheint bei Schröder und Peymann als nicht-inszenierbar, als bloßer Lesetext, der sein Kopfschütteln gleich mitliefert.

Ob die auf dem Theater zu Papier gewordene Schluß-Szene des *Faust* in den Deutungen der Literaturwissenschaftler zu mehr Skepsis vor allzu frohgemuten Hagiographisierungen der Titelgestalt anregen wird – ich habe da meine Zweifel: die Interpretation des Goetheschen *Faust* vom sakrifizierenden Ende her bügelt vieles Störende und nicht zu Reimende fort, meint, stimmig machen zu müssen, steht unter dem Zwang einer vom Text her nicht gegebenen Harmonisierung. Aber das wäre ein anderes Thema.

Hatte Peymann 1977 die komödiantischen Aspekte sinnenfällig gemacht, so meinten in den Folgejahren einige seiner Kollegen, den *Faust* eher der *Comedy* zuschlagen zu können, jener neudeutschen Lach-Art, die abseits des Nachdenkenswerten siedelt und der manche Plattheit als Tiefsinn gelten mag – Hauptsache, die Hände klopfen auf die Schenkel und die Lachmuskeln bleiben in Aktivität.

Die Demontierung des Goetheschen *Faust* zum Heiterkeitsspender ist ebenso falsch und fatal wie seine einstige Überhöhung zum nationalen und ideologischen Stichwortgeber und Exkulpationsinstrument. Der *Faust* auf dem Theater sollte weder drücken noch entlasten; er sollte als Gegenüber präsentiert werden, das nicht fertige Lösungen oder lose Fertigkeiten vermittelt, sondern ein Stück – ich meine: große – Literatur, ein Stück Dichtung, das weder ein Rezeptbuch noch eine Bildungsdrohung darstellt, vielmehr einen Vorwurf, dem zu stellen sich lohnt.

Das Spiel oder, genauer, der Kampf um Gut und Böse wird seit Jahren seiner ethischen und vor allem seiner religiösen Dimensionen entkleidet; Streben wird als allgemeiner und insbesondere technischer Fortschritt ausgegeben.

Kein Wunder, daß dieses Wegrücken von alten Wertigkeiten den Himmelsschluß des *Faust* nicht unberührt lassen konnte, jenes dann doch unglaublich zu nennende Finale mit Mater Gloriosa und dem Ewig-Weiblichen des Chorus Mysticus. Aber das zumindest inszenatorisch Problematische hat auch den anderen Rahmenteil religiöser Einbindung des Faust-Geschehens erfaßt, den *Prolog im Himmel*. Das dem 19. Jahrhundert noch selbstverständliche Maestoso dieser Hiob-Situation ist längst, wenn überhaupt auf die Bühne gebracht, in den Bereich liebenswert-puppenhafter Ammenmärchen gerückt oder auch in die karikierende Fantasy eines mit nur schiefer Optik darstellbaren Dramenteils.

Vierzehn Gretchen oder vier Wagner oder mehrere Mephistopheles-Gestalten – sind auch gelegentlich Rechtfertigungsversuche für diese Multiplikationseffekte[34] unternommen worden, so steht diesen allen schlicht der Text Goethes entgegen, mit nur einem Gretchen, einem Faust, einem Mephistopheles – jeweils also mit Gestalten ganz individueller Prägung und singulärer Kontur, nicht beliebig zu klonende Figuren, die erst in der Masse die Masse zwingen könnten. Die Reihenbildung erbringt keinen Zuwachs an Bedeutsamkeit oder besserer Imaginierbarkeit, vielmehr das Gegenteil: Das Einmalige wird nivelliert zur Laufnummer; der Aufmarsch entbirgt seine Armseligkeit. Aus 1 mach 10: das sollte dem Spruch der Hexe vorbehalten bleiben.

---

34 Hier hat Einar Schleef, kollektiv stampfend, 1990 den Anfang gemacht.

Aber nicht allein Multiplikationen führen zur Depersonalisierung, sondern auch die seit 1932 immer neu vorgeführte Dioskurenhaftigkeit von Faust und Mephisto.[35] Die im wissenschaftlichen Diskurs durchaus ergiebigen Überlegungen zur Komplementarität dieser Figuren[36] bringen, umgesetzt auf die Bühne, das hier unverzichtbare agonale Moment zum Schwinden. Mit der gleichgekleideten Auswechselbarkeit werden nicht nur Pakt und Wette zu virtuellen Formen eines Monologs. Daß für derlei Zwillingshaftigkeiten oft die zwei Seelen des Osterspaziergangs begründend nachgeliefert werden, verkennt deren Kontext mit Gründlichkeit.

Gekürzt werden muß immer. Wie, was, mit welchen Sprüngen und eventuell eingeschobenen Lücken-Helfern gekürzt wird – das ist ein Problem, das unterschiedlichste Lösungen erfährt, überzeugende und miserable.

Es gibt zwei Ausnahmen: die auch in diesem Jahr wieder stattfindenden Aufführungen am Goetheanum in Dornach und das im nächsten Jahr nach tausend Presse-Vorberichten startende Projekt von Peter Stein mit Bruno Ganz in der Titelrolle auf der Hannoverschen Expo 2000.

Was Dornach angeht, so könnte ich mich hinter dem Satz Hans Mayers verstecken, den er in seinem *Rückblick des Dramaturgen* zur preisgekrönten Berliner *Faust II*-Aufführung von Ernst Schröder notierte: „Daß die Anthroposophen entsetzt sein würden, verstand sich von selbst, denn von uns wurde Goethe nicht als Kronzeuge Rudolf Steiners mißbraucht."[37]

Daß es in Dornach um die allein angemessene Darstellung des Goetheschen *Faust* gehe, mit eurythmischen Mitteln und in einer sehr eigenen Textkultur, ist die erklärte Absicht. Wer hier widerspräche, geriete rasch unter den Verdacht der Intoleranz. Ich bekenne mich hier zu einiger Intoleranz – der Alleinseligmachungsmaximen wegen. Zwei Sätze Marie Steiners mögen dies illustrieren:

> In die tiefen Schächte der Gedankengänge Goethes, seiner Ahnungen und Intuitionen, in die Welt jener Imaginationen, aus der heraus die feingeschliffenen Worte ihren Bilderreichtum und Ewigkeitswert erhalten haben, konnte vor Rudolf Steiner niemand hineinführen. Er erst macht es uns möglich, tiefer hineinzusteigen in jene Schichten seelenbildenden Menschengeschehens, aus denen die Erkenntnisse von heute ihre Substanz herleiten.[38]

Gespannt darf man sein, was Peter Stein nach stupender Zähigkeit in Hannover bei der Expo 2000 und danach in Berlin und Wien auf ein sicherlich nicht enges Bretterhaus bringen wird.

Peter Stein hat in vielen Interviews Konzeption und Finanzlage (oder auch in umgekehrter Reihenfolge: Finanzlage und Konzeption) seines monströsen Unternehmens unter die Leute zu bringen versucht, resigniert und kämpferisch, anspruchsverstiegen und platt. Der Versuchung, zu zitieren, will ich widerstehen und nur paraphrasieren, daß er sich nach Ru-

---

35 Vgl. Mahl (Anm. 6), S. 113 (Volkstheater Wien, Inszenierung von Richard Beer-Hofmann).

36 Neuerdings hat Jochen Schmidt „Mephisto eine Valenz Fausts selbst" genannt. In: *Mephisto* [Vortrags-Ms. 1999], S. 14.

37 Hans Mayer in: „Theater 1966" (Anm. 32), S. 44.

38 Marie Steiner: *Vorwort* zu: Rudolf Steiner: *Geisteswissenschaftliche Erläuterungen zu Goethes „Faust"*. Bd. I: *Faust der strebende Mensch*. Freiburg i. Br. 1955, S. 9–15, hier S. 11 f.

dolf Steiner für den zweiten zu halten unternimmt, der Goethes *Faust* verstanden habe. Zweifel daran sind freilich schon deshalb angebracht, weil ihm die Figuren außer Faust und Mephisto nichts anderes bedeuten wollen als – dies nun wörtlich – „Kruscht"[39].

Wenn Peter Stein für seinen kompletten *Faust* in Wien eine Fauststadt plant, so darf man das projektierte Schlaf-, Erholungs- und Vergnügungsareal nicht mit Clemens Holzmeisters Simultanbühne in der Salzburger Felsenreitschule verwechseln. Holzmeister ermöglichte für Max Reinhardts Inszenierung ein horizontal wie vertikal permeables Arrangement der Spielorte, das kurze Gänge erlaubte und Umbauten vermied. Peter Steins Faust-Stadt sieht sogar ein Kino vor (man darf fragen: für vom *Faust* Erschöpfte?).

Es muß illiberal klingen, billigt man nicht jedem Regisseur seinen *Faust* zu. Aber der Mut zu dieser Illiberalität ist nichts anderes als die Forderung nach Minima des Authentischen oder, noch deutlicher, die Mahnung, vor lauter Originalität zweifelhaften Kalibers nicht in eine Verfälschung wegzutauchen, die auf den Theaterplakaten besser formulieren ließe, daß da – frei nach Goethe – der *Faust* von Herrn XY zur Aufführung gelange. Es kämen dann, da bin ich sicher, weniger Zuschauer. Aber die Zahl der insgeheim Vergrätzten nähme ab.

Denn unter den Fahnen der Aktualisierung haben sich in die Aufführungen spätestens seit den achtziger Jahren Dinge eingeschlichen, die in Vernachlässigung des Textes oder gleich in Abkehr von diesem Text nur noch Plattformen präsentieren, auf denen unter Goethes Namen die privaten Obsessionen der Regisseure und die billigsten Modernismen ihre Selbstfeier veranstalten.

Tote können sich bekanntermaßen nicht mehr wehren; auch tote Dichter nicht, selbst wenn sie schon zu Lebzeiten zu Weltgeltung gelangt waren und diese nach ihrem Tod beibehalten und mehren konnten. Zu wehren vermögen sich allein die Nachgeborenen. Aber sie sollten es nicht mit dem verkrampften Beleidigtsein tun, indem sie immer neu eine Beschädigung des oder ihres Dichters einklagen.

Sie sollten, so meine ich, ihre eigene Beschädigung artikulieren, den Tatbestand, statt Edelholz nur Plastik vorgesetzt bekommen zu haben, Horn statt Gold.[40] Sie sollten sich die Weinerlichkeit versagen, an Goethe, an ihrem Goethe, sei planvoll gesündigt worden. Nein: ihm, dem Publikum, wurde etwas vorenthalten, weil es unter dem Deckmantel individualistischer Interpretation hinübergespielt wurde ins Zufällige, fernab vom vorgegebenen Text und seinen personellen und handlungsbestimmenden Vorgaben.

Es geht nicht um schulmeisterliche Zensurengeberei, wenn Werktreue eingefordert wird; es geht vielmehr um ein Plädoyer gegen posierte Jugendlichkeit – der nachwachsenden Generationen wegen. Die Jahrgänge sind, wie schon betont, am Aussterben, die den *Faust* noch, und sei es allzu selbstverständlich, als Gipfelpunkt deutscher Dichtung kennen- und oft auswendig gelernt hatten, samt einer Deutung, die in aller Regel vom glücklichen Ende herkam und auf diese Weise ein Werk entproblematisierte, das bei eigenständigem Lesen weder seine Schwierigkeiten noch seine Aporien verbirgt, das bei ungelenkter Lektüre auch

---

39 Peter Stein: „Faust und Mephisto sind besetzt – der Rest ist sowieso Kruscht." – Zit. nach: Matthias Kolb: *„Faust" häppchenweise. Peter Stein wirbt für sein Theaterprojekt zur Expo 2 000.* In: Stuttgarter Zeitung, 5. 3. 1999.

40 Der Wechsel von Gold zu Horn findet sich bereits in einem Bericht des 16. Jahrhunderts, der den historischen Faust und Agrippa von Nettesheim zusammen auftreten läßt, in den *Disquisitiones Magicae* von Martinus Delrio (1599). In: Alexander Tille: *Die Faustsplitter in der Literatur des 16. bis 18. Jahrhunderts.* [Repr.] Hildesheim, New York 1980, S. 102.

das Schwadronieren vom „Faustischen" verbietet und das die allzu leichtgewichtige Identifizierung von Faust und Streben verweigert.

Statt vieler anderer Modernismen nenne ich nur die aktuellsten: Coca Cola und Pommes frites, Kino statt Dom, Motorhaube statt Wirtshaustisch, Pissoir statt Straße.[41] Der Witz solcher Verheutigungen, wäre es denn einer, verbraucht sich schnell. Verwunderlich bleibt nur, daß derlei Späßchen und Mätzchen tatsächlich auf die Bühne kommen – müßte man doch annehmen, daß in den oft sehr langen Probezeiten der Regisseur selbst oder seine Dramaturgen zur An- oder besser Einsicht gelangen sollten, Grüße aus Kalau und Pennäler-Lustigkeiten dem Papierkorb zu überantworten.

Goethes *Faust* wird über das 20. Jahrhundert hinaus in Lektüre, schulischer Behandlung, szenischer Darbietung und in seinem Renommee, in seinem Anspruch, in seinen Schwierigkeiten und Aporien nicht von der geistig-literarischen Bildfläche verschwinden, weiterhin Künstler und Komponisten zu aneignender Ergänzung anregen, Drucker und Verlage und Buchhändler nähren, manches Party-Gespräch mit ponderabel scheinenden Ungefährheiten bereichern und die Menschen ins Theater ziehen, in ein Theater – wie ich hoffe und annehme –, das sich von den deformierenden Macher-Karikaturen wieder entfernt und einen Text umzusetzen bereit ist in „doppelter Zeitgenossenschaft", über dem Neuen das Alte nicht vergessend oder exstirpierend, überkommen und aktuell zugleich also, was keine Quadratur des Zirkels bedeuten muß.

Ich wünsche Ihnen wie mir, daß noch häufig Gelegenheit besteht, den *Faust* Goethes in Versionen zu erleben, die nicht für verstaubt halten, was die eine Zeitgenossenschaft angeht, und die ebensowenig für eine *conditio sine qua non* ansehen, daß nur Pop und Anbiederung an den „Geist der Zeit" ins heutige Bewußtsein zu dringen vermöchten.

Nachbemerkung zur Debatte in Weimar

Nicht unbedacht hatte ich meinen Bemerkungen mit den Vokabeln „feuilletonistisch" und „polemisch" die Lizenz ‚didaktischer' Einseitigkeit zu verschaffen versucht; auf Widerspruch angelegt, mußten sie jene Kontrahenten mobilisieren, die dem Theater eine autonome Zone auch aktuellen und selbst modernistischen Inszenierens zubilligen, einen ästhetischen Sonderraum, in welchem die Regisseure zumindest so viel Gewicht beanspruchen wie die Textproduzenten. Gerade Goethe, so wurde vorgebracht, habe als Vertreter des Regiertheaters zu gelten – was, beiläufig und nicht allein im Blick auf Kleists nochmals *Zerbrochenen Krug*, mangelnde Adäquanz zur Tugend erklärt.

Überzeugt bin ich, daß ein Plädoyer für Statthaftigkeit und geradezu Notwendigkeit aktualistischen Umsetzens des goetheschen *Faust* die Kontrahenten der Kontrahenten mit ebensoviel Argumentationsfuror versorgt hätte und eine rege bis erregte Debatte nur dann ausgeblieben wäre, hätte man gemäß den Stichworten „Aus- und Abgewogenheit" beide Positionen der Werktreue und der jeweiligen Adaptionsberechtigung in Balance gebracht.

Niemanden hätte es also mehr gewundert als den Referenten, wenn seinem parteilichen Stenogramm nur akklamiert worden wäre. – Leider fehlte beim Vortrag und während der Diskussion die Zeit, den ersten Vertreter der Werktreue-Forderung zu zitieren, Ludwig Bechstein.

---

41 Die Beispiele sind zu präsent, als daß sie im einzelnen belegt werden müßten.

Seine Stellungnahme von 1831(!) sei zum Schluß auszugsweise wiedergegeben, als staunenswert früher Beitrag zu einer seither offenen Debatte:

> Vor allem hat der Regisseur oder wer es sonst sey, der Faust in die Scene setzt, sich zu hüten, daß er kein Spektakelstück aus der erhabenen Tragödie mache, dieß wäre der ärgste Mißgriff, und eine grobe Beleidigung des Dichters, wie des gebildeten Publikums. Willkühr ist ein unbändiges, wildes Roß, ihm muß zeitig Gebiß und Stangenzaum angelegt werden, vor Willkühr bewahre der Himmel jeden, dem es obliegt, bei einer Aufführung des Faust berathend oder anordnend zu walten. Glaube Niemand, diese Worte seyen als vorzeitige Befürchtung hingeworfen, nein, die Bahn ist schon gebrochen aus Faust eine Farce zu machen! [...] Warum muß just Göthes Faust der Sündenbock seyn, an welchem dramatischer Vandalismus sein Müthchen kühlen darf?[42]

---

42 Ludwig Bechstein: *Die Darstellung der Tragödie „Faust" von Göthe auf der Bühne.* In: *Faust und Mephisto* (Anm. 2), S. 26–30, hier S. 27.

VOLKER BRAUN

„Dem Geyer gleich."

Goethe und Kafka in der Natur

„Um nun die Empfindung des Lebens wiederzugewinnen, die Dinge wieder zu fühlen, den Stein steinern zu machen, gibt es das, was wir Kunst nennen." (Viktor Schklowski, 1916)

1

Am 9. Juli fuhr Goethe ins Gebirg. Der Abend war bedeutend, der Himmel klar, die Sonne ging rein unter. Der Weg konnte verhältnismäßig für gut gelten, weil man ihn zum Transport der Artillerie gerade verbessert hatte. Um halb acht war er auf der Höhe von Zinnwald, wo die Grenze zwischen Böhmen und Sachsen durchgeht. Zerstreute Häuser in den Wiesen, wenige Bäume, die Berghalden kündigten sich an. Goethe war ganz heiter, ruhig, er war nicht wahnsinnig, wie man bei der Abfahrt meinte. Er fand Unterkommen, ging noch hinaus auf die Halden und untersuchte daselbst die Steine. Er nahm an allem Interesse; er wunderte sich zum Exempel, in der keineswegs reinlichen Wirtschaft keine Fliege zu finden, „es scheint, daß die Berghöhe ihnen nicht zusagt". Am Morgen stieg er in die Klüfte, auf der Grube Vereinigt-Zwitterfeld stellte er den Steiger und seine Leute, der Schacht ist 48 Lachter tief.

Heute waren die obersten Ingenieure bei uns unten, berichtet hundert Jahre später ein anderer von einem *Besuch im Bergwerk* und räsoniert wie folgt: *Wie jung diese Leute sind und dabei schon so verschiedenartig! Sie haben sich alle frei entwickelt, und ungebunden zeigt sich ihr klar bestimmtes Wesen schon in jungen Jahren.* Er beschreibt nun die Eindringlinge sehr genau und sehr äußerlich, mit eher buchhalterischem Blick. *Man wagt*, sagt er, vermutlich das Kinn auf die Schaufel gebohrt, *über solche Herren kaum ein bestimmtes Urteil abzugeben.* Der achte auf seiner Liste ist besonders bei der Sache. *Er muß alles anfassen und mit einem kleinen Hammer, den er immer wieder aus der Tasche zieht und immer wieder dort verwahrt, beklopfen. Manchmal kniet er trotz seiner eleganten Kleidung in den Schmutz nieder und beklopft den Boden, dann wieder nur im Gehen die Wände oder die Decke über seinem Kopf. Einmal hat er sich lang hingelegt und lag dort still; wir dachten schon, es sei ein Unglück geschehen; aber dann sprang er mit einem kleinen Zusammenzucken seines schlanken Körpers auf. Er hatte also wieder nur eine Untersuchung gemacht. Wir glauben unser Bergwerk und seine Steine zu kennen, aber was dieser Ingenieur auf diese Weise hier immerfort untersucht, ist uns unverständlich.* Dieser achte könnte offenbar Goethe sein, von Kafka gezeichnet, denn der ist der Autor im Untergrund Böhmens, es handelt sich, Anfang 1917, um dasselbe Gebirge, und der Blick ist auch hier auf etwas Elementares, eine steinerne Struktur gerichtet. Dieses Interesse, an der sozialen Kluft, bewirkt die gespenstische Kraft der Erzählung (aber nebenbei: Kafka hat nur die Beiträger eines Almanachs des Kurt-Wolff-Verlags, *Der neue Roman*, dergestalt porträtiert). *Heute wird wenig mehr gearbeitet*, schließt er; *die Unterbrechung war zu ausgiebig*; *ein solcher Besuch nimmt alle Gedanken an Arbeit mit sich fort.* Es ist – man schmecke den kalten Humor, den schroffen Ton des Volks – die moderne Literatur der *Lemuren.*

Daß er wahnsinnig sei, zumindest leichtsinnig, war die Meinung über Goethe in Teplitz: mußte er doch Sachsen betreten, „während des Stillstands, an welchem das Schicksal der Welt hing", des Waffenstillstands zwischen Napoleon und den Alliierten. Es zog ihn zu den Steinen. Kafka desgleichen; kein Wort vom Weltkrieg, und die Signale der russischen Revolution, es ist Februar, nicht in der Grube zu vernehmen. In Kafkas Tagebuch am 1. August 1914: Kriegserklärung, nachmittags Schwimmschule. Der Sammler Weimarer Eigentümlichkeiten, Böttiger, überliefert eine andere Anekdote *aus dem letzten Krieg*: „Nach der berühmten, fürchterlichen Canonade fanden die Soldaten Kugeln, die sie für verschossene Canonenkugeln hielten: Göthe erhielt eine, und entlangweilte sich durch ihre sorgfältigere Betrachtung, wobey er zu seinem Erstaunen bemerkte, daß sie von ausen crystallisirt zu sein schien. *Crystallisirte Canonenkugeln*! ein wunderliches Phänomen. Zufällig wurde ihm beym Packen die Kugel zerschlagen, und hier entdeckte sichs denn auf dem Bruch, daß es ein eisenhaltiger Schwefelkies sey." Man habe, beim Nachsuchen, auf dem Rückzug, eine zahllose Menge gefunden und Goethe einige der vorzüglichsten aufgehoben. „So mineralogisierte Göthe, während alles in der größten Verwirrung und Angst war, ganz ruhig, und machte gelehrte Ausbeute, wo andere ihre Habseeligkeiten im Stich ließen." – „Hier muß ich", schrieb Goethe rückblickend auf das Jahr 1813, „noch einer Eigentümlichkeit meiner Handlungsweise gedenken. Wie sich in der politischen Welt irgendein ungeheures Bedrohliches hervortat, so warf ich mich eigensinnig auf das Entfernteste. Dahin ist denn zu rechnen, daß ich von meiner Rückkehr aus Karlsbad an mich mit ernstlichstem Studium dem chinesischen Reich widmete." Oder er den Epilog zu *Essex* schrieb, „gerade an dem Tage der Schlacht von Leipzig". E. T. A. Hoffmann hingegen sah sich, in der Schlacht von Dresden, nach der auch das Erzgebirge, wie Goethe erfuhr, „von dem fürchterlichsten Rückzuge überschwemmt" wurde, die blutigen Leichen an: „Schlachtfeld gesehn entsetzlicher Anblick, zerschmetterte Köpfe – Der lebende Russe welcher leicht verwundet sein Pfeifchen rauchte und Schnaps trank –"; er verwandelte den Eindruck in den Ausdruck einer romantischen Rachefantasie, einer patriotisch barbarischen *Vision auf dem Schlachtfelde bei Dresden.*

Dergleichen engagierte Poesie war und blieb Goethe zuwider. „Wir Neueren sagen jetzt [...] mit Napoleon: die Politik ist das Schicksal. Hüten wir uns aber mit unseren neuesten Literatoren zu sagen, die Politik sei die Poesie, oder sie sei für den Poeten ein passender Gegenstand", notierte Eckermann 1832. Das Vaterland seiner poetischen Kräfte sei keine besondere Provinz; er sei „darin dem Adler gleich, der mit freiem Blick über Ländern schwebt, und dem es gleichviel ist, ob der Hase, auf den er hinabschießt, in Preußen oder in Sachsen läuft". In einem Brief an Knebel, den Freund, murrte Goethe im Dezember 1813: „Die selbständige Poesie muß in diesem Augenblick verzweifeln, da nichts als stoffartige Wirkungen verlangt werden und dieser Zustand noch lange genug dauern mag." Daher glich er, in seinen tagespolitischen Kundgaben, den Sphinxen der 2. *Walpurgisnacht*:

Sitzen vor den Pyramiden
Zu der Völker Hochgericht;
Überschwemmung, Krieg und Frieden –
Und verziehen kein Gesicht.

„Daß Moskau verbrannt ist, tut mir gar nichts. Die Weltgeschichte will künftig auch was zu erzählen haben." Die Weltgeschichte – by jove, und wir merken auf bei dem kollegialen Zuspruch, des Verfassers von Weltliteratur. Wie hat er Krieg und Gewalt gehaßt, um zu so entlegenen Sätzen zu kommen. Aber bleiben wir noch in der Natur. Im reifen Alter von zweiunddreißig hatte er Charlotte von Stein – *von Stein*, natürlich! „Es wird mir recht natürlich, Steinen gefällig zu sein und ihm leben zu helfen" – die Absicht mitgeteilt, einen Roman über das Weltall zu schreiben; die Schrift über den Granit, 1784, ist ein Kapitel dazu. „Ich fürchte den Vorwurf nicht, daß es ein Geist des Widerspruchs sein müsse, der mich von Betrachtung und Schilderung des menschlichen Herzens, des jüngsten, mannigfaltigsten, beweglichsten, veränderlichsten, erschütterlichsten Teiles der Schöpfung, zu der Beobachtung des ältesten, festesten, tiefsten, unerschütterlichsten Sohnes der Natur geführt hat. [...] Ja man gönne mir, der ich durch die Abwechselungen der menschlichen Gesinnungen, durch die schnellen Bewegungen derselben in mir selbst und in andern manches gelitten habe und leide, die erhabene Ruhe, die jene einsame stumme Nähe der großen, leise sprechenden Natur gewährt und wer davon eine Ahndung hat folge mir." Wer war dazumal Goethe, zumindest in den Augen anderer? „Er ist also jetzt wirklicher Geheimer Rat, Kammerpräsident, Präsident des Kriegscollegii, Aufseher des Bauwesens bis zum Wegbau hinunter [Anmerkung von Karoline Herder: Direktor des Bergwerks], dabei auch Directeur des plaisirs, Hofpoet, Verfasser von schönen Festivitäten, Hofopern, Balletts, Redoutenaufzügen, Inskriptionen, Kunstwerken usw., Direktor der Zeichenakademie, in der er den Winter über Vorlesungen über die Osteologie gehalten; selbst überall der erste Akteur, Tänzer, kurz, das Faktotum des Weimarschen und, so Gott will, bald der Major domus sämtlicher Ernestinischer Häuser, bei denen er zur Anbetung umherzieht. Er ist baronisiert, und an seinem Geburtstage [...] wird die Standeserhebung erklärt werden. [...] Was anderswohin weiß, sehnt sich weg." Herder an Hamann, Juli 1782. Weiter über den Granit: „Ich kehre von jeder schweifenden Betrachtung zurück und sehe die Felsen selbst an, deren Gegenwart meine Seele erhebt und sicher macht. Ich sehe ihre Masse von verworrenen Rissen durchschnitten, [...] Trümmer, Unordnung und Zerstörung. [...] Wie vereinigen wir alle diese Widersprüche und finden einen Leitfaden zu ferneren Beobachtungen? Dies ist es, was ich zu tun mir gegenwärtig vorsetze".

Dieser Vorsatz – man bedenke: alle Widersprüche zu vereinigen – erklärt Goethes Verfahren, den Erscheinungen „erst von der Seite der Natur" beizukommen, gerade wenn er in Absicht auf Kunst etwas über sie gewinnen wolle. Der *Roman* über das Weltall liegt uns vor: in Gestalt zahlloser Äußerungen – und einem Kosmos der Goethe-Literatur. Es ist der Roman einer *Weltanschauung* in der eigentlichen, von Jacobi zuerst gebrauchten Bedeutung des Wortes. Er versteht die Natur, und das ist die durchgehende Handlung, als „das, was die Gesellschaft vermissen ließ" (Leistner). „Die Consequenz der Natur tröstet schön über die Inconsequenz der Menschen." In einem späten Kapitel, *Versuch einer Witterungslehre* (1825), brachte Goethe seine Grundüberzeugung angesichts der „Willkür selbst" vor, der wüsten, wilden Elemente, kolossalen Gegnern des Menschen, der „den Besitz der Erde ergriffen und ihn zu erhalten die Pflicht hat": seinem Widerstand habe „die Natur auf's herrlichste vorgearbeitet, und zwar indem sie ein gestaltetes Leben dem Gestaltlosen entgegensetzt". In sich selbst trage sie Gesetz und Regel, dem „ungezügelten, gesetzlosen Wesen zu imponieren". Unendliches Muster, von dem unendlich zu lernen sei, ins herrlich Leuchtende blickend und dunkel Verborgne. Seine Dichtung bezeugt es, mit allegorischer Vieldeutigkeit oder einfachster Symbolkraft geladen (Teller sagts anläßlich der *Farbenlehre*). „Und wenn die Naturbilder stimmen – und bei Goethe stimmen sie immer –, dann leisten sie das Gegenteil von Illuminierung, Verklärung, Vergoldung, nämlich: realistische Darstellung, die ihre Gegenstände wesentlich in das unmittelbarste Verhältnis zum Wahrnehmenden bringt." In den *Wahlverwandtschaften* bewährte sich, zur Aufregung der Lesezirkel, die sich von chemischen Reaktionen nicht wollten imponieren lassen, die Methode; Brecht dann, seinerseits ein Wahlverwandter, zog beim Bau seiner Stücke die dialektischen Grundgesetze zu Rate. Frau Carrar bleibt verstockt; in seiner unbeirrten Fabel, die Argumente verfangen nicht, ein einziges letztes wird den Umschlag bewirken: der beim Fischen erschossene Sohn wird hereingetragen, und sie gibt die Gewehre heraus, und das Brot aus dem Ofen, und geht selbst an die Front.

Das sind allerdings, so natürlich sie nun scheinen, keine der Natur abgelauschten Konsequenzen.

2

Dem Geyer gleich
Der auf schweren Morgenwolken
Mit sanftem Fittich ruhend
Nach Beute schaut,
Schwebe mein Lied.
(1777)

Es war ein Geier, der hackte in meine Füße. Stiefel und Strümpfe hatte er schon aufgerissen, nun hackte er schon in die Füße selbst. Immer schlug er zu, flog dann unruhig mehrmals um mich und setzte dann die Arbeit fort. Es kam ein Herr vorüber, sah ein Weilchen zu und fragte dann, warum ich den Geier dulde. „Ich bin ja wehrlos", sagte ich [...] „Daß Sie sich so quälen lassen", sagte der Herr, „ein Schuß und der Geier ist erledigt." – „Ist das so?", fragte ich, „und wollen Sie das besorgen?" [...] Der Geier hatte während des Gespräches ruhig zugehört und die Blicke zwischen mir und dem Herrn wandern lassen. Jetzt sah ich, daß er alles verstanden hatte, er flog auf, weit beugte er sich zurück, um genug Schwung zu bekommen, und stieß dann wie ein Speerwerfer den Schnabel durch meinen Mund tief in mich. Zurückfallend fühlte ich befreit, wie er in meinem alle Tiefen füllenden, alle Ufer überfließenden Blut unrettbar ertrank.
(1920)

3

Kafka scheint die Konsequenz der Natur und der Menschen zu fürchten. Er war übrigens nicht weniger als Goethe ein fähiger Verwaltungsbeamter, Jurist bei der Arbeiter-Unfall-Versicherungs-Anstalt für das Königreich Böhmen, und kannte das Leben in der Breite und der Tiefe. Er hat die großen Fabriken des nordböhmisch-schlesischen Industriegebiets alle gesehen, Kontrollbesuche zur Einordnung der Betriebe in die Gefahrenklassen und um die „dolosen Hinterziehungen" der Pflichtbeiträge durch die Unternehmer zu entdecken. „Unsere Anstalt ist ein toter Organismus, deren einziges Lebendiges ihr wachsendes Defizit ist." Noch die scheinbar abgehobenen Geschichten sind von Berufserfahrung gesättigt: *Du läßt uns also deine Anregungen hier, wir werden sie genau prüfen, sollte noch irgendeine kleine blendende Neuigkeit angeheftet werden können, werden wir sie gewiß nicht unterschlagen, und sobald alles fertig ist, bekommt ihr die neuen Lampen. Das aber sage deinen Leuten unten: Solange wir nicht aus eurem Stollen einen Salon gemacht haben, werden wir hier nicht ruhen, und wenn ihr nicht schließlich in Lackstiefeln umkommt, dann überhaupt nicht. Und damit schön empfohlen!* (*Neue Lampen*, 1917) Unabsehbar sei die Welt der für Kafka wichtigen Tatsachen gewesen, sagt Max Brod – vor seinen beiden Schreibtischen standen ihm nur Gesten vor Augen, Gebärden des Staunens, des Schreckens, der Scham *dieser unbekannten Familie*, wegen der *er nicht entlassen werden* kann.

Man muß nicht nachschlagen, man muß nicht wissen, daß *In der Strafkolonie* zwei Monate nach Ausbruch des 1. Weltkriegs entstand, um die Folterlust der Offiziere zu spüren, den in Fleisch und Blut übergegangenen militärischen Zwang. (*Ein Besuch im Bergwerk* sollte, einem Titelverzeichnis zufolge, „Kastengeist" heißen.) „Kafkas Werk" – schreibt Benjamin ein Gespräch mit Brecht nach – „ist ein prophetisches. Die überaus präzisen Seltsamkeiten, von denen das Leben, mit dem es zu tun hat, so voll ist, sind für den Leser nur als kleine Zeichen, Anzeichen und Symptome von Verschiebungen zu verstehen, die der Dichter in allen Verhältnissen sich anbahnen fühlt, ohne den neuen Ordnungen sich selber einfügen zu können. So bleibt ihm nichts als mit einem Staunen, in das sich freilich panisches Entsetzen mischt, auf die fast unverständlichen Entstellungen des Daseins zu anworten, die das Heraufkommen dieser Gesetze verraten. Kafka ist davon so erfüllt, daß überhaupt kein Vorgang denkbar ist, der unter seiner Beschreibung – d. h. hier aber nichts anderes als Untersuchung – sich nicht entstellt." (*Franz Kafka. Beim Bau der Chinesischen Mauer.* China wieder!) Statt des Affekts der Entstellung bediente sich sein Stiefbruder Brecht des Effekts der Verfremdung; und um in der Familie zu bleiben: Müller meint, die Strafkolonie Kafkas habe die Steinschläge – sic! – dieses Jahrhunderts besser überstanden als die Lehrstücke Brechts. Des Älteren Erfahrungsvorsprung; er roch die Unnatur der Bürokratie. Er hat, mit seinen amtlichen Schriften und außerdienstlichen Gleichnissen, das Drama des Apparats geschrieben. „In jedem Fall handelt es sich dabei um die Frage der Organisation des Lebens und der Arbeit in der menschlichen Gemeinschaft", so Benjamin. Die menschliche Gemeinschaft: siehe unten. Den entfremdeten Verhältnissen hörte er, hol's der Geier, die ungeheure Musik ab, die die Grundfesten zum Tanzen bringt. Der Geometer Kafka hatte bei seinen Untersuchungen kein Hämmerchen bei sich, er pochte mit dem Knöchel auf die Akten, aber wenn er in die Hände klatschte, waren es Preßlufthämmer.

Zur menschlichen Gemeinschaft. *Es war einmal eine Gemeinschaft von Schurken, das heißt, es waren keine Schurken, sondern gewöhnliche Menschen. […] So hielten sie immer zusammen, auch nach ihrem Tode gaben sie die Gemeinschaft nicht auf, sondern stiegen im Reigen zum Himmel. Im Ganzen war es ein Anblick reinster Kinderunschuld, wie sie flogen. Da aber vor dem Himmel alles in seine Elemente zerschlagen wird, stürzten sie ab, wahre Felsblöcke.* Die Menschheit, entstaltet, in ihren eigenen kolossalen Gegner entstellt, während es einmal, wir erinnern uns, ums „Bändigen und Entlassen der Elemente" ging, denn der Mensch ist doch, wie Charlotte in den *Wahlverwandtschaften* wußte, „um so manche Stufe über jene Elemente erhöht"?

> Der Einsamkeiten tiefste schauend unter meinem Fuß,
> Betret' ich wohlbedächtig dieser Gipfel Saum –

wer spricht? Faust, aus einer Wolke Tragwerk tretend, wo? im Hochgebirg, starke zackige Felsen-Gipfel. Er bestimmt nun den Schauplatz, der Teufel schlappt nach, und Goethe, Gegner des Vulkanismus, aber Zeitzeuge von Eruptionen, läßt ihn die Gegend näher beschreiben:

> Was ehmals Grund war ist nun Gipfel.
> Sie gründen auch hierauf die rechten Lehren

Das Unterste ins Oberste zu kehren.
[…]
Ein offenbar Geheimnis wohlverwahrt
Und wird nur spät den Völkern offenbart.

Tumult, Gewalt, Unsinn! sieh das Zeichen – es ist das Zeichen der Zeit, obszön vermutlich. Faust grinst drüber weg; aus der Enge der politischen Welt wirft er sich auf das Entfernteste: die sinnvolle Tätigkeit.

Zwecklose Kraft, unbändiger Elemente!
Da wagt mein Geist sich selbst zu überfliegen,
Hier möcht ich kämpfen, dies möcht ich besiegen.

Vom Hochgebirg ans Meer; Mephistopheles schlug etwas noch Abgelegeneres vor: den Mond, der Ratschlag des Nihilisten. Faust beansprucht den *Erdenkreis.* Er hat, nach seiner Weltfahrt, die Produktion entdeckt. Nicht Umwälzung, Umgestaltung. „Jetzt steckt Faust seinen Tätigkeitsbereich ab, sein Arbeitsfeld in der Beziehung von Mensch und Natur." (Heise) Es liegt aber im ungeheuren Bedrohlichen selbst, das ist nun die Eigentümlichkeit der Epoche, im Uranfänglichen, Schroffen, Elementaren, der ursprünglichen Akkumulation.

Herrschaft gewinn ich, Eigentum!

Dies ist aber ohne den Teufel nicht zu machen, und er steht ja auf Goethes Bühne bereit. Um die Kleindarsteller auch zu führen, jene Lemuren, denen ein solcher Besuch kaum Gedanken macht: „ein weites Land / Das sollen wir bekommen", denn noch haben sie nicht gelernt, sich zu wundern. Sie werkeln, in Weimar, mit Schaufel und Spaten, nicht mit entwickelter, „vom Menschen abgesonderter" Technik. Aber der Teufel steckt schon hier im Ganzen, kühne Metapher, die den widersprüchlichen Fortschritt faßt, der uns zugleich voran- und herabbringt. Den Teufelspakt wird bald ein Dr. Marx als Widerspruch von Kapital und Arbeit definieren; die Kunst vermag dergleichen Wissenschaft vorzuahnen, wo sie sich in gehörige Felsenhöhe oder Abgrundtiefe begibt, auf gleichsam naturgeschichtlichen Standpunkt. Auf Meeresniveau, vor Ort, bei der speziellen Tätigkeit fehlt der Durchblick, so daß Faust höchst fortgeschritten, aber erblindet, die Welt verändert sieht – das Urphänomen des V-Effekts.

FAUST Aufseher!
MEPHISTOPHELES Hier!
FAUST Wie es auch möglich sei,
Arbeiter schaffe Meng auf Menge,
Ermuntre durch Genuß und Strenge,
Bezahle, locke, presse bei!
Mit jedem Tage will ich Nachricht haben,
Wie sich verlängt der unternommene Graben.
MEPHISTOPHELES *halblaut:*
Man spricht, wie man mir Nachricht gab,
Von keinem Graben, doch vom Grab.
[…]

FAUST Solch ein Gewimmel möcht ich sehn,
Auf freiem Grund mit freiem Volke stehn.

Das ist nicht umsonst gesagt, aber getan. Die menschliche Gemeinschaft. [...] *es war, als sollte die Scham ihn überleben.* (Kafka, *Der Prozeß*)

Goethe kam vom Lesen der Journale, des Pariser *Globe* zumal; der Sozialismus Saint-Simons hatte ihn aufgestört, die Julirevolution 1830 ihm die „größte Denkübung“ aufgelegt. „Die Narren bilden sich ein, die Vorsehung verständig spielen zu wollen.“ Die industrielle Philosophie, sagt ein Prospekt des *Producteur*, „gründet sich auf eine neue Auffassung der menschlichen Natur und erkennt, daß das Menschengeschlecht auf dieser Erde dazu bestimmt ist, die äußere Natur zu ihrem größtmöglichen Vorteil auszubeuten und zu verändern“. Verwirrende Lehre zu verwirrtem Handel; hier begann, auch für Goethe, schon für Goethe, ein Kapitel der Unnatur. Schuchard liest, nach hundert Jahren, auf New Yorks Felsengrund, den Sumpfakt als „blutige Ironie“, das greift kurz; daß Goethe es scharf macht, alle Widersprüche vereinigend, die Utopien blamierend / massierend, ist sein *eigentümlicher* Zugriff. Sein gar nicht buchhalterischer Blick: aufs Ganze, auf die Zusammenhänge. Er steigerte „wo möglich“, tatsächlich, was an ihm war und geblieben war. Aber er agierte jetzt vor der unnatürlichen Kulisse der Ausbeutung; die Abstraktheit des Gegenstands erzwingt allegorische Darstellung, die schöne widersprüchliche Einheit (die Brecht bewunderte) überanstrengt im Stilbruch. Die andere Lektüre, Schuchard verweist darauf: „Cuviers Buch *Umwälzungen der Erdrinde* entlieh er der Bibliothek am 19. Februar 1831, um sie erst Mitte Oktober zurückzugeben. [...] das wiederholte Betrachten der geologischen Denkmäler, der Gangarten und der fossilen Reste einer Erstwelt. Es ist“ – es ist, als ob ich in diesem Naturgedicht der bürgerlichen Gesellschaft die Gangarten der Ersten Welt zu betrachten habe.

Goethe und Kafka sind beide inkommensurabel für ihre Zeit; zwei Antipoden, die auf demselben Urgestein fußen: in einem verbundnen Gegensatz, der Direktor des Bergwerks und der Unfallexperte, der Erdenkreis verbindet sie. Die großen Kunstwerke sind die Leitfossilien ihres Zeitalters. Sie mögen, meint mein Bruder Mickel, wie Findlinge im Walde liegen, bis einer mit den Sohlen drauf stößt. Mickel, *Die Äquinoktien*, 1974:

In der Höhe in den Lüften
Wetter auf einander krachen
Und die Leiber in den Grüften
Sieh! was sie für Sprünge machen.

Ja, es schmettern Schädelknochen
Gegen dicke Eisenplatten
Flüsse, Seen und Meere kochen
In die Schiffe flüchten Ratten.

Heißes Naß auf heiße Steine!
Kugelbäuche sich entladen!
Kind! jongliere die Gebeine
Oder trage du den Schaden.

Unsere Epoche ist die fundamentalistischer Verwirklichungen, von Ideen, die noch am Anfang des Jahrhunderts Hoffnungen waren und die nun, an seinem Ende, keine Hoffnungen mehr sind. Revolutionen und Produktionen, sie hinterlegten elendere Deponien. Die gebaute Natur, wenn wir sie denn, unter der Folter, befragen, wird kaum mehr imstande sein, uns ihr offenbares Geheimnis zu enthüllen, wie wir nicht, es würdig auszulegen. – Wer spricht? und wo?

> Im schattenlosen Wald, der trauernd steht
> Am hundekahlen Kamm des Erzgebirgs
> Geh ich umher, in der Dämmerung
> Oder ists Rauch AUS BÖHMENS HAIN UND FLUR
> [...]
> Ich dachte stets, es würde erst beginnen.
> Jetzt hab ich meine Tage abgerissen
> Und saurer Regen rennt mir aus der Stirne
> Kaum atmen mehr, nur denken das
> In meinem dunklen Kopf / mein Tschernobyl
> Wo auch das Kind im Mann ergraut
> Und nicht verspricht die Erde noch zu dauern

(*Die dunklen Orte*, 1987) – das ist geschrieben vor der Wende diesseits und jenseits der deutsch-tschechischen Grenze und denkt einen andern Umbruch als den der Staatsverhältnisse;

> Und nicht verspricht die Erde noch zu dauern

> Die Freiheit nun, so ungebunden stehn

– wir empfanden sie schon, wir nahmen sie uns als das zwiespältige, ernüchternde Fatum. Qual und Glück des *Weiterschreitens* in der Natur ist die problematische Gangart der Gattung und ihr geschichtliches Drama, das sie aufführt in Kohlerevieren und Regenwäldern; der Akt, den wir jetzt inszenieren, von spezifischer Blindheit geschlagen, dem Globalisierungsglauben, droht das leibliche Band ganz zu zerreißen, den Naturzusammenhang, unseren Lebensgrund, und drängt die Dichtung auf einen härteren Vorsprung. Sie gelangt nicht dahin, ohne den ganzen Berg zu durchsteigen und alle Bildungen wahrzunehmen. Dann nur erst darf sie versuchen, „die Bewegung unserer Gesellschaft aus einem Sinne, auf den Kern beschränkt, näher und näher historisch zu verstehen“ (Mickel). Mögen wir Obersekretäre werden oder gleich im Untergrund verbleiben. Die Literatur hat Formen, mit dem Politischen fertig zu werden; der Dichtung steht an, das Massiv der Verhältnisse zu zeigen. KRUPP SCHLUCKT THYSSEN oder das Verschwinden des Volkseigentums sind tektonische Vorkommnisse, die dem Wanderer Anschauung geben vom sozialen Zustand des Planeten; daß der Sozialismus versunken ist, tut mir gar nichts, „Wenn man seine Grenzen intensiv erkennt, muß man zersprengt werden.“ (:Kafka / Goethe:) „Und so wird man zwischen Natur und Völkerereignissen hin und wider getrieben.“ So lebte er hin – nein, indessen lebt der Lebendige fort. Wie hasse ich den jetzigen Krieg, daß ich nicht im entferntesten davon rede.

So schließe ich den Text im Mai 1999. Ich hatte enden wollen:

„Der Verstand kann nicht vereinigt denken, was die Sinnlichkeit ihm gesondert überlieferte, und so bleibt der Widerstreit zwischen Aufgefaßtem und Ideiertem immerfort unaufgelöst. Deshalb wir uns denn billig zu einiger Befriedigung in die Sphäre der Dichtkunst flüchten und ein altes Liedchen mit einiger Abwechselung erneuern:“ *Wandrers Nachtlied*,

Andres Wachtlied

Weiß die Schneise eisig
Dunkel der Untergrund
Wo ich stehe
Heiter, schlotternden Leibs.

Bäume hingelegt
Auf! die kahlen Hälftlinge
Die ich im Auge halte
Ein Laufseher

Wer sind die zwei im Gehölz
Ignaz zieht den Karren
Martin murmelt:
Vergiß es.

Das Geschiebe den Berg hinauf
Worte und Knochen
Ein Steinbruch bei Weimar
Edel Mensch sei der

Umstände, welche die Arbeitszeit
Sind auf ein nicht mehr zu verdichtendes
F. d. R.: Schiller
Obersturmführer

Sind es Vulkane
Die die Gebirge bilden
Oder setzt das Wasser ordent-
Lich es zusammen.

Winterstein, Minister in Ruhe
Und unter Fußtritten
Ging, eine rauchend
Über die Postenkette

Oder das Meer steigt
An Nebels statt
Wieder, mein Bester
Zum Rennsteig!

Müßt mir meine Erde
Doch lassen stehn
Und die Öfen
In deren Glut

Wintersommer
Lebenslänglich
Ein Grabgewölke
Dickichtschauer
Die du aus Adern wässerst.

WILHELM VOSSKAMP

Wilhelm Meisters „Theatralische Sendung" und dessen „Lehrjahre" im 20. Jahrhundert bei Botho Strauß und Thomas Bernhard

I

Unter allen Romanen Goethes haben – neben dem *Werther* und den *Wahlverwandtschaften* – *Wilhelm Meisters Lehrjahre* die größte Resonanz und folgenreichste Rezeption erfahren.[1] Die außerordentliche Wirkung dieses Goetheschen Romans beruht sowohl auf seiner Stellung innerhalb des gesamten Oeuvres Goethes als auch auf seiner „unendlichen Auslegbarkeit" im Horizont unterschiedlicher Erwartungen und Anschlußmöglichkeiten. Dem *Faust* vergleichbar hat Friedrich Schlegel bereits 1808 anläßlich der Rezension von Goethes Werken die Sonderrolle der *Lehrjahre* hervorgehoben:

> Der Meister hat auf das Ganze der deutschen Literatur sichtbar wie wenige andere Erscheinungen gewirkt, und recht eigentlich Epoche gemacht, indem er dieselbe mit der Bildung und dem Geist der guten und schlechten Gesellschaft in Berührung setzte, und die Sprache nach einer ganz neuen Seite hin mehr bereicherte, als es vielleicht in irgendeiner Gattung durch ein einzelnes Werk auf einmal geschehen ist.[2]

Die prototypische Funktion, die Goethes *Lehrjahre* im Zusammenhang mit der Entstehung und Geschichte des Bildungsromans als dem „deutschen Normal-Roman" (Theodor Mundt) übernehmen konnte, hat bis in die jüngste Gegenwart vor allem die deutsche Romangeschichte maßgeblich bestimmt. Die Rezeptions- und Wirkungsgeschichte der *Lehrjahre* ist mit der Geschichte des Bildungsromans auch in seinen parodistischen und selbstironisierenden Formen konstitutiv verknüpft. Darüber hinaus hat Goethes Roman entscheidend auf die Literaturkritik, Literaturtheorie und Literaturgeschichtsschreibung eingewirkt (vgl. Georg Simmel, Georg Lukács, Walter Benjamin).[3]

---

1 Zur Rezeptionsgeschichte vgl.: *Goethes „Wilhelm Meister". Zur Rezeptionsgeschichte der Lehr- und Wanderjahre.* Hrsg. von Klaus F. Gille. Königstein/Ts. 1979. Außerdem die Dokumente zur Wirkungsgeschichte in: Johann Wolfgang Goethe: *„Wilhelm Meisters theatralische Sendung". „Wilhelm Meisters Lehrjahre". „Unterhaltungen deutscher Ausgewanderten".* Hrsg. von Wilhelm Voßkamp und Herbert Jaumann. Unter Mitwirkung von Almuth Voßkamp. Frankfurt a. M. 1992, S. 1273–1362. Vgl. auch: Wilhelm Voßkamp: *„Man muß den Roman mehr als einmal lesen." Zur Wirkungsgeschichte von Goethes „Wilhelm Meisters Lehrjahre[n]".* In: *Offenes Gefüge. Literatursystem und Lebenswirklichkeit.* Fs. für Fritz Nies. Hrsg. von Henning Krauß. Tübingen 1994, S. 199–210.

2 Friedrich Schlegel: *„Goethes Werke" nach der Cottaschen Ausgabe von 1806.* Erster bis vierter Band. In: F. Schlegel: *Kritische Schriften.* Hrsg. von Wolfdietrich Rasch. München ²1964, S. 306.

3 Vgl. Georg Simmel: *Goethe.* Leipzig 1913. Ders.: *Kant und Goethe.* In: Die Kultur 10 (1906), S. 1–71. Georg Lukács: *Wilhelm Meisters Lehrjahre* (1936). In: *Schriften zur Literatursoziologie*, ausgewählt von

Den Ausgangspunkt der sogleich kongenial interpretierten *Lehrjahre* bildet die historische Situation im Zusammenhang mit der epochalen Diskussion über Literatur und Kunst und den intellektuellen Verarbeitungen der durch die französische Revolution bewußt gewordenen Krise am Beginn der Moderne.[4] Von daher stehen die Texte zur Wirkungsgeschichte des Romans im Zeichen der prinzipiellen Frage, welchen Stellenwert die Literatur als Kunst im Kontext solcher (Krisen-)Erfahrungen haben konnte.[5] Die Wirkungsgeschichte des 19. Jahrhunderts ist vor allem durch die Kanonisierung von *Wilhelm Meisters Lehrjahre* als „Bildungsroman“ charakterisiert – einer Gattungsbezeichnung, die außerordentlich folgenreich für die historische Gattungslehre des 19. und 20. Jahrhunderts war und die Diskussion über die Sonderrolle des deutschen Bildungsromans im Kontext der europäischen Romangeschichte maßgeblich bestimmt hat.[6] Die Funktionalisierung des Goetheschen Romans unter Gesichtspunkten bildungsbürgerlicher Selbstverständigungsinteressen[7] und Hoffnungen auf nationale Identität hat gerade auch den Blick ‚von außen‘ auf diesen Romantypus gelenkt. Die prononcierten Charakterisierungen von Martin Swales und Louis Dumont sind dafür bezeichnend.[8]

Die Wirkungs- und Interpretationsgeschichte im 20. Jahrhundert zeigt einerseits bemerkenswerte Revisionen vereinheitlichender Harmonisierungstendenzen des 19. Jahrhunderts im Zeichen der Diskussion über eine vermutete „gebrochene Teleologie“ von Entwicklung und Bildung (Klaus-Dieter Sorg) und andererseits eine generelle Zunahme kritisch-reflexiver Tendenzen. Dabei sind Versuche von Inversion und Parodie – zum Teil unter Anknüpfung an Romane des 19. Jahrhunderts (vgl. E. T. A. Hoffmanns *Kater Murr*) – die Regel. Indes erkennt man auch in solchen ‚Umkehrungen‘ noch immer jenes Muster, das durch Goethes *Lehrjahre* modellbildend inauguriert wurde.[9]

Peter Ludz. Neuwied u. a. ^{5}1972, S. 383–402. Walter Benjamin: *Gesammelte Schriften II.* Frühe Arbeiten zur Bildungs- und Kulturkritik. Frankfurt a. M. u. a. 1972.

4 Vgl. dazu Dieter Borchmeyer: *Höfische Gesellschaft und Französische Revolution bei Goethe. Adliges und bürgerliches Wertesystem im Urteil der Weimarer Klassik.* Kronberg/Ts. 1977. Wilhelm Voßkamp: *Klassik als Epoche – Zur Typologie und Funktion der Weimarer Klassik.* In: *Epochenschwelle und Epochenbewußtsein.* Hrsg. von Reinhart Herzog und Reinhart Koselleck. München 1987, S. 493–514.

5 Zum Begriff der Krise vgl. Reinhart Koselleck: *„Krise“.* In: *Geschichtliche Grundbegriffe: Historisches Lexikon zur politisch-sozialen Sprache in Deutschland.* Hrsg. von Otto Brunner, Werner Conze, Reinhart Koselleck. Stuttgart 1982, S. 617–650. Ders.: *Kritik und Krise. Eine Studie zur Pathogenese der bürgerlichen Welt.* Freiburg/München 1959 (Neudruck Frankfurt 1973). Zur Klassik-Diskussion insgesamt: *Klassik im Vergleich. Normativität und Historizität europäischer Klassiken.* Hrsg. von Wilhelm Voßkamp. Stuttgart/Weimar 1993.

6 Vgl. Wilhelm Voßkamp: *Der Bildungsroman als literarisch-soziale Institution. Begriffs- und funktionsgeschichtliche Überlegungen zum deutschen Bildungsroman am Ende des 18. und Beginn des 19. Jahrhunderts.* In: *Zur Terminologie der Literaturwissenschaft.* Hrsg. von Helmut Brackert und Jörn Stückrath. Reinbek 1991, S. 251–269.

7 Vgl. Georg Stanitzek: *Bildung und Roman als Momente bürgerlicher Kultur. Zur Frühgeschichte des deutschen „Bildungsromans“.* In: DVjs. 162 (1988), S. 416–450; und Wilhelm Voßkamp: *„Bildungsbücher“. Zur Entstehung und Funktion des deutschen Bildungsromans.* In: *Die Fürstliche Bibliothek Corvey. Ihre Bedeutung für eine neue Sicht der Literatur des frühen 19. Jahrhunderts.* Hrsg. von Rainer Schöwerling und Hartmut Steinecke. München 1992, S. 134–146.

8 Vgl. Martin Swales: *The German Bildungsroman from Wieland to Hesse.* Princeton 1978, S. 7; Louis Dumont: *Homo aequalis, II. L'idéologie allemande. France-Allemagne et retour.* Paris 1991, S. 35 f.

9 Vgl. Hartmut Steinecke: *Wilhelm Meister und die Folgen. Goethes Roman und die Entwicklung der Gattung im 19. Jahrhundert.* In: *Goethe im Kontext.* Hrsg. von Wolfgang Wittkowski. Tübingen 1984, S. 89–118, und Ernst Behler: *Wilhelm Meisters Lehrjahre und die Romantheorie der Frühromantik.* In: Etudes Germaniques 44 (1989), S. 409–427.

Dieses Modell hat Thomas Mann 1923 in seiner Ansprache über *Geist und Wesen der deutschen Republik* zum Gedächtnis an Walter Rathenau noch einmal prägnant zusammengefaßt:

> Die schönste Eigenschaft des deutschen Menschen, auch seine berühmteste, auch diejenige, mit der er sich wohl am liebsten schmeichelt, ist seine Innerlichkeit. Nicht umsonst hat er der Welt die geistige und hochmenschliche Kunstgattung des Bildungs- und Entwicklungsromanes geschenkt, den er dem Romantypus westlicher Gesellschaftskritik als sein Eigenstes entgegenstellt und der immer zugleich auch Autobiographie, Bekenntnis ist. Die Innerlichkeit, die Bildung des deutschen Menschen, das ist: Versenkung; ein individualistisches Kulturgewissen; der auf Pflege, Formung, Vertiefung und Vollendung des eigenen Ich oder, religiös gesprochen, auf Rettung und Rechtfertigung des eigenen Lebens gerichtete Sinn; ein Subjektivismus des Geistes also, eine Sphäre – ich möchte sagen – pietistischer, autobiographisch-bekenntnisfroher und persönlicher Kultur, in der die Welt des Objektiven, die politische Welt als profan empfunden und gleichgültig abgelehnt wird – „weil denn" wie Luther sagt, „an dieser äußerlichen Ordnung nichts gelegen ist".[10]

Hier zeigt sich, daß jener Autor, der – mit seinem *Zauberberg* – noch am genauesten in der Goethetradition steht, die Sonderform des auf die *Lehrjahre* zurückgehenden Romans zutreffend charakterisiert. Es geht vornehmlich um vier Hauptmerkmale:

1. Die Grundvoraussetzung für Goethes *Wilhelm Meister*-Romane bildet ein modernes Individualitätskonzept,[11] das in der (verweltlichten) Tradition protestantisch-pietistischen Denkens von einem einmaligen, unverwechselbaren, aber auch unabgeschlossenen und entwicklungsfähigen Subjekt ausgeht. Die historische Voraussetzung besteht im Übergang und Wechsel von einer ständischen zu einer funktionsorientierten Gesellschaft. Moderne Subjektivität ist das Ergebnis gesellschaftlicher Prozesse. Unbestimmtheit/Unberechenbarkeit („individuum est ineffabile") ist das Kennzeichen moderner Subjektivität, und daraus folgt eine auf Dauer gestellte Selbstreflexion.

2. Diesem modernen Individuum in seiner Einzigartigkeit und Unverwechselbarkeit wird eine Vervollkommnungsmöglichkeit[12] zugerechnet, seine ihm als Mensch aufgegebene „Pflicht", sich zu „perfektionieren". Die erhoffte Kongruenz von subjektiver Bildung und Gattungsbildung der Menschheit ist dabei von besonderer Bedeutung; in der Selbstverwirklichung des einzelnen spiegelt sich die Geschichte der menschlichen Gattung. Hier wird vor allem in unseren Nachbarkulturen das Spezifische und besonders Wirkungsmächtige der deutschen Bildungskonzeption in der Nachfolge Herders, Goethes und Wilhelm von Humboldts gesehen. Und auch dann, wenn es – wie bei Thomas Mann und Robert Musil – nicht mehr ausschließlich um den „Bildungsroman einer Person", sondern um den „einer Idee" geht, bleibt das Problem, wie die unterschiedlichen Bildungsdiskurse etwa in enzyklopädischen Romanen von Musil, Thomas Mann oder Joyce und Proust konzeptuell und intertextuell verarbeitet sind, aktuell.

3. Zentral ist deshalb im 20. Jahrhundert vor allem die Frage, welche künstlerischen Mittel und ästhetischen Verfahren in der Tradition des *Wilhelm Meister* zugrunde gelegt wer-

---

[10] Thomas Mann: *Von Deutscher Republik. Politische Schriften und Reden in Deutschland.* Frankfurt a. M. 1984, S. 195.

[11] Wilhelm Voßkamp: *Individualität – Biographie – Roman.* In: *Lebensläufe um 1800.* Hrsg. von Jürgen Fohrmann. Tübingen 1998, S. 257–261.

[12] Vgl. Wilhelm Voßkamp: *‚Perfectibilité' und ‚Bildung'. Zu den Besonderheiten des deutschen Bildungskonzepts im Kontext der europäischen Utopie- und Fortschrittsdiskussion.* In: *Europäische Aufklärung(en). Einheit und nationale Vielfalt.* Hrsg. von Siegfried Jüttner und Jochen Schlobach. Hamburg 1992, S. 117–126.

den. Die Umstellung von einer „Suche nach Identität" zugunsten einer „Identität der Suche" der Hauptfiguren führt in der Regel zu intertextuellen Kombinationen und Mischformen von Romanmustern, wie sie etwa am Beispiel von Günter Grass' *Die Blechtrommel* beobachtet werden können, wenn der Autor zwei traditionelle Genres – den Picaro-Roman und Formen des Bildungsromans – kunstvoll miteinander verknüpft: „Wilhelm Meister auf Blech getrommelt" (Hans Magnus Enzensberger). *Die Blechtrommel* ist auch ein anschauliches Beispiel dafür, wie mittels erzählerischer Techniken das Konzept von Entwicklung und Bildung qua Inversion auf den Kopf gestellt wird. Oskar Matzerath verweigert sich einer Entwicklung; seine Entscheidung für das Zwergentum ist eine prinzipielle und symbolische gegen jede Form von Vervollkommnung und ‚Bildung'.

4. Die bereits mit E. T. A. Hoffmanns *Kater Murr* einsetzende Kritik an einem optimistischen Progressionsmodell von Selbstvervollkommnung im Roman zugunsten einer Wiedererinnerung an die durch Rousseau formulierte Doppelheit von perfectibilité und corruptibilité macht darauf aufmerksam, daß alle Romane in der Tradition der *Lehrjahre* ein Höchstmaß an Selbstreflexion charakterisiert. Das dominante ästhetische Verfahren läßt sich als eines der Selbstreferentialität bezeichnen. Die Ablehnung oder Kritik eines teleologischen Vervollkommnungsmodells provoziert Reflexionen über Möglichkeiten und Grenzen von Entwicklung und Formen der Desillusionierung, die erzählerisch dargestellt werden müssen. Auch in der Tradition des Goetheschen Romans spielt deshalb in der modernen Literatur die Frage kontinuierlich eine Rolle, ob nicht auch hier die erzählerische Lösung des konzeptuellen Dilemmas (Desillusionierung von Entwicklungs- und Vervollkommnungsmöglichkeiten) in der permanenten Reflexion über das Erzählen im Erzählen liegt. Dies wiederum macht auf Probleme aufmerksam, die einerseits prinzipielle Fragen der Kunst betreffen und andererseits auf das Medium des Erzählens (Buch und Schrift) hinweisen. Von daher ist es nur folgerichtig, wenn gerade in der Traditon des ‚Bildungsroman'-Erzählens aktuelle Probleme der Kunst und seines Mediums ‚verhandelt' werden.

Deshalb wird im folgenden an zwei Beispielen aus der Gegenwartsliteratur die Frage der Aktualität und Traditionsbestimmtheit des Goetheschen Modells überprüft: Botho Strauß' *Der junge Mann* und Thomas Bernhards *Auslöschung*. In beiden Fällen handelt es sich um experimentelle Romane, die nicht auf den ersten Blick der Goethe- bzw. Bildungsroman-Nachfolge zugerechnet werden können. Das wäre leichter möglich bei Romanen, die noch unmittelbarer in der Tradition des realistischen Erzählens des 19. Jahrhunderts stehen, etwa bei Dieter Nolls *Die Abenteuer des Werner Holt* (1960) oder auch Volker Brauns *Unvollendete Geschichte* (1975).[13]

II

Botho Strauß' 1984 erschienener Roman *Der junge Mann* steht einerseits in der Tradition des europäischen, autobiographisch-biographischen Erzählens und andererseits in der der Nachfolge von Goethes *Wilhelm Meister*-Romanen.[14] Angelegt in einer Triasstruktur – mit einem das Unabgeschlossene des Romans beendenden Schlußkapitel – dominiert das Motiv

---

13 Vgl. Wilhelm Voßkamp: *Deutsche Zeitgeschichte als Literatur. Zur Typologie historischen Erzählens in der Gegenwart.* In: *Berichte und Abhandlungen der Berlin-Brandenburgischen Akademie der Wissenschaften.* Berlin 1999, Bd. 9, S. 122–127.

14 Zit. Ausgabe: Botho Strauß: *Der junge Mann.* Roman. München/Wien 1984; Seitenzahlen im folgenden Text. Literatur zu Botho Strauß': *Der junge Mann*: Roland Jost: *Botho Strauß' „Regressive Universal-*

einem mimetisch erzählten Anfangskapitel, drei phantasmagorischen Mittelstücken und der steten Verwandlungen im Sinne immer neuer Initiationsgeschichten. Der Erzähler betont, daß für die Darstellung solcher Wandlungsprozesse und „wiederholter Spiegelungen" (in den drei mittleren Kapiteln) andere Uhren „erforderlich seien," welche uns [...] von dem alten sturen Vorwärts-Zeiger-Sinn" befreien (S. 11). Unter Anknüpfung an Goethes Prinzip von „Polarität und Steigerung" heißt es in der *Einleitung* des Romans: „Wir verwandeln uns ja, und eins geht aus dem anderen an- oder gegenteilig hervor" (S. 12).

Das erste Kapitel (*Die Straße*) ist ganz im Zeichen der Wiedererkennung als eine Geschichte der „theatralischen Sendung" angelegt. Der Regisseur Leon Pracht inszeniert Genets *Zofen* mit zwei für ihn bedeutenden Schaupielerinnen am Kölner Theater in der Absicht, die Schauspielkunst zu erneuern. Leon Pracht versteht seine Rolle als eine „Sendung"; das Theater besitzt für ihn ein „mehrzeitiges Gefüge, welches erlaubt, daß wir uns – im Treffpunkt des Schauspielers – ebensoweit von zuhaus, von unserer Gegenwart entfernen wie wir einer fernen Vergangenheit näherkommen" (S. 51). Deutlich wird aber nicht erst gegen Ende dieses ersten Kapitels, daß die Mittelpunktsfigur Leon Pracht das Theater – analog zu Goethes „theatralischer Sendung" – als einen „Übergang" empfindet in der Hoffnung auf künftige Initiationen.

Die zentralen drei mittleren, Märchenmotive aufnehmenden allegorisch-phantasmagorischen Geschichten werden eröffnet mit der „Suche und Wanderung" einer sich verirrenden Kauffrau. Unter dem Titel *Der Wald* verbergen sich zwei Allegorien: In der ersten wird in der Dichotomisierung von Pfeil und „Pfeilrichtung"/Ziel und Zielrichtung einerseits und dem Emblem der sich ringelnden und selbst verschlingenden Schlange andererseits auf ein Grundmotiv der Kritik linearer und der Präferenz für zyklische Zeitstrukturen im Roman angespielt. In der zweiten Allegorie geht es um die Gegenüberstellung zweier Ausprägungen des Turmmotivs. Dem babylonischen „Turm der Deutschen" (veranschaulicht in einem Kaufhaus) als Allegorie des Ökonomischen wird der (utopische) Entwurf im „Turm der Stille" gegenübergestellt. Dieses Turmmotiv (in der leicht wiedererkennbaren Anspielung auf den letzten Teil von *Wilhelm Meisters Lehrjahre*) verweist zudem nicht nur auf das letzte Kapitel des Romans von Botho Strauß, es enthält vielmehr eine umfassende utopische Perspektive überhaupt in der Doppelung von „verschwenderischer Liebe" und „unerschrockener Tatkraft" (S. 107) – einer nur leicht modifizierten Variante Goetheschen Denkens.

Die zweite der mittleren Geschichten im Roman *Der junge Mann* läßt sich – unter dem Titel *Die Siedlung (die Gesellschaftslosen)* unschwer auf Modelle beziehen, die Goethe in den *Wanderjahren* thematisiert.[15] Der Erzähler berichtet über das „Volk der Synkreas" aus einer

---

poesie". Von der Erzählung „Die Widmung" zum Roman „Der junge Mann". In: *Im Dialog mit der Moderne. Zur deutschsprachigen Literatur von der Gründerzeit bis zur Gegenwart.* Hrsg. von Roland Jost und Hansgeorg Schmidt. Frankfurt a. M. 1986, S. 481–499. Henriette Herwig: *„Romantischer Reflexions-Roman" oder erzählerisches Labyrinth? Botho Strauß: „Der junge Mann".* In: *Strauß lesen.* Hrsg. von Michael Radix. München/Wien 1987, S. 267–282. Heidy M. Müller: *Transformationen romantischer Inspirationsquellen im „Jungen Mann" von Botho Strauß.* In: *Literarische Tradition heute. Deutschsprachige Gegenwartsliteratur in ihrem Verhältnis zur Tradition.* Hrsg. von Gerd Labroisse und Gerhard P. Knapp. Amsterdam 1988, S. 181–199. Stig Olsen: *Der Bildungsroman im postmodernen Gewand. Zu „Der junge Mann" von Botho Strauß.* In: AUGIAS 41 (1991), S. 24–39.

15 Zu Goethes Utopie-Kritik vgl. Wilhelm Voßkamp: *Utopie und Utopiekritik in Goethes Romanen „Wilhelm Meisters Lehrjahre" und „Wilhelm Meisters Wanderjahre".* In: *Utopieforschung.* Hrsg. von Wilhelm Voßkamp. Bd. 3. Stuttgart 1982, S. 227–249. Zu Botho Strauß vgl. Wolfgang Braungart: *„Theophane*

Beobachterrolle und fragt nach der „Ankunft des Neuen Menschen" (S. 119). Auch hier wird auf den „tätigen Entwurf" als einer „übergeordneten Notwendigkeit" hingewiesen – das „Bild [...] galt [...] soviel wie Bilden" (S. 121; 122). Bemerkenswert an der aus der Beobachterperspektive beschriebenen Utopiekolonie ist die Anspielung (vgl. das Wort „Synkreas") auf das durchgehend Synkretistische, bei dem „Kombination" mehr als „Innovation" gilt. Dezidiert wird gegen politische Heilsversprechen und einen „glücklichen Naturzustand" polemisiert, um das traumförmige „Sozialgebilde", das hier geschildert wird im Zeichen des Gesetzes der „offenen Verwandlung" (S. 132), erkennbar bleiben zu lassen. Die eigentliche Utopie besteht daher auch in der „unaufhörlichen Schöpfung" ohne Anfang und Ende und in einer Versöhnung des Widerstreits zwischen „Natur und Geist, zwischen Materie und Bewußtsein! Alles liegt vielmehr in demselben einigen Gesetz des Wandels beschlossen" (S. 137).

Ausbalanciert wird dieses (allzu optimistische) Szenario in der dritten der mittleren Geschichten *Die Terrasse (Belsazar. Fabeln am Morgen nach dem Fest)*. Hier ist die politische Gegenwelt des Unheils („das nackte, bleibende Böse" [S. 179]) das zentrale Thema. Unter Hinweis auf zeitgeschichtliche Figuren (Belsazar/Hitler) und Anspielungen auf fabelhafte Zwitterwesen („Hälfte Baudelaire"/„Hälfte Hitler" [S. 185]) zielt dieses Kapitel vornehmlich auf eine radikale, kulturkonservative Zeit-, Revolutions- und Deutschlandkritik („O Deutschland! Deine Häkelhaube überm Klopapier im Heckfenster deiner Mittelklassewagen!" [S. 302]). Gegenübergestellt ist dem eine (allegorische) *Geschichte der Almut*, die in der Dreiteilung von „Frau Zorn, Frau Puppe, Frau Nord" als zentrale weibliche Figur der Verwandlung eingeführt wird. Sie steht sowohl für die anschauliche Verkörperung des Epiphanie-Prinzips (im Angesicht des Kunstschönen zweier Renaissancebilder von Simone Martini und Georges de la Tour kommt es zu einer grundlegenden Wandlung) als auch für Zerstörung, die im Attentat auf ein (modernes) Bild von Morris Louis veranschaulicht wird. In einer dichotomischen Gegenüberstellung von melancholischer „Schwarzsicht" und offener „Zuversicht" (S. 317 ff.) hält auch dieses Kapitel an einer Perspektive des Aufbruchs fest; der Ich-Erzähler sieht sich „von seinen noch ungetanen Schritten unwiderstehlich angezogen" (S. 325).

Im Mittelpunkt des Schlußkapitels *Der Turm* knüpft Botho Strauß an das erste Buch seines Romans an, in dem er den Theaterregisseur Leon Pracht mit seinem Freund und Lehrer Ossia zusammenführt, der als eine „Kreuzung zwischen Parzival und Paracelsus" charakterisiert wird und in vielem an die Don Quijote-Figur erinnert. Selbstironisch heißt es dann auch, daß Ossia „den letzten Ritter vom Heiligen Orden des Individuums" in seiner „Sendung als deutscher Komiker" gespielt habe (S. 333; 334).

Das Zusammenführen der verschiedenen Figuren, vor allem Leon Prachts mit dem Lehrer Ossia im Turm der „Schatten-City" am Rhein, erzählt der Roman nicht als einen definitiven Abschluß, sondern als ein Szenario der Projekte, bei denen nach einem Kunstwerk gesucht wird, das nicht im Konsum aufgeht. Das Medium dafür ist die Filmgeschichte, in der allerdings nicht jenes (klassische) Symbol gefunden wird, das als zentrale Perspektive am Schluß des Romans steht. Dazu sei der Film nicht in der Lage. Dem wird vielmehr jenes (utopische) Konzept des „Sehens" entgegengestellt, das auf das Epiphanie-Erlebnis im Angesicht der Renaissancebilder zurückverweist.

Herrlichkeit". Utopie, Utopiekritik und Ästhetik der Präsenz bei Botho Strauß. In: *Zeitgenössische Utopieentwürfe in Literatur und Gesellschaft.* Hrsg. von Rolf Jucker. Amsterdam 1997, S. 295–312.

Zweifellos richtet sich die Anstrengung des Romans von Botho Strauß auf eine spezifische – in der Tradition des frühromantischen Romans stehende – erzählerische Reflexion der *Wilhelm Meister*-Romane. Das zentrale Bildungsmotiv modifiziert Strauß zugunsten einer (durchgehend allegorischen) Episodenfolge der Initiation. Zugespitzt formuliert: Strauß stellt von Geschichtsphilosophie („Bildung") auf Ethnologie („Initiation") um.[16] Das zentrale Gegenmittel gegen die durch Vergehen und Vergänglichkeit charakterisierte Zeit (den „Zeit-Pfeil") bildet die Kunst. Dem „Zeit-Pfeil trotzen" gelingt nur mittels der Poesie und der Malerei. In der *Geschichte der Almut* liefert der Roman jenes Sinnangebot, das – wie reflexiv auch gebrochen – auf die klassische Kunstkonzeption referiert. Wenn der Erzähler bei Botho Strauß davon spricht, daß man in den „Stand des Sehens erhoben sein" müsse (S. 385), wird damit eine Perspektive eröffnet, die der (modernen) Kritik am Subjektbegriff und einer reißenden (linearen) Zeit Widerstand entgegenbringen soll. Noch in der Desillusionierung durch geschichtliche Erfahrung hält Strauß am Widerstandspotential der Kunst fest. Allerdings nicht in einer substantialistischen, sondern in einer durch (frühromantische) Selbstreflexivität gekennzeichneten Form.[17]

III

Im Vergleich zu Botho Strauß' *Der junge Mann* liegt dem 1986 erschienenen Roman von Thomas Bernhard *Auslöschung. Ein Zerfall* ein einfacheres Strukturmodell zugrunde; die produktive Rezeption ist allerdings radikaler und folgenreicher.[18] Sie besteht in einer bereits in anderen Texten Thomas Bernhards vorbereiteten Reflexion und Kritik auf das jeder Entwicklungs- und Bildungsgeschichte zugrundeliegende Subjektkonzept.[19] An die Stelle selbstreflexiver Identität treten bei Bernhard Formen der Selbst- und Fremdbeobachtung. Die Form dieser Selbst- und Fremdbeobachtung des einzelnen ist das Aufschreiben; Aufschreiben als Ergebnis von Dauerbeobachtung und Dauerreflexion. Dies erfordert immer neue Anstrengungen der Beschreibung und ‚Korrektur', die sich bei Thomas Bernhard in einer Rhetorik der Wiederholung und Übersteigerung ausprägt. Analog zur Musik zeigen seine Texte eine musikalische Oberflächenstrukturierung etwa in inquit-Formeln (er sagte, sagte er ...) und selbstironischen Bekräftigungsfloskeln mit rhythmisierender Funktion.

Die dauernde ‚Korrektur'-Arbeit ist bei Bernhard als Selbstkorrektur angelegt, die schließlich zur Selbstzerstörung und Selbstvernichtung führen kann. Allerdings ist dieser

---

16 Vgl. Botho Strauß: *Beginnlosigkeit. Reflexionen über Fleck und Linie.* München 1992.

17 Vgl. Botho Strauß: *Aufstand gegen die sekundäre Welt. Bemerkung zu einer Ästhetik der Anwesenheit* (1991). In: *Der Aufstand gegen die sekundäre Welt. Bemerkungen zu einer Ästhetik der Anwesenheit.* München 1999, S. 38–53. Vgl. hierzu auch die Referenzen bei Theodor W. Adorno: *Ästhetische Theorie.* Frankfurt a.M. 1970, z.B. S. 174 f., S. 243 f.

18 Zit. Ausgabe: Thomas Bernhard: *Auslöschung. Ein Zerfall.* Frankfurt a.M. 1986; Seitenzahlen im folgenden im Text. Zur Literatur vgl. vor allem: *Antiautobiografie. Zu Thomas Bernhards „Auslöschung".* Hrsg. von Hans Höller und Irene Heidelberger-Leonard. Frankfurt a.M. 1995. Als Überblick zur Thomas Bernhard-Literatur insgesamt: Manfred Mittermayer: *Thomas Bernhard.* Stuttgart/Weimar 1995.

19 Vgl. Walter Pape: *„Mich interessiert nur mein Körper und mein Kopf und sonst gar nichts." Erzählerische und autobiographische Subjektivität bei Thomas Bernhard.* In: *Geschichte und Vorgeschichte der modernen Subjektivität.* Hrsg. von Reto Luzius Fetz, Roland Hagenbüchle und Peter Schulz, Berlin/New York 1998, S. 1174–1197.

Gestus der Selbstzerstörung und Selbstnegation – sofern er im Medium Buch stattfindet – nur mittels Schrift möglich. Das Aufgeschriebene im Buch ist so das Ergebnis der ‚Negation‘.[20]

Der Roman *Auslöschung. Ein Zerfall* ist – trotz vieler Anspielungen auf Goethes *Dichtung und Wahrheit* und die *Wilhelm Meister*-Romane – durch diesen Negationsgestus konstitutiv bestimmt. Das von Montaigne gewählte Roman-Motto über den Tod, der „mich ständig in den Klauen hat“, deutet die letzte Konsequenz dieses Negationsverfahrens an. Unter Anspielung auf die (theologische) Tradition der Memento mori-Thematik wird der Gesamtrahmen des Romans durch die Bipolarität von „Telegramm“ im ersten Teil und „Testament“ im zweiten Teil des Buchs strukturiert. Der figuralen Doppelheit von Erwartung und Erfüllung im *Heinrich von Ofterdingen* von Novalis wird so eine Dichotomie gegenübergestellt, die im Zeichen des „Testaments“ die Todesthematik deutlich macht. Dem Erlösungskonzept des Novalis konfrontiert Bernhard ein „Auslöschungs“-Modell. Ähnlich wie in den Romanen *Frost* und *Korrektur* nutzt Bernhard auch im Roman *Auslöschung* bekannte überlieferte Motive (Herausgeber- und Manuskriptfiktion, autobiographisches und biographisches Erzählen), um im Anschluß an die literarischen Traditionen diese zu reflektieren und zu kritisieren. Die Mittelpunktsfigur Franz-Josef Murau hinterläßt eine in der Ich-Form geschriebene Erzählung, die das Erzähler-Ich (als Herausgeber) im Roman präsentiert. Die am Schluß des Romans angegebenen genauen Lebensdaten Muraus (1934–1983) sollen eine Authentizität suggerieren, die an aufklärerische Traditionen des 18. Jahrhunderts erinnern. Das Geschriebene des Romans ist gewissermaßen ein langes autobiographisches ‚Zitat‘.

Mehr noch: Die Protagonisten Franz-Josef Murau (als Erzieher und Mentor) und Gambetti (als Schüler) lassen sich unschwer als ‚Rollen‘ aus dem Bildungsroman seit Rousseaus *Emile* und Goethes *Wilhelm Meisters Lehrjahre* lesen. Das Mentor-Schüler-Verhältnis bildet eine konstitutive Struktur für das Erzählmodell Bernhards.[21] Der Ich-Erzähler des Romans (Franz-Josef Murau) befindet sich als Mentor in einer dauernden Unterredung mit seinem Schüler Gambetti:

> Nach der Unterredung mit meinem Schüler Gambetti, mit welchem ich mich am Neunundzwanzigsten auf dem Pincio getroffen habe, schreibt Murau, Franz-Josef, um die Mai-Termine für den Unterricht zu vereinbaren und von dessen hoher Intelligenz ich auch jetzt nach meiner Rückkehr aus Wolfsegg überrascht, ja in einer derart erfrischenden Weise begeistert gewesen bin, daß ich ganz gegen meine Gewohnheit, gleich durch die Via Condotti auf die Piazza Minerva zu gehen, auch in dem Gedanken, tatsächlich schon lange in Rom und nicht mehr in Österreich zuhause zu sein, in eine zunehmend heitere Stimmung versetzt, über die Flaminia und die Piazza del Popolo, den ganzen Corso entlang in meine Wohnung gegangen bin, erhielt ich gegen zwei Uhr mittag das Telegramm, in welchem mir der Tod meiner Eltern und meines Bruders Johannes mitgeteilt wurde. „Eltern und Johannes tödlich verunglückt. Caecilia, Amalia“. (S. 7)

---

20 Vgl. Wilhelm Voßkamp: *„Extinction“. Propos de l’autoreflexion du roman d’éducation au 20ème siècle chez Thomas Bernhard.* In: Revue Germanique Internationale 12 (1999), S. 257–269. Ders.: *Auslöschung. Zur Selbstreflexion des Bildungsromans im 20. Jahrhundert bei Thomas Bernhard.* In: *Literatur und Demokratie.* Fs. für Hartmut Steinecke. Hrsg. von Alo Allkemper und Norbert Otto Eke. Berlin 2000, S. 231–244.

21 Vgl. Wilhelm Voßkamp: *„Un livre paradoxal“. Jean Jacques Rousseaus „Emile“ in der deutschen Diskussion um 1800.* In: *Rousseau in Deutschland. Neue Beiträge zur Erforschung seiner Rezeption.* Hrsg. von Herbert Jaumann. Berlin/New York 1995, S. 101–113.

Der im Text des Telegramms mitgeteilte tödliche Unfall der Eltern und des Bruders macht Murau zum Erben eines Besitzes und einer Geschichte, die er nicht annehmen will. Die Kritik des „Herkunftskomplexes" wird von nun an zum Antrieb für eine Vergegenwärtigung der Kindheits- und Jugendgeschichte, die im Medium unterschiedlicher Motive des Bildungsromans dargestellt wird. Dazu gehört die Kindheit als utopischer Fluchtort ebenso wie die Dichotomisierung von locus amoenus (Rom) und locus terribilis (des Heimatorts Wolfsegg) und die zeitgeschichtlich bedingte Auseinandersetzung mit dem gegenwärtigen Machtkomplex von Katholizismus und Antisemitismus. In der Kritik des „Herkunftskomplexes" liegt die implizite und explizite Reflexion jenes autobiographischen und biographischen Erzählens, das – wie in jedem Bildungsroman – auf die Rekonstruktion der Herkunft von Subjekten angewiesen ist. Bernhard steigert das Motiv der ‚Auslöschung' dadurch, daß der (Erzähler) Murau am Schluß des Romans als bereits Verstorbener genannt wird. Die Auslöschung des Erzählers ist Gegenstand des Erzählens in der Erzählung des Romans *Auslöschung*.

Solche paradoxalen Konstellationen deuten die Radikalität der Aneignung von Bildungstraditionen in der Nachfolge Goethes bei Bernhard an. Sie machen zugleich auf die herausgehobene Rolle aufmerksam, die das Schreiben und das Geschriebene selbst einnehmen. Der Auslöschungsprozeß bezieht das Geschriebene und das noch zu Schreibende mit ein. Die Lust am Schreiben, so der Erzähler Murau, ist Teil der Selbstauslöschung:

> Nichts anderes habe ich ja vor lebenslänglich. Und wenn ich mich nicht täusche, gelingt mir diese Selbstzersetzung und Selbstauslöschung auch [...] Ich tue in Wirklichkeit nichts anderes, als mich zu zersetzen und mich auszulöschen, wache ich auf in der Frühe, ist es mein erster Gedanke, das zu tun, an meine Zersetzung und Auslöschung zu gehen mit Entschiedenheit. (S. 296)

Die Auslöschungsobsession erschafft deshalb nicht nur den literarischen Text, sondern durch das Buch wird Wolfsegg (der locus terribilis) und die verhaßte Familie „ein weiteres Mal geschaffen und in die Welt gesetzt. Das erzählerische Auslöschungsbegehren [...] realisiert gewissermaßen im Selbstvollzug sein eigenes Gegenteil."[22] In der Einheit von Auslöschung und schriftlicher Wiederherstellung, Vernichtung und Bewahrung im Geschriebenen liegt jene paradoxe Einheit, die die besondere Rolle der Schrift hervorhebt. Das Geschriebene stellt die Einheit in der Differenz wieder her.

Neben diesem Insistieren auf der Schrift und Schriftlichkeit mag schließlich darauf aufmerksam gemacht werden, daß Thomas Bernhards Romane (und insbesondere die „Auslöschung") keine Lehrstücke sind, richtig zu leben (vgl. Goethes Hinweis: „Gedenke zu leben"), sondern richtig zu sterben. Darin ist Thomas Bernhard mit Michel de Montaigne (und damit auch mit Goethe) noch immer verbunden in jener Autorengemeinschaft, die den Anspruch auf Selbstbildung nicht aufgegeben hat. Nur im Schreibprozeß selbst liegt auch eine Form des individuellen Überlebens. Noch in der Doppelheit von Schrift und Tod (als der anderen Seite des Lebens) und der selbstkritischen Aufhebung des Vervollkommnungsprinzips im Auslöschungsbegehren bewahrt Bernhard (im Benjaminschen Sinne) die Tradition des Bildungsromans.

---

22 Hans-Ulrich Kreichel: *Auslöschungsverfahren. Exemplarische Untersuchung zur Literatur und Poetik der Moderne*. München 1995, S. 52.

IV

Die Rezeption des Goetheschen Romans im 20. Jahrhundert erfolgt – jedenfalls zeigt dies die Wirkungsgeschichte der *Wilhelm Meister*-Romane – im Zeichen einer transzendentalpoetischen Selbstreflexion, die ohne die Frühromantik nicht vorstellbar wäre.[23] Der Wechsel von der „Suche nach Identität" zur „Identität der Suche" ist nur möglich im Horizont einer wiederholten Diskussion über das „Inkommensurable" des Individuums. Wenn Botho Strauß in seinem Prosatext *Beginnlosigkeit. Reflexionen über Fleck und Linie* (1992) betont: „Das Ich ist nur ein artiger Höfling unter dem absoluten Souverän der Neuronenherrschaft, deren Wahlspruch lautet: Kognition ist alles, die Welt nur ein Etwas,"[24] so bleibt auch diese Bestimmung noch der Tradition individueller Einmaligkeit des (oder der) einzelnen verhaftet. Die Protagonisten in den Romanen von Strauß und Bernhard provozieren – gerade in ihrer Unbestimmtheit – durch diese Einmaligkeit.

Die Geschichten der ‚Bildung' sind bei Strauß durch jene Initiationen und Verwandlungen charakterisiert, die auf den „geschichteten Augenblick", „die gleichzeitige Begebenheit" zielen[25] – während Thomas Bernhards Geste der „Auslöschung" auf jene „Krankheit zum Tode" (Sören Kierkegaard) aufmerksam macht, die an theologische Traditionen anknüpft und den Zusammenhang von Leben und Tod als Inbegriff jeder Lebens- und Bildungsgeschichte begreift.

Der Rückgriff auf das biographische Erzählen des Bildungsromans in der Tradition der Goetheschen *Lehrjahre* mag weniger als ein bloßes „Weiter-Schreiben" denn als ein produktives „Wider-Schreiben" (Renate Lachmann) aufgefaßt werden. Bemerkenswert scheint mir dabei eine in der zeitgenössischen Literatur wiederholt beobachtbare Wende vom biographischen zum autobiographischen Schreiben. Der selbstnegatorische Gestus bleibt ein Antrieb für die literarische Produktion der „Selberlebensbeschreibung".

Wenn beide Autoren – Botho Strauß und Thomas Bernhard – in ihrer unterschiedlichen Artikulation der Rolle der Kunst einerseits und der Funktion der Schrift und des Schreibens andererseits – gegenüber der Zeit (als Verbindung von „Fleck und Linie" bzw. Tod und Leben) hervorheben, so stehen sie damit im Zusammenhang einer Goethe-Rezeption, die für das zu Ende gehende Jahrhundert aus naheliegenden Gründen nicht verwunderlich ist. Zeit bleibt dabei das Medium jeden Erzählens nicht nur im formalen, sondern im 20. Jahrhundert vornehmlich auch im inhaltlichen Sinn. Marcel Proust, Thomas Mann, Robert Musil, Franz Kafka oder Peter Weiß haben dies in ihren Romanen veranschaulicht. Strauß und Bernhard spitzen diese Problematik lediglich zu, indem sie pointiert nach den Gegenmitteln fragen. Und hierbei bleibt Goethe gegenwärtig.

---

23 Vgl. Manfred Engel: *Der Roman der Goethezeit.* Bd. 1. Stuttgart/Weimar 1993, S. 388 f.

24 Botho Strauß: *Beginnlosigkeit*, S. 11 f.

25 Botho Strauß: *Der junge Mann*, S. 10.

EBERHARD SCHMIDHÄUSER

Goethes Denken über Recht und Staat – aus der Sicht von gestern und heute

I. Vornweg sind die Begriffe zu skizzieren: „Recht" meint – zunächst als staatliches Recht gesehen – den Inbegriff durchsetzbarer Normen des gesellschaftlichen Zusammenlebens. Es findet sich in den geschriebenen Gesetzen und ist zeitgebunden entstanden. Überzeitlich, ungeschrieben, ist dagegen das Recht gedacht, das (nach den Worten der Schülerszene) „mit uns geboren ist", – das den Menschen unabhängig von aller staatlichen Rechtsordnung zukommt, das sog. Naturrecht. Es ist vor allem als ideeller Maßstab zu sehen, an dem die staatlichen Gesetze zu messen sind.

„Staat" ist – nüchtern gesehen – jene Herrschaftsordnung, mit der und unter der eine Gesellschaft lebt, sei es allein aufgrund von Tradition, sei es aufgrund aktueller Zustimmung. Im Handeln der Staatsorgane tritt sich die Gesellschaft – in einzelnen ihrer Glieder – selbst gegenüber; sie sind im Rahmen der Herrschaftsordnung zum Einsatz von Gewalt befugt. Ihr Handeln wird dieser Ordnung zugerechnet und macht in dieser Bedeutung den Staat als geistiges Gebilde existent.

Ein erweiterter Begriff von „Recht" ist nicht an die staatliche Ordnung gebunden. Er begegnet uns etwa in der Rede, jemand habe „recht" gehandelt, oder, etwas sei „recht und billig". In *Hegire* heißt es „Dort im Reinen und im Rechten". „Recht" meint dann, was moralisch erwünscht, gar geboten erscheint, und zwar auch ohne daß staatliche Rechtsfolgen vorgesehen sind für den Fall, daß „nicht recht" gehandelt wird.

„Denken" – ein Vorgang unseres Bewußtseins – interessiert uns im vorliegenden Zusammenhang in zweierlei Weise: Als begrifflich erfassendes (reflektierendes) Denken betrachtet es das Gedachte und setzt es abstrakt-allgemein in weitere Zusammenhänge. Als aufforderndes (appellierendes) Denken meint es eine Möglichkeit, die wirklich werden soll; der so Denkende fordert sich selbst und/oder andere auf, das Gedachte zu verwirklichen.

Fragen wir nach „Goethes" Denken, dann bieten sich zwei Wege an, unserem Thema beizukommen: Entweder sammeln wir eine Anzahl von Stellen in Goethes Werken und in Berichten, die über sein Denken Auskunft geben, und gewinnen daraus eine Summe, – oder wir versuchen, Goethe als Persönlichkeit zu begreifen und daraus sein Denken über Recht und Staat zu erschließen (was dann freilich angemessen zu belegen wäre). Ich folge dem zweiten Weg.

II. Goethe hat zwar Juristerei studiert (wenn auch ohne „heißes Bemühn"), war als Advokat tätig und war später in Weimar lange Zeit als Geheimer Rat, dann als Staatsminister, mit einer Vielzahl unterschiedlicher Staatsaufgaben betraut. Er hatte also mit Recht und Staat viel praktisch-verantwortliche Berührung. Gleichwohl sehen wir in ihm nicht etwa einen versierten Juristen. Hat er doch selbst gemeint, daß unter all seinen Talenten die Jurisprudenz „der geringsten eine" sei (an Kestner, 25.12.1773).

So fragen wir nach seiner Persönlichkeit jenseits der Juristerei und sehen – unter Verzicht auf die Bestimmung eines Geniebegriffs –, daß ihm ein einzigartiger Verbund von Fähigkeiten (es sind vor allem die Gaben des Sehens und Begreifens, des Schauens und Erfindens, des Denkens und des Dichtens) ein höchstes Maß an Selbstbewußtheit geschenkt hat. In ihr ist schon der junge Goethe durch die Widerspiegelung aus seiner Umwelt vielfach bestärkt worden. Daraus wieder erwuchsen früh Anreiz und Kraft, ein Lebensprogramm eigener Art aufzustellen, an dessen Grundlinie Goethe stets festgehalten und das er in den verschiedensten Bezügen verwirklicht hat. Dieses Programm ist – auch aus geistiger Nähe zu Spinoza – ganz entschieden auf die eigene Persönlichkeit ausgerichtet; es geht auf volle Entfaltung der eigenen Fähigkeiten mit dem Ziel einer Selbstvervollkommnung und -bewährung.

Schon wenige Sätze aus Briefen und Tagebuch zeigen uns das Programm, schon wenige Beispiele aus seinem Lebensgang deuten die Vielseitigkeit des Verwirklichens an. Der gerade 21jährige schreibt an den Freund: „keinen Tag ohne etwas zu sammeln, vorbeigehen lassen. [...] Dabei müssen wir nichts sein, sondern alles werden wollen, und besonders nicht öfter stille stehen und ruhen, als die Notdurft eines müden Geistes und Körpers erfordert" (an Hetzler, 24.8.1770). – Der 25jährige beschreibt sich als den, „der immer in sich lebend, strebend und arbeitend [...] immer gleich eine Stufe höher steigt, weil er nach keinem Ideale springen, sondern seine Gefühle sich zu Fähigkeiten, kämpfend und spielend, entwickeln lassen will" (an Auguste zu Stolberg, 13.2.1775). An Lavater schreibt der 31jährige: „Das Tagewerk, das mir aufgetragen ist [...] erfordert wachend und träumend meine Gegenwart diese Pflicht wird mir täglich teurer, und darin wünscht ich's den größten Menschen gleichzutun, und in nichts größerm. Diese Begierde, die Pyramide meines Daseins, deren Basis mir angegeben und gegründet ist, so hoch als möglich in die Luft zu spitzen, überwiegt alles andre und läßt kaum augenblickliches Vergessen zu" (1780; AA 18, S. 532) – Und schließlich blickt Goethes letzter Brief vom 17.3.1832 zurück auf sein Leben und noch immer auch voraus in Sätzen wie: „Die Organe des Menschen durch Übung, Lehre, Nachdenken, Gelingen, Mißlingen, Fördernis und Widerstand und immer wieder Nachdenken verknüpfen [...] das Erworbene mit dem Angebornen, so daß es eine Einheit hervorbringt welche die Welt in Erstaunen setzt. [...] Ich habe nichts angelegentlicher zu tun als dasjenige was an mir ist und geblieben ist wo möglich zu steigern" (an Wilhelm von Humboldt). So wie hier im 83. Lebensjahr und wiederholt in den Jahrzehnten zuvor kann sich nur jemand äußern, der es ernst meint und gemeint hat mit sich selbst und seinem Lebensprogramm.

Wie vielseitig er dieses Programm verwirklichte, lassen schon wenige Beispiele erkennen. Dabei sei ganz abgesehen von der Unzahl der Werke des Dichters und Forschers. Es sind beiläufige Vorgänge aus seinen jüngeren und mittleren Jahren, die ein Licht auf die besondere Art und Bewußtheit seines so ganz individuellen Höherstrebens werfen. Aus seiner Straßburger Zeit berichtet er von dem Bemühen, gewissen Empfindsamkeiten zu begegnen: sich an Lärm zu gewöhnen, indem er die trommelnden Soldaten beim Zapfenstreich begleitete, gegen das Schwindelgefühl anzugehen, indem er öfters auf den höchsten Gipfel des Münsterturms stieg, widerwärtige Dinge anschauen zu lernen, indem er die Anatomie besuchte (AA 10, S. 411 f.) – Und auch in späteren Jahren, als er schon durch *Götz* und *Werther* berühmt geworden war, tat Goethe manches, das auf ein Erproben und Erweitern seiner Fähigkeiten, ein Steigern seines Lebensgefühls hinauskam. Dazu rechne ich das wiederholte Nacktbaden (HA 10, S. 146, 152 ff.), den gefahrvollen Einstieg in einen Bergwerkstollen und die von dem Förster zuvor für unmöglich erklärte winterliche Besteigung des Brocken (an Charlotte von Stein, 9. u. 11. 12. 1777), das Erklimmen des Gotthard zu ungewöhnlicher Jahreszeit auf der zweiten Schweizer Reise (am 13. 11. 1779 mit Carl August; AA 12, S. 63), das Wagestück des Blicks in den Krater bei der zweiten Vesuvbesteigung (HA 11, S. 194), den tatkräftigen Einsatz bei der Bekämpfung von Bränden in der weiteren Weimarer Landschaft (an Charlotte von Stein, 26. 6. 1780; AA 18, S. 507 f.). Wo war in deutschen Landen zu jener Zeit zu erwarten, daß sich ein Geheimer Rat in Ministerrang – fern der eigenen Wohnstätte – derart in der Brandbekämpfung einsetze! Goethe hat auch seine Teilnahme an der Campagne in Frankreich als Teil seines Lebensprogramms gesehen, wenn er später von seinem „wunderlichen Ritt ins Kanonenfeuer" (bei Valmy) spricht (HA 10, S. 318) und von seiner „wunderlichen Militärlaufbahn" sagt: „auch durch diese Erbkrankheit der Welt mußt ich einmal durch" (an Rochlitz, 22. 4. 1822).

Was vorangehend anzudeuten war, ist aufs Ganze dahin zu verstehen, daß Goethe seinen Lebensgang offenbar als Kunstwerk begriff und gestaltete. Jedenfalls müssen wir es dann so sehen, wenn es für „Kunst" auf zwei Momente ankommt: beim Künstler ist es die Intention, etwas unter ästhetischen Gesichtspunkten Faszinierendes zu leisten und der Mit- und Nachwelt zugänglich zu machen, – beim Adressaten des Werks ist es die Möglichkeit der Teilhabe derart, daß er das vom Künstler Geschaffene als etwas Faszinierendes erlebt, dem diese Intention zugrunde liegt.

Beide Momente sind zu Goethes Leben gegeben: Was seine Intention betrifft, so hat er sein Leben in alle Bereiche erstreckt, die ihm bei seinen Fähigkeiten offen standen, – insoweit durchaus exemplarisch, da er das jeweils Mögliche zu erreichen suchte, und dann, daß er sich bemühte, diese exemplarische Lebensführung auf weite Strecken zu dokumentieren und der Mit- und vor allem der Nachwelt zugänglich zu machen: in den autobiographischen Schriften, in den Tagebüchern (die für die Nachwelt geschrieben und diktiert wurden), in den vielen Briefen, die nicht nur den ersten unmittelbaren Adressaten zugänglich bleiben sollten (einschließlich der von vornherein auf Veröffentlichung ausgerichteten Briefwechsel mit Schiller und Zelter), auch in der Vernichtung von Briefen und Unterlagen, die dem Lebenskunstwerk abträglich gewesen wären (vgl. den Brief an Engelhardt, AA 21, S. 677 ff.), und in den Gesprächen (mit deren Aufzeichnung durch viele Partner sogleich zu rechnen war und die im Falle Eckermann von Goethe für die Veröffentlichung der ersten Jahre sogar mitredigiert worden sind). Dies alles zeigt uns den Schöpfer des Kunstwerks eines Lebens. – Sehen wir sodann die Seite derer, die als Adressaten dieses Kunstwerks anzusehen sind, so könnte auch hier der Charakter von Goethes Leben nicht deutlicher erscheinen als durch die Art und Weise, in der – mit wachsendem zeitlichen Abstand noch in wachsendem Maße – sein Leben in Verbindung mit seinem Werk viele fasziniert (so daß heute ein achtbändiges Werk veröffentlicht werden kann: *Goethes Leben von Tag zu Tag. Eine dokumentarische Chronik.* Hrsg von Robert Steiger und Angelika Reimann. München und Zürich 1982–1996).

Aus allem wird deutlich, in welchem Maße Goethe seinen eigenen Lebensweg als bedeutsam gesehen und gestaltet hat. Und zugleich ahnen wir, welches Bewußtsein der eigenen Persönlichkeit damit verbunden war, ihres Reichtums und ihrer enormen Überlegenheit gegenüber den vielen Menschen, die ihm begegneten. Er muß sich oft wie ein Erwachsener unter Kindern gefühlt haben. Das führte freilich nicht etwa dahin, daß er sich dünkelhaft erhob; vielmehr akzeptierte er – soweit es ihm die Freiheit des Künstlers und Genies erlaubte – die Spielregeln der Umwelt und teilte den Mitmenschen aus dem Reichtum seiner Persönlichkeit mit, was er ihnen – ohne die ihm gebotene Selbstbewahrung aufzugeben – mitteilen konnte. Dabei übertrug Goethe sein eigenes Ziel, „die Pyramide seines

Daseins immer höher zu spitzen", insoweit auf jeden als Individuum ansprechbaren anderen, als er auch für diesen – bezogen freilich auf dessen Basis – das gleiche Ziel als wünschenswert ansah.

III. Mit diesen Überlegungen haben wir uns jenen Seiten von Goethes Persönlichkeit genähert, auf die es für sein Denken über Recht und Staat ankommt. Dieses Denken ist vom Gegenstand her anders strukturiert als manches Denken Goethes sonst. Recht und Staat sind institutionalisierte Formen des menschlichen Zusammenlebens; sie haben die Aufgabe, dieses Zusammenleben zu regulieren, und meinen damit immer eine Vielheit von Menschen. So konfrontiert es den darüber Denkenden mit dieser Vielheit, in die er sich hineingestelllt sieht. Daher ist nun nach Goethes Verhältnis zur Vielheit, zur (Menschen-)Menge zu fragen.

Die Antwort kann nicht überraschen: Wenn wir von dem Lebensprogramm der Selbstvervollkommnung und davon ausgehen, daß Goethe bereit war, ein entsprechendes Programm auch den ihm begegnenden Individuen anzuwünschen, dann kann er der Menge nur ablehnend gegenüber gestanden haben. Schon wenige Stellen aus seinem Dichten belegen, daß er dem jeweiligen Individuum zugetan ist, die Menge aber verwirft: „Selig, wer sich vor der Welt ohne Haß verschließt, einen Freund am Busen hält". Aus der ersten Weimarer Zeit: „Will all das Volk, Gott und sich selbst Und dem Teufel überlassen! Und kaum seh ich ein Menschengsicht, So hab ich's wieder lieb." Aus den *Venezianischen Epigrammen*: „Schüler macht sich der Schwärmer genug und rühret die Menge, wenn der vernünftige Mann einzelne Liebende zählt." Aus dem *West-Östlichen Divan*: „Sagt es niemand, nur den Weisen, Weil die Menge gleich verhöhnet", ferner: „Jemand lieb ich, das ist nötig; Niemand haß ich; soll ich hassen, Auch dazu bin ich erbötig, Hasse gleich in ganzen Massen." – So deutlich hat Goethe die Menge verworfen. Ein Schillersches „Seid umschlungen, Millionen" war ihm auch im Trinklied nicht möglich.

Bevor wir nun auf zwei Weisen von Goethes Denken eingehen, sei zusammengefaßt, was sich aus dem bisher Gesagten ergibt: Ihm, dem es so sehr um die eigene Höherentwicklung und folgeweise auch um die der anderen als Individuen ging, konnten Recht und Staat keine primär wichtigen Momente im Leben gewesen sein. Für ihn treten diese Werte des sozialen Zusammenlebens in ihrer Bedeutung für die Person entschieden zurück. Wenn man etwa mit Kleists Kohlhaas vergleicht, dann sind dort Recht und Staat in ihrem ungebrochenen Funktionieren geradezu Seinsgrundlagen der einzelnen Persönlichkeit. Bei Goethe dagegen können sie nur noch Rahmenbedingungen sein, die als Mindestordnung die wesentliche Entfaltung der Persönlichkeit nicht unmöglich machen dürfen; und so sind sie – wenn sie das nicht tun – in der jeweils überkommenen Weise möglichst hinzunehmen. An ein von fundamentalistischem Glaubensterror beherrschtes Gemeinwesen oder an einen totalitären Unrechtsstaat späteren Zuschnitts hatte Goethe dabei nicht zu denken. Die Formen hoheitlicher Willensbildung und die staatsbedingten Unfreiheiten seiner Zeit waren ihm Gegebenheiten, die allenfalls in kleineren Einzelzügen zu verbessern waren.

IV. Nach diesen Zwischenbemerkungen ist Goethes Denken über den Staat dem über das Recht voranzustellen, da der zunächst in Betracht kommende Begriff des Rechts weithin den Staat voraussetzt. Und hier ist nun die Unterscheidung von begrifflich erfassendem (reflektierendem) und aufforderndem (appellierendem) Denken fruchtbar zu machen.

Der klare, sachnahe Begriff war für Goethes gegenständliches (und nicht spekulatives) Denken zeitlebens hohes Ziel: „Ich will auch nicht mehr ruhen, bis mir nichts mehr Wort und Tradition, sondern lebendiger Begriff ist. Von Jugend auf war mir dieses mein Trieb und meine Plage“ (HA 11, S. 352 f.). Anschauen, Begreifen, Denken – seine Freude am Denken bekundet der Dichter: „Ein reiner Reim wird wohl begehrt, Doch den Gedanken rein zu haben, Die edelste von allen Gaben, Das ist mir alle Reime wert“ (HA 1, S. 320).

So ist davon auszugehen, daß Goethes Denken den Staat in seiner Struktur erfaßte, nicht aber zu einer – etwa der Farben-Lehre entsprechenden – Staats-Lehre führte. Er reflektiert über den Staat als allgemeinen Begriff distanziert-beobachtend, jeweils punktuell in verschiedenen Zusammenhängen, nicht etwa systematisch. In den *Noten und Abhandlungen zum West-Östlichen Divan* ist, wenn auch nur in wenigen Sätzen, doch deutlich und grundlegend vom Staat die Rede:

> Überhaupt pflegt man bei der Beurteilung der verschiedenen Regierungsformen nicht genug zu beachten, daß in allen, wie sie auch heißen, Freiheit und Knechtschaft zugleich polarisch existiere. Steht die Gewalt bei e i n e m, so ist die Menge unterwürfig, ist die Gewalt bei der Menge, so steht der einzelne im Nachteil; dieses geht denn durch alle Stufen durch, bis sich vielleicht irgendwo ein Gleichgewicht, jedoch nur auf kurze Zeit, finden kann. (HA 2, S. 175)

In diesen Sätzen ist nicht nur eine historische Erkenntnis ausgesprochen, sondern zugleich die ganze Haltung Goethes zu den Staatserfahrungen seiner Zeit begründet. Danach ist im gesellschaftlichen Leben ohne eine sich behauptende Organisation nicht auszukommen, aber die jeweilige Gestalt dieser Organisation ist einigermaßen beliebig. Sie bedeutet als „Knechtschaft“ die unter Androhung oder Einsatz von Gewalt herbeigeführte oder aufrechterhaltene Ordnung. Sie bedeutet als „Freiheit“ den Handlungsspielraum, der allen Einzelnen gewährt sein muß, wenn das staatliche Gemeinwesen lebendigen Bestand haben soll. Insoweit bedarf es der ausreichenden Akzeptanz durch die von der „Ordnung“ betroffenen Menschen, mag diese Akzeptanz nun aus Tradition oder in aktueller Zustimmung begründet sein. Jedenfalls erfaßt Goethe nüchtern die Tatsachen, fern aller mystifizierenden Betrachtung des staatlichen Gemeinwesens. Und der bei Goethe so grundlegende Begriff der Polarität zeigt sich auch hier fruchtbar.

Freilich kommt es darauf an, welcher Begriff der Freiheit gemeint ist. Verschiedene Freiheitsbegriffe sind zu bedenken: 1. eine Art von urwüchsiger, naturrechtlicher Freiheit des Einzelnen, der keinen Herren über sich duldet. Diese „Freiheit“ begegnet uns in *Götz von Berlichingen*, idealisiert und dem Untergang geweiht durch das Aufkommen einer neueren höfischen Gesellschaftsordnung. 2. die Freiheit eines Volkes nach außen in seiner staatlichen Existenz und 3. die Religionsfreiheit als Recht des Einzelnen, wie sie im Gefolge der Reformation als spezifische Forderung ins allgemeine Bewußtsein gekommen ist. Diese beiden Freiheiten – die völkerrechtliche Freiheit und die des religiösen Bekenntnisses – begegnen uns in *Egmont*. Die Niederländer leiden nicht nur unter der fremden Besatzung ihres Landes, sondern zugleich unter dem fundamentalistischen Glaubensterror der spanisch-katholischen Inquisition. Die Unterdrückung wird verkörpert durch Alba, der Freiheitsdrang durch Egmont. Soweit das Drama als Frage nach dem Recht dieser Freiheitsforderungen verstanden werden kann, werden sie in der edlen Verkörperung durch Egmont von Goethe bejaht. – 4. die Freiheit als persönlicher Daseins-Spielraum jedes einzelnen Menschen, verstanden als Gegenpol zu der Notwendigkeit seiner Begrenzung im staatlichen Zusammenleben. Das ist die in der zitierten Bemerkung aus dem *Divan* gemeinte Freiheit, die polarisch jeweils immer nur auf kurze Zeit in ein wirkliches Gleichgewicht mit der Ordnung kommen kann. – Hierzu hat Goethe dem zitierten Text noch zwei Sätze angefügt:

> Dem Geschichtsforscher ist es kein Geheimnis; in bewegten Augenblicken des Lebens jedoch kann man darüber nicht ins klare kommen. Wie man denn niemals mehr von Freiheit reden hört, als wenn eine Partei die andere unterjochen will und es auf weiter nichts angesehen ist, als daß Gewalt, Einfluß und Vermögen aus einer Hand in die andere gehen sollen.

Schließlich 5. jene bürgerliche Freiheit, die in den differenzierten allgemeinen Menschenrechten Gestalt gewonnen hat. Stichwörter sind u.a. Meinungsfreiheit, Pressefreiheit, Vereinigungsfreiheit, Versammlungsfreiheit, Unverletzlichkeit der Wohnung. Sie sind im Gefolge der Aufklärung und dann in Europa vor allem nach der französischen Revolution ins allgemeine Bewußtsein gekommen und haben bei Goethe keinen Anklang gefunden. Er sah die Aufgaben des Staates vorrangig als solche der landesväterlich-patriarchalischen Fürsorge für die Untertanen und befürchtete, daß diese Freiheit den gewaltsamen Umsturz voraussetze, mit diesem viel Übel bringe und im Ende in dem für die Menschen Wesentlichen nichts besser mache.

So blieben für Goethes begrifflich erfassendes Denken über das Phänomen des Staates im Blick auf die Erfahrungen mit der französischen Revolution zunächst deren Ursachen und sodann die Folgen zu betrachten. Sein Fürsorgedenken sah die Ursachen vor allem in Versäumnissen der im ancien régime Regierenden. Die Halsbandaffäre war ihm symptomatisch für berechtigte Empörung im Volke. In den *Tag- und Jahresheften* sagt er dazu (1789; AA 11, S. 622):

> Schon im Jahr 1785 hatte die Halsbandgeschichte einen unaussprechlichen Eindruck auf mich gemacht. In dem unsittlichen Stadt-, Hof- und Staatsabgrunde, der sich hier eröffnete, erschienen mir die greulichsten Folgen gespensterhaft [...], wobei ich mich so seltsam benahm, daß Freunde [...] mir nur spät, als die Revolution längst ausgebrochen war, gestanden, daß ich ihnen damals wie wahnsinnig vorgekommen sei.

Nach der Rückkehr aus der Kampagne in Frankreich fiel Goethe auf, „daß ein gewisser Freiheitssinn, ein Streben nach Demokratie sich in die hohen Stände verbreitet hatte; man schien nicht zu fühlen, was alles erst zu verlieren sei, um zu irgend einer Art zweideutigen Gewinnes zu gelangen" (HA 10, S. 317): – Und Eckermann berichtet Goethes Äußerung vom 4. 1. 1824 (AA 24, S. 549 f.):

> Ich konnte kein Freund der französischen Revolution sein, denn ihre Greuel standen mir zu nahe [...] Ebensowenig aber war ich ein Freund herrischer Willkür. Auch war ich vollkommen überzeugt, daß irgendeine große Revolution nie Schuld des Volkes ist, sondern der Regierung. Revolutionen sind ganz unmöglich, sobald die Regierungen fortwährend gerecht und fortwährend wach sind, so daß sie ihnen durch zeitgemäße Verbesserungen entgegenkommen und sich nicht so lange sträuben, bis das Notwendige von unten erzwungen wird. Weil ich nun aber die Revolutionen haßte, so nannte man mich einen Freund des Bestehenden. Das ist aber ein sehr zweideutiger Titel, den ich mir verbitten möchte. Wenn das Bestehende alles vortrefflich, gut und gerecht wäre. [...] Die Zeit aber ist in ewigem Fortschreiten begriffen, und die menschlichen Dinge haben alle

> fünfzig Jahre eine andere Gestalt, so daß eine Einrichtung, die im Jahre 1800 eine Vollkommenheit war, schon im Jahre 1850 vielleicht ein Gebrechen ist.

Fürstenkritik, Wirrsal der Anarchie, Not des Individuums – dies alles hat dichterischen Eingang u. a. auch in *Faust II* gefunden (1. Akt, V. 4780): „Wenns fieberhaft durchaus im Staate wütet, Und Übel sich in Übeln überbrütet [...] Das Ungesetz gesetzlich überwaltet", und (4. Akt; V. 10261) bei genießendem Kaiser „zerfiel das Reich in Anarchie".

Wir übergehen die sog. Revolutionsdramen und auch das spezifische Kolorit, das Goethe dem eine große Revolution begleitenden Geschehen in *Hermann und Dorothea* gibt. Kurz erwähnt sei jedoch, welchen reflektierenden Blick Goethe auf das Deutschland jener Zeit wirft. Dem förmlichen Ende des Heiligen Römischen Reiches Deutscher Nation widmet Goethe in den *Annalen* (1806, AA 11, S. 802) nur zwei Zeilen: „auch fanden wir bei unserer Rückreise durch Hof in den Zeitungen die Nachricht, das Deutsche Reich sei aufgelöst." Aus Goethes Sicht der deutschen Staatlichkeit war dies denn auch kein sonderlicher Verlust. Schätzte er doch – wie wohl zu sagen ist: – im Gefolge von Justus Möser „die Menge kleiner Staaten als höchst erwünscht zu Ausbreitung der Kultur im einzelnen, nach den Bedürfnissen, welche aus der Lage und Beschaffenheit der verschiedenen Provinzen hervorgehn" (AA 10, S. 703).

V. Dieses Zitat führt vom reflektierenden, begrifflich erfassenden zum appellierenden, auffordernden Denken Goethes über den Staat. Zunächst ist anschaulich zu machen, wie sich diese Weise des Denkens bei Goethe behauptet, und zwar weithin, wo es gar nicht um Staatliches geht. Wenn man darauf achtet, sieht man sogleich, wie vielseitig und nachdrücklich gerade diese Art des Denkens bei Goethe ist. Er mag im formulierten „du" oft genug nur sich selbst gemeint haben („Danke, daß die Gunst der Musen Unvergängliches verheißt", ist auch nicht potentiell an einen anderen gerichtet), ungewöhnlich oft aber fordert er im „du" auch jeden anderen auf. Es ist dieses Denken Ausdruck sowohl des Reichtums seiner Persönlichkeit wie auch der Übertragung des eigenen Lebensziels auf den anderen, dem als Individuum damit eine Hilfe zuteil werden kann.

Denn Goethe sah – davon war schon die Rede – bei aller Bewußtheit seiner selbst nicht nur sich als Individuum, sondern immer auch im anderen das förderungswürdige Individuum und nicht den beliebigen Vertreter der Menge. Es war ihm – die selbstbewahrende Distanz blieb gleichwohl gewahrt – immer neu ein Bedürfnis, den einzelnen und mehrere einzelne an dem Reichtum seiner Persönlichkeit teilnehmen zu lassen. Daraus erwuchs ihm denn sein umfassendes und vielseitiges appellierendes Denken, wie es sich – wenn ich recht sehe – bei keinem anderen Dichter und Denker unserer abendländischen Kultur so vielseitig und geistvoll findet. In zahllosen Gedichten, Maximen und Reflexionen, in gereimten und ungereimten Sprüchen -: wie oft stoßen wir da auf diese Ermutigungen und Aufforderungen. Sie sind weithin so formuliert, daß Goethe sie als an sich selbst gerichtet ausgeben kann; aber der Form und der inhaltlichen Faßbarkeit nach sind sie im meist genannten „du" immer auch an den anderen gerichtet: „Du danke Gott, wenn er dich preßt, Und dank ihm, wenn er dich wieder entläßt." – „Genieße mäßig Füll und Segen. Vernunft sei überall zugegen" – „Geselle dich zur kleinsten Schar" – „Soll man dich nicht aufs schmählichste berauben, Verbirg dein Gold, dein Weggehn, deinen Glauben." – „Wer beschützet und erhält, Hat das schönste Los erkoren." – „Was klagst du über Feinde" – „Ursprünglich eignen Sinn Laß dir nicht rauben" – „Wie? Wann? und Wo? – Die Götter bleiben stumm! Du halte dich ans W e i l, und frage nicht W a r u m?" – „Glaube nur, du hast viel getan, Wenn dir Geduld gewöhnest an."

Die Beispiele zeigen, was aufforderndes (appellierendes) Denken meint und welche Rolle es bei Goethe spielt. Wir sehen, daß dieses Denken sich immer an das Individuum richtet, – auch wenn es viele Individuen sind, die sich von der Ermutigung angesprochen fühlen. Das entspricht ganz dem, was wir im vorhinein über Goethes Stellung zur Menge gesehen haben, und so können wir uns nun dem appellierenden Denken Goethes über den Staat zuwenden, wobei wir wissen, daß ihm in Weimar für Jahrzehnte diese Denkweise oft einen an sich selbst gerichteten Appell bedeutete.

Ist der Gegenstand reflektierenden Denkens an keine Zeit gebunden, so geht appellierendes Denken immer in die Zukunft. Aber es ist naturgemäß ein Denken in seiner Zeit. Und Jahrzehnte dieser Zeit, in der Goethe lebte, waren erfüllt von den Parolen, die im Gefolge der Aufklärung und vollends der französischen Revolution aufgekommen waren. An ihnen konnte niemand vorbeigehen, als seien sie nicht in der Welt. Gehörte man zu den Personen, die öffentliche Verantwortung trugen oder deren Wort öffentliches Gewicht hatte, so kam jedem Verhalten, das in Richtung der Parolen gedeutet werden konnte, Erklärungswert zu: sei es nun Handeln oder Nichthandeln, sei es Reden oder Schweigen. Das gilt vor allem für den Ruf nach Freiheit, d.h. der Öffnung der staatlichen Strukturen für eine jedermann zukommende bürgerliche Freiheit (und im Gefolge davon für allgemeinere Menschenrechte und demokratische Staatsformen).

Halten wir uns an das Bild, das wir von Goethes Persönlichkeit tastend skizziert haben, so kann uns sein Verhalten nicht überraschen. Geht es jemandem unter ablehnender Distanzierung von der Menge wesentlich immer um das Individuum, dann kommt ein Auflehnen gegen eine gegebene Staatsordnung als eigene Aufgabe oder Unterstützung fremden Handelns nur in Betracht, wenn die Staatsordnung die individuelle Höherentwicklung und Persönlichkeitsentfaltung völlig verhindert.

Man braucht nicht die hohe Haltung Goethes zu teilen, für den es „keine Lage“ gibt, die man nicht veredlen könnte „durch Leisten oder Dulden“. Bei allem Bedarf an Erneuerung und Umwälzung war doch der feudale, absolut regierte Stände-Staat jener Zeit und zu seiner Zeit kein verbrecherischer Unrechtsstaat i. S. unserer heutigen Begriffe. (Selbst der Sturm auf die Bastille hatte 1789 nur 7 Insassen des Staatsgefängnisses Ludwigs XVI. zu befreien.) So kam für Goethe eine auch nur ferne geistige Unterstützung der revolutionären Freiheitsbewegung nie in Betracht: was sollte durch sie in der Hinsicht, die Goethe für jedes Individuum als die lebenswichtige sah, in gewaltsamem Vorgehen je gewonnen werden? Ohnehin werden Revolutionen nur von der Masse getragen, die nie der Adressat von Goethes aufforderndem Denken sein konnte. Es blieb einem Dichter wie Büchner vorbehalten, sich an die Menge zu wenden (und 1834 mit seinem *Hessischen Landboten* und „Friede den Hütten! Krieg den Palästen!“ zum Umsturz aufzurufen). Wenn Goethe später – rückblickend – von auch „wohltätigen Folgen“ der Revolution sprach (Eckermanns Bericht vom 4. 1. 1824; AA 24, S. 549), so bedeutet dies nicht, daß er früheres Verhalten korrigiert sehen wollte.

Wie sehr das, was Goethe zum aktuellen Revolutionsgeschehen dachte, in ihm selbst längst geistig vorbereitet war, zeigt aufs deutlichste der Bericht, den sein Diener Seidel am 23. November 1775, also in den ersten Weimarer Tagen, seinem Freunde Wolf schrieb. Er nächtigte mit Goethe und noch einem Manne zu dreien in einer Kammer; zwölfeinviertel Uhr am 18. November legten sie sich schlafen, da kamen sie wegen aktueller Ereignisse auf Korsika ins hitzigste Gespräch „bis morgens gegen viere“. Seidel berichtet:

> Die Frage, über die mit soviel Heftigkeit als Gelehrsamkeit gestritten wurde, war diese: ob ein Volk nicht glücklicher sei, wenn's frei ist, als wenn's unter dem Befehl eines sou-

> veränen Herrn steht. Denn ich sagte: ‚Die Korsen sind wirklich unglücklich.‘ Er sagte: ‚Nein; es ist ein Glück für sie und ihre Nachkommen. Sie werden nun verfeinert, entwildert, lernen Künste und Wissenschaften, statt sie zuvor roh und wild waren.‘ ‚Herr‘, sagte ich, ‚ich hätt den Teufel von seinen Verfeinerungen und Veredelungen auf Kosten meiner Freiheit, die eigentlich unser Glück macht!‘ (Goethe in vertraulichen Briefen seiner Zeitgenossen – zusammengestellt von Wilhelm Bode, neu herausgegeben von Regine Otto und Paul-Gerhard Wenzlaff, Berlin und Weimar, 1979, Bd. I, S. 147)

Rund 14 Jahre vor der französischen Revolution und noch vor allen amtlichen Weimarer Pflichten und Erfahrungen war dieses Nacht-Gespräch des gerade 26jährigen Goethe! Bei allen Unterschieden zwischen Korsika und Weimar oder Frankreich bestätigt dieser Bericht überdeutlich die Seite Goethes, der wir uns genähert haben. Sein Grundgedanke zu Staat, Freiheit und Einzelnem war bestimmt von seiner Selbsterfahrung, die er auf alle Individuen übertrug: daß es jedem darum gehen sollte, die je eigenen Fähigkeiten im Guten so weit wie möglich zu entwickeln, und daß alle Freiheit und Gleichheit im politischen Verstande für den Einzelnen verfehlt sei, wenn er damit nichts anzufangen wisse, ja: wenn er gar dazu verleitet werde, diese Errungenschaften zu mißbrauchen und sein wesentliches Lebensziel eher zu verfehlen als zu erreichen.

Aus diesem patriarchalisch-fürsorglichen und zugleich immer auch individual-pädagogischen Denken heraus folgt auch Goethes ablehnende Haltung zur damals geforderten und zunächst gerade in Weimar gewährten Pressefreiheit. In einer Zwischenbetrachtung zum Historischen Teil der *Farbenlehre* kommt Goethe – der hier die Wirkungen der Erfindung des Schießpulvers und der Entdeckung des Kopernikus erörtert – auf ein ganz anderes analoges Ereignis: „Kaum wird durch Buchdruckerei Kultur allgemeiner verbreitet, so macht sich schon die Zensur nötig, um dasjenige einzuengen, was bisher in einem natürlich beschränkten Kreise frei gewesen war“ (AA 16, S. 395): Das besagt ja: Da es allemal um die Höherentwicklung der je einzelnen Individuen geht und viele dem unkontrollierten Nachrichten- und Meinungsangebot geistig nicht gewachsen sind, muß man sie durch überlegte Kontrolle schützen. Immer überwiegt in Goethes Denken, daß er den Menschen helfen müsse, aus sich selbst das Bestmögliche zu machen, und sei es auch, indem ihnen zu ihrem eigenen Gewinn eine Freiheit zu begrenzen war.

Das patriarchalisch-fürsorgliche Grunddenken ist es denn auch, was Goethe – nachdem er die Weimarer Regierungspflichten übernommen hatte – seine Aufgaben sehr ernst nehmen ließ. Wenn er sich schon auf diese Aufgaben einließ, dann konnte er nach dem ganzen Zuschnitt seiner Persönlichkeit nicht etwa als Genie über den Dingen schweben, sondern mußte in jeder Hinsicht das Beste aus den Möglichkeiten des Handelns machen. So hat er sein appellierendes Denken zum Staatswesen ganz als an sich gerichtet gefühlt, – und was er über Republiken gesagt hat, galt auch für die herkömmliche, zunächst absolute, dann konstitutionelle Monarchie: „Republiken hab ich gesehn, und das ist die beste, Die dem regierenden Teil Lasten, nicht Vorteil gewährt.“

Hat er als Regierungsmann seine Pflichten sehr ernst genommen und insoweit auch politisch gehandelt, so war er doch dem Gedanken etwa einer später immerhin denkbaren parlamentarischen Tätigkeit völlig abgeneigt. Aus einem Gespräch vom März 1832 berichtet Eckermann (AA 24, S. 509, 510) die Äußerung Goethes, er habe immer verschmäht, sich in politische Parteiungen zu mengen; sowie ein Dichter politisch wirken wolle, müsse er sich einer Partei hingeben und sei damit als Dichter verloren. (Goethe nennt Ludwig Uhland als Beispiel.)

Goethes amtliches Handeln hat neuerdings viel Interesse gefunden. Was seine Maximen betrifft, so wird betont, was ich stichworthaft wiedergebe: Nicht Revolution, sondern Evolution, nicht Vulkanismus (die explosive Veränderung), sondern Neptunimus (die milde wirkend gedachte Kraft des Wassers) kennzeichnen den gebotenen Weg. Ziel konnte für ihn nur sein die stetige Verbesserung der staatlichen Dinge durch Einsicht und Anstrengung der zu verantwortlichem Handeln Berufenen. – Es war ihm denn auch wichtig, Weimar nach Möglichkeit von aller zwischenstaatlichen Großmannssucht und vom Soldatenspiel und Kriegführen freizuhalten. – Anerkannt wird heute auch Goethes Bemühen, soziale Benachteiligungen zu mildern, neue Erwerbstätigkeiten zu eröffnen und die staatlichen Finanzen in Ordnung zu bringen. Dennoch – das muß auch gesehen werden – hat er zu dieser Zeit, in der Schiller in seinem Drama *Kabale und Liebe* den Verkauf von Landeskindern in überseeischen Militärdienst geißelt, dabei mitgewirkt, in einem Subsidienvertrag den Vereinigten Niederlanden „Soldtruppen" zum Kriegsdienst zu überlassen, wobei das bei „Zurückgabe der Mannschaft" Fehlende in holländischen Gulden zu ersetzen sein sollte (Vgl. Karl Otto Conrady, *Goethe. Leben und Werk.* Bd. 1. Frankfurt 1988, S. 328 f.). Aber so ernüchternd solche Vorgänge sind, so ist doch auch zu sehen, wie zu jener Zeit Männer zum Kriegsdienst in fremde Heere eingefangen wurden (etwa Ulrich Bräker, *Der arme Mann im Tockenburg*, in den Dienst der Preußen im siebenjährigen Krieg) oder Matrosen auf Kriegsschiffe gepreßt wurden (als fiktives Geschehen geschildert von Melville in *Billy Budd* für die Zeit Ende des 18. Jhs.).

Mit diesem für uns heute unerfreulichen Blick auf einen Vorgang in Goethes amtlichem Handeln sei die Darstellung seines Denkens über den Staat beendet. Immer bleibt dabei aus Goethes Sicht der Staat für die Daseinsaufgabe des Individuums – die Selbstentfaltung des je Einzelnen – nur Rahmenbedingung. Die staatlichen Institutionen als solche sind nicht Gegenstand von Goethes appellierendem Denken; es kann aus seiner Sicht das Ziel – auch für andere – nur eine allmähliche sachgerechte Verbesserung in vorgegebenen Teilbereichen amtlichen Handelns sein.

VI. Goethes reflektierendes Denken über „Recht" ist vom Gegenstand her gesehen zum Teil schon im Denken über „Staat" erfaßt. Von staatlichem Gesetzesrecht spricht Mephisto, wenn er sagt, daß „Gesetz und Rechte" sich wie eine ewge Krankheit fortpflanzen und so aus ursprünglich gegebener Vernunft einer Regelung im Lauf der Zeit Unsinn, aus der Wohltat Plage wird. Aber in unserem Zusammenhang ist auch jener weitere Begriff des Rechts zu bedenken, der eingangs angezeigt worden ist; darauf ist zurückzukommen.

Was das staatliche Recht betrifft, hat sich Goethe mit der bürgerlichen Rechtsordnung kaum befaßt. Zu vermerken sind wohl die vier Strophen *Vor Gericht*, in denen eine unehelich Schwangere bedrängt wird, den Schwängerer zu nennen. Doch die – man muß heute sagen: – wahrhaft emanzipierte Frau weigert sich beharrlich, offenbar bereit, eine etwaige Kirchen-Strafe auf sich zu nehmen: „Herr Pfarrer und Herr Amtmann ihr / Ich bitt laßt mich in Ruh, / Es ist mein Kind und bleibt mein Kind, / Ihr gebt mir ja nichts dazu."

Öfters reflektiert Goethe in seinen dichterischen Werken in den unterschiedlichsten Zusammenhängen die Strafe. Sie wird als staatliche Reaktion auf Verbrechen zu Recht als unumgängliches Mittel eines geordneten Zusammenlebens in *Reineke Fuchs* vorausgesetzt: „der ist schuldig der Tat, der zu strafen Gewalt hat und nicht strafet; es spielet alsdann ein jeder den Herren" (7. Gesang, V. 88 f.) und ganz deutlich in *Faust II* (V. 4805): „Ein Richter, der nicht strafen kann, Gesellt sich endlich zum Verbrecher." – Eine für die Straftheorien unserer Gegenwart ganz erstaunliche, im Grunde aber selbstverständliche kategoriale

Gleichstellung von Strafe und Belohnung unter dem zu denkenden Oberbegriff der Vergeltung findet sich in *Das Göttliche*, wo der Mensch der unfühlenden Natur gegenübergestellt wird: „Er allein darf Den Guten lohnen Den Bösen strafen". – Daß das Strafen im Humanum seinen Platz hat, gilt auch für den strafenden Gott (*Der Gott und die Bajadere*): „Soll er strafen oder schonen, Muß er Menschen menschlich sehn."

Die Todesstrafe wird in *Faust I* vom verurteilten Gretchen her in der ganzen Fragwürdigkeit dieser Strafe gezeigt: „Wer hat dir, Henker, diese Macht über mich gegeben?" – An anderer Stelle erscheint sie dagegen als kaum abweisbar (*Maximen und Reflexionen*, Nr. 684, 685): „Die Todesstrafe abzuschaffen wird schwer halten. Geschieht es, so rufen wir sie gelegentlich wieder zurück." – und : „Wenn sich die Sozietät des Rechtes begibt, die Todesstrafe zu verfügen, so tritt die Selbsthilfe unmittelbar wieder hervor: die Blutrache klopft an die Türe."

In den *Wanderjahren* wird nüchtern die Todesstrafen-Praxis von „drüben über dem Meere" erwähnt: „Wo gewisse menschenwürdige Gesinnungen sich immerfort steigern, muß man schließlich bei Abschaffung der Todesstrafe weitläufige Kastelle, ummauerte Bezirke bauen, um den ruhigen Bürger gegen Verbrechen zu schützen und das Verbrechen nicht straflos walten und wirken zu lassen" (AA 8, S. 355). Die Entwicklung zum humanen Strafen bejaht dagegen eindeutig Wilhelm Meister (in den *Lehrjahren)* seinem Sohn Felix gegenüber, wenn er auf das „vollkommene Jahrhundert" hinweist, in dem er lebe: „Welchen Weg mußte nicht die Menschheit machen, bis sie dahin gelangte, auch gegen Schuldige gelind, gegen Verbrecher schonend, gegen Unmenschliche menschlich zu sein!" (AA 8, S. 54). Das alles zeigt ein reflektierendes Denken Goethes, das im staatlichen Leben gegebene Fakten begrifflich erfaßt und zurückhaltend bewertet.

VII. Im appellierenden Denken dagegen wird deutlich, daß Goethe das im erweiterten Begriff verstandene „Recht" als bloße Rahmenbedingung der individuellen Selbstentfaltung sieht, um die sich jeder Einzelne in erster Linie bemühen sollte: „Dem tätigen Menschen kommt es darauf an, daß er das Rechte tue; ob das Rechte geschehe, soll ihn nicht kümmern" (*Maximen und Reflexionen*, Nr. 100). Und dieser Einzelne soll hinnehmen, was er nicht zu ändern vermag. Nicht von ungefähr rät daher das *Buch des Unmuts*, wenn das „Niederträchtige" „mit Rechtem" „ganz nach seinem Sinne" schaltet: „Wandrer! – Gegen solche Not / Wolltest du dich sträuben? / Wirbelwind und trocknen Kot / Laß sie drehn und stäuben" (HA 2, S. 48).

Es bleibt bei Goethe eben nicht bei dem distanziert-souveränen Blick über das menschliche Treiben; er appelliert vielmehr aus seiner Sicht heraus immer an sich selbst und an jeden, der zu hören bereit ist, das Rechte zu tun ungeachtet dessen, daß unter uns Menschen soviel Unrechtes geschieht. Auch das Unrecht gehört zum Dasein. – Doch kann zwar der Einzelne das Unrecht, wenn es geschieht, an sich vorbeiziehen lassen und es, wenn es ihn selbst betrifft, sogar hinnehmen. Aber die rechtlich geordnete Gesellschaft muß wissen, wie sie mit Unrecht umgeht. Hier bedarf es klarer Spielregeln. In ihnen wird dem wechselseitigen Umgang unter Menschen unter Einbeziehung der Staatsgewalt eine Form gegeben, die dem Rechtsfrieden dient, einem Grundelement des gedeihlichen Zusammenlebens.

Es bedarf dann der Vorgabe, wie man sich in kontroversen Lagen zu verhalten hat. In manchen Einzelfällen verlangt der Rechtsfrieden, daß zugunsten der Rechtssicherheit auf Gerechtigkeit verzichtet wird. Goethe hat das sehr deutlich so gesehen. Markantes Beispiel für sein Denken und Handeln in diesem Zwiespalt der Werte ist der Vorgang, über den er in der *Belagerung von Mainz* mit dem abschließenden Satz berichtet: „Es liegt nun einmal in meiner Natur, ich will lieber eine Ungerechtigkeit begehen, als Unordnung ertragen“ (HA 10, S. 391). Das klingt für heutige Ohren nach bürokratischer Verschrobenheit, noch dazu in einem Heute, das gelegentlich „law and order“ unbedacht diffamiert und dies gar damit begründet, daß die Verbrecher der zwölf Jahre auch in den KZs für Ordnung gesorgt hätten. Aber man muß den Vorgang bedenken, auf den Goethes Satz sich bezieht: daß sich eine Menschenmenge aufreizte, an einem Übeltäter Lynchjustiz zu üben, und daß Goethe mit lautem und wiederholtem „Halt“ und entsprechender Belehrung die gewalttätige „Selbstrache“ verhinderte. Etwas ausführlicher hätte er sagen können: „Ich will lieber hinnehmen, daß ein Verbrechen ungerechterweise nicht vergolten wird, als daß ohne ordentliches Verfahren Vergeltung geübt wird.“ An anderem Ort (*Maximen und Reflexionen*, Nr. 833) heißt dies dann: „Es ist besser, daß Ungerechtigkeiten geschehn, als daß sie auf ungerechte Weise gehoben werden.“

Vielleicht wird in diesem Zusammenhang auch eher verständlich, daß sich Goethe in seinem Votum vom 4. 11. 1783 (FA 26, S. 201 ff., 208) gegen die Begnadigung der vom Schöppenstuhl Jena zum Tode verurteilten Kindsmörderin Höhn aussprach, indem er sich den Voten der beiden anderen Mitglieder des Geheimen Consiliums anschloß (und einen begründenden Aufsatz zu den Akten gab, der aber nicht erhalten ist). Goethe trug so – vielleicht entgegen einer Bereitschaft des Herzogs, die Verurteilte zu einer „bloßen“ Leibesstrafe zu begnadigen – dazu bei, daß die Frau alsbald hingerichtet wurde. Man erschrickt heute darüber, daß der Mann, der als Dichter so erschütternd wie kein anderer die Not einer wegen Kindestötung zum Tode verurteilten jungen Frau ins Bild gesetzt hatte (die Not Gretchens im *Urfaust* schon vor 1775), nun die Hinrichtung in einem entsprechenden Verfahren bejahte. Sind da zwei Seelen in einer Brust, oder ist es eine Seele, der verschiedene Aufgaben gestellt sind? Dort die Aufgabe des Dichters, der mit dem der staatlichen Strafe ausgelieferten Menschen fühlt, und hier die Aufgabe des Geheimen Rats, der eine bei bestehenden Strafgesetzen für geboten gehaltene Verurteilung nicht zu relativieren vermag, weil – so ist nach dem Votum des Consilium-Mitglieds Schnauss anzunehmen – keine die Begnadigung nahelegenden besonderen Umstände des Tatgeschehens erkennbar waren. Alles spricht dafür, daß Goethe hier mit gewissenhafter Überlegung seine Ansicht geäußert hat. Bezweifelt man diese Annahme mit dem Hinweis, daß Beccaria schon 1764 spektakulär und in ganz Europa beachtet gegen die Todesstrafe angegangen ist (ohne auch die Leibesstrafen zu verdammen), so zeigt das Ablehnen einer Begnadigung im absolut regierten Herzogtum Weimar im Jahre 1783 jedenfalls dies, daß Momente der Gleichbehandlung, also der Gerechtigkeit, auch dort Gewicht haben können, wo Gnade zu gewähren oder zu versagen ist.

VIII. Es ging uns um Goethes Denken über Recht und Staat. Eine gewisse Erwartung, Goethe, der zu so zahllosen Bereichen Wesentliches zu sagen hat, tue dies auch für diesen Gegenstand, hat sich nicht erfüllt. Schon der Blick auf seine Persönlichkeit zeigte, daß die Kulturphänomene Recht und Staat als Institutionen des Zusammenlebens vieler Menschen sein übergreifendes Denken nicht eigentlich herausforderten. Goethe fand sich nur in jeweils anderem Zusammenhang zu punktuellen Äußerungen bereit. Da findet sich zwar erwartungsgemäß manches treffend gesagt, was aus historischem Überblick und aktueller Erfahrung ein Licht auf das staatliche Gemeinwesen wirft; aber ein in die Zukunft gerichtetes wegweisendes Denken ist nicht gegeben. Goethe kennt den Staat, aber er ist kein „Staatsdenker“, wie er sich etwa in Wilhelm von Humboldt zeigt und in systematisch-spekulativer Weise bei Fichte und Hegel. Und er ist zwar Minister und hat sich als solcher manche Gedanken gemacht und einige verwirklicht, wie man in einem gegebenen Staatswesen Mängel beheben und diesem Herzogtum im Gefüge der Staatenwelt die angemessene Rolle bewahren könne; aber er hat sich mit manchen Gegebenheiten abgefunden und war kein „Reformminister“ mit in die Zukunft weisenden neuen Konzeptionen wie etwa der Freiherr vom und zum Stein. – Das schließt nicht aus, daß Goethe politisch handelte und gewiß auch in der Rolle eines Staatsmanns auftrat, wo sich dies ergab. Aber von Goethe, dieser genialen und überreichen Persönlichkeit, erwartet man offenbar auch in dieser Hinsicht mehr als von anderen deutschen Dichtern, Denkern und Ministern.

Doch er hätte seine Lebenslinie nicht halten können, wenn er auch noch derartigen – z. T. zu seiner Zeit gar nicht an ihn herangetragenen – Anforderungen hätte entsprechen wollen. So verwundert es – aus dem Blickwinkel von Goethes Persönlichkeit gesehen – letztlich nicht, daß die für heute gestellte Frage nach einem Fortwirken seines Denkens über Recht und Staat zu verneinen ist. Als reflektierendes Denken befaßte es sich punktuell mit gewissen Erfahrungen staatlicher Existenz und erfaßte sie durchaus überzeitlich. Als appellierendes Denken war es an den je Einzelnen gerichtet, auch in der Mehrzahl der Individuen. Nie ging es da um die Vielheit der Menschen und auch nicht um die institutionellen Momente ihres Zusammenlebens, – also auch nicht um Recht und Staat. Sie sind für ihn nur Rahmenbedingungen für die Höherentwicklung des je Einzelnen, und wo sie dieser Entwicklung nicht verhindernd im Wege stehen, sind sie einigermaßen beliebig und waren für Goethe – historisch gesehen – in der überkommenen Form hinzunehmen.

Die epochalen Ereignisse seiner Zeit – soweit es um Recht und Staat geht –: die französische Revolution, das Ende des alten Reiches, die Freiheitskriege, der Wiener Kongreß, die neuen Verfassungen – haben Goethes Blick in die Welt nicht in einer Weise betroffen, daß er seine Haltung hätte ändern müssen. Soweit er an den alten Ordnungen festhielt, war dies nicht Prinzip, sondern weil er nichts Besseres erwartete.

Bleibendes an Goethes Denken ist – zu unserem Thema – nicht von Recht und Staat her zu sehen. Es liegt vielmehr in der Ermutigung für jeden Einzelnen, eine eigene Lebenspyramide aufzubauen und höher zu treiben auf der Basis, die ihm gegeben ist, und damit zugleich ein das Gemeinsame förderndes Glied der Gesellschaft zu sein. Darin schwingt manches mit, das sich schlagworthaft andeuten läßt: die Achtung vor dem anderen, Menschenwürde, Gemeinwohl.

Es wäre schon viel gewonnen, wenn viele Individuen in unserer Gegenwart und unserer Gesellschaft die schlichte Aufforderung ernst nähmen, die Goethe in sein letztes Gedicht gelegt hat, – in diese vier Zeilen auf einem Zettelchen, eigenhändig geschrieben und sogar datiert:

Bürgerpflicht
Den 6. März 1832
Ein jeder k e h r e vor seiner Tür,
Und rein ist jedes Stadtquartier.
Ein jeder ü b e sein' Lektion,
So wird es gut im Rate stohn.

CLAUS GÜNZLER

Goethe und die Pädagogen

Exemplarische Etappen einer wechselhaften Rezeptionsgeschichte

Goethes Werk zählt nicht zu den unabweisbar-selbstverständlichen Themen der Pädagogik, denn die Affinität, die es zur Literatur- und Kunstwissenschaft, zur Philosophie und Naturwissenschaft aufweist, fehlt ihm im Hinblick auf die Pädagogik weithin. Es gibt keine pädagogische Monographie Goethes, somit keinen Beitrag mit unmittelbarem Anspruch auf das Interesse der Fachzunft, und doch ist nie in Abrede gestellt worden, daß seiner Deutung von Mensch und Welt, seinem Entwurf von Persönlichkeit, Gemeinschaft und Humanität Grundsatzbedeutung für die pädagogische Theorie zukommt. Die Beziehung zwischen Goethe und den Pädagogen ergibt sich also nicht direkt, sondern bedarf der konstruierenden Vermittlung, trägt aber eben deshalb auch ein besonderes Risiko des Scheiterns in sich. Die Rezeptionsgeschichte des Goetheschen Werks in der Pädagogik spiegelt diese Problematik deutlich wider.

1. Zum Grundsatzproblem der pädagogischen Goethe-Rezeption

Goethe hat zwar mit großer Neigung erzieherische Aufgaben auf sehr unterschiedlichen sozialen Ebenen übernommen – von Carl August von Sachsen-Weimar über Charlotte von Steins Sohn Fritz, seinen eigenen Sohn August, sein Mündel Peter im Baumgarten bis hin zu seinen Enkelkindern –, doch diese persönliche Praxis wollte und konnte er nicht mit einer allgemeingültigen pädagogischen Theorie überhöhen, eben weil ihm Bildung und Erziehung als eine ganz und gar persönliche, mithin nicht öffentlich institutionalisierbare Angelegenheit erschienen.[1] Diese Überzeugung läßt ihn auch skeptisch reagieren, als der von ihm geschätzte Gymnasialprofessor Franz Passow brieflich um Billigung und Förderung eines Reformplanes bittet, der an den öffentlichen Schulen den Unterschied zwischen Gelehrten-, Bürger- und Landschulen zugunsten einer allgemeinen Volksbildung überwinden soll.[2] In seiner Antwort vom 20. 10. 1811 geht Goethe nicht auf Einzelheiten des Passowschen Entwurfs ein, sondern zweifelt die öffentliche Organisierbarkeit von Bildung und Erziehung grundsätzlich an:

> Ich habe es immer für ein Übel, ja für ein Unglück gehalten, welches in der zweiten Hälfte des vorigen Jahrhunderts mehr und mehr überhandnahm, daß man zwischen Exoteri-

---

1 Vgl. M. Niedermeier: *Pädagogik*. In: *Goethe-Handbuch*. Hrsg. von B. Witte u. a. Bd. 4.2. Stuttgart/Weimar 1998, S. 824–826.

2 Siehe K. R. Mandelkow (Hrsg.): *Briefe an Goethe*. Bd. 2. Hamburg 1969, S. 96 ff.

> schem und Esoterischem keinen Unterschied mehr machte, daß man die Grundsätze und Maximen, nach welchen man lehrt und handelt, früher als die Lehre und das Handeln selbst öffentlich werden läßt.[3]

So prognostiziert er Passow wenig Glück mit den auf eine deutsche Nationalbildung abzielenden Reformplänen und empfiehlt ihm statt dessen die Konzentration auf den persönlichen Umkreis, nämlich die Aufgabe, „tüchtig gebildete junge Leute" aus der eigenen Schule zu entlassen.[4] Pädagogische Theorie ist – wie Wissenschaft überhaupt (vgl. HA 12, S. 430) – eine Sache für den kleinen, esoterischen Kennerkreis und sollte sich exoterisch, also der breiten Öffentlichkeit gegenüber, in einer gelingenden Praxis manifestieren, nicht aber in Bildungstheorien und Unterrichtslehren mit volkserzieherischem Generalanspruch.

Mit dieser Position stellt Goethe die Pädagogik bei der Rezeption seiner Überzeugungen zu Bildung und Erziehung vor hohe Hürden, denn er entzieht ihr die methodisch geläufigen Ansatzpunkte für einen hermeneutisch-pragmatischen Zugang, weil er nicht mit dem aufwarten kann, was Leitgestalten der neuzeitlichen Pädagogik wie J. G. Herder, J. H. Pestalozzi, W. von Humboldt, J. G. Fichte, J. F. Herbart oder F. Fröbel direkt präsentieren: thematisch profilierte Theorien zu Bildung, Lehrplan und Schule, ja teilweise sogar didaktisch-methodische Konzepte als Konkretisierung der Leitideen. Goethes *Pädagogische Provinz* in seinem Roman *Wilhelm Meisters Wanderjahre* (II, 1,2 u. 8) läßt sich, obzwar prima facie analog erscheinend, mit den genannten Theorieentwürfen nicht vergleichen, insofern sie ein poetisches Modell im ästhetischen Ganzen des Romans darstellt und daher als wörtlich genommener Beitrag zur Pädagogik mißverstanden wäre. Deshalb greifen pädagogische Goethe-Deutungen, die sich überwiegend oder ausschließlich auf die *Pädagogische Provinz* beziehen, im Regelfall zu kurz.[5]

Diesen von Goethe selbst ausgehenden Schwierigkeiten hat die Pädagogik ihrerseits weitere hinzugefügt: Die sich nach 1945 verschärfende Kontroverse um das wissenschaftliche Selbstverständnis der Pädagogik[6] marginalisierte die Philosophie als bisherige Bezugswissenschaft zugunsten analytisch-erfahrungswissenschaftlicher oder gesellschaftstheoretisch-emanzipatorischer Ansätze und unterbrach damit auch die Tradition einer philosophisch orientierten Rezeption des Goetheschen Bildungsdenkens seitens der Fachpädagogen. Daß die pädagogische Goethe-Rezeption im 20. Jahrhundert dennoch ein interessantes Thema bleibt, möchte ich nunmehr an den essentiellen Merkmalen ihres Verlaufs aufzeigen.

2. *Im Zeichen der Erziehung: Die kulturphilosophisch orientierte Hinwendung zu Goethe (1885–1920)*

Die zweite Hälfte des 19. Jahrhunderts stand pädagogisch im Zeichen des Herbartianismus, war im allgemeinen Geistesklima vom Siegeszug der Naturwissenschaften dominiert und ließ in den letzten beiden Jahrzehnten zunehmend die Frage nach der kulturellen Substanz

---

[3] Goethe an Passow, 20. 10. 1811. In: *Goethes Briefe*. Bd. 3. Hrsg. von B. Morawe. Hamburg 1965, S. 168.

[4] Ebd., S. 169.

[5] Ein ausführlicher Überblick dazu findet sich bei W. U. Klünker: *Goethes Idee der Erziehung zur Ehrfurcht. Die Pädagogische Provinz in dem Roman „Wilhelm Meisters Wanderjahre oder die Entsagenden"*. Diss. Göttingen 1987. Vgl. auch E. Bahr: *Wilhelm Meisters Wanderjahre oder die Entsagenden*. In: *Goethe-Handbuch*. Bd. 3. Stuttgart/Weimar 1997, S. 186–231, vor allem S. 225–230.

[6] Siehe A. Hügli: *Pädagogik*. In: *Historisches Wörterbuch der Philosophie*. Hrsg. von J. Ritter/K. Gründer. Bd. 7. Basel/Darmstadt 1989, Sp. 1–35.

der Fortschrittsgesellschaft aufkommen. ‚Kultur' wurde schnell zum Modewort, man fragte nach dem Kulturleben des Kulturmenschen, der Kulturmission der Kulturvölker[7], witterte aber auch die eigene Kulturkrise hinter den gefeierten Triumphen der Forschung und Technik. Folgerichtig etablierte sich dann im ersten Jahrzehnt des 20. Jahrhunderts der Terminus „Kulturphilosophie". Die Fragen nach Lebensideal und Weltanschauung rückten in den Mittelpunkt der philosophisch-literarischen Diskussion, und daß man sich dabei orientierende Impulse von den Klassikern erhoffte, lag nahe. So verwundert es nicht, daß auch die pädagogische Goethe-Rezeption um die Jahrhundertwende von der angedeuteten Bewußtseinslage geprägt war.

Der Herbartianer Adolf Langguth eröffnet diese Phase eines kulturphilosophisch akzentuierten Rekurses auf den Pädagogen Goethe mit gleich drei Monographien von 1886, 1887 und 1888.[8] Methodenprobleme stellen sich ihm nicht, weil er im Rahmen der philosophisch fundierten Pädagogik völlig selbstverständlich das gesamte Goethesche Werk auf dessen pädagogischen Gehalt hin untersucht. Der eindrucksvollen Akribie, mit der er die unterschiedlichsten Goethe-Texte heranzieht, korrespondiert allerdings im Gesamtduktus eine naive Umdeutung Goethes zum Vorläufer des späten 19. Jahrhunderts. Als Herbartianer favorisiert Langguth die Erziehung zu Lasten der Bildung, und als vom zeitgenössischen Positivismus beeindruckter Kopf möchte er dieser das naturwissenschaftliche Weltbild als Leitorientierung voranstellen:

> Die festen unabänderlichen Gesetze der Naturwissenschaft sind so gewaltig in den Vordergrund des Kampfes ums Dasein getreten, daß wir sie auf jedem Gebiete zu berücksichtigen haben, auch wenn es uns noch so unbequem oder unsympathisch sein sollte.[9]

In diesem Sinne sieht er die darwinistische Denkweise bei Goethe antizipiert und schreibt ihm die Überzeugung zu, daß der Mensch „eine Entwicklungsstufe des Tierreichs" und der „Unterschied zwischen Tier und Mensch, zwischen den geistigen und den physischen Fähigkeiten" kein „qualitativer, sondern nur ein quantitativer" sei (S. 32 f.). Damit verfällt Langguth der immer wieder anzutreffenden Versuchung, das Goethesche Denken mit hermeneutischer Gewalt bruchlos auf die eigene Gegenwart zu beziehen, und gerät in die gleichen interpretatorischen Sackgassen wie Deutungen, die Goethe als Marxisten vor Marx oder als Ökophilosophen vor der heutigen Ökophilosophie sehen, also alles Sperrige aus dem Blickfeld eliminieren. Langguth liest seine pädagogischen Zielvorstellungen in Goethe hinein, anstatt sie an ihm zu prüfen, und gelangt so zu der kühnen Überzeugung, daß Goethe eine „pädagogische Weisheit" anbiete, „die sich völlig mit den Forderungen unserer modernen Physiologen und Biologen deckt" (S. 38 f.). So beachtlich es ist, daß hier im pädagogischen Kontext die Goethesche Naturphilosophie überhaupt berücksichtigt und nicht nur auf das Persönlichkeitsideal abgehoben wird, so muß dieser Typus der Goethe-Rezeption in seiner Gesamtperspektive doch als repräsentativ für viele Versuche gewertet werden, die das Goethesche Dichten und Denken unter dem Diktat ephe-

---

7 Siehe W. Perpeet: *Ernst Cassirers Kulturphilosophie*. In: Zeitschrift für philosophische Forschung 36(1982)2, S. 252–262.

8 A. Langguth: *Goethes Pädagogik*. Halle 1886. – *Goethe als Pädagog*. Halle 1887. – *Goethe als pädagogischer Schriftsteller und seine Stellung zu den Erziehungs- und Unterrichtsfragen der Gegenwart*. Halle 1888.

9 A. Langguth: *Goethe als pädagogischer Schriftsteller* a. a. O., S. 37. Weitere Belegstellen erscheinen in Klammern im Text. Ebenso wird bei den anderen mehrfach zitierten Schriften verfahren.

merer Gegenwartstendenzen einlinig zurechtdeuten und letztlich in seinen substantiellen Aussagen verfehlen.

Weitaus behutsamer verfährt der letzte der bedeutenden Herbartianer, Wilhelm Rein, der 1912 als 65jähriger, vielfältig ausgewiesener Pädagoge eine Studie zu Goethe vorlegt.[10] Vom positivistischen Naturalismus Langguths ist nichts mehr zu spüren, doch die herbartianische Priorität von Ethik, Erziehung und Charakterbildung verleiht der Deutungsperspektive auch hier das entscheidende Vorzeichen. Zeitkritisch seit langem den Verfall sittlich-sozialer Verbindlichkeiten diagnostizierend, bemüht Rein das pädagogische Erbe Goethes als Impuls für eine planmäßige Erziehung zur ethischen Lebensgestaltung, die wiederum eine neue, sozial gerechtere Gesellschaft initiieren soll. Dabei hütet er sich vor einer leichtfertig-reibungslosen Aktualisierung Goethes und betont, das Goethesche Bildungsideal sei kein „Universalmittel für unsere verbogene Bildung", sondern rücke die gegenwärtige Welt in „eine Beleuchtung, worin wir das Wirkliche nie zuvor gesehen" (S. 28 f.). Gerade die prinzipielle Distanz zu Goethe soll in dessen Werk Anregungen für die Gegenwartspädagogik entbinden, wobei allerdings selbstverständlich vorausgesetzt wird, daß dieser in der Tradition Platons „das neue Heil von einer neuen Erziehungsweise" erwarte (S. 22). Goethes tief verwurzelte Vorbehalte gegenüber allem planmäßigen Bilden und Erziehen lassen sich herbartianisch nicht adaptieren, und so sieht Rein ihn denn näher bei „der herben Unbedingtheit der Kantischen Pflichtforderungen" als bei der von Friedrich Schiller in seinen Briefen *Über die ästhetische Erziehung des Menschen* umrissenen Position. Dieser idealistisch und sozialreformerisch einer neuen Gesellschaft verpflichteten Sichtweise entspricht es schließlich, daß Rein unmittelbare Aktualität für den späten Goethe reklamiert und diesem den „Staatssozialismus" als „das politische Bekenntnis seiner letzten Lebensperiode" zuschreibt (S. 21).

Hatte Langguth die Goethesche Naturdeutung allzu naiv mit dem Stand der zeitgenössischen Naturwissenschaft ineinsgesehen, so vermißt man bei Rein jedes Gespür für die bei Goethe so fundamentale Naturbedingtheit des menschlichen Lebens und Handelns. Die idealistische Anthropozentrik des ethisch-erzieherischen Machenwollens läßt ihn Goethes naturphilosophische Perspektive schlicht übersehen, und insofern repräsentiert Reins Goethe-Rezeption den Typus einer durchaus reflektierten und behutsamen Deutung, die aber daran scheitert, daß sie im Bann der Persönlichkeits- und Gemeinschaftsidee die Naturbindung des Menschen ignoriert. Die kulturphilosophische Imprägnierung der Goethe-Rezeption um die Jahrhundertwende läßt den Naturphilosophen Goethe nicht ernsthaft zu Wort kommen und übersieht dessen Bekenntnis, daß er – so in einem Brief an Schiller von 1798 – „als ein beschauender Mensch ein Stockrealiste", dagegen „bei jeder Art von Tätigkeit [...] vollkommen idealistisch" sei.[11] Dieser Goetheschen Polarität zwischen einem Realismus des Erkennens und einem Idealismus des Handelns vermag die idealistische Deutungsperspektive nicht gerecht zu werden, und so reklamiert sie das pädagogische Denken Goethes für das anthropozentrische Modell erzieherischer Machbarkeiten, die der Realist Goethe vehement bestritten hätte.

Dies gilt auch für die hochrangige und an neuen Einsichten reiche Goethe-Deutung, die der an Kant, Fichte und Hegel orientierte Neuidealist Max Wundt 1913 vorlegt.[12] Auch er

---

10 W. Rein: *Goethe als Pädagog*. In: Friedrich Mann's Pädagogisches Magazin, H. 495, Langensalza 1912.

11 Goethe an Schiller, vom 27. 4.[?] 1798. In: *Goethes Briefe*. Bd. 2. Hrsg. von K. R. Mandelkow. Hamburg ²1968, S. 339. Vgl. auch *Dichtung und Wahrheit* (III, 14), HA 10, S. 19, wo Goethe von „meinem angeborenen und angebildeten Realismus" spricht.

12 M. Wundt: *Goethes Wilhelm Meister und die Entwicklung des modernen Lebensideals*. Berlin/Leipzig 1913, ²1932 (Die Zitatbelege beziehen sich auf die 2. Aufl.).

findet bei Goethe eine bewußte Verteidigung der „idealistischen Grundlagen des modernen Denkens", vor allem des Gedankens vom „Subjekt" als „Quelle aller Werte" (S. 421) und resümiert: „Die im deutschen Idealismus gewonnenen Werte der Zukunft zu bewahren, sieht Goethe hier wie in seinen älteren Werken als seine heiligste Aufgabe an" (S. 440 f.).

Im Vertrauen auf die Tatkraft des Subjekts findet also auch Wundt keinen Zugang zum Gegenpol der von der Natur vorgegebenen Seins- und Sinnordnung, die für den Realisten Goethe gerade im Hinblick auf Bildung und Erziehung ernstzunehmen ist, weil sie allen pädagogischen Bemühungen den bedingenden Rahmen vorgibt. Ansonsten aber zeichnet sich Wundts Monographie durch eine eindrucksvolle Werkinterpretation aus, die allen vorschnellen Vereinnahmungen Goethes eine klare Absage erteilt. Dem Goethe-Kult seiner Zeit eine „engere Beziehung zu Goethes Werk" absprechend (Vorwort, S. IX), distanziert Wundt die Person Goethes zunächst einmal von der eigenen Gegenwart und läßt sie in die Zeit zurückkehren, in der sie tatsächlich zu Hause war: im Wechsel vom 18. zum 19. Jahrhundert. Goethes Aktualität ist somit keine direkte, sondern liegt darin, daß er eine Gestalt der Zeitenwende um 1800 war und eo ipso auch der Jahrhundertwende um 1900 grundsätzliche Perspektiven eröffnen kann. Für Wundt steht Goethe mit Bewußtsein an der Schwelle des modernen Lebensideals und bleibt doch zugleich im alten Lebensideal verwurzelt, vereinigt das „Jahrhundert des Schauens" und das „Jahrhundert der Tat" (S. 289) in Person und Werk. Im Unterschied zu allen seinen Zeitgenossen, die – so Wundt – entweder nur dem Alten oder nur dem Neuen verpflichtet waren, erkennt Goethe seine Aufgabe in dem Bemühen, den neuen Zuständen gerecht zu werden, ohne die alten Grundsätze preiszugeben, die zunehmend sich technisierende Arbeitswelt zu akzeptieren, ohne den Menschen als Subjekt des Handelns zu eliminieren (S. 431). Die neue pädagogische Losung „Tun statt Schauen" (S. 387) übernehmend, setzt Goethe die „Lehre der Ehrfurcht der Welt der Arbeit als Leitstern voran" (S. 393), um so einer tendenziell erkennbaren Lebenswelt vorzubeugen, die die Tat als „Ausdruck der sittlichen Persönlichkeit" in der Arbeit als Entfesselung der „selbstsüchtigen Triebe" zerrinnen läßt (S. 398). Einheit von einseitiger Berufsarbeit und Ehrfurcht als persönlicher Leitorientierung markieren für Wundt das Erbe, das Goethe der Moderne um 1800 mit auf den Weg gegeben hat, und diesen Grundimpuls gilt es auch um 1900 zum Maßstab neuer pädagogischer Entwürfe zu erheben. In dieser Weise entwickelt Wundt mit faszinierender Perspektivenvielfalt eine pädagogische Goethe-Deutung, die trotz der idealistischen Blickverengung alles bis dahin Veröffentlichte an hermeneutischer Sorgfalt und systematischem Gewinn deutlich überragt.

Eine höchst eigenwillige Position nimmt die aus idealistischen und naturalistischen Komponenten zusammengesetzte Aufnahme des Goetheschen Bildungsdenkens bei Rudolf Steiner ein. Sie kann in ihrer Komplexität hier nicht einmal angedeutet werden, verdient andererseits aber auch keine Ausklammerung, weil der daraus resultierende und bis heute expansive Erfolg der Waldorfschulen einen markanten Akzent der Schullandschaft ausmacht. Von 1890 bis 1897 an der Edition von Goethes naturwissenschaftlichen Schriften im Rahmen der Weimarer Ausgabe beteiligt, schloß Steiner gleichzeitig auch die schon zuvor begonnene Edition dieser Schriften für die Kürschnersche Goethe-Ausgabe ab und versah sie mit einer Einleitung, die Goethes Naturforschung in ein neues, der zeitüblichen Rezeption widersprechendes Licht rückte. Diese Arbeitsphase führte dann auch zu einem Goethe-Buch[13], das einen ersten grundlegenden Baustein seiner künftigen Pädagogik bilden

---

[13] R. Steiner: *Goethes Weltanschauung*. Weimar 1897.

sollte. Ein zweiter ergab sich aus seinen theosophischen Neigungen und führte nach Divergenzen mit der Theosophischen Gesellschaft 1913 zur Gründung der Anthroposophischen Gesellschaft. 1919 wurde in Stuttgart von der Zigarettenfabrik Waldorf-Astoria die erste Freie Waldorfschule für Kinder der Mitarbeiter gegründet und Steiner beauftragt, deren geistiges Konzept bis hin zu Didaktik und Methodik auf anthroposophischer Grundlage zu entwerfen.

Steiners Goethe-Rezeption ist insoweit von Bedeutung, als er bereits gegen Ende des 19. Jahrhunderts die Goethesche Naturforschung als eine eigenständige methodische Alternative zur mechanisch-quantifizierenden Forschung und als deren notwendige Ergänzung ansieht, diese also weder, wie sonst üblich, als naturwissenschaftlich obsolet abtut noch im Zeichen des Goethe-Kults als mit dem Forschungsstand kompatibel ausgibt. Organizität, Ganzheit, Entelechie, ideelle Zusammenhänge im Natürlichen kennzeichnen für Steiner Forschungsgegenstände, die sich à la Goethe methodisch ebenso streng erforschen lassen wie die quantifizierbaren Sachverhalte der exakten Naturwissenschaften. So distanziert er sich denn vom Subjekt-Objekt-Dualismus, wie er von Descartes und Kant geprägt worden ist, und erklärt mit Rekurs auf Goethe zur Natur:

> Wir müssen den Weg zu ihr zurück wieder finden. Eine einfache Überlegung kann uns diesen Weg weisen. Wir haben uns zwar losgerissen von der Natur; aber wir müssen doch etwas mit herübergenommen haben in unser eigenes Wesen. Dieses Naturwesen in uns müssen wir aufsuchen, dann werden wir den Zusammenhang auch wieder finden.[14]

In dieser Weise nimmt Steiner Goethesche Impulse in sein anthroposophisches Konzept auf, formt sie aber auch unter neuem Vorzeichen um und entwirft für die Stuttgarter Schule eine Menschenkunde, die via Beobachtung und Intuition die innere Entwicklung des heranwachsenden Menschen mit naturwissenschaftlicher Strenge aufzeigen soll und zunächst in Vortragsform (1919) dargeboten wird.[15] Das darin entfaltete Modell einer im menschlichen Ich angelegten Entwicklung in Siebenjahresschritten – vom physischen Leib (beginnend mit der Geburt) über den Bildekräfteleib (beginnend mit dem Zahnwechsel) zum seelischen Leib (beginnend mit der Pubertät) – wird von Steiner als verbindliche Erkenntnis präsentiert, von der Waldorfpädagogik[16] bis heute unverändert tradiert und den Konzepten von Unterricht und Lehrerbildung zugrunde gelegt. Auch wenn in letztere Motive aus Goethes *Pädagogischer Provinz* wie Eurhythmie, Gartenbau oder handwerkliche Übungen eingehen, so läßt sich unschwer erkennen, daß Steiner eine feste, doktrinäre Richtlinie für die Schulplanung vorlegt, und so haben ihn seine Nachfolger auch verstanden. Damit entfernt er sich bei aller Goethe-Kenntnis deutlich von Goethes Vorbehalten gegenüber aller standardisierenden Schulorganisation, weshalb die Waldorfpädagogik nur sehr partiell und mit essentiellen Vorbehalten als Versuch einer praktischen Umsetzung Goethescher Leitideen interpretiert werden kann.

---

14 R. Steiner, *Die Philosophie der Freiheit – Grundzüge einer modernen Weltanschauung*. Berlin 1894, ^{2}1918, Nachdruck Stuttgart 1947, S. 30.

15 R. Steiner: *Allgemeine Menschenkunde als Grundlage der Pädagogik*. Dornach 1932, neueste Aufl. Dornach 1992. Weitere Vorträge von 1919 sind in folgende Bände eingegangen: *Erziehungskunst*. Dornach 1934, neueste Aufl. Dornach 1990. Und: *Die Waldorfschule und ihr Geist*. Dornach 1932, neueste Aufl. Dornach 1990.

16 Siehe hierzu exemplarisch E. M. Kranich: *Anthropologische Grundlagen der Waldorfpädagogik*. In: *Gespräch mit Waldorfpädagogen*. Hohenheimer Protokolle. Bd. 40. Hrsg. von Akademie der Diözese Rottenburg-Stuttgart. Stuttgart 1992, S. 25–38.

3. *Im Zeichen der Bildung: Die zunehmende Beachtung der naturphilosophischen Wurzeln des Goetheschen Bildungsdenkens (1920–1935)*

Neue Akzente in der pädagogischen Rezeption des Goetheschen Werks zeichnen sich mit dem Ende des Ersten Weltkriegs ab, denn die politische Katastrophe verschärft verständlicherweise die Kritik an der überkommenen Kultur, und dies wiederum läßt idealistisch-unbefangene Rückgriffe auf Goethe nicht mehr zu. 1918 und 1922 publiziert Oswald Spengler seinen zweibändigen Bestseller *Der Untergang des Abendlandes – Umrisse einer Morphologie der Weltgeschichte*, ein Buch, dessen Erfolg – so Ernst Cassirer – „eher im Titel als in seinem Inhalt zu suchen" ist.[17] Spengler verleiht dem allgemeinen Unbehagen Ausdruck, welches das Geistesklima nunmehr beherrscht, zugleich aber auch einen Aufschwung für die seit Ende des 19. Jahrhunderts aufgekommene, in sich äußerst heterogene Reformpädagogik auslöst. Eine Reihe reformpädagogischer Motive geht auch in die Goethe-Deutung ein, so bei Rudolf Lehmann, der mit seinem Buch von 1921 einen neuartigen Fragehorizont in der pädagogischen Hinwendung zu Goethe eröffnet.[18]

In der idealistischen Grundorientierung seinen Vorgängern um die Jahrhundertwende verwandt, verfährt Lehmann doch völlig anders als diese: Er sucht eine neue Lebens- und Weltanschauung, indem er nicht das menschliche Ich, sondern den Begriff des Organischen als Schlüssel zum Verständnis der Welt und damit auch zur Deutung von Bildung und Erziehung zugrunde legt. Herder und Goethe werden ihm dabei zu Kronzeugen: „Erst durch Herder und Goethe gewinnt der Begriff des Organischen volles anschauliches Leben und damit die Kraft, ein Weltbild zu tragen, das erklärende Prinzip für alles Geschehen auf geistigem wie auf physischem Gebiete zu werden" (S. 257).

Hier geht es also nicht nach herbartianischer Art direkt um ethisch-praktische Fragen, sondern grundlegend um die Überwindung des Gegensatzes von Leib und Geist, damit Bildung als Bildung des ganzen Menschen gedacht werden kann. Goethes Naturforschung hat für Lehmann der Suche nach Weltanschauung und damit auch der Pädagogik neue Denkmöglichkeiten eröffnet, die Mathematik als Leitwissenschaft durch die Biologie abgelöst:

> Wie die frühere Weltansicht ihren Erkenntnisinhalt aus der Mathematik und den mechanischen Naturwissenschaften gewonnen hatte, so empfing die neue ihre fruchtbare Kraft aus der werdenden Wissenschaft von der organischen Natur, der Biologie. Und eben dieses Gebiet ist es, wo Goethe durch selbständige Ideen und grundlegende Leistungen zum Führer der Zukunft geworden ist. (S. 258)

Solche Aussagen implizieren keineswegs eine unmittelbare pädagogische Adaptierbarkeit des Goetheschen Denkens, vielmehr betont Lehmann grundsätzlich, daß „Weimar uns wie die Leitsterne am Himmel keine praktischen Ziele, sondern nur die Richtung" weise, in der es zu suchen gelte (Vorwort, S. V). Außerdem spricht er Goethe mit Recht den „Instinkt des Volkserziehers, der Schiller und Fichte durchdrang," ab und verweist auf dessen „unmittelbares Verhältnis zur Kinderwelt" (S. 243). Die um 1900 noch lebendige Pädagogen-

---

[17] E. Cassirer: *Der Mythus des Staates – Philosophische Grundlagen politischen Verhaltens.* Zürich/München 1947, Neuausgabe Frankfurt/M. 1985, S. 378.

[18] R. Lehmann: *Die deutschen Klassiker – Herder, Schiller, Goethe.* Leipzig 1921.

hoffnung, Goethe unmittelbar auf das institutionelle Schulwesen beziehen zu können, hat sich bei Lehmann also erledigt.

Umso stärker hebt er auf Goethes grundsätzliche Bedeutung für eine Pädagogik der „Selbsterziehung, Selbstüberwindung, Selbstbeschränkung" (S. 303) ab, verfällt dabei aber der idealistischen Versuchung, Synthesen zu konstruieren, wo Goethe offenkundig von unauflösbaren polaren Spannungen ausgeht, so etwa beim Problem von Individuum und Gemeinschaft (S. 305 ff.), von Allgemeinbildung und beruflicher Einseitigkeit (S. 330 ff.) und dergleichen mehr. Kritische Einwände dieser Art tangieren allerdings die souveräne Linienführung und substantielle Ergiebigkeit des Lehmannschen Buchs in keiner Weise.

Gleichfalls von der Reformpädagogik inspiriert ist die 1927 unter dem programmatischen Titel *Goethe und das Handwerk* vorgelegte Goethe-Deutung von Karl Muthesius. Hatte Lehmann die Goethesche Polarität zwischen Individuum und Gemeinschaft monadologisch-idealistisch zugunsten des sich selbst bildenden individuellen Lebens entschärft, so tut Muthesius genau das Umgekehrte: Er schreibt Goethe die „Idee der Volksbildung" zu[19], deutet deren Gehalt à la Pestalozzi als Absage an alle monadologische Selbstbezüglichkeit und findet in *Wilhelm Meisters Wanderjahre* reformpädagogische Ideen wie den Arbeitsschulgedanken Georg Kerscheinsteiners und die kunsterzieherischen Anregungen von John Ruskin und William Morris vorbereitet (S. 151). Muthesius reklamiert unmittelbare Aktualität für Goethe, indem er dessen Denken zu Lasten der Allgemeinbildung und zugunsten der „tüchtigen Einseitigkeit" entpolarisiert und dann resümiert:

> So haben wir in Goethe, neben Pestalozzi, dessen Ideen er, zum guten Teil unbewußt, aufnimmt, den klassischen Begründer der Sozialpädagogik zu sehen, derjenigen Idee von Erziehungswissenschaft, die mit der weiteren Entwicklung der sozialen Frage immer größere Bedeutung erlangt hat und die heute in allem und jedem die Problemstellung bestimmt. (S. 111)

Der reformpädagogische Eifer, auf die Katastrophe des Ersten Weltkriegs mit neuen sozialerzieherischen Konzepten zu reagieren, führt bei Muthesius noch einmal zu einem Versuch, Goethe unmittelbar in ein pädagogisches Gegenwartskonzept einzubinden. Bei Wundt und Lehmann war diese Art der Goethe-Rezeption eigentlich schon überwunden, und sie tritt nunmehr gegenüber einer naturphilosophisch fundierten Zuwendung zu Goethe auch endgültig zurück.

Repräsentativ für diese neue Sichtweise ist die 1932 publizierte Goethe-Deutung von Ludwig Kiehn.[20] Er unternimmt es zum ersten Mal, Goethes Naturstudien nicht nur pädagogisch zu berücksichtigen, sondern den Bildungsbegriff systematisch von naturphilosophischen Kategorien her zu erarbeiten. In diesem Sinn strebt Kiehn nicht die „Hebung eines bisher unbekannten Materials" an, sondern eine „neue konstruierende Zusammenschau von an sich Bekanntem" (S. 20). Dieserart um die innere Einheit der Goetheschen Gedankenwelt bemüht, leistet er eine zusammenhängende Interpretation der Goetheschen Naturstudien, schreitet deren Leitbegriffe wie *Gestalt*, *Typus*, *Metamorphose*, *Stufenreich*, *Polarität* und *Steigerung* ab und bezieht die pädagogische Bildungstheorie auf die Morphologie als „organische Bildungslehre" (S. 82). Damit kommt die bisher vernachlässigte ontologi-

---

19 K. Muthesius: *Goethe und das Handwerk*. Leipzig 1927, S. 110.

20 L. Kiehn: *Goethes Begriff der Bildung*. Hamburg 1932.

sche Dimension der Goetheschen Pädagogik in ihren systematischen Linien vollauf zum Zuge, und vorschnelle Fehldeutungen pädagogisch-praktischer Art scheiden vor diesem Hintergrund aus.

Allerdings vermag auch Kiehn trotz seiner Einsicht, daß für Goethes „gegenständliches Denken" stets „in den von ihm beobachteten Phänomenen der physisch-dinglichen Welt reale Kräfte in polarer Spannung auf einander wirken" (S. 61), die entsprechenden pädagogischen Polaritäten nicht durchzuhalten. Die auch bei ihm erkennbare Prägung durch die idealistische Anthropozentrik der Neuzeit läßt die Spannung zwischen Selbstentfaltung und Entsagung, Subjektivität und Sachanspruch, Allgemeinbildung und Berufsbildung letztlich nicht als wirklichkeitsbedingte Herausforderung stehen, sondern entschärft sie zur Selbsterfahrung der entelechischen Monade (S. 183 ff.) und rückt Goethe so in die Nähe einer Pädagogik der kultivierten Innerlichkeit. Nichtsdestoweniger bleibt Kiehns Buch eine hochrangige Leistung, weil es die bisherigen kulturpädagogisch akzentuierten Ansätze auf die Naturphilosophie als unverzichtbare Perspektive auch für den pädagogischen Zugang zu Goethes Bildungsdenken verweist.

Eine hochinteressante Parallele zu dieser naturphilosophischen Wende in der Goethe-Deutung bilden die Goethe-Reden, die Albert Schweitzer – fernab von der europäischen Forschung – im afrikanischen Urwald konzipiert. 1928 hält er die erste Rede bei der Entgegennahme des Goethe-Preises der Stadt Frankfurt am Main, 1932 die zweite zur 100. Wiederkehr von Goethes Todestag wiederum in Frankfurt, im gleichen Jahr die dritte in Ulm und 1949 dann die vierte in Aspen/Colorado.[21] Leider hat die Goethe-Forschung diese Reden wie auch Goethes Wirkung auf das Denken Schweitzers überhaupt bis heute ignoriert[22], so daß hier ein wichtiges Desiderat für ihre künftige Arbeit ansteht.

Für Schweitzer ist Goethe „ein einflußreicher und wohltätiger Denker"[23], und dies kraft seiner Maxime, „die Einheit seiner Persönlichkeit in dem Nebeneinander von praktischem Tun und geistigem Gestalten zu verwirklichen" (S. 472). Darin liegt seine denkerische und zugleich ethisch-pädagogische Ausstrahlung, d. h., Schweitzer sieht die Lebenspraxis und das Denken Goethes als Einheit, sucht bei ihm keine explizite Theorie des ethisch-erzieherischen Handelns, sondern erhofft sich für ein Schulwesen, das aus seiner Sicht zu Beginn der 30er Jahre „der Zerstörung anheimzufallen beginnt" (479), grundsätzliche Hilfe von der durch Goethe repräsentierten Humanitätsidee.

Dabei ist es für ihn von entscheidender Bedeutung, daß Goethe eine „schlichte, einfache Naturphilosophie" betreibt (S. 471), ohne sich durch die spekulativen Systeme des deutschen Idealismus beirren zu lassen. Schweitzer kommentiert:

> Während die ganze Umwelt in dem Glauben lebt, daß man mit diesem kühnen, logischen Denken eine Erkenntnis erreicht habe wie nie zuvor, weiß er, daß es etwas Vorübergehendes ist und daß das Denken wieder dazu kommen muß, sich in sachlicher Weise mit

---

21 A. Schweitzer: *Goethe-Reden.* In: Gesammelte Werke in fünf Bänden. Hrsg. von R. Grabs. Berlin-Ost 1971, Zürich 1974, München 1974. Bd. 5, S. 467–554. Eine Vorfassung der Ulmer Rede ist unter dem Titel *Goethe penseur* in der von R. Rolland edierten Pariser Monatsschrift ‚Europe' 28(1932), H. 112 erschienen. Dt. Übers. in: A. Schweitzer: *Menschlichkeit und Friede – Kleine philosophisch-ethische Texte.* Hrsg. von G. Fischer. Berlin 1991, S. 47–64.

22 Eine Ausnahme bildet H. Kindermann: *Das Goethebild des 20.Jahrhunderts.* Darmstadt 1966, S. 415 ff. u. 625. Vgl. C. Günzler: *Albert Schweitzer – Einführung in sein Denken.* München 1996, S. 60 ff. u. 94 ff.

23 A. Schweitzer: *Goethe-Reden* a. a. O., S. 523.

> dem Sein, wie es uns in der Natur entgegentritt, auseinanderzusetzen. Darin hat er recht behalten. Um das Jahr 1848 ist dieses Denken zusammengebrochen. (S. 514)

Goethe rückt also die einfache und elementare Naturphilosophie ins Zentrum der Humanitätsfrage und stellt damit für Schweitzer „den Typus des Denkens dar, dem die Zukunft gehört" (S. 547). In der Zeit der großen Systeme ist er einsam, doch unbeirrt „ein Denker, der Naturwissenschaft betreibt" (S. 516), ohne nach einer abgeschlossenen Weltdeutung, nach einer Weltanschauung zu suchen. Zukunftsweisend ist diese Denkweise, weil sie das Verhältnis zur Natur als ein ethisches faßt und die Humanität des Menschen daran bindet, daß er seine Aufgabe in der Natur verantwortungsvoll wahrnimmt.

In dieser Verflechtung von Naturphilosophie und Humanitätsidee erblickt Schweitzer auch Goethes Bedeutung für die philosophische Ethik und damit zugleich für eine Pädagogik der ethischen Persönlichkeit.[24] Er faßt das Goethesche Konzept des sittlichen Menschen in die Formel, „daß das wahre Er-Selbst-Werden in nichts anderem als in dem wahrhaft Gut-Werden bestehen könne"[25], und erläutert:

> Nach Goethe haben wir uns nicht alle unter einen Begriff des Guten zu beugen und das Gute als etwas anzusehen, das uns auferlegt ist. Wir haben das Gute, das zu unserm persönlichen Wesen gehört, zu verwirklichen, also als Persönlichkeit gut zu werden, nicht jeder in derselben Art, sondern jeder als ein ethisches Wesen für sich. Das Ethische ist für Goethe etwas Allgemeingültiges, aber in individueller Ausprägung. (S. 520)

Individualethik und Sozialethik lassen sich also nicht voneinander trennen, eben damit aber auch nicht Persönlichkeitsbildung und Sozialerziehung, sondern gerade der vom „Motiv des Edelwerdens" (S. 492) erfaßte, also um seine Selbstgestaltung bemühte Mensch entdeckt auch seine Fürsorgeverantwortung nach außen, der „Mensch der Verinnerlichung" ist zugleich der „Mensch der Tat" (S. 499). Aus Schweitzers Sicht kommt für Goethe alles darauf an, daß jedes Individuum sich als eingebettet in den Naturzusammenhang zu sehen lernt und in diesem Horizont seine soziale Verantwortung entdeckt. Der Weg führt also von grundsätzlichen naturphilosophischen Fragen zur persönlichen Sozialverantwortung, und diese „stetige geistige Verbundenheit mit der Natur" (S. 487) bedarf nicht der philosophischen Systeme, sondern allein des persönlichen elementaren Nachdenkens.

Dieses neuartige Verständnis der Goetheschen Humanitätsidee läßt zum einen erkennen, wie nachhaltig Goethe auf Schweitzers eigene, 1923 unter dem Titel *Kultur und Ethik* vorgelegte Ethik der Ehrfurcht vor dem Leben eingewirkt hat; zum anderen aber weist es auf die lebhafte Debatte voraus, die sich im letzten Drittel des 20. Jahrhunderts im Zeichen ökologischer Probleme am Goetheschen Verständnis von Natur und Naturwissenschaft entzündet hat.

Zuvor allerdings wird die seriöse Goethe-Rezeption durch die Phase des Nationalsozialismus unterbrochen, die ideologiekritisch alle Aufmerksamkeit verdient, für die Forschung aber unergiebig ist und daher an dieser Stelle nicht berücksichtigt werden soll. Erwähnenswert ist allerdings, daß inmitten der Versuche, die nationalsozialistische Erziehung als Vollstrecker des

---

24 Vgl. C. Günzler: *Zur pädagogischen Dimension von A. Schweitzers Konzept der ethischen Persönlichkeit.* In: Lehren und Lernen 22(1996)6, S. 31–39.

25 A. Schweitzer: *Goethe-Reden*, S. 499.

Goetheschen Bildungsdenkens zu feiern und dieses direkt auf Jungvolk, Hitlerjugend und Arbeitsdienst zu beziehen[26], auch kritische Distanzierungen erfolgt sind, so beispielsweise in der von Rudolf Fahrner betreuten Heidelberger Dissertation von Otfried Nitschke.[27]

4. *Im Zeichen der Beziehung zur Natur: Philosophische Goethe-Renaissance bei pädagogischer Goethe-Abstinenz*

Das Ende des Zweiten Weltkriegs löst im Rahmen der allgemeinen Neubesinnung auch pädagogisches Interesse an Goethe aus, doch dieses vermag keine neuen Formen der Rezeption zu entwickeln, weil es sich einerseits aus den Ansätzen der Vorkriegszeit speist und andererseits gerade diesem Weg wie auch dem Goetheschen Bildungsdenken überhaupt eine scharfe Absage erteilt. Die Pädagogik verabschiedet sich alsbald und bis heute aus der Goethe-Forschung. Demgegenüber bleibt diese in der Literaturwissenschaft ungebrochen lebendig, findet bei Naturwissenschaftlern immer wieder interessierte Zuwendung und erfährt im Dialog zwischen Philosophie und Naturwissenschaft einen Aufschwung von erheblichem systematischen Gewicht. Die pädagogische Dimension des Goetheschen Denkens findet von nun an in diesem Kontext Beachtung, jedoch kaum noch seitens der Pädagogik.

Diese Entwicklung soll nunmehr an ausgewählten Stationen belegt werden, und es gilt mit zwei herausragenden Vertretern der geisteswissenschaftlichen Pädagogik zu beginnen, die nach 1945 die alten Linien der Vorkriegszeit fortführen: Eduard Spranger und Wilhelm Flitner. Sprangers verstreut publizierte Beiträge zu Goethe reichen von 1924 bis 1952, weisen in den Grundzügen keine Veränderungen auf und werden vier Jahre nach seinem Tod 1967 in einem Sammelband vereinigt.[28] Ähnlich wie schon Schweitzer geht Spranger von Goethes Lebensresultaten, von seiner in einer bestimmten kulturgeschichtlichen Situation gefundenen Lebensform aus und interpretiert in diesem Horizont sein Denken und Dichten. Den Zusammenhang von Naturphilosophie und Bildungsdenken vollauf ernst nehmend, rückt Spranger Goethe in die Nähe des Neuplatonismus (S. 282), findet seine Unterscheidung zwischen „innerem Gewinn" und „äußerem Erfolg" (S. 134, vgl. auch S. 204) gerade in einer Zeit der kompaßlosen Kultur hilfreich und nimmt ihn so für eine Pädagogik der kultivierten Innerlichkeit in Anspruch.

Auch Wilhelm Flitner[29] geht von Goethes Lebensform aus und schreibt ihm einen unverlierbaren Platz in der Entfaltung der abendländischen Gesittung zu, doch er verfährt systematischer und vermeidet deshalb die Entschärfung der Polaritäten von Innen und Außen, Denken und Handeln, Sinn und Tat zugunsten eines Pols. So bedeutet ihm denn das Entsagungsmotiv in *Wilhelm Meisters Wanderjahre* keine Absage an alle natürlichen Regungen, sondern fordert lediglich die Begrenzung des Natürlichen um einer verantwortlichen Lebensführung willen, d. h., „Entsagung und Beschränkung werden zu Bedingungen der Produktivität"[30], verkörpern also kein Programm der kultivierten Innerlichkeit. Flitners ideen-

---

26 Siehe exemplarisch G. Kleibömer: *Die gegenwartsnahe Pädagogik Goethes.* In: Zeitschrift für Geschichte der Erziehung und des Unterrichts 27(1937)1. Vgl. neuerdings L. Ehrlich/J. John/J. H. Ulbricht (Hrsg.): *Das Dritte Weimar – Klassik und Kultur im Nationalsozialismus.* Köln/Weimar 1999.

27 O. Nitschke: *Goethes Pädagogische Provinz.* Diss. Heidelberg 1937, Druck Würzburg 1937.

28 E. Spranger: *Goethe – seine geistige Welt.* Tübingen 1967.

29 W. Flitner: *Goethe im Spätwerk – Glaube, Weltsicht, Ethos.* Hamburg 1947.

30 Ebd., S. 322. Siehe hierzu insgesamt C. Przybilka: *Die Rezeption Goethes bei Wilhelm Flitner – Zur Motivgeschichte der hermeneutisch-pragmatischen Pädagogik.* Bern/Wien 1995.

geschichtlich weitgespanntes Buch eröffnet eine Fülle substantieller Einsichten, läßt allerdings auch zugunsten des ethisch-praktischen Interesses an den Formen humaner Gesittung die naturphilosophische Dimension des Goetheschen Denkens zu kurz kommen.

Einen radikalen Bruch mit der bei Spranger und Flitner noch einmal präsenten Tradition der geisteswissenschaftlich-bildungstheoretischen Goethe-Rezeption vollzieht 1955 Theodor Litt.[31] Er unternimmt eine „Abrechnung mit den Nachklängen des klassischen Bildungsideals" (S. 117), bezeichnet dessen Verfechter gern als „Apostel der Humanität" (S. 38, S. 108) und will die geisteswissenschaftliche Pädagogik, der er selbst entstammt, durch eine dialektisch-reflexive Erziehungswissenschaft ersetzen, die sich stärker an der Gegenwartswirklichkeit orientiert. Letztere aber gibt als das zentrale Thema eine durch Naturwissenschaft und Technik bestimmte Arbeitsordnung vor, in die sich der arbeitende Mensch funktionalistisch einzufügen hat und gegenüber der folglich alle Humanitätsansprüche der Klassiker bedeutungslos werden. Die Antinomie zwischen dieser funktionalistischen Arbeitsordnung und der nicht-funktionalistischen Lebensordnung, zwischen Sachforderung und Persönlichkeit in das Selbstverständnis aufzunehmen und dauerhaft auszuhalten, umreißt für Litt die Chance einer neuen Menschenbildung. Zu dieser aber führt aus der Klassik kein Weg, schon gar nicht von Goethe her, dessen *Wanderjahre* für Litt die neue Arbeitsordnung als eine Bedrohung der Humanität, nicht aber als eine Chance für diese behandeln:

> Schwerlich wird man einem Autor, der schon in den theoretischen Voraussetzungen der Technik eine Gefährdung der menschlichen Integrität meint aufdecken zu können, es zutrauen, daß er im nämlichen Werk der von dieser Technik diktierten Arbeitsordnung eine dem Menschen heilsame und daher erzieherisch auszuwertende Rückwirkung zugesprochen habe. (S. 50)

Litt wertet Goethe also als Inbegriff der Absage an die moderne Welt, spricht seinem Bildungsdenken jegliche Bedeutung in den maßgeblichen Fragen ab und hat damit wohl erheblich zur nachfolgenden Goethe-Abstinenz der Pädagogik beigetragen. Eine Ausnahme bildet dabei die materialistische Pädagogik, die in der DDR eine Monopolstellung einnimmt und gelegentlich auch westliche Resonanz findet. Schon 1968 reklamieren Manfred Buhr und Gerd Irrlitz[32] die Humanitätsphilosophie der Klassik als ein geistiges Reservoir, das durch Marx und den Marxismus der praktischen Realisierung zugeführt werde. Auch Goethe erscheint in diesem Kontext als ein bürgerliches Subjekt, das das Humanitätsideal gedacht, sich aber nicht um dessen gesellschaftliche Umsetzung gekümmert und schon gar nicht revolutionäre Umwälzungen zugunsten einer neuen sittlichen Ordnung intendiert habe:

> Die Goethesche Harmonie von Individuum und Gemeinschaft, des sittlichen Ganzen in sich selbst, umspannt jede, auch soziale Differenz so fest, daß sie neben dieser Allmacht keinen Platz hat. Diese Nichtanerkennung der Differenz ist das Unwirkliche am Begriff der Sittlichkeit bei Goethe. (S. 218)

---

[31] T. Litt: *Das Bildungsideal der deutschen Klassik und die moderne Arbeitswelt.* Schriftenreihe der Bundeszentrale für Heimatdienst, H. 15, Bonn 1955, [6]1959.

[32] M. Buhr, G. Irrlitz: *Der Anspruch der Vernunft – Die klassische bürgerliche deutsche Philosophie als theoretische Quelle des Marxismus.* Berlin 1968.

Goethe wird materialistisch also den Ideologen der bürgerlichen Gesellschaft zugerechnet, so auch 1980 unabhängig von DDR-Richtlinien bei Hans-Jochen Gamm[33], der in ihm „das bestbekannte bürgerliche Subjekt" (S. 19) erblickt, an ihm „als Sohn seiner Klasse und innerhalb deren vorgegebenen Grenzen" (S. 177) die sozialhistorische Genese der bürgerlichen Bildung demonstrieren und zugleich die Ansätze für einen neuen materialistischen Bildungsbegriff freilegen will. So interessant dieser sozialkritische Zugriff auch ist, so verfehlt er mit seiner methodischen Engführung doch die Breite und Vielfalt der Goetheschen Gedankenwelt und bringt die Goethe-Forschung substantiell nicht voran.

Ganz anders steht es da mit den Goethe-Studien, die der Zoologe Adolf Portmann ab Mitte der 50er Jahre vorlegt. Ihm geht es um das Natur- und Menschenbild, eben damit auch um pädagogische Fragen, und seine Sichtweise hat vieles vorbereitet, was heute in Konzepten einer ökologischen Pädagogik als selbstverständlich vorausgesetzt wird. Für Portmann bildet die qualitative Seite der Natur, die Welt der Form- und Ausdruckswerte mit Gestalt, Farbe, Duft und Ton, einen gleichberechtigten Forschungsbereich neben den abstraktiv-quantifizierend erfaßbaren Aspekten der Natur, und diesen Respekt vor der qualitativen Ordnung der Natur sieht er bei Goethe grundgelegt:

> Ein wesentlicher Teil der vielen Mißverständnisse um Goethes Naturforschen rührt davon her, daß die meisten der heutigen Naturforscher hinter der Lebensbühne forschen, während Goethe zu der Gruppe gehört, die das lebendige Geschehen wie ein Schauspiel vor der Bühne in seinem Sinn zu erfassen sucht.[34]

Goethes „Ehrfurcht vor dem Geschaffenen" (S. 225), sein „Verzicht auf den zerstörenden Eingriff" (S. 227) veranlassen Portmann zu einer Grundsatzforderung an die Schule:

> Wir fordern etwas, was ich als eine Naturkunde der Naturwissenschaft entgegenstelle, eine Naturkunde, die der Erzieher vom Forscher nicht geliefert erhält, deren Gestaltung der Erzieher selber zu leisten hat und die mehr und anderes ist als eine Einführung in die letzten Fortschritte der Forschung.[35]

Verglichen mit der traditionellen pädagogischen Zuwendung zu Goethe tritt hier eine völlig neue Perspektive zutage: Wie bei Schweitzer schon vorweggenommen, ergibt sich ein Zusammenspiel von naturphilosophischen Einsichten und pädagogischer Reflexion, ohne dazu die Fachpädagogik heranzuziehen, d. h., die naturphilosophische Goethe-Deutung regt aus sich heraus die Begründung normativer pädagogischer Aussagen an. So sieht auch Erich Fromm Goethe als „Anwalt des Lebens und Kämpfer gegen die Zerstückelung und Mechanisierung des Menschen"[36] und nimmt ihn als Kronzeugen für das Sein und gegen das Haben in Anspruch. Diese neue, aus Naturdeutung und ethisch-erzieherischer Reflexion erwachsene Goethe-Rezeption führt dazu, daß Goethe alsbald zum festen Bezugs-

---

33 H. J. Gamm: *Das pädagogische Erbe Goethes – Eine Verteidigung gegen seine Verehrer.* Frankfurt/New York 1980.

34 A. Portmann: *Biologie und Geist.* Zürich 1956, Freiburg/Basel/Wien 1963, S. 223.

35 A. Portmann: *Welterleben und Weltwissen.* München 1964, S. 37.

36 E. Fromm: *Haben oder Sein – Die seelischen Grundlagen einer neuen Gesellschaft.* Stuttgart 1976, München 1979, S. 30.

punkt der ökologischen Ethik und ökologischen Pädagogik im letzten Drittel des 20. Jahrhunderts wird.[37]

Diesen neuen Vorzeichen einer pädagogischen Goethe-Rezeption ist auch mein Buch von 1981 verpflichtet.[38] Es weist den Goetheschen Bildungsbegriff zunächst als naturphilosophische Kategorie in der Deutung von Anorganischem, Pflanzen- und Tierwelt auf, arbeitet die ihm immanenten Polaritäten heraus und wendet sich sodann der hier verwurzelten, doch auf einer essentiell anderen Ebene angesiedelten Bildung des Menschen zu. Auch die Ehrfurchtslehre der *Pädagogischen Provinz* wird unter diesem Aspekt in einen ontologisch-naturphilosophischen Kontext gerückt und als Symbol für Goethes Überzeugung interpretiert, daß das durchaus legitime menschliche Machenwollen sich einer umgreifenden Sinnordnung verdankt, die es zu respektieren hat, wenn es nicht illegitim und ruinös werden soll (S. 183–186). Es geht also um mehr als die Spannung zwischen Individuum und Gemeinschaft, nämlich um den ontologisch gebotenen Respekt vor dem Ordnungsganzen der Natur als unabdingbarem Gegenpol zum methodisch angestrebten Herrschaftswissen.[39]

Die hier skizzierten Akzente prägen auch die weitere Debatte um Naturwissenschaft, Menschenbild und die zugehörigen ethisch-erzieherischen Herausforderungen der Gegenwart. So bietet der auf ein Harvard-Symposion von 1982 zurückgehende Sammelband *Goethe and the Sciences*[40] eine eindrucksvolle Vielfalt von naturwissenschaftlichen und philosophischen Stellungnahmen zur Gegenwartsbedeutung der Goetheschen Naturforschung, insbesondere zur Farbenlehre und Morphologie. Dabei kommt nirgendwo ein Zweifel daran auf, daß Goethe ein klares Methodenbewußtsein im Hinblick auf seine eigene Forschung besessen habe, also kein dilettierender Naturliebhaber gewesen sei, doch es bleibt umstritten, ob diese Forschung vom Gang der Naturwissenschaft überholt ist, letztere einem interessanten Paradigmenwettstreit aussetzt oder gar eine Alternative darstellt, der sich auch die exakte Forschung in ihren Grundlagen zu verpflichten hat.

Für den letzgenannten Weg plädiert Günter Altner, der Goethes Naturwissenschaft als „Interpretation der Selbstdarstellung der Natur“[41] und damit als ein Konzept deutet, das dem forschenden Menschen seine eigene Verankerung in der Natur stets vor Augen hält:

> ‚Zarte Empirie‘ (Goethe) und Bioethik sind komplementäre Verhaltensweisen, die nur unter Beachtung ihres wechselseitigen Bezugs entwickelt und zur Wirkung gebracht werden können. (S. 28)

Goethe wird für Altner so zum Vorläufer alternativer Naturwissenschaft, zum Bioethiker vor der Bioethik, wohingegen „der methodische Reduktionismus der naturwissenschaft-

---

37 Siehe exemplarisch S. Heiland: *Naturverständnis – Dimensionen des menschlichen Naturbezugs.* Darmstadt 1992, S. 54–57.

38 C. Günzler: *Bildung und Erziehung im Denken Goethes – Philosophische Grundlagen und aktuelle Perspektiven einer Pädagogik der Selbstbeschränkung.* Köln/Wien 1981.

39 Hier sei auch verwiesen auf den gleichfalls naturphilosophischen Ansatz bei Günther Böhme: *Goethe – Naturwissenschaft, Humanismus, Bildung.* Frankfurt/M. 1991. Als Vertreter einer humanistischen Naturwissenschaft wird Goethe auf einen Kunst, Religion und Sprachen umfassenden Bildungsbegriff mit aktuellem Anspruch hin interpretiert.

40 F. Amrine/F. J. Zucker/H. Wheeler (Hrsg.): *Goethe and the sciences – A Reappraisal.* Boston Studies in the Philosophy of Science Vol. 97. Dordrecht u. a. 1987. Vgl. neuerdings auch P. Matussek (Hrsg.): *Goethe und die Verzeitlichung der Natur.* München 1998.

41 G. Altner: *Naturvergessenheit – Grundlagen einer umfassenden Bioethik.* Darmstadt 1991.

lichen Empirie auch die tiefere Ursache für die ethische Immobilität und Dürftigkeit im Mensch-Natur-Verhältnis" sei (S. 27). So kritisch es diese Inanspruchnahme Goethes für Gegenwartsentwicklungen auch zu prüfen gilt, so unbestritten ist es, daß die ethische Dimension des Mensch-Natur-Verhältnisses Defizite aufweist, in zentraler Weise die Frage nach dem Menschenbild der Zukunft aufwirft und zugleich eine hochrangige pädagogische Herausforderung einschließt. Umso überraschender nimmt sich die Absenz der Fachpädagogik in diesem Spektrum der Goethe-Rezeption aus, und es bleibt zu hoffen, daß sie mit neuem bildungstheoretischen Interesse auf dieses Thema zugeht, damit die Frage nach der Verantwortung für die Natur nicht der gutgemeinten, doch gedankenarmen Praxis von umwelterzieherischen Trainingsprogrammen anheimfällt. Es spricht vieles dafür, daß der Fundus Goethescher Impulse für die immer neu zu bestimmende Rolle des Menschen in der Biosphäre noch nicht erschöpft ist.

DIETER BORCHMEYER

„Die Genies sind eben eine große Familie ...“

Goethe in Kompositionen von Richard Strauss

Heinrich Karg, dem Strauss-Kenner, dankbar und freundschaftlich zugeeignet

Goethe und die Musik seiner Mit- und Nachwelt: das ist ein weites, ja eines der weitesten Felder seiner Wirkungsgeschichte. Wohl kein Dichter in der Geschichte der Weltliteratur hat wie er einen vergleichbaren Einfluß auf die Musik gewonnen. Fast keiner der großen Komponisten – zumindest in Deutschland – von der Schwelle des 19. bis zum Beginn des 20. Jahrhunderts ist ohne ihn ausgekommen, ja in vielen Fällen – es seien nur die Namen Beethoven, Schubert, Mendelssohn, Schumann, Liszt, Wagner, Brahms, Mahler, Strauss, Busoni oder Webern genannt – stehen die Lektüre und musikalische Auseinandersetzung mit Goethe so sehr im Zentrum ihres ästhetischen Kosmos, daß man beinahe behaupten kann: Ohne ihn hätte ihr Werk eine andere geistige, ja vielfach eine andere künstlerische Gestalt. Vor allem eine bestimmte musikalische Gattung, die außerhalb Deutschlands heute mehr denn je als Inbegriff deutscher Kultur gilt, hätte sich ohne ihn niemals in dieser Form und zu dieser Höhe entwickelt: das Kunstlied, „le lied“, wie die Franzosen sagen, ein Wort, das niemals im Dictionnaire stünde, hätte es Goethe nicht gegeben, dessen Gedichte seit fast zweihundert Jahren nach den Worten von Friedrich Blume „die bei weitem am häufigsten komponierten Texte der Weltliteratur“ sind.[1]

Beethoven hat gegenüber Rochlitz behauptet, daß „keiner sich so gut komponieren lasse wie Goethe“[2], wobei er wohl vor allem die Biegsamkeit seines Rhythmus im Auge hatte, welche der Vertonung einen weiten Spielraum gönnt. Die ideale Vertonbarkeit Goethes und überhaupt die Affinität seiner Dichtung zur Musik haben sich den Komponisten immer wieder aufgedrängt, bemerkenswerterweise auch nichtdeutschen, die oft auf Übersetzungen angewiesen waren wie etwa Giuseppe Verdi bei seinen Vertonungen von *Gretchen am Spinnrad* und *Ach neige du Schmerzenreiche*. Wirkungsgeschichtlich betrachtet steht Goethe weit näher bei der Musik als bei der bildenden Kunst, zumindest spielte sich seine Wirkungsgeschichte wahrhaft – wenn auch leider nicht nur – auf den obersten Rängen der Musik ab, in der bildenden Kunst dagegen überwiegend auf den unteren Rängen.

Kein Zweifel freilich, daß Goethe-Texte in der Musik des 20. Jahrhunderts eine erheblich geringere Rolle gespielt haben als im 19. Jahrhundert. Die gewaltige Konkurrenz der Liedkomponisten von Schubert bis Wolf, die abnehmende Bedeutung der Gattung Lied im allgemeinen, die Ferne des außerlyrischen Oeuvres von Goethe zu den Formen und Tendenzen der Musik dieses Jahrhunderts mögen Gründe für den Rückgang der Goethe-Vertonungen

---

1 Artikel *„Goethe“* in: *Die Musik in Geschichte und Gegenwart.* Kassel u. Basel 1956. Bd. V, Sp. 451.
2 Vgl. Joseph Müller-Blattau: *Goethe und die Meister der Musik.* Stuttgart 1969, S. 47.

sein. Deren gewaltigste und bedeutendste ist zweifellos der zweite Satz von Gustav Mahlers *Achter Symphonie* (1910) mit der Vertonung der Bergschluchten-Szene des *Faust* II, deren Ausstrahlung auf die Musik der Wiener Schule um Arnold Schönberg, Alban Berg und Anton Webern nicht zu unterschätzen ist. Goethe war einer ihrer selbstverständlichen Bezugspunkte, wie Wien überhaupt das Zentrum der musikalischen Wirkungsgeschichte Goethes von Gustav Mahler bis Ernst Krenek (der z. B. 1927 eine Bühnenmusik zum *Triumph der Empfindsamkeit* schrieb) gewesen ist. Die größte Bedeutung hatte Goethe zweifellos für Anton Webern. Das zeigen weniger seine eigentlichen Goethe-Kompositionen (*Gleich und gleich* aus den *Vier Liedern für Singstimme und Klavier* op. 12 und die *Zwei Lieder für gemischten Chor und fünf Instrumente* op. 19 aus den *Chinesisch-deutschen Jahres- und Tageszeiten*, die durch Mahlers *Achte Symphonie* angeregt wurden, sowie die anderen, Fragment gebliebenen Versuche der Goethe-Vertonung aus den 20er Jahren) als der eminente Einfluß von Goethes Farbenlehre und Morphologie auf seine Kompositionslehre, die mäeutische Rolle, die sie für ihn bei der Entwicklung der Reihentechnik spielten – ein Zeichen dafür, daß Goethe nicht nur die spätromantischen Repräsentanten der bürgerlichen Musiktradition, sondern auch die radikalen Neuerer zu inspirieren vermochte.[3]

Obwohl die musikalische Goethe-Rezeption dieses Jahrhunderts nicht so uferlos ist wie diejenige des neunzehnten, ist es doch unmöglich, sie im Rahmen eines knappen Vortrags angemessen zu würdigen. Ich möchte mich deshalb auf ein wichtiges Exempel konzentrieren, das sich hier trotz der Kürze der mir zur Verfügung stehenden Zeit einigermaßen umfassend darstellen läßt: auf die Goethe-Spuren bei Richard Strauss.

Strauss in den Spuren Goethes

Als Richard Strauss im November 1892 zu einer achtmonatigen Reise nach Griechenland, Ägypten und Sizilien aufbricht, nimmt er einen geistigen Reisebegleiter mit, dessen Schriften und Gespräche er sich in den folgenden Monaten immer wieder zu Gemüte führt: Goethe. So studiert er während seines Aufenthalts in Sizilien die *Italienische Reise* und empfiehlt diese Lektüre in einem Brief aus Palermo an Ludwig Thuille vom 16. 5. 1893 auch dem Freund mit Nachdruck: „das [Goethe; d. Vf.] ist doch ein Prachtkerl, mit dem geht es Einem auch wie mit den egyptischen Tempeln, je mehr man ihn anstaunt, desto größer wird er! Zudem spricht er gerade da so vieles aus, was ich seit 7 Monaten selbst erlebt und empfunden habe, aber nicht so herrlich klar aussprechen könnte.“[4]

Richard Strauss spiegelt sich selber in aller Bescheidenheit in Goethe, wie zehn Tage später in seinem Brief an Cosima Wagner vom 27. Mai mit größerer Unbefangenheit Goethe in Wagner. Anläßlich der begeisterten Lektüre von Eckermanns *Gesprächen mit Goethe* schreibt er da an die mütterliche Freundin: „Ich hatte in Palermo die *Italienische Reise* gele-

---

[3] Ein besonders fesselndes Beispiel dafür sind auch die *Goethe-Lieder* für Mezzosopran und drei Klarinetten von Luigi Dallapiccola (1953). Dazu gibt es einen instruktiven Beitrag von Andreas Anglet: *Luigi Dallapiccolas „Goethe-Lieder“ von 1953*. In: Jb. des Wiener Goethe-Vereins 97/98 (1993/94), S. 185–203. Sie sind unmittelbar durch Anton Weberns dodekaphonische Kanontechnik und seine *Canons* op. 16 für Sopran, Klarinette und Baßklarinette (1924) inspiriert. Bezeichnend, daß Dallapiccola sich wie Webern und Richard Strauss durch Goethes späte Spruchpoesie angeregt fühlte: Textgrundlage der sieben Lieder ist der *West-östliche Divan*.

[4] *Richard Strauss – Ludwig Thuille. Ein Briefwechsel.* Veröffentlichungen der Richard-Strauss-Gesellschaft München. Hg. von Franz Trenner. Bd. IV. Tutzing 1980, S. 133.

sen und kaum gewagt, so viel des dort so herrlich zum Ausdruck gebrachten als meine eigenen Reiseempfindungen in Ägypten und Italien wiederzuerkennen, bei der Lektüre der Gespräche muß ich aber oft immer wieder die Jahreszahl ansehen, um nicht zu glauben, so und so vieles sei heute geschrieben oder stünde in den *Gesammelten Schriften* [natürlich Wagners; d. Vf.]: so Goethes Bemerkungen über Publikum, Politik usw. Die Genies sind eben eine große Familie und in ihrer herrlichsten Harmonie durch alle Zeiten hindurch ein unnachahmliches Muster für alle kleinen Familien, wo es der Mißverständnisse kein Ende gibt."[5]

Sehr behutsam und verhohlen reiht sich der beurlaubte Großherzoglich sächsische Kapellmeister zu Weimar in diese „große Familie" ein. In Weimar wandelte er ja wirklich gleichermaßen in den Spuren Goethes und Wagners. Einige Jahrzehnte zuvor hatte sein Vorgänger Franz Liszt das sog. Silberne Zeitalter Weimars heraufgeführt, das unmittelbar an die große literarische Tradition der Residenz anzuknüpfen suchte, wie vor allem die im Zusammenhang mit den Säkularfeiern 1849 und 1859 enstandenen symphonischen Dichtungen und Chorkompositionen von Franz Liszt zu Werken Goethes und Schillers sowie die von ihm geplante „Goethe-Stiftung" zeigten, durch die nach seinen Worten Weimar seinen Ruf eines „Neu-Athen" bewahren sollte.[6] „Zu einer bestimmten Zeit", schreibt er selbst in seinem von Resignation geprägten Testament vom 14. 9. 1860, „hatte ich für Weimar eine neue Kunstepoche erträumt, ähnlich der von Carl August, wo Wagner und ich die Führer gewesen wären, wie einst Goethe und Schiller".[7] Zehn Jahre zuvor hat Liszt in Weimar Wagners *Lohengrin* uraufgeführt. Gérard de Nerval bemerkt zu diesem Ereignis, es habe „ganz den Bemühungen des jetzigen Großherzogs" entsprochen, „in Weimar jenes Erbe an Kunstgesinnung zu wahren, die dieser Stadt zu dem Namen ‚das Athen Deutschlands' verholfen hat".[8] Und Wagner selbst schreibt am 24. 12. 1850 aus Zürich an Liszt: „Wahrlich, teurer Freund, Du hast aus diesem kleinen Weimar für mich einen Feuerherd des Ruhms gemacht".[9]

Auch durch Richard Strauss sollte Weimar zu einer Hochburg des Wagnerismus werden: Vor seiner Weltreise, Anfang 1892, hatte er *Tristan und Isolde* zum erstenmal ohne jeden Strich in Weimar dirigiert und Cosima Wagner einläßlich darüber berichtet, *Hänsel und Gretel* von Wagners Adlatus und musikalischem Erben Engelbert Humperdinck wird er nach seiner Reise Ende 1893 zur Uraufführung bringen. Wagner ist der eine, im Vordergrund stehende Gott in seinem ästhetischen Kosmos, der andere, wenn auch weniger deutlich wahrnehmbare im Hintergrund ist Goethe. Kein Zweifel, daß der Genius loci Strauss zu seiner intensiven Goethe-Lektüre in dieser Zeit, auch und zumal auf seiner Weltreise, inspiriert hat.

Goethe stand als Dichter und Symbolgestalt deutscher Kultur für Richard Strauss von seiner Jugend bis in die letzten Lebensjahre, als er noch einmal das Gesamtwerk Goethes in den 49 Bänden der „Propyläen-Ausgabe" Band für Band studierte, im Zentrum seines musikalischen Denkens. Daher ist das 50. Todesjahr von Richard Strauss und der 250. Geburts-

---

5 *Cosima Wagner – Richard Strauss. Ein Briefwechsel.* Veröffentlichungen der Richard-Strauss-Gesellschaft München. Hg. von Franz Trenner. Bd. II. Tutzing 1978, S. 159.

6 Zit. nach Herbert Greiner-Mai (Hg.): *Weimar im Urteil der Welt. Stimmen aus drei Jahrhunderten.* Berlin u. Weimar 1977, S. 204.

7 Ebd., S. 236.

8 Ebd., S. 208.

9 Ebd., S. 218.

tag von Goethe wohl ein legitimer Anlaß, dieser Beziehung noch einmal nachzuspüren. Sie ist weit mehr eine hinter- und tiefgründige als eine Vordergrund-Beziehung, die für jedermann ersichtlich wäre. Die indirekten Anregungen und diffusen Inspirationen durch Goethe sind im Falle von Strauss weit intensiver als die direkten kompositorischen Bezüge, d.h. die Vertonungen Goethescher Texte, die vor allem in die zweite Lebenshälfte des Komponisten fallen.

Zum Bereich der indirekten Inspirationen gehört auch die Wirkung Goethes auf Strauss' bedeutendsten Librettisten Hugo von Hofmannsthal. Dessen Goethe-Aneignung, zumal die Goethe-Reminiszenzen in den Libretti waren zweifellos ein tief verbindendes Element zwischen Komponist und Dichter, ohne daß sich die direkte Wirkung dieser Goethe-Spuren auf die Musik mit philologischen Mitteln nachweisen ließe. „Ich habe mir oft gedacht“, schreibt Hofmannsthal am 8.3.1912 an Strauss, „daß in unseren Stoffen – *Rosenkavalier*, *Ariadne*, *Frau ohne Schatten* –, wo es sich um Läuterung, um eine Goethesche Atmosphäre handelt, durch deren tiefes Verständnis Sie mich unendlich erfreut haben –, daß bei allen diesen Stoffen vieles von dem, was in Ihnen liegt, hervorgerufen wird“, erst „ans Licht gebracht wird“. Hofmannsthal rechnet sich zweifellos das Verdienst zu, durch die Stoffwahl seiner Libretti dieses Goethesche Element in Strauss erweckt und das andere Grundelement seiner „produktiven Natur“: das „Wuchtige“, „Grandiose“, „Finstere“, um nicht zu sagen: das Wagnersche [Hofmannsthal redet hier freilich nicht davon, mag allenfalls daran gedacht haben; d. Vf.] in den Hintergrund gedrängt zu haben, nachdem dieses andere, bewußt anti-goethesche, dionysisch-orgiastische, um nicht zu sagen hysterische Element in der *Elektra* – sowohl auf der dichterischen als auch auf der musikalischen Seite – noch so stark dominiert, ja beide Künstler überhaupt erst zu gemeinsamer Opernarbeit zusammengeführt hatte. Doch, so Hofmannsthal: „Mit Absicht bin ich, nach der *Elektra*, dieser Linie nicht gefolgt“[10] – und so hat er auch Strauss von ihr fortzulocken gesucht.

Das gilt nicht zuletzt für die *Frau ohne Schatten*, deren Libretto so vielfältig auf Goethes Epos *Die Geheimnisse*, sein *Märchen*, das fragmentarische Libretto *Der Zauberflöte zweiter Teil* und andere Werke der klassischen Periode Goethes zurückweist. Das Verspaar aus Goethes *Geheimnissen*: „Von dem Gesetz, das alle Wesen bindet, / befreit der Mensch sich, der sich überwindet“, hat Hofmannsthal in seinem Brief an Strauss vom Anfang April 1915 als den „innersten Gehalt“ der *Frau ohne Schatten* bezeichnet.[11] Diesen Gehalt hat Strauss seiner Komposition gewiß ebenso zu vermitteln gesucht wie ihm später der Stil der *Iphigenie*, des von Strauss neben *Tasso* am höchsten geschätzten Werks von Goethe,[12] für die *Ägyptische Helena* vorbildlich wird, ohne daß sich das begreiflicherweise in der Musik strukturell dingfest machen ließe: „Ich will dem Ganzen den reinen, geläuterten Stil der Goetheschen *Iphigenie* geben“, schreibt er am 1.6.1925 an Hofmannsthal.[13] Diese erstrebte Iphigeniennähe resultiert freilich nicht zuletzt aus der Goetheverwandtschaft des Librettos der *Ägyptischen Helena*, das nicht nur auf den Helena-Akt des *Faust* II, sondern in dem todesmutigen Entschluß Helenas zur Wahrheit und Offenheit gegenüber Menelas auf das Kardinalthema der *Iphigenie* zurückweist, eben jener *Iphigenie*, deren vermeintli-

10 *Richard Strauss – Hugo von Hofmannsthal. Briefwechsel.* Gesamtausgabe. Hg. von Willi Schuh. Zürich ³1964, S. 170 f.

11 *Strauss – Hofmannsthal. Briefwechsel*, S. 303.

12 Vgl. Strauss' Brief an Willi Schuh vom 15.11.1946: *Iphigenie* und *Tasso* seien für ihn Goethes „oberste Werke“. *Richard Strauss. Briefwechsel mit Willi Schuh.* Zürich 1969, S. 107.

13 *Strauss – Hofmannsthal. Briefwechsel*, S. 541.

chem Klassizismus sich die hysterisierte Antike der *Elektra* noch so entschieden entgegengesetzt hatte, redet der Dichter doch in einem Brief einmal davon, daß er jene Tragödie „nicht ohne eine gewisse Lust am Gegensatze zu der ‚verteufelt humanen' Atmosphäre der Iphigenie" konzipiert habe.[14]

Strauss' „Lila"-Plan

Hofmannsthal glaubte, Strauss spätestens seit der von ihm in Form und Inhalt angeregten, vom Komponisten anfänglich so lustlos akzeptierten *Ariadne auf Naxos* überhaupt erst der Wagnerschen Seele in seiner Musikerbrust entfremdet, das Goethesche und Mozartische in ihm erweckt zu haben, – das Goethesche durchaus auch im Hinblick auf die Opernform, denn Goethes Singspiele, denen Hofmannsthal einen schönen Essay gewidmet hat,[15] blieben ihm immer ein Muster der Gattung, obwohl sie zu seinem Leidwesen nie die adäquate musikalische Realisierung gefunden haben. Über sein Verhältnis zu Goethes Libretti berichtet er auch Richard Strauss in seinem Brief vom 20. 1. 1913 – zu eben der Zeit, aus welcher jener Opernessay stammt.

Immer wieder bittet der Librettist den Komponisten um „dünnere Musik"[16], um das Zurücktreten des Orchesters hinter der Gesangsstimme, also um die Absage an das Wagnersche Musikdrama mit seiner Dominanz des Orchesters. „Wenn sich, als ein neuer Stilversuch, nicht absteigender Kräfte, sondern gesteigerter Kunsteinsicht, zu einem Weniger von Musik gelangen ließe, wenn die Führung, die Melodie etwas mehr in die Stimme gelegt werden und das Orchester, mindestens auf große Strecken, begleitend und nicht in der Symphonie sich auslebend, sich der Stimme subordinieren würde [...] – so wäre, für ein Werk dieser Art, der Operette ihr Zauberring entwunden, mit dem sie die Seelen der Zuhörenden so voll bezwingt!" schreibt Hofmannsthal am 26. 7. 1928 an Strauss.[17] Dieser verspricht denn auch seinem Librettisten immer wieder, den „Wagnerschen Musizierpanzer"[18] abzustreifen und, was die Orchesterbehandlung betrifft, „über meinen eigenen Schatten zu springen".[19]

Doch war Strauss die Welt der Goetheschen Singspiele, bevor er von Hofmannsthal über sie belehrt wurde, tatsächlich so unbekannt, war es wirklich so, daß Hofmannsthal Strauss den „bestimmten Stil" der *Ariadne* „förmlich aufdrängte", wie er in seinem Brief vom 23. 6. 1912 so stolz behauptet?[20] Merkwürdig, daß Strauss dem Freund nie erzählt zu haben scheint, daß er sich mit Goethes Singspielen schon zu einer Zeit beschäftigt hatte, als jener fast noch in Windeln lag, und zwar unter einem ganz ähnlichen operndramaturgischen Vorzeichen, wie es ihm Hofmannsthal zur *Ariadne*-Zeit nahezubringen suchte. Bereits der vierzehnjährige Strauss hatte sich mit einer Vertonung von Goethes Singspiel *Lila* (1777/78) getragen und drei Szenen entworfen. Zwei Arien für Sopran und Tenor mit gemischtem Chor und Orchester haben sich erhalten. (Abb. 1 und 2)

---

14 Hofmannsthal: *Briefe*. Wien 1937, S. 383.

15 Hofmannsthal: *Einleitung zu einem Band von Goethes Werken, enthaltend die Singspiele und Opern* (1913/14). In: *Gesammelte Werke. Reden und Aufsätze I.* Frankfurt/M. 1979, S. 443–448.

16 *Strauss – Hofmannsthal. Briefwechsel*, S. 484.

17 Ebd., S. 650 f.

18 Ebd., S. 359.

19 Ebd., S. 652.

20 Ebd., S. 185.

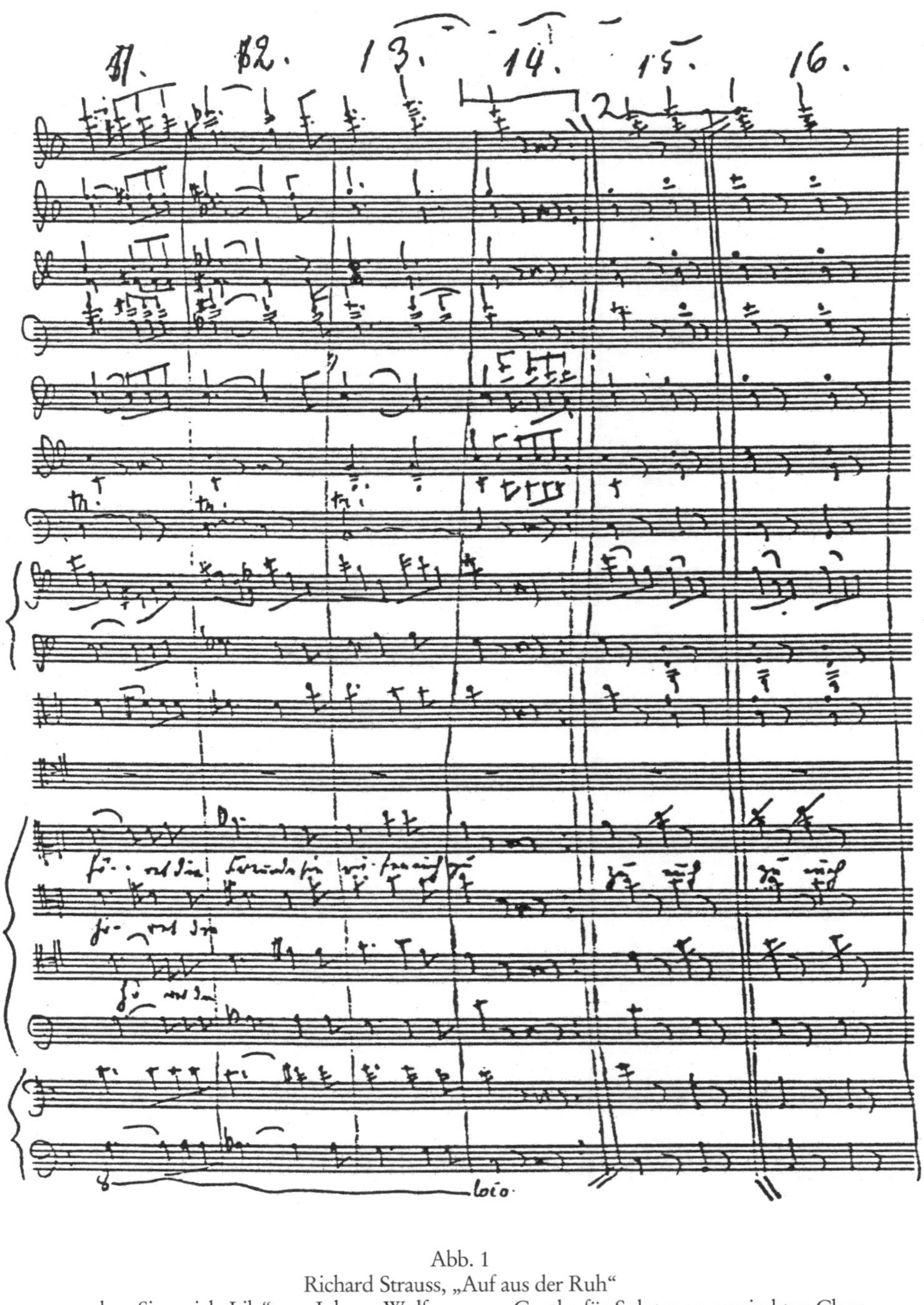

Abb. 1
Richard Strauss, „Auf aus der Ruh“
aus dem Singspiel „Lila“ von Johann Wolfgang von Goethe für Solotenor, gemischten Chor und Orchester, o. op. AV. 45 (Januar 1878).
Bleistiftniederschrift der Partitur (Seite 5 des Autographs)

Abb. 2
Richard Strauss, Arie der Almaide aus dem Singspiel „Lila"
von Johann Wolfgang von Goethe für Soparan und Orchester, o. op. AV. 44 (Januar 1878).
Bleistiftniederschrift der Klavierfassung (Seite 1 des Autographs)

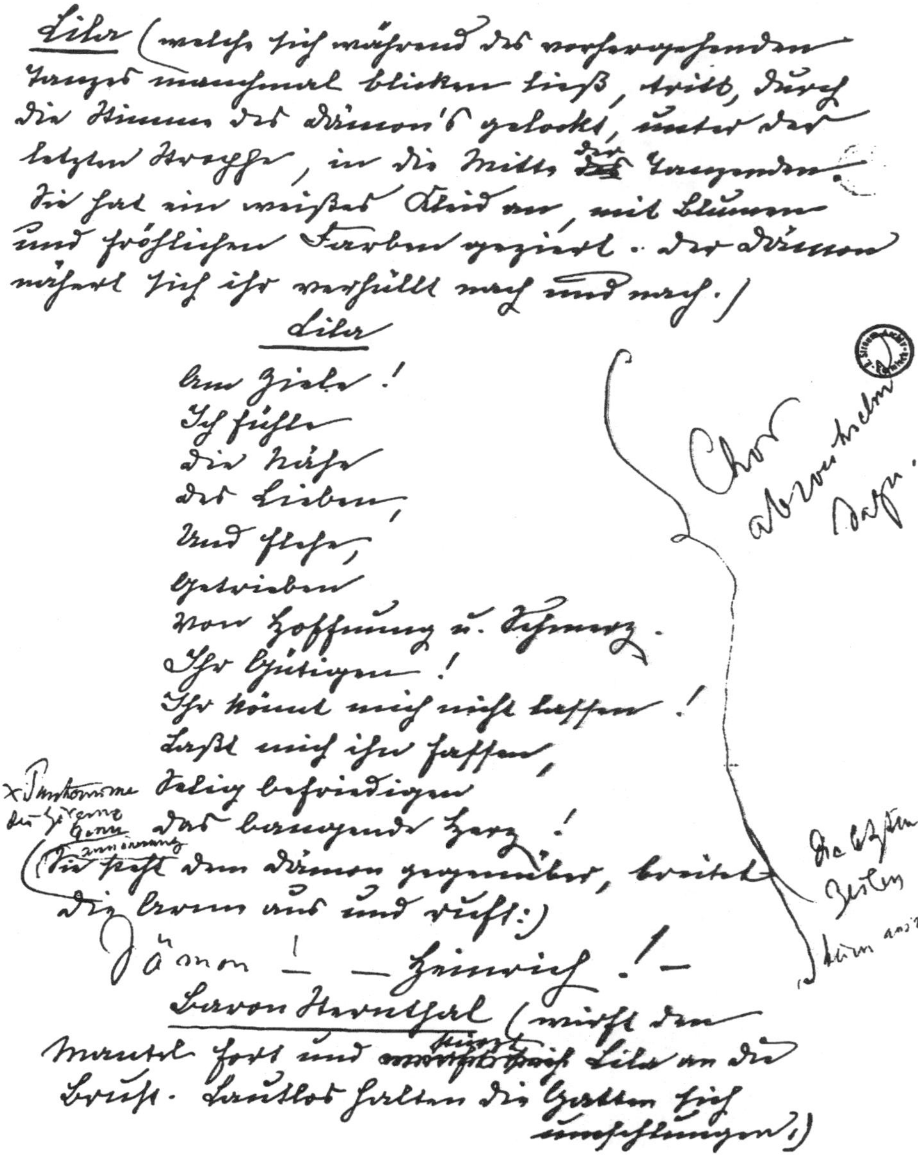
Lila (welche sich während des vorhergehenden Gesangs manchmal blicken ließ, tritt, durch die Stimme des Dämon's gelockt, unter der letzten Strophe, in die Mitte der Tanzenden. Sie hat ein weißes Kleid an, mit Blumen und fröhlichen Farben geziert. Der Dämon nähert sich ihr verhüllt mehr und mehr.)

Lila

Am Ziele!
Ich fühle
die Nähe
des Lieben,
Und stehe,
Getrieben
von Hoffnung u. Schmerz.
Ihr Gütigen!
Ihr könnt mich nicht lassen!
Laßt mich ihn fassen,
Selig befriedigen
das bewegende Herz!

(Sie steht dem Dämon gegenüber, breitet die Arme aus und ruft:)

Dämon! — Heinrich! —

Baron Sternthal (wirft den Mantel fort und drückt Lila an die Brust. Lautlos halten die Gatten sich umschlungen.)

Chor abwechselnd dazu.

Die letzten Zeilen

Abb. 3
Cosima Wagner und Günther von Freiberg (d. i. Ada Pinelli, geb. von Tresckow),
Bearbeitung von Johann Wolfgang von Goethes Singspiel „Lila“ für Richard Strauss (1895).
14 Seiten umfassendes Manuskript von Günther von Freiberg
mit Bleistiftkorrekturen und Zusätzen von der Hand Cosima Wagners

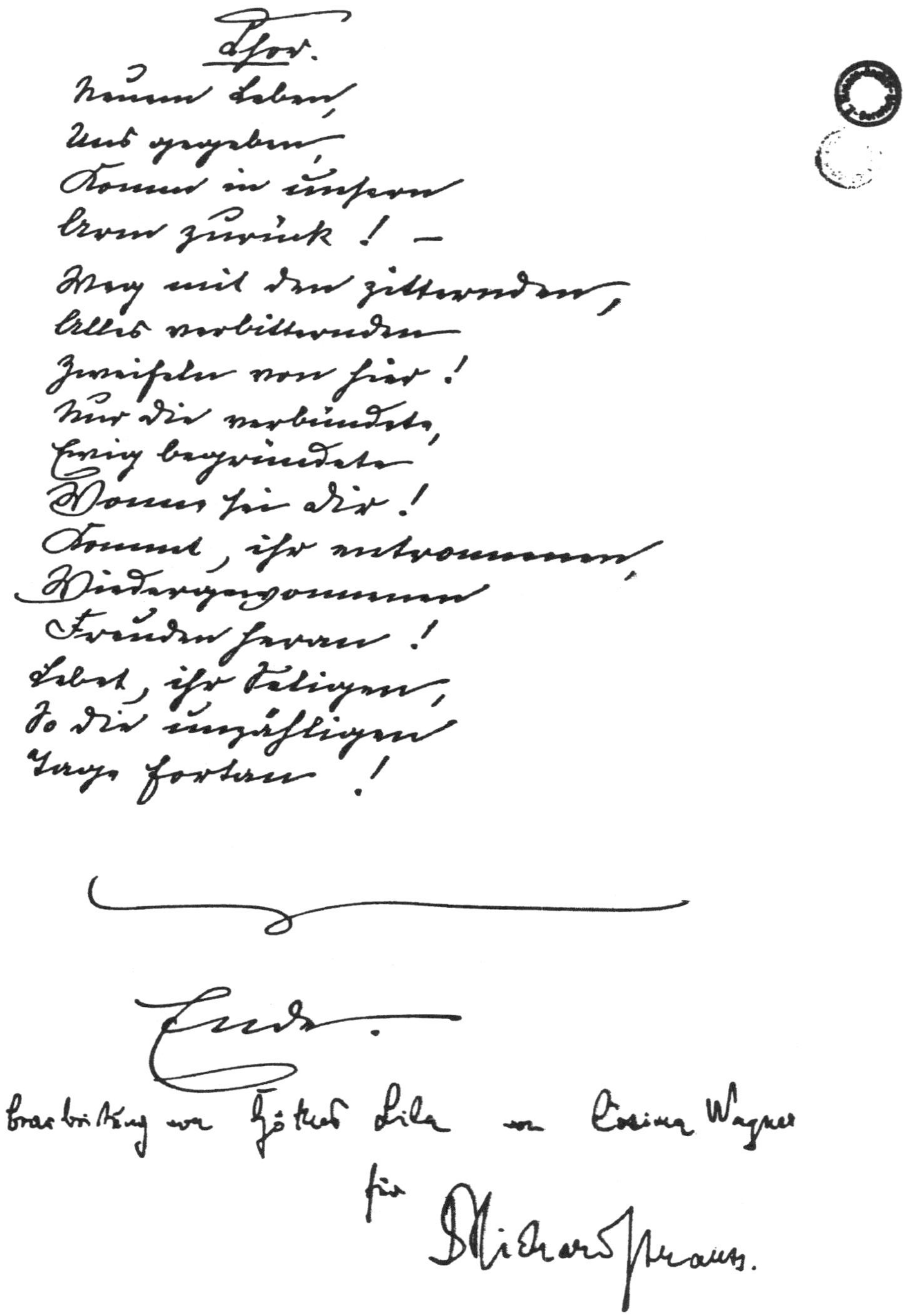
Chor.
Neues Leben,
Uns gegeben,
Kommt in unsern
Kreis zurück! —
Weg mit den zitternden,
Alles verbitternden
Zweifeln von hier!
Nur dir verbündete,
Ewig begründete
Wonne sei dir!
Kommt, ihr entronnenen,
Wiedergewonnenen
Freuden herein!
Lebt, ihr Seligen,
So die unzähligen
Tage fortan!

Ende.

Bearbeitung von Göthes Lila von Cosima Wagner
für
Dr Richard Strauss.

Abb. 4
Schriftlicher Nachtrag von Richard Strauss am Ende des Manuskripts
„Bearbeitung von Göthes Lila von Cosima Wagner für Dr. Richard Strauss."

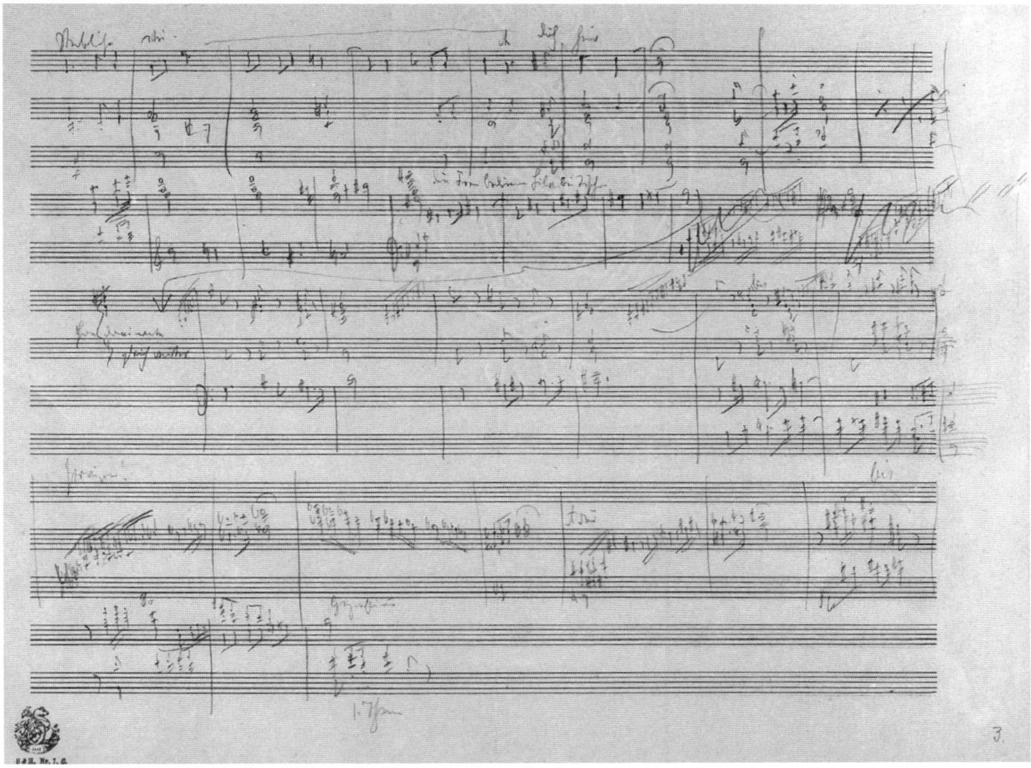

Abb. 5
Richard Strauss, „Lila“. Plan zu einem Singspiel nach dem gleichnamigen Werk von Johann Wolfgang von Goethe für Solostimmen, gemischten Chor und Orchester, AV. 221 (1895/96). Skizze zum Schlußteil der Almaiden-Arie aus dem II. Aufzug

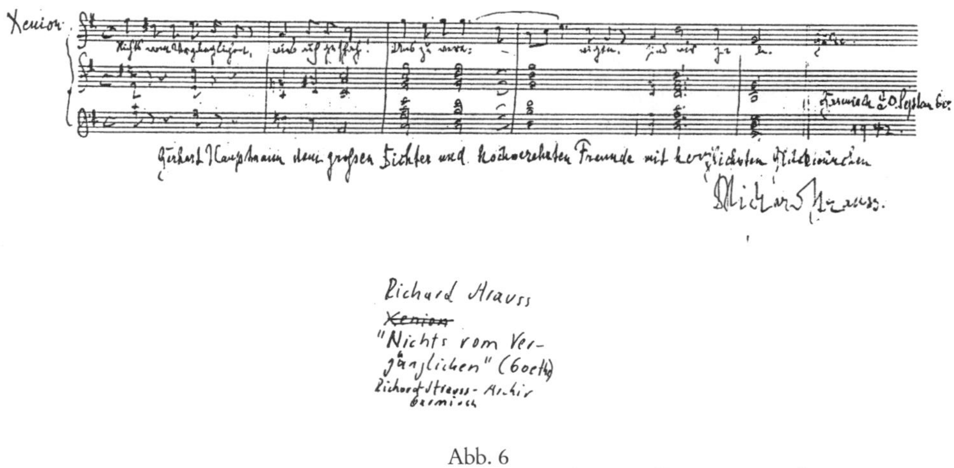

Abb. 6
Richard Strauss, „Nichts vom Vergänglichen“ (Johann Wolfgang von Goethe)

Zugemeßne Rhythmen

Goethe (West-östlicher Divan) *Richard Strauss*

Garmisch, 25. Februar 1935

Abb. 7

Abb. 8
Letzte Seite der Partitur zu den Metamorphosen

Diesen Plan griff er fast zwanzig Jahre später (im Herbst 1895) in Verbindung mit dem Regisseur Savits, dem Erfinder der Münchner Shakespeare-Bühne, wieder auf. Aus diesem Grunde bat er eine berühmte Witwe, die mit einem noch viel berühmteren Komponisten verheiratet gewesen war, ihm librettistisch zur Seite zu stehen, da „das feinsinnige duftige Stück" ganz unverändert nicht mehr zu vertonen sei. Die Freundin verspricht, ihren „alten Kopf" zu bemühen, „und wer weiß, ist der Pegasus nicht sattelfest, so ist vielleicht der Hexenbesen zum zweitenmal beflügelt!" Sie macht sich zusammen mit der schriftstellernden Freundin Ada Pinelli gleich an die Arbeit, berichtet Strauss von deren Fortschritten und schickt ihm einen „skizzenhaften Vorwurf" zu, der sich erhalten hat und zeigt, daß die neu gewonnene Librettistin dem „duftigen Stück", das die Heilung einer dem Wahnsinn verfallenen Frau durch die „psychische Kur" (Goethe)[21] von Musik und Poesie zum Inhalt hat, aufgrund der Identifizierung des Dämons Oger mit dem Gatten Lilas die etwas zu schweren Gewichte eines Ehedramas anhängt.

Strauss gibt zwar vor, den Grundeinfall „goethlich" zu finden, doch befürchtet er, daß durch ihn, vor allem aber durch die von der Bearbeiterin vorgesehene Zurückdrängung des gesprochenen Dialogs – welche das Stück seines Singspielcharakters mit seinem Nebeneinander von „Musik und Prosa" entkleiden würde – der „Mondscheinduft" des Spätrokoko und der Zelter-Zeit ‚ertötet' werde, und zwar „mit der Elektrizität des 20. Jahrhunderts" (das noch gar nicht angebrochen ist). Die Freundin verspricht zwar in ihrem Antwortbrief, die Stiltrennung von Prosa und Musik zu erhalten, findet es freilich „wunderlich", daß ausgerechnet Strauss „Rokoko – Zelter" vertritt. Wenn die Musik auch gewiß „fern jeder Überladung sich halten müßte, da der Stoff dies nicht zuläßt, und eine unendliche Unschuld das Waltende sein müßte", so glaubt sie doch, „daß alles, was altmodisch erschiene, die Seele der Dichtung verscheuchen würde".

Das „gewisse Veraltete, Modernde, Rokokohafte", das mit der Singspielform verbunden ist, liegt Strauss jedoch gerade am Herzen. *Ariadne* läßt grüßen! „Das Ganze darf durchaus nichts Opernhaftes bekommen, die Musik soll dabei nur aufs Notwendigste beschränkt werden, äußerst diskret sein [wie es später Hofmannsthal ersehnte; d. Vf.], und ein großer Reiz am Ganzen ist: das Problem von geschickt vermittelten Übergängen von Dialog zur Musik und daraus zurück zwar zu lösen, aber in einem Sinne zu lösen, als wenn ‚die Werke' nicht geschrieben". Natürlich meint Strauss mit ‚den' Werken die Musikdramen Wagners. Die Goethesche Seite seiner produktiven Natur ist also nicht erst von Hofmannsthal entdeckt, wenn auch gewiß aus langem Winter- oder besser: Wagner- und Nietzsche-Schlaf geweckt worden. Hat Strauss *Lila* doch zugunsten des *Zarathustra* aufgegeben. „Er ist andere Wege gewandelt!" schreibt wirklich zu Recht Cosima Wagner am 12. 5. 1914 an Ernst Fürst zu Hohenlohe-Langenburg im lächelnden Rückblick auf das abgebrochene *Lila*-Projekt, von dem drei Akte im Particell vorliegen. Nun wissen wir auch den Namen von Strauss' Librettistin: es ist Cosima Wagner.[22] (Abb. 3, 4 und 5)

---

21 FA 5, S. 938.

22 *Cosima Wagner – Richard Strauss. Briefwechsel*, S. 211–217. Vgl. dazu die einläßliche Untersuchung und Dokumentation von Stephan Kohler: *„Glück auf zum Veralteten, Modernden, Rokokohaften!" Richard Strauss und Cosima Wagner als Bearbeiter von Goethes Singspiel „Lila"*. In: Jb. der Bayerischen Staatsoper V. München 1982, S. 100–119. Der Beitrag enthält auch Kopien aus Cosima Wagners Libretto-Entwurf und aus Strauss' Entwürfen. Der Zitattitel des Kohlerschen Aufsatzes korrigiert die Lesart „Modernen" in der Ausgabe des Briefwechsels von Franz Trenner (S. 215). Den vollständigen Abdruck des Libretto-Entwurfs von Cosima Wagner enthält der folgende Beitrag von Stephan Kohler: *Goethes Sing-*

Musikalische Spruchpoesie

Schon vor *Lila* hat Strauss – im Alter von dreizehn Jahren – zwei Goethe-Texte vertont[23]: Es handelt sich um die beiden Klavierlieder *Der Fischer* und *Lust und Qual* aus dem Jahre 1877. Eine Handvoll weiterer Goethe-Kompositionen sind aus der ersten Lebenshälfte von Strauss überliefert: *Wandrers Sturmlied* für Chor und Orchester (1884), das Orchesterlied *Pilgers Morgenlied* (1897) und das Klavierlied *Gefunden* (1903). Hinzu kommt die Instrumentierung von Beethovens Klavierlied *Wonne der Wehmut* aus dem Jahre 1898.

Diese frühen Kompositionen zwischen 1877 und 1903 sind durch eine Pause von fünfzehn Jahren getrennt von den neun Goethe-Vertonungen, sämtlich Klavierliedern, zwischen 1918 und 1942.[24] Bemerkenswert, daß diese Lieder ausschließlich auf dem *West-östlichen Divan* – und zwar gerade nicht auf dessen lyrischen Gedichten – und den *Zahmen Xenien* beruhen.[25] Dazu gehören u. a. das Romain Rolland gewidmete *Divan*-Gedicht *Durch allen Schall und Klang* (1925), *Zugemeßne Rhythmen* für Peter Raabe (ebenfalls aus dem *Divan*, 1935) und das Xenion *Nichts vom Vergänglichen*, „Gerhart Hauptmann, dem großen Dichter und hochverehrten Freunde mit herzlichen Glückwünschen“ zum 80. Geburtstag zugeeignet (1942). (Abb. 6)

Es ist, ganz ähnlich wie im Falle von Anton Webern, von dem Strauss ansonsten durch eine Welt getrennt ist, die *Spruchpoesie* des späten Goethe, nicht seine Lyrik im engeren Sinne, die Strauss zu seinen musikalischen Reflexionen – als solche sind seine Vertonungen eher zu bezeichnen denn als „Lieder“ – inspiriert haben. Fast immer handelt es sich da um Gelegenheitskompositionen mit aphoristischen musikalischen Anspielungen und Pointen, die Strauss, abgesehen von den drei Liedern aus dem *Buche des Unmuts* des *Divan* (op. 67; 1918), nicht veröffentlicht und mit Opuszahlen versehen hat. Weite Teile des Liedschaffens von Strauss sind entweder Gelegenheitskompositionen privaten Anstrichs oder aber eine Art Experimentierfeld, auf dem er kompositorische Verfahrensweisen erprobt, die er vom

spiel „Lila“ in der Bearbeitung Cosima Wagners für Richard Strauss und das Fragment eines Singspielentwurfs von Hugo von Hofmannsthal. In: Hofmannsthal-Blätter 26 (1982), S. 19–31. Vgl. ferner ders.: *Das Singspiel als dramatischer Formtypus: Goethe – Strauss – Hofmannsthal.* In: Wolfgang Wittkowski (Hg.): *Goethe im Kontext.* Tübingen 1984, S. 181–193.

23 Sämtliche von Strauss vertonte Goethe-Gedichte sind in der Ausgabe zusammengestellt: *Die Texte der Lieder von Richard Strauss.* Kritische Ausgabe von Reinhold Schlötterer. Veröffentlichungen der Richard-Strauss-Gesellschaft München. Bd. X. Pfaffenhofen 1988, S. 54–65. – Das Joseph Goebbels gewidmete Lied *Das Bächlein*, mit dem Strauss 1933 dem Propagandaminister eine lyrische Kußhand zuwarf, wohl um ihm für die Ernennung zum Präsidenten der Reichsmusikkammer zu danken, geht glücklicherweise nicht auf ein echtes Goethe-Gedicht zurück. So unerfreulich und überflüssig Strauss' opportunistische Geste gewesen ist – sie wurde ihm nie gedankt: Goebbels scheint auf die Widmung nicht einmal reagiert zu haben –, eine Huldigung an die neuen Machthaber ist das Lied trotz der dreimaligen Wiederholung des Wortes „Führer“ in der letzten Verszeile mitnichten, hat dieses idyllische Lied, auch und gerade in seiner letzten Zeile, doch nichts Affirmatives, schon gar nichts Martialisches, sondern unterläuft durch seine gänzlich unheroische Vertonung der Worte des Bächleins: „Der, denk ich, wird mein Führer sein“ jegliches Führerpathos. Gerade die dreimalige Wiederholung des Wortes „Führer“ verstärkt die antipathetische, wenn nicht ironische Tendenz dieser Passage.

24 Hinzu kommen eine Reihe von unvollendeten, nur skizzierten Goethe-Vertonungen. Vgl. dazu Barbara A. Petersen: *Ton und Wort. Die Lieder von Richard Strauss.* Veröffentlichungen der Richard-Strauss-Gesellschaft München. Bd. VIII. Pfaffenhofen 1986, passim.

25 Vgl. dazu Willi Schuh: *Verstreute Goethe-Vertonungen.* In: Richard Strauss-Jb. 1959/60, S. 147–152 (mit der Veröffentlichung von vier Liedern).

allgemeinen „Publikum" abschirmt: eine musikalische Geheimpoesie hinter den Kulissen der Öffentlichkeit. Den späten Strauss und den späten Goethe verbindet eine Affinität im Geiste poetisch-musikalischer Aphoristik und Reflexionskunst: Spruchdichtung und Spruchmusik als „offenbar Geheimnis" (mit dem Titel des *Divan*-Gedichts aus dem *Buch Hafis* zu reden).

Eines dieser musikalischen Spruchgedichte sei hier näher betrachtet: *Zugemeßne Rhythmen* aus dem *Buch Hafis* des *West-östlichen Divan.*[26] Dieses knappe und doch mit musikalischen Zitaten gespickte Lied ist aus polemischem Anlaß entstanden. Peter Raabe hatte sich 1935 in der „Allgemeinen Musikzeitung" kritisch mit Walter Abendroths versteckter Attacke auf Richard Strauss in seiner Pfitzner-Biographie auseinandergesetzt. Dieser Artikel gefiel Strauss so gut, daß er am 25. 2. 1935 für den Autor das zu diesem Anlaß passende Goethe-Gedicht *Nachbildung* vertonte und mit einer Unterschrift versah, die auf Abendroths anonyme Gehässigkeit über Strauss' „feminines Schwelgen und Duseln in [...] klanglichen Fettpolstern"[27] anspielt: „Ein im Abendrot des femininen 19. Jahrhunderts auf klanglichen Fettpolstern duselnder Programmmusiker", lautet nun Strauss' parodistische Selbstbezeichnung. Hier Goethes Gedicht:

Zugemeßne Rhythmen reizen freilich,
Das Talent erfreut sich wohl darin;
Doch wie schnelle widern sie abscheulich,
Hohle Masken ohne Blut und Sinn;
Selbst der Geist erscheint sich nicht erfreulich,
Wenn er nicht, auf neue Form bedacht,
Jener toten Form ein Ende macht.[28]

Sosehr Goethe der orientalischen Poesie nachzuschaffen suchte, lag ihm doch die pedantische Nachahmung ihrer Formen fern. Deren bloße Nachbildung ist die Sache des „Talents", des bloßen Virtuosen. Doch derartige Formimitation führt nur zu „hohlen Masken". Der „Geist" bedarf der „neuen Form", und er vermag das Vergangene – den Zauber der orientalischen Dichtung – nur wiederzubeleben, wenn er durch diese neue die alte Form aufhebt.

Das war auch die Grundüberzeugung von Strauss. Sie überträgt er nun in eine Zitatcollage. Der zweiten Zeile – „Das Talent erfreut sich wohl darin" – unterlegte er das Allegro-Hauptthema des Finalsatzes der Ersten Symphonie von Brahms, der Strauss immer noch – der Meinungstradition der neudeutschen Schule gemäß, die Arnold Schönberg später durch seinen Aufsatz *Brahms der Fortschrittliche* auf den Kopf stellen sollte – als der musikalische Sachwalter der traditionellen, „zugemeßnen" Formen galt. Die „hohlen Masken" abgelebter und sinnentleerter Formen werden in eine altertümelnde e-moll-Kadenz à la Pfitzners *Palestrina* übersetzt. Der „richtige", d. h. über bloßes Talent hinausgelangende Künstler, der „auf neue Form bedacht" ist, erlaubt das erste Strauss-Zitat: die Reminiszenz an Arabellas F-dur-Duett mit der Schwester: „Aber der Richtige". Wie dieses Neue zu klingen hat, demonstriert selbstbewußt das Zitat aus Strauss' *Tod und Verklärung*. Der eigent-

26 Vgl. zum folgenden Willi Schuh: *Zur Vertonung des Divan-Gedichts „Zugemeßne Rhythmen"*. In: Richard Strauss-Jb. 1954, S. 122–124, ferner Norman del Mar: *Richard Strauss*. Bd. III. Ithaca, New York 1986, S. 398 f.

27 Walter Abendroth: *Hans Pfitzner*. München 1935, S. 323.

28 *Die Texte der Lieder von Richard Strauss*. Kritische Ausgabe von Reinhold Schlötterer, S. 62.

liche Überwinder der toten Form aber ist Richard Wagner: das *Meistersinger*-Zitat im Klaviernachspiel bildet nun die Antithese zum Brahms-Thema des Beginns der Goethe-Vertonung. Im winzigen Kosmos dieses polemisch-musikalischen Spruchgedichts sollen sich Goethe und Wagner einmal mehr als Genies offenbaren, die „eben eine große Familie“ sind. (Abb. 7)

Metamorphosen

Mit Goethe und seiner Spruchdichtung hat aber auch das bedeutendste Werk aus Strauss' letzter Schaffensphase zu tun: die *Metamorphosen* von 1945. Diese „Studie für 23 Solostreicher“, sein letztes Orchesterwerk, die sich variierend dem Telos des Trauermarsches aus Beethovens *Eroica* zubildende Nänie auf das zerstörte Deutschland[29], ist in seinem geistigen, ja strukturellen Kern ein letztes kompositorisches Zeugnis der Goethe-Verehrung von Richard Strauss. Das zeigen die Skizzenbücher zu den *Metamorphosen*, in die er auch Früchte seiner Lektüre der von ihm so sehr geliebten, als wahlverwandt empfundenen Spruchdichtung des späten Goethe eintrug, so gleich zu den ersten Skizzen zwei der nachgelassenen *Zahmen Xenien*, deren Abschrift Strauss' Irritation durch den Weltlauf spiegelt und durch die er sich selbst zur illusionslos-nüchternen Tagesarbeit im Zeichen erprobten Könnens aufruft:

Wie's aber in der Welt zugeht
Eigentlich niemand recht versteht,
Und auch bis auf den heutigen Tag
Niemand gern verstehen mag.
Gehabe du dich mit Verstand,
Wie dir eben der Tag zur Hand,
Denk immer: ist's gegangen bis jetzt,
So wird es auch wohl gehen zuletzt.

Und:

Niemand wird sich selber kennen
Sich von seinem Selbst-Ich trennen;
Doch probier' er jeden Tag
Was nach außen endlich klar,
Was er ist und was er war,
Was er kann und was er mag.[30]

Doch nicht nur solche versteckten Bezüge zu Goethe prägen Strauss' Variationswerk, sondern sein Titel weist über dessen ovidisch-mythologische Bezüge hinaus auf einen Kardinalbegriff der Goetheschen Naturforschung zurück: die Metamorphose.

---

29 „Das Goethehaus, der Welt größtes Heiligtum, zerstört! Mein schönes Dresden, Weimar, München: alles dahin!“ schreibt er an Joseph Gregor – bemerkenswert, daß er das Goethehaus, nicht etwa Wahnfried für der Welt größtes Heiligtum hält. Vgl. dazu und zum folgenden Stephan Kohler: *Von der Fähigkeit zu trauern. Zu den „Metamorphosen“ o. Op. A V 142*. In: Hans Jörg Jans (Hg.): *Komponisten des 20. Jahrhunderts in der Paul-Sacher-Stiftung*. Fs. *zur Eröffnung der Paul-Sacher-Stiftung*. Basel 1986, S. 56–61.

30 MA 18.1, S. 58 f. Vgl. Strauss' nur in der Interpunktion leicht abweichende Abschriften bei Kohler: *Von der Fähigkeit zu trauern*, S. 68.

Strauss ist nicht der erste und einzige Komponist dieses Jahrhunderts, der diesen metaphorischen Begriff dem traditionellen musikalischen Terminus der Variation vorzieht. Es sei an Paul Hindemiths *Symphonische Metamorphosen über Themen von C. M. v. Weber* (1943) erinnert. Und der wohl rigoroseste Goetheaner der Musikgeschichte: Anton Webern hat seine ganze dodekaphonische Kompositionslehre aus Goethes Morphologie abgeleitet, die Reihentechnik immer wieder durch die Begriffe von Urpflanze und Metamorphose erläutert. Erstere steht für die Reihe in der Zwölftonkomposition, letztere fällt bei ihm mit dem Begriff der entwickelnden Variation zusammen.[31] Webern insistierte so sehr auf dieser Goethe-Parallele, daß Freunde wie Karl Amadeus Hartmann sie für eine rechte Grille hielten. So schreibt Webern etwa im Juni 1941 an seine Freundin und Textdichterin Hildegard Jone zum Konzept seiner Orchestervariationen op. 30: „Stell Dir vor: da sind sechs Töne gegeben, in einer Gestalt, die durch die Folge und Rhythmus bestimmt ist und was nun kommt […] ist nichts anderes als immer wieder diese Gestalt!!! Freilich in fortwährender ‚Metamorphose' [im musikalischen heißt dieser Vorgang ‚Variation'; d. Vf.]) – aber sie ist es doch immer wieder."[32]

Warum Strauss für seine „Studie" den Begriff der Metamorphose demjenigen der Variation vorzieht, hängt wohl vor allem damit zusammen, daß sie nicht von einem anfänglich exponierten festen Thema ausgeht, sondern daß der aus Beethovens „marcia funebre" hergeleitete c-moll-Hauptgedanke nach den Worten von Stephan Kohler „als unbewußter, zunächst nicht erkennbarer Bezugspunkt gewählt" wird, „der seine Identität erst nach und nach enthüllt".[33] Der Bezug von Strauss' Variationswerk zu Goethes Morphologie, von dem die Forschung überzeugt ist,[34] ist anders als bei Webern freilich eine Spekulation, hat weit weniger strukturelle Konsequenzen für seine Kompositionsweise, als es bei seinem Wiener Antipoden der Fall ist. (Abb. 8)

Musikalische Berührungsscheu vor Goethe

Überhaupt ist es merkwürdig, wie relativ selten Strauss' tiefe Goethe-Liebe, Verehrung und umfassende Werkkenntnis sich in seinem Oeuvre kompositorisch unmittelbar niedergeschlagen haben – eine merkwürdige Parallele zu den musikalisch ebenfalls so tief in Goethes Spuren wandelnden Komponisten Busoni und Webern –, daß sie weniger in als zwischen den Notenlinien zu finden sind. Dafür gibt es einen wesentlichen Grund: die musikalische Berührungsscheu von Strauss gegenüber einem über alles bewunderten Dichter, dessen Worte in ihrer poetischen Vollendung (im ganzen Bedeutungsumfang des Wortes) nach seiner Überzeugung der Töne nicht bedurften[35] – trotz der von Goethes Poesie ausgelösten großen deutschen Liedtradition von Schubert bis Wolf. Das hat er immer wieder gegen-

---

31 Vgl. Barbara Zuber: *Gesetz + Gestalt. Studien zum Spätwerk Anton Weberns.* München 1995, S. 60 f. u. ö.

32 Zit. ebd., S. 69.

33 Kohler: *Von der Fähigkeit zu trauern*, S. 66.

34 Vgl. neben dem Aufsatz von Kohler Norman del Mar: *Richard Strauss*, Bd. III, S. 426 f. und Brian Gilliam (Hg.): *Richard Strauss. New Perspectives on the Composer and His Work.* Durham and London 1992, S. 201 (Timothy L. Jackson).

35 In diesem Punkt kommt seine Anschauung der seines Antipoden Johannes Brahms nahe, der behauptete, Goethes Gedichte seien in sich so vollkommen, daß keine Vertonung ihnen etwas hinzufügen könne. Selbst Schubert sei dies nur ein einzigesmal: in seinen Suleika-Liedern gelungen. Vgl. dazu Ludwig Finscher: *Brahms' Early Songs: Poetry versus Music.* In: *Brahms Studies. Analytical and Historical Perspectives.* Ed. by George S. Bozarth. Oxford 1990, S. 331–344.

über Freunden wie Joseph Gregor[36], Romain Rolland[37] oder Willi Schuh betont. In einem Brief an diesen vom 11. 6. 1946 polemisiert er deshalb heftig gegen Charles Gounod und Ambroise Thomas, wider deren „Goetheverhunzende Margarethe und Mignon“ er sein Leben lang protestiert habe.[38]

Als Joseph Gregor 1939 für das spätere *Capriccio* das „merkwürdige Milieu“ vorschlägt, „in das der junge Goethe in Weimar eintrat“ – mit dem von ihm geleiteten Liebhabertheater, einem Komponisten mit Spuren von Knebel, einer Schauspielerin als Ebenbild der Jagemann, der Comtesse und dem sie umschwärmenden Poeten als Frau von Stein und Goethe –, war Strauss entsetzt: „Um Gottes willen keine Anspielungen auf große Persönlichkeiten: Göthe – Frau von Stein! Brr!“[39] Und später noch einmal: „Ich bitte um Gottes willen keine direkten Anspielungen auf Weimar, Wilhelm Meister[40] oder gar direkte Nennung geheiligter Namen“ – was Gregor nicht begreifen will: „Nicht recht verstanden habe ich auch, warum z. B. von Goethe oder von Beethoven nicht gesprochen werden darf?“[41]

Warum nicht? Es war, was Gregor bei einem Komponisten vom Range Strauss’ wohl nicht begreifen konnte, dessen ungeheurer Respekt vor diesen Namen, der es ihm nicht erlaubte, sie in seiner eigenen musikdramatischen Sprache reden zu lassen. Daß er so wenige Goethe-Texte und gerade nicht die bedeutendsten vertont hat, daß er die Spuren Goethes in seinem Werk verwischt, sein Bild in heimlichen Nischen und hinter zart gewebten Vorhängen verborgen hat, zeigt, daß ihm Goethe ein Stern höchster Höhe war, den er durch seine Musik nicht zu erreichen wagte. Und doch bedeuten diese heimlichen Spuren mehr als die bedenkenlose Komposition und musikalische Trivialisierung der Dichtung Goethes, gegen die Strauss sich zeitlebens verwahrt hat. Noch in dessen musikalischem Schweigen ist der Geist Goethes freilich gegenwärtiger als in der Masse so vieler redseliger Vertonungen seiner Dichtungen.

---

36 Vgl. Norman del Mar: *Richard Strauss*. Bd. III, S. 247.

37 „Die wirklichen, poetischen Dramen Schillers, Goethes, Shakespeares genügen sich selbst: sie bedürfen keiner Musik“. Zit. nach Maria Hülle-Keeding: *Richard Strauss – Romain Rolland. Briefwechsel und Tagebuchnotizen.* Veröffentlichungen der Richard-Strauss-Gesellschaft. Bd. XIII. Berlin 1951, S. 182.

38 *Strauss – Schuh. Briefwechsel*, S. 95.

39 Vgl. Kurt Wilhelm: *Fürs Wort brauche ich Hilfe. Die Geburt der Oper „Capriccio“ von Richard Strauss und Clemens Krauss.* München 1988, S. 53 f.

40 Was Richard Strauss nicht gewußt hat: Hofmannsthal plante schon 1900 ein „Singspiel nach W. Meister“ mit dem Titel *Die Gräfin*, welches dasselbe dritte Buch von *Wilhelm Meisters Lehrjahre* zum Inhalt hat, das – mit dem Schloß des Grafen – später Joseph Gregor zu seinem abgelehnten Libretto-Entwurf für Richard Strauss inspirierte. Vgl. dazu die bereits angeführten Aufsätze von Stephan Kohler in: Hofmannsthal-Blätter 26 (1982), hier S. 22 u. in: Wolfgang Wittkowski (Hg.): *Goethe im Kontext.* Tübingen 1984, hier S. 187 f.

41 Ebd., S. 68 u. 71. Vgl. auch Norman del Mar: *Richard Strauss*. Bd. III, S. 183 ff.

DIETRICH VON ENGELHARDT

Goethes Farbenlehre und Morphologie in den Naturwissenschaften des 19. Jahrhunderts

I. Vorbemerkung

Rezeption und Resonanz Goethes als Naturforscher in den Naturwissenschaften des 19. Jahrhunderts sind von einer großen Vielfalt bestimmt und unterliegen starken Veränderungen, fallen zugleich abweichend in den verschiedenen Disziplinen aus – der Physik und Meteorologie, der Geologie und Mineralogie, der Anatomie, Physiologie, Botanik und Zoologie sowie der allgemeinen Wissenschaftslehre und Forschungsmethodologie. Ein Thema für sich stellt in dieser Hinsicht die Beurteilung Goethes in seinem Leben und Werk durch die Mediziner dar.[1]

Wenn bei aller Wirkung das Urteil über die Bedeutung Goethes für den Verlauf der Naturwissenschaften im vergangenen Jahrhundert ambivalent, in Teilbereichen zustimmend, im allgemeinen aber zurückhaltend oder negativ ausfällt, so sollte zweierlei beachtet werden: Die Beziehung des Menschen zur Natur muß keineswegs nur nach der Logik der Naturwissenschaften und praktischen Auswertung erfolgen; es gibt neben diesen Orientierungen auch die berechtigten Perspektiven der Künste und Literatur, der Philosophie und Theologie mit ihren Darstellungen und Deutungen der Natur.

Damit stellt sich des weiteren im Blick auf Goethe als Naturforscher auch die Frage nach dem Wissenschaftsverständnis oder genauer nach dem Verhältnis der Naturwissenschaften zu den Geisteswissenschaften. Die Ideen und Vorstellungen von Goethe als Naturforscher haben sich in der herrschenden Naturwissenschaft nicht durchzusetzen vermocht, besitzen aber – wie die Konzepte und Ideen der Naturphilosophen und romantischen Naturforscher – angesichts der Suche nach Schutz und Bewahrung der Natur, nach einer Verbindung von Natur und Mensch, nach einer Einheit von Wissenschaft, Kunst und Leben unzweifelhaft auch heute noch aktuelle Bedeutung.

II. Epoche der Romantik und des Idealismus

Goethes Naturforschung befindet sich in einer Nähe zur metaphysischen Naturphilosophie und romantischen Naturforschung, weicht aber ebenso deutlich von diesen Positionen in ihrer spezifischen Verbindung von Ästhetik, Philosophie, Wissenschaft und Biographie ab, was noch stärker für die Beziehung zu den empirischen Naturwissenschaften zutrifft.[2]

---

1 K. R. Mandelkow (Hg.): *Goethe im Urteil seiner Kritiker. Dokumente zu seiner Wirkungsgeschichte*; ders.: *Goethe in Deutschland. Rezeptionsgeschichte eines Klassikers.* Bd. 1–2, München 1980/89; G. Schmidt: *Goethe und die Naturwissenschaften.* Eine Bibliographie, Halle 1940.

2 D. von Engelhardt: *Quellen und Zeugnisse zur Wechselwirkung zwischen Goethe und den romantischen Naturforschern.* In: Acta historica Leopoldina 20 (1992), S. 31–55.

Bei den romantischen Naturforschern und idealistischen Naturphilosophen findet Goethe wiederholt Beachtung, seine Beiträge werden zitiert und auch rezensiert.[3] Die persönlichen wie brieflichen Kontakte mit den Anhängern dieser Bewegung und die Aufnahme in ihren Veröffentlichungen sind für Goethe von besonderer Wichtigkeit, da sie ihm das Gefühl vermitteln, mit seiner Naturbetrachtung auf positive Resonanz in der Wissenschaft und Philosophie zu stoßen, Verbündete und Gleichgesinnte unter den Forschern und Denkern seiner Zeit zu besitzen. 1818 schreibt Goethe an den Gynäkologen, Naturphilosophen und Maler Carl Gustav Carus:

> Das Alter kann kein höheres Glück empfinden, als daß es sich in die Jugend hineingewachsen fühlt und mit ihr nun fortwächst. Die Jahre meines Lebens, die ich, der Naturwissenschaft ergeben, einsam zubringen mußte, weil ich mit dem Augenblicke in Widerwärtigkeit stand, kommen mir nun höchlich zu Gute, da ich mich jetzt mit der Gegenwart in Einstimmung fühle, auf einer Altersstufe, wo man sonst nur die vergangene Zeit zu loben pflegt.[4]

Von Gotthilf Heinrich von Schubert wird Goethes Naturauffassung überaus geschätzt; seine Farbenlehre habe er „mit wahrhaftem jugendlichen Entzücken gelesen“, aus seiner Morphologie – „dieser geistvollen Formenlehre der organischen Welt“ – habe er „Lichtblicke einer tieferen Naturanschauung“[5] in sich aufgenommen. Henrik Steffens hält von Goethes Optik wenig, dafür aber um so mehr von der Pflanzenmetamorphose; über seinen Aufenthalt in Jena und die Kontakte mit Goethe im Frühjahr 1799 heißt es in seiner Autobiographie *Was ich erlebte (1840–1844)*: „Goethe war im höchsten Grade mittheilsam; es war ihm darum zu thun, junge Naturforscher für seine Ansichten zu gewinnen.“[6] Einwände bleiben aber nicht aus. Für Friedrich Joseph Schelver ist Goethes Metamorphosegedanke zu empirisch oder eine „sehr gemeine Abstraktion“, er habe sie zunächst für viel höher angesehen, Goethe begnüge sich aber „mit der schlechtesten empirischen Notwendigkeit“[7]. Christian Friedrich August Heinroths Beurteilung von Goethes Naturforschung als einer Art „gegenständliches Denken“[8] in seinem *Lehrbuch der Anthropologie (1822)* findet bei diesem ausdrückliche Anerkennung.[9] In der vergleichenden Anatomie ergeben sich Übereinstimmungen vor allem mit Lorenz Oken, Carl Friedrich Burdach und Carl Gustav Carus. Über die Frage einer Übernahme oder parallelen und unabhängigen Entdeckung des Wirbels als Grundtypus im Knochenbereich kommt es zwischen Goethe und Oken zu einer Kontroverse, die von den meisten Naturforschern zugunsten von Oken entschieden wird.

---

3 J. D. Brandis: *Die Metamorphose der Pflanzen* (1794); C. G. Carus: *Die Metamorphose der Pflanzen* (1832); Nees von Esenbeck: *Zur Naturwissenschaft überhaupt, besonders zur Morphologie* (1818 u. 1823); K. J. H. Windischmann: *Zur Farbenlehre* (1813).

4 C. G. Carus: *Goethes Verhältnis zur Natur und Naturwissenschaft*. In: *Göthe zu dessen näherem Verständniß*. Leipzig 1843, Nachdr. Dresden 1953, 1843, S. 5.

5 G. H. von Schubert: *Der Erwerb aus einem vergangenen und die Erwartung von einem zukünftigen Leben*. Bd. 2, Erlangen 1855, S. 223.

6 H. Steffens: *Was ich erlebte*. Bd. 4, Breslau 1843, Nachdr. Stuttgart-Bad Cannstatt 1996, S. 102.

7 Schelver an Schelling, 7. 11. 1803. In: J. W. Goethe: *Die Schriften zur Naturwissenschaft*, 2. Abt., Bd. 9 B, Weimar 1986, S. 213.

8 C. F. A. Heinroth: *Lehrbuch der Anthropologie*, Leipzig 1822.

9 Goethe an S. Boisserée, 22. 12. 1822. In: *Briefe*, Bd. 4, Hamburg 1967, S. 57.

Carus, der Goethe als Mensch, Dichter und Naturforscher gleichermaßen schätzt, in ihm ein Vorbild für sein eigenes Leben sieht, einen Briefwechsel mit ihm unterhält, ihn auch persönlich in Weimar aufsucht und ihm eigene Werke widmet, unterscheidet in seiner Studie *Goethes Verhältnis zur Natur und Naturwissenschaft* (1843) die Dimensionen: Wissenschaftsverständnis und Methodik, naturwissenschaftliche Disziplin und Thematik, Typen der wissenschaftshistorischen Resonanz und geht auch auf die sprachliche Form und die Bedeutung der Naturauffasung für das Verständnis des literarischen Werkes ein.

Der Weg vom Besonderen zum Allgemeinen – „der betretenste, der auch dem schwachen Talent geöffnete“[10] – und der Weg vom Allgemeinen zum Besonderen, mit der Gefahr, sich in Phantasien und ins Subjektive zu verlieren, wie der Chance einer ideellen Betrachtung der Naturerscheinungen von ihrem „Urgrade“ her, seien beide wichtig und notwendig: „Für Goethe, der zu etwas anderem berufen, nie auf den Ruhm eines speziellen Forschers im Reiche der Natur Anspruch machen sollte, den aber die innige Liebe zur Natur durchdrang und festhielt, konnte nur der zweite Weg der angemessene sein.“[11] Aus dieser Sicht sei auch Goethes Distanz zum Mikroskop und Teleskop verständlich, ebenso die Nähe seiner Naturforschung zur Dichtung. In thematischer Beziehung hebt Carus die folgenden Momente hervor: „Das Urwesentliche der Pflanze – die Grundgestaltung des Skeleton – das Licht – die Erscheinungen der Atmosphäre – dies waren würdige Vorwürfe, an welchen seine Kräfte sich versuchten.“[12]

Drei Typen der Resonanz lassen sich nach Carus in der Wissenschaftsgeschichte unterscheiden: vergängliche Leistungen, die zahlenmäßig an der Spitze stünden; für den Fortgang wesentliche Leistungen, die aber überholt würden; zeitlose Leistungen, die für ihre Zeit einflußreich und zugleich „für alle Zeit und für die gesamte Menschheit“[13] gültig seien. Goethes Leistungen bezögen sich auf den zweiten und dritten Typ. Für psychologisch bemerkenswert und wissenschaftlich zu bedauern hält Carus die Kritik am Vulkanismus; hier blieb Goethe „hinter der Gegenwart zurück“[14]. Unvergänglich sei dagegen die Lehre von der Metamorphose der Pflanze: „von höchster lebendigster Einwirkung auf das gesamte Gebiet der Botanik“[15]. Als weniger „eindringend“, aber doch auch bedeutend könnten die anatomischen Einsichten gelten: Zwischenkiefer, Wirbelbau des Schädels als Fortsetzung der Rückenwirbelsäule. Besonders intensiv seien Goethes naturwissenschaftlichen Untersuchungen über das Licht und die Farben ausgefallen – „und dessen ungeachtet wird vielleicht gerade von diesen Bestrebungen das wenigste als ein festes aus der Zeitflut sich herausraffendes Eigentum der Wissenschaft betrachtet werden dürfen“[16], wobei allerdings das Urteil nach den verschiedenen Bereichen der Farbenlehre zu differenzieren sei.

Carus hebt im übrigen den sprachlichen Stil der Texte Goethes hervor, der ihn von den deutschen Naturforschern seiner Zeit unterscheide; die Aufsätze über Wolkenformen und über „geologische Wahrnehmungen zeigen fast überall eine Schönheit des Stils und Klarheit der Auffassung, welche um so mehr sie musterhaft erscheinen lassen, je mehr im allgemei-

---

[10] C. G. Carus: *Goethes Verhältnis zur Natur und Naturwissenschaft*; in: *Göthe zu dessen näherem Verständniß*. Leipzig 1843, Nachdr. Dresden 1953, S. 102 f.
[11] C. G. Carus: Anm. 10, S. 102.
[12] Ebd., S. 106.
[13] Ebd., S. 108.
[14] Ebd., S. 109.
[15] Ebd., S. 110.
[16] Ebd., S. 112.

nen der deutschen wissenschaftlichen Literatur noch jene Ausbildung der Form fehlt, welche wir selbst in streng wissenschaftlichen Werken französischer Gelehrten größtenteils anerkennen und oft bewundern müssen."[17] Der Wert der naturwissenschaftlichen Forschungen Goethes liegt nach Carus nicht zuletzt in ihrem Beitrag zum Verständnis der literarischen Werke des Schriftstellers und Dichters.

Vielfältig und wechselseitig ist die Verbindung zwischen Goethe und Alexander von Humboldt, die sich auch in zahlreichen Briefen manifestiert. Goethes Naturbetrachtung bezeichnet Humboldt als Naturästhetik, die ein sinnvolles „Anregungsmittel zum Naturstudium" sei, macht aber zugleich einen entscheidenden Unterschied in seiner Zustimmung zwischen der „geistreichen Pflanzenmetamorphose" und der „arrogante[n] und recht alberne[n] Farbenlehre", deren Beurteilung er allerdings verborgen gehalten hätte, da er sich „zum unverbrüchlichen Gesez gemacht habe, nie ein unfreundliches Wort über Göthes naturwissenschaftliche Arbeiten zu veröffentlichen"[18]. Im Bereich der Geologie wandelt sich Humboldt von einem Neptunisten zu einem Vulkanisten und gerät damit ebenfalls in einen klaren Gegensatz zu Goethe, dessen Auffassung von der Verbindung der Wissenschaften, Philosophie und Künste von ihm im *Kosmos* (1845–1862) wiederum mit Anerkennung zitiert wird: „Wer hat beredter seine Zeitgenossen angeregt des ‚Weltalls heilige Rätsel zu lösen', das Bündnis zu erneuern, welches im Jugendalter der Menschheit Philosophie, Physik und Dichtung mit e i n e m Band umschlang?"[19]

Stets gibt es in jenen Jahren um 1800 neben der romantischen Naturforschung und Medizin auch empirische Naturforscher und Mediziner; das zeigt sich auch an der Rezeption Goethes zu seinen Lebzeiten. Für die Physik stellt ein bedeutendes Beispiel Christian Heinrich Pfaffs Schrift *Über Newtons Farbentheorie, Herrn von Goethes Farbenlehre und den chemischen Gegensatz der Farben* von 1813 dar. Ebenso wichtige Beiträge stammen in dieser Hinsicht von Jakob Friedrich Fries, Thomas Johann Seebeck, Heinrich Wilhelm Brandes, Friedrich Theodor Poselger, Thomas Young, Karl Brandan Mollweide, Pierre Prevost. Während Seebeck Goethe in seinem Aufsatz *Von den Farben und dem Verhalten derselben gegen einander*[20] verteidigt, kommt Pfaff wie die Majorität der Physiker zu einem negativen Schluß: „Weder aus demütigem Weihrauchstreuen, noch aus frechem Widerspruch geht die Wahrheit hervor. Ihr Sieg muß auf dem Gebiete der Wissenschaft durch besonnenes Abwägen der Gründe und Gegengründe errungen werden."[21] Horst Zehe zieht in seinen Erläuterungen zur Rezeption der Goetheschen Farbenlehre das Fazit: „Außer Goethes Freund Seebeck gab es wohl keinen Physiker, der seine Stimme zur Verteidigung der *Farbenlehre* erhoben hätte."[22]

In der Geologie, um diese Disziplin nicht ganz zu übergehen, kann kaum oder nur von einer negativen Resonanz gesprochen werden. Vor allem bezieht sich dies auf die breite Ablehnung des Neptunismus, den der Geologe Abraham Gottlob Werner – wie später auch

---

17 Ebd., S. 114.

18 A. von Humboldt an G. E. Guhrauer, 21. 6. 1849. In: K.-R.Biermann: *Goethe in vertraulichen Briefen Alexander von Humboldts.* In: GJb 102 (1985), S. 22 f.

19 A. von Humboldt: *Kosmos.* Bd. 2, Breslau 1844, Darmstadt 1993, S. 64.

20 T. J. Seebeck: *Von den Farben und dem Verhalten derselben gegen einander.* In: Journal für Chemie und Physik 1 (1811), S. 4–12.

21 C. H. Pfaff: *Über Newtons Farbentheorie, Herrn von Goethes Farbenlehre und den chemischen Gegensatz der Farben.* Leipzig 1813.

22 H. Zehe: *Goethes Farbenlehre im Urteil der zeitgenössischen Physiker.* In: Goethe: *Die Schriften zur Naturwissenschaft.* 2. Abt., Bd. 5 A: *Zur Farbenlehre. Polemischer Teil, Ergänzungen und Erläuterungen.* Weimar 1992, S. 234.

Goethe – vertrat und zur Glaubensfrage erhob. Carl von Raumer fällt 1840 über die Beschäftigung von Goethe mit der Geologie und Mineralogie ein positives Urteil.[23] Der Geologe Karl Alfred von Zittel stellt in seiner *Geschichte der Geologie und Paläontologie bis zum Ende des 19. Jahrhunderts* zu Recht fest: „Von nennenswerther Bedeutung sind übrigens Goethe's Leistungen auf dem Gebiete der Geognosie nicht."[24]

Rezeption und Resonanz Goethes lassen sich auch im Ausland in den Naturwissenschaften und der Medizin beobachten – in Frankreich, England, Schweden, Italien, Spanien und anderen Ländern. Thomas Young, Pierre Prevost, Georges Cuvier, Geoffroy Saint-Hilaire, Jöns Jacob Berzelius, David Brewster, Ernest Faivre sind nur einige bekannte Beispiele. Der sogenannte Akademiestreit zwischen den Naturforschern Cuvier und Geoffroy Saint-Hilaire über Grundformen der Lebewesen wird von Goethe selbst noch einmal zum Anlaß genommen, seine Position darzulegen. Zahlreiche Entdeckungen werden im Bereich der internationalen Wirkungsgeschichte von der wissenschaftshistorischen Forschung noch zu machen sein, was nicht zuletzt für Italien, Spanien und die slawischen Länder zutrifft; Francesco Tantini geht zum Beispiel auch auf Goethe als Naturforscher in seinem *Rapido sguardo sullo stato presente scientifico e letterario della Germania* (1812) ein.

III. Empirisch-positivistische Phase

Im weiteren Verlauf des empirisch-positivistischen 19. Jahrhunderts stößt Goethe mit seinen Vorstellungen und Konzepten – wie auch die romantische Naturforschung und metaphysische Naturphilosophie – bei den Naturwissenschaftlern zunehmend auf Ablehnung, die Anerkennung in bestimmten Bereichen und in der geistigen Haltung nicht ausschließt. Zu wichtigen und charakteristischen Beispielen gehören die Naturwissenschaftler Ernst von Feuchtersleben, Matthias Schleiden, Oscar Schmidt, Hermann von Helmholtz, Hans Molisch, Emil Du Bois-Reymond, Rudolf Virchow, Alfred Dove, Carl Jessen und Ernst Haeckel mit entsprechenden Veröffentlichungen, deren Interpretationen allerdings in vielen Momenten mit dem Selbstverständnis Goethes nicht übereinstimmen. Auch in dieser Beziehung gilt: Ablehnung kann auf Goethe zutreffen und ihm zugleich entsprechen, Zustimmung ihn aber verfehlen oder mißverstehen. Die Kritik der Naturwissenschaftler wird bereits von den Zeitgenossen kritisch beurteilt; ein Beispiel stellt die Studie *Goethe als Naturforscher und Herr Du Bois-Reymond als sein Kritiker. Eine Antikritik* von Salomon Kalischer (1883) dar, der bereits 1877 die Schrift *Goethe's Verhältniß zu den Naturwissenschaften* veröffentlicht hat.

Ernst von Feuchtersleben, der für einen spezifischen Typ des Übergangs von der romantisch-idealistischen in die empirisch-positivistische Phase stehen kann, veröffentlicht 1837 die enthusiastische Studie *Goethes naturwissenschaftliche Ansichten.*

> Von Allem, was Goethe gedacht, gestrebt, geleistet, haben bisher seine Bemühungen für Naturwissenschaft am wenigsten Eingang, ja vielmehr meistens Tadel und Widerspruch gefunden. Und doch getraue ich mir zu behaupten, daß gerade sie es sind, was, nebst den vollendeten seiner poetischen Gebilde, die Prüfung der Zeiten am glorreichsten bestehen wird.[25]

---

23 C. von Raumer: *Kreuzzüge.* Th. 1., Stuttgart 1840, S. 70.

24 K. A. von Zittel: *Geschichte der Geologie und Paläontologie bis zum Ende des 19. Jahrhunderts.* München 1899.

25 E. von Feuchtersleben: *Goethe's naturwissenschaftliche Ansichten* (1837). In: *Sämtliche Werke.* Bd. 5, Wien 1852, S. 83.

Alle Bereiche der Goetheschen Naturforschung werden zustimmend gewürdigt. In zwei Momenten lassen sich die Verdienste Goethes und seine Abweichung von der etablierten Naturforschung zusammenfassen: „die Beobachtung und die Idee“[26].

In unmittelbarer Verbindung mit der romantisch-idealistischen Phase der Naturforschung befinden sich auch noch die für die moderne Entwicklung der Physiologie entscheidenden Naturforscher Johannes Müller und Jan Evangelista Purkyně, die bewußt an der Tradition der Goetheschen Naturanschauung und Hegelschen Naturphilosophie festhalten bei ebenso deutlicher Distanz zur romantischen Naturforschung. Müllers Antrittsvorlesung vom 19. 10. 1824 bezieht sich auf Goethes Reflexionen über den Versuch, auf seine Beiträge zur Farbenlehre und Morphologie wie auf den allgemeinen Geist seiner Naturbetrachtung: „Die Erfahrung wird zum Zeugungsferment des Geistes. Nicht das abstrakte Denken über die Natur ist das Gebiet des Physiologen. Der Physiologe erfährt die Natur, damit er sie denke.“[27]

Wichtige Zeichen der Resonanz sind Editionen und Übersetzungen. 1837 erscheinen in Frankreich die von dem Mediziner Charles Frédéric Martins übertragenen *Oeuvres d'histoire naturelle.* 1874 gibt Franz Thomas Bratranek *Goethe's Naturwissenschaftliche Korrespondenz* in zwei Bänden heraus, die erneut das Spektrum der naturwissenschaftlich-medizinischen Briefpartner dokumentiert. Ebenso verdienstvoll ist die von Rudolf Steiner im ausgehenden 19. Jahrhundert besorgte Ausgabe der naturwissenschaftlichen Schriften Goethes mit jeweils ausgedehnten Einleitungen, die später als Buch erscheinen, das auch heute noch im Buchhandel zu erwerben ist.

In seiner *Kritik und Geschichte der Lehre von der Metamorphose der Pflanze* aus dem Jahre 1846 behandelt Albert Wigand die Position Goethes als eines Dichters und naturwissenschaftlichen Außenseiters und zugleich in der doppelten Abhängigkeit von der Empirie und Spekulation. Nach der Charakterisierung der Positionen von Carl von Linné (1751), Casimir Christoph Schmidel (1783), Caspar Friedrich Wolff (1759) und vor den entsprechenden Interpretationen zahlreicher Naturforscher des 19. Jahrhunderts[28] gibt Wigand Goethes Vorstellungen wider. Sein Konzept der Metamorphose habe „mannigfache Bewunderung und Nachahmung“ gefunden: „Die Metamorphoselehre ward durch Goethe in die Wissenschaft eingeführt.“[29] In dreifacher Richtung lasse sich diese Wirkung vor allem nachweisen:

> Die Bedeutung, die er bei seiner Deutung der Organe auf die Missbildungen der Blüthen legte, regte die Aufmerksamkeit vieler Beobachter an, und es bildete sich eine eigene Lehre davon aus. – Der andere fruchtbare Punct in Göthe's Lehre war das Gesetz der Expansion und Contraction, welches zumal in der nächsten Zeit mit besonderer Vorliebe aufgegriffen und bei den Naturphilosophen, denen diese Begriffe ohnedieß geläufig waren, zu mancherlei Spielereien benutzt ward. Das Hauptelement in Göthe's Lehre, die Hervorbringung des Gesetzes von der Identität der Seitenorgane ist indes das eigentlich

---

26 Ebd., S. 109.

27 J. Müller: *Von dem Bedürfnis der Physiologie nach einer philosophischen Naturbetrachtung* (1824). In: A. Meyer-Abich (Hg.): *Biologie der Goethezeit.* Stuttgart 1949, S. 280.

28 C. L. Willdenow, F. S. Voigt, L. Oken, D. G. Kieser, G. F. Jaeger, R. Brown, K. Sprengel, A. P. De Candolle, P. J. F. Turpin, C. G. Nees van Esenbeck, C. A. Agardh, E. Meyer, F. A. W. Miguel, G. W. Bischoff, H. v. Mohl, H. F. Link, E. Hamburger, M. J. Schleiden.

29 A. Wigand: *Kritik und Geschichte der Lehre von der Metamorphose der Pflanze.* Leipzig 1846, S. 48.

> Bleibende, wodurch denn auch die neuere Metamorphosenlehre und weiterhin die ganze Morphologie in Göthe ihren Ausgangspunct gewinnt.[30]

Ebenfalls auf die biologischen Disziplinen bezogen ist der Vortrag *Göthe's Verhältniß zu den organischen Naturwissenschaften,* den der Zoologe Oscar Schmidt 1853 vor dem Wissenschaftlichen Verein zu Berlin gehalten hat. Zunächst hebt Schmidt, der verschiedene Sammlungen Goethes zu betreuen hat und dem es in seiner Betrachtung vor allem um die positiven Leistungen geht, das lebenslange Interesse Goethes an den Naturwissenschaften hervor; bis „in den Spätherbst seines Lebens" habe er nicht aufgehört, „in den Naturwissenschaften thätig zu sein und frischen Geistes die literarischen Erscheinungen dieser Gebiete zu verfolgen"[31]. Diese anhaltende Aufmerksamkeit manifestiere die ausführliche Reaktion auf den Streit über die Grundsätze der vergleichenden Anatomie zwischen Cuvier und Geoffroy Saint-Hilaire im Jahre 1831. Sein Charakter, dem „jeder unharmonische Klang in tiefster Seele zuwider" war, konnte sich „mit der zerrissenen Art der linnéischen Systematik"[32] nicht anfreunden; das Ergebnis seiner eigenen Bemühungen war die Idee der Urpflanze, über die er 1790 den *Versuch, die Metamorphose der Pflanzen zu erklären* vorlegte. Leider habe er den Stengel – „dieses zweite Haupt- und Grundorgan der von ihm betrachteten Pflanzen"[33] – zu sehr vernachlässigt und das Mikroskop zu wenig benutzt. Schmidt stimmt Goethe in der Blattidee bei den Pflanzen, die er beobachtet hatte, nicht aber in ihrer Verallgemeinerung auf alle Pflanzen zu: „Mit der Göthe'schen Urpflanze im Allgemeinen ist es aber nichts, schon aus dem Grunde, weil in einer großen Abtheilung des Pflanzenreichs Stengel und Blätter gar nicht vorkommen."[34] Die Pflanzenzelle habe nach den Forschungen von Schleiden als das durchgängige Urorgan zu gelten.

Auch die Entdeckung des Zwischenkieferknochens wie des Wirbels als osteologischem Urtyp fügt sich nach Schmidt in Goethes Überzeugung von der Harmonie und Gesetzmäßigkeit der Natur ein. Auch hier kommt es zu Einwänden: Der Gegensatz von Tieren mit und ohne Rückgrat könne nicht übergangen werden; Cuviers Unterscheidung von vier animalischen Grundgestalten habe allgemeine Anerkennung gefunden; der Prioritätsstreit zwischen Goethe und Oken sei überflüssig, da beide „völlig unabhängig voneinander die Wahrheit spürten"[35]. Insgesamt könne Goethe nicht als Naturforscher im üblichen Sinne des Wortes gelten: „überall durchdringen sich bei ihm Poesie und Wirklichkeit, Wahrheit und Dichtung."[36]

Eine disziplinär übergreifende Position vertritt Hermann von Helmholtz mit seiner Rede *Über Goethe's naturwissenschaftliche Arbeiten* von 1853, die in verschiedene Sprachen übersetzt wurde. Physikalische und beschreibende Beiträge seien zu unterscheiden, das heißt Farbenlehre einerseits sowie Botanik und Osteologie andererseits. In der beschreibenden Naturforschung gelangen dem Dichter nach von Helmholtz zwei bedeutende Gedanken; einmal der anatomische Bauplan als Grundtypus bei Tier und Mensch: „Es ist das im gegenwärtigen Zustande der vergleichenden Anatomie in der That die leitende Idee dieser

---

30 Ebd., S. 48 f.
31 O. Schmidt: *Goethes Verhältnis zu den organischen Wissenschaften.* Berlin 1853, S. 3.
32 Ebd., S. 4.
33 Ebd., S. 8.
34 Ebd., S. 8.
35 Ebd., S. 19.
36 Ebd., S. 20.

Wissenschaft geworden"[37], wenn auch nicht fürs ganze Tierreich, sondern für die Cuvierschen Hauptabteilungen; zum anderen die Metamorphose der Pflanze: „Auch diese Anschauungsweise Goethe's ist gegenwärtig in die Wissenschaft vollständig eingebürgert und erfreut sich der allgemeinen Zustimmung der Botaniker, wenn auch über einzelne Deutungen gestritten wird, z. B. ob der Samen ein Blatt oder ein Zweig sei"[38].

Ablehnung verdient nach von Helmholtz dagegen die Farbenlehre: „So gross aber auch die Verehrung ist, welche sich Goethe durch seine Leistungen in den beschreibenden Naturwissenschaften erworben hat, ebenso unbedingt ist der Widerspruch, den sämtliche Fachgelehrte seinen Arbeiten aus dem Gebiete der physikalischen Naturwissenschaften entgegensetzten, namentlich seiner Farbenlehre".[39] Von der Farbenlehre müsse stets Goethes „eigentliche Bedeutung" unterschieden und nicht vergessen werden, daß er ein Dichter gewesen sei, der sich mit den Naturphilosophen Schelling und Hegel in Übereinstimmung befunden habe.[40]

Rudolf Virchow setzt sich in seinem Vortrag *Goethe als Naturforscher und in besonderer Beziehung auf Schiller* aus dem Jahre 1861 für eine differenzierende oder ausgleichende Beurteilung ein. Auch für ihn ist Goethe vor allem ein Dichter. Seine Geologie und Mineralogie verdienten eine gewisse Anerkennung, während die Meteorologie inzwischen einen Umschwung erlebt habe, „der auch seine Hypothesen mit zu Boden riß". Krasser stellt sich die Situation in der Farbenlehre dar: „In der Optik, dieser liebsten Gefährtin seiner Mußestunden, gelang es ihm nie, mit der ‚Gilde' in ein Einverständniß zu kommen, obwohl er unzählige Versuche und die wundervollsten Beobachtungen über die physiologische Seite des Sehens gemacht hatte"[41]; die Ursache liegt nach Virchow in Goethes gestörtem Verhältnis zur Mathematik. Große Leistungen dagegen gelangen Goethe nach Virchow in der Organik und genetischen Methode, die auch ihn selbst – zum Beispiel die Wirbeltheorie – angeregt hätten. Ohne Zweifel habe die Naturbeschäftigung besondere Bedeutung auch für das dichterische Schaffen besessen und könne zu einer wesentlichen Hilfe im eigenen Leben werden, in Krisen, im Verständnis anderer Menschen – das sollten die Naturforscher mit Dank und Stolz aufnehmen und anerkennen[42].

Besonders kritisch fällt das Urteil des bedeutenden Physiologen Emil Du Bois-Reymond in seiner Rede *Goethe und kein Ende* von 1883 aus, die auch in die französische Sprache übersetzt wird. Goethe hätte lieber Dichter bleiben und auch hier sich mehr an das wirkliche Leben halten sollen: „Wie prosaisch es klinge, es ist nicht minder wahr, dass Faust, statt an Hof zu gehen, ungedecktes Papiergeld auszugeben, und zu den Müttern in die vierte Dimension zu steigen, besser gethan hätte, Gretchen zu heirathen, sein Kind ehrlich zu machen, und Elektrisirmaschine und Luftpumpe zu erfinden."[43]

Der Grund von Goethes „gehässige[r] Polemik gegen die Newton'sche Farbenlehre" liege in seinem „Widerwille[n] gegen den physikalischen Versuch und dessen mathemati-

---

37 H. von Helmholtz: *Über Goethe's naturwissenschaftliche Arbeiten* (1853). In: *Vorträge und Reden*. Bd. 1, Braunschweig 1884, S. 13; vgl. a. Nachschrift von 1875 und die *Rede über Goethe's Vorahnungen kommender naturwissenschaftliche Ideen von 1892*, S. 5.

38 Ebd., S. 6.

39 Ebd., S. 8.

40 Ebd., S. 13.

41 R. Virchow: *Goethe als Naturforscher und in besonderer Beziehung auf Schiller*. Berlin 1861, S. 21.

42 Ebd., S. 29.

43 E. Du Bois-Reymond: *Goethe und kein Ende* (1882). In: *Reden*, Bd. 1, Leipzig 1886, S. 430.

sche Behandlung"; Goethes „chromatisches Evangelium, das wenigstens nicht unreinen Ursprunges war", wurde von der philosophischen Schule seiner Zeit, befangen „in dialektischem Gedankenspiel und unfruchtbarem Formalismus", gepredigt. Du Bois-Reymond sieht hier eine völkerpsychologische „Uranlage" der Deutschen wirksam werden, die auch „mit grossen Eigenschaften zusammenhängt"[44] und dazu geführt habe, die Deduktion der Induktion sowie die Spekulation der Empirie vorzuziehen.

Über Goethes Farbenlehre ist nach Du Bois-Reymond längst das vernichtende Urteil gefällt worden – vor allem durch von Helmholtz, Heinrich Wilhelm Dove, Ernst Brücke. Die Voraussetzungen dieser Beurteilung liegen in Du Bois-Reymonds Wissenschaftsverständnis:

> Der Begriff der mechanischen Causalität war es, der Goethe gänzlich abging. Deshalb blieb seine Farbenlehre, abgesehen von dem auf die subjectiven Gesichtserscheinungen bezüglichen Theile, trotz den leidenschaftlichen Bemühungen eines langen Lebens, die todtgeborene Spielerei eines autodidaktischen Dilettanten; deshalb konnte er sich mit den Physikern nicht verständigen; deshalb war Newton's Grösse ihm verschlossen; und deshalb sah er in der wissenschaftlichen Optik eines Young, eines Fresnel nur eine ‚Katzenpastete'.[45]

Schwächen in der Physik schließen nach Du Bois-Reymond aber Leistungen in der Morphologie nicht aus: „Die Metamorphose der Pflanze, die Entdeckung des Zwischenkiefers beim Menschen, die Wirbeltheorie des Schädels werden dauernd von Goethe's Fleiss und glücklichem Blicke zeugen"[46], seien aber ohne große Resonanz geblieben und für den Fortschritt der Wissenschaften nicht notwendig gewesen. Als Byzantinismus bezeichnet Du Bois-Reymond die Auffassung, wobei er nicht zuletzt an Ernst Haeckel denkt, Goethe habe die Selektionstheorie vorweggenommen.

Auch Du Bois-Reymond lenkt den Blick über die naturwissenschaftlichen Beiträge hinaus und fragt sich, ob es einen Zusammenhang zwischen Goethes Mangel an Analyse und experimenteller Fähigkeit mit seiner Schwäche in der Handlungsanlage seiner belletristischen Texte gebe. Die weitergehende Überlegung bietet sich dann für ihn an: „Ob Walter Scott wohl ein guter Constructeuer geworden wäre?"[47]

Ernst Haeckel stellt sein monistisches Naturverständnis in die Tradition von Goethe und Oken, die nach ihm zu den Vorläufern der Evolutionslehre Darwins gehören. In der *Generellen Morphologie* (1866) werden Goethe und Lamarck als Begründer der Deszendenztheorie bezeichnet. Erneut verfolgt Haeckel 1882 in seiner Abhandlung *Die Naturanschauung von Darwin, Goethe und Lamarck* diesen Gedanken. Goethe gilt ihm als „entschiedener Anhänger einer monistischen Entwicklungsidee", sowohl auf geologischem als auch biologischem Gebiete: „Hier hatte er namentlich in der Morphologie, der von ihm tief erfaßten ‚Gestaltenlehre', Blicke in das innere Werden und Entstehen der organischen Formen getan, wie sie so tief und klar nur ein Genius tun konnte, der gleichzeitig Denker und Künstler, Naturforscher und Philosoph ist."[48]

---

44 Ebd., S. 430 f.
45 Ebd., S. 434.
46 Ebd., S. 435.
47 Ebd., S. 435.
48 E. Haeckel: *Die Naturanschauung von Darwin, Goethe und Lamarck* (1882). In: *Gemeinverständliche Werke*. Bd. 5, Leipzig 1924, S. 314.

Goethes Reaktionen auf die zeitgenössische Resonanz in den Naturwissenschaften – besonders kritisch in der Physik, eher zustimmend in den organischen Wissenschaften – sind in vielen Zügen bekannt, wenn auch noch keineswegs ausreichend analysiert. Betont sei ebenfalls noch einmal, wie wichtig Goethe die Aufnahme und Anerkennung als Naturforscher gegenüber dem Dichter gewesen ist.

Was sachliche Gewißheit und persönliche Überzeugung auf dem Felde der Naturforschung betrifft, können Goethes Bemerkungen, um diesen ersten Teil über das 19. Jahrhundert abzuschließen, gegenüber Frédéric Jacques Soret in dem Gespräch vom 30. 12. 1823 als beispielhaft gelten:

> Dieser Newton, den die ganze Welt bewundert, diese unerbittlichen Mathematiker, diese Rechengenies, diese scharfsinnigen Beobachter, sie alle sind im Irrtum, ich allein bin gegen sie im Recht, ich allein habe den Stein der Weisen in der Hand, den sie doch so leicht finden könnten, der sonnenklar für sie am Tage läge, wenn sie nur die Augen öffnen und ordentlich sehen wollten. Mit dieser Überzeugung habe ich alle überkommenen Meinungen, und tüchtig, vor den Kopf gestoßen; man hat mich bekämpft, oder mehr noch: man hat meine Ideen lächerlich gemacht, aber ich bin an meinem Werk nicht irre geworden, sei es auch nur, um das Vergnügen gehabt zu haben, die Schwächen der Menschen besser zu durchschauen.[49]

---

[49] Zit. nach Horst Zehe: Anm. 22, S. 234.

IRMGARD MÜLLER

Goethes Farbenlehre und Morphologie in den Naturwissenschaften des 20. Jahrhunderts

Die provozierende Rede des Berliner Physiologen Emil Du Bois-Reymond (1818–1896), der 1882 Goethes Naturforschung öffentlich als „totgeborene Spielerei eines autodidaktischen Dilettanten“[1] tituliert hatte, wirkte keineswegs so abschreckend wie gehofft, – im Gegenteil, die von Bratranek seit den 70er Jahren herausgegebene, naturwissenschaftliche Korrespondenz[2], die das weitverzweigte Kommunikationsnetz Goethes nicht nur mit den Poeten, sondern auch mit den führenden Gelehrten aller Wissenschaften offenbarte, intensivierte das Interesse an Goethe als Naturforscher. Zudem sorgten die Eröffnung von Goethes Nachlaß Ende des 19. Jahrhunderts und die damit verbundene neue Edition der naturwissenschaftlichen Schriften für den Abbau des verbreiteten Vorurteils, Goethe habe sich nur am Rande und sporadisch mit den Naturwissenschaften beschäftigt.

Die Auseinandersetzung mit Goethes naturwissenschaftlichem Werk hielt bis in die Mitte des 20. Jahrhunderts unvermindert an, wie ein Blick in die mehr als 4550 Titel umfassende Bibliographie von Günter Schmid[3] und ihre Fortführung bis in die jüngste Zeit durch Frederick Amrine belegen[4]. Angesichts der unermeßlichen Literaturfülle muß die hier vorgetragene Auswahl notwendigerweise fragmentarisch bleiben und kann nur einen kleinen, möglichst repräsentativen Ausschnitt aus der Wirkungsgeschichte der Farbenlehre und Morphologie berücksichtigen.[5]

---

1 Emil Heinrich Du Bois-Reymond: *Goethe und kein Ende*. Zuerst erschienen als Universitätsschrift. Hrsg. von der Universität Berlin. Leipzig 1882. Wieder abgedruckt in: *Reden in zwei Bänden*, hrsg. von Estelle Du Bois-Reymond. Bd. 2, Leipzig ²1912, S. 157–183, hier S. 173.

2 Franz Thomas Bratranek (Hrsg.): *Goethes naturwissenschaftliche Korrespondenz 1812–1832*. 2 Bde. Leipzig 1874.

3 Günter Schmid: *Goethe und die Naturwissenschaften. Eine Bibliographie*. Hrsg. im Namen der Kaiserlich Leopoldinisch-Carolinisch Deutschen Akademie der Naturforscher von Emil Abderhalden. Halle/Saale 1940.

4 Frederick Amrine: *Goethe in the History of Science*. 2 Bde. New York 1996.

5 Zur Rezeptionsgeschichte vgl. die grundlegende Dokumentation von Karl Robert Mandelkow (Hrsg.): *Goethe im Urteil seiner Kritiker. Dokumente zur Wirkungsgeschichte Goethes in Deutschland*. Bd. 3 (*1870–1918*), Bd. 4 (*1918–1982*). München 1979–1984 sowie die Kommentare desselben Autors: *Goethe in Deutschland. Rezeptionsgeschichte eines Klassiker*. 2 Bde. München 1980–1989. Der von Alexej Ugrinsky hrsg. Band *Goethe in the twentieth century*. New York 1987 nimmt nur am Rande Bezug auf die Naturwissenschaften, grundsätzliche Überlegungen zum Thema enthält das von Frederick Amrine, Francis J. Zucker u. Harvey Wheeler edierte Werk *Goethe and the sciences: a reappraisal*. Dordrecht u. a. 1987. Zur Wirkungsgeschichte und zum Problem der Aktualisierung vgl. den von Peter Matussek hrsg. Sammelband *Goethe und die Verzeitlichung der Natur*. München 1998. Die Wirkungssgeschichte der

Wenn Hermann von Helmholtz (1821–1894) 1892 feststellte, daß Goethes größter Ruhm auf der Morphologie beruhte, daß er jedoch in der Theorienbildung der Farbenlehre gescheitert sei[6], so sprach er damit eine Ansicht aus, die auch eine große Zahl der zeitgenössischen Naturwissenschaftler mit ihm teilte. Für Helmholtz, einen der Protagonisten der exakten Naturwissenschaften im 19. Jahrhundert, war Goethe im wesentlichen Dichter geblieben, dem er bescheinigte, dort, „wo es sich um Aufgaben handelt, die durch die, in Anschauungsbildern sich ergebenden dichterischen Divinationen gelöst werden können, [...] höchste Leistungen“ hervorgebracht zu haben, von dem er aber auch ebenso unverblümt behauptete: dort, „wo nur die bewußt durchgeführte induktive Methode hätte helfen können, ist er gescheitert“. Trotz dieser radikalen Verurteilung der mangelhaften Experimente Goethes räumte von Helmholtz ein, „daß ein höchst bedeutsamer Kern neuer Einsicht auch in diesem verunglückten Bestreben des Dichters verborgen“ sein könnte. Helmholtz' Anerkennung galt allein dem schöpferischen Geist des Poeten, der die Natur wie ein Kunstwerk betrachtete, ohne die notwendige Distanz zur objektiven Wirklichkeit zu erzwingen, und ästhetische Prinzipien den logischen vorzog.

Helmholtz bestimmte mit seiner Kritik, die das Lob auf den Physiologen einerseits mit dem Tadel des Physikers andererseits verband, den Tenor und die Richtung, in der sich die Diskussion über den Naturforscher Goethe in der Folgezeit bewegen sollte.

Den wesentlichen Grund für den unterschiedlichen Wert der naturwissenschaftlichen Untersuchungen Goethes sah der physiologische Chemiker und spätere Nobelpreisträger Otto Meyerhof (1884–1951) in Goethes Methode der Naturforschung selbst beschlossen, die er 1912 einer detaillierten Analyse unterzog.[7] Er hob zwar die Verdienste hervor, die sich Goethe durch seine zahlreichen Anregungen auf den verschiedenen Gebieten der Morphologie, vergleichenden Anatomie und Geologie erwarb; einen faktischen Zuwachs der wissenschaftlichen Erkenntnis wollte er jedoch allein der Entdeckung des Zwischenkieferknochens einräumen, die bleibend mit Goethes Namen verbunden sei. Insgesamt charakterisierte Meyerhof Goethes Methode der Naturforschung als wenig abgeschlossen, wissenschaftlich nicht genügend durchgearbeitet und unzureichend begründet; insbesondere die Vereinnahmung Goethes durch die Anhänger der Deszendenztheorie im Sinne Darwins[8] erklärte er für ein grobes Mißverständnis.

Eigentlicher Prüfstein der kritischen Untersuchung sollte jedoch die Farbenlehre werden, der Meyerhof von vornherein das Prädikat „physikalisch“ absprach, weil sie zum großen Teil nur aus physiologischen, psychologischen und ästhetischen Betrachtungen bestehe. Meyerhof würdigte zwar die reichhaltige Sammlung trefflicher Bemerkungen und geistvoll ersonnener Experimente, auch lobte er die Erklärungen und Beobachtungen im physiolo-

---

Morphologie behandelt Dorothea Kuhn in ihrem Beitrag *„In Naturerscheinungen verstrickt“. Goethes morphologisches Spätwerk und seine Wirkung.* In: GJb 114 (1997), S. 175–184.

6 Vgl. auch Hermann von Helmholtz' Rede: *Ueber Goethes naturwissenschaftliche Arbeiten. Vortrag gehalten zu Königsberg 1853.* In: *Vorträge und Reden von Hermann von Helmholtz.* Bd. 1, Braunschweig ^{4}1896, S. 23–47. – Ders.: *Goethe's Vorahnungen kommender naturwissenschaftlicher Ideen. Rede, gehalten in der Generalversammlung der Goethe-Gesellschaft zu Weimar den 11. Juni 1892.* In: Deutsche Rundschau 18 (1892), S. 115–132.

7 Otto Meyerhof: *Über Goethes Methode der Naturforschung.* In: Abhandlungen der Fries'schen Schule. N. F. Bd. 3, Göttingen 1912, S. 383–437.

8 Zum Streit um Goethe als Vorläufer Darwins vgl. Manfred Wenzel: *Goethes Naturforschung und die Evolutionstheorie Darwins.* In: Oldenburger Jb. 87 (1987), S. 317–355.

gischen Teil über die ästhetische Wirkung der Farben, denen „nichts besseres zur Seite zu setzen ist", anschließend ging er aber mit den physikalischen Grundlagen der Farbenlehre heftig ins Gericht. Goethes Schlüsselerlebnis, die ihm die Hypothese von Haupt- und Nebenbildern, eine der wesentlichen Stützen seiner Farbtheorie, eingab, bezeichnete er als „abenteuerliche Voraussetzung", die als Produkt von Genie und Dilettantismus mit der Erfahrung in einem durch nichts zu beseitigenden Widerstreit stehe. Goethes eigene bekannte Schilderung in der „Konfession des Verfassers"[9] über den Beginn der optischen Studien mit dem von Hofrat Büttner entliehenen und zurückgeforderten Prisma diente ihm als Beispiel, um zu demonstrieren, daß Goethe nicht nur Autodidakt, sondern überhaupt kein wissenschaftlicher Arbeiter im strengen Sinne war. Goethe wechselte vielmehr unablässig „zwischen Forschung und Unterhaltung"[10], wie Meyerhof spitz formulierte. Es handelte sich demnach nicht um eine langwierig geprüfte Theorie, sondern um einen Einfall, der Goethe aufgrund falscher Erinnerungen kam, wie dieser selbst bezeugte. Nicht Überlegung und Reflexion, sondern Affekt und Emotion bestimmten nach Meyerhofs Ansicht somit das Ergebnis und nicht zuletzt auch den erbitterten Kampf mit Newton, den Meyerhof in Anlehnung an den Philosophen Jakob Friedrich Fries (1773–1843) als eine grundsätzliche Auseinandersetzung zwischen den zwei erkenntnistheoretisch konträren Positionen der Platoniker und Aristoteliker[11] interpretierte. Im Sinne des Friesschen Kritizismus brachte er zahlreiche Einwände gegen die wissenschaftstheoretischen Programme Fichtes, Schellings und Hegels vor und prangerte ihre Hinwendung zu einem neuen Mystizismus als folgenschweren Rückschritt an. Innerhalb dieser Typisierungen fand Goethes Farbenlehre als platonisches Konzept ihren Ort, woraus sich nach Meyerhofs Meinung die Erfolge des Dichters in der Morphologie im Gegensatz zu seinem Versagen in der Physik ableiten ließen. Im übrigen stellte Meyerhof abschließend fest, daß Goethes Methode für jede strenge Wissenschaft falsch ist; allein Goethes genialer Begabung sei es zu verdanken, daß der Dichter trotz einer falschen methodischen Grundansicht gelegentlich richtige und wertvolle Resultate erzielte, seine „glückliche Inkonsequenz, trotz seiner platonischen Abstraktionsweise" immer auch Empiriker zu sein, habe Goethe vor mystischen Spekulationen und vor der abstrusen Phantastik der Schellingschen Naturphilosophie bewahrt. In der „schaudererregenden Vermengung von Kunst und Wissenschaft" im Namen Goethes, die Meyerhof in den „Schwärmereien mancher moderner Biologen"[12] beobachtete, – gemeint sind ohne Zweifel Ernst Haeckel und die Monisten –, sah der Physiologe hellsichtig eine große Gefahr, vor der die Naturwissenschaft geschützt werden müsse, damit „ihre fruchtbaren Äcker, die der emsige Forscherfleiß ihrer Jünger durchpflügt und bebaut, nicht von einer wild hereinbrechenden Schar enthusiastischer Dilettanten zerstampft werde". Nach Meyerhofs Ansicht kann also die Parole, soweit es sich um Naturforschung handelte, nicht heißen „Zurück zu Goethe", sondern der Ruf sollte für alle Zeit lauten „Zurück zu Newton".

---

9 Vgl. *Zur Farbenlehre, Historischer Teil.* In: FA 23.1, S. 968–986.

10 Otto Meyerhof (Anm. 7), S. 404.

11 Meyerhof bezeichnet jene als Platoniker, die das Schauen der Reflexion vorziehen und sich wesentlich an der Kunst orientieren, während für die Aristoteliker, die bei der Verteilung der wissenschaftlichen Wahrheit den Sieg davontragen, die Logik das unentbehrliche Werkzeug der Erkenntnis ist. Allerdings räumte er ein, daß auch die Aristoteliker nicht ohne Konzessionen an den Platoniker auskommen.

12 Meyerhof (Anm. 7), S. 431.

Hatten Meyerhof vor allem erkenntnistheoretische Fragen zur Beschäftigung mit Goethes Position als Naturwissenschaftler beschäftigt und hatte er sich um ein möglichst objektives Bild der Naturforschung Goethes bemüht, so ging es Houston Stewart Chamberlain (1855–1927) in seiner, ebenfalls 1912 erschienenen, monumentalen Goethe-Monographie[13] weniger um die historisch fundierte Darstellung des Naturforschers Goethe als um die Aktualisierung und Funktionalisierung von Goethes Naturbetrachtung für die eigene Gegenwart. Chamberlain, ein glühender Verehrer Richard Wagners (1813–1883) und Verfasser der berühmt-berüchtigten *Grundlagen des 19. Jahrhunderts*[14], hatte nach dem Studium der Naturwissenschaften an der Universität Genf eine Promotionsarbeit über den Wurzeldruck der Pflanzen verfaßt und war 1899 nach Wien gezogen, um sich dort unter dem Professor für Anatomie und Physiologie der Pflanzen, Julius von Wiesner (1838–1916), als Naturforscher auszubilden. Als sich der akademische Erfolg nicht einstellte, siedelte er 1908 schließlich nach Bayreuth über, um als freier Schriftsteller und Kulturkritiker schreibend tätig zu werden und sich mit seinem bewunderten Idol Goethe zu beschäftigen[15]. Das gesamte Buch ist eine geschickte Kollage aus Goethes vielfach verstreuten Aussagen über zentrale Begriffe wie Idee und Erfahrung, Natur und Gott, Metamorphose, Kunst und Wissenschaft; die willkürlich ausgewählten Quellen benutzte er, um in einer gleichsam kreisenden Bewegung die Besonderheit von „Goethes Wesensschau" – so Chamberlains Terminologie – darzulegen und Goethes Naturbetrachtung im Kampf gegen die Degenerationsangst, gegen den angeblichen physischen und moralischen Verfall des Jahrhunderts, anhand zahlloser Zitate aus der „germanischen Dichtkunst" Goethes wirkungsvoll einzusetzen. Für Chamberlain besteht Goethes Verdienst vor allem darin, „uns überhaupt auf die Beschränkungen und Gefahren der noch so erfolgreichen mathematisch-mechanischen Methode" (S. 380), „uns auf die Todesgefahr, in der wir schweben, aufmerksam gemacht zu haben" (S. 382). Goethes wahre Leistung liegt in der „Wiedergebärung der Ideenarchitektur" (S. 381), für die es völlig unerheblich ist, ob sie von den Vertretern der Wissenschaft akzeptiert wird oder nicht. Überschwenglich in immer neuen Wendungen wird der Weimarer Dichter als der aus der „göttlichen Freiheit seines Ich lebende Weise", als ein „über jede Alltäglichkeit herausgehobener Mythos" gepriesen und einer chaotisch zersplitterten, vom mechanistischen Denken beherrschten Gegenwart entgegengesetzt. Goethe und der kleinen Schar Auserwählter, denen vergönnt war, wie er „mitten im lebendigen Mythos zu denken und zu schaffen", stellt Chamberlain als abschreckendes Beispiel die „gähnende Öde im Herzen von Millionen elektrisch beleuchteter, in Automobilen aus einer Seelenleere in die andere herumrasender Kosmopoliten des heutigen Tages" (S. 710) gegenüber. Hier ist die von Meyerhof befürchtete unselige Vermischung von Kunst und Wissenschaft bereits Tatsache geworden.

---

13 Houston Stewart Chamberlain: *Goethe*. München 1912, ^{5}1931 (Neudruck 1932).

14 Houston Stewart Chamberlain: *Die Grundlagen des neunzehnten Jahrhunderts*. 2 Bde., München ^{1}1899. München ^{27}1941 (= 1246 S.). Chamberlains populäre Rassentheorie wurde zusammen mit den Rassenlehren Gobineaus und Schemanns der ideologische Bezugsrahmen des Antisemitismus der Nationalsozialisten, vgl. dazu Peter Weingart, Peter Jürgen Kroll, Kurt Bayertz: *Rasse, Blut und Gene. Geschichte der Eugenik und Rassenhygiene in Deutschland*. Frankfurt/M. 1988, S. 99, 103, 161, 373, 376 f, 559.

15 Eine wissenschaftliche Biographie Chamberlains steht noch aus; eine erste kritische Würdigung verfaßte Otto Graf zu Stolberg-Wernigerode für die Neue Deutsche Biographie. Bd. 3, Berlin 1957, S. 187–190; vgl. auch die Autobiographie Chamberlains: *Lebenswege meines Denkens*. München 1919; zur Kontroverse zwischen dem Botaniker Adolph Hansen und Houston Stewart Chamberlain über Goethes Metamorphosenlehre vgl. Arnim Geus in: Medizinhistorisches Journal 28 (1993), S. 165–172.

Der begeisterte Wagneranhänger verstand geschickt, die Untergangsangst mit dem Judenhaß zu verbinden, und scheute sich nicht, in unlauterer Entstellung Goethe eine antisemitische Haltung zu unterschieben. Effektvoll beschwor er die apokalyptische Vision vom Ende der germanischen Rasse herauf, das „dem deutschen Denken, Fühlen, Schaffen und Sein" durch die jüdische Gefahr droht (S. 690). Besiegelt wurde das 850 Seiten umfassende Dokument durch eine Tafel im Anhang, die Goethes dichterische, literarische und naturforschende Dichtung in Gestalt eines Baumes zusammenfaßte und das Leben des Dichters als morphologische Entfaltung, als Kunstwerk und Ausdruck seiner morphologischen Methode reproduziert[16].

Mit Helmholtz, Meyerhof und Chamberlain sind die wesentlichen Argumentationsmodelle formuliert, die in der Zeit zwischen den beiden Kriegen weiter ausgebaut wurden. Die Mehrheit der physikalisch-mathematischen Naturwissenschaftler entschied sich gegen den Ruf „Zurück zu Goethe" und beharrte auf Helmholtz' Standpunkt, daß sich hinter Goethes Farbenlehre keine Physik, keine Naturwissenschaft verbirgt, sondern eine „Beschreibung von Seelenkräften"[17], wie es der Schweizer Mathematiker Andreas Speiser (1885–1970) 1932 formulierte. Die Symbolik der Goetheschen Naturforschung blieb für die meisten Naturwissenschaftler unbrauchbar, und sie versagten Goethes physikalischer Theorie die Anerkennung[18]. Der Philosoph Ernst Cassirer versuchte 1916 und 1921 zu vermitteln[19] und einen Kompromiß herbeizuführen, indem er Goethes Sicht und die der modernen Naturwissenschaften als gleichberechtigte Perspektiven ein und derselben Erscheinung zu verteidigen suchte: „Die mathematische Formel geht darauf aus, die Erscheinungen berechenbar, die Goethesche, sie vollständig sichtbar zu machen. Alle Gegensätze zwischen Goethe und der Mathematik erklären sich aus diesem einen Punkt heraus"[20], d. h., keine der beiden Deutungen ließ Aussagen über den „absoluten" Gegenstand zu, sondern spiegelte nur einen Aspekt, abhängig vom jeweiligen Sehwinkel oder Standort des Betrachters, wieder. Dieses perspektivistische Modell gewann besonders im Lichte der modernen Atomphysik, die mit der Einschränkung der Gültigkeit der Physik Newtons einherging, neue Beachtung und Attraktivität. So zeigte der Physiker und Begründer der Quantenmechanik Werner Heisenberg (1901–1976) in seiner bekannten, vielfach nachgedruckten Rede aus dem Jahr 1941[21], daß Newtons und Goethes Farbenlehre von zwei ganz verschiedenen Schichten der Wirklichkeit handeln, der objektiven der Naturwissenschaften und der subjektiven des Dichters und Kunstwerkes. Aussagen, welche der beiden Theorien zutreffend seien, sind deshalb

16 Vgl. auch die vernichtende Kritik aus philologischer Sicht von Harry Mayne in: Germanisch-Romanische Monatsschrift 5 (1913), S. 646–659.

17 Andreas Speiser: *Goethes Farbenlehre.* In: Ders.: *Die mathematische Denkweise.* Zürich u. a. 1932, S. 88–97.

18 So vertrat z. B. Rudolf Carnap in seiner Schrift *Physikalische Begriffsbildung* (1926) den rigorosen Standpunkt, daß Goethes physikalisches Verständnis die Ausbildung einer einheitlichen Theorie der Physik nicht zuließ und damit die Weiterentwicklung zur modernen Physik von vornherein ausschloß.

19 Ernst Cassirer: *Goethe.* In: Freiheit und Form. Studien zur deutschen Geistesgeschichte. Berlin 1916. Ders.: *Goethe und die mathematische Physik. Eine erkenntnistheoretische Studie.* In: *Idee und Gestalt. Goethe, Schiller, Hölderlin, Kleist.* Berlin 1921, S. 19–76.

20 Cassirer (1921) (Anm. 19), S. 41.

21 Vortrag, gehalten am 5. 5. 1941 in der Gesellschaft für kulturelle Zusammenarbeit in Budapest, erstmals gedruckt unter dem Titel *Die Goethesche und die Newtonsche Farbenlehre im Lichte der modernen Physik.* In: Geist der Zeit 19 (1941), H. 5, S. 261–275; die Rede erschien auch im Sammelband: Werner Heisenberg: *Wandlungen in den Grundlagen der Naturwissenschaft. Sechs Vorträge.* Leipzig [4]1943, S. 58–76.

nicht möglich, beide Theorien beziehen sich auf unterschiedliche Dinge, die in ihrer Aussagekraft gleichberechtigt nebeneinander stehen. Die Frage von richtig und falsch stellt sich nicht mehr, da, wie Heisenberg feststellt, ohnehin „die Naturwissenschaft [...] nicht mehr von der Welt, die sich unmittelbar darbietet, sondern von einem dunklen Hintergrund dieser Welt handelt, den wir durch unsere Experimente ans Licht bringen. Diese objektive Welt wird also doch gewissermaßen erst durch unseren tätigen Eingriff, durch die verfeinerte Technik des Beobachtens hervorgebracht, und insofern stoßen wir auch hier an die unüberschreitbaren Grenzen der menschlichen Erkenntnis." Heisenbergs Fazit lautet daher: „Die Natur entzieht sich also der genauen Festlegung in unseren anschaulichen Begriffen durch die unvermeidliche Störung, die mit jeder Beobachtung verbunden ist [...]. Durch die Art der Beobachtung erst wird entschieden, welche Züge der Natur bestimmt werden und welche wir durch unsere Beobachtungen verwischen." Die Rede schließt mit dem eindrucksvollen Vergleich des einsamen Bergsteigers, der durch das Verlassen der bewohnten Täler und Berge erst in jene zwar öden, aber blendend klaren Eis- und Schneeregionen gelangt, in denen momentweise ein Überblick über die Zusammenhänge der Gebirgsmassive zu bekommen ist, und Heisenberg räumt das Verletzende dieses Vorgehens ein, das auch Goethe empfunden hat. Ganz ähnlich, im Sinne eines Modells der Koexistenz, das beiden Sichtweisen die gleiche Berechtigung zusprach, interpretierte auch später der Physiker Carl Friedrich von Weizsäcker (geb. 1912) in seinem Kommentar der Hamburger Goethe-Ausgabe die Naturforschung Goethes.[22]

Neuerdings erlebt Goethes Farbenlehre als alternatives Modell zur modernen Naturwissenschaft wieder verstärkt Beachtung. Ihrer Aktualisierung werden vor allem dort Chancen eingeräumt, wo man „zur Erhaltung humaner Umwelten eine Wahrnehmungswissenschaft benötigt [...], wo nicht nur die Natur als Bereich möglicher Manipulation, sondern zugleich die Wirkung des Menschen in der Natur [...], seine Selbsterfahrung im Umgang mit der Natur, thematisiert werden"[23]. Für dieses praktische Interesse an Goethes Naturforschung als komplementärem Zugang zur Wissenschaft von der Natur sind neben dem engagiertesten Verfechter dieser Sehweise, dem Philosophen Gernot Böhme, besonders der Physiker und Naturphilosoph Klaus Michael Meyer-Abich[24] sowie der Theologe und Biologe Günter Altner[25] eingetreten. Auch der Schweizer Biologe Adolf Portmann wurde in den 60er Jahren nicht müde, Goethes morphologisches Denken als wirksames Antidot gegen die reduktionistischen Modelle der Biologie zu propagieren.[26]

---

22 Carl Friedrich von Weizsäcker: *Einige Begriffe aus Goethes Naturwissenschaft.* In: HA 13, S. 539–555; vgl. auch Weizsäckers spätere Interpretation der Farbenlehre als „Produkt eines in der Erweckung erfahrenen Glaubens an das Ganze, im Falle des Lichts an das weiße Licht", in der er sich um den Nachweis der Vereinbarkeit der pantheistischen Sicht Goethes mit dem Holismus der Quantentheorie bemüht: Ders.: *Goethes Farbentheologie – heute gesehen.* In: Nachrichten der Akademie der Wissenschaften in Göttingen, Philologisch-Histor. Klasse, Jg. 1991, Nr. 9.

23 Gernot Böhme: *Ist Goethes Farbenlehre Wissenschaft?* In: Ders.: *Alternativen der Wissenschaft.* Frankfurt/M. 1980, S. 123–153.

24 Klaus Michael Meyer-Abich: *Der Atem der Natur. Goethes Kritik der industriellen Wirtschaft.* In: *Goethe und die Verzeitlichung der Natur.* Hrsg. von Peter Matussek. München, S. 462–476.

25 Günter Altner: *Die Überlebenskrise in der Gegenwart: Ansätze zum Dialog mit der Natur in Wissenschaft und Theologie.* Darmstadt 1987; Ders: *Naturvergessenheit: Grundlagen einer umfassenden Bioethik.* Darmstadt 1991, S. 147–153.

26 Adolf Portmann: *Goethe und der Begriff der Metamorphose.* In: GJb 90 (1973), S. 11–21. Ders.: *Biologie und Geist.* Frankfurt/M. 1973.

Außer diesen harmonisierenden Versuchen, Modelle der Koexistenz oder alternative Konzepte aufzubauen, ist insbesondere die zivilisationskritische Inanspruchnahme Goethes als Antipode zur modernen Wissenschaftsentwicklung, wie sie sich bereits bei Chamberlain ankündigte, rezipiert und weitergeführt worden; sie griff vor allem in der nationalsozialistischen Ära um sich und tritt besonders deutlich in den Schriften des Münchener Naturwissenschaftlers Hans Wohlbold, eines Anhängers der anthroposophischen Lehren Rudolf Steiners (1861–1925), und in dem Werk Gottfried Benns (1886–1956) zutage, der bekanntlich ein Doppelleben als Arzt und Schriftsteller führte. Wohlbold hatte die kühne Idee, Goethes Farbenlehre als Metamorphose des Lichts zu deuten, ohne allerdings die entsprechenden Belege, abgesehen von dem Faksimiledruck in toto, beizusteuern. Er glaubte auf Nachweise ganz verzichten zu können, denn es kommt nach seinem Verständnis nicht „auf Berechnungen und äußere Beweise an. Es gibt ein Empfinden, einen Instinkt [...] für das, was ein rechter und ein falscher Weg ist. Beweise liegen, wie des Schicksals Sterne in der eigenen Brust." Die Farbenlehre diente Wohlbold pauschal als Vehikel zur Demonstration, „wie man wirklichkeitsgemäß und damit geistgemäß denkt, während die Gegenwart abstrakt und ungeistig zu denken gewohnt ist"[27]. In dem Geleitwort fehlt es deshalb nicht an kulturkritischen Exkursen, die in der Diktion an Rousseau erinnern[28], wenn die Klage über die zersetzenden Kräfte der modernen Wissenschaft beginnt: „Die Natur ist den Naturforschern unter den Händen entglitten, und das theoretische Weltbild hat sich von jedem Wirklichkeitsgehalt emanzipiert. An der Stelle der Idole, die man beseitigen wollte, stehen Naturgespenster."[29] Mechanismus und Materialismus, die „gespenstigen und phantastischen Atommodelle" mit ihren Ätherschwingungen, werden für die Zertrümmerung der alten Werte, die nicht durch neue ersetzt werden, verantwortlich gemacht. Die Klage verwandelt sich schließlich in den Ruf nach „Erneuerung des Geisteslebens" mit dem Weimarer Dichter an der Spitze und schließt mit der Verklärung des Naturforschers Goethe, der „das deutsche Wesen in seiner höchsten Vollendung zum Ausdruck bringt, der erste große Führer, der auf einem neuen Weg ist"[30].

Die Vereinnahmung des Naturforschers Goethe als Gegenspieler der modernen Naturwissenschaft kulminierte in Benns Essay über Goethe und die Naturwissenschaften, der aus Anlaß der Goethefeiern 1932 erschien[31]. Benn bewunderte Goethe nicht nur aus künstlerischer Verbundenheit, sondern er hatte, wie vor allem sein Briefwechsel mit dem Hamburger Kaufmann und Freund Friedrich Wilhelm Oelze (1891–1978) erkennen läßt, Goethes naturwissenschaftliche Schriften gründlich studiert.[32] Benn bewegte indes nicht die Frage,

---

27 Hans Wohlbold (Hrsg.): *Goethes Farbenlehre.* Jena 1928, Geleitwort S. 122; vgl. auch Wohlbolds Deutung der naturwissenschaftlichen Schriften Goethes aus anthroposophischer Sicht in seinem Beitrag: *Die Naturerkenntnis im Weltbild Goethes.* In: GJb 13 (1927), S. 1–46.

28 Vgl Jean Jacques Rousseau: *Emile*, Vorwort und Buch 1 (Dt. Übers. hrsg. von Martin Rang, Stuttgart 1983, S. 102, 107).

29 Wohlbold (1928) (Anm. 27), S. 7.

30 Wohlbold (1928) (Anm. 27), S. 123.

31 Gottfried Benn: *Goethe und die Naturwissenschaften.* In: Die neue Rundschau 43 (1932), S. 463–490 (= *Sämtliche Werke.* Bd. 3, Prosa 1, Stuttgart 1987). Zu Benns Verständnis Goethes vgl. Walter Müller-Seidel: *Goethes Naturwissenschaft im Verständnis Gottfried Benns. Zur geistigen Situation am Ende der Weimarer Republik.* In: *Zeit der Moderne. Zur deutschen Literatur von der Jahrhundertwende bis zur Gegenwart.* Hrsg. von Hans-Hendrik Krummacher, Fritz Martini und Walter Müller-Seidel. Stuttgart 1984, S. 25–53.

32 Gottfried Benn: *Briefe an F. W. Oelze 1932–1945.* Hrsg. von Harald Steinhagen und Jürgen Schröder. Vorwort von F. W. Oelze. Bd. 1. Frankfurt/M. 1979; der Band enthält zahlreiche Anspielungen Benns

ob Goethe oder Newton Recht hatten, sondern er benutzte die antithetische Naturauffassung Goethes und der modernen Naturwissenschaft als Waffe, um die polaren Denktypen, das Weltbild des primären Synthetikers gegen die Position des kausal argumentierenden Analytikers auszuspielen. Mit harten Worten rechnete er mit dem oberflächlichen Positivismus, Objektivismus und Physikalismus des 19. Jahrhunderts ab, um anschließend statt des „komplizierten, zerfaserten, hybrid übersteigerten Begriffsnetzes der modernen induktiven Naturexegese" durch Wiedergewinnung eines natürlichen Weltbildes, wie es Goethe verkörperte, einer anderen Wirklichkeit zu neuem Recht zu verhelfen. Benn faszinierte Goethes „anschauliches Denken, das er als eine „höchst merkwürdige Verflechtung von Platonismus und Erfahrung, [...] ein produktives Denken [...], ein weittragendes perspektivisches Erfühlen von Zusammenhängen und Ursprüngen" umschrieb und treffend im Bild der „Osmose des Objektes in den anschauenden Geist", als „Eintauchen des Denkens in den Gegenstand", charakterisierte. Diese innigste Durchdringung des Denkens mit den Gegenständen, das „Sondern und Umbilden als unendlicher Prozeß", der sich „von einem unbekannten Zentrum zu einer nicht erkennbaren Grenze" vollzieht, erfüllte Benn mit tiefer Bewunderung; dennoch hielt er diese Art des produktiven Denkens nicht für übertragbar oder allgemein reproduzierbar. Die Frage nach einer gültigen Interpretation der naturwissenschaftlichen Schriften des Dichters war für Benn daher belanglos, er stellte vielmehr resignierend fest, „die Frage nach einem richtigen Goethebild, das wird es nicht geben, man muß sich damit begnügen, daß hier etwas ins Strömen geraten ist, das verwirrt, nicht zu verstehen ist, aber an die Wüste gewordenen Ufer Keime streut –: das ist die Kunst"[33]. Benns Sympathie für den Weimarer Dichter war zugleich Ausdruck seines Kampfes gegen die „antigoethesche Welt", gegen die „progressive Zerebration"[34] und den europäischen Intellektualismus, gegen das verhängnisvolle Bündnis von „Induktion und Industrie", nicht zuletzt gegen die Dominanz des Physikalismus und der Realwissenschaften, „die nur der einen Forderung zu genügen haben: Prophezeiungen ermöglichen, also Erfolge berechnen, Chancen auskalkulieren"[35]. Mit Erkenntnis, so resümierte Benn, hat dies nichts mehr zu tun, und er beklagte, daß „reine Geschäftsprinzipien" und „Verwertungsspekulationen" an die Stelle von Goethes „antiker großartiger Naturbetrachtung", die noch frei von der „späten zivilisatorischen Aufteilung in Idee und Realität" ist[36], getreten sei. Mit seiner rigorosen, fast sarkastischen Ablehnung des Geschichts- und Fortschrittsoptimismus rückte Benn allerdings vorübergehend in die problematische Nähe zum Nationalsozialismus. Daß sein fundamentales Mißverständnis der politischen Lage nicht mehr als ein kurzes, verkrampftes Zwischenspiel bewirkte, ist nicht nur Benns schonungsloser Sezierkunst sowohl der fremden Kollektivvorstellungen wie der eigenen Illusionen zuzu-

---

auf Goethes Werke; Benns umfassende Goethekenntnis bestätigt auch Nico Rost: *Meine Begegnungen mit Gottfried Benn.* In: Gottfried Benn: *Den Traum alleine tragen. Neue Texte, Briefe, Dokumente.* Hrsg. von Paul Raabe und Max Niedermayer. München 1969, S. 41–61.

33 Gottfried Benn: *Doppelleben.* München 1967, S. 106.

34 Der ungewöhnliche Ausdruck, der die zunehmende, gesteigerte Abstraktion des Denkens auf Kosten der Anschauung umschreibt, ist vermutlich analog zur „progressiven Paralyse" gebildet, die umgekehrt mit dem Zerfall des Bewußtseins, dem Rückzug des Ichs in eine selbst konstituierte Welt der Halluzinationen, des Traumes und der Ekstase einhergeht.

35 Gottfried Benn in der Vorbemerkung des wiederabgedruckten Essays *Goethe und die Naturwissenschaften* in dem 1933 erschienenen Werk *Der neue Staat und die Intellektuellen* (= *Gesammelte Werke.* Hrsg. von Dieter Wellershoff. Bd. 1. Wiesbaden 1958, S. 614 f.).

36 Benn (1933) (Anm. 35).

schreiben, sondern auch seiner rücksichtslosen Methode der „produktiven Selbstherausforderung"[37] zu verdanken.

Kaum weniger umstritten als Goethes Farbenlehre war sein Metamorphosekonzept, das mit dem wachsenden Ausbau entwicklungsmechanischer Forschungsmethoden unter den Naturwissenschaftlern an Interesse einbüßte und mit Ausbreitung der Evolutionstheorie immer mehr auf Ablehnung stieß. Der Botaniker Adolf Hansen (1851–1920) versuchte zwar noch zu Beginn der Jahrhundertwende, den Metamorphosegedanken als praktikables heuristisches Prinzip zu retten, das die Verknüpfung und Erklärung entwicklungsgeschichtlicher Übergänge erlaubt[38], doch der Großteil der Forscher bezeichnete Goethes Metamorphoselehre als unwissenschaftlich und wertlos oder betrachtete sie als Spekulation der romantischen Naturphilosophie.[39] Die zunehmende Orientierung an der chemisch-physikalischen Betrachtungsweise der Organismen verdrängte mehr und mehr die Beschäftigung mit Problemen der Gestaltbildung. Den Bedeutungsverlust, den die morphologische Betrachtungsweise erlitt, läßt der bekannte Ausspruch des Münchener Botanikers Karl I. E. von Goebel (1855–1932) erkennen, der erklärte, morphologisch sei das, was sich physiologisch n o c h nicht erklären lasse[40], – mit anderen Worten, morphologisch ist nur ein anderer Begriff für jene Phänomene, die sich dem kausal-analytischen, biochemischen Verständnis entziehen.

Goebels Schüler, Wilhelm Troll (1897–1987), der bedeutendste Vertreter der idealistischen Morphologie[41] in Deutschland, radikalisierte diese Sichtweise und definierte: „morphologisch ist nicht das, was sich physiologisch n o c h n i c h t erklären läßt, sondern was sich physiologisch ü b e r h a u p t n i c h t erklären läßt"[42].

Für Troll konnte es demnach eine Synthese von Physiologie und Morphologie nicht geben, beide standen in prinzipiellem Gegensatz. Gisela Nickel hat kürzlich die Rolle Trolls

---

37 Friedrich Wilhelm Oelze: *Erinnerung an Gottfried Benn.* In: Benn (1979) (Anm. 32), S. 7–22.

38 Adolph Hansen: *Die sachlichen und philosophischen Grundlagen von Goethes Morphologie (Metamorphose der Pflanzen und Osteologie) zugleich ein Beitrag zur Kritik der morphologischen Begriffsbildung.* In: Bericht der Oberhessischen Gesellschaft für Natur- und Heilkunde Bd. 7 (N. F.) (1916–1919), S. 1–200. Ders.*: Goethes Metamorphose der Pflanzen.* Gießen 1907. Nach Hansens Ansicht hat zwar die Hypothese zu einer „Fülle von neuen Erfahrungen über die Organbildung am Vegetationspunkt" geführt, doch auch er hält eine chemisch-mechanische Begründung der Metamorphoselehre für notwendig.

39 Einer der heftigsten Kritiker war Jacob Heinrich Friedrich Kohlbrugge in seiner Schrift *Historisch-kritische Studien über Goethe als Naturforscher.* Würzburg 1913.

40 Hinweise bei Gisela Nickel: *Wilhelm Troll (1897–1978). Eine Biographie.* Acta historica Leopoldina Nr. 25, Halle/Saale 1996, S. 31.

41 Im Gegensatz zur phylogenetischen und Evolutionsmorphologie suchten die Anhänger dieser Richtung nicht nach den evolutiven Prozessen, die im Sinne der Theorie Darwins für das Abweichen der Nachfahren von einem gemeinsamen Vorfahren verantwortlich waren, sondern nach bestimmten Urformen oder Idealtypen, auf die sich die beobachtete Variabilität der Organismen zurückführen ließ; vgl. die Verteidigung der morphologischen Methode gegenüber „deszendenztheoretischer Bevormundung" durch Wilhelm Troll in dessen Aufsatz *Aufgaben und Wege morphologischer Forschung in der Botanik.* In: Wilhelm Troll*: Vergleichende Morphologie der höheren Pflanzen.* Bd. 1, Teil 1, Berlin 1937, Einleitung. Zur Kontroverse zwischen „alter" und „neuer" Morphologie vgl. Theo Eckardt: *Vergleichende Studie über die morphologischen Beziehungen zwischen Fruchtblatt, Samenanlage und Blütenachse bei einigen Angiospermen. Zugleich als kritische Beleuchtung der „New Morphology".* In: Neue Hefte zur Morphologie 3 (1957) S. 11–91

42 Wilhelm Troll: *Gestalt und Gesetz. Versuch einer geistesgeschichtlichen Grundlegung der morphologischen und physiologischen Forschung.* In: Flora 118/119 (N. F. 18/19), S. 536–565; vgl. dazu Nickel (Anm. 40), S. 36.

in dieser grundsätzlichen Auseinandersetzung zwischen zwei gegensätzlichen Positionen detailliert verfolgt und die botanischen Leistungen Trolls in all ihren Facetten ausführlich gewürdigt,[43] auf ihre fundierte Darstellung sei in diesem Zusammenhang verwiesen.

Troll, der sein eigenes morphologisches Konzept mit Goethes Gestaltlehre identifizierte, totalisierte den Anspruch der Morphologie über das ursprünglich beschränkte Anwendungsgebiet hinaus zu einer universalen Gestaltlehre, die im Gesamtbereich der Naturwissenschaften Gültigkeit haben sollte. Von missionarischem Eifer besessen, verstand sich Troll als Vollstrecker Goethes, sprach von „morphologischem Auftrag“ und sah es als vornehmste Aufgabe an, „gerade der deutschen Naturwissenschaft einer morphologisch bestimmten Naturerkenntnis, in der das bisher bloß verwaltete Erbe Goethes zu lebendiger Blüte gelangen wird, zum Durchbruch zu verhelfen“[44]. Trolls „morphologischer Auftrag“ richtete sich im Namen Goethes nicht nur gegen jeden rationalistischen Standpunkt in der Naturforschung und damit auch gegen die Lehren Darwins, sondern verurteilte die gesamteuropäische Bewegung des Cartesianismus schlechthin und vermählte jene Abneigung gegen mechanistisches Denken mit den um sich greifenden vitalistischen Strömungen und übrigen Irrationalismen der nationalsozialistischen Ideologie[45]. Auch am Beispiel Trolls wird zum einen deutlich, daß Goethes Naturforschung die Identifikationsbedürfnisse vielfältigster Art befriedigen konnte, zum anderen, daß die Naturwissenschaften keineswegs immer das angeblich ideologieindifferente Feld darstellen, das ihnen gerne nachgesagt wird.

Die ideologischen Prämissen einer „Deutschen Morphologie“, die sich aus Goethes Naturauffassung und seinem Naturbegriff scheinbar ebenso problemlos gewinnen ließen wie der Physiker Philipp Lenard (1862–1947) eine arteigene „Deutsche Physik“[46] unter gleichzeitiger Verdammung der jüdischen Physik Einsteins den politischen und ideologischen Forderungen des NS-Staates anpassen konnte[47], mögen für den Philosophen und Psychiater Karl Jaspers (1883–1969) Anlaß gewesen sein, in seiner Rede als Goethe-Preisträger 1947 gegen den nach dem Zweiten Weltkrieg wiedererwachenden Goethe-Kult energisch Einspruch zu erheben und jedem „ein Recht zu einer tiefen Auflehnung gegen Goethe“ zuzugestehen[48]. Jaspers warnte eindringlich vor den Gefahren, denen zwar nicht Goethe, aber seine kritiklosen und blinden Anhänger erliegen, wenn sie den Dichter als uneingeschränkte Berufungsinstanz in Wissenschaft und Poesie betrachten, ohne den Abgrund zu sehen, der Goethes Vergangenheit von der Gegenwart trennt. Jaspers plädierte für die radikale Ausgrenzung Goethes aus dem naturwissenschaftlichen Diskurs und forderte eine „Revolution der Goethe-Aneignung“ durch „Übersetzung seiner Wahrheit in die eigene Welt“ auf dem

---

43 Vgl. Nickel (Anm. 40).

44 Karl Lothar Wolf, Wilhelm Troll: *Goethes morphologischer Auftrag.* In: Botanisches Archiv 41 (1940), S. 1–71, hier: S. 2. Für die „Wiedergeburt der Morphologie aus dem Geiste deutscher Wissenschaft“ als Heilmittel gegen ihre Zersetzung durch das mechanistische Denken plädierte Troll nachdrücklich auch in dem gleichnamigen Aufsatz in der Zeitschrift für die gesamte Naturwissenschaft. Bd.1 (1935/36), S. 349–356.

45 Vgl. Ute Deichmann: *Biologen unter Hitler. Porträt einer Wissenschaft im NS-Staat.* Frankfurt/M. 1995, S. 106 f., 320.

46 Philippp Lenard: *Deutsche Physik.* 4 Bde. München 1936–1937.

47 Vgl. Steffen Richter: *Die „Deutsche Physik“.* In: Herbert Mehrtens, Steffen Richter (Hrsg.): *Naturwissenschaft, Technik und NS-Ideologie. Beiträge zur Wissenschaftsgeschichte des Dritten Reichs.* Frankfurt/M. 1980, S. 116–140.

48 Karl Jaspers: *Unsere Zukunft und Goethe.* In: Die Wandlung 2 (1947), S. 559–578; wieder abgedruckt in: Karl Robert Mandelkow: *Goethe im Urteil seiner Kritiker.* Bd. 4, München, S. 288–303.

Umweg über Goethe als Forschungsgegenstand. Wenngleich Jaspers' Rede nicht unwidersprochen blieb und der Bonner Romanist Ernst Robert Curtius (1886–1956) den Heidelberger Philosophen heftig attackierte[49], erlebte die „Goethe-Aneignung" auf dem Sektor der naturwissenschaftlichen Schriften in der Tat die geforderte Wende. Sie wurde eingeleitet durch die monumentale historisch-kritische Leopoldina-Ausgabe der naturwissenschaftlichen Schriften, die 1947 mit der Herausgabe des ersten Bandes einsetzte[50] und sich am Ende des zweiten Jahrtausends mit mehr als 20 bereits vorliegenden Bänden dem Abschluß nähert. Sie hat erstmals das weitgespannte Spektrum von Goethes naturwissenschaftlichem Denken, Beobachten und Experimentieren im Netzwerk der zeitgenössischen Naturforschung und Theorienbildung in seinem gesamten Umfang ans Tageslicht gebracht, kommentiert und dokumentiert[51]. Sie liefert die verläßlichste Schutzmauer gegen die ideologische, mißbräuchliche Besitzergreifung Goethes als alternatives Konzept zur Lösung aktueller Umwelt- oder Lebensprobleme, gegen Naturzerstörung oder zur Befriedigung von Machtansprüchen, welcher Art auch immer. Allein im Blick auf die Ergebnisse dieser jahrzehntelangen Forschungsarbeit mag der Ruf „Zurück zu Goethe!" gerechtfertigt sein. Die hier edierten Texte und Resultate liefern die Maßstäbe, an denen in Zukunft die Interpretation und „Übersetzung" der naturwissenschaftlichen Schriften Goethes in die Gegenwart zu messen und auf ihr „kognitives Potential"[52] zu prüfen sein werden.

---

49 Ernst Robert Curtius: *Goethe oder Jaspers?* In: Die Tat (Zürich), 2. 4. 1949.

50 Den Plan zur Neuausgabe der Goethe-Schriften faßten noch in der nationalsozialistischen Ära Wilhelm Troll, Prof. der Botanik in Halle, Karl Lothar Wolf, Direktor des physikalisch-chemischen Instituts in Halle, sowie der Geologe und Botaniker Günther Schmid (vgl. Anm. 3); das Konzept einer streng historisch-kritischen Edition entstand erst in den 50er Jahren, seine Realisierung ist im wesentlichen der Mitarbeit von Dorothea Kuhn, Marbach/Weimar, und Wolf von Engelhardt, Tübingen, zu verdanken.

51 Zu Entstehung und Aufbau der Ausgabe vgl. Dorothea Kuhn: *Erfahrung, Betrachtung, Folgerung durch Lebensereignisse verbunden. Zur Geschichte der Leopoldina-Ausgabe von Goethes Schriften zur Naturwissenschaft.* In: *Zur Edition naturwissenschaftlicher Texte der Goethezeit.* In: Acta historica Leopoldina Nr. 20 (1992), S. 11–20.

52 Karl Robert Mandelkow: *Goethe in Deutschland.* Bd. 2: *Rezeptionsgeschichte eines Klassikers 1919–1982.* München 1989, S. 249 f.

ABHANDLUNGEN

GÜNTER SASSE

Woran leidet Werther?

*Zum Zwiespalt zwischen idealistischer Schwärmerei und sinnlichem Begehren**

Woran leidet Werther? Die vorschnelle Antwort lautet: an Liebeskummer, daran, daß er Lotte nicht kriegen kann. Das mag auf den ersten Blick richtig sein; das Problem stellt sich jedoch komplexer dar. Nicht von ungefähr hat es Zeitgenossen, spätere Leser, Literaturwissenschaftler und selbst Goethe immer wieder umgetrieben. In *Dichtung und Wahrheit* umkreist er im Rückblick verschiedene zeitgenössische Aspekte, die für die Wirkung von Werthers „Krankheit zum Tode" (FA 8, S. 99, Brief vom 12. 8. 1771)[1] ursächlich sein könnten. Er erwähnt die „Wiederkehr der Liebe" und die „Absonderung des Sinnlichen vom Sittlichen" (FA 14, S. 629), in Betracht zieht er die „unaufhaltsame Wiederkehr unserer Fehler", er weist auf „eine durch einzelne Gegenstände leicht zu paralysierende Einbildungskraft" (FA 14, S. 630) und auf die „Betrachtung der Vergänglichkeit und des Unwerts aller irdischen Dinge" hin (FA 14, S. 631), er macht die „ernsten und die menschliche Natur untergrabenden Gedichte" (FA 14, S. 633) sowie die „Unbilden und Langeweile der Tage" (FA 14, S. 634) für das Faszinosum *Werther* verantwortlich, insbesondere aber thematisiert er die „übertriebenen Forderungen, unbefriedigten Leidenschaften und eingebildeten Leiden" (FA 14, S. 641).

Das alles hat Goethe sehr allgemein formuliert. So allgemein verweist es mehr auf tastende Deutungsversuche als auf distanzierte Erklärungen – ein Hinweis darauf, wie sehr Goethe selbst in dem zum Roman geronnenen Ereigniszusammenhang involviert war. Noch ein halbes Jahrhundert später betonte er im Gespräch mit Eckermann die psychische Nähe zu seiner Figur Werther: „Es sind lauter Brandraketen! Es wird mir unheimlich dabei, und ich fürchte den pathologischen Zustand, aus dem es hervorging" (FA 8, S. 938).

Goethe weigerte sich zeitlebens aus Gründen des Selbstschutzes, wie er sagte, sich intensiver mit Werthers „Krankheit zum Tode" auseinanderzusetzen – zu sehr verspürte er die Gefahr einer erneuten Infektion. Literaturwissenschaftler hingegen, aufgrund ihrer analytischen Distanz mit einem robusteren Immunsystem ausgestattet, haben die Vielfalt ihrer diagnostischen Verfahren angewendet, um die Ursachen für Werthers Leiden zu erkunden: geistes- und religionsgeschichtliche Deutungen wechselten ab mit sozialpsychologischen und psychoanalytischen Diagnosen, Verfahren der Intertextualitätsforschung kamen ebenso

* Vortrag, gehalten am 21. 1. 1999 im Rahmen der Goethe-Vortragsreihe des Deutschen Seminars der Albert-Ludwigs-Universität Freiburg i. Br. Die Vortragsform wurde beibehalten.

[1] Im folgenden werden Stellen der zweiten Fassung des *Werther* zitiert.

zur Anwendung wie formgeschichtliche Analysen – mit naturgemäß verschiedenen Ergebnissen. Werther leide an der Gesellschaft,[2] an seinem Dilettantismus,[3] er sei ein Schwärmer,[4] ein „extremer Narzißt", für den „die Außenwelt die Aufgabe [hat], alle Neigungen der Innenwelt zu bestätigen und zu verstärken"[5], er lebe ein Leben aus der zweiten Hand der Literatur,[6] er sei ein Jüngling, der nicht erwachsen werden könne,[7] er scheitere an seiner Unfähigkeit zum Pragmatismus,[8] er sei „der vom asozialen Bazillus Befallene"[9], leide an metaphysischer Obdachlosigkeit[10] und – das versteht sich fast von allein und wird von daher gerne heruntergespielt – an der Liebe.[11]

Es gehört zu den festen Topoi der Literaturgeschichtsschreibung, daß der *Werther* nur von naiven Lesern als bloßer Liebesroman gelesen werde. Vielen Interpreten gilt Werthers Liebe zu Lotte lediglich als ergänzende Konkretisation seiner allumfassenden Liebe zur Natur, als Manifestation seines Absolutheitsanspruchs auf Selbsterfahrung und Selbstentfaltung. Und Literatursoziologen, die die gesellschaftskritische Perspektive an den Roman herantragen, betrachten Werthers Liebesbeziehung primär als Beispiel einer an den rigiden Konventionen der gesellschaftlichen Ordnung scheiternden Selbstverwirklichung und rücken demzufolge die durch den Verweis aus der Adelsgesellschaft gekränkte Ehre Werthers in den Mittelpunkt ihres Interesses.

Ich will nun trotz der von Literaturwissenschaftlern häufig formulierten Vorbehalte den *Werther* als Liebesroman lesen – als Roman einer merkwürdig gespaltenen Liebe. Dem gilt es nachzugehen. Goethe hat den Inhalt seines Romans in einem Brief vom 1. 6. 1774 an Gottlieb Friedrich Ernst Schönborn mit unvergleichlicher Lapidarität wiedergegeben:

> Allerhand Neues hab' ich gemacht. Eine Geschichte des Titels: *Die Leiden des jungen Werthers*, darin ich einen jungen Menschen darstelle, der, mit einer tiefen reinen Empfindung und wahrer Penetration begabt, sich in schwärmende Träume verliert, sich durch

---

[2] Klaus R. Scherpe: *Werther und Wertherwirkung. Zum Syndrom bürgerlicher Gesellschaftsordnung im 18. Jahrhundert.* Anhang: Vier Wertherschriften aus dem Jahre 1775 in Faksimile. Bad Homburg v. d. H., Berlin, Zürich 1970.

[3] Hans Rudolf Vaget: *„Die Leiden des jungen Werthers".* In: *Goethes Erzählwerk. Interpretationen*, hrsg. von Paul Michael Lützeler und James E. McLeod. Stuttgart 1985, S. 37–72.

[4] Hans-Jürgen Schings: *Melancholie und Aufklärung. Melancholiker und ihre Kritiker in Erfahrungsseelenkunde und Literatur des 18. Jahrhunderts.* Stuttgart 1977, S. 273 ff.

[5] Helmut Schmiedt: *Woran scheitert Werther?* In: Ders. (Hrsg.): *„Wie froh bin ich, daß ich weg bin!" Goethes Roman „Die Leiden des jungen Werther" in literaturpsychologischer Sicht.* Würzburg 1989, S. 147–172, S. 152.

[6] Peter Pütz: *Werthers Leiden an der Literatur.* In: *Goethe's Narrative Fiction. The Irvine Goethe Symposium*, hrsg. von William J. Lillyman. Berlin, New York 1983, S. 55–68.

[7] Reinhart Meyer-Kalkus: *Werthers Krankheit zum Tode. Pathologie und Familie in der Empfindsamkeit.* In: *Urszenen. Literaturwissenschaft als Diskursanalyse und Diskurskritik*, hrsg. von Friedrich A. Kittler und Horst Turk. Frankfurt/M. 1977, S. 76–138, S. 138.

[8] Gerhard Buhr: *Goethe. „Die Leiden des jungen Werthers" und der Roman des Sturm und Drang.* In: *Handbuch des deutschen Romans*, hrsg. von Helmut Koopmann. Düsseldorf 1983, S. 226–243.

[9] Helmut Koopmann: *Warum bringt Werther sich um?* In: *„Stets wird die Wahrheit hadern mit dem Schönen".* Fs. für Manfred Windfuhr, hrsg. von Gertrude Cepl-Kaufmann u. a. Köln, Wien 1990, S. 29–50, S. 47.

[10] Vgl. Herbert Schöffler: *Die Leiden des jungen Werther. Ihr geistesgeschichtlicher Hintergrund.* In: Ders.: *Deutscher Geist im 18. Jahrhundert. Essays zur Geistes- und Religionsgeschichte.* Göttingen ²1967, S. 155–181.

[11] So z. B. Flaschka, der es in seiner umfassenden Gesamtdarstellung der *Leiden des jungen Werthers* für „angebracht" hält, „vom Liebesmotiv weniger im Sinne eines Haupt- als eines Vordergrundmotivs zu sprechen." Horst Flaschka: *Goethes „Werther". Werkkontextuelle Deskription und Analyse.* München 1987, S. 212.

Spekulation untergräbt, bis er zuletzt durch dazutretende unglückliche Leidenschaften, besonders eine endlose Liebe zerrüttet, sich eine Kugel vor den Kopf schießt. (FA 8, S. 927)

Die Stichworte, die Goethe hier gibt, mögen für die Ätiologie von Werthers „Krankheit zum Tode" als Fingerzeige dienen: „schwärmende Träume", untergrabende „Spekulation", „unglückliche Leidenschaften", „endlose Liebe"; doch erklären sie nicht Werthers Leiden, sondern benennen nur die Symptome – es fehlt die Anamnese. Genau hierin aber liegt das Problem der richtigen Diagnose. Wir kennen Werthers Vorgeschichte nicht – eigentlich wissen wir nur das, was er in seinen Briefen selbst berichtet; wie sollte es bei einem fiktionalen Text auch anders sein, der ja Wirklichkeit erst dadurch schafft, daß er sie artikuliert. Doch es gibt ‚Dokumente', die einen Blick über den fiktionalen Rahmen des Romans hinaus in die länger zurückliegende Vergangenheit Werthers erlauben; einen hermeneutisch zwar getrübten, heuristisch aber fruchtbaren Blick. Ich beziehe mich auf einen kleinen Prosatext Goethes, in dem Werther frühere Erlebnisse schildert und bislang, soweit ich sehe, noch nicht zur Diagnose von Werthers „Krankheit zum Tode" herangezogen wurde. Unter dem Titel *Briefe aus der Schweiz. Erste Abteilung* (FA 8, S. 594–609) hat Goethe fingiert, er werde Erfahrungen, Erlebnisse und Reflexionen Werthers aufzeichnen, die er als Abschriften von dessen Briefen ausgibt, die dieser „vor seiner Bekanntschaft mit Lotten" verfaßt habe (S. 594).

Anders als der ebenfalls als *Briefe aus der Schweiz* bezeichnete Bericht Goethes von seiner 1779 mit dem Herzog Carl August unternommenen zweiten Reise in die Schweiz[12] sind diese Briefe fiktiv. Sie bieten Aspekte einer von Goethe nachgeschobenen Vorgeschichte Werthers. In *Dichtung und Wahrheit* schreibt er dazu, er habe mit den Fragment gebliebenen *Briefen* die Absicht verfolgt, „das Herankommen Werthers bis zur Epoche, wo seine Leiden geschildert sind, einigermaßen dar[zu]stellen" (FA 14, S. 816). Das ist erstaunlich. Für Goethe scheint es so wichtig gewesen zu sein, nachträglich die richtige Perspektivierung des Geschehens zu verdeutlichen, daß er sich nicht scheute, seinen abgeschlossenen Roman mehr als zwei Jahrzente nach seiner Entstehung nach vorne ‚aufzubrechen'. In diesen 1796 verfaßten *Briefen*, die er in Band 11 der Cottaschen Gesamtausgabe von 1808 direkt auf seinen Roman folgen läßt, räsoniert Werther über das philiströse Selbstverständnis der Schweizer, stellt allgemeine Überlegungen zur ästhetischen Produktion und Rezeption an, schildert

12 Goethe hat die *Briefe aus der Schweiz. Zweite Abteilung* nach seiner Rückkehr zu Beginn des Jahres 1780 aus Briefen zusammengestellt, die er während seiner Reise an Frau von Stein schickte; hinzu kamen Tagebuchaufzeichnungen von sich und dem Herzog. Nach Vorlesungen in kleinem Kreis kommt es erst 1796 zu einer von Schiller bearbeiteten und gekürzten Publikation im 8. Stück der *Horen* unter der Überschrift: *Briefe auf einer Reise nach dem Gotthardt.* Goethe hat den vollständigen Text dann unter dem Titel *Briefe aus der Schweiz. Zweite Abteilung* in den Bd. 11 seiner 1808 bei Cotta erschienenen ersten Gesamtausgabe aufgenommen. Ihnen voran stellt er die fiktionalen *Briefe aus der Schweiz. Erste Abteilung*, in denen Werther zu Wort kommt. Da für sie handschriftliche Zeugnisse fehlen, bleibt unklar, ob Goethe bei der 1796 vollzogenen Niederschrift der *Ersten Abteilung* seiner *Briefe aus der Schweiz* auf ältere Aufzeichnungen zurückgriff. Im *Tagebuch* findet sich am 18. 2. 1796 nur die Notiz: „fing an zu dicktiren an Werthers Reise" (FA 31, S. 172). In *Dichtung und Wahrheit* (FA 14, S. 814 f.) berichtet Goethe von einem realen Vorkommnis, an das diese Briefe Werthers anschließen. Er hätte mit Freunden in einem Bergbach nackt gebadet, sie seien dabei beobachtet und mit Steinen beworfen worden. Nachdem Goethe dies erzählt hat, kommt er auf sein „Fragment von Werthers Reisen" (FA 14, S. 815) – gemeint sind die fiktiven *Briefe* – zu sprechen, in dem er den „Gegensatz der schweitzerischen löblichen Ordnung und gesetzlichen Beschränkung mit einem solchen im jugendlichem Wahn geforderten Naturleben zu schildern gesucht" (S. 816) habe.

Gesellschaftsspiele und Bekanntschaften, so die mit Eleonore, die im Roman Leonore heißt. Bei genauem Hinsehen zeigt sich allerdings, daß es sich bei Werthers Erzählungen ganz offensichtlich nur um einen narrativen Widerstand handelt. Ihn hat er zu überwinden, um ein zentrales Erlebnis zu offenbaren, vor das er zunächst eine retardierende Erzählwand schiebt. Es handelt sich gleichsam um einen langen Anlauf zum kurzen Bekenntnis:

> Soll ich, oder soll ich nicht? Ist es gut dir etwas zu verschweigen, dem ich so viel, dem ich alles sage? Soll ich dir etwas Bedeutendes verschweigen, indessen ich dich mit so vielen Kleinigkeiten unterhalte, die gewiß niemand lesen möchte, als du, der du eine so große und wunderbare Vorliebe für mich gefaßt hast; oder soll ich etwas verschweigen, weil es dir einen falschen, einen üblen Begriff von mir geben könnte? (FA 8, S. 602)

Jetzt könnte man erwarten, daß Werther endlich sein Erlebnis offenbart. Doch erneut weicht er auf das Feld der Kunstbetrachtungen aus – ein Zeichen seiner großen inneren Hemmungen. Endlich, nach langem Zögern, berichtet er, womit er lange hinter dem Berg ästhetischer Reflexionen hielt. Es geht um den Körper, und zwar den weiblichen, dazu noch den nackten. Das Interesse tarnt sich zunächst hinter künstlerischen Fragestellungen; doch das eigentliche Thema, das Werther mühselig über die Tabugrenze heben muß, ist das erotische Begehren nach dem weiblichen Körper. Zwar gibt Werther vor, allein mit den Augen des Malers sehen zu wollen, doch als er dann nach einem gewissen Aufwand eine Prostituierte findet, die sich gegen gute Bezahlung nackt seinen Blicken aussetzt, ist es um sein interesseloses Wohlgefallen geschehen. Zu Beginn seines Berichtes beteuert Werther zwar noch:

> Fürchte nichts und höre mich: ich habe mir nichts vorzuwerfen, der Anblick hat mich nicht aus meiner Fassung gebracht, aber meine Einbildungskraft ist entzündet, mein Blut erhitzt. O! stünd ich nur schon den großen Eismassen gegenüber um mich wieder abzukühlen! (FA 8, S. 607)

Die Widersprüchlichkeit von Werthers Beteuerung ist eklatant: er will seine Fassung bewahrt haben, zugleich aber berichtet er von seiner entzündeten Einbildungskraft, seinem erhitzten Blut und dem Wunsch, sich an den Schweizer Gletschern abzukühlen. Mit seiner Fassung ist es also nicht weit her, gegen die äußere Gefaßtheit steht der Aufruhr des Inneren. Werthers dann ins einzelne gehender Bericht spiegelt nachdrücklich seine Schwierigkeiten, die Selbstkontrolle zu bewahren. Zunächst dient ihm allerdings auch hier die ästhetische Reflexion über die weibliche Schönheit und deren ikonographische Formierung nach mythologischen Mustern als Balancierstange, um das Gleichgewicht zu halten. Doch dann wird das verlockende Spiel der sich vor seinen Augen entkleidenden Frau immer bedrohlicher: sie steht nackt vor ihm, begibt sich ins Bett, spielt die von sexuellen Wünschen erfüllte Träumende und animiert Werther schließlich zum Beischlaf:

> Das letzte Gewand fiel. Sie stand, wie Minerva vor Paris mochte gestanden haben, bescheiden bestieg sie ihr Lager, unbedeckt versuchte sie in verschiedenen Stellungen sich dem Schlafe zu übergeben, endlich schien sie entschlummert. In der anmutigsten Stellung blieb sie eine Weile, ich konnte nur staunen und bewundern. Endlich schien ein leidenschaftlicher Traum sie zu beunruhigen, sie seufzte tief, veränderte heftig die Stellung, stammelte den Namen eines Geliebten und schien ihre Arme gegen ihn auszustrecken.

> Komm! rief sie endlich mit vernehmlicher Stimme, komm, mein Freund, in meine Arme, oder ich schlafe wirklich ein. In dem Augenblick ergriff sie die seidne durchnähte Decke, zog sie über sich her, und ein allerliebstes Gesicht sah unter ihr hervor. (FA 8, S. 608 f.)

Hier bricht Werthers Bericht ab. Die voyeuristische Distanz, die die erotische Szene zum theatralischen Arrangement ästhetisiert, scheint prekär geworden zu sein. Hinter dem interesselosen Wohlgefallen, das dem distanzschaffenden Blick des Malers entspricht, erscheint eine erotische Erregung, die Werther die Sprache verschlägt. Die lapidare und rätselhafte Äußerung Goethes in *Dichtung und Wahrheit*, daß „Werthers Jugendblüte schon von vorn herein als vom tödlichen Wurm gestochen erscheine" (FA 14, S. 642), bekommt durch diese nachgeschobene Vorgeschichte einen Richtungssinn. Vereinfacht gesagt: Die Sexualität scheint Werthers wunder Punkt zu sein – und zwar die Heterosexualität und nicht die Homosexualität, die Eissler merkwürdigerweise den *Briefen aus der Schweiz* entnimmt.[13]

Warum die Sexualität Werthers wunder Punkt ist, wie sie mit seiner Angst vor dem Selbstverlust zusammenhängt, von daher als Aspekt seines Charakters und nicht gesellschaftlicher Normen zu deuten ist, und wie hierdurch der von ihm artikulierte Widerspruch zwischen dem „süße[n] Gefühl der Freyheit" und dem „Kerker" des Körpers (FA 8, S. 25, 22. 5. 1771) – Ausdruck seiner latenten Todessehnsucht – profiliert wird: das alles bedarf einer sorgfältigen Analyse, die die eigentümliche Logik von Werthers Begehren genauer in den Blick nimmt.

Eine erste Beobachtung am Roman selbst: Fluchten aus erotischer Bedrängnis sind bestimmende Verhaltensreflexe Werthers. Anfang, Mitte und Ende des Romans werden hierdurch akzentuiert – am radikalsten das Ende des Romans, die Flucht aus dem Leben; in der Mitte des Romans handelt es sich um die Flucht vor den Bedrängnissen der Liebe zu Lotte (FA 8, S. 115, 3. 9. 1771), und am Anfang steht die Flucht vor den Zudringlichkeiten einer jungen Frau. „Wie froh bin ich, daß ich weg bin!" (FA 8, S. 11, 4. 5. 1771). Mit diesem aufatmenden Seufzer beginnen die *Leiden des jungen Werthers*. Was Werther in die Flucht getrieben hat, bleibt in den Einzelheiten undeutlich. Nur soviel erfahren wir aus seinem Brief an Wilhelm: Eine Frau namens Leonore hatte es auf ihn abgesehen, ihn mit ihrer Leidenschaft so bedrängt, daß sich sein Herz „ängstigte". Warum sich sein Herz ängstigte, welcher Art die weibliche Leidenschaft war, die ihn bedrängte – all das verschweigt Werther seinem Freund und damit auch dem Leser. Wir können nur spekulieren, doch nicht bloß ins Blaue hinein. Goethe selbst hat textuelle Fingerzeige gegeben; nicht nur *Werthers Briefe aus der Schweiz* zeigen dessen prekäres Verhältnis zur Sexualität, sondern der Roman selbst hat hier seinen gar nicht so geheimen Fokus. Indirekt zeigt dies zunächst Werthers Erinnerung an eine Freundin – man könnte glauben, es handle sich um Lotte:

> Ich habe das Herz gefühlt, die große Seele, in deren Gegenwart ich mir schien, mehr zu seyn als ich war, weil ich alles war was ich seyn konnte. Guter Gott! blieb da eine einzige Kraft meiner Seele ungenutzt? Konnt ich nicht vor ihr das ganze wunderbare Gefühl entwickeln, mit dem mein Herz die Natur umfaßt? War unser Umgang nicht ein ewiges Weben von der feinsten Empfindung, dem schärfsten Witze, dessen Modificationen, bis zur Unart alle mit dem Stempel des Genies bezeichnet waren? (FA 8, S. 21, 17. 5. 1771)

---

[13] Kurt R. Eissler: *Goethe. Eine psychoanalytische Studie 1775–1786*, Bd. 1. Frankfurt/M. 1983, S. 429.

Werther preist die glückhafte Übereinstimmung verwandter Seelen. Doch nicht Lotte, sondern die „Freundinn meiner Jugend" (ebd.) – wie Werther sie nennt – ist gemeint, eine ältere Frau, deren Tod er elegisch betrauert: „Ach ihre Jahre die sie voraus hatte, führten sie früher an's Grab als mich. Nie werde ich sie vergessen, nie ihren festen Sinn und ihre göttliche Duldung" (ebd.). Es war eine Seelenfreundin, an die sich Werther voll sehnsüchtiger Wehmut erinnert, eine Freundin, bei der auch die Altersdifferenz die Liebe in platonischen Grenzen hielt. Werther scheint in der geistigen Verbundenheit mit ihr glücklich gewesen zu sein, obwohl – oder vielleicht muß man genauer sagen, weil – Sexualität nicht ins Spiel kam. Nur so konnte die Seelengemeinschaft ihren enthusiastischen Aufschwung erfahren, ohne den Bedrängnissen des Körpers ausgesetzt zu sein.

Werthers Flucht vor der ihn leidenschaftlich bedrängenden Leonore, seine Verklärung der verstorbenen Seelenfreundin mögen als indirekte Hinweise auf Werthers Problem dienen, Seelenliebe und Sinnenliebe nicht integral miteinander verbinden zu können. Aber vielleicht lag dies ja nur an den beiden Frauen – die eine war halt zu alt und die andere zu aufdringlich. Jetzt aber tritt Lotte in Erscheinung – zunächst allerdings außerhalb der Sphäre des Begehrens. Denn schon bevor Werther sie kennenlernt, wird ihm signalisiert, daß sie für ihn keine erotische Gefahr darstellt. Mehrfach wird er auf die gesellschaftliche Barriere ihrer Verlobung hingewiesen (FA 8, S. 39 u. 49, 16. 6. 1771), kurz nach der Bekanntschaft auch von Lotte selbst, allerdings mit einer leichten Modifikation, die bezeichnend ist. Lotte – nach einigem Nachdenken, wie Werther bemerkt – verdeutlicht ihre Lage; vielmehr macht sie deutlich, daß ihre Lage so deutlich nicht ist: „Was soll ich's Ihnen läugnen, sagte sie, indem sie mir die Hand zur Promenade both, Albert ist ein braver Mensch, dem ich so gut als verlobt bin!" (FA 8, S. 51, 16. 6. 1771). Lottes mit Vorbedacht ausgesprochenes „so gut als" signalisiert Werther: Sein Werben um sie wäre keineswegs völlig aussichtslos. Sein Freund Wilhelm macht ihn darauf nachdrücklich aufmerksam, so nachdrücklich, daß Werther ihn – übrigens das einzige Mal – selbst zu Wort kommen läßt. Im Brief vom 8. 8. 1771 nimmt er Wilhelms Rede wörtlich auf:

> Entweder, sagst du [d. i. Wilhelm; d. Vf.], hast du [d. i. Werther; d. Vf.] Hoffnung auf Lotten, oder du hast keine. Gut, im ersten Fall suche sie durchzutreiben, suche die Erfüllung deiner Wünsche zu umfassen: im anderen Falle ermanne dich, und suche einer elenden Empfindung los zu werden, die alle deine Kräfte verzehren muß. (FA 8, S. 89, 8. 8. 1771)

Doch Werther entscheidet sich nicht. Die vom Freund Wilhelm aufgespannte Alternative Erfüllung oder Verzicht kann er mit seiner Gefühlslage nicht vereinbaren. Warum? Weil seine Liebe so stark ist, daß er nicht zu verzichten vermag, obwohl Lotte schon vergeben ist? Dies wäre eine naheliegende Antwort, die aber bei genauerem Hinsehen die Widersprüchlichkeit von Werthers Liebe nicht erfassen kann. Denn anders als bei den meisten unglücklichen Liebespaaren in der Literatur bleibt Werthers Liebe zu Lotte nicht deshalb unerfüllt, weil ihr sittliche, soziale, standesbedingte, materielle oder andere äußere Hindernisse im Wege stehen, die eine gesellschaftlich anerkannte Verwirklichung der Liebesbeziehung in Form einer Ehe unmöglich machen. Es sieht nur auf den ersten Blick so aus, als verhindere Lottes Verlobung mit Albert von vornherein die Erfüllung von Werthers Liebe in der Ehe. Doch auf Erfüllung ist Werther gar nicht aus. Bei ihm sind Liebe und Verzicht keine geschiedenen Momente, sondern Elemente eines sich wechselseitig steigernden Bedingungsgefüges, das die Liebe in die Sphäre der Idealität hebt. So übt gerade die Tatsache, daß Lotte nicht mehr frei ist, auf ihn einen unwiderstehlichen Reiz aus; aber es ist kein

Reiz, der auf sexuelle Erfüllung drängt, sondern gerade in der Nichterfüllung, in der dadurch möglichen Idealisierung der Liebe, die ihn über alle Widrigkeiten der Existenz hinaushebt, sein Ziel hat.

Im folgenden versuche ich Antworten auf vier Fragen zu finden:
1) Was sind die Gründe für Werthers Liebesidealismus,
2) wie wirkt sich dieser im Hinblick auf Lotte aus,
3) welche Rolle spielt dabei die abgewiesene Sexualität und
4) wie kommt es zum Schluß zur tödlichen Konsequenz?

Zunächst sollen die Gründe für Werthers Liebesidealismus beleuchtet werden. Bedingung hierfür ist der sexuelle Verzicht – nicht, weil die äußeren Verhältnisse Lottes, sondern weil die inneren Verhältnisse Werthers so sind.[14] Überall will er mehr, als unter den Bedingungen realer Existenz möglich ist. Denn überall will er seine hochgespannte Subjektivität verwirklichen, und zwar im emphatischen Sinn einer bruchlosen Entäußerung. Ihm geht es ganz radikal um die Überwindung der Subjekt-Objekt-Differenz, darum, die Innenwelt zur Außenwelt zu machen, zum Resonanzraum seiner Subjektivität. Doch die Außenwelt fügt sich nicht, überall stößt Werther auf Widerstände: die Regeln der Malkunst sperren sich gegen seinen Gestaltungswillen; er erfährt sich als größter Maler und kann doch keinen „Strich" aufs Papier bringen – so seine Klage im berühmten Brief vom 10. 5. 1771 (FA 8, S. 15); er will sich in seiner Stelle bei der Gesandtschaft selbst ausdrücken und erfährt den Zwang bürokratischen Schriftverkehrs (FA 8, S. 127, 24. 12. 1771); er will als Person in seiner Einzigartigkeit geschätzt werden und wird aufgrund ständischer Etikette aus der adligen Gesellschaft verwiesen (FA 8, S. 141–145, 15. 3. 1772); er will in seinem Herzen wahrgenommen werden, doch der ihm freundschaftlich zugetane Fürst schätzt nur seinen „Verstand" und seine „Talente" (FA 8, S. 155, 9. 5. 1772).

Letztlich verbirgt sich hinter Werthers Wunsch nach rückhaltloser Anerkennung die Labilität seines Ich, das überall Bestätigung sucht. Es bedarf des permanenten Außenhalts, zugleich aber darf das Außen nichts anderes sein als Manifestation seines Inneren. In diesem Zirkel der Suche nach Selbstbestätigung des Inneren im Außen und der Widerständigkeit des Außen gegen das Innere verfängt sich Werther – emphatische Aufschwünge schlagen immer wieder um in melancholische Stimmungen.

Wie wirkt sich das – unsere zweite Frage – im Hinblick auf Lotte aus? Die Liebe zu ihr soll ihm all das ersetzen, was ihm die Widerständigkeit der äußeren Welt verwehrt, an der sich seine Selbstverfallenheit immer wieder bricht. Dazu aber muß er Lotte über alle Bedingtheiten der physischen Existenz hinausheben; er muß sie entprofanisieren und zu einem Gegenüber machen, das er in die Sphäre einer Idealität erhebt, in der selbst alltägliche Handlungen zu heiligen Akten werden. Lotte wäscht z. B. einem Kind am Brunnen das Gesicht, für Werther die „Taufhandlung" eines „Propheten der die Schulden einer Nation weggeweiht hat." (FA 8, S. 73, 6. 7. 1771)

Die wiederkehrende Symptomatik ist deutlich: Werthers Liebesidealismus sakralisiert Lotte, nicht weil das, was Lotte sagt und tut, so grandios ist, sondern weil ihre Projektion ins Überirdische auch seine Liebe ins Grandiose steigert. Diese hochgesteigerte Liebe aber

---

[14] Die pathologische Dimension von Werthers „subjektivistischer Selbstverfallenheit" entfaltet vor dem Hintergrund der zeitgenössischen Genie-Konzeption Jochen Schmidt: *Die Geschichte des Genie-Gedankens in der deutschen Literatur, Philosophie und Politik 1750–1945*, Bd. 1: *Von der Aufklärung bis zum Idealismus.* Darmstadt [2]1988, S. 322–336.

enthebt Werther den Widrigkeiten des Alltags, erhebt ihn über die Welt der profanen Wünsche und kleinen Freuden, macht ihn zu einem Liebenden, der alle Fesseln der Gewöhnlichkeit abstreift. Von daher darf seine aus dem Ungenügen an sich selbst gespeiste idealistische Liebe niemals zur Realität werden, die sich als bürgerliche Ehe zeigt. Bezeichnend hierfür ist, daß er auch dann nichts unternimmt, um Lotte für sich zu gewinnen, als er am 13. Juli, einen Monat nach seiner Bekanntschaft mit ihr, seinem Freund versichert: „Nein, ich betrüge mich nicht! [...] ich fühle, und darin darf ich meinem Herzen trauen, [...] daß sie mich liebt!" (FA 8, S. 77, 13. 7. 1771). Doch nicht die gelebte Liebe, sondern deren Sakralisierung im Zeichen der Entsagung steigert Werthers Selbstgefühl. Wiederholt spricht er seiner Liebe die Eigenschaft des Heiligen zu, wiederholt sieht er auch Lotte im Zeichen der Heiligen – beides Versuche, das Moment der Körperlichkeit und die an sie gebundene Sexualität aus der Empfindungswelt auszugrenzen. Nicht von ungefähr ist es die brotschneidende Lotte im Kreis ihrer kleinen Geschwister, die ihn zuerst zutiefst beeindruckt hat. Sie erscheint ihm in diesem Bild als *imitatio mariae*, als Jungfrau und Mutter zugleich, die ohne Sexualität Leben spendet. In diesem „reizendste[n] Schauspiel", das er „je gesehen habe" (FA 8, S. 41, 16. 6. 1771), verdichtet sich die Ambivalenz seiner Liebe: er fühlt sich zutiefst angezogen, aber es ist ein Begehren, das von Sexualität nichts wissen darf. Und so spaltet er alle Sexualität, die ihn an den „Kerker" des Körpers (FA 8, S. 25, 22. 5. 1771) bindet, von seiner Liebe ab, gibt dieser so die Gestalt reiner Idealität – mit der Folge, daß er Lotte nicht als wirkliche Frau, sondern als ein projektives Ideal liebt. So schildert er sie in seinem Brief vom 16. 6. 1771:

> Einen Engel! – Pfuy! das sagt jeder von der seinigen, nicht wahr? Und doch bin ich nicht im Stande, dir zu sagen, wie sie vollkommen ist, warum sie vollkommen ist; genug, sie hat allen meinen Sinn gefangen genommen. So viel Einfalt bey so viel Verstand, so viele Güte bey so viel Festigkeit, und die Ruhe der Seele bey dem wahren Leben und der Thätigkeit. (FA 8, S. 37, 16. 6. 1771)

In den Augen Werthers ist Lotte vollkommen, weil sie vollkommen mit dem Bild übereinstimmt, das er von ihr als seiner Geliebten erzeugt. Dieses Bild erscheint als positiver Gegenentwurf seiner eigenen Existenz – als ein Bild des Zusammenklangs von Naivität und Verstand, Güte und Festigkeit, innerer Ruhe und äußerer Tätigkeit – mit einem Wort als personale Aufhebung der Gegensätze, die Werther gerade nicht in sich zu vermitteln weiß. In Lotte projiziert er, was er selbst nicht sein kann; sie erscheint ihm als Gestalt gewordene Idee des wahren Lebens, der vollendeten Harmonie. Indem er sie aber zur Personifikation seiner Idee verklärt, wird sein Verhältnis zu Lotte von Anfang an gespeist aus ihrer Gegenbildlichkeit zu seinem „unglücklichen Bewußtsein"[15] – mit der Konsequenz, daß seine Liebe als Idee nicht lebbar ist. Sie ist zwar ein Gefühl, aber dies ist nicht in einen Lebensentwurf umsetzbar. Denn wie Goethe im Gespräch mit Kanzler von Müller äußert: „Liebe ist etwas Ideelles, Heurathen etwas reelles und nie verwechselt Man ungestraft das Ideelle mit dem Reellen."[16]

Bislang habe ich nur eine Dimension von Werthers Verhältnis zu Lotte akzentuiert. Sie erscheint ihm als Produkt einer Phantasie, die ihn vom Realisierungszwang der Liebe befreit.

---

15 Hegel: *Werke*, hrsg. von E. Moldenhauer und K. M. Michel. Frankfurt/M. 1970, Bd. 3: *Phänomenologie des Geistes*, S. 163: „Das unglückliche Bewußtsein ist das Bewußtsein seiner als des gedoppelten, nur widersprechenden Wesens."

16 Kanzler von Müller: *Unterhaltungen mit Goethe*, besorgt von Ernst Grumach. Weimar 1956, S. 300.

In solipsistischer Selbstverfallenheit idolisiert Werther die reale Person Lotte zur Verkörperung seiner idealistischen Liebesauffassung. Um es zugespitzt zu formulieren: genaugenommen liebt Werther mittels der realen Lotte seine Idee der Liebe, und Lottes Verklärung dient im Grunde der Selbstverklärung: „wie ich mich selbst anbethe, seitdem sie mich liebt!" (FA 8, S. 77, 13. 7. 1771), so läßt Goethe seinen Helden in einer Hinzufügung der zweiten Fassung sprechen, um dessen Narzißmus nachdrücklich hervorzuheben – einen Narzißmus, der aus dem Ungenügen an der eigenen Person die Geliebte idealisiert, um sich so in deren Spiegel der eigenen Vollkommenheit kompensatorisch zu vergewissern.

Nachdem ich den Gründen für Werthers Liebesidealismus nachgegangen bin und aufgezeigt habe, wie dieser zur Sakralisierung Lottes führte, stellt sich die Frage, welche Rolle dabei eigentlich die abgespaltene Sexualität spielt. Damit komme ich zur Kehrseite der idealistischen Liebe Werthers, nämlich der körperlichen. Es gibt ja nicht nur Werthers Idee der Liebe, sondern es gibt auch eine lebendige, sinnlich erfahrbare Verkörperung seiner Idee – die leibhafte Lotte, zu der er in einem realen Bezug steht. Dies aber macht die Situation komplexer und komplizierter als das Leben mit einem bloß imaginierten Liebesideal. Werther muß – anders als bei einem bloßen Phantasiegebilde – die für ihn zwar erst nach der Verlobung und Heirat Lottes objektiv gegebene, für ihn aber von vornherein subjektiv notwendige Unerfüllbarkeit seiner ins Unbedingte ausgreifenden Liebe ständig aufrechterhalten; dabei aber hat er zunehmend gegen sein eigenes, sich durch ausbleibende Befriedigung ständig steigerndes sinnliches Verlangen anzukämpfen. Doch kann er sein körperliches Begehren nicht dauerhaft unterdrücken, und so hält das Hochgefühl seiner Liebe, die die Bedingungen der Körperlichkeit zu transzendieren sucht, nicht lange an. Nur für eine gewisse Zeit gelingt es Werther, Lottes körperliche Reize seiner idealistischen Liebe zu unterwerfen – als Inkarnation seiner Idee von lebendiger Natur, innerer Harmonie und Fülle des Daseins. Doch rasch gerät sein sinnliches Begehren mit dem Idealismus seiner Liebe in einen Konflikt, der ihn zutiefst verunsichert. Im Brief vom 16. 7. 1771 beteuert er zwar noch einmal nachdrücklich: „Sie ist mir heilig. Alle Begier schweigt in ihrer Gegenwart" (FA 8, S. 79). Doch was Werther hier als Feststellung artikuliert, ist alles andere als das – es ist der verzweifelte Versuch, sein körperliches Begehren verbal zur Ordnung zu rufen, Hinweis darauf, daß er sein sexuelles Verlangen kaum noch zu beherrschen vermag. Dafür spricht schon die Stellung dieser emphatischen Selbstermahnung im Brief. Zunächst artikuliert Werther den durch Lottes Nähe hervorgerufenen Aufruhr seines Körpers:

> Ach wie mir das durch alle Adern läuft, wenn mein Finger unversehens den ihrigen berührt, wenn unsere Füße sich unter dem Tische begegnen; Ich ziehe zurück wie vom Feuer, und eine geheime Kraft zieht mich wieder vorwärts – mir wird's so schwindlich vor allen Sinnen. (FA 8, S. 77, 16. 7. 1771)

Mit Entsetzen registriert er die Selbstmächtigkeit seiner Triebe, gegen die er seine moralische Integrität beschwört:

> Und, Wilhelm! wenn ich mich jemals unterstehe diesen Himmel, dieses Vertrauen –! Du verstehst mich. Nein, mein Herz ist so verderbt nicht! Schwach! schwach genug! – Und ist das nicht Verderben? (FA 8, S. 79)

Erst danach beteuert er gegen jede Erfahrung, die er mit seinem Körper machen mußte: „Sie ist mir heilig. Alle Begier schweigt in ihrer Gegenwart." Doch der nächste Satz dementiert sofort, was er zuvor konstatiert hatte: „Ich weiß nie wie mir ist, wenn ich bey ihr bin; es ist als wenn die Seele sich mir in allen Nerven umkehrte" (ebd.). Wie hier, so an vielen Stellen: Werthers widersprüchliche Sprachführung reflektiert die Konfusion seines Inneren. Der eklatante Gegensatz zwischen der performativen Selbstbeteuerung und dem propositionalen Gehalt seiner Körperbeschreibungen offenbart das für ihn unaufhebbare Dilemma zwischen Sittlichkeit und Sinnlichkeit, das nach Goethe „in der verflochtenen kultivierten Welt die liebenden und begehrenden Empfindungen spaltet" (FA 14, S. 629).

Lottes sinnliche Gegenwart erfaßt Werther zutiefst, sein idealistisches Bild einer heiligen Liebe vermag er angesichts seines inneren Aufruhrs nur in Akten suggestiver Selbstbeschwörungen aufrechtzuerhalten. Doch immer wieder bricht sein Verlangen nach körperlicher Vereinigung durch. Der Brief vom 21. 8. 1771 ist ein beredtes Zeugnis hierfür:

> Umsonst strecke ich meine Arme nach ihr aus, Morgens, wenn ich von schweren Träumen aufdämmre, vergebens suche ich sie Nachts in meinem Bette, wenn mich ein glücklicher unschuldiger Traum getäuscht hat, als säß' ich neben ihr auf der Wiese und hielte ihre Hand und deckte sie mit tausend Küssen. Ach wann ich dann noch halb im Taumel des Schlafes nach ihr tappe, und drüber mich ermuntere – ein Strom von Thränen bricht aus meinem gepreßten Herzen, und ich weine trostlos einer finstern Zukunft entgegen. (FA 8, S. 109)

Werthers Traumbild verbleibt noch im halberotischen Bereich, handelt von tausendfachem Händeküssen auf einer Wiese. Doch die Reaktionen seines Körpers im Halbschlaf sind eindeutig: Er will mehr als nur idealistische Schwärmerei, er will Lotte bei sich im Bett haben. Der Zwiespalt ist offensichtlich: Hochgespannte Liebe bei gleichzeitigem Verzicht auf ihre Verwirklichung – dies führt zu einer tiefen Identitätskrise Werthers. Er muß sich verheimlichen, was er will, weil sein Körper etwas will, was seinem Liebesideal widerspricht. Seine mühsam aufrechterhaltenes Selbstbild vermag der andrängenden Sinnlichkeit kaum noch standzuhalten. Der Brief vom 30. 8. 1771 spricht eine deutliche Sprache:

> Unglücklicher! Bist du nicht ein Thor? betrügst du dich nicht selbst? Was soll diese tobende, endlose Leidenschaft? Ich habe kein Gebeth mehr, als an sie; meiner Einbildungskraft erscheint keine andere Gestalt, als die ihrige, und alles in der Welt um mich her sehe ich nur im Verhältnisse mit ihr. Und das macht mir denn so manche glückliche Stunde – bis ich mich wieder von ihr losreissen muß! Ach Wilhelm! wozu mich mein Herz oft drängt! – Wenn ich bey ihr gesessen bin, zwey drey Stunden, und mich an ihrer Gestalt, an ihrem Betragen, an dem himmlischen Ausdruck ihrer Worte geweidet habe, nach und nach alle meine Sinnen aufgespannt werden, mir es düster vor den Augen wird, ich kaum noch höre, und es mich an die Gurgel faßt, wie ein Meuchelmörder, dann mein Herz in wilden Schlägen den bedrängten Sinnen Luft zu machen sucht, und ihre Verwirrung nur vermehrt – Wilhelm, ich weiß oft nicht ob ich auf der Welt bin! (FA 8, S. 113, 30. 8. 1771)

Werther wird nahezu zerrissen von seinen widersprüchlichen Bedürfnissen: auf der einen Seite seine sexuellen Wünsche, auf der anderen Seite sein Bewußtsein, diesen nicht nachgeben zu dürfen. Sein Verlangen nach körperlicher Vereinigung wird ihm zu etwas, was er von sich zu einem „es" abspaltet, zu einer anonymen Macht, die ihn wie ein „Meuchelmörder" bedroht und zu ersticken sucht. Da er in den Momenten des drängenden Begehrens nicht Herr über seine eigene Sinnlichkeit werden kann, versucht er, seine innere Natur in und mittels der äußeren Natur zu bekämpfen. Wie ein Verrückter wütet er in der Natur, rennt gegen sie an, um seinem Körper Gewalt anzutun. Gleich einem Mönch, der das Gelübde der Keuschheit abgelegt hat, bestraft er sein „sündiges Fleisch“:

> Und, – wenn nicht manchmal die Wehmuth das Übergewicht nimmt, und Lotte mir den elenden Trost erlaubt, auf ihrer Hand meine Beklemmung auszuweinen, – so muß ich fort, muß hinaus! und schweife dann weit im Feld' umher; einen gähen Berg zu klettern, ist dann meine Freude, durch einen unwegsamen Wald einen Pfad durch zu arbeiten, durch die Hecken, die mich verletzen, durch die Dornen, die mich zerreissen! Da wird mirs etwas besser! Etwas! Und wenn ich für Müdigkeit und Durst manchmal unterwegs liegen bleibe, manchmal in der tiefen Nacht, wann der hohe Vollmond über mir steht, im einsamen Walde auf einen krummgewachsenen Baum mich setze, um meinen verwundeten Sohlen nur einige Linderung zu verschaffen, und dann in einer ermattenden Ruhe in dem Dämmerschein hinschlummre! O Wilhelm! die einsame Wohnung einer Zelle, das härene Gewand und der Stachelgürtel wären Labsale nach denen meine Seele schmachtet. (FA 8, S. 113/115, 30. 8. 1771)

Die aggressiven Selbstgeißelungen verschaffen Werther allerdings nur vorübergehende Ruhe vor seinen Begierden, lassen seine Triebe nur solange schlafen, wie sein Körper erschöpft darniederliegt. Doch dann im Schlaf, bei reduzierter Selbstzensur, verdeutlicht ihm sein Traum erschreckend, daß seine Liebe sexuelle Erfüllung sucht. Am 14. 12. 1772 schreibt er an seinen Freund Wilhelm:

> Was ist das mein Lieber? Ich erschrecke vor mir selbst! Ist nicht meine Liebe zu ihr die heiligste, reinste, brüderlichste Liebe? Habe ich jemals einen strafbaren Wunsch in meiner Seele gefühlt? – Ich will nicht betheuren – Und nun, Träume! O wie wahr fühlten die Menschen, die so widersprechende Wirkungen fremden Mächten zuschrieben! Diese Nacht! ich zittre es zu sagen, hielt ich sie in meinen Armen, fest an meinen Busen gedrückt, und deckte ihren liebelispelnden Mund mit unendlichen Küssen; mein Auge schwamm in der Trunkenheit des ihrigen! Gott! bin ich strafbar, daß ich auch jetzt noch eine Seligkeit fühle, mir diese glühenden Freuden mit voller Innigkeit zurück zu rufen? Lotte! Lotte! – Und mit mir ist es aus! meine Sinnen verwirren sich, schon acht Tage habe ich keine Besinnungskraft mehr, meine Augen sind voll Thränen; Ich bin nirgend wohl, und überall wohl; Ich wünsche nichts, ich verlange nichts; Mir wäre besser ich ginge. (FA 8, S. 215)

Der Traum bringt überdeutlich an den Tag, was Werther bislang niederzukämpfen suchte: seinen Wunsch nach körperlicher Vereinigung. Immer wieder hatte er die Sinnlichkeit abgewiesen, um seine Liebe rein zu halten; er hat ihr damit eine Sehnsuchtsgestalt verliehen, die in der Entsagung die Intensität des Selbstfühlens erfährt. Nur um den Preis der Sexualität konnte er Lotte zur Heiligen erheben, nur um diesen Preis konnte er sich in der Liebe zu ihr gesteigert fühlen. Doch sein Idealbild, das sie zum unerreichbaren Idol stilisierte und die Intensität seiner Liebe im Zeichen ihrer Unerfüllbarkeit steigerte, wird vom erotischen Begehren nach der realen Person bedroht.

Werther vermag angesichts der körperlichen Präsenz Lottes sein idealistisches Liebeskonzept nicht durchzuhalten. Seit seinem Traum kann er vor sich selbst die Abspaltung der sinnlichen Liebe nicht mehr aufrechterhalten. Im Spiegel der Bauernburschenepisode erkennt er dann das Gewaltpotential, wenn sich das Begehren aller Zähmung entzieht. Hier hatten sich „Liebe und Treue, die schönsten menschlichen Empfindungen [...] in Gewalt und Mord verwandelt" (FA 8, S. 205). An diese gefährliche Grenze ist auch Werther gerückt. Sein Körper hat sich so stark gemeldet, daß die Sexualität nur noch um den Preis des Körpers negiert werden kann.

Die Gründe für die tödlichen Konsequenzen, auf die meine vierte Frage zielt, scheinen auf. Nicht von ungefähr endet Werthers Traumbericht mit den Worten „Mir wäre besser ich ginge" (FA 8, S. 215, 14. 12. 1772). Hier ist nicht harmloses Verlassen gemeint, sondern das Verlassen der Welt – also Selbstmord. Dies wird vom Herausgeber in seinem Bericht verdeutlicht; in auktorialer Manier bestätigt er, was Werther im Anschluß an seinen Traum als Konsequenz formuliert: „Der Entschluß die Welt zu verlassen hatte in dieser Zeit, unter solchen Umständen in Werthers Seele immer mehr Kraft gewonnen" (FA 8, S. 215). Die Umstände, auf die der Herausgeber sich bezieht, sind konkret in Werthers Traum benannt: seine Unfähigkeit, körperliches Begehren mit seinem ideellen Liebeskonzept zu verbinden.

Werthers heftige Leidenschaften, die „passiones animi", verdeutlichen das Fragile, das dem Konstrukt der *Zärtlichen Liebe*, wie es in der Epoche der Empfindsamkeit entworfen wurde, eigen ist. Sein Körper ‚analysiert' auf begrifflose Weise die Problematik der empfindsamen Doktrin, die postuliert, es ließen sich Seelenliebe und Sinnenliebe auf problemlose Weise miteinander verbinden. Werther hingegen verfängt sich im Labyrinth der Leidenschaften. Nicht zufällig liegt am Ende auf seinem Pult Lessings *Emilia Galotti* aufgeschlagen. Kestners Bericht über den Selbstmord Jerusalems hatte hier zwar als Vorlage gedient; doch daß Goethe den Tatbestand übernimmt und ebenfalls Werther kurz vor seinem Suizid *Emilia Galotti* lesen läßt, hat einen spezifischen Sinn.[17] Denn Lessings Drama handelt von dem Problem, ob Sinnlichkeit außerhalb der patriarchalischen Ordnung des Vaters und des Ehemannes im Zaum zu halten ist. Auf dem Lustschloß des Prinzen artikuliert Emilia ihre Verführbarkeit, ist sie zutiefst erschrocken, daß sie „so junges, so warmes Blut" hat, und fordert ihren Vater mittels einer raffinierten Redestrategie auf, sie zu töten, damit sie ihre Unschuld selbst um den Preis des Lebens bewahren kann. Die Bedrohungen der an den Körper gebundenen Sexualität werden bewältigt, indem der Körper und mit ihm die Sexualität vernichtet werden. Werther reagiert analog; doch tritt bei ihm an die Stelle von Emilias ins Metaphysische verklärtem Familiarismus eine ins Jenseits verlagerte Vereinigungsphantasie. Nur dort, losgelöst von Körperlichkeit, gibt es für ihn eine Einheit mit Lotte. Eine sexuelle Beziehung, die im Diesseits gemäß der gesellschaftlichen Konvention nur in der Ehe erlaubt ist, scheint ihm ausgeschlossen, sollte ihn doch die Liebe zu Lotte aus allen Bedingtheiten der ihn bedrängenden Welt herausheben. Und jetzt bedrängt ihn nicht die äußere Welt der Gesellschaft, sondern die innere Welt der Leidenschaft. Aus ihr zu fliehen, heißt aber aus dem Leben zu fliehen, bedeutet Tötung des unverfügbaren Körpers, damit sich die Seelen widerstandslos vereinen können. Was Werther mit seiner älteren Seelenfreundin, deren Tod er zu Beginn des Romans elegisch betrauerte, an geistiger Kongenialität – frei von sexuellem Begehren – erfahren hatte, überträgt er jetzt aufs Jenseits. Im Brief an Lotte, den der Herausgeber in unterbrochenen Abschnitten mitteilt, formuliert er seine Phantasie postmortalen Einsseins:

[17] Ein kritisches Referat unterschiedlicher Deutungen, das mit dem Hinweis auf die Vielbezüglichkeit endet, findet sich bei Erwin Leibfried: *Goethes Werther als Leser von Lessings „Emilia Galotti"*. In: Herbert Grabes (Hrsg.): *Text – Leser – Bedeutung. Untersuchungen zur Interaktion von Text und Leser*. Grossen-Linden 1977, S. 145–156.

Ich träume nicht, ich wähne nicht. Nahe am Grabe wird mir es heller. Wir werden seyn! wir werden uns wieder sehen! Deine Mutter sehen! ich werde sie sehen, werde sie finden, ach und vor ihr mein ganzes Herz ausschütten! Deine Mutter, dein Ebenbild. (FA 8, S. 251)

Noch einmal, wie schon bei der ersten Begegnung mit Lotte, die sich Werther als „das reizendste Schauspiel", das er „je gesehen habe" (FA 8, S. 41, 16. 6. 1771), einprägte, assoziiert er sie mit ihrer Mutter – Ausdruck eines Begehrens, das Sexualität abweist. Erst im Jenseits hat es den Ort seiner geistigen Erfüllung, denn hier entfallen die Schranken des Körpers und die an ihn gebundene Sinnlichkeit.

Damit endet Werthers „Krankheit zum Tode", die darin gründet, daß sich sein aus Entfremdungserlebnissen erwachsener Anspruch auf unreduzierte Subjektivität, den er gegen die Restriktionen der ‚Welt' erhebt, zum Idealismus einer Liebe steigert, die alle Profanität zu übersteigen sucht. Dabei muß er sich, um seine idealistische Liebeskonzeption durchhalten zu können, ständig Gewalt antun. Lottes Reize werden ihm zu „Gift" (FA 8, S. 183, 21. 11. 1772), weil sie in ihm ein sinnliches Begehren hervorrufen, dem er nicht Herr zu werden vermag. Er fühlt in Folge, wie seine Identität auseinanderklafft. Nicht wegen der bornierten Enge der Gesellschaft, der erlittenen Kränkung beim Empfang des Adels oder seiner Unfähigkeit zum authentischen Kunstwerk bringt Werther sich am Ende um – das sind die von der Forschung häufig zu Ursachen erhobenen Oberflächenphänomene eines tieferliegenden Konflikts –, sondern Werther tötet sich vor anderem, weil Lotte für ihn zum Fixpunkt seines kompensatorischen Liebesideals wird, auf das er all seine emotionalen Energien richtet, er dieses Liebesideal aber nicht im Bereich schöner Einbildung halten kann. Der Idealismus der Seele, der sich als sakralisierende Schwärmerei äußert, wird unterlaufen vom Materialismus des Körpers, der sich als sexuelles Begehren manifestiert. An diesem fundamentalen Zwiespalt zerbricht Werther. Erst im Jenseits, so glaubt er, vermag er den Idealismus der Liebe – wenngleich um den Preis des Körpers – zu bewahren.

Mag auch die Diagnose von Werthers „Krankheit zum Tode" klarer geworden sein, eine Therapie hat Goethe nicht vorgeschlagen; es sei denn für sich, indem er hier – wie so häufig – dichterisch gestaltete, was ihn selbst bedrängte.[18] Aber an entlegener Stelle, im Umfeld seiner zeitlebens nicht veröffentlichten und Fragment gebliebenen Posse *Hanswursts Hochzeit*, hat er kurz nach der Entstehung des *Werther* auf einem abgerissenen Quartblatt in höchst obszönen Versen, die sich schon Goethe nicht zu präsentieren traute,[19] zugespitzt

---

18 Im 13. Buch von *Dichtung und Wahrheit* (FA 14, S. 639) berichtet Goethe über die therapeutische Funktion des *Werther*, durch den er die „Wirklichkeit in Poesie verwandelt" habe: „denn ich hatte mich durch diese Komposition, mehr als durch jede andere, aus einem stürmischen Elemente gerettet, auf dem ich durch eigne und fremde Schuld, durch zufällige und gewählte Lebensweise, durch Vorsatz und Übereilung, durch Hartnäckigkeit und Nachgeben, auf die gewaltsamste Art hin und wider getrieben worden. Ich fühlte mich, wie nach einer Generalbeichte, wieder froh und frei, und zu einem neuen Leben berechtigt. Das alte Hausmittel war mir diesmal vortrefflich zu statten gekommen."

19 Eckermann berichtet, wie ihm Goethe am 6. 3. 1831 aus den Fragmenten vorlas und dazu bemerkte: „Es war nicht zu denken, daß ich das Stück hätte fertig machen können, sagte Goethe, indem es einen Gipfel von Mutwillen voraussetzte, der mich wohl augenblicklich anwandelte, aber im Grunde nicht in dem Ernst meiner Natur lag, und auf dem ich mich also nicht halten konnte. Und dann sind in Deutschland unsere Kreise zu beschränkt, als daß man mit so etwas hätte hervortreten können" (FA 4, S. 1004). Die entsprechenden Verse FA 4, S. 586.

auf Werthers Problem hingewiesen, auf seine Unfähigkeit, den vitiösen Zirkel von idealistischer Schwärmerei und sinnlichem Begehren zu durchbrechen.

Mit dieser auf die sexuelle Dimension entfalteten Leib-Seele-Problematik reiht sich Goethes Roman ein in die sich seit der zweiten Hälfte des 18. Jahrhunderts verstärkende Schwärmerkritik,[20] die er als Dialektik des gespaltenen Eros freilegt. Schon Wielands Agathon wird einer erotischen Schwärmerkur unterzogen.[21] Doch bleibt diese noch weitgehend abstraktes Kalkül in der arrangierten Auseinandersetzung zwischen dem hedonistischen Materialisten Hippias und dem theosophischen Idealisten Agathon. Werther hingegen erleidet in sich den Zwiespalt eines Eros, der im idealistischen Überschwang die Welt der Körperlichkeit übersteigen will und im sexuellen Begehren doch an den eigenen Körper gebunden bleibt. Der anthropologische Realismus von Goethes Roman macht auf diese Weise erfahrbar, wie sehr die im Zeichen der Empfindsamkeit vorgenommene zeitgenössische Konstruktion, die Liebe und Moral im Konzept der *Zärtlichen Liebe* amalgamiert, das von Leidenschaft nichts wissen will,[22] Ergebnis einer Verdrängung ist, die in der Begegnung von Mann und Frau so leidvoll aufbrechen kann, daß der Tod als einzige Lösung und geglaubte Erlösung erscheint.

Als Quintessenz läßt sich festhalten: Goethes Roman entfaltet das althergebrachte Leib-Seele-Problem, das Schiller in seinem *Versuch über den Zusammenhang der tierischen Natur des Menschen mit seiner geistigen* neu formuliert hat[23], nicht, indem er eine bündige Antwort gibt, sondern die bündigen Antworten, die Religion und Moralphilosophie der Zeit wohlfeil anboten, am Leidensweg einer fiktiven Figur als fragwürdig erweist.

---

20 Siehe dazu Manfred Engel: *Die Rehabilitation des Schwärmers. Theorie und Darstellung des Schwärmens in Spätaufklärung und früher Goethezeit.* In: *Der ganze Mensch. Anthropologie und Literatur im 18. Jahrhundert*, hrsg. von Hans-Jürgen Schings. Stuttgart, Weimar 1994, S. 469–498, bes. S. 484 f.

21 Vgl. dazu Schings (Anm. 4): dort 3. Teil, II.2: Wielands Schwärmerkuren, S. 197–203.

22 Vgl. dazu Vf.: *Die Ordnung der Gefühle. Das Drama der Liebesheirat im 18. Jahrhundert.* Darmstadt 1996, S. 38–47.

23 Friedrich Schiller: *Theoretische Schriften*, hrsg. von Rolf-Peter Janz. Frankfurt/M. 1992, S. 119–163. In: Schiller: *Werke und Briefe*, hrsg. von Otto Dann u. a., Bd. 8.

THORSTEN VALK

„Alles macht einen ewigen Zirkel in mir"

Aurelie als Melancholikerin in Goethes „Wilhelm Meister"

Goethes *Wilhelm Meister* zeichnet sich durch ein umfangreiches, weitverzweigtes und äußerst heterogenes Personenensemble aus. Während die Akteure einer umherziehenden Schauspielertruppe vor den Repräsentanten eines leichtlebigen Rokokoadels auftreten, verhandeln die Vertreter einer bürgerlichen Wirtschaftsethik mit den progressiven Exponenten einer aristokratischen Bildungselite. Einige Personen ziehen sich aus dem lauten Treiben der Welt zurück, um in einem abgeschlossenen Zirkel pietistischer Frömmigkeit das eigene Ich zu erkunden, andere hingegen brechen als Offiziere in die Neue Welt auf, um an den amerikanischen Freiheitskämpfen teilzunehmen. Orthodoxer Katholizismus steht neben aufgeklärtem Freimaurertum, konservative Hofkultur neben liberaler Reformbewegung – das soziale und kulturelle Spektrum des späten 18. Jahrhunderts ist fast vollständig erfaßt, so daß sich vor den Augen des Lesers ein Gesellschaftspanorama von beeindruckender Weite eröffnet.

Betrachtet man die Repräsentanten der einzelnen Gruppen genauer, so fällt auf, daß ihnen in der langen Wirkungsgeschichte des *Wilhelm Meister* ein sehr unterschiedliches Interesse zuteil geworden ist. Manche Figuren wie etwa Mignon oder der Harfner konnten immer wieder die Aufmerksamkeit der Interpreten auf sich ziehen, andere Gestalten hingegen blieben nahezu unbeachtet. Zu diesen vergessenen Figuren gehört auch Aurelie, die im sechsten Buch der *Theatralischen Sendung* sowie im vierten und fünften Buch der späteren *Lehrjahre* auftritt. Aurelie hat die Zeitgenossen Goethes und nachfolgende Forschergenerationen zwar zu einigen lakonischen Äußerungen bewegen können, eine differenzierte Analyse ihrer Leidensgeschichte fehlt jedoch bis auf den heutigen Tag.[1]

Die vorliegende Untersuchung erschließt mit Hilfe eines psychogenetischen Ansatzes den komplexen und oft widersprüchlichen Charakter der Schauspielerin Aurelie. Der

---

1 Vereinzelte Bemerkungen von Goethes Zeitgenossen finden sich in den folgenden Briefen: Wilhelm von Humboldt an Goethe (15. 6. 1795); Friedrich Schiller an Goethe (2. 7. 1796); Christian Gottfried Körner an Schiller (5. 11. 1796). Aus der wissenschaftlichen Literatur über Goethes *Wilhelm Meister* seien zwei Untersuchungen hervorgehoben, die sich eingehender mit der Gestalt der Aurelie auseinandergesetzt haben. Gerhard Storz: *Goethe-Vigilien.* Stuttgart 1953; darin: *Aurelie.* S. 126–135. Ingrid Ladendorf: *Zwischen Tradition und Revolution. Die Frauengestalten in „Wilhelm Meisters Lehrjahren" und ihr Verhältnis zu deutschen Originalromanen des 18. Jahrhunderts.* Frankfurt/M. 1990; darin: *Aurelie*, S. 59–72. Die Arbeit von Gerhard Storz ist durch eine assoziative und unpräzise Textanalyse gekennzeichnet; zudem verhindert der andächtige und weihevolle Sprachduktus der Studie eine sachliche Annäherung an den vielschichtigen Charakter Aurelies. Auch die Untersuchung von Ingrid Ladendorf bietet keine überzeugende Interpretation der Schauspielerin; sie deutet Aurelie lediglich als „Medium", mittels dessen Goethe „Gefahren und Chancen tatsächlicher Empfindsamkeit dem Leser sichtbar macht" (S. 62).

erste Abschnitt analysiert ihre psychische Entwicklung vom früh verwaisten Kind bis zur erwachsenen und erfolgreichen Künstlerin, wobei die quälenden Erfahrungen, die Aurelie während dieser Zeit machen muß, mit ihrer Theaterleidenschaft, ihrem hohen Anspruch an das Publikum und ihrer pathologisch ausartenden Melancholie in Verbindung gebracht werden. Es ist erstaunlich, mit welcher Folgerichtigkeit Goethe die Gestalt der Aurelie nach historischen und zeitgenössischen Melancholiekonzepten modelliert hat.[2] Im Anschluß an die detaillierte Charakterstudie verfolgt der zweite Abschnitt die Frage, welche Funktion Aurelie im Gesamtzusammenhang des *Wilhelm Meister* besitzt. Goethe selbst hat darauf hingewiesen, daß die Nebenfiguren des Romans fast alle im Hinblick auf den Protagonisten entworfen sind. Sie spiegeln jeweils eine Facette seines Charakters in besonders klarer Ausprägung und verkörpern einseitige Haltungen, die Wilhelm im Laufe des Romans überwindet.[3] Welche Eigenschaften spiegelt also Aurelie, und wo finden sich Analogien zwischen ihrem und Wilhelms Lebenslauf?

I.

Aurelie wird im dreizehnten Kapitel des vierten Buches als Schwester des Theaterdirektors Serlo in die Handlung der *Lehrjahre* eingeführt. Mit freundlichen Worten begrüßt sie Wilhelm, als dieser, von seinen schweren Verletzungen genesen, in das Haus ihres Bruders eintritt. Noch bevor der Erzähler genauere Einzelheiten über Aurelie mitteilt, deutet er auf einen „entschiedenen Zug des Kummers" hin, der ihrem „geistreichen Gesicht" eine eigentümliche Ausstrahlung verleihe (HA 7, S. 243).[4] Dieses physiognomische Charakteristikum übersieht Wilhelm in der ersten Begegnungsfreude; für den Leser jedoch verweist es bereits

[2] Das medizinische, psychologische und philosophische Schrifttum des 18. Jahrhunderts analysiert die Melancholie entweder als psychische Krankheit oder als habituelle Anlage. Darüber hinaus wird die Melancholie auch als vorübergehende Seelenstimmung gedeutet, die durch ganz verschiedene Ereignisse und Empfindungen hervorgerufen werden kann. Die drei divergierenden Bedeutungen des Melancholie-Begriffs unterscheidet bereits Robert Burton in seiner erstmals 1621 erschienenen *Anatomy of Melancholy*: a) melancholische Erkrankung (melancholy disease); b) melancholisches Temperament (melancholy habit); c) zeitlich begrenzte melancholische Stimmung (transitory melancholy disposition). – Es ist im Rahmen dieses Aufsatzes nicht möglich, auf alle Merkmale einzugehen, die im 18. Jahrhundert der Melancholie zugeschrieben werden. An dieser Stelle muß deshalb eine summarische Auflistung der wichtigsten Symptomkomplexe genügen. Zum Phänomenbereich der Melancholie rechnet man im 18. Jahrhundert: psychische Labilität und häufige Stimmungsumschwünge, Hypochondrie und Hypersensibilität, schwärmerische Leidenschaft und hypertrophe Einbildungskraft, Entscheidungsunfähigkeit und depressive Handlungshemmung, Vereinsamung und soziale Desintegration, Weltverlust und Derealisation, Inkludenz und Suizidneigung. Zu den verschiedenen melancholischen Symptomkomplexen und deren Bewertung im 18. Jahrhundert gibt die hervorragende Untersuchung von Hans-Jürgen Schings Auskunft: *Melancholie und Aufklärung. Melancholiker und ihre Kritiker in Erfahrungsseelenkunde und Literatur des 18. Jahrhunderts.* Stuttgart 1977. – An dieser Stelle sei auch auf meine Untersuchung zum Thema *Melan*cholie im Werk Goethes hingewiesen, die in absehbarer Zeit erscheinen wird.

[3] Goethe fertigte für die Arbeit am *Wilhelm Meister* ein Schema an, das die verschiedenen Figuren des Romans auf jeweils eine konkrete Eigenschaft fixiert. Zu Aurelie vermerkt die Skizze: „Hartnäckiges selbstquälendes Festhalten" (HA 7, S. 616). – Goethe hat die Technik der Figurenspiegelung immer wieder angewendet, so schon in den *Leiden des jungen Werther.*

[4] Die Zitate aus Bd. 7 der HA werden im weiteren Verlauf der Untersuchung nur über die Angabe der jeweiligen Seitenzahl nachgewiesen. Alle anderen Goethe-Zitate sind mit den im Jahrbuch üblichen Siglen gekennzeichnet.

auf die tragisch überschattete Biographie, von der Aurelie im Verlauf des vierten Buches berichten wird.

Als es zur ersten längeren Begegnung zwischen Wilhelm und Aurelie kommt, tritt diese an ein Fenster, durch das sie auf den abendlichen Sternenhimmel schaut (S. 246). Über dieses vermeintlich nebensächliche Detail mag man zunächst hinweglesen – es erscheint jedoch in einem anderen Licht, sobald man es mit einer Sequenz aus Wilhelms Traum in Beziehung setzt, die der Erzähler am Beginn des siebten Buches schildert. Dort heißt es: „Sonderbare Traumbilder erschienen ihm gegen Morgen. Er fand sich in einem Garten, den er als Knabe öfters besucht hatte [...] Wilhelm eilte nach dem Gartensaale, fand ihn aber ganz leer, nur sah er Aurelien an dem entgegengesetzten Fenster stehen“ (S. 425). Während Wilhelms Freunde den Traumgarten in reicher Zahl bevölkern und in surrealer Manier miteinander kommunizieren, steht Aurelie abseits in einem Gartenhaus, durch ein Fenster von allen anderen abgeschieden. Von dieser Traumsequenz aus läßt sich die symbolische Bedeutung des Fensterblicks genauer bestimmen. Wenn Aurelie während ihres ersten Gesprächs mit Wilhelm wehmütig aus einem Fenster schaut, so kann dies als ein erster verschlüsselter Hinweis auf ihr distanziertes Weltverhältnis, ihre seelische Isolation und ihre vom ‚eigentlichen‘ Leben abgeschiedene Existenz gelesen werden. Sie entpuppt sich damit als Vorläuferin einiger bekannter literarischer Gestalten, die ebenfalls durch das Motiv des distanzierten Fensterblicks als vom Leben abgeschnittene Individuen charakterisiert werden. Stellvertretend für viele andere Figuren denke man hier nur an den Protagonisten Ulrich in Robert Musils *Mann ohne Eigenschaften*.[5]

Bevor Aurelie im weiteren Verlauf des Dialogs Wilhelm als ihren Freund bezeichnet, dem sie die eigene Lebensgeschichte anvertrauen möchte, lenkt sie das Gespräch auf die Gestalt der Ophelia. Wilhelm hat in einem vorausgehenden Meinungsaustausch mit Serlo seine Interpretation des Hamlet vorgetragen – daran anknüpfend wendet sich Aurelie nun der Ophelia zu, deren Leiden sie in dunklen Farben darstellt. Wilhelm greift ihre Ausführungen auf, wobei ihm jedoch entgeht, daß sich Aurelie mit dem tragischen Schicksal der Ophelia weitgehend identifiziert und in der typischen Haltung einer Melancholikerin verharrt: Sie stützt ihren Kopf auf die Arme und richtet den Blick in eine unbestimmte Ferne (S. 247).[6]

Einige Tage nach dem Gespräch über Shakespeares Drama kommt es zu einer erneuten Begegnung zwischen Aurelie und Wilhelm. Als Wilhelm ihr Zimmer betritt, findet er sie auf einem Kanapee liegend: „Sie schien an Kopfweh zu leiden, und ihr ganzes Wesen konnte eine fieberhafte Bewegung nicht verbergen“ (S. 251). Die heftigen Kopfschmerzen und Fieberanfälle verweisen ein weiteres Mal auf Aurelies schwere Melancholie, die sich bis zu

5 Das Motiv des melancholisch-distanzierten Fensterblicks begegnet auch in Heinrich Heines Gedicht *Seegespenst*, wo es mit der traditionellen Melancholiker-Haltung verknüpft wird (V. 47–51): „ein altes, hochgegiebeltes Haus, / Wo melancholisch einsam / Unten am Fenster ein Mädchen sitzt, / Den Kopf auf den Arm gelehnt, / Wie ein armes, vergessenes Kind“ – Heinrich Heine: *Sämtliche Schriften*. Hrsg. von Klaus Briegleb. Darmstadt 1968. Bd. 1, S. 193 f.

6 Aurelie nimmt hier die charakteristische Melancholiker-Haltung ein, wie sie in der reichen Bildtradition seit dem frühen Mittelalter präsent ist. In einer ähnlichen Pose zeigen sich immer wieder auch die melancholisch veranlagten Protagonisten Eduard und Ottilie in Goethes *Wahlverwandtschaften* (HA 6, S. 281 u. S. 470). – Zur allgemeinen Ikonographie der Melancholie vgl. das grundlegende Werk von Raymond Klibansky, Erwin Panofsky und Fritz Saxl: *Saturn und Melancholie. Studien zur Geschichte der Naturphilosophie und Medizin, der Religion und der Kunst*. Frankfurt/M. ²1990. Zur Melancholie in den *Wahlverwandtschaften* vgl. die Monographie von Bernhard Buschendorf: *Goethe*s mythische Denkform. Zur Ikonographie der Wahlverwandtschaften. Frankfurt/M. 1986 (insbes. S. 123–263).

ihrem frühen Tod kontinuierlich verschärft.[7] Wilhelm, der sich zu Aurelie gesetzt hat, vernimmt nun ihre Kindheits- und Jugendgeschichte, die geradezu als Exempel einer gestörten Sozialisation gelesen werden kann. Aurelie hat, wie sie selbst erklärt, die ‚allerschlechteste' Erziehung genossen, „durch die jemals ein Mädchen hätte verderbt werden sollen" (S. 252). Als Waise[8] wächst sie bei ihrer Tante auf, die sich zum Schrecken des noch unerfahrenen Kindes einem Leben voller Ausschweifungen überläßt. Aurelie muß erfahren, wie ihre Tante ein ganzes Heer grober und taktloser Männer anlockt, um mit diesen ein wüstes und lasterhaftes Leben zu führen. Aus nächster Nähe beobachtet sie die hemmungslosen Exzesse der Erwachsenen, so daß sie schon als Jugendliche dem anderen ebenso wie dem eigenen Geschlecht mit Abscheu und Verachtung gegenübersteht (S. 253).[9] Aurelie wird durch das sittenlose Milieu, in dem sie aufwachsen muß, schwer traumatisiert. Da sie weder das Gefühl einer aufrichtigen Zuneigung noch das einer ernsthaften Sympathie erfährt, begegnet sie der Welt über viele Jahre hinweg in misanthropischer Abneigung – sie geht jeder Beziehung aus dem Weg und verkapselt sich in ihrem eigenen Inneren.[10]

In den *Lehrjahren* beschließt Aurelie ihre Jugendgeschichte mit diesem bedrückenden Bild einer verlorenen Kindheit, in der *Theatralischen Sendung* hingegen ergänzt sie ihren Bericht um einen aufschlußreichen Satz, der für die weitere Analyse von einiger Bedeutung ist. Wilhelm gegenüber bemerkt sie: „Sie sollten von mir hören wie mich die Liebe der Kunst hinauf stimmte" (FA 9, S. 331). Aufgrund der schockierenden Kindheitserfahrungen fühlt sich Aurelie in der Alltagsrealität fremd und von allen Menschen isoliert. Sie zieht sich darum in eine sublime Kunstwelt der hohen Gesinnungen zurück, wo alles Geringe und von niederen Trieben Bestimmte eliminiert ist. Besonders deutlich manifestiert sich diese ästhetische Existenzweise in ihrem anfänglichen Theaterengagement.

Bei der dritten Zusammenkunft mit Wilhelm berichtet Aurelie von ihren ersten Auftritten – sie beschreibt, wie sie einst „mit dem höchsten Begriff" von sich selbst und ihrer Nation die Bühne betreten hat: „Was waren die Deutschen nicht in meiner Einbildung, was konnten sie nicht sein! Zu dieser Nation sprach ich, über die mich ein kleines Gerüst erhob, von welcher mich eine Reihe Lampen trennte, deren Glanz und Dampf mich hinderte, die Gegenstände vor mir genau zu unterscheiden" (S. 258). Auf der Bühne vermag Aurelie die

---

7 In den *Wahlverwandtschaften* haben die Kopfschmerzen der beiden Melancholiker Eduard und Ottilie eine leitmotivische Funktion. Sie werden bereits im dritten Kapitel als „bedeutend" hervorgehoben und nach mehrfachen Verweisen noch einmal im 16. Kapitel des zweiten Teils besonders exponiert (HA 6, S. 264 u. S. 470). Vgl. hierzu Buschendorf (Anm. 6), S. 140 f.

8 Der antiken und mittelalterlichen Astrologie zufolge unterstehen Waisenkinder dem Einfluß des melancholischen Planeten Saturn. Vgl. hierzu Klibansky, Panofsky, Saxl (Anm. 6), S. 207 f. – Es ist sicherlich kein Zufall, wenn auch Ottilie in Goethes *Wahlverwandtschaften* als Waisenkind eingeführt wird. Vgl. Buschendorf (Anm. 6), S. 145.

9 Aurelies prekäres Verhältnis zum eigenen Geschlecht manifestiert sich mehrfach in ihren Ressentiments gegen die sinnlich attraktive und im Umgang mit Männern recht freizügige Philine. Vgl. Aurelies Bemerkungen gegenüber Wilhelm im fünften Buch der *Lehrjahre* (S. 300 u. S. 318).

10 An einem ähnlichen Trauma leidet Laertes, wie aus dem biographischen Rückblick im vierten Buch der *Lehrjahre* hervorgeht: Als Achtzehnjähriger hat Laertes ein junges Mädchen geheiratet, das ihn bereits am Morgen nach der Hochzeitsnacht mit einem Liebhaber betrog. Seit diesem Schock, der ihn zum Melancholiker werden ließ, begegnet Laertes allen Frauen in misogyner Abneigung (S. 219 f.). Vgl. Hans-Jürgen Schings: *Wilhelm Meisters Geselle Laertes.* In: Euphorion 77 (1983). S. 419–437. Schings weist überzeugend nach, daß Goethe im Melancholiker Laertes Karl Philipp Moritz porträtiert hat. – Besonders deutlich manifestiert sich Laertes' Melancholie im ersten und siebzehnten Kapitel des vierten Buches (S. 203 u. S. 267).

persönliche Bindung, die sie im realen Leben nicht verwirklichen kann, durch die Beziehung auf ein relativ unbestimmtes und dadurch abstrakt bleibendes Kollektiv zu substituieren. Das Tableau könnte nicht schärfer gezeichnet sein: Aurelie steht auf einer Bühne, die sie weit über die Zuschauer erhöht, wobei die strahlenden Lichtkegel dafür sorgen, daß sie keine Einzelpersonen erkennen kann. Auf diese Weise geblendet, vermag sie von ihren hohen Idealen und edlen Gesinnungen zu sprechen. Der Kompensationsmechanismus, der hier am Werke ist, enthüllt sich in aller Deutlichkeit: Da Aurelie das andere wie das eigene Geschlecht verachtet, fixiert sie sich auf überindividuelle und gleichsam geschlechtslose Instanzen. Es ist auffällig, mit welcher Häufigkeit Aurelie Kollektivbegriffe wie ‚Menge', ‚Nation' und ‚Publikum' verwendet:

> Wie willkommen war mir der Klang des Beifalls, der aus der Menge heraufftönte; wie dankbar nahm ich das Geschenk an, das mir einstimmig von so vielen Händen dargebracht wurde! Lange wiegte ich mich so hin; wie ich wirkte, wirkte die Menge wieder auf mich zurück; ich war mit meinem Publikum in dem besten Vernehmen; ich glaubte eine vollkommene Harmonie zu fühlen und jederzeit die Edelsten und Besten der Nation vor mir zu sehen. (S. 258)

Aus der Enge und Widrigkeit des frustrierenden Alltags steigt Aurelie auf das Bühnenpodest, um dort mit dem vermeintlich edlen Publikum ihre Sehnsucht nach Reinheit und hoher Gesinnung zu stillen.

Wie sehr aber entsetzt sich Aurelie, als sie erkennen muß, daß sich hinter den „Edelsten und Besten der Nation“ nur kulturlose und triviale Gestalten verbergen. Aus dem anonymen Publikum schälen sich plötzlich einzelne Individuen heraus, die ihre (zweideutige) Begeisterung über Aurelies Spiel auch persönlich artikulieren wollen. Mit Platitüden und geistlosen Phrasen nähern sie sich der Schauspielerin und zerstören damit ihr Wunschbild von der weisen Nation. „Es war mir eben, als wenn die ganze Nation sich recht vorsätzlich bei mir durch ihre Abgesandten habe prostituieren wollen. Sie kam mir im ganzen so linkisch vor, so übel erzogen, so schlecht unterrichtet, so leer von gefälligem Wesen, so geschmacklos“ (S. 260). Die glänzende Vision zerstäubt, die sublime Kunstwelt zerbricht. Aurelie ist nicht in der Lage, ihren hohen Anspruch an die Kunst und an sich selbst mit der Oberflächlichkeit und geistigen Ignoranz des Publikums in Einklang zu bringen. Solange das Publikum eine unbestimmte Fläche bildete, auf die sie ihre geistigen Ideale problemlos projizieren konnte, ließ sich die Fiktion aufrecht erhalten. Nun aber, da aus der konturlosen Masse einzelne Repräsentanten heraustreten, erweist sich das Wunschbild als leere Illusion. Die alte Misanthropie bricht erneut durch. „Ich dachte nicht mehr an Welt und Nation. Mit der Welt hatte ich nichts zu teilen, und den Begriff von Nation hatte ich verloren“ (S. 261). Aurelie verfällt in eine schwere Melancholie; sie denkt an Selbstmord, ergibt sich dann aber einer resignativen Apathie. Auf Wunsch ihres Bruders heiratet sie einen Mann, mit dem sie nichts verbindet. Was folgt, ist an Beziehungslosigkeit und seelischer Vereinsamung kaum zu überbieten. Aurelie zieht sich in eine verödete Innenwelt zurück, während das Theaterspiel für sie zur geistlosen Tätigkeit verkommt.

In dieser scheinbar ausweglosen Situation begegnet Aurelie einem Mann, der sie nach und nach aus ihrer Melancholie zu befreien vermag. Während ihr Gatte, dessen Name an keiner Stelle genannt wird, an einer schweren Krankheit stirbt, entdeckt Aurelie zum ersten Mal das Gefühl einer persönlichen Zuneigung – sie lernt Lothario kennen, den einfühlsamen Aristokraten, der an den amerikanischen Freiheitskämpfen teilgenommen hat. Lothario verkörpert all jene Gesinnungen, die Aurelie während ihres Theaterengagements vergeblich dem anonymen Publikum anzudichten versuchte. Er weiß ihre Schauspielkunst zu schätzen, er teilt ihre hohen Ideale, und er begegnet ihr mit respektvoller Sympathie. „Es war das erste Mal in meinem Leben", erklärt Aurelie gegenüber Wilhelm, „daß ich eines herzlichen, geistreichen Umgangs genoß. Ich war von ihm angezogen, von ihm hingerissen, eh' ich über mich selbst Betrachtungen anstellen konnte" (S. 263). Nach Jahren der inneren Emigration begegnet Aurelie einem Mann, der sie anzieht und fasziniert, der ihre Freuden und Leiden zu teilen vermag, dem sie sich rückhaltlos anvertrauen kann. Dadurch ist sie imstande, ihre melancholische Gleichgültigkeit zu überwinden und ihrem Verhältnis zum Publikum eine neue Qualität zu verleihen. Das Publikum muß nicht mehr wie einst in kongenialer Einfühlung dem dramatischen Spiel folgen können, sondern es soll sich leiten und belehren lassen. Das Bühnengerüst wird zur säkularisierten Kanzel, das Publikum zur einfältigen, aber aufmerksam zuhörenden Gemeinde.

> ‚Müssen denn, können denn einzelne Menschen so interessant sein? Keinesweges! Es fragt sich, ob unter der großen Masse eine Menge von Anlagen, Kräften und Fähigkeiten verteilt sei, die durch günstige Umstände entwickelt, durch vorzügliche Menschen zu einem gemeinsamen Endzwecke geleitet werden können.' Ich freute mich nun, so wenig hervorstechende Originalität unter meinen Landsleuten zu finden; ich freute mich, daß sie eine Richtung von außen anzunehmen nicht verschmähten. (S. 264)

Aurelie sieht das Publikum und mit ihm die ganze Nation als formbare und lenkbare Gemeinschaft an. Sie erhebt sich selbst im Gefolge Lotharios zur geistigen Heerführerin und erliegt damit wiederum einer problematischen Illusionsbildung.

Aber auch diese Phase seelischer Regeneration und geistiger Erneuerung ist nur von kurzer Dauer. Lothario zieht sich plötzlich ohne genauere Erklärung zurück, er verläßt Aurelie und stürzt sie in ein neues Elend, von dem sich die gerade erst Genesene nicht mehr erholen wird. Die alte Melancholie überfällt sie wieder und zerrüttet das noch labile seelische Gleichgewicht. Aurelie gerät in eine furchtbare Verzweiflung, da die einzige persönliche Beziehung, die sie seit Kindestagen eingegangen ist, auf tragische Weise zerbricht. Auf der Bühne spielt sie nun vorwiegend die Rollen verlassener Frauen, da sie sich mit deren Schicksal besonders identifizieren kann. Die Darstellung der Ophelia aus Shakespeares *Hamlet* und die Darbietung der Orsina aus Lessings *Emilia Galotti* werden für sie zum persönlichen Bekenntnis.

Aurelie hat jeden Lebenswillen verloren und gerät in eine depressive Untergangsstimmung – sie beschreibt ihre Existenz als widersinnige Addition leerer Lebensmomente, als ewige und sinnlose Wiederkehr des immer Gleichen. „Heute früh hab' ich gelernt, jetzt wiederholt und versucht. Ich bin müde, zerbrochen, und morgen geht es wieder von vorn an. Morgen abend soll gespielt werden. So schlepp' ich mich hin und her; es ist mir langweilig, aufzustehen, und verdrießlich, zu Bette zu gehen. Alles macht einen ewigen Zirkel in mir" (S. 278). Wenn Aurelie resigniert über die Sinnlosigkeit ihres Tuns klagt, so erinnert sie an andere Gestalten Goethes, die in ähnlicher Weise am Leben verzweifeln. Werther schreibt in einem Brief vom 3. November, kurz vor seinem Selbstmord, voller Lebensüberdruß: „Weiß Gott! ich lege mich so oft zu Bette mit dem Wunsche, ja manchmal mit der Hoffnung, nicht wieder zu erwachen: und morgens schlage ich die Augen auf, sehe die Sonne wieder, und bin elend" (HA 6, S. 84). Ein ähnliches Leiden an der Widersinnigkeit und Leere des Lebens manifestiert sich auch in Fausts großer Melancholie-Klage am Beginn der zweiten Studierzimmer-Szene. Faust verzweifelt an seinem Leben, das sich in Entbehrungen und Enttäuschungen, in Langeweile und Monotonie erschöpft: „Nur mit Entsetzen wach' ich morgens auf, / Ich möchte bittre Tränen weinen, / Den Tag zu sehn, der mir in seinem Lauf / Nicht Einen Wunsch erfüllen wird“ (HA 3, S. 53).[11] In allen zitierten Textpassagen kehrt dasselbe Motiv wieder: das Erwachen am Morgen eines neuen Tages. Der Morgen wird hier jedoch nicht wie in der Eingangsszene des *Faust II* als Zeichen der Erneuerung und des Aufbruchs gefeiert, sondern – typisch für die Morgendepression des Melancholikers – als Beginn einer neuen Leidensphase verworfen. Der Morgen gerinnt zum Symbol einer perpetuierten Seelenqual.[12]

Es wurde bereits darauf hingewiesen, daß Aurelie in der Gestalt der Ophelia ein geeignetes Identifikationsmuster für die eigene Liebesqual findet. Aurelie fällt zwar nicht wie die verlassene Geliebte Hamlets in geistige Umnachtung, aber auch sie fühlt die Nähe des Wahnsinns. Als sie wieder einmal mit Wilhelm das Verhalten der Ophelia zu deuten versucht, kommt sie unter anderem auch auf die anstößigen Lieder zu sprechen, die Ophelia singt, nachdem sie im Wahnsinn versunken ist: „Aber sagen Sie mir“, wendet sich Aurelie an Wilhelm, „hätte der Dichter seiner Wahnsinnigen nicht andere Liedchen unterlegen sollen? Könnte man nicht Fragmente aus melancholischen Balladen wählen? Was sollen Zweideutigkeiten und lüsterne Albernheiten in dem Munde dieses edlen Mädchens?“ (S. 255). Es ist aufschlußreich, wie sehr Aurelies alte Sexualphobie an dieser Stelle wieder aufbricht. Während Wilhelm überzeugend erklärt, warum die wahnsinnige Ophelia ihre ausschweifenden Phantasien als Lieder vorträgt, argumentiert Aurelie gegen die innere Wahrheit des Stückes und verlangt „Fragmente aus melancholischen Balladen“. Es liegt auf der Hand, daß Aurelie hier an Klagelieder denkt, wie sie etwa Werther in den Werken Ossians gefunden hat. Bedrückende Finsternis, stürmisches Unwetter, einsame Liebesklage, verzweifelte Todessehnsucht – das sind die Ingredienzen der „melancholischen Balladen“, die Aurelie zur tragischen Selbststilisierung bevorzugt.

Noch während Aurelie und Wilhelm über die Gestalt der Ophelia diskutieren, kommt es zu einer eigenartigen Auseinandersetzung. Serlo, der das Gespräch der beiden aufmerksam verfolgt hat, nähert sich plötzlich dem Frisiertisch seiner Schwester und greift unauffällig nach einem dort liegenden Dolch. Als Aurelie dies bemerkt, fährt sie auf, fällt über Serlo her und ringt mit ihm, bis sie den Dolch wieder zu fassen bekommt. Serlo wendet sich daraufhin verärgert an Wilhelm und klärt ihn über den Hintergrund dieser handfesten Kontroverse auf. Aurelie hat es sich seit geraumer Zeit zur Gewohnheit gemacht, ständig einen scharfen Dolch bei sich zu tragen. „Heftig, wie sie ist“, schimpft Serlo, „tut sie sich noch einmal von ungefähr ein Leides. Ich habe einen innerlichen Haß gegen solche Sonderbarkeiten“ (S. 256). Das Bedürfnis, ständig eine Waffe bei sich zu tragen, zeichnet Aurelie in

---

11 Die Melancholie bildet eine zentrale Kategorie zum Verständnis der Gelehrtenhandlung im ersten Teil des *Faust*. Vgl. hierzu den Aufsatz von Jochen Schmidt: *Faust als Melancholiker und Melancholie als strukturbildendes Element bis zum Teufelspakt*. In: Jb. der deutschen Schillergesellschaft 41 (1997), S. 125–139.

12 Hinter der Gestalt der Aurelie hat man schon früh die hochbegabte Schauspielerin Charlotte Ackermann als Modell erkannt, die nach einer Aufführung in Hamburg am 9. 5. 1775 zusammenbrach und unter mysteriösen Umständen starb. Dem Gothaischen Theaterkalender von 1776 zufolge fand man in der Kammer der erst Siebzehnjährigen *Die Leiden des jungen Werther*. In dem aufgeschlagenen Buch waren zwei Textpartien angestrichen – darunter auch diejenige, die im letzten Abschnitt zitiert wurde. Werther – Charlotte Ackermann – Aurelie: so kann Kunst in Leben und Leben in Kunst übergehen! Vgl. Willy Krogmann: *Wilhelm Meister in Hamburg*. Hamburg 1965 (insbes. S. 33–59).

besonderer Weise als Melancholikerin aus. Von einer immer neu aufkeimenden Suizidneigung bedrängt, vermag sie sich nämlich nur im Leben zu halten, sofern sie jederzeit aus eigenem Entschluß die Fesseln des Irdischen durchtrennen kann.[13] Vergleicht man Aurelies Verhalten mit dem des Harfners, so ergeben sich einige interessante Analogien. Wie Aurelie leidet auch Augustin an einer pathologisch ausartenden Melancholie. Von unbändigem Todesverlangen gequält, entwendet er deshalb eines Tages aus der Apotheke seines Arztes ein Fläschchen mit flüssigem Opium. Erstaunlicherweise aber nimmt er nicht von dem Gift, sondern erklärt, als man ihn wegen des Diebstahls zur Rede stellt: „Ich danke diesem Besitz die Wiederkehr meiner Vernunft [...] die Möglichkeit, sogleich die großen Schmerzen auf ewig aufzuheben, gab mir Kraft, die Schmerzen zu ertragen, und so habe ich, seitdem ich den Talisman besitze, mich durch die Nähe des Todes wieder in das Leben zurückgedrängt" (S. 596 f.). Es ist aufschlußreich, daß der Harfner die entwendete Giftphiole als Talisman bezeichnet, denn exakt dieselbe Formulierung begegnet auch in dem Rechtfertigungsversuch Aurelies. Ihrem Bruder entgegnet sie: „Kannst du denn wissen, ob mir nicht etwa unter dieser Form [dem Dolch; d. Vf.] ein köstlicher Talisman beschert ist; ob ich nicht Hülfe und Rat zur schlimmsten Zeit bei ihm finde; muß denn alles schädlich sein, was gefährlich aussieht?" (S. 256). Der Harfner und Aurelie fühlen sich den seelischen Qualen nur gewachsen, sofern sie die Gewißheit haben, zu jeder Zeit und an jedem Ort ihrem Leben ein Ende setzen zu können.[14]

Die Auseinandersetzung zwischen Aurelie und Serlo verweist nicht allein auf die analoge Szene zwischen dem Harfner und seinem Arzt, sondern sie erinnert auch an eine Episode aus Goethes Jugendroman. Ähnlich wie Aurelie bricht Werther immer wieder in heftige Inkludenzklagen aus. Er bezeichnet die diesseitige Welt als finsteren Kerker und sehnt sich nach einem lichten Jenseits, in dem alle Liebesqualen von ihm abfallen. Als sich die Todessehnsucht schließlich nicht mehr zügeln läßt, bittet Werther unter einem Vorwand Albert um dessen Pistolen. Er erhält sie umgehend und küßt sie mit heißer Leidenschaft, da er von einem Diener erfährt, Lotte selbst habe die Waffen von der Wand genommen. Der Todesschuß gerät Werther zum leidenschaftlichen Liebesakt. In seinem Abschiedsbrief schreibt er an Lotte: „Ich küsse sie [die Pistolen; d. Vf.] tausendmal, du hast sie berührt! [...] du, Lotte, reichst mir das Werkzeug, du, von deren Händen ich den Tod zu empfangen wünschte, und ach! nun empfange" (HA 6, S. 121). Ebenso wie Werther reagiert auch Aurelie, nachdem sie den Dolch den Händen ihres Bruders entwunden hat. „‚Ich habe ihn wieder!' rief Aurelie, indem sie die blanke Klinge in die Höhe hielt; ‚ich will meinen treuen Freund nun besser verwahren. Verzeih mir', rief sie aus, indem sie den Stahl küßte, ‚daß ich dich so vernachlässigt habe!'" (S. 256). Die potentielle Mordwaffe weckt hier zwar, anders als im *Werther*, keine Assoziationen an eine unglücklich geliebte Person. Die symbolisch aufgeladene Verschränkung von Eros und Thanatos prägt jedoch auch diese makabre Szene. Wenn

---

13 Die Suizidneigung wird dem Melancholiker bereits in der antiken Literatur zugeschrieben. Vgl. dazu das pseudoaristotelische *Problem* XXX I, in dem Theophrast erstmals das Todesverlangen des Melancholikers zu erklären versucht.

14 Im dritten Buch von *Dichtung und Wahrheit* berichtet Goethe über seine Selbstmordexperimente. Er erwähnt in diesem Zusammenhang einen „kostbaren wohlgeschliffenen Dolch", den er in seiner „ansehnlichen Waffensammlung" verwahrt: „Diesen legte ich mir jederzeit neben das Bette, und ehe ich das Licht auslöschte, versuchte ich, ob es mir wohl gelingen möchte, die scharfe Spitze ein paar Zoll tief in die Brust zu senken. Da dieses aber niemals gelingen wollte, so lachte ich mich zuletzt selbst aus, warf alle hypochondrische Fratzen hinweg, und beschloß zu leben" (HA 9, S. 585).

Aurelie die „blanke Klinge“ des Dolches „in die Höhe“ hält, um sie mit theatralischer Inbrunst vor Serlo und Wilhelm zu küssen, so verbindet sich ihr thanatomaner Gemütszustand mit einer kaum noch verschleierten Sinnlichkeit. Das erotisch grundierte Todesverlangen bildet die Kontrastfolie zum ehemaligen Streben nach Reinheit und hoher Gesinnung.

Die hitzige und heftige Todessehnsucht gewinnt an dieser Stelle noch keine endgültige Gewalt über Aurelie. Gleichwohl sind ihre Tage gezählt: Wie später der Harfner, so versinkt auch sie immer tiefer in ihrer Melancholie. Wilhelms Versuche, Aurelie psychisch zu stabilisieren, schlagen allesamt fehl. Gegen Ende des vierten Buches bemüht er sich, Aurelie all das vor Augen zu führen, was ihr trotz der Liebeskatastrophe geblieben ist. Mit leisen Anklängen an die eben analysierte Szene erklärt er: „O, meine Freundin, [...] könnten Sie doch aufhören, selbst den Dolch zu schärfen, mit dem Sie sich unablässig verwunden! Bleibt Ihnen denn nichts? Ist denn Ihre Jugend, Ihre Gestalt, Ihre Gesundheit, sind Ihre Talente nichts? Wenn Sie ein Gut ohne Ihr Verschulden verloren haben, müssen Sie denn alles übrige hinterdrein werfen?“ (S. 278). Wilhelms Beschwichtigungsversuche sind gut gemeint, letztlich aber genauso wirkungslos wie die Ratschläge Antonios gegenüber Tasso und die Empfehlungen Wilhelms gegenüber Werther. Wie Werther und Tasso ist auch Aurelie so tief in den Strudel der Melancholie geraten, daß sie nur noch in hoffnungsloser Verzweiflung und fortgesetzter Introspektion um das eigene Seelenleiden kreisen kann. „Sie versank in sich“, heißt es im Anschluß an die aufmunternden Worte Wilhelms (S. 279).

Aurelie fällt, ähnlich wie Faust in der zweiten Studierzimmer-Szene, einem radikalen Nihilismus anheim. Die Liebe, die sie lange Zeit von sich wies, die sie dann aber in der Begegnung mit Lothario neu entdeckte, wird ihr nun zur sinnlosen und törichten Zeitverschwendung: „Ich weiß es wohl, daß es Zeitverderb ist, nichts als Zeitverderb ist die Liebe! Was hätte ich nicht tun können! tun sollen! Nun ist alles rein zu nichts geworden. Ich bin ein armes, verliebtes Geschöpf, nichts als verliebt!“ (S. 278 f.). Aurelie haßt die Liebe, da sie sich von ihr betrogen fühlt, zugleich aber kann sie Lothario nicht vergessen, der ihr half, in einer Welt profaner Nichtigkeiten an den eigenen Idealen festzuhalten. Sie verstrickt sich in ein Netz innerer Widersprüche und verfällt schließlich in ihren alten Männerhaß, den sie seit Jugendtagen nie ganz hat ablegen können. Mit einer an der Rolle Orsinas geübten Schärfe holt sie zur Generalabrechnung mit der patriarchalischen Gesellschaftsform aus. Sie prangert die Unterdrückung der Frau an und klagt über die Treulosigkeit der Männer, die das flüchtige amouröse Abenteuer goutieren, darüber hinaus aber keine Frau zu schätzen wissen. Gegenüber Wilhelm erklärt sie: „Ihr seid gewohnt, daß sich euch alles an den Hals wirft. Nein, ihr könnt es nicht fühlen, kein Mann ist imstande, den Wert eines Weibes zu fühlen, das sich zu ehren weiß!“ (S. 279). Der Erzähler vermeidet an dieser Stelle jede ironische Distanzierung. Er betont zwar Aurelies „halb natürliche[n], halb erzwungene[n] Zustand“, den leidenschaftlichen Anklagen aber nimmt er nichts von ihrer Schärfe. Man fühlt sich an Iphigenie erinnert, die ebenfalls, freilich in einer wesentlich besonneneren Art, die Unterdrückung der Frau anprangert.[15]

[15] Wirft man von dieser Stelle einen Blick auf die allzu lichte Welt der Turmgesellschaft mit Lothario als ihrem höchsten Repräsentanten, so stellt sich die Frage, ob die immer wieder gepriesene soziale Verantwortung des aufgeklärten Geheimbundes nicht gerade im konkret Alltäglichen zu versagen droht. Daß Aurelies in den Tod führende Melancholie durch Lotharios bedenkenlosen Rückzug mitverursacht wird, ist unbestreitbar. – Im siebten Kapitel des siebten Buches erklärt Lothario rückblickend, warum er nach einer kurzen Zeit des innigen Verhältnisses Aurelie verlassen hat: „Ach! sie war nicht liebenswürdig, wenn sie liebte, und das ist das größte Unglück, das einem Weibe begegnen kann“ (S. 468).

Aurelie versenkt sich immer tiefer in die Abgründe der Melancholie, sie beschleunigt ihre ‚Krankheit zum Tode' und zehrt sich wie Werther willentlich auf. „Sie hatte eine Art von überspringendem Fieber, dem um so weniger beizukommen war, als sie die Anfälle nach ihrer Art vorsätzlich unterhielt und verstärkte" (S. 349). Aurelie schwankt zwischen apathischer Teilnahmslosigkeit und heftigen Gefühlsausbrüchen, sie oszilliert fortwährend zwischen emotionalen Extrempositionen und findet zu keiner ruhigen Besinnung. Als sich ihr gesundheitlicher Zustand bedenklich verschlechtert, wird ein Arzt zu Rate gezogen, der indes ebenfalls hilflos ist. Er gibt einige diätetische und medizinische Ratschläge, verspricht das Manuskript der ‚Bekenntnisse einer schönen Seele', weiß darüber hinaus jedoch keinen Weg der Heilung, da Aurelie ihre „leidenschaftliche[n] Empfindungen" immer wieder bewußt erneuert (S. 349).

Trotz ihres angegriffenen Zustandes steigt Aurelie noch einmal auf die Bühne. Ihre letzte Rolle spielt sie als zürnend rasende und zugleich hoffnungslos verzweifelnde Orsina. Es kommt zur Totalidentifikation mit der dramatischen Gestalt: „Bei der Aufführung [...] zog sie, möchte man sagen, alle Schleusen ihres individuellen Kummers auf, und es ward dadurch eine Darstellung, wie sie sich kein Dichter in dem ersten Feuer der Empfindung hätte denken können" (S. 353 f.). Nach dieser Aufführung, in der Fiktion und Realität vollends zusammengeflossen sind, überflutet die Todessehnsucht die letzten Schutzwälle. Aurelie, die den anderen Akteuren nach der Vorstellung halb ohnmächtig begegnet, verläßt, von Serlo gereizt, in noch erhitztem Zustand das Theater und läuft ohne Mantel durch die kalte und verregnete Nacht. Die Folgen stellen sich ohne Verzögerung ein: Das Fieber steigt an, die Krankheit verschärft sich, und binnen weniger Tage stirbt Aurelie. Über Wilhelms Verhältnis zu ihr bemerkt der Erzähler abschließend: „Bei der Achtung, die er für sie gehabt, und bei der Gewohnheit, mit ihr zu leben, war ihm ihr Verlust sehr schmerzlich. Sie war die einzige Person, die es eigentlich gut mit ihm meinte" (S. 355).

II.

Vergleicht man die Biographie der Melancholikerin Aurelie mit dem Lebensweg des nicht minder gefährdeten Wilhelm, so ergeben sich einige aufschlußreiche Parallelen. Auch wenn die Ereignisse und Erfahrungen, die Aurelies Entwicklung bestimmen, immer wieder extreme Grenzwerte markieren (ein Phänomen, das bei den anderen Nebenfiguren des Romans ebenfalls hervortritt), so lassen sich ihre Charakterzüge dennoch mit den Eigenschaften Wilhelms in eine enge Beziehung setzen. Schon die problematische Kindheit und die daraus erwachsende Begeisterung für die Welt des Theaters ist beiden Figuren gemeinsam. Wie Aurelie wird auch Wilhelm schon früh auf sich selbst zurückgeworfen. Seine Kindheitsgeschichte, die in den *Lehrjahren* weitgehend ausgeblendet, in der *Theatralischen Sendung* jedoch ausführlich erzählt wird, ist gleichermaßen überschattet von Isolation und Einsamkeit. Gleich im dritten Kapitel des ersten Buches heißt es: „Er kriegte [...] eine Ent-

---

Lothario gesteht zwar eigene Fehler ein, die Hauptschuld an der Liebestragödie schreibt er jedoch Aurelie zu, die sich dem anmutigen und graziösen Frauenideal des späten 18. Jahrhunderts beharrlich widersetzt. Vgl. zu diesem Aspekt Dieter Borchmeyer: *Höfische Gesellschaft und französische Revolution bei Goethe. Adliges und bürgerliches Wertsystem im Urteil der Weimarer Klassik.* Kronberg i. Ts. 1977. Borchmeyer betont vor allem den unversöhnlichen Gegensatz zwischen der ‚düsteren Unbedingtheit' Aurelies und der heiter-flüchtigen Erotik Lotharios, die von Leidenschaftlichkeit frei ist, auch wenn sie durchaus ‚warme Gemütstöne' kennt. „Liebe bleibt also für Lothario in der Sphäre des Unernstes" (S. 165).

fremdung gegen seine Mutter, und war daher recht übel dran, weil sein Vater auch ein harter Mann war; daß ihm also nichts übrig bliebe als sich in sich selbst zu verkriechen, ein Schicksal, das bei Kindern und Alten von großen Folgen ist“ (FA 9, S. 17). Wilhelm verschließt sich vor der Welt und flüchtet in eine erhabene Kunstsphäre, aus der die bedrückende und nüchterne Alltagsrealität ausgeschlossen bleibt. Die intensiven Gefühlsregungen, die er in seinem prosaischen Elternhaus entbehren muß, findet er hier im Übermaß. Freilich ist Wilhelms Adoleszenz nicht so traumatisierend wie Aurelies Jugend, hinter seiner Begeisterung für das Theater verbirgt sich jedoch der gleiche Kompensationsmechanismus. Selbst in den *Lehrjahren*, die ja gerade die ersten Bücher der *Theatralischen Sendung* stark raffen und in mancher Hinsicht neu strukturieren, läßt sich dieser Reflex noch genau bestimmen. Wilhelm, hier nun deutlich als Dilettant gezeichnet, strebt aus der Enge seines bürgerlichen Milieus heraus, das ihn zu erdrücken droht. Er sehnt sich nach dem Theater, weil er dort ähnlich wie Aurelie den heiligen Hort hoher Gesinnungen vermutet. Nur das Theater, so Wilhelm, gebe ihm die Möglichkeit, der entfremdenden und korrumpierenden Welt des philiströsen Bürgers zu entkommen. Wilhelms Gedicht auf die beiden Frauengestalten, von denen die eine die tragische Dichtkunst, die andere hingegen das bürgerliche Gewerbe personifiziert, läßt an Deutlichkeit und Nachdruck nichts zu wünschen übrig (S. 32 f.).

Der Weg zum Theater ist bei Aurelie wie bei Wilhelm wesentlich durch ein Ungenügen an der als eng, niedrig und profan empfundenen Alltagswelt bedingt. Doch auch die endgültige oder zumindest vorübergehende Abwendung vom Theater ist bei beiden Gestalten in analoger Weise motiviert. Wie für Aurelie, so erweist sich für Wilhelm die Bühnenwelt als leere Illusion. Insbesondere die ausgehöhlte und im reinen Amüsement befangene Rokoko-Kultur, die Wilhelm auf dem Schloß des Grafen kennenlernt, läßt ihn an der Realisierbarkeit seiner Idealvorstellungen zunehmend zweifeln. Der Desillusionierungsprozeß, dem Wilhelm während seines Theaterengagements auf dem Schloß und später bei Serlo unterworfen wird, verläuft zwar in gemäßigteren Bahnen als bei Aurelie; gleichwohl manifestiert sich auch bei ihm die fundamentale Enttäuschung, die der Einsicht entspringt, daß die eigene Hochachtung vor dem Theater mit derjenigen des Publikums nicht vereinbar ist (S. 336). Wilhelm muß seine schwärmerischen Hoffnungen begraben. Er hat sich vergeblich bemüht, „aus dem großen Meere der wahren Natur wenige Becher zu schöpfen“, um sie „von der Schaubühne dem lechzenden Publikum“ auszuteilen (S. 192).

Eine dritte Parallele ergibt sich, wenn man die Liebeskatastrophe Aurelies mit dem Unglück vergleicht, das Wilhelm widerfährt. Aurelie und Wilhelm erleben die Liebe geradezu als himmlische Beglückung, die sie weit über alles Irdische hinaushebt. Umso heftiger ist der Rückschlag, als die Bindungen zerbrechen. Beide fallen der Melancholie anheim und sind für ihre Umwelt kaum noch erreichbar. In der *Theatralischen Sendung* wird ausführlich beschrieben, wie sehr sich Wilhelm in seinen Seelenqualen aufreibt, und selbst die *Lehrjahre*, die auf Wilhelms Melancholie oft nur in symbolisch verschlüsselter Form hindeuten, versäumen es nicht, sein Elend in grellen Farben nachzuzeichnen: „Der Streich hatte sein ganzes Dasein an der Wurzel getroffen“, heißt es in prägnanter Kürze; er sah „rückwärts auf den schrecklichen Abgrund, labte sein Auge an der zerschmetternden Tiefe, warf sich hinunter und erzwang von der Natur die bittersten Schmerzen. Mit so wiederholter Grausamkeit zerriß er sich selbst“ (S. 77 f.). Wilhelm höhlt sich aus, untergräbt sich willentlich und facht das ihn verzehrende Feuer immer wieder neu an. Die *Theatralische Sendung* vergleicht seine seelischen Leiden schließlich sogar mit den Höllenqualen, welche die Verstoßenen in Dantes *Divina Commedia* erdulden müssen (FA 9, S. 68).

Abschließend ist noch auf eine vierte bedeutende Analogie hinzuweisen, die sich vor allem im Umgang mit dramatischen Rollen und bildlichen Darstellungen konkretisiert. In wertherähnlicher Manier identifizieren sich sowohl Aurelie wie auch Wilhelm immer wieder mit melancholischen Gestalten, die ihnen im Bereich der Kunst begegnen. Während Aurelie die Rollen der Ophelia und der Orsina mit dem eigenen Schicksal verknüpft, amalgamiert Wilhelm die Rollen Tankreds und Hamlets mit seiner eigenen Person; auch den kranken Königssohn – eine Zutat der *Lehrjahre* – betrachtet er wiederholt als Alter Ego.[16] Der ästhetische Subjektivismus, der sich in dieser identifikatorischen Haltung ausdrückt, schlägt eine thematische Brücke nicht nur zum *Werther*, sondern insbesondere auch zu den *Wahlverwandtschaften*.

Die letzten Abschnitte konnten belegen, daß Wilhelm und Aurelie gerade in ihrer psychischen Disposition eng aufeinander bezogen sind. Sie zeigen unverkennbare Affinitäten in ihrem depressiven Leiden und identifizieren sich immer wieder mit jenen Kunstgestalten, auf die sie ihre eigene Schwermut projizieren können. Es bestehen jedoch auch wesentliche Unterschiede zwischen Wilhelm und Aurelie, die sich vielleicht am besten verdeutlichen lassen, wenn man beide Figuren mit Werther vergleicht, der für fast alle Melancholiker im Werk Goethes Modell gestanden hat. Im Gegensatz zu Werther bezwingt Wilhelm schließlich die Gefahren der Melancholie, indem er sich dem Tätigkeitsideal der Turmgesellschaft unterstellt. „Ich verlasse das Theater", schreibt er an Werner, „und verbinde mich mit Männern, deren Umgang mich in jedem Sinne zu einer reinen und sichern Tätigkeit führen muß" (S. 491). In den beiden letzten Büchern der *Lehrjahre* überwindet Wilhelm die permanente Fixierung auf die eigene Gefühlslage, er unterzieht seinen wertherähnlichen Subjektivismus einer schonungslosen Selbstkritik und versagt sich fortan die heillose Introspektion, mit der er seine melancholischen Neigungen immer wieder forciert hat. Aurelie indes bleibt der finsteren Werther-Welt verhaftet. Sie vermag sich vom Schicksal ihres tragischen Vorläufers nicht zu lösen und geht schließlich in einem Meer der immer erneuerten Seelenqual unter. Die Entwicklung Wilhelms kann als Geschichte einer Heilung und eines neuen Aufbruchs gelesen werden, Aurelie jedoch verharrt bis zum traurigen Tod unter dem Schatten der Melancholie. Sie muß sterben, noch bevor Wilhelm in den Kreis der Turmgesellschaft eintritt – so will es die Regie des Romans.

---

[16] Vgl. hierzu Hans-Jürgen Schings: *Wilhelm Meisters schöne Amazone*. In: Jb. der deutschen Schillergesellschaft 29 (1985). S. 141–206 (insbes. S. 145–156 u. S. 173–185).

KARL EIBL

Zur Bedeutung der Wette im „Faust“

Die Inbrunst, mit der die Frage nach dem Ausgang der Wette(n) im *Faust* früher erörtert wurde,[1] mutet heute fast grotesk an, ist aber immerhin ein Beleg dafür, daß man den Text auch in seinem literalen Ablauf ernst nahm. Heute schlägt das Pendel ins Gegenteil hinüber. Der Ausgang scheint uninteressant geworden zu sein. Selbst Albrecht Schöne, dessen Kommentar den pragmatischen Zusammenhängen besonderes Augenmerk widmet und nicht zu vorzeitigem Ausbrechen ins ‚Symbolische' neigt, erklärt bündig:

> Es ging dem Autor am Ende wohl gar nicht mehr darum, ob sein Faust die alte Wette verloren oder gewonnen habe. Für das nämlich, was sich in der *Grablegungs*-Szene abspielen wird, für das vor allem, was sich in den *Bergschluchten* ereignet, spielt die Wette so oder so keine Rolle mehr.[2]

Ob Goethe da nicht unterschätzt wird? Es ist zwar wohltuend, daß die Fixierung auf den ‚juristischen' Abschluß der causa Faust und damit der harte Zugriff auf ein ‚Ergebnis' suspendiert wird. Aber die so gewonnene Unbefangenheit sollte zu einem erneuten Blick auf diese pragmatische ‚Hauptgräte' des Textes genutzt werden: Die Wette, so sei vorweg behauptet, spielt nicht einfach „so oder so keine Rolle mehr"; Goethe hat vielmehr das Handlungsmuster derart mit Bedeutung versehen, daß es sich am Ende selbst aufhebt und dabei den Sinn des Dramas pointiert.[3]

I.

Ich setze ein mit der Rahmenwette, mit dem *Prolog im Himmel.* Hier sind ein paar Dinge zurechtzurücken oder hervorzuheben, die in der Deutungstradition nicht immer ihren richtigen Ort gefunden haben.

---

1 Ada M. Klett: *Der Streit um „Faust II" seit 1900.* Jena 1939, hat drei Kolumnen gebildet, um die Stellungnahmen der Sekundärliteratur zum Ausgang der Wette aufzulisten. In der Spalte „Faust gewinnt im Wortsinne und im höheren Sinne" stehen 21 Namen, in der Spalte „Faust gewinnt nicht im Wortsinne, sondern im höheren Sinne" 19, in der Spalte „Faust verliert" 13, drei davon mit Fragezeichen versehen. Dazu gibt es noch eine Verzeichnung mit Fragezeichen für „Faust gewinnt halb, verliert halb", zwei Nennungen zu „Keiner gewinnt; die Wette ist ungültig, da Mephistopheles den Kontrakt gebrochen hat" und zwei Nennungen zu „Keiner gewinnt; die Wette ist ungültig, da Voraussetzungen sich als falsch erwiesen" (S. 67).

2 Komm. in FA I, 7.2, S. 754. Ich zitiere den Text nach dieser Ausgabe.

3 Der Beitrag führt einige Hinweise aus, die in meinem demnächst erscheinenden Faust-Buch *Das monumentale Ich* wegen anderer Argumentationsschwerpunkte nur verstreut erscheinen.

Die Sprachgewalt des Schöpfungslobgesanges kann leicht verdecken, daß die gepriesene Harmonie des Kosmos als Ergebnis selektiver Wahrnehmung dargestellt ist. Der Beitrag des dritten Erzengels, Michaels, gilt den Naturkatastrophen. Sie werden zwar genannt, aber sie werden keineswegs in den Schöpfungspreis einbezogen.[4] Vielmehr wendet sich der ‚Bote' mit einem adversativen „Doch" von diesen Grobheiten der Elemente ab,[5] hin zum „sanfte[n] Wandeln deines Tags":

Und Stürme brausen um die Wette,
Vom Meer auf's Land, vom Land auf's Meer,
Und bilden wütend eine Kette
Der tiefsten Wirkung rings umher.
Da flammt ein blitzendes Verheeren
Dem Pfade vor des Donnerschlags;
Doch deine Boten, Herr, verehren
Das sanfte Wandeln deines Tags. (V. 259 ff.)

Michael kann die Schöpfung nur preisen, weil er wegsieht.

Naturkatastrophen waren eine ständige Herausforderung der Theodizee, der Rechtfertigung Gottes angesichts des Übels in der Welt. Üblicherweise wurden sie durch Ergebung in die ‚Unergründlichkeit' der göttlichen Ratschlüsse absorbiert. Folgerichtig wird diese Unergründlichkeit in der Schlußstrophe auch ausdrücklich hervorgehoben. Nachdem es schon in der ersten, der Raphael-Strophe, von den ‚Werken' geheißen hatte, daß „keiner sie ergründen mag [= kann]" (V. 248), singen die Erzengel schließlich „zu drei", daß „keiner dich ergründen mag" (V. 268).

Womit in der Tat die ‚Sphärenharmonie' wieder hergestellt wäre – wenigstens für die himmlischen Heerscharen.

In diese Situation tritt Mephistopheles ein. Er kann in das Lob der Schöpfung nicht einstimmen und findet diese angeblich ‚beste aller Welten'

wie immer, herzlich schlecht.
Die Menschen dauern mich in ihren Jammertagen,
Ich mag sogar die armen selbst nicht plagen. (V. 296 ff.)

Mephistopheles engt also sogleich ein auf das Schicksal des letzten Geschöpfs, des Menschen. Ausdrücklich betont der ‚Humanist': „Von Sonn' und Welten weiß ich nichts zu sagen, / Ich sehe nur wie sich die Menschen plagen" (V. 279 f.).

---

[4] Davon, „daß selbst Stürme und andere zerstörerische Ereignisse in die prästabilierte Harmonie des Kosmos eingebunden bleiben" (Jochen Schmidt: *Goethes „Faust". Grundlagen – Werk – Wirkung*. München 1999, S. 23, ähnlich auch andere), kann nicht die Rede sein. Bei solchen Deutungen setzt sich das von den Eingangsversen abgerufene harmonistische Vorverständnis ungehemmt durch, so daß gerade die entscheidende Wendung verpaßt wird. – Auf Inkonsistenzen des Engelsgesangs weist ausführlicher hin Alwin Binder: *„Es irrt der Mensch so lang er strebt", Der „Prolog im Himmel" in Goethes „Faust" als satirische ‚Homodizee'*. In: GJb 110 (1993), S. 243–260. Binder geht bei der Relativierung des Prologs noch ein Stück weiter als ich.

[5] Das voranstehende Semikolon hat besondere Ankündigungsfunktion. Zum Semikolon-Gebrauch zur Zeit Goethes vgl. Schöne, Komm. in FA I, 7.2, S. 112 ff.

Es ist der Mensch, der nach Mephistos Meinung ein Fehlschlag der Schöpfung ist, mag die Sache mit den Sonnen und Welten auch ihre Ordnung haben.

Goethe spielt hier in einem recht genauen Sinn auf Leibniz' *Theodizee* an. Neuere Kommentare weisen darauf hin, daß des Mephistopheles Formulierung: „Der kleine Gott der Welt“ (V. 281) bei Leibniz vorgeprägt ist. Gott habe den Menschen ein „Abbild der Göttlichkeit“ in Gestalt der Vernunft gegeben, und nun sei der „Mensch [...] also gleichsam ein kleiner Gott in seiner eigenen Welt“[6]. Doch erst wenn man über die bloße Wortparallele hinausgeht, erhält der intertextuelle Verweis seine volle Bedeutung. Leibniz' *Theodizee* ist ja insgesamt eine Erwiderung auf Einwände, die Pierre Bayle in seinem *Dictionnaire historique et critique* gegen Leibniz' *Neues System der Natur* vorgebracht hatte. Und diese Einwände betreffen auch und gerade die Frage nach der Ordnung der Welt. Leibniz zitiert Bayle: „Der Himmel und das ganze übrige Universum predigen den Ruhm, die Macht, die Einheit Gottes [...] Der Mensch allein, dieses Meisterwerk des Schöpfers unter den sichtbaren Dingen, der Mensch allein, sage ich, gibt Anlaß zu äußerst gewichtigen Einwänden gegen die Einheit Gottes.“[7] Das ist die Position des Mephistopheles! Indem Goethe die Causa Bayle contra Leibniz durch Anspielung in seinem *Prolog* befestigt, rückt er diesen in den großen europäischen Diskussionshorizont ein.

Goethes ‚Herr‘ wendet das Gespräch sogleich auf Faust:

> DER HERR
> Kennst du den Faust?
> MEPHISTOPHELES
> Den Doktor?
> DER HERR
> Meinen Knecht! (V. 299)

Als direkte Antwort auf Mephistopheles' Nörgelei gewinnt der Hinweis des Herrn den Charakter eines Gegenarguments[8]: Der Herr verweist auf Faust, um Mephistos Schelte auf die Krone seiner Schöpfung zu widerlegen. Das aber bedeutet: Nicht Mephistopheles, sondern der Herr initiiert die ‚Wette‘ (wenngleich sie erst von Mephistopheles diese saloppe Bezeichnung erhält). Und es ist keine Wette auf Fausts ‚Streben‘, bei der als Gewinn am Ende der Besitz von Faust Seele stünde. Sondern es ist eine Wette auf die Theodizee, auf die Qualität der Schöpfung, darauf, ob die Welt die ‚beste aller Welten‘ oder ob sie – bezogen auf den Menschen – „herzlich schlecht“ ist! Ob der Mensch eine ‚Bestimmung‘[9] hat. Faust ist der exemplarische Fall, an dem sich das erweisen soll.

---

6 Gottfried Wilhelm Leibniz: *Philosophische Schriften*, hg. und übers. von Herbert Herring. Bd. 2.1, Frankfurt/M. ²1965, *Die Theodizee*, S. 459 (§ 147). „L'homme y est donc comme un petit dieu dans son propre monde.“

7 Leibniz, S. 457. – ‚Einheit‘ im Gegensatz zum altprotestantischen Gut-Böse-Dualismus. Leibniz erwidert mit seinem Standardargument, daß man die Harmonie auch im Menschenreich finden würde, „wenn uns das Ganze bekannt wäre“.

8 Als „Gegenargument gegen die Behauptung des Teufels“ schon identifiziert von Heinrich Rickert: *Goethes „Faust“. Die dramatische Einheit der Dichtung.* Tübingen 1932, S. 69.

9 Zu diesem großen Thema des 18. und frühen 19. Jahrhunderts nun: Norbert Hinske (Hg.): *Die Bestimmung des Menschen.* Hamburg 1999 (Zs. Aufklärung 11/2), u. a. mit meinem Beitrag: *Goethes „Faust“ als poetische Antwort auf die Frage nach der Bestimmung des Menschen.*

Damit wird die Frage, ob Mephistopheles Fausts Seele gewinnt, zweitrangig (und viele Spekulationen erledigen sich von selbst). Mephistopheles bittet sich einen ganz anderen Wettgewinn aus: „Wenn ich zu meinem Zweck gelange, / Erlaubt Ihr mir Triumph aus voller Brust" (V. 332 f.). Was Mephistopheles hier formuliert, ist der Anspruch auf eine weltumstürzende Ungeheuerlichkeit: Triumph ist der öffentliche Einzug des Imperators in die Hauptstadt nach dem errungenen Sieg, im geistlichen Kontext die Befreiung der armen Seelen aus dem ‚infernum'[10] und die Himmelfahrt Christi. Der Triumph des Satans – das ist ein weit größerer Gewinn als die Verführung einer Einzelseele, das wäre der öffentliche Widerruf der Theodizee, damit die gelungene Revanche für die Verdammung der gefallenen Engel, die nun ihrerseits die Herrschaft übernehmen könnten!

Daß der ‚Herr' diesen Anspruch hinnimmt, zeugt von bemerkenswerter Selbstsicherheit – oder bemerkenswertem Desinteresse. Achtet man auf Relativierungssignale, dann fällt auf diesen ‚Herrn' ein etwas seltsames Licht. Natürlich ist es ein Theatergott und damit ohnedies eine Figur von dubioser Sinnlichkeit. Aber darüber hinaus erhält er einige weitere charakteristische Züge: Dieser ‚Herr' hat mit den Menschen nicht mehr viel im Sinn. Seine Zeichnung entspricht der Vorstellung vom deistischen ersten Beweger, der sich nach der Urtat von seinem Werk zurückzieht und in die Vollkommenheit der eigenen Schöpfung vertraut, aber er trägt auch Züge von eher irdischer Majestät. Durch den Morgentriumph schimmert der Brauch des Herrscherlobs beim absolutistischen Lever, das um 1800, nach Friedrich II. und Joseph II. und der Revolution, nur noch abgelebte Geschichte war. Der ‚Herr' ist ein absolutistischer Serenissimus, und zwar keiner von der tätigen Sorte, sondern einer, der sich schließlich nach den Anstrengungen des Lever sogleich wieder zurückzieht, man weiß nicht recht, wohin. „Der Himmel schließt, die Erzengel verteilen sich", heißt es nun. Der Himmel ist ‚geschlossen'. Ob wegen Mittagsruhe oder wegen Abdankung, ist von geringerer Bedeutung. Übrig bleibt „Mephistopheles allein" und macht sich lustig über „den Alten" (V. 350).

Dieser ‚Herr' also überläßt seinen „Knecht" (V. 299) dem Wirken Mephistos: „So lang' er auf der Erde lebt, / So lange sei dir's nicht verboten" (V. 315 f.). Und noch einmal bekräftigend: „Nun gut, es sei dir überlassen!" (V. 323).

Das ist im lutherischen Formulierungshorizont ein theologischer Skandal, denn eine solche Überlassung könnte nur mit dem Sieg des Teufels enden. Luther meinte, der Mensch sei

> gefangen, unterworfen, geknechtet entweder vom Willen Gottes oder vom Willen Satans [...] Der menschliche Wille ist in der Mitte gestellt wie ein Lasttier; wenn Gott darauf sitzt, will er und geht, wohin Gott will, wie der Psalm sagt: ‚Ich bin wie ein Lasttier geworden und ich bin immer bei Dir'. Wenn der Satan darauf sitzt, will er und geht, wohin der Satan will. Und es liegt nicht in seiner freien Wahl, zu einem von beiden Reitern zu laufen, und ihn zu suchen, sondern die Reiter selbst kämpfen darum, ihn zu erlangen und in Besitz zu nehmen.[11]

---

10 Vgl. Goethes Jugendgedicht *Poetische Gedancken über die Höllenfahrt Jesu Christi* (FA I, 1, S. 17).

11 *De servo arbitrio* (Von der Knechtschaft des Willens), gegen Erasmus von Rotterdams *De libro arbitrio.* „non habet liberum arbitrium, sed captivum, subjectus et servus est vel voluntatis Dei vel voluntatis satanae [...] Sic humana voluntas in medio posita est, cum iumentum, si insiderit Deus, vult et vadit, quo vult Deus, ut Psalmus dicit; Factus sum sicut iumentum et ego semper tecum. Si insederit Satan, vult et vadit, quo vult Satan, nec est in eius arbitrio ad utrum sessorem currere aut eum quaerere, sed ipsi sessores certant ob ipsum obtinendum et possidendum." D. Martin Luthers *Werke. Kritische Gesamtausgabe.* Bd. 18. Weimar 1908, S. 600–787, hier: S. 634 f.

Nur als ‚Knechte‘ oder ‚Reittiere‘ des Herrn sind wir auf dem Weg des Heils. Wenn der Herr absteigt, reitet der Satan!

Umso dringender ist es, nun aus dem theologisch-theatralischen Formulierungsmuster herauszutreten und zu fragen, welche Erfahrung in ihm eigentlich codiert ist. Als Deutungsbrücke bietet sich Herders Formulierung aus den *Ideen zur Philosophie der Geschichte der Menschheit* an: „Der Mensch ist der erste Freigelassene der Schöpfung.“[12] Der ganze Prolog kann als Akt der Entlassung aus der Vormundschaft des Herrn gedeutet werden. Hinter dem ironisierten Formulierungsmaterial läßt sich eine thematische Exposition ausmachen, die den gesamten weiteren Text bestimmen wird: Die Emanzipation Fausts. Und zwar nicht in dem neueren Wortsinn, daß jemand s i c h emanzipiert, sondern in dem aus der antiken Welt kommenden Sinn, daß jemand emanzipiert w i r d, d. h. aus der Herrschaft und dem Schutz eines Herrn entlassen, wenn nicht gar verstoßen wird. Der *Prolog im Himmel* formuliert im theologischen Muster die Erfahrung eines epochalen d i e s s e i t i g e n Freilassungsakts. Die ständischen und religiösen Festlegungen der Daseins- und Selbstdeutung besitzen keine Tragfähigkeit mehr. Faust wird angekündigt als exemplarischer Fall moderner Individualität,[13] die, da sie nicht mehr ‚bestimmt‘ ist, sich selbst auf die Suche nach der Bestimmung des Menschen machen muß.

II.

Diese Ausgangsposition ermöglicht es, die Binnenwette strikter auf die Rahmenwette zu beziehen.

Wichtig für das Verständnis ist, in welchem seelischen Zustand sich Faust befindet, als er mit dem Teufel handelseins wird. Hans-Jürgen Schings[14] hat diesen Zustand beschrieben als einen der ‚Verzweiflung‘ in einem geradezu terminologischen Sinn. Fausts Bahn läuft auf einen Verzweiflungsselbstmord zu, und in diese Situation kommt Mephistos Angebot:

> Ich gebe dir, was noch kein Mensch gesehn.
> FAUST
> Was willst du armer Teufel geben?
> Ward eines Menschen Geist, in seinem hohen Streben,
> Von deines Gleichen je gefaßt? (V. 1674–1677)

Damit ist mottohaft die Grundkonstellation für die ganze Szene gesetzt. Höhnisch und verachtungsvoll zählt Faust eine Serie von Trivialitäten[15] auf, die er Mephistopheles zutraut. Als

---

12 Johann Gottfried Herder: *Werke in 10 Bänden.* Bd. 6, hg. von Martin Bollacher. Frankfurt/M. 1989, S. 115 (*Ideen* I, 4, IV,5).

13 ‚Moderne Individualität‘ ist ein Allerweltsbegriff. Hier ist speziell der von Niklas Luhmann als Exklusions-Individualität dargestellte Typus gemeint. Niklas Luhmann: *Individuum, Individualität, Individualismus.* In: Niklas Luhmann: *Gesellschaftsstruktur und Semantik.* Bd. 3. Frankfurt/M. 1989, S. 149–258. Auch: Karl Eibl: *Die Entstehung der Poesie.* Frankfurt/M. 1985, sowie Karl Eibl und Marianne Willems (Hg.): *Individualität.* Hamburg 1996 (Zs. Aufklärung IX/2).

14 Hans-Jürgen Schings: *Fausts Verzweiflung.* In: GJb 115 (1998), S. 97–123.

15 Das dürfte mittlerweile Konsens sein. Nur die „Bäume, die sich täglich neu begrünen“, erscheinen ungewöhnlich. Aber es entspricht durchaus der Bildphantasie Goethes und seiner Sonnenaufgangs- und Morgenmystik, daß das allmorgendliche Ergrünen der Bäume (nachts haben sie keine Farben) als alltägliches Wunder formuliert wird.

dieser, ihn mißverstehend, darauf eingeht und ergänzend auf die Zeit hinweist, „Wo wir was Gut's in Ruhe schmausen mögen", kommt es zu den entscheidenden Formulierungen:

> FAUST
> Werd' ich beruhigt je mich auf ein Faulbett legen:
> So sei es gleich um mich getan!
> [...]
> Die Wette biet' ich!
> MEPHISTOPHELES
> Topp!
> FAUST
> Und Schlag auf Schlag!
> Werd' ich zum Augenblicke sagen:
> Verweile doch! du bist so schön!
> Dann magst du mich in Fesseln schlagen,
> Dann will ich gern zu Grunde gehn! (V. 1692–1702)

Die Frage ist nun: Ist das e i n e Wette oder sind es z w e i Wetten?[16] Nach allem, was wir bereits über Fausts konstitutionelle Unzufriedenheit wissen, ist kaum vorstellbar, daß er jemals auf einem ordinären Faulbett zur Ruhe kommen wird. Nur der ‚arme Teufel', der das ‚hohe Streben' nicht zu fassen vermag, kann auf diesen Gedanken kommen. Er ist ja dann gleich noch einmal aus Fausts Perspektive als „Pedant" gekennzeichnet, wenn er „was geschriebnes" fordert (V. 1716). Kurz: Die Faulbett-Wette ist sachlich nicht weiter ernst zu nehmen, ist nur eine der zahlreichen Verachtungsgesten Fausts gegenüber dem ‚armen Teufel'.

In seinem zweiten Schritt nennt Faust jedoch noch einen zweiten Eintretensfall, und hier wird es Ernst. Es geht hier nicht mehr ums Faulbett, sondern um etwas weit Höheres. Um das richtig zu verstehen, müssen wir auch innerhalb dieser Formulierung noch eine Zweiteiligkeit beachten: „Verweile doch!" und „Du bist so schön!" In umständlicher Hypotaxe könnte das so paraphrasiert werden: ‚Du bist so schön, daß ich mir wünsche, Du möchtest verweilen und damit Deine Eigenschaft als Augenblick aufgeben.' Es geht nicht so sehr ums ‚Verweilen', sondern um die Frage, ob der ‚schöne', erfüllte Augenblick überhaupt je erreichbar ist. Ob wir nun Faust an dieser Stelle ein entsprechendes Wissen unterstellen dürfen oder nicht: Wer zum Augenblick sagen kann: „Verweile doch! du bist so schön!", befindet sich auf einer Höhe, die für den Teufel unerreichbar ist. Mephistopheles kann überhaupt nicht gewinnen.[17]

Hans-Jürgen Schings hat die Zweiteiligkeit und die besondere Bedeutung des ‚Augenblicks' mit hinreichendem Nachdruck betont, so daß ich mich hier mit dem generellen Hin-

---

16 Die erste Position vertrat z. B. ausführlich Alexander Rudolph Hohlfeld: *Pakt und Wette in Goethes „Faust"*. In: Keller (Hg.): *„Faust I"*, S. 380–409. Neuerdings eher beiläufig: Jochen Schmidt: *Goethes „Faust"* (wie Anm. 4), S. 130: „Für den Fall, daß Faust zu einem Augenblick fauler Ruhe sagt: ‚verweile doch! du bist so schön!', will er [...]", sowie Albrecht Schöne, Kommentar, S. 260: „eine fixierende Auslegung nur".

17 Ähnlich Géza von Molnár: *„Die Wette biet' ich." Der Begriff des Wettens in Goethes „Faust" und in Kants „Kritik der Urteilskraft"*. In: Geschichtlichkeit und Aktualität. Fs. für Hans-Joachim Mähl, hg. von Klaus-Detlef Müller u. a. Tübingen 1988, S. 29–41: „Das heißt, entweder der Teufel müßte zu Gott werden, und dann hat Faust wirklich nichts zu verlieren, wenn er sich beim erfüllten Augenblick beharrend

weis begnügen kann. Der ‚Augenblick' im hervorgehobenen Sinn hat bei Goethe schlechterdings nichts mit Faulbett-Schlendrian zu tun, sondern wird immer wieder als Moment von plötzlicher, ja ekstatischer Ganzheitserkenntnis angesprochen, im Sinne der Formel vom Symbolischen als der „lebendig-augenblickliche[n] Offenbarung des Unerforschlichen"[18]. Warum sollte es gerade hier anders sein? Der Folgerung, die Schings zieht, kann ich allerdings nicht zustimmen, weil sie mir die Pointe zu verfehlen scheint. Schings meint, daß Faust den Augenblick „verwettet"[19]. Aber der Augenblick hat im Kalkül der Wette nicht die Position des Einsatzes, sondern die Position des Eintretensfalles. Faust glaubt nicht daran, daß er den Augenblick je wird als so erfüllt erfahren können, daß er in ihm verharren möchte. Er v e r wettet den erfüllten Augenblick nicht, sondern er hält ihn für unmöglich und kann deshalb scheinbar risikolos a u f ihn wetten.

Gerade im rabiaten Verzweiflungsausbruch formuliert Faust die Bedingung für das Gelingen seines Lebens. Wer zum Augenblick sagen kann: „Verweile doch! du bist so schön!", der hat den Vollbesitz seines Daseins erreicht. „Dann will ich g e r n zu Grunde gehen!" Natürlich, und das muß er auch und das kann er auch getrost, denn er hat das Telos seiner Existenz erreicht, seine ‚Bestimmung' gefunden. Im Zerschellen des Homunkulus wird sich das in einer Art antizipierender Parallelhandlung erfüllen. Mit der zweiten Bedingung mündet die Binnenwette in die Rahmenwette und gibt sich als Anwendung der Rahmenwette auf das Einzelschicksal zu erkennen. Denn auch Fausts Wette ist nun eine auf Theodizee, und zwar in der subjektivierten Wendung, die an die Wendung der *Prolog*-Wette anschließt. Die Frage, ob diese Welt die beste aller möglichen Welten ist, spitzt sich definitiv zur Frage zu, ob und wie das Ich sich in dieser Welt vollenden kann – am Beispiel Fausts. Wenn der Augenblick der Lebenserfüllung eintritt, dann ist die Demonstration des ‚Herrn' gelungen: Der Mensch ist kein Irrläufer der Schöpfung, sondern hat einen angemessenen Platz in ihr. Und die Frage nach dem Ausgang der Wette kann eigentlich schon jetzt nur noch lauten: W i e gelangt Faust zu diesem Augenblick?

III.

Am Ende der großen Visionsrede des blinden Faust, als die Lemuren sein Grab schaufeln und er meint, den Höhepunkt seines Landgewinnungsprojekts unmittelbar vor sich zu finden, wird die Formulierung wieder aufgenommen:

> Solch ein Gewimmel möcht ich sehn,
> Auf freiem Grund mit freiem Volke stehn.
> Zum Augenblicke dürft' ich sagen:
> Verweile doch, Du bist so schön!
> Es kann die Spur von meinen Erdetagen
> Nicht in Äonen untergehn. –
> Im Vorgefühl von solchem hohen Glück
> Genieß ich jetzt den höchsten Augenblick. (V. 11579–11586)

---

zu dessen Knecht erklärt, oder der Teufel bleibt Teufel, bleibt Geist der Verneinung, und damit ist ihm die Aufgabe unmöglich" (S. 31).

18 FA I, 13 (*Sprüche in Prosa*), S. 33. – Dazu aus eigner Werkstatt: *Anamnesis des „Augenblicks". Goethes poetischer Gesellschaftsentwurf in „Hermann und Dorothea"*. In: DVjs 58 (1984), S. 111–138.

19 Schings, wie Anm. 14, S. 122.

Faust spricht, wie mit Recht immer wieder betont wird, im Konjunktiv, hypothetisch, „dürft' ich sagen". Eingeschlossen in die hypothetische Rede ist auch noch der Zusatz, die Selbstmonumentalisierung: „Es kann die Spur von meinen Erdetagen ...". Der Strich bezeichnet entsprechend der Zeichensetzung der Zeit das Ende der direkten Rede.[20] Faust formuliert die Bedingung, unter der er die ominöse Formel sagen könnte, aber er sagt sie nicht.

Das ist so eindeutig, daß man sich wundern muß, weshalb es darum Diskussionen gab.[21] Offenbar spuken da Kindermärchen- und Zauberspiel-Schemata in den Köpfen mancher Interpreten. In jeder normalen Kommunikation macht man selbstverständlich einen Unterschied zwischen einer Aussage und der (metasprachlichen) Aussage über eine Aussage. Wer sagt: „Ich möchte im Lotto eine Million gewinnen, dann dürfte ich sagen: ‚Komm mit mir in die Südsee!'", riskiert damit nicht, daß eine solche Südseefahrt auch ohne Gewinn eingefordert wird. Nur in Texten, die mit der Mechanik von Zaubersprüchen operieren, kann es zu einer Ebenenvermischung kommen. Es ist deshalb durchaus konsequent, daß Mephistopheles, dessen Denken und Dasein diesem Typus zugehört, triumphierend „den blutgeschriebnen Titel" (V. 11613) vorzeigen will. Aber diese vorrationale, logisch fehlerhafte Mechanik wird man nur auf der Figuren-, nicht auf der Werk-ebene voraussetzen wollen.

Erst in den folgenden beiden Zeilen geschieht das Entscheidende. Faust genießt „*jetzt* den höchsten Augenblick". Aber auch da ist nicht die Rede davon, daß dieser Augenblick ‚verweilen' soll; das ‚Verweilen' ist überhaupt keine anwendbare Kategorie mehr. Denn der ‚höchste' Augenblick ist zugleich der ‚letzte', etwa im Sinne der Vergil-Stelle: „Venit *summa* dies et ineluctabilis tempus" (Es kommt der letzte Tag und der unvermeidbare Augenblick).[22] – Dieser Augenblick der Erfüllung im Tode ist für Faust begründet durch das „Vorgefühl". Im Gedankenhaushalt Goethes ist ‚Vorgefühl' oder ‚Antizipation' ein wesentliches Instrument, Ganzheit herzustellen, biographische oder auch poetische.[23] Das Vorgefühl vermag die Gegenwart durch Antizipation zu vollenden, im Sinne der berühmten Zeilen aus dem Gedicht *Vermächtnis*: Dann ist Vergangenheit beständig, / Das Künftige voraus lebendig, / Der Augenblick ist Ewigkeit (FA I, 2, S. 686).

Wenn wir den Sachverhalt entgegen unseren Denkgewohnheiten nicht als Phantasterei und Selbstbetrug abtun, sondern positiv auszudrücken versuchen, heißt das: Der blinde

---

20 In modernisierter Zeichensetzung wäre zu schreiben:

> Zum Augenblicke dürft ich sagen:
> „Verweile doch, Du bist so schön!
> Es kann die Spur von meinen Erdetagen
> Nicht in Äonen untergehn."
> Im Vorgefühl [...]

21 Vgl. Anm. 1.

22 *Aeneis* 2,324.

23 Dazu etwa aus einem Gedicht an F.M. Klinger mit einer Abbildung von Hof und Brunnen des Frankfurter Geburtshauses (FA I, 2, S. 810): „An diesem Brunnen hast auch du gespielt, / Im engen Raum die Weite vorgefühlt". Oder aus *Dichtung und Wahrheit* (FA I, 14, S. 421): „Unsere Wünsche sind Vorgefühle der Fähigkeiten, die in uns liegen, Vorboten desjenigen, was wir zu leisten im Stande sein werden. Was wir können und möchten, stellt sich unserer Einbildungskraft außer uns und in der Zukunft dar; wir fühlen eine Sehnsucht nach dem, was wir schon im Stillen besitzen. So verwandelt ein leidenschaftliches Vorausergreifen das wahrhaft Mögliche in ein erträumtes Wirkliche. Liegt nun eine solche Richtung entschieden in unserer Natur, so wird mit jedem Schritt unserer Entwickelung ein Teil des ersten Wunsches erfüllt, bei günstigen Umständen auf dem geraden Wege, bei ungünstigen auf einem Umwege, von dem wir immer wieder nach jenem einlenken. So sieht man Menschen durch Beharrlichkeit zu irdischen Gütern gelangen, sie umgeben sich mit Reichtum, Glanz und äußerer Ehre. Andere streben noch sicherer

Faust hat ein so hohes Maß an Autonomie gewonnen, daß er sein Dasein mittels Antizipation zu einem Ganzen runden kann. Gewiß verkennt er die Wirklichkeit des Schaufelgeklappers, den Betrugsversuch Mephistos. Aber was tut das zur Sache? Er stirbt nun seinen eigenen Tod, nicht als Ausbruch ins ‚Freie‘, wie er das einst in der Osternacht beabsichtigt hatte, sondern als Vollendung seines Lebens zu einem Ganzen. Auf überraschende Weise mündet das Leben des monumentalen Ich in ein Todesideal des alten Testaments: Faust stirbt wie die Patriarchen der Bibel „alt und Lebens satt“[24].

In der Wette, der Rahmenwette wie der Binnenwette, stand zur Frage, ob der Mensch ein „verpfuschtes Geschöpf“,[25] Irrläufer der Schöpfung sei, oder ob er in dieser Welt zur Vollendung gelangen kann. Hier ist Goethes Antwort. Am Exempel Faust ist sie demonstriert. Faust kann hier durchaus als ‚Menschheitsrepräsentant‘ gedeutet werden, allerdings auf eine sehr besondere Weise. Repräsentativität ist unter den Bedingungen der modernen Individualität etwas anderes als die Steigerung anerkannter Eigenschaften zum Helden oder zum Heiligen (oder die gerechte Bestrafung des Lasters). Wenn heute noch versucht wird, eine „Entscheidung über die positive oder negative Beispielhaftigkeit von Fausts Lebenslauf für uns alle“ herbeizuführen,[26] hat das fast etwas Rührendes. Das Vorhaben muß scheitern, weil seit 250 Jahren Literatur, jedenfalls die anspruchvollere, nicht mehr der Illustration moralischer Lehrsätze dient, sondern als ein Organon fungiert, mittels dessen die Aporien der modernen Individualität bearbeitet werden. Allgemeinheit kann die Darstellung gleichwohl beanspruchen. Aber diese Allgemeinheit kann nicht darin bestehen, daß ein vorbildlicher Lebenslauf dargestellt wird, dem es nachzueifern gilt (oder ein Gemälde der Abschreckung, das in der Tat dann mit der *Bergschluchten*-Szene nicht mehr in Einklang zu bringen wäre). Das Allgemeine des modernen Subjektentwurfes ist die Besonderheit des je Individuellen. Oft genug ist betont worden, daß von der Charakterzeichnung der Faust-Figur zu dem auf Ausgleich und seelische Diätetik achtenden Naturell Goethes kaum eine Brücke herzustellen ist, und ebenso nicht zur gleichzeitigen poetischen Welt von *Wilhelm Meisters Wanderjahren*. Das Potential einer Verweisung ins Allgemeine erhält das Faustschicksal gerade dadurch, daß die andersartig *besondere* Figur Faust mit ihren andersartig besonderen Unzulänglichkeiten ihr andersartig besonderes Telos findet. Eine Figur mit extremen Eigenschaften kann am ehesten zum symbolisch-‚eminenten‘ Fall für die Besonderheit werden.

Kein Zweifel, Goethe verstößt gegen das Prinzip der poetischen Gerechtigkeit. Im mythologischen Kontext der letzten Szene offeriert er zwar dann die Kategorien von ‚Gnade‘ und ‚Liebe‘, die an eine hereinschwebende Dea ex machina geknüpft werden, aber der Verstoß wird dadurch nicht behoben, sondern das Überwechseln in die synkretistische religöse

nach geistigen Vorteilen, erwerben sich eine klare Übersicht der Dinge, eine Beruhigung des Gemüts und eine Sicherheit für die Gegenwart und Zukunft.“

24 z. B. 1. Mose 25,8 (Abraham), 1. Mose 35,29 (Isaak); hier im engeren Sinne einschlägig ist das Buch Hiob (42,17): „Und Hiob starb alt und lebenssatt.“

25 So die Formulierung in einem der nachgelassenen *Venezianischen Epigramme*. (FA I, 1, S. 468).

26 Rolf Christian Zimmermann: *Goethes Humanität und Fausts Apotheose*. In: GJb 115 (1998), S. 125–146, hier: S. 136, behauptet, daß Faust „die Gebote der Humanität verhöhnt und mit Füßen getreten“ habe (was so pauschal doch eher falsch ist), und arbeitet sich nun an der Frage ab, wie der Mann schließlich in den Himmel kommen kann. Er findet eine Lösung im Auseinandersortieren von „durchschnittlichen Normalmenschen“, die er im „Höllenrachen“ der *Grablegungs*-Szene enden läßt, und den ‚besonderen‘ Ausnahmemenschen, die der Apotheose gewürdigt werden, und unterstellt diese Unterscheidung Goethe als „Ideologie“. – Der Zugang über den Individualitätsbegriff könnte zur Einsicht führen, daß es

Bildersprache signalisiert einen Ebenenwechsel der Argumentation: Wir befinden uns gar nicht mehr auf der Ebene von Strafe und Belohnung für normenwidriges und normenkonformes Handeln, sondern auf einer tieferen (oder höheren), auf der der Wert oder Sinn des menschlichen Lebens überhaupt abgehandelt wird und auf der es dann heißen kann: „Wie es auch sei, das Leben, es ist gut" (*Der Bräutigam*; FA I, 1, S. 702) – nicht nur das der Heiligen, sondern jedes, auch das Fausts. Oder, wenn das Zitat dadurch überdehnt erscheint, in der heiteren Sprache des *West-östlichen Divans.* Da wünscht der Dichter *Einlaß* ins Paradies, und auf entsprechende Nachfrage nach seinen Verdiensten antwortet er:

Nicht so vieles Federlesen!
Lass mich immer nur herein:
Denn ich bin ein Mensch gewesen
Und das heisst ein Kaempfer seyn. (FA I, 3.1, S. 438)

Und wenn uns die Zumutung beunruhigt, daß derjenige, der eben noch als Zerstörer von Philemon und Baucis gezeigt wurde, gleichwohl das Telos seines Lebens vollendet – daß die Rede eines vom Teufel getäuschten Blinden gleichwohl testamentarischen Rang besitzt – daß die Fundamentalqualitäten des ‚Lebens' und ‚Menschseins' von Kategorien des Erfolgs und Mißerfolgs (lutherisch gesprochen: von den ‚Werken') abgekoppelt werden – dann erfüllt sich in solcher Beunruhigung vielleicht sogar der Sinn von Literatur.

---

sich hier um ein Scheinproblem handelt, weil das ‚Besondere' nicht, wie Zimmermann meint, die ‚Ausnahme', sondern das ‚Normale' ist!

KATHARINA MOMMSEN

Goethes Morgenlandfahrten[1]

Mit Freude komme ich der Aufforderung nach, zur Eröffnung der Ausstellung über *Goethes Morgenlandfahrten*, die uns im Goethe- und Schiller-Archiv bereitet worden ist, zu sprechen, denn diese Ausstellung zeigt uns, wieviel einer der humansten Dichter und Denker Europas von seiner Jugend an bis ins hohe Alter den Kulturen des Morgenlands zu verdanken hatte: den Hebräern, Arabern, Türken, Persern, Indern, Chinesen und andern asiatischen Völkern des Nahen und Fernen Orients.

Die Ausstellung demonstriert, wie Goethe zu den verschiedensten Zeiten seines Lebens Realien, Mythologie und Poesie des Orients in sich aufnahm. Seine ersten „Morgenlandfahrten" machte er bereits als kleiner Junge bei seinen Besuchen der Frankfurter Judengasse, wo er die jiddische Sprechweise erlernte. Er beherrschte das Jiddische in früher Jugend sogar so gut, daß er als Leipziger Student eine jiddische „Predigt" verfaßte, die seine tiefe Einfühlung in ein seit Jahrhunderten unterdrücktes, phantasiebegabtes Volk zeigt, das sich nach Erlösung von seinen Bedrückern sehnt. Wie dieser jiddische Text während der Nazidiktatur auf Insassen des Konzentrationslagers Dachau wirkte, hat ein Überlebender geschildert, der ihn als Beweis dafür ansah, „wie verständnisvoll Goethe den Geisteszustand der Juden studiert und wie gründlich er sich mit den biblischen Erzählungen beschäftigt hat". Durch Goethe fühlten er und seine Mithäftlinge sich in ihrer Menschenwürde und ihrem Lebenswillen gestärkt.[2]

Wie *Dichtung und Wahrheit* bezeugt, setzte Goethe als Knabe bei seinem Vater durch, daß er Hebräisch lernen durfte. Der Hebräischunterricht und sein sehr intensives Studium der Bibel wiederum machten ihn schon als Knaben in den Ländern des Euphrat und Tigris, des Jordan und Nil heimisch, wohin er im Geist mit den Erzvätern zog. Über diese frühe Epoche berichtet das 4. Buch von *Dichtung und Wahrheit*:

> Wenn das Gemisch von Fabel und Geschichte, Mythologie und Religion mich zu verwirren drohte, so flüchtete ich gern nach jenen morgenländischen Gegenden, ich ver-

---

1 Ansprache zur Eröffnung der gleichnamigen Ausstellung im Goethe- und Schiller-Archiv am 26. 5. 1999.

2 Vgl. Nico Rost: *Goethe in Dachau.* Literatur und Wirklichkeit. Aus dem Holländischen übersetzt von Edith Rost-Blumberg. Berlin [o. J.], S. 213 f. – Ebd., S. 215: „Außer Goethe – in dessen *West-östlichem Divan* steht: ‚Erinnern wir uns nun zuerst des israelitischen Volkes in Ägypten, an dessen bedrängter Lage die späteste Nachwelt aufgerufen ist, teilzunehmen' – haben auch Herder und Lessing zu ihrer Zeit die Partei der damals bereits unterdrückten Juden ergriffen [...] Ich glaube, daß sie [die deutschen Schriftsteller von vor 1933] der großen Tradition Reuchlin-Goethe-Lessing-Herder untreu geworden sind."

senkte mich in die ersten Bücher Mosis, und fand mich dort unter den ausgebreiteten Hirtenstämmen zugleich in der größten Einsamkeit und in der größten Gesellschaft.

Die Geschichte Josephs begeisterte den jungen Goethe ganz besonders. Darum ist die Vermutung nicht auszuschließen, daß dieser biblische Joseph, der zum Ratgeber, Minister und mächtigsten Mann nach dem Herrscher wird und als solcher seinem Volk entscheidende Hilfe leistet, eine berufliche Leitfigur für Goethe wurde, als er sich entschloß, an den Weimarer Hof zu gehen. Wie *Dichtung und Wahrheit* versichert, vergegenwärtigte er sich das Leben Josephs in allen Details, um es in seiner ersten größeren Dichtung zu gestalten, dem leider verschollenen *Joseph*-Epos. So viel steht fest: Goethe lebte sich in seiner Jugend aufs intensivste in die Patriarchenwelt des Judentums ein, der gemeinsamen Wurzel von Christentum und Islam. Dies frühe Erlebnis war zutiefst prägend. Von da an bis ans Ende seines Lebens war Goethe ein eifriger Leser von Reisebeschreibungen des Orients, von denen die Ausstellung einige der wesentlichsten, nämlich die von Pietro della Valle, Adam Olearius, Carsten Niebuhr, Tavernier und Chardin zeigt.[3]

Das frühe Studium des Hebräischen führte bereits zur ersten Beschäftigung mit dem Arabischen. Und wie die Bibel Goethes früheste Dichtungen inspirierte, regten ihn bald darauf der Koran und das Leben des Propheten Mohammed zu einem *Mahomet*-Drama an (1772/73), aus dem noch mehrere Szenen und *Mahomets Gesang* erhalten geblieben sind, genug, um zu erkennen, daß sich der junge Dichter für den arabischen Propheten bis zur Identifizierung begeisterte.

Vermutlich schon als Student unter dem Einfluß Herders setzte er sich bereits in Straßburg mit dem Koran auseinander. Goethes Koran-Auszüge und die sehr kritische Rezension von Megerlins damals gerade erschienener Koran-Übersetzung sind wichtige Zeugnisse seines starken Engagements für die islamische Religion in den Jahren 1771/72.

Herder als dem großen Anreger seiner Jugend erweist die Ausstellung gebührende Ehre. Dieser bedeutendste Mentor wußte schon als 25jähriger, „daß es Völker im Orient gebe, von denen man lernen müße, Persien, Aßyrien, Egypten, China, Japan"[4]. Seit der ersten Berührung mit Herder teilte Goethe dessen grundsätzliche Achtung vor jedem Volk dieser Erde und die Bereitschaft zur Wertschätzung auch des ganz Fremdartigen. Beide vergaßen nie, was ihre Bildung anderen Völkern schuldete. Deshalb empfanden sie auch jede Art von patriotischer Aufgeblasenheit als Torheit. Zeit ihres Lebens ließen sie die Häßlichkeiten der Fremdenfeindlichkeit und des Völkerhasses tief unter sich. Statt dessen hofften sie, auch bei ihren Lesern ein Gefühl für die Würde der außereuropäischen Kulturen zu wecken und ihre eigene Weitsicht auf das Publikum zu übertragen. Tatsächlich gaben ihre Hinweise auf den Orient damals entscheidende Anstöße, um die Deutschen aus der provinziellen Enge ihrer Gedankenwelt hinaus zu umfassenderen Vorstellungen von Weltgeschichte und Weltkultur zu führen.

Ein Beispiel von Goethes und Herders gemeinsamer Bewunderung für das Andersartige liefert ihre Beschäftigung mit den früharabischen *Moallakat* im Jahre 1783. Kaum war die englische Übersetzung von William Jones erschienen, da berichtete Goethe schon an Kne-

[3] Vgl. die Abbildungen 9, 10, 11, 12, 15, 17, 18 und 19 im Katalog *Goethes Morgenlandfahrten.* West-östliche Begegnungen. Hrsg. von Jochen Golz. Frankfurt/M. u. Leipzig 1999, S. 159–169.

[4] Vgl. Johann Gottfried Herder: *Journal meiner Reise im Jahr 1769.* Hist.-krit. Ausgabe. Hrsg. von K. Mommsen unter Mitarb. von M. Mommsen u. G. Wackerl. Stuttgart 1976, S. 81.

bel: Diese Beduinengedichte aus vorislamischer Zeit seien „im Ganzen sehr merkwürdig und einzelne allerliebste Stellen drinne. Wir [d. h. Herder und er; d. Vf.] haben uns vorgenommen sie in Gesellschaft zu übersetzen." Ein solches, „allerliebste Stellen" enthaltendes, handschriftliches Blatt von Goethes *Moallakat*-Übersetzung ist in der Ausstellung zu sehen.

Auf die Bedeutung Indiens für Goethe weisen u. a. die früh von ihm gelesenen Reisebeschreibungen und Kompilationen von Sonnerat und Dapper, deren Lektüre noch *Der Gott und die Bajadere* und die *Paria*-Trilogie zu verdanken sind. Goethes Liebe zur indischen Poesie ist hier durch schöne Beispiele seiner Dankbarkeit belegt: so durch die Verse *Zu Howards Ehrengedächtnis*, in denen seine Begeisterung für *Meghaduta* ihren Niederschlag fand, während ihn Kalidasas *Sakuntala* zum *Vorspiel auf dem Theater* im *Faust* inspirierte.

Die hohe Bedeutung Chinas für Goethe spiegelt sich u. a. in der Tagebucheintragung vom 10. 1. 1781: „O Ouen Ouang", die sich auf den von Konfuzius gepriesenen Idealherrscher Wen Wang bezieht, der seine Untertanen zur Tugend erzog. Der Stoßseufzer nach dem legendären chinesischen Idealherrscher und Idealzustand, den Goethe seinem Tagebuch anvertraute, verrät etwas von Goethes Verzweiflung über die Diskrepanz zwischen staatsmännischem Wollen und Vollbringen am Hofe Carl Augusts.[5]

Besonders aufschlußreich für Goethes gründliches Studium Chinas ist eine verblüffende Stelle in der *Italienischen Reise* (Veletri, 22. 2. 1787):

> Ich merkte mir zwei chinesische Tuschkästchen, wo auf den Stücken des einen die ganze Zucht der Seidenwürmer, auf dem andern der Reisbau vorgestellt ist, beides höchst naiv genommen und ausführlich gearbeitet. Das Kästchen, so wie die Einwicklung desselben sind ausnehmend schön [...] Es ist freilich unverantwortlich daß man diesen Schatz so nahe bei Rom hat und denselben nicht öfter besucht.

Ist das nicht unglaublich?! Goethe, angeblich nur Antike und Hochrenaissance suchend und schätzend, bezeichnet es als „unverantwortlich", diese chinesischen Tuschkästchen nicht öfter in dem 40 km von Rom gelegenen Veletri betrachtet zu haben!

Nicht weniger verblüffend ist Goethes Kenntnis des japanischen Kunsthandwerks, auf dessen besondere Schönheiten er im Kriegsjahr 1813 einen jungen österreichischen Offizier aufmerksam machte, den er drei Stunden lang durch die Dresdner königliche Porzellan-Sammlung führte. Dieser berichtete darüber in seinen *Erinnerungen*:

> Goethes Bemerkungen und Vergleiche über Geschmacksbildung, die Formen und Malerei aller außereuropäischen Kunstwerke gegenüber den europäischen sowie insbesondere der japanischen, deren Produkte wir hier bewunderten, waren auch in diesem Fache von gleicher Originalität und Gediegenheit. Ganz richtig entwickelte er ihre Kunstrichtung und Fortschritte aus der eigentümlichen Lebensweise und dem geschichtlichen Gange jedes Volkes oder Stammes sowie der Naturprodukte, womit jedes Land besonders gesegnet war. Die meisten verfolgte er nun stufenweise, einige von Jahrhundert zu Jahrhundert, zeigte hierauf die in jedem derselben entstandenen Erzeugnisse und Meisterstücke, wie sie sich in den einzelnen Kästen gruppierten, und so

---

5 Vgl. Günther Debon: *China zu Gast in Weimar*. 18 Studien und Streiflichter. Heidelberg 1994.

erhielt ich in wenigen Stunden eine Übersicht des Kulturganges dieser Völker, die sich in den vor uns liegenden Gebilden Schritt für Schritt nachwies und ihren Ursprung wie ihre Reihenfolge bekundete.[6]

Diese erstaunliche Überlieferung zeigt Goethes Gesprächsbereitschaft und völlige Offenheit auch dem Fremdesten gegenüber. Sie weist zugleich darauf hin, welche Schätzung und Anerkennung, welches Verständnis und Gespräch der Kulturen daraus entspringen kann. Wenn man bedenkt, daß erst zu Beginn des 20. Jahrhunderts ganz allmählich fremde Kulturen unter ihren eigenen Voraussetzungen betrachtet und vor allem beurteilt wurden, so erkennt man an der Art, wie Goethe hier ostasiatische Kunstschätze erläutert, daß sein Bewußtseinsstand der eigenen Zeit um 100 Jahre voraus war.

Bekannt ist Goethes Dankbarkeit für die heilsame Wirkung, die die Beschäftigung mit China im Kriegsjahr 1813 auf ihn ausübte. Während in der Nähe die Völkerschlacht bei Leipzig tobte, war er eigensinnig aus der politischen Bedrängnis nach China als dem entferntesten Land aufgebrochen. 1827 beschäftigte sich Goethe wiederum intensiv mit China, diesmal speziell mit chinesischer Lyrik, was dazu führte, daß er auf der Grundlage englischer und französischer Übersetzungen als erster europäischer Dichter chinesische Verse adäquat in eine europäische Sprache übertrug. Derselben Lebensphase ist der kostbare Zyklus der *Chinesisch-deutschen Jahres- und Tageszeiten* zu verdanken, in dem Chinesisches und Deutsches untrennbar miteinander verschmelzen, wie im Jahrzehnt zuvor Persisches und Deutsches, im *West-östlichen Divan* zu wunderbarer Einheit verschmolzen, in die Welt getreten waren.

Goethes Interesse für Korea ist gleichfalls bezeugt: 1818 sorgte er für die Anschaffung des ersten, von einem Seefahrer stammenden Berichts über die von Europäern noch unbetretenen Küsten Koreas und las sogleich darin.[7]

Anhand der Beispiele für die Bewunderung, die Goethe den Morgenländern entgegenbrachte und den daraus resultierenden Erkenntnissen und Kreativitäten weist die Ausstellung indirekt darauf hin, wieviel positive Kräfte sich unter glücklichen Umständen entfalten können, wenn man die bequemen Gleise der nationalen Denkungsweise verläßt und sich der Berührung mit dem Andersartigen aussetzt.

Viel zu wenig bekannt ist es bisher, daß Goethe sich außerordentlich intensiv mit der islamischen Geisteswelt auseinandersetzte, ja daß er sich wiederholt zum Islam als einer ihm geistesverwandten Glaubensrichtung bekannte. Auch das wird in der Ausstellung dokumentiert – zum Beispiel durch einen Brief an Trebra vom 5. 1. 1814, in dem Goethe berichtet, daß er an einer muslimischen Andacht teilgenommen habe, die in der Aula des protestantischen Weimarer Gymnasiums für die mit den alliierten Russen gekommenen baschkirischen Truppen stattfand. Goethe berichtet dem alten Freund mit spürbarer Freude,

6 Der Offizier, den Goethe am 11. 8. 1813 in Dresden durch die außereuropäischen Sammlungen führte, war Heinrich Hermann Johann Freiherr von Heß. (*Goethes Gespräche*. Eine Sammlung zeitgenöss. Berichte aus seinem Umgang auf Grund der Ausgabe und des Nachlasses von Flodoard Frhn. von Biedermann ergänzt und hrsg. von Wolfgang Herwig. Bd. 2. Zürich 1969, S. 829 f., Nr. 3735).

7 Tagebuch, 7. 7. 1818: „Hall Reise nach der Westküste von Corea"; vgl. *Goethe als Benutzer der Weimarer Bibliothek*. Ein Verzeichnis der von ihm entliehenen Werke. Bearb. Von Elise von Keudell, hrsg. von Werner Deetjen. Weimar 1931, Nr. 1148: Basil Hall: *Account of a voyage of discovery to the west-coast of Corea and the great Loo-Choo Island*. London 1818. – Am 15. 7. 1827 vermerkt Goethe im Tagebuch: „die Nachricht über die Koreischen [...] Bergwerke in dem British Chronicle."

er habe bei dem islamischen Gottesdienst den Mulla geschaut und die Suren des Korans hermurmeln hören. Anschließend beschäftigte sich der Dichter erneut mit dem Koran. Seinen Sohn ließ er am 17. 1. 1814 brieflich wissen, daß sich einige der Weimarer religiösen Damen von der Bibliothek Übersetzungen des Korans entliehen hätten. Goethe begann kurz nach seiner Teilnahme an dem islamischen Gottesdienst baschkirischer Truppen seinen *West-östlichen Divan* zu dichten, das Werk, in dem tiefer Respekt gegenüber dem Koran und dem Propheten Mohammed und große Liebe zu den persischen, arabischen und türkischen Dichtern zum Ausdruck kommt.

Warum Goethe 1814 im Geist nach dem Morgenland aufbrach, verrät das Eröffnungsgedicht *Hegire*. Er hatte dabei nichts Geringeres im Sinn, als mit Gottes Hilfe der „Zersplitterung" von Nord, Süd und West, dem „Bersten" der Throne, dem „Zittern" der Reiche entgegenzuwirken. Das war die tiefste Absicht des Buches. Und nur von daher wird der Gedichttitel *Hegire* voll verständlich, der Goethes imaginäre Flucht ins Morgenland ausdrücklich mit der Hedschra des Propheten Mohammed von Mekka nach Medina in Bezug setzt, d. h. mit dem Beginn einer neuen Weltreligion – die eben keine Welt-Religion ist, sondern nur einen Teil, nämlich den Osten, ergriff.

Mit der Hedschra des Propheten im Jahre 622 beginnt die Zeitrechnung der muslimischen Völker. Alles Vorhergehende gilt ihnen als „Zeit der Unwissenheit", während die Abendländer den entscheidenden Einschnitt ihrer Zeitrechnung mit dem Erscheinen von Jesus Christus setzen. Die Reinschrift des Gedichts *Hegire* verrät nun etwas sehr Bemerkenswertes, was im gedruckten *Divan* nicht mehr vor Augen steht: Sie ist datiert auf den 24. 12. 1814, wurde also gedichtet am Tage, an dem die westliche Welt die Geburt des Erlösers feiert. Indem nun Goethe dies am Tage der Geburt Christi geschaffene Eingangsgedicht *Hegire* betitelt, verbindet er in seiner Poesie die Religionsstifter der morgenländischen und der abendländischen Welt zu neuer Einheit. Das Gedicht verrät auch, daß Goethe sich zu seiner „Hegire" durch eine Stimme aufgerufen fühlte, die ihm das „Flüchte du" zurief, so wie vormals eine höhere Stimme dem Propheten Mohammed den Koran diktierte und ihm gebot, von Mekka nach Medina aufzubrechen, um seine Mission zu erfüllen. Goethes Fluchtpunkt ist der „reine Osten", d. h. der Orient der Patriarchen, Propheten und Dichter, welche „noch von Gott empfingen / Himmelslehr' in Erdesprachen". Auch Goethes *Divan* verkündet „Himmelslehr' in Erdesprachen". In ihm tritt Morgenländisches und Abendländisches in untrennbarer Verbundenheit auf: Hebräisches, Persisches, Arabisches, Türkisches, Asiatisches, Nordafrikanisches, Jüdisches, Christliches, Islamisches, Deutsches, Europäisches sind im *West-östlichen Divan* zu wunderbarer Einheit verschmolzen. Von daher wird auch der Gesamttitel erst eigentlich verständlich, denn „Divan" heißt ja „Versammlung". Goethes *Divan* ist in der Tat eine friedliche Versammlung der allerverschiedensten Geister. Indem Goethe hier Orient und Okzident zusammenführte, wollte er der Welt eine neue geistige Basis geben. Das ist der tiefste Sinn dieses Buches.

Goethes *Divan*-Erlebnis bestand ja darin, daß er durch den *Diwan* des Persers Hafis wieder von der höheren Macht und Wahrheit der Poesie überwältigt wurde und sich selbst als Gefäß der Wahrheit erkannte. Ein solches Bewußtsein war in der Menschheitsgeschichte immer die Voraussetzung großer Poesie.

Ich weiß, dergleichen heute auszusprechen, grenzt an Narrheit. Für die meisten Leser und auch die Fachleute ist der *West-östliche Divan* ein Text, den sie wie jeden andern Text behandeln. Goethe selbst hat den Charakter der Heiligkeit seiner Worte so verborgen, daß er nur denen, die er im *Buch des Sängers* die „Weisen" nennt, d. h. den Ehrfürchtigen und

Frommen, offenbar wird.[8] Diese Heiligkeit ist in jedem *Divan*-Vers zugleich da und verborgen. Und eben dies ist das Werk der Kunst: offenbar zu machen und zu verschleiern. Deswegen schweben diese Verse „immer leise klopfend“ vor „des Paradieses Pforte“, wie das *Hegire*-Gedicht andeutet. Erst wenn man sich auf den Boden des ungeheuren Anspruchs stellt, den das Buch an sich selber macht, wird man seiner Herrlichkeit gewahr. Denn dann wird jedes Wort „wichtig“, was ja auch gewichtig bedeutet.

Auf die Quintessenz des *West-östlichen Divans* deutet schon der erste der *Talismane*, die Goethe im ganzen Werk „zerstreut“ hat:

Gottes ist der Orient!
Gottes ist der Occident!
Nord und südliches Gelände
Ruht im Frieden Seiner Hände

Daß der Dichter auf diese Verse besonderen Wert legte, zeigt der Schönschriftcharakter der in der Ausstellung gezeigten Handschriften. Der Spruch besteht zur einen Hälfte aus Worten des Koran und zur andern aus Goethes eigenen Worten. Dadurch wird dieser Spruch selbst ein höchstes Symbol des „Friedens Seiner Hände“ im Raum der Poesie. Indem Goethe das Wort „Gott“ in einem Koran-Zitat verwendet, behandelt er die humane Würde beider Religionen als gleichrangig und spricht symbolisch die Identität der Gottesvorstellung in beiden Religionen aus. Dadurch werden die Unterschiede zwischen den Religionen auf die unterschiedlichen Lebens- und Geistesbedingungen zurückgeführt und somit verständlich gemacht. Hier wandelt Goethe völlig auf den Spuren Lessings, über dessen *Nathan der Weise*, den in dieser Hinsicht bedeutendsten Vorläufer des *West-östlichen Divans*, er sich folgendermaßen äußerte: „Möge doch das darin ausgesprochene göttliche Duldungs- und Schonungsgefühl der Nation heilig und wert bleiben.“[9]

Der Spruch „Gottes ist der Orient / Gottes ist der Occident“ macht begreiflich: Vor Gott ist die Welt nicht in Orient und Occident, in nördliches und südliches Gelände abgeteilt, vor seinem Auge sind der ganze Osten und der ganze Westen, sind alle Länder des Nordens und Südens der Erde eins; der gesamte Globus ruht „im Frieden Seiner Hände“. So hebt dieser Spruch die von den Menschen willkürlich geübten Unterscheidungen wieder auf; Goethe beschwört die getrennte Einheit der Welt und stellt sie durch Sprachmagie wieder her. Beim Betrachten der Handschriften des *Talismans*, in denen der Dichter im Namen Gottes den Orient mit dem Occident, den Norden mit dem Süden vereint, kann man das sprachliche Wunder erleben, daß die Einheit von Orient und Occident, jenseits des nur intellektuellen Verstehens, visuell und akustisch unmittelbar sinnlich erfahrbar wird. Zugleich wird beim Gewahrwerden der Einheit des bisher Getrennten der Frieden spürbar, der aus dem Bewu(tsein der Einheit erwächst, wie sie Goethes Bild der „im Frieden Seiner Hände“ ruhenden Erdkugel beschwört. Darin liegt gewiß der tiefste Sinn des ganzen Gedichtes, ja des gesamten *West-östlichen Divans.*

Dem heutigen Menschen fällt es unsäglich schwer, einen solchen Anspruch, wie ihn der *Divan*-Dichter insgeheim stellt, anzuerkennen und infolgedessen auch nur wahrzunehmen. Man erschrickt zunächst, wenn man einem Selbstbewußtsein dieser Größenordnung be-

8 „Sagt es niemand nur den Weisen“, lautet das Gebot, unter dem der „Sänger“ steht (*Selige Sehnsucht*).
9 *Über das deutsche Theater* (WA I, 40, S. 91).

gegnet. Und genau deshalb wurde vom *West-östlichen Divan* bisher so wenig erkannt. Welche Kühnheit in diesem *Divan* lag, hat man sich bis heute kaum klargemacht. Dies Werk war seiner Zeit so weit voraus, daß es zunächst nur auf wenige Leser wahrhaft inspirierend wirkte, so auf Rückert, Platen, Hegel, Heine und Mörike, während das breite deutsche Publikum es ignorierte, nicht verstand oder nicht verstehen wollte. Dabei enthielt das Schlußgedicht den Wunsch: „Nun so legt euch, liebe Lieder / An den Busen meinem Volke", womit der Dichter auch ausdrücken wollte: Möge das in diesem Buch ausgesprochene göttliche Duldungs- und Schonungsgefühl dem Volk der Deutschen heilig und wert bleiben. (Wie weit sich Goethes liebe Landsleute davon entfernt haben, ist allerdings in jenen grauenvollen zwölf Jahren zutage getreten.)

Goethes ehrliches Bemühen um ein besseres Verständnis für andersartige Kulturen war zu seiner Zeit noch etwas recht Ungewöhnliches, obwohl die Epoche der Aufklärung mit ihren Aufrufen zur Toleranz vorausgegangen war. Selbst heute noch ist solche unvoreingenommene Aufgeschlossenheit nichts Selbstverständliches. Besonders in Deutschland. Im nordamerikanischen Schmelztiegel ist es schon ein bißchen anders: So besitzt z. B. die kalifornische Universität Stanford, der ich seit 25 Jahren angehöre, im Zentrum des Campus eine nach italienischen Mustern gebaute Kirche, in der sämtliche Religionsgemeinschaften, denen unsere Studenten angehören, Gastrecht haben, so daß dort protestantische und katholische, jüdische und muslimische, buddhistische und noch andere Gottesdienste abgehalten werden. An bestimmten Tagen des Jahres werden sogar Andachten von den Geistlichen aller Glaubensrichtungen gemeinsam durchgeführt – ein für viele Teilnehmer bewegendes Erlebnis.

Doch zurück zu Goethes imaginären Morgenlandfahrten! Indirekt weist die Ausstellung anhand vieler Beispiele für die Bewunderung, die Goethe den Morgenländern entgegenbrachte, und den daraus resultierenden Erkenntnissen und Kreativitäten darauf hin, wieviel positive Kräfte sich unter glücklichen Umständen entfalten können, wenn man die bequemen Gleise der nationalen Denkungsweise verläßt und sich der Berührung mit dem Andersartigen aussetzt.

Was der *West-östliche Divan* Goethes Begegnungen mit Hebräern, Persern, Arabern, Türken, Kaukasusbewohnern etc. verdankte, und wie der Dichter sich mit allen produktiv auseinandersetzte, kann hier nur angedeutet werden. Hinlänglich bekannt ist wohl nur das Beispiel, wie Goethe sich durch das Erlebnis des Hafis „verjüngte" und von neuem schöpferisch wurde. Doch wirkten noch unzählige andere Begegnungen mit Gestalten aus dem Morgenland ähnlich inspirierend auf den *Divan*-Dichter. Das gilt sogar für das durch Marianne Willemer angeregte *Buch Suleika*. Selbst dies allerpersönlichste der zwölf *Divan*-Bücher versammelt viele morgenländische Geister: außer der Ägypterin Suleika und den Arabern Hatemtai und Abu-Ismaël Tograï, die als Namenspatrone auftauchen, zugleich Jussuph, den biblischen Joseph in seiner Jugendschönheit. Doch auch der weise Salomon und die Königin von Saba werden beschworen. Der Perser Ferdusi, der Araber Motanabbi und ein Rabbi tauchen miteinander in ein- und demselben Gedicht auf. Abbas der Große und Alexander der Große sind präsent, wenn Suleika Hatems Haupt mit dem Turban umwindet; der Sassanidenherrscher Behramgur und seine Geliebte Dilaram erscheinen am fernen Horizont als liebendes Paar, das die Reimkunst erfand. Selbst der Eroberer Timur fehlt nicht als Repräsentant immer gegenwärtiger politischer und kriegerischer Bedrohung. Koran und Bibel, persische, arabische und türkische Dichter trugen zum *Buch Suleika* bei; Sultan Selim I. schenkte ihm sein Motto: „Ich gedachte in der Nacht / Daß ich den Mond sähe im Schlaf; / Als ich aber erwachte / Ging unvermutet die Sonne auf."

Ähnliches wie im *Buch Suleika* vollzog sich in allen zwölf *Divan*-Büchern. Denn Goethe lebte wirklich mit allen diesen Gestalten des Morgenlandes, die sein *Divan* versammelt. Mit nicht wenigen von ihnen fühlte er sich brüderlich verwandt. So mit dem Araber Abu-Ismaël Tograï, der wie er selber ein hoher Staatsbeamter war und den er wegen seiner großen Lebenserfahrung als „den reichlichst Lebenden" pries. Unter den türkischen Dichtern zog ihn besonders der im 16. Jahrhundert lebende Mir Sidi Aly an, der sich als Schriftsteller Kjatibi Rumi nannte. Er war am Hofe Sultan Solimans II. als Staatsmann, hoher Beamter, gewandter Diplomat und Mann der Wissenschaften tätig. Darüber hinaus war er ein tapferer Krieger und Seeheld, der als Admiral der osmanischen Flotte in Ägypten Ruhm erwarb. Dieser imponierende „nach Indien verschlagene osmanische Staatsmann und Dichter" regte Goethe zu nicht weniger als neun *Divan*-Gedichten an.[10] Die Ausstellung zeigt ein interessantes Blatt mit Goethes Lektürenotizen aus den *Reisebeschreibungen des Admirals Kjatibi Rumi zu Wasser und zu Lande*, ein Blatt, das auch türkisch-arabische Schreibversuche Goethes vom 27.1.1816 enthält. Was dem *Divan*-Dichter besonders an Kjatibi Rumi gefiel, war die geistreiche Art, mit der dieser Muslim sich gegen die Übermacht bedrohlich fanatischer Sektierer, die es auch damals im islamischen Bereich gab, erfolgreich zur Wehr setzte.

Durch Goethes Begeisterung für hebräische, persische, arabische und türkische Dichter und deren stimulierende Wirkung auf die *Divan*-Dichtung erschließen sich auch uns neue Welten und nie vorher wahrgenommene Schönheiten. Kann man ein Volk, eine Sprache verachten, geringschätzen, das solche Dichter hervorgebracht hat? Und wenn das so ist, ist nicht die Liebe zur Poesie der Völker der schönste Schlüssel, um das Tor des Friedens aufzuschließen?

Gibt es praktische Lehren, die wir Heutigen aus Goethes „Morgenlandfahrten" für unser Jetzt und Hier ziehen können? Tatsächlich hält er manchen guten Rat zur Bewältigung noch ungelöster aktueller Probleme bereit. Leider ist es noch nicht ins allgemeine Bewußtsein der Deutschen gedrungen, wie stark Goethe mit dem Islam sympathisierte. Sonst würden die erst vor kurzem zu einem vorläufigen Abschluß gelangten Debatten über das Ausländerrecht, die doppelte Staatsbürgerschaft, die Möglichkeiten eines islamischen Religionsunterrichtes an deutschen Schulen und überhaupt die Frage der Integration von Ausländern – insbesondere der in diesem Lande geborenen Türken – nicht so viel Unruhe erregt haben. Dort tauchte immer wieder das Argument auf, daß die in Deutschland geborenen Muslime sich schon deswegen nicht integrieren könnten, weil ihre fremdartige Religion keine Integration zuließe. Dazu muß man leider sagen: Ähnlich wurde schon im 19. Jahrhundert gegen die deutschen Juden argumentiert. Die Argumentation erinnert sogar fatal an die einst von den Deutschtümlern und dann den Völkischen gegen die Emanzipation der Juden vorgebrachten Polemiken.

Bei den vielen Debatten über die Integration von Ausländern in Deutschland, von denen ja viele Muslime sind, schwingt im Hintergrund immer heimlich die Frage mit, ob sie aufgrund ihrer Religion wirklich je Deutsche werden können. Deshalb wäre zu wünschen, daß man den Spießbürgern entgegenhielte: Ihr kennt eure eigenen Klassiker nicht! Der größte deutsche Dichter hat sich mehrmals zum Islam, aber nie zur Deutschtümelei bekannt. Bei solcher Gelegenheit könnte man auch aus dem *Buch der Sprüche* zitieren:

---

[10] Vgl. die darauf bezüglichen Partien in: Katharina Mommsen: *Goethe und Diez.* Quellenuntersuchungen zu Gedichten der *Divan*-Epoche. Bern 1995, S. 181–221 und 343–347.

Närrisch daß jeder in seinem Falle
Seine besondere Meinung preist!
Wenn Islam Gott ergeben heißt,
Im Islam leben und sterben wir alle.

Wer mit blutsmäßiger Zugehörigkeit und Deutschstämmigkeit argumentiert, um in Deutschland geborenen Türken die Zugehörigkeit abzusprechen, dem sei entgegengehalten, daß auch in Goethes Adern möglicherweise ein Tropfen Türkenblut floß, worauf ebenso der Name *Soldan* unter seinen mütterlichen Vorfahren wie seine mediterranen Gesichtszüge, Augen und Hautfarbe hindeuten könnten.

Bei Goethes Neigung zum Islam spielten die Werte der Toleranz, die er selber im Koran erkannte, eine wichtige Rolle. „Es sei kein Zwang im Glauben", lautet Vers 257 der von Goethe besonders geschätzten 2. Sure des Korans.[11] Leider scheint der heutige „Polit-Islam" diese Koran-Botschaft der Toleranz ganz zu vergessen. Für Goethe war Toleranz ein Wert besonderer Art: Er sah sie als einen Übergangszustand an, der zur Anerkennung des Andersartigen hinzuleiten vermag.

Zu dem hier über Goethes Verhältnis zum Islam Gesagten möchte ich, um keine Verwechslungen aufkommen zu lassen, klarstellen, daß ich damit nicht der in Weimar gebildeten, leicht versponnenen islamischen Sektierergruppe das Wort reden möchte, die über den toten Goethe eine *Fetwa* ausgegeben hat, worin dem Dichter nachträglich der Beiname *Mohammed* zugelegt wird. Das ist leider eine Beschlagnahme Goethes durch Islamisten, die insofern gar kein Recht haben, sich auf ihn zu berufen, als sie ein dem seinen völlig entgegengesetztes monolithisches und totalitäres Islambild vertreten. Goethe hingegen hat sich mit der Unvoreingenommenheit und Neugier eines Neulings mit allen Glaubensrichtungen des Islam auseinandergesetzt, d. h. mit seiner historischen Vielfalt und dem Reichtum der islamischen Geisteswelt, einschließlich seiner frühen aufklärerischen Bewegungen. Und darin hat er manches gefunden, das seinem eigenen Fühlen und Denken verwandt war, während heutzutage die meisten Deutschen den Islam nur in seiner fundamentalistischen Verzerrung wahrzunehmen bereit sind.

Goethes Studium orientalischer Kulturen trug entscheidend dazu bei, daß er in hohem Alter den Begriff der „Weltliteratur" in die Geistesgeschichte einführte – und damit zugleich ein Programm der gegenseitigen Achtung und Duldsamkeit. Er war Realist genug, um zu wissen, daß es nicht darum gehen könne, daß die Nationen „überein denken". Ja, er fand dies nicht einmal wünschenswert, sondern rief dazu auf, sich der Vielfältigkeit zu erfreuen, die sich in der Poesie der Völker widerspiegelt. Goethes Hoffnung war jedoch, daß, zugleich mit der immer leichteren Kommunikation, die Völker einander auch durch ihre literarischen Werke mehr kennenlernen könnten. Dies genauere Kennenlernen würde gewiß zu besserem gegenseitigen Verständnis führen, so daß, selbst wenn man sich wechselseitig nicht zu lieben vermöchte, man doch wenigstens einander achten und dulden könne. Es ging Goethe also bei seiner Konzeption von Weltliteratur nicht zuletzt um Förderung humaner, friedfertiger Gesinnungen. In diesem Sinne war er als Dichter der Deutschen darum bemüht, seinen Landsleuten die Morgenländer näherzubringen.

---

11 Daß diese vom Koran empfohlene Toleranz nicht aus Gleichgültigkeit, sondern aus Selbstgewißheit herrührt, zeigt die Fortsetzung des Verses: „Klar ist nunmehr unterschieden das Rechte vom Irrtum". Für diesen und manchen anderen Hinweis im Zusammenhang der heutigen Islam-Debatten in Deutschland bin ich Peter Anton von Arnim zu Dank verpflichtet.

Goethe setzte sich stets der „Grille“, wie er es nannte, entgegen, „die den Deutschen vernichten will, indem sie ihn auf sich selbst zurückweist“, so wie er auch all „denen, die im Ausland sich ein Vaterland begründen“, gewünscht hat, sie sollten sich „an fremden Vortrefflichkeiten der Zustände, Gegenstände und Sitten auferbauen“[12].

Alle Nationen brauchen prophetische, vom Geist inspirierte Dichter und Denker, einsichtsvolle Vermittler und kundige Übersetzer, um die fremden Völker, die von andersartigen Sitten, Grundsätzen und religiösen Überlieferungen geprägt sind, nach Verdienst schätzen zu lernen und, wenn es denn schon kein Anerkennen gibt, wenigstens einander gelten zu lassen. Möge diese Ausstellung das, was Goethe mit seiner Vorstellung von „Weltliteratur“ herbeisehnte, befördern helfen! Heute gilt es, den in Deutschland lebenden Türken, Kurden, Arabern, Persern, wie auch den Ostasiaten die gebotene Achtung entgegenzubringen und nicht zuzulassen, wenn Fremdartiges in den Schulen diffamiert wird, die Muslime und der Islam in den Medien verleumdet werden. Schließlich lautet § 1 des Grundgesetzes nicht einschränkend: „Die Würde des Deutschen ist unantastbar“, sondern „Die Würde des Menschen ist unantastbar.“

Meines Erachtens wäre es der schönste Erfolg dieser Ausstellung, wenn sie nicht nur exotischen Reiz ausübte und den aus historischem oder persönlichem Interesse Angelockten zu bloßer Unterhaltung diente, sondern zur Verbreitung von Goethes Überzeugungen beitrüge und Besucher veranlaßte, sich in der konfliktreichen Welt, in der wir leben, stärker für Goethes Botschaften, als es bisher geschah, einzusetzen.

In dieser Hoffnung möchte ich mit Versen schließen, die, kurz nachdem Goethe der muslimischen Andacht beigewohnt hatte, für eine Weimarer Festlichkeit zu Ehren russischer Gäste entstanden. Ihr optimistischer Klang erscheint mir nicht unpassend zur Eröffnung dieser Ausstellung über „Goethes Morgenlandfahrten“:

Von Osten will das holde Licht
Nun glänzend uns vereinen,
Und schön're Stunden fänd' es nicht
Als diesem Tag zu scheinen.

---

12 An Barthold Georg Niebuhr, 7. 6. 1807.

GÜNTER NIGGL

Das Problem der morphologischen Lebensdeutung in Goethes „Dichtung und Wahrheit" *

Als Goethe *Dichtung und Wahrheit*[1] konzipierte, hatte er den Plan, das eigene Leben im Sinne der Morphologie nach den Gesetzen der pflanzlichen Metamorphose darzustellen. In einem Juni/Juli 1813 geschriebenen, aber ungedruckt gebliebenen Vorwort zum Dritten Teil seiner Autobiographie hat er diesen ursprünglichen Plan im nachhinein bestätigt:

> Ehe ich diese nunmehr vorliegenden drey Bände zu schreiben anfing, dachte ich sie nach jenen Gesetzen zu bilden, wovon uns die Metamorphose der Pflanzen belehrt. In dem ersten sollte das Kind nach allen Seiten zarte Wurzeln treiben und nur wenig Keimblätter entwikeln. In zweyten der Knabe mit lebhafterem Grün stufenweis manigfaltiger gebildete Zweige treiben, und dieser belebte Stengel sollte nun im dritten Bande ähren- und rispenweis zur Blüte hineilen und den hoffnungsvollen Jüngling darstellen. (AkA 2, S. 581 [Plp. 122])[2]

Die Metaphorik dieser Sätze lebt von der rundum positiven Vorstellung, daß sich der Mensch in einer naturgesetzlichen Stufenfolge entfalte, seine Anlagen und Fähigkeiten fast im evolutionistischen Sinne unaufhaltsam ausgewickelt werden.

Dieses Bild einer „hoffnungsvollen" Entwicklung hat Goethe zumindest in den beiden ersten Teilen von *Dichtung und Wahrheit* auch darstellerisch zu verwirklichen gesucht. So läßt er bestimmte Themen seiner Bildungsgeschichte – die Beschäftigung mit Poesie und die Erfahrung eines Publikums, das Verhältnis zum Theater, zeichnerische Bemühungen, Bibelkritik, die Begegnung mit religiösen Strömungen der Zeit – auf den verschiedenen Altersstufen wiederkehren und zeichnet dabei durch das je vertiefte Interesse und Aufnahmevermögen des Ich eine Art Spiralbewegung, die die frühen Stufen als Vorankündigungen, die späteren als deren gesteigerte Wiederaufnahmen erscheinen lassen. Dieses Aufbauprinzip hat Goethe schon kurz nach dem Erscheinen des Ersten Teils angekündigt, wenn er in

---

* Vortrag, gehalten am 31. 3. 1999 im Rahmen des Kolloquiums „Alles Vereinzelte ist verwerflich" der Universität Sorbonne (Paris IV) aus Anlaß von Goethes 250. Geburtstag; in französischer Sprache demnächst bei Klincksieck.

1 Zitate nach WA; gelegentlich wird zitiert nach: Goethe: *Aus meinem Leben. Dichtung und Wahrheit.* Historisch-kritische Ausgabe, bearbeitet von Siegfried Scheibe. Bd. 1: Text; Bd. 2: Überlieferung, Variantenverzeichnis und Paralipomena. Berlin: Akademie-Verlag 1970 und 1974 (= AkA).

2 Vgl. WA I, 28, S. 356. – Zur Datierung vgl. AkA 2, S. 145: „zwischen dem 3. Juni und dem 20. Juli 1813 [...] entstanden."

einem Dankesbrief an den Rezensenten Johann Friedrich Rochlitz vom 30. 1. 1812 versichert, „der erste Theil sey mit Bewußtseyn und mit Absicht geschrieben, und enthalte auch nicht das kleinste geringfügig scheinende, was nicht künftig einmal nach seinem Geschlecht und Art in Blüthe und Frucht hervortreten soll" (WA IV, 22, S. 252).

Die Pflanzenmetaphorik gebraucht Goethe gelegentlich auch in *Dichtung und Wahrheit* selbst, wenn er etwa eine Lebenskrise als Übergangsphase illustrieren will. So spricht er einmal in der Mitte des 6. Buches davon, daß durch den Verlust Gretchens „der Knaben- und Jünglingspflanze das Herz ausgebrochen [war]; sie brauchte Zeit, um an den Seiten wieder auszuschlagen und den ersten Schaden durch neues Wachsthum zu überwinden" (WA I, 27, S. 40). Diese Stelle zeigt zugleich, daß Goethes Metamorphose-Begriff nicht nur von der Theorie der Evolution, sondern ebenso stark von der der Epigenese bestimmt ist[3], wonach eine innere Formkraft das Lebewesen befähigt, sich nicht nur artgemäß zu entwickeln, sondern auch auf äußere Einflüsse fördernder oder hindernder, ja schädigender Art sich durch Anpassung, Abweichung und Restitution zu behaupten.

Neben dieser positiven Reaktionsfähigkeit hat Goethe schon früh auch die Gefahr einer negativen Entwicklung des Lebewesens gesehen. Schon in den Vorüberlegungen zur eigenen Biographie, nämlich in einer Tagebuchnotiz vom 18. 5. 1810, die ein Gespräch mit Riemer über „Biographica und Aesthetica" resümiert, unterscheidet er bei den Folgen äußerer Einwirkungen zwischen häufigen „physiologisch-pathologischen" Retardationen und solchen, die „einen morbosen Zustand hervorbringen und durch eine umgekehrte Reihe von Metamorphosen das Wesen umbringen" (AkA 2, S. 477 [Plp. 7]; vgl. WA III, 4, S. 121). Diese wichtige Unterscheidung zwischen einer am Ende erfolgreichen „pathologischen" Auseinandersetzung des Lebewesens mit der Außenwelt und der Gefahr eines Untergangs in den zuletzt tödlichen „morbosen" Zustand führt im Tagebuch zu einer unmittelbar anschließenden Bemerkung, die einen bestimmten autobiographischen Typ mit der zweiten, negativen Entwicklungslinie verbindet:

> Jeder der eine Confession schreibt ist in einem gefährlichen Falle, lamentabel zu werden; weil man nur das Morbose, das sündige bekennt, und niemals seine Tugenden beichten soll. (ebd.)

Von solchen programmatischen Überlegungen her ist es verständlich, daß Goethe in *Dichtung und Wahrheit* mit seelen- und gewissenserforschenden Selbstbekenntnissen äußerst zurückhaltend ist und in bewußter Distanz zu Rousseau seiner Autobiographie den an Cardano und Montaigne anknüpfenden[4] positiven Bekenntnischarakter verleiht, indem er statt Sünden- und Schuldgefühlen die eigenen Interessen, Tätigkeiten und Erfolge „mit Behaglichkeit" erzählt (WA I, 40, S. 365)[5]. Denn diese extravertierte Perspektive ermöglicht

---

[3] Daß für Goethe beide Theorien kompatibel sind und er sie deshalb wahlweise zur Erklärung der Phänomene benutzen will, hat er selbst bezeugt: „So werde ich die Vorstellungsart der Evolutionisten so gut als der Epigenesisten, die bestimmte sowohl als die freiere Zeugung, [...] bloß als Wort und Mittel brauchen, je nachdem ich mich besser dadurch zu erklären denke"; WA II, 7, S. 8: *Vorarbeiten zur Morphologie*; geschrieben 1788.

[4] WA II, 3, S. 219: *Materialien zur Geschichte der Farbenlehre*. 3. Abteilung: 16. Jahrhundert, Abschnitt *Hieronymus Cardanus*; geschrieben 1809.

[5] Rezension über: *Bildnisse jetzt lebender Berliner Gelehrten, mit ihren Selbstbiographien*, hrsg. von S. M. Lowe. Berlin 1806. In: Jenaische Allgemeine Literatur-Zeitung 1806, Nr. 48 vom 26.2.

die bald darauf (1811) im Vorwort zum Ersten Teil von *Dichtung und Wahrheit* (WA I, 26, S. 7 f.) angekündigte und dann auch das ganze Werk kennzeichnende Darstellung eines empfangend-antwortenden Doppelaustauschs von Ich und Welt, der den Blick auf morbose Zustände vermeiden hilft und daher um so leichter die Entwicklung des Individuums im Bilde einer fruchtbaren Metamorphose epigenetischer Art zu sehen erlaubt.

Zumindest ist Goethe in den ersten beiden Teilen von *Dichtung und Wahrheit* bestrebt, dieses Prinzip einer positiven morphologischen Lebensdeutung auch praktisch durchzuführen. Noch im 9. Buch erklärt er das Motto des Zweiten Teils: „Was man in der Jugend wünscht, hat man im Alter die Fülle" (WA I, 27, S. 1), damit, daß „mit jedem Schritt unserer Entwickelung ein Theil des ersten Wunsches erfüllt [wird], bei günstigen Umständen auf dem geraden Wege, bei ungünstigen auf einem Umwege, von dem wir immer wieder nach jenem einlenken" (ebd., S. 276). Nun sieht aber Goethe jenes Motto im folgenden Abschnitt vor allem dann bestätigt, wenn eigene Pläne durch „zufällige Hindernisse" (ebd., S. 277) unausgeführt bleiben, aber von einer späteren Generation wieder aufgenommen und sogar besser, als man selbst dachte, verwirklicht werden, womit er zur bekannten Laudatio auf die tatkräftigen Bemühungen Sulpiz Boisserées um den Kölner Dom als Erfüllung der eigenen jugendlichen Begeisterung für die gotische Baukunst überleitet.

Hier also spricht Goethe erstmals in *Dichtung und Wahrheit* deutlich davon, daß eigene Bestrebungen durch Hindernisse und Ablenkungen verzettelt werden können und dann aufgegeben werden müssen, und er kann dieses Bild einer für die eigene Person negativen, weil vereitelten Metamorphose nur dadurch noch einmal ins Positive wenden, daß er die verschiedenen Stufen der Entwicklung vom einzelnen Individuum auf die Vertreter zweier Generationen verteilt.

Es kann daher nicht allzusehr überraschen, wenn Goethe diesen bisher optimistisch gesehenen und zuletzt fast hartnäckig verteidigten Entwicklungsbegriff im Verlauf der Niederschrift des Dritten Teils von *Dichtung und Wahrheit*, im Frühjahr und Sommer 1813, einer gründlichen Revision unterzieht. Denn dieser Teil, der damals als vorläufiger Abschluß des Werkes gedacht war, ersetzt an mehreren wichtigen Stellen den Gedanken an eine letztlich erfolgreiche Metamorphose durch die Vorstellung eines von willkürlichen Außenkräften beherrschten Lebens, dessen Resultate nicht mehr von der Entelechie des Individuums als der bisher entscheidenden Komponente bestimmt werden, weshalb denn auch dieser Teil das Motto erhält: „Es ist dafür gesorgt, daß die Bäume nicht in den Himmel wachsen" (WA I, 28, S. 1).

Die erste Stelle ist eine Zwischenbemerkung im 11. Buch, daß es „wenige Biographien" gebe, „welche einen reinen, ruhigen, stäten Fortschritt des Individuums darstellen können", weil „unser Leben [...] auf eine unbegreifliche Weise aus Freiheit und Nothwendigkeit zusammengesetzt" sei (ebd., S. 50).[6] Der folgende Satz stellt zur Erläuterung dieses

6 Hinsichtlich der Entstehungszeit dieser Zwischenbemerkung sei folgendes erwogen. Sowohl die vorausgehende Textpartie über Schöpflin als auch die nachfolgende über französische Sprache und Kultur sind lt. Tagebuch (WA III, 4, S. 336) am 2. und 3. 11. 1812, und zwar für das 12. Buch entstanden; doch wurden sie im Frühjahr (März bis Mai) 1813 im Zuge der „concentrirten Behandlung" des Dritten Teils (Tagebuch, 24. 3. 1813; WA III, 5, S. 26) in das 11. Buch eingeordnet. Wenn daher Plp. 99 (AkA 2, S. 563f.) unter der Überschrift *XI Buch* alle Themenpunkte in der genauen Reihenfolge des endgültigen 11. Buches aufzählt (darunter auch die hier erörterte Zwischenbemerkung als „Umkehrung u[nd] Uebergang"), so kann für die Entstehungszeit dieses Schemas von Scheibes Alternativen: 5. 11. 1812 oder 1. 5. 1813

Begriffspaars dem entelechischen „Wollen“ des Individuums die äußeren „Umstände“ gegenüber, die es „auf ihre eigene Weise“ „ergreifen“ (ebd.), d. h. selbstherrlich in eine vor allem von ihnen bestimmte Richtung lenken. Wichtig ist auch, daß Goethe hier das Ineinander von Freiheit und Notwendigkeit „unbegreiflich“ nennt: Das Leben ist für ihn zum undurchschaubaren Rätsel geworden, so daß er jetzt auch die Frage nach seinem Sinn und Ziel zurückweist: „nach dem Warum dürfen wir nicht fragen, und deßhalb verweis't man uns mit Recht auf's *Quia*“ (ebd.). Nur die Gründe lassen sich erkennen, nicht das Ziel, womit stillschweigend sogar der bisher unangefochtene Begriff ‚Entelechie‘ im Sinne einer zielbesitzenden, zielbestimmenden Formkraft in Frage gestellt wird. Offensichtlich stehen hier Freiheit und Notwendigkeit nicht im Gleichgewicht zueinander, die eigenmächtig gewordenen Umstände überwiegen, und wenn daher Goethe jetzt solche „Nothwendigkeit“ in den Lebensgrundriß aufnehmen muß, besitzt er nicht mehr die tröstliche Gewähr eines letztlich doch fruchtbaren Umwegs; die Gefahr des Verkümmerns, des vorzeitigen Abbruchs bestimmter Hoffnungen und Pläne wird jetzt einbezogen, vor allem wird erstmals die relative Ohnmacht des strebenden Ich eingestanden.

Die gleiche Auffassung vertritt Goethe kurz darauf (Juni/Juli 1813) an einer zweiten Stelle, nämlich in den beiden nächsten Abschnitten des schon erwähnten Vorworts zum Dritten Teil von *Dichtung und Wahrheit*. Denn im Anschluß an die Mitteilung seines ursprünglichen Vorhabens, die eigene Jugendgeschichte nach den Gesetzen der pflanzlichen Metamorphose darzustellen, bemerkt er einschränkend, es sei „freylich [...] Gartenfreunden wohl bekannt, daß eine Pflanze nicht in jedem Boden, ja in demselben Boden nicht jeden Sommer gleich gedeiht“ (AkA 2, S. 582 [Plp. 122]; vgl. WA I, 28, S. 356 f.), und bezieht dabei diesen negativen Aspekt nicht auf den Inhalt seiner Lebensgeschichte, sondern auf diese Autobiographie selbst. Er fährt nämlich fort: „und so hätte denn auch diese Darstellung, mehrere Jahre früher, oder zu einer günstigern Zeit unternommen, eine frischere und frohere Gestalt gewinnen mögen“ (AkA 2, S. 582 [Plp. 122]; vgl. WA I, 28, S. 357).

Damit wird die Gunst oder Ungunst der Stunde unmittelbar für die Gestalt eines literarischen Werkes mitverantwortlich gemacht, und so gibt Goethe selbst einen Fingerzeig, daß auch die jeweiligen Zeitumstände Konzeption und Durchführung eines schriftstellerischen Projekts beeinflussen können. Goethe selbst also unterstützt die Forschung, wenn sie die Zeitereignisse des Frühjahrs und Sommers 1813, den sich abzeichnenden Niedergang Napoleons und die zunehmende Unruhe der Befreiungskriege, als Ursachen für Goethes neue Bewertung der Umstände als willkürlich beschränkender Außenkräfte annimmt. Denn die „frischere und frohere Gestalt“ der ersten beiden Teile von *Dichtung und Wahrheit* ist ja genauer Ausdruck für die dort noch mögliche Darstellung eines „reinen, ruhigen, stäten Fortschritts des Individuums“, während schon der Dritte Teil grundsätzliche Zweifel an solcher Möglichkeit äußert und darum jene „frohe“ Zuversicht einer sicheren Lebensentfaltung verloren hat.

Die Skepsis steigert sich noch in weiteren Sätzen des Vorworts, in denen sich der Autobiograph von seinen Lesern vorläufig verabschiedet: „denn“, so lautet seine Begründung,

(AkA 2, S. 119), nur die letztere in Frage kommen. Da bei Goethe ein Schema den Inhalt eines Buches nie nachträglich wiedergibt, sondern stets für eine künftige Ausarbeitung skizziert, ist es denkbar, daß gerade die kleineren Gelenkstellen und Überleitungsabschnitte erst im Zuge der Erledigung des Schemas (nach AkA 2, S. 119 zwischen 1. 5. und 20. 6. 1813) hinzugefügt worden sind.

> in der nächsten Epoche zu der ich schreiten müste fallen die Blüten ab, nicht alle Kronen sezen Frucht an und diese selbst, wo sie sich findet, ist unscheinbar, schwillt langsam und die Reife zaudert. Ja wie viele Früchte fallen schon vor der Reife durch mancherley Zufälligkeiten, und der Genuß, den man schon in der Hand zu haben glaubt, wird vereitelt. (ebd.)

Da der Dritte Teil damals noch die Zeit bis zur Abreise nach Weimar behandeln sollte, meint Goethe mit „nächste Epoche" sein erstes Weimarer Jahrzehnt, das er hier auffällig negativ als eine enttäuschende Periode vorzeitig fallender Früchte zeichnet und deshalb in der Autobiographie nicht mehr darstellen will (und übrigens auch später nie dargestellt hat). Aber nicht genug damit, erhebt er dieses spezielle Resümee anschließend zur allgemeinen Maxime und bezieht es dabei ausdrücklich auch auf die in *Dichtung und Wahrheit* geschilderte Zeit vor Weimar, vor allem wohl wieder auf die für den Dritten Teil damals vorgesehenen Jahre bis 1775: „So geht es den Werken der Natur und der Menschen und so ging es auch mir mit meinen Arbeiten, wie schon die erste Epoche Beyspiele genug darlegt" (ebd.).

In all diesen Sätzen des Vorworts behält Goethe noch immer das Pflanzengleichnis bei, kehrt aber dessen bisherigen Sinn fast ins Gegenteil: Das menschliche Leben wird nicht mehr als gesetzmäßiger Gestaltwandel, ja nicht einmal mehr als eine von äußeren Umständen zwar beeinflußte, aber letztlich doch zielsichere Metamorphose gesehen, sondern als eine von eigenmächtigen „Zufälligkeiten" bestimmte, mehr behinderte als geförderte, jedenfalls ihres Erfolges ungewisse Entfaltung des Individuums verstanden.

Dieser früher[7] nur in Grundzügen skizzierte Kommentar der beiden Belegstellen, hier eingehend überprüft und durch zusätzliche Argumente erweitert, ist mehrfach bestätigt worden: Christoph Michel, Martin Stern, Peter Sprengel, Harald Schnur und zuletzt Benedikt Jeßing[8] sehen in diesen beiden Texten übereinstimmend eine „Suspendierung der Metamorphose als Darstellungsprinzip"[9] und begründen dies teils mit zeitgeschichtlichen Erfahrungen, teils mit dem Scheitern des Pflanzenmodells an der Disparatheit des späteren biographisch-historischen Stoffes. Doch gibt es in jüngster Zeit auch Stimmen, die dieser *opinio communis* widersprechen. Sie vertreten die These, daß Goethe in *Dichtung und Wahrheit* den Metamorphose-Gedanken bis zuletzt durchgehalten und also die morphologische Lebensdeutung weder einen Bruch erfahren habe noch gar verabschiedet worden sei. So

---

7 Günter Niggl: *Geschichte der deutschen Autobiographie im 18. Jahrhundert. Theoretische Grundlegung und literarische Entfaltung.* Stuttgart 1977, S. 162 f.

8 Christoph Michel: *„Eine Ausgeburt mehr der Notwendigkeit als der Wahl" – Goethes Autobiographie und die „Metamorphose der Pflanzen".* In: *Goethes Bedeutung für das Verständnis der Naturwissenschaften heute.* Kolloquium 26.–28. 11. 1982. Bayreuth 1982, S. 197–235; hier S. 222 f. – Martin Stern: *„Wie kann man sich selbst kennen lernen?" Gedanken zu Goethes Autobiographie.* In: GJb 101 (1984), S. 269–281; hier S. 277–279. – Peter Sprengel: *Einführung.* In: Johann Wolfgang Goethe: *Aus meinem Leben. Dichtung und Wahrheit.* Hrsg. von P. S., MA 16, S. 881–920; hier S. 888 f. – Harald Schnur: *Identität und autobiographische Darstellung in Goethes „Dichtung und Wahrheit".* In: Jb. des Freien Deutschen Hochstifts 1990, S. 28–93; hier S. 63–72. – Benedikt Jeßing: *Johann Wolfgang Goethe.* Stuttgart, Weimar 1995, S. 175 f. – Ders.: *„Dichtung und Wahrheit".* In: *Goethe-Handbuch in vier Bänden.* Hrsg. von Bernd Witte u. a. Bd. 3: *Prosaschriften.* Stuttgart, Weimar 1997, S. 278–330; hier S. 322–324, 329.

9 Schnur (Anm. 8), S. 64.

10 Fotis Jannidis: *Das Individuum und sein Jahrhundert. Eine Komponenten- und Funktionsanalyse des Begriffs ‚Bildung' am Beispiel von Goethes „Dichtung und Wahrheit".* Tübingen 1996.

postuliert Fotis Jannidis[10] die Kontinuität von Goethes Bildungsbegriff, betont deshalb die Überlegenheit der entelechischen Formkraft und läßt die Einflüsse der äußeren Umstände nur so weit gelten, als sie die Zielbestimmung des Lebens wohl modifizieren, aber nicht in Frage stellen oder gar vereiteln. Darum setzt er die Polarität von Freiheit und Notwendigkeit mit der Dialektik von Fortschritt und Retardation der Metamorphose gleich[11], ohne den neuen resignativen Ton zu hören, womit jene Reflexion im 11. Buch die Eigenmacht der Umstände über das Wollen des Individuums herrschen läßt und so erstmals Zweifel an Sieg und Zielgewißheit der Entelechie zum Ausdruck bringt. Auch das Bild des vorzeitigen Fallens der Früchte im Vorwort zum Dritten Teil liest Jannidis nicht als Zurücknahme des Begriffs einer letztlich fruchtbaren Metamorphose, sondern als dessen Bestätigung, weil er sogar angesichts der Fruchtlosigkeit noch immer einen Bildungsprozeß mit positiven Retardationen und höchstens „hemmenden" Einflüssen sich vollziehen sieht.[12] Demgegenüber verstehen die bisherigen Interpreten das Vorwort zum Dritten Teil als eine Abkehr Goethes nicht etwa nur von der evolutionistischen, sondern auch von der epigenetischen Metamorphose-Idee; sie heben also nicht, wie Jannidis meint[13], lediglich die „retardierenden Faktoren" der letzteren hervor, sondern sehen, daß Goethe eine neue entschiedene Distanz zur Entwicklungstheorie einnimmt.

Gleichzeitig mit Jannidis und unabhängig von ihm vertritt auch Erwin Seitz[14] die These eines durchgängig positiven Entwicklungsbildes in *Dichtung und Wahrheit*. Ausgehend von einem biographischen „Schema" in der *Geschichte der Farbenlehre*, das die Entwicklung des Individuums in „triadischer Struktur" als „Bildung, Streben, Vollendung" zeigt[15], überträgt Seitz diesen „dialektischen Dreischritt" von 1809 auf die ersten drei Teile von *Dichtung und Wahrheit*, wo er in den wiederholten Konflikten zwischen den „angeborenen Kräften" und den „äußeren Umständen", zwischen „Talent" und „Geschichte", den „entelechischen Trieb" des Individuums sich am Ende stets durchsetzen und behaupten sieht.[16] Darin erblickt Seitz die für Goethe und also auch für *Dichtung und Wahrheit* einzig gültige „Gesetzlichkeit menschlicher Entwicklung"[17], und so ordnet er auch das Vorwort zum Dritten Teil in dieses Modell ein. Es kann ihm freilich nur gelingen, weil er dieses Vorwort lediglich bis zum ersten Satz des zweiten Abschnitts berücksichtigt, bis wohin es zur Not noch unter den epigenetischen Metamorphose-Begriff subsumiert werden kann, wenngleich es schon hier den Zeiteinflüssen eine die Zielgewißheit aufhebende Macht zugesteht. Aber die weiteren Sätze des Vorworts mit ihrem harten Urteil über das erste Weimarer Jahrzehnt sprengen das

---

11 Vgl. ebd., S. 92 f.

12 Ebd., S. 94. – Vollends abwegig ist die Schlußfolgerung (ebd., S. 94 f.), Goethe habe im Vorwort zum Dritten Teil allein schon mit dem Festhalten an der Pflanzenmetaphorik auch den Metamorphosegedanken beibehalten. Nicht das Bild als solches, sondern der jeweilige Sinn des Bildes entscheidet. Im übrigen hat Goethe das Vorwort nicht „verworfen", weil er die darin formulierte „Konzeption des dritten Bandes" „noch einmal verändert hat" (ebd., S. 95). Er hat es nicht verworfen, sondern nur zurückgezogen, weil der darin vorgesehene Abschied von den Lesern seit dem Entschluß im Herbst 1813, zum ursprünglichen Plan von zwei Schlußbänden zurückzukehren, sich erübrigt hatte. Diese Zurücknahme des Vorworts aus äußeren Gründen bedeutet also kein Dementi seiner Gedanken. Vgl. Sprengel (Anm. 8), S. 889.

13 Jannidis (Anm. 10), S. 95.

14 Erwin Seitz: *Talent und Geschichte. Goethe in seiner Autobiographie.* Stuttgart, Weimar 1996.

15 Ebd., S. 137. – Vgl. WA II, 3, S. 244: *Materialien zur Geschichte der Farbenlehre*, 4. Abteilung: 17. Jahrhundert, Abschnitt *Allgemeine Betrachtungen*; geschrieben 1809.

16 Zitate: Seitz (Anm. 14), S. 151, 148, 328.

17 Ebd., S. 326.

Schema der vollendungssicheren Dialektik. Wenn daher Seitz diese Zurücknahme des Metamorphose-Gedankens als bloßes „Vorgeben" und „rhetorische Wendung" abwertet, womit Goethe lediglich „auf die konfliktreicheren Passagen der nächsten Bücher vorbereiten" wolle[18], wird er dieser prononcierten Abkehr Goethes von seinem bisherigen Prinzip der Lebensdeutung nicht gerecht.

Unzureichend aber bleiben beide Diskussionsbeiträge vor allem deswegen, weil sie sich nicht oder kaum mit einer dritten, für den Problemzusammenhang entscheidenden Textstelle auseinandersetzen. Gemeint ist Goethes ausführliche Umschreibung des „Dämonischen" im 20. Buch von *Dichtung und Wahrheit.* Jannidis verzichtet ausdrücklich auf eine Analyse des Begriffs, weil dieser „nur für Goethe Gültigkeit hatte"[19]. Doch ein für Goethes Lebensdeutung so wichtiger Begriff, der in seinem Alterswerk sehr häufig erscheint und in *Dichtung und Wahrheit* an prominenter Stelle seine ausführlichste Exegese erfährt, kann nicht als unverbindlich abgetan werden.[20] Es ist freilich verständlich, daß Jannidis dem Phänomen ausweicht: es paßt nicht in seinen Argumentationsgang. Seitz hat solche Bedenken nicht. Als er einmal kurz auf das „Dämonische" zu sprechen kommt, indem er Goethes Liebe zu Lili dazu rechnet, geschieht es nur, um es als weiteres Beispiel für die Außenkräfte, die von der Entelechie zuletzt überwunden werden, in sein dialektisches Modell einzubauen.[21] Solche Integration in die Polarität von Ich und Welt widerspricht jedoch der Definition des „Dämonischen", wie sie Goethe im 20. Buch von *Dichtung und Wahrheit* gibt. Das soll im folgenden noch gezeigt werden.[22]

Goethe hat den Abschnitt über das Dämonische mit der Darstellung seines Aufbruchs nach Weimar verbunden und diesen Schluß des ganzen Werkes – damals noch für das Ende des Dritten Teils – schon im Mai 1813 diktiert[23], so daß der Exkurs über das Dämonische mit dem Vorwort zum Dritten Teil und möglicherweise auch mit der Reflexion über Freiheit und Notwendigkeit in enger entstehungszeitlicher Nachbarschaft steht.

Nun will Goethe mit den Erörterungen über das Dämonische nicht nur die „seltsamen Ereignisse" (WA I, 29, S. 177) bei seiner verspäteten Abreise nach Weimar erklären; vielmehr gilt dieser Rahmen rückwirkend für die ganze Lebensgeschichte. Denn gleich zu Beginn des Abschnitts (ebd., S. 173) betont Goethe, es sei ihm schon früh auf seinen Wanderungen von der „natürlichen" über die „positive" Religion bis zum „allgemeinen Glauben" ein dazwischenliegendes „Ungeheures, Unfaßliches" begegnet, „was zu keiner von allen gehören mochte", das weder göttlich noch menschlich[24], weder teuflisch noch engelhaft war, gleich-

---

18 Ebd., S. 139.

19 Jannidis (Anm. 10), S. 175, Anm. 69.

20 Vgl. dazu auch die Rezension von Harald Schnur, in: Aurora 57 (1997), S. 217–223; hier S. 223.

21 Seitz (Anm. 14), S. 140.

22 Vgl. Niggl (Anm. 7), S. 163 f.,wo aber mehr der religiöse Aspekt des Dämonischen und seine von dorther begründete gattungshistorische Bedeutung in *Dichtung und Wahrheit* hervorgehoben werden.

23 Nach AkA 2, S. 138 f. zwischen 26. 4. und 3. 6. 1813 diktiert.

24 Hierin folgt Goethe antiker Tradition, von der er nach eigener Aussage (WA I, 29, S. 173) auch den Begriff „dämonisch" übernommen hat. Vgl. Platon: *Symposion*, 202d: „Was wäre also, sprach ich, Eros? etwa sterblich? – Keineswegs. – Aber was denn? – Wie oben, sagte sie, zwischen dem Sterblichen und Unsterblichen. – Was also, o Diotima? – Ein großer Dämon [Δαίμων], o Sokrates. Denn alles Dämonische [πᾶν τὸ δαιμόνιον] ist zwischen Gott und dem Sterblichen." Zit. nach Platon: Werke in acht Bänden. Griechisch und Deutsch. Hrsg. von Gunther Eigler. Bd. 3: *Phaidon, Das Gastmahl, Kratylos.* Deutsche Übersetzung von Friedrich Schleiermacher. Darmstadt 1990, S. 315.

zeitig dem Zufall und der Vorsehung glich, ohne Vernunft und Verstand, wohltätig und schadenfroh zugleich. War schon der Zusammenhang von Freiheit und Notwendigkeit für Goethe „unbegreiflich", so erst recht das Dämonische, ja er empfindet dieses „Unfaßliche" darüber hinaus als ein „furchtbares Wesen", weil es „mit den nothwendigen Elementen unsres Daseins willkürlich zu schalten", nämlich „zwischen alle übrigen hineinzutreten, sie zu sondern, sie zu verbinden" scheint (ebd., S. 174) und also „eine der moralischen Weltordnung, wo nicht entgegengesetzte, doch sie durchkreuzende Macht [bildet], so daß man die eine für den Zettel, die andere für den Einschlag könnte gelten lassen" (ebd., S. 176). Das frühere Pflanzengleichnis wird jetzt vom Webegleichnis abgelöst, und dieses faßt die bisher in *Dichtung und Wahrheit* einzige und maßgebliche Konstellation von Ich und Welt, Individuum und Jahrhundert, deren Wechselwirkung als eine von der Vernunft geleitete und erkennbare Geschichte konzipiert war, unter dem Begriff der „moralischen Weltordnung" zu dem e i n e n Pol eines neuen Spannungsfeldes zusammen, worin das rational nicht mehr erfaßbare, „sich nur in Widersprüchen manifestirende" Dämonische (ebd., S. 173) den gleichrangigen Gegenpol darstellt.

In dieser gestuften Doppelpolarität von Ich, Zeit und dämonischer Gegenmacht werden entschiedener als in jeder morphologischen Vorstellung die immanenten Kräfte Ich und Jahrhundert gleichermaßen ihrer Eigenmacht beraubt und beide von einer wie immer gearteten metaphysischen Komponente relativiert. Diese neue Konstellation der Lebensmächte wird noch deutlicher, wenn Goethe mit der Gestalt Egmonts ein geheimes Selbstporträt zeichnet und mit Egmonts Ausruf am Ende seiner Autobiographie die eigene dämonische Existenz umschreibt. Dieses berühmte Schlußzitat von *Dichtung und Wahrheit* (ebd., S. 192) verläßt sogar die Ausgewogenheit des Webegleichnisses, wenn jetzt „unsichtbare Geister" allein die Richtung der Lebensbahn bestimmen und ihnen sowohl die „Sonnenpferde der Zeit" als auch der Wagenlenker gehorchen müssen, dem nur noch die Rettung vor Sturz und Untergang in die Hand gegeben ist, dem aber das Ziel der Fahrt unbekannt bleibt.

Die Schlußstellung dieses Zitats verdeutlicht nochmals, daß die neu eröffnete Dimension nicht nur für die Endphase, sondern grundsätzlich für die ganze Lebensgeschichte gelten soll, auch wenn sie darin nur gelegentlich erkennbar wird. Das zufällige Glück der Begegnung mit Herder, die vereitelte Annäherung an die französische Kultur im Elsaß, der undurchschaubare Widerstreit zwischen Frankfurt, Italien und Weimar im schicksalhaften Jahr 1775 sind die wenigen, aber entscheidenden Lebenspunkte[25], bei denen eine höhere Einwirkung spürbar werden soll. Nicht von ungefähr begegnen sie erst von der Mitte des Werkes an und bezeugen auch von ihrer Seite, daß sich dem morphologischen Entwicklungsschema seit dem Dritten Teil das „Dämonische" nicht etwa als weitere immanente Außenkraft einfügt, sondern als eine willkürlich herrschende metaphysische Macht gegenüberstellt. So kommt auch Harald Schnur zu dem Ergebnis, daß „die Metamorphose [...] mit dem Dritten und Vierten Teil von *Dichtung und Wahrheit* zum Stillstand gekommen" sei, weil „dieses Darstellungsprinzip [...] mit dem für diese Teile geltenden ‚Dämonischen' nicht vereinbar [ist]"[26]. Auch Benedikt Jeßing sieht die anfangs verwirklichte „organologische Sinnkonstruktion" von *Dichtung und Wahrheit* durch die Erfahrung des Dämonischen als „des Inkommensurablen und nicht Einsichtigen in Geschichte und Bio-

---

[25] WA I, 27, S. 302; WA I, 28, S. 50 f.; WA I, 29, S. 177, 180, 185 f.

[26] Schnur (Anm. 8), S. 91.

graphie“ unterlaufen, ja unterminiert, was sich auch darin zeige, daß der zuerst souveräne Erzähler in der zweiten Hälfte des Werkes immer mehr hinter den das autobiographische Material nur noch ordnenden und montierenden Herausgeber zurücktrete.[27]

Gleichgültig nun, wieweit man die praktischen Konsequenzen dieser neuen Lebensansicht gezogen sieht: Auf jeden Fall hat Goethe damit zum Ausdruck gebracht, daß ihm das morphologische Modell für eine biographische Darstellung zu starr und schematisch erscheine, daß er damit die eigene Person und ihre Erfahrungen mit der Welt zu sehr nach einer vorgefaßten Entwicklungs- und Bildungsidee stilisiere und auf diese Weise dem „Grundwahren“[28] seines Lebens nicht gerecht werde. So hat Goethe im Verlauf der Niederschrift von *Dichtung und Wahrheit* mit befreiender Souveränität die Fesseln einer allzu engen und abgezirkelten Lebenskonstruktion gesprengt und, durch die überraschenden politischen Umbrüche dieser Jahre zusätzlich belehrt, ein neues Verständnis für das Rätselhafte und Unberechenbare, für das Nichtbeherrschbare und Zielungewisse des menschlichen Lebens gewonnen.[29] Literarhistorisch gesehen, ist dieser Wandel der Goetheschen Lebensdeutung von der Nachbildung morphologischer Gesetze bis zur Anerkennung jener Mächte, die Gesetz und Ordnung durchkreuzen, ein wichtiges und anschauliches Beispiel für seinen Abschied von der klassisch-normativen Periode, und es ist das Besondere an *Dichtung und Wahrheit*, daß sich dieser Umbruch innerhalb des Werkes selbst vollzieht; auf diese Weise vermag es nicht nur die Stufen und Wechselfälle des erzählten Lebens, sondern zugleich den gegenwärtigen Erfahrungswandel seines Erzählers zu spiegeln.

---

27 Jeßing: *„Dichtung und Wahrheit“* (Anm. 8), S. 328 f. u. 327 f.

28 Vgl. Goethes Bemerkung über *Dichtung und Wahrheit* im Brief an König Ludwig I. von Bayern, 12. 1. 1830: „denn es war mein ernstestes Bestreben das eigentliche Grundwahre, das, insofern ich es einsah, in meinem Leben obgewaltet hatte, möglichst darzustellen und auszudrücken“ (WA IV, 50, S. 61).

29 Vgl. Paul Hankamer: *Spiel der Mächte. Ein Kapitel aus Goethes Leben und Goethes Welt.* Tübingen 1943, S. 120 f. – Hans Pyritz: *Goethes Verwandlungen* (1949). In: Ders.: *Goethe-Studien.* Hrsg. von Ilse Pyritz. Köln, Graz 1962, S. 4 f. – Stern (Anm. 8), S. 279. – Gerhard Schulz: *Chaos und Ordnung in Goethes Verständnis von Kunst und Geschichte.* In: GJb 110 (1993), S. 173–183; hier S. 180.

HORST JESSE

König Ludwig I. von Bayern und Johann Wolfgang von Goethe

König Ludwig I. (1786–1868), der vorwiegend durch seine Affäre mit der Tänzerin Lola Montez und dem damit verbundenen Rücktritt bekannt ist, hat sich als Kunstmäzen und Politiker einen Namen gemacht.[1]

Ludwig I. hat sich bereits frühzeitig für die Lyrik Schillers und Goethes noch vor seiner Göttinger Studienzeit begeistert. Sein Biograph Heinz Gollwitzer folgert: „Aber daß der Thronfolger sich auf die Seite Weimars schlug, hat die Integration Bayerns in die deutsche Bildungsnation auf jeden Fall vorangetrieben."[2] 1806 reist der Kronprinz auf Anraten seiner Vaters zu Napoleon nach Berlin und macht unterwegs einen Abstecher nach Weimar, wo er eine Theateraufführung besucht und Goethe sieht, ohne Kontakt mit ihm aufzunehmen. Er legt an der Grabstätte seines von ihm hochverehrten Dichters Friedrich von Schiller in der Jakobskirche, in deren Kassengewölbe dieser begraben liegt, ein Blumengebinde nieder.

Für Goethe scheint Ludwig I. kein Unbekannter zu sein. Vielmehr berichtet Bettina von Arnim an Goethe, wie sie ihn 1809 gegenüber den gefangenen Tirolern erlebt habe. Der Kronprinz verspricht ihr unter Übergabe seiner Kokarde als Ehrenpfand, die Tiroler zu schützen und „jeder Ungerechtigkeit, jeder Grausamkeit zu steuern".[3] Sie selbst meint über den angehenden König:

> Sein ganzes Wesen scheint zwar mehr nach Freiheit zu ringen, als mit ihr geboren zu sein; seine Stimme, seine Sprache und Gebärde haben etwas Angestrengtes, wie ein Mensch, der sich mit großem Aufwand an Kräften an glatten Felswänden hinaufhalf, eine zitternde Bewegung in den noch nicht geruhten Gliedern hat. Und wer weiß, wie seine Kinderjahre, seine Neigungen gedrängt oder durch Widerspruch gereizt wurden, ich seh' ihm an, daß er manches überwinden mußte, und auch, daß sich Großes aus ihm entwickeln kann.[4]

Aufgrund seiner Wertschätzung der Weimarer Dichter möchte Ludwig in Kontakt zu Goethe treten. So wählt er den Preisträger einer von Goethe gestellten Zeichenaufgabe, Johann Martin Wagner, als Ankäufer seiner Kunstgegenstände. Sein Adjutant Heinrich

---

1 Spindler, Max: *Handbuch der bayerischen Geschichte*. München 1974. Bd. 4.1, S. 126 ff.
2 Gollwitzer, Heinz: *Ludwig I. von Bayern. Eine politische Biographie*. München 1997, S. 107.
3 Arnim, Bettina von: *Goethes Briefwechsel mit einem Kinde*. In: *Sämtliche Werke*. Berlin 1920. Bd. 3, S. 349.
4 Ebd., S. 316.

Freiherr von der Tann macht Ludwig auf weitere Werke Goethes aufmerksam, die dieser mit seiner Schwester Karoline Auguste bespricht. Schriftlich fragt Ludwig bei Goethe an, wie er ihm eine Aufmerksamkeit erweisen könne. Dieser erbittet den Abguß der „unvergleichlichen Medusa Rondanini, jenes grauenvollen Hauptes des schon bei Homer erwähnten weiblichen Ungeheuers, das aber die griechische Kunst selbst in der Fratze zu veredlen verstand". Der Dichter erhält vom König am 21. 12. 1825 den gewünschten Abguß. Die kunstgelehrten Brüder Melchior und Sulpiz Boisserée, die die Kunstsammlung des Königs aufbauen, teilen Goethe mit, daß dieser Gemälde aufgekauft habe und sich mit Umbauplänen der Stadt trage. Goethe ist also über das Kunstinteresse des Königs informiert.

August 1827 arrangiert König Ludwig einen Gegenbesuch beim Großherzog Karl August von Weimar, der in die Zeit von Goethes 78. Geburtstag fällt. In der Nacht vom 27. zum 28. 8. 1827 trifft Ludwig in Weimar ein und logiert im Gasthof „Zum Erbprinzen". Noch in der Nacht informiert Kanzler Friedrich von Müller Goethe über den königlichen Besuch: „Glück auf, mein verehrter Freund! Schöner konnte der Tag nicht bestrahlt werden, als durch die Ankuft des Königs von Bayern, der diese Nacht eintraf! Ich eile Sie zu präparieren."[5]

Am nächsten Morgen fährt der König mit dem Großherzog zu Goethes Haus, wo sich Gratulanten wie auch Schaulustige versammelt haben. Goethe, im Staatskleide eines Geheimrates mit allen Auszeichnungen, will ihnen entgegengehen, um sie an der Haustüre zu empfangen, doch König Ludwig eilt die Treppen hoch und überreicht Goethe Großkreuz und Stern des 1808 gestifteten Civil-Verdienstordens der Bayerischen Krone mit folgenden Worten:

> Der König von Bayern freut sich unaussprechlich, sein eigener Ordensmarschall zu sein und dem Könige der Dichter diese Auszeichnung zu überreichen, um den Orden zu ehren. Hier (auf Goethes Brust deutend) wird sich wohl noch ein Plätzchen finden, wo Sie dieses anheften können. (AA 23, S. 490).

Dann beginnt der König sofort ein Gespräch mit Goethe über dessen *Römische Elegien*: „Was ist daran wahr, was ist Tatsache, dies alles ist sicher wirklich erlebt, weil es in den Gedichten so anmutig erscheint." Goethe antwortet ruhig und gelassen: „Majestät, der Poet weiß meist aus geringen Anlässen etwas Gutes auszuspinnen und das ist auch hier so gewesen." Dann erhebt der König das mit Wein gefüllte Rubinglas und leert es auf den „größten deutschen Dichter". Danach verlangt Ludwig einen frischen Trunk. Goethe ruft seinem Sohn in echtem Frankfurter Dialekt zu: „August, der König von Bayern will ä Glas Wasser habbe!"[6]

Am nächsten Tag, dem 29. 8. 1827, besucht Ludwig nochmals Goethe, den der Großherzog darauf vorbereitet:

> Soeben fahre ich mit dem König nach Belvedere, dann auf den neuen Gottes-Acker, den Er sehen will, und dann zu Dir; das möchte so in der 10. Stunde sein. Hernach möchte

5 *Briefe an Goethe*. Gesammelt, textkritisch durchgesehen und mit Anmerkungen versehen von Karl Robert Mandelkow. In: Hamburger Ausgabe in 2 Bänden. Hamburg 1969. Bd. 2, S. 465 ff., Nr. 618 u. 619.

6 *Goethes Leben von Tag zu Tag*. Eine dokumentarische Chronik von Angelika Reimann. Zürich 1995. Bd. 7: 1821–1827, S. 776.

> der König die Bibliotheque und daselbst Schillers Schädel sehn! Letzteres kannst Du nur möglich machen, deswegen ersuche ich Dich, die nötigen Anstalten dazu treffen zu lassen. Lebe wohl, Carl August.

König Ludwig möchte den aus dem Gewölbe der Jakobskirche geborgenen Schädel Schillers anschauen, den der Großherzog mit dessen Gebeinen in einem Kasten in der großherzoglichen Bibliothek unter der Schillerbüste Danneckers verwahren läßt. Goethe führt den König in der Bibliothek, die er zu verwalten hat, vor Schillers Schädel. Ludwig, ein religiöser Mensch, fühlt sich angesichts des ausgestellten Schädels irritiert. Goethe bemerkt das Befremden des Königs und erklärt: „Ja, Majestät, es ist eine bedenkliche Angelegenheit, obwohl der Schädel so immer noch besser aufbewahrt ist, als in dem feuchten Gewölbe der Jakobskirche, von wo man ihn hieher gebracht hat." Nach dem Besuch der Bibliothek bittet der König den Großherzog, daß Schillers Überreste eine würdige christliche Begräbnisstätte finden sollten. Daraufhin teilt der Großherzog Goethe mit, „daß ich es für ratsam halten möchte, selbige in dem Kasten, in welchem sie liegen, inklusive des Hauptes [...] in die Familiengruft einstweilen beisetzen zu lassen, welche ich für mein Geschlecht auf dem hiesigen Friedhof habe bauen lassen." Dies wird am 24. 9. 1827 ausgeführt.

Ludwigs Besuch beeindruckt Goethe tief. Zu Kanzler von Müller soll Goethe am 30. 8. 1827 gesagt haben:

> Auch darüber, warum man Goethe den letzten Heiden genannt, habe er gesprochen, worauf Goethe geäußert: Man müsse sich doch den Rücken freihalten und so lehne er sich an die Griechen. Goethe erklärte: es sei ihm unschätzbar, den König persönlich gesehen zu haben, denn nun erst könne er sich dies merkwürdige, vielbewegliche Individuum auf dem Throne allmählich erklären und konstruieren. In derselben Zeit zu leben und diese Individualität, die mit aller Energie seines Willens so mächtig auf die Zeitgestaltung einwirke, nicht durchschaut zu haben, würde unersetzlicher Verlust gewesen sein [...]; es sei nichts Kleines, einen so großen Eindruck, wie die Erscheinung des Königs, zu verarbeiten, ihn innerlich auszugleichen. Es koste Mühe dabei aufrecht zu bleiben, nicht zu schwindeln. Und es komme ja doch darauf an, sich diese Erscheinung innerlich auszubilden, das Bedeutende davon klar und rein sich zu entwickeln.[7]

Nach dem Besuch bei Goethe besichtigt Ludwig mit Kanzler von Müller auch Schillers Haus und staunt,

> es sei zweifach bewundernswert, wie Schiller in so eingeschlossenen Räumen so großartig freie Schöpfung habe hervorrufen können; er würde diesen trefflichen Mann, hätt' er ihn noch am Leben gefunden, sogleich nach Rom in die Villa di Malta versetzt und ihm zur Pflicht gemacht haben, das so herrlich angefangene Drama *Die Malteser* in den klassischen Räumen auszuführen und Roms Geschichte unter Roms Ruinen zu schreiben.[8]

---

7 Kanzler von Müller: *Unterhaltungen mit Goethe*. Hrsg. von Ernst Grumach mit Anmerkungen von Renate Fischer-Lamberg. Weimar 1959, S. 143 ff; AA 23, Teil 2, S. 499 ff.

8 JA 38, S. 156; AA 23, S. 499.

Doch Goethe, der Schiller besser als der König kennt, meint: „Italien würde Schillern nicht zugesagt, ihn eher erdrückt als gehoben haben. Seine Individualität sei durchaus nicht nach außen, nicht realistisch gewesen".

Ludwigs Besuch bei Goethe erregt Aufsehen; das „gebildete Deutschland" sieht durch diesen nicht so sehr Kunst und Wissenschaft geadelt, sondern den König als Dichter und Freund der Künstler, der sich bürgerlichen Leitideen verbunden weiß. Auch Rahel Varnhagen versteht den Besuch Ludwigs bei Goethe als eine deutsche nationalpolitische Handlung, wenn sie an ihren Mann am 4. 9. 1827 schreibt: „Schön, herrlich, dieser König weiß, daß auch Könige huldigen müssen".[9] Ludwigs Aufwartung als König vor einem Geistesfürsten, der Weltruf genießt, zeigt Ludwigs Ergriffenheit von der Kunst Goethes und zugleich seine Geringschätzung der ständischen Schranken. Goethe hat den König sehr wohl verstanden.

Nach dem Besuch war Ludwigs Begeisterung für Goethe so groß, daß er ihn zur „Übersiedlung" nach München einlädt; doch Goethe lehnt aus Altersgründen ab. So läßt er ihn durch seinen Hofmaler Joseph Karl Stieler 1828 porträtieren. Auf dem Bild hält Goethe ein Blatt in der Hand, auf dem die letzte Strophe von Ludwigs Gedicht *An die Künstler* geschrieben steht.[10] Ludwig schenkt 1829 Goethe eine Kopie des Gemäldes, die Stielers Neffe Friedrich Dürck gemalt hat.

Im März 1829 publiziert der Verleger Cotta 1 500 Exemplare der vom König verfaßten Lyrik. Die Reaktion darauf ist geteilt.[11] Selbst der König äußert sich selbstkritisch angesichts der vielen Lobsprüche. Goethe reagiert zunächst positiv – ohne den Gedichtband zu kennen – aufgrund seiner Kenntnis der früheren Lyrik des Königs:

> Nach dem Wenigen zu schließen, was ich von ihm gelesen, werden sie gut sein. In der Form und Behandlung hat er viel von Schiller, und wenn er nun in so prächtigem Gefäße uns den Gehalt eines hohen Gemütes zu geben hat, so läßt sich mir recht viel Treffliches erwarten.

Doch nach der Durchsicht des Gedichtbandes hält er den Vergleich mit Schiller nicht mehr aufrecht. Ja, er macht den König darauf aufmerksam in einem Briefkonzept vom 14. 4. 1829,

> daß Allerhöchst Dieselben geneigt gewesen, sich uns auf eine so verehrungs- als liebenswürdige Weise in Ihren Gedichten zu offenbaren. Die Gabe der Dichtkunst hat das Eigene besonders darin, daß sie den Besitzer nötigt, sich selbst zu enthüllen. Dichterische Äußerungen sind unwillkürliche Bekenntnisse, in welchen unser Inneres sich aufschließt und zugleich unsre Verhältnisse nach außen sich ergeben.[12]

---

9 *Briefwechsel zwischen Varnhagen und Rahel.* 6 Bde. Hg. von Ludmilla Assing. Leipzig 1874–1875. Bd. 5, S. 138, 150, 167.

10 *Gedichte des Königs Ludwig von Bayern.* 1. Theil. München 1829, S. 1–3; Frühwald, Wolfgang: *Der König als Dichter. Zu Absicht und Wirkung der Gedichte Ludwigs I. König von Bayern.* In: DVjs 50 (1976), S. 127–157.

11 Heine, Heinrich: *Sämtliche Werke.* Hans Kaufmann (Hg.): *Nachlese zu den Gedichten (1831–1848) Almansor William Ratcliff.* München 1964. Bd. 4, S. 8 ff: *Lobgesänge auf König Ludwig.*

12 Goethe, Johann Wolfgang von*: Sämtliche Werke, Briefe Tagebücher und Gespräche*, hrsg. von Karl Eibl zusammen mit Horst Fleig u. a. Frankfurt/M. 1993, Bd. 38: *Die letzten Jahre, Teil II*, S. 108, Nr. 592.

Zum 80. Geburtstag Goethes schickt Ludwig den Abguß eines antiken Torsos, der einen Sohn Niobe darstellen soll, mit einem herzlichen Brief.[13] Goethe revanchiert sich mit einem Widmungsschreiben vom 18. 10. 1829, in dem er Ludwig seinen Briefwechsel mit Schiller zueignet. In der Widmung der Ausgabe selbst drückt er seinen Schmerz über den frühen Tod Schillers aus:

> Dies empfand ich damals aufs schmerzlichste; aber der Gedanke, wie viel auch er von Glück und Genuß verloren, drang sich mir erst lebhaft auf, seit ich Ew. Majestät höchster Gunst und Gnade, Teilnahme und Mitteilung, Auszeichnung und Bereicherung, wodurch ich frische Anmut über meine hohen Jahre verbreitet sah, mich zu erfreuen hatte.

Ähnliches hätte er sich für Schiller gewünscht. Goethe bedauert, daß es ihm nicht mehr verliehen ist, in die „ausgebreitete Tätigkeit des Königs eingeordnet“, mitzuwirken. Diese Widmung und vor allem der in ihr enthaltene Vorwurf, Schiller nicht unterstützt zu haben, erregt großes Aufsehen. Doch Goethe bleibt bei seiner Meinung:

> Es ist wohl ein Unglück und mein Schmerz um Schiller ist noch um so größer, da ich nun weiß, daß der Dichter gerade starb, als eben durch die Gunst eines hohen Monarchen für ihn gesorgt werden sollte. Aber es bleibt Tatsache, daß Schiller bis in sein 45. Jahr sich selbst, dem Herzog von Weimar und seinem Verleger überlassen gewesen ist.[14]

Erschüttert zeigt sich König Ludwig, als er die Nachricht, daß Goethe am 22. März 1832 verstorben sei, von dem Weimarer Kanzler von Müller erhält.

König Ludwigs Interesse an Goethe entspringt einerseits seiner Liebe zur Literatur, andererseits auch der nationalen Kulturpolitik und vor allem der Festigung des deutschen Nationalbewußtseins. Im Sinne des Historismus als einer europäischen Kulturpolitik beteiligt sich der König am Denkmalkult seiner Zeit. Ja, er plant, sich am Ankauf des Goethe-Hauses und dessen Sammlung durch den Bund zu beteiligen.[15] Anläßlich der Erbauung der Walhalla bei Regensburg schreibt Ludwig über Goethe und Schiller:

> Nebest Schiller Teutschlands größter Dichter. Frühe schon war Goethe mit sich im Reinen und mit Allem. Ihn ergriff nichts mehr, er schwebte wie ein Gott über der Welt, gestaltend nach Belieben. Hohe Klarheit sein Wesen, die sich auch in seiner unerreichbaren Schreibart zeigte. Verstand, wie in seinen meisten Schriften, in seinem Leben vorherrschend; er gehörte dem heidnischen Altertume an, wäre einer seiner tiefsten Denker gewesen, und, wie Sinnlichkeit dasselbe durchdringt, ist sie fast in alle seine Werke verwebt.[16]

---

13 Spindler, Max (Hg.) : *Briefwechsel zwischen Ludwig I. von Bayern und Eduard von Schenk 1823–1841.* München 1930, S. 46; *Goethes Leben von Tag zu Tag.* Eine dokumentarische Chronik von Angelika Reimann. Zürich 1996. Bd. 8: *1828–1832*, S. 245 ff.

14 Göpfert, Herbert G.: *Schiller-Privilegien.* In: Buchhandelsgeschichte. Frankfurt/M. 1984, H. 3.

15 Historisches Staatsarchiv München (= HStAM) Staatsrat 5362; Hans-Ernst Mittig/Volker Plagemann (Hg.): *Denkmäler im 19. Jahrhundert. Deutung und Kritik.* München 1972, S. 141 ff.; Weiß, Josef: *Goethe in der bayerischen Ständeversammlung 1842.* Bayerische Staatszeitung. München 1927, Nr. 179, S. 8 u. Nr. 181, S. 6.

16 *Walhalla's Genossen*, geschildert durch König Ludwig I. von Bayern, den Gründer Walhalla's. München 1842, S. VII.

Ludwig hat sehr wohl Goethes Lebens- und Weltanschauung erkannt.

Der christlich-deutschen Nation soll die künstlerische Großtat der Walhalla zugute kommen. Nach ihrem Besuch hofft Ludwig I., daß „teutscher der Teutsche aus ihr trete, besser als er gekommen". Er glaubt an die sittlich veredelnde Kraft der Kunst. Deshalb versteht er den Patriotismus auch als eine moralische Größe. So ist seine „christlich-germanische" Vorstellung von einem ideologisierten Nationalverständnis weit entfernt. Wie er sein Mäzenatentum begreift, hat Ludwig bereits in seinem in Rom 1818 verfaßten Gedicht *Den deutschen Künstlern in Rom* ausgedrückt: als Pflanzung eines Baumes, der noch blühen werde, „wenn des Staatsmanns Werk bereits verschwand". Das Freie Deutsche Hochstift verleiht aus diesem Grund dem privatisierenden König die Meisterwürde.[17]

[17] Flugblatt 32 und 33 des Freien Deutschen Hochstifts Frankfurt a. M. vom 12. 11. 1864: *Berichte über die öffentliche Thätigkeit auf geistigem Gebiete in der Deutschen Bundesstadt Frankfurt a. M.*, S. 142.

GERHARD UND IRMTRAUT SCHMID

Goethe der Chef – Beobachtungen zu seiner amtlichen Tätigkeit seit 1788

1.

Auch wer nicht alles über Goethe weiß, glaubt doch zu wissen, daß alles über den Dichter, den Naturwissenschaftler, den Staatsmann und Beamten, den Menschen in all seinen Beziehungen bekannt und gesagt sei. Der in die Goetheforschung Eingeweihte ist sich dagegen bewußt, daß uns in der Fülle nicht immer fundierter und belangvoller Veröffentlichungen, in den sich vielfach nur wiederholenden Spiegelungen im Geist der Zeiten der Gegenstand zuweilen verlorenzugehen droht. Und er muß auf vorhandene Defizite hinweisen.

Das Beispiel eines solchen Defizits bietet Goethes Tätigkeit als sachsen-weimarischer Staatsbeamter und Minister. Hier gibt es noch immer Wahrnehmungslücken, die ein differenziertes, vertieftes Verständnis für die Bedeutung des amtlichen Wirkungsfeldes in seiner vollen Breite behindern. Unser Beitrag, der sich mit Goethes amtlicher Tätigkeit nach der Italienreise beschäftigt, soll diese Lücken benennen und auf Möglichkeiten aufmerksam machen, sie zu schließen.

Vieles und Grundlegendes ist zu Goethes Wirken als Mitglied des Geheimen Consiliums in den Jahren bis zur Flucht nach Italien geschrieben worden. Die Dokumente, die er in dieser Eigenschaft verfaßt oder beeinflußt hat, liegen fast vollständig vor, seit Willy Flach 1950 den ersten Band der großen, von ihm selbst nach Gegenstand und Methode klar umrissenen Edition von *Goethes Amtlichen Schriften* vorgelegt hat.[1] Bei der Bewertung der hier dokumentierten Beteiligung Goethes an einer Vielzahl von Amtsgeschäften des Consiliums gibt es Meinungsverschiedenheiten. Über das Gewicht, das den einzelnen Aufgaben und den dabei entwickelten Aktivitäten Goethes zuzumessen ist, wird mit unterschiedlichen, auch kritischen Stimmen geurteilt. Über eines ist sich die Forschung aber im wesentlichen einig: Wie klar und konkret auch die Vorstellungen und Reformpläne waren, mit denen Goethe sein Amt in Weimar angetreten hatte – die Antwort auf die von ihm selbst gestellte Frage, wie ihm „die Weltrolle zu Gesichte stünde" (an Merck, 22.1.1776; FA 29, S. 19), war letztendlich negativ. Das Herzogtum Sachsen-Weimar und Eisenach hatte sich als zu klein und arm erwiesen, um Tiefgreifendes verändern zu können. Im Angesicht der alltäglichen Amtsgeschäfte mit ihrer Fülle an Detailproblemen waren Überdruß und Resignation gewachsen. Die Flucht nach Italien führte folgerichtig zur Trennung von einem Lebensbereich, in dem, wie es schien, nichts mehr an neuer Erkenntnis und Erfahrung zu gewinnen war.

---

1 *Goethes Amtliche Schriften.* Veröffentlichung des Staatsarchivs Weimar. *Goethes Tätigkeit im Geheimen Consilium.* Teil I: *Die Schriften der Jahre 1776–1786*, bearb. von Willy Flach. Weimar 1950.

Im Urteil der Nachwelt konnte durch diesen radikalen Einschnitt der Eindruck entstehen, daß Goethe mit der Abreise im Jahre 1786 sein ursprüngliches Engagement für das Gemeinwesen und sein Interesse für die öffentlichen Aufgaben hinter sich gelassen habe. Daran ist so viel richtig, daß er die Möglichkeit – und die Wünschbarkeit – eines amtlichen Wirkens für grundlegende gesellschaftliche Veränderungen jetzt anders beurteilte, als dies der 26jährige Dichter bei seiner Ankunft in Weimar getan hatte. Es muß Goethe aber schon in Italien klar gewesen sein, daß er sich, wenn er denn nach Weimar zurückkehrte, bestimmten Erwartungen und Verpflichtungen nicht werde entziehen können. Seine Bereitschaft dazu hat er dem fürstlichen Freund mehrfach signalisiert. Wenn Goethe dem Herzog im Brief vom 27. bis 29. 5. 1787 nahelegte, ihn „nur das thun [zu] lassen was niemand als ich thun kann" (FA 30, S. 300), so war damit eine Eingrenzung des amtlichen Wirkungskreises angesprochen und zugleich angedeutet, wie er die Aufgaben auf diesem Gebiet künftig wahrnehmen wollte und konnte.

Was unter solchen Vorzeichen auf den nach Weimar Zurückgekehrten zukam, war in mehrfacher Hinsicht umfangreich genug. Zum einen stand er den Mitgliedern des Geheimen Consiliums wie dem Fürsten und Freund Carl August weiterhin, wenn auch außerhalb der regulären Sitzungsarbeit, als erfahrener Ratgeber in politischen und Verwaltungsangelegenheiten zur Verfügung. Dabei entwickelte sich eine informelle Art der Mitwirkung, die Goethe die Möglichkeit gab, sich von den Alltagsgeschäften des Geheimen Consiliums ganz zu lösen, aber Einfluß zu nehmen, wo er es wünschte. Zum zweiten griff er die 1777 begonnene Arbeit in der *Bergwerkskommission* (formell bis 1813 bestehend) und die ihm 1784 übertragene Aufgabe der *Ilmenauer Steuerkommission* (formell erst 1818 aufgelöst) wieder auf. Vor allem aber übernahm er im Laufe der Jahrzehnte nach der Rückkehr aus Italien Aufsichts- und Leitungsfunktionen in neuen Aufgabengebieten, bei denen es sich überwiegend und am Ende ausschließlich um Angelegenheiten von Wissenschaft und Kunst handelte. Um deutlich zu machen, worum es dabei geht, sei ein Überblick über die Ämter und Institutionen gegeben – ein Nachweis, der eine Vorstellung von der damit verbundenen Arbeitsfülle vermitteln kann.

Im Rahmen der 1789 eingesetzten *Schloßbaukommission* übernahm Goethe vor allem die künstlerische Leitung beim Wiederaufbau des 1774 abgebrannten Residenzschlosses in Weimar, hatte aber auch Gelegenheit, sein stets lebhaftes Interesse an allen Bau- und Architekturfragen in der Praxis zu betätigen. Bauprobleme besonderer Art beschäftigten ihn in der von 1790 bis 1803 bestehenden *Wasserbaukommission*, in der er im wesentlichen Regulierungsarbeiten am Saaleufer um Jena zu beaufsichtigen hatte.

Eine völlig andere Aufgabe ergab sich 1791 durch den Auftrag des Herzogs, die *Theaterleitung* zu übernehmen. Hier eröffnete sich ein Wirkungsfeld, das Goethes Fähigkeiten in spezifischer Weise angemessen war, andererseits aber, im Umgang mit der Schauspieltruppe wie mit den Wünschen des Herzogs, auch vielerlei Probleme mit sich brachte. Wiederholte Differenzen insbesondere mit Karoline Jagemann, der Primadonna des Theaters und Lebensgefährtin Carl Augusts, führten deshalb auch 1817 zum vorzeitigen Ausscheiden aus diesem Amt. Gerade in den Wochen und Monaten zuvor hatte Goethe die Zügel des Theaters noch einmal fest in die Hand genommen. Daß er generell nicht an einen altersbedingten Rücktritt dachte, zeigen auch die weiteren Tätigkeitsfelder, die er allesamt bis zu seinem Lebensende mit anhaltender Fürsorge wahrgenommen hat.

Gegenstand dieser Wirksamkeit war eine Reihe von Institutionen in Weimar und Jena, die im wesentlichen auf wissenschaftlichen Gebieten tätig waren. In den dazu eingesetzten Kommissionen arbeitete Goethe regelmäßig mit dem Geheimen Rat Christian Gottlob

Voigt zusammen, mit dem ihn schon seit früherer gemeinsamer Tätigkeit in Bergbau- und Steuerangelegenheiten ein vertrautes Verhältnis verband. Diese ursprünglich getrennten Kommissionen wuchsen seit etwa 1804 schrittweise verwaltungsmäßig zusammen und wurden im Zuge der Verfassungs- und Verwaltungsreform in Sachsen-Weimar im Jahre 1815 endgültig unter dem Dach einer gemeinsamen *Oberaufsicht über die unmittelbaren Anstalten für Wissenschaft und Kunst* vereinigt.

Die Oberaufsicht bildete eine eigene Zentralbehörde neben und unabhängig von dem neubegründeten, aus dem Geheimen Consilium hervorgegangenen Staatsministerium. Goethe leitete sie von nun an faktisch alleinverantwortlich und führte in dieser Eigenschaft den Titel eines Staatsministers, ohne Mitglied des Staatsministeriums zu sein. Die notwendige Verbindung dorthin wurde durch Voigt als nunmehrigen Präsidenten des Staatsministeriums hergestellt. Bis zu seinem Tode im Jahre 1819 war dieser kollegial in die Leitung der Oberaufsicht eingebunden, ohne daß das in der Struktur der sachsen-weimarischen Zentralverwaltung, wie sie der Staats- und Adreßkalender aufzeichnet, zum Ausdruck kam.

In der seit 1815 konstituierten Form einer Immediatkommission unterstanden Goethes Oberaufsicht folgende Einrichtungen:

- die *Zeichenschule* in Weimar: gegründet 1781; Goethe vermutlich schon seit Beginn mitverantwortlich, gemeinsam mit dem Geheimen Rat Ch. F. Schnauß in kommissarischer Funktion seit 1788 bis zu dessen Tod 1797
- das *Botanische Institut* in Jena: kommissarischer Auftrag an Goethe und Voigt bei der Gründung des Instituts und Einsetzung von K. Batsch als Direktor 1794
- die *herzoglichen Bibliotheken* in Weimar und Jena: in Weimar Anfänge einer fürstlichen Bibliothek seit der Reformation, als fachlich geleitete Institution gegründet 1691; Goethe in kommissarischer Funktion mit Voigt seit Dezember 1797; in Jena Übernahme der umfangreichen Bibliothek Ch. W. Büttners nach dessen Ableben 1801
- das *Naturwissenschaftliche Museum* in Jena: zusammengesetzt aus Kabinetten der drei Naturbereiche (Mineralogie, Botanik, Zoologie); entstanden aus Teilen der Weimarer „Kunstkammer", durch Ankauf von Sammlungen Jenaer Professoren und durch Eingliederung der Kabinette wissenschaftlicher Gesellschaften; ab 1803 unter kommissarischer Aufsicht von Goethe und Voigt mit J. G. Lenz als Direktor
- das *Anatomische Kabinett* in Jena: dokumentarisch nicht nachweisbarer kommissarischer Auftrag an Goethe und Voigt nach Weggang des Anatomen J. Ch. Loder 1803; kontinuierlicher Aufbau nach der dauerhaften Wiederbesetzung des anatomischen Lehrstuhls durch J. F. Fuchs 1805
- das *Chemische Institut* in Jena: dokumentarisch nicht nachweisbarer kommissarischer Auftrag an Goethe und Voigt nach Berufung von J. W. Döbereiner 1810
- die *Sternwarte* in Jena: kommissarischer Auftrag an Goethe und Voigt nach der Berufung von C. D. von Münchow 1812
- die *Tierarzneischule* in Jena: Unterstellung unter die Oberaufsicht nach Berufung von Th. Renner 1816
- die *Universitätsbibliothek* in Jena: kommissarischer Sonderauftrag an die Oberaufsicht 1817 zur Reorganisation und Zusammenführung mit der Schloß- (ehem. Büttnerischen) Bibliothek; fortgeführt als oberaufsichtliche Tätigkeit bis zu Goethes Tod
- das *Kunstmuseum* in Weimar: dokumentarisch nicht nachweisbarer Auftrag an Goethe und Voigt bzw. an die Oberaufsicht zum Aufbau musealer Einrichtungen für bildende Kunst seit etwa 1809.

Der Überblick läßt die Aufgabengebiete Goethes in der Oberaufsicht homogener erscheinen, als sie nach Entstehung und Zielstellung gewesen sind. Weit entfernt davon, Vorform eines „Kultusministeriums" zu sein, stellen sie sich eher als Zusammenfassung persönlicher Interessengebiete und punktueller landesherrlicher Aktivitäten auf wissenschaftlichem und künstlerischem Gebiet dar – eine Zusammenfassung, die freilich nicht zufällig entstanden, sondern folgerichtig aus Goethes Stellung in Weimar und seiner Freundschaft mit Carl August erwachsen ist. Die Initiative war dabei in bestimmten Bereichen eher vom Herzog ausgegangen, während in anderen Fällen Goethe aus eigenem Interesse aktiv geworden war.

Bemerkenswert ist insbesondere Goethes persönlicher Einsatz für die der Universität dienenden naturwissenschaftlichen Sammlungen in den Jahren ab 1803. Unmittelbarer Anlaß war die Krise, in die die Universität Jena durch den Weggang von bedeutenden Professoren und weitere drohende Verluste geraten war. Das Ausscheiden Loders, der seine anatomische Sammlung mitnahm und damit der Universität entzog, machte ein Dilemma deutlich: Mit dem bis dahin üblichen Verfahren, bei dem die Professoren die erforderlichen Sammlungen von Anschauungs- und Lehrmaterial selbst anlegten und darüber als persönliches Eigentum verfügen konnten, war ein kontinuierlicher Lehrbetrieb in den naturwissenschaftlichen Fächern nicht mehr zu gewährleisten. Für die sich rasch entwickelnden Bedürfnisse auf diesen Gebieten wurden jetzt Sammlungen und Laboratorien benötigt, die von der öffentlichen Hand unterhalten und entsprechend ausgestattet werden mußten.

Goethe und Carl August waren sich in dieser Erkenntnis einig und haben dementsprechend gehandelt. „Da wir die Menschen verlieren, müssen wir einsweilen die Sachen aufstutzen", schrieb Goethe am 28.7.1803 an Voigt (WA IV, 16, Nr. 4690). In den folgenden Monaten ging er an die Sicherung der vorhandenen und den Aufbau weiterer Sammlungen und Institute. Dabei verfolgte er auch ein ureigenes Anliegen: durch Sammlungsgegenstände ein Abbild der Welt zu schaffen und damit den Ordnungsprinzipien der Natur auf die Spur zu kommen.

In Jena gab es auf diesem Wege allerdings gewisse Hindernisse. Es war Rücksicht auf die Verfassung der Universität zu nehmen, die bis 1817 von vier ernestinischen Erhalterstaaten finanziert und verwaltet wurde. Bei jeder Entscheidung mußte eine umständliche und zeitraubende Verständigung zwischen den „Nutritoren" herbeigeführt werden, ein Verfahren, bei dem neue Initiativen und Anregungen leicht auf der Strecke blieben. Um das zu vermeiden, wurde bei allen von Weimar aus initiierten, der kommissarischen Aufsicht von Goethe und Voigt und später der Oberaufsicht unterstellten jenaischen Instituten ein Ausweg beschritten: Sie waren von Anfang an als sachsen-weimarische Einrichtungen konstituiert und wurden ausschließlich von Sachsen-Weimar unterhalten; der Verwaltung der Universität, deren Zwecken sie dienen sollten, waren sie nicht unterstellt.

Diese Regelung entsprach Goethes Erfahrungen in früheren Jahren; sie wurde entscheidend für seine oberaufsichtliche Amtsführung, bei der er in eigener Verantwortung handeln konnte und nur dem Herzog gegenüber rechenschaftspflichtig war. Welche Bedeutung diese Stellung für ihn hatte, zeigt auch seine Haltung bei dem Auftrag zur Reorganisation der Universitätsbibliothek Jena im Jahre 1817. Wenn er sich hier zunächst eher unwillig und zögerlich verhielt, so sicher auch, weil bei diesem Unternehmen Sachsen-Gotha-Altenburg als nach der Reform der Universität verbliebener Nutritor mitzubestimmen hatte. In diesem Zusammenhang wird deutlich, daß sich Goethes Oberaufsicht nicht, wie zuweilen zu lesen ist, auf die Universität im ganzen, sondern nur auf die hier behandelten, unmittelbar von Sachsen-Weimar getragenen Anstalten erstreckt hat. Den mehrfach ihm nahegebrachten Antrag, die neuzuschaffende Stelle des Kurators der Universität zu übernehmen, hat der 70jährige im Jahre1819 aus verständlichen Gründen abgelehnt.

2.

Die Forschung hat die neuen Wirkungsfelder Goethes nach der Rückkehr aus Italien nicht unbeachtet gelassen. Dennoch treten vor allem hier die Wahrnehmungslücken auf, von denen eingangs die Rede war. Wesentliche Gründe dafür sind in der Quellenlage zu suchen. Hier gibt es eine grundsätzlich andere Situation als bei Goethes Tätigkeit im Geheimen Consilium bis 1785/86, deren schriftlicher Niederschlag in überreichem Maße erhalten geblieben ist. Einige Tätigkeitsbereiche wie der Schloßbau, das Theater, die Bibliotheken in Weimar und Jena sowie die Sternwarte in Jena sind zwar vergleichweise gut dokumentiert. Die Aktenüberlieferung zu den meisten der Oberaufsicht unterstellten Instituten ist jedoch durch Kriegseinwirkung vernichtet worden. Dabei sind Hunderte Original-Schriftstücke verlorengegangen, in denen Goethes Tätigkeit in Gestalt von eigenhändigen und diktierten Aufzeichnungen aller Art oder in dienstlich wahrgenommenen und abgezeichneten Vorgängen in voller Breite dokumentiert war.[2]

Trotz der eingetretenen Verluste kann aber noch immer mit einem breit gefächerten Bestand an Quellen zu Goethes amtlicher Tätigkeit seit 1788 gerechnet werden. Wenn diese bisher ungenügend beachtet und genutzt worden sind, so liegt dies zweifellos auch daran, daß sich amtliche Akten mit ihrem oft spröden Inhalt und ihren von jahrhundertealten Traditionen bestimmten Formen einem unmittelbaren Verständnis vielfach entziehen. Sie sind nur auf der Basis von staats- und verwaltungsrechtlichen sowie verwaltungsgeschichtlichen und aktenkundlichen Kenntnissen zu verstehen und richtig zum „Sprechen" zu bringen. Ein in solcher Weise fundiertes Bild der Entstehungszusammenhänge kann bei Goetheforschern, die von der Literaturwissenschaft her die Verbindung zur amtlichen Tätigkeit Goethes suchen, in der Regel nicht vorausgesetzt werden. Umso wichtiger ist es, die vorhandenen Quellen durch Editionen zu erschließen; und hier ist ein weiteres Defizit zu konstatieren, das die Forschungen über Goethes amtliche Tätigkeit behindert.

Die Fortsetzung der genannten, von Willy Flach begründeten Gesamtausgabe von *Goethes Amtlichen Schriften*[3] ist zum Bereich der Oberaufsicht bisher nicht vorgedrungen. Den von Helma Dahl vorgelegten Bänden II bis IV[4] lag vielmehr eine Konzeptionsänderung zugrunde, nach der zunächst Goethes weitere Mitwirkung in Geschäften des Geheimen Consiliums in amtlichen und persönlichen Dokumenten dargestellt werden sollte.[5] Für ein-

---

2 Vgl. Komm. der in Anm. 7 genannten Edition, S. 1129–1134.

3 Siehe Anm. 1.

4 *Goethes Amtliche Schriften.* Veröffentlichung des Staatsarchivs Weimar. *Goethes Tätigkeit im Geheimen Consilium.* Bd. 2: *Die Schriften der Jahre 1788–1819,* bearb. von Helma Dahl. 1. Halbbd: *1788–1797.* Weimar 1968; 2. Halbbd: *1798–1819.* Weimar 1970. – Bd. 3: *Erläuterungen zu den Schriften der Jahre 1788–1819, bearb. von Helma Dahl. Weimar 1972. – Bd. 4: Register,* bearb. von Helma Dahl. Weimar 1987.

5 Vgl. Bd. 2,1, S. 9–114. – Die Konzeptionsänderung beruht auf der problematischen These, Goethes weitere Mitwirkung an den Geschäften des Geheimen Consiliums lasse sich streng von seiner Tätigkeit in den verschiedenen, später in der Oberaufsicht zusammengefaßten Kommissionen abgrenzen. Diese Annahme verkennt zum einen den informellen Charakter, der für Goethes Verbindungen zum Geheimen Consilium seit 1788 bestimmend war. Zum anderen widerspricht sie völlig dem Bild von Goethes Zusammenwirken mit Christian Gottlob Voigt in den verschiedenen Arbeitsbereichen, wie es sich in den überlieferten Dokumenten abzeichnet. Hier wird eine Art „amtlicher Personaleinheit" sichtbar, die mit rein verwaltungsrechtlichen und verwaltungsgeschichtlichen Kategorien nicht adäquat zu erfassen ist. Ohne erkennbaren Unterschied werden Formen der amtlichen und der privaten Korrespondenz angewandt, und es werden

zelne oberaufsichtliche Tätigkeitsfelder liegen Forschungen in monographischer Form vor, in denen auch eine gewisse Anzahl von Dokumenten veröffentlicht wird, vielfach freilich mit unvollständigen Texten oder überhaupt als Teilabdrucke und nicht in exakter Wiedergabeform.[6]

Eine Quellenedition, die erstmals die kommissarischen Aufgabengebiete Goethes seit 1788 in ihrer vollen Breite zusammenhängend dokumentiert, ist nunmehr im Rahmen der Frankfurter Goethe-Ausgabe in der Bibliothek Deutscher Klassiker erschienen.[7] In dieser Ausgabe werden von der Schloßbaukommission bis zur Oberaufsicht über die unmittelbaren Anstalten für Wissenschaft und Kunst alle genannten Arbeitsbereiche Goethes berücksichtigt. In der Anbetracht der Fülle der Überlieferung war allerdings eine Auswahl zu treffen, die wohl weniger als ein Viertel des Erhaltenen umfaßt.[8] Neben charakteristischen Beispielen aus schon vorliegenden, oft schwer zugänglichen Drucken sind vor allem bisher ungedruckte Dokumente aufgenommen.

3.

Mit der Ausgabe im Deutschen Klassiker Verlag eröffnen sich neue Möglichkeiten, Goethes Arbeitsweise in den verschiedenen Bereichen zu vergleichen und Ansatzpunkte für ein zuverlässigeres, zusammenfassendes Urteil zu gewinnen. Der Goethefreund erhält Gelegenheit, den Dichter von einer Seite kennenzulernen, die den eigenen Erfahrungen vielleicht weniger fern und fremd ist als das Bild des „Dichterfürsten". Er begegnet Goethe als Organisator und „Macher" bei Bauvorhaben, bei der Einrichtung und Leitung künstlerischer und wissenschaftlicher Institutionen, und das alles als Teil einer dienstlichen Hierarchie, wie sie auch das Berufsleben heutiger Menschen kennzeichnet.

In dieser Hierarchie finden wir Goethe an hervorgehobener Stelle eingebunden, nur mit dem Herzog über sich. Wir sehen ihn neben dem vertrauten Ministerkollegen Christian Gottlob Voigt und anderen, weniger vertrauten und zuweilen weniger gutwilligen Kollegen. Und wir beobachten ihn an der Spitze eines Apparates, der teils aus ausgezeichneten und guten, teils aus nur braven oder weniger geeigneten, zum Teil auch widerspenstigen

dabei Consiliums- und Kommissionsangelegenheiten ungetrennt nebeneinander abgehandelt. Der von Helma Dahl beschrittene Ausweg, die nicht zur Thematik des Consiliums gehörigen Teile der Schriftstücke wegzulassen, also bei vielen Dokumenten nicht den vollständigen Text zu bieten, ist für den Benutzer höchst unbefriedigend. Im Ergebnis ist aus der von Flach ursprünglich beabsichtigten Edition der „amtlichen Schriften" Goethes etwas ganz anderes, nämlich eine Ausgabe von Quellen amtlicher und privater Herkunft zu Goethes Beteiligung an Angelegenheiten des Geheimen Consiliums nach 1788 geworden.

6 Das gilt auch für die einzige Publikation, die schon frühzeitig einem übergreifenden Anspruch gerecht zu werden versuchte und bereits zwei Jahre nach Goethes Tod vorgelegt wurde: *Goethe in amtlichen Verhältnissen. Aus den Acten, besonders durch Correspondenzen zwischen ihm und dem Großherzog Carl August, Geh. Rath v. Voigt u. A., dargestellt von seinem letzten Amts-Gehülfen Dr. C. Vogel.* Jena 1834.

7 Johann Wolfgang Goethe. *Amtliche Schriften.* Teil II: *Aufgabengebiete seit der Rückkehr aus Italien.* Hrsg. von Irmtraut und Gerhard Schmid = *Sämtliche Werke. Briefe, Tagebücher und Gespräche.* Bd. 27. Frankfurt/M. 1999 (FA).

8 Unter den bisher ungedruckten Dokumenten befinden sich zweifellos viele, deren Veröffentlichung dringend zu wünschen ist. Ob aber das vom literarischen Werk übernommene Vollständigkeitsprinzip auch bei der Edition der amtlichen Schriften am Platze ist, bedarf noch eingehender Prüfung. Im Zusammenhang damit wird zunächst eine vollständige Erfassung des Erhaltenen wie des nachweisbar Verlorenen vorzunehmen sein.

Untergebenen bestand. Menschen unterschiedlichster Art und Fähigkeiten waren Goethes amtlicher Verantwortung, Leitung und Fürsorge unterstellt, und er hatte mit ihnen Aufgaben zu lösen, die aktive Gestaltung verlangten. Hier zeigt sich etwas grundsätzlich Neues gegenüber der Arbeit im Geheimen Consilium vor 1786, die in der Regel eher einen reagierenden als agierenden Charakter trug und bei der Goethe kaum mit direkt unterstellten Beamten zu tun hatte. Es erscheint naheliegend, in diesem Umstand ein wesentliches Motiv für seinen schon im Februar 1785 erfolgten Rückzug aus den Sitzungen des Geheimen Consiliums zu sehen.

„Goethe als Macher" und „Goethe als Chef" – das ist also das Bild, das wir aus den Dokumenten seiner amtlichen Tätigkeit seit 1788 gewinnen können. Ein wichtiger Unterschied ist dabei von Anfang an in Rechnung zu stellen: der zwischen Leitung und Aufsicht. Es gibt Aufgabenbereiche, in denen Goethe – mit seinen Mitkommissaren – die unmittelbare Leitung der Geschäfte obliegt; dazu zählen die *Schloßbaukommission*, die *Wasserbaukommission* und vor allem die *Theaterleitung*, aber auch die *herzoglichen Bibliotheken in Weimar und Jena* und der Auftrag zur Rekonstruktion der *Universitätsbibliothek Jena*. Auf der anderen Seite sind ihm Institute unterstellt, die von kompetenten Fachleuten betreut werden und lediglich einer anleitenden Aufsicht und Kontrolle bedürfen. Dieser Fall ist in allen Sammlungen und Instituten gegeben, die letztlich in der *Oberaufsicht über die unmittelbaren Anstalten für Wissenschaft und Kunst* zusammengefaßt waren. In der Praxis wird dieser Unterschied freilich relativiert und überlagert durch das größere oder geringere Interesse, das Goethe den beaufsichtigten Einrichtungen und ihren Gegenständen entgegenbringt.

Goethe als „Macher" und „Chef" ist naturgemäß am besten dort zu beobachten, wo er die Leitung der Geschäfte unmittelbar in die Hand nimmt. Wir wollen dabei, mit Goethe, zwischen den „Sachen" und den „Personen" unterscheiden und zunächst seine Arbeitsweise als Organisator fachlicher Aufgaben betrachten. Niemand kann sich dem Eindruck entziehen, den die bei Übernahme eines neuen kommissarischen Auftrags entstandenen Akten vermitteln. Ob beim Schloßbau, bei der Bibliothek in Weimar, bei der Gründung des Chemischen Instituts oder bei der Reorganisation der Universitätsbibliothek Jena – überall dort, wo die Unterlagen erhalten sind, läßt sich die gleiche Vorgehensweise beobachten: Am Anfang des Geschäftes stehen Ortsbesichtigung und Lagebesprechung mit den jeweiligen Mitarbeitern. Sie führen zu einer grundlegenden Analyse der Situation, deren Ergebnisse in mehr oder weniger umfangreichen, in der Regel eigenhändigen Aufzeichnungen festgehalten werden. Daraus leitet sich dann ein klares Programm der Bedürfnisse und Aktionen ab, das in der Folgezeit unter strikten Berichtsanforderungen kontinuierlich abgearbeitet, kontrolliert und in Gang gehalten wird. Erstaunlich ist dabei die Kompetenz im Überblick wie im Detail, die sich Goethe im Kontakt mit den jeweiligen Fachleuten auf den verschiedenen Gebieten zu verschaffen weiß. Und nicht zu übersehen ist die Begeisterung, mit der er sich allen Vorhaben widmet, bei denen architektonisch geplant und im großen oder kleinen gebaut werden soll.

Sind die Geschäfte in Gang, in die nötige Ordnung gebracht, ist es das weitere Anliegen Goethes, sie in dieser Ordnung zu erhalten und zu entwickeln. Wohl kein Begriff spielt in den Akten eine so große Rolle wie der der „Ordnung". Daß er nicht selten in Kombination mit dem der „Reinlichkeit" auftritt, darf nicht zu vordergründigen Fehlurteilen verführen. Es handelt sich hier um ein Grundprinzip in Goethes Denken und Handeln, eine Form der Lebensbewältigung, die in der amtlichen Tätigkeit in spezieller Weise zutage tritt. Wenn Goethe dabei den kleinsten Details seine Aufmerksamkeit schenkt – im Widerspruch zu seiner Bemerkung im wichtigen Brief an Carl August vom 27. bis 29. 5. 1787, daß er für das Detail nicht geboren sei (FA 30, S. 301) –, geht es um dieses Prinzip der Ordnung.[9]

Eine besondere Ausprägung findet das in Goethes intensiver Beschäftigung mit der Aktenführung, die bis zur eigenhändigen Beschriftung von Aktendeckeln und Durchfoliierung von Aktenfaszikeln reicht. Julius Wahle spricht in diesem Zusammenhang von Goethes „Aktensport" und weist auf die Funktion eines geistigen Ausgleichs hin, die dieser Betätigung zukomme.[10] Aber es verbirgt sich mehr und anderes dahinter. Zahlreiche Aufzeichnungen zeugen von Goethes Sorge um vollständige aktenmäßige Nachweise aller Vorgänge, insbesondere auch derjenigen, die im Rahmen der Kommissionstätigkeit mündlich abgehandelt worden sind. Hier trifft sich das Ordnen mit einem anderen Bedürfnis, das Goethe öfters artikuliert hat: Schriftliche Aufzeichnungen sollen das Andenken an die handelnden Menschen bewahren. Mit dieser – hier freilich eher subsidiären – Argumentation begründet er z. B. am 9. 6. 1819, daß die Mitarbeiter der Universitätsbibliothek weiterhin Arbeitstagebücher führen sollen, da ihre Tätigkeit im Gegensatz zu der anderer handelnder Personen in den Akten keinen Niederschlag finde (FA 27, Nr. 774).

Wollen wir eine Vorstellung von Goethes Arbeitsweise bei seinen amtlichen Funktionen seit 1788 gewinnen, dürfen wir im übrigen nicht an eine regelmäßige, kontinuierliche Tätigkeit denken, wie sie im Geheimen Consilium zumindest für die Anfangsjahre bestimmend war. Hatte er hier die Schriftstellerei dem von amtlichen Aufgaben beherrschten Leben „subordinirt", wie er am 14. 5. 1780 an J. Ch. Kestner schreibt (FA 29, S. 261), so gilt seit der Rückkehr aus Italien unausgesprochen und selbstverständlich das Gegenteil. In bestimmten Bereichen der kommissarischen Aufgaben, denen Goethe ein geringeres Interesse entgegenbringt, führt er eine vergleichsweise lockere Aufsicht. Das gleiche gilt allgemein zu Zeiten, in denen für ihn andere Schwerpunkte im Vordergrund stehen. Seit das Tagebuch regelmäßig geführt wird, gibt es einen genauen Einblick in die unterschiedliche Verteilung und Bündelung amtlicher Geschäfte. In den überlieferten Akten zeigt sich dies in fast anfallsweise auftretenden Aktivitäten, die manchmal den Eindruck eines „intermittierenden Aktenfiebers" erwecken.

In der Zusammenschau der verschiedenen Bereiche bleibt bewundernswert, welches Arbeitspensum Goethe in dieser Form von Nebenbeschäftigung bis in die letzten Lebensjahre bewältigt hat. Natürlich sind dabei die erwähnten Unterschiede zwischen Leitungs- und aufsichtlichen Aufgaben zu berücksichtigen. Die Theaterleitung erforderte zum Beispiel eine ständige Aufmerksamkeit, und Goethe hat sie bei mehrfachen wochenlangen Aufenthalten in Jena auch von dort aus wahrgenommen. Dennoch war es auch keine Besonderheit, wenn er sich z. B. am 10. 5. 1815 von seinen Mitkommissaren in der Hoftheaterdirektionskommission, wie das Gremium in dieser Zeit hieß, verabschiedete und ihnen für einige Monate die Geschäfte überließ (FA 27, Nr. 206).

Wir sind damit bei einer personellen Seite der amtlichen Wirksamkeit angelangt, die man, Hans Tümmler folgend, mit „Goethe der Kollege"[11] umschreiben könnte: seinem Verhältnis zu den Mitkommissaren. Die Kommissionen hatten ja eine kollegiale Struktur, bestanden also aus zwei bis vier Mitgliedern, die formell gleichberechtigt waren und einen Teil der gemein-

---

9 Vgl. hierzu insbesondere Wolfgang Rothe: *Der politische Goethe. Dichter und Staatsdiener im deutschen Spätabsolutismus.* Göttingen 1998, bes. das Kapitel *Der Ordnungspolitiker.*

10 Vgl. Julius Wahle: *Das Weimarer Hoftheater unter Goethes Leitung.* Weimar 1892, S. XXIV.

11 Vgl. Hans Tümmler: *Goethe der Kollege. Sein Leben und Wirken mit Christian Gottlob von Voigt.* Köln, Wien 1970.

samen Arbeit in mündlich geführten Beratungen erledigten. Aber das Geschäftsverfahren war einfacher als im Geheimen Consilium, wo Goethe unter den Umständlichkeiten und notwendigen Rücksichtnahmen im Umgang mit den ihm an Dienst- und Lebensalter vorstehenden Kollegen zu leiden hatte. In den verschiedenen Kommissionen gab es demgegenüber einen Vorteil, den er zu schätzen wußte und zu nutzen verstand: Goethe war in der Regel Vorsitzender und damit Primus inter pares – Primus nicht nur, aber auch als Freund des Herzogs. So sehen wir ihn in manchen Fällen recht selbstherrlich vorgehen und Entscheidungen vorwegnehmen, die er seinen Mitkommissaren erst nachträglich vorlegt. Bei langfristig eingespielter Zusammenarbeit entwickelt sich eine Art Arbeitsteilung. In der Theaterleitung versieht der Mitkommissar Franz Kirms z. B. das ökonomische Fach, während Goethe sich auf das Kunstfach zu konzentrieren sucht. Andererseits ist hier zu beobachten, daß Goethe seine Stellung als die eines vorgesetzten Generalintendanten empfindet, wenn er, selbst Mitkommissar, seine Kollegen als „Fürstl. Commission" anspricht (z. B. FA 27, Nr. 158).

Daß Goethe in den meisten Kommissionen mit Voigt als einzigem Mitkommissar zusammenarbeitete, wurde schon erwähnt. Bei dieser Konstellation konnte weitgehend auf Sitzungen verzichtet und die Arbeit durch Austausch von Voten, Zusendung von Akten und in privatdienstlichem Schriftwechsel abgewickelt werden. In Voigt hatte er einen Partner von staatsmännischem Format, der Goethes Priorität gleichwohl anerkannte und ihm insbesondere in verwaltungsrechtlichen wie finanzpolitischen Fragen als ständige, unauffällige Stütze zur Seite stand; nicht zuletzt diente Voigt auch als Mittler, wenn Spannungen im Verhältnis zwischen Goethe und dem Herzog zu überbrücken waren.

Hans Tümmler, der den Briefwechsel zwischen Goethe und Voigt herausgegeben hat,[12] zeichnet in seiner grundlegenden Darstellung über „Goethe den Kollegen" ein eindrucksvolles Bild dieses Verhältnisses. Auch die amtlichen und persönlichen Beziehungen zwischen Goethe und Carl August waren Gegenstand bedeutender Editionen und Darstellungen, wobei vor allem die Arbeiten von Fritz Hartung, Hans Wahl und Friedrich Sengle zu nennen sind.[13] Besondere Aufmerksamkeit verdienen hingegen auch diejenigen Texte, die in die andere Richtung der Hierarchie führen, Aktenschriftstücke, in denen die Verbindungen Goethes zu den ihm unterstellten Institutionen dokumentiert sind.

Betrachtet man Goethes Leitungsmethoden, wie sie sich in einer Vielzahl von Aktenvorgängen darstellen, so muß man sie im Kern als patriarchalisch und zu Teilen autoritär bezeichnen. Hier zeigt sich einmal mehr, daß Goethe in seiner gesamten historischen und politischen Vorstellungswelt, in allen seinen Rechtsbegriffen, auch und gerade in der Ausübung seiner Amtsgeschäfte, ein Mensch des ancien régime war. Diese grundsätzliche Feststellung erscheint nötig, damit Goethes Denk- und Handlungsweise nach Maßstäben ihres historischen Entstehungs- und Wirkungszusammenhangs beurteilt werden kann, wie es das Anliegen jeder historischen Annäherung sein muß.

---

12 *Goethes Briefwechsel mit Christian Gottlob Voigt.* Bd. 1–4, bearb. und hrsg. von Hans Tümmler. (Bd. 3–4 unter Mitarbeit von Wolfgang Huschke) = Schriften der Goethe-Gesellschaft, Bd. 53–56. Weimar 1949–1962.

13 Vgl. Fritz Hartung: *Goethe als Staatsmann.* In: GJB 43 (1922), S. 295–314. – Ders.: *Das Großherzogtum Sachsen unter der Regierung Carl Augusts 1775–1828.* Weimar 1923. – *Briefwechsel des Herzogs-Großherzogs Carl August mit Goethe.* Bd. 1–3, hrsg. von Hans Wahl. Berlin 1915–1918. – Friedrich Sengle: *Das Genie und der Fürst. Die Geschichte der Lebensgemeinschaft Goethes mit dem Herzog Carl August von Sachsen-Weimar-Eisenach. Ein Beitrag zum Spätfeudalismus und zu einem vernachlässigten Thema der Goetheforschung.* Stuttgart, Weimar 1993.

Patriarchalisch und ganz im Sinne der ständischen Ordnungsvorstellungen der Zeit zeigt sich Goethes Selbstverständnis als Vorgesetzter und Chef. Patriarchalisch betrachtet er die gestuften Abstände in seinem Verhältnis zu den verschiedenen Kategorien seiner Untergebenen. Auf der höchsten Stufe unter ihm stehen die Professoren, die als Direktoren oder Leiter der Jenaer Institute tätig sind. Fast alle genießen den Vorzug, von Goethe auch bei dienstlichen Kontakten meist in der höflichen Form eines persönlich gehaltenen Schreibens angesprochen zu werden. Offizielle Kommissionsdekrete bzw. die späteren Verfügungen der Oberaufsicht ergehen an diese Adressaten nur bei rechtsrelevanten, z. B. Personalfragen betreffenden Anordnungen – oder wenn Goethe seine Unzufriedenheit mit einem der Direktoren auszudrücken wünscht. Interessanterweise gehören zu diesem Personenkreis, mit dem er auch gesellschaftlich verkehrt und in unterschiedlichem Maße persönlich verbunden ist, nicht die leitenden Mitarbeiter der Bibliotheken in Weimar und in Jena, in denen Goethe selbst die Leitungsposition einnimmt. Ebensowenig zählt in der Regel Ludwig Schrön dazu, der seit 1824 als Leiter der Sternwarte tätig war, aber damals noch keine Professur innehatte. Diese Personen werden, ebenso wie das Hilfs- und Unterpersonal, nur im Weisungsstil angeschrieben.

Goethe nimmt dabei selbstverständlich das Recht in Anspruch, über die Köpfe der Direktoren hinweg mit ihren Untergebenen zu korrespondieren. Umgekehrt weist er dagegen den Universitätsbibliothekar Güldenapfel in einer Verfügung vom 14. 3. 1820 zurecht, weil dieser, unter Umgehung Goethes, ein Dankschreiben für eine Bücherschenkung direkt an den Großherzog gerichtet hat (FA 27, Nr. 786). Und dem in der Weimarer Bibliothek tätigen Schwager Ch. A. Vulpius wird in einem ähnlichen Fall durch eine Verfügung vom 10. 11. 1822 deutlich gemacht, daß er seine Berichte an den Herzog künftig „gehörig und in der Form“ über die Oberaufsicht zu leiten habe (ebd., Nr. 438).

Im Hinblick auf die Kontakte zu den unterstellten Einrichtungen und ihren Mitarbeitern in Weimar wie im benachbarten Jena muß natürlich bedacht werden, daß sehr vieles im unmittelbaren mündlichen Verkehr abgemacht worden ist; und bei allem Akteneifer Goethes hat er sicher nicht jede Handlung und Absprache notiert. Erst mit zunehmendem Alter verlagert sich das Schwergewicht auf die schriftlichen Verbindungen, und die Anfragen und Berichte von unten finden nun auch nicht mehr so prompt ihre Antwort, wie dies früher die Regel war. Charakteristisch für den alternden Chef ist eine Häufung genauer Instruktionen für die Untergebenen, während er in früheren Jahren von diesem Verfahren nicht viel gehalten hatte, wie sich etwa aus einem unter dem 4. 11. 1807 geäußerten Votum ergibt: „Je weitläufiger die Gesetze werden giebts desto mehr Contraventionen Ausflüchte und Raisonnements“ (FA 27, Nr. 431).

Als Ausdruck einer patriarchalisch verstandenen Fürsorge zeigt sich auch Goethes Umgang mit den persönlichen Anliegen und Bedürfnissen seiner Untergebenen – nicht zuletzt auf dem Gebiet der Besoldung. Die Mittel, die für die Gehaltsfonds zur Verfügung standen, waren entsprechend den Möglichkeiten des sachsen-weimarischen Kleinstaates sehr bescheiden. Völlig im Rahmen des Gewohnten der Zeit lagen die außerordentlich großen Unterschiede in der Besoldung der einzelnen Beamtengruppen. Wenn das Jahresgehalt eines Professors nach 1815 bei 400 bis 600 Talern lag (der Chef der Oberaufsicht erhielt das Fünf- bis Achtfache), so galt es durchaus als angemessen, etwa einen Diener mit 50 bis 60 Talern im Jahr zu bezahlen. Da stellte es eine besondere Vergünstigung dar, wenn etwa dem „akademischen Bibliotheksdiener“ in Jena durch Verfügung vom 27. 12. 1826 – allerdings auf Widerruf – ein jährlicher Zuschuß von 1 Taler und 8 Groschen für das Scheuern und Reinigen der beiden unteren Bibliothekszimmer zugesprochen wird, nicht ohne dem Begünstigten „größtmögliche Reinlichkeit“ aufzutragen (FA 27, Nr. 793). Und es wird verständlich, daß sich der Chef der Oberaufsicht persönlich in einer Verfügung vom 10. 11. 1821 um die Verteilung der jährlich in einer Blechbüchse eingesammelten Trinkgelder unter die Subalternen der Bibliothek kümmert (ebd., Nr. 790).

Im Rahmen der engen Grenzen, die ihm gesetzt waren, sehen wir Goethe stets um gerechte Zuteilung bemüht; manchmal um standesgerechte im buchstäblichen Sinne, wenn er etwa, in einem Votum vom 6. 4. 1803, dem beim Katalogschreiben in der Jenaer Schloßbibliothek beschäftigten Leutnant Klingsöhr „als einen Honoratioren“ eine höhere Bezahlung zugesteht als einem Studenten, der die gleiche Arbeit geleistet hat (FA 27, Nr. 423). Insgesamt ist nicht zu verkennen, daß es dem Chef lieber war, für konkrete Leistungen von Fall zu Fall mit ein- oder mehrmaligen „Remunerationen“ zu bezahlen oder als Belohnung und Ansporn eine „kleine Ergötzlichkeit“ zu versprechen, als sich mit der Vergabe von „Emolumenten“, d. h. festen Gehältern, auf die dann Anspruch bestand, auf Dauer zu verpflichten. Charakterisitsch ist es in diesem Zusammenhang, wenn er in einem Schreiben an den Regierungskommissar von Conta vom 27. 11. 1817 empfiehlt, eine für das stundenweise Katalogschreiben in der Universitätsbibliothek vorgesehene Summe zunächst zurückzuhalten, „denn die Leute nehmen dergleichen Gelder sehr gern als Pfründe, und wollen nachher für jede Arbeit bezahlt seyn“ (ebd., Nr. 764). Es dürften vielfältige Erfahrungen gewesen sein, aus denen er diese bis heute nicht ganz zu entkräftende Einsicht gewonnen hat.

Einen anderen Goethe lernen wir kennen, wenn sich Untergebene oder auch Bewerber mit persönlichen Anliegen und Wünschen oder in Notlagen an ihn wenden. Hier tritt der Chef zurück und macht dem um Fürsorge bemühten Hausvater Platz, wenn das Anliegen berechtigt und erfüllbar erscheint. Der Chef kommt allerdings wieder zum Vorschein, falls sich der Bittsteller allzu ungestüm oder in ungebührlicher Form aufdrängt. „Herr Bercht ist nicht gut berathen, daß er in diesem Ton auftritt“, schreibt Goethe etwa an Voigt am 14. 1. 1810 zu dem Gesuch eines Jenaer Dozenten, und er endet mit der Empfehlung: „so möchte man wohl darauf resolviren; wie gebeten, abgeschlagen!“ (FA 27, Nr. 811). Ähnlich wird die Schauspielerin Amalie Wolff, sonst bei der Theaterleitung geschätzt und wohlangesehen, in einem Votum vom 26. 2. 1814 zurückgewiesen: „Von dem höchst unziemlich vorgetragnen Gesuch der Mad. Wolf kann ich keine Notiz nehmen. Daß doch die guten Leute nicht begreifen, daß man nicht grob seyn muß wenn man seine Absichten erreichen will“ (ebd., Nr. 174). Und resignierend stellt er in einem Votum vom 20. 4. 1810 fest: „Unsere guten Schauspieler werden sich wohl niemals in einen Geschäftsgang finden, so wenig als in Subordination, da es ihnen viel bequemer und angenehmer dünkt, die Sache nach Belieben, wie unter ihres Gleichen, abzuthun“ (ebd., Nr. 154).

Hier schließt sich der Bogen zu Goethes schon angesprochenem Selbstverständnis seiner Position, und es ist leicht nachzuvollziehen, daß sich autoritative Züge bei ihm vor allem im Umgang mit dem Völkchen der Acteurs und Actricen entwickeln konnten – und wohl auch mußten. Hier allein hatte er es ja auch mit einer größeren Zahl von Untergebenen zu tun. Die Truppe umfaßte 20 bis 25 Mitglieder, die in Schauspiel und Oper beschäftigt waren. Dazu kamen das technische Personal, verschiedene „Offizianten“ und Subalterne, eine Gruppe, die insgesamt etwa 20 fest angestellte oder im Taglohn beschäftigte Personen umfaßte. Einen gesonderten Bereich, mit dem die Theaterleitung ständig zusammenzuarbeiten hatte, bildete die Hofkapelle. Sie war dem Hofmarschallamt unmittelbar zugeordnet, im Hinblick auf die Oper aber auch disziplinarisch, leitungs- und verwaltungsmäßig der Theaterleitung unterstellt; ihre Mitgliederzahl wuchs im Laufe der Jahre von 25 bis zu 35–40 an.

Es ist also nicht zu hoch gegriffen, wenn wir davon ausgehen, daß Goethe im Theaterbereich ständig 70 bis 80 Personen anzuleiten, zu kontrollieren und auf die ihm vorschwebenden künstlerischen Ziele auszurichten hatte (im gesamten Oberaufsichtsbereich lag die Zahl der Untergebenen noch am Ende unter 40). „Ungebühr“ und „Unfertigkeiten“ gegenüber der Theaterleitung wie untereinander waren an der Tagesordnung, gegenseitige Tätlichkeiten nicht selten. Hinzu kam das Andringen der Gläubiger gegen die vielfach verschuldeten Mitglieder der Truppe, das durch immer neue Verrechnungsregulierungen befriedigt werden mußte. Eine Fülle überlieferter Einzelakten über Disziplinar- und Schuldenangelegenheiten belegt alles dies bis ins kleinste.

Der Zweck des Unternehmens war unter diesen Umständen sicher nicht anders als mit autoritären Mitteln zu erreichen. Wir finden den Niederschlag in zahlreichen Einzelweisungen und einer Reihe von Dienstordnungen, in denen Regeln für den Aufenthalt im Theatergebäude, für die Arbeit auf den Proben und das Verhalten bei den Aufführungen, für die Wahl der Theatergarderobe usw. gegeben und bei Zuwiderhandlungen Geldstrafen angedroht werden, die im Verhältnis zu den Gagen recht einschneidend erscheinen. Charakteristische Anweisungen dieser Art liegen z. B. aus dem Jahre 1808 vor (Dienstanordnungen vom 28. 2. und 8. 4. 1808; FA 27, Nr. 144–146). Es gibt Zeugnisse, daß diese Ordnungen wirklich durchgesetzt und die festgelegten Strafgelder von der Theaterverwaltung rigoros eingezogen worden sind.

In Disziplinarfällen, die vor den Chef gebracht werden, beläßt es Goethe allerdings nicht selten bei mehr oder weniger scharfen Androhungen und Ermahnungen und zeigt sich eher zögerlich bei der tatsächlichen Ausführung. Da überrascht es, wenn wir sehen, wie er gegebenenfalls nicht nur die vertraglichen Möglichkeiten nutzt, sondern auch einmal, ohne sich mit den Mitkommissaren abzustimmen, als Strafe einfach eine Kündigung ausspricht (so geschehen bei einer Gastspielzeit in Rudolstadt im Herbst 1794, wobei die Kündigung auf Einspruch wieder zurückgenommen wurde; FA 27, Nr. 89–90). Und wenn er „ungebührlich“ sich aufführende Mitglieder des Ensembles einfach abführen und einige Tage im Arrest schmachten läßt (ebd., Nr. 138, 199), muß ein solches Verfahren auch unter den damaligen Rechtsbegriffen als Nachklang absolutistischer Willkür erscheinen.

Höchst unwillig sehen wir Goethe reagieren, als sich 1802 die Mitglieder der Hofkapelle und 1810 das Schauspielensemble zusammenfinden und gemeinsame Eingaben ausarbeiten. In einem Dekret vom 15. 11. 1802 werden den Musikern „dergleichen gesetz widrige Zusammenkünfte, so wie jede von sämmtlichen Mitgliedern etwa zu unterzeichnende oder in ihrem Nahmen zu überreichende Vorstellung, alles Ernstes, und unter Androhung mißbeliebiger Verfügungen, ausdrücklich, untersagt“ (ebd., Nr. 134), und das Vorgehen der Schauspieler kommentiert Goethe in einem Votum vom 29. 4. 1810 mit der Überlegung: „Wir dürfen es nicht aufkommen lassen, daß die Mitglieder des Theaters sich als einen Körper ansehen, der ohne die Commission die ihr Haupt ist, bestehe. Wie kann einer für alle unterschreiben? Und wie legitimirt er sich zu seinem Auftrag?“ (ebd., Nr. 135). Auch hier handelt Goethe ganz nach der Vorstellungswelt des ancien régime, in der eine wie immer geartete „Koalitionsfreiheit“ keinen Platz hatte.

Die Reorganisation der Universitätsbibliothek Jena seit 1817 bietet ein abschließendes Beispiel besonderer Art, das uns zeigt, wie Goethe als Chef mit rigorosen Mitteln eine effektive Arbeitsorganisation durchsetzt. Zu Beginn stellt er fest, daß das vorhandene Personal – Bibliothekar und Bibliotheksdiener – nur zum geringsten Teil seiner Arbeitszeit für die eigentliche Aufgabe zur Verfügung steht. Er ordnet genaue Untersuchungen – wir würden heute sagen:

Arbeitszeitstudien – an, sorgt für Entlastung des Bibliothekars auf anderen Gebieten mit entsprechendem Besoldungsausgleich und für Verstärkung des Personals. Für alle werden die erwähnten Arbeitstagebücher eingeführt, die regelmäßig zur Kontrolle einzusenden sind, und es gilt eine harte Arbeitszeitregelung, die über viele Jahre eisern eingehalten werden muß: tägliche Arbeitszeit von sieben Stunden, auch an Sonn- und Feiertagen und sonstigen freien Tagen. Zwar wird, wie eine Verfügung vom 24. 4. 1821 besagt, „eine billige [= angemessene; d. Vf.] Remuneration deshalb abgereicht" (FA 27, Nr. 781); dennoch erscheint die tägliche Arbeitszeit für eine damalige Bibliothek ungewöhnlich, ganz abgesehen von der unchristlichen Sonn- und Feiertagsregelung.

Der Erfolg war, daß es in dieser Zeit gelang, zwei große Bibliotheken – Schloß- und Universitätsbibliothek – zu vereinigen, mehrere bisher getrennt gehaltene Nachlaßbibliotheken zu integrieren, für den Gesamtbestand neue alphabetische Kataloge anzufertigen und den gesamten Verwaltungs- und Benutzungsbetrieb, der ununterbrochen weitergeführt wurde, auf eine kontrollfähige Grundlage zu stellen.

4.

Mit guten Gründen darf gesagt werden, daß eine Zusammenschau von Dokumenten aus allen Bereichen der amtlichen Tätigkeit seit der Italienreise geeignet ist, unsere Aufmerksamkeit auf einen Lebens- und Wirkungsbereich zu lenken, der bisher in seiner Bedeutung für Goethes Lebensleistung nicht genügend beachtet worden ist. Sofern das Bild von Goethe als Chef überhaupt wahrgenommen wurde, läßt es sich nun präzisieren und facettenreicher darstellen. Vor allem aber werden die historischen, verfassungs- und verwaltungsrechtlichen Bedingungen erkennbar, in die Goethes Tätigkeit einzuordnen ist. Nur aus diesen Zusammenhängen heraus ist ein zutreffendes Urteil zu gewinnen, das Goethes amtlicher Arbeit in ihrer verantwortungsvollen Anstrengung und ihren wahrlich achtbaren Resultaten, in ihrer individuellen Eigenart wie auch in ihren zeitgebundenen Grenzen gerecht wird – jenseits einer unangemessenen Überhöhung wie einer unzulässigen Diskriminierung, in der sich heutzutage mancher unhistorisch urteilende und verurteilende Kritiker gefällt.

WOLF VON ENGELHARDT

*Goethe und die Geologie**

> Ich komme mir vor wie Antäus, der sich immer neu gestärkt fühlt, je kräftiger man ihn mit seiner Mutter Erde in Berührung bringt.
>
> Goethe 1786

Die Wissenschaft von den Steinen und der Erdgeschichte nimmt in Goethes naturwissenschaftlichen Studien eine besondere Stellung ein. Sie ist die erste Naturwissenschaft, der sich Goethe zugewendet hat, und sie hat ihn in wechselnder Intensität, aber stetig von den ersten Jahren in Weimar bis in seine letzten Tage beschäftigt, d. h. von seinem 26. bis in sein 83. Lebensjahr. In der Leopoldina-Edition von *Goethes Schriften zur Naturwissenschaft*[1] liegen in Gestalt der chronologisch geordneten geowissenschaftlichen Texte, der zugehörigen Materialien und der Fülle eigener und fremder Zeugnisse die Dokumente von Goethes lebenslang fortschreitender Naturforschung im Reich der Steine vor.

„Mein Leben ein einzig Abenteuer" (FA 14, S. 930), notiert Goethe 1816 bei der Arbeit an seiner Autobiographie *Dichtung und Wahrheit.* Ich will versuchen, einem besonderen Abenteuer seines Lebens, der Geschichte seiner Naturforschung im Reich der Steine, nachzugehen, wie sie sich durch eigene Tätigkeit und im Verein mit Zeitgenossen ereignete und zu Verwandlungen aller Bereiche seines Naturverständnisses führte.

Anlaß zur Naturforschung im Reich der Steine war der Auftrag, den Goethe 1776 von seinem herzoglichen Freund Carl August von Sachsen-Weimar-Eisenach erhielt, die Wiederaufnahme des 1739 aufgegebenen Silber- und Kupferbergbaus in Ilmenau im Thüringer Wald vorzubereiten.

Zuvor waren Goethes Jugendjahre von einem innig-sentimentalischen Verhältnis zur Natur beherrscht, das in den Gedichten der Straßburger Zeit, im *Werther*-Roman und in den Aufzeichnungen von der ersten Reise in die Schweiz zum Ausdruck kommt. Den Freuden und Leiden des armen Werther stellt sich die Natur in wunderbarer Weise zur Verfügung: Am „süßen Frühlingsmorgen" genießt Werther die Gegend, „die für solche Seelen geschaffen ist wie die meine". Später, bevor er Lotte zum ersten Mal trifft, zieht sich ein Gewitter in „weißgrauen, dumpfichten Wölkchen am Horizonte" zusammen, Unheil verkün-

---

* Vortrag beim Colloque internationale à l'occasion du 250e anniversaire de la naissance de Johann Wolfgang von Goethe, Université Paris-Sorbonne, 29. 3.–2. 4. 1999.

1 LA – Die geologischen und mineralogischen Texte in folgenden Bänden: LA I, 8, bearb. von Dorothea Kuhn. Weimar 1962; LA I, 11, bearb. von Dorothea Kuhn u. Wolf von Engelhardt. Weimar 1970. – Ergänzungen und Erläuterungen dazu in den Bänden: LA II, 7 *Zur Geologie und Mineralogie von den Anfängen bis 1805,* bearb. von Wolf von Engelhardt unter Mitarb. von Dorothea Kuhn. Weimar 1989; LA II 8A *Zur Geologie und Mineralogie von 1806 bis 1820,* bearb. von Wolf von Engelhardt unter Mitarb. von Dorothea Kuhn. Weimar 1997; LA II 8B *Zur Geologie und Mineralogie von 1821 bis 1832,* bearb. von Wolf von Engelhardt unter Mitarb. von Dorothea Kuhn. Weimar 1999.

dend. 1775 erlebt Goethe auf der Reise in die Schweiz mit den Grafen Stolberg Natur nicht in eigenmächtiger Gegenständlichkeit; er empfindet sie so, wie sie dem Gefühl genehm oder zuwider ist: „Herrlich rings ist die Natur / Die mich am Busen hält", heißt es bei der heiteren Bootfahrt auf dem Zürichsee, aber „allmächtig schröcklich" ist der mühsame Aufstieg zur Paßhöhe, wo es „öde" ist „wie im Thale des Todes".

Bei der Vorbereitung des Bergbaus im Thüringer Wald geht es dagegen 1776 um den praktischen Umgang mit der Natur, um gewaltsames und gefahrvolles Eindringen in noch unbekannte Tiefen des Gebirges und das Aufbrechen harten Gesteins, dem begehrte Erzmineralien zu entreißen sind. Goethe stellt sich dieser Aufgabe. Er lernt das ihm noch unbekannte Naturreich der Steine nicht in Gestalt gezähmter Musterstückchen einer Museumssammlung kennen, sondern in der Landschaft des Thüringer Waldgebirges als eine Welt widerstrebender Naturgewalten. Deren eigenständige Strukturen und Gesetzmäßigkeiten muß man erlernen, denn man muß sich ihnen fügen, um sie nutzen zu können. Indem Goethe Wissen und Können von Berg- und Gebirgskundigen erlernt, erschließt sich ihm die Natur als ein Universum eigener, fremdartiger und zu erkundender Gegenstände.

Das neue Naturverhältnis findet eine erste poetische Gestalt im großen Gedicht *Harzreise im Winter*[2], die Goethe im Dezember 1777 unternimmt, um die Einrichtungen des dort hochentwickelten Bergbaus kennen zu lernen. Der Brocken, den Goethe im Schnee ersteigt, erregt nicht sentimentalische Gefühle, sondern wird in den letzten Versen des Gedichts als ein gewaltiger Natur-Gegenstand, als ein geheimnisvolles, Erforschung forderndes Numen angeredet:

Du stehst unerforscht die Geweide
Geheimnisvoll offenbar
Über der erstaunten Welt,
Und schaust aus Wolcken
Auf ihre Reiche und Herrlichkeit.

Entschiedener macht sich das neue Naturgefühl auf der Reise in die Schweiz bemerkbar, die Goethe im Herbst 1779 mit Herzog Carl August unternimmt. In den Briefen von dieser Reise ist nicht mehr unbestimmt von „Natur" die Rede, sondern stets von den „Gegenständen der Natur". Goethes Schilderungen spiegeln Landschaften und Felsformationen, nicht die Stimmungen des eigenen Herzens. Im Vorhof geologischer Wissenschaft stellt Goethe Phänomene der Gebirgsnatur in ihrer Gegenständlichkeit und erahnten Gesetzmäßigkeit dar.

Von besonderer Bedeutung sind Gespräche, die der Herzog und Goethe auf dieser Reise in Genf mit Horace Benedict de Saussure führen, dem Bergbesteiger und berühmten Erforscher der Schweizer Alpen. Von ihm, der gerade seine *Voyages dans les Alpes*[3] abgeschlossen hat, erfährt Goethe die in diesem Buch niedergelegten Ansichten über die Natur und die Bildungsweise des Granits der höchsten Berggipfel durch Kristallisation. Auf ihrem Weg von Genf durch das Arvetal nach Chamonix, am Fuße des Montblanc, folgen die Reisenden der Route mit ihren geologischen Sehenswürdigkeiten, wie Saussure sie in seinem Buch beschreibt.

---

[2] WA I, 2, S. 61–64. Dazu: W. v. Engelhardt: *Goethes Harzreise im Winter 1777.* GJb 104 (1987), S. 192–211.
[3] Horace Benedict de Saussure: *Voyages dans les Alpes.* Vol. 1, Genève 1789.

Nach der Rückkehr von der Schweizer Reise entfaltet sich, losgelöst von den praktischen Aufgaben des Bergbaus, Goethes forschende Tätigkeit im Steinreich. Den für die spätere Leitung des Bergwerks in Ilmenau vorgesehenen und an der Bergakademie Freiberg bei Abraham Gottlob Werner ausgebildeten Johann Karl Wilhelm Voigt schickt Goethe aus, um die Verbreitung der Gesteinsformationen, Mineralien und nutzbaren Materialien im Herzogtum zu untersuchen.[4] So kommt auf Goethes Veranlassung die erste geologische Landesaufnahme des Herzogtums zustande, die auf dem von Werner entwickelten System der Gesteinsformationen Mitteldeutschlands beruht und von Voigt 1782 in einem Buch[5] veröffentlicht wird. Goethe beteiligt sich an den Erkundungen im Gelände, erlernt von Voigt die Prinzipien der von Werner gelehrten Mineralogie und Geognosie und studiert zeitgenössische geologische Schriften. Dabei wendet sich Goethes Interesse bald über die Grenzen der weimarischen Lande hinaus auf allgemeinere Fragen des Baus und der Geschichte der Erde. Es taucht der Plan zu einem „Roman über das Weltall" und zum Entwurf einer „Mineralogischen Karte Europas" auf.

Nach der Erkundung der Schichtgesteine Thüringens tritt in den Mittelpunkt von Goethes Interesse der Granit, den er, wie alle Geognosten seiner Zeit, für die uralte Unterlage aller anderen Gesteine hält. Um dieses Urgestein zu erkunden, geht Goethe 1783 und 1784 in den – trotz jahrhundertealten Bergbaus – geologisch noch nicht erforschten Harz, wo sich Granit aus umhüllenden Gesteinen hoch zum Brockenmassiv erhebt. Von diesen Forschungsreisen sind Goethes Sammlungen von Gesteinen und Mineralien und Aufzeichnungen erhalten, die minutiöse Erkundungen im Gelände bezeugen, sowie die zwei oft zitierten, leider nur fragmentarischen Texte *Granit I* von 1783[6] und *Granit II* von 1784[7] Diese Texte entziehen sich der Zuordnung zu einer bestimmten darstellerischen Gattung; sie sind naturwissenschaftliche Abhandlung und poetisches Kunstwerk zugleich. Als Naturforscher folgt Goethe, oft im Wortlaut genau, zwei von ihm nicht genannten Vorlagen: Den Granit schildert er, wie ihn Saussure in seinen *Voyages dans les Alpes* beschrieb, als ein „Ganzes" aus den „Teilen" Feldspat, Quarz und Glimmer, das als älteste „Grundfeste unserer Erde" durch „Kristallisation" entstand. In der Überlagerung des Granits durch geschichtete Gesteine sieht Goethe die von Buffon in seinem Werk *Epoques de la nature*[8] von 1778 geschilderte Erdgeschichte abgebildet, deren Verlauf er höchst anschaulich wiedergibt. Goethe fühlt sich hier als Glied in der Gemeinschaft der Naturforscher und ist beglückt, im Harz denselben Aufbau der Erdkruste wie in anderen Gebirgen zu finden, wenn er in diesen Texten zeitgenössische Hypothesen als schlichte Wahrheiten vorträgt, ohne sie selbst abzuleiten oder zu begründen. Als Dichter gestaltet er aus dem Gedankenwerk wissenschaftlicher Hypothesen und unmittelbarer Anschauung ein Bild poetischer Einbildungskraft mit den Mitteln einer Sprache, die weder Buffon und Saussure noch andere zeitgenössische Autoren benutzen. So bittet er in der Aufzeichnung *Granit II*: „Man gönne mir [...] die erhabene Ruhe, die jene einsame stumme Nähe der großen, leise sprechenden Natur gewährt, und wer davon eine Ahndung hat, folge mir. Mit diesen Gesinnungen nähere ich mich euch ihr ältesten würdigsten Denkmäler der Zeit."

---

4 Goethe, *Instruktion für den Bergbeflissenen J. C. W. Voigt.* LA I, 11, S. 1 f.; LA II, 7, S. 577–578; FA I, 25, S. 309–310; S. 1090–1093.

5 Johann Karl Wilhelm Voigt: *Mineralogische Reise durch das Herzogtum Weimar und Eisenach.* Weimar 1782.

6 Goethe, *Granit I.* LA I, 11, S. 9 f.; II, 7, S. 579 f.; FA I, 25, S. 311 f.; S. 1093–1095.

7 Goethe, *Granit II,* LA I, 11, S. 10–14; II, 7, S. 581–584; FA I, 25, S. 312–316; S. 1095–1098.

8 Georges Louis Leclerc de Buffon: *Les Epoques de la Nature.* Paris 1778.

Die Natur spricht: das bedeutet, die Naturdinge wirken subjekthaft, wie der Brocken im Harzgedicht. Goethe meint, die leise Sprache der Gebirgsnatur zu vernehmen und im Modus des Verstehens erfahren zu können, was Buffon und Saussure aus naturwissenschaftlichen Argumenten ableiteten. Insbesondere gilt dies von Goethes Beobachtung, daß scheinbar massig-ungefüger Granit und andere Gesteine durch ein innerlich angelegtes Gitterwerk so gestaltet sind, daß sich freistehende Klippen und ganze Bergmassen durch Klüfte in regelmäßige Körper zerlegen. Dieses Phänomen hält Goethe in eigenen Skizzen und durch Zeichnungen des ihn begleitenden Malers Georg Melchior Kraus fest.

Durch die Studien in Thüringen und im Harz, die Lektüre von Schriften zeitgenössischer Autoren und den Umgang mit Johann Karl Wilhem Voigt haben sich um 1785 Goethes Ansichten über den Bau und die Geschichte des Erdkörpers gefestigt. In Übereinstimmung mit den meisten Gelehrten der Zeit ist Goethe von der neptunistischen Naturansicht[9] überzeugt, wie sie Abraham Gottlob Werner als einflußreicher Lehrer an der Bergakademie Freiberg vertritt. Nach Goethes Version dieser Hypothese schieden sich zuerst aus einem Urozean feurig-wässeriger Natur durch Kristallisation die „Uranfänglichen Gebirgsarten" ab, zu denen vor allem der Granit gehört. Danach bildeten sich die Schichtgesteine als chemische Niederschläge und mechanische Ablagerungen aus einem Weltmeer, das anfangs alles bedeckte, sich dann stetig zurückzog und die Festländer freigab. Dieser kontinuierliche Prozeß wurde nur gelegentlich von lokalen vulkanischen Ereignissen unterbrochen. Tektonische, gebirgsbildende Bewegungen fanden in der Erdkruste nicht statt.

Bis zum Beginn des neuen Jahrhunderts bleibt der 1785 erreichte Stand der Einsicht Rahmen und Hintergrund für Goethes aufmerksame Naturbeobachtungen auf den Reisen in der Zeit bis zur Jahrhundertwende: 1785 durch das Fichtelgebirge nach Karlsbad, 1786–1788 nach Italien, 1790 nach Venedig und Schlesien und 1797 in die Schweiz. In diesen Landschaften, fern von Thüringen, versichert sich Goethe auf allen Wegen und an allen Orten des Gesteinsuntergrunds. So notiert er vom Ritt von Bologna in den Appenin am 20. 10. 1786: „Kaum nahe ich mich den Bergen, so werde ich schon wieder vom Gestein angezogen. Ich komme mir vor wie Antäus, der sich immer neu gestärkt fühlt, je kräftiger man ihn mit seiner Mutter Erde in Berührung bringt" (WA I, 30, S. 171). Dem libyschen Riesen der griechischen Mythologie fühlt sich Goethe verwandt, der so lange unüberwindlich blieb, wie er seine Mutter, die Erde, berührte. Auf diesen Reisen vermehrt Goethe seine geologischen Erfahrungen, die er im Tagebuch und anderen Aufzeichnungen festhält, und legt umfangreiche Sammlungen von Mineralien und Gesteinen an; doch begegnet ihm nichts, was das Grundmuster der im ersten Weimarer Jahrzehnt erworbenen geologischen Vorstellungen umändern könnte.

Als Goethe im Sommer 1788 nach fast zwei Jahren in Italien wieder in Weimar eintrifft, ist dies nicht eine Rückkehr in die gewohnten Verhältnisse. Wie im persönlichen Leben und im poetischen Schaffen Goethes setzt auch in seiner Naturforschung eine neue Epoche ein. Einerseits wendet er sich zu neuen Bereichen der Natur: den Gestalten des Pflanzen- und Tierreichs und den Erscheinungen der Farben. Andererseits erfährt er durch die Philosophie Kants eine Erschütterung seines Naturverständnisses, aus der sich eine Erneuerung seiner Naturerkenntnis entwickelt.

---

[9] Zur geologischen Theorie des Neptunismus: W. von Engelhardt: *Neptunismus und Plutonismus*. Fortschritte d. Mineralogie 60. Suttgart 1982, S. 21–43.

Goethe findet 1788 die Universität Jena von Kants Philosophie erfüllt, die der junge Schwiegersohn Wielands Karl Leonhard Reinhold seit 1787 in vielbesuchten Vorlesungen vorträgt.[10] Er gerät bald unter den Einfluß dieser neuen Lehre, die – so Schelling 1800 – „die ganze, nicht bloß im gemeinen Leben sondern selbst in dem größten Theil der Wissenschaften herrschende Ansicht der Dinge völlig verändert und sogar umkehrt"[11]. Kants *Kritik der reinen Vernunft* und dessen *Kritik der Urteilskraft* liest Goethe 1790. Zahlreiche Unterstreichungen und Randstriche in seinen Handexemplaren beider Werke[12] und Notizen im Nachlaß (z. B. WA II, 11, S. 377–381) bezeugen ebenso wie Nachrichten von Zeitgenossen[13] ein sorgfältiges Studium. Zudem verrät Goethes Sprache die Aneignung von Grundprinzipien der Kantischen Philosophie. Der 1790 erschienene Aufsatz *Versuch die Metamorphose der Pflanzen zu erklären*[14] und die 1791–1792 erschienenen *Beiträge zur Optik*[15] zeigen noch keinen Einfluß Kants. Dagegen benutzt Goethe in späteren Aufzeichnungen, wenn er von Naturphänomenen spricht, häufig die Ausdrücke „Vorstellungen" und „Vorstellungsarten". Damit fügt er sich der Erkenntnis Kants, daß Objekte der Naturbetrachtung nicht die Dinge an sich selbst sind, sondern Vorstellungen von Dingen in unserem Bewußtsein. Sie kommen nach Kant so zustande, daß durch Dinge an sich verursachte sinnliche Wahrnehmungen in die Ordnungen von Raum und Zeit gefügt und vom Verstand mittels des Instrumentariums der zwölf Kategorien erkannt werden. „Natur" ist nach Kant der Inbegriff all dieser so geformten Erscheinungen. Die Vernunft versucht sodann, die Mannigfaltigkeit dieser raum-zeitlichen Erscheinungen mittels der Urteilskraft so zu ordnen, daß die besonderen Erscheinungen unter Allgemeines, d. h. unter subjektiv entworfene, empirische Naturgesetze gestellt werden, denen eine Idee oder Vorstellungsart zugrunde liegt.

Für Kant ist die „Faßlichkeit der Natur", d. h. die Übereinstimmung der sinnlich erfahrenen Naturphänomene mit den subjektiv entworfenen Gesetzen, Vorstellungsarten oder Ideen durchaus „zufällig"[16], da er zwischen den unerkennbaren Dingen an sich selbst und unseren Vorstellungen von ihnen eine unüberbrückbare Kluft offen hält. Goethe widersteht hier dem Denken Kants. Wie er 1784 im Harz dem Gefühl vertraute, die „leise sprechende Natur" zu vernehmen, ist er gegen Kant davon überzeugt, in der Beobachtung durch die Brille subjektiver Vorstellungsarten etwas über die Naturwirklichkeit an sich zu erfahren. In diesem Widerstand gegen Kant sieht Goethe sich durch die in den 90er Jahren aufkommende Kritik an Kants Philosophie bestätigt. Hier sind Friedrich Jacobi und Salomon Maimon, vor allem aber Fichte und Schelling zu nennen, die beide – Fichte 1794, Schel-

---

10 Germaine de Staël über die Wirkung von Kants *Kritik der reinen Vernunft*: „il produisit une telle sensation en Allemagne que presque tout ce qui s'est fait depuis lors, en litérature comme en philosophie, vient de l'impulsion donné par cette ouvrage." De l'Allemagne, 1813, II Chapitre VI.

11 Friedrich Wilhelm Joseph Schelling: *System des transcendentalen Idealismus* (1800). Sämtliche Werke. Stuttgart und Augsburg 1858, I Bd. 3, S. 329.

12 Géza von Molnár: *Goethes Kantstudien*. Weimar 1994.

13 So z. B. Wieland an K. L. Reinhold am 18.2.790: „Goethe studiert seit einiger Zeit Kants Kritik pp. mit großer Applikation, und hat sich vorgenommen, in Jena eine große Konferenz mit Ihnen darüber zu halten". – F. von Schuckmann an J. F. Reinhard am 26. 2. 1790, *Goethes Gespräche*, hrsg. von W. Herwig, Bd. 1, S. 494. – A. von der Knesebeck im Sommer 1790, ebd., S. 496. – Körner an Schiller am 6. 10. 1790, ebd., S. 497.

14 Goethe, *Versuch die Metamorphose der Pflanzen zu erklären*. LA I, 9, S. 23–61; II, 9A, S. 534–550; FA I, 24, S. 109–151; S. 936–952.

15 Goethe, *Beiträge zur Optik*, LA I, 3, S. 6–53; II, 3, S. 163–195; FA I, 23.2, S. 15–66; S. 311–327.

16 Kant, *Kritik der Urteilskraft*, B XL.

ling 1798 – unter Goethes Mitwirkung an die Universität Jena berufen werden. Fichtes erster Jenaer Schrift *Ueber den Begriff der Wissenschaftslehre*[17] stimmt Goethe ausdrücklich zu[18], liest sie genau, wie Unterstreichungen auf fast jeder Seite seines Exemplars dieser Schrift bezeugen. Gleich auf der ersten Seite markiert Goethe Fichtes Aussage, „daß die Dinge allerdings bloß als Erscheinungen vorgestellt, daß sie aber als Dinge an sich gefühlt werden".

Eine größere Nähe entwickelt sich zu Schelling durch Gespräche und die Lektüre seiner Werke. In Goethes Nachlaß befindet sich eine Handschrift[19], die, wie H. Malsch bemerkte, eine gründliche Durcharbeitung von Schellings Werk *System des transcendentalen Idealismus*[20] bezeugt. Am 27. 9. 1800 schreibt Goethe an Schelling:

> Seitdem ich mich von der hergebrachten Art der Naturforschung losreißen und, wie eine Monade auf mich selbst zurückgewiesen, in den geistigen Regionen der Wissenschaft umherschweben mußte, habe ich selten hier- oder dorthin einen Zug verspürt; zu Ihrer Lehre ist er entschieden. Ich wünsche eine völlige Vereinigung. (WA IV, 15, S. 117)

Mit diesen Worten bekennt sich Goethe zum Programm von Schellings Philosophie, wie es dieser 1797 formulierte: „Die Natur soll der sichtbare Geist, der Geist die unsichtbare Natur sein. Hier also in der absoluten Identität des Geistes in uns und der Natur außer uns, muß sich das Problem, wie eine Natur außer uns möglich sei auflösen."[21]

In neuer Verfassung wendet sich Goethe 1806 wieder forschend dem Reich der Steine zu. Der Schauplatz ist Karlsbad. Dort folgt das tief in Granit eingeschnittene Tal der Tepl einer Verwerfungszone, deren Klüfte von einer Breccie erfüllt sind, einem Gestein, das in einer Grundmasse von Hornstein eckige Granitbruchstücke enthält. Aus diesem Trümmergestein entspringen die heißen Quellen, welche einen Sprudelstein genannten Kalksinter absetzen. Im Norden von Karlsbad, wo die Tepl in das Egertal mündet, wird der Granit von Sandstein, Tonen und Braunkohlen der Tertiärformation überlagert. Granit und Tertiärschichten werden an verschiedenen Stellen von jüngeren Basalten und anderen vulkanischen Gesteinen durchbrochen.

Goethe ordnet und ergänzt eine Kollektion von hundert Karlsbader Mineralien und Gesteinen, die der Stein-und Wappenschneider Joseph Müller an die Kurgäste in Karlsbad verkaufte. Er verfaßt eine Beschreibung, die 1807 als Broschüre in Karlsbad[22], ein Jahr später

---

[17] Johann Gottlieb Fichte: *Ueber den Begriff der Wissenschaftslehre oder der sogenannten Philosophie*. Weimar 1794. Goethes Handexemplar enthält einige Randbemerkungen und auf fast jeder Seite Anstreichungen. Géza von Molnár: *Goethes Einblick in die „Wissenschaftslehre"*. In: Athenäum 7 (1997), S. 167–192.

[18] Goethe an Fichte, 24. 6. 1794 (WA IV, 10, S. 167): „Das Übersendete enthält nichts, das ich nicht verstände oder wenigstens zu verstehen glaubte, nichts, das sich nicht an meine gewohnte Denkweise anschlösse."

[19] In veränderter Reihenfolge von Sätzen des Textes wiedergegeben als Paralipomenon 415 in WA II, 13, S. 451–454 und in *Goethes Werke*, Cotta II, 18 (W. Malsch), S. 419–423.

[20] Friedrich Wilhelm Joseph Schelling: *System des transcendentalen Idealismus* (1800). Sämtliche Werke. Stuttgart und Augsburg 1858, I Bd. 3, S. 327–634.

[21] Friedrich Wilhelm Joseph Schelling: *Ideen zu einer Philosophie der Natur* (1797), Sämtliche Schriften. Stuttgart und Augsburg 1857, I Bd. 2, S. 56. Zu Schelling und Goethe: J. Adler: *Schellings Philosophie und Goethes weltanschauliche Lyrik*. GJb 111 (1995), S. 149–165.

[22] Goethe, *Sammlung zur Kenntnis der Gebirge von und um Karlsbad*, Karlsbad 1807. 1817 unter dem Titel: *Zur Kenntnis der böhmischen Gebirge*, LA I, 8, S. 27–44; II, 8A, S. 648–658; FA I, 25, S. 344–362; S. 1112–1117.

als Aufsatz in Leonhards *Taschenbuch für die gesamte Mineralogie* erscheint und 1817 von Goethe in das erste Heft seiner Zeitschrift *zur Naturwissenschaft überhaupt* aufgenommen wird. Die lebendige Anschaulichkeit, mit der Goethe die Gesteine nach Aussehen, zeitlicher Bildungsfolge und räumlicher Lagerung darstellt, vermittelt er durch seine Sprache, deren grammatische Form von der Sprache zeitgenössischer Geologen bedeutsam unterschieden ist. Gesteine und Mineralien treten nicht nur als Sachen mit bestimmten Eigenschaften, sondern eher als handelnde Subjekte auf, indem von ihnen mit transitiven Verben in reflexiver Form die Rede ist: Mineralien und Gesteine „zeigen sich", „sprechen sich aus", „verwandeln sich", „verbergen sich", „erzeugen sich", „verändern sich" usw.

In dieser Sprache kommt das schon in Texten der frühen Weimarer Jahre angedeutete Gefühl Goethes zum Ausdruck, den Gebilden der Steinwelt als wirkenden und eigenständigen Naturdingen gegenüberzustehen. Daß der Naturbeschreibung nun aber mehr als ein solches Gefühl zugrunde liegt, tut Goethe 1808 in einem Aufsatz in Leonhards Zeitschrift[23] kund. Die Beschreibung der Müllerschen Sammlung sei für ein allgemeines Publikum bestimmt gewesen; nun müsse er den wissenschaftlichen Lesern erklären, daß seine „Art, die Gegenstände der Natur anzusehen und zu behandeln von dem Ganzen zu dem Einzelnen, vom Totaleindruck zur Beobachtung der Teile fortschreitet". Damit ist Goethe so kühn, für sich ein Urteilsvermögen in Anspruch zu nehmen, welches Kant in der Kritik der Urteilskraft mit genau denselben Worten definierte, „intuitiv" oder „urbildlich" nannte, aber einem über-menschlichen, göttlichen Verstand vorbehielt, während er dem menschlichen, diskursiven Verstand nur das Vermögen zugestand, von den Teilen zum Ganzen fortzuschreiten.[24] In einem späteren Text von 1817 nennt Goethe diese seine Art, die Gegenstände der Natur anzusehen, „anschauende Urteilskraft"[25] und begründet die Möglichkeit, sich auf sie zu verlassen, durch seine „geistige Teilhabe an den Produktionen einer immer schaffenden Natur", d. h. durch Schellings Idee, daß Natur und Selbstbewußtsein aus einer ursprünglichen Einheit stammen.

Infolge seiner Vorstellungart, vom Ganzen zu den Teilen fortzuschreiten, erblickt Goethe, wie er im Aufsatz in Leonhards Zeitschrift fortfährt, „oft simultane Wirkungen, wo andere nur eine sukzessive sehen". Dieser Maxime folgt Goethe im Aufsatz über die Müllerische Sammlung, wenn er Gesteine als agierende Subjekte sich zeigen und sich entwickeln läßt, mannigfaltige Ausbildungen des Granits und die Hornsteinbreccie als Produkte simultaner Differenzierung erklärt und meint, daß die warmen Quellen nicht aus der Tiefe hinzugetreten, sondern an Ort und Stelle durch chemische Reaktionen mit der Breccie entstanden seien.

Im genannten Aufsatz lehnt Goethe es ab, über diese seine Art, die Naturgegenstände anzusehen, zu streiten. Vielmehr soll jeder erklären, „zu welcher Partei er gehöre, was für eine Denkweise seiner Natur am angemessensten sei [...]; denn bei allen Streitigkeiten kommt am Ende doch nichts weiter heraus, als daß sich zwei entgegengesetzte nicht zu vereinigende Vorstellungsarten recht deutlich aussprechen, und jeder auf der seinigen nur desto fester und strenger beharrt".

---

23 Goethe, *An Herrn Leonhard.* Taschenbuch für die gesammte Mineralogie, hrsg. von Carl Caesar Leonhard, Bd. 2, Frankfurt a. M. 1808, S. 389–398; 1824 unter dem Titel: *An Herrn von Leonhard,* LA I, 8, S. 380–386; II, 8A, S. 659–666; FA I, 25, S. 363–369; S. 1117–1121.

24 Kant, *Kritik der Urteilskraft,* § 77.

25 Goethe, *Anschauende Urteilskraft.* LA I, 9, S. 95 f.; II, 10A, S. 781 f.; FA I, 24, S. 447 f.; S. 1070–1074.

Über die Ungeheuerlichkeit einer solchen Erklärung in einem wissenschaftlichen Journal kann man sich nicht genug wundern. Goethe entzieht sich damit dem Diskurs mit den Zeitgenossen; denn kein Geognost oder Geologe jener Zeit beruft sich auf Vorstellungsarten, ein jeder meint von den Sachen selbst zu sprechen, wenn er Theorien oder Hypothesen vertritt oder bestreitet. Seinen Anspruch, aus subjektiver Vorstellungsart Wahres über Naturdinge, d.h. über die Natur an sich selbst ableiten zu können, kann für Goethe nur durch die Überzeugung gerechtfertigt sein, daß ein übersinnliches Band seinen Geist im besonderen und den menschlichen Geist im allgemeinen mit der Natur verbindet. Wiederum sehen wir hier Goethes Naturverständnis im Einklang mit Schellings Grundsatz, „daß die Natur mit den Gesetzen unseres Geistes nicht zufällig [...] zusammentreffe, sondern daß sie [...] die Gesetze unseres Geistes [...] realisire“[26].

Der Aufsatz über die Sammlung Karlsbader Gesteine ist Goethes erste geologische Publikation. Weitere Veröffentlichungen folgen, die meisten in den Jahren 1817 bis 1824 in seiner eigenen Zeitschrift *Zur Naturwissenschaft überhaupt* (LA II, 8). Goethe entfaltet nach 1808 eine rege Tätigkeit auf verschiedenen Gebieten der Geowissenschaft. Sie wird belegt durch publizierte Aufsätze, eine große Zahl im Nachlaß erhaltener Aufzeichnungen und die in den Bänden II 8A und II 8B der Leopoldina-Ausgabe wiedergegebenen Zeugnisse aus Korrespondenzen, Tagebüchern usw. Für das Jahrzehnt von 1816 bis 1826 sind im Durchschnitt für jeden dritten Tag geowissenschaftliche Beschäftigungen bezeugt.

In nicht geringem Maße ist Goethe schon von den ersten Weimarer Jahren an und bis in seine letzten Tage mit der Vermehrung seiner Sammlungen von Mineralien, Gesteinen und Fossilien durch eigenes Sammeln, Zuwendungen anderer, Tausch und Kauf beschäftigt. Dieses unermüdliche Sammeln, aus dem nach dem von Prescher[27] erstellten Katalog bis 1832 ein Bestand von 9034 Einzelstücken entsteht, gehört wesentlich zu Goethes tätigen Studien im Steinreich. Wie alle Geologen und Mineralogen seiner Zeit war Goethe auf systematische Sammlungen von Musterstücken angewiesen, um in der Natur durch visuelle und taktische Anschauung die Arten zu erkennen, weil die chemisch-kristallographische Kennzeichnung von Mineralarten und erst recht die Definition von Gesteinen und Fossilien noch in den Anfängen steckte. Die meisten selbst gefundenen Objekte ordnet Goethe jedoch nicht systematisch ein, sondern versammelt sie zu sogenannten „Folgen“ oder „Suiten“ der in einer Gebirgsgegend, einer begrenzten Region oder in einem Bergwerk vorkommenden Mineral- und Gesteinsarten zu ideal- oder realgenetischen Reihen – wie z.B. der *Folge der Gebirgsarten des Harzes*, der *Fichtelberger Suite*, der *Suiten* von den Zinnlagerstätten *Zinnwald* und *Altenberg* –, um jedes einzelne als Glied eines geologischen Ganzen zu verstehen.

Von den vielen geologischen Themen, die Goethe in den letzten 25 Jahren seines Lebens behandelte, seien im folgenden einige Beispiele betrachtet.

Die Vorstellungsart der simultanen Entstehung heterogener Gefüge wendet Goethe in einer Aufzeichnung von 1812[28] auf Konglomerate und Breccien an, Gesteine, die man gemeinhin für Zusammenschwemmungen mechanischer Gesteinstrümmer hält. Manche von ihnen nennt Goethe „Scheinbare Breccien“ und meint, daß sie wie kristalline Porphyr-

---

[26] Wie Anm. 21, S. 55 f.

[27] Hans Prescher: *Goethes Sammlungen zur Mineralogie, Geologie und Paläontologie*. Katalog, Berlin 1978.

[28] Goethe, *Über den Ausdruck porphyrartig*. LA I, 11, S. 139–146; II, 8A, S. 679–682; FA I, 25, S. 543–550; S. 1207–1211.

Gesteine durch chemische Entmischung ursprünglich homogener Massen entstanden seien. 1817 erweitert er diese Vorstellung auf die Mineral- und Erzgänge[29]. Er nimmt an, daß diese Gänge sich beim Festwerden der umgebenden Gesteinsmasse aus derselben entmischt haben, und wendet sich scharf gegen Werner, der gelehrt hatte, daß die Gänge von der Erdoberfläche her gefüllte Spalten im Gebirge seien.

In der Bildung der „Scheinbaren Breccien" durch chemische Entmischung glaubt Goethe ein allgemeines Streben der unorganischen Materie zu erkennen: „Alles Materielle [...]", notiert er 1817[30], „hat eine unwiderstehliche Neigung, sich zu gestalten": Flüssigkeiten bilden runde Tropfen als „allgemeinste Form"; wenn unorganische Massen festwerden, entstehen „allgemeine Formen", wie bei den Felsen der Gebirge; als „besondere Formen" bilden sich Kristalle, wenn das Materielle „speziellen Gesetzen" folgt.

Mit der „allgemeinen Form" erinnert Goethe an die 1784 im Harz beobachteten Felsgestalten. In dem Aufsatz *Gestaltung großer anorganischer Massen*[31] zeigt Goethe 1824, daß Schnee- und Eismassen im Hochgebirge sich wie Gesteinsmassen durch Spalten und Klüfte in regelmäßige Körper trennen, und beschreibt sodann 27 große und 10 kleinere Zeichnungen von Felsgestalten, die von ihm und dem Maler Georg Melchior Kraus 1784 im Harz gefertigt wurden. In dem Aufsatz desselben Jahres *Gebirgs-Gestaltung im Ganzen und Einzelnen*[32] behandelt Goethe die Felsgestalten als Spezialfall der beim Festwerden von Massen aller Art sich ereignenden Vorgänge der mechanischen Trennung durch Klüfte und der chemischen Entmischung.

Über mehrere Jahre hinweg hat sich Goethe mit den Erscheinungen des Vulkanismus in Nordböhmen beschäftigt. Dies beginnt 1809 mit einer Untersuchung des Kammerbergs bei Eger[33] – nach heutigem Verständnis eines kleinen Basaltvulkans der Tertiärzeit. Nach einer anschaulichen Schilderung des Hügels und der umgebenden Landschaft beschreibt Goethe eingehend geschichtete Ablagerungen als Lagen „vulkanischer Produkte" und den harten Fels auf dem Gipfel als vulkanische Lava. Daraus schließt er, daß der Hügel durch eine vulkanische Explosion entstand, als die Gegend noch ganz von Wasser bedeckt war, möchte aber dieser Vorstellung keinen „dogmatischen" Wert beimessen. Seine der Einbildungskraft verdankte Vorstellung bezeichnet Goethe als ein „ens rationis", wie Kant in der *Kritik der reinen Vernunft* einen „leeren Begriff ohne Gegenstand" nennt[34].

Abraham Gottlob Werner hatte die in Nordböhmen verbreiteten Erscheinungen des tertiären Basalt-Vulkanismus auf Erdbrände, d. h. Brände unterirdischer Kohlenlager zurückgeführt. Durch die Basaltlava verhärtete, verschlackte und verglaste Nebengesteine sowie blasige Basaltlava nannte Werner daher „pseudovulkanische Produkte". Auf Werners Spuren sammelt Goethe 1819 und 1820 nordöstlich von Karlsbad mannigfaltige Ausbildungen

---

29 Goethe, *Zum geologischen Aufsatz September 1817.* LA I, 11, S. 182–185; II, 8A, S. 711–715; FA 25, S. 555–559; S. 1216–1220.

30 Goethe, *Neigung des Materiellen, sich zu gestalten.* LA I, 11, S. 203 f.; II, 8A, S. 723 f.; FA 25, S. 569 f.; S. 1227 f.

31 Goethe, *Gestaltung großer anorganischer Massen.* LA I, 8, S. 391–396; II, 8B, S. 859–863; FA 25, S. 621–627; S. 1255–1259.

32 Goethe, *Gebirgs-Gestaltung im Ganzen und Einzelnen.* LA I, 8, S. 411–418; II, 8B, S. 864–867; FA 25, S. 628–635; S. 1259–1264.

33 Goethe, *Der Kammerberg bei Eger.* Taschenbuch für die gesammte Mineralogie, hrsg. von Carl Caesar Leonhard, Bd. 3. Frankfurt a. M. 1809, S. 3–24. LA I, 8, S. 49–60; II, 8A, S. 667–672; FA 25, S. 399–412; S. 1131–1135.

34 Kant, *Kritik der reinen Vernunft,* B 347.

solcher Gesteine und beschreibt sie in einem Aufsatz mit dem Titel *Produkte böhmischer Erdbrände*[35]. Um Werners Hypothese zu prüfen, läßt Goethe im Juli 1820 38 verschiedene Gesteinsproben in Zwätzen bei Jena der Hitze eines Töpferofens aussetzen.[36] Die Temperaturen sind jedoch nicht hoch genug, um sichtbare Veränderungen zu erzeugen.

Die Verbreitung vermeintlicher pseudovulkanischer Produkte in Böhmen läßt Goethe 1820 an seiner Hypothese von 1809 zweifeln, daß der Kammerberg ein erloschener Vulkan ist, zumal in einem Schacht am Kammerberg ein kleines Kohlenstück im Glimmersand unter dem Lavagestein gefunden wurde.[37] Zwei Jahre später, im Juli 1822, tritt der schwedische Chemiker Berzelius bei einem gemeinsamen Besuch des Kammerbergs[38] entschieden für den vulkanische Ursprung des Hügels ein[39]. Da aber gleichzeitig ein Ungenannter Einwände äußert, kann sich Goethe 1822 in einem Aufsatz mit dem Titel *Wunderbares Ereignis*[40] nicht entscheiden:

> Hierdurch mußte bei mir eine milde, gewissermaßen versatile Stimmung entstehen, welche das angenehme Gefühl gibt, uns zwischen zwei entgegengesetzten Meinungen hin und her zu wiegen, und vielleicht bei keiner zu verharrren. Dadurch verdoppeln wir unsere Persönlichkeit.

Kurz darauf, zu Anfang des Jahres 1823, wird Goethe durch die Abkehr zweier berühmter Schüler Werners vom neptunistischen Weltbild ihres Lehrers schwer getroffen. Leopold von Buch behauptet, daß Porphyr samt Kalk und Dolomit der Südtiroler Alpen durch vulkanische Kräfte hoch emporgehoben wurden. Alexander von Humboldt schließt aus Beobachtungen in Südamerika, daß aus dem glutflüssigen Inneren der Erde stammende Schmelze in den Vulkanen zu Tage tritt und zu Lavaströmen erstarrt. Goethe reagiert in unterschiedlicher Weise auf diese Hypothesen, die seiner Vorstellungsart widersprechen. Seinem Grundsatz getreu, daß man über Vorstellungarten nicht streiten kann, lehnt er Leopold von Buch, den „Ultravulkanisten", wie er ihn nennt, mit der Begründung ab, er könne seine „Sinnesweise nicht ändern, zu lieb einer Lehre, die von einer entgegengesetzten Anschauung ausgeht, wo von gar nichts Festem und Regelmäsigem mehr die Rede ist sondern von zufälligen unzusammenhängenden Ereignißen"[41]. In seiner Besprechung[42] der Abhandlung Alexander von Humboldts *Über den Bau und die Wirkungsart der Vulkane* stellt Goethe dagegen in Aussicht, daß er versuchen wolle, wie Humboldt zu denken. Gelinge dies, so würde ihm die Absage an die alte Lehre und die Annahme der neuen „nicht zur Beschämung, vielmehr zur Ehre gereichen".

Das Widerstreben gegen die Vorstellungsart der neuen Lehre ist jedoch unüberwindlich. Goethe bleibt seiner Überzeugung treu, wie er sie 1814 aussprach[43]:

---

35 Goethe, *Produkte böhmischer Erdbrände.* LA I, 8, S. 168–170; II, 8A, S. 739 f.; FA 25, S. 391–393; S. 1126–1128.

36 Zu den Versuchen in Zwätzen: LA II, 8A, S. 158–160.

37 Goethe, *Kammerberg bei Eger.* LA I, 8, S. 166–168; II, 8A, S. 737 f.; FA 25, S. 419 f.; S. 1140 f.

38 Goethe, *Kammerbühl.* LA I, 8, S. 352 f; II, 8B, S. 810 f.; FA 25, S. 421; S. 1142 f.

39 Zur Ansicht von J. J. Berzelius: LA II, 8B, S. 265–267.

40 Goethe, *Wunderbares Ereignis.* LA I, 8, S. 353 f.; II, 8B, S. 812; FA 25, S. 422 f.; S. 1143 f.

41 Goethes Stellungnahme zu L. von Buchs Hypothesen: LA II, 8B, S. 49–54.

42 Goethe, *Über den Bau und die Wirkungsart der Vulkane in verschiedenen Erdstrichen von Alexander von Humboldt.* LA I, 8, S. 354; II, 8B, S. 821–822; FA 25, S. 613; S. 1251.

43 Goethe an K. C. von Leonhard, 9. 3. 1814 (WA IV, 24, S. 188).

Ich bin schon längst der Überzeugung, daß man bei Erklärung der verschiedenen Erdbildungen nur alsdann gewaltsame Revolutionen zu Hülfe rufen muß, wenn man mit ruhigen Wirkungen, die dann doch der Natur am naturgemäßesten sind, nicht mehr auskommen kann.

Daher beschreibt Goethe 1824 in seinem letzten Aufsatz über die Vulkane oder Pseudovulkane in Böhmen mit dem Titel Uralte neuentdeckte Naturfeuer- und Glutspuren[44] auf der Grundlage eigener Beobachtungen drei Basaltvorkommen in Böhmen als Pseudovulkane: den Wolfsberg, südlich von Marienbad, den Rehberg bei Altalbenreuth, südlich von Eger, und den Kammerberg bei Eger. Die Besonderheiten der Bildungen an den drei Lokalitäten kommen, meint Goethe, dadurch zustande, daß je besondere Gesteine durch die Glut von Kohlenbränden verändert wurden: am Wolfsberg soll das Ursprungsgestein Basalt und ein hornblendereiches Urgestein gewesen sein, am Rehberg Tonschiefer und am Kammerberg Tonschiefer mit Basalt – wobei Goethe unter Basalt nach Wernerscher Lehre ein in Wasser abgelagertes Gestein versteht.

Goethes geologische Ideen blieben in der Geschichte der Geologie im wesentlichen ohne Wirkung, weil er sich durch die Berufung auf seine „Vorstellungsart" und seine „anschauliche Urteilskraft" sowie durch die ausdrückliche Ablehnung der „Induktion"[45], der damals bis heute herrschenden Methode der Naturforschung, dem wissenschaftlichen Diskurs entzog und so dem Weg der sich im 19. Jahrhundert kraftvoll entwickelnden Erdwissenschaften nicht zu folgen vermochte.

Vor hundert Jahren stellte Zittel in seiner *Geschichte der Geologie und Paläontologie*[46] fest: „Von nennenswerther Bedeutung sind übrigens Goethe´s Leistungen auf dem Gebiete der Geognosie nicht." Zittel hat zweifellos Recht im Kontext einer Wissenschaftsgeschichte, für die Ideen unserer Vorfahren nur insofern interessant sind, als sie den Hauptweg des Fortschritts konstituieren, der konsequent zum heute anerkannten und bewährten Stand der Erkenntnis führt. Wenn wir uns noch heute für Goethes geologische Ideen interessieren, so hat dies andere Gründe.

Goethe schreibt in seinem Vorwort zu Eckermanns 1826 erschienenem Aufsatz *Über Goethes Recensionen für die Frankfurter gelehrten Anzeigen von 1772 und 1773:* „Was aber der lebendigen Gegenwart interessant sein könnte, darüber hat eine gebildete Jugend am ersten zu entscheiden (WA I, 41.2, S. 199).

So will ich solcher Entscheidung nicht vorgreifen, sondern zum Abschluß nur m e i n e Gründe nennen, welche es rechtfertigen und fordern, daß wir uns in unserer Gegenwart an Goethes Texte und Ideen über das Steinreich und die Geschichte der Erde erinnern.

Zuerst ist zu bedenken, daß geologische Studien Goethes Leben und Wirken seit den ersten Weimarer Jahren auf das innigste durchweben. Insbesondere sind sie integrierende Komponenten seines Strebens nach Naturerkenntnis, indem sie sich auf eine mittlere Region des Universums seiner Naturforschung beziehen, die gelegen ist zwischen der Physik der Materie und dem Wirken des Lichts auf der einen Seite und den organischen Reichen der Pflanzen und Tiere auf der anderen. Mit Behutsamkeit ist zu beachten, auf welchen Stufen

---

44 Goethe, *Uralte neuentdeckte Naturfeuer- und Glutspuren.* LA, I 8, S. 407–410; II 8B, S. 846–848; FA 25, S. 443–447; S. 1153–1155.

45 Siehe LA I, 11, S. 305 u. LA II, 8B, S. 878.

46 Karl Alfred von Zittel: *Geschichte der Geologie und Paläontologie bis zum Ende des 19. Jahrhunderts.* München und Leipzig 1899.

dieses Aufstiegs Goethe die viel berufenen Worte und Begriffe seiner Naturanschauung benutzt. Manche geologischen Texte beschränken sich nicht auf naturforschende Funktionen, sind nicht nur Abhandlungen, sondern in ihrer von der Sprache zeitgenössischer Geologen bedeutsam abweichenden Gestalt Kunstwerke eigener Würde. Als aesthetische Begegnungen mit Naturphänomenen müssen sie – in Kants Terminologie – auch als Produkte der ästhetischen Urteilskraft gelesen werden. Mannigfaltig, vielfältig und wohl noch nicht erschöpfend erkundet ist das weite Feld der Rolle von Dingen und Prozessen, Begriffen, Hypothesen, Ideen und Metaphern aus der Welt der Steine und der Erdgeschichte in poetischen und literarischen Werken Goethes.

Für die Geschichte des Geistes, auf die wir uns in diesem Goethe-Jahr besinnen, sind Goethes geologische Texte von Bedeutung, weil sie bekunden, in welchem Ausmaß der Naturforscher Goethe in seiner zweiten Lebenshälfte zu der Bewegung der Denker und Dichter der frühen Romantik[47] gehört, die durch die Namen von Fichte, Schelling, Novalis und Hölderlin zu kennzeichnen ist. In Goethe waren – was Schelling 1795 für den Einsichtigen forderte – „zwei seltene Eigenschaften vereinigt: eine ursprüngliche Tendenz zum Realen auf der einen, und eine Fähigkeit über das Wirkliche sich zu erheben auf der andern Seite“[48]. Goethe war wohl der einzige Naturforscher, der nicht nur spekulierend, sondern auf dem mühevollen Weg präziser Beobachtung auch von Mineralien, Gesteinen, Felsen, Gebirgen und Landschaften die große Hoffnung und Hypothese der frühromantischen Epoche zu verwirklichen suchte, eine Hoffnung, die er 1822, wie es seine Art war, nicht fordernd, sondern fragend in seinem naturphilosophischen Gedicht *Ultimatum* (WA I, 3, S. 106) anrief:

„Ist nicht der Kern der Natur / Menschen im Herzen?“

---

[47] Hierzu Manfred Frank: *Unendliche Annäherung. Die Anfänge der philosophischen Frühromantik.* Frankfurt/M. 1998.

[48] Friedrich Wilhelm Joseph Schelling: *Abhandlungen zur Erläuterung des Idealismus der Wissenschaftslehre* (1797). In: *Sämtliche Werke. Stuttgart und Augsburg 1856, I Bd. 1, S. 353.*

PETER HOFMANN

Goethes Theologie der Natur

In gut zwei Jahrhunderten hat das theologische Gespräch mit Goethe einen weiten Entwicklungsbogen beschrieben: weder die polemische konfessionelle Kritik am weltanschaulichen Konkurrenten Goethe noch die affirmative protestantische Kultursynthese prägen die Rezeption der neueren Zeit entscheidend. Vielmehr zeichnet sich die Tendenz ab, Goethes Leben mit seinem poetischen und naturwissenschaftlichen Werk als eigenständigen Beitrag zum theologischen Gespräch zu werten. Goethe kann weder für die protestantische noch für die katholische Theologie beansprucht werden, so deutlich manche Berührung auch sein mag. Ich möchte die These vertreten: er ist ein Theologe *sui generis* nicht nur, wenn er poetisch und begrifflich von der „Gott-Natur" spricht, sondern als religiöser Mensch schlechthin. Es ist nicht die Sache der Theologen, ihn auf etwaige Rechtgläubigkeit zu befragen, sondern vielmehr ihre Aufgabe, in das Gespräch mit ihm einzutreten. Sie lernen in ihm einen Gesprächspartner jenseits konfessorischer oder konfessioneller Eindeutigkeit kennen; das macht ihn schwierig und anziehend zugleich.

Dieses Gespräch mit Goethe ist nie ganz verstummt. Mit Gottfried Maron lassen sich dabei einzelne Etappen unterscheiden. So habe sich die katholische Kritik von der Frage nach der Konfessionalität Goethes ab- und über das neuerwachte Interesse an seiner Kunst wieder dem Menschen Goethe zugewandt. Sie stehe so nicht mehr dogmatisch über ihm oder neige sich ehrfürchtig unter sein Werk, sondern erkenne sich in Nachbarschaft neben ihm.[1] Der Streit um den Christen Goethe spielt nicht mehr auf dem simplen Instrument der Antithesen. Dies gilt in ähnlicher Weise auch für die evangelische Kritik. Karlmann Beyschlag beschließt seinen Literaturbericht dazu mit den Worten: „Das auffällige Schwanken der neueren evangelischen Theologie in der Beurteilung Goethes könnte auch darin seinen Grund haben, daß die protestantische Theologie [...] dem bedrängenden Phänomen nachchristlicher Religiosität auf dem Boden des Christentums [...] noch relativ unberaten gegenübersteht."[2] Christliches Bewußtsein und die Freiheit gegenüber Institution und Bekenntnis prägen die ganz persönliche und zugleich umfassende Synthese, für die der Name „Goethe" steht. Daher darf die theologische Kritik hier nicht nur ihr „Erstgeburts-

[1] Gottfried Maron: *Goethe im Wandel des katholischen Urteils. Über das Lexikon hinausgedacht.* In: *Humanitas – Christianitas.* Walther von Loewenich zum 65. Geburtstag, hrsg. von Karlmann Beyschlag u.a. Witten 1968, S. 222–234; hier S. 233.

[2] Karlmann Beyschlag: *Goethe im Urteil des neueren evangelischen Theologie.* In: *Humanitas – Christianitas* (Anm. 1), 1968, S. 205–221; hier S. 221.

recht" (K. R. Mandelkow), sondern auch ihr Urheberrecht an den entscheidenden Themen behaupten, die im Gespräch mit Goethe strittig sind. In diesem Sinne verwirft die katholische Kritik im Kulturkampf die ästhetizistische Natur- und Bildungsreligion, die doch das Produkt ihrer Trägerschicht und nicht Goethes ist; im selben Sinne läßt sie den Dichter stillschweigend auf seinem Feld gewähren, solange er keine übergreifenden Gebietsansprüche anmeldet. Umgekehrt räumt ihm die liberal-protestantische Theologie gelegentlich sogar die Herrschaft über die christliche Synthese ein. Stimmen dieser Art klingen nach dem Ende des Zweiten Weltkrieges nicht mehr so sicher und selbstverständlich: selbstverständlich in der Gewißheit des eigenen theologischen Standpunktes, und sicher im Urteil darüber, welche Ansprüche das labyrinthische Werk Goethes tatsächlich erhebe. Das mag daran liegen, daß, wer das esoterische Schweigen Goethes wahrnimmt, selber Geschmack daran findet, diese Kunst zu üben und ihm so in der Tat näherzurücken. Auch Vorsicht ist im Spiel, wenn selbst systematische Theologen sich damit bescheiden, den Glauben Goethes neben dem ihrer Konfession stehen zu lassen und sich weitergehender „Rückfragen" zu enthalten.

Hermeneutik des theologischen Gesprächs mit Goethe

Mit der Zeit der polemischen Abweisungen scheint auch die Zeit der Aneignungen vorüber zu sein, und der Verzicht darauf, vorschnell zwischen fremdem und eigenem Anspruch zu harmonisieren, prägt die spärlichen theologischen Wortmeldungen zu Goethe. Wenn solcher Verzicht angesichts früherer Versuche auch wohltuend berührt, so ist er in der Sache nicht durchweg eine Tugend. Denn bloßes Geltenlassen oder gar freundliche Indifferenz versagen sich dem Ernst dessen, was sowohl von Goethe als auch von der Theologie verhandelt wird.

> Toleranz sollte eigentlich nur eine vorübergehende Gesinnung sein; sie muß zur Anerkennung führen. Dulden heißt beleidigen. (MuR 875; MA 17, S. 872)

Noch knapper formuliert er: „Die wahre Liberalität ist Anerkennung" (MuR 876; MA 17, S. 872). Darin spricht der um der Sache willen ernstzunehmende und als solcher anzuerkennende Gesprächspartner.

Einen solchen sachlichen Zugang hat Helmut Thielicke in seiner Goethe-Studie gewiesen. Ihm gilt „der Gedanke der Perspektive" als „ein hermeneutischer Schlüssel, der uns viele Dimensionen des goetheschen Denkens – nicht nur die religiöse Dimension – erschließen kann"[3]. Dieser Schlüssel lautet:

> Wir sind / Naturforschend Pantheisten / Dichtend Polytheisten / Sittlich Monotheisten. (MuR 807; MA 17, S. 863)

Goethes Denken bewegt sich in perspektivischen Linien dieser Art auf einen ungesagten Mittelpunkt zu, ohne von dieser Mitte her die genannten Zugänge in eine spekulative Identität aufzuheben. Das unterscheidet ihn von den Systemdenkern seiner Zeit. In Kant, Fichte, Schelling und Hegel vermag er nur gelegentlich Gleichgesinnte zu sehen und bewahrt, mit Enthusiasmus und Dank, deutliche Distanz. Insofern kann gelten, daß jeder Versuch, die

---

[3] Helmut Thielicke: *Goethe und das Christentum.* München 1982, S. 32.

Philosophie oder Theologie Goethes darzustellen, zur Philosophie oder Theologie über Goethe wird, indem sie die genannten perspektivischen Linien weiterzieht oder aus den Paradoxa seiner Prosasprüche eine mögliche Synthese aufzeigt. Daß überdies alle perspektivischen Worte wiederum in Bezug auf Anlaß und Adressaten zu lesen sind und nur im Kontext einen nicht-vereinzelten Sinn geben, sollte sich von selbst verstehen.

Die Themen „Schöpfung" und „Christologie"

Leben und Werk Goethes sind durch „eine lebendige Heuristik" (MuR 328; MA 17, S. 777) ineinandergewoben, und deren Paradoxa fassen keineswegs eine „zwischen zwei entgegengesetzten Meinungen" liegende unausgesprochene Wahrheit. Vielmehr gilt: „Das Problem liegt dazwischen, das Unschaubare, das ewig tätige Leben in Ruhe gedacht" (MuR 616; MA 17, S. 831).

Dieses Problem kann in seinen Gestalten durch „wiederholte Spiegelungen" – bei Goethe eine optische Versuchsanordnung und Metapher zugleich – „gesteigert" und „ins Enge getrieben" werden; es liegt jedoch jeder Lösung uneinholbar voraus. In dieser Steigerung des Bejahbaren oder Verneinbaren ins Nichtmehrsagbare und ins Schweigen hinein zeichnen sich erste Konturen einer negativen Theologie Goethes ab. Angesichts dessen scheint Thielickes Urteil, Goethes „panentheistische Position" dränge „auf die Absage an einen persönlichen Gott, zu dem ein Verhältnis hörender und betender Zwiesprache bestehen könnte"[4], eher ein traditionelles theologisches Abwehrmuster anzuwenden als den eigenen hermeneutischen Schlüssel. Denn dieser erlaubt es durchaus, die Aussage des Naturforschers in seiner Kritik an jeder anthropomorphen Teleologie und einem ihr entsprechenden Gottesbild einem (noch zu definierenden) „Pan-Theismus" zuzuordnen, der eben als Theismus und perspektivischer Zugang zur Gottesfrage einen heilsgeschichtlichen Weg nicht ausschließt, sondern sich ihm zuordnen kann. Überdies wäre ein „naturforschender" Zugang zum heilsgeschichtlichen personalen Gott gerade theologisch ein recht bedenklicher Denkansatz. Wie sollte das, was Gott geschichtlich frei gewährt, aus Naturgegenständen und ihrer Evolution vernünftig erschlossen werden?

Die Gegenprobe bietet eine von vielen deutlichen Äußerungen Goethes gegenüber intimen Vertrauten, daß er über Wesentliches nur mit seinem Gott reden könne, da Menschen durch ihre bedingte Vorstellungsart oft auf antinomische Weise einander mißverstünden[5]. Wenn Thielicke bemängelt, die „Mahnmale menschlicher Existenz (Endlichkeit und Schuld, Geschöpflichkeit und Ausbruch)" seien „im pantheistischen Schema nicht unterzubringen"[6], so spricht es gerade für Goethes multiperspektivischen Zugang, daß er sie in anderem Kontext und eben nur dort mit dem nötigen Gewicht behandelt.[7] Jesus Christus, die Heilsoffenbarung Gottes, ist kein natürlicher Gegenstand in Goethes Denken – und kann es auch nicht sein.

---

4 Ebd., S. 59.

5 Sulpiz Boisserée in seinem Tagebuch vom 2. 8. 1815 (FA 34, S. 480). – Die Anspielung auf Kants „Antinomie der Vorstellungsart" (*Kritik der reinen Vernunft*, § 56 f.) verbindet sich auf merkwürdige Weise mit dem Vertrauen auf einen Gott, der den Menschen anspricht und versteht.

6 Thielicke (Anm. 3), S. 99.

7 Eine theologische Vulgäraufklärung weist Goethe bereits 1773/74 entschieden ab. Die thematische Wortoffenbarung läßt sich nicht nach Maßgabe des theologisierenden Subjektes verstehen und so in „natürliche" Vernunft aufheben.

Im besonderen Maß gilt das Gesagte für die christologische Seite des Problems. Auch hier öffnet der hermeneutische Schlüssel differenzierend. Denn Goethes entschiedenes Nein gilt insbesondere der Christus-Projektion des Freundes Lavater und ihrer alles Menschlich-Geschichtliche überblendenden Vollkommenheit.[8] Der „Glaube an den allverkündigten und alles bewirkenden Messias"[9] läßt sich von diesem Verneinen deutlich unterscheiden. So problematisch Goethe die zeitgenössischen Christologien erscheinen, so hochbedeutend nennt er in späten Gesprächen Jesus Christus selbst. Die „Christus-Tendenz", alles Natürliche zu veredeln, lobt er an seinem Freund Schiller, und dem alten Goethe steht als Muster religiöser Kunst das Bild Jesu vor Augen, der den Glaubenden faßt und rettet.

Dieses geschichtliche und religiöse Urphänomen will er keiner transzendentalen Philosophie oder Theologie preisgeben. Er stellt sich in einer Nachlaßnotiz die immer wieder bohrende Frage,

> Wie das Unbedingte sich selbst bedingen,
> Und so das Bedingte zu seines Gleichen machen kann. (MuR 1371; MA 17, S. 946)

Die andere Seite des Paradoxons ist:

> Daß das Bedingte zugleich Unbedingt sei. Welches unbegreiflich ist ob wir es gleich alle Tage erfahren. (MuR 1372; MA 17, S. 946)

Damit wäre aber durchaus „naturforschend" das Paradoxon ermittelt, das es analog auch heilsgeschichtlich „aufzulösen" gilt: daß Jesus als der Christus bedingter Mensch und zugleich unbedingter Gott sei. Jedenfalls – und darauf kommt es hier und zunächst an – schließt Goethes perspektivische Denkweise eine solche Lösung nicht nur nicht aus, sondern legt sie sogar begrifflich nahe, obwohl ihm die Theologie seiner Zeit kaum tragfähige christologische Modelle bieten kann.

Die Themen „Theodizee" und „Erlösung"

Die Religionenlehre der *Wanderjahre* bringt christologische Fragen doppelt ins Spiel. Sie stellt von der Religion Christi als philosophischer Lebenspraxis her einerseits das Bild des Weisen und des guten Lebens auf, während sie in der Religion der Ehrfurcht vor dem, was „unten" und „unter uns" ist, das Kreuz mehr verschweigt als anspricht. Solches hindeutende Verschweigen prägt auch den *Faust*-Schluß mit seinen so zahlreichen wie verhüllenden Verweisen auf *den*, dessen Urteil antithetisch zum Ende des ersten Teils zitiert und gefeiert wird: „Wer immer strebend sich bemüht / Den können wir erlösen" (V. 11936 f.). „Streben" meint hier keine Privatreligion der bloßen „Tätigkeit" als Selbsterlösung, sondern gut aristotelisch das Dringen der „Entelechie" zu ihrem Ziel, dem vollendenden Geliebtsein durch das, was „hinanzieht".[10] Darauf antwortet der als Zitat von den Engeln der Schlußszene gebrachte Richtspruch, und nur die Tatsache dieses Zitats selbst verweist auf den

---

8 *Dichtung und Wahrheit* (MA 16, S. 800).

9 Goethe an Zelter, 14. 11. 1816 (MA 20.1, S. 475).

10 Vgl. die *Faust II*-Edition Dorothea Hölscher-Lohmeyers (MA 18.1, S. 1163–1187; hier S. 1173), die gründlich auch diesen Fragen des Textes nachgeht.

Richter, der im Schlußbild ehrfurchtsvoll ausgespart und ansonsten wiederum nur in Zitaten, also in den vermittelnden Worten anderer, anwesend ist. Am Schluß steht die Begnadung Fausts zur *visio beatifica*, die sich Werther im Suizid hat erzwingen wollen. Die Rechtfertigung Fausts, des Gescheiterten, ist zugleich auch die *Theodizee* des Rettenden; als solche hat Goethe das ganze Werk durch die Rahmenhandlung aus dem biblischen Ijob (Hiob)-Buch seit 1808 ausgewiesen. Von hier fällt neues Licht auf die antithetischen Schlüsse der beiden *Faust*-Teile. Dem mephistophelischen „ist gerichtet" tritt das christologische „ist gerettet" machtvoll entgegen; der Mittler zum Unheil weicht dem Mittler zum Heil.

Christologischer Herkunft mag auch Goethes Motto zum vierten Teil von *Dichtung und Wahrheit* sein, zu dem sich der *Faust* wie ein szenischer Kommentar liest: „nemo contra deum nisi deus ipse". Die mißbrauchte „Gottähnlichkeit" Fausts führt diesen „verworrenen" Knecht seines Herrn „vom Himmel durch die Welt zur Hölle" – und wiederum nicht unvermittelt „hinan". Die Dichtung als Vor-Schein verheißener Versöhnung mündet in die utopischen Ideen der Freiheit und der Erlösung. So endet der *Faust* wie alle großen Werke Goethes, ohne sich als Kunstreligion oder Dokument eines bloßen Ästhetizismus in dem abzuschließen, was er, darin über sich hinausweisend, als Symbol aufscheinen und sehen läßt: er endet, indem er sich ins Offene des göttlichen Handelns vollenden läßt. Ilse Graham hat Goethes Bilder der Verwandlung und Vollendung als Chiffren christlicher Eschatologie gelesen, und Werner Keller verweist auf die von Schuld und „dämonischen" Mächten beschädigte Verantwortung „im Angesicht dessen, das man früher das Ewige nannte"[11].

Es bedarf keines besonderen Wohlwollens, um – als Theologe – das theologische Denken Goethes zu erkennen und anzuerkennen, sobald das Gespräch mit ihm die falschen Alternativen von polemischer Abgrenzung und affirmativer Aneignung überwindet. Sein perspektivisches Denken, das „an einer Denkweise nicht genug" hat, entdeckt in den

> himmlischen und irdischen Dingen [...] ein so weites Reich, daß die Organe aller Wesen zusammen es nur erfassen mögen.[12]

Goethes Naturforschung als „natürliche Theologie"?

Im vertraulichen Briefwechsel oder Gespräch hat Goethe gerne zugestanden, es fänden sich in seinen Werken „mehr oder weniger esoterische Bekenntnisse"[13], und immer wieder auch auf seine *Farbenlehre* als „Konfession" verwiesen. Esoterisch sind diese Bekenntnisse, weil sie verschwiegen hindeuten auf Unsagbares; Bekenntnisse – ein Hauptwort Goethes! – sind diese Fingerzeige insofern, als sie weniger ein Unsagbares eingestehen als vielmehr ein *symbolon* im theologischen Wortsinn aussprechen, ein Glaubensbekenntnis nämlich. Die *Farbenlehre*, die ihn ebenso wie das *Faust*-Projekt als lebenslanges „Hauptgeschäft" beansprucht, nimmt in seinem Leben und Werk eine Sonderstellung auch als „esoterisches Bekenntnis" ein. Ihre Thematik beschäftigt ihn von früher Jugend[14] und systematisch vom Mai

---

11 Ilse Graham: *Goethe. Schauen und Glauben.* Berlin 1988; Werner Keller: *Altersmystik? Der späte Goethe und das Christentum seiner Zeit.* In: *Wahrheit und Wort.* Fs. *für Rolf Tarot zum 65. Geburtstag.* Hrsg. von Gabriele Scherer und Beatrice Wehrli. Bern 1996, S. 237–256; hier S. 256.

12 An Jacobi, 6. 1. 1813 (WA IV, 23, S. 226).

13 An Windischmann, 28. 12. 1812 (WA IV, 23, S. 214).

14 Vgl. die umfassende Dokumentation in den Kommentarbänden der Leopoldina-Ausgabe (bisher erschienen in Reihe II sind die Bände 3, 4, 5A und 6).

1791 an. Reinhold Schneider nennt als Leitthema Goethes „Frömmigkeit vor dem Licht“[15], und Thomas Mann glückt in seiner „Phantasie über Goethe“ das Aperçu, es sei „der historische Teil des Buches, ganz nach Goethe's Absicht, etwas wie ein Gleichnis der Geschichte aller Wissenschaften, der durch die Jahrtausende führende Roman des europäischen Gedankens geworden“[16]. Den Goethe seines Romans *Lotte in Weimar* läßt er gar sinnieren: „Wer sagt euch, daß nicht die Poesie die Liebhaberei ist und der Ernst bei ganz was anderem, nämlich beim Ganzen?“[17] – bei der „naturforschenden“ Totale der *Farbenlehre* nämlich, die das „Ganze“ als solches thematisiert und sich damit vom bewußt fragmentarischen oder aphoristischen Zugang seiner anderen naturwissenschaftlichen Schriften abhebt. Insbesondere der „Roman des europäischen Gedankens“ ist häufig in gattungs- und geistesgeschichtlicher Untersuchung als eine Art säkularer Kirchengeschichte der Natur-Wissenschaft angesprochen worden. Zusammen mit dem *didaktischen Teil* als Lehrgebäude und dem *polemischen Teil* als Kontroverse des „Ketzers“ Goethe mit Newton als dem Vertreter der „Orthodoxie“ ergibt sich tatsächlich die Gestalt eines theologischen Kompendiums, wie sie Albrecht Schöne nachzeichnet.[18] Dieser Sachverhalt bedarf zunächst keiner Wertung, sondern erhöhter Aufmerksamkeit. Es kann angesichts der bereits exponierten Themen im Werk Goethes und angesichts von Form und Fragestellung der *Farbenlehre* kaum zweifelhaft sein, daß sie nicht nur in eine ausdrückliche „Konfession“ mündet, sondern insgesamt schon eine ist. Was ist deren Inhalt, und welchem Gegenstand gilt sie?

In seiner Antwort auf Albrecht Schönes *Farbentheologie* hat Carl Friedrich von Weizsäcker betont, die Quantentheorie habe es im Unterschied zur klassischen Physik und ihrem Repräsentanten Newton „mit Ereignissen als Ganzheiten zu tun, die nur gewaltsam in Teile zerlegt werden können“. Darin sei sie „‚vereinbar‘ mit einer Schellingschen Sicht der Natur als Geist. Diese Sicht ist in der heutigen Naturwissenschaft nicht durchgeführt. Sie gestattet aber ein Gespräch mit Goethe“. Es wäre ein Gespräch über die „Einheit der Natur“, das auch das erkennende Subjekt mit seinen Voraussetzungen einbezöge, am Beispiel des Lichts als symbolischer Wirklichkeit: wirklich, weil Gegenstand der „Naturforschung“ und damit empirisch, symbolisch, weil Repräsentant einer theologisch aufgefaßten höheren Einheit.

> Die Einheit Gottes ist es, die sich in der Einheit des Lichtes ausspricht; seine schöpferische Gegenwart ist in der Vielheit der Farben, der Liebe der Menschen. Darum ist Goethe Pantheist – genauer: Alles ist in Gott, Gott ist in Allem. Dem braucht die heutige Physik nicht zu widersprechen.[19]

Wie sehr umgekehrt die naturwissenschaftlichen Texte und Begriffe Goethes seine poetischen Konzeptionen prägen, erhellt bereits ein flüchtiger Blick allein auf *Faust*. Bereits Rupprecht Matthaei hat in einer gründlichen Studie von 1947 auf die *Farbenlehre* als Interpretament

---

15 Reinhold Schneider: *Das ungelöste Problem. Goethes Glaube*. In: Ders.: *Über Dichter und Dichtung*. Köln und Olten 1953, S. 227–246; hier S. 234 f.

16 Thomas Mann: *Phantasie über Goethe* (1938). In: Ders.: *Reden und Aufsätze*, Band 1. Frankfurt/M. 1960, S. 713 – 754; hier S. 733. Vgl. ähnlich *Lotte in Weimar* (1943). Frankfurt/M. 1960, S. 629 u. 636.

17 Mann: *Lotte in Weimar* (Anm. 20), S. 624. – Über das Farben-Aperçu ebd., S. 627 f.

18 Albrecht Schöne, *Goethes Farbentheologie*. München 1987.

19 Carl Friedrich von Weizsäcker: *Goethes Farbentheologie – heute gesehen*. Göttingen 1991, S. 8 f. u. S. 10 (Nachrichten der Akademie der Wissenschaften in Göttingen. 1. Philologisch-historische Klasse, 1991).

der Dichtung hingewiesen[20]; Dorothea Hölscher-Lohmeyer entwickelt ihre *Faust*-Deutung aus einem Formverständnis, das die Naturphilosophie Goethes voraussetzt (von ihrer Dissertation 1940 bis zu ihrer großen *Faust II*-Edition 1998). Für die großen Romane und die Lyrik ließe sich eine Fülle von Belegen beibringen, insbesondere für den *West-östlichen Divan*. Sie alle zeigen, daß Goethes Poetik von seiner „natürlichen Theologie" als Naturforscher nicht zu trennen ist, ohne daß die Einheit und die mit ihr verbundenen Ansprüche des Gesamtwerkes aufgelöst würden – womit überdies gegen Goethes ausdrückliche Selbstinterpretation zu argumentieren wäre.

Viel spricht dafür, von der *Farbenlehre* als Schlüsseltext her die natürliche Theologie Goethes zu entwickeln als eine Art naturphilosophischer Gotteserkenntnis. Diese Erkenntnis und auch Goethes „anschauendes Denken" setzt voraus, was Goethe als „offenbares Geheimnis" wiederholt beschwört: die Offenbarkeit Gottes, der sich selbst frei in der menschlichen Erfahrung des Daseins mitteilt. Das Dasein beweist nicht Gott, sondern das Dasein ist – nicht als simple Gleichung, sondern in recht verstandener Analogie – Gott selbst, wie er sich selbst mitgeteilt und geoffenbart hat, um vom Menschen erkannt zu werden. Eine solche Theologie hat ein eigenes Erkenntnisrecht, ohne mit der Theologie der geschichtlichen Erfahrung des Heils konkurrieren zu wollen oder zu können.

Wie die natürliche Theologie der Tradition nicht unmittelbar von Gott spricht, der sich seinem Wesen nach zwar erschließt, aber „unerkennbar" bleibt, so spricht auch die *Farbenlehre* bereits im Vorwort nur mittelbar vom Licht, das sie in den Farben wahrzunehmen lehrt.

> Denn eigentlich unternehmen wir umsonst, das Wesen eines Dinges auszudrücken. Wirkungen werden wir gewahr, und eine vollständige Geschichte dieser Wirkungen umfaßte wohl allenfalls das Wesen jenes Dinges. Vergebens bemühen wir uns, den Charakter eines Menschen zu schildern; man stelle dagegen seine Handlungen, seine Taten zusammen, und ein Bild des Charakters wird uns entgegentreten.

Nicht der „metaphysische" Schluß von den Wirkungen auf die Ursache, nicht die platonisch-plotinische Schau der Ideen in ihren schattenhaften Erscheinungen, sondern eine „Geschichte dieser Wirkungen" soll die *Farbenlehre* in den Stand setzen, dem Wesen des Lichtes nahezukommen. Nicht das Licht selbst wird ihr unmittelbares Thema sein, sondern die Farben, wie sie im Medium des „Trüben" als einem eigenständigen Raum zwischen Licht und Finsternis als Nicht-Licht entstehen. Denn so heißt es weiter im Vorwort:

> Die Farben sind Taten des Lichts, Taten und Leiden. In diesem Sinne können wir von denselben Aufschlüsse über das Licht erwarten.

Auch wenn sich Goethe einer spinozistischen Terminologie bedient und den Begriff der „Natur" als *natura naturans* wie eine Chiffre benutzt, entfaltet das Vorwort bereits das Konzept einer natürlichen Theologie.

> Farben und Licht stehen zwar untereinander in dem genauesten Verhältnis, aber wir müssen uns beide als der ganzen Natur angehörig denken: denn sie ist es ganz, die sich dadurch dem Sinn des Auges besonders offenbaren will. (MA 10, S. 9)

---

20 Vgl. Rupprecht Matthaei: *Die Farbenlehre im Faust*. In: Goethe 10 (1947), S. 59–148; hier S. 59 f. Mephistos Selbstcharakteristik als eines Teils der Finsternis beinhaltet die Grundbegriffe der *Farbenlehre*.

Was sich dem Auge, mithin der sinnlichen Wahrnehmung, offenbart, ist in seinen Wirkungen dasjenige, was in seinem Wesen nicht faßbar wird: das Licht als Symbol des nur mittelbar zugänglichen Göttlichen, das aber in eben diesen Wirkungen unmittelbar anschaulich ist als „Ur-Phänomen" im Unterschied zu jeder Ur-Sache.[21] Werner Heisenberg weist zu Recht darauf hin, daß sowohl die Erkenntnistheorie als auch deren angewandter Spezialfall, die jeweilige wissenschaftliche Methode, sich dem Inhalt dieses Naturerlebens anzupassen haben. Das bedeutet: das transzendentale Subjekt steht der Welt nicht mehr gesetzgebend und fremd gegenüber, sondern beansprucht eine Art intuitiver Erkenntnis vom gegebenen Objekt her. Dies kann man entweder als vorkritisch in bezug auf Kant verwerfen, wie es Albrecht Schöne in seiner Kritik der „Farbentheologie" fordert[22], oder als bewußten Schritt hinaus über die kantische Dichotomie von Subjekt und Objekt begrüßen. Dann träte Goethes Ansatz in unmittelbare Nähe und Konkurrenz zu Schellings naturphilosophischen Ideen und Fichtes Subjekt/Objekt-Denken. Im ersten Sinne ist die *Farbenlehre* seit ihrem Erscheinen als „romantische Naturphilosophie" abgelehnt worden. Goethes Unverständnis der aufdämmernden Moderne – und der neuen Naturwissenschaft und Technik in ihrem Gefolge – „bannt ihn für uns in eine zwar wunderbar geschlossene, aber vergangene Welt", die Karl Jaspers im Namen der 1947 beschworenen Zukunft verloren geben will.[23] Wie fremd sich hier die Denkarten entgegenstehen, obwohl „Goethes Methoden erkenntnistheoretisch einwandfrei sind", hat Heinrich Henel 1949, anläßlich des internationalen Frankfurter Kongresses zu Goethes Naturwissenschaft, verdeutlicht: „Man wird, wie auch früher schon öfter geschehen, höflich den Hut voreinander ziehen und dann in die getrennten Lager zurückkehren; denn eine wirkliche Bekehrung der Goetheaner zur Wissenschaft oder der Naturwissenschaftler zu Goethe wäre ein größeres Wunder als die Bekehrung Sauls vor den Toren von Damaskus."[24] Für die Germanistik hat Heinz Schlaffer dieses Dilemma einseitig zugespitzt mit der These, die Bedeutung von Goethes Dichtung liege „nicht allein, nicht einmal vorwiegend an ihrer Modernität, sondern an dem, was sich der Moderne versagt": indem sie unzugänglichen Sinn mit Evidenz heraufbeschwöre und zugleich zu erkennen gebe, „daß auf ihn kein Verlaß ist". Damit habe die „Antiquiertheit des Menschen in der Moderne [...] in Goethe ihren Anwalt gefunden"[25]. Dieses Urteil führt, übertragen auf den Wahrheitsanspruch der *Farbenlehre* und der ihr zugehörigen „Naturwissenschaft überhaupt", zu dem ablehnenden Verdikt Albrecht Schönes gegen alle „Farbentheologie", die als eine und unteilbare Heilslehre eben „Theologie" und damit ein vor

---

[21] Dies trifft den „ganz wesentlichen Punkt, daß nämlich nach Goethes Überzeugung dem Menschen in der Natur die göttliche Ordnung sichtbar gegenübertritt. Nicht das Naturerlebnis des einzelnen Menschen, so sehr es ihn als jungen Menschen erfüllt hatte, war dem älteren Goethe wichtig, sondern die göttliche Ordnung, die in diesem Erlebnis erkennbar wird. Es ist für Goethe nicht nur dichterische Metapher, wenn etwa in dem Gedicht ‚Vermächtnis altpersischen Glaubens' der Gläubige durch den Anblick der über dem Gebirge aufgehenden Sonne dazu bewegt wird, ‚Gott auf seinem Throne zu erkennen, ihn den Herrn des Lebensquells zu nennen, jenes hohen Anblicks wert zu handeln und in seinem Lichte fortzuwandeln'" (Werner Heisenberg: *Das Naturbild Goethes und die technisch-naturwissenschaftliche Welt.* In: Goethe 29 [1967], S. 27–42; hier S. 35).

[22] Schöne (Anm. 18), bes. S. 103 f.

[23] Karl Jaspers: *Unsere Zukunft und Goethe.* In: Die Wandlung 2 (1947), S. 559–578; hier S. 567.

[24] Heinrich Henel: *Goethe und die Naturwissenschaft.* In: The Journal of English and Germanic Philology 48 (1949), S. 507–532; hier S. 532.

[25] Heinz Schlaffer: *Goethes Versuch, die Neuzeit zu hintergehen.* In: *Bausteine zu einem neuen Goethe*, hrsg. von Paolo Chiarini. Frankfurt/M. 1987, S. 9–21; hier S. 20.

modern-unkritisches Unternehmen sei.[26] Wenn der Versuch dennoch unternommen wird, die *Farbenlehre* als Naturphilosophie oder gar als „natürliche Theologie" ernst zu nehmen, muß das erkenntnistheoretische Recht dazu vor Kants Kritik und der Moderne erwiesen werden, die sich auf ihn beruft. Ein naiver Rückweg zu Goethe, der die *Farbenlehre* bloß „goetheanisch" fortschriebe, ist damit versperrt, ebenso aber eine Harmonisierung der konkurrierenden Denkarten, die oft genug und wenig überzeugend versucht worden ist. Mit den Worten Goethes:

> Man sagt: zwischen zwei entgegengesetzten Meinungen liege die Wahrheit mitten inne. Keineswegs! Das Problem liegt dazwischen, das Unschaubare, das ewig tätige Leben in Ruhe gedacht." (MuR 616; MA 17, S. 831)

Es scheint, als sei ein Weg, die „natürliche Theologie" der Goetheschen *Farbenlehre* zu rekonstruieren und in ihrem Wahrheitsanspruch ernstzunehmen, zugleich der Weg mitten in ein zentrales Problem der Goethe-Rezeption hinein.

Aufgaben einer „natürlichen Theologie" im Blick auf Goethe: das Symbol, das Aperçu und das „Offenbare" als bleibendes „Geheimnis"

Von Goethes Naturphilosophie ist nicht leicht zu reden. Systematische philosophische Äußerungen zum Gegenstand liegen in Ansätzen vor, von denen einer der wichtigsten, der Aufsatz über den *Versuch als Vermittler von Subjekt und Objekt* aus dem Jahre 1793, erst nachträglich zu den meisten größeren „naturphilosophischen" Arbeiten in den Heften *Zur Naturwissenschaft überhaupt* 1823 publiziert worden ist.[27] Es scheint, als wolle Goethe das „anschauende Denken" seiner Naturphilosophie vor Mißverstehen derart schützen, daß er sich keiner zeitgenössischen Philosophie in Denkart und Terminologie explizit nähert. Gleichwohl gibt dieser Arbeitstext für den internen Gebrauch, insbesondere für das Gespräch mit Schiller, einen Eindruck vom Niveau seiner Reflexion, die von den kantischen Kritiken geprägt, aber nicht bestimmt ist. Jedenfalls markiert dieser Text eine erkenntnistheoretisch begründete Methodenlehre, die seit seiner Rückkehr aus Italien die Naturforschung Goethes bestimmte. Das Zögern, mit einem treffenden Titel zugleich eine verbindliche philosophische Leitidee zu formulieren, erschließt dabei den verschwiegenen Kern dieses Denkens. Zunächst bleibt das Manuskript titellos, wenn seine Gedanken auch versuchsweise und bescheiden als „Kautelen des Beobachters" bezeichnet werden. Goethes Denken weicht einer eindeutigen Zuordnung zu einem der philosophischen Leitsysteme

---

26 Was vom schönen „Schein" und dem impliziten Wahrheitsanspruch Goethescher Dichtung übrig bleibt, wenn der explizite Wahrheitsanspruch ihres Weltbildes verworfen wird, liegt auf der Hand. Warum (und wie) eine auch nur nostalgische Rezeption des „halben" Goethe im Ernst sein solle, wenn der „ganze" Goethe unzugänglich wäre – diese Frage zeigt ein ganz eigenes Problem an.

27 Goethe hat den „alten, aber hoffentlich nicht veralteten Aufsatz" von Friedrich Wilhelm Riemer durchsehen und betiteln lassen, da er selbst „Titel und Überschrift [...] jetzt so wenig als vormals zu finden wüßte" (an Riemer, 10. 9. 1822). Die erhaltene Handschrift mit Datum vom 28. 4. 1792 markiert zwar den Beginn der methodischen Beschäftigung mit der *Farbenlehre*, zeigt aber bereits ein ausgereiftes erkenntnistheoretisches Konzept. Gegenüber Schiller (brieflich, 18. 7. 1798) spricht Goethe von den „Kautelen des Beobachters"; es liegt ihm vor allem daran, dessen gesetzgebende Subjektivität auf den Gegenstand hin einzuschränken. Beide Textfassungen finden sich in MA 4.2, S. 321–332 und MA 12, S. 684–693 (Varianten zum früheren Text dort auf S. 1148).

aus. Es läßt sich weder der platonischen Ideenlehre zuordnen noch der Prinzipienlehre Kants; mit dem Konkret-Allgemeinen der Hegelschen Dialektik berührt es sich, ohne in ihr aufzugehen. Die Naturgedichte hingegen „enthalten und manifestiren vielleicht das Abstruseste der modernen Philosophie“[28]; aber sie „enthalten und manifestiren“ es eben, ohne es in eine vorgegebene Terminologie oder Systematik einzubinden. Damit zeichnen sich auch bereits die Grenzen für jeden Versuch ab, sich diese philosophierende Naturforschung rekonstruktiv zuzueignen und so nicht mit, sondern über Goethe zu philosophieren. Die Gefahr, das Eigentümliche dieser Denkart aufzulösen, bedroht jeden solchen Zugang. Tatsächlich führt er in der Regel entweder dazu, Goethe ein Philosophieren im schulmäßigen Sinn abzusprechen und seine dichterische Weisheit unverbindlich zu loben, oder ihm ein eklektisches Philosophieren zuzugestehen. Je nach Gewichtung bestimmter Belegtexte läßt sich dann eine gewisse Nähe zu Spinoza, zu Kant oder zu Schelling feststellen, ohne daß ein spezifisch goethesches Denken dabei ansichtig wird.

Da Goethes „Naturdenken den Schlüssel liefert zum Verständnis seiner intellektuellen Biographie wie seines literarischen Werks“[29], böte sich einerseits ein chronologisch-biographischer Längsschnitt an, um Denkart und Begrifflichkeit zu erfassen. Andererseits eröffnet gerade die *Farbenlehre* als „Symbol aller Wissenschaften“ und ausdrückliches Bekenntnis seines Autors die Möglichkeit, diesen „Typus“ bzw. dieses „Urbild“ seines Denkens im Querschnitt zu untersuchen und an ihm Goethes Weltanschauung und Weltbild abzulesen. Denn die *Farbenlehre* verbindet in besonderer Weise die Praxis von Anschauung und Versuch mit der Theorie als reflexivem Verstehen dessen, was sich in solcher Vermittlung von Subjekt und Objekt zeigt. Entsprechend unterscheidet Goethe zwischen „den Naturphilosophen“, die von oben herunter, und [...] den Naturforschern, die von unten hinauf leiten wollen“, und bekennt: „Ich wenigstens finde mein Heil nur in der Anschauung, die in der Mitte steht“.[30]

Diese Anschauung als schwebende Mitte zwischen Subjekt und Objekt, zwischen Aneignung und Ereignis, liegt jenseits der Kategorien zeitgenössischer Transzendentalphilosophie – auch wenn Goethe ihre kritische Orientierung dankbar nutzt –, aber auch jenseits einer spinozistischen Naturphilosophie, die doch immerhin den Gedanken einer Einheit der Natur bewahrt.

Das „Heil nur in der Anschauung, die in der Mitte steht“ – die Wortwahl greift wohl nicht zufällig auf theologische Schlüsselbegriffe zurück, geht es doch um die kritische Mitte nicht nur zwischen transzendentalem Idealismus und positivistischem Empirismus, sondern auch um diejenige zwischen Subjekt und Objekt, die intuitiv ist und jeder aneignenden philosophischen Reflexion uneinholbar vorausliegt. Es ist die Mitte als „Symbol“, das sich objektiv als „bedeutend“ – ein Lieblingswort Goethes! – zeigt und subjektiv gedeutet wird, ohne daß es auf einen der beiden Pole zu reduzieren wäre.[31] So repräsentiert es ideal-real die Einheit der „Gott-Natur“ – ein Gedanke, der bekanntlich bereits dem Kantianer Schiller zu schaffen machte. In den Terminologien sowohl der Transzendentalphilosophie als auch der Schulmetaphysik kann er auch kaum unmißverständlich formuliert werden. Zudem

---

28 Goethe an Riemer, 28. 10. 1821 (WA IV, 35, S. 158).

29 Vgl. Alfred Schmidt: Artikel *Natur*. In: *Goethe-Handbuch*, Bd. 4. 2., hrsg. von Hans-Dietrich Dahnke und Regine Otto. Stuttgart und Weimar 1998, S. 755–776.

30 An Schiller, 30. 6. 1798 (MA 8.1, S. 588 f.).

31 Darin unterscheidet sich das Goethesche Symbol, seinem erkenntnistheoretischen Ansatz entsprechend, grundsätzlich von der kantischen „Hypotypose“, die einen Vernunftbegriff versinnbildlicht, ohne daß eine derartige sinnliche Anschauung ihm angemessen sein könnte (vgl. *Kritik der Urteilskraft*, § 59).

gestattet es die Nähe zur *physis* der Vorsokratiker oder zur Kosmologie der Renaissance-Philosophen nicht, diesen natur-philosophischen Grundgedanken geistesgeschichtlich herzuleiten, wie es vielfach versucht worden ist.

Da Goethes Naturforschung auf die Einheit der „Gott-Natur" zielt, darf bei ihm von einer *natürlichen Theologie* die Rede sein, ohne ein mißverständliches *deus seu natura* zu provozieren. Denn es geht Goethe darum, das Göttliche in den Dingen anzuschauen und diese so in ihrem Wesen wahrzunehmen, wie sie sich dem erkennenden Subjekt von sich her zeigen. Hier erst (und im Kontext zitiert) erschließt das berühmte Wort an Jacobi seinen theologischen Sinn:

> Du erkennst die höchste Realität an, welche der Grund des ganzen Spinozismus ist, worauf alles übrige ruht, woraus alles übrige fliest. Er beweist nicht das Daseyn Gottes, das Daseyn ist Gott.

Und mögen den so gedeuteten Spinoza „andre deshalb Atheum schelten, so mögte ich ihn theissimum ia christianissimum nennen und preisen"[32]. Diese ausdrückliche und emphatische Inanspruchnahme Spinozas für Theismus und Christentum ist beim Wort zu nehmen und in der Sache, d.h. an der Naturwissenschaft Goethes und insbesondere am Modellfall der *Farbenlehre*, zu prüfen. Goethes Symbolismus der Anschauung unterläuft die Extreme absoluten Identitätsdenkens ebenso wie diejenigen eines „spirituellen" Materialismus, denn das Symbol als repräsentierende Einheit von Gott und Natur (oder *natura naturans* und *natura naturata*) läßt eben nicht unterschiedslos eins im anderen aufgehen. Dem Begriff eines transmanenten Gottes, „der nur von außen stieße", steht bei ihm nicht der Begriff eines in Immanenz aufgelösten Gottes entgegen, sondern der Gedanke eines transzendenten Gottes: dieser ist in den Dingen und in der Natur eben *so* und nur so, daß er über sie hinaus geht. Aber das ist oft gesagt und hier nur zu wiederholen:

> Was wär ein Gott, der nur von außen stieße,
> Im Kreis das All am Finger laufen ließe!
> Ihm ziemts, die Welt im Innern zu bewegen,
> Natur in Sich, Sich in Natur zu hegen,
> So daß was in Ihm lebt und webt und ist,
> Nie seine Kraft, nie seinen Geist vermißt. (MA 9, S. 116)

So und insofern ist Goethes Naturforschung, gleich, ob Naturwissenschaft oder Naturphilosophie, eigentlich natürliche Theologie. Daß von ihr keine Theologumena einer heilsgeschichtlichen Theologie zu erwarten sind, versteht sich von selbst, denn sie ist ein perspektivischer Zugang zu dem, was auch Goethe hinsichtlich der Natur „Gott" nennt. Daß sich aber damit ein Zugang auch zu einer solchen Theologie eröffnet, darf hier behauptet und an anderer Stelle erwiesen werden.[33]

---

32 Am 9.6.1785 (WA IV, 7, S. 62).

33 Um den Weg anzudeuten: So wie sich der geschichtlich erfüllte Sinn der „Schöpfung" als „Gott-Natur" endgültig von der Christologie (als Theologie der „Neu-Schöpfung") erschließt, so setzt umgekehrt eine solche Theologie der (heils-)geschichtlichen Vermittlung eben diese „Gott-Natur" voraus (als faktisch gegeben und zugleich transzendental als Bedingung ihrer Möglichkeit – und nicht eine Welt, in der „natürlicherweise" kein Raum für diesen Gott und sein Erkennen wäre.

Aber geht nicht auch der Anspruch einer natürlichen Theologie, der sich an Goethe orientierte, an seiner eigentümlichen Denkart vorbei? Zunächst einmal scheint bereits der Name eine Art „hölzernes Eisen“ anzukündigen, so, als ließe sich natürlicherweise etwas von dem wissen, was nur Inhalt einer Offenbarung oder die „Selbstmitteilung“ dessen sein könnte, wovon oder von dem jede Theologie eigentlich reden will. Ein Paradoxon gleicher Art benennt Thomas Mann mit der (für Goethe nicht wörtlich aufweisbaren) Redewendung von den „angeborenen Verdiensten“; diese ist ja nicht nur, wie Thomas Mann es klug deutet, „ein bewußter Affront gegen das Moralische“[34] als letztlich aussichtsloses Wollen und Streben, sondern gegen alle „Natürlichkeit“, die sich in sich selbst verschließt und darin ihr mißverstandenes Heil sucht. Natur ist stets schon mehr als Natur, was im Bereich des Denkens in besonderer Weise gilt. Auf den wiederholten Seufzer des Freundes und Kunstfreundes Meyer, „wenn nur das Denken nicht so schwer wäre!“ [sic], hat Goethe „heiter“ erwidert:

> Das Schlimme aber ist […], daß alles Denken zum Denken nichts hilft; man muß von Natur richtig sein, so daß die guten Einfälle immer wie freie Kinder Gottes vor uns dastehen und uns zurufen: da sind wir![35]

Dieses Denken bleibt anschauendes Denken und verliert die Phänomene nicht aus den Augen. „Doch ganz ohne Gnade geht es in der Republik der Phänomene denn doch nicht ab“, wendet Adolf Muschg zu Recht ein. „Sie müssen einem aufgehen. Die Erleuchtung hat bei Goethe einen bemerkenswerten kleinen Namen: ‚Aperçu‘.“[36] Darin setzt das anschauende Denken schon voraus, was sich ihm manifestiert und sich so aus sich selbst erschließt. Solches „Aufgehen“ des einzelnen Gegenstandes ebenso wie auch das „Aufgehen“ des Ganzen in ihm, als dessen Symbol er ist, entspräche nun durchaus dem klassischen Begriff von „Natur“ (von *nasci* oder *phyestai*), die sich für Goethe so auslegt, daß sie eben über sich selbst hinausweist. In diesem Sinne dürfte also von natürlicher Theologie zu reden sein.

Goethe selbst hat darauf verzichtet, eine natürliche Theologie explizit zu entwickeln. Zwar beruft er sich gegebenenfalls auf einen Spinoza, um die Einheit der Natur zu betonen, auf einen Kant, um die Rolle des erkennenden Subjektes zu klären, und auch auf einen Schelling, um den Prozeß des Werdens bzw. der „Weltseele“ hervorzuheben, ohne jedoch dabei zum Eklektiker oder zum Adepten einer Schulrichtung zu werden. Das ist ihm als Mangel an philosophischem Denkvermögen ausgelegt worden, der einen in Naturforschung und Naturphilosophie dilettierenden Dichter eben kennzeichne. Eine so simple Abfertigung verbietet sich jedem, der auch nur flüchtig wahrnimmt, wie groß und wie grundsätzlich die Sprachskepsis gerade dieses an Worten so überreichen Dichters ist und wie sehr er ein Schweigen liebt, das nicht nur vorsorglich *ver*schweigt, sondern stumm wird und verehrt – doch eben dessen sich bewußt ist. Ebenso scheint die Maske des „Stockrealisten“ Goethe eher den ironischen Kenner zeitgenössischer Philosophien zu verbergen, der sich ihrer zum „Privatgebrauch“ bedient, als den Gegner abstrakten, und das hieße hier:

---

34 Mann: *Phantasie über Goethe* (Anm. 16), S. 735.

35 Eckermann, 24. 2. 1824 (MA 19, S. 81).

36 Adolf Muschg: *Goethe als Emigrant. Auf der Suche nach dem Grünen bei einem alten Dichter*. Frankfurt/M. 1986, S. 58. – Goethes Begriff wäre von Leibniz (*Monadologie*, Abschnitt 14) und von Kants „transzendentaler Apperzeption“ her genauer zu bestimmen.

ungegenständlichen Denkens über das Denken.[37] Ist eine *relécture* dem komplexen Denken Goethes in Paradoxen und Verweisen angemessen, die einen gemeinsamen Nenner dieser Ansätze formulieren oder den geheimen Punkt anvisieren will, auf den seine perspektivischen Denkarten zielen? Soll das „offenbare Geheimnis“, wie Goethe dieses Unsagbare am liebsten andeutend und verschleiernd nennt, preisgegeben werden?

In ähnlicher Form stellt sich dieses Problem jedem, der Goethe in seinem Wort überhaupt interpretiert. Für seine natürliche Theologie gälte demnach, was sich von jedem seiner Gedichte sagen ließe: sie sind denkend beim Wort zu nehmen, aber weder ins Denken noch in Worte aufzulösen. Doch gilt dies nicht für jede Theologie, die mit dem „Geheimnis“ wissend umgeht und darum Mystagogie sein muß?[38]

In vorgegebene Raster einer „natürlichen Theologie“ wird sich Goethes Denken gewiß nicht einzeichnen lassen, ohne daß es einem von beiden schlecht bekommt. Ein letztes und aufschlußreiches Hindernis liegt darin, daß eine solche Theologie – soweit sie gegenwärtig noch betrieben wird – fast ausschließlich auf die methodische Frage abzielt, ob eine natürliche Gotteserkenntnis möglich sei. Die Frage nach der „Natur“ ist eigentlich die Frage nach dem „Aufgehen“ (*phyestai* als „Erscheinen“) des Einzelnen, wie es als Gegenstand anschaulich wird, oder des Ganzen im Einzelnen (als Symbol). In dem Einzelnen erscheint das Ganze und wird anschaulich für das Denken. Die methodische Frage nach der Erkenntnis Gottes stellt sich jedoch gerade von Goethe her neu, nämlich zugleich mit der Frage, wie das konkrete Einzelne zu erkennen sei. Denn – die einprägsam-merkwürdige Begriffsbildung „Gott-Natur“ zeigt es an[39] – beide Fragen konkurrieren nicht miteinander, sondern fordern und beantworten einander gegenseitig: „Willst Du ins Unendliche schreiten, / Geh nur im Endlichen nach allen Seiten“ (MA 9, S. 117). Das anschauende Denken löst sich nicht vom gegebenen Gegenstand; es bewahrt den Wert und die Würde des Gegenstandes als die Bedingung, unter der das Ganze im Einzelnen erscheint.[40] Deswegen löst sich der Naturforscher Goethe nicht vom Gegenstand, wenn er vom „Höchsten“ spricht, sondern behält ihn liebevoll im Blick. Anschauung und Hingabe prägen daher seine natürliche Theologie, ja selbst das Wort „Frömmigkeit“ (im spezifischen Wortgebrauch Goethes!) wäre zutreffend. Das wird man von der scholastisch geprägten „natürlichen Theologie“ und ihrer formalen Rationalität nicht ohne weiteres behaupten wollen. Die gegenwärtige Theologie hingegen wendet sich dem Thema „Natur“

---

37 Stellvertretend sei auf die Untersuchungen Géza von Molnárs zu Goethes Kant- bzw. Fichte-Lektüre verwiesen (*Goethes Kantstudien.* Weimar 1994 [Schriften der Goethe-Gesellschaft, Bd. 64]; *Goethes Einsicht in die „Wissenschaftslehre“.* In: Athenäum. Jb. für Romantik 7 (1997), S. 167–192).

38 Eckermann berichtet eine bezeichnende Äußerung Goethes „über religiöse Dinge und den Mißbrauch des göttlichen Namens. ‚Die Leute traktieren ihn, sagte Goethe, als wäre das unbegreifliche, nicht auszudenkende höchste Wesen nicht viel mehr, als ihres Gleichen. […] Wären sie aber durchdrungen von seiner Größe, sie würden verstummen und ihn vor Verehrung nicht nennen mögen‘“ (31. 12. 1823; MA 19, S. 486).

39 *Im ernsten Beinhaus war's* (MA 13.1, S. 189).

40 Diese Wortverbindung findet sich bei Goethe häufig, insbesondere nach Sache und Begriff in der *Farbenlehre*, sofern es um die Bedingungen geht, „um farbige Erscheinungen hervorzubringen; sie gesteht aber diesen Bedingungen Wert und Würde zu“ (MA 10, S. 980) und schafft sie und die Phänomene nicht durch Hypothesen oder Theorien beiseite. Eben dies ist der Vorwurf gegenüber der „mathematischen“ Physik und der ihr verwandten Empirie, der das gesamte naturwissenschaftliche Werk Goethes durchzieht. Es ist auch der Kern seiner Polemik gegen Newton, die mit d i e s e m Denkansatz steht und fällt, nicht jedoch mit der „Richtigkeit“ der physikalischen Einzelerklärungen Goethes oder Newtons.

allenfalls unter ethischen Gesichtspunkten und dabei meist im ausdrücklich heilsgeschichtlichen Kontext zu.[41]

Das universale Göttliche im Natürlich-Konkreten zu entdecken („anzuschauen") und an seiner gegenständlichen Erscheinung festzuhalten: so ließe sich wohl die Aufgabe einer natürlichen Theologie im Gespräch mit Goethe stellen. Goethe selbst hat es knapp und prägnant in der Einleitung zu seinem *Versuch einer Witterungslehre* von 1825 so gesagt:

> Das Wahre mit dem Göttlichen identisch, läßt sich niemals direkt von uns erkennen, wir schauen es nur im Abglanz, im Beispiel, Symbol, in einzelnen und verwandten Erscheinungen; wir werden es gewahr als unbegreifliches Leben und können dem Wunsch nicht entsagen, es dennoch zu begreifen. (MA 13.2, S. 275)

Müßte sich von hierher nicht ein Weg auch für die Theologie der Heilsgeschichte öffnen, in der Gott und Menschenwelt in höchster Weise zu symbolisch-wirklicher Gegenwart vermittelt sind?[42]

---

41 Zu den Ausnahmen im Bereich katholischer Theologie zählen, bezeichnend genug, die Philosophen Romano Guardini und Josef Pieper.

42 Der Verfasser legt in Kürze seine Habilitationsschrift vor unter dem Titel *„Gott-Natur". Goethes Denken im theologischen Kontext.* Einem Überblick zur theologischen Goethe-Rezeption (Teil I) folgt die Entwicklung von Goethes natürlicher Theologie in seiner *Farbenlehre* (Teil II). Sie erschließt sich im Kontext der deutschen Spätaufklärung vor allem in Abgrenzung von Kant, Fichte und Schelling als eine eigenständige *Wissenschaftslehre*, deren Grundbegriffe ausführlich erläutert und auf Goethes explizite theologische Äußerungen zur Theodizee, zur Religion der Ehrfurchten und zur Christologie bezogen werden. Der Schlußteil präzisiert das Ergebnis im Blick auf das Problem der „natürlichen Theologie" und entwickelt eine „theologische Wahrnehmungslehre", die sich an Goethe orientiert (Teil III).

DOKUMENTATIONEN, MISZELLEN UND REZENSIONEN

VOLKER WAHL

„ein wundersam Gebäude von Glück und Wohlbehagen"

Goethes letzter Geburtstagsbrief an Großherzog Carl August vom 3. September 1827

Als 1915 zur Hundertjahrfeier des Großherzogtums Sachsen-Weimar-Eisenach[1] der *Briefwechsel des Herzogs/Großherzogs Carl August mit Goethe* – eine bis heute nicht ersetzte Edition dieser wichtigen Korrespondenz des Dichters und Beamten Goethe mit seinem Freund und Dienstherrn Carl August von Sachsen-Weimar und Eisenach – zu erscheinen begann, formulierte Hans Wahl, der nachmalige Direktor des Goethe- und Schiller-Archivs, als Herausgeber und Bearbeiter dieser Briefwechselausgabe in seinem Vorwort:

> Die vorliegende Ausgabe setzt sich möglichst große Vollständigkeit zum Ziel. Um dieser nahezukommen, mußten die Akten des Großherzogl. Haus- und Staatsarchivs, selbst auf die Gefahr hin, daß die Herausgeber der Goetheschen Briefbände nichts zu finden übrig gelassen hätten, durchgesehen werden. Wie zu erwarten, stand hier die Ausbeute in keinem Verhältnis zu der notwendigerweise darauf verwandten Zeit."[2]

Diese Aussage stimmt noch immer und stimmt wiederum so auch nicht. Hatten doch schon die Bearbeiter und Herausgeber der Briefbände der im Auftrage der Großherzogin Sophie von Sachsen-Weimar und Eisenach erschienenen Weimarer Ausgabe von Goethes Werken[3] im damaligen Geheimen Haupt- und Staatsarchiv und in dem mit ihm verbunde-

---

1 Aus diesem Anlaß wurde das *Carl August-Werk – Carl August. Darstellungen und Briefe zur Geschichte des Weimarischen Fürstenhauses und Landes* – unter der Herausgeberschaft von Erich Marcks (in seiner Nachfolge Willy Andreas) begründet, in dessen Unterabteilungen Vorgeschichte und Verwaltungsgeschichte der Regierungszeit Carl Augusts, sein Briefwechsel literarischer und politischer Art sowie dessen Biographie veröffentlicht werden sollten. Das *Carl August-Werk* ging nach 1937 auf die neugegründete Thüringische Historische Kommission (Vorsitzender Willy Flach) über und mit ihr nach 1945 unter. Die Herausgabe des Briefwechsels mit Goethe eröffnete im Jubiläumsjahr 1915 das *Carl August-Werk*. Die unter seinem Dach begonnene Edition des *Politischen Briefwechsels des Herzogs und Großherzogs Carl August von Weimar* (Hrsg. Willy Andreas, Bearbeiter Hans Tümmler) erschien unter den obwaltenden politischen Umständen in Thüringen und der DDR später ohne Bindung an die bisherigen Institutionen der Carl August-Forschung in Weimar von 1954 bis 1973 in den Quellenveröffentlichungen der Historischen Kommission bei der Bayerischen Akademie der Wissenschaften.

2 *Briefwechsel des Herzogs/Großherzogs Carl August mit Goethe*. Hrsg. von Hans Wahl (*Carl August. Darstellungen und Briefe zur Geschichte des Weimarischen Fürstenhauses und Landes*. Hrsg. von Erich Marcks. IV. Abteilung). Berlin 1915–1918. Vorwort von Hans Wahl in Bd. 1 (1915), S. XVI.

3 *Goethes Werke*. Hrsg. im Auftrage der Großherzogin Sophie von Sachsen. Erschienen in 143 Bänden von 1887 bis 1919 im Verlag Hermann Böhlau in Weimar. Die IV. Abteilung *Goethes Briefe* umfaßte 50 Bände.

nen Großherzoglichen Hausarchiv alle in Frage kommenden Akten durchgearbeitet. Mit Genehmigung von Großherzog Carl Alexander wurden damals auch aus den noch in den Behördenregistraturen verbliebenen Überlieferungen aus der Goethezeit „Aktenkopien" angefertigt.[4] So enthält die Briefabteilung der Weimarer Ausgabe und nach ihr auch Hans Wahls dreibändige Ausgabe des Briefwechsels mit Carl August eine Reihe von Schriftstücken, die wegen ihres amtlichen Charakters strenggenommen nicht zu den persönlichen Briefen, sondern zum Behördenschriftverkehr und damit in die Ausgabe der amtlichen Schriften Goethes gehören.[5] Immerhin wird dadurch ein später eingetretener Verlust teilweise kompensiert, nachdem 1945 in der Zweigstelle Bad Sulza des Thüringischen Staatsarchivs Weimar bedeutende Archivbestände des 19. Jahrhunderts – und mit ihnen zahlreiche Goethesche Amtsschriften[6] – vernichtet worden sind, die nunmehr als Originalüberlieferung für die Edition von Goethes Amtlichen Schriften leider fehlen.

Einen Kernbestand der Korrespondenz zwischen Goethe und Carl August von Sachsen-Weimar und Eisenach, den schon der erste Herausgeber Carl Vogel, Goethes letzter Amtsgehilfe in der „Oberaufsicht", benutzte[7], bildet die Überlieferung der Briefe Goethes an Carl August aus dessen Nachlaß im Großherzoglichen Hausarchiv. Dieses Familienarchiv mit den Nachlässen der fürstlichen Personen verblieb seit seiner Begründung im 19. Jahrhundert im Geheimen Haupt- und Staatsarchiv und besteht heute wie zuvor als eine eigene Archivabteilung des Thüringischen Hauptstaatsarchivs zu Weimar. Hier ist das bei der Erschließung des persönlichen Nachlasses von Carl August gebildete Faszikel mit Goethes Briefen überliefert, die der Herzog zuerst in einer gelben Foliomappe mit braunem Lederrücken und im Titelschild mit seinen Schriftzügen „Doctor, u. Geheime Rath Göthe" bis zu Beginn der 1790er Jahre gesammelt hatte.[8] Als diese Sorgfalt bei ihm selbst aufhörte, verlor sich danach manches, was nicht durch Einheftung in Brief- oder Aktenfaszikel geschützt war.

Sie wurde neuerdings durch drei Nachtragsbände. ergänzt, in denen die seit dem Abschluß der Weimarer Ausgabe bekanntgewordenen Briefe Goethes und ein Gesamtregister enthalten sind. *Goethes Werke.* Weimarer Ausgabe. *Nachträge und Register zur IV. Abteilung: Briefe.* Hrsg. von Paul Raabe. 3 Bde. (= Bd. 51–53 der IV. Abteilung der WA). München 1990.

4 Die „Aktenkopien" gehören heute zum Goethe-Bestand im Goethe- und Schiller-Archiv und gehen auf verschiedene großherzogliche Anordnungen von 1888/89 zwecks Abschrift der auf Goethe bezüglichen Schriftstücke aus staatlichen Akten in den Archiven der Großherzoglichen Behörden für die Verwertung dieses Materials in der seit 1887 unter dem Protektorat der Großherzogin Sophie erscheinenden Ausgabe von Goethes Werken zurück.

5 *Goethes Amtliche Schriften.* Veröffentlichung des Staatsarchivs Weimar. Bd. 1: *Goethes Tätigkeit im Geheimen Consilium*, Teil 1: *Die Schriften der Jahre 1776–1786* [Hrsg. von Willy Flach]. Weimar 1950. – Bd. 2: *Goethes Tätigkeit im Geheimen Consilium. Die Schriften der Jahre 1788–1819* [Bearb. von Helma Dahl]. 1. Halbbd.: *1788–1797.* Weimar 1968; 2. Halbbd.: *1798–1819.* Weimar 1970. – Bd. 3: *Erläuterungen zu den Schriften der Jahre 1788–1819* [Bearb. von Helma Dahl]. Weimar 1972. – Bd. 4: *Register* [Bearb. von Helma Dahl]. Weimar 1987. – Das Thüringische Hauptstaatsarchiv Weimar wird die Edition 1999 mit dem Kalendarium über Goethes amtliche Tätigkeit 1788 bis 1819 fortsetzen. Vgl. Volker Wahl: *„Wir haben es mit einem, wenngleich eindrucksvollen, ja in seiner Art bewundernswerten Torso zu tun". Zur Editionsgeschichte von Goethes Amtlichen Schriften.* In: *Leben und Wahrheit in der Geschichte.* Festgabe zum 90. Geburtstag von Hans Tümmler. Hrsg. von Herbert Hömig. Bochum 1996, S. 99–118.

6 Hierunter fällt fast die komplette Registratur der seit 1815 als Oberaufsicht über alle unmittelbaren Anstalten für Wissenschaft und Kunst bezeichneten Behörde (geleitet zunächst von Goethe und Christian Gottlob Voigt, seit 1819 allein von Goethe bis zu dessen Ableben 1832).

7 Für seine zweibändige Ausgabe: *Briefwechsel des Großherzogs Carl August von Sachsen-Weimar-Eisenach mit Goethe in den Jahren von 1775 bis 1828.* Weimar 1863.

8 Vgl. *Briefwechsel* (wie Anm. 2), Bd. 1, S. XIV.

Im Carl-August-Nachlaß wurden im letzten Drittel des 19. Jahrhunderts vom Archivdirektor Carl August Hugo Burkhardt alle dort vorhandenen Goethe-Briefe zu einem einzigen Konvolut zusammengefaßt, das auch noch 1915 für Hans Wahl die Quelle für zahlreiche Brieftexte bildete. Da man danach sicher sein konnte, daß alle überlieferten Briefe an Carl August erfaßt waren, erübrigte sich fernerhin der Rückgriff auf die Originalüberlieferung im heutigen Thüringischen Hauptstaatsarchiv.

Im Anschluß an die dreibändige Briefausgabe von Hans Wahl sind nach 1918 bisher lediglich sieben neue Briefe Goethes an Carl August (davon zwei aus dem Autographenhandel) bekannt geworden, von denen wiederum nur zwei persönliche Briefe sind und alle anderen amtliche Schreiben darstellen.[9] Um so mehr läßt der Fund eines bisher gänzlich unbekannten Goethe-Briefes im Thüringischen Hauptstaatsarchiv erstaunen, zumal er in dem bekannten Konvolut der Briefe Goethes an Carl August in dessen Nachlaß im Großherzoglichen Hausarchiv überliefert ist. Allerdings ist er dorthin erst nach Abschluß der Briefausgabe gelangt, war offenbar zuvor im Archiv an anderer Stelle aufbewahrt worden und wurde dann den bisherigen Goethe-Briefen hinzugefügt. Seitdem hat wahrscheinlich niemand mehr die Originalüberlieferung der Briefe Goethes an den Herzog und Großherzog Carl August in die Hand genommen und die hier enthaltenen Stücke nach ihren Druckorten überprüft. Immerhin war durch den Tagebuchvermerk Goethes vom 3. 9. 1827 „Serenissimo, Glückwunsch“ die Tatsache eines an den Großherzog gerichteten Geburtstagsbriefes bekannt.[10]

Der „Fund“ von 1998 im Zusammenhang mit der Vorbereitung auf eine Goethe-Ausstellung des Thüringischen Hauptstaatsarchivs[11] ist nicht nur wegen der Ergänzung zur bisher bekannten Überlieferungs- und Druckgeschichte des Briefwechsels zwischen Goethe und Carl August bemerkenswert, sondern auch wegen der Stellung dieses sehr persönlich gehaltenen Briefes in den Korrespondenzbeziehungen mit dem Herzog und Groß- herzog von besonderem Gewicht. Es ist einer der wenigen bekannten Geburtstagsbriefe Goethes an den Fürsten[12] und als der dem letzten Geburtstag Carl Augusts am 3. 9. 1827 gewidmete

---

9 Vgl. *Goethes Werke.* Weimarer Ausgabe. *Nachträge und Register zur IV. Abteilung: Briefe* (wie Anm. 3), Bd. 53, S. 602–609 (Carl August von Sachsen-Weimar und Eisenach).

10 WA III, 11, S. 104. Zuletzt hat 1995 die „dokumentarische Chronik“ von Angelika Reimann *Goethes Leben von Tag zu Tag* (Bd. VII, S. 779) vermerkt, daß der Brief nicht überliefert sei. Sein Wortlaut konnte wegen des Fehlens eines Konzeptes für diesen eigenhändigen Brief auch nicht wie in anderen Fällen aus dem Goethe-Nachlaß gewonnen werden.

11 Vom 11. 8. bis 7. 11. 1999 zeigt das Thüringische Hauptstaatsarchiv im Marstall zu Weimar die Archivalienausstellung *Der amtliche Goethe. Vom Geheimen Legationsrat zum Staatsminister in Sachsen-Weimar-Eisenach,* die einen Einblick in die amtliche Tätigkeit Goethes in der Landesadministration von Sachsen-Weimar-Eisenach zwischen 1776 und 1832 bietet. Der hier edierte persönliche Geburtstagsbrief Goethes an Carl August vom 3. 9. 1827 wurde in diesem Zusammenhang als Hintergrund für das Ausstellungsplakat verwendet und mit einem amtlichen Schreiben Goethes aus der Oberaufsicht kombiniert, getreu der Verschränkung privater und dienstlicher Lebensbewältigung in Goethes Alltag, wonach das Amtliche das Persönliche überlagert, das Persönliche im Amtlichen durchschimmert.

12 „Geburtstagsbriefe“ Goethes an Carl August vom 3. September, also Briefe mit dezidiert vorgetragenen Glückwünschen in Verbindung mit Dankbarkeits- und Verbundenheitsbekundungen, sind lediglich aus den Jahren 1791 (aus Weimar), 1815 (aus oberhalb Frankfurt am Main), 1819 (aus Karlsbad), 1820 (aus Jena) und 1825 (aus Weimar) bekannt. Freilich müssen in gewissem Sinne hier auch das zum 3. 9. 1783 geschaffene Gedicht *Ilmenau* und das Preislied auf Carl August *Zur Logenfeier des Dritten Septembers 1825* (letzteres allerdings auch im Zusammenhang mit dem fünfzigjährigen Regierungsjubiläum) einbezogen werden.

von nachdrücklichem Interesse. Als Gratulations-, Dank- und Huldigungsbrief beansprucht er indessen von seinem Inhalt her schwerlich größere Aufmerksamkeit.

Der Inhalt dieses eigenhändigen Briefes sei zunächst nach dem Wortlaut des Originals im Thüringischen Hauptstaatsarchiv Weimar[13] wiedergegeben:

> Durchlauchtigster Großherzog
> Gnädigst regierender
> Fürst und Herr.
>
> Wenn diese letzten Tage her die Betrachtung sich mir wiederholt aufdrang wie Ew. Königlichen Hoheit Gnade und Gunst, vor langen Jahren einen sichern Grund gelegt, worauf durch Höchstihro Einwirckung ein wundersam Gebäude von Glück und Wohlbehagen für mich heraufsteigen konnte, so fühl ich mich mehr als je gedrängt den treuen Wunsch auszusprechen: es möge mir gegönnt seyn auch fernerhin in Höchstderoselben Nähe eines gnädigen, wohl wollenden Vertrauens zu genießen.
>
> In der heiteren Aussicht, daß die Epoche Ihrer heilbringenden Regierung sich weit über die Dauer meines Daseyns hinaus erstrecken werde.
>
> Möge die Ausstellung der freyen Zeichenschule, welche zu diesem festlichen Tage schuldigst besorgt worden, und wozu die Resultate der Lieberischen Bemühungen noch zeitig genug eingelangt, Höchstdenenselben zu einiger Zufriedenheit gereichen.
>
> Verehrend, treu angehörig,
> Ew. Königlichen Hoheit
> unterthänigster Diener
> JW Goethe
>
> Weimar
> d. 3. September 1827

Nicht zum ersten Mal fand Goethe Worte des Dankes für „Gnade und Gunst" seines Dienstherrn und Freundes. Schon im ersten überlieferten Geburtstagsbrief von 1791 hatte er die Hoffnung auf „lange Gelegenheit" ausgedrückt, seine „Danckbarkeit einigermassen zu beweisen".[14] Nunmehr zum 70. Geburtstag Carl Augusts hoffte er, daß „die Epoche Ihrer heilbringenden Regierung sich weit über die Dauer meines Daseyns hinaus erstrecken werde". Keiner konnte damals wissen, daß der 3. 9. 1827 der letzte gefeierte Namenstag des Großherzogs sein sollte. Er starb im 71. Lebensjahr am 14. 6. 1828 auf Schloß Graditz bei Torgau. „Bis zum letzten Hauche beisammen", hatte Goethe dem Jüngeren, den er schließlich um vier Jahre überlebte, am 3. 9. 1825 in die Hand versprochen, als Carl August den 68. Geburtstag feierte und zugleich sein fünfzigjähriges Regierungsjubiläum begehen konnte.[15] An dessen 70. Geburtstag war es Dankbarkeit, daß durch den fürstlichen Freund „ein wun-

---

13 Goethe an Großherzog Carl August, Weimar, 3. 9. 1827. In: Thüringisches Hauptstaatsarchiv Weimar, Großherzogliches Hausarchiv A XIX Nr. 42, Bl. 217.

14 *Briefwechsel* (wie Anm. 2), Bd. 1, S. 164.

15 Nach der Überlieferung des Kanzlers von Müller, in: *Goethes Gespräche. Eine Sammlung zeitgenössischer Berichte aus seinem Umgang.* Hrsg. von Wolfgang Herwig. Zürich 1965–1987 (Nr. 5706).

dersam Gebäude von Glück und Wohlbehagen für mich heraufsteigen konnte". Im friedlich-stillen Ausklang ihrer gemeinsamen Jahre war das Behaustsein in Weimar für Goethe zum höchsten Gut geworden.

Wie in den Jahrzehnten zuvor hatte die im Jahr des Antritts der Regierung Carl Augusts begründete Freie Zeichenschule[16] eine Ausstellung mit Schülerarbeiten zu Ehren des Großherzogs veranstaltet. Der Anfang zu diesen Kunstausstellungen war am 3. 9. 1779 gemacht worden.[17] Goethe selbst war früh damit befaßt und schon vor der Italienreise mit der Oberaufsicht über das „Freye Kunst-Institut zu Weimar" betraut, die nach 1815 mit in sein „Kultusressort", die „Oberaufsicht über alle unmittelbaren Anstalten für Wissenschaft und Kunst" in Weimar und Jena, einbezogen wurde.[18] Seit 1816 hatte die Zeichenschule neue Räume im Jägerhaus vor dem Frauentor erhalten. „Hier findet am 3. September jedes Jahres eine Ausstellung aller Leistungen Statt, wobey Preiße zur Vertheilung kommen", heißt es im Staatshandbuch von 1830.[19] Auch 1827 war das so, wobei Goethe nach seinem eigenen Bekunden am 3. September die Ausstellung besuchte, dabei einiges „zu mehrerer Schicklichkeit" anordnete und offenbar danach an die Großherzogin die „Meldung der Kunstausstellung" besorgte.[20] Erst am 5. September besuchten „die Herrschaften" – also Großherzog Carl August und Großherzogin Luise – die Ausstellung der Zeichenschule im Jägerhaus.[21]

Die dabei zur Kenntnis genommenen „Lieberischen Bemühungen" weisen auf einen bisher wenig bekannten Zweig von Goethes Oberaufsichtstätigkeit hin: das „Gemälde-Restaurationsgeschäft", das unter Carl Augusts Förderung im wesentlichen 1827 seinen Anfang genommen hatte und mit dem Namen des Zeichenlehrers Carl Wilhelm Lieber (1791–1861) verbunden war.[22] Dieser hatte als Sohn des Kammerdieners von Herzogin Luise seit 1808 als Schüler die Zeichenschule unter Heinrich Meyer besucht und sich danach im Geographischen Institut zu Weimar und im Französischen Topographischen Bureau in Erfurt auch im Kartenzeichnen ausgebildet. 1812/13 war er zur Übung „nach großen Meistern" an die Akademie nach Dresden gegangen (hier waren seine Lehrer Caspar David Friedrich und Georg Friedrich Kersting). Während dieser Zeit empfahl ihn Goethe 1813 wegen seines Talentes dem Herzog zur Anstellung als Unterlehrer am Zeicheninstitut.[23] Carl August genehmigte dessen Berufung, so daß Lieber nach seiner Rückkehr aus Dres-

---

16 Zur Geschichte der Freien Zeichenschule gibt es noch keine abschließende Darstellung. Erstmals hat unter Auswertung der 1916 in das Staatsarchiv übernommenen archivalischen Überlieferung der Staatsarchivar Felix Pischel im Jahre 1918 in verschiedenen Zeitungsbeiträgen (im Thüringischen Hauptstaatsarchiv Weimar, Zeitungsausschnittsammlung W 108) die Entwicklung der Weimarer Zeichenschule nach den überlieferten Akten untersucht.

17 Siehe Goethes Tagebucheintrag vom 3. 9. 1779 (Tagebücher HKA I, S. 89) und den Brief an Charlotte von Stein vom 4. 9. 1779 (WA IV, 4, S. 56 f.).

18 Während der Italienreise 1786 bis 1788 nahm der Geheime Rat Christian Friedrich Schnauß diese allein wahr, dann zusammen mit Goethe (bis zum Ableben von Schnauß 1797). Vgl. Joseph A. von Bradish: *Goethes Beamtenlaufbahn.* New York 1937, S. 126 f.

19 *Staatshandbuch des Großherzogtums Sachsen-Weimar-Eisenach für das Jahr 1830.* Weimar 1830, S. 31.

20 WA III, 11, S. 104 (Tagebuch, 3. 9. 1827). Der Brief Goethes an Herzogin Luise ist allerdings nicht überliefert.

21 Ebd., S. 106.

22 Zur Biographie siehe Thieme/Becker: *Allgemeines Lexikon der bildenden Künstler.* Bd. 23. Leipzig 1929, S. 197.

23 Goethe an Carl August, 6. 3. 1813, in: *Briefwechsel* (wie Anm. 2), Bd. 2, S. 100 f.

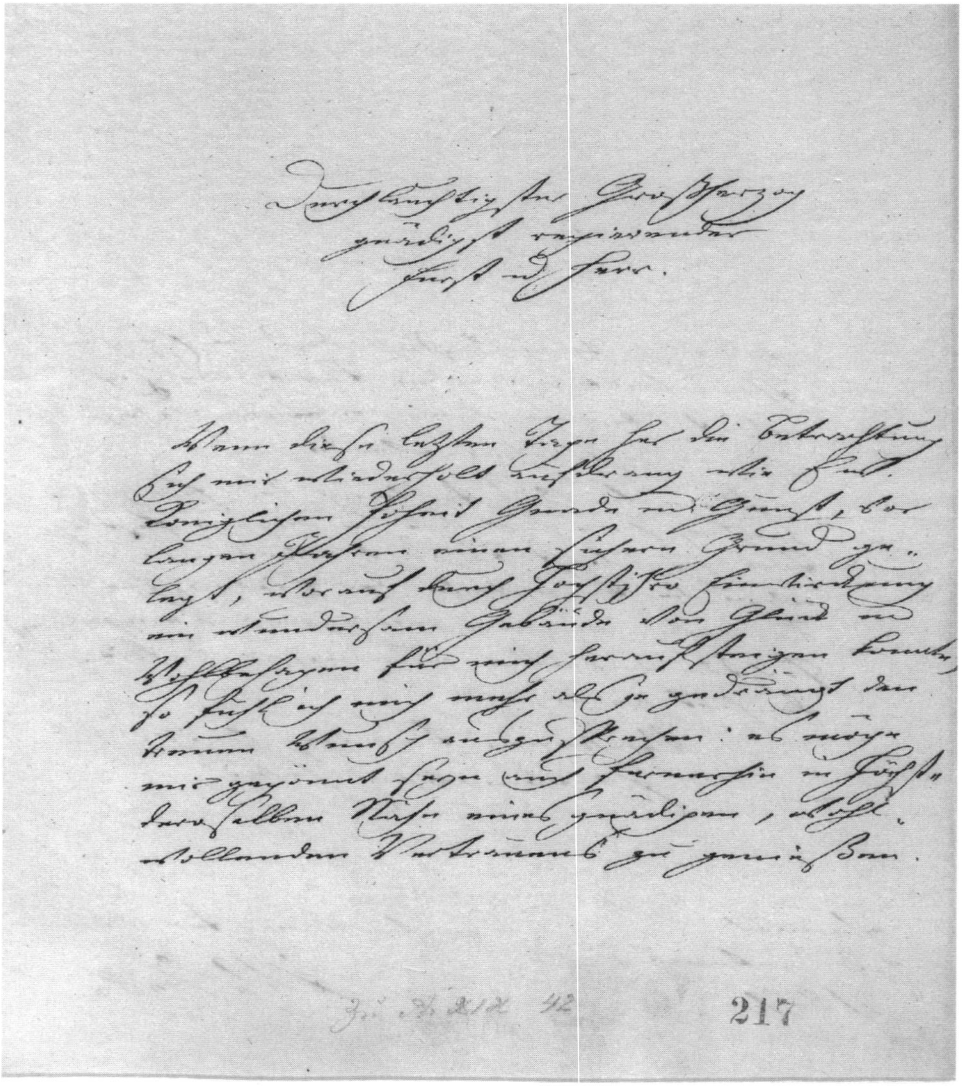

Durchlauchtigster Großherzog
gnädigst regierender
Fürst und Herr.

Wenn diese letzten Tage her die Betrachtung
sich mir wiederholt aufdrang, wie Ew. Königlichen Hoheit Gnade und Gunst, vor
langen Jahren einen sichern Grund gelegt, worauf durch Höchstihre Fortwirkung
ein wundersames Gebäude von Glück und
Wohlbehagen für mich herauf steigen konnte,
so fühl ich mich mehr als je gedrungen den
treuen Wunsch auszusprechen: es möge
mir gegönnt seyn auch fernerhin in Höchstderoselben Nähe eines gnädigen, wohlwollenden Vertrauens zu genießen.

217

Abb. 9
Goethe an Carl August, 3. September 1827 (Vorderseite)

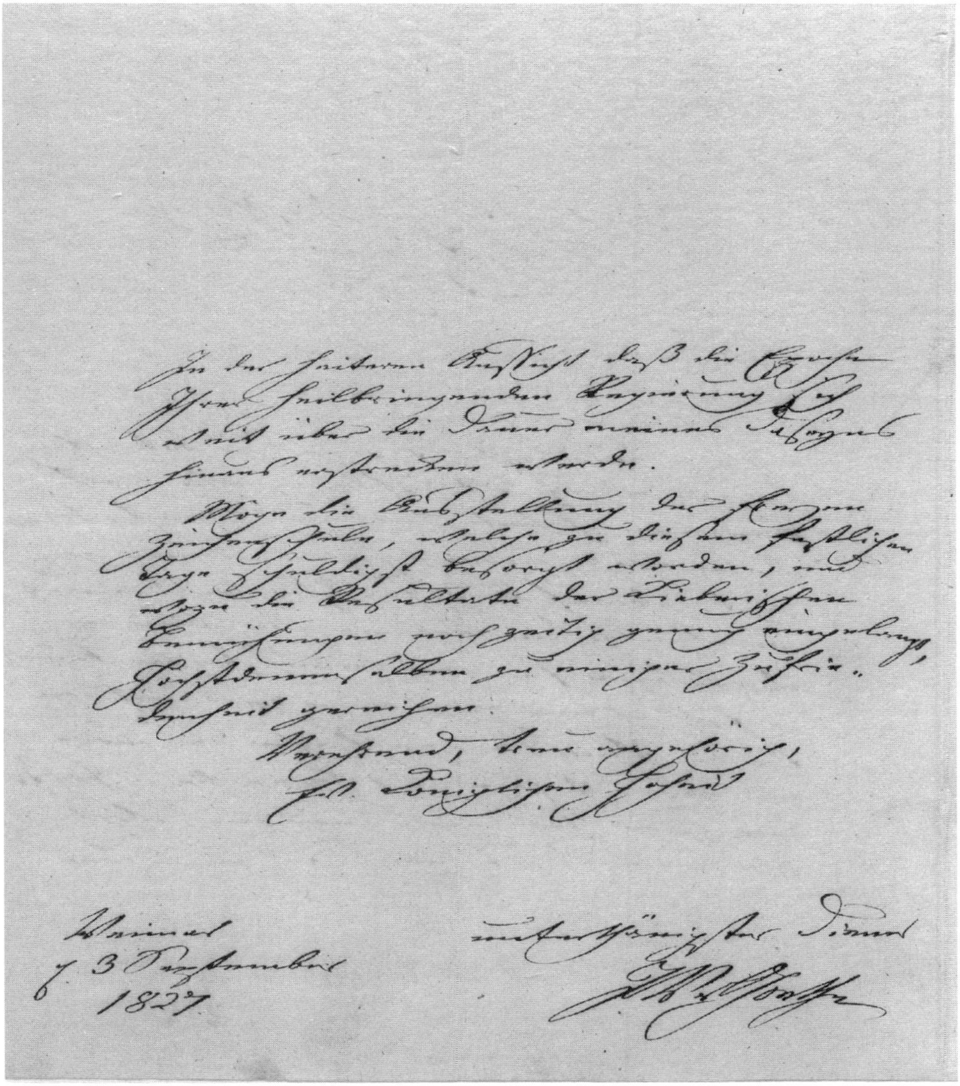

Abb. 10
Goethe an Carl August, 3. September 1827 (Rückseite)

den an der Zeichenschule unterrichtete.[24] Goethe schätzte ihn wegen seiner zeichentechnischen Fertigkeiten und zog ihn 1821 heran, als der Weimarer Kupferstecher Karl August Schwerdtgeburth ein Heft *Radierte Blätter nach Handzeichnungen (Skizzen) von Goethe* herausgab, wobei Lieber und der Hoftheatermaler Carl Holdermann Goethes Skizzen bearbeiteten und ergänzten.

Mit Restaurierungsfragen wurde Goethe schon 1820 befaßt, als der Herzog der „Oberaufsicht" auftrug, die durch die Witterung eingetretene Beschädigung des großen Altar-Gemäldes von Lucas Cranach in der Weimarer Stadtkirche ausbessern zu lassen. In diesem Zusammenhang schlug Heinrich Meyer, der Direktor der Zeichenschule, den Maler Lieber zum Abwaschen und Neufirnissen vor.[25] Im Frühjahr 1827 entstand schließlich die Idee, Carl Wilhelm Lieber zum Erlernen der Gemälderestaurierung nach Dresden zu dem dort in der Galerie beschäftigten italienischen Bilderrestaurator Pietro Palmaroli zu senden, was nicht ohne Schwierigkeiten und diplomatische Bemühungen Goethes in Verbindung mit dem weimarischen Geschäftsträger Heinrich Ludwig Verlohren und dem Dresdener Kunsthistoriker Johann Gottlob von Quandt zustande kam. Anfang Juni 1827 besuchte Carl August auf der Reise zur Kur nach Teplitz das Atelier von Palmaroli und interessierte sich lebhaft für Liebers Fortschritte.

Von Weimar aus organisierte Goethe zwei Gemäldetransporte mit schadhaften Bildern für den künftigen Weimarer Restaurator. „Wenn er bey seiner großen Gewissenhaftigkeit so vieles fördern kann, so ist jene Kunst noch um desto schätzenswerther", schrieb Goethe am 8. 7. 1827 an Carl August nach Teplitz.[26] Als „Prüfungs- und Musterstücke"[27] waren die ausbesserungsbedürftigen Gemälde aus der Kunstsammlung des Großherzogs ausgesucht worden und zeugten danach in der Ausstellung der Zeichenschule als „Resultate der Lieberischen Bemühungen" von dem neuen „Gemälde-Restaurationsgeschäft" unter Goethes Oberaufsicht. Im Ausstellungsverzeichnis von 1827 werden von Lieber „fünf restaurierte Oelgemälde" genannt.[28] 1830 wird er erstmals im Staatshandbuch neben seiner Tätigkeit als Lehrer an der Zeichenschule „auch Gemählde-Restaurateur" genannt.[29] Der Maler besserte später eine große Menge von Gemälden aus Carl Augusts Kunstbesitz aus.[30] 1837/38 restaurierte er das Cranachsche Altarbild in der Stadtkirche St. Peter und Paul in Weimar.

So erinnert Goethes Geburtstagsbrief für den Großherzog auch an die bisher kaum bekannten Anfänge der Gemälderestaurierung in Weimar, deren erster Vertreter der von Goethe und Carl August geförderte Zeichenschullehrer Carl Wilhelm Lieber war.

---

24 Lieber wurde durch Dekret des Herzogs vom 11. 3. 1813 „zur Ermunterung seines in Ausbildung seiner desfallsigen Anlagen bewiesenen und Uns angerühmten zweckmäßigen Fleißes, auch in der Hoffnung, daß er damit ferner fortfahren werde", zum Unterlehrer an der Zeichenschule ernannt. Thüringisches Hauptstaatsarchiv Weimar, Bestand Kunst und Wissenschaft, A Nr. 11718 a, Bl. 44 f.

25 Carl August an Goethe, 4. 3. 1820, in: *Briefwechsel* (wie Anm. 2), Bd. 2, S. 271 (und Erläuterungen, S. 455).

26 Goethe an Carl August, 8. 7. 1827, in: *Briefwechsel* (wie Anm. 2), Bd. 3, S. 278.

27 Goethe an Carl August, 29. 4. 1827, in: *Briefwechsel* (wie Anm. 2), Bd. 3, S. 266.

28 Thüringisches Hauptstaatsarchiv Weimar, Bestand Kunst und Wissenschaft, A Nr. 11750, Bl. 40.

29 *Staatshandbuch 1830* (wie Anm. 19), S. 31. Lieber (verstorben am 5. 10. 1861) erscheint bis 1859 im Staatshandbuch (seit 1851 mit dem 1850 verliehenen Professorentitel) als Lehrer und Gemälderestaurator an der Zeichenschule.

30 Siehe die Erläuterung zu Goethes Schreiben an Carl August vom 29. 4. 1827, in: *Briefwechsel (wie Anm. 2)*, Bd. 3, S. 430. Der Hrsg. Hans Wahl verweist hierbei als Quelle dazu auf die nicht mehr vorhandenen Oberaufsichtsakten A 11727 a (betr. Carl Wilhelm Lieber) und A 11739 (Acta das Gemälde-Restaurations-Geschäft und Local betr. 1827 ff.). Sie gehören zu dem in Bad Sulza 1945 verbrannten Archivgut.

SERGEJ W. TURAJEW

Vorwort zu den Moskauer „Goethe-Studien".

Bd. 4. Hrsg. von Sergej W. Turajew. Im Auftrag der Kommission zum Studium des Schaffens Goethes und der Kultur seiner Zeit. Akademie der Wissenschaften, Moskau 1997.

Der vorliegende vierte Band der [in Moskau herausgegebenen; F. Sch.] *Goethe-Studien* bietet ein breites Panorama der künstlerischen Bemühungen in der Goethe-Zeit.

Der Band wird mit einer Kapitelfolge zu den ästhetischen Problemen des 18. Jahrhunderts eröffnet. Eine ausführliche Arbeit zur Geschichte der deutsch-schweizerischen Ästhetik ist den theoretischen Arbeiten der Zürcher Schriftsteller Bodmer und Breitinger gewidmet – und ihrem jüngeren Streitgenossen, dem Dichter und Maler Füßli, der später in London arbeitete. Der Aufsatz enthüllt den für die ganze europäische Literatur innovatorischen Charakter der schweizer Ästhetiker.

Was Füßli betrifft, so zeigte, nach Eckermanns Anmerkung vom 21. Dezember 1823, Goethe großes Interesse für die Arbeiten dieses Künstlers. (Eine Mappe mit 23 Zeichnungen befindet sich im Goethehaus in Weimar.)

Der zweite Aufsatz behandelt die Begriffe „Klassik" und „Klassizismus", die höchst verworren sind, zumal Bedeutung und Sinn dieser Begriffe in unserer und der deutschen Wissenschaft sich nicht decken. Noch heftigeren Streit erregt dieses Problem in der Musikwissenschaft, wo selbst der Terminus Stil von den verschiedenen Theoretikern und Komponisten verschieden verwendet wird. Manchmal wird sogar der Begriff von ein und demselben Komponisten mit unterschiedlichen Bedeutungen eingesetzt. Der Aufsatz versucht, diesen ganzen Komplex im historischen Kontext zu begreifen.

Wie im letzten Band wird auch diesmal eine Reihe von Arbeiten über eines der Goetheschen Hauptwerke vorgelegt – hier über *Die Wahlverwandtschaften.* Die Auseinandersetzung darüber hat in den letzten zwei Jahrhunderten nicht geruht. Und der Umstand, daß der eine Interpret das Werk mit dem klassischen Stil in Verbindung bringt, es aber von dem nächsten in das allgemeine Panorama der deutschen romantischen Prosa eingezeichnet wird, dokumentiert, wie vieldeutig, vielschichtig und rätselhaft dieser Roman ist.

Nicht weniger interessant sind die Überlegungen auch über die philosophischen Grundlagen des Romans, über die Struktur und Semantik seiner künstlerischen Weite. Auch hier zwei Aspekte: literaturwissenschaftlich und musikwissenschaftlich. Den Autoren des philosophischen Aufsatzes steht die Meinung der Musikwissenschaftler entgegen, wobei niemand von ihnen eine eindeutige Antwort auf die Frage geben kann, was die Romankonzeption bestimmt: materialistische oder idealistische Tendenzen, bezeichnet durch die Namen Spinoza und Kant.

Über diesen Roman äußerte sich auch der berühmte deutsche Philosoph und Ästhetiker des Beginns des 19. Jahrhunderts K. W. F. Solger, mit dessen Rezensionen des Romans (vom Autor seinerzeit einfühlsam aufgenommen) wir den russischen Leser erstmalig bekanntmachen.

Der lange schöpferische Weg Goethes umschließt zwei Entwicklungsepochen der europäischen Kultur: Aufklärung und Romantik. Die herkömmliche Gliederung „Goethe und seine Zeitgenossen" stellt viele Namen vor – von Richardson, Haydn und Wieland zur Schriftstellergruppe „Junges Deutschland". Im Aufsatz zur Gattung der Romane Goethes und Wielands streifen wir aufs neue das Problem „Goethe und die Romantik", und zwar in Hinsicht auf den Einfluß, den der Autor des *Werther* auf die romantische Prosa nach 1800 ausgeübt hat.

Goethe und das 20. Jahrhundert – das ist ein unerschöpfliches Thema, und jedesmal, wenn wir zu ihm zurückkehren, kommen wir erneut zu Goethes eigenstem Vermächtnis. Die Berührung mit Goethes Ideen und Gestalten leuchtet viele wesentliche ideelle und ästhetische Tendenzen in der Kultur unseres großen und traurigen Jahrhunderts aus.

Welcher Abgrund liegt zwischen Goethes Drama und Hauptmanns *Iphigenie in Delphi*, niedergeschrieben ein Jahr nach Beginn des zweiten Weltkriegs! Die ‚reine Menschlichkeit' von Goethes *Iphigenie*, durchdrungen vom Optimismus der Aufklärung, und die Unmöglichkeit, Undenkbarkeit der Sühne und seelischen Erneuerung im Augenblick des blutigen Kataklisma – das ist der zentrale Gedanke im Werk des deutschen Dramatikers des 20. Jahrhunderts. Und Hauptmann wußte noch nichts von Hitlers Maidanek und Stalins Lagern.

Goethes Ideen und Gestalten gaben auch vielen Werken unserer Nachkriegsliteratur Impulse – als Anspielung oder Zitat, und oft gingen sie, umgedacht, belebend in das Gewebe der künstlerischen Prosa ein. Aufmerksame Beachtung verdient Goethes Einfluß auf den ukrainischen Dramatiker A. S. Levada, den lettischen Dramatiker M. Zarin', auf M. Bulgakov, S. Alyoschin, I. Selvinskij, J. Nagibin und V. Kaverin.

Wohlbekannt sind die Goethe-Museen in Weimar und Frankfurt am Main; aber wenige wissen, daß es auch ein Faust-Museum gibt – nicht für Goethes Figur, sondern für das historische Vorbild, den legendären Zauberer und Schwarzkünstler, der nach der Überlieferung in Knittlingen zur Welt kam. Von diesem Museum berichtet eine unserer Veröffentlichungen.

Die Arbeit der Goethe-Kommission geht weiter. Die Goethe-Zeit ist ein Schatz an Ideen und künstlerischen Werten, und ihre Erforscher erwarten noch reichlich Entdeckungen. Wir sind froh, daß an der Arbeit der Kommission Gelehrte aus verschiedenen Städten nicht nur Rußlands – St. Petersburg, Nižnij Novgorod, Samara –, sondern auch des nahen Auslands – Odessa – teilnehmen, wovon der vorliegende Band zeugt.

Wir stehen vor einem bedeutenden Datum – dem 250. Geburtstag Goethes 1999. Die Goethe-Kommission hofft, daß der nächste Band unserer Reihe zu diesem Jubiläum vorgelegt werden kann.

Übersetzt von *Friedrich Schlawe*

DOROTHEA HÖLSCHER-LOHMEYER

Widerspruch zum Widerspruch: Antwort auf Rolf Christian Zimmermanns Rezension des „Faust" II-Kommentars der Münchner Goetheausgabe

„Kommst Du nur immer anzuklagen?" Nein, der mephistophelische ist nicht mein Part. Ich finde den Herrn Rezensenten nicht „wie immer herzlich schlecht"; nicht nur, weil er meinen Kommentar häufig lobt, sondern weil er sich im Urteil über Einzelnes um Objektivität bemüht, obwohl der Kommentierung etwas wie eine „idée fixe" zugrunde liege. Ja, ich notiere sogar lachend, daß er meint, es hätte des „Ansporns" der Frankfurter *Faust*-Ausgabe bedurft, um, wie geschehen, für den vierten Akt so „sachkundige Exkurse zur militärtaktischen Literatur" beizubringen. Ginge einem allerdings das Lachen einmal aus, könnte man über einer solchen Bemerkung zur militanten Feministin werden.

Da nicht ich anklage, sondern der Rezensent, bin ich zum Plädoyer in eigener Sache aufgerufen – mißlich genug wie jede Selbstreferenz. Der Hauptangriff gilt „dem dogmatischen Grund des Kommentars": der Naturphilosophie Goethes und den naturphilosophischen Begriffen, die nach Erkenntnis des Kommentators als poetische Formen den zweiten *Faust*-Teil bestimmen, aber nach dem Urteil des Rezensenten – wie gesagt – „eher wie eine ‚lästige idée fixe' wirken, als daß sie dichterische Intentionen wirklich freilegen könnten".

Was die Kenntnis der Goethischen Naturphilosophie für das Verstehen von *Faust* II im allgemeinen betrifft, so ist daran zu erinnern, daß die Forschung noch 1935 etwas hilflos darüber rätselte, „warum der von Helenas Schönheit trunkene Faust plötzlich auf den Geschmack kommt, Wasserbauingenieur zu werden" (K. A. Meissinger, *Helena*, S. 129). Erst dank der ernsthaften Beschäftigung mit Goethes meteorologischen Studien, erst dank der Einsicht in die Bedeutung, die Goethe der Anziehungskraft der Erde beimißt, erschließt sich Fausts Plan, „mit Menschengeist die Elemente [zu] dämpfen", als der anthropologische Auftrag des Menschen. Als einziger die Naturgesetze erkennender Geist hat er seine „Herrschaft" auf der Erde zu verstehen: als ordnende Tätigkeit nach ihren Gesetzen, im Bändigen des Elementaren, wie Goethe es in dem Aufsatz *Bändigen und Entlassen der Elemente* ausdrücklich beschreibt.

> Es ist offenbar daß das was wir Elemente nennen seinen eigenen wilden wüsten Gang zu nehmen [...] den Trieb hat. Insofern sich nun der Mensch den Besitz der Erde ergriffen und ihn zu erhalten Pflicht hat, muß er sich zum Widerstand bereiten [...]; und hier hat uns die Natur aufs herrlichste vorgearbeitet und zwar indem sie ein gestaltetes Leben dem Gestaltlosen entgegen setzt. (MA 13.2, S. 297)

Ehe ich mich dem zentralen Einwand zuwende, gehe ich zunächst auf Zimmermanns Kritik an einigen der Naturgesetzlichkeit analog gebildeten dramatischen Begriffen ein, auf eine exemplarische Auswahl um der Kürze willen. – Auch hier ist zunächst Allgemeines vorauszuschicken: daß Goethe innerhalb seines Naturentwurfs ein genauer Denker ist und seine Begrifflichkeit präzise faßt, was in der literarhistorischen Forschung häufig unterschätzt wird und zu falschem Gebrauch führt. So ist „Urform" (oder „Urbild") nicht mit „Urphänomen" gleichzusetzen; „Spiegelung" nicht mit „wiederholte Spiegelung"; „Abbild" (oder „Abglanz") nicht mit dem platonischen „Schattenbild"; „trüb" als Begriff der Goethischen Farbenlehre nicht im Sinne des heutigen Sprachgebrauchs von „getrübt" zu verstehen. – Zunächst zur Kritik an der Verwendung von „Polarität". „Polarität" ist nicht, wie der Rezensent fordert, durch „Kontrastierung" zu ersetzen, „als das aller dramatischen Dichtung geläufige Mittel des Kontrasts". „Polarität" bezeichnet nicht nur das kontrastierende Verhältnis zweier Teile, „Polarität" setzt immer ein Ganzes voraus; sie bezeichnet zugleich die ursprüngliche Zusammengehörigkeit des Kontrastierenden. Die Pole sind die kontrastierenden Teile eines Ganzen. So kontrastieren „die Gärtner" nicht nur mit „den Gärtnerinnen", sondern bilden zugleich – wie die Dichtung sagt – am Ende wie schon von Anfang an mit dem „angepaarten" Weiblichen ein Ganzes. So sind Famulus und Baccalaureus nicht nur Kontrastfiguren, sondern repräsentieren als polare Vertreter gläubigen und revolutionären Denkens zugleich das Ganze der geistigen Haltung zu Wissenschaft, Autorität und Objektivität der Welt.

„Reihe" ist nicht, wie Zimmermann korrigiert, durch „wiederholte Spiegelung" zu ersetzen. Zunächst: Goethe unterscheidet, wie gesagt, streng zwischen dem Gesetz der „Spiegelung" und dem der „wiederholten Spiegelung". Sie leiten sich aus verschiedenen physikalischen Phänomenen her – die „wiederholten Spiegelungen" vom Phänomen der „Entoptischen Farben" – und werden von Goethe entsprechend in ganz verschiedene poetische Gesetze oder Verfahren „umformuliert". Was der Rezensent an die Stelle der „Reihe" setzen möchte, ist das Gesetz der „Spiegelung". Von Goethe zu einem dramatischen Gesetz erklärt, besagt Spiegelung: eine Figur sich nicht selbst aussprechen zu lassen, sondern sie durch Abspiegelung in einem Gegenüber in ihren Wirkungen darzustellen; das heißt: was die wiedererscheinende Helena bedeutet, erfahren wir an Lynkeus. Einen Aufschluß über Mephisto in der Walpurgisnacht gibt seine Begegnung mit den Lamien. – Wenn dagegen im ersten Akt am „Kaiserhof" Kanzler und Heermeister, Schatzmeister und Marschalk – ihrem Ressort entsprechend – verschieden über dieselbe anarchische Verfassung der Gesellschaft klagen, so spiegelt sich nicht in den Aussagen des Heermeisters die Verfassung des Kanzlers, in den Klagen des Schatzmeisters die des Heermeisters, sondern indem in den verschiedenen ministeriellen Aussagen dieselbe anarchische Gesellschaftsverfassung des Spätmittelalters zur Sprache kommt, ermöglicht das Gesetz der „Reihe" die Darstellung des Typisch-Allgemeinen einer gesetzlosen Gesellschaft in seiner lebendigen Anschaulichkeit, seiner konkreten Vielheit.

„Metamorphose" will der Rezensent durch „einfache Veränderung" ersetzt wissen. Aber Veränderung, Terminus der Psychologie, fordert die Darstellung eines Prozesses, in dem der „Held", konfrontiert mit neuen inneren Erfahrungen, etwa, plötzlichen äußeren Ereignissen, sich verändert. Aber gerade dies ereignet sich in *Faust* II nicht. Wie aus Faust, dem Hofzauberer, der mittelalterliche Burgherr, aus dem Burgherrn der Obergeneral und schließlich der Kolonisator wird, erfahren wir gerade nicht. Fausts Lebensgang ist offenbar nicht als ein sich verändernder Entwicklungsprozeß gefaßt, sondern als stoßweise Verwandlung von Gestalt zu Gestalt. Der Schmetterling, der die Verwandlung von der Raupe in die Puppe, in die Flügelgestalt als Lebensprinzip hat, ist für Goethe der Musterfall für die Metamorphose als Prinzip individueller Bildung in der Natur. Daher die Aufforderung der

Elfen an Faust anläßlich seiner Wiedergeburt zu Beginn des zweiten Teils: „Schlaf ist Schale / Wirf sie fort“, – daher die Aufforderung an die „Seligen Knaben“ anläßlich Fausts letzter Metamorphose: „Löset die Flocken los / Die ihn umgeben“. Es ist der Lebensprozeß, als „stirb“ und „werde“ verstanden, wie ihn das Gedicht *Selige Sehnsucht* beschreibt. Jeweils in einem neuen Weltbezirk eingeordnet, durchläuft Faust den bestimmten Bereich und, indem er ein bestimmtes Tun verrichtet, verläßt er ihn. Auf das Erfahrene antwortet er dann, und zwar auf zweifache Weise: niemals durch die menschliche Betroffenheit in der Innerlichkeit des Gefühls, sondern mit Reaktionen seines unbewußten kosmischen Ichs: auf die Katastrophe des ersten Teils nicht mit Reue, sondern mit Schlaf; auf das Scheinwesen der Helena auf dem Hoftheater nicht mit Verzweiflung, sondern mit Ohnmacht; auf den Verlust der antiken Heroine nicht mit Trauer, sondern mit Verstummen; auf das Anhauchen der Sorge nicht mit Sorge, Unruhe und Verängstigung, sondern mit Erblinden als dem Beginn der Verpuppung in der Metamorphose des Todes. Es ist dies die Reaktion durch eine Reihe von kleinen Toden, wie es der Lebensbewegung des kosmischen Ichs in Metamorphosen entspricht. Dem antwortet dann in den Prologen zum ersten und vierten Akt das „Werde“: Die Person Faust antwortet mit Reaktionen des Bewußtseins.

Schließlich – „geprägte Form“ und „musterhaft“ sind hier nicht im moralischen Sinne zu verstehen, sondern bezeichnen philosophische Begriffe. „Musterhaft“ meint nicht vorbildlich, wie Zimmermann versteht, wenn er dem Kommentar entgegnet, daß Faust „in seiner Selbstübergabe an Mephisto“ etc. doch nicht „musterhaft für die conditio humana sei“. „Geprägte Form“ meint nicht einen geprägten, im Sinne eines gefestigten individuellen Charakters, wie Zimmermann dem Kommentar entgegenhält: „Wo wäre Faust über den Charakterzug des idealen Strebens hinaus eine idealisierte geprägte Form“, er ist doch „eher ein Grenzfall des Menschlichen […], dem nachzueifern keinem anderen Menschen […] so leicht einfallen dürfte“. – „Geprägte Form“, philosophisch als Synonym zu „Entelechie“ gefaßt, bezeichnet das geistige Prinzip, welches für Goethe alles individuelle Leben im Kosmos und also auch die menschlich-animalische Individualität erklärt. In „rastloser Tätigkeit“ begriffen, ist ihr Ziel (telos), das in ihr geistig Angelegte im Leben zu realisieren. Goethe unterscheidet zwischen großen und kleineren – und das meint „geprägten“ – Formen. „Musterhaft“ ist Faust für den Menschen in seinem größten Ausmaß, in seinen weitesten geistigen Möglichkeiten gefaßt, nicht als Vorbild, sondern als „begabten Manns Natur- und Geisteskraft“, wie Philemon und Baucis musterhaft sind für den Menschen in seinem in die Natur eingebundenen pflanzenhaften Wesen.

Damit komme ich zum Haupteinwand des Rezensenten, zu der „lästigen idée fixe“, meiner These, daß die Natur die neue Wirklichkeit ist, der Faust im zweiten Teil angehört, wodurch der „Held“ samt seinem Begleiter – wie die „Welt“, wie der Prozeß der „Handlung“ – notwendig eine Veränderung erfahren. Daß dieser These, allein schon im Formalen, eine Aporie vorausgeht, daß weder der Held – ohne charakterliche Entwicklung – noch die Handlung – ohne kausale Kontinuität – den Gesetzen des klassischen Dramas entsprechen, davon ist in der Rezension nicht die Rede, auch nicht von Goethes Brief an Zelter (vom 12. 12. 1822), in dem er als „Fortsetzung“, eine „Wiederholung“ in der Art des ersten Teils entschieden ablehnt. Das heißt doch: eine Wiederholung der Wirklichkeit, in der wiederum „Menschenrichter“ nach moralischen Gesetzen über „heilig“ oder „böse“ entscheiden, in der Fausts Leben also verwirkt ist.

Das unterscheidet den Münchner Kommentar von den früheren wie auch von dem der Frankfurter *Faust*-Ausgabe. Dieser basiert in beiden Teilen des Dramas auf demselben christlich-theologischen Weltverständnis und läuft in seiner lehrhaften Tendenz auf eine kritisch-negative Bewertung des „Helden" und seines ganzen Lebens hinaus. Als Tätiger ist Faust – nach Albrecht Schöne – der, „dessen unbedingte Tätigkeit" – und zwar in jedem Akt – „bankrutt macht". – Dagegen nun die Münchner *Faust*-Ausgabe, die in ihrem zweiten Teil auf einem naturphilosophisch-pantheistischen Weltentwurf basiert. Ihre Auslegung trägt der Katastrophe des ersten Teils Rechnung, indem sie im zweiten Teil die Sicht auf den Menschen verändert. Der Gescheiterte, von „Menschenrichtern" gänzlich Verurteilte, wird nun aus dem Ganzen der Natur gesehen, nicht als der individuelle Charakter wie im christlich-mittelalterlichen ersten Teil, sondern als das Prinzip der großen menschlichen Individualität.

Aus diesen Prämissen folgen die Einwände des Rezensenten gegen die Auslegung des „Helden", der von einer „dem Gewissen" oder „dem Gottesgebot verantwortlichen und daraus zu beurteilenden menschlichen Existenz weit entfernt" sei, „christlichen oder überhaupt moralischen Maßstäben schlechthin entrückt". – Nun ist diese unterschiedliche Sicht auf den Menschen im Goethischen Oeuvre nichts Einmaliges. Sie wiederholt sich in dem Gedicht *Eins und alles*. Auch hier will der „Einzelne", „ins Grenzenlose" des Kosmos gestellt, sich darin „finden", das heißt: aus der Teilhabe am Kosmos sich als Mensch neu verstehen. Auch hier ist nicht vom Gewissen die Rede. Erst im Gedicht *Vermächtnis*, in der polaren Wirklichkeit, nicht der der Verwandlung, sondern des gestalteten „Seins", in die auch die vom Menschen gestaltete eigene Welt gehört, wird das menschliche Gewissen zur höchsten richterlichen Instanz. In der kosmischen Wirklichkeit von *Eins und alles* dagegen wird das kosmische Ich allein auf „sich gestalten, dann verwandeln" verpflichtet als auf die ewige Bewegung des Allebens. Nur indem es sich an diese aufgegeben hat, nimmt es teil an dessen, des Allebens, Ewigkeit („Das Ew'ge regt sich fort in Allen").

Das ist der Weltentwurf, der auch dem zweiten Teil – nach dem Verständnis meines Kommentars – zugrunde liegt. Die kosmische Wirklichkeit, in die Faust hier gehört, rechtfertigt sein fehlendes Gewissen („Ich bin nur durch die Welt gerannt / Ein jed' Gelüst ergriff ich bei den Haaren, / Was nicht genügte ließ ich fahren"), wie sie auch seinen Lebensprozeß als immer wieder neu sich gestaltenden und die Gestalt aufgebenden Prozeß der Verwandlung bedingt. In dieser kosmischen Wirklichkeit gelten auch nicht die moralischen Werte der menschlichen Wirklichkeit: „Ob er heilig? ob er böse? / Jammert sie der Unglücksmann". – In dieser Wirklichkeit gibt es nicht die vom Rezensenten eingeklagte Verantwortung Fausts gegen ein Gottesgebot. Denn in dieser Gott-Natur gibt es keinen personalen Gott mehr („Was wär ein Gott, der nur von außen stieße", oder „Nach drüben ist die Aussicht uns verrannt; / Tor! wer dorthin die Augen blinzelnd richtet, / Sich über Wolken seines gleichen dichtet"). – Worin sich der Rezensent irrt, ist, daß er die kosmische Wirklichkeit absolut setzt. Faust hat teil an beiden Wirklichkeiten. Er lebt in der menschlich-sozialen Welt und ist zugleich Geschöpf der Natur. Und die beiden Wirklichkeiten heben einander nicht auf, der zweite *Faust*-Teil korrigiert nicht, sondern ergänzt den ersten, wie es der Kommentar auch abschließend betont.

Dennoch wird Faust auch als Ich, in die Natur gehörig, zum Schuldner. Auch der zweite Teil ist eine Tragödie, – allerdings nicht in der Weise, wie der Rezensent sie begründet: Faust, der titanische Held des ersten Teils, der sein Streben nun „auf ewige Traumziele des menschlichen Geistes richtet", „mit der Maßlosigkeit solcher Träume irrt", „schuldig wird [...] und immer wieder in der Vergeblichkeit stecken bleibt, eben weil er nur Mensch ist". – Nein, als „rastlos-tätige", nach Verwirklichung höchsten menschlichen Daseins strebende Lebenspotenz erfüllt Faust den in ihm angelegten Auftrag. Weltbereich nach Weltbereich sich tätig zu eigen machend, verwandelt er sich und zugleich die Welt. Es ist der Grund, warum die Metamorphosen, die Fausts Leben ausmachen, sich zugleich ereignen als Augenblicke der Renaissance, des Übergangs vom Mittelalter zur Neuzeit.

Dennoch ist alles Weltergreifen zugleich Übergriff auf fremdes Leben, alles Weltverwandeln ist zugleich Verschulden an bestehender Welt. Indem Faust, hundertjährig, auch noch Besitz vom Gütchen der beiden Alten ergreift, vollendet er sich zwar zu einer Totalität (in diesem Sinne heißt er zurecht „der Reiche"), aber der Augenblick der Erfüllung ist zugleich der der tiefsten Verschuldung. Die unauflösliche Dialektik der menschlichen Existenz tritt zutage. Das der Lebenskraft eingepflanzte Streben nach vollkommener Verwirklichung ist das, was sie zugleich in Schuld bringt. Die Dialektik des Fortschritts, auch des geschichtlichen Fortschreitens der Welt auf Kosten der Zerstörung von bisher bestehender Welt, wird offenbar. Dies ist die Stelle, wo spätestens von Mephisto und seiner mit dem tätigen Faust unauflöslich verbundenen Rolle die Rede sein müßte. Leider fehlt in der Rezension jedes Echo auf diese Auslegung der Funktion, mit der sich der Teufel in die pantheistische Wirklichkeit des zweiten *Faust*-Teils einfügt.

Diese unauflösliche Dialektik des großen tätigen Menschen ist der Grund, warum die Dichtung in beiden Teilen Tragödie heißt. Sie ereignet sich nicht am einfachen menschlichen Geschöpf, das begehrens- und geschichtslos – wie Philemon und Baucis – durch die Jahrhunderte dahinlebt. Erst am großen, in die Erkenntnis der Naturgesetzlichkeit und die Autonomie des Handelns gelangten Menschen, erst an der Größe des kosmischen Subjekts Faust wird diese tragische existentielle Verfassung des Menschen musterhaft offenbar. Es ist das dialektische Verständnis von Tragödie, wie es zum ersten Mal bei den Griechen begegnete und wie es Sophokles im *König Ödipus* realisierte, das hier erneuert ist.

JOHANNES IRMSCHER

Solomos und Goethe – zwei Jubiläen

Das Jahr 1998 brachte den 200. Geburtstag des griechischen Nationaldichters (und Verfassers der Nationalhymne) Dionysios Solomos (1798–1857). Dieser Jahrestag wurde seiner Bedeutung gemäß feierlich begangen, unter anderem von der Universität Athen, die im Oktober 1998 eine internationale Tagung veranstaltete, zu deren Ehrenpräsidium neben dem Erzbischof der Staatspräsident und der Parlamentspräsident gehörten. Einen wesentlichen Part der Konferenz machte Solomos' Stellung in der europäischen Literatur aus, und in diesem Zusammenhang konnte – nicht nur im Hinblick auf das bevorstehende Goethejahr – das Verhältnis des griechischen zu dem deutschen Nationaldichter nicht unbeachtet bleiben. Dabei vermochte man sich durchaus auf gelegentliche Vorarbeiten zu stützen; denn allein schon die physiognomische Ähnlichkeit der beiden Großen im Reiche der Poesie hatte zu komparativen Betrachtungen Anlaß gegeben.

Jedenfalls besteht kein Zweifel darüber, daß der um eine Generation jüngere Solomos mit Persönlichkeit und Werk des Weisen von Weimar vertraut war. Zugleich konnte der Nachweis geführt werden, daß auch Goethe den noch um sein geistiges Profil ringenden Intellektuellen aus Zakynthos kannte – zumindest dem Namen nach.

1827 hatte der Phanariot Jakovaky Rizo Néroulos (1778–1849) im Genfer Exil seinen *Cours de la littérature greque moderne* veröffentlichen lassen, übrigens die erste Darstellung der neugriechischen Literatur. Sie wurde bis zur unmittelbaren Gegenwart des Verfassers geführt, die sich in dem heptanesischen Dichterkreis verkörperte: Zambelios, Solomos, Kalvos. Néroulos als dezidierter Repräsentant der gelehrten Reinsprache tadelt an Solomos dessen Hinneigung zum Alltagsidiom, kommt aber trotzdem nicht umhin, dessen poetische Qualitäten anzuerkennen. Mehr noch als das: Er erhellte seine Ausführungen, indem er längere Passagen aus Solomos' *Dithyrambe à la liberté*, der späteren Nationalhymne, in der französischen Übersetzung des Philhellenen Stanislas Julien beigab.

Goethe erhielt Néroulos' Buch bereits im September 1827 (und später auch die von Christian Müller besorgte deutsche Übersetzung) und arbeitete es gründlich durch, wie erhaltene Exzerpte bezeugen. Es war jene Epoche, in der Goethe den Begriff der Weltliteratur geprägt hatte; Weltliteratur in dieser Sicht war nicht auf die Vergangenheit bezogen, sondern richtete sich auf die Gegenwart, die geistige Güterkommunikation, den literarischen Weltmarkt. Man hätte erwarten dürfen, daß angesichts dieser Bestrebungen Goethe der Hinweis auf einen maßgeblichen Repräsentanten der Literatur einer Nation, deren Volkslieder er kennen und schätzen gelernt hatte, höchst willkommen gewesen wäre. Der Hinweis blieb jedoch unbeachtet. Die Begründung dafür liegt nahe: In jenen Jahren der Herausbildung des neugriechischen Staates beschäftigten Goethe vornehmlich dessen gesellschaftliche Struktur und die Probleme seiner Leitung, angefacht durch die persönliche Verbindung zum Grafen Kapodistrias, dem zukünftigen Staatschef (1827–1831). Néroulos' Buch entnahm Goethe vornehmlich Informationen über die griechische Führungsschicht, die Phanarioten. Das literarische Interesse trat demgegenüber zurück.

MARIE-LUISE KAHLER

Erfolgreiche Spurensuche im Fichtelgebirge.

Ein von Goethe 1785 gezeichneter Felsen unter dem Namen „Weißer Fels" entdeckt

Im Jahre 1987 erhielt das Goethe-Nationalmuseum von dem Fichtelberger Forstamtsleiter Anton Böhm, heute in Rottach-Egern lebend, Fotos von Felsen, die er anhand von vier Felszeichnungen Goethes aus dem Fichtelgebirge gesucht und überraschend nahezu unverändert aufgefunden hatte. Es handelte sich um Zeichnungen aus dem Jahre 1785, zwei vom Ochsenkopf (*Corpus der Goethezeichnungen.* B I, Leipzig 1958, Nr. 280 sowie B V B, Leipzig 1976, Nr. 179) und zwei vom Burgsteinfelsen (Corpus B V B, Nr. 181 u. 182, hier allgemein als Felsgruppe der Luisenburg angegeben). Otfried Wagenbreth hatte als Bearbeiter der geologischen Zeichnungen Goethes im *Corpus der Goethezeichnungen* von 1976 für die Lokalisierung die Hilfe von Herrn W. Müller in Wunsiedel in Anspruch genommen. In seinem Vorwort verwies er auf eine noch offen gebliebene „reizvolle, aber schwierige und zeitraubende Aufgabe": die Feststellung des Standortes Goethes bei lokalisierbaren Zeichnungen und der Vergleich mit der Wirklichkeit, möglichst auch fotografisch. Anton Böhms Unternehmung ist ein Beitrag dazu. Goethes Zeichnungen sind so genau, daß man noch heute die Position, von wo aus er gezeichnet hat, bestimmen kann. Der Ochsenkopffelsen mit seinem Hammerstein stand zu Goethes Zeit auf einem fast waldfreien Plateau, ein Zustand, der heute wiederhergestellt wurde.Damit ist der Blick auf diese markante Felsgruppe möglich, was die Teilnehmer einer auf Initiative des Landrats von Bayreuth am 1. Juli dieses Jahres am Ochsenkopffelsen stattgefundenen Goethefeier aus Anlaß von Goethes dortigem Aufenthalt am 1. 7. 1785 erleben konnten.

Die Informationen von 1987 gaben den Anstoß dafür, daß bei einer Fahrt der Weimarer „landeskundlichen Exkursionsgruppe" Dr. Salzmanns im Jahre 1993, die in diesem Fall Gartendirektor Jürgen Jäger leitete, diese Felsen unter Hinzuziehung von Forstdirektor a. D. Anton Böhm aufgesucht wurden. Ich fahndete nach weiteren Felsen, insbesondere nach dem Vorbild für die Felszeichnung vom Nußhardt, der nicht weit vom damaligen Quartier Seehaus auf dem Seeberg nahe dem Schneeberg liegt. Otfried Wagenbreth schreibt im Corpus B V B zur Zeichnung Nr. 180, die Goethe eigenhändig mit „Nußhardt, d. 1. Juli" (1785 – der gleiche Tag wie für die Ochsenkopf-Zeichnung) kennzeichnete, daß Goethe sehr wahrscheinlich den Granit vom Nußhardt darstelle und nicht den dort ebenfalls vorkommenden Orthogneis. Für beide Gesteinsarten verläuft hier die Grenze. Die Suche war damals vergeblich, und wir ergingen uns in Vermutungen, was mit dem Fels geschehen sein könnte. Ein Briefwechsel schloß sich dazu an. Anton Böhm verfaßte schließlich einen Artikel *Wer kennt den Fels?*, der in der Zeitschrift *Der Siebenstern*, Nr. 2, Hof 1998, herausgegeben vom Fichtelgebirgs-Verein, veröffentlicht wurde. Den Gegebenheiten nachzuspüren, nach denen Goethe Wälder und Berge durchstreifte – wie z. B. das Fichtelgebirge im Juli

1785 mit seinem Freund Karl Ludwig von Knebel – hat immer etwas Reizvolles für den, der Goethe auf die Spur kommen möchte.

Der Artikel tat überraschend schnell seine Wirkung, der Ortskenntnis des Heimatforschers Rudolf Thiem ist der Erfolg zu danken. Ihm kam der von Goethe gezeichnete und im Artikel abgebildete Fels bekannt vor, er machte sich auf den Weg und wurde fündig, was alle Goethefreunde freuen wird. Am 11. 5. 1998 stand er vor der gesuchten Felspartie und fotografierte sie, ganz im Sinne von Otfried Wagenbreths Intentionen. Unglaublich, wie genau auch hier der Zustand der Felsgruppe auf Goethes Zeichnung mit dem heutigen Zustand übereinstimmt, obwohl der Standort nicht ganz identisch ist. Nur gehört dieser Fels nicht zum Nußhardt, wie Goethe annahm, sondern liegt zwischen Nußhardt und Schneeberg in der Waldabteilung „Weißerfels" des Forstamtes Weißenstadt, 100 m ostwärts vom Höhenweg in fast 1000 m Höhe. Herr Thiem gibt ihn als nördlichsten Eckpunkt der großen Felsgruppe

Abb. 11
Der von Goethe als „Nußhardt" bezeichnete „Weiße Fels" zwischen dem Schneeberg und Nußhardt

„Weißerfels" an. Von Vordorf aus, das auch Goethe und Knebel durchliefen, war die südostwärtige Felsgruppe bis etwa 1946 noch gut zu erkennen; sie sah von ferne fast „weiß" aus, jetzt werde sie vom Fichtenwald verdeckt. Um 1773/74 wird, so Rudolf Thiem, in Archivakten diese Felsgruppe Neußerfels genannt (vgl. Anton Böhms Artikel *Goethefels entdeckt* in *Der Siebenstern* Nr. 4/98). Vermutlich hat Goethe bei seinem kurzen Aufenthalt diese differenzierten Ortsbezeichnungen nicht kennengelernt oder nicht beachtet und diesen Felsen irrtümlich noch dem Nußhardt zugerechnet. Sein Augenmerk galt 1785, nachdem er sich auf den Harzreisen 1783 und 1784 besonders dem Granit und der Klüftung von Gebirgsmassen zugewandt hatte, auch im Fichtelgebirge diesem Phänomen, das am Granitmassiv „Weißer Fels" hervorragend zum Ausdruck kommt. In Goethes Tagesnotizen dieser Reise steht:

> Oben auf dem Ochsenkopf sind alle Felsen von ihm [dem Granit; d. Vf.] durchdrungen [...] Auf dem Ochsenkopf ist das Gebäude der Granitfelsen sehr zerstört; man erkennt aber doch noch hie und da ihre gewöhnliche Form. Die Hauptseiten streichen zwischen *hora* .... und eilf [Das ist die Richtungsangabe in der Sprache der Bergleute; d. Vf.].
> Wir giengen bis auf das Seifenwerk zurück, und von da auf den Nußhart, wo schöne Granitklippen aufrecht stehen, an denen die Form recht gut zu erkennen ist. Die Gangklüfte, welche Wände abtheilen, streichen gleichfalls zwischen *hora* .... und 11, und mit dieser Direction streichet auch der Schneeberg, der Nußhart und der Farnleuth mit einander." (WA II, 10, S. 258 f.)

Die Aufzeichnungen Knebels für diesen Tag (veröffentlicht 1836) verdeutlichen das Maß der zurückgelegten Strecke von Wunsiedel aus am 1. 7. 1785, die um 8 Uhr mit dem Weg zur Zinnwäsche auf dem Seeberg (heute mit dem Seehausgebäude) begann, weiter zum Ochsenkopf führte – von ihm aus sahen sie den Schneeberg und Nußhardt liegen – dann wieder zurück über den Seeberg verlief dem Nußhardtsberge zu. Knebel nennt noch die Absicht, bis zum Rudolphstein zu gelangen, da dieser das vortrefflichste Granitgebäude auf dem Nußhardtberge noch übertreffen könnte. Zum Rudolphstein wagten sie sich aber nicht mehr hinüber wegen heftiger Gewitter, die „die Hälfte des Himmels belagerten" und sie zum Abbrechen des Ausflugs veranlaßten, der erst 22 Uhr in ihrem Quartier in Wunsiedel endete.

Als Ertrag dieser Wanderung bewahrte Goethe die vorzügliche, noch heute geologisch hoch zu schätzende *Granitfelszeichnung vom Nußhardt, jetzt endlich als „Weißer Fels" identifiziert*, neben der vom Ochsenkopf auf. Bis auf ein Motiv sind damit alle Fichtelgebirgs-Felszeichnungen Goethes lokalisiert. Heinrich Vollrath meint im Beitrag *Die Entdeckung der Goethe-Felsen im Fichtelgebirge* (Heimatbeilage Frankenpost/Sechsämterbote Nr. 35/Mai 1999) abschließend, es sei nicht auszuschließen, daß das Motiv Nr. 183 Corpus B V B auch noch entdeckt wird.

DORIS STRACK

Omnia vincit amor:

Heinrich Meyers Supraporten in Goethes Wohnhaus

Seit dem Frühjahr 1792 plante Goethe den Umbau seines Hauses. Während längerer Abwesenheit – zur Zeit der Campagne in Frankreich und der Belagerung von Mainz – übertrug er Heinrich Meyer die Aufsicht über die langsam fortschreitenden Renovierungsarbeiten. Der befreundete Maler und Kunstgelehrte, der bis zu seiner Heirat im Haus am Frauenplan wohnte, war auch an der Ausschmückung der Räume beteiligt. In Anspielung auf eines der Werke, Meyers Deckengemälde der Iris im Treppenhaus, schrieb Goethe aus dem Lager bei Longwy: „Ich verfolge im Geist Ihre Arbeiten und freue mich auf Ihren Regenbogen der mich wie den Noa nach der Sündfluth empfangen soll" (28. 8. 1792; WA IV, 10, S. 9). Zu dieser Zeit dürfte auch schon die Konzeption für eine der vier Supraporten entwickelt worden sein, die für das Junozimmer und das Urbinozimmer bestimmt waren. Ausgeführt und angebracht wurden sie allerdings erst in den Jahren 1793–1795.[1] (Abb. 12)

In situ erhalten hat sich nur Meyers Gemälde im Treppenhaus. Die Supraporten fielen einer Bombe zum Opfer, die am 9. Februar 1945 in das Urbinozimmer einschlug. Nach Abschluß der eigentlichen Wiederaufbauarbeiten wurde Professor Hugo Gugg (1878–1956), „primär Landschaftsmaler, aber auch Porträtist", mit der Restaurierung des Deckengemäldes und der Wiederherstellung der Supraporten beauftragt.[2] Gugg, der vielfach zu Restaurierungen in Weimar herangezogen wurde (Römisches Haus, Wittumspalais, Russische Kapelle), erwähnte in einem Brief vom Sommer 1949 seine Arbeit im Goethehaus. Spürbar stolz auf das Geleistete, schrieb er: Ich habe „4 Supraporten 130 x 80 gross jede, Kinder u. Silenen u. die Psyche malen müssen, die ganz zerstört waren, – u. aus-

---

1 Eine Skizze mit einer kleinen kauernden Gestalt läßt sich vielleicht auf eine der Supraporten im Junozimmer beziehen. Sie entstand kurz vor dem 7. 6. 1792 (*Corpus der Goethezeichnungen*, Bd. 4b, 1968, Nr. 84 <InvNr. 1387 Rs>). Freundlicher Hinweis von Frau Margarete Oppel, GNM. – Zur Datierung vgl. Gisela Maul, Margarete Oppel: *Goethes Wohnhaus.* München, Wien 1996, S. 100, 103 u. 109/110. – Als Arbeiten Meyers sind die Supraporten durch Gottfried Schadow bezeugt (Marie Schuette: *Das Goethe-National-Museum zu Weimar.* Leipzig 1910, S. 53). Einen Überblick über die erhaltenen Arbeiten Meyers, insbesondere seine Zeichnungen, gibt Hans Wahl *(Zeichnungen von Heinrich Meyer.* Hrsg. von Hans Wahl. Weimar 1918 (SchrGG, Bd. 33).

2 Zitat aus einem Vortrag von Roland Kiemlen, der am 24. 10. 1990 in den Nationalen Forschungs- und Gedenkstätten in Weimar gehalten wurde. (Typoskript, S. 6). R. Kiemlen war gemeinsam mit Hubert Hytrek 1945 vom Staatshochbauamt mit dem Wiederaufbau betraut worden. – Herrn Jürgen Beyer vom Dezernat Bau und Denkmalpflege der Stiftung Weimarer Klassik danke ich für den Zugang zu den Materialien aus dieser Zeit.

dem[!] noch das grosse Deckenbild im Treppenhaus, die Aurora[3], ausbessern – (übermalen) müssen. Und alles so, daß man denkt, es seien die alten Bilder. – Ich habe diese Arbeiten sehr gern u. zur grössten Zufriedenheit der Auftraggeber gemalt, u. Du kannst Dir vielleicht denken, daß diese Gemälde nie so schön gewesen sind als sie jetzt sind."[4] Es entsprach dem allgemein für die Wiederherstellung geltenden Grundsatz, daß Guggs Arbeiten die Ausstrahlung alter Bilder haben sollten: „wir wollten hier den Unterschied von alt und neu verwischen, die wiederaufgebauten Räume sollten sich von den bestehenden nicht abheben", – so beschrieb es Roland Kiemlen, einer der damals bauführenden Architekten, in einem Vortrag von 1990.[5]

Dort ist nachzulesen, in welch mühevoller und zeitraubender „archäologischer Kleinarbeit" das Innere anhand der aus dem Schutt geborgenen Putz-, Stuck- und Tapetenreste sowie alter Schwarz-Weiß-Fotografien rekonstruiert wurde. Kiemlen überliefert auch, daß eine der vier Supraporten – anders als von Hugo Gugg behauptet – „noch an der Wand erhalten geblieben" war, aber „abgelöst werden" mußte, da die Wand sehr beschädigt war.[6] Es kann sich dabei nur um die Supraporte des Junozimmers zum Gelben Saal hin gehandelt haben, denn die andern beiden Wände (zum Urbinozimmer und zur Wendeltreppe hin) waren völlig zerstört. Wenn Gugg diese Supraporte nicht nur ausgebessert, sondern, wie er behauptet, neu gemalt hat, dann konnte er zumindest hier auf eine authentische Vorlage zurückgreifen. Wie verhielt es sich aber bei den andern drei Supraporten? Man muß annehmen, daß Gugg nach Fotografien, vielleicht auch nach einzelnen im Schutt gefundenen Fragmenten gearbeitet hat. Zumindest die Färbung der en camaieu ausgeführten Supraporten war durch die eine erhaltene Arbeit gesichert. Die mit Kreide und Tempera auf Karton gezeichneten Kompositionen setzte man im Ton gelblichen Sandsteins auf schwarzen Grund.

Angesichts dieses historischen, durch Zerstörung und ‚Neuschaffung' bestimmten Befundes erhält auch die Frage nach Vorlagen, die möglicherweise von Goethe und Meyer genutzt wurden, ein neues Gewicht. Zumindest für die Supraporten des Urbinozimmers kann diese Frage eindeutig beantwortet werden. Dabei können auch Einzelheiten, die aufgrund ‚verwaschener' Restaurierung zu Fehldeutungen Anlaß gaben, neu bestimmt werden.[7]

Die Supraporten des Junozimmers: Der listenreiche Amor überwindet Pan

1. Amor betört Pan mit Wein (Abb. 12, Nr. 2; Abb. 13)

Beim Betreten des Raumes fällt der Blick zunächst auf die Supraporte der gegenüberliegenden Wand. Sie wird beherrscht von einer mächtigen, am Boden gelagerten, nackten Gestalt mit langem Bart und kleinen Hörnern im wolligen Haar: dem Hirtengott Pan.

---

3 Gugg verwechselt hier Iris mit Aurora.

4 Brief von Hugo Gugg an Walter Hege, 15. 6. 1949 (GNM).

5 Kiemlen (Anm. 2), S. 6.

6 Ebd., S. 5.

7 Erste Hinweise gibt Christa Lichtenstern in einem Aufsatz, der Nachträge und Korrekturen – vor allem ihrer schwerlich haltbaren Eros/Thanatos-Hypothese – nötig macht (Christa Lichtenstern: *Jupiter – Dionysos – Eros/Thanatos*: Goethes symbolische Bildprogramme im Haus am Frauenplan. In: GJb 112 [1995], S. 343–360).

Wenn er auch als Satyr bezeichnet wird, mag Goethes Fastnachtsspiel aus dem Jahr 1773, in dem Pan unter dem Namen des Satyros agiert, dazu beigetragen haben. Im übrigen wurden die Bezeichnungen wie bei den römischen Dichtern und Grammatikern vielfach synonym gebraucht. Nach Karl Philipp Moritz wurde das „ganze Geschlecht der Satyrn und Faunen [...] gleichsam auf einmal unter der Göttergestalt des Pan begriffen". Entsprechend unterscheide sich die Bildung des Pan „nicht wesentlich" von derjenigen des Satyr.[8]

Pan lebte im ländlichen Arkadien, wo er die Herden und Bienenstöcke bewachte und den Nymphen nachstellte. Zumeist halb tierisch, halb menschlich gebildet, erscheint seine Tiernatur in Meyers Supraporte weitgehend zurückgedrängt: Ohne spitz zulaufende, lange Ohren, ohne Fellzotten an den Beinen und ohne gespaltene Bockshufe ist er neben den Hörnern nur an seinem struppigen Haupt- und Barthaar und seiner gallig-hageren Physiognomie kenntlich. In Dreiviertelansicht nach links ausgestreckt, den Oberkörper halb aufgerichtet und abgestützt auf dem linken Arm, führt er mit dem andern Arm eine Schale zum Mund. Sie dürfte mit Wein gefüllt sein, dem Getränk, dem Pan nicht widerstehen kann. Die Schale reicht ihm der puttohaft gegebene Amor/Eros, der von der andern Seite an ihn herantritt und seine Hand noch am Fuße des Gefäßes beläßt, als wolle er behilflich sein. Der rundlich geformte Gegenstand in seiner Rechten – wohl mit Schlaufen am Daumen befestigt und von dort herabhängend – ist nicht sicher zu bestimmen. Vielleicht handelt es sich um einen kleinen Weinschlauch, der weiterhin Genuß verspricht. „Eros erfrischt den alten Silen", so wurde die Szene zuletzt gedeutet, – nicht zutreffend, wie zu zeigen sein wird.[9]

Die Komposition scheint Meyer eigenständig entwickelt zu haben. Darauf deutet ein Blatt aus dem Nachlaß mit drei kleinen, nebeneinander angeordneten Skizzen[10], die Einblick in die Ausarbeitung der Zweiergruppe geben. Pan nimmt erst allmählich die typische Haltung des am Boden Gelagerten ein: Seine Beine sind auf der mittleren Skizze nicht mehr wie auf der ersten nebeneinander aufgestellt, sondern stärker ausgestreckt und die Unterschenkel übereinander geschlagen, der Oberkörper weiter zurückgelehnt. In vergleichbarer Weise werden die Flußgötter der Antike und der ausruhende Herakles, aber auch Silen dargestellt. Auf dem Relief eines römischen Dionysos-Sarkophages lagert Silen – wie Pan auf Meyers Supraporte – am Boden und empfängt von einem geflügelten Putto den Kantharos (Abb. 14).[11] Jenseits der szenischen Übereinstimmung läßt sich der Unterschied in der Körperbildung nicht übersehen: Der Silen des Reliefs ist kahlköpfig bis auf das Gelock am Hinterkopf, spitzohrig und stumpfnasig, mit schwammigem Leib über dem Fellschurz. Damit unterscheidet er sich deutlich von der nahezu athletisch gebauten Gestalt der Supraporte. Die Bezeichnung von Meyers Pan als Silen, die Gugg aufbrachte und Ch. Lichtenstern in der Variante des alten Silen wiederaufnahm, sollte mit Blick auf diesen gleichsam kanonischen Silen-Typus vermieden werden.[12]

---

8 Karl Philipp Moritz: *Götterlehre oder mythologische Dichtungen der Alten.* Lahr 1948, S. 270.

9 Lichtenstern (Anm. 7), Titel zu Abb. 10.

10 Feder über Blei mit einer Rötelkorrektur, 73 x 269 mm; Kunstsammlungen zu Weimar, Graphische Sammlung, Inv. Nr. KK 2819.

11 Silen-Relief am Deckel (Frontleiste) eines Dionysos-Sarkophages, 2. Jahrzehnt des 3. Jhs. n. Chr.; Vatikan, Galleria dei Candelabri. In: *Die dionysischen Sarkophage.* Bearb. von Friedrich Matz, Tl. 3. 1969 (Die antiken Sarkophagreliefs, Bd. 4,3), Nr. 218, S. 391; Taf. 232,2 u. Beilage 100 (Ausschnitt aus einer Zeichnung von Ernst Eichler).

12 Nach Lippert und Hederich hießen die Kinder des Silen „Satyrn", solange sie jung waren, aber „Silene", wenn sie alt wurden. Äußerlich glichen sie ihrem Vater (Phil. Dan. Lippert: *Dactyliothec.* Leipzig 1767,

Die interessanteste – im nachhinein mit Rötelstift über Tusche und Blei vorgenommene – Veränderung des Skizzenblatts betrifft aber den zierlichen Amor/Eros. Ursprünglich schreitet er in strenger Seitenansicht auf Pan zu und trägt mit beiden Händen die Schale, nach der Pan die Rechte ausstreckt. Durch die Korrektur wird die kleine Gestalt etwas in die Rückenansicht gewendet und der linke, nun hinter den Rücken geführte Arm sichtbar gemacht. In der Endfassung läßt Meyer den Liebesgott – vor Pan versteckt – eine Fessel in der Hand halten. Damit wird für den Betrachter, nicht aber für Pan deutlich, welches Schicksal diesen erwartet. Von einer Ahnung bevorstehenden Ungemachs, das ihm mit dem Trank bereitet sein könnte, scheint der Riese freilich befallen. Seine Miene ist düster und sein Blick fixiert den harmlos sich gerierenden Knaben, als traue er ihm nicht. Und in der Tat zeigt sich Amor/Eros hier nicht „versöhnlich", wie Ch. Lichtenstern meint; er „tröstet" auch nicht mit „einem labenden Trank". Vielmehr schafft er mit dem betäubenden Getränk allererst die Voraussetzung für die nächste Aktion: Pan, der Herrscher „übers Wild und Vogelheer, / Frücht auf der Erden und Fisch im Meer", findet sich unter den Schlägen des Eros wieder.[13]

Wer immer das Thema bestimmt und den Entwurf korrigiert hat, sei es Heinrich Meyer oder Goethe, er wird sich dabei der Szene bei Homer erinnert haben, in der Odysseus dem Polyphem Wein in die Schale gießt. Die Parallele bietet sich auch aufgrund der bildlichen Überlieferung an. In kompositioneller Hinsicht – nicht in der Größenrelation – läßt sich etwa die Zweiergruppe von Odysseus und Polyphem auf einem etruskischen Urnenrelief (Abb. 15)[14] mit Meyers erstem Entwurf zur Amor- und Pan-Gruppe vergleichen. Umgekehrt erwächst aus der Amor- und Pan-Episode möglicherweise die zehn Jahre später gestellte Preisaufgabe der Weimarer Kunstfreunde: „Ulyß, der den Cyclopen hinterlistig durch Wein besänftigt".[15] Heinrich Meyer, der den Bildvorwurf auswählte, bedauerte bei Beurteilung der eingesendeten Arbeiten, daß keiner der Bewerber „den Punkt der Aufgabe nach Maßgabe einer nachzubringenden Entwicklung völlig getroffen" habe. Eine Zeichnung des jungen Martin Wagner erhielt dennoch den Preis, da bei ihm „sowohl aus der Handlung der Figuren als aus dem ihnen beigelegten Charakter [...] anschaulich hervor[gehe], daß Polyphem zu trinken gelüstet und Odysseus ihn überlistet"[16]. Die pointierte Formulierung, die ebensogut auf Pan und Amor zielen könnte, spiegelt wohl Meyers eigene, an der verwandten Aufgabe geschulte Erfahrung. „Stark zwar ist Pan und fürchterlich, aber voll List / der geflügelte Eros", – so werden die beiden Protagonisten in einem Epigramm aus Pompeji charakterisiert.[17]

S. 199, [Nr.] 517. – Benjamin Hederich: *Gründliches mythologisches Lexikon.* Reprograf. Nachdr. der Ausg. Leipzig 1770, Darmstadt 1967, Sp. 2170).

13 Lichtenstern (Anm. 7), S. 355. – Herrn Dr. Helmut Prückner (Heidelberg) verdanke ich die Anregung, die Folge der Pan-Darstellungen entgegen Lichtensterns Vorschlag zu lesen, d. h. die Betörung des Pan als Voraussetzung seiner Fesselung zu verstehen. – Goethe: *Satyros,* III, 171/172 (HA 4, S. 192).

14 2. Jh. v. Chr., Florenz, Museo Archeologico. Enrico Brunn: *I rilievi delle urne etrusche.* Vol. 1. Ciclo troico. Roma 1870, LXXXVI, 1.

15 Vgl. Walther Scheidig: *Goethes Preisaufgaben für bildende Künstler, 1799–1805.* Weimar 1958, S. 331 ff., hier S. 331.

16 Scheidig (Anm. 15), S. 386. – Ein braun lavierter Kupferstich nach Wagners Arbeit befindet sich in den Kunstsammlungen des GNM, AK Nr. 2010.

17 Vgl. Bernhard Neutsch: *Casa degli Epigrammi.* In: JbDArchInst 70 (1955), S. 155–184; Übersetzung des Zitats S. 166.

2. Amor züchtigt Pan (Abb. 12, Nr. 1; Abb. 16)

Durch Wein betört und betäubt, kann Pan zur Beute der Eroten werden. Hier wird eingelöst, was die Fessel in der Hand bisher nur andeutete. Pan kauert rechtshin mit auf dem Rücken gebundenen Händen am Boden, unter der Last seiner beiden Angreifer gebeugt: Links springt der eine an seinem Rücken empor, klammert sich am Nackenhaar fest und holt offenbar mit dem Bogen zum Schlag aus; rechts steigt der andere auf sein Knie, packt ihn an einem der Hörner und schwingt die Stachelgeißel, die sogenannten Skorpionen. War es früher Pan, der mit seiner mächtigen Gestalt gleichsam über das Bildfeld hinauswuchs, sind es hier seine Peiniger, die mit ihren zum Schlag erhobenen Händen, mit Kopf und Fuß den Rahmen sprengen. Damit sind die Machtverhältnisse geklärt und – in Relation zur andern Supraporte – verkehrt. Wie Meyers Figurengruppe das Bildformat bis an dessen Grenzen füllt, ja dieses stellenweise sprengt, erinnert an Verfahren des 16. Jahrhunderts, die um 1800 zum Beispiel auch für Asmus Jakob Carstens vorbildlich waren.[18]

Meyer nutzte für die Gestalt des Pan den aus der Antike bekannten Typus des Gefesselten, der ruhig am Boden hockt, die Arme auf den Rücken gebunden und die Beine gekreuzt. Dabei ist das hintere Bein so unter das aufgestellte vordere geschoben, daß die Fußsohle zum Betrachter weist. In dieser Haltung sind gefangene Barbaren als Eckfiguren auf römischen Schlachtensarkophagen (Abb. 17)[19] oder zu Seiten eines Clipeus dargestellt. Aber auch der Satyr Marsyas, der seinen Wettkampf mit Apollo verlor und seiner Schindung entgegensieht, kauert auf einer Vasendarstellung wie der besiegte Barbar des Reliefs und wie Meyers Pan am Boden.[20]

Das Motiv des von Eroten gefesselten Pan steht in engem Zusammenhang mit der beliebten Darstellung des Ringkampfes zwischen Eros und Pan. Nach Hederich „unterfieng“

---

18 Mit Carstens teilte Meyer auch die Vorliebe für mythologisch-allegorische Themen. Die früher unter dem Titel *Raum und Zeit* bekannte Zeichnung Carstens' mit einer Darstellung des Zeitgottes (im Typus des am Boden Gelagerten wie Meyers betörter Pan), dem Amor das Stundenglas raubt, wird heute interpretiert als „Paraphrase auf das Sprichwort, das besagt, daß den Liebenden keine Stunde schlägt“. (Frank Büttner: *Carstens' Weg zur Kunst.* In: Asmus Jakob Carstens. Goethes Erwerbungen für Weimar. [Ausst.-Kat.] Schleswig 1992, S. 38.)

19 Als Beispiel sei der sog. Ammendola-Sarkophag des Kapitolinischen Museums in Rom angeführt (Wolfgang Helbig: *Führer durch die öffentlichen Sammlungen klassischer Altertümer in Rom.* Bd. 2. – 4., völlig neu bearb. Aufl., hrsg. von Hermine Speier, Tübingen 1966, [Nr.] 1215, Sarkophag, Gallierschlacht, S. 61–64). – Abb. nach: Gösta Säflund: *The Belvedere Torso: An interpretation.* In: Opuscula Romana 11 (1976), S. 63–84; hier S. 77, Fig. 18 (Ausschnitt). – Vgl. auch Oscar Bie: *Kampfgruppe und Kämpfertypen in der Antike.* Berlin 1891, S. 137/138 (Amendola-Sarkophag).

20 Abb. bei Säflund (Anm. 19), S. 73, Fig. 13. – Nur partiell vergleichbar ist die von Carstens nach einer antiken Gemme gezeichnete Prometheus-Gestalt mit dem zur Brust gesenkten, bärtigen Haupt, dem gebeugten Oberkörper und den rückwärts gefesselten Armen. Sie kann aber eine Ungenauigkeit bei der Armgestaltung des Pan klären. In der heutigen Fassung wird der Anschein erweckt, als gehöre die unterhalb der Fessel zu sehende Hand dem rechten Arm an. Mit Hilfe der Umrißzeichnung von Carstens läßt sich die angestrebte Lösung verdeutlichen: Der rechte Arm wird etwa in Mitte des Ellenbogens durch den Kontur des Oberkörpers überschnitten, so daß die Hand neben der Hüfte auf den ersten Blick als linke Hand der über Kreuz geführten Arme zu erkennen ist. Ob die unsicher gestaltete Armpartie auf Gugg zurückgeht, läßt sich wegen fehlender Quellen nicht sagen. (A.J. Carstens zeichnete die Gemme als Illustration zur *Götterlehre* von K. Ph. Moritz. Der Stich zur ^{2}1795, Taf. 2, zu S. 39 stammt von J.J. Tassaert.)

sich Pan, mit Eros zu ringen und zog dabei den kürzeren.[21] Ihr Ringkampf ist mehrfach überliefert auf Gemmen und pompejanischen Wandgemälden bis hin zu den Werken der Carracci. Gleichsam als Fortschreibung dieses Kampfes, der aus dem „Gegensatz der beiden Leiber“ und dem „Zusammenstoß zweier erotischer Welten“ lebt[22], läßt sich die Darstellung des besiegten Pan interpretieren. Sie wurde in verschiedenen Szenen entfaltet, ohne als Folge konzipiert zu sein. Hier sei nur auf den berühmten, um 1775 in Rom entdeckten Sarkophag Casali verwiesen: Unter den Augen des Dionysos und der Ariadne mit ihrem Gefolge wird der gefesselte „Pan von zwei Eroten, von denen der eine die Palme, der andere eine Peitsche(?) trägt, in eiligem Schritt vom Kampfplatz hinweggeführt“.[23]

Daß Pan jedoch von Amor geschlagen, regelrecht gezüchtigt wird, scheint als Thema erst im 16. Jahrhundert aufzukommen. Die Carracci beispielsweise stellten den Kampf von Amor und Pan mehrfach dar: in einer Kamindekoration des Agostino C. für den Palazzo Magnani in Bologna, in einem Grisaillemedaillon des Annibale C. für die Galleria Farnese und schließlich in einem weitverbreiteten (auch in Goethes Besitz nachgewiesenen[24]) Kupferstich des Agostino C. aus dem Jahr 1599 (Abb. 18).[25] Aber erst in der Nachfolge der Carracci erschien ein Stich mit einer Darstellung des Amor, der auf Pan einschlägt (versehen mit den Initialen des Ludovico Carracci und der Jahreszahl 1614).[26] Formal läßt sich keine Verbindung zu Meyers Supraporte ziehen, dessen Pan eher unter dem Einfluß der Herakles-Ikonographie entwickelt zu sein scheint.[27] Das Motto aber – „Omnia vincit Amor“ –, das

---

21 Hederich (Anm. 12), Sp. 1860.

22 Reinhard Herbig: *Pan.* Der griechische Bocksgott. Frankfurt/M. 1949, S. 32.

23 Oscar Bie: *Der Ringkampf von Amor und Pan.* In: JbDArchInst 4 (1889), S. 129–137; hier S. 136. (Der Sarkophag befindet sich heute in Kopenhagen, Ny Carlsberg Glyptothek, Inv. Nr. 778.) – Vgl. ferner die bei Roscher angeführten Beispiele: In Siegerpose, mit einem Palmwedel in der Hand, setzt Eros seinen Fuß auf den am Boden liegenden Pan (Spiegelkapsel aus Brescia); hinter Eros, der die Siegespalme hält, sitzt Pan mit auf den Rücken gebundenen Händen am Boden (Carneol der Berliner Sammlung). *Ausführliches Lexikon der griechischen und römischen Mythologie.* Hrsg. von W.H. Roscher. Bd. 3,1: „Pan“, Sp. 1347 ff; hier Sp. 1457/1458 – *Lexicon iconographicum mythologiae classicae* (LIMC). Bd. VIII,1: „Pan“, S. 923 ff., Bd. III,1: „Eros/Amor, Cupido. Lutte d'Amor et de Pan“, S. 984/985.

24 GNM Weimar, Inv.Nr. GGr; Christian Schuchardt: *Goethes Kunstsammlungen.* Th. 1–3. Jena 1848–1849; hier Th. 1, S. 27, Nr. 242. Hinweis von Frau Margarete Oppel, GNM.

25 Vgl. John Rupert Martin: *The Farnese Gallery.* Princeton 1965, S. 95–97.

26 Abb. des seltenen Kupferstiches in: *The Illustrated Bartsch*, Vol. 39, Commentary Part 1, 1995, S. 360 (zu Agostino Carracci, B. 216). – Im Zentrum der Komposition steht breitbeinig der puttohafte Amor und faßt mit beiden Händen ein doppelt geschlungenes Band (sein Brustband?), mit dem er weit ausholt, um auf Pan zu seiner Rechten einzuschlagen. Pan, mit einem Knie schon am Boden, versucht den Schlägen auszuweichen, scheint aber das Vergebliche seines Bemühens bereits einzusehen, denn er weist mit dem Zeigefinger über seinen Kopf hinweg auf Amor und fernerhin auf ein Motto, das dem Himmel einbeschrieben ist: „Omnia vincit Amor“. An Stelle der beiden Nymphen, die bei Agostino C. als Zuschauerinnen des Ringkampfes fungieren (vergleichbar der bacchischen Gesellschaft in antiken Darstellungen), wird eine nackte, schlafende Schöne eingeführt, die zur Linken Amors am Boden ausgestreckt ist. In ihr dürfte der Anlaß für die Züchtigung zu sehen sein: Pan war „allen Nymphen gefährlich, da er überhaupt sehr geil war“ (Hederich [Anm. 12], Sp. 1861/1862).

27 Herakles, der von Amor/Eros bzw. von Eroten geplagt wird, war ein außerordentlich beliebtes Thema in hellenistischer Zeit: Eros fesselt den Helden, sitzt ihm im Nacken, zaust ihm das Haar und bemächtigt sich seiner Keule. Eine Gemme, die Montfaucon abbildet und beschreibt, zeigt Herakles, wie er unter der Last des Eros aufs Knie gesunken ist. Der kleine Geselle liegt ihm auf der Schulter, in der er-

der Komposition zentral im Himmelsdrittel eingeschrieben ist, interessiert auch in unserem Zusammenhang.

Es entstammt der 10. Ekloge Vergils und wird seit dem Kommentar des Servius zu Vergil mit dem Ringkampf von Amor und Pan in Verbindung gebracht: Da Pan der Gott der ganzen Natur sei, stellten ihn die Dichter im Kampf mit Amor dar und ließen den Liebesgott siegen, „quia, ut legimus, (X.69) omnia vincit Amor".[28] Entsprechend versinnbildlicht der Kampf die Macht der Liebe über die universale Natur.[29] Es überrascht daher nicht, daß dieses Motto schon im Kupferstich des Agostino Carracci mit den beiden Ringenden zu finden ist, wo es der Tradition nach auch hingehört. Der Carracci-Nachfolger übernahm es dann in analoger Plazierung für eine Darstellung, in der sich die Frage nach Sieg oder Niederlage nicht mehr stellt: Amor schlägt mit einem doppelt geschlungenen Band auf Pan ein und läßt ihn die Qualen der Liebe erleiden.

Das Thema dürfte auch anderwärts überliefert und durch eine unbekannte Quelle vielleicht enger mit Meyers Supraporte verbunden sein als hier nachweisbar. Anzeichen dafür gibt es beispielsweise in einem Gemälde von Veronese: *Disinganno* (oder *Le pene d'amore*) aus den *Allegorie d'amore* (Abb. 19; um 1575, National Gallery, London). Der Liebesgott, der seinen Fuß auf einen nackt am Boden liegenden Mann setzt und mit dem Bogen auf den Wehrlosen einschlagen will, entstammt sichtlich der gleichen Tradition wie Meyers geflügelter Putto mit dem Bogen, der am Rücken Pans emporspringt. Nach Edgar Wind, der das Gemälde *Die Züchtigung der Liebe* überschreibt, liegt „das Opfer im Kampf mit *voluptas*", – sinnbildlich im Hintergrund angedeutet durch den Torso eines Satyrs und durch die Syrinx in der Hand einer vom Bildrand überschnittenen (Pans-?) Gestalt.[30]

In der Intention vergleichbar – wenn auch ausschließlich in der Sprache der Mythologie formuliert – ist Meyers Pan-Supraporte mit ihrem Thema: der Überwältigung und Züchtigung des triebhaften, lüsternen Gottes der Allnatur durch den mächtigen Amor/Eros.

Die Supraporten des Urbinozimmers: Amor erweckt Psyche aus stygischem Schlaf

Anders als im Junozimmer sind hier die figürlichen Darstellungen einem querovalen Feld einbeschrieben, wie es vor allem von Gemmen, Kameen oder Emblemen bekannt ist. Rosetten bzw. Schmetterlinge als Sinnbilder für Amor und Psyche schmücken die Ecken des

hobenen Linken einen Pfeil, als wolle er ihn damit treffen, während Herakles die geballte Faust nach oben reckt, sich aber des lästigen Bezwingers nicht zu entledigen weiß. (Bernard de Montfaucon: *Antiquitiy explained and represented in sculptures.* [Repr. d. Ausg.] London 1721–1722. New York, London 1976 <The Renaissance and the Gods, 36>, Vol. 1. 1721, pl. LXVIII,3.) Das gleiche Motiv findet sich auf einer Berliner Gemme, nur hält Eros hier – wie bei Meyer – einen Bogen in der Hand. (Adolf Furtwängler: *Die antiken Gemmen.* Leipzig, Berlin 1900, Bd. 1, Taf. XXVII, 8; Bd. 2 [Text zu Taf. XXVII,8], S. 134.) Die Macht, die Eros hat, könnte nicht drastischer vor Augen geführt werden: „Den, welchen nicht tausend Ungeheuer, nicht sein Feind Eurystheus, // nicht die Juno überwinden konnte, den überwindet Amor." (Lippert [Anm. 12, S. 222] charakterisiert Herakles mit diesem Zitat aus Ovids *Heroides*, Ep. IX, 25.) Wenn Meyer seinem Pan eine Statur gibt, die derjenigen des Herakles nahekommt, läßt er ihn an dessen Stärke teilhaben.

28 Servius: In *Bucolica* II,31.

29 J. R. Martin mit Hinweis auf Cartari (Anm. 25), S. 96.

30 Edgar Wind: *Ein Liebeszyklus Veroneses.* In: *Heidnische Mysterien in der Renaissance.* Mit einem Nachw. von Bernhard Buschendorf, übers. von Christa Münstermann. Frankfurt a. M. 1981, S. 315–319; hier

rechteckigen Rahmens. Vom Junozimmer kommend fällt der Blick zuerst auf das Feld über der Tür zur Wendeltreppe mit den beiden in Seitenansicht gegebenen Gestalten: Amor schreitet, die Doppelflöte spielend, von rechts auf Psyche zu, die vor ihm am Boden sitzt (Abb. 23). Als bemerke sie den Liebesgott nicht, hält sie den Kopf gesenkt und verschränkt die Hände über einem hohen Gefäß, das auf ihren angewinkelten Knien abgestellt ist. Im Feld über der Eingangstüre ist Amor dargestellt, der auf dem Wasser rudert (Abb. 20). Er blickt über die Schulter in die Ferne, als suche er Psyche. (Räumlich gesehen könnte er die Geliebte in der andern Supraporte wahrnehmen.) Als Boot dient ihm ein mit Pfeilen bestücktes Behältnis, das vage an einen Köcher erinnert. Seinen Bogen nutzt er als Ruder, einen seiner Pfeile als Mast und sein Band als Segel. Der vorspringende Bug weist die Richtung, in der sich das Boot bewegt, während das Segel überraschenderweise zur andern Seite hin gewölbt ist, – Zeichen für die stürmische Fahrt des Knaben, der sogar die Kraft des Windes bricht.

Den erzählerischen Hintergrund für beide Supraporten bildet *Das Märchen von Amor und Psyche* des Apuleius. Um Amor zurückzugewinnen, werden Psyche harte Prüfungen auferlegt. Auf Befehl der Venus muß sie in die Unterwelt steigen und von Proserpina eine Büchse mit „Schönheitsreizen" erbitten. Das Gefäß, das sie ungeöffnet zurückbringen soll, reizt jedoch die Neugier der Psyche. „Kaum war sie der Unterwelt entstiegen, so nahm sie den Deckel von der Büchse, aus welcher ein höllischer Dampf ihr entgegenstieg, der sie in einen tiefen Todesschlummer senkte, von welchem Amor, der schon lange unsichtbar über ihr schwebte, sie wieder weckte."[31] Das ist in geraffter Form (und im Rückgriff auf Moritz) der Stoff, der in den Supraporten eigenwillig interpretiert wird: Amor eilt herbei, um Psyche mit dem Spiel seiner Flöte aus dem Todesschlaf zu erwecken. Beide Bildvorwürfe sind also wiederum nicht isoliert, sondern im Sinne einer Folge zu lesen.

Mit Psyche wird im Urbinozimmer d i e Gestalt eingeführt, die in schärfstem Kontrast zu dem von Amor geplagten triebhaften Pan steht. Nach Moritz „dachte man sich unter der Psyche gleichsam ein zartes geistiges Wesen, das, aus einer gröbern Hülle sich emporschwingend und verfeinert zu einem höhern Dasein, zu schön für diese Erde, durch Amors Liebe selbst beglückt, zuletzt mit ihm vermählt ward und an der Seligkeit der himmlischen Götter teilnahm."[32]

1. Amor rudert übers Meer oder Via nulla est invia amori (Abb. 12, 3; Abb. 20)

Das Motiv des Amor, der auf dem Wasser segelt, ist von antiken Gemmen ebenso wie von neuzeitlichen Emblemen bekannt. In Goris *Museum Florentinum* werden allein drei Gemmen mit dem segelnden Amor abgebildet, eine weitere in Lippolds Gemmenwerk.[33] In den angeführten antiken Beispielen sitzt oder steht Amor auf einer Amphore, nicht auf oder in einem Köcher, und hält die Segel in den Wind. Die Gestalt Amors, der a u f einem Köcher sitzt, findet sich erst später, – so auf einem Kupferstich in den *Amorum emblemata* des Vaenius (1608). Der Bogen dient Amor als Ruder, das Gewand bläht sich im Rücken

---

S. 315. – Vgl. auch den Forschungsüberblick bei Terisio Pignatti, Filippo Pedrocco: *Veronese*. T. 2, Milano 1995, [Kat. Nr.] 247–250.

31 Moritz (Anm. 8), S. 339/340.

32 Ebd., S. 337.

33 Salomon Reinach: *Pierres gravées*. Paris 1895, Pl. 37 (Gori I, 77,1; 77,3; 77,4). – Georg Lippold: *Gemmen und Kameen des Altertums und der Neuzeit*. Stuttgart o. J., Taf. 27, Nr. 3.

als Velum. In der Ferne sieht man am Ufer ein winziges Frauenfigürchen, – das Ziel seiner eiligen Fahrt. Als Inscriptio setzt Vaenius über das Bild: „Via nulla est invia amori“ und unter die Pictura in lateinischer und (hier zitierter) deutscher Sprache die ausführliche Erklärung:[34]

Kein Weg ist unwegsam für die Liebe

Die Lieb auch fürnimpt jhren weg
Im Meer / da es doch hat kein Steg.
Kein Gfahr der Liebe steht zu handn
Im Wasser / Fewr / Lufft in den Landn.
Die Lieb glücklich erlangt das Gstat /
Wagt alls / auch alle ding hat.

Die klassizistischen Gemmendarstellungen konzentrieren sich wie die antiken ganz auf die Amor-Figur, ohne das Beiwerk, den landschaftlichen Hintergrund oder das Frauenfigürchen, zu geben. Als Beispiel sei eine Gemme von Romain Vincent Jeuffroy angeführt (1749–1826), an der die Entwicklung des Motivs gut zu verfolgen ist. Es erscheint hier komplettiert im Sinne der Amor zuerteilten und gleichnisweise genutzten Attribute: der Köcher als Boot, der Bogen als Ruder und – das ist neu im Vergleich zum Vaenius-Stich – ein Pfeil als Mast, an dem sich Amors Band als Segel bläht.[35]

In Meyers Supraportendarstellung tauchen Bogen, Pfeil, Band und auch der Köcher in analoger Verwendung auf. Gegenüber der Gemme Jeuffroys fällt die Lebendigkeit und die Dynamik der Darstellung auf. Der kleine Körper neigt sich, um alle Kraft in das mit beiden Händen umklammerte Ruder zu legen, weit zurück, das linke Bein auf dem Boden des Köchers abgestützt und das rechte gegen den Mast gestemmt. Der Kopf mit den im Winde flatternden Haaren ist über die Schulter in Fahrtrichtung gewendet, als könne er in der Ferne schon sein Ziel ausmachen.

Ausgehend von Amors Boot, das weder mit einer Amphore noch mit einem Köcher zu vergleichen ist, sowie vom Mastbaum, dessen Ende eigentümlich rund-plastisch wirkt, ließ sich Ch. Lichtenstern zu einer Interpretation des übers Meer fahrenden Liebesgottes als Eros/Thanatos verleiten[36]: Im Einzelnen sieht sie im Köcher den „Resonanzkasten eines Saiteninstrumentes“, in den darin aufgeschichteten Pfeilen „Todespfeile“ und in dem befiederten Pfeilende des Mastes eine „Mohnkapsel“. Auch die – bei Meyer nicht vorhandene –

34 *Emblemata.* Handbuch zur Sinnbildkunst des XVI. und XVII. Jahrhunderts. Hrsg. von Arthur Henkel und Albrecht Schöne. Erg. Neuausg. Stuttgart 1976, Sp. 1763. Es spricht für die Beliebtheit des Motivs, daß das Bild wenig später auch für die *Emblemata amoris* von Custos nachgestochen wird (1622), allerdings seitenverkehrt und mit viereckigem Rahmen (*Emblemata.* Hrsg. von Henkel/Schöne, S. CLXXXVII).

35 R. V. Jeuffroy wird hier wegen seiner Beziehung zu Giovanni Pichler genannt. Während seines Rom-Aufenthaltes schnitt er unter der Aufsicht von Pichler Steine nach der Antike, die er „nicht selten als echte Antiken verkaufte“ (*Allgemeines Lexikon der bildenden Künstler von der Antike bis zur Gegenwart* [Thieme/Becker]. Unveränd. Nachdr., München 1992, Bd. 18, S. 544). – Abb. bei Lippold (Anm. 33), Taf. CXXIII, Nr. 8 u. Text S. 184.

36 Lichtenstern (Anm. 7), S. 356–360. Die These scheint unter dem Eindruck von Edgar Winds Aufsatz *Amor als Todesgott* entwickelt worden zu sein. (Wind [Anm. 30], S. 177–197, insbes. S. 185 mit Anm. 29 zu Herder.)

Bogensehne wird ex negativo in die Argumentation einbezogen: Die Sehne werde nicht mehr gebraucht, da Amor keine Liebespfeile mehr abschieße. Und selbst der Rahmenschmuck, ein klassischer Rosettendekor, wird im Dienste der Todesthematik als Immortelle gedeutet. Partienweise zwar konjunktivisch behandelt, verdichtet sich die Hypothese im Netz der Deutung allmählich zur These des Eros als Thanatos.

Demgegenüber ist einfach nachzuweisen, daß die ikonographische Tradition des seefahrenden Amor als Ausdruck des Wagemuts der Liebe für Meyers Darstellung gültig bleibt. Die Tradition ist nicht nur „gleichsam als Bodensatz" zu bewerten. Sie wird vielmehr zum Vorbild, das Meyer getreu übersetzt. Ein Stich von Marco Dente (gest. 1527 in Rom) gibt den übers Meer fahrenden Amor in allen Einzelheiten vor (Abb. 21). Einzig das altertümlich wirkende Spruchband mit der Inscriptio, das sich über der Figur entfaltet, läßt er fort.[37] Man findet diesen Amor – mit einigen Abweichungen in der Bein- und Armhaltung sowie in der Ausrichtung des Segels – auch auf einem Kupferstich des Agostino Veneziano wieder (Abb. 22). Amor ist hier in eine umfangreichere Komposition integriert: zu seiner Rechten Venus, „qui se tient debout sur une grande conque", zu seiner Linken ein junger, mit weitem Umhang und Sandalen bekleiderter Mann, „assis sur un rocher, d'où coule une source", und in den Wolken schließlich drei geflügelte Putti. Alle scheinen gestisch ihre Besorgnis über Amors gefährliche Seefahrt ausdrücken zu wollen.[38] Interessant ist dieser Stich in unserem Zusammenhang vor allem wegen der auf Amor bezogenen ausführlichen Subscriptio:

Con tal destrezza Amor trappassa et arte
Del mar ch'io spargo il periglioso varco,
Del uelo fa le uele a l'aura sparte,
La barca è la faretra, il remo è l'arco,

Le corde del bell'arco son le sarte
L'arbor è un stral di foco, et fele carco,
Cosi s'è fatto nel mio largo Humore
Tiphi et Jason senza maestro Amore.

Hier werden die allegorischen Bezüge unmißverständlich fixiert: Der Köcher (la faretra) dient als Boot, der Bogen (l'arco) als Ruder, die Sehne des Bogens (le corde) als Taue, ein Pfeil (un stral di foco) als Mastbaum. Spielraum für eine Deutung des Amor als Todesgott bleibt da nicht. Es ist der von Sehnsucht getriebene, alle Gefahren einer ungewissen Seefahrt mißachtende Liebesgott, den Meyer im Sinne der Tradition aufnimmt.

Die ersten Kommentatoren der Stiche, Bartsch und Passavant, betrachteten die Gestalt des Amor, wie Marco Dente sie wiedergibt, als eine Erfindung Raffaels.[39] Heute werden die

---

37 *The Illustrated Bartsch.* Vol. 26, p. 218. Die Inscriptio „Sic fuga violenta monet" hätte sich überdies dem Sinn nach nicht eingefügt.

38 Adam Bartsch: *Le Peintre-Graveur.* 14 (1920), p. 101, n. 234. – *The Illustrated Bartsch.* Vol. 26, p. 231.

39 Adam Bartsch: *Le Peintre-Graveur* 14 (1813), p. 179, n. 219. – Passavant ließ diese Zuschreibung auch für den Amor des Agostino Veneziano (Bartsch 234) gelten, während er die Venus einem Schüler Raffaels, wahrscheinlich Perino del Vaga, zuordnete (Johann David Passavant: *Le Peintre-Graveur* 6 (1864), p. 55, im Kommentar zu n. 45 = Bartsch 234). Bartsch zog sich schließlich darauf zurück, daß Agostino Veneziano nach einer Zeichnung gestochen habe, „qui paraît être de Raphael" (Bartsch: *Le Peintre-graveur* 14 ‹1920›, p. 101/102, n. 234).

Vorlagen zu den Stichen im Raffaelkreis gesucht („di ispirazione diretta o indiretta da Raffaello"). Dabei denkt man an vorbereitende Zeichnungen zu Raffaels Arbeiten für die Loggia di Psiche in der Farnesina (Amor) und für die Stufetta bzw. die Loggetta des Kardinals Bibbiena (Amor und Venus).[40]

Vor allem mit Raffaels Loggia der Psyche ist der Anschluß an Meyers und Goethes Konzeption der Supraporten im Urbino-Zimmers vollzogen. Ihnen muß sich – wie späteren Kunsthistorikern – die Gestalt des übers Meer fahrenden Amor verbunden haben mit dem Amor- und Psyche-Zyklus in der Farnesina. Goethe kannte den Zyklus schon vor seiner italienischen Reise durch die zehn farbig angelegten Stiche von Nicolas Dorigny (1658–1746), die ihm schon „so lange [s]eine Zimmer erheitern". Er läßt diese erinnernde Bemerkung aus Anlaß des ersten Besuches in der Farnesina einfließen (18. 11. 1786; HA 11, S. 137). Als er die Fresken im Sommer des nächsten Jahres wieder betrachtet, notiert er wie erstaunt, daß er sie „eben durch jene Kopien fast auswendig weiß. Dieser Saal oder vielmehr Galerie ist das Schönste, was ich von Dekoration kenne" (16. 7. 1787; HA 11, S. 368).

2. Amor erweckt Psyche durch sein Flötenspiel (Abb. 12, 4; Abb. 23)

Goethes Begleiterin bei dem neuerlichen Besuch der Farnesina war Angelika Kauffmann. Sie selbst hatte den Amor- und Psychestoff schon früher bearbeitet (Entwurf zu *Psyche mit dem schlafenden Amor*, 1784) und nahm ihn auch in der Folgezeit wieder auf (*Amor und Psyche*, Ölgemälde von 1792).[41] Den äußeren Anstoß für die Wiederaufnahme gab vielleicht eine Auftragsarbeit. Eine Zeichnung der schlafenden Psyche und des Flöte spielenden Amor (Abb. 26), die erst 1991 aus Herders Nachlaß bekannt wurde, steht mit diesem Auftrag, aber auch – darauf wies zuerst Ch. Lichtenstern hin – mit der Supraporte in Zusammenhang. Sie lag einem aus Rom an Herder gerichteten (nicht erhaltenen) Brief der Künstlerin vom 7. Februar 1790 bei. Der Fundort war also eher privat. Und auch die Zeilen am Kopf des Blattes ließen sich ebenso als Titel wie als Widmung an Herder und seine Frau lesen, die im Freundeskreis den Namen Psyche trug: „Glückliche Psyche traure nicht mehr, / Seie getröst, du kommst in gute Hände!"[42] Herder, der während seines knapp einjährigen Italienaufenthaltes Angelika Kauffmann zur Freundin gewonnen hatte, war im Juli 1789 nach Hause zurückgekehrt. Vielleicht verhieß die Künstlerin mit ihrer Widmung – gleichsam als Bürgin für Herder – der ‚Psyche' in Weimar eine glückliche Zukunft nach langer Trennung.

Goethe und Heinrich Meyer hätten das Amor- und Psyche-Motiv nun zwar durch Herder kennenlernen und ihrer Supraporte zugrunde legen können, aber der persönlich gehal-

---

40 L. Bianchi: *La fortuna di Raffaello nell'incisione*. In: *Raffaello, l'opera, le fonti e la fortuna*. Novara 1968, II, S. 647–689, hier S. 685. – *Raphael invenit*. Stampe da Raffaello nelle collezioni dell'Istituto Nazionale per la Grafica. Cat. di Grazia Bernini Pezzini. Roma 1985, S. 245.

41 Vgl. *Angelika Kauffmann*. [Ausst.-Kat.] Hrsg. und bearb. von Bettina Baumgärtel. Ostfildern-Ruit 1999, S. 89; Kat. Nr. 219, S. 374–376. Das Gemälde Angelika Kauffmanns gibt ihre Version des in der Gemme angeklungenen Themas wieder: Amor ist zu der weinenden Psyche geeilt, um sie zu trösten und die Tränen zu trocknen. Goethe sah das Bild, das nach Dessau verkauft worden war, dort „mit dem größten Antheil"; er habe – so schrieb er an die Malerin – „durch Sie [...] einer sehr lebhaften Freude genossen". Daß auch Goethe den Stoff des Apuleius-Märchens bearbeiten wollte, aber nicht mehr dazu kam, überliefert Riemer.

42 *Freies Deutsches Hochstift, Jahresbericht 1990*. In: JbFDtHochst 1991, S. 342 u. Abb. 10.

tene Charakter des Blattes ebenso wie die separate Aufbewahrung lassen Zweifel an dieser Möglichkeit zu, zumal sich für die Herkunft des Motivs auch eine andere Lösung anbietet. Angelika Kauffmann hat ihre Zeichnung mit einem querovalen Rahmen umzogen. Dieser Rahmen lenkte schon Ch. Lichtensterns Aufmerksamkeit auf eine antike Kamee aus Goethes Besitz, einen Sardonyx mit der Darstellung von Amor und Psyche.[43] Dort ist zwar die kompositionelle Grundsituation zu finden: Amor, in Gestalt eines Putto, schreitet von rechts auf die vor ihm auf einem Felsen (nicht auf dem Boden) sitzende Psyche zu. Einzelheiten aber, wie z. B. der gesenkte Kopf der Psyche, vor allem aber das Spiel Amors auf der Doppelflöte, sind nicht vorgegeben. Der antike Amor scheint vielmehr – in Übereinstimmung mit dem Märchen des Apuleius – die rechte Hand zum Köcher auf seinem Rücken zu führen, um „Psyche mit einem harmlosen Stichlein seines Pfeiles" wecken zu können.[44] Daß Amor seine Psyche dagegen mit Flötenspiel ins Leben zurückruft, dürfte im ikonographischen Kontext neu sein.

Nicht auf einem antiken, sondern einem modernen geschnittenen Stein begegnet die in strenger Seitenansicht gegebene Amor- und Psyche-Gruppe zunächst einmal wieder. Von dem in Rom ansässigen Giovanni (Johann Anton) Pichler (1734–1791), einem der bedeutendsten Steinschneider der Goethezeit, stammt ein Karneol mit einer Amor- und Psychedarstellung (Abb. 27), die weitgehend mit der Zeichnung A. Kauffmanns übereinstimmt. Im Werkverzeichnis der Pichler von Hermann Rollet findet sich obendrein die bestätigende Nachricht, daß Giovanni Pichler die Gemme nach einer Zeichnung von Angelika Kauffmann geschnitten hat, zugleich mit dem Hinweis, daß die Künstlerin „nach einer Antike" gearbeitet habe. Das Motiv war offensichtlich gefragt, denn Luigi Pichler, der Stiefbruder Giovanni Pichlers, fertigte eine geringfügig abweichende Wiederholung in Onyx an.[45]

Bei der ‚Antike' dürfte es sich um eine Gemme (rotbrauner Jaspis) aus der Antikensammlung des Kunsthistorischen Museums in Wien handeln (Abb. 24).[46] Allerdings wird Angelika Kauffmann nicht nach dem Stein oder einem Gipsabdruck gezeichnet haben, sondern nach einem gerade bekannt gewordenen Stich. 1788 veröffentlichte Joseph Hilarius von Eckhel, Direktor des Wiener Antikenkabinetts, eine Auswahl aus den ihm damals übergebenen Steinen des kaiserlichen Hauses. Darunter befand sich auch die von Kibler ge-

---

43 Gerhard Femmel: *Die Gemmen aus Goethes Sammlung.* Kat. Gerald Heres (zit. als Femmel/Heres). Leipzig 1977 (Goethes Sammlungen zur Kunst, Literatur und Naturwissenschaft), Kat. Nr. 35, Abb. 17. – Lichtenstern (Anm. 7), Abb. 13.

44 Apuleius: *Das Märchen von Amor und Psyche.* Übers. u. hrsg. von Kurt Steinmann. Bibliogr. erg. Ausg., Stuttgart 1983, S. 102/103.

45 Hermann Rollett: *Die drei Meister der Gemmoglyptik Antonio, Giovanni und Luigi Pichler.* Eine biographisch-kunstgeschichtliche Darstellung. Wien 1874, S. 36. – Den Zusammenhang zwischen der Zeichnung Angelika Kauffmanns und einem Stein aus der Pichler-Werkstatt bedenkt neuerdings auch Bettina Baumgärtel, ohne allerdings mit Hilfe Rolletts den Nachweis zu führen. Bei dem von ihr abgebildeten Stein handelt es sich um eine Gemme (Sardonyx) des Luigi Pichler, nicht – wie angegeben – um eine Kamee des Giovanni Pichler. Als antike Vorlage zieht sie wie Lichtenstern die Kamee aus Goethes Besitz in Betracht. Vgl. Baumgärtel (Anm. 41), Kat. Nr. 185, S. 338/339. – Zur Unterscheidung der Wiener Gemmen: 1) Karneol des Giovanni P.; Inv. XII 329; 2,4 x 1,6 cm (s. O.); Rollett S. 36, Nr. 200 [falsche Herkunftsangabe]; um 1806 erworben; 2) Sardonyx des Luigi Pichler; Inv. XII 424; 2, 7 x 2 cm (s. O.); Rollett, S. 67, Nr. 179 [ohne Herkunftsangabe]; 1865 mit der Sammlung Timoni erworben. – Für die Angaben zu den Gemmen danke ich Herrn Dr. Alfred Bernhard-Walcher, Antikensammlung des Kunsthistorischen Museums Wien.

46 Inv. IXA 37; 18. Jh., unsigniert; 3 x 2,2 cm (s. O.); Herkunft unbekannt; 1788 vorhanden.

zeichnete und von Durmer gestochene Gemme mit dem Titel *Cupidon et Psyché* (Abb. 25).[47] Schon in dieser Fassung erscheint die Gemme stark stilisiert, wobei vor allem die unförmigen Ausbuchtungen am Embonpoint des Putto sowie am Gefäß der Psyche reduziert und die Gewandfalten detaillierter ausgearbeitet wurden.

Den kritischen Punkt dieser Gemme berührte schon Eckhel, wenn er vermerkte, „qu'on ne sait auquel pourroit se rapporter le sujet de cette pierre". Anders als bei der Kamee aus Goethes Besitz war das Motiv nicht in der Tradition zu verankern. Eckhel umschrieb es denn auch in konjunktivischen Wendungen: Amor versuche, „à ce qu'il paroît, de ranimer au son de la double flute son amante plongée dans l'affliction".[48] Die Bedenken gegenüber dem Sujet und – indirekt wohl damit verbunden – gegenüber dem Stein als einer ‚Antike' gerieten zwar vorerst in Vergessenheit, ließen sich aber auf Dauer nicht unterdrücken.[49] Heute wird die Gemme als Arbeit eines unbekannten Künstlers des 18. Jahrhunderts angesehen.[50] Vielleicht handelt es sich um ein Pasticcio unter Verwendung zweier Darstellungen auf antiken Steinen, der sog. Schlafenden Themis (publiziert von Winckelmann) und des Amor mit Doppelflöte, der eine Opferszene begleitet (publiziert von Montfaucon nach Maffei).[51] Nach Eckhel war der Gegenstand in Händen der Psyche weder zu erkennen noch zu erraten. Daß das Rätsel zu lösen sei, meinte aber offensichtlich Giovanni Pichler, als er Angelika Kauffmann um eine Zeichnung bat. Denn sieht man von kleineren Veränderungen ab, wie der Reduzierung der Gewandfalten am Manteltuch, der Raffung der Haare in einem Nackenknoten oder auch der Vereinfachung der Felsformation, fällt ein Eingriff unmittelbar in die Augen: die Künstlerin gab ihrer Psyche eine Lekythos in die Hände, einen Krug mit engem Hals und einem Henkel, wie er für Öle und Salbflüssigkeiten benutzt wurde. Damit nahm das in Eckhels Augen eher dubiose Objekt eine Form an, die direkt auf das von Proserpina erbetene Gefäß mit dem vermeintlichen ‚göttlichen Schönheitsmittel' bezogen werden konnte. Bei der plastischen Umsetzung schloß sich dann Pichler bis ins Detail den Neuerungen Angelika Kauffmanns an.

Goethe und Meyer schätzten die drei Pichler außerordentlich. Goethe war mit Pichler und seiner Werkstatt seit seinem Rom-Aufenthalt vertraut. Immer auf Bereicherung seiner Steinsammlung bedacht, richtet er noch 1816 an Niebuhr die Bitte um Abdrücke der Pich-

---

47 J. H. von Eckhel: *Choix de pierres gravées du Cabinet Impérial des Antiques.* Wien 1788, Taf. XXIX.

48 Eckhel (Anm. 47), S. 59.

49 Aloys Hirt zum Beispiel, Professor für Altertumskunde in Berlin, der mit der römischen Kunstszene nach langjährigem Aufenthalt vertraut war (1782–96), nahm in sein *Bilderbuch für Mythologie, Archäologie und Kunst* auch einen Umriß nach Eckhels Kupferstich auf (H. 2, 1816, Nr. XXXII, 6. Text, S. 223). Entsprechend wurde die Gemme bis weit ins 19. Jahrhundert hinein für ‚antik' erachtet und sogar noch im 1866 erschienenen Verzeichnis des Wiener Antikenkabinetts unter den antiken geschnittenen Steinen aufgeführt (Eduard von Sacken und Friedrich Kenner: *Die Sammlungen des K. K. Münz- und Antiken Cabinetes.* Wien 1866, S. 415, Nr. 35). Die alten Zweifel waren jedoch schon durch Jahn (1847) wieder laut geworden und verbanden sich bei Koehler (1850–53) zur grundsätzlichen, aber stark überzogenen Kritik an der Publikation Eckhels: Mit Ausnahme einiger Kameen seien fast alle durch den Wiener Numismatiker veröffentlichten Steine modern. Vgl. Salomon Reinach (Anm. 33), S. 1–9: Pierres de Vienne publiées par Eckhel, S. 1. Reinach seinerseits stufte die Gemme als „ouvrage moderne" ein (S. 7).

50 Vgl. Anm. 46 (Angaben zur Gemme).

51 J. J. Winckelmann: *Monumenti antichi inediti.* Roma 1767, Vol. 2, Tav. 44. – Montfaucon (Anm. 27), Vol. 2, Taf. XXXII, 10. Die Kamee befindet sich heute in der Sammlung der Ermitage (O. Neverov: *Antique cameos in the Hermitage Collection Leningrad.* 1971, Nr. 17).

ler, auf die er schon lange sein „Augenmerk" gerichtet habe: „können Sie mir von dem Ahnherrn Johann Anton einige Abdrücke verschaffen, so würde mich das höchlich ergötzen; von Johann dem Sohn, den ich das Glück hatte persönlich zu kennen, ist die Pastensammlung hier, und ich habe von Rom die Abdrücke mitgebracht" (WA IV, 28, S. 381).[52] Unter diesen Abdrücken war freilich Pichlers *Amor und Psyche*-Gemme noch nicht zu finden, da sie erst nach 1788, wahrscheinlich im Frühjahr 1790, entstanden ist.

Heinrich Meyer schließlich würdigte Giovanni Pichler in der *Winckelmann*-Schrift von 1805, wo er ihn „zu den größten neueren Künstlern in seinem Fach" zählte. Manche Gemmen Pichlers können nach seiner Ansicht „wenn auch nicht mit den besten, doch mit guten Antiken leicht verwechselt werden [...], da sie ihnen selbst in der Freiheit des Schnittes gleichen"[53].

Angesichts des Echos, das der vermeintlich antike Stein (Abb. 24) im Nachstich Eckhels (Abb. 25), in der Zeichnung von Angelika Kauffmann (Abb. 26) und in den Gemmen von Giovanni Pichler (Abb. 27) und Luigi Pichler fand, bleibt zu fragen, woran sich Meyer letztlich orientiert hat. Das Original scheidet wegen seiner Aufbewahrung in Wien als Vorlage ebenso aus wie die beiden ungenauen Gipsabdrücke in Goethes Sammlung, die – wohl erst später angeschafft – allenfalls das Interesse Goethes verraten.[54] Kein Kriterium ist auch die seitenverkehrte Anordnung, da die Gemmen ja zum Siegeln, also für den Abdruck bestimmt waren.

---

52 Die erwähnte Pastensammlung enthielt die von Giovanni Pichler geschnittenen Kameen und Gemmen (nicht dessen als „ein Studium der Kunst" geplantes Sammelwerk). Sie war auf Empfehlung Goethes von Herzogin Anna Amalia angeschafft und im Frühjahr 1789 nach Weimar gesandt worden (WA IV, 9, S. 82 u. Femmel/Heres [Anm. 43], Z 95). Die „Abdrücke", die Goethe selbst von seiner Reise mitgebracht hatte, dürften unter der großen Zahl von gelblich gefärbten Gipsabgüssen nach Werken der Pichler zu suchen sein, die Schuchardt später verzeichnen konnte (Schuchardt [Anm. 24], Th. 2. 1848, Abt. II, 3, S. 345, Nr. 287–289.) – Es waren jedoch nicht nur Abdrücke, die von Goethe oder durch Vermittlung Goethes bei Pichler bestellt wurden. Für Herzog Karl August gab Goethe eine Gemme zu einem Siegelring in Auftrag. Den „sehr schönen Stein von Pichler, eine Nemesis vorstellend", hielt Herzog Karl August Ende 1788 in Händen; „sie ist vortrefflich geraten" (29. 11. 1788; Femmel/Heres [Anm. 43], Z 85). Die Hochschätzung, die Goethe dem römischen Steinschneider entgegenbrachte, spiegelt sich kurze Zeit später auch in einem Brief, in dem Goethe beim Herzog um Förderung des jungen Graveurs Facius warb: „wenn alles geht wie ich dencke soll der Nahme Fakios einmal mit dem Nahmen Pichler wetteifern". Beider Namen gab Goethe, indem er die Signaturweise antiker Gemmen aufnahm, in griechischen Buchstaben wieder (17. 5. 1791; WA IV, 9, S. 260). – Wie für Goethe war auch für Herder der Name Pichler ein Begriff. Im Museum Clementinum vermerkte er bei Betrachtung der Basreliefs eines Kandelabers ausdrücklich, daß Giovanni Pichler eine der Figuren, eine „Minerva (Medica)", gestochen habe (J. G. Herder: *Italienische Reise.* Briefe und Tagebuchaufzeichnungen 1788–1789, hrsg. von Albert Meier und Heide Hollmer. München 1988, S. 597. – Rollett [Anm. 45], S. 35, Nr. 159. – Abb. bei Lippold [Anm. 33], Taf. 116, Nr. 8.) Und kaum nach Weimar zurückgekehrt, fand zwischen ihm und Goethe ein Austausch in Sachen Pichler statt, denn Goethe schrieb Ende August 1789 lapidar: „Hier sind die Pichleriana" (WA IV, 9, S. 152). Damit dürften die Abdrücke und Pasten gemeint sein, über die Goethe seit seiner Romreise und seit der Sendung durch Herzogin Anna Amalia verfügen konnte.

53 J. W. von Goethe: *Winckelmann und sein Jahrhundert in Briefen und Aufsätzen.* Mit einer Einl. und einem erl. Reg. von Helmut Holtzhauer. Leipzig 1969, S. 165/166. Meyer wußte auch wie Herder, daß Pichler „nach den berühmtesten alten Marmorn" arbeitete. Und er fügte hinzu: „einigemal mußten ihm auch vorzügliche Gemälde, deren Darstellung für seinen Zweck passend war, zu Vorbildern dienen". In diesen Fällen sei „seine Behandlung gewöhnlich ausführlicher, sehr bestimmt, zuweilen wohl gar überflüssig detailliert".

54 Schuchardt [Anm. 24], Abt. II, 3, Nr. 291, V. Für die Überprüfung der Eckhelschen Gipsabdrücke danke ich Frau Margarete Oppel, GNM.

Einige Anzeichen sprechen nun dafür, daß sich Heinrich Meyer an Eckhels Kupferstich (Abb. 25) orientiert hat, nicht an Angelika Kauffmanns Zeichnung oder Giovanni Pichlers Gemme. Die Gewandfalten über Ober- und Unterschenkel der Psyche, die sich bei Kauffmann/Pichler partiell bauschen und wellenförmig am Boden verlaufen, sind bei Meyer relativ streng und in gleichmäßigen Abständen gezogen. Sie verweisen eindeutig auf den Kupferstich. Und auch die Faltenbahn im Rücken, die sich bei Kauffmann/Pichler weich am Boden staut, ist in ihrer geraden Linienführung der Bahn des Kupferstichs vergleichbar.[55] In dieselbe Richtung deuten die langfedrig ausschwingenden Flügel des Amor bei Eckhel/Meyer gegenüber den Stummelflügeln bei Kauffmann/Pichler. Am interessantesten aber ist die Bildung des Gefäßes, das Meyer senkrecht – im Schnittpunkt der Bilddiagonalen – auf Psyches Knien aufrichtet. Ohne viel zu verändern – nur die kantig wirkende Schattenlinie rechts hebt er auf und setzt statt dessen links weiche, auf Rundung zielende Schatten –, formt er aus dem vagen Gegenstand bei Eckhel ein Gefäß, das an die von Apuleius erwähnte „Büchse" erinnern konnte. Sie ist Sinnbild der Sühnequalen der Psyche, von denen Amor die Geliebte befreit. Wenn der Gott dabei „die in stygischen Schlaf Versunkene durch die süßen Töne seiner Doppelflöte zu neuem Leben" erweckt[56], zeugt dies von seiner allumfassenden musischen Kraft. Nicht mit dem „Stichlein seines Pfeiles"[57], sondern – Orpheus vergleichbar – mit dem Spiel seiner Flöte überwindet er den Tod. Meyers Supraporten feiern deshalb nicht nur den Gott der Liebe als Bändiger der Allnatur und als Triumphator über Leben und Tod, sondern auch die Kunst als seine helfende Begleiterin.[58]

Die Umsetzung von Stichen ‚ins Große', wie sie hier am Beispiel des Urbinozimmers gezeigt werden konnte, ist kein Einzelfall. Ähnlich verfuhren Goethe und Meyer auch bei der Dekoration des Brückenzimmers. Für die Friese unterhalb der tonnengewölbten Decke wurden aus Kupferstichen Motive mit Dionysos-Darstellungen ausgewählt. Die Verwandlung der tyrrhenischen Seeräuber durch Dionysos (Ostwand) fand man in Reproduktionen nach den Reliefs des Lysikratesmonumentes in Athen, den Thiasos des Gottes (Westwand) in den Reliefs des Krater Borghese.[59] Zur Einheit brachte man die teilweise frei zitierten Motive mit Hilfe des Figurenmaßstabes und der Cameieu-Behandlung. Das dionysische Thema ebenso wie die farblich abgestimmte Dekorationsweise machen

---

55 Die Stoffbahn ist im übrigen ein Relikt aus dem ursprünglich über Oberarm und Schulter drapierten und im Rücken herabfallenden Tuch. Sie zeigt an, daß Psyche erst im nachhinein in ein ärmelloses Kleid gehüllt wurde – durch Gugg? – Dem Urteil C. Lichtensterns, Gugg habe die Supraporten „leider nicht zu ihrem Besten" restauriert (Lichtenstern [Anm. 7], S. 355), kann man sich zumindest für das Urbinozimmer auf Grund von Meyers Quellen nicht anschließen. Einzelne Verzeichnungen, die ins Auge fallen und –wie am Beispiel des befiederten Pfeilendes zu sehen war – auch zu Mißverständnissen Anlaß gaben, betreffen Details und gehen wohl auf schadhafte oder undeutliche (fotografische) Vorlagen zurück. Auch die summarische, deutlich unsichere Behandlung des Haares der Psyche wird Gugg anzulasten sein. Angesichts des Ausmaßes der Zerstörung aber, von dem gerade dieses Zimmer betroffen war, ist Guggs Leistung bemerkenswert.

56 Hirt (Anm. 49), S. 223.

57 Apuleius (Anm. 44), S. 103.

58 Vielleicht hat Goethe diese Vorstellung in seine *Novelle* übertragen, in der der Knabe mit der Flöte die wilde Natur zähmt und die Todesgefahr bannt.

59 Zu den Kupferstichvorlagen vgl. Bernhard Neutsch: *Nachleben hellenistischer Reliefkunst im Goethehaus Weimar.* In: Akten des 13. Internationalen Kongresses für Klassische Archäologie. Berlin 1988. Mainz 1990, S. 393–395. – Christa Lichtenstern (Anm. 7), S. 351–355.

die Nähe zum Junozimmer mit seinen Pan-Supraporten aus. Beide Räume waren vom ursprünglich als Vorsaal dienenden Gelben Saal aus einsehbar.

Parallelen für die Umsetzung von winzigen Steinen ‚ins Große' lassen sich auch außerhalb des Goethehauses finden. Die Jason-Medea-Gemme zum Beispiel, die Goethe zuerst in einem Abdruck, später im Original besaß, wurde nach einer Zeichnung von Heinrich Meyer durch Peter Kauffmann als Relief ausgearbeitet. Für die Weimarer Kunstfreunde war es gleichsam eine Verpflichtung, „Motiv und Anordnung eines alten Kunstwerkes zu retten und solches nach Möglichkeit vorerst wieder herstellen zu lassen".[60] Die Aufforderung dazu lag in den kleinen Werken beschlossen. Denn „in diesen engen Räumen" – den geschnittenen Steinen – war die „Nachahmung großer würdiger älterer Werke, die für uns ewig verloren wären, [...] juwelenhaft aufgehoben" (WA I, 33, S. 236).

[60] Das Relief war für das Schloß bestimmt. Schuchardt verzeichnet eine Gipsabformung in Goethes Sammlungen (Anm. 24), S. 338, Nr. 138. – Femmel/Heres (Anm. 43), S. 49. – Goethe an C. W. Beuth, 23. 7. 1827 (Briefkonzept; WA IV, 42, S. 275).

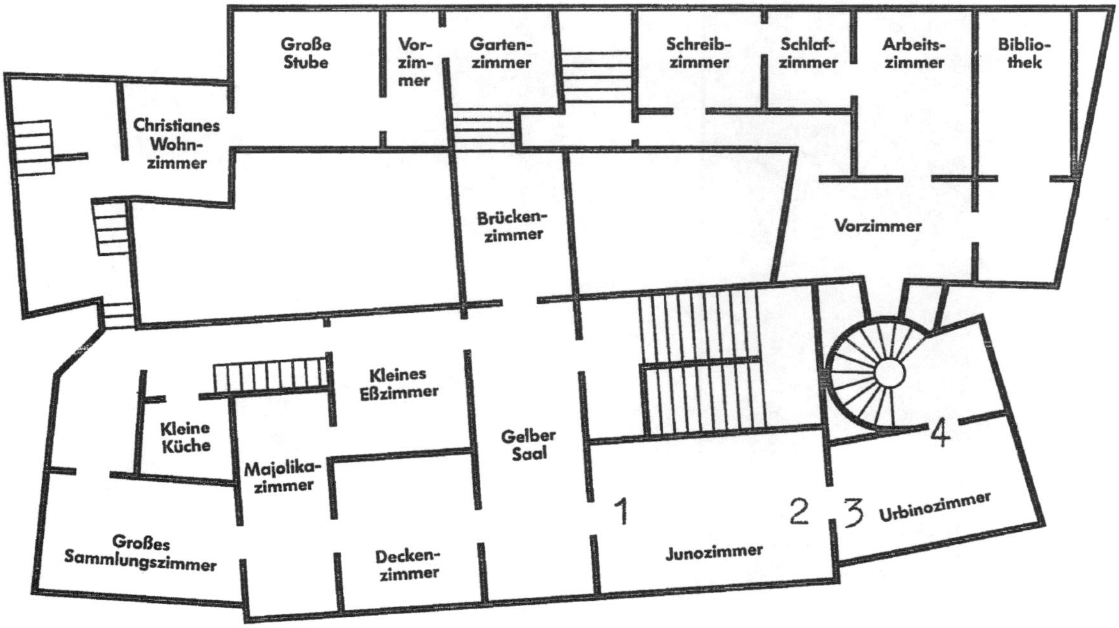

Abb. 12
Grundriß von Goethes Wohnhaus

Abb. 13
Heinrich Meyer, Amor betört Pan. Supraporte, Junozimmer (Abb. 12, Nr. 2), um 1795,
Kreide und Tempera auf Karton, 75,0 x 136,5 cm

Abb. 14
Silen-Relief. Deckel (Frontleiste) eines Dionysos-Sarkophages, 2. Jahrzehnt des 3. Jhs. nach Chr.
Zeichnung von Ernst Eichler (Ausschnitt)

Abb. 15
Odysseus und Polyphem.
Relief einer etruskischen Urne, 2. Jh. v. Chr.

Abb. 16
Heinrich Meyer, Amor züchtigt Pan. Supraporte, Junozimmer (Abb. 12, Nr. 1), 1792–1795, Kreide und Tempera auf Karton, 76,0 x 135,0 cm

Abb. 17
Gefesselter Barbar. Eckfigur des sogen. Ammendola-Sarkophages (Gallierschlacht), um 170 n. Chr.

Abb. 18
Agostino Carracci, Omnia vincit Amor (Pan dompté par l'Amour), 1599, Kupferstich (Bartsch 116)

Abb. 19
Paolo Veronese, Disinganno (Die Züchtigung der Liebe). Öl auf Leinwand, um 1575, 186,6 x 188,5 cm

Abb. 20
Heinrich Meyer, Amor segelt übers Meer. Supraporte, Urbinozimmer (Abb. 12, Nr. 3), um 1795, Kreide und Tempera auf Karton, 85,0 x 133.0 cm

Abb. 21
Marco Dente, L'Amour s'enfuyant par mer. Kupferstich nach Raffael (?) (Bartsch 219)

Abb. 22
Agostino Veneziano, L'Amour marin. Kupferstich nach Raffael (?) (Bartsch 234)

Abb. 23
Heinrich Meyer, Amor erweckt Psyche durch sein Flötenspiel.
Supraporte, Urbinozimmer (Abb. 12, Nr. 4), um 1795, Kreide und Tempera auf Karton, 83,0 x 133,2 cm

Abb. 24
Psyche und Amor. Gemme, 18. Jh., unsigniert, Jaspis, rotbraun, 3 x 2,2 cm (s. O.)

Abb. 25
Cupidon et Psyché.
Kupferstich, gez. von Kibler, gest. von Durmer, 1788.

Abb. 26
Angelika Kauffmann, Amor und Psyche, 1790, Bleistiftzeichnung im Oval, 10 x 12,9 cm

Abb. 27
Giovanni Pichler, Psyche und Amor.
Gemme, um 1790,
Karneol, 2,4 x 1,6 cm (s. O.)

BENVOLIO

Neues aus der Goethe-Literatur (II)

Dem mit der Goethe-Literatur vertrauten Leser ist es etwas Herkömmliches und Gewohntes, daß die Grenzziehung zwischen wissenschaftlichen und populärwissenschaftlichen Neuerscheinungen, zwischen den Bemühungen der Universitätsleute und der freischaffenden Schriftsteller als eher unwichtig anzusehen ist. Goethes Person, seine Lebensumstände und das nicht immer leicht zu erobernde Werk entzünden das schreibende Interesse von Literaturprofessoren und Philologen ebenso wie die Neugier von einmal mehr, einmal weniger welt- und literaturbewanderten Sympathisanten Goethes. Und die Intelligenz letzterer eignet sich bei der Auseinandersetzung mit Goethes Lebenswelt im idealen Fall sogar alles von selbst an, was Methodik und kritische Umsicht einem überzeugend geschriebenen Buch abfordern. Mehr kann dann selbst die Zunft nicht fordern: sie nimmt ein solches Buch umstandslos und mit Respekt in ihre wissenschaftlichen Bibliotheken auf.

Ein Musterbeispiel für das Gesagte bietet das 1999 im C.H. Beck-Verlag München erschienene Buch *Das Inkognito. Goethes ganz andere Existenz in Rom* des italienischen Privatgelehrten und Kulturhistorikers Roberto Zapperi (299 S.). Der Verfasser hat sich den Lesern des Goethe-Jahrbuchs schon 1996 mit einem Aufsatz bekannt gemacht, der mancherlei des hier anzuzeigenden Buches präludiert: mit dem zusammen mit Fiamma Satta geführten Nachweis nämlich, daß es sich bei der Gastwirtstochter Faustina Di Giovanni, verheiratete und verwitwete Antonini, die ein römischer Journalist 1899 als Goethes Modell zu den *Römischen Elegien* ausfindig gemacht hatte, nur um das Phantom einer geschickten Dokumentenklitterung handelt. Die philologischen Tugenden jenes Aufsatzes, akribische Archivforschung und kriminalistischer Scharfsinn, bewähren sich nun auch in Zapperis Buch zum Goethe-Jubiläum. Und sie führen tatsächlich zu einem neuen Bild der beiden durch die Neapel-Sizilien-Reise getrennten römischen Aufenthalte Goethes. Natürlich sind Zapperis Ergebnisse eher Lesestoff ‚für Fortgeschrittene'; man muß – wie die Leser des Goethe-Jahrbuchs – schon ein bißchen mit Goethes Vita vertraut und an ihr interessiert sein. Doch dann regaliert Zapperi mit wirklich deliziösen Leckerbissen. Selten etwa wurde Goethes praktische Weltklugheit so klar belegt wie im Einleitungskapitel, wo aufgezeigt wird, wie umsichtig Goethe seine Italienreise geplant und vorbereitet hat, wie er sich gegen Rückruf und Ungnade seines Herzogs sicherte, wie er ihm gegenüber sein dreifaches Ziel eines langfristigen Rom-Urlaubs, einer definitiven Beendigung der Weimarer Regierungsgeschäfte und eines Verbleibens auf der herzoglichen Gehaltsliste verfolgte, wie dann sein Verhalten aufging, der Herzog großzügig mitging und alle Ziele noch übertroffen wurden. Diese Reise war wirklich „mit äußerster Sorgfalt und kalter Berechnung" geplant (S. 21). Dann das Kapitel *Die Wirtstochter*

– eine nicht erschwindelte nun! –, wo das Buch über die erste von Zapperis zwei veritablen Neuentdeckungen in Goethes *vita erotica* berichtet, von Costanza Roesler nämlich, und wo Zapperi aus dem Nachlaß des Dichters sogar die Trumpfkarte eines an Goethe gerichteten, bisher nie weiter beachteten italienischen Briefes Costanzas vorzuweisen hat: offenbar ein bis an sein Lebensende aufbewahrtes Erinnerungsstück Goethes. Doch kam Goethe bei Costanza, so erfahren wir, nicht sehr weit. Anders bei einer Römerin, die Zapperi – seine zweite Neuentdeckung – als die wirkliche ‚Faustine' ans Licht holt, wenngleich ihm hier nicht gelang, den authentischen Namen zu ermitteln. (Auch von ihr überdauerte ein Briefchen, eine rührende Bitte, die Zeitläufte und zugleich hundert Jahre Nachlaß-Philologie.) Doch dieses Kabinettstück von Zapperis philologischer Kriminalistik lese man *in extenso* im Kapitel *Das Rätsel Faustine* nach ... Die Qualitäten des Buches erschöpfen sich mit solcher Kriminalistik übrigens keineswegs. Das Buch schlägt auch alles andere als einen effekthaschenden Ton an. Verdeutlichen will es vielmehr die ganze Bedeutung der Tatsache, daß Goethe *inkognito* nach Italien reiste – zu einer neuen Selbstfindung; wie Goethe, um dazu frei zu sein, alles abzuwerfen bereit war, was er an Namen, gesellschaftlichem Rang und beruflicher Statur in Weimar gewonnen hatte. Doch in welches kulturelle und behördliche Koordinatensystem sah sich dieses neue Leben dann versetzt? Über Spielraum und Grenzen von Goethes Inkognito kann uns vielleicht tatsächlich nur ein in Italiens Gesellschaftsgeschichte so gründlich bewanderter Mann wie Zapperi belehren. Wie weit oder eng war das sozial Erlaubte einer Künstlerexistenz – auch *in eroticis* – um 1786 in Rom (oder Neapel) gezogen? Wie weit sah sich Goethe als Dichter des in Rom offiziell verbotenen aber dennoch (von wem?) anonym übersetzten und vielgelesenen *Werther* ganz gegen seinen Willen beachtet und sogar geehrt? Solcherlei Fragen werden hier beantwortet. Es kann also auch die universitäre Goetheforschung bei Roberto Zapperi dankbar in die Lehre gehen, nicht zuletzt wegen dieser kulturhistorischen Tiefenperspektiven seines Buches. Kleinste Irrtümer fallen gegenüber der Solidität der Darstellung kaum ins Gewicht. Zwei Beispiele: die Trinkkur in Karlsbad war 1786 noch nicht „üblich", wie es gleich im zweiten Satz des Buches heißt, sondern gerade ein Jahr alt. Und der Tasso-Stoff wurde schon 1780 und nicht erst aus der Situation der Romreise heraus (S. 29) aufgegriffen. Ein sachhaltiges, ein fesselndes, ein ausgezeichnetes Buch.

Über Goethes Leben im ganzen ist 1998, rechtzeitig zum Goethejahr, eine neue Biographie von Klaus Seehafer herausgekommen. Sie trägt den etwas eigenwilligen Zitat-Titel *Mein Leben ein einzig Abenteuer* (Berlin: Aufbau Verlag, 496 S.), und bei der Darstellung von Goethes Leben eigenwillig vorzugehen, ist auch der freimütige Vorsatz des Verfassers. Seehafer will von heute aus einen unbefangenen neuen Blick auf den Olympier und sein Werk wagen. Dazu konsultiert er die schon vorliegenden Goethestudien, verläßt sich jedoch in letzter Instanz immer auf seinen eigenen Eindruck. So entsteht eine zwar auf weite Strecken ganz konventionelle Biographie; aber zugleich zeigen die „Tagestouren auf Goethes Spuren", die der Autor immer wieder einschaltet, wie genau in diesem Buch die Lebensumstände Goethes auch aus dem eigenen Augenschein ermittelt wurden (besonders hübsch beschrieben sind einige Spaziergänge von Ilmenau aus). Und wie kritisch wird Goethe dann gesehen? Er kommt glimpflich weg. Humorlosigkeit muß er sich nachsagen lassen (S. 305), und die *Zahmen Xenien* werden mitsamt den *Maximen und Reflexionen* pauschal abgewertet (S. 399), was wohl auf das Konto unserer landläufigen, aber nie vernünftig hinterfragten Aversion gegen Auswahl-Editionen von solchen Sammlungen geht. Andererseits kommt etwa Goethes Freund Zelter in Seehafers Urteil ganz überraschend positiv weg (S. 292). So werden persönliche Urteile eben immer differieren. Daß ein Zeitgenosse des ausgehenden 20. Jahrhunderts dieses Buch geschrieben hat, zeigt sich eher am Wie dieser Biographie, an einer gewissen Sachlichkeit, ja Trockenheit, die indessen nicht verhindert, daß einem vieles auch salopp und manchmal sogar sprachlich inkorrekt entgegentritt. Daß hie und da von „gewieften" und „physisch angeschlagenen" Menschen geredet wird, will man sich heute ja gefallen lassen. Aber „der Elsaß" (S. 187) und die Erwähnung des „als unspielbar gegoltenen ‚Tasso'" (S. 329) sind schlimme Sprachschnitzer. Man wird auch damit wieder versöhnt, wenn Seehafers materialreiches und trotzdem keineswegs aufgedunsenes Buch einem so manche kuriose, nachdenklich machende Einzelheit nahebringt. Etwa wo vom Tod August von Goethes erzählt wird: wie Goethe bei seinem römischen Aufenthalt sein eigenes Grab bei der Cestius-Pyramide gezeichnet hatte, also dort, wo dann der Sohn seine Ruhestätte fand, und daß alle Begräbnisformalitäten zufälligerweise von Lotte Kestner-Buffs gleichnamigem Sohn August (damals Legationsrat in Rom) erledigt wurden. Auch wie sich Goethe zu einer möglichen Wiederverheiratung Ottilies stellte, ist interessant erzählt und nicht in jeder Goethebiographie zu finden (S. 452–454).

Über eine „erotische Goethe-Biographie", die 1997 Karl Hugo Pruys unter einem ebenfalls sehr eigenwilligen Titel vorlegte (*Die Liebkosungen des Tigers*, Berlin, edition q, 218 S.), möchte man am liebsten schweigen. Pruys geht „Goethes Hang zu zweideutigen Freundschaften mit Männern" nach (s. vordere Umschlagklappe). Und seine unverblümte Frage „Wie zerstöre ich am wirkungsvollsten eine Legende" (s. hintere Umschlagsklappe) befaßt sich mit Goethes Ruf, unersättlich von einer Geliebten zur nächsten geflattert zu sein. Beides verrät eine schiefe Perspektive. Goethes Gefühlsleben war freilich differenziert wie das keines zweiten, die Epoche seiner Jugend wird noch dazu Empfindsamkeit genannt, enthusiastischer Austausch der Seelen war an der intellektuellen Tagesordnung. Schon allein aus diesen Gründen ist es aber eine gröbliche Vereinfachung von Goethes Persönlichkeit, wenn ihm Pathologie unterdrückter homosexueller Neigungen oder sogar – zu Fritz Jacobi – aktive Beziehungen dieser Art unterstellt werden. Goethes manchmal im Nu entzündbare erotische Phantasie, umgekehrt seine entschlossene Selbstbewahrung, seine Scheu vor der körperlichen Vereinigung mit geliebten Frauen, auch ein Zug bloß beobachtender Erotik, den man hie und da voyeuristisch nennen mag, oder eine schon der Schwester Cornelia zugewendete kinderpädagogische Generosität, die sich dann in den frühen Weimarer Jahren bei Halbwüchsigen wie Peter im Baumgarten und Charlotte von Steins Sohn Fritz fortsetzte, – all diese erotischen Auffälligkeiten kann man einräumen, sie sind für die Zwecke von Pruys' Buch dennoch ohne zwingenden Beweiswert. Und auch das weitere Material macht Pruys' allzu steile Thesen für das Urteil eines gewissenhaften Lesers nicht akzeptabler. Literaturinteressierte Laien – und Pruys ist ein solcher – wenden sich leider mit besonderer Neugier dem sogenannten Liebesleben der großen Dichter zu, weil sie glauben, daß dieser vermeintlich so natürliche Bereich zum Verständnis eines Großen noch am ehesten die Hand reicht. Wie grundverkehrt gedacht! Wo doch gerade das Feld der erotischen Strebungen und Gefühle bei keiner Menschengruppe komplexer, komplizierter, vielgesichtiger und rätselvoller ist als bei den zwischen produktivem Trieb und weltvermittelndem Geist hin- und hergeworfenen Dichtern. Herauskommen kann bei solchem Interesse der selbstgewissen Unberufenen – wie bei Pruys – daher nur Simplifikation und Mißverständnis. Entsprechend hat dieses Buch sich bitteren Hohn und Zorn von so manchem Goethefreund in den Tagesfeuilletons zugezogen. Nichtsdestoweniger hat Pruys sich in seine Materie tief und fleißig eingelesen. Man glaubt ihm durchaus, daß er anfänglich nur eine möglichst lückenlose Dokumentation von „Goethes Verhalten in Liebesdingen" (S. 177) zu kompilieren gedachte. Muteten seine Schlußfolgerungen zu diesem Material nur nicht so abenteuerlich selbstgewiß, ja schon seine Textinterpretationen manchmal so hanebüchen gewaltsam an – er hätte für jeden Unvoreingenommenen ein interessantes und nachdenklich stimmendes Buch über Goethes „Geheimfächer der Liebe" (S. 187) zustande bringen können. Eigentlich schade drum! (Die „Liebkosungen des Tigers" stammen übrigens aus einem an Lavater gerichteten Brief Zimmermanns, der dem jungen Goethe vorwirft, mit dramatisierter Satire selbst seine besten Freunde nicht zu verschonen. Was das auch immer für Goethes „erotische Biographie" zu bedeuten hat.)

Pruys will sich gewiß nicht zu den Verächtern und Anschwärzern Goethes zählen lassen. Dagegen hat Tilman Jens mit seinem ‚Eine Schmähschrift' untertitelten Buch *Goethe und seine Opfer* (Düsseldorf: Patmos, 1999, 152 S.) eine solche Kategorisierung redlich verdient. Wer Goethe anbetet, kann die Augen nicht fester schließen als dieser verblendete Autor, der auch noch meint, mit Schiller im Bunde zu sein, wenn er ohne jede Rücksicht auf die spätere weltberühmte Dichterfreundschaft sich Schillers übereilte frühe Äußerung über Goethe zu eigen macht: „Ein solches Wesen sollten die Menschen nicht um sich herum aufkommen lassen." Dachte Schiller so über Goethe, als er ihn erst einmal kannte? Aber Schiller hat noch andere Dinge gesagt, und manche lassen sich unschwer mit Jens exemplifizieren. Etwa: „Es liebt die Welt, das Strahlende zu schwärzen / Und das Erhabne in den Staub zu ziehn". So war es, so ist es, und so wird es bleiben. Und eine spezifisch deutsche Goethe-Häme des frisch-fromm-freien Burschen kommt hierzulande immer noch hinzu, ein Gemisch, das zusammensickert aus sich selbst feiernder Borniertheit, aus plattem Unverständnis anderer und höherer Maßstäbe als der eigenen, aus anrempelnder Opposition gegen jedwedes Große, das dem jeweiligen Tagesinteresse entrückt ist und trotzdem Respekt einfordert. Und wie argumentiert man dann? Ein so schlechter Mensch wie dieser Goethe ist man selbst denn doch nicht! Ein Genie ohne Tugend, das seine Nächsten verrät und ausnutzt! Pfui Teufel! Aber Goethe hat doch immerhin die Autobiographie des mittellosen Jung-Stilling zum Druck befördert? Er hat den unbekannten Plessing, der sich jung und verzweifelt an ihn wandte, besucht und getröstet. Er hat das Waisenkind Peter im Baumgarten zu sich genommen. Er hat dem lebensuntüchtigen Krafft in Ilmenau eine Wohnung besorgt und ihn bis zum Tode sieben Jahre lang finanziell unterstützt. Er half als 25jähriger mit, den Brand in der Frankfurter Judengasse zu löschen, und als 1780 Groß-Brembach brannte, war er bei den Löscharbeiten so selbstlos dabei, daß er sich die Augenbrauen versengte und die Zehen verbrühte. Er machte sich auch ein Gewissen über die Rekrutenaushebungen im Herzogtum Weimar und über sein eigenes Dichten angesichts des Elends der Strumpfwirker von Apolda. Die entwürdigende öffentliche Kirchenbuße der unehelichen jungen Mütter Weimars nahm auf seine Initiative hin ein Ende. Genau so handelt also, wenn es nach Jens geht, ein verachtungswürdiger Mensch! Und Goethes Fähigkeit zur Freundschaft: Hat er nicht zur Zeit seines Rom-Aufenthalts fünf Wochen geopfert, um Karl Philipp Moritz das Krankenlager erträglicher zu machen? Hat er nicht seinen Freund Meyer elf Jahre lang in seinem Weimarer Haus aufgenommen? Aber nein, diesen Goethe sollen wir schmähen, weil er Sturm-und-Drang-Genossen wie Lenz, Klinger und Merck von Weimar fernhielt oder entfernte, die, anders als Herder, dorthin nicht paßten und zu keiner Verwendung beruflich qualifiziert waren; weil er sich seiner Schwester Cornelia entfremdete, als diese, ohne sich mit ihm ein einziges Mal beraten zu haben, eine grenzenlos unglückliche Ehe eingegangen war; weil er Charlotte von Stein und Herder kühl zu behandeln begann, als diese ihm die Verbindung mit Christiane mißgönnten; weil er eingriff, als die Studenten von Jena und ihr Idol Fichte an den Fundamenten des Weimarer Staatswesens rüttelten; weil er Hölderlins Begabung noch schlimmer als Schiller verkannte; weil er die auch für Schillers Erben lukrative Herausgabe seines Briefwechsels mit Schiller angeblich unnötig verzögerte; weil er einen trunksüchtigen Diener wie Stadelmann entließ; weil er die aller Zensur den Kampf ansagende Zeitschrift *Isis* des Professors Oken unterdrückte und die Entlassung des „dem Staate schädlichen, ja verderblichen" Gelehrten durchsetzte. Und dann hat Goethe ja auch den armen Eckermann um ein rechtzeitiges Eheglück gebracht, weil er es nicht vermochte, dem Getreuen einen Posten zu verschaffen. (Nur gehört dazu ja allerdings noch die Fußnote, daß Eckermann mit Goethes Hilfe das laut Nietzsche beste Buch deutscher Sprache hinterlassen hat und damit so unsterblich wurde wie sein Meister selbst.) Stoff all dies für eine Schmähschrift? Ja, wenn einem alles menschliche Verständnis und Wohlwollen für eine von hundertfältigen Erfahrungen weich *und* hart gehämmerte Dichterexistenz abgeht, und wohl sogar die elementarste Besonnenheit.

Eine der bekanntesten, weil immer mit Kopfschütteln aufgenommenen Frauenbeziehungen Goethes, die des 74jährigen zu der 17jährigen Ulrike von Levetzow, hat 1996 in der hübschen Züricher Manesse-Bücherei ihre sorgfältige und vollständige Dokumentation gefunden (126 S.). Den Titel liefert wie ein Warnschild für Sensationslüsterne ein Ausspruch der hochbejahrten, unverheiratet gebliebenen Ulrike: ... *keine Liebschaft war es nicht.* Für das junge Mädchen jedenfalls! Goethe selbst hat darüber wohl anders gedacht, es wäre sonst keine *Marienbader Elegie* entstanden. Das ausführliche Nachwort von Jochen Klauß überblickt die ausgebreiteten Zeugnisse der Beteiligten noch einmal in einem sachlichen Resümee, ohne mit neuen Theorien oder Analysen eine Begebenheit reinterpretieren zu wollen, die ein Stefan Zweig um ihres lyrischen Ertrags willen immerhin zu den „Sternstunden der Menschheit" gerechnet hat.

Ebenfalls von Jochen Klauß, der als Weimarer Kustos mit allen Goetheana vertraut ist, stammt ein schwerer, voluminöser Band *Goethes Deutschland* (Stuttgart 1998, Deutsche Verlags-Anstalt, 333 S.), der von Aachen bis Zwickau deutsche Orte und Stätten aus der Sicht des Dichters darstellen will. Die Idee eines Züricher Literaturbüros übrigens (S. 8), aber eine problematische. Denn wie will man die Grenzen ziehen? Karlsbad und Marienbad gehörten zu Goethes Zeit ja doch auch zu seinem Deutschland, und Goethe hat sie ja schließlich gekannt. Aber beide Orte fehlen in diesem Band, vermutlich aus politischen Rücksichten. Oder: Wenn Aachen von Goethe nie besucht worden ist, wie soll es dann aus Goethes Sicht beschrieben werden? Notgedrungen sammelt und ordnet Klauß aus Goethes Oeuvre also alle die Stellen, wo deutsche Städte von heute eine Rolle spielen oder von Goethe auch nur erwähnt werden. Damit entsteht ein Nachschlagewerk. Und so mögen also die entstandenen Städte-Charakteristiken jeden deutschen Lokalpatrioten, der an Goethe interessiert ist, zum Blättern in diesem Bande veranlassen. Wenn er Glück hat, wird er dort auch einen schönen alten Stich seiner Heimatstadt, möglicherweise sogar eine Goethezeichnung, als Illustration entdecken. Auch als Geschenkidee dürfte das Buch vielen willkommen sein. Und eine Goethe-Huldigung ist es in jedem Fall.

Nach wie vor beschäftigt sich auch die fiktionale Literatur, und zwar auf ganz unterschiedliche Weise, mit Goethe. So hat Andrea Hensgen in ihrem Jugendbuch *Das blaue Sofa* (Gütersloh 1998, C. Bertelsmann, 288 S.) einige Figuren aus *Wilhelm Meisters Lehrjahren* von neuem auftreten lassen, um die dort und damals durchgespielte Entwicklungsproblematik kritisch in unsere so andersartige gegenwärtige Zeit zu transponieren. Die Person Goethes wird dabei allerdings ausgespart. Nicht so in dem Roman *Faustinas Küsse* von Hanns-Josef Ortheil (München 1998, Luchterhand, 351 S.). Hier begegnen wir Goethe nämlich während seiner römischen Tage, und Ortheil versucht, sich und seinen Lesern vorzustellen, wie wohl Goethes Beziehung zu der vielberedeten Faustine der *Römischen Elegien* ausgesehen haben mag. Er erfindet dazu einen von gelegentlichen Diensten lebenden Giovanni Beri, der Goethe politisch zu überwachen hat und ihm schließlich seine eigene Liebste zuführt. – Eine Komödienidee und drei Operettenfiguren also. Und wer an einem fast altmodisch stilvoll und harmlos geschriebenen Roman seine Freude hat, wird hier auf seine Kosten kommen. Auch die Domestikenperspektive auf einen großen Mann hat immer ihre Reize. Wäre Ortheil nur nicht wieder der ärgerlichen Faustina-Fabelei des dokumentenfälschenden römischen Journalisten Antonio Valeri (1848–1902) aufgesessen. Valeris als real nachgewiesene Gastwirtstochter Faustina war nämlich – wie Fiamma Satta und Roberto Zapperi nachgewiesen haben – bereits zwei Jahre tot, als Goethe in Rom eintraf. Ob der Roman Ortheils sie zu neuem, diesmal fiktionalem Leben erweckt, steht dahin, muß aber eher bezweifelt werden. Denn seine Faustina bleibt als Figur leider so blaß wie der Spion Beri. Und nicht einmal, was sie mit ihren Küssen dem Roman-Goethe bedeutet, kann uns aus der eifersüchtigen Perspektive des genasführten Beri deutlich werden.

Goethe-Literatur ist zu einem großen Teil ausgesprochene Geschenkliteratur, das dürfte aus dem bisher Besprochenen erneut klargeworden sein. Ein Geschenk speziell für Juristen, aber auch ein Buch für praktische Berufszwecke will die Sammlung *Goethe-Zitate für Juristen* von Alfons und Jutta Pausch sein (3. Auflage Köln 1996, Verlag Dr.Otto Schmidt, 140 S.). Hier findet man, „lexikalisch aufbereitet“, zu einer Fülle von juristischen Begriffen und Einrichtungen Lesefrüchte aus Goethes Werken, amtlichen Schriften und Gesprächen, und zwar mit genauer Angabe des Fundorts. Das Buch ist offenbar sofort auf große Begeisterung gestoßen. Kein Wunder! Zumindest die deutschen Juristen brauchen nun ihre einschlägige Goethe-Belesenheit nicht mehr aus den 143 Bänden der Weimarer Sophien-Ausgabe zusammenzustudieren, sondern können für Festreden und Plädoyers ihre literarische Bildung aus diesem schmalen Bändchen schöpfen. Und zumindest ‚auf Kredit‘ wird man ihnen daraufhin fundierte Goethe-Kennerschaft unterstellen. Denn wie heißt es bei Goethe auch hierzu so treffend: „Der Kredit ist eine durch reale Leistungen erzeugte Idee der Zuverlässigkeit“ (Goethe, *Maximen und Reflexionen*, Artemis-Ausgabe 9, S. 621; bei Pausch S. 52).

Rezensionen

Johann Wolfgang Goethe: Sämtliche Werke nach Epochen seines Schaffens. Münchner Ausgabe, hrsg. von Karl Richter in Zusammenarbeit mit Herbert G. Göpfert, Norbert Miller, Gerhard Sauder und Edith Zehm. München 1985–1998.

Der erste Teil dieser Rezension ist 1993 im Goethe-Jahrbuch erschienen (110. Band der Gesamtfolge, S. 353–360). Er behandelte die bis dahin vorliegenden Bände der Münchner Ausgabe. Nach dem Abschluß der Edition sollen nunmehr – mit dem Ziel einer zusammenfassenden Einschätzung des großen Unternehmens – einige der seither erschienenen Bände besprochen werden: als jeweils eigenständige Ergebnisse und zugleich unter besonderer Berücksichtigung des Beitrags, den sie zu Legitimation und Realisierung des methodischen Konzepts der Ausgabe – der Anordnung, Darbietung und Erschließung der Goetheschen Werke nach Maßgabe der Epochen im Schaffen des Dichters – leisten konnten. Die 1993 vorgetragenen prinzipiellen Erwägungen galten dem Zusammenspiel von Für und Wider bei der Beurteilung jenes Konzepts. Die Rollenverteilung in diesem Spiel hat sich seither beträchtlich zugunsten des Für verändert. Das Editionsprinzip hat sich zunehmend bewährt und an Überzeugungskraft gewonnen, je weiter die Ausgabe fortschritt. Dies darf als ein Erfolg von großer Tragweite angesehen werden: editionsgeschichtlich sowie in einem weiter ausgreifenden Sinne historisch, nämlich im Hinblick auf Genese, Erschließbarkeit und Wirkungen des komplexen Goetheschen Schaffens wie der einzelnen Produktionen.

Zu denjenigen in den letzten Jahren veröffentlichten Bänden, die besonders gewichtige Werke enthalten, erscheinen im Goethe-Jahrbuch spezielle ausführliche Rezensionen; sie betreffen den *West-östlichen Divan* (Bd. 11.1.2, 1998), *Faust. Der Tragödie zweiter Teil* (aus Bd. 18.1, 1997) und den Briefwechsel zwischen Goethe und Zelter (Bd. 20.1–3, 1991–1998). In den ersten beiden Fällen kann die Diskussion über die entsprechenden Bände der Frankfurter Ausgabe mitwirken. Die Edition des Goethe-Zelter-Briefwechsels ist bislang ohne Konkurrenz.

Die vorliegende Besprechung gilt vor allem den neueren Bänden mit denjenigen Werken, die den genannten „Hauptgeschäften" entstehungsgeschichtlich nahestehen, sie jedoch keineswegs nur akkompagnieren; vielmehr ist die Eingebundenheit des *Divan* und des zweiten *Faust* in die jeweilige „Epoche" vorauszusetzen. Zu betrachten sind die den *Divan*-Jahren gewidmeten Bände 11.1.1 und 11.2 sowie die Doppelbände für die Jahre 1820–1826 (13.1 und 13.2) und die letzten Jahre, 1827–1832 (18.1, mit Ausnahme von *Faust II*, und 18.2). Struktur und Resultate dieser Bände erscheinen als besonders geeignet, dem Konzept der Münchner Ausgabe und den Ergebnissen seiner Anwendung abermals nachzufragen.

Zwei Bände Divan-Jahre 1814–1819 – mit vollem Recht nach dem zentralen, die Kräfte und Interessen des Dichters konzentrierenden Werk des Zeitraums benannt – umgeben und umrahmen das eigentliche *Divan*-Corpus: Vorangestellt ist Band 11.1.1 (erschienen 1998, hrsg. von Karl Richter und Christoph Michel; Mitarbeit: Katharina Mommsen, Sabine Müller, Daniela Beissel und Elisabeth Puin). Er bietet zunächst die *Divan*-Gedichte in chronologischer Folge, zusammengeordnet mit den Gedichten dieses Zeitraums, die Goethe nicht in den *Divan* von 1819 einbezogen hat, obwohl sie dessen Themen- und Formenwelt unmittelbar angehören – wie z. B. die für einen *Neuen Divan* zurückgelegten, erst in der Ausgabe letzter Hand publizierten 43 Gedichte aus den Jahren 1818–1820. In diese chronologische Abfolge haben die Herausgeber sowohl das annähernd Datierbare vom Beginn der *Divan*-Jahre (anhand des durch den zweiten Band der Cotta-Ausgabe von 1815 gegebenen Terminus ante quem) als auch Fragmente und Entwürfe aus dem gesamten Zeitraum (anhand teils überlieferter, teils behutsam erschlossener Datierungen) integriert. Dieses Vorgehen bot für die Mehrzahl der *Divan*-Gedichte zusätzlich die Möglichkeit, gegenüber dem Erstdruck von 1819 Fassungen der Reinschriften oder der Vorabdrucke mitzuteilen, die in früheren Ausgaben meist in Variantenlisten zerbröselten. Auch abgestufte Besonderheiten des Schaffensprozesses – so das für die Detailarbeit des Dichters aufschlußreiche diffizile Verhältnis von Bearbeitung und Neufassung, wie es sich z. B. in den beiden Versionen des Gedichts vom „Eilfer“ (S. 137–140) zeigt – werden bei solcher Gelegenheit unvermittelt ablesbar.

Dies sind zweifellos Gewinne, nicht nur für den Spezialisten. Die Probleme, die die Absonderung des einzelnen Gedichts aus der ihm vom Dichter im Zyklus zugewiesenen Umgebung notwendigerweise mit sich bringt, können nur bei isolierendem Zugriff zu Irritationen führen. Die Ausgabe will ja aber gerade die komplizierten Geflechte von Genese und ästhetischer wie funktionaler Korrespondenz, will das Zusammenspiel von Produktions- und Wirkungsästhetik demonstrieren. „Studienausgabe“ ist sie auch diesem Sinne. Und das geringfügige Risiko wird mehr als ausgeglichen durch die Einsichten, die sich aus dem „Epochen“-Prinzip gerade in diesem Bereich bis ins Detail immer wieder augenfällig, oft überraschend ergeben – wie z. B. die Zusammengehörigkeit der Bearbeitungen *Untergang der Zund-Dynastie* und *Dieser kluge Rath* (S. 59–61) oder die Nachbarschaft der als *Supplement zu Schillers Glocke* zusammengestellten Strophen zu Gelegenheitsgedichten im engeren Sinne und zu einer Reihe von *Divan*-Strophen (S. 67–74). Die Eigenständigkeit und die Bedingtheit gewichtiger Stücke werden so bereits aus dem Kontext in ihren Umrissen erkennbar. Dies betrifft auch die in den von Goethe selbst veranlaßten Gedichtsammlungen an mehrere prominente Stellen gesetzten *Urworte. Orphisch*, die hier von den naturwissenschaftlich-weltanschaulichen, zuerst ohne fixierende Überschriften überlieferten Strophen *Priester werde[n] Messen singen* und *Müsset im Naturbetrachten* umgeben sind (S. 188–190). Bei Gedichten, die sich im Verlauf ihrer Wirkungsgeschichte ganz oder partienweise als „abgehobenes“ Zitatgut verselbständigt haben, kann dies besonders nützlich sein: Es wird schon in erster Instanz der Grad unmittelbarer Nachbarschaften sichtbar, Nähe oder Abstand im dichten Zeit-Raum. Und über den rechnerisch-chronologischen Konnex hinaus läßt sich bei alledem zugleich die längst bekannte und anerkannte, im individuellen Erlebnis- und Erfahrungsfundus wie im objektiven Zeitgeschehen gegründete substantielle Verwandtschaft von Texten, die bei anderer Anordnung an weit voneinander entfernten Stellen zu erscheinen hätten, im Wortsinne vor Augen führen. Wie auf Personen und Tagesanlässe gemünzte Gelegenheitsgedichte in dem vielschichtigen Schaffensprozeß plaziert sind, ist wohl am leichtesten auszumachen; doch selbst auf diesem Sektor ergeben sich aus der gewählten Anordnung gelegentlich zusätzliche Aufschlüsse – so etwa bei der den Jahrgang 1817 abschließenden Gruppe, die von *Klaggesang Irisch* über Strophen zum *Divan* und zum Reformationsjubiläum bis zu Sprüchen im Stil der *Zahmen Xenien* reicht (S. 191–195).

Knapp ein Drittel der Seiten nimmt im Textteil des Bandes 11.1.1 die Rubrik *Drama und Theater* ein – ein Paradebeispiel für das Zusammentreffen und Zusammenstoßen sehr verschiedener Stoffe, Themen, Formen, Arbeitsintensitäten auf gleicher Erfahrungsgrundlage in wenigen Jahren. Aufzunehmen waren so disparate Texte wie die Opernentwürfe *Der Löwenstuhl* und *Feradeddin und Kolaila*, das dem Fürsten de Ligne gewidmete *Requiem dem frohsten Manne des Jahrhunderts*, das Nachspiel zu Ifflands *Hagestolzen*, der *Epilog zu Schillers Glocke*, das zusätzliche Finale zu Boieldieus komischer Oper *Johann von Paris*, die zur Feier eines Luther-Denkmals bestimmte *Kantate zum Reformations-Jubiläum* und der *Maskenzug* von 1818 (der entstehungsgeschichtlich „eigentlich“ im Umfeld der Gedichte von 1817 und 1818 angesiedelt ist, hier aber mit Bezug auf das Genre und auf das Datum des Erstdrucks ans Ende des Bandes rückt). Die „Unterbringung“ solcher Texte in Genre- oder Fragmentbänden hätte sie fast völlig voneinander abkoppeln müssen. Jedoch – in Fällen wie diesem zeigt sich zugleich eine in früheren Besprechungen schon öfter betonte, von den Herausgebern bereits im Vorfeld erkannte und im Verlauf der Arbeit wohl immer wieder erfahrene Bedingung für die Machbarkeit dieser Ausgabe: Einerseits ist der die Atomisierung der Texte ausschließende Verzicht auf bürokratisch-konsequente Einhaltung der Chronologie völlig legitim – andererseits hat er seinen Preis. Kompromiß muß in einer Reihe von Fällen Gleichzeitigkeiten, Konfrontationen, Verquickungen und Übergänge auszugleichen versuchen. Ohne Konflikte, die mehr oder weniger offen sichtbar bleiben, geht das nicht immer ab. Angesichts solcher Probleme gerät auch der überzeugte Anhänger des Münchner Editionsprinzips hin und wieder unter einen gewissen Rechtfertigungsbedarf, der sich durch den Hinweis auf die jeweils mitspielende Spezifik des Gegenstandes wenigstens teilweise befriedigen läßt.

Der Kommentar nimmt in Band 11.1.1 knapp die Hälfte des Umfangs ein. Er folgt den Regelungen der Ausgabe und bietet sachliche Informationen und weiterführende Interpretationsansätze in zugunsten der ersteren akzeptabel ausgewogenem Verhältnis. Die (bedenkt man die Versuchung zur Digression, die von den hier zusammengeführten Texten ausgeht) sehr disziplinierte *Einführung* von Karl Richter (S. 369–381) umreißt die geschichtliche und politische Situation des im Zeichen des Wiener Kongresses stehenden Zeitraums und erweist die *Divan*-Jahre überzeugend als eine bei scheinbarer Homogenität durch tiefgreifende Einschnitte und Neuansätze geprägte dynamische Schaffensepoche.

Die teils den Erläuterungen beigegebenen, teils in den Beschreibungen der Entstehungs- und der ersten Wirkungsgeschichte verarbeiteten Dokumente haben für die weniger bekannten Texte besonderen Wert. Die Mitteilungen über die Umschrift orientalischer Namen und das umfangreiche Verzeichnis von Goethe benutzter orientalischer und orientalistischer Literatur sind (wie im *Divan*-Band 11.1.2) sehr hilfreich. Über die Textbehandlung wird Rechenschaft gegeben. Die Wahl der Textgrundlage ist hier für alle Einzelstücke durch den jeweils herauszufindenden „höchsten Grad der Autorisation" (S. 382) bestimmt – ein Verfahren, das wohl angesichts der Überlieferungslage des *Divan*-Materials als vergleichsweise sicher angesehen werden kann. Daß abweichend von den ursprünglichen Richtlinien der Ausgabe auch in diesem Fall die originale Orthographie weitestgehend beibehalten wurde (vgl. S. 382), ist erfreulich – und gibt dem Wunsch, daß von Anfang an ohne Abstriche so verfahren worden wäre, neue Nahrung. Eines der großen Verdienste der Ausgabe ist die mit jener Korrektur der Richtlinien zusammenhängende, vor allem für die jüngeren Bände geleistete intensive Textarbeit. – (Die Einfügung von Zwischenüberschriften zu allen durch Inhaltsverzeichnis und Kolumnentitel benannten Gedichtgruppen hätte die Orientierung noch erleichtert, zumindest den durch die großzügige Einfügung der Abbildungen erweckten Anschein von Lücken vermieden.)

Durchaus gleichgewichtig ist der ebenfalls den *Divan*-Jahren gewidmete Band 11.2 (erschienen 1994, hrsg. von Johannes John, Hans J. Becker, Gerhard H. Müller, John Neubauer und Irmtraut Schmid; Mitarbeit: Edith Zehm und Martin Ehrenzeller). Das bereits gekennzeichnete, die Ausgabe strukturierende Verhältnis von in offenem Sinne chronologischer und inhaltlich-thematischer Ordnung macht dieser Band besonders augenfällig.

Autobiographische Schriften, Reden, Schriften zur Literatur nehmen etwa die Hälfte des Textteiles ein: *Kunst und Altertum am Rhein und Mayn* sowie Theaterschriften bilden Zentren, die zunehmende Bemühung des Dichters um Selbstkommentar tritt deutlich hervor. Als Schriften zur Kunst – mit *Philostrats Gemälde* als umfangreichstem Stück – sind mehr als 30 Arbeiten zusammengefaßt. Die naturwissenschaftlichen Schriften des Zeitraums waren auf knapp 50 Seiten unterzubringen. (Die *Farbenlehre* hat ihren eigenen Platz, zwischen den „Epochen" der *Wahlverwandtschaften* und des *Divan*; Band 10, 1989.) Die knappe „Kostprobe" (S. 1241) aus den lückenhaft überlieferten, mit zahlreichen Provenienz- und Rekonstruktionsproblemen behafteten amtlichen Schriften gilt ausschließlich der 1815 institutionalisierten „Oberaufsicht über die unmittelbaren Anstalten für Wissenschaft und Kunst". Sie enthält u. a. das hier erstmals vollständig abgedruckte *Memorandum* von 1817 und kann gewiß – zusammen mit den in den Bänden 13.2 und 18.2 enthaltenen einschlägigen Texten – dazu beitragen, den seit einiger Zeit als Insider-Spezialität in der Goethe-Forschung umgehenden, jedoch oftmals verwischten Begriff der „Oberaufsicht" zu konkretisieren.

Der Gesamtumfang des eben noch handlichen Buches (1320 Seiten) ist zur Hälfte dem Text, zur anderen Hälfte dem kommentierenden Anhang zugeteilt. Die komplizierte Aufgabe einer kursorischen *Einführung* hat Johannes John übernommen (S. 647–665). Durch „Reisen mit der Kutsche und auf dem Papier" sieht er die *Divan*-Jahre äußerlich gekennzeichnet und betont das gerade bei Betrachtung dieses Zeitraums oft vernachlässigte Zusammenwirken von geschichtlicher Bewegung und Schaffensprozeß – das er mit Recht weniger ex negativo durch Goethes Abwendung von wie auch immer zu verstehenden „klassizistischen" Positionen, als vielmehr vorrangig durch Neuorientierungen bestimmt sieht. Ohne nochmalige ausdrückliche Formulierung wird dabei die Kohärenz der im Zeichen des *Divan* stehenden „Epoche" in Goethes Leben und Werk wiederum evident.

In den einführenden Abschnitten zu den einzelnen „Fächern" sind die den Schaffenszeitraum zusammenhaltenden Bindemittel weniger berücksichtigt; es geht eher spezialistisch zu – wohl die einzige

Möglichkeit zu ausreichender Aufbereitung des Materials in diesen Fällen, solange der Universal-Wissenschaftler nicht zur Verfügung steht, der in der Lage ist, allen Bereichen des Goetheschen Schaffens gleichermaßen gerecht zu werden. Die bereits zu Goethes Lebzeiten einsetzende und inzwischen rasant fortschreitende Spezialisierung auch der Wissenschaften erlaubt wenig Hoffnung auf das Erscheinen solcher Gestalten. In welchem Maße Teamwork den dieser Entwicklung geschuldeten Defiziten abhelfen kann, gibt die hier zur Rede stehende Edition tröstlich zu erkennen. Auch dies sei unter ihren Verdiensten ausdrücklich hervorgehoben.

Bei der Textgestaltung dieses Bandes hatten die Herausgeber angesichts der differenten Überlieferungslage unterschiedliche Entscheidungen zu treffen. Der bequeme Rückzug auf die behauptete Verbindlichkeit eines gemeinsamen Zeugen – etwa der Ausgabe letzter Hand – hätte hier nicht funktionieren können. So waren die zeitgenössischen Periodika, denen Goethe die Erstdrucke der im vorliegenden Band versammelten „literarischen" Schriften anvertraute, trotz ihrer unterschiedlichen Zuverlässigkeit zu bevorzugen – immer unter dem Gesichtspunkt der jeweils aktuellen Autorisation, die in den stärker verderbten Texten (etwa aus dem *Morgenblatt*) durch Berichtigungen zu ergänzen war (die dankenswerterweise diskutabel bleiben, da die Eingriffe kenntlich gemacht sind). Für die ausgewählten, überwiegend im Nachlaß überlieferten naturwissenschaftlichen und amtlichen Schriften wurden die Handschriften zugrunde gelegt (Einzelnachweise S. 1192 f. und 1241 f. sowie auch hier jeweils vor den Erläuterungen zu den einzelnen Stücken). Das über den Wert der dokumentarischen Beigaben und der selbständigen Textarbeit der Herausgeber oben Gesagte gilt für diesen Band in gleicher Weise.

Der Doppelband 13 gehört zu denjenigen Teilen der Münchner Ausgabe, in denen eine rein kalendarische Bezeichnung – Die Jahre 1820–1826 – den nicht fixierbaren Epochen-Titel ersetzen mußte. Neben dem terminologischen Problem ergaben sich für diesen Zeitraum, vor allem angesichts der ihn in beide Richtungen überschreitenden Texte, chronologische und quantitative Schwierigkeiten, die nur durch Hilfskonstruktionen zu überbrücken waren. So wurden *Autobiographische Schriften der frühen Zwanzigerjahre* isoliert (Bd. 14, 1986), in deren Rahmen wiederum die gleichzeitige Arbeit an Teilen der *Italienischen Reise* (Bd. 15, 1992) und am vierten Teil von *Dichtung und Wahrheit* (Bd. 16, 1985) nicht untergebracht werden konnte. Hier knackt es im Gebälk – auch eine Folge der Notwendigkeit, die Abfolge der Bände und die ungefähren Umfänge vor Beginn der eigentlichen Arbeit an der Ausgabe festzuschreiben. Übrigens lassen sich die Verschränkungen in Entstehung und Publikation der autobiographischen Arbeiten Goethes einschließlich der Tagebücher tabellarisch recht eindrucksvoll darstellen. – Goethes Tagebücher enthält die Münchner Ausgabe nicht; die notwendige editorische Erneuerung der dritten Abteilung der Sophien-Ausgabe, jetzt in Weimar begonnen, wäre in diesem Zeitrahmen keinesfalls zu leisten gewesen.

Band 13.1 (erschienen 1992, hrsg. von Gisela Henckmann und Irmela Schneider; Mitarbeit: Edith Zehm) führt die genannten Probleme und die Notlösungen vor allem in der Abteilung *Gedichte und Stammbucheintragungen* überdeutlich vor. Am Anfang steht der unglückliche Versuch, die zwischen 1815 und 1827 entstandenen, nur in wenigen Einzelfällen exakt datierbaren *Zahmen Xenien* dadurch zu chronologisieren, daß die hauptsächlich von Goethe selbst bzw. unter seiner Mitarbeit formierten Spruchgruppen mit Bezug auf deren Druckdaten zunächst unterbrochen werden durch entstehungsgeschichtlich angeordnete Gedichte aus den Jahren 1820–21, 1821–24, 1824–26. Es folgen unter der ominösen (nur im Inhaltsverzeichnis benutzten) Überschrift *Vorbereitung der Ausgabe letzter Hand* auf 50 Seiten, vermischt mit Gelegenheitsversen aus den 20er Jahren, Hauptstücke aus Goethes später Lyrik – darunter die autorisierte Gruppe *Gott und Welt* (deren Überschrift im Inhaltsverzeichnis nicht vorkommt): ohne *Vermächtnis*, das den Bänden 17 und 18.1 zugewiesen ist, und ohne *Im ernsten Beinhaus war's* (s. u.), während die Metamorphose-Gedichte mit Recht hier und nochmals in anderen Bänden erscheinen. Daran schließt sich eine ebenfalls nur im Inhaltsverzeichnis benannte weitere Rubrik *1826* an, in der sich schließlich auch das Gedicht auf Schillers Schädel findet. Endlich folgen die Gruppen IV-VI der *Zahmen Xenien* und *Nicht näher Datierbares.*

Wem soll damit gedient sein? Es wirken sich hier – glücklicherweise nur hier so eklatant – die Gefahren aus, die das Ordnungsprinzip der Ausgabe in sich birgt. Weder die *Einführung* in den Kommentar (Irmela Schneider), die Goethes „Geschichtsskepsis" und deren Wirkung auf die Zeitgenossen umreißt (S. 581–604), noch die hauptsächlich interpretierenden Vorbemerkungen zur Lyrik (Gisela Henckmann) geben dem Leser Begründungen für die getroffenen Entscheidungen an die Hand oder lassen erkennen, ob die Problematik den Bearbeiterinnen beunruhigend bewußt war. Dagegen verweisen die Mitteilungen zu Überlieferung und Textgestalt der Lyrik-Abteilung (Edith Zehm) und die darauf gegründeten Einzelentscheidungen mit Nachdruck vor allem auf das Problem *Ausgabe letzter Hand* (S. 612–614).

Auf eine Verlegenheitsrubrik *Drama und Theater* folgen in diesem Band Schriften zu Literatur, Theater und Musik. Die Literatur-Schriften entzogen sich offenbar einer überzeugenden Anordnung, so daß die gemischt historisch-geographische Gruppierung (Antike, Orient, Europa, Deutschland; eigene Werke und Projekte) hingenommen werden muß. Die Dichte und Vielfalt der Goetheschen Arbeit, die sich anhand zeitlich benachbarter Schriften von kleinem Umfang in spezieller Weise dokumentieren läßt, war so leider nicht vorzuführen.

Der den gleichen Jahren gewidmete Band 13.2 (erschienen 1993, hrsg. von Werner Oechslin, Norbert Miller, Hans J. Becker, Gerhard H. Müller, John Neubauer, Irmtraut Schmid und Irmela Schneider ; Mitarbeit: Edith Zehm und Martin Ehrenzeller) bringt die dem Zeitraum zugehörigen Schriften zur Kunst (die quantitativ das Übergewicht haben) sowie ausgewählte naturwissenschaftliche und amtliche Schriften. Als *Biographische Schriften* sind redaktionelle Beiträge Goethes zu Logenreden von 1821 und 1825 sowie die zum Vortrag an August von Goethe delegierte *Rede bei Niederlegung von Schillers Schädel auf der Großherzoglichen Bibliothek in Weimar* aufgenommen.

Die Schriften zur Kunst, von Werner Oechslin und Norbert Miller mit Unterstützung besonders bedankter „Ratgeber und Nothelfer" (S. 764) in kaum zu überbietender Intensität betreut, erschließt ein außerordentlich reichhaltiger, auch mit zahlreichen selten herangezogenen Dokumenten bestückter Kommentar, der an vielen Stellen die inhaltliche Bedeutung entstehungsgeschichtlicher Nachbarschaften unterstreicht – wie etwa anläßlich von Goethes Handzeichnungen und Tischbeins Idyllen –, ohne daß überall ausdrücklich darauf hingewiesen werden mußte. Auf die Darbietung der naturwissenschaftlichen und amtlichen Schriften kann das zu den diesbezüglichen Teilen aus Band 11.2 Gesagte uneingeschränkt übertragen werden. Die naturwissenschaftliche Abteilung steht in engem Zusammenhang mit den in Band 12 (1989) enthaltenen Heften der Goetheschen Zeitschriften *Zur Morphologie* und *Zur Naturwissenschaft überhaupt*, die teils demselben Zeitraum angehören, teils um einige Jahre zurückreichen. Für Goethes amtliche Tätigkeit in den 20er Jahren geben die ausgewählten, aus verlustreicher und diffuser Überlieferung überzeugend rekonstruierten Aktenstücke weitere Aufschlüsse über das Verhältnis von Staatsministerium und „Oberaufsicht" sowie speziell über die Bedeutung des vielgliedrigen Ressorts für die Jenaer Universität.

Der sog. Urfaust, das *Fragment* von 1790 und *Der Tragödie erster Teil* finden sich in den Bänden, die den jeweiligen „Epochen" gelten (1.2, 1987; 3.1, 1990; 6.1, 1986). *Faust. Der Tragödie zweiter Teil* bildet den Hauptbestand im ersten Teilband für Letzte Jahre 1827–1832. Außerdem enthält dieser Band 18.1 (erschienen 1997, hrsg. von Gisela Henckmann und Dorothea Hölscher-Lohmeyer; Mitarbeit: Uvo Hölscher, Anne Bohnenkamp) *Gedichte und Stammbucheintragungen*, die von den vielzitierten Strophen auf Goethes Wohnhaus bis zu den nachgelassenen *Zahmen Xenien* führen und mit einer Rubrik *Nachlese. Fragmentarisches* schließen. Wieder sind die chronologisch bezeugten und inhaltlich wie ästhetisch aus den einzelnen Gedichten ablesbaren oder durch den Kontext eher neutralisierten „Nachbarschaften" vor allem dort interessant, wo gewichtige Stücke – z. B. die Dornburger Gedichte von 1828 und der Zyklus *Chinesisch-Deutsche Jahres- und Tageszeiten* – mit teils nur gefälligen, teils in langjährigen persönlichen Verbindungen oder in naturwissenschaftlichen und weltanschaulichen, ästhetischen und philosophischen Grundüberzeugungen des späten Goethe verwurzelten Stammbuch- und Widmungsversen zusammentreffen. Für die *Zahmen Xenien* wurde der in Band 13.1 mit unbefriedigendem Effekt unternommene, unter „Nachlaß"-Bedingungen weniger problematische Versuch nachträglicher Chronologisierung fortgesetzt. Der wirkungsgeschichtliche Zusammenhang der alten Gruppen VII-IX ist dabei jedoch aufgegeben, einzelne Stücke (so *Den vereinigten Staaten*) wurden herausgelöst; man vermißt diesbezügliche Begründungen in Einführung und Kommentar.

Die schmale Rubrik *Kleinere dramatische Werke* bietet das *Schema zu einem Vorspiel bei Eröffnung des neuen Hamburger Theaters*, den Prolog zu dem dramatischen Gedicht *Hans Sachs* von Johann Ludwig Deinhard und das dialogische Festgedicht *Die ersten Erzeugnisse der Stotternheimer Saline*. Nach dem zweiten Teil des *Faust* folgt dann als Solitär und als letztes poetisches Werk in dieser Ausgabe die *Novelle*. (Dankenswerterweise verzichtet die Münchner Ausgabe auf den noch immer beliebten Behelfsterminus „Kleine Prosa", dem oft auch die *Novelle* untergeordnet wurde.) Der Text folgt der überlieferten Druckvorlage und ist aus dem darauf beruhenden Erstdruck an wenigen, nachgewiesenen Stellen korrigiert. Die Darbietung der *Paralipomena* (S. 1217–1224) präsentiert erstmals den aktuellen Forschungsstand vollständig. Ausführungen zur Deutung, zu Titel und Gattung fassen Grundlinien der Interpretationsgeschichte ohne Einzelbelege zusammen. Das schon in der Weimarer Ausgabe bereitgestellte Material über die interessanten Wechsel der Bezeichnungen im Entstehungsprozeß (WA I, 18, S. 451–453) ist leider nicht vollständig berücksichtigt. Das ausgewählte Literaturverzeichnis reicht bis 1994.

Ähnlich wie bereits für frühere „Epochen" sind auch für die *Letzten Jahre* Schriften zu Literatur und Kunst, Autobiographisches (hier unter Einschluß einer Rubrik *Testamentarisches*) sowie naturwissenschaftliche und amtliche Schriften in einem Band zusammengestellt: Band 18.2 (erschienen 1996, hrsg. von Johannes John, Hans J. Becker, Gerhard H. Müller, John Neubauer und Irmtraut Schmid; Mitarbeit: Edith Zehm und Martin Ehrenzeller).

Die Schriften zur Literatur beginnen mit dem durch Alexandre Duvals Drama *Le Tasse* veranlaßten kleinen Aufsatz und führen von der eng mit eigenen poetischen Produktionen verknüpften Skizze *Chinesisches* über die von Goethe für *Kunst und Altertum* zusammengestellte Rubrik *Nationelle Dichtkunst* zu dem Hauptstück *Teilnahme Goethes an Manzoni* und zu der durch die deutsche Übersetzung von Carlyles Schiller-Biographie veranlaßten, auch autobiographisch intendierten Abhandlung (im Kommentar sind, ein wenig versteckt, mehrere Paralipomena wiedergegeben; S. 951–954); am Schluß steht das *Wort für junge Dichter* aus Goethes letztem Lebensjahr. Auf die in Band 13.1 vorgenommene Gruppierung wurde hier mit Recht verzichtet. Das in der *Einführung* (Johannes John) konzentriert erörterte Thema „Weltliteratur" (S. 666–680; Dokumente dazu finden sich S. 698–792) macht das inhaltliche Zentrum dieser Textgruppe aus, dem sich viele der kleinen Anzeigen und Rezensionen aus den letzten Jahren zuordnen lassen.

Unter den spätesten Schriften zur Kunst überwiegen sehr knappe Äußerungen; lediglich *Homers Apotheose* und der Vorschlag zur plastischen Darstellung von *Christus nebst zwölf alt- und neutestamentlichen Figuren* sind ausführlicher ausgearbeitet. Auch in diesem Band demonstrieren die zeitlich aufs engste benachbarten Literatur- und Kunst-Themen sowohl die Vielfalt als auch die unterschiedliche Intensität der Interessen des alten Goethe. Anzeichen von Verzicht auf Ausführlichkeit zugunsten möglichst weit ausgreifender Information spielen dabei ebenfalls eine Rolle. – In der kleinen autobiographischen Rubrik interessieren vor allem die testamentarischen Dokumente von 1830/31, von denen die Geschichte des Goetheschen Nachlasses bis heute betroffen ist. Hier waren für die Textgestaltung nochmals Autorisationsprobleme zu lösen, die sich hauptsächlich aus der Mitwirkung mehrerer Personen an den Dokumenten ergeben. In allen Fällen, auch für den Vertrag mit Eckermann, wurden Handschriften zugrunde gelegt; der Vergleich mit den Erstdrucken von 1914 (WA I, 53) zeigt keine gewichtigen Differenzen.

Die naturwissenschaftlichen Schriften nehmen hier mehr Raum ein als in früheren Bänden (S. 357–564). Die Absicht der Herausgeber, an diesen späten Schriften vor allem Goethes zunehmend kritische Auseinandersetzung mit Naturwissenschaft und Technik und mit deren sich längst ankündigenden inhumanen Potenzen hervorzuheben, hat den Kommentar bestimmt; voreingenommene Verkürzung hat sich daraus nicht ergeben. In der *Einleitung* zu diesem Kommentarteil (John Neubauer) ist die Bedeutung der Naturwissenschaften für Goethes Altersdichtungen besonders berücksichtigt (S. 1210–1214).

Die letzte Gruppe amtlicher Schriften – wie die große Mehrzahl der in der Ausgabe enthaltenen Zeugnisse aus diesem beinahe lebenslang „mitspielenden" Bereich Goethescher Tätigkeit von Irmtraut Schmid herausgegeben – betrifft wieder die „Oberaufsicht". Der bis zuletzt wahrgenommenen Verwaltungstätigkeit standen in diesem Zeitraum wenige Neuerungen und einige Resignationen gegenüber (so einerseits verschiedene Maßnahmen zugunsten des botanischen Gartens in Jena, andererseits die Schließung der Sternwarten). Textgestaltung und Kommentar sind mit den amtlichen Rubriken in früheren Bänden naturgemäß vielfältig verknüpft; Wiederholung mancher grundsätzlicher Informationen und benutzerfreundliche Verweise belegen nicht zuletzt die Konsistenz dieses Gebietes der Münchner Ausgabe.

Mit den letzten noch ausstehenden Bänden erschien 1998 auch der Registerband (Bd. 21, 474 S., bearbeitet von Gisela Fichtl). Zu bescheiden als *Register sämtlicher Werke* bezeichnet, stellt er ein etwas gewöhnungsbedürftiges, aber unentbehrliches Hilfsmittel dar, das die Handhabbarkeit der Münchner Ausgabe aus mehreren Richtungen unterstützt: Außer dem nach „Textgenres" geordneten Inhaltsverzeichnis bietet der Registerband das alphabetische Verzeichnis aller in der Ausgabe enthaltenen Goetheschen Werke einschließlich der Gedichte, das Verzeichnis der Abbildungen und das Verzeichnis der bereits einzelnen Bänden beigegebenen Personen- und Werk-, Orts- und Sachregister. Ergänzungsbände, die die verschiedenen Register aus den einzelnen Bänden zusammenfassen und so den vollständigen Überblick ermöglichen werden, sind vorgesehen.

Das *Verzeichnis der Abbildungen* (S. 415–469) verweist bereits durch seinen Umfang auf eine außerordentlich opulente „Zugabe" dieser Edition. Die Abbildungen gewährleisten Illustration nicht im traditionellen Sinne, sondern im Sinne historischer Kommentierung, die in vielen Fällen erst mit Hilfe der Bilder konkret werden kann. Das diesbezügliche Verzeichnis hat neun Teile: *Künstler und ihre Werke* (nach Genres gruppiert) – *Porträts und Personendarstellungen* – *Zeichnungen Goethes* – *Autographen* – *Titelblätter, Drucke und Schriftdokumente* – *Vertonungen und Musikbeilagen* – *Zur Naturwissenschaft* – *Landkarten, Pläne und* [lokale] *Schemata* – *Gegenstände aus Goethes Besitz.* Aus allen diesen Bereichen bietet die Ausgabe, überwiegend in vorzüglicher Qualität, gut ausgewähltes Anschauungsmaterial, das auf seine Weise den Reichtum des Goetheschen Werkes bezeugen kann und die Erschließung unterstützt.

Zwischen Ankündigung und Abschluß der Münchner Ausgabe liegen dreizehn Jahre. Es ist bewundernswert, daß eine Arbeit von solchem Umfang in diesem Zeitraum so hochqualifiziert geleistet werden konnte. Mit ihrer auf mehreren Strecken innovativen Investition in die Textarbeit und mit ihren sowohl akkumulierenden als die bisherigen Kenntnisse vielfältig erweiternden Kommentaren überbietet die Münchner Ausgabe den Katalog der an Studienausgaben zu stellenden Anforderungen und befördert den Editionstyp auf eine neue Stufe. Nochmals seien die hier in besonderem Maße einleuchtenden Vorzüge von Teamwork hervorgehoben. Zahlreiche Wissenschaftlerinnen und Wissenschaftler aus vielen Disziplinen – Herausgeber, Bearbeiter und „Nothelfer" – haben in real 33 teils sehr umfangreichen Bänden Goethes sämtliche Werke nach Epochen seines Schaffens vorgelegt.

Der Carl Hanser Verlag hat die ökonomischen Voraussetzungen dafür geschaffen, daß die Ausgabe in Leinen im Goethejahr 1999 für 2350 DM, danach für 2700 DM zu haben ist – das bedeutet durchschnittlich einen Bandpreis von 71 bzw. 81 DM: man glaubt es kaum und nimmt es dankbar zur Kenntnis. Die Antwort auf die Frage „Wieviel Goethe kann der Mensch sich leisten?" braucht – auch unter Berücksichtigung der allgemeinen Wirtschaftslage und ihrer Risiken – angesichts eines solchen Angebots nicht mit Resignation beantwortet zu werden. (Leicht wären Gegenstände zu nennen, die zum gleichen Preis zu haben sind – aber das könnte nur auf unfruchtbare Konsumvergleiche hinauslaufen.)

Im Zentrum des Interesses „professioneller" Goethe-Leser stand von Anfang an eine andere Frage: „Wie tragfähig ist das Epochen-Konzept?" In der vorliegenden Rezension wurde zu zeigen versucht, welchen Gewinn für die Kenntnis und das Verstehen des Goetheschen Schaffens dieses Konzept erbringen kann, der auf anderen editorischen Wegen nicht zu finden ist. Die Überzeugungskraft der Konzeption hat, wie gesagt, im Verlauf des Erscheinens der Bände beträchtlich zugenommen. Gerade deshalb war auch auf die Probleme hinzuweisen, die sich mit der Darbietung der Werke Goethes nach Schaffensepochen vor allem in Einzelfragen von Zuordnung und Interpretation verbinden, und auf die Kompromisse, die daraus resultieren mußten. Es besteht kein Anlaß, die verbleibenden Konflikte zu leugnen oder schönzureden, zumal die Problematik den Herausgebern und Mitarbeitern durchaus bewußt war. Daß viele Einzelentscheidungen expressis verbis darauf bezogen und die Benutzer dadurch zugleich zu abwägender Prüfung des vorgelegten und des eigenen Urteils veranlaßt sind, kann als zusätzliches Angebot der Ausgabe angesehen werden. Nirgendwo findet sich auftrumpfender methodischer Alleinvertretungsanspruch. Das ist überaus sympathisch und dürfte auch den skeptischsten Kritiker veranlassen, den auf der zunächst theoretischen Entscheidung beruhenden praktischen Ergebnissen Anerkennung zu zollen.

Mit einer weiteren Frage war die Ausgabe eröffnet worden: „Wieviel Goethe braucht der Mensch?" Zum griffigen Slogan wurde die ernste Frage insbesondere im Hinblick auf das Goethe-Jubiläum des Jahres 1999, das seine Schatten lange vorauswarf und inzwischen eine eher beängstigende Flut von Produkten aller Art anbietet. Dazu gehört das noch immer anschwellende Getöse von Stimmen, die entweder über Goethe schon längst alles am besten wußten oder erstmals „enthüllen", was angeblich bisher noch niemand weiß. Es bedarf wohl keiner prophetischen Gabe für die Annahme, daß vieles davon zu Recht bald vergessen sein, manches unverschuldet dem zu erwartenden Überdruß zum Opfer fallen wird. Die auf Langfristigkeit gestellten umfangreichen Unternehmen unterliegen anderen Bedingungen und dürfen ihre Wirkungsabsichten nicht am Jubiläumskalender orientieren, können aber jenem Getöse geprüfte Fakten und darauf gegründete Folgerungen entgegenstellen.

Der Katalog, mit dem Verlag und Herausgeber die abgeschlossene Münchner Ausgabe noch einmal vorstellen, nimmt die Anfangsfrage wieder auf: „Wieviel Goethe braucht der Mensch?" Die Antwort lautet entschieden: „Den ganzen Goethe braucht der Mensch" (Katalog 1998, S. 5). Das schließt Aufgaben ein. Der „ganze Goethe" kann erst durch das Zusammenwirken verschiedener wissenschaftlicher und verlegerischer, im weitesten Sinne kultureller und pädagogischer Intentionen und Investitionen sichtbar gemacht werden. Die Münchner Ausgabe enthält und erschließt große Gebiete dieser Ganzheit. Andere Gebiete sind mit anderen Mitteln offenzuhalten oder erst zugänglich zu machen: Goethes Briefe und Tagebücher, die Gespräche, die Dokumente seiner Wirkung – beginnend mit den zeitgenössischen Äußerungen, seitdem in jeder Zeitgenossenschaft sich vermehrend. Auch Optimismus gehört allerdings zu jeder Goethe geltenden Tätigkeit: Vorausgesetzt ist „der Mensch", der darüber nachdenkt, wieviel Goethe er braucht.

Regine Otto

Johann Wolfgang Goethe: Sämtliche Werke nach Epochen seines Schaffens. Münchner Ausgabe, hrsg. von Karl Richter u. a. ***Bd. 11.1.2: „West-östlicher Divan"***, hrsg. von Karl Richter in Zusammenarbeit mit Katharina Mommsen und Peter Ludwig, München 1998.

Die *Münchner Ausgabe* (MA) stellt insgesamt drei Bände in das Zeichen des *Divan* – Bd. 11.1.2 gilt dem *Divan* selbst, die anderen beiden tragen den Titel *Divan-Jahre 1814–1819.* Nur der eine von diesen beiden (Bd. 11.1.1) enthält *Divan*-Texte, der andere (Bd. 11.2, 1994), hier nur kurz zu erwähnende (vgl. die Rezension von Regine Otto im GJb 1993), umfaßt autobiographische Schriften, Reden, Schriften zu Literatur und Kunst, naturwissenschaftliche und amtliche Schriften aus diesem Zeitraum. In den *Schriften zur Literatur* befindet sich eine Vorankündigung des *Divan* aus dem Jahre 1816 sowie eine Ankündigung des *West-östlichen Divan* aus dem Jahre 1818.

Richters Edition des *Divan* folgt, der Gesamtanlage der Ausgabe entsprechend, einem anderen Prinzip als die 1994 von Hendrik Birus im Deutschen Klassiker Verlag (FA) herausgegebene, die ich zunächst charakterisiere, weil sie die wichtigste Vergleichs-Edition ist und eine große Leistung im Vorfeld der *Münchner Ausgabe* darstellt, eine Leistung, an der sich diese zu messen hatte. Die *Ausgabe letzter Hand* und die *Weimarer Ausgabe* mit ihren jeweils stark redigierten Texten waren von der Vorstellung einer endgültigen Werkfassung bestimmt. Grumach und Hans Albert Maier folgten, indem sie Mischtexte – dieser Terminus ist hier nicht abwertend gemeint – konstituierten, auf andere Weise dieser Vorstellung. Birus hingegen bildet die Dynamik des Werdeprozesses in seinen verschiedenen, deutlich voneinander abgesetzten Stufen ab. Als Teil I druckt er die von Goethe in allen Einzelheiten selbst verantwortete Erstausgabe von 1819, die eine Anzahl von Gedichten nicht enthielt und deshalb schmaler ist als der in der Ausgabe letzter Hand 1827 erschienene *Divan*-Text. Darauf bietet Birus unter der Überschrift *Neuer Divan ‹1819–1827›*, die sich an Goethes Kapitel *Künftiger Divan* inspiriert, im Prinzip das Textcorpus von 1827, also der Ausgabe letzter Hand, wobei er aber des Schreibers John (oft unzuverlässiger) Tintenhandschrift und den darin befindlichen Korrekturen Goethes folgt. Die späteren, für die *Ausgabe letzter Hand* maßgeblichen Bleistiftkorrekturen Eckermanns und Göttlings zieht er nur für unerläßliche Emendationen heran. Ein Asteriscus markiert diejenigen Gedichte, die nach der Erstausgabe von 1819 hinzugekommen sind. Im Teil III seiner Ausgabe fügt Birus nach dem Vorbild Grumachs die früheste mit Sicherheit rekonstruierbare Sammlung von *Divan*-Gedichten nach dem sog. *Wiesbadener Register* vom 30. 5. 1815 hinzu – eine etwas spielerische Unternehmung, da Goethe eine solche frühe Sammlung nach Ausweis des *Wiesbadener Registers* zwar erwogen, aber dann nicht durchgeführt hat. In Teil IV folgen die Vorabdrucke des *Divan* aus den Jahren 1815–1819 und 1821–1827, schließlich in Teil V die Nachlaßstücke aus dem Umkreis des *West-östlichen Divan*, diese in streng chronologischer Anordnung aller Textzeugen, also ohne die früher übliche Zuordnung zu den zur Veröffentlichung autorisierten *Divan*-Texten.

Die *Münchner Ausgabe* dagegen verzichtet auf den separaten Abdruck der Erstausgabe von 1819. Aber indem sie die 43 nach dem Erstdruck hinzugekommenen Gedichte durch Sternchen markiert, zeichnet sich in dem späteren Textcorpus doch auch der Bestand der Erstausgabe deutlich ab, und da alle schon im Erstdruck vorhandenen Texte auch nach der – zuverlässigeren – Textgestalt des Erstdrucks wiedergegeben werden, ist der Erstdruck komplett inkorporiert. Die 43 späteren Gedichte, für die es eine einheitliche überzeugende Textgrundlage nicht gibt, sind nach dem mutmaßlich besten Textzeugen ediert. Auch die *Münchner Ausgabe* macht sich vor allem die von Hans Albert Maier in seiner grundlegenden textkritischen Arbeit (1965) gewonnenen Erkenntnisse zunutze.

Statt wie Birus anhand des *Wiesbadener Registers* von 1815 eine Frühfassung vor dem Erstdruck zu rekonstruieren, präsentiert der Herausgeber der *Münchner Ausgabe* (in dem separaten Bd. 11.1.1: *Divan-Jahre 1814–1819*) Goethes Lyrik insgesamt, einschließlich der *Divan*-Gedichte, bis zum Jahre 1819. So kontextualisiert er die *Divan*-Gedichte bis zum Jahre 1819, indem er zugleich ihre zeitliche Reihenfolge und damit auch die Genesis des *Divan* sichtbar macht. Dabei wurde die Textgestalt der ob ihrer Schönheit berühmten Reinschriften von Goethes Hand wiedergegeben – jener Reinschriften, von deren bis zum Jahre 1815 erreichtem Bestand das *Wiesbadener Register* ausging und die inzwischen in der großartigen, von Katharina Mommsen herausgegebenen Faksimile-Ausgabe des *West-östlichen Divan* zu bewundern sind. Ihre Textgestalt weicht noch in manchem von derjenigen des Erstdrucks von 1819 ab, denn Goethe behielt diese eigenhändigen Reinschriften und ließ für den Erstdruck des *Divan* eine Abschrift als Druckvorlage anfertigen. Daß diese noch einige Ergänzungen und Änderungen aufgewiesen haben muß, läßt sich aus dem Erstdruck erschließen – die Druckvorlage selbst ist nicht erhalten.

Einem auf das „Werk", den *Divan*, gerichteten Interesse erscheint das soeben dargestellte Verfahren zunächst als ein Abrücken vom engeren, primären Werk-Kontext zugunsten des weiteren, sekundären Kontexts. Aber da der *Divan* ohnehin als integrales Werk in Band 11.1.2 geboten wird, hat dieses editorische Experiment doch seinen guten Sinn sowohl in der – dem Gesamtkonzept der *Münchner Ausgabe* entsprechenden – Chronologisierung wie auch in der Kontextualisierung des Oeuvres. Formal und inhaltlich ergeben sich aufschlußreiche Verbindungen.

Die Ausgabe des Deutschen Klassiker-Verlags präsentiert über die eigentlichen *Divan*-Texte hinaus aufgrund der Vorarbeiten von Anke Bosse eine umfangreiche Abteilung mit Nachlaß-Stücken in drei Segmenten: *A: Gedichte und Gedichtfragmente*, *B: Entwürfe zum Prosa-Teil*, *C: Notizen und Exzerpte*, darunter auch Goethes Schreibübungen in persischer Schrift. Die *Münchner Ausgabe* integriert die Gedichte und Gedichtfragmente der ‚Nachlaßstücke' (entsprechend dem Bosse-Birus-Teil A) dem chronologischen Gedichtpanorama in Band 11.1.1, die Entwürfe zum Prosateil des *Divan* (entsprechend dem Bosse-Birus-Teil B) erscheinen im *Divan*-Band selbst (S. 734–743), von den Notizen und

Exzerpten (entsprechend dem Bosse-Birus-Teil C) findet man das Wichtigste an Ort und Stelle im Kommentar.

Beide Ausgaben enthalten umfassende Kommentare von hoher Qualität. In der zweibändigen Ausgabe des Deutschen Klassiker Verlags sind die Überblickskommentare zur Entstehung, zur Struktur, zur Textgeschichte und Anordnung, zur Textgestalt und Kommentaranlage usw. dem Textband beigegeben. Die Einzelkommentare füllen dann die etwa 1000 Seiten des ausschließlich der Kommentierung vorbehaltenen zweiten Bandes, so daß man sie neben den Textband legen kann. Am Ende steht ein großes Literaturverzeichnis. Band 11.1.2 der *Münchner Ausgabe*, der für die Texte längst nicht so viel Platz aufwendet, enthält zugleich sämtliche Kommentare und Verzeichnisse – darunter ein nützliches Verzeichnis der von Goethe benutzten orientalischen und orientalistischen Literatur und ein ebenfalls umfangreiches Verzeichnis der wissenschaftlichen Forschung. Mit den Zeugnissen zur Entstehung und den Dokumenten zur Rezeption füllen die Überblicks- und Einzelkommentare etwas mehr als 500 Seiten, wobei man berücksichtigen muß, daß die *Münchner Ausgabe* für die Einzelkommentare eine erheblich kleinere Schrift und eine gedrängtere Anordnung hat, so daß jede Seite viel mehr faßt.

Birus bietet dicht informierende, aber eher auf das „positiv" Feststellbare sich konzentrierende Überblickskommentare, während Richter eine mehr hermeneutische, insbesondere historisch und kategorial, motivisch und thematisch aufschließende Kommentierungsart schon in seiner *Einführung* wählt. Beide Herausgeber stellen auch den einzelnen Büchern des *Divan* kurze Überblickskommentare voran, in denen sich die gleiche Differenz zeigt. Der Einzelkommentar von Birus ist oft ausführlicher und detaillierter, u. a. auch deshalb, weil die Quellentexte immer wieder ausgiebig zitiert werden und der Herausgeber seine für einen Germanisten wohl einmalige orientalistische Kompetenz kräftig zur Geltung bringt. Auf formale, insbesondere metrische Erläuterungen wendet Birus mehr Aufmerksamkeit. Richters vorzüglicher Einzelkommentar reduziert Quellenzitate zum Vorteil des Lesers auf die wesentlichen Partien, eruiert im übrigen aber gerade im Bereich der Quellenforschung sehr vieles, er schlägt aufschlußreich die Brücke von den poetischen Texten des *Divan* zu Goethes naturwissenschaftlichen Schriften (nicht nur für Gedichte wie *Phaenomen*, *Hochbild*, *Wiederfinden*, *Sommernacht*, sondern auch in Einzelbefunden, z. B. zu dem Gedicht *An vollen Büschelzweigen*); er erläutert reichhaltig mit Querverweisen, Parallelstellen aus anderen Werken usw., fügt immer wieder wertvolle strukturelle und thematische Hinweise und erhellende Kurz-Interpretationen ein, auch Literaturangaben zu einzelnen Aspekten, alles in einem gut lesbaren Duktus. Meisterhaft gelingt es ihm, die Struktur des einzelnen Gedichts und seine Gesamtkontur mit wenigen Sätzen zu skizzieren.

Jochen Schmidt

Johann Wolfgang Goethe: Sämtliche Werke nach Epochen seines Schaffens. Münchner Ausgabe, hrsg. von Karl Richter u. a. ***Bd. 20.1–3: Briefwechsel zwischen Goethe und Zelter in den Jahren 1799 bis 1832***, hrsg. von Hans-Günter Ottenberg und Edith Zehm (Bd. 20.1), von Edith Zehm und Sabine Schäfer (Bd. 20.2), von Edith Zehm (Bd. 20.3), München 1991–1998.

In der Münchner Ausgabe von Goethes *Sämtlichen Werken nach Epochen seines Schaffens* liegt der *Briefwechsel zwischen Goethe und Zelter in den Jahren 1799 bis 1832* komplett vor. Der erste Band (MA 20.1, München 1991), herausgegeben von Hans-Günter Ottenberg und Edith Zehm in Zusammenarbeit mit Anita Golz, Jürgen Gruß, Wolfgang Ritschel und Sabine Schäfer (Textredaktion: Edith Zehm), enthält die Texte der Briefe von 1799 bis 1827, der zweite Band (MA 20.2, München 1998), herausgegeben von Edith Zehm und Sabine Schäfer unter Mitwirkung von Jürgen Gruß und Wolfgang Ritschel (Textredaktion: Edith Zehm), die Texte der Briefe von 1828 bis 1832, Dokumente zu Entstehung und Wirkung und ein Personenregister sowie ein Register der Werke Goethes und der

Kompositionen Zelters; der dritte Band (MA 20.3, München 1998), herausgegeben von Edith Zehm in Zusammenarbeit mit Hans-Georg Dewitz, Jörg Ewert, Bettina Hey'l, Sebastian Mangold, Christoph Michel, Hans-Günter Ottenberg, Wolfgang Ritschel, Sabine Schäfer, Rose Unterberger und Rüdiger Welter mit einer Einführung von Norbert Miller, bietet neben Stammtafeln zur Übersicht über Zelters Familie, einem Verzeichnis der Begegnungen zwischen Goethe und Zelter und einem Siglen- und Abkürzungsverzeichnis Informationen zur Überlieferung der Briefe und deren Anordnung, Angaben zu den Grundsätzen der Textherstellung sowie den Kommentar zu allen 871 Briefen. Abbildungen und Facsimilia runden die über 3200 Seiten starke Ausgabe ab.

Die Vielzahl von Herausgebern und Mitarbeitern läßt Umfang und Schwierigkeit dieses editorischen Unternehmens erahnen, dessen Vollendung in erster Linie das Verdienst Edith Zehms ist. Die *Inhaltsübersicht* in MA 20.1 (S. [5]) zeigt, daß ursprünglich nur zwei Bände für Text und Kommentar geplant waren. Die Erweiterung auf drei Bände ist durch den umfangreichen Kommentar in jeder Weise gerechtfertigt, deren Aufteilung jedoch unglücklich. Die Brieftexte wurden so ungleich verteilt, daß der erste Band mit 594 Briefen weit mehr Texte als der zweite umfaßt. Durch die (sehr) ausführlich gebotenen Dokumente und die Register erhält der zweite Band eine dem ersten etwa entsprechende Stärke, obwohl der Benutzer doch die Register lieber am Schluß der Ausgabe gesehen hätte. So beziehen sie sich lediglich auf die Brieftexte, die Erläuterungen werden durch sie nicht erschlossen; das heißt im Fall des ansonsten ausführlichen und zuverlässigen Personenregisters zum Beispiel, daß (nur) im Kommentar, in dort abgedruckten Zitaten und Dokumenten, in Beilagen und Konzepten erwähnte Personen nicht verzeichnet sind. Im übrigen: Die streng alphabetische Anordnung der Personennamen, welche den genealogischen Zusammenhang innerhalb von Familien auflöst, ist, besonders bei Anführung aller (meist unbekannter) Vornamen, ungünstig; Charlotte Schiller findet auf diese Weise der Unkundige erst nach einigem Suchen unter Luise Antoinette Charlotte Schiller. Der dritte Band hatte schließlich das im Lauf der Arbeit immer mehr angewachsene Kommentarmaterial zu bewältigen; dies ist ihm, obwohl er mit 1311 Seiten etwa ein Drittel mehr Umfang aufweist als die Textbände, nur auf Kosten der Benutzerfreundlichkeit gelungen: Die Schriftgröße wurde so klein gewählt, daß die Lektüre Mühe verursacht und sich der Text nach längerem Studium in Augenpulver verwandelt. Diese Gefahr wird dadurch noch vergrößert, daß die Einzelstellenerläuterungen innerhalb eines Briefkommentars nicht untereinander, sondern fortlaufend abgedruckt sind, unterbrochen nur vom Beginn einer neuen Seite im Textband, was die Orientierung schwierig macht, insbesondere, wenn man versucht, den zahlreichen Verweisen innerhalb der Erläuterungen zu folgen. In den Brieftexten selbst ist das Aufsuchen einer Textstelle ebenfalls unnötig erschwert, und zwar durch einen Zeilenzähler, der nicht wie üblich in Fünferschritten, sondern in Zehnerschritten zählt. – Dies sind einige Eindrücke, die sich dem Leser, wohl nicht nur dem Rezensenten, auf den ersten Blick mitteilen. Sie sind um grundsätzliche Bemerkungen zu ergänzen.

Zelter hat es schwer gehabt. Obwohl er über einen Zeitraum von mehr als dreißig Jahren in freundschaftlichstem Briefverkehr mit Goethe stand, nahmen die Leser dieses Briefwechsels ihn von Anfang an und auf lange Zeit nicht recht ernst. Daß für Zelter die Freundschaft mit Goethe „höchste Erfüllung und eigentlicher Inhalt seines Lebens" gewesen war, erschien verständlich.[1] Was aber hatte Goethe mit dem Berliner Maurermeister und „nur mittelmäßig begabten Komponisten"[2] verbunden? Frühere Herausgeber taten sich schwer. Zum einen verwiesen sie auf die „fehlenden Gemeinsamkeiten", zum anderen versuchten sie den Eindruck einer künstlerisch-intellektuellen Mesalliance zu vermeiden, indem sie Zelters ‚interessante' Persönlichkeit dessen sonstige Inferiorität kompensieren ließen: „denn eine sehr vornehme Menschlichkeit und Männlichkeit Zelters übersprang frisch und fromm als gottgewollt die Unterschiede des Geistes und setzte sich verehrend zur Rechten des Olympiers"[3]. Eine solche Ansicht nimmt Hierarchisierungen vor, die lange Zeit Gültigkeit hatten; Intellektualität auf der einen Seite und Humanität auf der anderen gegeneinander aufrechnend, führte

1 Gerhard Fricke: *Briefwechsel zwischen Goethe und Zelter*. Nürnberg 1949, S. 219.

2 Karl Robert Mandelkow: *Goethes Briefe*. Bd. 2. Hamburg 1964, S. 629.

3 [Katharina Kippenberg: Nachwort zu] *Zelter auf Reisen. Briefe Friedrich Zelters an Goethe*. Leipzig o.J., S. 93 f.

sie dazu, daß Goethe als der weitaus Bedeutendere erschien, wie in den Goethe-Ausgaben dem Briefwechsel mit Schiller stets der erste Rang vor dem mit Zelter zuerkannt wurde.

Um es vorwegzunehmen: Der von Edith Zehm und ihren Mitarbeitern vorgelegte Briefwechsel hat das Verdienst, alten Vorurteilen den Boden zu entziehen und den soeben skizzierten Befund ein- für allemal als ungültig erscheinen zu lassen. Frau Zehms Edition ist ein wesentlicher Beitrag zur Förderung der Einsicht, daß dem zwischen Goethe und Zelter geführten Briefwechsel über seinen Werkcharakter und seine literarische Dignität hinaus in einem umfassenden Sinn eine ‚anthropologische' Qualität zukommt. Wie jede andere persönlich-private Korrespondenz dient er aber nicht nur der Ermittlung von „Feinstrukturen des geistigen Lebens"[4], sondern darüber hinaus der Erkenntnis des ‚ganzen Menschen' (Schings). Goethes und Zelters Briefe lassen sich als Darstellung einer in ihrer Totalität sich erfahrenden Subjektivität verstehen, zu welcher das Privat-Vertrauliche und Unbewußte ebenso gehören wie das öffentlich Interessierende und die theoretische Reflexion, der ganze Umfang des Lebens bis hin zur Erfahrung von Alter, Krankheit und Tod, der Genuß von Teltower Rübchen ebenso wie der einer Sinfonie. Der Briefwechsel bestätigt eindrücklich, „wie Kunst und Natur, Geist und Körper überall zusammenhangen, ihre Trennung aber – Tod ist" (MA 20.1, S. 1062), so Zelter selbst zu einem der bestimmenden Motive der Korrespondenz. Im Fall von Goethe und Zelter läßt sich die Vorstellung einer Ganzheitlichkeit nicht nur auf die Individualität der Korrespondenten beziehen, sondern zugleich auf ihre Beziehung: Goethe wurde von Zelter als dem Andersartigen angezogen und umgekehrt. Unter diesen Voraussetzungen erscheinen (hier wie andernorts) Hierarchisierungen von Personen und Themen problematisch.

Gerade der Komplexität der Persönlichkeiten und der Disparatheit der Gegenstände, über welche sie kommunizierten, wird der von Edith Zehm herausgegebene Briefwechsel in überzeugender Weise gerecht. Dies gilt bereits für die vorzügliche „Einführung" von Norbert Miller (MA 20.3, S. 7–93), die sich beiden Briefpartnern und ihren unterschiedlichen Lebensbereichen in gleicher Intensität widmet, die freilich die Grenzen einer bloßen ‚Einführung' weit hinter sich läßt und den Charakter einer Abhandlung annimmt. (Warum spricht der Verfasser selbst von „Nachwort" [S. 91]?) Dies gilt aber vor allem für die bewundernswerte Kommentierungsleistung von Edith Zehm. Um diese und die Ausgabe insgesamt in rechter Weise zu würdigen, ist ein Blick in die Editionsgeschichte des Goethe-Zelter-Briefwechsels nötig.

Von Auswahleditionen und dem Abdruck von Briefen innerhalb von Goethe-Briefausgaben abgesehen, folgten der sechsbändigen Erstausgabe von Friedrich Wilhelm Riemer (Berlin 1833/34) lediglich zwei Gesamtausgaben: die dreibändigen Ausgaben von Ludwig Geiger (Leipzig o.J. [1902]) und von Max Hecker (Leipzig 1913–1918). Während sich Geiger fast durchweg auf den Erstdruck bezieht, der viele Texte aus Dezenzgründen nur gekürzt abdruckt, geht Hecker auf die Handschriften zurück und bietet vollständige (aber weitgehend modernisierte) Texte. Vor der Kommentierung der Briefe jedoch kapitulierte er; ein angekündigter vierter Band ist nicht erschienen. Über 150 Jahre nach dem Erstdruck liegt nun innerhalb der Ausgabe zum erstenmal eine Edition vor, die erstens auf den Handschriften basiert und zweitens einen umfassenden und vollständigen Kommentar zur Verfügung stellt.

Dabei beruht das Verdienst der Ausgabe vor allem auf der Kommentierung. Es galt Redensarten und Sprichwörter, Anspielungen und Anekdoten, Zeitpolitisches und Historisches, Literarisches und Musikalisches, Reiseabenteuer, Lesenotizen und manches andere zu erklären, um dem heutigen Leser einen möglichst breiten Zugang zu den Brieftexten zu öffnen. Besondere Schwerpunkte der Erläuterungen liegen auf dem Weimarer Tagesgeschehen einerseits und auf der Stadt- und Baugeschichte Berlins und seinem Musik- und Theaterleben andererseits, so daß der Kommentar zu Recht für sich in Anspruch nimmt, „ein Stück Berliner Kulturgeschichte der ersten drei Jahrzehnte des 19. Jahrhunderts" aufgearbeitet zu haben (MA 20.3, S. [119]). Das war nur möglich mit Hilfe stupender Sachkenntnis, detektivischen Spürsinns und einer Portion Unerschrockenheit vor der Fülle des umzuwälzenden Materials. Die unermüdliche Sichtung und Auswertung von zahlreichen Umkreisbriefwechseln sowie von Berliner Theaterakten und Tageszeitungen brachten viel, viel Neues ans Tageslicht, so daß die Erläuterungen

---

[4] Hans-Gert Roloff (Hg.): *Wissenschaftliche Briefeditionen und ihre Probleme. [Einführung].* Berlin 1998, S. 9.

von Edith Zehm alle bisherigen Einzel-Kommentare (soweit solche überhaupt vorliegen) übertreffen und mustergültig bleiben werden. Angesichts der Vielfalt der gebotenen Informationen verlangt die Disziplin der Herausgeberin Bewunderung, mit welcher sie ihre Ergebnisse souverän und mit Übersicht ausbreitet. Dieser Kommentar hätte wahrlich einen Druck verdient, der seine Lektüre auch optisch zu einem Genuß macht.

Die Erläuterungen werden eingeleitet mit einer Vorbemerkung, die Angaben zur Datierung, zum Empfangsdatum, zu Bezugs- und Antwortbriefen und zum Inhalt enthält. Dies öffnet dort, wo es nötig ist, den Blick auf thematische und postalische Zusammenhänge innerhalb des Briefwechsels. Auf den Stellenkommentar folgen Hinweise zu den Beilagen oder, unter bestimmten Voraussetzungen (vgl. MA 20.3, S. 107), deren Abdruck. Ein Vorzug der Kommentierung besteht darin, daß sie von Brief zu Brief vorgenommen wird. Indem jeder Brief als Einheit verstanden und erläutert wird, kann der Leser den Kommentar an jedem beliebigen Punkt benutzen; alles, was zum Verständnis nötig ist, wird ihm an Ort und Stelle geliefert. Wiederholungen nimmt man dafür gern in Kauf. Bei Personen allerdings setzt der Kommentar die Angaben des Personenregisters voraus; das entlastet die Anmerkungen. Über die Gewichtung der Kommentierung einzelner Sachbereiche wird man im einen oder anderen Fall unterschiedlicher Meinung sein können. So scheinen mir ästhetisch-literarische Aspekte gelegentlich zu kurz behandelt. Ein Beispiel: Goethe schreibt am 28. März 1804: „Was unser Schauspiel zu leisten vermag hat sich beim Tell gezeigt, der recht gehörig gegeben worden. Unsre Oper ist dagegen desto unerfreulicher“ (MA 20.1, S. 67). In den Erläuterungen erfahren wir im Fall des *Wilhelm Tell* lediglich die Daten der Aufführung, nichts aber über deren Qualität und Rezeption; dagegen veranlaßt das Stichwort Oper umfangreiche Hintergrundinformationen (vgl. MA 20.3, S. 162 f.). In einigen wenigen Fällen hätte sich der Leser vielleicht eine andere Behandlung von Mythologischem und Sprachlichem gewünscht. Wenn z. B. die Formulierung „den Kindern des Parnasses“ (MA 20.1, S. 15, Z. 23) lediglich ‚übersetzt‘ wird „den Freunden der Dichtkunst“ (MA 20.3, S. 125), ohne die mythologische Bedeutung des Begriffs Parnaß zu erklären, dann kommen die ‚Aura‘, die eine solche antike Vorstellung umgibt, und die Konnotationen, die sie möglicherweise auslöst, nicht in den Blick. So verhält es sich, wenn Zelter über Johann Friedrich Wilhelm Pustkuchens „falsche“ *Wanderjahre* schreibt, daß Pustkuchen „weder so noch das schreiben könnte wenn er nicht von seines Herrn Tische käme“ (MA 20.1, S. 662). Die Wendung vom ‚Tisch des Herrn‘ wird nicht erläutert, und doch macht über den bloßen Wortlaut hinaus ihre biblische Herkunft deutlich, was gemeint ist: In Matthäus 15, 27 ist von den Hunden die Rede, die Brotreste vom Tisch ihres Herrn bekommen. Mehr Aufklärung über sprachliche und sprachgeschichtliche Besonderheiten wäre gerade dem Leser einer Studienausgabe willkommen; denn dieser versteht unter „Agitation“ (MA 20.1, S. 13, Z. 6) vermutlich eine ‚aggressive politische Werbung‘, nicht aber, wie Zelter, eine ‚heftige Gemütsbewegung‘; wenige Zeilen weiter trifft der Benutzer auf das Wort „Verhalt“ (MA 20.1, S. 13, Z. 10); daß dieses „wort von beschränktem gebrauche“ u. a. ‚Verhältnis‘ meint, „besonders das richtige, harmonische verhältnisz“[5], wird er nur ahnen, und er wird über den befremdlichen Gebrauch des Adjektivs „artig“ verwundert sein, der so oft in Goethes Briefen vorkommt (vgl. Nr 244, 259, 276, 280 ...), aber nicht kommentiert wird, obwohl das *Goethe-Wörterbuch* (Bd. 1, Sp. 839–842) eine Unzahl von Interpretationsmöglichkeiten aufbietet, um den unterschiedlichen Bedeutungen dieses zeitgenössischen Modeworts gerecht zu werden; keine einzige entspricht der heutigen Bedeutung von ‚brav‘ im moralischen Sinn. Vielleicht noch diese Frage: Warum wurde bei der Lemmatisierung keine Rücksicht auf grammatische (und damit Sinn-)Einheiten wie Satz und Satzteil genommen, sondern willkürlich verfahren, so daß der Lemmatext mitten im Satz beginnen oder enden kann? Beispiel: Der Lemmatext zu 21,9 lautet: „Vorigen Sonnabend [...] Herkules Tod von Reichardt“ (MA 20.3, S. 130); es fehlt als einziges das letzte Wort des Satzes („gegeben“); dann wäre der Satz vollständig. – Diese Anmerkungen macht der Rezensent pflichtgemäß und lediglich am Rande; sie vermögen den Wert des Kommentars nicht zu beeinträchtigen. Wünsche, es hätte dies oder jenes ausführlicher oder anders erläutert werden mögen, lassen sich an jeden Kommentar richten; im vorliegenden Fall ist das Fassungsvermögen des Erläuterungsbandes ohnehin erschöpft.

5 *Deutsches Wörterbuch* von Jacob und Wilhelm Grimm. 16 Bde. Stuttgart 1854–1961; Bd. 12 I, Sp. 507 u. 508.

Was die gebotenen Texte angeht, so ist darauf hinzuweisen, was die Herausgeberin selbst in den Vorbemerkungen *Zum Text* im Kommentarband nicht ohne Bedauern mitteilt: „Eine so wünschenswerte wie notwendige diplomatische Wiedergabe der Handschriften konnte mit Rücksicht auf die Einheitlichkeit innerhalb der Goethe-Gesamtausgabe, in deren Rahmen der Goethe-Zelter-Briefwechsel erscheint, nicht realisiert werden" (MA 20.3, S. 99). Da macht sich Edith Zehm die verdienstvolle Arbeit, auf die Handschriften zurückzugehen, die sie akribisch kollationiert, und wird – durch die unselige Modernisierungsvorschrift, die nicht nur die Münchner Ausgabe, sondern auch andere Studienausgaben ihren Editoren machen – dennoch nicht in die Lage versetzt, einen authentischen Text zu liefern. Es ist anzuerkennen, daß die Anpassung der Brieftexte an die „derzeit gültigen orthographischen Normen" (MA 20.3, S. 99 f.), über deren Grundsätze im einzelnen Auskunft gegeben wird (vgl. ebd.), ‚behutsam' verfährt; Groß- und Kleinschreibung, Getrennt- und Zusammenschreibung sowie die Interpunktion blieben weitgehend unberührt. Trotzdem ist die Möglichkeit ungenutzt geblieben, den Briefwechsel erstmals in der Überlieferungsgeschichte nicht nur vollständig, sondern auch im Originaltext vorzulegen.

Auf die Modernisierungs-Diskussion im Zusammenhang mit historisch-kritischen und Studien-Ausgaben kann hier nicht weiter eingegangen werden. Zwei Fragen aber seien erlaubt: Könnte die derzeit durchgeführte Rechtschreibreform nicht Gelegenheit bieten, sich der grundsätzlichen Relativität jeder ‚Modernisierung' bewußt zu werden? Ferner: Ist die Aufhebung der historischen Distanz zwischen Text und Rezipient nicht eine Aufgabe, die der Kommentierung, nicht aber einer Bearbeitung des Textes selbst vorbehalten bleiben sollte? Diese Aufgabe – dies bleibt festzuhalten – hat der Kommentar der Münchner Goethe-Ausgabe auf vorbildliche Weise erfüllt.

Georg Kurscheidt

Goethe-Handbuch in vier Bänden. Herausgegeben von Bernd Witte, Theo Buck, Hans-Dietrich Dahnke, Regine Otto und Peter Schmidt (†). Stuttgart/Weimar 1996–1998.

Aus der kaum noch überschaubaren Fülle von Neuerscheinungen zum Jubiläumsjahr 1999 ragen einige Großunternehmungen heraus: neben den Goethe-Ausgaben des Deutschen Klassiker-Verlags (FA) und des Hanser-Verlags (MA) gehört das für Fachleute, Kenner und Liebhaber gleichermaßen relevante *Goethe-Handbuch* dazu. Zwar ist es nicht zu dem gelehrten Meisterwerk gediehen, das Italien mit seiner fünfbändigen *Enciclopedia Dantesca* besitzt – Goethes Werk und Leben ist so universal, so vieldimensional, die Überlieferung so riesig, daß Einschränkungen unvermeidlich waren, wenn das Ganze nicht ins Uferlose geraten sollte. Trotzdem: Ein derart praktisches, vielseitig und umfassend orientierendes Nachschlagewerk hat es bisher nicht gegeben.

Die ersten drei Bände gelten dem Werk: Je ein Band behandelt die Gedichte, die Dramen und die Prosaschriften in der ganzen Spannweite von den Romanen bis zu den naturwissenschaftlichen Abhandlungen. Der in zwei Teilbände aufgespaltene vierte Band stellt Goethes Welt dar – von den Personen, Orten und historischen Ereignissen bis zu den für ihn wesentlichen Lebenserfahrungen, geistigen Interessen und Liebhabereien. Von Homer bis Napoleon, von Ilmenau bis Indien, von der Französischen Revolution bis zu den Karlsbader Beschlüssen, von der „Gartenkunst" bis zum „Zwischenkieferknochen", von Charlotte bis zu Christiane ist der Goethe-Kosmos präsent.

Viele Beiträge sind wertvoll. Manchen Verfassern allerdings scheint nicht klar gewesen zu sein, daß ein Handbuch seine Qualität durch hohe Informationsdichte und durch die Bemühung um ein objektivierendes Verfahren erhält, nicht durch modische Inszenierung. Ein besonderes Problem stellen die Artikel über Goethes Werke dar. Gehören Analysen und Interpretationen in ein Handbuch, oder würde es sich doch besser auf Personen, Sachen und Begriffe beschränken, auf die Bereiche, die mehr auf neutrale Information nach Art eines Real-Lexikons angelegt sind? Aber muß in einem Goethe-

Handbuch gerade das Zentrum, das Werk fehlen, nur weil hier die Objektivierung schwierig ist, wenn die Darstellung über die bloße Daten- und Faktensammlung hinausgehen soll? Die Entscheidung der Herausgeber, trotz dieser Problematik und des damit verbundenen Risikos das Werk in vollem Umfang einzubeziehen, war – auch wenn sie einiges in der vorliegenden Form nicht hätten akzeptieren sollen – richtig, ebenso die Aufteilung der Bände nach Gattungen. Der Lyrik-Band behandelt etwa hundert Gedichte in der chronologischen Ordnung der Lebensabschnitte. Alle drei Bände ordnen der jeweiligen literarischen Gattung einen horizontbildenden Anfangsteil zu. Auf *Goethe als Lyriker* von Terence James Reed, der noch eine ganze Anzahl guter Darstellungen zu einzelnen Gedichten beigesteuert hat, folgt im ersten Band ein Überblick über *Die Gedichtsammlungen* in den autorisierten Ausgaben von Goethes Werken 1789–1827 von Regine Otto – beides klar orientierend. Das gilt nicht immer für die Überblicksdarstellungen zu den einzelnen Schaffensepochen des Lyrikers Goethe, die von der *Frühen Lyrik* und der *Lyrik des Sturm und Drang* bis zum *Lyrischen Spätwerk* reichen. Aber im ganzen erfüllen diese am Anfang der jeweiligen Schaffensphase stehenden Überblicke doch ihre Funktion. Der Dramenband und der Band zu den Prosaschriften enthalten ebenfalls horizontbildende Einleitungen – zu *Goethe als Dramatiker* sowie zu *Goethe als Prosaschriftsteller*. So verbindet das Handbuch weitausgreifendes Orientierungswissen mit dem spezialisierten Einzelwissen, das die Artikel zu den jeweiligen Werken bieten, indem sie deren Entstehungsgeschichte, Textkonstitution, Struktur und Konzeption, außerdem die Forschungsgeschichte und die Wirkungsgeschichte darstellen und schließlich umfassende bibliographische Angaben bringen.

Die Artikel zu den einzelnen Werken beanspruchen zu Recht den meisten Platz, allerdings sieht sich der Benutzer oft mit zu großer Ausführlichkeit konfrontiert. Das Genre Handbuch verlangt konzentrierte, klar strukturierte Information und einen aufschließenden Zugriff nach dem Prinzip des kürzesten Weges – was ihm schadet, ist Beliebigkeit, Weitschweifigkeit, essayistische Subjektivität und das Reiten von Steckenpferden. Professionelles Können ist auf diesem Felde mehr gefragt als der Sinn fürs Aparte. Zahlreiche Gedicht-Interpretationen erfüllen hohe Ansprüche – als Beispiel sei nur Wolfgang Frühwalds Artikel zum *Divan*-Gedicht *Offenbar Geheimnis* genannt, der sowohl die philologischen Probleme des Textes wie seine geistige Dimension und nicht zuletzt seine historischen Konturen – diese durch souveräne Kontextbildung – vorführt. Im Dramen-Band hat Terence James Reed der *Iphigenie* eine luzide Interpretation auf dreißig Seiten gewidmet. Nirgends konnte man bisher so Aufschlußreiches zum mythischen Stoff, so Instruktives zu seiner Transformation durch Goethe, zur sprachlichen Form und zur Struktur lesen, und auch die wesentlichen konzeptionellen Aspekte sind klar herausgearbeitet, allenfalls zur Funktion des Geschlechterfluchs hätte man sich eine genauere Diagnose mit dem Hinweis auf die Erbsünde gewünscht, und das Parzenlied hätte eine etwas präzisere Bestimmung seines Stellenwerts verdient. Im ganzen aber eine Darstellung, die bis in die Wirkungsgeschichte hinein mit Augenmaß geschrieben wurde. Gerade dies fehlt bei der Darstellung des *Faust*.

Im Bereich der Romane ist Ehrhard Bahr eine Meisterleistung gelungen. Auf 45 Seiten erschließt er die hochkomplexen *Wanderjahre* – ihre Entstehung, Wirkung und die Forschung – mit einer sachlichen Kompetenz, Differenziertheit und geistigen Organisationskraft, die dem Benutzer reichlich Erkenntnisgewinn bringt. Für mehrere Artikel zu Goethes anderen Romanen läßt sich dies leider nicht feststellen. Das Spektrum der autobiographischen, der naturwissenschaftlichen und amtlichen Schriften, der Übersetzungen, das Thema ‚Goethe als Briefschreiber' und manches weitere kann hier nicht berücksichtigt werden, so wie auch von den Beiträgen zu den Dichtungen nur wenige zur Sprache kommen konnten.

Die beiden abschließenden Bände *Personen, Sachen, Begriffe* sind ganz überwiegend von hoher Qualität und stellen eine gewaltige Fülle von Informationen bereit, meist ohne positivistisches Kramen im Abseitigen, denn die Stichworte wurden von den Herausgebern sinnvoll ausgewählt. Die Schwierigkeiten einer solchen Auswahl vermag zu ermessen, wer einmal ein Gesamt-Verzeichnis lediglich der Personen und Orte gesehen hat, die in irgendeinem Bezug zu Goethe stehen – ganz zu schweigen von der universalen Fülle von Themen, die Goethe aufgriff.

Manchen Namen hätte man ein eigenes Stichwort gewünscht, so Euripides, der von der *Iphigenie* bis zum *Faust II* für Goethe wichtig war, so Plotin, den er übersetzte und bis ins Alter hinein hoch schätzte, so Dante. Und hätte nicht auch Friederike Brion einen Artikel verdient? Zwar sorgt ein abschließendes Gesamtregister dafür, daß man dennoch fündig wird: für Euripides in dem kundigen

Übersichtsartikel *Antike*, für Plotin unter dem Stichwort *Platonismus*, für Dante in einer hochinformativen Darstellung zur *Italienischen Literatur*. Friederike Brion findet man in dem fundierten Artikel *Sesenheim*. Als Benutzer muß man sich also erst einmal klar machen, daß viele Namen nur in übergeordneten Sammel-Artikeln Berücksichtigung finden. Wer nicht regelmäßig, sondern nur gelegentlich mit dem Handbuch arbeitet, dürfte mit diesem System seine Schwierigkeiten haben.

Mehrere Beiträge zu historischen, auch zu literaturhistorischen Phänomenen beziehen zu wenig Goethes Werk ein. Das gilt selbst für so wichtige Artikel wie *Aufklärung* und *Romantik*. Es reicht nicht, wenn Rudolf Vierhaus in seinem Artikel *Aufklärung* Goethes Stellung zu einigen Aufklärern charakterisiert und eine Reihe seiner Aussagen zur Aufklärung aufzählt, aber weder zentrale aufklärerische Positionen Goethes jenseits des politischen Bereichs benennt noch vom Denken der Aufklärung so entschieden und programmatisch bestimmte Werke wie die *Prometheus*-Hymne und *Iphigenie* berücksichtigt. Auch fehlt ein Hinweis auf das aufklärerische Erbe in *Wilhelm Meisters Lehrjahren*: auf die Turmgesellschaft und die Freimaurerei. Nicht einmal die wichtigsten von den vielfältigen Reflexen der Aufklärung im *Faust* geraten ins Visier. Die Proportionen stimmen auch sonst nicht: Gleim erhält fast ebenso viele Zeilen wie Kant, zu Lessing erfährt man nur, er sei für Goethe der Repräsentant des kritischen Geistes gewesen. Die aufklärerische Bibelkritik, die schon für den jungen Goethe von Bedeutung war, wird so wenig angemessen erfaßt wie die aufgeklärte Stellung Goethes zur Religion überhaupt. Einzig seine politisch aufgeklärten Ansichten erfahren eine ausgewogene und informative Behandlung.

Trotz solcher Unzulänglichkeiten läßt sich der überwiegenden Zahl von Artikeln Zuverlässigkeit und guter Informationswert bescheinigen. Immer wieder stößt man auf wahre Kabinettstücke, so auf die kenntnisreiche und scharfsinnig analysierende Darstellung der *Goethe-Forschung im 20. Jahrhundert* aus der Feder Karl Robert Mandelkows, auf Arthur Henkels von Kompetenz nur so sprühenden *Hamann*-Artikel. Hochkarätiges findet man selbst auf manchen Nebengebieten, etwa in Martina Eicheldingers Artikeln *Dürer*, *Gotik* und *Mittelalter*. Artikel wie derjenige Irmtraut Schmids über *Jena* bestechen mit klarer Information. Vieles dieser Art wäre zu rühmen.

Wie weit sich dieses Goethe-Handbuch vom idealisierenden Goethe-Kult früherer Zeiten zugunsten sachlicher Darstellung entfernt hat, zeigt beispielhaft der Artikel *Eckermann* von Regine Otto. Nach der präzisen Analyse des zweifelhaften dokumentarischen Werts von Goethes *Gesprächen mit Eckermann* belegt sie mit nüchternen Tatsachen, wie kaltherzig Goethe seinen Bewunderer ausnützte.

In das Handbuch sind schließlich immer wieder gut ausgewählte Bilder, meist Personen-Porträts oder zeitgenössische Ansichten lokaler Verhältnisse und aussagekräftige historische Illustrationen eingestreut, aber zurückhaltend und auf das sachliche Interesse konzentriert.

Jochen Schmidt

Christoph Perels: *Goethe in seiner Epoche. Zwölf Versuche.* Tübingen 1998, 251 S.

Die in diesem Buch versammelten Beiträge sind zum überwiegenden Teil aus der Arbeit für das Freie Deutsche Hochstift/Frankfurter Goethe-Museum hervorgegangen. Ihr Charakter ist folgerichtig vom Ethos des Hochstifts geprägt, sie sind der Bewahrung und Tradierung verpflichtet. Ihr Adressat ist eher ein allgemein interessiertes Literaturpublikum als die esoterische Welt der Gelehrten-Zunft. Dargelegt wird, was innerhalb dieser als etablierte Erkenntnis gelten kann. Lediglich zwei Beiträge gehen darüber hinaus: die Rekonstruktion von Maler Müllers Drama *Iphigenia*, welche natürlich mit Bezug auf Goethes *Iphigenie* entworfen ist, sowie die Analyse des *Divan*-Gedichts *Es geht eins nach dem andern hin*, die vor der Folie verwandter Texte, zumal eines Choralgedichts, erfolgt.

Einen engeren thematischen Zusammenhang haben die Aufsätze, die aus den vergangenen zwanzig Jahren stammen, nicht, außer in der Person und Lebenswelt Goethes. Sie sprechen aus einer voll bejahenden Goethe-immanenten Position heraus. Goethe-Kritik findet nicht statt.

(1) Den Auftakt bildet, in Anlehnung an Jacob Burckhardts *Welthistorische Betrachtungen*, ein staatstheoretischer und mentalitätsgeschichtlicher Abriß der Entwicklung des 18. Jahrhunderts; Deutschland befindet sich auf dem Weg zur klassisch-romantischen Blüte als einer Kultur der Schriftlichkeit (Titel: *Die Mächtigen und die Musen. Zum Auftrag der Kultur im aufgeklärten Staat des 18. Jh.*). (2) Es folgt ein Porträt der Straßburger Sturm-und-Drang-Gruppe um Goethe und Herder, mit besonderem Augenmerk auf Lenz. Dabei erinnern die sympathetischen Ausführungen zu den Personalia der Beteiligten an den Forschungsgestus von Ernst Beutler. (3) *Auf der Suche nach dem verlorenen Vater. Das „Werther"-Evangelium noch einmal*: Auf die auffällige Vaterlosigkeit der Sturm-und-Drang-Generation reagiere der junge *Werther*-Dichter mit einer Typologie des verlorenen Sohnes und der Imitatio von Christi Opfertod, – dies wird in Anlehnung an H. Schöffler dargelegt. (4) *Die Faust-Legende in Deutschland. Eine Skizze* deutet die Faust-Tradition als Anti-Legende mit starkem Bezug zum deutschen Nationalcharakter. Nach den Bearbeitungsstationen Volksbuch, Marlowe, Lessing, Goethe, Thomas Mann haben wir es, so Perels, mit einem abgeschlossenen Kapitel der deutschen Geistesgeschichte zu tun. Der Kern der Legende sei die Curiositas (H. Blumenberg). (5) *Herder und die junge Dichtergeneration um Goethe* ist um ein Porträt Herders zentriert. Themen sind Herders Anregungskraft, sein synthetisches „System", die Herkunft seines Denkens aus der Theologie, sein Einfühlungsgenie, seine Faszination durch das Ursprüngliche – in der Geschichte wie im Herzen. (6) Eine weitere Porträt-Skizze ist Charlotte von Stein gewidmet: *„Ich begreife, daß Goethe sich so ganz an sie attachiert hat." Über Charlotte von Stein.* Auf eine knappe Vita folgt die These, daß die Trennung von Goethe auf religiöse Differenzen sowie auf die für Charlotte unzugängliche Doktrin der Kunst-Autonomie zurückzuführen sei. (7) Die umfänglichste Untersuchung wendet sich Maler Müllers *Iphigenia* zu (Untertitel: *Zum Spielraum der Antike-Rezeption in der Goethezeit.*) Es wird ein stärkerer Wille zur Visualisierung als bei Goethe festgestellt, ebenso eine Tendenz zur Remythisierung. Dieser bisher vernachlässigte Dramenentwurf stehe zwischen Lessings Mitleidstheorem und der offenen Form Shakespeares. Im übrigen befinde sich Müller als Griechen-Rezipient in der Nachfolge Winckelmanns. (8) In *Goethes Weg zu „Wilhelm Meisters Lehrjahren". Italienische Erfahrungen und klassischer Erzählstil* wird der Schritt von der *Theatralischen Sendung* zu den *Lehrjahren* als eine Konsequenz der in Italien errungenen Konzeption der Metamorphose gedeutet, bei welcher ein naturhistorisches Prinzip auf Kunstwerke übertragen wurde. Perels weist dabei auf das inhärente Problem eines konzeptionellen Harmonismus hin und empfindet den kompositorischen Zwiespalt von Entwicklungsziel und Erziehungsziel im Grunde als ungelöst. Jedenfalls herrsche in den *Lehrjahren* das „Typische" als erzählte Wirlklichkeit vor. (9) In *Der Begriff der Begebenheit in Goethes Bemerkungen zur Erzählkunst* wird ein Definitionsversuch vor dem Hintergrund aufklärerischer Theorieansätze (Batteux u. a.) unternommen. „Begebenheit" in Erzählprosa sei der Ort der Bewährung für den Charakter. Für Roman und Novelle möchte Perels unterschiedliche theoretische Bedeutungen des Begriffs ansetzen.

Es folgen zwei Beiträge zum *West-östlichen Divan.* (10) In *Unmut, Übermut und Geheimnis* lesen wir einen kursorischen thematischen Durchgang durch den *Divan.* Goethe äußere seinen Unmut in Sachen Farbenlehre und Newton-Fehde sowie in Sachen der religiös-patriotischen Romantik; er äußere seinen Übermut in der Form des Tyrannenlobs (Napoleon) und deute schließlich – im Gedicht *Wiederfinden* – das esoterische Geheimnis der wahren Liebe in seiner auf der Farbenlehre beruhenden Poetologie an. (11) Der Beitrag *Goethes „Divan"-Gedicht „Es geht eins nach dem andern hin"* ist eine akribische textkritische Studie über das letztverfaßte Gedicht zum *Divan.* Die Entstehungsbedingungen im Jahre 1821 werden in Beziehung auf textverwandte Gedichte, zumal ein Choralgedicht, erörtert. Perels orientiert sich dabei ausschließlich an der *Divan*-Edition von H. A. Maier; die spätere Frankfurter Ausgabe von H. Birus bleibt unberücksichtigt. (12) Schließlich macht die Studie *Der Autor und sein Werk. Goethes Einschätzung seiner Sturm und Drang-Lyrik in den verschiedenen Epochen seines Lebens* darauf aufmerksam, wie sehr Goethe zu jenen Autoren gehört, die die Rezeption ihrer Werke zu beeinflussen suchten. Das wird exemplarisch an den Umwandlungen demonstriert, die er seit 1789 seiner Sturm-und-Drang-Lyrik angedeihen ließ. Die Sammlung von 28 frühen Gedichten, die er 1777 für Frau von Stein anfertigte, habe noch die ursprüngliche Revolutionierung der deutschen Lyrik-Sprache reflektiert und noch die Gruppierungen dieser Werke erkennen lassen. Seit der Herausgabe seiner *Schriften* verwischte Goethe diese Spuren der Entstehung. Auch in den folgenden Gedicht-Redaktionen wurden die frühen Gedichte weder nach Gattungen noch Epochen angeordnet, bis bei der Konzeption der Autobiographie 1813 ein liebevoller, erhaltungswilliger Rückblick auf die Sturm-und-Drang-Lyrik eingesetzt habe.

Die Aufsätze von Christoph Perels sind Dokumente einer unverkürzten Goethe-Sympathie und stellen wertvolle Spezialuntersuchungen dar, mag auch ihre Zusammenstellung in dieser Sammlung eher verfasserorientiert sein.

Joachim Wohlleben

Gerhard Schulz: *Exotik der Gefühle. Goethe und seine Deutschen.* München 1998, 223 S.

Die acht Beiträge dieser Sammlung, zu welcher der Untertitel besser paßt als der gewählte Buchtitel – „Exotik der Gefühle" ist nur ein Leitmotiv, nicht jedoch das Thema des Buches – stammen aus den letzten zwei Jahrzehnten und sind neu bearbeitet worden.

Im Nachwort erinnert uns der Meister aus Melbourne daran, daß Goethes Werk niemals eine zureichende Rezeption außerhalb der deutschsprachigen Welt gefunden hat. Hier geht es denn auch um ein innerdeutsches Problem. Das Thema, um welches alle Beiträge kreisen, ist der prekäre historische Ort Goethes am Ausgang eines Zeitalters, dem etwas völlig Neues folgen sollte. Gemeint ist natürlich das Ende des alten Regimes und der Umbruch ins technisch-industrielle 19. Jahrhundert. Schulz argumentiert, daß Goethe allenthalben in seinen Werken und privaten Äußerungen diesen säkularen Wandel erspürt und in Bilder faßt, jedoch nicht definiert. Das Phänomen Deutschland wird ihm dabei zum Problem und Exempel. Es geht Schulz also u. a. um die verspätete Nation am Beispiel des alternden Goethe. Es geht um das „spezifisch deutsche Spannungsfeld zwischen politischer Kleinstaaterei und intellektueller Universalität" (S. 17). Die Optik des Verfassers vereint Skepsis mit Zuneigung, ja er spricht sogar einmal von der vorauszusetzenden „Bereitschaft, dergleichen um Goethes willen zu lesen und zu verstehen" (S. 123, bei Gelegenheit der *Novelle*). Denn Goethe war unübersehbarerweise durch Schicksal und eigenes Zutun eingeschlossen in die fatale Enge, die in gesellschaftlicher und politischer Hinsicht in seinem Deutschland herrschte. Und Schulz beurteilt seine vielfältigen Bemühungen um eine Aufdeckung und Behebung dieser notorischen Enge mit dem Blick aus der Ferne, d. h. mit wohltuender Kühle. Nicht alle diese Bemühungen können nämlich als gelungen gelten.

Nachdem er im ersten Beitrag *Goethe und seine Deutschen. Über die Schwierigkeiten, ein Klassiker zu sein* das Thema statuiert hat, liest Schulz im zweiten, m. d. T. *Wann und wo entsteht ein klassischer Nationalautor? Zur „Italienischen Reise"*, die autobiographische Bewältigung (1816–1829) der italienischen Erfahrungen als einen künstlerischen Prozeß, ähnlich der lebenslangen Arbeit an *Wilhelm Meister* und *Faust*. Diesmal sei es Goethes Bestreben, seinen Weg zum Nationalautor anhand der Begegnung mit der Fremde Italiens aus spätem Abstand nachzeichnend zu entwerfen. Selbstbildung war das Ziel, und dabei ging Weltentwurf vor Empirie. Dem Verfasser ist der Hinweis wichtig, daß Goethe außer Italien und der Schweiz kein weiteres europäisches Land (Elsaß?) betreten, zumal die großen Hauptstädte gemieden hat.

Im dritten Beitrag m. d. T., *„Es wandelt niemand ungestraft unter Palmen". Über Goethe, Alexander von Humboldt und einen Satz aus den „Wahlverwandtschaften"*, vertritt Schulz die These, daß der sich in dem zitierten Satz aussprechende Exotismus in der historischen Stunde überholt wurde, da er in Ottilies Tagebuch erscheint. Alexander von Humboldt ist dem Verfasser ein wichtiger Zeitzeuge. Als Naturwissenschaftler steht er an einer Nahtstelle analog derjenigen des Dichters: unentschieden zwischen dem ererbten deutschen Ganzheits-Idealismus und der Pflicht zum spezialisierten Fachwissen.

Im vierten Beitrag, *Dichten selbst ist schon Verrat. Parameter des „West-östlichen Divan"*, entwirft Schulz ein interessantes Konzept der „Orientalität". Anschließend an die Passage in den *Noten und Abhandlungen* über den preziosen Erzählstil Jean Pauls, den Goethe als eine gültige Antwort auf die

Vertracktheit der modernen Welt rechtfertigt, erklärt er die lockere Fügung des *Divan* zu einem letztmöglichen Medium, in dem eine einheitliche Gestaltung der heraufziehenden diffusen Wirklichkeit noch künstlerisch möglich erscheint. Überhaupt hat Schulz viel für die angelsächsische Ansicht übrig, daß Goethe ein Zeuge der europäischen Romantik sei.

Im fünften Beitrag, *Exotik der Gefühle. Goethes „Novelle"*, kommt Skepsis des Verfassers gegenüber der Gelungenheit dieses Werkes zum Durchbruch. Die Novelle ist in jeder Hinsicht ein Spätstück, in Goethes Schaffen und zeitgeschichtlich. Die kleindeutsche Szenerie erweist sich als „eine biedermeierliche Ideallandschaft [...], der die deutsche Wirlichkeit nicht entsprach", und die angestrengte Symbolik des Geschehens trägt nicht. Man muß, wie bereits zitiert, „dergleichen um Goethes willen" lesen und verstehen.

Der sechste Beitrag, *Gesellschaftsbild und Romanform. Zum Deutschen in Goethes „Wanderjahren"*, widmet sich der spezifischen „Deutschheit" des romantischen Romans zu Beginn des Jahrhunderts. Dieser entwerfe als ein Sondertyp im europäischen Rahmen die „Universalität einer Weltinterpretation", ohne über „die Totalität einer realen Welt" zu verfügen (S. 138). Dazu gehöre eine inhärente künstlerische Unvollendbarkeit dieser Werke, zu denen Schulz mit Recht die *Wanderjahre* zählt. Goethes eigentümliche Idee des Wanderns sowie seine Abwehr der Technikfolgen machten sie zu einem nichtmodernen Roman.

Daß Schulz im siebten Beitrag, *Faust und der Fortschritt. Anmerkungen zum „Faust"*, auf der Seite der Nicht-Perfektibilisten steht, kann nicht verwundern. Aber nicht nur von traditionell optimistischer Deutung hat er sich abgewendet. Faust ist ihm überdies auch kein Menschheitsrepräsentant, sondern jenseits historischer Fixierungen erkennt er in der Dramenfigur einen „Menschheitszustand", und zwar den eines extremen Daseins. Das ist gegen herrschende Meinungen (H. Schlaffer, G. Kaiser) gerichtet. Mit Seidlin ist ihm wichtig zu betonen, wie Helena als Frau zu einem – modern verstandenen – Selbstbewußtsein gelangt.

Schließlich wendet sich der achte Beitrag, *Goethe für den Hausgebrauch. Spruchdichtung als Nationalerziehung*, einem selten traktierten Gegenstand der Goethe-Philologie zu. Die Argumentation nimmt eine seltsame Wendung. Zunächst erscheint Goethe als populärer Schriftsteller, von der Idee einer Nationalerziehung beseelt. Man kennt den katechisierenden Gestus seiner umfangreichen Spruchdichtung. Schulz erblickt darin den Versuch, die deutsche Gefühlskultur in einem zukunftsorientierten Gesellschaftsentwurf zu zähmen. Dann aber stellt sich heraus, daß Goethe doch kein Praeceptor Germaniae gewesen ist. Statt dessen tritt nun auch in der Spruchdichtung das isolierte Künstler-Ich hervor. Goethe und seine Deutschen, das bleibt ein schwieriges Thema.

Diese acht Aufsätze von Gerhard Schulz sind, wie immer, glänzend geschrieben, mit unbegrenzter Verfügung über die Gegenstände und in schöner Lesbarkeit. Gerade ihre Nüchternheit und Distanz machen diese urspünglichen Seitenprodukte der großen Literaturgeschichte zu einer bewegenden Hommage an Goethe.

Joachim Wohlleben

Klaus F. Gille: *Zwischen Kulturrevolution und Nationalliteratur: Gesammelte Aufsätze zu Goethe und seiner Zeit.* Hrsg. von Hannelore Scholz und mit einem Geleitwort von Karl Robert Mandelkow. Berlin 1998, 308 S.

Die Ergebnisse der Goethe-Forschung sind nicht an einer Stelle versammelt zu finden, sondern nach vielen muß man in entfernten Zeitschriften, Festschriften und Sammelbänden suchen. Die jährliche Bibliographie im Goethe-Jahrbuch ist ein unerläßliches Hilfsmittel, aber ersetzen kann sie die umständliche Suche nicht, besonders, wenn man sich ein Bild von dem Beitrag und der Leistung eines

Forschers machen will. Man kennt zwar die großen Monographien, aber es entgeht einem doch viel von der Einzelforschung. Da kommt eine solche Aufsatzsammlung sehr gelegen, denn man kann nachholen, was man bisher versäumt hat. Wer kennt nicht Klaus Gilles *„Wilhelm Meister" im Urteil der Zeitgenossen* von 1971 oder den Dokumentenband *Zur Rezeptionsgeschichte der „Lehr- und Wanderjahre"* von 1979, Standardwerke, die sich gerade bei den entsprechenden Kapiteln des jüngsten *Goethe-Handbuchs* bewährt haben. Doch kennt man seine Aufsätze über *Werther*, *Torquato Tasso*, *Die natürliche Tochter*, *Des Epimenides Erwachen*, *Faust II* und andere Themen der Goethe-Zeit, wenn man nicht gerade über sie gearbeitet hat.

Mit dieser Sammlung von vierzehn Aufsätzen wird zugleich das Profil des Wissenschaftlers Klaus F. Gille umrissen, denn es geht ja hier nicht nur um Einzelergebnisse, sondern auch um die Vermittlung einer Gesamtleistung. Diese hat Karl Robert Mandelkow in seiner Einleitung treffend als „Standortbestimmungen" charakterisiert, „die Goethes Werke als Antworten auf den ‚Philosophischen Diskurs der Moderne' interpretieren" (S. 9). Damit wird Jürgen Habermas zitiert, der als „Hauptgewährsmann" der sozialgeschichtlichen Thesenbildung bei Gille zu gelten hat, die rezeptions- und sozialgeschichtliche Ansätze unter dem Aspekt neuer Fragestellungen mit der Interpretation Goethescher Texte verbindet. In Verbindung mit der Kritischen Theorie erhält die etwas veraltete Rezeptionsforschung bei Gille neue Impulse.

So deutet Gille den *Werther* folgerichtig als Problematisierung des Prinzips der Aufklärung. Die Bremer *Tasso*-Inszenierung (1969) von Peter Stein benutzt er zu einer Demonstration der Hermeneutik von Habermas zum Umgang mit der Klassik, *Die natürliche Tochter* interpretiert er als „gewaltfreien deutschen Sonderweg" und Kritik der Krise im Sinne von Reinhart Koselleck. In der Figur des Epimenides sieht er Goethes Versuch gescheitert, formal „das politische Geschehen im Medium des Kunstwerks" vorzuführen und inhaltlich seine ablehnende Haltung zu den Befreiungskriegen zu rechtfertigen. *Faust II* interpretiert er aus seiner Rezeption, wobei er eine Gegenstellung zu Hans Schwerte bezieht. Für Gille ist Rezeption nicht „ideologischer Schutt", der zugunsten eines „vermeintlich reinen Textes" wegzuräumen ist, sondern „legitimer Gegenstand wissenschaftlichen Interesses" in der Rekonstruktion eines Gesamtsystems (S. 201). Dazu kommen Beiträge über den Goethebrief an Buchholz von 1814 und den Sansculottismus-Aufsatz, die für die Erfassung des politischen Goethe neue wichtige Akzente setzen, ohne einer falschen Aktualisierung zu verfallen.

In Abwandlung eines Ivan Nagel-Zitats erklärt Gille: „Für dummes Lesen ist kein Platz mehr" (S. 82). Diesen Satz kann man sämtlichen seiner Aufsätze bescheinigen, die hier zum sechzigsten Geburtstag des Autors veröffentlicht sind und zum Gewinn seiner Leser das Bild einer geschlossenen wissenschaftlichen Leistung vermitteln.

Ehrhard Bahr

Matthias Luserke: ***Der junge Goethe. „Ich weis nicht warum ich Narr soviel schreibe".*** Göttingen 1999, 181 S.

Der „junge Goethe", also die Schaffensphase bis zur Übersiedlung nach Weimar, gilt unter Philologen nicht gerade als Geheimtip. Goethedarstellungen aller Zeiten, angefangen mit der von Goethe selbst verfaßten, räumen dieser Lebensepoche den größten Raum ein – und wenn die Proportionen einmal umgekehrt verteilt werden, wie derzeit in Nicholas Boyles anti-monumentalistischem Monumentalwerk, zieht das bisweilen den Vorwurf der Langatmigkeit nach sich. Der junge Goethe ist es, der das philologisch interessierte Publikum, das junge zumal, am besten unterhält. Hier, wo sich das Genie entpuppt, greift man hinein ins volle Menschenleben, nimmt Anteil an Goethes ersten poetischen Versuchen und erotischen Aufregungen, an seinen alchemistischen Experimenten und ihrer Transformation in Sprachmagie, an seinem steilen Aufstieg zum nationalen und internationalen Erfolgsschriftsteller.

Daß Goethe bei aller frühen Berühmtheit kein Bestsellerautor war, daß er schon immer mehr besprochen als gelesen wurde, muß allerdings stutzig machen. Und diese Diskrepanz zwischen Werk und Wirkung ist es, die Matthias Luserke mit sicherem Gespür für ungelöste Fragen zum Ausgangspunkt eines ganz und gar nicht auf ausgetretenen Pfaden wandelnden Streifzugs durch das Frühwerk – von den *Labores Juveniles* bis zu *Claudine von Villa Bella* – genommen hat. Die Monographie des zur jüngeren Generation gehörenden Darmstädter Literaturwissenschaftlers trägt den selbstbewußt lapidaren Titel *Der junge Goethe* und erneuert damit nach Max Morris, Hanna Fischer-Lamberg, Karl Viëtor und Rudolf Ibel den Anspruch auf Einschlägigkeit.

Daß dieser Anspruch nicht zur Anmaßung gerät, verhindert schon seine elegante Herleitung. Gerade daß Goethe mit sekundären Diskursen überhäuft wurde, so Luserkes Argument, habe eine Kenntnis des Werks verhindert. Dieses Phänomen einer durch Goetherezeption behinderten Goetherezeption nennt er die „Goetheblockade" und macht „Vereinnahmungen durch Kult und Kommerz" für sie verantwortlich. Ein Rückblick auf das Jubiläumsjahr bestätigt die Aktualiät dieser Feststellung zur Genüge. Das Goethe-Merchandising, die kommerzielle Ausbeutung des großen Namens, fand hier seinen bisherigen Höhepunkt; und auch der Goethe-Kult wird ja durch den neuen Boom an „Enthüllungen" über den Superspitzel, Erz-Chauvi oder lyrischen Extremversager nicht überwunden, sondern nur mit umgekehrten Vorzeichen restauriert.

Die Kritik an solchen, periodisch schwankenden, Rezeptionsgestalten ist freilich opportun; originell aber ist die Art, wie Luserke sie an seinen Untersuchungsgegenstand zurückbindet: Er vertritt die These, daß Goethe schon zu seiner Zeit nicht nur Objekt, sondern auch Subjekt einer bewußt inszenierten Medienwirkung war – eine kühne These, insofern sie nicht nur beansprucht, einzelne Aspekte der ersten Werkphase zu charakterisieren, sondern deren generelles Grundmuster. Ob sie sich in allen Nuancen durchhalten läßt, wird man denn auch zu diskutieren haben.

Gesichert erscheint die These Luserkes dort, wo sie sich allgemein auf die Entstehungsgeschichte moderner Individualität bezieht. So gelingt es dem Verfasser, die Dialektik von Privatheit und Öffentlichkeit als roten Faden im Werk des jungen Goethe aufzuzeigen, mit einem Knotenpunkt im *Werther*. Mit diesem, schreibt Luserke, „beginnt die Verlustgeschichte der Privatheit in Deutschland", da hier eine literarisch inszenierte Selbstenthüllung vollzogen werde, die die Anerkennung von Individualität paradoxerweise nur dadurch ermögliche, daß ihr prinzipieller Gegensatz zur Öffentlichkeit preisgegeben wird. Freilich läßt sich diese Paradoxie schon bei Rousseau oder Klopstock beobachten. Luserke hat aber zweifellos Recht, wenn er mit dem jungen Goethe eine neue, entscheidende Etappe in dieser Entwicklung anheben sieht.

Aber worin besteht das Neue? Der Verfasser versucht es mit einem Stichwort einzufangen, das unserer heutigen Lebenswirklichkeit entstammt: „Talkisierung". Der Begriff soll „auf Talk und Talkshow als inszeniertes öffentliches Geplauder" verweisen, auf „ein Raunen, in dessen Bedeutungszentrum nicht die Kommunikation selbst steht, sondern die Strategien der Kommunikation wichtig sind". Entsprechendes lasse sich schon beim jungen Goethe finden, nur daß dieser ein anderes Medium verwendet habe: „Die Talkshow, die er produziert, heißt Literatur", schreibt Luserke.

Diese mediengeschichtliche Aktualisierung seiner These wirft interessante Fragen auf. Inwiefern ist die Literalität der Goethezeit kein Gegensatz zur ‚sekundären Oralität' unserer audiovisuellen Kultur, sondern deren Vorläufer? Inwiefern lehrt uns die Parallele mit Talkshows mehr über die literarischen Strategien Goethes als deren – medienpädagogisch übliche – Entgegensetzung? Und was erfahren wir umgekehrt über unser telematisches Dasein, wenn wir es mit Goethes literarischen Inszenierungen von Individualität vergleichen?

Leider geht das Buch auf diese Fragen, die es aufwirft, nicht präzisierend ein. Von der aktuellen Literalität/Oralität-Diskussion bleibt Luserkes Darstellung unberührt, und auch dort, wo sie dem Phänomen der Selbstreferentialität heutiger Medien nahekommt, nämlich in der Goethe attestierten Ästhetik einer „doppelten Beobachtung", bleibt das Verhältnis zwischen den mutmaßlich Strukturverwandten vage. Das Stichwort der Talkisierung taucht zwar in den verschiedensten Werkzusammenhängen leitmotivisch auf, wirkt aber in seiner Unausgeführtheit mehr anregend als aufklärend. Ähnlich verhält es sich mit dem Begriff des Mediums, dem zwar eine Schlüsselrolle für das Verständnis des Untersuchungsgegenstandes zugesprochen, der aber in dieser Funktion nicht spezifiziert wird. Da ist vom

„Medium des Lustspiels“ und vom „Medium Brief“ genauso wie vom „Medium der Fiktionalität“ die Rede, von Goethes „medialer Existenz“ und seiner Rolle als „Vorläufer des freien Medienproduzenten“ genauso wie vom „Medium der Liebe“ – mit dem berühmten Goethe-Zitat über Charlotte von Steins Sicht der Welt, das im Kontext der Untersuchung Luserkes eine frappierende Gleichsetzung mit dem „Medium“ einer literarisch-fiktionalen Realitätskonstruktion erfährt. Solche Äquivokationen lassen aufregende Verbindungen zwischen anthropologischen und kommunika- tionstechnischen Gegebenheiten erahnen, die der modische Mediendiskurs sonst in apparativer Blickverkürzung abschneidet. Doch ohne semantische und historische Differenzierung sind diese Verbindungen schwer nachzuvollziehen.

Dennoch wäre es falsch zu resümieren, daß das Buch sich dort am besten bewähre, wo der gesuchte Sprung in die Moderne nicht gewagt wird. Zwar erreicht der Autor auch ohne diesen Sprung, nämlich mit solider Text-Philologie, sein erklärtes Ziel, Lust auf eine Relektüre der Texte des jungen Goethe zu machen. Doch dem Anspruch seines Buches wäre damit nicht Genüge getan. Und so ist nach den Gründen zu fragen, warum an Luserkes Versuch der Aktualisierung weitgehend hypothetisch bleibt.

Sie liegen nicht in einem Unvermögen des Autors, sondern in der Ungelöstheit eines Dilemmas, in dem sich die Literaturwissenschaft heute befindet: Einerseits fordert die Anerkennung der spezifischen Medialität von Literatur ein werkzentriertes Vorgehen, das die ästhetischen Gehalte nicht in ihren Entstehungsbedingungen auflöst. Konsequent erteilt denn auch Luserke jedem Biographismus bei seiner Untersuchung eine Absage: „Der beste Kommentar zum Leben, zum eigenen wie zum fremden, ist die Literatur.“ Andererseits ist dem Verfasser bewußt, daß gerade ein solcher Ansatz die rezeptionsgeschichtlichen Vermittlungen berücksichtigen muß, die den Zugang zu den Werken überhaupt erst ermöglichen: „Alten Goethe-Texten mit den ästhetischen Erfahrungen der Moderne zu begegnen“, schreibt er ganz folgerichtig, „heißt, sich mit allem Ernst ihren und unseren Fragen zu stellen“. Der Brückenschlag zwischen den Fragehorizonten kann aber schwerlich aus den literarischen Texten allein herauskonstruiert werden. Sie bedürfen einer medien- und kulturgeschichtlichen Kontextualisierung, wenn sie zu den gewandelten Bedingungen unserer Gegenwart in ein Verhältnis gebracht werden sollen. Wie das zu leisten ist, nachdem einerseits die großen historischen Erzählungen durch Diskursanalyse und „New Historicism“ diskreditiert wurden, andererseits die an ihre Stelle getretenen Verfahren, etwa Greenblatts „Poetics of Culture“, ob ihrer Überdehnung des Textparadigmas in die Kritik gerieten, ist eine durchaus offene Frage. Und eben dies teilt sich zwangsläufig auch der vorliegenden Untersuchung mit. Sie oszilliert zwischen radikaler Philologie und Kulturanthropologie. Das allerdings tut sie auf hohem Niveau. Schon in früheren Arbeiten hat der Verfasser überzeugend dargelegt, daß die von den neuen Medien an die Literaturwissenschaft herangetragenen Fragen einer kulturwissenschaftlichen Öffnung der Untersuchungshorizonte bedürfen. Man darf gespannt sein, wie er diese Tendenz künftig konkretisiert – auch im Interesse der Goetheforschung, die von einer derartigen Öffnung nur profitieren kann.

Peter Matussek

Peter Matussek (Hrsg.): ***Goethe und die Verzeitlichung der Natur.*** München 1998, 571 S.

Im Übergang vom 18. zum 19. Jahrhundert vollzieht sich eine Wende, die in entscheidender Weise das Verhältnis zur Zeit betrifft. Sie geht, wie z. B. Wolf Lepenies (*Das Ende der Naturgeschichte*, München 1976) gezeigt hat, vom Druck der Erfahrung und der Beschleunigung des Wissenszuwachses aus, führt zu einer Verzeitlichung der Auffassung von Naturgeschichte, schließlich auch einer Emanzipation und Ausgrenzung der Human- gegenüber der Naturgeschichte. Der angezeigte Band setzt die „Verzeitlichung der Natur“ zu Goethe und seinem Werk in Beziehung. Es geht dabei nicht nur um eine historische Wende, sondern um Aspekte einer Standortbestimmung bis heute. Wie Peter Matussek in seiner Einleitung erläutert, habe die Entwicklung inzwischen zu einer krisenhaften Situation geführt, die entweder die Anpassung der Sinne an eine letztlich lebensfeindliche Fortschrittsdynamik oder ein Ausweichen in zeitferne Idyllik zu fordern scheint – sofern nicht ein dritter Weg gefunden wird, der eine grundlegende Neuorientierung unseres Verhältnisses zur Natur herbeiführt. Gerade vor diesem Hintergrund gewinnt die widersprüchliche Zuordnung, mit der Goethe die Verzeitlichung der Natur bald vorantreibt, bald sich ihr widersetzt und kritisch auf ihre Folgen reflektiert, ihren in die Zukunft weisenden Sinn. Die Bemühungen einer Neuorientierung finden in seinem Werk ein Anregungspotential von erstaunlicher Aktualität.

„Historisierung", „Wirkungsgeschichte" und „Aktualisierung" sind die drei Teile des Bandes überschrieben, die 9, 5 und 6 Beiträge umfassen.

Der erste Teil beschreibt Goethe als geschichtliches Paradigma im geschichtlichen Kontext. Gerade die ausgewiesenen Ambivalenzen und Brüche lassen ihn als herausragende Gestalt eines geschichtlichen Umbruchs erscheinen, erregen unser heutiges Interesse aber auch weit mehr als in ihrer Einsinnigkeit typischere Konzepte seiner Epoche. – Hugh Barr Nisbet untersucht das Verhältnis von Naturgeschichte und Humangeschichte bei Goethe, Herder und Kant, lokalisiert Goethe dabei im Kontext eines verzweigten epochalen Diskurses. Er zeigt, daß sich Goethe bezüglich der zeitkritischen Auffassungen von Naturwissenschaft wie Geschichte skeptischer verhält als die anderen beiden, sieht eben darin aber auch ein entscheidendes Motiv heutiger Anregungen. – Dorothea Kuhn deutet ‚Beschreibung', ‚Biographie' und ‚Historie' als Kennworte in der Folge unterschiedlicher Etappen Goethescher Geschichtsschreibung. In den späten naturwissenschaftlichen Schriften Goethes findet sie Ansätze zu einer neuen Auffassung von Historie, die sich aus dem Kontext der herkömmlichen Auffassung von Naturgeschichte zu befreien beginnt. – Dietrich von Engelhardt untersucht „Stellung und Eigenart der Naturbetrachtung Goethes im Spektrum der verschiedenen naturphilosophischen und naturwissenschaftlichen Positionen um 1800" (S. 73), mit besonderer Intensität u. a. auch Goethes zwiespältiges Verhältnis zur Romantik. Er bestimmt Goethes Art der Naturbetrachtung als spezifische „Verbindung von Ästhetik, Philosophie, Wissenschaft und Biographie" (S. 74). – Jürgen Barkhoff präzisiert das gespaltene Verhältnis Goethes zur Romantik am Beispiel des tierischen Magnetismus (Mesmerismus). Während Goethe die Lehre selbst ablehnt, findet sie in den *Wahlverwandtschaften* und den *Wanderjahren* eine positive literarische Rezeption, die beigetragen hat, die inzwischen mehr und mehr als unzeitgemäß beurteilte Theorie im kulturgeschichtlichen Gedächtnis aufzubewahren. – Uwe Pörksen weist in Goethes geologischen Zeichnungen und sprachlichen Bildern ein Zugleich von Simultaneität und Sukzession, eine eigentümliche Verschränkung von Raumbewußtsein und Zeiterfahrung nach. Goethe gebühre darin eine ganz eigenständige, wenn auch schwer zu lokalisierende Übergangsposition in der Wissenschaftsgeschichte zwischen Linné und Darwin (vgl. u. a. S. 126 f.). – Frank Fehrenbach zeigt eine entsprechende Synthese auch an Goethes zeichnerischem Werk. Während Goethe durchaus an die bekannte Gattungsdifferenzierung Lessings anknüpft, tragen „morphologischer Blick" und „bewegte Darstellung" (S. 149) doch ein Maß an Zeitlichkeit in die Bildkonzeption hinein, das den Widerstreit von Simultaneität und Sukzession aussöhnt. – Thomas Zabka geht dem Verhältnis von Natur und Geschichte bei Goethe nach. Dessen Spätwerk mache Naturbetrachtung mehr und mehr zu einem Reflexionsmedium auf Fragen der Gesellschaft, was besonders am Beispiel des *Faust II* veranschaulicht wird. – Hartmut Böhme deutet ‚Fetisch' und ‚Idol' als charakteristische Formen literarischer Verzeitlichung am Beispiel des *Wilhelm Meister*, des *Faust* und der Schrift *Der Sammler und die Seinigen*. Wo der Fetisch als dingliches Zeichen der Erinnerung fungiert, befreit der Dichter das Idol zunächst aus den Raum-Zeit-Bindungen, um es für neue geschichtliche Inkorporationen verfügbar zu machen. – Peter Matussek liest den *Faust* als „Drama der Verzeitlichung". An vier ausgewählten Monologen, die den vier Entstehungsphasen des Werks entsprechen, werden vier Phasen einer Temporalisierung des Naturbildes sichtbar gemacht und in die zeitgeschichtlichen Diskurse hinein weiter verfolgt.

Im zweiten, rezeptions- und wirkungsgeschichtlich interessierten Teil des Bandes beschreibt Karl Robert Mandelkow das Verhältnis von Natur und Geschichte bei Goethe zunächst im Spiegel seiner wissenschaftlichen und kulturtheoretischen Reflexion. In den weit voneinander abweichenden Akzentuierungen, die bald einen Primat der Natur, bald eine harmonisierende Versöhnung, bald eine Dominanz der Geschichte annehmen, erkennt er die ideologischen Prämissen der jeweiligen Deutung. – Hans Werner Ingensiep analysiert am Beispiel von fünf Vertretern der Biologie Rezeptionen von Goethes Metamorphosenlehre, die weit voneinander abweichen, gleichwohl alle das bedeutsame Anregungspotential der Theorie Goethes bestätigen: in der idealistischen Morphologie des Romantikers Alexander Braun, Ernst Haeckels Verbindung einer genetischen Morphologie mit Darwins Evolutionstheorie, in den Gestaltforschungen von Wilhelm Troll und Adolf Portmann, schließlich der systematischen Evolutionstheorie von Rupert Riedl. – Den folgenden drei Beiträgen ist gemeinsam, daß sie der produktiven künstlerischen Rezeption Goethescher Naturbetrachtung in Werken der jüngeren Moderne nachgehen. Gewiß werden die ursprünglichen theoretischen Muster dabei entscheidend verändert und in neue theoretische Konzepte integriert, entfalten darin aber doch zugleich eine neue ästhetische Wirkung. Richard Hoppe-Sailer folgt der ästhetischen Rezeption des Metamorphose-Gedankens über Carl Gustav Carus zu Paul Klee und Joseph Beuys. Sie führt auf die „Idee eines dynamischen, kreativen Prozesses, der sich in die Bildlichkeit der Werke selbst einschreibt" (S. 277). Hermann Danuser beschreibt Wirkungen der Naturauffassung auf die Musik. Am Beispiel der *Faust*-Komposition in Mahlers *Achter Symphonie* zeigt er Tendenzen einer Verzeitlichung des Raumes wie einer Verräumlichung der Zeit, die Anregungen Goethes in eine eigene musikalische Naturästhetik umgesetzt haben. Angelika Abel verfolgt Wirkungen der Farbenlehre Goethes im Werk Anton Weberns. Sie erkennt Analogien zwischen Goethes Gesetzen physiologischer Farberscheinungen und Weberns Zwölftontechnik. –

Schon die rezeptions- und wirkungsgeschichtlichen Beiträge zeigten immer wieder Wirkungen Goethes noch im 20. Jahrhundert. Die Beiträge des letzten, *Aktualisierung* überschriebenen Teils beleuchten seine Bedeutung für die Grundlagendiskussion wie die lebensweltliche Krisensituation unserer Gegenwart. Sie betreffen in besonderer Weise das Verhältnis von Subjekt und Objekt, aber auch in ganz lebenspraktischer Hinsicht unser Verhältnis zur Natur. Wir müssen umdenken, wenn wir nicht in Sackgassen geraten wollen. Das Werk Goethes bietet dabei manche Bestätigung und Ermutigung. – Wolfgang Schad untersucht Evolutionsbegriffe der heutigen Biologie. Keiner läßt sich bruchlos an Goethe anschließen. Und doch bezeugen sie im Spannungsverhältnis von Typus und Metamorphose und damit verbundenen Fragen nach dem Wesen der Zeit bis heute seinen belebenden Beitrag zur wissenschaftlichen Grundlagendiskussion. – Frank Schweitzer konzentriert sich auf die Vermittlung von Naturwissenschaft und Selbsterkenntnis, von Objekt und Subjekt. Er deutet das von Goethe geforderte Grundverhältnis gegenüber der Natur als Haltung des Gesprächs und weist auf die überraschende Parallele hin, daß renommierte Wissenschaftler wie Ilya Prigogine und Isabelle Stengers heute mit Nachdruck den „Dialog mit der Natur" auch im naturwissenschaftlichen Denken fordern. – Wolfgang Krohn nimmt die Frage der Subjekt-Objekt-Relation mit Blick auf Goethes bekannten Aufsatz *Der Versuch als Vermittler von Objekt und Subjekt* wieder auf. Er interpretiert diesen ‚Versuch über den Versuch' im letzten als Aufforderung, ein seit der naturwissenschaftlichen Revolution der frühen Neuzeit etabliertes ‚Richteramt' gegenüber der Natur zugunsten eines partnerschaftlichen Verhältnisses aufzugeben. – Hermann Schmitz deutet Goethes Naturverhältnis im Licht seiner Neuen Phänomenologie. Er sieht den Schauder vor dem Ungeheueren als Manifestation einer ins Körperliche reichenden Ergriffenheit, die sich von einer objektzentrierten wissenschaftlichen Rationalität wie der objektfernen Subjektivität im Sinne Fichtes gleich weit entfernt hält. – Gernot Böhme wertet die Aristotelische Chemie und die Goethesche Farbenlehre als Paradigmen einer Phänomenologie der Natur, die bis heute im wesentlichen Desiderat geblieben sei. Er sieht die Aktualität Goethes in der Aufforderung, die „Erfahrung der äußeren Natur [...] zugleich Selbsterfahrung" werden zu lassen (S. 461). – Klaus Michael Meyer-Abich schließlich versteht aus Goethes Naturverhältnis auch dessen Kritik der industriellen Wirtschaft, die in *Faust II* und den *Wanderjahren* Probleme voraussieht, die uns bis heute bedrängen. Jedes wissenschaftliche Verhältnis zur Natur impliziere auch entsprechende Vorgaben für ein wirtschaftliches. Aufgabe von Wissenschaft wie Wirtschaft sei es, die Krise im Verhältnis zur Natur auch als Chance der Erneuerung zu begreifen: sich auf andere Weise mit der Natur in Einklang zu bringen, ihr nicht länger egoistisch-fordernd, sondern teilnehmend und Verantwortung übernehmend zu begegnen.

Goethe und die Verzeitlichung der Natur lautet der Titel des Bandes. Gemeinsam ist allen Beiträgen ein hohes Niveau der Argumentation. Eine lückenlose Systematik wird man von einem Sammelband nicht erwarten, und bei der Lektüre zeigt sich, daß nicht alle Beiträge das Thema der Verzeitlichung gleichermaßen deutlich gewichten. Und doch unterscheidet sich das vorliegende Buch gerade in der vermittelten Einheit positiv von zahlreichen Sammelbänden, wie man sie sonst oft in die Hand bekommt. Das liegt nicht nur am vorgegebenen Thema und der durchgeführten dreiteiligen Ordnung. Es liegt ebenso an den inneren Gesprächszusammenhängen, die man spürt, wo Beiträge explizit aufeinander verweisen oder doch mittelbar aufeinander bezogen sind. Diese Verzahnung hat zwei Gründe. Wie der Herausgeber einleitend informiert, sind die Beiträge aus interdisziplinärer Kooperation in einem mehrjährigen Diskussionsprozeß hervorgegangen, der „bei aller Divergenz der Positionen ein gemeinsames Anliegen" zu erkennen gibt (S. 14). Die Rückseite des Titelblattes präzisiert, das Buch sei im Rahmen des Forschungsprojekts „Kulturgeschichte der Natur" am Kulturwissenschaftlichen Institut im Wissenschaftszentrum Nordrhein-Westfalen entstanden. Doch auch die klug steuernde und formende Hand des Herausgebers bleibt durch den Band hindurch wohltuend spürbar.

Fazit: Der Band vermittelt keinen ‚runden' sachlichen Ertrag, den man bequem nach Hause trägt, wohl aber eine Unzahl von wichtigen Einsichten, Anregungen und nicht immer bequemen Forderungen. Er bietet im Umgang mit der Goethezeit eine der bislang wichtigsten, Vergangenheit und Gegenwart verbindenden Standortbestimmungen. Er ist ein eindrucksvolles Beispiel geglückter Interdisziplinarität und eines der bedeutendsten publizistischen Ereignisse an der Schwelle zum Goethe-Jahr.

Karl Richter

Andreas Rumler: *Goethes Lebensweg. Wanderungen durch Leben und Werk.* Köln 1999, 323 S.

In der fast unüberschaubaren Fülle der Publikationen zum Goethe-Jahr verdient ein Buch die Aufmerksamkeit des Lesers, das sich – material- und kenntnisreich, dabei wohltuend unprätentiös im Stil – von manch anderem unterscheidet. Andreas Rumlers Studie über *Goethes Lebensweg* erschien im Kölner DuMont Verlag, dessen junges literarisches Programm auch im zweiten Jahr im Zeichen des Aufbruchs steht, – da ist es nur folgerichtig, den oftmals hinter der unnahbaren Aura des Klassikers verborgenen Dichter ebenfalls bei seinen „Aufbrüchen" zu beobachten.

Goethe war ein „Wanderer"; er reiste, um für eine kurze Zeitspanne den bedrängenden Tagesgeschäften zu entgehen, mehr noch, um seinen Wissensdurst zu stillen: „Für Naturen wie die meine, die sich gerne festsetzen und die Dinge festhalten, ist eine Reise unschätzbar, sie belebt, berichtigt, belehrt und bildet" (an Schiller, 14.10.1797, aus der Schweiz). Im Laufe seines Lebens legte er auf Dienst- und privaten Erholungs- wie Erkundungsreisen etwa 40.000 km zurück – zu Fuß, auf dem Pferd oder in der Kutsche. Andreas Rumler zeichnet diese Reisen nach und richtet das Gliederungsprinzip des Buches nach ihren Etappen aus – nicht streng chronologisch, wie der Titel vermuten lassen könnte, sondern zu geographischen Einheiten zusammengefaßt: Den Reisen des jungen Studenten und Referendars nach Leipzig, Straßburg und Wetzlar folgen Wanderungen durch die Schweiz, sodann die Streifzüge durch Weimars nähere und Thüringens weitere Umgebung. Goethes diplomatische Missionen an befreundeten Höfen werden ebenso bedacht wie die „späte Kavalierstour" nach Italien und die Feldzüge mit Herzog Karl August in Schlesien und Frankreich. Abschließende Kapitel widmen sich den Besuchen an Rhein, Main und Neckar und Goethes zahlreichen Aufenthalten in den böhmischen Bädern.

Daß es der Autor indes nicht bei der bloßen Schilderung von Landschaften und Begegnungen bewenden läßt, empfiehlt das Buch aufs schönste seinen Lesern. Minuziöse Beschreibungen der Wegstrecken, die anhand von Tagebuchaufzeichnungen und Briefen auch Abstecher in entlegenste Dörfer berücksichtigen, werden jeweils durch Goethes Eindrücke des Geschauten ergänzt, Wissenswertes über Orte (vgl. die kleine Sozialgeschichte Ilmenaus, S. 142) und Gedenkstätten erfährt der Leser ebenso wie kurze Charakterisierungen der Reisegenossen und Wegbegleiter. Die Reise durch Goethes Leben, die auch bedeutende Mitteilungen aus Zeiten der „Seßhaftigkeit" nicht ausspart – allein Weimar beispielsweise, den Wohnhäusern, dem Theater und der Bibliothek, Charlotte von Stein und Schiller, gilt ein fünfzigseitiges Kapitel –, ist unvollständig ohne eine Reise durch sein Werk. Auf Wanderungen wird der Grundstock gelegt für Goethes vielfältige Interessen: Während einer Reise durch die Straßburger Gegend richtet sich sein Augenmerk erstmals auf geologische Phänome (S. 39). Oft waren (Liebes-)Erlebnisse und Naturerscheinungen unmittelbarer Anlaß zu einem Gedicht (vgl. etwa die *Sesenheimer Gedichte*, S. 40, oder *Gesang der Geister über den Wassern* angesichts des Staubbachfalls, S. 65), oder der Dichter verarbeitete unterwegs empfangene Eindrücke zu poetischen Bildern: So trägt die *Walpurgisnacht*-Szene des ersten *Faust*-Teils die Spuren von Goethes Brocken-Besteigung während der bekannten Harzreise (S. 187).

Der in dieser Weise von Andreas Rumler beschrittene Doppelweg – Zeugnisse von Goethes Anwesenheit in der von ihm bereisten Welt und die nachwirkenden Bilder dieser Regionen in seinem Werk aufzuspüren – darf als sehr gelungen betrachtet werden, auch wenn der Goethe-Spezialist hier und da im Detail anders gewichten mag. Angesichts der umsichtig ausgewählten Zitatfülle, die gleichwohl im ausgewogenen Verhältnis zur stets ansprechend formulierten Darstellung steht, wird man dem Autor, der nicht im strengen Sinn zu den Fachgelehrten zählt, die eine oder andere in den bibliographischen Hinweisen vermißte Publikation nicht ankreiden; ebensowenig das an manchen Stellen unnötig „aktualisierende" Vokabular des Vorworts, – dessen die Studie wahrlich nicht bedarf, um das verdiente Publikum zu finden.

Karina Gómez-Montero

Friedrich Sengle: *Kontinuität und Wandlung. Einführung in Goethes Leben und Werk.* Hg. von Marianne Tilch. Mit einem Nachwort von Manfred Windfuhr. Heidelberg 1999, 307 S.

Im Wintersemester 1968/69 hielt Friedrich Sengle in München eine Vorlesung über Goethe, die er später mehrfach überarbeitete und erweiterte. Die letzte Fassung dieses Textes liegt nun, aus dem Nachlaß herausgegeben von Marianne Tilch, gedruckt vor.

Als Goethe-Forscher weitbekannt wurde Friedrich Sengle durch seine Dissertation, durch einen Aufsatzband und vornehmlich durch das vielgelesene Buch *Das Genie und sein Fürst*, das dem Verhältnis von Goethe und Carl August gewidmet ist.

Was als Einführung konzipiert und überzeugend realisiert ist, zieht zugleich die Summe einer jahrzehntelangen philologischen Beschäftigung mit Goethe und seiner Zeit. Im überaus klaren Vortragsstil gibt Friedrich Sengle einen so detaillierten wie umfassenden Überblick über Goethes Leben und Werk. Von den Dichtungen der Leipziger Studentenzeit bis zur späten Schaffensphase reicht die Darstellung, die in chronologischer Folge nicht nur das literarische und theoretische Oeuvre, sondern zugleich dessen Zusammenhang mit biographischen und historischen Aspekten vor Augen führt. Im Vordergrund steht dabei die Frage nach Entwicklungslinien, nach Kontinuität und Wandlung in der Vielfalt der Themen und Formen. Die Gliederung in vier Kapitel setzt Zäsuren, die Goethes Jugend, die frühe Weimarer Zeit, „Hochklassik und Frühromantik" sowie das Alterswerk, dessen Beginn schon mit dem Jahr 1806 angesetzt wird, voneinander abgrenzen. Kurze Einzelinterpretationen sind Dramen und Romanen, poetologischen und naturwissenschaftlichen Abhandlungen und ausgewählten Beispielen aus der Lyrik gewidmet. Die Analyse des Konkreten erweitert sich stets auf charakteristische Züge der Dichtungen hin, so daß wesentliche Begriffe – wie Freiheit und Notwendigkeit, Bildung und Selbstbegrenzung – zur Sprache kommen. Zudem gibt Sengles historische Perspektive den

Blick frei auf das jeweils Neue, Epochemachende in den verschiedenen Schaffensphasen. Die literaturgeschichtliche Positionsbestimmung, die vor allem das Verhältnis zu bedeutenden Vorläufern und Zeitgenossen berücksichtigt, zeigt eindrucksvoll, daß Goethe immer wieder zu den Initiatoren geistiger Entwicklungen gehörte. Sein Werk – so das Resultat der Vorlesung – läßt bei großer Variationsbreite im einzelnen zugleich übergreifende Verbindungslinien im ganzen erkennen; es ist insofern geprägt durch Kontinuität u n d Wandlung. „Polarität" und „Synthese" zugleich kennzeichnen Goethes Denken, das einerseits Antinomien bewußt oder unbewußt bestehen läßt, andererseits – auf Ausgleich der Extreme bedacht – scheinbare Gegensätze miteinander versöhnt.

Zwar kann die Vorlesung – ihrer Entstehungszeit gemäß – nicht den neuesten Stand der Forschung wiedergeben, wohl aber grundlegendes Wissen vermitteln sowie historische und biographische Zusammenhänge erläutern – im Vortragsduktus, dessen gelegentliches Parlando die studentischen Hörer bewußt brücksichtigt. So erfüllte diese Vorlesungsreihe den selbstgesetzten Anspruch der „Einführung", indem sie knappe, auf wesentliche Aspekte konzentrierte Analysen bot, ohne detaillierte Kenntnisse vorauszusetzen.

Das gehaltvolle Nachwort von Manfred Windfuhr arbeitet resümierend und interpretierend die gedanklichen Leitlinien der Vorlesung heraus und charakterisiert den literaturwissenschaftlichen Ansatz Friedrich Sengles im Vergleich mit anderen Tendenzen der Goethe-Philologie.

Ingrid Reul

John R. Williams: *The Life of Goethe. A Critical Biography.* Oxford 1998, 318 S.

Goethe als Mensch, als Dichter und als Wissenschaftler zu vergegenwärtigen: Kein geringeres Ziel setzt sich John R. Williams, und seine Monographie erfüllt, dies sei vorweggenommen, ihre Aufgabe auf hohem Niveau.

Ein biographischer Teil gibt zunächst einen detaillierten Überblick über Goethes privates und öffentliches Leben; aus zahlreichen Einzelaspekten entsteht ein präzises Gesamtbild, das Goethes Beziehungen zu bedeutenden Zeitgenossen ebenso anschaulich macht wie seine Reaktionen auf historische Ereignisse und seinen überragenden literarischen Einfluß. In diesem Zusammenhang wird gleich zu Beginn der gebräuchliche Begriff der „Goethezeit" problematisiert und differenziert. Er darf, so führt Williams aus, nicht die vermeintliche Geschlossenheit einer Epoche suggerieren, die in Wirklichkeit von tiefgreifenden politischen, sozialen und geistigen Umwälzungen geprägt war. Verwendbar bleibt der Terminus jedoch als Hilfsmittel für den Literaturwissenschaftler, der auf eine Formel zu bringen sucht, welche exponierte Stellung Goethe in seiner Generation einnahm.

Die biographischen Kapitel, die sich auf wesentliche Ereignisse und Entwicklungen konzentrieren, bilden die unentbehrliche Basis für die anschließende kritische Würdigung des Werks: Ausführliche Abschnitte behandeln – gesondert und in sich jeweils chronologisch gegliedert – das lyrische und das dramatische, das erzählerische und das wissenschaftliche Oeuvre, wobei auch weniger bekannte Texte berücksichtigt werden. Es gelingt dem Autor in überzeugender Weise, mit jeder Einzelinterpretation Exemplarisches herauszuarbeiten. Immer wieder zitiert er Beispiele aus verschiedenen Schaffensphasen, die er eingehend analysiert und auf wichtige Motive, auf Stil und Form hin befragt. Der Blick auf geistesgeschichtliche Zusammenhänge ermöglicht zudem eine facettenreiche literarhistorische Positionsbestimmung, die zum einen vielfältige Bezüge – beipielsweise die Orientierung des jungen Goethe an Shakespeare, Shaftesbury und Pindar – herausstellt, zum andern das Verhältnis von Individual- und Epochenstil untersucht, so daß Goethes repräsentative Bedeutung sichtbar wird. Daß die Gattungen zwar getrennt, nicht aber isolierend betrachtet werden, ist ein weiterer Vorzug der Studie, die stets auf Querverbindungen aufmerksam macht, wie sie zum Beispiel zwischen der Sturm und Drang-Lyrik und zentralen Motiven des *Werther* bestehen.

Die Aktualität des Bandes erweist sich im abschließenden Kapitel, das die Frage nach der gegenwärtigen Goethe-Rezeption in Großbritannien und Deutschland stellt.

John R. Williams' Monographie ist ein anspruchsvolles und gelehrtes, zugleich ein lesbares Buch. Der Autor verschweigt nicht seine Neigung für Goethe, bewahrt aber auch die für eine kritische Darstellung nötige Distanz.

Ingrid Reul

W. Daniel Wilson: Das Goethe-Tabu. *Protest und Menschenrechte im klassischen Weimar.* München 1999, 414 S.
W. Daniel Wilson: Unterirdische Gänge. *Goethe, Freimaurerei und Politik.* Göttingen 1999, 276 S.

Ein aufrechter Demokrat aus Amerika, Professor für Germanistik in Berkeley, liefert seine Beiträge zum Goethe-Jahr. Schon vor deren Erscheinen haben die Medien die Witterung aufgenommen. Eine Demontage des Idols – da werden selbst Goethe-Abstinente hellhörig. Auf Waschzetteln, in Presseverlautbarungen und Interviews kursierten die skandalträchtigen Anklagepunkte als feste Urteile: Befürwortung der Todesstrafe für eine Kindsmörderin, Soldatenhandel gar nach Amerika, amtliche Überwachung Schillers. Etwas wird schon dran sein. Das Ressentiment griff gerne zu. Selbst Bundespräsident Herzog hielt es für angebracht, die behäbige Routine seiner Goethe-Rede vom 14. April 1999 mit ein paar Anleihen bei solch „neueren Forschungen" zu würzen.

Das Pfund, mit dem W. Daniel Wilson, der Ankläger, wuchert, sind die Akten zur politischen Tätigkeit des Geheimen Rats Goethe. Über fünfhundert Sessionen des Geheimen Consiliums, des obersten Beratergremiums des Weimarischen Herzogs Carl August, hat Goethe in seinem ersten Weimarer Jahrzehnt besucht. Mit über 20.000 verhandelten Fällen ist zu rechnen; an mehr als der Hälfte war Goethe beteiligt, sei es auch nur durch Paraphierung der Protokolle und Beschlüsse. Dazu kam seine Tätigkeit in verschiedenen Kommissionen. Doch nur fünf Prozent seiner amtlichen Aktivitäten sind in der Ausgabe der *Amtlichen Schriften* dokumentiert, da sie nur Texte aufnahm, die Goethe selbst verfaßte oder korrigierte. So bleibt für den Aktenforscher noch viel zu tun, und Wilson hat sich in den Archiven ans Werk gemacht.

Der entschlossene Ankläger hat ein festes Feindbild. Es heißt aufgeklärter Absolutismus oder auch „starker Staat" oder auch Bündnis der „Intelligenz" mit der „Staatsmacht". Im Brennpunkt steht das Herzogtum Sachsen-Weimar-Eisenach, das Substrat der Weimarer Klassik, das man dank seines Personals und dank seiner literarisch-kulturellen Verdienste zu einer liberalen Friedensinsel – der „Friede des klassischen Weimar" (Hans Tümmler) – verklärt habe, zum schweren Nachteil der Deutschen, die sich damit einer bis in die Gegenwart verhängnisvollen „politischen Legende" verschrieben hätten. Der Hauptschuldige an dieser für Wilson unbegreiflichen Täuschung ist natürlich Goethe. Zwar gehe es „nur" um die „Handlungen" Goethes, könne man doch Kanzleidokumente nicht wie dichterische Konfessionen lesen, zumal das Geheime Consilium zur einstimmigen Abzeichnung einmal gefaßter Entscheidungen verpflichtet war. Doch Wilson läßt sich den kurzen Weg von den aktenmäßig erfaßten Handlungen zu den Gesinnungen gleichwohl nicht entgehen. So wird aus Goethe der „Kriegsminister" und Menschenhändler, der „Schreibtischtäter" und „Wendehals par excellence", der Bauernunterdrücker und dichterische „Propagandist". Neue Vokabeln ersetzen den altfränkischen Titel „Fürstenknecht", mit dem man sich früher behalf.

Der Legendentöter hat freilich auch eine Vision und mit ihr eine Mission. Die Vision: ein von Unruhen durchfurchtes, revolutionsbereites Weimarisches Volk, aufrührerische Arbeiter und Bauern in Apolda und Eisenach, revolutionäre Studenten in Jena. Was hätte aus Sachsen-Weimar werden können, wenn die „reaktionären" Geheimräte solche Bewegungen – „eine Art organisierter Opposition", „ernstzunehmende freiheitliche Bestrebungen", „Revolutionsbegeisterung" und einen „bedeutenden Diskurs" über Politik und Menschenrechte – nicht mit allen Mitteln unterdrückt hätten? Die Mission trägt gewissermaßen Trauerrand – sie wäre die Sache der DDR gewesen: statt die „politische Legende Weimar" im Erbgang zu pflegen und somit den „starken" (totalitären) Staat, hätte sie sich lieber um die Opposition kümmern sollen. Aber noch im heutigen Weimar, stellt Wilson bestürzt fest, wirkt die „unerkannte Anziehungskraft" des „autoritären Staates"; „Die ‚Wilhelm-Pieck-Straße' wurde in ‚Carl-August-Allee' umgetauft, die ‚Goethe- und Schiller-Gruft' heißt wieder ‚Fürstengruft', das Reiterstandbild Carl Augusts wurde renoviert – es fehlt nur noch, daß der dazugehörige ‚Platz der Demokratie' wieder zum ‚Fürstenplatz' wird." In solche Sorge mischt sich erbitterte Enttäuschung über das mißlungene Sozialismus-Projekt. Gelegentlich hat Wilson erklärt: „Ich mache selbst kein Hehl daraus, daß meine Arbeit aus linker Perspektive geschrieben ist, um es den Siegern in der deutschen Geschichte in ihrer Kritik leichter zu machen." Daß da eine Art Trauma vorliegt, zeigt das Lieblingswort, das seit dem Verhängnis durch Wilsons Forschungen geistert – das Lieblingswort „Spitzel". Seine Aktualität liegt auf der Hand. Doch auch für die Herkunft der Sache hat Wilson eine Lösung parat. *Zum Dichten geboren, zum Spitzeln bestellt*, so faßte ein Artikel von 1994 seine Befunde über den „Spitzel" Goethe zusammen. Geboren wurden sie aus der fixen Idee, daß Goethe und sein Herzog dem Geheimbund der Illuminaten nur beigetreten seien, um ihn zu bespitzeln. Jetzt heißt das, etwas weniger forsch, Überwachung und Unterdrückung. So läßt sich Enttäuschung auf Goethe abladen.

Für den amtlichen Goethe der ersten Weimarer Jahre besitzen wir, in einem Brief Schillers, das Zeugnis Herders: „Nach Herders Behauptung ist er rein von allem Intrigengeist, er hat wissentlich noch niemand verfolgt, noch keines anderen Glück untergraben. Er liebt in allen Dingen Helle und Klarheit, selbst im kleinen seiner politischen Geschäfte [...]. Herder will ihn ebenso und noch mehr als Geschäftsmann [also: politischer Beamter] denn als Dichter bewundert wissen." Nichts dergleichen läßt Wilson auch nur zu Wort kommen. Stattdessen tun sich Abgründe auf. Der erste: Soldaten- und Menschenhandel. Als Motto muß sich der „Kriegsminister" Goethe Fausts „Bezahle, locke, presse bei!" gefallen lassen. Wie geht der Inquisitor vor? Seine Quellen sind die Gesuche auswärtiger Werbeoffiziere um Überlassung von Rekruten. Das leidige Problem ist gut bekannt. Neu ist, daß dabei auch die „Recrutirung nach America" vorkam. Triumphierend macht Wilson daraus einen kaltblütigen, gewinnträchtigen Verkauf von Untertanen an die englische Krone zur Verwendung in Amerika. Allerdings: im großen Stil geht man nicht vor – hatte doch der Herzog im Dezember 1777 ausdrücklich erklärt, er könne sich „überhaupt zu der Abgabe einiger Truppen in fremden Dienst und Sold [...] nicht entschließen". Allerdings: freie Untertanen kamen nicht in Frage, sondern nur, wie auch der Werber weiß (den Wilson merkwürdigerweise bald preußisch, bald kurhannoverisch nennt), „fremde und reisende Handwerks oder andere lüderliche, entloffene und dienstlose, und sich freywillig anbietende Pursche" oder Zuchthäusler. Allerdings: selbst in diesen Fällen bestand die Weimarer Regierung auf Freiwilligkeit. Überliefert ist dazu ein ausführliches Verhör zweier Häftlinge, von denen sich der eine einverstanden erklärt („wenn er auch gleich nach America sollte transportiret werden"), der andere nicht. Der Herzog verfügt, daß letzterer „wider seinen Willen zum Soldaten-Stand nicht genöthiget werden, sondern seine Sitz-Zeit im Zuchthauß aushalten solle". Wilson muß zugeben: „Carl August wollte offenbar ein Zeichen gegen Unrecht setzen." Erst Jahre später habe er der „Versuchung"(!) nachgegeben – wobei völlig unklar bleibt, um wieviele Fälle es sich handelte und wie man dabei verfuhr. Um die Lücke zu füllen, bringt Wilson kurzerhand preußische Werbungen ins Spiel. Wieder geht es um Häftlinge, wieder gibt es Bedenken, „weil sie wider ihren Willen nicht gezwungen werden können", dann werden vier Gefangene an den preußischen Werber abgeliefert. Das war 1780/81, und Goethe, seit 1779 „Kriegsminister", war natürlich beteiligt. Er bewertete „den finanziellen Vorteil für das Herzogtum" höher als „die Rechte der Häftlinge". Verwirrender und irreführender kann es nicht mehr zugehen. Einzelne Fälle, Daten und Zusammenhänge geraten in ein kaum entwirrbares Durcheinander. Die nach Amerika verabfolgten Häftlinge jedenfalls bleiben unsichtbar.

Entschlossen trennt Wilson Einzelfunde von ihren Kontexten, um seine Denunziationen buchstäblich umstandslos an den Mann bringen zu können. So streift er nur mit einem einzigen Satz die

Ereignisse vom Februar 1779, als der Druck der Preußen im Zuge des Bayerischen Erbfolgekrieges für das um Neutralität bemühte Weimar schier unerträglich wurde, da sich selbst der preußische König resolut einschaltete. In Goethes Tagebuch heißt es dazu: „Zwischen zwey übeln im wehrlosen zustand. Wir haben noch einige Steine zu ziehen, dann sind wir matt." Kein Wort verliert Wilson über die Beratungen des Geheimen Consiliums und Goethes eingehendes Gutachten für den Herzog. Nachgiebigkeit gegen die Preußen oder Widerstand? Goethe über das erste Übel: „Will man endlich sich entschließen, eine Auswahl [von Rekruten] selbst zu machen und ihnen auszuliefern, so ist darin wohl fürs ganze das geringste Übel, aber doch bleibt auch dieses ein unangenehmes, verhaßtes und schamvolles Geschäft. Und wahrscheinlich ist man mit allem diesem doch nicht am Ende des Verdrusses [...], mit jedem Frühjahr werden sie diese Anforderungen erneuern." Die Wahl des „geringsten Übels", verhaßt und schamvoll, oder kaltblütiger Handel („Weimar mußte sein Geld auf anderem Wege verdienen")? Wem soll man glauben, Goethe oder Wilson?

Nicht ganz übersehen kann Wilson, daß Goethe sich um die Freilassung Weimarischer Untertanen aus dem erzwungenen preußischen Militärdienst bemüht hat. Ein „löbliches Bestreben", wie er herablassend befindet – um dann aber sogleich den Spieß umzukehren. Denn was findet da statt, wenn Goethe einmal vorschlägt, für einen an die Preußen auszuliefernden relegierten, preußischen Studenten einen gepreßten Weimarer aus dem preußischen Dienst zu befreien? „Menschenhandel" natürlich, „menschenverachtendes, instrumentelles Zweckdenken". Das ist charakteristisch für Wilsons Darstellungsstil: mit ihren Donnerworten legt sich eine Rhetorik unbeirrbarer Empörung über alle Befunde und ersetzt das (historische) Augenmaß. Nach einem abenteuerlichen Streifzug durch einige Dichtungen Goethes holt Wilsons Soldatenhandel-Kapitel dann zum letzten Schlag aus. Zitiert wird eine Weimarer Verordnung vom Februar 1779(!), die dazu auffordert, „alles Schwatzen und Urtheilen über den gegenwärtigen Krieg, und was darauf Bezug haben kann, als von Werbung, [...] Durchmärschen und Winterquartieren, auch dazu erforderlichen Vorräthen, und wo dergleichen anzutreffen wären [...] gänzlich und ohne alle Ausnahme zu unterlassen". Was unschwer als Schutzmaßnahme gegen die großen Kriegsparteien zu erkennen ist, wird bei Wilson selbstverständlich zu einem Manifest der Unterdrückung jeglicher Kritik – nicht zuletzt an der eigenen, also an Goethes Werbepraxis: „in Sachsen-Weimar durfte man über Werbungen nicht ‚räsonnieren'". Deshalb also das Schweigen der „Weimarer Schöngeister" über den Soldatenhandel im eigenen Hinterhof! Konklusion: so „garantierte das Verbot politischer Kritik und die drohende Verschiffung nach Amerika die gewünschte Ordnung, wenn auch nicht Recht". Derart plump glaubt Wilson seine Leser überrumpeln zu können. Längst hat er die Rolle des Forschers gegen die des Pamphletisten eingetauscht.

Ein zweiter Fall, dessen Neuigkeitswert Wilson besonders herausstreicht, betrifft den „Professor Schiller". Als Opfer, doch auch als Mittäter gehört er in die Reihe Jenaer Professoren, an denen Wilson die Unterdrückungs- und Einschüchterungspraktiken der Weimarer Geheimräte demonstrieren möchte. Schiller unterschreibt also am 8.7.1792 mit acht anderen Professoren, darunter Paulus, Reinhold, Schütz, einen Brief an den Herzog, der um Hilfe, auch militärische, gegen studentische Tumulte bittet. Begonnen hatten sie mit einer Aktion von sechzig bis siebzig Studenten gegen den Prorektor Ulrich, der dabei „Gefahr lief, laternisirt zu werden, und meine armen Kinder in ihren Betten im ersten Schlummer von einem Steinregen getödtet zu sehen". Ein Jahr zuvor hatte er bereits eine Morddrohung erhalten, jetzt stellt man ihm in Aussicht, sein Haus anzuzünden und ihn ins Feuer zu werfen. Anderen Professoren solle es ähnlich ergehen. Man kann nicht sagen, daß der Brief der Professoren grundlos daherkäme. Wilson freilich sieht darin ein Bündnis Schillers mit der „Staatsmacht", das selbst in die *Ästhetischen Briefe* eingedrungen sei, ja deren Konzeption entscheidend gefördert habe. Ist dort, in der ursprünglichen Fassung, doch ähnlich wie im Professorenbrief die Rede von „Verwilderung", „Rohigkeit", „rohen gesetzlosen Trieben", die „das liberale Regiment der Vernunft" unmöglich machten. Nicht also die französischen Ereignisse, die Tuilerien- und Septembermorde oder die Hinrichtung des Königs durch die „Schindersknechte", sollen Schiller die Formulierungen von 1793 und 1795 eingegeben haben, sondern die Jenaer Unruhen von 1792 (die Schiller „erbärmlich" nennt), mithin die eigenen Studenten. Gegen sie richte sich Schillers „politikverdrossenes Projekt" und damit das „ästhetische Programm der Weimarer Klassik": Geburt der Klassik aus dem Geist der Reaktion.

Da Schiller dennoch „ein unberechenbarer Faktor" blieb, was immer das heißen mag, sannen die Weimarer Geheimräte auf Überwachung, und dafür konnte „Geheimrat Goethe unauffällig herangezogen werden" – unauffällig, weil Schiller selbst ihm mit der Einladung zur Teilnahme an den *Horen* entgegenkam. Aus einem Artikel von Karl-Heinz Hahn, der die Sorgfalt beschreibt, mit der Goethe seinen Antwortbrief konzipiert, und die Vermutung äußert, er habe geradezu eine amtliche „Akte Schiller" angelegt, greift Wilson begierig das Stichwort „Akte" auf. Hahn nahm das als hypothetisches Indiz dafür, daß Goethe auch für die Jenaer Angelegenheiten einen „vertrauten Partner zu gewinnen" suchte. Wilson dreht ihm das Wort im Munde um, und schon steht am Anfang des späteren Freundschaftsbundes „offenbar" (!) das „Zeichen des politisch bedingten Mißtrauens", ja die „Überwachung Schillers durch Goethe". Durch den Wortlaut des Briefwechsels läßt sich die treffliche Pointe nicht stören. Auch wenn sich Wilson beeilt, den „Druck auf Schiller" zur „Hypothese" zu deklarieren – es bleibt genug haften. Klassiker in den Fängen der „Staatsmacht", mögen auch die Schuldanteile verschieden sein.

Neu und modisch herausgeputzt, erhebt solchermaßen die schon etwas ältliche Rede von der „Klassik-Legende" wieder ihr Haupt. Weimarer Klassik: durch „Befestigung des weimarischen Absolutismus" erkauft, ein reaktionärer Reflex „bodenständig sachsen-weimarischer Zustände oder Mißstände", Ergebnis einer „Campagne in Deutschland", die Unterdrückung durch „Öffentlichkeitsarbeit" verschleiert, eine Ansammlung von „konterrevolutionären Schriften" – Wilson hat ganze Arbeit geleistet. Wer künftig solche Werke liest, läuft Gefahr, dem Charme von Menschenrechtsverletzern zu erliegen. Die gegenteilige Beteuerung, die Wilson im allerletzten Abschnitt seines Buches abgibt, kommt über ein fades Lippenbekenntnis nicht hinaus.

Flankiert wird *Das Goethe-Tabu* von einem zweiten Buch, den *Unterirdischen Gängen*. Hier versucht Wilson, seine 1991 vorgetragene „Hypothese" von der Überwachung und Bespitzelung des Geheimbundes der Illuminaten durch den Illuminaten Goethe zu erhärten, nachdem die Fachleute auf diesem Gebiet ihr die Zustimmung versagt hatten. Den denkwürdigen Grundstein seiner Goethe-Kriminologie möchte er nicht preisgeben.

Eindrucksvoll der Aufwand, mit dem nun die Geheimbundszene um 1780 nach Sukkurs durchmustert wird. Mißlich freilich: wieder gerät man in ein Hypothesen-Dickicht, in ein Gestrüpp von Vermutungen und Suggestionen, das sich um die wenigen Äußerungen Goethes zur Geheimbundproblematik rankt und die Darstellung mit einer Vielzahl von Einverständnis heischenden Floskeln wie „sehr wahrscheinlich", „höchstwahrscheinlich", „mehr als wahrscheinlich" überzieht. Heraus kommt so ein wahres Überangebot: nicht weniger als zehn Verdachtskomplexe bietet Wilson auf, um den anti-illuminatischen Beitritt der „führenden Regierungsmänner" zum Illuminatenorden plausibel zu machen. Die Massierung der Motive verstärkt die Unwahrscheinlichkeit der „Hypothese", statt sie zu mindern.

Belehren lassen hat sich Wilson inzwischen von der Bedeutung der ‚linken', der antijesuitischen Verschwörungstheorie. Die Furcht vor einem obskurantischen oder jesuitischen Komplott liegt offenkundig dem Brief Goethes an Lavater vom 22. 6. 1781 zugrunde, der die Rede von den „geheimen Künsten des Cagliostro" mit der Sorge um die Unterminierung „unserer moralischen und politischen Welt" durch „unterirdische Gänge, Keller und Cloaken" verbindet. Dann aber häufen, verwickeln und behindern sich die Beweislasten. Wilson muß aus dem Cagliostro-Brief die Ablehnung aller Geheimgesellschaften ablesen, auch die der Strikten Observanz, deren Weimarer Loge Goethe ein Jahr zuvor beigetreten ist. Er muß sodann den Jesuitenverdacht sowohl für die Schließung der Loge „Anna Amalia" im Jahr 1782 wie für den ein Jahr später folgenden Eintritt der Weimarer in den Illuminatenbund in Anschlag bringen, also beides als feindselige Aktionen mit der gleichen Stoßrichtung verstehen. Die naheliegende Annahme, daß man auch in Weimar (wie ein beträchtlicher Teil der Mitglieder des Wilhelmsbader Freimaurerkonvents) den Orden als aufklärerisches Gegeninstitut gegen Jesuiten, Rosenkreuzer oder „Wohltätige Ritter" ansah, muß sich Wilson natürlich verbieten. Damit fällt ihm die heikle Aufgabe zu, die Rolle Johann Joachim Christoph Bodes in dieser Sache zu erklären. Warum nur warb Bode, der vehementeste Verfechter der Jesuiten-Theorie, die Weimarer an? Was, um alles in der Welt, brachte ausgerechnet ihn dazu, den Weimarer Jesuitenverdacht durch Mitgliedschaft bei den jesuitenverdächtigen Illuminaten zu beschwichtigen? Wilsons Lösung des Rätsels ist ebenso ingeniös wie abwegig: Bode, vielleicht selbst nicht ganz überzeugt von der Integrität der Illuminaten, habe eingesehen, „daß er für Aufsicht der Illuminaten sorgen mußte"; er warb deshalb die „herrschaftlichen Mitglieder", „um selbst für Überwachung zu sorgen". Daß sie unter Überwachung dann etwas anderes verstanden als er, war sein Pech, Ausdruck für seine Naivität. Mit dieser Einschätzung seiner Intelligenz muß der erfahrene Geheimbündler Bode für Wilsons verwegene Konstruktionen büßen. Angesichts solcher „unterirdischen Gänge", die doch nur alle auf das festgefügte Vorurteil zulaufen, daß ein Geheimrat, „wenn er nicht verzweifelte", reflexartig seinem Kontrollinstinkt und damit der „Logik des absolutistischen Staates" folgen mußte, – Goethe kommt deshalb in Wilsons Büchern eigentlich gar nicht vor –, darf einem wohl der Goethesche Aphorismus einfallen: „Am widerwärtigsten sind die kricklichen Beobachter und grilligen Theoristen; ihre Versuche sind kleinlich und complicirt, ihre Hypothesen abstrus und wunderlich."

Hans-Jürgen Schings

(Leicht gekürzt erschien diese Rezension auch in der Frankfurter Allgemeinen Zeitung vom 1. 4. 1999.)

Angelika Jacobs: ***Goethe und die Renaissance.*** *Studien zum Konnex von historischem Bewußtsein und ästhetischer Identitätskonstruktion.* München 1997, 439 S.

Um 1800 tritt ein noch stark veränderliches Bild von ‚der Renaissance' neben die klassisch-romantisch dichotomisierte Rede von Antike und Mittelalter. Goethes ausgeprägtes Interesse an kulturgeschichtlichen Phänomenen, die Michelet und Burckhardt eine bis zwei Generationen später als Epochenkonzept fassen, wurde in der Forschung im Vergleich mit dem von den Romantikern programmatisch vorangetriebenen Historisierungsprozeß immer wieder als naive Strategie der Identitätssicherung, als reiner Versuch einer ahistorischen Spiegelung im Dienste genialer Selbststilisierung präsentiert. Demgegenüber arbeitet die vorliegende Untersuchung eine biographisch-autobiographisch orientierte Linie zunehmender Historisierung in Goethes Renaissance-Rezeption heraus, die von den Dramen *Egmont* und *Torquato Tasso* über die kunst- und wissenschaftsgeschichtlichen Studien zu den Viten Cellinis und Cardanos (*Geschichte der Farbenlehre*) zu *Dichtung und Wahrheit* führt. Hier zeigt sich, daß sich gerade der identifikatorische Impetus der Goetheschen Beschäftigung mit Renaissance-Biographien an der Wahrnehmung von Alteritätsmomenten bricht. Goethes Gespür für die Fremdheit der studierten Renaissance-Konzepte von Kunst, Wissenschaft und genialer Selbstauffassung zieht das Bedürfnis nach historisch-hermeneutischer Kontextualisierung nach sich und mündet in die Neukonzipierung der eigenen fragmentarisierten Autobiographie auf historischer Basis.

Als mentalitätsgeschichtliche Voraussetzung dieses modernen Bedürfnisses nach Selbstdeutung und Identitätskonstruktion, das sich in Goethes Renaissance-Rezeption artikuliert, werden neben den Folgeproblemen des aufkommenden Geschichtsbewußtseins die identitätstheoretischen Vorgaben der Entzweiungsphilosophie Rousseaus in den Blick genommen. Die in sich abgeschlossenen, vorwiegend rezeptionsgeschichtlichen Textinterpretationen zeigen auf, wie die latente Auseinandersetzung Goethes mit Rousseau im fortschreitenden epistemologischen Prozeß der Verzeitlichung in die klassische Funktionsbestimmung der Kunst und des Künstlertums eingeht und sich – keinswegs bruchlos – zur Antwort auf ein epochales Identitätsproblem verdichtet.

Selbstrezension

Larissa Kritschil: ***Zwischen „schöpferischer Kraft" und „selbstgeschaffnem Wahn".*** *Die Imagination in Goethes Romanen.* Würzburg 1999, 322 S.

Abgestoßen und angezogen in einem zeigt sich das 18. Jahrhundert von der Einbildungskraft. Sie wird als enfant terrible oder als „liebstes Kind" im ästhetischen und anthropologischen Diskurs kontrovers gehandelt. Während die Rationalisten sie durch den Primat der Vernunft ducken wollen, glorifizieren die Frühromantiker im Gegenzug die unbegrenzte Phantasie als Ermöglichung eines Goldenen Zeitalters.

In Goethes gesamtem Werk, seinen poetischen und theoretischen Schriften, spielt die Einbildungskraft – die eigene wie die der gedichteten Figuren – eine zentrale Rolle: als poetologische oder epistemologische Kategorie ebenso wie als essentielles Phänomen im menschlichen Dasein. Analoge Strukturen lassen sich erkennen.

Nicht nur als Erfindungsgabe des Künstlers ist die Imagination von Bedeutung. Sie stellt einen wesentlichen Bestandteil der menschlichen Grundausrüstung dar: Die schöpferische Imagination fungiert auch als notwendiger Entwurf, als treibende Kraft für die Entwicklung eines Menschen, wie es Goethe etwa an der eigenen Biographie in *Dichtung und Wahrheit* oder an der Geschichte des Protagonisten im *Wilhelm Meister* demonstriert. Diese Einbildungskraft entspricht der Idee, die den Künstler anleitet, oder der Hypothese, die der Forscher für seine Versuche braucht.

Ebenso zählt das Emphatische zur Domäne der Imagination. Ob es darum geht, Kunstwerke zu verstehen oder sich ins Innere anderer Menschen hineinzuversetzen – ein Gedanke, der in Rousseaus Mitleidslehre zentral ist und in Goethes *Werther* aufgegriffen wird –, ohne imaginative Begabung erscheint die erforderliche geistige Flexibilität nicht möglich. Als Annäherungsversuch an fremde Individuen oder Gegenstände nützlich, kann es umgekehrt jedoch schaden, wenn der Einfühlende diese Identifikation auf Kosten des eigenen Selbstbewußtseins übertreibt. Auch dies läßt sich an Werther wie an anderen ihm verwandten Romanfiguren Goethes nachweisen.

Die pathologische Imagination führt zu Realitäts- und Ichverlust. Begleit- und Folgeerscheinungen sind hier Melancholie, Hypochondrie, Wahnsinn. Die Einbildungskraft changiert zwischen Schöpferischem und Pathologischem; sie ist ein weiteres Beispiel für die von Goethe immer wieder bemühte Überzeugung von der Polarität des Daseins.

Hier liegt der Ansatzpunkt des Dichters: Ist es möglich, daß Einbildungskraft und Realität zusammen wirken können, ohne miteinander zu kollidieren? Wie läßt sich eine produktive Verbindung erreichen? Wann entsteht das pathologische Mißverhältnis? Das dialektische Potential der Imagination veranschaulicht Goethe vor allem in seinen Romanen, die exemplarisch die Entwicklung seines Schaffens vom „Sturm und Drang" über die Klassik bis ins Spätwerk nachzeichnen. Er schließt sich dabei weder der rationalistischen noch der romantischen Auffassung an, sondern zeigt die vielfältigen Erscheinungsformen des menschlichen Grundvermögens auf, mit dem der einzelne geschlagen oder begünstigt ist. Die Hauptcharakteristika einer jeden Epoche machen sich, dies wird auch ersichtlich, in Goethes Verständnis und Bewertung der Einbildungskraft bemerkbar. Die jeweils unterschiedliche inhaltliche Problematisierung und die Darstellungsweise sind von den verschiedenen Phasen beeinflußt worden.

Die Verfasserin untersucht Kontinuität und Wandel von Goethes Imaginationsverständnis vor dem philosophisch-ästhetischen Hintergrund des 18. Jahrhunderts.

Selbstrezension

Liisa Saariluoma: ***Die Entstehung des modernen Ich im deutschen Roman des 18. Jahrhunderts: von der Aufklärung bis zu Goethes „Wilhelm Meister".*** Helsinki 1999, 280 S.

Ein umfassender Modernisierungsprozeß ist im letzten Drittel des 18. Jahrhunderts zu beobachten; er prägt die gesellschaftliche und institutionelle Entwicklung, beeinflußt das Geschichtsbewußtsein und zeigt sich zudem im Roman jener Zeit. „Modernisierung" ist in diesem Zusammenhang nicht nur als Empirisierung des Weltbilds zu verstehen, die schon Ian Watt analysierte, sondern vor allem als Prinzip der „Weltimmanenz": Es gibt keinen Standpunkt der Betrachtung mehr außerhalb der erscheinenden Wirklichkeit, so daß sich Betrachtungsweise und Seinsart des Individuums dynamisieren. Diese Veränderung findet ihren literarischen Ausdruck in der Darstellung des autonomen Subjekts (im cartesianischen Sinn).

Die Wende läßt sich am Beispiel der beiden „ersten Bildungsromane" – Wielands *Geschichte des Agathon* und Goethes *Wilhelm Meisters Lehrjahre* untersuchen. So wird erkennbar, wie die Modernisierung sich nicht nur im Inhalt, sondern auch in einer veränderten Erzählperspektivik und in einer neuen Strukturierung des Romans äußert.

In der *Geschichte des Agathon* wandelt sich die Weltanschauung des Protagonisten aufgrund der Erfahrungen, die er im privaten und im öffentlichen Leben macht. Seine Entwicklung steht im Mittelpunkt des Interesses – für den Leser wie für den Erzähler –, doch das tragende Subjekt des Romans ist nicht der „Held", sondern der Erzähler, der alle Phänomene der fiktiven Welt definiert, und zwar von ihrem allgemeinen Wesen her: Das Erzählen vollzieht sich in Form der Deduktion. Der Erzähler ist das Subjekt der metaphysischen Welterkenntnis, der allerdings den Leser von seiner überlegenen Welterfahrung überzeugen muß. Er beabsichtigt, eine belehrende Geschichte zu erzählen, in der alles dem „Wesen der Dinge" gemäß folgerichtig abläuft. Wenn es ihm zuletzt – in der ersten Fassung des Romans – jedoch nicht gelingt, den Protagonisten zu der angekündigten „erläuterten Tugend" zu bringen, tut er in den späteren Fassungen sein Bestes, um die Brüche in der Durchführung des Vorhabens zu tilgen.

Bedeutende Unterschiede in der Erzählstruktur erweisen sich im Vergleich der Romane *Wilhelm Meisters theatralische Sendung* und *Wilhelm Meisters Lehrjahre*. Der Erzähler der *Sendung* bietet den Lesern die (abgebrochene) Geschichte der Entwicklung eines Theatergenies, wobei er alle Erscheinungen der Welt der Phänomene zwar nicht aus ihrem metaphysischen Wesen, aber als Einzeldinge der erfahrenen Welt definiert. Der Leser folgt Wilhelms Geschichte mit Sympathie. In den *Lehrjahren* wird dagegen von Anfang an eine Distanz zwischen der Perspektive der zentralen Figur und derjenigen des Lesers aufgebaut. Der Erzähler vermittelt nur Wilhelms Erfahrungen – und dessen Interpretation des Geschehens, die der Leser oft als Irrtum einzustufen vermag. Insofern führt der Roman keine „fertige Geschichte" vor, sondern der Protagonist und der Leser sind aufgefordert, auf der Basis der Erlebnisse Wilhelms ein Ganzes zu produzieren. Hier zeigt sich die Stellung Wilhelms als autonomes Subjekt der Welterfahrung im Mittelpunkt des Romans: Es gibt niemanden, der über seinen Kopf hinweg den Inhalt der Phänomene, die Beschaffenheit der Welt und seine Person bestimmt. Dementsprechend wird der Protagonist in einer dauernden dynamischen Situation, als reagierend, erkennend, mitwirkend dargestellt. Eine Instanz, die die Dinge von außen definieren könnte, existiert nicht; diese Lebensimmanenz bedingt die Dynamisierung der Welt- und Selbsterfahrung.

Die weitere Analyse gilt den indirekten Mitteln, mit denen der Autor die Interpretation des Lesers lenkt, und den Faktoren, die Wilhelm Orientierung in der Welt geben, ohne seine Autonomie einzuschränken: der Natur, insofern sie im individuellen Menschen selbst wirkt, und der Kunst, insofern das Individuum seine inneren Ahnungen und Neigungen in ihr geformt wiederentdeckt.

Ein Roman, in dem ein autonomes Subjekt den Mittelpunkt des Ganzen bildet, fordert den Protagonisten wie den Leser immer aufs neue dazu auf, die Dinge und Begebenheiten auf ein Ganzes hin zu interpretieren. – Es ist anzunehmen, daß die Ergebnisse der Studie den traditionellen Begriff des Bildungsromans revidieren.

(Die Arbeit ist in finnischer Sprache erschienen.)

Selbstrezension

AUS DEM LEBEN DER GOETHE-GESELLSCHAFT

76. Hauptversammlung vom 27. bis 29. Mai 1999: Goethe und das 20. Jahrhundert. Das Vergangene als das Zukünftige?

Programm und Ablauf

26. Mai, Anreisetag, 16.00 Uhr, Goethe- und Schiller-Archiv:
Eröffnung der Ausstellung „Goethes Morgenlandfahrten – Goethes Auseinandersetzung mit der Kultur des Orients", eine Ausstellung der Stiftung Weimarer Klassik im Goethe- und Schiller-Archiv. Den Einführungsvortrag hielt Frau Prof. Dr. Katharina Mommsen (siehe S. 281 ff.).

26. Mai, 20.00 Uhr, Jugend- und Kulturzentrum „mon ami":
„Wie an dem Tag, der dich der Welt verliehen". Goethe – Lieder und Gedichte. Rezitation: Cornelia Kühn-Leitz (Hannover), Gesang: Sylvia Koke (Köln), Klavier: Tamara Kawtiaschwili (Tbilissi/Weimar)

26. Mai, 20.00 Uhr, Neues Museum Weimar:
Prof. Dr. Rolf Bothe, Direktor der Kunstsammlungen zu Weimar, führte durch das Neue Museum Weimar und die Sammlung Paul Maenz.

26. Mai, 20.00 Uhr, Dorint-Hotel (Salon von Maltitz):
„Weltbürger Goethe – bis heute?" Mitglieder der internationalen Goethe-Gesellschaft diskutieren über Goethes Stellung in den heutigen Kulturen (eine Sendung der Reihe MDR-Kulturcafé, Gesprächsleitung: Michael Hametner).

27. Mai, 10.00 Uhr, Deutsches Nationaltheater Weimar:
Eröffnungsveranstaltung. Musikalische Einstimmung: Ludwig van Beethoven: Sonate f-Moll, op. 57, „Appassionata", 1. Satz: Allegro assai. Es spielte Anne Folger, Studentin der Musikhochschule „Franz Liszt".

Begrüßung durch den Präsidenten der Goethe-Gesellschaft, Prof. Dr. Werner Keller; Grußworte des Thüringer Ministerpräsidenten, Dr. Bernhard Vogel, des Oberbürgermeisters der Stadt Weimar, Dr. Volkhardt Germer, und des israelischen Botschafters in Deutschland, S. E. Avi Primor.

Eröffnungsvortrag: Frau Prof. Dr. Katharina Mommsen: „Goethe und unsere Zeit".

Musikalischer Ausklang mit der Ballade h-Moll von Franz Liszt. Es spielte Anne Folger.

27. Mai, Nachmittag:
Wissenschaftliche Konferenz zum Thema „Goethe und das 20. Jahrhundert. Das Vergangene als das Zukünftige?" 14.00 bis 15.30 Uhr Arbeitsgruppen A–D und 16.00 bis 17.30 Uhr Arbeitsgruppen E–H.

27. Mai, 20.00 Uhr, Jugend- und Kulturzentrum „mon ami":
Volker Braun las aus seinem lyrischen Werk.

27. Mai, 20.00 Uhr, Forum Seebach:
Kammermusik um 1800 für Fortepiano. Das Ensemble „l'Ottocento" spielte Mozart-Sinfonien in Kammermusikbearbeitung von Johann Nepomuk Hummel, dargeboten auf historischen Instrumenten.

27. Mai, 20.00 Uhr, Goethe-Nationalmuseum:
Rundgang, Begegnung und Gespräch – ein Abend im Goethe-Nationalmuseum

27. Mai, 19.30 Uhr, Deutsches Nationaltheater:
„Mephisto". Ein Tanztheater von Marcio Aurelio und Ismael Ivo nach Goethes „Faust"

28. Mai, Vormittag:
Fortsetzung der wissenschaftlichen Konferenz. 9.00 bis 10.30 Uhr Arbeitsgruppen I–M und 11.00 bis 12.30 Uhr Arbeitsgruppen N–Q

28. Mai, 14.30 Uhr, Jugend- und Kulturzentrum „mon ami":

Ordentliche Mitgliederversammlung:

- Eröffnung und Begrüßung durch den Vizepräsidenten, zugleich Versammlungsleiter
- Bekanntgabe der Tagesordnung durch den Versammlungsleiter
- Tätigkeitsbericht des Präsidenten (siehe S. 435 ff.)
- Rechenschaftsbericht der Schatzmeisterin (siehe S. 439 f.)
- Bericht der Kassenprüfer
- Ehrung von Goethe-Forschern mit der Goldenen Goethe-Medaille (siehe S. 441 ff.)
- Verleihung von Ehrenmitgliedschaften (siehe S. 447 ff.)
- Entlastung des Vorstands
- Entlastung der Kassenprüfer
- Wahl von zwei Kassenprüfern für die Zeit von 1999 bis 2003 [in offener Wahl wur- den Herr Volkmar Birkholz und Herr RA Johannes Kippenberg als Kassenprüfer gewählt]
- Verabschiedung der ausscheidenden Vorstandsmitglieder
- Antrag auf Ehrenpräsidentschaft (siehe S. 451 f.)
- Vorstellung der Kandidaten für die Wahlkommission und Wahl der Wahlkommission [Herr Dr. Siegfried Seifert wurde als Wahlleiter gewählt.]
- kurze Darstellung der Ziele der beiden Bewerber um das Präsidentenamt: Herr Dr. habil. Jochen Golz und Herr Prof. Dr. Volkmar Hansen
- Wahl des neuen Vorstands für die Zeit von 1999 bis 2003 (siehe S. 453)
- Bekanntgabe des Wahlergebnisses

Der Versammlungsleiter teilte mit, daß die Konstituierung des Vorstands aus Zeitgründen am 29. Mai, 8.30 Uhr stattfindet und vor Beginn der Auswertung der wissenschaftlichen Konferenz bekanntgegeben wird. Es gab keine Einwände durch die Mitgliederversammlung.

28. Mai, 20.00 Uhr, Hotel „Hilton":
Geselliger Abend

28. Mai, 20.00 Uhr, Goethe-Nationalmuseum:
Rundgang, Begegnung und Gespräch – ein Abend im Goethe-Nationalmuseum

28. Mai, 19.00 Uhr, Römisches Haus:
„Italienische Nächte" – anläßlich der Wiedereröffnung des Römischen Hauses. Die Com-pagnia Teatro Paravento Locarno präsentierte „Carnevale. Die italienische Reise des Dr. Faust".

28. Mai, 19.30 Uh, Deutsches Nationaltheater:
Hector Berlioz: „Fausts Verdammnis". Dramatische Legende in vier Teilen

29. Mai, 9.00 bis 11.00 Uhr, Jugend- und Kulturzentrum „mon ami":
Berichte über den Gesprächsverlauf in den einzelnen Arbeitsgruppen

29. Mai, 16.00 Uhr, Deutsches Nationaltheater:
Goethe: „Faust. Der Tragödie erster und zweiter Teil"

29. Mai, 19.00 Uhr, Römisches Haus:
„Italienische Nächte" – anläßlich der Wiedereröffnung des Römischen Hauses. Die Compagnia Teatro Paravento Locarno präsentiert „Carnevale. Die italienische Reise des Dr. Faust".

29. Mai, 20.00 Uhr, Goethe-Nationalmuseum:
Rundgang, Begegnung und Gespräch – ein Abend im Goethe-Nationalmuseum

Tätigkeitsbericht des Präsidenten

Verehrte Mitglieder der Goethe-Gesellschaft,

den Zeitraum von fünf Jahren nannten die Römer ein Lustrum: Wenn man nur den Tag und nicht ein ganzes Lustrum anpacke, so Goethe in einer Maxime (HA 12, S. 518), „gibt's keine Garben". Binden wir die vier Tätigkeitsberichte, die ich seit 1991 vorlegte, mit dem heutigen fünften zusammen, können einige „Garben" aufgestellt und begutachtet werden.

Es bedarf an diesem heißen Nachmittag nicht des minutiösen – und dadurch strapaziösen – Rapports, es genügt das Stenogramm arbeitsreicher Monate, zumal die Chronik unseres Jahrbuchs, die von vielen Mitgliedern mit Bedacht gelesen wird, weiteren Aufschluß gibt.

Sehr erfreulich entwickelte sich unser Stipendiatenprogramm während des vergangenen Jahrfünfts: Im Herbst können wir den hundertsten Goethe-Forscher in Weimar willkommen heißen, – ausschließlich mit privaten Spendenmitteln unterstützt, wozu die Deutsche Bank jährlich 50 000 DM beitrug. Der Aufenthalt an der Ilm ermöglicht Selbsterziehung in der Arbeit an einem Gegenstand, der zur Selbstbegrenzung anhält. Die Wirkung der Stipendien übertrifft alle Erwartungen; diese Einladungen sind auch fortan jeder Anstrengung wert. Die Dankbarkeit unserer Gäste objektivierte sich mehrfach darin, daß sie in ihrer Heimat gegen alle äußeren Widrigkeiten eine Goethe-Gesellschaft gründeten.

Die Wiener Goethe-Gesellschaft ist älter als die Weimarer, die englische entstand wenig später – im Frühjahr 1886. Mehrere neue Gesellschaften konnten während der letzten Monate ins Leben gerufen werden – vor Tagen die spanische. Frau Professor Siguan aus Barcelona ist unter uns; sie sei stellvertretend für alle anderen Präsidenten und Vorsitzenden herzlich begrüßt. Auch in Estland, in Belgien, Ungarn und in der Türkei ist man, wenn ich so sagen darf, guter Hoffnung. Damit können wir am Ende des Goethe-Jahres siebzehn neue Gesellschaften zählen, allesamt im Vorschulalter und doch schon selbständig und zielstrebig und früh gereift, wie die Berichte belegen. Wir sind sehr dankbar, überfordern niemanden mit unserer Erwartung – und verbinden doch mit jeder Goethe-Gesellschaft die Hoffnung auf gelebte Weltoffenheit und praktizierte Toleranz – in Goethes Terminologie: auf „Weltsinn" und „Gemeinsinn".

Daß auch das Ideelle seine reale finanzielle Basis braucht, leuchtet jedermann ein, ohne daß diese Einsicht ins Konkrete übersetzt werden müßte. Die meisten ausländischen, vornehmlich die östlichen Goethe-Gesellschaften sind auf unsere Hilfe angewiesen – und nicht nur im Jahr ihrer Gründung. Diese auswärtige Kulturpolitik, die wir mit ausschließlich privaten Mitteln betreiben, hat ihren Preis. Ungern spreche ich über Geld, das, unter Mühen für nationale und auch acht regionale Freundeskreise in Rußland und Georgien zusammengetragen, zudem für einige Übersetzer ausreichen muß, die in Not sind. Schließlich sind Mittel für die Drucklegung einzelner Bände wie für Gesamtausgaben – beispielsweise in Serbien und Rumänien – aufzubringen. Goethes geistige Präsenz ist auf neue Übersetzungen und Kommentare – zu erschwinglichen Preisen – angewiesen.

Hilfe zur Selbsthilfe – dies sind neue Aufgaben, von denen man früher nichts wußte, die wir nach 1990 vorfanden und ohne Zögern auf uns nahmen. Das Ermutigende: Unser Engagement wird allenthalben mit gleicher Entschiedenheit erwidert, an vielen Orten von den Goethe-Instituten mitgetragen. Während der letzten Jahre entwickelten sich überaus herzliche Freundschaften – beispielsweise nach Riga –, die alle Beteiligten zur Vertiefung anhalten. Aus Erfahrung wissen wir Älteren, daß es oft die äußere Not ist, die den Sinn fürs Wesentliche schärft. Wir Deutschen lernen Selbstbescheidung im Umgang mit Menschen aus dem östlichen Europa, die die neugewonnene politische Freiheit mit ökonomischer Unfreiheit und mancher politischen Verwirrung teuer bezahlen müssen.

Von der vorbildlichen Arbeit unserer Ortsvereinigungen berichten die Jahrbücher. In Freiburg und Rosenheim kamen im vergangenen Winter neue Gesellschaften, die 52. und 53., hinzu, die wir voller Freude begrüßen – immer mit Erstaunen, daß es nicht nur in der vermeintlich guten alten, daß es auch in unserer Zeit begeisterungsfähige Menschen gibt, die uneigennützig für einen Kreis Gleichgesinnter jene Energie aufbringen, die zur kulturellen Vielfalt ihrer Heimatstadt beiträgt. Die Ortsvereinigungen in Ost- und Westdeutschland haben sich im letzten Jahrzehnt durch gegenseitige Hilfsbereitschaft aufs schönste bewährt. Von Weimar aus tun wir bis zur Stunde diskret das Unsere.

Jetzt warten neue Aufgaben, denn ich erbitte Patenschaften für regionale Goethe-Vereinigungen – beispielsweise in Kaliningrad, dem früheren Königsberg, in St. Petersburg und Pskow, aber auch in Prag und Bratislava und hoffentlich bald in Gdansk (Danzig). Was von Wetzlar aus zusammen mit der Evangelischen Kirche getan wurde und in kargen Andeutungen im Jahrbuch nachzulesen ist – praktizierte Mitmenschlichkeit –, beeindruckt immer aufs neue und ruft zum Mittun auf. Unsere Gesellschaft wuchs nach 1990 über das Feinsinnig-Ästhetische und das Esoterische literarischer Zirkel weit hinaus, indem sie konkrete Mitsorge für andere übernahm. Daß Studenten und Schüler bei unseren vielen Verpflichtungen nicht vergessen werden, belegen die von Professor Ehrlich durchgeführten Symposien der Stiftung Weimarer Klassik, an denen sich unsere Gesellschaft beteiligt: Immer kommen dabei Mitglieder unserer Ortsvereinigungen zu Wort; immer ist auch dem eingeladenen Abiturienten oder Studenten ein Kurzreferat zu halten aufgetragen.

Unsere Statuten wissen von diesen vielfältigen Aufgaben und Tätigkeiten nichts. Dies ist kein Mangel, da sich neue Initiativen im Dickicht der Paragraphen leicht verheddern und ein gerüttelt Maß der bundesdeutschen Stagnation aus den hundert Filiationen der Besitzstandswahrung resultiert. Um dem Wandel der Zeit gerecht zu werden, ist es allerdings angebracht, nächstens einige unserer Regelungen zu präzisieren, manche zu modifizieren und andere zu streichen. Die Internationalität der Goethe-Gesellschaft bedarf der ausländischen Neugründungen wegen des vereinsrechtlichen Postskriptums. Schon im Sommer 1886 zählten wir 270 ausländische Mitglieder; 1983 sprach Karl-Heinz Hahn öffentlich von der „internationalen Goethe-Gesellschaft". Junge, sehr ernste Mitglieder mahnten überdies die Wahl des Präsidenten durch das Plenum an: Das Für und das Wider halten einander hier die Waage.

Wir kennen es aus Erfahrung: daß ein gelöstes Problem ein neu zu lösendes nachzieht. Wir wissen, daß es immer dies und jenes zu verändern und anderes zu verbessern gilt. Das Jahrbuch, bei den Fachkritikern und, was wichtiger ist, bei den Mitgliedern sehr angesehen, braucht fortan einen eigenen Herausgeber, da der Präsident bei der Überfülle anderer Pflichten überfordert wäre, und es braucht hin und wieder einen grundlegenden Beitrag zu Methodenfragen. Ich achtete darauf, daß in jedem Jahrbuch ein Doktorand und ein Habilitand die Gelegenheit zu einer Publikation erhielten, überdies auch ein Kenner aus dem östlichen Europa und dem Fernen Osten. Vom Schiller-Jahrbuch können wir lernen, ein dringendes Problem unserer Tage aufzugreifen, von mehreren Seiten zu beleuchten und doch auf wenigen Blättern abzuhandeln; die Hölderlin-Gesellschaft publiziert nicht nur Rezensionen, sondern kommentiert auch in drei, vier Zeilen die Resultate neuer Aufsätze; die Kleist-Gesellschaft verleiht alljährlich ihren Preis an einen Autor: allesamt nachahmenswerte Initiativen. Wir möchten die Edition der Tagebücher und Briefe von Maria Pawlowna auch weiterhin fördern, wir müssen die Kooperation mit anderen literarischen Sozietäten – der Herder-, der Schiller-, der Fontane-, der Thomas-Mann-Gesellschaft – noch intensivieren. Kommerz und Klamauk, Profit und Prestige bedrängen uns alle gleichermaßen.

Eingangs versprach ich ein knappes Resümee, bei dem ich es angesichts unserer prall gefüllten Tagesordnung belassen muß, obwohl vieles Gute noch erwähnt werden sollte, vornehmlich die Arbeit mancher in- und ausländischen Gesellschaften, die durch Einfallsreichtum und kluge Vielfalt beeindruckt. Auch wenn sich geistige Wirkungen nur auf lange Sicht und nur in der Stille vollziehen, läßt sich das Gelungene erahnen, das, um zwei Beispiele herauszugreifen, studentische Wettbewerbe in Sofia und sprachlich-literarische Schülerolympiaden im georgischen Kutaissi hervorbringen. Wir sind mit Geschenken dabei, wenn uns, wie im westafrikanischen Dakar, ein großes Dauergeschenk zuteil wird: die Vergegenwärtigung von Goethes Werk, die Pflege unserer Sprache und Literatur. (Wir müssen fürchten, daß die Dominanz des Amerikanischen in Wirtschaft und Technik in den nächsten Jahrzehnten Offenheit und Fleiß für das Erlernen anderer Sprachen reduzieren wird.)

Ein Tätigkeitsbericht wird erst komplett, wenn er das Unerreichte oder Mißlungene bedenkt. Mit Elan wurde 1992 begonnen (vgl. GJb 1991, S. 263 und GJb 1992, S. 240 f.), einen Freundeskreis zu bilden, der die Stiftung Weimarer Klassik und unsere Gesellschaft umschließen sollte. Zusagen von renommierten Vorstandsvorsitzenden wie Edzard Reuter, von Verlegern und Journalisten lagen vor. Die Personalunion, die der neuberufene Stiftungspräsident als Intendant des Kunstfests einging, lenkte die Initiative auf Ziele, die nicht die unseren sein konnten. Das Gutgewollte blieb unverwirklicht …

Eingehen müßte ich schließlich auf eine „Tätigkeit", welche die unsere pervertiert, auf die Dreistigkeit eines Namensklau in Frankfurt, der mit dem guten Namen unserer Gesellschaft seine dubiosen Geschäfte macht. Hier sind die Juristen unter uns angesprochen, möglichen Schaden abzuwenden. Als Bürger dieses Staates bin ich betroffen, wenn ich hin und wieder höre, welche Gaunereien heute im Geschäftsleben möglich und welche Praktiken gängig sind. Meine Befürchtung: daß wir den gerichtlichen Streit gewinnen, doch die aufgewendeten Gelder verlieren, da sich der Kontrahent womöglich mit einer neuen Raffinesse davonzustehlen versteht. Juristen brauchen wir auch, um die früheren Besitzverhältnisse der Goethe-Gesellschaft zu erkunden, um in Weimar die Erinnerung an die reale Bedeutung unserer Gesellschaft zurückzugewinnen, die sie außerhalb Weimars ideell besitzt. Da ich meinem Nachfolger Bittgänge dieser und jener Art ersparen möchte, muß zu meinem Mißvergnügen ein Exkurs eingefügt werden.

Als man 1954 alle klassischen Erinnerungsstätten zusammenfaßte und den „Nationalen Forschungs- und Gedenkstätten" zuschlug, begann mit der materiellen Enteignung die Vergeßlichkeit, die Verdrängung früherer Verdienste unserer Gesellschaft, – es begann ein Gedächtnisverlust in Weimar, der sich im letzten Jahrzehnt auf manche Zugereisten übertrug. Wer weiß noch in den Direktorien, im Stadtparlament, bei den Kunstführungen, was Weimar der Goethe-Gesellschaft bis 1945 verdankt? Kein Vernünftiger wird Goethes Briefe an Frau von Stein zurückverlangen, die die Goethe-Gesellschaft 1888 zu einem horrenden Preis erstand; niemand fordert die Rückgabe von Kolbes Goethe-Porträt aus dem Jahr 1822 oder von Schillers Nachlaß, den sein Urenkel 1889 der Goethe-Gesellschaft vermachte. Durch Schenkung oder Ankauf erwarb diese wesentliche Anteile aus dem geistigen Erbe bedeutender Autoren – auch aus Mörikes und Hebbels Hinterlassenschaft … So könnte, so müßte man fortfahren und auf die Dornburger Schlösser verweisen (vgl. GJb 1995, S. 420), müßte fragen, wem Anton Kippenberg, Präsident der Goethe-Gesellschaft, im Jahre 38 seine unvergleichlich wertvollen Büchner-Manuskripte überließ, wenn nicht seiner Gesellschaft, die die Betreuung der Gedenkstätten übernommen hatte. Im Jahrbuch 1887 heißt es: Obwohl das Archiv nicht Eigentum der Gesellschaft sei, habe sich ihm „die Hand gütiger Geber" aus den Reihen der Mitglieder geöffnet; zu diesen „Gebern" zählten generöse Hoheiten wie die deutsche Kaiserin. Im Jahr 1956 sagte Präsident Wachsmuth: Die Gesellschaft war der Mäzen und übte ein „ungeschriebenes Patronatsrecht" aus (S. 325). Daher gingen die Darlegungen über Archiv und Museum in frühere Jahresberichte ein. Aber was vormals getan wurde und heute von unserer Gesellschaft getan wird, nehmen in Weimar nur wenige wahr. Damit verliert die frühere Großzügigkeit nachträglich ihren guten Sinn.

Zehntausende von Bänden in Bibliothek und Archiv sind ursprüngliches Eigentum der Gesellschaft. Diese Besitzverhältnisse müssen ermittelt und in Weimar zur Kenntnis gebracht werden, damit nicht auch noch mein Nachfolger gezwungen ist, für jede Hauptversammlung viele tausend Mark allein für Saalmieten aufzubringen. Vor drei Jahren erinnerte ich den damaligen Bundeskanzler Kohl, der unterwegs nach Weimar war, daß dessen „heutige Bedeutung, ideell und gleicherweise materiell, ohne die generationenlange Anstrengung der seit 1885 tätigen Goethe-Gesellschaft ungleich geringer wäre: Während der ersten Jahrhunderthälfte half sie mit, einzigartige Nachlässe zu erwerben, zu sichten und zu edieren, Gebäude und Liegenschaften zu erhalten, Museen auf- und auszubauen. Während der bitteren Jahrzehnte der deutschen Teilung bewahrte sie die geistige Einheit der Kulturnation: eine Leistung verantwortlich handelnder Menschen in Ost und West." Von den, wie zu lesen war, 65 Millionen an Steuergeldern für Weimar, die Kulturstadt 1999, fiel für unsere Arbeit kein Pfennig ab. Allein für diesen 76. Kongreß mußte ich über 300 000 private DM zusammentragen. Diese Kärrnerarbeit nahm ich nicht für Mietkosten, sondern für Menschen auf mich: um Goethe-Freunden unsere Freundschaft zu erweisen. An Weimarer Institutionen wurden, so der Generalbeauftragte, fünf Millionen vergeben. Wäre uns nur ein Zehntel der Summe zugeflossen, hätten wir Goethe-Doktoranden und -Habilitanden in aller Welt ermittelt und mit ihnen zusammen junge Schriftsteller, Komponisten, Maler und Skulpteure für vier Wochen eingeladen, die ihrem Metier und unserer Gegenwart gemäß Motive der Klassik verarbeiten. Unsere

Verantwortung für heute muß auch der Goethe-Kenntnis von morgen gelten.

Rasch wieder zurück zum Festlichen des Jahres: Wir halten bei unseren drei Kongressen streng die Distanz ein, die Goethes Größe setzt und der geschichtliche Abstand fordert. Uns in ihm zu feiern, untersagen wir uns. Er bleibt – nach einem Wort André Gides – der „unerklärte Unerklärliche", und doch haben wir es erfahren, daß die Vertiefung in sein Werk auch die Einsicht in eigenes und fremdes Leben vertieft.

Wenn ich danken kann, fühle ich mich wohl. Und so danke ich für die 1,2 Millionen, die wir im Lauf der Jahre als projektgebundene Mittel von der Deutschen Forschungsgemeinschaft, dem Auswärtigen Amt, dem Bundesinnenministerium und dem Ministerium Dr. Naumanns erhielten. Und ich danke für die weit mehr als 1,6 Millionen, die ich mit Rundbriefen, Hunderten von Anschreiben und Telefonaten und ungezählten Bittbesuchen zusammentrug. Besonderen Dank der Krupp-, der Thyssen- und der Alfred und Cläre Pott-Stiftung, ebenso der ZEIT-, der Merck- und der Bosch-Stiftung, vielen Dank auch der Hypotheken-Bank in Essen und abschließend der Daimler-Benz AG, die die Druckkosten für eine georgische *Werther*-Übersetzung beglich. Allen, jedem sei herzlich für das Niveau der Gespräche und die Noblesse des kultivierten Umgangs gedankt. Dem Europarat, insbesondere seinem Generalsekretär, sind wir für die Übernahme der Schirmherrschaft verpflichtet, Erfurter Ministerien für mancherlei Zuwendung, Mitarbeitern der Stiftung Weimarer Klassik für ihre schöne Hilfsbereitschaft, Herrn und Frau Beyer, Enkelin Rilkes, für ihre Gastfreundschaft gegenüber unseren Stipendiaten.

Vergessen wir nicht: Die Mitgliedsbeiträge reichen nicht, um auch nur die schmalen Gehälter der Geschäftsstelle und einer Kölner Mitarbeiterin aufzubringen, und unsere Mitgliederzahl stagniert, was sich fast jeder – mit Ausnahme des Internisten Professor Werner Kunert – ankreiden müßte. Wir sind auf öffentliche Zuschüsse und vor allem auf private Spenden völlig angewiesen, wollen wir angemessen fortführen, was mit der Leidenschaft fürs Konkrete begonnen wurde: Keine der vielen und aufwendigen Aktivitäten im Kulturstadtjahr ist an Wirkung über den flüchtigen Tag hinaus mit unserem Stipendiatenprogramm zu vergleichen. Es sind die geistigen Investitionen, die die reichsten Zinsen abwerfen. Daher arbeiten wir in der Geschäftsstelle mit penibler Sparsamkeit; daher mein Verzicht auf jede Aufwandsentschädigung, daher meine Spenden – und ein weiteres Mal meine dringende Bitte, neue Mitglieder zu werben.

Am Ende den Gebern meine Achtung für jede Mark, den freundlich Gesinnten meine Dankbarkeit für jeden guten Gedanken und für jedes gute Wort, das mir galt. Bleibende Verehrung für Freunde und Verwandte, deren finanzielle Großzügigkeit ungenannt sein will.

Mit schönstem Respekt seien die Mitarbeiterinnen der Geschäftsstelle erwähnt. Sehr verläßlich taten sie selbständig und einfallsreich ihre Arbeit, die nur ermessen kann, wer die verwirrende Vielfalt der dortigen Tagesgeschäfte kennt. Was mir besonders wichtig war: Keine Anstrengung wurde gescheut, um den Stipendiaten, und nicht nur während der tastenden Anfänge, in der Fremde ein Stück Heimat zu ersetzen. *Stimmen der Völker* nannte Herder seine Anthologie; die Stimmen vieler Völker vereinen sich, wie aus Dutzenden Briefen hervorgeht, wenn das Loblied auf die Geschäftsstelle und auf unsere Gesellschaft gesungen wird: auf Frau Müller und Frau von Zweidorff, auf Frau Dr. Oberhauser und Frau Speer. Frau Müller geht in den verdienten Ruhestand, von unserem herzlichsten Dank und unseren guten Wünschen begleitet (vgl. unsere Chronik, S. 472). Frau Speer tritt an ihre Stelle, inzwischen eingeweiht in die Schwarze Kunst der buchhalterischen Zahlenmagie. Frau von Zweidorff leistet wie eh und je vorzügliche Arbeit. Die Leiterin der Geschäftsstelle, Frau Dr. Oberhauser, ist nach kurzen zehn Monaten bereits unentbehrlich; sie hat die Sache unserer Gesellschaft zu ihrer eigenen gemacht.

In Köln teilten Frau Dr. Gómez-Montero, Frau Dr. Reul und Herr Sombroek mit mir die Mühen, die nicht enden wollten, über all die Jahre hinweg: Die Dankbarkeit des Anfangs dauert in bewährter Freundschaft fort. Den kürzesten Dank, eben weil er der ausführlichste sein müßte, meiner Frau. Am Ende noch ein überfälliges Dankeswort für die unausgesprochene Lehre meiner sechs älteren und drei jüngeren Geschwister; sie haben mich, wir haben einander dazu erzogen, daß das Personalpronomen „ich" nur gebrauchen sollte, wer zuvor den stillen Anspruch des „wir" mitbedacht hat.

Jeder Übergang enthält auch einen neuen Anfang. Nach achteinhalb Jahren selbstvergessener

Arbeit sei im Blick auf unsere Gesellschaft und zu unser aller Mahnung wiederholt, was Goethe bei der Eröffnung des Ilmenauer Bergbaus im Februar 1784 sagte: Es tue ein jeder, was er in seinem Kreise tun kann, „und so wird es gewiß gut gehen".

Rechenschaftsbericht der Schatzmeisterin für die Geschäftsjahre 1997 und 1998

Eigentlich kann ich mich, im Rückblick auf die vorigen Berichte, nur wiederholen – natürlich nicht in den hier mitzuteilenden Zahlen, aber in der mit dem Geschäftsbericht verbundenen Einschätzung des materiellen Lebens unserer Gesellschaft. Und die Wiederholung ist in diesem Fall durchaus erfreulich. Denn auch in diesem Jahr kann und muß ich beginnen mit Danksagung – an Sie alle. Wie schon so lange, ist Ihre Verbundenheit mit der Goethe-Gesellschaft, mit ihren Zielen und ihrem Wesen, wiederum durch Ihre Beiträge und Spenden auch in finanzieller Form wirksam geworden. Sie haben die konkrete Existenz, den Fortbestand dieses – wie es bürokratisch heißt – „eingetragenen Vereins" überhaupt ermöglicht. –

Zu wiederholen ist auch sofort: Wir wollen weiterhin dafür sorgen, daß kein Mitglied die Goethe-Gesellschaft aus finanziellen Gründen verlassen muß; bitte vertrauen Sie es uns an, wenn die Beitragszahlung für Sie selbst oder für Freunde und Bekannte problematisch wird.

Die Beiträge und Spenden ermöglichen unsere gemeinsame Arbeit. Die Förderer, Gönner, Sympathisanten der Goethe-Gesellschaft in Bund und Land tragen sehr viel dazu bei. Sie wissen es, und es sei dennoch wieder ausgesprochen, in welch hohem Maße wir es den wohl nicht zu überbietenden Bemühungen des Herrn Präsidenten zu verdanken haben, daß die Goethe-Gesellschaft auch unter den prekärer gewordenen ökonomischen Bedingungen in der Lage geblieben ist, ihre Ziele insgesamt beizubehalten und kontinuierlich weiter an deren Verwirklichung zu arbeiten.

Die Zahlen zu den beiden Geschäftsjahren sollen Ihnen einen Eindruck über die Möglichkeiten und Verhältnisse vermitteln, die sich aus alledem ergeben haben.

Die Einnahmen des Jahres 1997 betrugen 671 049 DM. Sie setzten sich vor allem folgendermaßen zusammen: Mitgliedsbeiträge 178 118 DM. – Spenden 215 336 DM. Nach wie vor wollen die meisten Spender nicht genannt sein, so daß wir ihnen an dieser Stelle nur unseren im doppelten Wortsinne namenlosen Dank aussprechen können. –

Speziell für die 75. Hauptversammlung haben wir Projektfördermittel vom Bundesministerium des Inneren in Höhe von 37 187 DM erhalten, von der Deutschen Forschungsgemeinschaft 41 420 DM, einen Zuschuß aus der Kulturstiftung der Deutschen Bank in Höhe von 70 000 DM sowie 2 000 DM von der Stadt Weimar.

Die Ausgaben beliefen sich im Jahr 1997 auf 800 504 DM. Sie betrafen das 113. Jahrbuch mit 82 020 DM sowie die 75. Hauptversammlung mit 220 400 DM. Zur Unterstützung von Ortsvereinigungen und für Anschubfinanzierungen von Neu- und Wiedergründungen benötigten wir 44 748 DM. Wir konnten 169 332 DM für unsere Stipendiaten ausgeben. Es wurden 118 620 DM an Gehältern gezahlt, dazu kamen Lohnsteuer und Sozialversicherungsbeiträge in Höhe von 119 520 DM. – Die übrigen Ausgaben verteilen sich hauptsächlich auf die Geschäftsführung – vom Büromaterial bis zu den Telefongebühren und den bei sparsamster Wirtschaftsweise noch immer 13 243 DM betragenden Kosten für Porto.

Für das Geschäftsjahr 1998 liegen folgende Ergebnisse vor:

Die Einnahmen betrugen 626 770 DM. Sie setzten sich zusammen aus Mitgliedsbeiträgen in Höhe von 184 978 DM und Spenden in Höhe von 152 890 DM. – Zuschuß erhielten wir für das 114. Jahrbuch vom Bundesministerium des Inneren (50 000 DM). Vom Land Thüringen bekamen wir Fördermittel für die Thüringer Ortsvereinigungen (7 150 DM) und für einen Stipendiaten (6 600 DM). Von der Kulturstiftung der Deutschen Bank konnten wir auch für das Jahr 1998 einen Zuschuß von 50 000 DM entgegennehmen, der ebenfalls dem Stipendiatenprogramm zugute kommt. Wir messen diesem Förderprogramm nach wie vor besondere Bedeutung bei – die Investition in den wissenschaftlichen Nachwuchs zahlt sich auch langfristig aus; unsere Erfahrungen mit den Stipendiaten jedenfalls sprechen dafür.

Die Ausgaben für 1998 betrugen 586 230 DM. Für das Jahrbuch waren auszugeben 66 047 DM. Die Kosten für die Unterstützung von Ortsvereinigungen und für weitere Neugründungen, vor allem im Ausland, beliefen sich auf 56 044 DM. Für Stipendiaten konnten wir 124 183 DM ausgeben. An Gehältern waren (inclusive Abgaben) 273 432 DM zu zahlen; das wurde ein wenig erleichtert durch den Zuschuß in Höhe von 33 500 DM für eine ABM-Stelle. Die übrigen Ausgaben entstanden wiederum aus Geschäftskosten, z. B. 13 211 DM für Porto, 6 861 DM für Telefon.

„Finanzieller Optimismus" ist bereits im Hinblick auf das erlaubt, was wir in diesen Tagen gemeinsam erleben: Wir können für die diesjährige Hauptversammlung wiederum auf großzügige Unterstützungen rechnen – mit großem Dank sind zu nennen: das Bundesministerium des Inneren, das Auswärtige Amt, die Alfried Krupp von Bohlen und Halbach-Stiftung, die Fritz Thyssen-Stiftung, die Alfred und Cläre Pott-Stiftung, die Robert Bosch-Stiftung, die ZEIT-Stiftung Ebelin und Gerd Bucerius, die Hypothekenbank in Essen, die Deutsche Forschungsgemeinschaft, der Freistaat Thüringen, die Henkel KGaA und die Stadt Weimar.

Soweit das „Zahlenwerk". Wir können Ihnen und uns diesmal noch die Umrechnung in Euro ersparen – der nächste Schatzmeister wird sich damit zu beschäftigen haben.

Sie haben selbstverständlich wie immer Gelegenheit, sich schriftlich oder mündlich mit Fragen an unsere Geschäftsstelle zu wenden, insbesondere natürlich – diesmal noch! – an Frau Christa Müller. Der Dank an Sie, liebe Frau Müller, verdiente eigentlich einen eigenen Tagesordnungspunkt und wird am leider bevorstehenden Ende Ihrer Tätigkeit für die Goethe-Gesellschaft in gehöriger Weise auszusprechen sein. Ich darf Ihnen am Ende meiner Schatzmeistertätigkeit extra danken – und die Hoffnung damit verbinden, daß Sie uns nicht „entschwinden". Wir bedürfen Ihrer Erfahrungen und Ihres Rates und werden gewiß dazu beitragen, daß Ihnen der sogenannte wohlverdiente Ruhestand nicht langweilig wird.

Schließlich danke ich Ihnen allen für das Vertrauen, mit dem Sie auch die schatzmeisterliche Tätigkeit der vergangenen acht Jahre begleitet haben, und bitte Sie herzlich, es meinem Nachfolger ebenso leicht zu machen.

Regine Otto

Im Anschluß an den Rechenschaftsbericht der Schatzmeisterin wurde von Herrn Holle der Bericht der Rechnungsprüfer vorgetragen. Zu den Ausführungen von Frau Dr. Otto hatten die Rechnungsprüfer keinen Anlaß zu Beanstandungen.

Kurze Introduktion des Präsidenten zu den Ehrungen 1999

Meine sehr verehrten Damen und Herren,

die Verleihung der Goldenen Goethe-Medaille und die Würdigung neuer Ehrenmitglieder bilden den feierlichen Höhepunkt unseres Kongresses. Es ist jetzt der Augenblick, da wir unsere Dankbarkeit formulieren und unsere Verehrung äußern können. Dank und Verehrung geschehen im Namen unserer Gesellschaft und sind im Sinne Goethes. Ich kenne niemanden in der europäischen Geistesgeschichte, der so oft und so nachdrücklich wie Goethe seine Dankbarkeit aussprach; wir wollen für den Augenblick vergessen, daß es allerdings auch niemanden gab, dem man schon zu Lebzeiten mit vergleichbarem Undank begegnet ist. Davon hebt sich sein Zuruf an den Großherzog wohltuend ab: „Nur weil es dem Dank sich eignet, / Ist das Leben schätzenswert." Paul Celan war es, der uns daran erinnerte, daß im Deutschen Denken und Danken derselben Wurzel entstammen. Es ist nur folgerichtig, daß Goethe lebenslang fremde Verdienste zu würdigen verstand. Sein Dank ans Leben schließt die Achtung für Menschen ein, die dem Dasein gerecht zu werden versuchen, indem sie ihre Dankbarkeit in Tatkraft umsetzen.

Schon in der *Shakespeare*-Rede vom Oktober 1771 findet sich die den 22jährigen charakterisierende Einsicht: „Von Verdiensten, die wir zu schätzen wissen, haben wir den Keim in uns." Das Gemeinte bedarf keiner Auslegung, doch enthält dieser Zuspruch noch eine verdeckte Variante: Wer einen anderen zu ehren vermag, ehrt auch sich – seine eigene Freiheit vom allgegenwärtigen Neid. Mit Goethes eigenen Worten gesagt: „Wir sind nur insofern zu achten, als wir zu schätzen wissen."

Und so freuen wir uns, daß wir heute wieder verdienstvolle Goethe-Forscher in die illustre Reihe derer aufnehmen dürfen, die während der vergangenen Jahrzehnte mit der Goldenen Goethe-Medaille geehrt wurden. Zu unserer Genugtuung ist Herr Dr. Unseld unter ihnen: Verleger und Forscher in einer bewundernswert geglückten Personalunion. Unsere Gesellschaft sollte immer um Offenheit bemüht und vor universitärem Kastendenken auf der Hut sein. Auch die neuen Ehrenmitglieder aus Georgien, Korea und Deutschland wissen, daß eine Würdigung ihrer Verdienste immer die Würdigung für den und jenen mitenthält, daß man eine Auszeichnung stets auch für andere mitempfängt. In der Ehrenmitgliedschaft spricht sich unsere herzliche Anerkennung für eine vieljährige selbstlose Mühe aus – für beide übernommen: für die Vermittlung von Goethes Werk und zugleich für die Mitglieder der jeweiligen Gesellschaft im In- oder Ausland.

Nochmals: Auszeichnungen gelten dem Geehrten, doch schließen sie viele andere Mitglieder ein. In mehreren Ortsvereinigungen – in Dresden wie in Kiel, in Halle wie in Hildesheim – sind Vorsitzende eines guten Tages zu ehren. Im ernsten Scherz sei diesen zugerufen: Bleiben Sie hübsch gesund! In Weimar vergißt man nicht das Wort von Thomas Mann, daß Bewunderung das Beste ist, was wir für fremde Leistungen empfinden können. Und vergessen wollen wir auch nicht, was Goethe am 26. Januar 1829 an Zelter mit leiser Ironie schrieb: „Ehrenzeichen gereichen eigentlich nur zu gesteigerten Mühseligkeiten."

Ehrung mit der Goldenen Goethe-Medaille

Laudatio auf Herrn Professor Dr. Karl Robert Mandelkow (Hamburg)

Die Spiegelung in der Kritik des Literaturbetriebs hat bei Goethe die Formulierung einer Lebensmaxime evoziert, die schon zuvor sein Handeln bestimmte. Als Karl August Varnhagen von Ense 1823 einen umfangreichen Band *Goethe in den Zeugnissen der Mitlebenden* herausgibt, in dem die angekündigten „Schatten" der „blöden Augen" doch sehr kurz ausfallen, reagiert der Geehrte mit dem Vorschlag, doch einen Band von „mißwollenden Zeugnissen der Mitlebenden" dagegen zu setzen, der sich leicht herstellen lasse und ein objektiveres Bild der Zeit ermögliche. Gegenüber den absprechenden Urteilen nennt er das eigene Schutzmittel: „Ich dagegen bin mir nur bewußt, daß ich niemals unmittelbar gegen Mißwollende gewirkt, sondern daß ich mich in ununterbrochener Tätigkeit erhalten und sie, wiewohl angefochten, bis ans Ende durchgeführt habe."

In dieses Spannungsfeld führt in einzigartiger Weise Karl Robert Mandelkow hinein, der zunächst in dokumentarischer Form, dann in Ausfaltung der Einleitungen zu den Dokumentationsbänden der Rezeptionszeugnisse eine, nein: die umfassende Darstellung geschrieben hat. Sie hat ihm den Zugang zu dem Werk selbst nie versperrt, und dort, wo Rezeptionsgeschichte als wie immer begründete Form einer Flucht vor dem Text sichtbar wird, hat er diese entsprechend attackiert. Der Lebensweg des 1926 in Hamburg geborenen Germanisten, der mit einer Arbeit über Hermann Brochs *Schlafwandler*-Trilogie promoviert und seine akademischen Grundstufen in Amsterdam und Leiden absolviert hat, prädestinierten ihn für eine offene, das Werk in der Gesamtheit von Entstehungsgeschichte, Struktur und Rezeption wahrnehmende Denkweise. Der 1960 im *Neophilologus* veröffentlichte Aufsatz über die *Polyperspektive im Epischen* konnte 1988 in einer Festschrift, die Jörg Schönert und Harro Segeberg herausgegeben haben, zu dem Titel *Polyperspektivik in der literarischen Moderne* erweitert werden. Liegen die Schwerpunkte von Karl Robert Mandelkow in der Goethezeit und in der Literatur des 20. Jahrhunderts, so hat ihm gerade die Rezeptionsgeschichte Goethes auch das weite Feld des 19. Jahrhunderts systematisch erschlossen, so daß ein kritisches Kontinuum entstehen konnte. Die Wechselwirkung mit dem auslösenden Werk geht ihm dabei nicht verloren. Erkenntnisstiftend wird ihm eine spezifische Form der Rezeption, die im Lichte unserer gegenwärtigen Erfahrungen auf das Werk und seine Interpretation – nicht nur in der Literaturkritik – blickt. Seine bedeutenden Schüler, die er als begeisternder Hochschullehrer ab 1970 in Hamburg gewinnen konnte, legen Zeugnis für die Lebendigkeit dieses Gegenwartsverständnisses ab.

Über der beherrschenden Rolle als Interpret der Goethe-Interpreten, die sich in den letzten Jahren noch verstärkt hat, tritt die Leistung als Editor und Kommentator der Briefe von und an Goethe nur deshalb zurück, weil wir uns wie selbstverständlich an die hohe Qualität in Auswahl und Präsentation dieser Bände gewöhnt haben. Die Studienausgabe der 60er Jahre ist noch immer ein Königsweg für Studenten, wenn es gilt, über die erste Begegnung mit dem Werk hinauszugehen und wichtige persönliche Dokumente einzubeziehen. Erst sie lassen erkennen, welchen Anteil an Autobiographie Goethe seinen Gestalten mitgegeben hat, wie die Spannung aussieht, die zwischen der einzelnen Gestalt und dem Gehalt des Werks besteht.

Beide Formen, Brief und Kritik, erweisen sich bei Herrn Mandelkow als Wege zum Werk; wir haben daher einem Wegweiser zu danken.

Volkmar Hansen

Laudatio auf Herrn Professor Dr. Peter Michelsen (Heidelberg)

Es sind wahre Feste der Philologie, die der Literaturwissenschaftler Peter Michelsen seinen Lesern bereitet. In allen Jahrhunderten der neueren deutschen Literatur und in mehreren europäischen Nationalliteraturen, namentlich in der englischen, ist er zu Hause. Alles Literarische interessiert ihn, auch in der handfesten Form der Bibliomanie. Und der Liebhaber der Literatur findet in der strengen Wissenschaft seinen besten Bündnispartner. Gern beruft er sich dabei auf die Manen Wolfgang Kaysers und den Geist seiner Göttinger Lehrjahre. Die eigene Meisterschaft hat er in mehr als zwanzig Jahren auf dem Heidelberger Ordinariat entfaltet.

„Charakter im Großen und Kleinen ist, daß der Mensch demjenigen eine stäte Folge gibt, dessen er sich fähig fühlt." Goethes Maxime ist wie für den Gelehrten Peter Michelsen gemacht. Wo immer die Wünschelrute seines philologischen Spürsinns anschlägt, läßt er nicht locker, unbeirrt von Moden und Zeitgeist, den Blick beharrlich auf den Gegenstand, das Werk gerichtet, seinen Winken folgend, bis selbst der kleinste Zug seine Evidenzen preisgibt. Witz und Scharfsinn hielt das aufgeklärte Jahrhundert – sein Lieblings-Jahrhundert – für die Komponenten des Ingeniums. Der Witz, der esprit, besorgt die gelenkige Kombination, der Scharfsinn ist für das Geschäft des Unterscheidens zuständig. Gesellt sich zum Glücksfall dieser Konstellation auch noch eine Wissenschaftssprache, die in ihrer sachgesättigten Aufmerksamkeit, in ihrer sachlichen Eleganz den literarischen Gegenständen gewachsen bleibt, ohne sie imitieren zu wollen, dann stellt sich jene genußvolle Belehrung ein, die Michelsens Arbeiten so anziehend macht, bis in das Netzwerk der Fußnoten hinein, das er besonders liebt.

Der unruhige Bürger – so nannte Peter Michelsen sein Lessing-Buch von 1990. Wie ein Leitfaden zieht sich diese Unruhe durch sein Oeuvre, von der großen Studie über *Laurence Sterne und der deutsche Roman des 18. Jahrhunderts* bis in die neuesten Abhandlungen, die mehr und mehr um Goethe kreisen. Ihren wohl prägnantesten Ausdruck hat sie in Fausts *Er, unbefriedigt jeden Augenblick!* gefunden. In „stäter Folge" analysiert Michelsen ihre Variationen: in Lessings kritischer Versatilität und in der Brüder Moor *Bruch mit der Vater-Welt*, in Jean Pauls Weltlosigkeit und in Kleists *Imperativ des Unmöglichen* oder in Büchners Abgründen, in Hofrat Hüsgens Ausspruch gegenüber dem jungen Goethe: „Auch in Gott entdeck' ich Fehler" wie im größten Paradigma dynamischer Unzufriedenheit, in Goethes Faust. Seit 1962 legt Peter Michelsen, zuletzt in rascher Folge, Studien zum *Faust* vor, Antezedentien doch wohl eines neuen *Faust*-Buchs, schon jetzt hochkarätige Beiträge zur *Faust*-Forschung.

Wie ein leuchtender Kontrapunkt hebt sich aus dieser Reihe die Darstellung von *Fausts Schlaf und Erwachen* in der Szene *Anmutige Gegend* hervor, vielleicht Michelsens schönste Arbeit. Man spürt förmlich, wie der Interpret gebannt ist von dem neuen Faust-Ton, der sich hier vernehmen läßt, wie er alle Mittel seiner Auslegungskunst einsetzt, um ihn „mit dauernden Gedanken" zu „befestigen". Dafür spricht auch das Motto, dessen Führung er sich überläßt, wiederum eine Maxime Goethes. Sie lautet: „Die Wissenschaft hilft uns vor allem, daß sie das Staunen, wozu wir von Natur berufen sind, einigermaßen erleichtere." Nicht nur hier, mit seinem gesamten Werk hat Peter Michelsen immer aufs neue bewiesen, daß dieser Satz auch in der Literaturwissenschaft gültig sein kann.

In Anerkennung solcher Verdienste um die Literatur und das Werk Goethes ehrt die internationale Goethe-Gesellschaft Peter Michelsen, den Forscher, der das Staunen nicht verlernt hat, mit der Verleihung der Goldenen Goethe-Medaille.

Hans-Jürgen Schings

Laudatio auf Frau Professor Dr. Katharina Mommsen (Palo Alto/Kalifornien)

Die Laudatio ist ein literarisches Genre – zu den Forderungen dieses Genres gehören vor allem Kürze und Bündigkeit. Diese Forderungen sind besonders schwer zu erfüllen, da es sich darum handelt, die Arbeit von Katharina Mommsen zu würdigen.

Zentren und Reichweite ihrer Arbeit lassen sich aber doch zumindest in Umrissen bereits aus den Titeln der wichtigsten Publikationen ablesen. Den Auftakt gab die Tübinger Dissertation von 1956: *Goethe und 1001 Nacht*. Goethe und die arabische Welt waren also von Anfang an gemeinsam im Spiel, als ein – wohl: das – Leitthema der meisten Forschungen Katharina Mommsens.

1958 begann zu erscheinen: *Die Entstehung von Goethes Werken*, gemeinsam mit Momme Mommsen herausgegeben. Es handelt sich dabei um einen der seltenen Fälle, in denen Dokumentation legitim über sich hinausweist, so daß man von der Anlage zu einer Goethe-Biographie eigener Art sprechen dürfte, zu deren Zielen es gehörte, auf der dokumentarischen Basis jedweder Möglichkeit zur „Vereinnahmung" Goethes den Weg abzuschneiden. Das groß gedachte Unternehmen brach bereits mit dem zweiten Band ab oder genauer: es wurde abgebrochen; die „Verhältnisse" standen dagegen. Die Wunschformel „Ist fortzusetzen" blieb jedoch in Kraft – zumal die damals und noch lange danach an der Verhinderung mitwirkenden Verhältnisse außer Kraft gesetzt sind. Möge das bereitliegende Material nutzbar zu machen, das Werk fortzuführen sein.

Aus dem Bereich des genannten Leitthemas folgten zunächst: *Goethe und die Moallakat* (1960), *Goethe und Diez* (1961; zugleich Habilitationsschrift an der Freien Universität Berlin), *Goethe und der Islam* (1964). Eine umfangreiche, monographisch ausgreifende Studie behandelte 1968 *Natur- und Fabelreich in „Faust II"*. Zahlreiche Aufsätze schlossen sich an, die die Geschichte – nicht „nur" als Kontext – immer enger in die Erörterungen integrierten und in denen, neben und mit vielem anderen, von Napoleon und Carl August, von „Elpenor" und Euphorion, von Goethes politischem Vermächtnis, von den Türken und von Bad Berka, vom Dichten und von Gedichten die aufklärende Rede ist.

Studien und kommentierte Editionen widmete Katharina Mommsen auch anderen deutschen Autoren des 18., 19. und 20. Jahrhunderts – so ist ihr die historisch-kritische Ausgabe eines den Zeitgenossen gar nicht bekannt gewordenen Hauptwerkes von Johann Gottfried Herder zu danken, des *Journal meiner Reise im Jahr 1769* (1976). Schillers *Anthologie auf das Jahr 1782* (1973) gehört ebenfalls in diese Reihe den Text zugleich sichernder und erschließender Publikationen. Auch Georg Herwegh kommt da vor (1969). Zwei umfangreiche Arbeiten aus den 70er Jahren heißen *Gesellschaftskritik bei Fontane und Thomas Mann* (1973) und *Hofmannsthal und Fontane* (1978) – als je selbständige Beiträge anzusehen zu aktuellen wissenschaftlichen und im weiteren Sinne kulturpolitischen Diskussionen. Ein Aufsatz über Peter Handke – *Das Gewicht der Welt* (1980) – erweist sich bei näherem Zusehen als durchaus zugehörig.

Kaum eine dieser Untersuchungen und Interessenverbindungen konnte und sollte ganz ohne Goethe auskommen. Die eindringliche Analyse *Kleists Kampf mit Goethe* führte 1979 wieder unmittelbar ins Zentrum zurück. Und es folgten aus unermüdlicher Intensität hervorgegangene Veröffentlichungen wie die kommentierten Ausgaben von Goethes Novellen (1979) und Märchen (1984), des *Werther* (1987), die zweisprachige Anthologie *Who is Goethe?* (1983), die *Auslese aus Werken, Briefen und Dokumenten* mit Antworten auf die Frage „Goethe – warum?" (1984).

Unter den Titel *Goethe und die arabische Welt* stellte Katharina Mommsen 1988 eine Summe ihrer Bemühungen um den „west-östlichen" Goethe, wobei es keineswegs allein um Zusammenfassung ging, sondern zugleich um Anreicherung des Älteren mit Neuestem und um Vertiefung und Erweiterung der Einsichten durch Wechselwirkung der Teile. Das Buch über *Goethe und die arabische Welt* ist anerkannt als Standardwerk, das mit den orientalistischen Nachbardisziplinen in engen Beziehungen steht. Vor wenigen Jahren (1996) trat zu alledem die kommentierte Faksimileausgabe des *West-östlichen Divan*; sie bietet 210 Gedichte aus dem sog. Reinschrift-Corpus von 1814/15 und 18 ebenfalls eigenhändige Titelblätter – ein „Prachterscheinen", um mit dem Werk selbst zu reden.

Verlagsnamen und Druckorte könnten über die Reichweite der hier zu würdigenden Arbeiten zusätzlich Aufschluß geben, dürfte man sie aufzählen – auch die Publikationsformen, die vom akademischen „Sitzungsbericht" über Editionen und Studienbände bis zum Taschenbuch reichen – auch letzteres übrigens in seiner solidesten Gestalt, denn: Das methodische Grundmuster, auf dem Katharina Mommsens Arbeit beruht, besteht darin, daß ihre interpretierenden

Schlußfolgerungen bis ins Detail auf festen faktischen Boden gegründet sind. Da wird nicht spekuliert. Wie notwendig und wie wohltuend eine so verläßliche Methode ist, dürfte mehr als je empfunden werden in einem Goethejahr wie dem jetzigen, in dem die Öffentlichkeit tagtäglich mit „Mitteilungen über Goethe" belästigt wird, von denen mindestens 80% fehlerhaft oder ganz falsch sind. Auch dort, wo die Liebe der Forscherin zu ihrem Gegenstand beinahe ungeschützt hervortritt, sind Katharina Mommsens Aussagen sachlich gesichert – es handelt sich um etwas so Seltenes wie wissenschaftliche Emotionalität auf grundsolidem Fundament.

Es kann kaum angedeutet werden, wie diese Methode sich auf die Lehrtätigkeit auswirkt. Die Anstrengung, die solche Lehre den Studierenden, nicht selten auch den Kollegen abfordert, ist beabsichtigte Zumutung. Wo die angenommen wird, hat sie fast immer Dankbarkeit im Gefolge. Über Katharina Mommsens Lehrtätigkeit muß wenigstens einiges noch gesagt werden: Dem Start an der Freien Universität Berlin folgte 1970 die Professur im kanadischen Ottawa. „Professor of German" heißt das dort lapidar. San Diego in Südkalifornien war eine der nächsten Stationen. Und 1974 folgte die Berufung auf den Lehrstuhl für Literatur in Stanford. Den Stiftungslehrstuhl als „Distinguished Professor" hatte Katharina Mommsen in Stanford seit 1985 inne. 1975–1980 war sie Vizepräsidentin der IVG, der Internationalen Vereinigung für germanische Sprach- und Literaturwissenschaft; sie ist korrespondierendes Mitglied mehrerer gelehrter Gesellschaften und Ehrenmitglied der American Association of Teachers of German. 1985 wurde ihr das Bundesverdienstkreuz 1. Klasse verliehen. Einen langen Zeitraum umspannen die Daten in unserer eigenen Sache: Seit 1953 ist Katharina Mommsen Mitglied der Goethe-Gesellschaft, 1991 wurde sie in den Vorstand gewählt. Heute erhält sie die Goldene Goethe-Medaille.

Der notgedrungen verkürzten Bilanz sei im Namen vieler noch hinzugefügt: Ihren Schülern und ihren Freunden ist Katharina Mommsens liebenswürdig-praktischer Beistand immer gewiß. Auch darauf ist Verlaß. Und schließlich: Eines ihrer Themen im Jubiläumsjahr ist Goethes Lebenskunst – das hierhergehörige Motto „Allen Gewalten zum Trutz sich erhalten" darf mutatis mutandis als Leitwort auch der hier zu Ehrenden gelten (und man muß dabei gar nicht „nur" an die kalifornischen Naturgewalten denken). „Allen Gewalten zum Trutz" – und im Bund mit Goethe: „Nun! man kommt wohl eine Strecke."

Regine Otto

Laudatio auf Herrn Professor Dr. Terence James Reed (Oxford)

Professor T.J. Reed gehört zu den führenden Germanisten Großbritanniens. In einem Land, das Wert legt auf Tradition, hat Herr Reed mit Geist und Lauterkeit den Wert der Tradition bekräftigt. Wer an Herrn Reed denkt, dem werden Lob und Dank leichtfallen, denn Herr Reed verkörpert die Freude an der Wissenschaft; ein innerliches Vergnügen an dem Gegenstand begleitet seine Arbeit, das sich unmittelbar auf seine Schüler und Leser überträgt.

Der Dank ist eine Tugend, die Goethe mit Shakespeare gemein hat, und im Geiste dieser deutsch-englischen Doppel-Tugend möchte ich Herrn Reed danken.

Bei T.J. Reed verbinden sich Leben und Denken, Lesen und Handeln in vollendeter Weise: Wer Herrn Reed liest, hat einen lebendigen Menschen vor sich; wer Herrn Reed sieht, weiß, daß er es mit einem scharfsinnigen Denker zu tun hat.

Nun zur Gretchen-Frage: Wie hält es Herr Reed mit Goethe? Heute gedenken wir vor allem seiner Bemühungen um den g a n z e n Goethe, seiner Pflege der g a n z e n Goethezeit. Herrn Reeds große Studie von 1980, *The Classical Centre,* die schon 1982 auch in deutscher Sprache erschien, ist eine Literaturgeschichte ganz eigener Prägung: Hier wird keineswegs nur aufgelistet, hier wird gesichtet und kritisch gewertet, um die Bedeutung der „klassischen Mitte" der Weimarer Klassik für die moderne Kultur zu erläutern. Zu dieser großen Studie gesellen sich die konzentrierten Bücher über *Goethe* (1984) und *Schiller* (1991), die mit bewundernswürdiger Klarheit die zentralen Leistungen beider Dichter einem breiten Publikum nahebringen.

Wie bunte Fäden ziehen sich einige Hauptmotive durch Herrn Reeds Werk, allen voran das schon erwähnte Zentralthema: die Freude. „Goethe and Happiness" hieß sein geglückter Beitrag zum letzten Goethe-Jahr. Reed weist darauf hin, daß die Fähigkeit zur Glückseligkeit bei

Goethe nicht als unmodern zu betrachten sei, sondern als Chance für die Zukunft. Dazu gesellt sich naturgemäß der Begriff der Aufklärung, der für Reed eine innere Haltung bedeutet; Mündigkeit schafft Freiheit. Goethe wird durch diese Betrachtungsart, wie schon bei Windelband, Simmel und Cassirer, in die Nähe Kants gerückt und als Kind der Aufklärung gefeiert. Wenn aber Herr Reed auf Goethes Nähe zur Philosophie verweist, so warnt er stets vor „grauer Theorie“: So verheißen Glück und Aufklärung eine „zarte Empirie“.

Nicht weniger wichtig als das Erbe der Klassik ist für Herrn Reed die klassische Moderne. Man denke an sein großes Buch: *Thomas Mann, The Uses of Tradition* von 1974. Schließlich ist Herr Reed in letzter Zeit – schalkhaft und prägnant – als Heine-Übersetzer hervorgetreten.

Das wäre also in aller Kürze das Denken des Jim Reed. Doch wo bleibt das Tun? Seit vielen Jahren wendet sich Herr Reed mit Erfolg auch dem Osten Deutschlands zu – den Menschen sowie der Literatur. In zwei öffentlichen Funktionen hat Herr Reed seine frühere Tätigkeit kohibiert: Als Taylor Professor of German Language and Literature an der Universität Oxford sicherte er seiner *alma mater,* der ältesten Universität Englands, eine führende Stelle innerhalb der britischen Germanistik; als President of the English Goethe-Society schließlich verhalf er einer altehrwürdigen, internationalen Gesellschaft zu neuem Glanz.

Zum Schluß möchte ich daher die Worte, die Thomas Mann auf Goethe in *Lotte in Weimar* anwandte, auch an Herrn Reed richten: „Dein Wirkliches, das sieht nach was aus, nach lauter Erfüllung und höchster Treue.“

Jeremy Adler

Laudatio auf Herrn Professor Dr. Siegfried Unseld (Frankfurt)

Ihr Name, sehr verehrter, lieber Herr Unseld, verbindet sich zunächst mit der zeitgenössischen Literatur, mit den zeitgenössischen Theorie-Diskussionen und einem ganzen Spektrum moderner Intellektualität: Zu Recht spricht man von einer „Suhrkamp-Kultur“, die von Brecht bis zu Uwe Johnson, von Walter Benjamin und Adorno bis zu Luhmann reicht. Nicht bloß der Mut zum Neuen und eine große unternehmerische Entscheidungsfreude haben Ihr verlegerisches Wirken über die Jahrzehnte hinweg getragen. Eigentlich inspiriert wurde es von einer vitalen Teilnahme am Gegenwärtigen, am lebendigen, zündenden geistigen Geschehen – eine Teilnahme, deren Intensität produktiv wirkte. Sie haben selbst die Erfahrung ausgesprochen, daß große Verleger nicht geboren werden, vielmehr durch günstige Konstellationen ihre Bedeutung erlangen. Aber das ist nur die eine Hälfte der Wahrheit. Die andere liegt in der klugen, entschlossenen Strategie, die eine literarische Szene mit markanten Protagonisten und herausfordernden Werken eröffnet und zugleich besetzt.

Kein typischer Goethe- und überhaupt kein Klassik-Verleger, möchte man annehmen. Ihre fachliche Herkunft aus der Tübinger Literaturwissenschaft wie das später übernommene Insel-Erbe bildeten aber ein Fundament, das sich immer mehr als Baugrund erwies. Die res gestae des Goethe-Verlegers Unseld sind so zahlreich, daß ich nur einige hervorheben kann. Die vierzigbändige Goethe-Ausgabe des Deutschen Klassiker-Verlags, die größte und am umfassendsten kommentierte des 20. Jahrhunderts, hat soeben als wohl bedeutendste Gabe zum Jubiläumsjahr ihre Vollendung gefunden. Mit einer ganzen Reihe ihrer Bände hat sie neue Maßstäbe der Goethe-Edition gesetzt; in ihren Kommentaren ist eine Schatzkammer des von Generationen geschaffenen Goethe-Wissens entstanden. Zu den Ergebnissen Ihres großzügigen Engagements gehört auch die von Katharina Mommsen im Insel-Verlag herausgegebene Faksimile-Edition des *West-östlichen Divans.* In ihr bewundern und studieren Kenner wie Liebhaber die weit zerstreuten Blätter des *Divans* zum ersten Mal wieder im ursprünglichen Zusammenhang.

Sosehr solche Großprojekte die Aufmerksamkeit auf sich ziehen, so sind es eigentlich doch die sich durch Jahrzehnte zu einem stillen, aber mächtigen Goethe-Strom vereinenden vielfältigen Publikationen, die den Insel-Verlag zum wirkungsmächtigsten Goethe-Verlag werden ließen. Kaum noch zu überblicken sind die Einzel-Ausgaben der Werke und Briefe Goethes, die Bücher über Goethe, bis hin zu Sigrid Damms so wohlgelungenem Buch über Goethe und Christiane.

Seit langem hatte der Verleger Siegfried Unseld entschieden, jeder 25. Band der insel-taschenbücher solle ein Goethe-Band sein. Er selbst behielt sich den tausendsten Band der Insel-Bücherei vor, zudem den zweitausendsten Band der insel-taschenbücher. Im Vorfeld des großen Jubiläums hat er alle Goethe-Freunde mit dem Insel-Buch *Goethe und der Ginkgo* beschenkt – eine geistvolle Liebhaberei im besten Sinne dieses Wortes.

Während der letzten zehn Jahre ist dieser Umgang, dieses Leben mit Goethe, wenn ich recht sehe, immer intensiver geworden, immer weniger bloß verlegerisch und immer mehr persönlich-erfahrungshaft. Im großen Stil hat das begonnen mit dem fast achthundertseitigen Standard-Werk *Goethe und seine Verleger*. Es erschien 1991 und liegt schon in einer zweiten deutschen Auflage sowie in englischen, französischen und italienischen Übersetzungen vor. Erstmals stellt es die Entstehung und das Schicksal von Goethes Werken, aber auch die Physiognomie des Schriftstellers Goethe aus der Perspektive seines Umgangs mit den Verlegern dar. Seine Originalität liegt in der aus der eigenen lebenslangen Verleger-Erfahrung entspringenden Wahrnehmungsschärfe.

Über Anton Kippenberg schrieb Siegfried Unseld, für ihn sei Goethe der Kompaß seiner Lebens- und Verlagsarbeit gewesen. Dies wurde er auch für den späteren Herrn der Insel immer mehr – zum größten Gewinn für das lesende Publikum. In einem Augenblick des Unwillens entfuhren Goethe die Worte: „Die Buchhändler (damit meinte er die Verleger) sind alle des Teufels. Es muß eine eigene Hölle für sie geben.“ Für Sie, sehr verehrter Herr Unseld, muß mindestens ein eigener Goethe-Himmel reserviert sein.

Jochen Schmidt

Die Goethe-Gesellschaft in Weimar
verleiht anläßlich ihrer 76. Hauptversammlung
Herrn Prof. Dr. Karl Robert Mandelkow

in Anerkennung
seines singulären Beitrags zur Nachwirkung
Goethes in Deutschland,
in mustergültigen Bänden gesammelt und
gedeutet,
durch die kritische Reflexion unserer geschichtlichen Erfahrung vertieft und ergänzt,

die Goldene Goethe-Medaille.

Die Goethe-Gesellschaft in Weimar
verleiht anläßlich ihrer 76. Hauptversammlung
Herrn Prof. Dr. Peter Michelsen,

dem europäisch gebildeten Gelehrten,
dem bedeutenden, international bekannten
Forscher,
dessen Studien unser heutiges Verständnis von
Goethes Werk entscheidend förderten,

in Dankbarkeit
die Goldene Goethe-Medaille.

Die Goethe-Gesellschaft in Weimar
verleiht anläßlich ihrer 76. Hauptversammlung
Frau Prof. Dr. Katharina Mommsen,

der weltweit geachteten Vermittlerin west-östlicher Dichtung,
der mit Esprit und Charme ausgezeichneten
Forscherin,
in herzlicher Verehrung für ein überreiches
Lebenswerk im Zeichen Goethes

die Goldene Goethe-Medaille.

Die Goethe-Gesellschaft in Weimar
verleiht anläßlich ihrer 76. Hauptversammlung
Herrn Prof. Dr. Terence James Reed,

dem weltläufigen Kenner der Literaturen,
dem brillanten Interpreten und geistreichen
Vermittler der Weimarer Klassik,
dem Forscher und Lehrer,

in Verehrung
die Goldene Goethe-Medaille.

Die Goethe-Gesellschaft in Weimar
verleiht anläßlich ihrer 76. Hauptversammlung
Herrn Prof. Dr. Dr. h. c. Siegfried Unseld,

dem bedeutenden Verleger und Freund seiner Autoren, dem fachkundigen Erforscher des Verlagswesens,dem Connaisseur und Homme de lettres,in Anerkennung seiner großen Verdienste um die weltweite Verbreitung von Goethes Werk

die Goldene Goethe-Medaille.

Verleihung der Ehrenmitgliedschaft

Laudatio auf Herrn Professor Dr. Doo-Hwan Choi (Seoul/Korea)

Herrn Professor Doo-Hwan Choi kenne ich seit der Hauptversammlung 1993. Da saßen wir im „Elephanten" und sprachen erstmals über Goethe und Deutschland und im besonderen über den Vereinigungsprozeß hierzulande als Vorbild für die damals als möglich erscheinende Vereinigung Koreas, die, wie wir nun wissen, wohl noch lange auf sich warten lassen wird.

Sie, verehrter, lieber Herr Choi, entwarfen damals, wie auch während Ihres Weimarer Forschungsaufenthalts im Winter 1993/94, das Projekt eines Goethe-Forschungsinstituts an der Grenze zwischen Süd- und Nordkorea. Goethe also gleichsam als „Vereinigungssymbol" – als ein Zeichen, das gerade für die Goethe-Gesellschaft in Weimar und ihr jahrzehntelanges nationales und internationales Wirken zwischen 1949 und 1989 stehen kann.

Ließ sich Ihre – überkühne – Idee auch noch nicht realisieren, – mit Ihren Kollegen haben Sie sehr erfolgreich im Sinne von Goethes Humanität und Universalität in Korea gewirkt. Sie haben nicht nur viel über seine Werke publiziert, sondern – was viel wichtiger ist – diese auch übersetzt und für die koreanischen Leser kommentiert. Von koreanischen Stipendiaten in Weimar haben wir oft von dem berühmten Lese- und Übersetzungszirkel in Seoul gehört. In jahrelanger Gemeinschaftsarbeit wurden die *Wanderjahre* übertragen. Kaum war dieses Unternehmen abgeschlossen, begann man mit der interpretatorischen Erschließung des *Divan* für koreanische Leser.

Nach einem längeren Studienaufenthalt in Deutschland, vor allem in Göttingen bei Walther Killy, arbeiten Sie seit 1982 an der Germanistischen Abteilung der Chung-Ang-Universität in Seoul und im Vorstand der im gleichen Jahr gegründetet Koreanischen Goethe-Gesellschaft. Von 1993 bis 1995 waren Sie ihr Präsident. Überdies sind Sie tätig im Beirat des Instituts für Übersetzungsforschung in Seoul. Daß – neben der germanistischen Goethe-Gesellschaft – seit kurzem auch noch der „Kreis der Goethe-Freunde" existiert, von Medizinern, Juristen, Philosophen, Musikern und Architekten gebildet, verdanken wir auch Ihrem Enthusiasmus und Ihrem unermüdlichen Tätigkeitsdrang.

Sehr verehrter, lieber Herr Choi, die Goethe-Gesellschaft dankt für Ihr vieljähriges wissenschaftliches und kulturelles Wirken, indem Sie Ihnen voll Hochachtung die Ehrenmitgliedschaft verleiht.

Lothar Ehrlich

Laudatio auf Frau Anneliese Hartleb (Kassel)

Die Zeit kommt und geht, ändert sich und verändert uns. Und doch ist da in allem Wechsel eine personale Konstante, die viele Namen hat, jene charakterologische Dominante, die unsere innere Entwicklung bestimmt, Einwirkungen von außen überdauert und von Goethe als entelechische Kraft in unaufhörlicher Tätigkeit begriffen wurde. Nun – ich muß konkret werden, um verständlich zu sein, muß sagen, daß meine Worte Frau Hartleb aus Kassel gelten, Geschäftsführerin der dortigen Goethe-Gesellschaft. Als sie diese Aufgabe vor 25 Jahren übernahm, zählte Kassel 89 Mitglieder. Im Jahrbuch 1997 konnten wir frohgemut zum 1000. Mitglied gratulieren: Inzwischen sind es – zu unserem Erstaunen – über 1100.

Wie läßt sich eine solche Wirkung erklären? wie in einer Zeit, da der statistisch ermittelte Deutsche drei Stunden täglich vor dem Fernseher verbringt? Nun, würden wir Frau Hartleb fragen, dann verwiese sie mit kluger Begründung auf Goethes Werk. Und in der Tat: Wer lebendig ist, entdeckt das Lebendige in ihm, wer sich in ihn vertieft, vertieft die Einsicht ins eigene Leben, wer auf Sinn in der Not verstörender Tage angewiesen ist, tut gut daran, sich mit Goethes Lebensliebe zu stärken (– die Verwirrung und Schmerz mit einer Ahnung von Sinn überzieht). Mit den Jahren entdeckt man dann, daß in Goethes Oeuvre individualisiert zu Wort kommt, was das politisch zerstrittene Europa an geistigen Fragen und Antworten, an Erklärungen und Widersprüchen, aber auch an Weisheit hervorbrachte. Der reflektierte Umgang mit Goethe kann ein Leben erfüllen. Seine Anweisung, wonach jedes Denken vom Tun ergänzt werden müsse, hält dazu an, das Gewußte als das Gelebte mitzuteilen – mit anderen zu teilen …

Demnach steht am Anfang: die Erfahrung dessen, was in Goethes Werk die Zeit überdauerte, und dies bildet die folgerichtige Fortsetzung: daß man an der Gabe die Aufgabe abliest, bis diese sich – unversehens und halb ungewollt zunächst – zur Lebensaufgabe ausweitet. Das „offenbare" Geheimnis der Wirkung liegt in der Überzeugungsfähigkeit der Person, in ihrer Begeisterung, die anspricht und dabei den Anspruch ans eigene Ich zu erkennen gibt: Aus zufälligen Begegnungen entstehen Verbindungen unterm Zeichen von Goethes Weltoffenheit. Es entwickelte sich in Kassel jene Verbundenheit, von der Mitglieder fröhlich und dankbar berichteten. Da war die Rede von der aufschließenden Freundlichkeit, mit der Frau Hartleb auf Menschen zugeht, und von der „insistierenden Liebenswürdigkeit", die einen Chor von Individualisten mit leisen Gesten zusammenhält – und man sprach von der „Seele des Ganzen".

In einer Zeit, da die Offenheit für den Nebenmenschen nachläßt, gelang in Kassel das Erstaunliche: der Enthusiasmus der Geschäftsführerin weckte die in vielen angelegte Begeisterungsfähigkeit. Freundschaften entstanden unter Gleichgesinnten, die der Zufall eines Vortragsabends oder eine Wanderung auf Goethes Spuren zusammengeführt hatte. „Wer den Dichter will verstehn, / Muß in Dichters Lande gehn". Gelegentlich fragte ich mich, von welcher Ortsvereinigung die Wanderlust ausging, die in der Zwischenzeit auf die Mehrzahl der anderen Gesellschaften überging. In Rom konnten wir die Vorzüge eines von Kassel aus glänzend organisierten Aufenthalts miterleben. Die ungezählten Mühen vor, aber auch während und nach der Reise blieben verschwiegen. Die Gemeinsamkeit des Erlebten schafft einen Gleichklang, der Menschen über den flüchtigen Tag hinaus anzieht.

Frau Hartleb identifiziert sich seit 25 Jahren mit ihrer Goethe-Gesellschaft Kassel, ihrer Lebensaufgabe, von der ich weiß, daß sie oft bis zur Selbstaufgabe anstrengend ist, und von der ich fürchte, daß die Selbstüberforderung ihren Preis hat. Die internationale Goethe-Gesellschaft dankt Frau Hartleb voll Verehrung für ihre Lebensleistung, ich danke für die Herzlichkeit einer langen Freundschaft, deren Mitte Goethe bildet, deren Grund in der Verpflichtung, deren Hoffnung in der Verheißung der Bergpredigt beschlossen ist.

Werner Keller

Laudatio auf Herrn Professor Dr. Nodar Kakabadse (Tbilissi)

Wer Nodar Kakabadse, dem am 23. September 1924 in Tbilissi geborenen Literaturwissenschaftler, eine Freude machen möchte, der bringt ihm Bücher mit, die beginnen, in die Methoden- und Theoriedebatte einzugreifen. Also Werke, die ihre Wirkung gerade erst entfalten. Die intellektuelle Neugier, die sich in diesem Vergnügen am Aktuellen ausspricht, hat ihn zu einem der bedeutenden Anreger des Geisteslebens in Georgien gemacht, so daß er auf die Entwicklung der Germanistik an den georgischen Universitäten prägenden Einfluß nehmen konnte. Zahlreiche Deutschlehrer verdanken ihm ihre Ausbildung, und der wissenschaftliche Nachwuchs konnte von ihm unterstützende Hilfe und weitsichtige Förderung erwarten.

Nodar Kakabadses Forschungsschwerpunkt liegt im 20. Jahrhundert. Ausgangspunkt sind zunächst die Arbeiten über Heinrich Mann (1965) und über Thomas Mann (1967), zwei Themenfelder, die er systematisch durch die Einbettung in weitere Horizonte wie die Erschließung der Beziehungen zu Nietzsche oder Dostojewski, zu Schiller und Goethe ausgebaut hat. Eine briefliche Verbindung mit Erika Mann konnte dieses Interesse nur vertiefen. Als erster Germanist setzt er sich mit Brechts *Kaukasischem Kreidekreis* auseinander und vermittelt durch Forschungsarbeiten in Georgisch, Deutsch oder Russisch zusammen mit seinem Bruder Surab das Werk Franz Kafkas, von dem er u. a. *Vor dem Gesetz* oder *Ein Hungerkünstler* übersetzt hat. In den Spuren von K. Gamsachurdia beschäftigt er sich mit Rainer Maria Rilke, stellt Nelly Sachs und Ingeborg Bachmann, Günter Eich und Karl Krolow, Paul Celans *Todesfuge*, Heinrich Böll und Günter Grass, Erwin und Eva Strittmatter vor, behandelt Gerhart Hauptmann, Stefan Zweig, Anna Seghers und Max Frisch. Hölderlins *Hälfte des Lebens* und immer wieder Goethe lassen ihn ins 18. Jahrhundert ausgreifen. Die deutsch-georgische Mittlerrolle wird in Arbeiten wie *Kaukasus und Georgien in der deutschen Literatur* (1963) oder *Die Georgien-Rezeption in der Literatur der DDR* (1978) besonders sichtbar. Zusammen mit Helmut Brandt hat er in demselben Jahr einen Band *Erzählte Welt* herausgegeben, der deutsche und georgische Germanisten für Studien zur Epik des 20. Jahrhunderts vereinigt. Als Dekan der Fakultät für europäische Sprachen und Literatur hat er besonders die Beziehungen zur englischen Literatur im Lehrprogramm berücksichtigt, besonders zu Shakespeare und James Joyce.

Professor Kakabadse gehört als Vizepräsident der georgischen Goethe-Gesellschaft zu den aktivsten Förderern der Ortsvereinigungen in Tbilissi, Kutaissi und Poti, wie aus dem zur letzten Hauptversammlung zusammengestellten Bericht hervorgeht.

1985 hat er in einem Band *Drei Fragen zu Deutschland – 58 Antworten*, in dem u. a. Heinrich Böll, Adolf Muschg und Lew Kopelew vertreten sind, die Zuversicht einer Überwindung der Teilung Deutschlands ausgesprochen. Er weiß, das läßt sich aus dieser Zuversicht schließen, auch Tiefendimensionen zu erfassen.

Die Würdigung von Nodar Kakabadse durch die Ehrenmitgliedschaft der internationalen Goethe-Gesellschaft in Weimar zeichnet einen Menschen und Wissenschaftler aus, der im Geiste Goethes nationales Denken im Menschheitsbewußtsein aufgehen läßt.

Volkmar Hansen

Laudatio auf Herrn Dr. Ernst Schneider (Bamberg)

Wenn ich meiner Feder den Lauf ließe, möchte sie wohl noch viel sagen, vor allem dies:

> Gehab dich wohl bei den hundert Lichtern
> Die dich umglänzen
> Und all den Gesichtern
> Die dich umschwänzen
> Und umkredenzen
> Findest doch nur wahre Freud und Ruh
> Bei Seelen grad und treu wie du.

Das hat Goethe zwar nicht für Dr. Ernst Schneider gesagt, aber er hätte es für ihn sagen können und sagen wollen. Von Goethes Leben und Werk begeistert, von der Muttergesellschaft in Weimar infiziert, gründet er 1962 in Bamberg, der Stadt E. T. A. Hoffmanns, mit Seelen, grad und treu wie er selber, eine Ortsvereinigung. Ohne Rückversicherung. „Es ist einfach großartig, daß Sie so plötzlich und für uns ganz unverhofft eine Ortsgruppe der Goethe-Gesellschaft in Bamberg gegründet haben", läßt ihn Dr. Wachsmuth, der damalige Präsident der Weimarer Goethe-Gesellschaft, wissen. Es war ein sehr persönliches Engagement. Und ein persönliches Engagement ist es bis heute geblieben, auch wenn diese Bamberger Ortsgesellschaft inzwischen mehr als 150 Mitglieder zählt: nicht wenig für eine von kultureller Vielfalt geprägte Kleinstadt. Daß diese Ortsvereinigung bis heute ihren Zusammenhalt bewahrt hat, verdankt sie dem persönlichen Engagement Dr. Ernst Schneiders und seiner Frau Uschi. Wer einmal in Bamberg zu Vorträgen war – die Präsidenten der Weimarer Goethe-Gesellschaft genossen dies allesamt –, weiß deren Gastfreundschaft zu schätzen. Ganz im Sinne Goethes: daß das Private immer sich mit dem Öffentlichen zu verbinden habe. Bald nach der Gründung war der Bamberger Goethe-Vereinigung das glückliche und kräftige Wachstum beschieden, das ihr die Weimarer Paten herzlich wünschten. Schon 1966 wurde Bamberg zum Veranstalter der Tagung der Ortsvorsitzenden der Goethe-Gesellschaft aus Ost und West. Über Jahre reihten sich im Veranstaltungskalender der Bamberger Ortsvereinigung Vorträge, Lesungen, Reisen und Veranstaltungen geselliger Art in bunter Folge aneinander. Nach einer Atempause zu Beginn der 70er Jahre konnte sich der „Vorort" Weimars neu sammeln, wieder aufgrund des persönlichen Engagements Ernst Schneiders. Die Beziehung nach Weimar war nie abgerissen, insbesondere nicht der persönliche Kontakt zur Familie Vulpius, den ein intensiver und schöner Briefwechsel bezeugt. Die persönliche Verbindung mit dem ersten Inhaber des Lehrstuhls für Neuere deutsche Literaturwissenschaft an der neu gegründeten Universität Bamberg, dem 1980 verstorbenen Professor Siegfried Sudhof, schuf Voraussetzungen für ein neues Gedeihen der vielfältigen Aktivitäten. Im April 1980 fand erneut die Tagung der Ortsvorsitzenden in Bamberg statt. Das Stadtpublikum war inzwischen erreicht. Nicht einfach in Bamberg. Auch die Universität brauchte lange, um akzeptiert zu werden. Nach Herrn Sudhofs Tod kam Herr Schneider auf mich, frisch an die Universität berufen, kraftvoll werbend zu, weil er die Kontakte zur Universität nicht missen wollte. So habe ich ihn kennengelernt. Vor allem mit seiner Begeisterungsfähigkeit für Goethe. Er brauchte nicht lange, um mich zum zweiten Vorsitzenden zu überreden. Eigentlich brauchte er gar nicht überreden. Es reichte seine Begeisterung für Goethe und seine persönliche Ausstrahlung.

Es kam die Wende. Ernst Schneider war einer der ersten, der nicht nur informelle Kontakte suchte. Mit Rudolstadt wurde sehr bald eine Partnerschaft geschlossen, die zu Freundschaften geführt hat. Und vielleicht ist dies sein ganz besonderes Verdienst: das kulturelle Erbe Goethes auf einer Ebene zu vermitteln, die gleichsam in den hinteren Räumen des Hauses am Frauenplan angesiedelt ist, auf der Ebene des Privaten, des Persönlichen. Es kam der Ruhestand nach erfülltem Arztleben. Aber kein Ruhestand in Sachen Goethe. Im Gegenteil: Dr. Ernst Schneider nutzt diesen Ruhestand, um vor allem in den Neuen Bundesländern den Ortsvereinigungen in Vorträgen sein ganz eigenes Verhältnis zu Goethe nahezubringen, in Vorträgen, die – bei zugegeben subjektiver Sichtweise – doch objektiven wissenschaftlichen Kriterien standhalten. Und immer ist ein guter Frankenwein im Gepäck. Nicht immer Würzburger Stein, den Goethe so schätzte, aber ein Frankenwein allemal. Ich glaube, Ernst Schneider hat sehr persönlich dazu beitragen, daß die fatale Mauer in den Köpfen, die ja in der Goethe-Gesellschaft nie, auch nicht in den Zeiten des zweigeteilten Deutschlands, bestanden hat, in den Zeiten des vereinigten Deutschlands, wenn sie denn besteht, abgebaut werden kann. Ich freue mich sehr, daß meinem verehrten Vorsitzenden der Bamberger Ortsvereinigung, vor allem wohl wegen dieser Verdienste, die Ehrenmitgliedschaft der Weimarer Goethe-Gesellschaft zuerkannt wird. Wenn er heute nicht unter uns weilen kann, liegt das an einer Krankheit, die ihn am Gehen hindert, die ihn aber, wie ich ihn kenne, nicht daran hindern kann, weiter in Bamberg – und nicht nur in Bamberg – dem Genius Goethes jene zeitgemäßen Flügel zu verleihen, mit denen unsere Gesellschaft über die politischen Wechselfälle hinweg sich ihre kulturelle Identität bewahrt hat.

Heinz Gockel

Die Goethe-Gesellschaft in Weimar
verleiht anläßlich ihrer 76. Hauptversammlung
Herrn Prof. Dr. Doo-Hwan Choi,

dem engagierten Mittler zwischen den Kulturen,
dem tatkräftigen und zielstrebigen Vorsitzenden der Koreanischen Goethe-Gesellschaft von 1993 bis 1997,
für seine eindrucksvolle wissenschaftliche Leistung bei der literarischen Einbürgerung Goethes in Ostasien,

in Dankbarkeit
die Würde eines Ehrenmitglieds.

Die Goethe-Gesellschaft in Weimar
verleiht anläßlich ihrer 76. Hauptversammlung
Frau Anneliese Hartleb,

der kenntnisreichen Verehrerin des dichterischen Worts,
der im Geiste Goethes vorbildlich wirkenden, seit langen Jahren selbstlos tätigen Geschäftsführerin unserer größten Ortsvereinigung,

in Dankbarkeit
die Würde eines Ehrenmitglieds.

Die Goethe-Gesellschaft in Weimar
verleiht anläßlich ihrer 76. Hauptversammlung
Herrn Prof. Dr. Nodar Kakabadse,

dem Mittler zwischen Ost und West in dunkler Zeit,
dem Interpreten von Goethes und Thomas Manns Werk im geistig verwandten Georgien,
dem passionierten Hochschullehrer und tatkräftigen Freund unserer Gesellschaft,

in Dankbarkeit
die Würde eines Ehrenmitglieds.

Die Goethe-Gesellschaft in Weimar
verleiht anläßlich ihrer 76. Hauptversammlung
Herrn Dr. Ernst Schneider,

dem Gründer der Ortsvereinigung Bamberg,
die er seit 35 Jahren mit vorbildlichem Engagement leitet,
dem lebenskundigen Deuter von Goethes Werk,
der die Freundschaft zwischen ost- und westdeutschen Tochtergesellschaften beispielgebend förderte,

in Dankbarkeit
die Würde eines Ehrenmitglieds.

Antrag auf Ernennung zum Ehrenpräsidenten

Der Rücktritt unseres Präsidenten ist für die Goethe-Gesellschaft ein schwerer Verlust. Er hat so unendlich viel Gutes getan, daß man sich die Gesellschaft ohne ihn gar nicht vorstellen kann. Ich möchte darum den Antrag stellen, Herrn Professor Werner Keller zum Ehrenpräsidenten zu wählen. Zur Begründung dieses Antrags ließen sich hundert Gründe anführen. Der wichtigste aber besteht wohl in dem schlichten Bekenntnis, daß die Goethe-Gesellschaft auf einen solchen Mann nicht verzichten kann, der sich und seine Kräfte in all den Jahren darauf konzentriert hat, für die Weltgeltung des Edelsten, was unser Volk hervorgebracht hat, einzutreten, dafür zu arbeiten. Auch in Zukunft brauchen wir seinen Rat, seine Erfahrung, seine Ideen – wie Sie wissen, war er es, der das Stipendiatenprogramm ins Leben gerufen hat, das schon jetzt seine Früchte trägt und dessen weitreichende Wirkungen gar nicht abzusehen sind. Zukunftsträchtig sind auch die erstaunlich zahlreichen Neugründungen von Tochtergesellschaften im Ausland, die Werner Kellers Weitblick, Initiative und praktischer Unterstützung so viel zu verdanken haben. Immer wenn es galt, für die Verbreitung und Vertiefung der Wirkung Goethes zu arbeiten, war dieser Präsident zu persönlichem Engagement bereit. Niemals hat er Anstrengungen gescheut, sich stets mit aller Kraft eingesetzt. Kein Präsident der Gesellschaft hat je so viel Geld zusammengetragen wie Werner Keller, obwohl es einem Menschen von solchem Takt und Zartgefühl, solcher fast schüchternen Sensibilität, seelischen Vornehmheit und Herzenshöflichkeit, kurz einem Mann von so hoher Kultur, nicht leichtgefallen sein kann, immer wieder an zahllose Türen zu klopfen, um Spenden für die Goethe-Gesellschaft zu erbitten. Doch um Goethes willen war ihm kein Bittgang zu sauer. Und seine Überzeugungskraft hat oft Wunder gewirkt. Wo andere es sich leichter machen, macht Werner Keller es sich schwer. Und so hat auch gewiß keiner je aus eigener Tasche so viel gespendet, wie er es insgeheim jahraus, jahrein getan hat. Sein selbstloser Einsatz für die Gesellschaft, seine wahre Opferbereitschaft führte auch zum Verzicht – auf die kostbare Zeit, die eigentlich seinen Forschungen und Publikationen gewidmet sein sollte. Daß er statt dessen seine 16 Stunden pro Tag für die Goethe-Gesellschaft arbeitete, betrachte ich persönlich als sein allergrößtes Opfer. Allein die Herausgabe des Goethe-Jahrbuchs war eine so enorme zusätzliche Belastung, daß künftig kein Präsident sie mehr übernehmen wird. Werner Keller ist der letzte, der noch das alles zusammen geleistet hat. Wie sehr hat er sich die Freiheit von den allzu vielen Bürden verdient! Möge ihm sein Rücktritt als Präsident die so lange entbehrte Muße für eigene Forschungen verschaffen! Doch als „Ehrenpräsident" kann er weiter andern ein Vorbild sein durch seine Hingabe an die gute Sache ohne Selbstgefälligkeit und Pose, seinen wahrhaft leidenschaftlichen, selbstlosen Einsatz, seine Gewissenhaftigkeit, Charakterstärke und Treue, seine höflichen Umgangsformen und echte Humanität, seine Noblesse und Integrität, die wir mit lebhafter Dankbarkeit empfinden.

Katharina Mommsen

Der Antrag, Herrn Prof. Dr. Werner Keller zum Ehrenpräsidenten zu wählen, wurde vom Vorstand einstimmig angenommen.

Zur Vorstandswahl – einige knappe Präliminarien des Präsidenten

Meine Damen und Herren,

im Frühjahr 1991 entschieden wir uns für das Rotationsprinzip, für rasche Fluktuation also. Eine Wiederwahl ist zwar nach vier Jahren der Kontinuität wegen möglich, sollte aber nicht die Regel bilden. Die damalige Argumentation, die heute noch mehr als vor acht Jahren gilt: Veränderung im Vorstand ist nötig, um dem schnellen Wandel der Wirklichkeit gerecht zu werden; Verjüngung ist gefordert, damit wir die Jüngeren besser erreichen können. Es ist also nötig, Persönlichkeiten des In- und Auslands nur für eine, gelegentlich für zwei Legislaturperioden zu bestimmen, damit möglichst viele Goethe-Kenner im Vorstand zu Wort kommen und neue Gedanken vor Wiederholung oder gar Erstarrung schützen. Die Wahl soll bewußt Naturwissenschaftler, Kunsthistoriker, Juristen usw. einschließen, Persönlichkeiten des öffentlichen Lebens – vor anderen Schriftsteller – berücksichtigen und Vertreter der Wirtschaft oder wissenschaftlicher Institutionen aufnehmen. Die deutschen Tochtergesellschaften sind künftig durch die Herren Mattausch und Schmitt im Vorstand repräsentiert. Die Nominierung des einen sollte nicht als Zurücksetzung eines anderen ausgelegt werden. Jeder Wahlvorschlag basiert auf Kompromissen.

Acht Sitze sind seit 1971 ausländischen Kollegen vorbehalten, was unserer Verpflichtung zur Weltoffenheit zugute kommt. Eines Tages sollten es, der Parität wegen, ebenfalls nur acht deutsche Vertreter – neben dem Präsidenten und dem Vizepräsidenten – sein. Erstmals vertrat ein japanischer Kollege, Professor Takahashi, die Goethe-Forschung seines Landes im Vorstand. Ablösen wird ihn der Präsident der koreanischen Goethe-Gesellschaft. In vier Jahren sollten China oder Indien repräsentiert werden. Daß rasche Rotation vonnöten ist, erweist ein anderes Beispiel: Vom Oktober an arbeitet, wie wir hoffen, auch eine belgische Goethe-Gesellschaft – dann ist die Romania mit Frankreich, Italien, Spanien und Belgien vertreten. Die zwingende Folgerung: rascher Wechsel im Vorstand und häufigere Einladung der ausländischen Präsidenten nach Weimar.

Einige Worte zum freundlich-wehmütigen Wechsel im Vorstand. Ich danke den in- und ausländischen Mitgliedern, die sich entschieden, Kollegen Sitz und Stimme einzuräumen. Mit Wehmut trennt man sich von Goethe-Freunden. Jeder von uns ist ersetzbar, aber doch nur in seiner Funktion, nicht als individuelle Person. Mein Dank gilt allen, meine Bitte jedem einzelnen, der Goethe-Gesellschaft die Treue zu halten und, wann immer dies möglich ist, für sie zu wirken – auch in der Werbung neuer Mitglieder. Besonderer Dank gebührt unserer Schatzmeisterin, Frau Dr. Otto, und dem Vizepräsidenten, Professor Ehrlich, mit dem mich eine vorzügliche Zusammenarbeit verband. Verstehen wird man, wenn ich Professor Perels, den Direktor des Frankfurter Hochstifts, besonders hervorhebe: Seine Anwesenheit bei unseren Sitzungen bürgte für intellektuelles Niveau und exaktes Sachwissen – und für weltläufige Kultiviertheit obendrein.

Als ich im Februar 1991 offiziell die Leitung unserer Goethe-Gesellschaft übernahm, sagte ich, es sei nicht zu hoffen, daß keine Fehler gemacht werden, aber ich könne dafür bürgen, daß alle Arbeit verantwortungsvoll gegen jedermann und zugleich uneigennützig geschehe. Darum habe ich mich tagaus, tagein bemüht.

Neuwahl des Vorstands

Bei der turnusgemäßen Neuwahl wählte die Mitgliederversammlung folgende Damen und Herren für die Legislaturperiode von 1999 bis 2003 in den Vorstand der international tätigen, übernational verpflichteten Goethe-Gesellschaft:

Prof. Dr. Jeremy Adler, London
Dr. René Jacques Baerlocher, Basel
Dr. habil. Rostislav Danilevski, St. Petersburg
Prof. Dr. Lothar Ehrlich, Weimar
Dr. habil. Jochen Golz, Weimar
Prof. Dr. Volkmar Hansen, Düsseldorf
Prof. Dr. Nanuli Kakauridse, Kutaissi
Prof. Dr. Tschong-Dae Kim, Seoul
Prof. Dr. Mirko Krivokapić, Belgrad
Prof. Dr. Meredith Lee, Irvine
Prof. Dr. Bernd Leistner, Chemnitz
Dr. Hans Peter Linss, Berg
Prof. Dr. Christine Maillard, Strasbourg
Dr. Petra Maisak, Frankfurt/M.
Prof. Dr. Klaus Manger, Jena
Dr. Josef Mattausch, Leipzig/Berlin
Dr. Manfred Osten, Bonn
Prof. Dr. Jochen Schmidt, Freiburg i. Br.
Hans-Jürgen Schmitt, Kronach
Dr. Edith Zehm, München.

Der neue Vorstand wählte in seiner konstituierenden Sitzung Herrn Dr. habil. Jochen Golz zum Präsidenten und Herrn Prof. Dr. Volkmar Hansen zum Vizepräsidenten.

Herr Dr. Hans Peter Linss wurde mit dem Amt des Schatzmeisters der Gesellschaft betraut.

Resümees der wissenschaftlichen Konferenz am 27. und 28. Mai 1999

Arbeitsgruppe A

Goethe und England (seit Carlyle, Lewes u.a.)

Referent: Prof. Dr. James Simpson, Liverpool
Diskussionsleiter:
Prof. Dr. Jeremy Adler, London
Korreferent: Dr. M.K. Natarajan, Baroda

Der Vortrag wurde äußerst positiv aufgenommen. Die Diskussion behandelte einige prinzipielle Fragen, konzentrierte sich aber vor allem auf kleinere Probleme.

Grundsätzlich wurde die Rezeptionskurve im 19. Jahrhundert, die der Referent gezeichnet hatte, auch von anderen Forschern bestätigt. Man kam u. a. auf Thackerays Goethe-Rezeption zu sprechen, über die S. S. Prawer gearbeitet hatte, und auf die wichtige Rezeption durch George Eliot, über die Elinor Shaffer vor kurzem in einem Aufsatz für die English Goethe Society neue Ergebnisse vorgelegt hatte. Auf das 20. Jahrhundert hinsteuernd, behandelte man zunächst die komplexe Beziehung von D. H. Lawrence zu Goethe, ein Thema, das in einer Veröffentlichung von William Larrett behandelt wird. Auch die schwierige Stellung von T. S. Eliot zu Goethe wurde gestreift. Es stellte sich angesichts dieser eher als problematisch zu bezeichnenden Rezeptionslage, bei der Goethes Leistung in den letzten Jahrzehnten zu kurz gekommen sei, die zentrale Frage, ob eine Änderung, vor allem durch Nicholas Boyles Goethe-Biographie angeregt, zu vermerken sei. Die Stellung dieser Biographie sei zwar unumstritten, so meinte man, doch wenn sie als richtungsweisend zu bezeichnen sei, gehöre sie auch selbst wieder zu einer allgemeinen, den Dichter neu bewertenden Tendenz.

Die britische Germanistik könne auf einige bedeutende Leistungen zurückblicken. In letzter Zeit seien ferner mehrere wichtige Übersetzungen erschienen – man denke an David Lukes *Faust*-Übersetzung, an die Übersetzung der *Wahlverwandtschaften* durch David Constantine und an die Übersetzung der *Maximen und Reflexionen* durch Elisabeth Stopp. Diese und andere Übersetzungen – man denke vor allem an die Suhrkamp Goethe-Edition in den USA – haben das allgemeine Bewußtsein positiv beeinflußt. Ferner wurden rechtzeitig für das Goethe-Jahr zwei neue, sehr gelungene Gedicht-Ausgaben von David Luke und John Whaley vorgelegt, durch die Goethe als Lyriker wieder präsent sei. Diese gute Veröffentlichungslage der letzten Jahre bestätige die Ansicht von Lord Rees-Mogg, dem ehemaligen Herausgeber der „Times“, Goethe werde im nächsten Jahrtausend eine große Rolle spielen.

Grundsätzlich anders wurde die Situation vom Korreferenten beurteilt. Dr. M. K. Natarajan vertrat die These, England habe als Kolonialmacht Goethes Bild vom Orient tiefgreifend beeinflußt, ja eigentlich verfälscht. Der Beitrag erregte großes Aufsehen, doch konnten die wenigsten Anwesenden zu den Argumenten ernsthaft Stellung nehmen. Es wurde die Hoffnung ausgesprochen, das Herr Dr. M. K. Natarajan bald Gelegenheit haben möge, seine Forschungen zu diesem Thema in aller Breite vorzulegen.

Jeremy Adler

Arbeitsgruppe B

Goethe, der andere Deutsche. Die französische Goethe-Rezeption zwischen 1840 und 1949

Referent:
Prof. Dr. Gonthier-Louis Fink, Strasbourg
Diskussionsleiterin:
Prof. Dr. Marisa Siguan, Barcelona
Korreferent: Prof. Dr. Marino Freschi, Rom

Gleich zu Beginn seines Vortrags wies Professor Fink darauf hin, lediglich einen repräsentativen Querschnitt der französischen Goethe-Rezeption im Zeitraum zwischen 1870 und 1949 vermitteln zu können; gleichwohl gelang es ihm, die zahlreichen Zeugnisse aus der Fachliteratur wie auch aus Zeitschriftenpublikationen kenntnisreich und detailliert darzustellen. Im Zentrum seiner Ausführungen stand die These, daß das französische Goethe-Bild maßgeblich von den politischen und historischen Auseinandersetzungen zwischen Deutschland und Frankreich bestimmt sei und die Beurteilung Goethes immer auch das jeweilige Verhältnis zu Deutschland beeinflusse. Insbesondere in den Nachkriegszeiten lassen sich jeweils zwei divergierende Goethe-Bilder beschreiben: das des „typischen“ Deutschen, der alle Züge eines negativen Deutschlandbildes in sich vereinigte, und das des „anderen Deutschen", des Universalgenies, des „weisen" Kosmopoliten und Beförderers der Weltliteratur.

Herr Fink widmete sich zunächst der Auseinandersetzung mit dem romantischen Goethe-Bild, das insbesondere Madame de Staël prägte. Sie war die erste, die Weimars überragende Bedeutung als „capitale littéraire" erkannte. Nach 1870 – wie auch nach 1914 – erfuhr Goethe im negativen Licht der Nachkriegszeit die Ablehnung derjenigen, die ihn als „Verkörperung des deutschen Wesens" betrachteten. Wer sich – wie Alfred Mezière 1872 in einer zweibändigen Studie – intensiv mit Goethe befaßte, betonte, daß die Bewunderung des Dichters keineswegs mit einer Neigung zu Deutschland oder gar zu Preußen gleichzusetzen sei. Wo nationalistische Beeinflussungen zurückgehalten werden konnten, faßte man Goethe in der Tradition Madame de Staëls nach wie vor als universellen Geist und Europäer auf, der sich grundsätzlich von seinen Landsleuten unterschied. Detailliert stellte Herr Fink in einem weiteren Kapitel die Entwicklung des Goethe-Bildes in Frankreich dar, indem er vor anderem auch auf die Beurteilung einzelner Werke und Schaffensperioden einging. Die abschließende Frage: „Goethe, ein französischer Klassiker?" fand eine positive Antwort. Goethe war im 19. Jahrhundert Teil der Bildung der französischen Elite und gehörte als einziger deutscher Dichter dem Kanon der bedeutenden europäischen Klassiker an.

Herrn Finks so materialreiche wie differenzierte Darstellung wurde in der anschließenden Diskussion um einige Detailinformationen ergänzt. Die Frage nach der ungeheuren Wirkungskraft der Madame de Staël begründete der Referent mit dem Einfluß der französischen Romantik; ihr Goethe-Bild sei zudem aus der kritischen Perspektive einer Emigrantin gezeichnet, die dem napoleonischen Frankreich den Rücken gekehrt habe und dem französischen Hofstil ein romantisch-bürgerliches Bild entgegensetze. In diesem Zusammenhang kam auch Heines – auf den ersten Blick paradoxer – Anteil an einem positiven Goethe-Bild zur Sprache: Da man seine Deutschland-Kritik in Frankreich nicht rezipierte, konnte sich Madame de Staëls Bild von Weimar als „capitale intellectuelle de l'allemagne" erhalten. Zweifel an Napoleons *Werther*-Begeisterung wurden zerstreut: Der Kaiser war, was kaum jemand wisse, ein „empfindsamer" Schriftsteller, – und als solcher beurteilte er seine *Werther*-Lektüre. Ein Diskussionsteilnehmer wies darauf hin, daß Goethes verbindende Funktion zwischen Deutschland und Frankreich zu wenig beachtet worden sei; immerhin bekannte er im Gespräch mit Eckermann, keinen Haß gegenüber den Franzosen gehegt zu haben; zugleich wurde an Goethes Diktum erinnert, demzufolge „man ein Glück oder ein Wehe seines Nachbarvolkes empfindet, als wäre es dem eigenen begegnet". Eine Sonderrolle des Elsaß im Hinblick auf die Beurteilung Goethes konnte Herr Fink nicht bestätigen: 1870 gehörte das Elsaß zum Deutschen Reich, später waren aufgrund des französischen Zentralismus auch in der Goethe-Rezeption keine regionalen Unterschiede auszumachen. Abschließende Beiträge galten der Rolle, die Malerei und Musik bei der Vermittlung Goethes in Frankreich spielten, und einem Ausblick auf die Goethe-Rezeption der Gegenwart, die ihre nationale Ausrichtung überwunden habe: Die zeitgenössische Goethe-Forschung in Frankreich steht heute im internationalen Kontext. Die Situation in den Schulen indes vermochte Herr Fink nicht optimistisch zu beurteilen: Während Goethes Werke früher zum literarischen Kanon gehörten, spielen sie heute in den Curricula kaum noch eine Rolle.

Marisa Siguan

Arbeitsgruppe C

Goethe und Österreich

Referent: Prof. Dr. Herbert Zeman, Wien
Diskussionsleiterin:
PD Dr. Henriette Herwig, Bern
Korreferentin: Nadeshda Dakova, Sofia

Prof. Zeman, Universität Wien, ging in seinem Vortrag *Goethe und Österreich*, der an anderer Stelle erschienen ist, zunächst auf die Lebensbeziehungen Goethes zu Österreicherinnen und Österreichern ein, die fast alle in den böhmischen Bädern entstanden, die Goethe seit 1806 regelmäßig besuchte. Verteilt auf 17 Kuraufenthalte verbrachte Goethe insgesamt drei Jahre seines Lebens in Böhmen. Böhmen war nicht nur wegen seiner Heilquellen und als Ort des Friedens in kriegerischer Zeit für Goethe attraktiv, sondern weil dort auch die ‚große Welt' zu ihm kam, von der Kaiserin Maria Ludovica über hohe österreichische Staatsbeamte und Militärs bis hin zu Künstlern und Komponisten.

Trotz zahlreicher persönlicher Beziehungen stießen Goethes Werke in Österreich zunächst auf Widerstand. Grund dafür war die andersgeartete kulturpolitische Situation in Österreich im letzten Drittel des 18. Jahrhunderts: Wegen der Macht der Staatskirche setzte die Aufklärung in Österreich später ein als in den protestantischen deutschen Ländern. Das Bildungswesen unterlag der Kontrolle durch den Jesuitenorden. Als in Straßburg und in Weimar schon eine Aufklärungskritik aus dem Geist des Individualismus und der Empfindsamkeit, die Sturm- und Drang-Bewegung, im Gang war, holte man in Österreich noch die Aufklärung nach. Die Zweiteilung der deutschen Literatur, die Verselbständigung der österreichischen Literatur gegenüber derjenigen der übrigen deutschen Staaten, begann mit dem Siebenjährigen Krieg. Goethes frühe Texte stießen in Österreich deshalb weitgehend auf Unverständnis. Ein Wiener Rhetorikprofessor wies am Beispiel von Goethes Gedicht *An den Mond* noch 1817 zahlreiche Verstöße gegen Sprachnormen des 18. Jahrhunderts nach und schrieb die Verse im Sinn einer Regelpoetik um. Goethe galt in Österreich lange als der Dichter des *Götz*, des *Werther*, der *Iphigenie* und des *Tasso*.

Mehr Sinn für die neue sprachliche Form von Goethes Lyrik entwickelten die Komponisten, allen voran Beethoven, Schubert und Hugo Wolf, Beethoven seit 1810, Schubert zwischen 1813/14 und 1823, bis er dem ‚Weltschmerz' verfiel. Während im Schubert-Kreis, der nach den Dichtern der Empfindsamkeit auch Goethe und Schiller zu vertonen begann, 1813 eine Blüte der Goethe-Rezeption einsetzte, fanden Goethes Werke bei der nächsten Generation weniger Anklang: bei Johann Mayrhofer, Nikolaus Lenau und Franz Grillparzer. Grillparzers Begriff des kontemplativen Lebens widersprach Goethes Wertschätzung der *vita activa*. Selbst ein so genialer Zeitgenosse wie Mozart, literarisch gesehen ein Aufklärer, habe seine Lyrik nicht verstanden.

Fürst Metternich förderte die Aufnahme Goethes in Österreich, indem er im Jahre 1825 die Zustimmung des Kaisers dafür erwirkte, daß Goethe der Nachdruckschutz für die Ausgabe letzter Hand als Privilegium für ganz Österreich erteilt wurde, und zwar taxfrei.

Trotzdem war der Höhepunkt von Goethes Einfluß auf das kulturelle Leben Österreichs in der Mitte des 19. Jahrhunderts bereits überschritten. Ottilie von Goethe, die ungefähr 20 Jahre in Wien lebte, war dort eher eine Merkwürdigkeit aus Weimar als eine Förderin von Goethes Ansehen. Hugo von Hofmannsthal zog sich mit seiner Form der Goethe-Adaption den Spott von Karl Kraus zu, obwohl dieser Goethes Werke ebenfalls schätzte.

Die Wirkung Goethes im Österreich des 20. Jahrhunderts war nicht mehr Gegenstand des Vortrags. Periodisierungsversuchen des Publikums setze der Referent die Gleichzeitigkeit des Heterogenen in der Kulturgeschichte entgegen, die in den gängigen Literaturgeschichten zu wenig berücksichtigt werde. Seinem weitläufigen Verständnis von Literaturgeschichtsschreibung entsprechend, entnahm er eine Vielzahl seiner Beispiele dem für die österreichische Rezeption besonders wichtigen Bereich der Musikgeschichte.

Henriette Herwig

Arbeitsgruppe D

Goethe und die amerikanische Literatur – der Fall Edith Wharton

Referentin: Prof. Dr. Jane Brown, Seattle
Diskussionsleiter:
Prof. Dr. Eduardo Gómez, Bogotá
Korreferent: Professor Dr. Anil Bhatti, New Delhi

Die Diskussion begann mit einer Frage nach einem Zitat von Edith Wharton in bezug auf die vermeintliche Unfertigkeit der Charaktere in den *Wahlverwandtschaften*. Frau Prof. Brown antwortete darauf, daß Wharton die *Wahlverwandtschaften* in gewissem Sinne nur begrenzt verstanden hätte: Sie behandelte Goethes Roman wie einen Gesellschaftsroman französischer oder englischer Art, wobei sie eher die Betonung auf die Charaktere als auf die Situation legen wollte.

Es wurde gefragt, ob das für die *Wahlverwandtschaften* charakteristische Leitmotiv bei Wharton vorkomme. Die Antwort war: im Grunde nein. Dann sprach man über die *Wahlverwandtschaften* als ein Vorbild im Inhaltlichen für den Roman *The House of Mirth* – im Blick auf die Stellung der Frau und das Problem der Ehescheidung, übertragen auf die eigene Gesellschaft.

Es wurde gefragt, wie *Werther* im Roman Whartons rezipiert werde. Frau Prof. Brown antwortete, daß *Werther* zu dieser Zeit in Amerika allgemein bekannt gewesen sei – wie *Iphigenie* und *Hermann und Dorothea*.

Zur *Faust*- und *Wilhelm Meister*-Rezeption in Amerika erklärte Frau Prof. Brown, daß der Goethe-Kanon um 1900 in Amerika ähnlich wie in Deutschland war. Die Diskussion wurde mit einer Frage nach den historischen Umständen für die nachlassende Goethe-Rezeption fortgesetzt. Die Referentin sagte, daß die Goethe-Rezeption in den USA von Anfang an wenig in die Tiefe ging. In den 30er und 40er Jahren nahm die Kenntnis Goethes ab. Die nordamerikanische Kultur orientierte sich eher nach England und Frankreich; außerdem spielten die politischen Gründe nach dem zweiten Weltkrieg eine große Rolle. Besteht ein Zusammenhang zwischen dem verringerten Interesse und der spätkapitalistischen Wirtschaftsform? Frau Brown erläuterte eingehend, daß die amerikanische Zivilisation nicht intellektuell ausgerichtet sei. Die Studenten allerdings kennen Goethe, zumindest den *Faust*.

Die Vortragende erwähnte Ähnlichkeiten zwischen den *Wahlverwandtschaften* und den Romanen von Jane Austen. Es wurde gefragt, ob nicht vielleicht weitere Parallelen zwischen den beiden zu entdecken seien. Die Referentin bejahte dies ausdrücklich; sie selbst schrieb einen Aufsatz zu diesem Thema und meinte, weitere Untersuchungen seien nötig.

Schließlich kommentierte man das Thema des weltweit zunehmenden Desinteresses an der Kultur der Klassik und deren humanen Prinzipien. Dabei wurde die heutige Goethe-Rezeption in den USA erörtert. Sie ist bei US-Germanisten vergleichbar mit der Situation in Deutschland, auch bei Studenten, sofern die Vorlesungen in englischer Sprache gehalten werden. Allerdings war diese Goethe-Rezeption manchmal so trivial, daß sich manche Studenten für *Faust* vor allem wegen des Magierthemas interessierten. Die „Cultural Studies" gewinnen an Zulauf. Goethe wird heute eher als Denker und Weiser, nicht so sehr als Dichter rezipiert – eine Einschätzung, die dem späten 19. Jahrhundert entstammt. Abschließend wurde die Trivialisierung der gegenwärtigen Welt beklagt – und der geringe Einfluß, den die Literaturwissenschaft auf unsere Wirklichkeit nehmen könne.

Eduardo Gómez

Arbeitsgruppe E

Reiz und Rätsel „Faust" für die Japaner

Referent: Prof. Dr. Yoshito Takahashi, Osaka
Diskussionsleiter:
Prof. Dr. Tschong-Dae Kim, Seoul
Korreferent: Prof. Dr. Ye Tingfang, Beijing

Als 1913 die erste *Faust*-Übersetzung von Mori in japanischer Sprache erfolgte, erregte diese „immenses Aufsehen", und *Faust* wurde als der europäische Geist überhaupt verstanden. Der Vortragende versuchte am Beispiel vier japanischer *Faust*-Dichtungen zu zeigen, wie fasziniert die bedeutenden japanischen Schriftsteller Mishima, Ishikawa sowie Tezuka die gegenwärtige literarische Landschaft Japans durch Goethes *Faust*-Themen und -Motive befruchtet haben.

Mishima schrieb den Roman *Die verbotene Liebe*, in dem *Faust*-Motive wie Teufel, Verjüngung, Pakt, Rettung durch die Mütterlichkeit vorkommen. Mishima hinterließ außerdem ein No-Drama *Sotoba Komachi. Die hundertste Nacht*, in dem dasselbe Thema „schön und häßlich", wie in der *Verbotenen Liebe*, vorkommt. Die neunundneunzigjährige Bettlerin Komachi, die früher die schönste der Welt war, versprach vor achtzig Jahren einem jungen Mann ihre Liebe, falls er sie hundertmal besuchen könne. Er starb bei seinem hundertsten Besuch mit dem Ausruf: „Du bist schön!" Die alte Komachi warnt den jungen Dichter, der in seiner Phantasie ihre junge Gestalt erblickt und in Liebe zu ihr entbrennt, daß ein Mann, der sie geliebt hatte, kurz vor Erfüllung seiner Liebe starb. Trotz der Warnung liebt er sie und stirbt beim hundertsten Besuch. Der junge Dichter verschönt die häßliche Realität und erlangt den Tod, wie von der Realität verführt.

Der Vortragende stellt das dritte Werk *Auflehnung eines Achtundvierzigjährigen* von Ishikawa vor. Der Held dieses Romans läßt sich, von Goethes *Faust* angespornt, von Soga, dem japanischen Mephisto, zur erotischen Welt verführen. Der Held verjüngt sich in der *Hexenküche* und besucht ein Kabarett namens *Walpurgisnacht*, wo die Frauen orgiastisch toben. Ihm begegnet in *Marthes Haus* ein Mädchen, das ihm im Traum als attraktive Frau erscheint. Sie entpuppt sich aber als leichtes Mädchen, und er sieht sich enttäuscht. Der Romanheld kehrt nach einem Traum wieder in seinen Alltag zurück. Der Roman ist eine groteske Parodie auf Goethes *Faust*, in der teilweise die Verse aus *Faust* direkt zitiert werden.

Herr Kollege Takahashi nennt ein viertes japanisches Werk, das unter dem Einfluß Goethes entstanden ist, und zwar ein Comic und Trickfilm *Neo-Faust* (1988) von Tezuka. In dem im vorigen Jahr entdeckten Manuskript des *Neo-Faust* ist die gesamte Handlung des kompletten Werkes grob skizziert. Danach entstand ein verfilmter Cartoon. Die wichtigsten Teile dieses Manuskriptes: Die in eine schöne Frau verwandelte Mephistophela erscheint vor Faust. Faust erschafft mit ihrer Hilfe einen Klon-Menschen aus Ishimaki, dem radikalen anarchistischen Studenten. Faust bildet aus den neuen Geschöpfen eine große Armee mit Mordwaffen. Mephistophela verführt Faust dazu, Krieg gegen die Menschheit zu führen. Beim Untergang der Welt ruft Faust: „Ist das die Welt, die ich mir gewünscht habe?" In einem Schutthaufen erblickt Faust ein Gretchen ähnliches Mädchen. Bei der Rettungsarbeit für sie und in der Liebe mit ihr fühlt sich Faust vom Wert des Lebens erfaßt. Diesen schönen Augenblick will Faust für immer festhalten und ruft: „Verweile doch, du bist so schön." Auf diesen Ruf hin steht die Zeit still. Und in diesem Moment erscheint Mephistophela, um Fausts Seele zu holen. Faust aber weigert sich, seine Seele abzuliefern; mit der Verweigerung beginnt die Zeit wieder zu fließen, und neues Leben entspringt aus der neuen Erde; Mephistophela sieht darin ihre Niederlage, Faust und das Mädchen sind gerettet.

Nach dem Vortrag wurde in der Diskussion die Frage gestellt, ob von den genannten literarischen Werken deutsche Übersetzungen vorliegen. Darauf war die Antwort „ja", und zwar Mishimas No-Drama. In der Diskussion über den Begriff von Himmel und Hölle erklärte Herr Takahashi, daß man in Japan diese Begriffe nicht im christlichen Sinne vertikal, sondern horizontal versteht. Frau Professor Mommsen wies auf das japanische Goethe-Museum hin, das ein Stifter, der durch die Erfindung von Küchengeräten reich wurde, gründete. In diesem Museum können Kinder mit dem Marionettenspiel des *Faust* vertraut werden. Die Japaner lieben Goethe, weil dieser im Gegensatz zu Schiller aus seiner Naturverbundenheit heraus dichtete, wie der Vortragende sagte. Herr Professor Voßkamp fragte, ob das apokalyptische Bild des *Neo-Faust* vom christlichen Begriff stamme. Herr Professor Takahashi beantwortete die Frage mit „nein" und erklärte, daß sich das Bild aus dem Krisenbewußtsein der heutigen Zeit herausbildete.

Im Laufe der Diskussion konnten wir feststellen, daß *Faust* unter allen Werken Goethes die Japaner am meisten begeistert hat. Neben *Faust* übten *Die Wahlverwandtschaften*, der *Werther* sowie die naturverbundene Lyrik Goethes einen starken Einfluß auf die japanische Literatur des 20. Jahrhunderts aus, fügte der Vortragende abschließend hinzu.

Tschong-Dae Kim

Arbeitsgruppe F

Goethes Wirkung auf die russische Kultur (Primär- und Sekundärrezeption)

Referenten: Prof. Dr. Lili Kaufmann, Tambow
Dr. Wladimir Gilmanow, Kaliningrad
Diskussionsleiter:
Prof. Dr. Wladimir Avetisjan, Ishevsk

Je tiefer man die russische Kultur der letzten zwei Jahrhunderte untersucht, desto mehr wird man gewahr, wie stark Goethe auf sie wirkte. Einen neuen Beweis dafür lieferte Herr Gilmanow, der über die Goethe-Rezeption durch die russischen Denker und Dichter des sog. „silbernen Jahrhunderts" berichtete. Das unter dieser Benennung bekannte Phänomen der geistigen Geschichte Rußlands umfaßt die letzten Jahrzehnte des 19. und die ersten Dezennien des 20. Jahrhunderts.

Die Repräsentanten des „silbernen Jahrhunderts" interessierten sich vornehmlich für Goethes Stellung zu Problemen wie Religion, Staat, Kunst, Revolution und Freiheit. Nie zuvor in der Geschichte der russischen Goethe-Rezeption wurde der Dichter so stark in die hitzigen Debatten und Meinungskontroversen miteinbezogen. In mancherlei Hinsicht wurde Goethe in Rußland um die Jahrhundertwende wie ein Prophet betrachtet und verstanden. Man schenkte dem alten Goethe viel Aufmerksamkeit, dem Dichter als Symboliker und Mythenschöpfer, was gegenüber der früheren russischen Goethe-Rezeption eine starke Wandlung bedeutete.

Frau Kaufmann berichtete über die Goethe-Interpretation der russischen Literaturhistoriker, die an der Moskauer Universität lehrten. Hier zeichnete sich Stepan Petrowitsch Schewyrew aus, der Goethe persönlich kannte, aus seinem Werk übersetzte, über ihn schrieb und mit der Weltliteraturkonzeption des Dichters vertraut war. Mit Recht kann Schewyrew als Mitbegründer der russischen Goethe-Forschung gelten.

Die Referentin, die ausführlich über verschiedene Etappen der Aufnahme von Goethes Werken durch die Professoren und Studenten der Moskauer Universität (vornehmlich im 19. Jahrhundert) informierte, bemühte sich, dieses Thema mit der Geschichte der Universität zu verbinden.

In der anschließenden lebhaft geführten Diskussion konzentrierte man sich auf Goethes Wirkung auf das Schaffen einzelner russischer Dichter und Schriftsteller – von Puschkin bis Andrej Belyj, wodurch das Bild der Goethe-Rezeption in Rußland wesentlich bereichert wurde.

Das Problem „Goethes Wirkung auf die russische Kultur" hat noch eine höchst aktuelle Dimension. Seine Einleitung zur deutschen Übersetzung von Carlyles „Leben Schillers" abschließend – sie stellt das wichtigste Manifest der Weltliteraturkonzeption des Dichters dar –, schreibt Goethe: „Nun aber bin ich überzeugt, daß, wie die deutsche ethisch-ästhetische Literatur durch das dreifache Britannien [hier meint Goethe Schottland, Irland und England, deren Bewohner nicht im besten Einverständnis leben – V. A.] sich verbreitet, zugleich auch eine stille Gemeinschaft von Philogermanen sich bilden werde, welche in der Neigung zu einer vierten, so nahverwandten Völkerschaft auch unter einander als vereinigt und verschmolzen sich empfinden werden" (WA I, 42.1, S. 206).

An Goethe anschließend dürfen wir folgende Frage aufwerfen: Könnte die Verbreitung der „deutschen ethisch-ästhetischen Literatur" – vor allem die ihres größten Vertreters Goethe – durch das „hundertfache" Rußland zum Abbau der in unserem Lande zwischen manchen Nationen schwelenden und periodisch ausbrechenden Konflikte beitragen? Es möge also in Rußland immer mehr Goethe-Leser geben! Daran haben wir russischen Goethe-Forscher, die wir uns Philogermanen nennen dürfen, im Geiste Goethes zum Heil unserer Heimat konsequent zu arbeiten.

Wladimir Avetisjan

Arbeitsgruppe G

Goethe im Widerstreit des liberalen und des radikalen Denkens in der Weimarer Republik

Referent: Dr. Michael Jaeger, Berlin
Diskussionsleiter:
Prof. Dr. Karl Robert Mandelkow, Hamburg
Korreferent:
Prof. Dr. Mirko Krivokapić, Belgrad

Die Sitzung wurde eröffnet mit einem mit viel Beifall quittierten Dank an Prof. Krivokapić aus Belgrad, dem es trotz der kriegsbedingten Schwierigkeiten möglich gewesen war, nach Weimar zu kommen.

Die Behandlung des Themas durch den Referenten unterschied sich von der gängigen Gegenüberstellung rechter wie linker politischer Positionen und deren Reflexen in der Goetheaneignung in der Forschung und in der außerwissenschaftlichen Publizistik. Sein Ansatz war vielmehr durch einen Rückgriff auf religiöse und theologische Grundsatzdebatten bestimmt, die ihr Telos in der Fundamentalkritik eines liberalen Bürgertums hatten, für das auch nach 1918 Goethe ein herausragendes Leitbild blieb. Ausgangspunkt seiner Überlegungen war der vielzitierte, von Friedrich Ebert 1919 als Signum der neuen Republik beschworene „Geist von Weimar". Die Auseinandersetzung mit dieser Formel bestimmte die ideologische und politische Diskussion in der Weimarer Republik. Ein genauer Blick auf die inhaltliche Füllung, die Ebert, flankiert von Gustav Radbruch, dieser Formel gegeben hat, zeigt die zentrale Bedeutung, die in ihr die Berufung auf Goethes Altersroman *Wilhelm Meisters Wanderjahre* hat. Der diesem Werk inhärente Utopieverzicht und das begleitende Entsagungspathos entsprach einer Politik eines der bürgerlichen Mitte zuzuordnenden Reformwillens und einer liberalen Position der Vermittlung. Erst durch diese Berufung auf das Entsagungsparadigma des alten Goethe wird der Einspruch und der Protest jener breiten Schicht der Intellektuellen gegen den „Geist von Weimar" verständlich, die dem epochentypischen „Hunger nach Ganzheit" (Peter Gay) folgen und dem liberalen Toleranzgedanken Goethes die Radikalität religiös-weltanschaulicher Konzepte entgegenstellen, die in dem zur Mode gewordenen Schlagwort „Entscheidung" terminieren. Neben der weimarkritischen Avantgarde wie dem Dadaismus und der sozialrevolutionären Literatur sind es vor allem die dialektische Theologie (Karl Barth und Friedrich Gogarten), die politische Theologie Carl Schmitts und die philosophischen Positionen von Walter Benjamin und Martin Heidegger, deren gemeinsame Frontstellung der Kampf gegen eine demokratisch-republikanische Bürgerlichkeit war. Als einer der wenigen hatte Thomas Mann zwar noch 1932 *Goethe als Repräsentant des bürgerlichen Zeitalters* gefeiert, allerdings nicht ohne seinen nachdrücklichen Hinweis, daß in den *Wanderjahren* das Bürgerliche bereits ins sozialutopische Überbürgerliche transzendiere, das vom „individualistischen, liberalen und bürgerlichen Ideal kaum etwas übrig läßt". Ein Höhepunkt der Auseinandersetzung zwischen liberalem und radikalem Denken in der Weimarer Republik ist das berühmte Streitgespräch zwischen dem Goetheverehrer und Vernunftrepublikaner Ernst Cassirer und dem Autor von *Sein und Zeit*, Martin Heidegger, 1929 in Davos. Hier konzentrierte sich die Konfrontation zweier Generationen, – der älteren, die sich auf Goethe und den deutschen Idealismus berief, und der jüngeren, die mit ihrem radikalen Frageansatz diesen Idealismus neukantianischer Provenienz für überwunden erklärte. Konsequenterweise spielte Goethe für Heidegger zu diesem Zeitpunkt und auch in Zukunft keine Rolle mehr. An die Stelle des Weimarer Klassikers treten die Griechen und Hölderlin. Ein auf Goethe sich berufender Humanismus ist endgültig obsolet geworden. Der Widerstreit zwischen liberalem und radikalem Denken in der Weimarer Republik war damit zugunsten des letzteren entschieden. Der „Geist von Potsdam" trat 1933 an die Stelle des „Geists von Weimar".

Das außerordentlich dichte, faktenreiche und brillant vorgetragene Referat von Herrn Jaeger hatte auf den zahlreichen Hörerkreis keineswegs eine einschüchternde Wirkung, sondern provozierte eine höchst lebendige Diskussion, die sich vor allem auf bestimmte Positionen der genannten Autoren bezog. Mit Nachdruck wurde darauf hingewiesen, daß bestimmte goethekritische Äußerungen nach 1933 bei Karl Barth und Friedrich Gogarten einem differenzierten Blick Platz machten. Ein zentraler Punkt war der Funktionswandel der religiösen Kritik an Goethe nach 1933. Jetzt verkehrten sich teilweise die Fronten derart, daß eine religiös und christlich orientierte Goetheinterpretation zum Vehikel einer gegen den Ungeist einer völkisch-rassistischen Vereinnahmung des Dichters gerichteten Kritik wurde, eine Entwicklung, die nach 1945 zu einer stark theologisch orientierten Goethedeutung führte.

Ein wesentliches Verdienst des Vortrags und der anschließenden Diskussion war die Tatsache, daß auf einer Tagung der Goethe-Gesellschaft Texte erörtert wurden, die mit Goethe selbst nur sehr vermittelt zu tun hatten. Die Öffnung des Blicks auf die vielgestaltigen religiös-weltanschaulichen Kämpfe in den 20er Jahren macht jedoch mit Nachdruck bewußt, daß die Beschäftigung mit Goethe nicht allein Sache der Goethe-Philologie sein kann, sondern daß die Rezeptionsgeschichte dieses Autors dringend der Kenntnis sämtlicher Erscheinungsformen der kulturellen, religiösen und politischen Sachgehalte der Vergangenheit bedarf, die auch unser gegenwärtiges Goethebild noch immer, ob bewußt oder nicht, bestimmen. Daß dabei gerade die Auseinandersetzung mit den Goethegegnern und den Goethekritikern ein wichtiges Stimulans jeder produktiven und neue Aspekte erschließenden Goethedeutung ist, dürfte heute selbstverständlich sein und zu einer sachlichen und unaufgeregten Streitkultur gehören, die zu praktizieren eine wesentliche Aufgabe einer modernen Goethe-Institution ist.

Karl Robert Mandelkow

Arbeitsgruppe H

Goethe im Nationalsozialismus und im geistigen Widerstand gegen Hitler

Referent: Dr. Dirk Kemper, Hildesheim
Diskussionsleiter:
Prof. Dr. Lothar Ehrlich, Weimar
Korreferent: Prof. Dr. Nodar Kakabadse, Tbilissi

Der sehr gute Besuch der Arbeitsgruppe, es waren weit über 300 Teilnehmer der Hauptversammlung erschienen, signalisierte das große Interesse an einer erneuten, vertieften Auseinandersetzung mit der Rezeption Goethes im Dritten Reich. Eingangs skizzierte der Diskussionsleiter, unter Verweis auf gegenwärtige Debatten und Publikationen aus Anlaß des 250. Geburtstages des Dichters und des Kulturstadtjahres „Weimar 1999", den nationalen und internationalen, den geschichtlichen wie aktuellen

Horizont des immer noch brisanten Themas. Er akzentuierte dabei die Notwendigkeit ganzheitlichen und differenzierten, kollektiven wie individuellen Erinnerns des ambivalenten Umgangs mit Goethe im 20. Jahrhundert im Kontext der politischen Geschichte Deutschlands. Zitierte Humanität und inhumane gesellschaftliche und bestialische militärische Praxis fielen schließlich vollständig auseinander, so daß Richard Alewyn im Goethejahr 1949 feststellen mußte: „Zwischen uns und Weimar liegt Buchenwald." Andererseits sollte das weite Spektrum der Auseinandersetzungen auch unter den Bedingungen einer Diktatur zur Darstellung gelangen – von der politischen und ideologischen Instrumentalisierung durch die NSDAP im Rahmen der Gleichschaltung des kulturellen Lebens bis zur „inneren Emigration" und dem Widerstandskampf im In- und Ausland.

Dr. Kemper griff mit einem programmatischen Zitat von Reichsjugendführer Baldur von Schirach aus einer Rede zur Eröffnung der „Weimar-Festspiele der deutschen Jugend" 1937 diese wirkungsgeschichtlichen Zusammenhänge auf und formulierte als These seines Beitrags die „tatsächliche Widersinnigkeit der nationalsozialistischen Goethe-Rezeption im Sinne einer prinzipiellen Nichtanschließbarkeit" der Ideologie und Propaganda des Dritten Reichs an seine Werke. Diesen zu bestätigenden Ansatz fundierte der Referent im folgenden mit einer präzisen, exemplarischen Analyse des *Götz von Berlichingen* unter dem Aspekt der Entfaltung eines modernen Individualitätskonzepts, das vor allem auf „Besitzindividualismus" und eine „innere Bindung an ein soziales Werte- und Ordnungssystem" insistiere. Er arbeitete heraus, daß diese – wie auch andere – Wert-orientierungen schon beim jungen Goethe (und auf dialektische Weise erst recht in seiner späteren Entwicklung) im vollen Gegensatz zum nationalsozialistischen Kollektivismus „mit seiner ideologischen Wiedereinsetzung eines pseudometaphysischen Rahmens von Volk und Rasse" stehen.

Leider konzentrierte sich Herr Dr. Kemper in seinem (zu langen) Vortrag allzusehr auf die zwar genaue und überzeugende Erhellung der werkgeschichtlichen Grundlagen und Voraussetzungen für eine im Prinzip „widersinnige" nationalsozialistische Ideologisierung des Textes von Goethes Frühwerk, die er dann im Detail aber nicht mehr behandelte. So blieb nur wenig Zeit einerseits für den direkten Nachweis der „Nichtanschließbarkeit" durch Vergleich, und zwar nicht nur am Beispiel von konkreten Inanspruchnahmen des *Götz*, sondern andererseits auch für die Darstellung der Bedeutung Goethes im Widerstand gegen die Diktatur durch ein Ausbrechen aus dem kollektivistischen Ordnungssystem des Dritten Reichs.

Bot der Vortrag also vor allem eine plausible Interpretation von Goethes *Götz* als Beleg für die Widersinnigkeit einer nationalsozialistischen Vereinnahmung, ohne daß die Vielfalt der Verfälschungen des Dichters und seiner Werke (z. B. des *Faust*) im Dritten Reich nachgezeichnet wurde, so konnte in der anschließenden Diskussion der Horizont der kritischen Reflexion beträchtlich erweitert werden. Verschwiegen werden darf freilich nicht, daß einige Teilnehmer der Debatte die Meinung vertraten, der Referent habe, bei aller zugestandenen wissenschaftlichen Qualität der Darlegungen, der Intention der Arbeitsgruppe nicht genügend entsprochen.

Die Diskussion über das „Riesenthema", wie es ein Schweizer Mitglied nannte, auf der Grundlage der „Prolegomena" des Vortragenden, wie es Prof. Perels (Frankfurt a. M.) problematisierte, war dann insgesamt anregend, teilweise spannend, auch kontrovers. Um nur zwei Beispiele herauszuheben: So lieferte Prof. Naoji Kimura (Tokyo) interessante Einsichten in die japanische Goethe-Rezeption dieser Jahre, indem er auf den Zusammenhang mit der Instrumentalisierung im Dritten Reich einging. Prof. Krippendorff (Berlin) erörterte den tiefgreifenden Mentalitätswandel in den 20er und frühen 30er Jahren als Voraussetzung dafür, daß sich die Deutschen nicht als „Volk Goethes" (Alewyn) erwiesen hätten.

Nach über fünfzehn Beiträgen, auf die auch der Referent wiederholt reagierte, konnte der Diskussionsleiter die fast zweistündige Veranstaltung denn doch mit einiger Zufriedenheit abschließen. Im Verlaufe des Nachmittags wurde deutlich, daß wir in unserer Gesellschaft solche Gespräche über den Umgang mit dem „klassischen Erbe" im 20. Jahrhundert dringend fortführen sollten. Das betrifft auch die Geschichte der Goethe-Gesellschaft selbst. Am Rande wurde überdies von einigen Mitgliedern bedauert, daß die Themen für die Arbeitsgruppen der wissenschaftlichen Konferenz nicht auch die

Nachkriegsgeschichte, die Entstehung verschiedener „östlicher" und „westlicher" Goethe-Bilder zwischen 1945 und 1990 und ihre Bedeutung für den deutsch-deutschen Dialog erfaßten. Doch mehr als sechzehn Arbeitsgruppen konnte unsere Gesellschaft nicht anbieten.

Lothar Ehrlich

Arbeitsgruppe I

Goethes Nachleben auf der Bühne

Referent:
Dr. phil. habil. Günther Mahal, Knittlingen
Diskussionsleiter: Dr. Benedikt Jeßing, Bochum
Korreferentin: Dr. Lina Piradowa, Erewan

Der Referent konzentrierte sich in seinem Vortrag ganz auf die Inszenierungsgeschichte des *Faust* im 20. Jahrhundert. Er skizzierte zunächst treffend die markantesten Inszenierungen der ersten drei Jahrzehnte des Jahrhunderts: die naturalistisch-realistischen Aufführungen Max Reinhardts in Berlin und Salzburg und die bis heute andauernde anthroposophische Weihespiel-Tradition in Dornach. Gründgens' spartanische und wortorientierte Fassung des *Faust* habe in der Nachkriegszeit eine Inszenierungsnorm installiert, auf die die folgenden Regisseur-Generationen nur in antiparadigmatischer Umdeutung des Stoffes hätten reagieren können. Günther Mahal beschrieb die unterschiedlichen Regiekonzepte v.a. seit den 70er Jahren zutreffend – und nicht ohne polemische Pointen gegen gewisse „Modernismen" des Regietheaters – unter den Kategorien der Entmythisierung und Entliterarisierung des *Faust*, die gleichzeitig in eine zunehmende Theoretisierung, Hermeneutisierung und Verfremdung des Stoffes eingemündet seien.

In einem knappen Beitrag erweiterte die Korreferentin die Perspektive auf „Goethes Nachleben auf der Bühne" einerseits in Richtung anderer Bühnenwerke Goethes, andererseits im Hinblick auf das Bühnenleben Transkaukasiens. Die rund 130jährige Bühnengeschichte Goethes in Armenien und Georgien – die wiederum vom *Faust* und seinen verschiedenen Opern-Adaptionen dominiert wurde – erweise, so Lina Piradowa abschließend, wie lebendig Goethe im transkaukasischen Kulturraum sei.

Als lebendig darf auch die oft scharf geführte Diskussion im vollbesetzten Vortragssaal des Goethe-Nationalmuseums bewertet werden. Wenige Nachfragen betrafen sachliche Details von Vortrag und Korreferat: in welchem Umfang Goethes Werk ins Armenische oder Georgische übersetzt sei, um überhaupt spielbar zu sein auf den dortigen Bühnen; ob sich nach Albrecht Schönes ‚Rekonstruktion' der *Walpurgisnacht*-Szenen die Inszenierung dieser Passagen grundsätzlich geändert habe.

Die Diskussion wurde von einem Thema beherrscht: Im unmittelbaren Anschluß an Günther Mahals pointierte Spitzen gegen einige Spitzfindigkeiten moderner *Faust*-Inszenierungen machte eine Mehrheit der Diskutanten ihrem Unmut über die Entstellungen und Verstümmelungen „ihres" Goethe Luft. Diskussionsteilnehmer stellten in Erfahrungsberichten als paradigmatisch empfundenen Inszenierungen (vor allem aus den 50er und 60er Jahren) die gegenwärtige „Textverachtung" entgegen; das modernistische Regietheater sei nicht bereit, auf Goethes „Tiefe" einzugehen. Die Goethe-Gesellschaft müsse, so eine vehement vorgetragene Forderung aus dem Publikum, Stellung beziehen gegenüber derartigen Inszenierungen, müsse sich eine Aufsichts- oder Kommentarfunktion geben. Einer solchen Überwachungs- und Bühnenzensurbehörde wurde verschiedentlich die grundsätzliche Freiheit der Kunst entgegengehalten, darüber hinaus auch darauf verwiesen, daß Goethe selber seine Texte als offen für mannigfaltige Verständnismöglichkeiten und Rezeptionsweisen angesehen habe.

Gemäßigter erschien der Anspruch, daß Inszenierungen offener ihren hermeneutischen Zugang zum Text deklarierten. Der – ebenfalls gemäßigten – Forderung nach „Werktreue" in der Inszenierung wurde die Notwendigkeit entgegengestellt, einen Text wie den *Faust* „für die heutige Zeit" bearbeiten zu müssen, um ihn zum Sprechen zu bringen. Bernd Mahl (Stuttgart) wies auf die grundsätzliche Differenz zwischen Textfassung und Bühnenfassung hin: Der Regisseur müsse immer bearbeiten, immer die eigene „Lesart", den verstehenden Zugang suchen; wer den „reinen" *Faust* wolle, der solle ihn lesen, nicht ins Theater gehen. In diesem Zusammenhang wies Hans-Jürgen Schmitt (Kronach) darauf hin, daß gerade Goethe als Erfinder des Regietheaters gelten dürfe – der (wie auch Schiller) sowohl die eigenen Produktionen als auch fremde Stücke radikal für seine Weimarer Bühne bearbeitet habe, ein Regietheater-Konzept, das auch schon an Wilhelm Meisters *Hamlet*-Fassung und -Inszenierung sichtbar werde.

Benedikt Jeßing

Arbeitsgruppe K

Goethe und die Naturlyrik

Referent: Volker Braun, Berlin
Diskussionsleiter: Dr. Ivan Cvrkal, Bratislava
Korreferent: Prof. Dr. Doo-Hwan Choi, Seoul

In seinem Essay *Dem Geyer gleich. Goethe und Kafka in der Natur* reflektierte Volker Braun über die Funktion der Natur bei Goethe und Kafka und stellte dabei einige Parallelen zur modernen Lyrik und Literaturtheorie (Brecht, Benjamin, Mickel, Leistner u. a.) her. Am Beispiel mehrerer Texte Goethes und Kafkas präsentierte Braun deren Ansichten zur Tagespolitik und Poesie. Goethes Ziel war es, Widersprüche zu vereinigen und den Problemen, auch sozialen, von der Seite der Natur und ihrer Gesetzlichkeit beizukommen. Der Unterschied zwischen Goethe und Kafka bei der Funktionsbestimmung der Natur ist besonders deutlich im Symbol des Geiers (*Harzreise im Winter*) zu sehen: Hier die Freiheit des „schwebenden Lieds", dort der ausgelieferte Mensch. Nach Volker Braun besteht kein Unterschied zwischen der Natur- und der politischen Dichtung. Die Möglichkeiten der Dichtung bestehen nicht in der Veränderung der Welt, sondern in der Fähigkeit, Widersprüche zu entdecken. Kafka sah die Natur als Abstraktion, Goethe erlebte sie in konkreter Anschauung. Goethe empfand Befremdung in seiner letzten Schaffensperiode, Kafka war der Entfremdung lebenslang ausgeliefert. Des weiteren wurden verschiedene Fragen wie die Gefahren der „gebauten" und denaturierten Natur sowie die allseitige Bedrohung durch Globalisierungsprozesse erörtert.

In der Diskussion trennten sich die Geister. Diejenigen, die ein Exposé zu Goethes Naturlyrik erwartet hatten, fühlten sich enttäuscht. Andere wiederum störten die Beispiele aus der *Faust*-Dichtung: Das Thema sei verfehlt, die Naturlyrik hänge nicht mit diesem Drama zusammen. Das Ziel der Dichtung bestehe in der Versöhnung, die die Richtung für das Machbare, für die Zukunft aufzeige.

Meiner Meinung nach wollten diese Diskussionsteilnehmer nicht wahrhaben, daß große Kunstwerke „Leitfossilien ihres Zeitalters" sind, sie geben, so wie im Schlußakt von *Faust II*, das Bild des sozialen Zustandes, den Teufelspakt als „Widerspruch von Kapital und Arbeit, als Gefahren der gebauten Natur", wieder.

Die zweite Gruppe der Teilnehmer lobte dagegen die Klarheit und Brillanz der Ausführungen von Volker Braun, da daraus ein kontrastiver Vergleich über den Sinn der Poesie hervorgegangen sei.

Volker Braun gelang es in der stürmischen Atmosphäre, seine Meinung überzeugend zu präsentieren und auf eine neue Wahrnehmungsweise sowie auf eine innovative Möglichkeit hinzuweisen, das klassische Erbe für die Dichtung wie für das Denken von heute anregend, ja fruchtbar zu erschließen.

Ivan Cvrkal

Arbeitsgruppe L

Goethes Nachwirkung im Roman des 20. Jahrhunderts

Referent: Prof. Dr. Wilhelm Voßkamp, Köln
Korreferent: Dr. Milan Tvrdik, Prag
Diskussionsleiterin:
Prof. Dr. Christine Maillard, Strasbourg

In seinem mit großem Beifall aufgenommenen Vortrag über „*Wilhelm Meisters Theatralische Sendung* und dessen *Lehrjahre* im 20. Jahrhundert" ging Herr Voßkamp von der „unendlichen Auslegbarkeit" der Goetheschen *Meister*-Romane sowie von der prototypischen Funktion aus, die die *Lehrjahre* innerhalb der Geschichte des Bildungsromans übernehmen. Kennzeichnend für die Wirkungs- und Interpretationsgeschichte der *Meister*-Romane im 20. Jahrhundert seien die bemerkenswerten Revisionen der vereinheitlichenden Harmonisierungstendenzen, die im 19. Jahrhundert herrschten. Die Rezeption im Roman des 20. Jahrhunderts sei eine kritisch-reflexive und stehe unter dem Zeichen des Wechsels von der „Suche nach Identität" zu einer „Identität der Suche".

Nachdem er die Hauptmerkmale des Goetheschen Bildungsroman-Modells zusammengefaßt hatte – nämlich das moderne Individualitätskonzept eines entwicklungsfähigen Subjekts, dem eine Vervollkommnungsmöglichkeit zugerechnet wird, die Selbstreflexion, die durch bestimmte, der Gattung eigentümliche künstlerische Mittel und ästhetische Verfahren zustande kommt –, zeigte Herr Voßkamp, daß in der produktiven Rezeption des Goetheschen Bildungsromans eine Ablehnung oder Kritik des teleologischen Vervollkommnungsmodells parallel läuft mit einer veränderten erzählerischen Darstellung. Dies zeigte er an zwei Beispielen aus der Gegenwartsliteratur: Botho Strauß' Roman *Der junge Mann* (1984) und Thomas Bernhards *Auslöschung. Ein Zerfall* (1986). In beiden Fällen erfahre das Goethesche Bildungsmodell grundlegende Wandlungen: Während bei Botho Strauß das lineare Bildungsmodell durch ein Initiationsmodell abgelöst werde – der Roman besteht aus mehreren Initiationsgeschichten und Darstellung von Wandlungsprozessen –, erfolge bei Thomas Bernhard die produktive Rezeption zwar weit folgenreicher und radikaler, stehe aber auch unter dem Zeichen einer Kritik am Subjektkonzept. Die Vervollkommnung läßt hier einem Negationsgestus der Selbstzerstörung Platz. In diesem von der Todesthematik beherrschten Roman, diesem „Lehrstück, richtig zu sterben", bewahre Thomas Bernhard dennoch Elemente des Goetheschen Bildungsromans, so z. B. die Meister-Schüler-Beziehung, die eine konstruktive Struktur bildet. Im Anschluß an Renate Lachmann bezeichnete Herr Voßkamp das Verhältnis beider Autoren zur Tradition des Bildungsromans schließlich eher als ein „Wider-Schreiben" denn als ein „Weiter-Schreiben".

In der anschließenden Diskussion bildeten vier Themenkreise die Schwerpunkte: 1. die Frage nach dem Subjekt und nach der Selbstreflexion, 2. die Ablösung des Bildungsmodells durch das Initiationsmodell, 3. der Einfluß nichtdeutscher, europäischer Modelle des Bildungsromans, 4. schließlich die Rezeption bzw. Nicht-Rezeption der Goetheschen Auseinandersetzung mit dem Weiblichen.

Zum ersten dieser Themenkreise meinte der Referent, selbst innerhalb der Diskurse über die Verabschiedung und das Ende des Subjekts bleibe die Subjektfrage bestehen, und die Anschlußfähigkeit und Gegenwärtigkeit des *Wilhelm-Meister*-Romans, die gerade in Krisensituationen besonders virulent werde, biete eine Möglichkeit, sie immer erneut zu stellen. Es sei geradezu eine Aufgabe dieser Jahrzehnte, an ihr zu arbeiten. Zu Herrn Voßkamps These der Initiation als Gegenmodell zum teleologischen Bildungskonzept verwies ein Diskussionsteilnehmer auf das ethnologische Initiationsmodell, das doch mit Entwicklung zu tun habe oder diese zumindest nicht ausschließe. Dem konnte der Referent zustimmen, betonte aber den für ihn ausschlaggebenden Unterschied zur Bildung, die auf einem Entsprechungsverhältnis zwischen dem Einzelnen und der Gattung beruhe. Zu Thomas Bernhards Roman wurde auch die Frage gestellt, ob dieses „Sein zum Tode" nicht doch eine Alternative fände, und zwar in dem lebensfreundlichen Bildungsmodell der Berufswahl, die in Bernhards autobiographischen Schriften thematisiert werde. Ein Hinweis des Korreferenten ließ eher vermuten, daß dies nicht so sei, da die autobiographischen Schriften Bernhards eben diese Berufswahl als eine erzwungene erscheinen ließen. Zu dem wichtigen Aspekt der europäischen Einflüsse betonte der Referent die grundlegende Bedeutung des französischen Romans von Flaubert und Balzac bis Proust, und er unterstrich den Unterschied zur deutschen Tradition, die die regressive Seite immer zugunsten der teleologischen Vision verdrängt habe. Im Anschluß an diesen Teil der Diskussion wurde noch kurz die Vorstellung einer Einheitsfigur Faust-Wilhelm Meister erwähnt. Daß der männliche Held des Goetheschen Bildungsromans doch nur durch die permanente Auseinandersetzung mit weiblichen Figuren zur eigenen Identität findet, ist ein Aspekt, der kaum Gegenstand der Rezeption in den beiden untersuchten Romanen zu sein schien. Während bei Botho Strauß e i n e Frauenfigur (die Figur der Almuth) in dieser Hinsicht in Frage käme (auch in Verbindung mit dem Erlebnis der Kunst), scheint dieser Aspekt bei Thomas Bernhard tatsächlich in den Hintergrund gedrängt worden zu sein. Der Referent erinnerte dabei an die sozialgeschichtlichen Bedingungen, die dazu führten, daß im Bildungsroman die Mittelpunktfiguren beinahe ausschließlich männlich sind. Der Briefroman sei eine weit besser geeignete Gattung, in welcher auch das weibliche Subjekt zur Sprache kommen könne.

Zum Schluß betonte Herr Voßkamp noch einmal die Wichtigkeit einer kritischen, nicht harmonisierenden Lektüre des Goetheschen Bildungsromans und plädierte dezidiert für eine Lektüre der *Lehr-* und *Wanderjahre*, seien letztere doch, mit ihrer diskontinuierlichen Erzählweise, der modernere Roman.

Christine Maillard

Arbeitsgruppe M

Goethes Denken über Recht und Staat – aus der Sicht von gestern und heute

Referent:
Prof. Dr. Eberhard Schmidhäuser, Hamburg
Diskussionsleiter: Dr. Manfred Osten, Bonn
Korreferent: Prof. Dr. Naoji Kimura, Tokyo

Das Thema wurde zunächst ganzheitlich unter dem Aspekt der Persönlichkeitsentwicklung Goethes behandelt, wobei Professor Schmidhäuser von der Konjektur ausging, daß Goethe bereits früh eine Art Lebensprogramm konzipiert habe. Der Referent verwies hierbei auf den Brief Goethes an Lavater vom September 1780 mit dem berühmten Bekenntnis von seiner „Begierde", „die Pyramide meines Daseins [...] so hoch als möglich in die Luft zu spitzen".

Vor diesem Hintergrund wurden dann die Begriffe Recht und Staat entfaltet und in Relation gesetzt zum Denken und Tun Goethes vor allem in Hinblick auf seine amtliche Tätigkeit und sein Verhalten in einzelnen Rechtsangelegenheiten.

Der Vortrag schloß mit einer Synopse, die Goethes Denken über Staat und Recht vor dem Horizont seiner Zeit und dem der Gegenwart umfaßte.

In der Diskussion wurden vor allem folgende Aspekte thematisiert:

Herrn Schmidhäusers Vortrag wurde zunächst ergänzt durch eine Debatte, die auf den Festvortrag von Frau Professor Mommsen rekurrierte und die Themen Demokratie und Staatsangehörigkeit kritisch im Blick auf Goethes Staats- und Rechtsdenken infrage stellte.

Lebhafter Diskussionsbedarf bestand auch zu den in der Streitschrift Wilsons gegen Goethe vorgebrachten Behauptungen – wie zum Beispiel Goethes angebliche Mithilfe beim Verkauf von Soldaten und seine Mitwirkung beim Todesurteil gegen eine Kindsmörderin. Geltend gemacht wurde in diesem Zusammenhang unter anderem, daß auch Goethe für sein amtliches Handeln jene doppelte Rechtfertigungslehre in Anspruch nehmen dürfe, die für politisches Handeln schlechthin charakteristisch sei, nämlich der in der Praxis unversöhnliche Antagonismus von Staatsräson einerseits und den Forderungen der Bergpredigt andererseits. Professor Krippendorff (Berlin) wies ergänzend darauf hin, daß es vor allem darauf ankomme, Goethes Äußerungen über Recht und Staat nicht positivistisch zu lesen, sondern nach dem „Subtext" seines Handelns zu fragen. Als Beispiel nannte er die Tatsache, daß Goethe das Urteil gegen die Kindsmörderin zwar nach mehrtägigem Zögern wie seine beiden Kollegen unterschrieben habe, aber zugleich diese Entscheidung tief bedauert und als Bruch in seinem politischen Tun empfunden habe.

Der Versuch des Referenten, Recht und Staat als „Rahmenbedingungen" der Goetheschen Existenz und der Steigerung seiner Individualität zu interpretieren, rief schließlich eine Debatte zum Ordnungsbegriff Goethes auf den Plan, wobei geltend gemacht wurde, daß dieser Begriff – bei Goethe letztlich ontologisch – „mystischer" Natur sei. Hieraus resultiere denn auch ein nicht immer unproblematischer Rigorismus der Goetheschen Ordnungsvorstellungen.

Manfred Osten

Arbeitsgruppe N

Goethe und die Pädagogen. Exemplarische Etappen einer wechselhaften Rezeptionsgeschichte

Referent: Prof. Dr. Claus Günzler, Karlsruhe
Diskussionsleiter:
Prof. Dr. Christoph Perels, Frankfurt a. M.
Korreferentin:
Prof. Dr. Nanuli Kakauridse, Kutaissi

Jedem Teilnehmer an der gut besuchten Arbeitsgruppe lag ein dankenswerterweise vom Referenten selbst erstelltes Resümee des einführenden Vortrags vor, so daß es alle leicht hatten, den Darlegungen Herrn Günzlers zu folgen. Offenbar hatte das Thema viele in der Schule tätige Mitglieder unserer Gesellschaft angezogen, der Erfahrungshintergrund einer vielfältigen Schulpraxis kennzeichnete über weite Strecken die Diskussion. In vielen Fragen und Diskussionsbeiträgen spiegelte sich die Schwierigkeit der Aufgabe, Goethe und Goethe-Texte heute Schülern nahezubringen.

Zunächst knüpfte das Gespräch unmittelbar an den Vortrag an: ob sich an die Linie vom „vernünftigen Subjekt" der späten Herbertianer über das „lebendige Ich" der Reformpädagogen und die zu einer ökologischen Pädagogik hinüberführenden Arbeiten des Zoologen Adolf Portmann und des Theologen und Mediziners Albert

Schweitzer Ansätze einer Pädagogik der Postmoderne anknüpfen ließen.

Der Referent sah demgegenüber heute eher einen zugespitzten Individualismus sich ausbreiten, der sich weder zu Recht auf die reformpädagogischen Konzepte der 20er Jahre berufen könne, noch in Goethe einen Ahnherrn habe. Überhaupt sei das Interesse an Goethe in jüngerer Zeit eher an die Philosophen übergegangen und kehre über die auf dem Weg der ökologischen Pädagogik, auch der Bioethik, partiell in die Pädagogik zurück.

Ein Teilnehmer gab den Hinweis, daß der an Goethes Morphologie interessierten Pädagogik des Bildungsgedankens zwischen 1920 und 1935 wenig später die „morphologische Poetik" folgte und ihm an der Universität Mainz vermittelt worden sei.

Hinsichtlich der Chancen Goethes im Deutschunterricht blieben die Meinungen in der Arbeitsgruppe geteilt. Das mit dem Namen „Goethe" verbundene Persönlichkeitsideal sei nicht mehr vermittelbar; demgegenüber wurden Goethes Nähe zum Wesen der Kinder, sein Vermögen, das Individuum gerade in seiner Problematik dichterisch zu gestalten, der multikulturelle Reichtum seines Werks, sein Ethos der Selbstbeschränkung und sein Ethos der Tätigkeit als pädagogisch durchaus fruchtbar zu machende Momente sowohl seines Lebens wie seines Werks hervorgehoben.

Abschließend wies der Referent darauf hin, daß die Arbeit in der Schule entscheidend mitbestimmt sei von dem, was die Elternhäuser als Vorbereitung erbrächten; Erfolg oder Mißerfolg der Goethe-Vermittlung in der Schule seien nicht nur vom Wollen oder vom fachlichen Können der Deutschlehrer her zu beurteilen.

Christoph Perels

Arbeitsgruppe O

Goethe in der Kunst

Referentin:
Prof. Dr. Christa Lichtenstern, Frankfurt a. M.
Diskussionsleiter: Prof. Dr. George Guţu, Bukarest
Korreferent:
Dr. Rostislav Danilevski, St. Petersburg

Frau Prof. Dr. Christa Lichtenstern stellte im Sinne des allgemeinen Themas des diesjährigen Kongresses die ästhetisch-künstlerischen und naturwissenschaftlichen Leistungen Goethes als kreativen Ausgangspunkt für oft ganz aktuelle Konfigurationen der modernen Kunstentwicklung anschaulich und überzeugend dar. Es wurde dabei nachgewiesen, daß die Wirkungsgeschichte goethischer Werke und Gedankengänge moderne Ansätze in sich birgt, die von verschiedenen Künstlern des 20. Jahrhunderts innovativ weiterentwickelt wurden.

Die Prämissen für einen derart innovativen Umgang mit Goethe sind das Zeitüberdauernde, Anregende seiner Werke, das Organische seines Denkens und Forschens, dem verwandtschaftliche Aspekte des künstlerischen Diskurses moderner Rezipienten begegnen.

Das Investigationsfeld wurde auf einige Künstler des 20. Jahrhunderts beschränkt, wobei vier themenrelevante Kreise im Vordergrund standen: 1. Goethes *Faust*, insbesondere bei Käthe Kollwitz; 2. Die *Farbenlehre*; 3. Die Lehre vom metamorphotisch-gesetzhaften Gestaltenwandel und schließlich 4. Goethes Auffassung von der Plastik.

In bezug auf die *Farbenlehre* wurde Illustrationsmaterial aus dem Schaffen von Max Ackermann, Heinz Kreuz, dem bedeutenden Koloristen im Deutschland des 20. Jahrhunderts, bei dem die Farbentwicklung dem goethischen Urphänomen gleichkommt, von Piero Dorazio und Achile Perilli, von André Masson und Heinz Kreuz, von Andreu Alfaro, der z. Zt. eine Goethe gewidmete Ausstellung in der Casa di Goethe zeigt, und von Eduardo Chillida mit seiner in Frankfurt am Main zu bewundernden begehbaren Skulptur „Hommage à Goethe" herangezogen.

Der dritte thematische Kreis mit Bezug auf Goethes Metamorphosenlehre wurde mit Werken der sogenannten Gruppe „Quadriga" um den spiritus rector Otto Greis belegt, die die Triade Form, Farbe, Licht einprägsam und effektvoll einsetzt.

Schließlich wurde Goethes Auffassung von der Plastik, also von der Skulptur als einem verdichteten Gedanken erläutert, wobei auf innovative Interferenzen im Werk von Henry Moore hingewiesen wurde.

In allen erläuterten Fällen ging es der Referentin darum, die gegenwärtige Zuständigkeit von Goethes Kunsttheorie und Kunstpraxis im Rahmen eines vielschichtigen Wirkungs- bzw. Rezeptionsprozesses nachzuweisen. Diese Wiederaufnahme gewisser Aspekte von Goethes Kunsttheorie wurde durch Hinweise auf Conrad Fiedler, Hans von Marées bis hin zu Joseph Beuys belegt.

Die Diskussion in dieser stark besuchten Sektion war ungewöhnlich lebhaft und dehnte sich weit über das vorgegebene Zeitlimit aus, was vom besonderen Interesse der Teilnehmer für die im Referat aufgeworfenen, aus Zeitmangel zum Teil bloß angerissenen Aspekte Zeugnis ablegt.

Der Vortrag erscheint im Goethe-Jahrbuch 2000.

George Guţu

Arbeitsgruppe P

„Die Genies sind eben eine große Familie". Goethe in der Musik des 20. Jahrhunderts

Referent: Prof. Dr. Dieter Borchmeyer
Korreferentin: Prof. Dr. Meredith Lee
Diskussionsleiter: Dr. Andreas Anglet

In der Arbeitsgruppe P referierte Prof. Borchmeyer über „Goethes Texte in der Musik des 20. Jahrhunderts", enggeführt auf das Schaffen von Richard Strauss, das er durch Klangbeispiele dokumentierte.

Ausgangspunkt der Analyse war die Akzentuierung der zentralen Stellung, die Goethes Texte für die Opern- und Liedkomposition, ja die fundamentale Bedeutung, die seine Gedichte für die Konstitution der Gattung des „Kunstliedes" im 19. Jahrhundert besaßen. Dem steht ein Rückgang der Goethe-Vertonungen im 20. Jahrhundert gegenüber, der im Falle des Liedes auf dem grundlegenden Wandel der Auffassung von Lyrik und der musikalischen Ästhetik beruhen mochte.

Mahlers Integration der Schlußszene von *Faust II* in den zweiten Satz seiner VIII. Symphonie zu Beginn des Jahrhunderts besetzt eine Schlüsselstellung in der Vermittlung der Tradition insbesondere aufgrund ihrer Wirkung auf die Neue Wiener Schule. Parallel hierzu führt die Bedeutung Goethes für das Werk von Richard Strauss auf einer anderen Linie in das 20. Jahrhundert. Ihr Horizont ist die Ausstrahlung der Ästhetiken Wagners und Liszts und deren Bemühung, um 1850 Weimar ein weiteres Mal zum Ausgangspunkt einer neuen Kunstepoche zu machen.

Die Spannung zwischen der Ästhetik Goethes auf der einen und der Richard Wagners auf der anderen Seite prägt die Entwicklung von Richard Strauss. Diente die Lektüre der *Italienischen Reise* während des Italienaufenthaltes zu Anfang der 90er Jahre eher der Verarbeitung eigener Eindrücke, so setzte doch bald darauf ein kontinuierliches Textstudium ein. Gestützt wurde diese Entwicklung durch die Zusammenarbeit mit Hofmannsthal, der beanspruchte, Strauss auf seinen eigenen Weg von der dionysisch-orgiastischen, ja hysterischen Umsetzung der Ästhetik Wagners in der *Elektra* zur späteren Orientierung an der Kunst Goethes geführt zu haben. Verbunden war dies mit der Forderung nach dem Primat des Wortes vor der Musik gegenüber der symphonischen Konzeption des musikalischen Dramas bei Wagner sowie nach einer klassizistischen Musikdramatik in der Nachfolge Goethes und Mozarts. Als Fluchtpunkt dieser Entwicklung gelten *Die Frau ohne Schatten* und *Ariadne auf Naxos*, vor allem aber die *Ägyptische Helena* mit ihrem doppelten Bezug auf den Helena-Akt in *Faust II* und die *Iphigenie*.

Diesem Anspruch Hofmannsthals steht entgegen, daß Strauss sich schon als Vierzehnjähriger mit dem Plan einer Vertonung von Goethes *Lila* beschäftigt hatte, die Fragment blieb, den er aber 1895 wieder aufgriff. Daß er bei seiner denkbar wagnerfernen Bemühung um eine Rokoko-Ästhetik im Sinne Goethes und Zelters, die das Singspiel im Blick hatte, ausgerechnet Cosima Wagner und deren Freundin Ada Pinelli als Librettistinnen wählte, führte zur Konfrontation mit eigenen ästhetischen Widersprüchen. Ihre dramatische Zuspitzung des Stoffes ertöte den Singspielcharakter durch die „Elektrizität des 20.", also des bevorstehenden „Jahrhunderts", schrieb Strauss. Nicht ohne Ironie konstatierte Cosima, daß er sich nach dem Abbruch dieses Projekts mit seiner symphonischen Dichtung *Also sprach Zarathustra* doch wieder der Welt Wagners annäherte. Hofmannsthals Einfluß ermöglichte Strauss also lediglich die Anknüpfung an bereits anvisierte ästhetische Positionen.

Neben dieser Ablösung der Ästhetik Wagners durch die Goethes in seinem Opernschaffen stehen die Liedvertonungen nach Goethe-Texten durch Richard Strauss. Dieter Borchmeyer unterschied hierbei zwei durch eine fünfzehnjährige

Pause unterbrochene Phasen. In der ersten folgen auf die Vertonungen von *Der Fischer*, *Lust und Qual* und *Wanderers Sturmlied* durch den Dreizehnjährigen die Lieder *Pilgers Morgenlied* (1897) und *Gefunden* (1903).

Die zweite Phase, fast durchgängig Privatkompositionen aus den Jahren zwschen 1918 und 1942, z. T. mit Widmungen, weist nur wenige abgeschlossene Werke auf. Deren Textgrundlage sind ausschließlich die nicht liedhaften Teile des *West-östlichen Divan* und die *Zahmen Xenien*. Von ihnen blieben die meisten unpubliziert und waren lange nicht zugänglich. Neben Gelegenheitskompositionen findet sich hier, so Herr Borchmeyer, „ein Experimentierfeld hinter den Kulissen der Öffentlichkeit". Exemplarisch wurde *Zugemeßne Rhythmen* (*Nachbildung*, 2. Strophe) analysiert. In dieser Retourkutsche auf Walter Abendroths Strauss-Verunglimpfung wird Goethes Text durch musikalische Zitate zum polemischen Kommentar und Angriff auf das bloße „Talent" (Brahms) oder gar die „hohle Maske" abgelegter Formen „ohne Blut und Sinn" (Pfitzner). An ihrem Ende wird Goethes Forderung, daß eine fruchtbare Aneignung alter Traditionen nach deren Metamorphose in neue Formen verlange, mit einem Zitat aus Wagners *Meistersingern* verknüpft: Strauss scheint eine Synthese der Ästhetiken Wagners und Goethes möglich.

Wie bei Anton von Webern ist es gerade die Spruchdichtung des alten Goethe mit ihrer Aphoristik, die den späten Strauss inspiriert, auch wenn deren formästhetische Nähe in Weberns Reihenkompositionen offensichtlicher ist als die text- und musikästhetische Analogie bei Strauss. Gemeinsamkeiten im Goethe-Bezug beider Komponisten über den ästhetischen Unterschied hinweg spiegelt ihre Verwendung des Metamorphose-Begriffes als Synonym für den Variationssatz; ein weiteres Beispiel hierfür sind Paul Hindemiths *Symphonische Metamorphosen*. Strauss' letztes Orchesterwerk von 1945 verweist mit seinem Titel nicht nur auf Ovid, sondern programmatisch auch auf Goethes Konzept der Metamorphose als Naturprozeß. Der Goethe-Bezug in Weberns dodekaphonischem Verständnis der „entwickelnden Variation" als musikalische Metamorphose ist durch zahlreiche konkrete Äußerungen des Komponisten belegt.

Insgesamt bleibt die musikästhetische Referenz auf Goethe bei Strauss eher verdeckt. Seine Verehrung für Goethe als unerreichbare künstlerische Autorität zeigt sich in seiner Ablehnung jeder Vertonung der großen Gedichte, da sie deren textlicher Vollkommenheit nur abträglich sein könne. Dies ist wohl ein weiterer Grund für die Wahl weniger bekannter Goethe-Gedichte durch Strauss. Die direkten Parallelen zwischen der Weimarer Konstellation bei der Ankunft Goethes und der des Librettos von *Capriccio*, in dessen ursprünglichem Entwurf von Joseph Gregor, lösten beim Komponisten zunächst eine Abwehrhaltung gegen den Text aus.

Zu Beginn der anschließenden Diskussion standen sich zwei Positionen gegenüber: zum einen die These, daß es sich bei Strauss' Widmungslied an Goebbels nach seiner Ernennung zum Präsidenten der Reichsmusikkammer, *Das Bächlein*, dessen Text damals Goethe zugeschrieben wurde, nicht um einen Betriebsunfall handele, sondern um eine Konsequenz der Wagnerschen Ästhetik der Benebelung und Trunkenheit des Zuhörers, worin sich ästhetisch der Nazismus vorbereite, zum anderen die Position Dieter Borchmeyers, der das Unheroische des Liedes unterstrich, das Fehlen eines Antisemitismus bei Strauss betonte und darauf hinwies, daß dieser den Nationalsozialismus bald darauf als unmittelbare Bedrohung seiner jüdischen Schwiegertochter und ihrer Familie durchleiden mußte; zwar unpolitisch und opportunistisch, wofür das Lied zeuge, sei er nie ideologischer Parteigänger der Nazis gewesen; auch habe Goebbels nie auf das Werk reagiert.

Ein weiterer Hinweis aus dem Plenum schrieb Strauss' Goethe-Interesse auch dem frühen Engagement von Persönlichkeiten des Münchener Kulturlebens, etwa des Begründers der Shakespeare-Bühne, Jocza Savits, in der Goethe-Gesellschaft zu.

Die Wirkung Goethes auf so unterschiedliche musikästhetische Positionen wie die von Strauss und Webern spiegelt, lautete eine weitere These, die Breite des Wirkungspotentials seiner Lyrik, zumal beide Komponisten z. T. auf dieselben Texte zurückgriffen.

Die Abwesenheit der Goethe-Lieder von Strauss im gegenwärtigen Repertoire vermutete Dieter Borchmeyer als Konsequenz ihres experimentellen Charakters und ihrer Sprödigkeit, die mit mangelnder Publikumswirksamkeit assoziiert werde.

Andreas Anglet

Arbeitsgruppe Q

Goethes Morphologie und Farbenlehre im 19. und 20. Jahrhundert

Referenten: Prof. Dr. Irmgard Müller, Bochum
Prof. Dr. Dietrich von Engelhardt, Kiel
Korreferenten: Dr. Peter Huber, Heidelberg
Irakli Schurgulaia, Poti

Die beiden Referenten widmeten sich je einem Jahrhundert, was sinnvoll war, da sich die Goethe-Rezeption seit 1900 – teils durch den Wechsel wissenschaftlicher Paradigmen verursacht, teils durch gesellschaftliche und politische Entwicklungen bedingt – nachhaltig veränderte. Über Goethes naturwissenschaftliche Rezeption im 19. Jahrhundert sprach Herr Prof. von Engelhardt. Er merkte an, daß diese für eine pauschale Darstellung zu heterogen sei und es einer Differenzierung nach Einzeldisziplinen (Biologie, Meteorologie, Physiologie, Physik usw.) bedürfe. Auch wies er einführend auf die hermeneutische Problematik der unterschiedlichen Reflexionsniveaus von Autor, Rezipient und Referent hin, welche in der Rezeptionsforschung zu berücksichtigen seien. Zwei Hauptgedanken akzentuierte Prof. von Engelhardt besonders: (1) Die Auseinandersetzung Mensch – Natur muß nicht einzig auf naturwissenschaftlich-logischer Basis erfolgen; andere Disziplinen wie Literatur, bildende Kunst, Philosophie, Theologie usw. haben ebenso Anspruch auf eine Bestimmung des Verhältnisses von Mensch und Natur. Dies werde in heutiger Zeit wieder stärker berücksichtigt. Daraus folgt der zweite Hauptgedanke: (2) Goethes Anschauungen haben sich im 19. Jahrhundert nicht durchgesetzt, gewinnen aber heute zunehmend an Bedeutung. Am Beginn der wissenschaftlichen Goethe-Rezeption steht Johannes Müller, dessen frühe Physiologie und Morphologie Goethe und der Naturphilosophie verpflichtet war, dessen Priorität von Beobachtung und Experiment dann aber zur exakten Naturwissenschaft führte. Im folgenden skizzierte Prof. von Engelhardt die Positionen der deutschen romantischen Natur- und Wissenschaftsauffassung (Schelling, A. von Humboldt, Carus) und der exakten Naturwissenschaft (Helmholtz, Virchow, du Bois-Reymond, Haeckel) gegenüber Goethe, wobei sich zeigte, daß die Rezeption keineswegs linear verlief. So stellte Carus Goethe als den Vordenker einer deduktiven Naturphilosophie kritiklos über die induktive Naturwissenschaft englischer und französischer Prägung. Aber schon Humboldt war keineswegs immer mit Goethe einverstanden, wenngleich er es sich zur Maxime machte, keine öffentliche Kritik an ihm zu üben. Ähnlich vielschichtig verläuft die Rezeption auf seiten der Naturwissenschaft: Während du Bois-Reymond Goethe aus der exakten Wissenschaft verbannen will, wird er von Helmholtz rehabilitiert, indem er ihm mit der Entdeckung des biologischen Bauplans und der Metamorphose zwei bleibende wissenschaftliche Leistungen attestiert. Ähnlich äußern sich Virchow und Haeckel, die wie Helmholtz zwar die Irrtümer des physikalischen Teils der Farbenlehre konstatieren, jedoch biologische oder andere wissenschaftliche Leistungen Goethes durchaus anerkennen. Generell läßt sich feststellen, daß die Goethe-Rezeption in den Naturwissenschaften um so geringer war, je deterministischer und positivistischer sie sich gaben. Diese Entwicklung hatte ihren Höhepunkt am Ende des 19. Jahrhunderts.

Für Frau Prof. Müller, die Goethes Morphologie und Farbenlehre im Spiegel des 20. Jahrhunderts präsentierte, gibt es zwei Hauptgründe für ein nach 1900 einsetzendes Interesse an Goethes wissenschaftlichen Schriften: Zum einen schuf die Freigabe von Goethes Nachlaß und dessen Veröffentlichung im Rahmen der Weimarer Ausgabe eine breitere Rezeptionsbasis, zum anderen veranlaßte die Krise in den Naturwissenschaften (namentlich der Physik) nicht wenige Naturwissenschaftler, Goethes Modell der Naturbetrachtung als Rettungsanker für die eigene erkenntnistheoretische Verunsicherung heranzuziehen. Goethe erwies sich als nützlich, die verlorengegangene Einheit der Wissenschaften wieder herzustellen und die Gefahren der die Natur zerstörenden wissenschaftlichen Forschung (respektive ihrer technischen Anwendung) zu kompensieren. Angesichts dieses Phänomens kam es Frau Prof. Müller besonders darauf an, die Zeitgebundenheit jeglichen Rezeptionsverhaltens anhand von Goethes Naturwissenschaft zu demonstrieren. Wenn etwa der Biochemiker und Nobelpreisträger Otto Meyerhof programmatisch „Zurück zu Newton“ verkünde, so gehe es ihm nicht um eine Parteinahme zugunsten Newtons und gegen Goethes

Farbenlehre, sondern um eine Entgegnung auf Haeckel und andere Monisten, die Goethe neben Darwin als zweite Stütze der Evolutionsbiologie betrachteten. Einen Vermittlungsversuch zwischen induktiver und deduktiver, materialistischer und idealistischer Wissenschaftsauffassung habe Cassirer unternommen, indem er den Begriff der „Berechenbarkeit" durch das goethenahe Konzept der „Sichtbarkeit" ersetzte. In seiner Goethe-Biographie stellt Chamberlain die Kritik des Dichters am puren wissenschaftlichen Denken heraus, dessen Begrenztheit Goethe allenthalben demonstriere. Eine solche Haltung setze sich fort in Hans Wohlbolds und Gottfried Benns Goethe-Aufsätzen, worin Goethes „Synthetizismus" der Rationalität und Analytik der modernen Wissenschaft entgegengestellt werde. In diesem Zusammenhang wurden auch die Biologen Karl Goebel und Wilhelm Troll erwähnt, die eine stark an Goethe orientierte „morphologische" Biologie auf Kosten eines „physiologischen" (cartesianischen) Dualismus betrieben, was nach Ansicht der Referentin zur NS-Ideologie führt. Die Begrenztheit des wissenschaftlichen Denkens erfuhren (allerdings nicht im Sinne Chamberlains) auch die Quantenphysiker; so ist es begreiflich, daß Werner Heisenberg und Carl Friedrich von Weizsäcker Goethes Zugangsweise zur Natur als gleichberechtigt gegenüber der cartesisch-newtonschen gelten ließen und Goethes Wissenschaft zu rehabilitieren suchten, ohne freilich die objektiven Fehler von Goethes Farbenlehre verschleiern oder beschönigen zu wollen. Möglich wurde diese Kehrtwendung allerdings erst durch die erkenntnistheoretische Krise in der Quantenphysik. Nach dem Aufweis der historischen und ideologischen Bedingtheit der wissenschaftlichen Rezeption von Goethes Morphologie und Farbenlehre und der daraus resultierenden Gefahr des Mißbrauchs erinnerte Frau Prof. Müller an Karl Jaspers, der für die Ausgrenzung Goethes aus dem wissenschaftlichen Diskurs plädiert habe.

Die Diskussion lieferte einige bemerkenswerte Beiträge. So wurde unter Hinweis auf C.P. Snows „Zwei Kulturen" gefragt, ob sich die gegenwärtige – unüberbrückbare? – Kluft zwischen Geistes- und Naturwissenschaften nicht in Beziehung setzen lasse zum Antagonismus von Naturphilosophie und Naturwissenschaft im 19. Jahrhundert. In die gleiche Richtung zielte eine Bemerkung zur Mechanismus-Debatte zwischen dem naturphilosophisch grundierten Monismus und dem naturwissenschaftlich-analytischen Dualismus (vgl. die Kontroverse Haeckel – Meyerhof). Wenigstens innerhalb der Physik wurde das Gespenst eines rigorosen Mechanismus u. a. durch die Forschungen Heisenbergs zur Unschärferelation gebannt. Es gab eine Wortmeldung eines Zeitzeugen (vermutlich eines Physikers), der berichtete, daß Heisenbergs Goethe-Rehabilitierungen in den 40er Jahren im Kontext einer gegen Newton als pars pro toto der angloamerikanischen Wissenschaft gerichteten „deutschen Physik" gelesen wurden. Diese Bemerkung trifft den Nerv der wissenschaftshistorischen Aufarbeitung der NS-Zeit: Waren Heisenberg und seine Mitarbeiter Repräsentanten einer „deutschen Physik", oder versuchten die am deutschen Atombombenprojekt beteiligten Physiker mit Lippenbekenntnissen zu Goethes Wissenschaftsverständnis sich selbst zu schützen und ihren so gewonnenen Freiraum subversiv zu nutzen? Oder hatte Heisenberg einfach nur das „Pech", seine Forschungsergebnisse der 20er Jahre bei dem keineswegs national verstandenen Goethe naturphilosophisch antizipiert zu finden und für dessen Rehabilitierung während der 30er und 40er Jahre als Fürsprecher einer „deutschen Physik" mißverstanden zu werden? Während im Bereich der Physik diese Fragestellung nicht aufgegriffen wurde, erfolgte im Bereich der Biologie (Morphologie) ein Hinweis auf den Schweizer Biologen Adolf Portmann, der zeigte, daß eine Berufung auf Goethes Morphologie in der NS-Zeit nicht notwendig nationalistische Beweggründe haben mußte. Eine weitere Wortmeldung bezog sich auf eine mögliche Kongruenz von Goethes Farbenlehre und Evolutionsbiologie; in beiden Fällen entwickle sich nämlich die Farbwahrnehmung aus dem Hell-Dunkel-Kontrast heraus. Die Diskussion zeitigte eine Über-raschung, da Prof. Leibfried den physikalischen Gehalt von Goethes Farbenlehre experimentell bestätigen zu können glaubte. Dem wurde energisch widersprochen, u. a. durch die ebenfalls experimentell versierte Frau Prof. Kuhn. Ein umsichtiges und versöhnliches Schlußwort von Prof. Mandelkow beendete das Gespräch.

Peter Huber

Chronik und Dokumentation des Getanen (Oktober 1998 – Juli 1999)

1998

August (Nachtrag zum GJb 115/1998)

Die Iranische Botschaft in Bonn bejaht die Zusammenarbeit bei der Errichtung eines Hafis-Denkmals in Weimar und eines Goethe-Denkmals in Schiras. – Unser Mitglied Herr Dr. Mehdi Nadji übernimmt tatkräftig die Initiative.

17. August: Herr Dr. Buriánek (Kanzlei des Präsidenten der Tschechischen Republik) dankt für die Einladung an den Herrn Präsidenten Václav Havel:

[...] Ihre Sorge um seine Gesundheit und die herzlichen Genesungswünsche, die Sie in Ihrem Brief zum Ausdruck bringen, haben den Präsidenten berührt und gefreut. Ich darf Ihnen ebenfalls versichern, daß der Präsident Ihre Einladung sehr zu würdigen weiß. Er anerkennt die große Bedeutung der Goethe-Gesellschaft und den unschätzbaren Wert ihrer Arbeit, die sie – nicht selten unter schwierigen Umständen – leistet und geleistet hat. Die Vermittlung von humaner Toleranz und das Bemühen um den Erhalt und die Weiterentwicklung der kulturellen Einheit Europas liegen auch dem Präsidenten sehr am Herzen. Deshalb verfolgt er die vielfältigen Aktivitäten der Goethe-Gesellschaft, insbesondere in Mittel- und Osteuropa, mit lebhaftem Interesse und Wohlwollen. Er weiß ihre Arbeit – oft genug Pionierarbeit – für ein gegenseitiges kulturelles Verständnis und somit für eine gemeinsame Zukunft in Frieden und Toleranz sehr zu schätzen. [...]

Professor Keller hatte am 29. Juni geschrieben: „[...] Leicht läßt sich vorstellen, welche Forderungen Ihr Amt an Sie stellt. Da Pflichten die Eigenart haben, mit der Amtsdauer noch zu wachsen, gesellt man sich nur zögernd zur großen Zahl derer, die sich Ihre Aufmerksamkeit erbitten möchten. Meine hohe Achtung für Sie ist es, die erlaubt, so unaufdringlich wie herzlich anzufragen, ob Sie unsere Eröffnungsveranstaltung am 27. Mai 1999 durch Ihre Anwesenheit beehren könnten. Ihre Teilnahme gewänne eine symbolische Bedeutung für unsere ausländischen Gäste, die Goethes wegen Weimar und der deutschen Kultur in schwerer Zeit die Treue hielten. [...] In der Hoffnung, daß Ihnen gelingen möge, was Sie für Ihr tschechisches Volk und die Versöhnung der Menschen in Europa zu tun sich vornahmen [...]“

Oktober

Folgende Wissenschaftler beginnen ihr Stipendium in Weimar: Frau Dr. Anca Rădulescu (Bukarest): *Der Persönlichkeitsbegriff Goethes und der Individualitätsbegriff der Moderne* und Dr. Michael Rudnitzki (Moskau): *Goethe und Novalis.*

1. Oktober: Mit einer kleinen Feier wird an Frau Müllers Arbeitsbeginn in unserer Geschäftsstelle vor 25 Jahren erinnert (vgl. 11.12.1998).

16. Oktober: Im Namen des Rotary-Clubs Recklinghausen-Vest und dessen erkranktem Präsidenten, Herrn Horstfried Masthoff, überreicht uns Herr Dr. Steenbuck in einer Feierstunde im Goethe- und Schiller-Archiv 10000 DM für Stipendiaten. „Es war ein glücklicher Gedanke“, so Herr Dr. Steenbuck, „die Begegnung von Präsident und Stipendiaten der Goethe-Gesellschaft mit unserem Besuch zu verbinden. Das gemeinsame Mittagessen stellte einen ersten freundlichen Kontakt her. Der Vorstellung im Archiv fehlte daher jede Fremdheit. Wir haben die jungen Wissenschaftler als glänzende Botschafter ihrer Länder kennengelernt. Die Rezitation des jungen Georgiers [i. e. Wladimir Chorawa, Poti] wird uns unvergeßlich bleiben.“

Wenige Tage später besuchte die rumänische Stipendiatin Frau Anca Rădulescu Recklinghausen. Von dort kamen folgende Briefzeilen: „[...] Fließende Beherrschung unserer Sprache, bei der ihr herrliche Formulierungen gelangen, machte das Zuhören zum ästhetischen Vergnügen. Frau Rădulescu überzeugte auch den letzten Zuhörer von der hohen Qualität des Stipendiatenprogramms Ihrer – unserer – Gesellschaft.“

November

Frau Dr. Galina Ischimbajewa (Ufa/Russische Föderation) beginnt ihr – vom DAAD finanziertes – Stipendium in Weimar. Ihr Forschungsthema:

Die Entwicklung des „Faust"-Motivs in der deutschen Literatur des 16. bis 20. Jahrhunderts.

3. November: Herr Dr. Danilevski (St. Petersburg) dankt für die Unterstützung während der Krankheit seines Sohnes. Zu unserer Mittrauer war dessen Leben nicht mehr zu retten.

Herr Danilevski schreibt überdies: „Seit diesem Herbst arbeitet eine russische Goethe-Gesellschaft in Petersburg, geleitet von den Professoren Frau Ada G. Beresina, Herrn Gennadi Wl. Stadnikow und mir. Die Sitzungen finden an der Philologischen Fakultät der Petersburger Universität einmal im Jahresviertel statt. Das Publikum sind hauptsächlich junge Leute, und das freut uns. Auch ältere Menschen, darunter Nachkommen russischer Bürger deutscher Herkunft, nehmen daran teil."

6. November: Im Rahmen der „Deutschen Tage" wird in Eriwan eine Armenische Goethe-Gesellschaft festlich gegründet. Zur Vorsitzenden wählen die zahlreich erschienenen Goethe-Freunde die wissenschaftliche Mitarbeiterin am Nationalen Literaturmuseum „Matenadaran" Frau Evelina Piradova. Bei der Gründung anwesend sind, neben zahlreichen Gelehrten der Akademie der Wissenschaften Armeniens und Eriwaner Universitäten, auch Deutschlehrer des Landes, die sich zu einer Fortbildungsveranstaltung gerade in der Hauptstadt aufhalten. Die Botschaft der Bundesrepublik Deutschland vertreten der Erste Sekretär und der Kulturattaché. Die Grüße der Muttergesellschaft überbringt der Vizepräsident Prof. Dr. Lothar Ehrlich. Die Gründungsversammlung umrahmen ein vorzügliches musikalisch-literarisches Programm sowie eine kleine Ausstellung über Weimar. Prof. Ehrlich hält während seines Aufenthalts einen Vortrag an der Eriwaner Übersetzer-Hochschule.

19. November: In Riga beginnt eine lettische Goethe-Gesellschaft mit ihrer Arbeit. Unser Vorstandsmitglied Prof. Dr. Bernd Leistner nimmt an der Gründungsfeier teil und spricht ein Grußwort (siehe S. 481).

27. November: In Bratislava wird eine slowakische Goethe-Gesellschaft aus der Taufe gehoben. Aus diesem Anlaß finden sich Hochschullehrer, Studenten, Pädagogen und Journalisten im Goethe-Institut zu einer festlichen Veranstaltung zusammen. Zum Vorsitzenden wird Dozent Dr. Ivan Cvrkal gewählt. Die Grüße der Weimarer Goethe-Gesellschaft überbringt Herr Dr. Jochen Golz. Sein Vortrag „Goethe im Kulturstadtjahr Weimar 1999" stieß auf lebhaftes Interesse. Vom Engagement der slowakischen Goethe-Freunde tief beeindruckt, sagt er der neugegründeten Goethe-Gesellschaft eine gute Zukunft voraus.

Dezember

7. Dezember: In Freiburg im Breisgau wird eine Ortsvereinigung der Goethe-Gesellschaft ins Leben gerufen. Mit 13 Mitgliedern erfolgt an diesem Tage die formaljuristische Gründung. Ihre Arbeit hat die Ortsvereinigung am 2. Juni 1999 aufgenommen; bei Redaktionsschluß hatte sie 44 Mitglieder. Vorsitzender ist Senator Dr. h. c. Konrad Huber. Dem Vorstand gehören weiterhin an die Herren Prof. Dr. Jochen Schmidt und Prof. Dr. Klaus Mönig. Die Leitung der Geschäftsstelle liegt in den Händen von Frau Irene Hildenbrand.

9. Dezember: Unserem langjährigen Mitglied Herrn Prof. Dr. h. c. Hans-Joachim Weitz wird in Darmstadt im Auftrag der Ministerin für Wissenschaft und Forschung die Goethe-Medaille des Landes Hessen verliehen. Gleichzeitig erscheint als 66. Band der Schriften der Goethe-Gesellschaft die Aufsatzsammlung von Hans-J. Weitz: *Der einzelne Fall. Funde und Erkundungen zu Goethe* im Verlag Hermann Böhlaus Nachfolger Weimar. Wir danken der Merck-Stiftung in Darmstadt, insbesondere Herrn Dr. Ebner, und der VG-Wort in München für ihren großzügigen Druckkostenzuschuß. Herr Lauterbach vom Verlag Hermann Böhlaus Nachfolger Weimar und Prof. Keller überreichen dem 94jährigen Professor Weitz in Darmstadt das erste, noch druckfrische Exemplar. Prof. Keller sagte unter anderem:

[...] Sie, lieber Herr Weitz, sind ein Mann des Theaters, fasziniert von der Bühne, die weniger die plane Wirklichkeit als vielmehr die ungeschauten und „unerhörten" Möglichkeiten des Lebens ins Sinnenhaft-Sinnbildliche umsetzt. Ihre „Lehrjahre" waren rasch durchstürmt, die „Wanderjahre" fanden nach 1933 ein so unzeitiges wie zeitgemäßes Ende: Sie erhielten Berufsverbot. Ihre „theatralische Sendung" gab Sie auch nach dem Kriege nicht frei und führte Sie schließlich 1965 – folgerichtig, möchte man im Blick auf Barbara Schultheß sagen – als Dramaturg nach Zürich und als Dozent in dessen Hörsäle.

Zunächst also gehörten Sie nicht der Germanistengilde an. Indes haben Sie diese an ihre Philologenpflicht gemahnt, an die Entzifferung des „festen" Buchstabens und an die Erarbeitung des verläßlichen Worts, worauf alle Deutung angewiesen ist. Reift Wilhelm unter zaghaftem Fortschreiten zum Meister in der Heilkunst, – Sie wurden mit sorgsam-kühnem Zugriff zum Meister in der Lese- und Schreibzunft. Ihre Treue gegenüber dem Wort duldet keine unverstandenen Textstellen. Dem Unverständlichen, von anderen übersehen oder flugs überlesen, entnehmen Sie Ihre Fragen. Da wird dann genetisch verfahren und eine Lesart in einen neuen Kontext gebracht; da werden Daten korrigiert, Anspielungen entschlüsselt und Namen zu Begebenheiten ermittelt. Über die Jahrzehnte hinweg wurden Sie zum Wort- und Sinndetektiv der Goethe-Philologie, gelenkt von der Wünschelrute Ihres Spürsinns und geleitet von einem unermüdeten präzisen Gedächtnis. Sie haben uns gelehrt, daß alles Geschriebene, daß das Gedichtete seinen genau bestimmbaren Platz im geschichtserfüllten Raum der Bezüge besitzt. Ihr Wissen füllt Textlücken, Ihre Intuition erkennt den Zusammenhang des Isolierten. Zu Ihrer sachbewußten Selbstbescheidung gehört auch die an Stifter erinnernde Andacht zum Kleinen, das unter Ihrer Hand bedeutsam wird und „aus kleinen Kreisen Welt in Welt" schafft. Denn auch den handwerklichen Grundlagen gehört Ihre Aufmerksamkeit.

Sie sind der Lesemeister und zugleich ein Meister des Worts, des geschriebenen und gleicherweise des gesprochenen. Abende mit Ihnen bildeten für meine Frau und mich Farbtupfer im grauen Einerlei der Arbeitswochen. Ihre anschauende Urteilskraft deutete souverän Situationen und Personen an und aus, Ihr Gedächtnis reichte mühelos Namen und Daten hinzu. Das ist eine Fähigkeit, die jemand üben, aber nicht erlernen kann: sich nicht ans Abgelebte zu verlieren, sondern, wie der Maler Lebrun im Hause Jabach in Köln, sinnennah die Gegenwärtigkeit des Vergangenen heraufrufen zu können.

Ein Meister des schriftlich gesprochenen Worts – daß ich Zeit zum Zitieren, zum Rezitieren hätte, wie Sie Goethes Verhältnis zu seinen Deutschen, wie Sie das Bieder-Prätentiöse eines Haug charakterisieren! Ihre Jugendlichkeit lebt in Ihrer lateinischen Hypotaxe auf, in den rhythmisch strukturierten Perioden, die sich, um der Sache genugzutun, unterbrechen, ehe sie zielsicher an ihr Ende drängen.

Der schriftstellernde Handelsherr aus Köln, Kunstkenner und Kunstsammler in einem, der junge Sulpiz Boisserée, eröffnete dem alternden Goethe mit der Bildkultur des Mittelalters eine neue geistige Provinz; mit Boisserées Tagebüchern gewähren Sie uns einen intimen Blick in die Innen- und Außenwelt der ersten Hälfte des 19. Jahrhunderts. Fünftausend handgeschriebene Blätter waren zu entziffern und ins Typoskript zu übertragen: welche Selbstüberwindung, welche Genugtuung am glücklichen Ende! [...]

Ihr Lebenswerk liegt vor uns: in mustergültigen Editionen und Anmerkungen, in Vor- und Nachworten, in Abhandlungen, Aufsätzen und Miszellen – in literarischen Zeugnissen, die durch ihre Sachbezogenheit einnehmen und durch ihre Schlüssigkeit überzeugen. Sinnenfroh haben Sie das „enge Bretterhaus" des Theaters zur Welt hin geöffnet, engagiert nahmen Sie die Welt in die gelehrte Klause herein. So bestünde denn Ihre Lebensleistung darin: in der geglückten Disziplinierung und Koordinierung der Anlagen, so daß die magistrale Geste des Schauspieldirektors nie selbstgenügsam, sondern durch Genauigkeit fürs Detail gelenkt, und die Emsigkeit des Mikrologen nie engherzig, sondern mit Lebenswissen angereichert ist. [...]

Frau Maria Tscholadse, georgische Stipendiatin, schreibt über die Zeit, die sie in Weimar verbringen durfte: „Ich bedanke mich für die Tage in Weimar. Sie werden zu den schönsten Blättern meines Lebens gehören."

10. Dezember: Unser Stipendiat Stefan Vevar, Germanist und Übersetzer aus Ljubljana, übersendet die „Früchte" seines Weimar-Aufenthalts: ein Exemplar der slowenischen Erstausgabe des *Wilhelm Meister*. Herr Vevar dankt für die Gastfreundschaft und betont, von welch großem Nutzen die intensive Beschäftigung mit Goethe für seine tägliche Universitätsarbeit sei. Die Goethe-Gesellschaft gratuliert herzlich zum Geleisteten.

11. Dezember: Zu Frau Müllers Geburtstag gratuliert Professor Keller:

Sehr geehrte und liebe Frau Müller,

am 11. Dezember begehen Sie Ihren Geburtstag. Da es wenig galant wäre, eine Zahl zu nennen, und da wir uns nicht in Rätselspielen verlieren wollen, sei einfach zur Vollendung des alten Lebensjahres gratuliert und zum Beginn des neuen alles Gute gewünscht.

Seit dreiundzwanzig Jahren kennen wir einander; seit acht Jahren arbeiten wir zusammen. In dieser Zeit hat sich Tag für Tag bestätigt, was ich vorher schon wußte: daß eine ungewöhnliche Tüchtigkeit Sie auszeichnet. Gleichviel, welches Detail wir morgens vor oder nach acht Uhr am Telefon besprechen, immer verwundert das präzise Gedächtnis, das fünfundzwanzig lebendige Jahre unserer Goethe-Gesellschaft mühelos zu vergegenwärtigen weiß. Die Biographien unserer Vorsitzenden sind Ihnen allesamt bekannt, und geläufig sind die wechselnden Schicksale der ausländischen Gesellschaften. So ging vielen Entscheidungen die ausführliche Beratung mit Ihnen voraus, die die nötigen Konkreta lieferte und das gewünschte Atmosphärische vermittelte. Dank für Ihr Urteil, an dem ich Maß nahm und das die jeweils ersten Schritte erleichterte.

Das dankbarste Lob gehört unserer Finanzexpertin, der Buch-„Halterin" und ihrer Buch-„Führung". Von ihr wurde nach der „Wende" viel verlangt, denn es galt umzulernen und vieles Neue zu erlernen. Es sind meist kleine Summen, um die es bei uns geht, aber diese erfordern Treue im kleinen, denn unser erstes Gebot ist, daß Redlichkeit und Gewissenhaftigkeit auch die Zahlen hinter dem Komma einschließen. Welche geduldige Mühe setzten unsere Kongresse mit ihren vielen Gästen voraus, welche Sorgfalt verlangten die Abrechnungen mit Ministerien, welche Puzzeleien zog der Wust veränderter Richtlinien nach sich …

Sie verwalteten mit „Geschicke", mit glücklicher Hand also, mit stetem Fleiß und bleibender Treue die Gelder, die ich fleißig und treu zusammentrug. Die Thüringerin und der Schwarzwälder arbeiteten einander tagaus, tagein zu, und ich werde nie vergessen, wie Sie mich manchmal trösteten, wenn ich wieder mit leeren Händen von Bittgängen und Bittfahrten zurückkam. Wir haben in acht Jahren mehr erreicht, als wir bei einem Mitgliedsbeitrag von 60 DM erhoffen durften. Das ist auch Ihr Verdienst. Konnten Sie ausnahmsweise bei mir etwas nicht erreichen, taten Sie sich klüglich mit meiner Frau und den Mitarbeiterinnen in Weimar und Köln zusammen. Diesem Sturm der Argumente konnte ich allenfalls zwei, drei kurze Tage widerstehen. Schließlich sah ich ein, daß allein mit Mineralwasser und Brezeln der „Gesellige Abend" in Weimar ein wenig ungesellig werden könnte.

An vieles wäre zu erinnern, an Schönes und Heiteres und auch an manches Bedrückende. Sie haben nicht allein Ihr ureigenes Metier akribisch ausgeübt, sondern zudem die vielen Besucher, die in unsere Geschäftsstelle kamen, mit großer Freundlichkeit verwöhnt. In mehreren Erdteilen singen unsere Stipendiaten ihr Loblied auf Sie, auf Frau von Zweidorff und neuerdings auch auf Frau Dr. Oberhauser und Frau Speer. Nächstens werden Sie in den wahrlich verdienten Ruhestand treten. In unser aller Erinnerung bleiben Sie gegenwärtig: heiter und ernst und sehr fleißig, gewitzt und einfallsreich, wenn dies angebracht war bei den „Obliegenheiten" unserer Gesellschaft, für die wir jede Mühe auf uns nahmen.

Es wäre noch manches zu erzählen, zu loben und zu rühmen, doch seien der Dank fürs Vergangene und die Hoffnung aufs Zukünftige in einem Briefwort Goethes zusammengefaßt, das er am 12. Juli 1830 an Meyer richtete: „Möge Ihnen Wohlsein und fröhliche Tätigkeit beschieden sein" – wie bisher im beruflichen, so fortan im häuslichen Kreis.

Mit allen guten Wünschen

Ihre Ihnen herzlich verbundenen

Mechthild und Werner Keller

16. Dezember: Helmut von Senden, der von 1987 bis 1999 die Altenburger Ortsvereinigung der Goethe-Gesellschaft leitete, begeht seinen 85. Geburtstag. Prof. Keller sendet ihm das folgende Glückwunschschreiben:

Die internationale Goethe-Gesellschaft grüßt
voll Herzlichkeit
Herrn von Senden
zum 16. Dezember 1998 –

- voll Bewunderung für den Maestro der Bühne, – der Bretter, die die wahre Welt bedeuten,
- voll Verehrung für den Menschen, der sich seinen reinen Enthusiasmus durch die Not der Zeiten rettete,
- voll Dankbarkeit für den Freund unserer Gesellschaft, der jede Mühe auf sich nimmt, um Goethes verpflichtendes Werk auch in unseren Tagen lebendig zu erhalten.

Mit allen guten Wünschen für den Tag und über den Tag hinaus

Ihr

Werner Keller

[Anm. der Red.: Herr von Senden verstarb am 7. Oktober 1999. Das Kondolenzschreiben an die Witwe wird im GJb 2000 wiedergegeben.]

Herr Dr. Spelsberg überweist einen großzügigen Betrag für unsere Stipendiaten.

1993 wurde von Herrn Prof. Keller ein Stipendiatenprogramm ins Leben gerufen. 1999 werden wir den 100. Stipendiaten in Weimar empfangen. Dankbare Briefe erreichen uns auch zum Ausklang dieses Jahres. Stellvertretend sei Dr. Michael Rudnitzki (Moskau) zitiert:

Sehr geehrter Herr Präsident,

mein Aufenthalt in Weimar nähert sich seinem Ende. Daher möchte ich Ihnen mitteilen, daß die Weimarer Atmosphäre ihre gute, produktive Magie auch auf mich ausgübt hat. Meine Arbeit an der ersten russischen Novalis-Monographie, die ich seit beinahe 20 Jahren – leider mit großen, objektiv und subjektiv bedingten Pausen – zu verwirklichen suche, konnte ich diesmal um einige ganz wichtige Schritte vorwärtsbringen, die, in Anbetracht des neuesten Stands der Novalis-Forschung und der neuen Äußerungsmöglichkeiten, über die man jetzt endlich in Rußland verfügt, mich wesentlich meinem Ziel nähergebracht haben: Eine gute Hälfte des Buches ist jetzt fertig.

Ganz wichtig während meines Weimarer Aufenthalts war für mich auch die Gelegenheit, durch Vermittlung und mit Hilfe der Goethe-Gesellschaft neue wissenschaftliche Kontakte zu knüpfen: Besonders vielversprechend in dieser Hinsicht war meine kurze Reise nach Oberwiederstedt, wo ich die Novalis-Gedenkstätte besichtigen und Frau Dr. Gabriele Rommel, Direktorin des Novalis-Museums, persönlich kennenlernen konnte. [...]

Am Ende dieses Schreibens möchte ich mich noch einmal bei Ihnen und bei Ihren Kolleginnen und Kollegen für diese produktive Zeit in Weimar herzlichst bedanken [...]

Ihr

Michael Rudnitzki

1999

Januar

Als Stipendiaten unserer Gesellschaft reisen an: Frau Marina Kutschuchidse (Kutaissi): *Emotionale Bedeutung in Goethes lyrischen und prosaischen Jugendwerken*, Frau Manana Papawa (Kutaissi): *Das Wort in „Faust I“*, Herr Dr. Guram Tschochonelidse (Tbilissi): *Goethe als Literaturtheoretiker* und Herr Prof. Dr. Chang-Bae Jeon (Seoul/Korea): *Die ästhetischen Anschauungen Goethes und Moritz'*.

8. Januar: Gespräch zwischen Herrn Dr. Boden und Professor Keller über ein Goethe-Symposion im April und über ein Goethe-Monument in St. Petersburg. Wir sagen finanziellen Beistand zu. Es wäre ein angemessenes Geschenk, eine Goethe-Plastik an einer literaturgeschichtlich bedeutsamen Stelle zu enthüllen – auch in Erinnerung an die jahrelange Belagerung der Stadt während des Zweiten Weltkriegs.

12. Januar: Volkmar Schumann, Vorsitzender der Ortsvereinigung Eisenach, wird von Bundespräsident Roman Herzog als „verdienter Bürger“ zum Neujahrsempfang nach Berlin eingeladen. Die „Thüringer Allgemeine“ berichtet darüber am 13. Januar: „Für Volkmar Schumann aus Eisenach war gestern ein ganz besonderer Tag. Jahrelang hat sich der engagierte Thüringer als Vorsitzender der Goethe-Gesellschaft um die zeitgemäße Vermittlung der Werke des großen deutschen Schriftstellers bemüht. Vor allem hatte der Eisenacher dabei stets im Sinn, was der Geheimrat der heute jungen Generation wohl sagen wollte. Er hat unzählige Vortragsveranstaltungen und Exkursionen organisiert. Gestern war Schumann selbst Gast einer Exkursion, zu der Roman Herzog den Goethe-Experten eingeladen hatte.“

20. Januar: Unser Mitglied Paula Bilweiß unterstützt das Stipendiatenprogramm unserer Gesellschaft mit einer großzügigen Spende.

26. Januar: Nach der Ablehnung unseres Antrags in Brüssel: Gespräch in Bonn zwischen Herrn Dr. Lohs, dem Vertreter der FDP-Fraktion im Kulturausschuß des Deutschen Bundestags, und Professor Keller über eine Unterstützung unserer 76. Hauptversammlung.

29. Januar: Weiterer Besuch von Herrn Prof. Dr. med. Werner Kunert und Professor Keller beim Vorsitzenden des Vorstands der Hypothekenbank in Essen, Herrn Hubert Schulte-Kemper. Gespräche mit Vertretern der Industrie und Wirtschaft über eine Unterstützung der internationalen Goethe-Gesellschaft im Jahr 1999. Die Fördergesellschaft Philharmonia Hungarica lädt das georgische Kammerorchester Tiflis zu sechs Konzerten ein. Von jeder verkauften Eintrittskarte sollen 5 DM an unsere Gesellschaft gehen.

31. Januar: Die Wetzlarer Goethe-Gesellschaft feiert mit einer Festveranstaltung ihr 25jähriges Bestehen. Nach der Begrüßung durch den ersten Vorsitzenden Dr. Manfred Wenzel und Grußworten des Oberbürgermeisters von Wetzlar Wolfram Dette sowie des Präsidenten der internationalen Goethe-Gesellschaft in Weimar Prof. Dr. Werner Keller wurde ein Glückwunsch von Frau Prof. Lili Kaufmann von der Ortsvereinigung in Tambow/Rußland verlesen, die seit ihrer Gründung im Jahr 1995 mit der Ortsvereinigung in Wetzlar durch eine enge Partnerschaft verbunden ist. Die Früchte des kulturellen Austauschs und der offenen Begegnung über ehemals unüberwindbare Grenzen hinweg wurden an einem Bericht deutlich, den die in Deutschland studierende Jelena Kaschewarowa aus Tambow gab (siehe S. 490). Den Höhepunkt der Veranstaltung bildete der Festvortrag der Lyrikerin Doris Runge (Grömitz-Cismar) zum Thema „Daß ich eins und doppelt bin'. Goethe und Marianne von Willemer", der durch sprachliche Vollendung sowie Meisterschaft der Rezitation gleichermaßen bestach. Harfenmusik, vorgetragen von Nicole Braun (Köln), verband die einzelnen Programmteile.

Februar

Folgende Stipendiaten beginnen ihre Studien in Weimar: Frau Luisa Khalatjan (Eriwan/Armenien): *Goethe und seine Stellung in der deutschen und europäischen Aufklärung* und Herr Antanas A. Jonynas (Vilnius/Litauen): *Die Übersetzung von Goethes „Faust"*.

Die 1993 von Professor Doo-Hwan Choi in Seoul gegründete Lesegruppe berichtet von einer eindrucksvollen wissenschaftlichen Leistung. Vier Jahre lang trafen sich die Damen Prof. Young-Ae Chon, Prof. Suk-Hie Kim, Prof. Kwang-Ja Park, Dr. Sung-Ja Hahn, Dr. Young-Im Lee, Dr. Eun-Soo Jang und Dr. Yeon-Hee Lee sowie die Herren Professoren Sam-Huan Ahn, Mun-Yeong Ahn und Dong-Jung Kim, Dr. Hi-Chang Jang und Dr. Woo-Ho Cho an jedem vierten Donnerstag des Monats, um Goethes *Wanderjahre* zu übersetzen. Dank der fachlichen Kompetenz aller Mitglieder und deren unermüdlichen Bereitschaft zum kollegialen „Streitgespräch" über komplizierte Passagen in Goethes Roman liegt nun eine vollständige Übersetzung vor, die ein angesehener Verlag in Seoul veröffentlichen wird. Ein willkommener zusätzlicher Ertrag der intensiven Zusammenarbeit: Neun Aufsätze über die *Wanderjahre* erschienen in rascher Folge in den koreanischen „Goethe-Studien" und in der Zeitschrift der Koreanischen Gesellschaft für Germanistik.

Vom Auswärtigen Amt erhalten wir die Nachricht, daß wir keine Unterstützung bei der Einladung ausländischer Forscher und Studenten erwarten können. Wochen zuvor kam dieselbe Mitteilung aus Brüssel: Anträge werden dort nur einstimmig angenommen. Die Ablehnung eines einzigen Landes genügte, um alle Anfragen dieses Tages – auch die unsrige – negativ zu bescheiden.

Nachtrag: Monate später gestehen der Europarat in Straßburg und das Auswärtige Amt in Bonn unserer Gesellschaft finanzielle Mittel zu: welche Erleichterung!

16. Februar: Unser Vorstandsmitglied Dr. Manfred Osten, Generalsekretär der Alexander von Humboldt-Stiftung, übergibt Herrn Minister Dr. Naumann ein Aide-Mémoire. Professor Keller ersucht darin aufs neue um größere staatliche Unterstützung für unsere Gesellschaft, die aus freien Stücken und mit ausschließlich privaten Geldern seit 1991 für unsere auswärtige Kulturpolitik tätig ist. – Das Gespräch wird am 10. Juni fortgesetzt.

März

22.–28. März: Prof. Dr. Albert Meier, tätig an der Universität Kiel und Vorsitzender der Kieler Goethe-Gesellschaft, ist auf einer Kongreß- und Vortragsreise in Seoul/Südkorea, wo er unsere Gesellschaft vertritt (siehe S. 490 f.).

25. März: Das erste Findbuch der Goethe-Gesellschaft liegt vor. Es verzeichnet den Aktenbestand von 1885 bis 1991. Erarbeitet im Goethe- und Schiller-Archiv Weimar, wird es Prof. Keller dort feierlich überreicht. Dank und Anerkennung gebühren den Mitarbeiterinnen des Archivs: Dr. Roswitha Wollkopf, Christa Rudnik, Margarethe Voelske und Heike Grau (siehe S. 491 f.).

30. März: Aus Tartu erreicht uns die freudige Nachricht von der Wiedergründung einer estnischen Goethe-Gesellschaft. Deren Vorgängerin war, in den frühen 80er Jahren gleich zu Beginn verboten, 1988 unter veränderten politischen Be-

dingungen aufs neue ins Leben gerufen worden – unter Federführung der Herren Ain Kaalep, Linnar Priimägi und Madis Koiv. Während einer mehrjährigen fruchtbaren Tätigkeit, die vor anderem die estnische Kultur in den europäischen Kontext zu integrieren suchte, gelang die Eröffnung eines Goethe-Gymnasiums, das sich der Förderung der klassisch-humanistischen Bildung verschrieb. Der vielfachen Schwierigkeiten einer Umbruchszeit wegen erlahmte der Elan nach einiger Zeit. Die jetzige Wiederbelebung der estnischen Goethe-Gesellschaft ist ihrer Vorsitzenden, Frau Liina Lukas, zu verdanken, die schon am Gründungstag zwanzig neue Mitglieder aufnehmen konnte. Gemeinsam mit dem Deutschen Kulturinstitut, dem Goethe-Institut und der Universität Tartu bereitet die estnische Goethe-Gesellschaft für den 1. und 2. November 1999 eine Konferenz zum Thema „Goethe in Tartu" vor: Forscher aus Finnland, Schweden, Lettland, Estland und Deutschland werden die wissenschaftliche Rezeption der Goethe-Zeit im Ostseeraum bedenken. Frau Lukas ist mit einer umfangreichen Dissertation befaßt. Bei einer späteren Begegnung – am 20. Juli während des Goethe-Fests in Kassel – wird Frau Lukas von Professor Keller als Stipendiatin nach Weimar eingeladen.

April

Die lettische Goethe-Gesellschaft in Riga veranstaltet einen Vorlesungszyklus zum Thema „Goethes Lebenskunst". Im Rahmen dieser Reihe spricht die Präsidentin, Frau Dr. Gundega Grinuma, über „Goethes Lebens- und Arbeitsstil" sowie über „Goethe und das Theater". Ein Rigaer Gymnasium wird mit allen Schülern, Lehrern und Eltern Mitglied der lettischen Goethe-Gesellschaft. Für alle Oberschulen Lettlands wird ein Wettbewerb „Faust und Werther: unsere Zeitgenossen" ausgeschrieben, den die lettische Goethe-Gesellschaft gemeinsam mit dem Goethe-Institut und der Deutschen Botschaft veranstaltet. Professor Keller antwortet auf diese Aktivitäten: „Die Mutter-Gesellschaft brauchte sich nicht um neue Mitglieder zu sorgen, besäße man hierzulande öfter Ihre Begeisterungsfähigkeit, die andere zur Mitarbeit anregt."

Frau Studiendirektorin Ursula Heldmann, Vorsitzende der Ulmer Goethe-Gesellschaft, wird von der Kulturredaktion der „Südwestpresse" zur „Frau des Monats" gekürt – in Anerkennung ihres völkerverbindenden Engagements im Namen Goethes: Während eines *Faust*-Symposions 1998 in Weimar lernte Frau Heldmann den Belgrader Germanisten Professor Babić kennen, den sie – gemeinsam mit drei Studentinnen – zum Internationalen Donau-Fest in Ulm einlud. Beeindruckt von deren hervorragenden Sprachkenntnissen und weitem Wissen, entschloß sich das Ehepaar Heldmann, Frau Anita Suznjević einen einjährigen Studienaufenthalt in Würzburg zu ermöglichen. Diese tatkräftige Einlösung der unserer Goethe-Gesellschaft neu entstandenen Verpflichtungen soll im kommenden Jahr fortgeführt werden: Zum Ulmer Donau-Fest 2000 hofft Frau Heldmann, Schüler des Philologischen Gymnasiums aus Belgrad begrüßen zu können.

4. April: Der Bundespräsident a. D., Herr Dr. Richard von Weizsäcker, teilt Prof. Keller mit, daß er die Einladung zu unserer Hauptversammlung leider nicht annehmen kann. Er bedauert dies sehr, ist jedoch zu dieser Zeit außer Landes. An den Präsidenten schreibt Herr Dr. von Weizsäcker: „[...] Aber mein, unser, Platz wäre in Weimar gewesen, um Ihnen zu danken, Ihnen bei der Begrüßung der vielen Gäste zu helfen und um uns gemeinsam an Goethe über unsere Orientierungsschwäche zu trösten [...]."

6. April: Professor Keller schreibt nach Beginn der Luftangriffe an die Vorsitzenden der Goethe-Gesellschaft in Belgrad:

Sehr geehrte Herren Kollegen,
lieber Herr Krivokapić und lieber Herr Babić,

in tiefer Sorge gehen unsere Gedanken Tag für Tag, oft Stunde um Stunde zu Ihnen. Wir sind verwirrt, unglücklich und manchmal zornig.

Europa bildet trotz seiner brudermörderischen Geschichte eine Einheit im Geistigen. Diese Gemeinsamkeit verpflichtet uns. Nach Maßgabe unserer begrenzten Kräfte wollen wir sie Schritt für Schritt im Alltag verwirklichen: Unser Ziel ist das Europa der Vaterländer – ein Europa, in dem jede Nation den gleichen Rang einnimmt.

Unsere guten Wünsche gelten Ihnen, den Mitgliedern Ihrer jugoslawischen Goethe-Gesellschaft – und allen Menschen, die sich in Südosteuropa um Frieden bemühen und für das Recht des Schwächeren und des Anderen eintreten.

Von ganzem Herzen erhoffen wir ein gesundes Wiedersehen im endigenden Mai – und einen verheißungsvollen Neubeginn in Ihrem Lande.

Werner Keller

8. April: Wir schenken der Goethe-Gesellschaft der Udmurtischen Republik die Weimarer Goethe-Ausgabe (sog. Sophienausgabe). Dr. Alexander Jerochin, Vizepräsident der Gesellschaft, sendet dankbare Zeilen an uns: „Diese großzügige Gabe wird von uns vor allem als wichtige Quelle für unsere wissenschaftliche und pädagogische Tätigkeit an der Udmurtischen Universität (Ishewsk) benutzt."

17.–18. April: Der Vizepräsident unserer Gesellschaft, Prof. Dr. Lothar Ehrlich, nimmt an einer Tagung der Philosophischen Fakultät der Universität Kaliningrad (Königsberg) teil mit einem Vortrag „Weimar als Zentrum des ost-westlichen Kulturtransfers zur Goethezeit". Zusätzlich spricht er vor Germanistik-Studenten der Universität über die „Wandlungen von Goethes *Faust*-Dichtung". Mit dem Vorsitzenden der Goethe-Gesellschaft in Kaliningrad, Dr. Wladimir Gilmanow, erörtert er Möglichkeiten der Zusammenarbeit mit der Muttergesellschaft, z. B. im Rahmen des Stipendienprogramms und bei Konferenzen, mit der Dekanin der Philosophischen Fakultät und dem Lehrstuhlleiter Germanistik die Situation der Literaturwissenschaft in Rußland. Auch bei diesem Besuch wird erfahrbar, wie wichtig die weitere Unterstützung russischer Hochschulen und anderer Bildungseinrichtungen durch deutsche Institutionen ist.

26. April: Der Kassenprüfer unserer Gesellschaft, Herr Dieter W. B. Pfitzer, stirbt – nach langer Krankheit – im Alter von 63 Jahren. Prof. Keller kondoliert der Witwe: „[...] Ich darf wiederholen, was ich Herrn Pfitzer mehrfach gesagt und in Briefen angedeutet hatte: daß ich ihn verehrte, da seine Bescheidenheit, seine Tüchtigkeit und seine Lauterkeit es mir angetan hatten. Sein Lächeln, das ihn ganz jung erscheinen ließ, stand oft vor meinem inneren Auge. Er war ein Verehrer Goethes, des Literarischen, alles geistigen Lebens: In ihm war lebendig, was so vielen Literaturbeamten fehlt. – So hatte ich den Heimgegangenen lieb wie einen jüngeren Bruder. Diese Bruderliebe wuchs während der vergangenen Monate; meine innigsten Gedanken gehörten ihm. – Sehr verehrte und liebe Frau Pfitzer, mit Ihnen und Ihren Kindern traure ich um die Mitte Ihres Lebens; ich traure um einen verehrten Menschen, dem anfangs meine herzliche Sympathie, bald meine unausgesprochene Freundschaft galt. Froh war ich, daß er mit Herrn Holle die Weimarer Aufgabe übernahm, dankbar werde ich ihm immer für seine Menschlichkeit bleiben. – So traure ich mit Ihnen, doch das letzte Wort soll der Dankbarkeit gehören – dem Dank an den Heimgegangenen und dem Dank an das Leben, das unsere Trauer mildert: Mit der Rückkehr eines Menschen zum göttlichen ‚Grund', von dem die Mystiker sprachen, beginnt auch seine Wiederkehr in unserer ganz rein gewordenen Erinnerung. [...] Ich erbitte für Sie die Kraft, die nötig ist, um der Erinnerung gewachsen zu sein. [...]"

30. April–2. Mai: In Hamburg findet die Jahrestagung der Vorstände unserer deutschen Ortsvereinigungen statt (siehe S. 492 ff.).

Mai

Der frühere Präsident der Koreanischen Goethe-Gesellschaft, unser Ehrenmitglied Prof. Doo-Hwan Choi, ruft in Seoul einen „Kreis der Goethefreunde" ins Leben, der vor anderen interessierte Laien ansprechen möchte. Zum Vorsitzenden wurde der Neurologe Prof. Sang-Bok Lee ernannt, der von 1965 bis 1972 in Frankfurt/M. studierte. Zu den Gründungsmitgliedern zählen Professoren der Fächer Medizin, Jura, Architektur, Philosophie und Musik. Wir gratulieren herzlich.

3. Mai: Unser Vorstandsmitglied Prof. Dr. Bernd Leistner begeht seinen 60. Geburtstag. Der Präsident sendet ein Glückwunschschreiben: „[...] Nein, dies mag niemand glauben, daß der agile Frühfünfziger in den nächsten Tagen seinen sechzigsten Geburtstag begeht. Mache ich mich auf und suche nach Begründungen für Deine Jugendlichkeit, dann ist es neben der Natur, die es gut mit Dir gemeint hat, die Dame des Hauses, der seit der ersten Minute meine Verehrung gehört. – Noch ehe ich Dich von ‚Angesicht zu Angesicht' kennenlernte, bewunderte ich Dich – Deinen Mut, wegen der Überhöhung eines Klassikers ‚unruhig' zu werden, Deine Genauigkeit, mit der Du Bobrowski gedeutet hast. [...] Die Wirkung, die ein Lehrer gemeinhin erzielt, ist schwer abzuschätzen. Ich darf

mir aufgrund zweier studentischer Urteile zu sagen herausnehmen, daß Du junge Menschen übers Examen hinaus geprägt und durch Dein weites Wissen und die Vielfalt Deiner Anregungen fürs Leben ‚gebildet' hast. – Am 3. Mai sei das von Dir Geleistete freundschaftlich anerkannt. Du gewahrst gewiß auch die Differenz zu dem, was bisher unerreicht oder unerfüllt blieb: Nimm, falls nötig, die Verehrung Deiner Freunde zur fröhlichen Balance hinzu. [...]"

5. Mai: Frau Professor Marisa Siguan-Boehmer, Inhaberin des Lehrstuhls für Deutsche Philologie, gründet in Barcelona die „Sociedad Goethe en España", der sie als Präsidentin vorstehen wird. Das Amt des Vizepräsidenten übernimmt der Direktor der Nationalbibliothek in Madrid, Prof. Luis Alberto de Cuenca; der Geschäftsführung widmet sich unsere Stipendiatin Frau Dr. Rosa Sala, Schatzmeisterin ist Frau Sophie Caesar. Zum Beirat gehören Prof. Jordi Jané (Universität Tarragona), Dr. Feliciano Pérez Varas (Universität Salamanca), Dr. Maria Teresa Zurdo Ruiz-Ayúcar und Prof. Luis Acosta (beide Universität Complutense in Madrid), Prof. Brigitte Jirku (Universität Valencia), Prof. Michael Pfeiffer (Universität Pompeu Fabra in Barcelona) und Prof. Carlos Buján (Universität Santiago de Compostela). Prof. Eustaquio Barjau (Universität Complutense in Madrid) und Prof. Manuel Maldonado (Universität Sevilla) wurden zu Ehrenbeiräten ernannt; mit beiden Universitäten wird man bei künftigen Veranstaltungen zusammenarbeiten. Prof. Jordi Llovet, der Direktor des Institut d'Humanitats in Barcelona, erhielt in Anerkennung seines Engagements die Ehrenmitgliedschaft; seiner Großzügigkeit verdankt die junge Gesellschaft ein Goethe-Porträt. Die Gründung der Goethe-Gesellschaft in Spanien fand in einem beeindruckenden Rahmen statt: Prof. Jané sprach über den *Faust*, Prof. Pfeiffer stellte *Lektüren Werthers* vor, einer Rezitation aus Hacks' *Gespräch im Hause Stein* folgten Beiträge zu *Mignon* und zum Entwicklungsroman sowie die Präsentation der Übersetzung von *Dichtung und Wahrheit* durch Dr. Rosa Sala. In ihrem Schreiben dankt die Präsidentin Prof. Keller und der internationalen Goethe-Gesellschaft sehr herzlich für deren – mit einer „Anschubfinanzierung" verbundene – Glückwünsche.

27.–29. Mai: 76. Hauptversammlung der Goethe-Gesellschaft in Weimar zum Thema: „Goethe und das 20. Jahrhundert. Das Vergangene als das Zukünftige?" (siehe S. 433 ff.). Dazu können wir in Weimar etwa 1000 Teilnehmer aus 30 Staaten begrüßen. Unter unseren Gästen sind die Vorsitzenden der ausländischen Goethe-Gesellschaften sowie Studentengruppen aus 16 Ländern. Für großzügige finanzielle Unterstützung danken wir herzlich der Alfried Krupp von Bohlen und Halbach-Stiftung, der Fritz Thyssen Stiftung, der Alfred und Cläre Pott-Stiftung, der ZEIT-Stiftung Ebelin und Gerd Bucerius, der Hypothekenbank in Essen AG, der Deutschen Forschungsgemeinschaft, dem Auswärtigen Amt sowie dem Freistaat Thüringen. Gedankt sei der Daimler-Benz AG für die Unterstützung eines georgischen Übersetzers.

Viele Dankschreiben gingen ein, die die schöne Wirkung unserer Hauptversammlung bestätigten: So schrieb Bundestagspräsident Thierse, wie sehr ihm unsere Veranstaltung gefallen habe. Herr Dr. Barkhoff von der University of Dublin fand den Weimarer Aufenthalt ungewöhnlich schön und anregend: „Was mich am meisten beeindruckt hat, war, wie sehr der Geist internationaler Freundschaft die Tagung trug und bestimmte." Drei Kieler Studenten, Christina Koschel, Lars Korten und Thorsten Kruse, die wir zusammen mit ihrem akademischen Lehrer, Herrn Prof. Dr. Albert Meier, nach Weimar eingeladen haben, schreiben uns: „[...] nachdem wir – die Kieler studentische Gruppe – nun schon seit einigen Tagen mit vielen neuen Eindrücken wieder in Kiel angekommen sind, möchten wir Ihnen sehr herzlich dafür danken, daß Sie es uns ermöglicht haben, an den Veranstaltungen im Rahmen der 76. Hauptversammlung der Goethe-Gesellschaft teilzunehmen. In vielerlei Hinsicht haben sich Horizonte eröffnet: die Möglichkeit zu wissenschaftlicher Diskussion in den Arbeitsgruppen, das vielfältige kulturelle Angebot und sicher nicht zuletzt der Austausch mit vielen weitgereisten Kommilitoninnen und Kommilitonen. Dank Ihrer großzügigen Unterstützung, ideeller wie finanzieller Art, bleiben uns sehr beeindruckende, exzellent organisierte – also schlichtweg außergewöhnlich schöne Tage in Weimar in Erinnerung. [...]"

Juni

Folgende Stipendiaten beginnen ihre Studien in Weimar: Frau Prof. Nelly Amaschukeli und Herr Prof. Dr. Nodar Kakabadse (beide Tbilissi). Einen Forschungsaufenthalt in Heidelberg beginnen unsere Stipendiatinnen Frau Prof. Dr. Nanuli Kakauridse und Frau Dr. Baia Koguaschwili (beide Kutaissi).

Am 8. Juni 1999 stirbt in Hamburg der Lt. Oberschulrat a. D. Dr. Curt Zahn, langjähriger Vorsitzender der Hamburger Goethe-Gesellschaft. Prof. Keller schreibt an die Witwe:

Sehr verehrte und liebe Frau Zahn,

obwohl Ihr Mann sehr krank war, wovon ich wußte, wirkte er in Hamburg so konzentriert, daß ich ihn aufs neue bewunderte. Wir sprechen in der Dramenpoetik von „geschlossenen" Charakteren, und so erschien er: gesammelt, auch um dem Schmerz gewachsen zu sein, nach innen horchend, da die Außenwelt an Wichtigkeit eingebüßt hatte. Auf das Wiedersehen in Weimar, das er mehrfach erwähnte, freute ich mich sehr; ich hoffte, von seinen Erfahrungen zu lernen, die sich dem Kranken im Rückblick zu erkennen gaben.

Wir hatten in den achtziger Jahren einander in Weimar bei Tagungen kurz gesprochen, verwandte Überzeugungen geäußert und uns an politischen Übereinstimmungen gefreut. Seine kurze Rede bei der Verleihung des Goethe-Preises an Herrn Hahn hinterließ in ihrer Entschiedenheit einen nachhaltigen Eindruck. Aus der bisherigen Achtung erwuchs eine Verehrung, die sich bei jedem Wiedersehen verstärkte.

Es wird lange dauern, bis das Gefühl angenommen hat, was der Verstand zu seinem Schmerz weiß: daß Herr Zahn abberufen wurde. Goethe sagte, unser Geist sei von unzerstörbarer Natur; das Diktum umschließt – vor anderem im Blick auf die Parias aller Zeiten – meine tiefsten Hoffnungen. In dieser Gesinnung sei in großer Dankbarkeit von Curt Zahn Abschied genommen: in Verehrung und, wenn ich dies sagen darf, in Freundschaft.

Ihnen, liebe Frau Zahn, gehört unsere Mittrauer nach dem schweren Abschied – wie zuvor unser Mitgefühl bei der aufopferungsvollen Pflege.

In der Erinnerung an den Heimgegangenen werden wir unsere bisherige Verbundenheit einander erhalten.

Von Herzen der Ihre

Werner Keller

9. Juni: Eine weitere Ortsvereinigung der Goethe-Gesellschaft wird in Rosenheim gegründet. Sie ist einer Initiative des Goethefreunds Willi Schmid zu verdanken. Das Rosenheimer „Echo" berichtet darüber am 16. Juni: „Der pensionierte Kaufmann beschäftigt sich seit vielen Jahren mit Leben und Werk des bedeutendsten deutschen Dichters. Schmid lud jetzt alle Goethe-Freunde in die Gaststätte ‚Höhensteiger' in Westerndorf St. Peter zur Gründungsversammlung einer „Goethe-Gesellschaft Rosenheim e. V." ein. [...] Neben Exkursionen und Ausflügen soll vor allem das klärende Gespräch, der lebendige Gedankenaustausch über gemeinsam Gelesenes angestrebt werden. Dabei könnten persönliche Erfahrungen mit dem Werk des Dichters ebenso eine Rolle spielen wie beispielsweise die Frage nach Goethes Aktualität in der heutigen Zeit. – Zum Ersten Vorsitzenden [...] wurde Professor Dr. Bernd Westermann gewählt, zum Zweiten Vorsitzenden Willi Schmid, Schriftführerin wurde Elisabeth Langer."

25. Juni: Der neugewählte Präsident unserer Gesellschaft, Dr. phil. habil. Jochen Golz, sendet ein Begrüßungsschreiben an die Ortsvereinigungen unserer Gesellschaft (siehe S. 496 f.).

Juli

Als Stipendiaten der Goethe-Gesellschaft reisen an: Frau Dr. Gundega Grinuma (Riga/Lettland): *Janis Rainis (1865–1929) und Goethe*, Frau Dr. Elena Viorel (Cluj-Napoca/Rumänien): *Goethes „Faust"* und Herr Bonaventure Dama (Burkina Faso): *Goethes Konzept der Weltliteratur und seine kritische Neubewertung bei afrikanischen Schriftstellern und Essayisten.*

1.–3. Juli: Die Stiftung Weimarer Klassik veranstaltet gemeinsam mit der Goethe-Gesellschaft bereits zum fünften Mal eine wissenschaftliche Tagung, die besonders junge Menschen ansprechen möchte – den wissenschaftlichen Nachwuchs, Studenten und Schüler. Zum Thema „Goethes Diagnose der Moderne" diskutieren etwa hundert Teilnehmer unter der Leitung von Prof. Dr. Lothar Ehrlich die an Universitäten und Gymnasien vorbereiteten Beiträge. Mit Schülern beteiligen sich die Vorsitzenden der Goethe-Gesellschaft aus Gotha (Dr. Christoph Köhler), Hannover (Peter Meuer), Kronach (Hans-Jürgen Schmitt) und Stuttgart (Dr. Bernd Mahl). Vorträge halten Wissenschaftler und Studenten der Freien Universität Berlin (John F.

Kennedy-Institut für Nord-amerikastudien), der Fernuniversität Hagen, der Universität Hannover, der Otto-von-Guericke-Universität Magdeburg und der Ludwig-Maximilians-Universität München.

Im Mittelpunkt der interpretatorischen Annäherungen stehen *Faust. Der Tragödie zweiter Teil* (im Zusammenhang mit einer Inszenierung in Hannover) und *Wilhelm Meisters Wanderjahre oder die Entsagenden*, aber auch einzelne Aspekte der bildenden Kunst, der Natur, der Politik und der Ökonomie, schließlich der Themenkomplex Goethe und Amerika. Die Modernität von Goethes Werken wird durch die Konfrontation seiner geschichtlichen Erfahrungswelt mit der Gegenwart am Ende des 20. Jahrhunderts entdeckt, und es zeigt sich dabei, wie anregend kritische Befragungen der Weimarer Klassik heutzutage sein können.

Die Tagung wurde von der Weimar 1999 Kulturstadt Europas GmbH finanziell unterstützt.

5. Juli: Frau Dr. Amina Arfaoui aus La Marsa (Tunesien), die sich im Frühjahr 1997 als unsere Stipendiatin in Weimar aufhielt, legt in Lyon ihre mündliche Doktorprüfung ab: Sie wird mit einer Arbeit über *Weiblichkeit und Unbewußtes in Goethes dramatischem Frühwerk* promoviert.

14.–18. Juli: Unter Federführung der Goethe-Gesellschaft findet in Gotha ein Kongreß Literarischer Gesellschaften statt; sein Thema lautet: „Goethe und die europäische Kultur – die europäische Kultur und Goethe". Für großzügige finanzielle Förderung ist der ASKO Europa-Stiftung, Saarbrücken zu danken, den Gothaer Versicherungen, Köln und der Thüringer Staatskanzlei, Erfurt (siehe S. 497 f.). Die Vorträge werden in der Reihe „Schriften der Goethe-Gesellschaft" publiziert.

In Dakar erscheint ein Sonderband der „Etudes Germano-Africaines" zu Goethes 250. Geburtstag. In unserem Dankschreiben an Herrn Prof. Amadou B. Sadji und Frau Prof. Uta Sadji heißt es: „Meine herzliche Gratulation zu dieser Ausgabe, die einen sehr guten Eindruck macht. Schon der erste Blick ins Inhaltsverzeichnis, das Autoren verschiedener Kontinente vereint, zeigt die reiche Vielfalt der Themen. Die Illustrationen des senegalesischen Künstlers Cheikh Niass geben dem Ganzen einen schönen, dem festlichen Jubiläum gemäßen weltweiten Rahmen. Noch konnte ich nur den einen und anderen Aufsatz lesen, doch beeindruckt war ich von Ihren *Ergebnissen einer Feldforschung*, Ihren Studien über *Goethe und Afrika* und *Tradition et conte.*"

Bericht über die Gründung einer lettischen Goethe-Gesellschaft in Riga

Als Vertreter des Vorstands der Goethe-Gesellschaft in Weimar reiste ich vom 18. bis 22. November 1998 nach Riga, um an der Gründungsfeier der Goethe-Gesellschaft Lettlands teilzunehmen.

Die Feier fand am Abend des 19. November statt. Im Haus der Lettischen Gesellschaft (Festsaal) waren ca. 150 Personen versammelt, unter ihnen der deutsche Botschafter in Lettland Dr. Horst Weisel, der Erste Sekretär der deutschen Botschaft Michael Fabri-Weiland, der Leiter des Goethe-Instituts Riga Dr. Ronald Ruprecht, der Präsident der Lettischen Akademie der Wissenschaften Prof. Dr. Janis Stradiņš sowie zahlreiche weitere Persönlichkeiten. Gesprochen haben Frau Dr. Gundega Grinuma, die Vorsitzende der Goethe-Gesellschaft Lettlands, der deutsche Botschafter, sodann ich selbst, anschließend der Leiter des Rigaer Goethe-Instituts und der Akademie-Präsident.

Nach den Reden gab es eine halbszenische Darbietung, ausgeführt von Schauspielern und Sängern verschiedener Rigaer Bühnen: Fragmente aus dem *Faust.* Einstudiert war das Ganze von Prof. Valdis Bisenieks, dem Autor einer neuen lettischen *Faust*-Übersetzung. Schließlich gab es einen Cocktail; für ca. 90 Minuten bot sich Gelegenheit zu Gesprächen.

Die Veranstaltung hatte entschieden den Charakter eines hochrangigen Kulturereignisses in Lettland: Der Gründung der Goethe-Gesellschaft Lettlands, das wurde deutlich, wird allenthalben beträchtliche Bedeutung beigemessen. Dabei wurde sehr viel an Engagementsbekundung vorgetragen, und dies namentlich auch von seiten der deutschen Botschaft sowie des Goethe-Instituts. Besonders hervorzuheben ist der energische Einsatz der Vorsitzenden Frau Dr. Grinuma. Ich habe keinen Zweifel, daß die Goethe-Gesellschaft Lettlands sehr aktiv sein wird – für 1999 ist eine Vielzahl von Veranstaltungen geplant, u. a. ein großes Goethe-Symposium, das anknüpfen soll an das *Faust*-Symposium des Jahres 1997. Zur Zeit, d. h. mit ihrer Gründung, hat die Goethe-Gesellschaft bereits 130 Mitglieder, weitere werden hinzukommen.

Am 20. November gab ich im Rigaischen Funkhaus ein halbstündiges Interview. Ich berichtete über die Geschichte der „Muttergesellschaft", über das Netz der Goethe-Gesellschaften insgesamt, beantwortete Fragen zu Goethe, zur Goethe-Rezeption, zum Phänomen der besonderen Affinität zu Goethe, wie sie speziell in den baltischen Ländern anzutreffen ist.

Am Abend des 20. November folgte ich einer Einladung des Leiters des Rigaer Goethe-Instituts. Außer mir waren der Erste Botschaftssekretär, Frau Dr. Grinuma sowie Prof. Dr. Valters Nollendorfs geladen. (Prof. Nollendorfs, aus den USA zurückgekehrter Exil-Lette, ist Hauptinitiator und derzeitiger Direktor des lettischen Okkupationsmuseums.) Während des fast fünfstündigen Zusammenseins wurden Fragen der Arbeit der Goethe-Gesellschaft Lettland erörtert, Pläne besprochen, Realisierungsmöglichkeiten ins Auge gefaßt.

Bernd Leistner

Dankbrief des Präsidenten im Jahr 1998 an großzügige Mitglieder unserer Gesellschaft

Manches Herrliche der Welt
Ist in Krieg und Streit zerronnen;
Wer beschützet und erhält
Hat das schönste Loos gewonnen.

Mein Dank für Ihre Großzügigkeit möchte sich in Goethes faksimiliertem Vierzeiler ausdrücken, dessen gegensätzlichen Hälften wir alle – beklommen und fröhlich zugleich – nur zustimmen können. „Krieg und Streit" beherrschen die Menschheitsgeschichte seit ihrem Beginn; das Alte Testament berichtet schon im 4. Kapitel der Genesis vom Brudermord. Im Rückblick auf die uns bekannten drei Jahrtausende müssen wir eingestehen, daß die Mythe von Kain und Abel alles

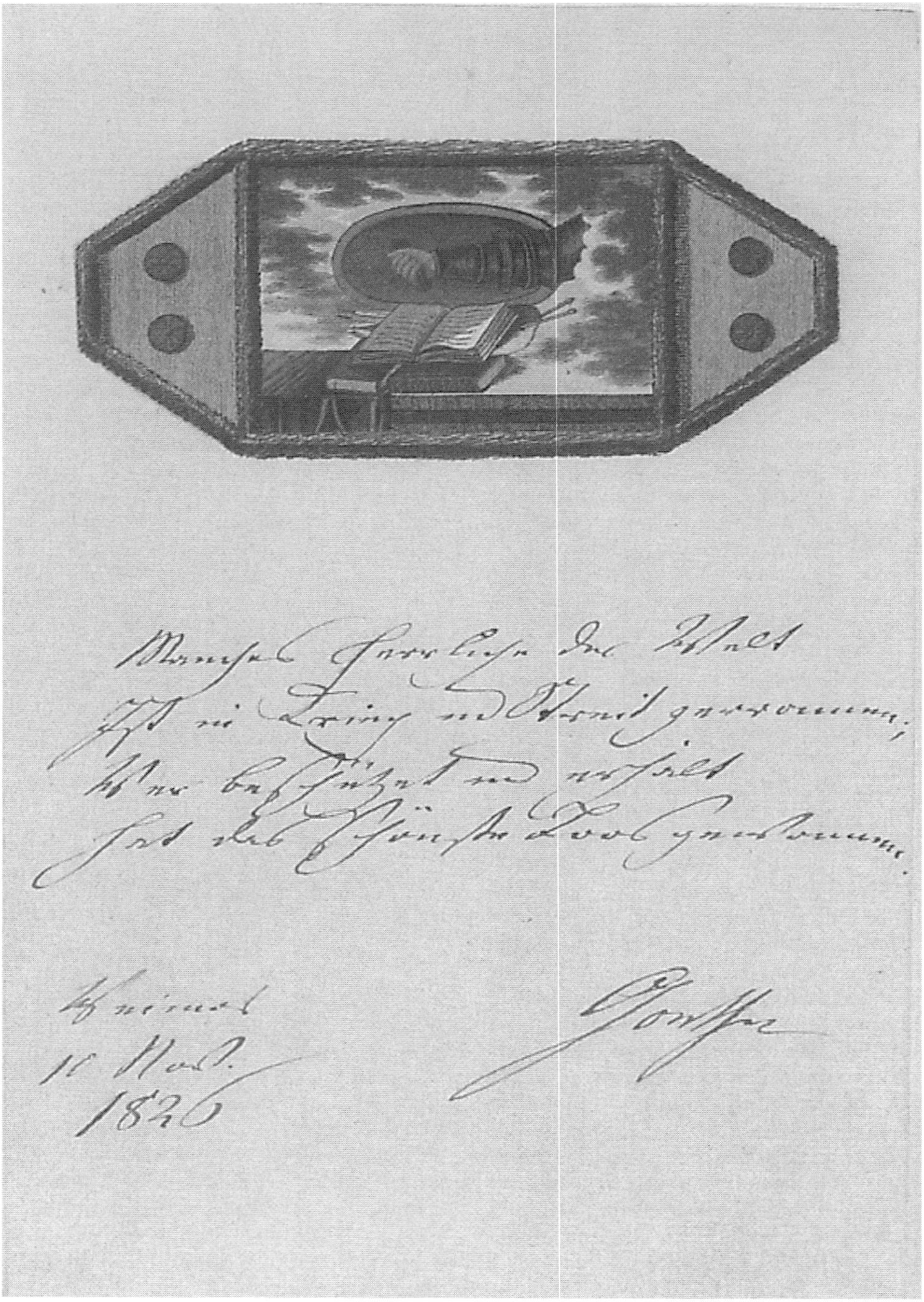

Manches Herrliche der Welt
Ist in Krieg und Streit zerronnen;
Wer beschützet und erhält
Hat das schönste Loos gewonnen.

Weimar
10 Nov.
1826

Goethe

Abb. 28
„Manches Herrliche der Welt …“ (Handschrift Goethes).

spätere reale Geschehen vorwegnimmt: Kriege sind Bruderkriege – zumal in unserer Zeit. Dem 20. Jahrhundert war es vorbehalten, mithilfe der erstaunlichsten technischen Intelligenz die Zerstörungskräfte derart zu vervielfachen, daß der Mensch die fragwürdige Fähigkeit erwarb, alles irdische Leben auslöschen zu können. Verwirrt müssen wir den Schluß ziehen, daß sich auch noch in unserer Epoche ein Abgrund auftut zwischen den destruktiven Mächten, die uns in Gestalt von Ideologien und in Form dumpfer Ängste und versteckten Neids beherrschen, und unserer labilen Sittlichkeit, die auch heutzutage in Extremsituationen sofort verwildert, als hätten wir den vorzivilisatorischen Rohzustand nie verlassen. Ein trübes Fazit: Weder die Religionen noch die Kultur und auch nicht das aufgeklärte Denken boten die nötige Sicherung, um „manches Herrliche" zu beschützen und das Menschliche in Zeiten der Unmenschlichkeit zu erhalten. Es sind die Opfer der Geschichte, denen unsere Trauer gehört. Wir müssen sie immer wieder zu vergessen suchen, um als Individuen das Leid der Welt überstehen, wir müssen der Vergeßlichkeit widerstreben, um als Nation – als sittliche Gemeinschaft – vor der Vergangenheit bestehen zu können: tätige Erinnerung als Vorstufe der Versöhnung. Auch wenn zu fürchten ist, daß Krieg im großen und Streit im kleinen wiederkehren, solange es machtbesessene und ichsüchtige Menschen gibt, solange Besitzende nicht teilen wollen und Hungernde nicht mehr warten können, – trotz düsterer Aussichten dürfen wir nicht ablassen, dem kühnen Traum von der Bruderschaft alles Geschaffenen vorzuarbeiten.

Goethe sagte (am 18. September 1823) zu Eckermann, daß seine Verse nie „aus der Luft gegriffen", vielmehr von der konkreten Erfahrung angeregt seien und daher der Wirklichkeit „Grund und Boden" verdanken. Wie genau diese Charakterisierung zutrifft, belegen Goethes Reisen 1814 und 1815 in die Rhein-, Main- und Neckargegenden. Die Napoleonischen Kriege waren endlich überstanden, den Dichter drängte es zurück in die eigenen Anfänge und zugleich in die Frühzeit der Kultur, in den Raum seines *künftigen Divan*. Goethe fuhr, was man zu wenig weiß, auch im offiziellen Auftrag, denn er hatte kriegsbedingte Verluste an Kunstschätzen zu begutachten und die mögliche Restaurierung beschädigter Kunstgegenstände in Augenschein zu nehmen. Seinem Sohn schrieb er am 1. August 1815, „die besten Dinge stehn am Rande des Verderbens"; vier Tage später resümierte er für den Fürsten Metternich in einer Denkschrift, wie die verbliebenen Kunstwerke „versammelt, geordnet, erhalten werden könnten", und sogar im Geburtstagsbrief an Großherzog Carl August (vom 3. September 1815) ging es um Möglichkeiten des Sammelns und der angemessenen Aufbewahrung, des „Beschützens" und „Erhaltens" mancher „Herrlichkeit".

Doch zurück zum Faksimile. Goethe versah seine Verse (im Druck) mit einer Überschrift, die das beigegebene Bild auslegt: „Beschildeter Arm, gegen ein vorüberziehendes Wetter Bücher beschützend" (JA 2, S. 127). Die wechselseitige Erklärung von Wort und Bild erinnert an die Gliederung, welche die vom 16. bis zum 18. Jahrhundert überaus beliebten Emblemata aufwiesen: Der Überschrift (dem Motto), inscriptio genannt, folgt die andeutende, oft allegorisierende Verbildlichung (die pictura als Holzschnitt oder Kupferstich), voll ausgedeutet durch die subscriptio, die Verse, die das Sinnenbild als Sinnbild sprachlich erläutern: Es bedarf des wehrhaften Arms, der kräftigen Verteidigung des in Büchern materialisierten Geistes, damit die „Wetter" der Geschichte vorüberziehen und das „Herrliche" der Kultur nicht im Zerstörungswahn untergeht.

Es sind beiläufige, unprätentiöse Verse, die keiner Interpretation bedürfen, auch wenn zu sagen ist, daß die entschiedene Tatkraft, die das Beschützen und Erhalten verlangen, durch den Bildbegriff des Loses, das jemandem halb zufällig „zufällt", nicht angemessen wiedergegeben und der Blick des Dichters durch die vorgegebene pictura von Schild, Arm und Büchern recht eingeschränkt ist.

Damit könnten wir enden. Doch die beiden Schlußzeilen werden oft von Kritikern zitiert und in der Weise mißdeutet, als ginge es dem späten Goethe – dem „Stabilitätsnarren", dem Börne eine „ungeheuer hindernde Kraft" für junge Autoren bescheinigte – um jenen Konservativismus, der noch am schlechten Überkommenen, dem Feudalsystem beispielsweise, aus Angst vor dem unbekannten Neuen festhält. Solche Verkürzungen erlaubt sich das Halbwissen auch noch heute. Man müßte ein Buch schreiben, das mit dem *Werther* und dem *Götz* beginnt, um die literarische Revolution zu bestimmen, die Goethe nach 1770 anführte; es bedürfte einer differenzierten Analyse, um in Goethes klassischer Phase ein neues, bis dahin ungekanntes Menschenbild wahrzunehmen, da Winckelmanns Normen und die Mythen des Ursprungs durch das Autonomie-Ideal der Aufklärung modernisiert wurden. Gewiß, der alte Herr formulierte seine Vorbehalte mit guten Gründen gegen nationale Bewegungen, mit weniger überzeugenden ging er gegen republikanisch-demokratische Bestrebungen an, da er dem Irrationalismus der Masse mißtraute, – und doch konstituieren Stilmittel die *Wanderjahre*, die erst der Roman des 20. Jahrhunderts bewußt aufnahm, und doch schließt der zweite *Faust*-Teil den welthaltigsten und kühnsten Text der Theatergeschichte bis 1830 ein, der die Entwicklungsstufen der Natur und Gesellschaft zu verbildlichen vermag, die Formen des individuellen Bewußtseins durch die Grundformeln des geschichtlichen Daseins ersetzt und die gültigste Kritik am hypertrophen Subjektivismus und am Wirtschaftsimperialismus unserer Tage vorwegnimmt.

Wahrlich – auch der späte Goethe verlor sich nicht ans Vergangene und überließ sich nicht dem Abgestorbenen. Pauschale Urteile sind wenig wert; jeder Aspekt der Wirklichkeit verlangt seine eigene Antwort. Erlauben Sie bitte trotz des spröden Themas, daß ich mit kargen Begriffen erläutere, was in Kürze zu sagen ist.

Man darf in Goethes gedanklichem Kosmos kein Wort isolieren und dadurch verabsolutieren. Jede These verlangt nach der komplettierenden Gegenthese, alle hochdifferenzierten Aussagen zusammengefaßt ergeben erst die Wahrheit seines spannungsreichen Ganzen. Wollte man die simplifizierenden, vereinseitigenden Schlagwörter wie „progressiv" und „konservativ" verwenden, obschon sie den so umfassenden wie verwirrenden Reichtum der Wirklichkeit verfälschen, dann ließe sich zum einen sagen, daß Goethe aufgrund seiner Kenntnis des Menschen und der Menschheitsgeschichte die jedem Fortschritt immanenten Ambivalenzen zu prognostizieren verstand; daß er sich aus Realitätssinn keiner luftigen Illusion überließ, die man in unserem Jahrhundert – im Zeitalter der Ideologien – als verheißungsvolle Utopie ausgab, ohne deren entsetzliche Folgen zuvor zu bedenken; daß er sich, drittens, jenem Humanum verpflichtet wußte, auf das jede künftige Generation, von Computern in „Dienst" genommen, angewiesen ist. Wer mit begründeter Sorge Entwicklungen begleitet und auf Werten von gestern für die morgige Zeit besteht, darf nicht leichtfertig als Traditionalist abgetan werden.

Die Zeitlichkeit des Lebens bedeutet unaufhörliche Veränderung. Da sich ihr niemand entziehen kann, ist es klug, sie mit reflektierter Verantwortung mitzugestalten oder, da dies, wenn dies dem einzelnen verwehrt ist, sie im eigenen, individuellen Wirkungsbereich zu korrigieren. Goethe bejaht den technisch-industriellen Fortschritt, kennt aber auch seinen Preis, der mitverrechnet sein will. Er wird seinen Argwohn gegen die Pressefreiheit nicht los und verneint gewisse Forderungen im Politisch-Konstitutionellen, da er die Revolutionsfolgen und die Verführbarkeit des Massenmenschen in uns kennt, verpflichtet aber im Gegenzug den Herrschafts- und Beamtenadel seiner Zeit zur konkreten Verantwortung. Daß die in einer parlamentarischen Demokratie (seit 1949) aufgewachsenen Nachgeborenen Goethes Bekenntnis zu dieser Staatsform vermissen, bestätigt lediglich dies: Auch ein bedeutender Mensch bleibt an seine Gegenwart gebunden, obschon er deren Zukunft meist schärfer sieht als andere. Dürfen wir eine formelhafte Verknappung wagen? Goethe ist aus Einsicht fortschrittlich im Wissenschaftlich-Technischen, sofern diese dem Leben dient und nicht zur ausbeuterischen Herrschaft über die Natur verleitet; er ist aus Skepsis konservativ aufgrund seines Ordnungsdenkens im Politisch-Sozialen. Am Ende aber steht immer seine Mahnung, die er jungen Dichtern auf den Weg mitgab: „Man halte sich ans fortschreitende Leben" (HA 12, S. 361). Autoren haben am Wandel nicht nur teilzunehmen; sie sprechen das Neue durch ihr Werk aus, sind doch – nach Kafka – Künstler wie Uhren, die vorgehen. Verallgemeinert heißt dies: Wer für seine Zeit tätig ist, wirkt auch für die Nachzeit. Die prinzipielle Voraussetzung kann – selbstverständlich, wie sie ist – unerwähnt bleiben: Die Form, in der wir die Vergangenheit, in der wir unsere Herkunft zu Rate ziehen, entscheidet über unsere Zukunft mit.

Der Kürze wegen sprachen wir mit dürren Begriffen von Goethe, – meinten aber gleichzeitig uns und unser Verhältnis zu ihm und allem, was eine geglückte Vergangenheit auszeichnet. Diese Frage des richtigen Verhältnisses zum Gewesenen und zum Gegenwärtigen verdient prinzipielle Erwägungen, die ich weghalten muß, soll mein Brief nicht vollends die fröhliche Leichtigkeit verlieren, die jeder Dankbarkeit eigen zu sein hat. Wir wollen „beschützen", was gut war, und „erhalten", was uns fördert und Mut macht in düsterer Zeit. Wir wissen, daß das Vergangene nur zu vergegenwärtigen vermag, wer bewußt in seiner Zeit steht, wer ihre Vorzüge würdigen und ihre Nachteile und Einseitigkeiten ausbalancieren kann – mithilfe des früheren Reichtums der Kunst. Wir verfallen nicht dem Gewesenen, wenn unsere Anstrengung darauf gerichtet ist, Goethes Werk in unserer Zeit zu bewahren und zu erhalten. Was in Bescheidenheit letztlich erstrebt wird, enthält ein Paradoxon, das Paul Valéry in seiner *Rede zu Ehren Goethes* (1932) formulierte. Der Vollender der poésie pure spricht dort von der „Bewahrung der Zukunft". Wahrlich – dafür ist keine Mühe zu groß.

Zum guten Beschluß meinen Dank, daß Sie uns Ihre Spende anvertraut haben für Stipendiaten und Übersetzer – für die „Bewahrung der Zukunft" durch die „Erhaltung" einer großen Vergangenheit.

Mit herzlichen Wünschen
der Ihre
Werner Keller

Neujahrsbrief des Präsidenten vom 31. Dezember 1998 an die Mitglieder unserer Gesellschaft

Das Jahrhundert ist vorgerückt, jeder einzelne aber fängt doch von vorne an. (HA 12, S. 544)

Sehr verehrte Damen und Herren, liebe Mitglieder der Goethe-Gesellschaft,

in wenigen Stunden beginnt das Goethe-Jahr 1999. Es ist angebracht, zuvor voll Dankbarkeit auf die vergangenen Monate zurückzublicken. Wir konnten kürzlich unseren 90. Stipendiaten an der Ilm willkommen heißen, wir hatten die Freude, an der Gründung nationaler Goethe-Gesellschaften in Indien (Baroda) und Rumänien, in Kolumbien und der Slowakei, in Armenien und Lettland teilzunehmen. Die regionalen Gesellschaften im georgischen Kutaissi und Poti wie auch in Moskau, Pskow, Ishewsk und Kaliningrad entwickeln sich beharrlich und kräftig; trotz bitterer Not entschlossen sich Goethe-Kenner in Lukojanow (bei Nowgorod) und in Sankt Petersburg zu Neugründungen. Natürlich braucht man allenthalben unsere Unterstützung; selbstverständlich helfen wir, wann immer dies möglich ist. Auch aus deutschen Landen ist Erfreuliches zu berichten: Vorbildlich geleitet, taten die neuen Ortsvereinigungen in Ulm, Ludwigsburg und Gunzenhausen, denen sich im Spätherbst Freiburg i. Br. zugesellte, entschiedene Schritte in die Öffentlichkeit. Über weitere konkrete Hoffnungen im In- und Ausland sei noch geschwiegen, vergebliche Anstrengungen seien verschwiegen. Beeindruckend bleibt, was Tatkraft und Klugheit einzelner und ein uneigennütziger Wille nach wie vor vermögen.

Und der Vorblick aufs Goethe-Jahr? Alfred Kerr riet 1932 von Feiern ab, und Thomas Mann mahnte damals die Deutschen, sich nicht in diesem „großen Menschen" zu überheben. Daß die kommenden Monate ganz im Zeichen Goethes stehen, kann uns nur freuen; daß das Laute und Grelle hier und da die Szenerie beherrschen wird, müssen wir hinnehmen. Verantwortlich zeichnen wir für unseren Kongreß, für die 76. Hauptversammlung, die in der Pfingstwoche, vom 27. bis 29. Mai 1999, stattfindet. Das Thema: „Goethe und das 20. Jahrhundert. Das Vergangene als das Zukünftige?" Den Festvortrag hält Frau Professor Mommsen. Sechs Repräsentanten ausländischer Goethe-Gesellschaften sprechen über Goethes Nachleben in der amerikanischen, englischen, französischen, japanischen, österreichischen und russischen Kultur. Zehn Referate gelten dem Einfluß Goethes auf die Deutschen, – jenem „Zwischenfall", von dem Nietzsche sagte, er sei „ohne Folgen" geblieben. Goethe in der Weimarer Republik, im Nationalsozialismus und im geistigen Widerstand gegen Hitler, Goethe auf der Bühne, in der Musik, im pädagogischen Denken – dies sind einige der Themen, die Ihnen Ende Januar zusammen mit den Tagungsunterlagen zugehen sollen. Lesen wird Reiner Kunze, unter den Vortragenden ist Volker Braun.

Bewundernswert dann, was in den 50 Ortsvereinigungen an imaginativer, auditiver und visueller Vielfalt vorbereitet wird. Immer geht es um die angemessene Deutung des Dichters, des Naturforschers und Politikers, um den Gegenwartsbezug, der zu einer gewissen Selbsterkenntnis verhilft, und um den Gewinn an Orientierung in verwirrender Zeit.

Im Juni 1999 jährt sich Puschkins Geburtstag zum 200. Mal. Vom 14. bis 18. Juli findet daher in Gotha ein Kongreß „Die europäische Kultur und Goethe – Goethe und die europäische Kultur" statt, von der Shakespeare- und Diderot-, der Puschkin- und der entstehenden Mickiewicz-Gesellschaft – unter dem ideellen Patronat unserer Gesellschaft – durchgeführt. Der Reichtum der Beziehungen über Zeiten und Grenzen hinweg soll verlebendigt und die geistige Einheit Europas in der Vielheit der Literaturen veranschaulicht werden.

Im Spätsommer dann in Erfurt – zusammen mit der Stadt, der Universität und Akademie – die Einladung an Goethe-Übersetzer aus 25 Staaten. Im Jahre 1998 wurden erstmals die *Lehrjahre* ins Slowenische und die *Wanderjahre* ins Koreanische übertragen; *Faust*-Übersetzer sind in Georgien wie in Vietnam mit dem anspruchsvollen Gegenstand beschäftigt. Während der letzten fünfzig Jahre erschienen zweitausend neue Goethe-Übersetzungen in sechzig Sprachen: Anlaß genug, zusammen mit dem Goethe-Institut zu einem Erfahrungsaustausch zu bitten und unsere Dankbarkeit zu erweisen.

Wie wichtig, wie notwendig unser Stipendiatenprogramm für die Kontinuität der Goethe-Forschung ist, läßt sich leicht denken. Auch die Einladungen für Studenten, an unserer Hauptversammlung teilzunehmen, ergaben jeweils einen Nachhall, der kräftiger war, als erhofft werden durfte. Daher werden wir im kommenden Mai wiederum junge Germanisten aus achtzehn Staaten und fünf deutschen Universitäten nach Weimar bitten – zudem die Präsidenten und Vorsitzenden aller ausländischen nationalen und regionalen Gesellschaften. Die Kosten sind enorm; den Großteil der Gelder muß ich auf privatem Wege zusammentragen. Deshalb aufs neue die Bitte um Ihre Generosität, – um Unterstützung für Stipendiaten und Gäste, denen ein Weimar-Aufenthalt die Verwirklichung eines Traums bedeutet. Jedes Mitglied im östlichen Europa soll auch fortan unentgeltlich das Jahrbuch, jede lebendige Gesellschaft ihren Obolus erhalten, der ihr ermöglicht, die Kenntnis von Goethes Leben und Werk zu vermitteln. Keiner anderen literarischen Gesellschaft stellten sich nach 1990 vergleichbare Forderungen; wir haben ihnen zu genügen versucht, indem wir sie aus freien Stücken auf uns nahmen. Doch alles Getane hält zur Fortsetzung an; jede erfüllte Aufgabe zieht augenblicklich neue Aufgaben nach sich. So ist uns allen aufgetragen, neue Mitglieder zu werben, – junge Menschen vornehmlich, die durch das Geschenk eines Jahresbeitrags einen ersten Zugang finden können. „Nur Geben heißt Leben", so Zelter am 19. Juli 1829 an seinen Freund Goethe.

Mit diesem neunten Rundbrief verabschiede ich mich von jenen Mitgliedern, die nicht zur Hauptversammlung kommen können. Da ich mich demokratischen Regeln verpflichtet fühle, werde ich am 28. Mai nach zwei Legislaturperioden das Amt jüngeren Händen übergeben, doch auch fortan für unsere Gesellschaft tätig sein, wenn dies gewünscht und mir möglich ist.

Am Ende gibt es viel und vielen zu danken – für Ermutigung im Alltag vornehmlich denen, die auf unsere Ermutigung und Hilfe angewiesen waren und sind.

„Die Hoffnung hilft uns leben", schrieb Goethe an Charlotte von Stein am 9. April 1782. Die Wahrheit dieses Worts kennt wohl jeder. Gemeint ist nicht das als Hoffnung maskierte Leichtlebig-Illusionäre, wogegen sich die „Klugheit" in der Mummenschanz-Szene (*Faust*, V. 5423 ff.) verwahrt, sondern „Elpis", den vier *Urworten. Orphisch* von Goethe eigens hinzugefügt: jene Hoffnung, die keine Anstrengung scheut, um wirklich zu werden, im Vertrauen auf eine verborgene Sinnhaftigkeit aber hinnimmt, daß es Uneinholbares gibt.

Mit allen guten Wünschen
für das Goethe-Jahr 1999
– herzlich und dankbar der Ihre
Werner Keller

Brief unseres Vorstandsmitglieds Prof. Dr. Dr. h. c. Volkmar Hansen an die Vorsitzenden der Ortsvereinigungen

Sehr geehrte Damen und Herren,
liebe Goethefreunde!
Ein stilles Jahr wird es sicher nicht werden, – und dies soll es auch nicht sein. Wir haben in diesem Jahr, das für uns die Frage aufwirft, welches Goethebild wir in uns selbst tragen, die einzigartige Gelegenheit, durch konkrete Stellungnahmen in der Medienöffentlichkeit die Aufmerksamkeit auf Goethe hinzulenken, auf sein literarisches und naturwissenschaftliches Werk, auf seine Persönlichkeit, auf das, was er empfangen und was er weitergegeben hat.

Eine erwünschte Nebenwirkung dieser Aufmerksamkeit muß die Stärkung unserer Gesellschaft durch die Werbung neuer Mitglieder sein. Viele Menschen werden neugierig sein, wenn sie hören, welche Bedeutung das „Phänomen

Goethe" bis zur Gegenwart hat. Sie werden nicht abgeschreckt werden durch die paar schrillen Töne, die schon jetzt nicht fehlen. Kontroversen bringen uns in Beweisnot, und die macht beredt.

In vielen Schulen werden junge Menschen verstärkt Goethe begegnen, in vielen Programmkinos werden Verfilmungen von Goethes Werken gezeigt werden, nicht allein in den Goethe-Instituten in aller Welt. Rundfunk und Fernsehen werden durch Audio- und Videokassetten auf Menschen einwirken können, die ohne Goethe aufgewachsen sind. Ein Gang durch die Buchläden zeigt zudem, wie viele Leser auf die qualitativ anspruchsvollen Ausgaben ansprechen.

Diese Chance gilt es zu ergreifen und in Deutschland ein neuentfachtes Interesse an Goethe in ein Interesse an Mitwirkung in unserer Gesellschaft zu verwandeln. Unsere Verantwortung gegenüber den neugegründeten ausländischen Goethe-Gesellschaften muß gleichzeitig vertieft werden. In fünf russischen Städten, aber auch in Armenien und Georgien hofft man auf eine Zusammenarbeit mit deutschen Ortsvereinigungen. Beispielgebend dafür ist die Verbundenheit zwischen Wetzlar und Tambow.

In diesem Sinn wünsche ich uns allen Erfolg bei dieser Aufgabe.

Verehrend, vertrauend angehörig

Ihr

Volkmar Hansen

Grußwort des Präsidenten zum 25jährigen Bestehen der Goethe-Gesellschaft Wetzlar am 31. Januar 1999

Sehr geehrter Herr Landrat,
sehr geehrter Herr Oberbürgermeister,
verehrter Herr Vorsitzender, lieber Herr Dr. Wenzel,
sehr geehrte Damen und Herren,
liebe Freunde der Goethe-Gesellschaft Wetzlar,
wir kamen hierher, um der Goethe-Gesellschaft Wetzlar zu dem in langen 25 Jahren Geleisteten zu gratulieren und ihr zugleich unser fröhliches Glückauf! für künftige Unternehmungen zuzurufen. Glückwünsche, in die Zukunft gerichtet, verschweigen oder verdrängen leicht, was wir aus Erfahrung wissen: daß Glück an die Mühsal gebunden und Erfolg auf beharrlichen Fleiß angewiesen ist. Daher enthalten meine Glückwünsche auch die Bitte an alle Mitglieder, die Aufgaben der Wetzlarer Goethe-Gesellschaft zu ihren eigenen zu machen, und die leise Mahnung, Mitverantwortung zu übernehmen, damit die eindrucksvolle Vergangenheit die ihr angemessene Zukunft gewinnt.

Geburtstage halten in vorgerückten Jahren zu Rückblicken an; sie rufen Erinnerungen wach, vergegenwärtigen das Gewesene und präzisieren unser Verständnis für den jetzigen Tag. Als kollektives Gedächtnis können die Jahrbücher unserer Gesellschaft dienen. Aufmerksame Blicke in alte Jahrgänge halten zuallererst zum Staunen an: Da waren schon – nach freundlicher Geburtshilfe von Darmstadt aus – im Gründungsjahr der hiesigen Ortsvereinigung Vorträge über Goethes Farbenlehre und über den Maler Philipp Otto Runge, aber auch über den Freiherrn vom Stein und über Metternich zu hören. Es gab Einführungen in die *Meister*-Romane, in die *Lehr-* und *Wanderjahre*, Referate über Hölderlin und Wieland, über die Droste, über Schnitzler, Thomas Mann, Stefan Zweig, Tucholsky und viele andere Autoren. Deutlich wird von Anfang an, daß die Neigung der Goethe-Gesellschaft Wetzlar für ihren Namenspatron das Interesse an anderen Dichtern nicht aus-, sondern vielmehr einschloß. Man sprach 1978 über „Goethe als Theaterleiter" und beging den 28. August jenes Jahres mit Goethe-Liedern, es wurden Gedichte rezitiert und immer wieder Exkursionen zu anderen Goethe-Stätten angetreten. Die Goethe-Freunde zog es auf seinen Spuren in die Schweiz, nach Rom und Sizilien und sogar ins Traum- und Seelenland der Klassik – zu den Griechen. Nach der Wiedervereinigung gab man der Sehnsucht nach und fuhr in Fontanes Brandenburg von Ort zu Ort, von Erinnerung zu Erinnerung.

Wissenschaftliche Referate, Liederabende, Konzerte – was für eine kulturelle Weite wurde in Wetzlar erstrebt und erreicht, welcher Reichtum an Einfällen ist zu bewundern: Es bedarf unserer konkreten Phantasie, um die Mühe der Vorbereitung und die Sorgfalt der Durchführung im Detail zu versinnlichen. Vergegenwärtigen wir uns, was an Geistigem und Sinnenhaftem den Anwesenden geboten wurde, dann werden wir uns in Dankbarkeit an die Damen und Herren erinnern, deren Tatkraft den Bürgern der Stadt Wetzlar eine solche ideelle Bereicherung ermöglichte. Sogar Gesprächskreise wurden eingerichtet, die die Zeichen der Zeit zu begreifen und deren Nöte zu meistern suchten: Schon 1990 dachten Sie über das Verhältnis von „Kultur und Kommerz“, später dann über „Religion und Kultur“, „Bildung und Ausbildung“ nach. In der Tat: Man kann eine Stadt zu diesen Begegnungen nur beglückwünschen, und nur hoffen können wir, daß solche verlockenden Möglichkeiten zum Gespräch auch fortan von vielen ergriffen werden. Allein das individuelle Engagement, nur der problembewußte einzelne kann der Nivellierung durch die Massenmedien Grenzen setzen.

Fünfundzwanzig Jahre Goethe-Gesellschaft Wetzlar ... Als Goethe nach langer Unterbrechung die Arbeit am ersten Teil des *Faust* wieder aufnahm, schrieb er die Stanzen der *Zueignung*: „Ihr bringt mit euch die Bilder froher Tage, / Und manche lieben Schatten steigen auf ...“ Wenn wir die angedeutete Vielfalt und Weite des in Wetzlar Geleisteten rühmen, dann wissen wir, daß in allem Getanen Personen und Namen aufgegangen sind, die sich mit den Pflichten ihrer Ortsvereinigung identifizierten. Herr Dr. Schierenberg und Herr Hedrich, Herr Petry, Herr Dr. Wenzel und, immer wieder, Frau Kunkel: Den Genannten wie gleicherweise allen Ungenannten, die still und ohne Aufhebens zum Gelingen der einzelnen Veranstaltung wie des ganzen Programms beitrugen, gehört unsere große und herzliche Dankbarkeit. Herrn Hedrich, dessen Andenken das Goethe-Jahrbuch 1995 lebendig erhält, gehört meine freundschaftliche Verehrung über seine irdischen Tage hinaus.

Meine Damen und Herren, die Goethe-Gesellschaft Wetzlar hat sich in zweieinhalb Jahrzehnten wahrlich bewährt; mit gutem Grund genießt sie hohes Ansehen unter den 50 deutschen Ortsvereinigungen. Unvergleichlich wurde Ihre Gesellschaft aber durch die Hilfe, die sie – zusammen mit der evangelischen Kirchengemeinde – dem fernen Tambow zukommen ließ. Wir alle wissen, daß, wer mit Literatur und Kultur umgeht, noch lange nicht und nicht in jedem Augenblick auch Kultur hat, denn diese beginnt und endet mit der Verantwortung für Menschen und für das Menschliche. Gegen Ende seines *Tasso* läßt Goethe Herzog Alfons sagen: „Und wer der Dichtkunst Stimme nicht vernimmt / Ist ein Barbar, er sei auch, wer er sei“. Dies ist ein recht entschiedenes Bekenntnis zur literarischen Bildung, das an den Höfen zu Ferrara und zu Weimar gewiß öfter geäußert als eingelöst wurde. Nach dem Zweiten Weltkrieg bemängelt Max Frisch in einem Vortrag, das „besondere Kennzeichen“ der, wie er sie nennt, „ästhetischen Kultur“ sei ihre Unverbindlichkeit. Beide Zitate, wie gegensätzlich sie auch sind, haben ihre partielle Wahrheit. Das eine ergeht sich in der pointierten Hochschätzung der Literatur, das andere äußert die bitterböse Geschichtserfahrung unseres Jahrhunderts. Der ästhetische Mensch ist gefährdet durch seinen Narzißmus, seine Wirklichkeitsscheu mit ihrem Hang zur bloßen Beschaulichkeit, – so wie literarische Vereinigungen bedroht sind vom Selbstgenüßlichen im Umgang mit dem Schönen und Sublimen. Erst das soziale Engagement stellt die notwendige Verbindlichkeit her, nur die Verantwortung für den konkreten Menschen darf den Grund für unser „Vergnügen“ an den diversen Äußerungsformen der Kunst bilden. Gemeinsam mit der Kirchengemeinde gab die Goethe-Gesellschaft Wetzlar ein großartiges Beispiel für jene Gesinnung, die Goethe in den *Wanderjahren* Weltfrömmigkeit nannte, welche die bis zum Beginn des 19. Jahrhunderts praktizierte Hausfrömmigkeit ablösen und nicht nur dem nahen, sondern fortan auch dem f e r n e n Nächsten dienen sollte.

Der im Jahrbuch 1997 (S. 395) wiedergegebene Brief von Staatssekretär Dr. Brans skizziert in sachlicher Genauigkeit, was von Wetzlar aus getan wurde, indem er von „humanitären Bemühungen“ und Einladungen an Dozenten und Studenten berichtet, die durch Praktika die hiesige Arbeitswelt kennenlernten. Diese Partnerschaft fordert mancherlei Selbstlosigkeit, doch ihre Wirkung zeigt, daß sie notwendig, daß sie unersetzlich ist: Die geistige Lebendigkeit der Goethe-Gesellschaft Tambow ist der schönste Dank für Wetzlar und seine Bürger. Es muß unser Ziel bleiben oder fortan werden, über Grenzen hinweg Verständnis von Mensch zu Mensch zu wecken, aus der die Verständigung von Volk zu Volk hervorgeht. Unserer Gegenwart ist diese unabsehbar lange Mühe aufgetragen, – die überzeugendste Form einer dauerhaften Friedenssicherung und, im kleinen, die einzige angemessene Antwort auf die Verschuldungen im Jahrhundert der Diktaturen.

Es wäre nötig, daß auch andere Ortsvereinigungen in Deutschland zusammenarbeiten und dem Wetzlarer Beispiel folgen, daß Patenschaften über die Barrieren des Nationalen hinweg gegründet werden, damit den östlichen Ländern an einer schmalen Stelle der Weg in eine schwierige Zukunft geebnet wird. Jede Nationalliteratur braucht die andere zum Leben und zum

Überleben, denn nur alle Literaturen gemeinsam können den Widerstand der Phantasie gegen die neuen Zwänge der Ökonomie und die Ambivalenzen des technischen Fortschritts formieren. In Wetzlar wird versucht, der großen Literatur Osteuropas Bürgerrecht zu verschaffen.

Das Ästhetische durch soziale Verantwortung zu grundieren: Diesem Anspruch stellt sich seit 1990 auch die sog. Muttergesellschaft in Weimar. Um dem Geglückten unserer literarischen Kultur eine gewisse Kontinuität im Ausland zu bewahren, luden wir bisher 90 Stipendiaten an die Ilm; die Gelder trug ich in oft kleiner Münze auf ausschließlich privatem Wege zusammen. Innerhalb weniger Jahre gründeten wir zwölf neue nationale Goethe-Gesellschaften, die fast alle unserer Hilfe bedürfen – zuletzt eine indische, rumänische, slowakische, armenische und lettische. Dabei sollten Geben und Nehmen stets in einem ausgewogenen Verhältnis stehen. Die Rezeption Goethes in anderen Ländern verlangt unsere Offenheit für deren Literaturen. Daher bitten wir die Shakespeare- und die Diderot-Gesellschaft im Juli nach Gotha, um mit der Puschkin-Gesellschaft Goethes 250. und Puschkins 200. Geburtstag zu begehen. Unter dem Begriff der Weltliteratur warb Goethe im Alter um wechselseitigen Austausch geistiger Güter. Diese Vermittlung zwischen den Kulturen leisten die nie genügend geachteten Übersetzer. Um ihnen unsere Dankbarkeit und unsere Achtung zu erweisen, werden wir im August aus 26 Staaten Goethe-Übersetzer nach Erfurt einladen.

Der Goethe-Gesellschaft Wetzlar gehören unsere guten Wünsche, damit sich fortsetzt, was bisher an Eindrucksvollem geleistet wurde. Wer sich mit Goethe beschäftigt, gewahrt den Abstand der Epochen, doch falls er lebendig ist, entdeckt er auch das Lebendige in Goethe und das Gegenwärtige in dessen Dichten und Denken. Jede Zeit erkennt sich erst im Vergleich mit der Vergangenheit, die der Mühe unserer Vergegenwärtigung bedarf; jede Gegenwart zehrt vom kulturellen Reichtum früherer Generationen. Daher gilt das Paradox: Im Gelungenen früherer Zeiten finden wir Orientierungsprinzipien, die helfen können, mit Mut den Ungewißheiten der Zukunft entgegenzugehen. Soll diese Zukunft human sein, müssen wir dem geschichtlich Geglückten die Maße der Liberalität und Toleranz entnehmen und zudem unserer Verantwortung für die nahen wie auch für die fernen Schwachen zu genügen versuchen. Vor langen 250 Jahren geboren, ist Goethe uns Heutigen in vielem weit voraus – als der Europäer unter den Deutschen und als der „Weltbewohner" unter den Europäern. Sein Werk tritt für das Recht des Individuums ein, doch verpflichtet es den einzelnen für das Ganze; es leitet uns zum tätigen, doch zugleich zum gelassen gemeisterten Dasein an. Goethes tragische Charaktere kennen die Abgründe im Menschen wie im Leben – und doch ist seine Lyrik ein Lobpreis der Natur, die wir zu bewahren, ein Bekenntnis zum Leben, dessen Herrlichkeit wir zu entdecken haben. Das Laute, das Grelle und Irrlichternde des Goethe-Jahres vergeht; unsere wissende Neigung wird manches Anmaßende der nächsten Monate überstehen, unsere reflektierte Verehrung wird auch Plumpes und Zudringliches hier und dort überdauern.

Verehrte Anwesende! Goethes Wetzlar und Goethes *Werther* – natürlich gäbe es da einiges zu sagen, doch ist – ebenso natürlich – meine Redezeit strikt begrenzt. „Ich weiß nicht", so Werther am 12. Mai 1771, „ob täuschende Geister um diese Gegend schweben, oder ob die warme, himmlische Phantasie in meinem Herzen [es] ist, die mir alles rings umher so paradiesisch macht."

„Ich weiß nicht ...": Zweimal fuhr ich – aus verschiedenen Richtungen kommend – mit der Bundesbahn ins Lahntal, zweimal versetzte ich mich in die Werther-Zeit, zweimal sagte ich mir aus Werthers Briefen vor, was das Gedächtnis bereithielt. „Ich weiß nicht, ob täuschende Geister ..., oder ob die warme ... Phantasie ..." Beide Male stieg ich – erwartungsfroh – zu früh aus. Meine Dankbarkeit für die Wetzlarer Goethe-Gesellschaft wird daher von meinem Dank für Herrn Petrys geduldiges Warten eskortiert.

Nun aber ein endgültiges Glückauf! für die uneigennützige Mühe, die ihre Erfüllung im Umgang mit Goethes Werk findet, mit jener Menschenkenntnis, mit jener Lebensweisheit, die vertieften Einblick in uns und in die Welt ermöglicht – und zudem zur Ermutigung beiträgt, es mit beiden immer wieder zu versuchen. Indem wir uns aus einer großen Vergangenheit zu eigen machen, was die Zeiten überdauerte, tragen wir zur Konturierung unserer Gegenwart und, nach einem 1932 gesprochenen Wort Paul Valérys, zur „Bewahrung der Zukunft" bei.

Grußwort der Studentin Jelena Kaschewarowa (Tambow) zum 25jährigen Bestehen der Goethe-Gesellschaft Wetzlar am 31. Januar 1999

Gestatten Sie mir einige Anmerkungen. Ich habe an einer Schule mit erweitertem Deutschunterricht sieben Jahre Deutsch gelernt, bevor ich 1994 mein Studium an der Universität von Tambow begann, mit dem Ziel, Deutschlehrerin zu werden. Im ersten Studienjahr beschäftigten wir uns oft mit den deutschen Klassikern. Die Bekanntschaft mit Frau Professor Kaufmann führte mich in eine Gesellschaft mit ganz unterschiedlichen Menschen ein. Es waren dort Ingenieure, Ärzte, Wissenschaftler, Literaturinteressierte und Studenten. Ich habe die Zusammenkünfte als sehr lebendig und informativ empfunden. Besonders interessant war für mich die Begegnung und Unterhaltung zwischen den Angehörigen verschiedener Generationen.

Als dann 1995 eine Delegation der Goethe-Gesellschaft aus Wetzlar nach Tambow kam, um offiziell dieser Gruppe den Namen Goethe-Gesellschaft zu geben, beschloß ich, mich auch aktiv an der Arbeit zu beteiligen; das hieß zunächst, Hilfe bei der Organisation von Kunstausstellungen und Konzerten zu leisten. Die Arbeit in den Sitzungen, die wir einmal im Monat durchführen, läuft so ab, daß wir uns Vorträge anhören, rezitieren und – was das Wichtigste ist – daß wir uns über das Gehörte austauschen.

Wie viele andere Studenten bin ich dankbar, daß Frau Kaufmann die Goethe-Gesellschaft gegründet hat. Mein Leben wurde in ungeahnter Weise dadurch verändert. Und ich bekam ein zusätzliches Geschenk, mit dem ich überhaupt nicht rechnen konnte: Ich durfte Sie später in Wetzlar besuchen und für sechs Wochen Ihre Lebensgewohnheiten kennenlernen. Es hat mir sehr geholfen, meine bisherigen Eindrücke über die Menschen, das Alltagsleben, die Kultur, die Sitten und die Bräuche in Deutschland zu erweitern.

Es macht mir eine besondere Freude, gerade hier im Rahmen dieser Jubiläumsveranstaltung Dank zu sagen für alles, was mir durch die Goethe-Gesellschaft zuteil geworden ist: zum einen Frau Prof. Kaufmann, die mir die Tür zur Welt der Goethe-Gesellschaft geöffnet hat, und zum anderen Ihnen allen, den Mitgliedern der Wetzlarer Goethe-Gesellschaft, ohne deren Hilfe mein Leben nie so bereichert worden wäre, wie es dies heute ist. Ich hoffe, später meinen Dank dadurch ausdrücken zu können, daß ich das Werk von Frau Kaufmann fortsetze.

Prof. Dr. Albert Meiers Bericht über seine Kongreß- und Vortragsreise nach Seoul/Süd-Korea

In Begleitung meiner Frau bin ich am 22. März, morgens bei strahlendem Sonnenschein, in Seoul eingetroffen und von Frau Dr. Han abgeholt worden. Schon die Fahrt vom Flughafen Kimpo zum Gästehaus der Seoul National University hat uns einen spannenden Einblick in die Riesenhaftigkeit und Lebendigkeit der südkoreanischen Hauptstadt verschafft, die so vital in ihre Berglandschaft hineinwächst. Sehr freundlich war der Empfang durch Frau Prof. Dr. Young-Ae Chon, die uns das riesige Gelände der Universität zeigte; Prof. Dr. Chang-Bae Jeon – der Geschäftsführer der Koreanischen Goethe-Gesellschaft – war leider schwer erkrankt und mußte langfristig alle Termine absagen.

Für den nächsten Abend hatten uns Prof. Dr. Tschong-Dae Kim als Präsident der Koreanischen Goethe-Gesellschaft sowie die Professoren Dr. Mun-Yeong Ahn und Dr. Munhi Lee als Vertreter des Vorstands zum Essen in das Restaurant des Gästehauses eingeladen, was nicht nur ein kulinarischer Genuß war und uns in die Grundbegriffe der koreanischen Küche einführte, sondern dank der humorvollen Herzlichkeit unserer Gastgeber ganz einfach auch Spaß und Freude machte.

Am nächsten Tag sprach ich im Rahmen einer Vortragsreihe des Institute of Humanities an der protestantischen Soong Sil University über „Philosophie und Dichtung der deutschen Aufklärung" – es ergab sich eine erstaunlich lebhafte Diskussion, die dann gemeinsam mit dem Übersetzer Prof. Dr. Do-Chung Yun und Frau Prof. Young Zu Kim bei einem ebenso köstlichen wie stilechten Abendessen in einem koreanischen Traditionslokal fortgesetzt wurde.

Am folgenden Donnerstag besuchten wir zunächst auf eigene Faust das Nationalmuseum und eine königliche Palastanlage (Kyongbokkung), bevor uns Frau Prof. Dr. Chon abholte und zum Goethe-Lesekreis brachte. Diese sich seit Jahren regelmäßig treffende Gruppe hat bereits *Wilhelm Meisters Wanderjahre* übersetzt und arbeitet jetzt an einer Übertragung des *West-östlichen Divan*. In einer äußerst anregenden Gesprächsatmosphäre konnten wir manche Anregungen geben und einige Verständnisprobleme lösen (was z.B. den Titel *Derb und tüchtig* angeht); vor allem aber waren wir tief beeindruckt von der Professionalität und dem hohen fachlichen Niveau unserer Kollegen sowie von der freundschaftlichen Stimmung innerhalb des Lesekreises, dem Germanisten aus dem gesamten Land angehören (daß auf die Arbeit schließlich das Vergnügen eines gemeinsamen Abendessens folgte, versteht sich beinahe von selbst).

Den Ausklang des Freitags bildete der Besuch der Generalprobe für einen als szenische Lesung konzipierten Goethe-Abend, den Frau Prof. Chong mit Studenten der Seoul National University einstudierte. Am Samstag, dem 27. März, fand schließlich die große Tagung der koreanischen Goethe-Gesellschaft im Seoul Arts Center statt, wo ich neben koreanischen Kollegen zwei Vorträge halten durfte: zum einen über die Figur des Thoas in der *Iphigenie auf Tauris* („Die Sittlichkeit des Barbaren"), zum anderen über die Italienreisen von Johann Caspar und Johann Wolfgang Goethe. Danach wurden Ausstellungen über koreanische Goethe-Übersetzungen und Briefmarken aus aller Welt mit Motiven aus der deutschen Literatur feierlich eröffnet.

Am nächsten Tag kam leider viel zu früh der Abschied: Wir wurden, was wir als große Ehre verstehen, von Prof. Dr. Kim und Prof. Dr. Lee – insofern vom Vorstand der Koreanischen Goethe-Gesellschaft höchstpersönlich – zum Flughafen gebracht. Wir wären mit Vergnügen noch länger geblieben und hätten vor allem gern noch mehr von Korea kennengelernt als „bloß" die Hauptstadt. Aber auch so haben wir viel gesehen und insbesondere die erfreuliche Erfahrung gemacht, daß man sich in Korea nicht bloß für Goethe interessiert, sondern auch viel lacht und das Leben zu genießen weiß. Unser ganz, ganz herzlicher Dank gilt den vielen Kollegen, die sich rührend um uns gekümmert haben, ohne dabei überfürsorglich zu sein – es ist immer wieder die erwünschte Zeit geblieben, selbständig Zugänge zu dieser uns zuvor völlig fremden Welt zu suchen und dann die vielfältigen Eindrücke in Ruhe zu verarbeiten.

Albert Meier

Erstes Findbuch der Goethe-Gesellschaft liegt vor

Das Goethe- und Schiller-Archiv bewahrt nicht nur die Nachlässe unserer großen Dichter und anderer Literaturschaffender, Künstler und Wissenschaftler, sondern auch Akten und Registraturen verschiedener Verlage und Institutionen, die in irgendeiner Weise mit Literatur zu tun haben. Zu diesen institutionellen Beständen gehört auch der Aktenbestand der Goethe-Gesellschaft.

In den vergangenen zwei Jahren konnte im Archiv ein langgeplantes Vorhaben verwirklicht werden: Dank einer Arbeitsbeschaffungsmaßnahme wurde die sehr umfangreiche Registratur der seit mehr als 100 Jahren bestehenden Goethe-Gesellschaft geordnet und erstmals nach archivarischen Grundsätzen verzeichnet. Das Ergebnis ist ein Findbuch, das den Aktenbestand von 1424 Archivalieneinheiten aus den Jahren 1885 bis 1991 beschreibt.

Wer sich künftig mit der Geschichte der Goethe-Gesellschaft befassen will, wird diesen Fundus im Goethe und Schiller-Archiv gezielt nutzen können. Der Bestand wurde in 9 Ordnungsgruppen gegliedert, die ihrerseits noch einmal entsprechend ihrem Schwerpunkt strukturiert sind. In der ersten Ordnungsgruppe sind Unterlagen zur Gründung und Organisation der Gesellschaft überliefert, vor allem Satzungen, aber auch Schriftwechsel mit Behörden und Organisationen, insbesondere aus den letzten 60 Jahren. In der nächsten Ordnungsgruppe, den Unterlagen und Korrespondenzen der Präsidenten und Vorstandsgremien, zeigt sich, daß die Überlieferung teilweise lückenhaft ist. Besonders augenfällig ist hierbei, daß die Akten aus der Zeit des Nationalsozialismus fast vollständig fehlen. Einen großen Teil der Überlieferung bilden die Archivalieneinheiten, die sich auf die Mitglieder beziehen. Neben Mitgliederverzeichnissen nimmt der Schriftwechsel mit Einzelmitgliedern, literarischen Gesellschaften, Bibliotheken und Buchhandlungen sowie mit den Ortsvereinigungen und ausländischen Goethe-Gesellschaften einen breiten Raum ein. In der Gruppe „Tagungen und Veranstaltungen" sind vor allem Teilnehmerverzeichnisse, Schriftwechsel und andere Unterlagen zu den Hauptversammlungen zu nennen, die im ganzen fast vollständig nachgewiesen sind. Dazu kommen einige besondere

Veranstaltungen, von denen die Reichsgedächtnisfeier zu Goethes 100. Todestag 1932 hervorgehoben werden soll. Unter der Rubrik „Publikationen" sind in erster Linie Schriftwechsel und Unterlagen zur Herausgabe der Jahrbücher und der Schriften der Goethe-Gesellschaft verzeichnet. Die Position „Haushalt und Finanzen" enthält vorwiegend Jahresrechnungen und Belege zu den Jahresrechnungen. Es schließen sich dann die kleineren Rubriken an, wie die „Stiftungen, Spenden und Schenkungen", ebenso wie die etwas umfangreichere Gruppe, die die vielfachen Beziehungen zu Weimarer Institutionen und Goethe-Gedenkstätten dokumentiert, insbesondere zum Goethe- und Schiller-Archiv und zum Goethe-Nationalmuseum. Da die Betreffe im allgemeinen nur summarisch verzeichnet werden konnten, werden in allen Ordnungsgruppen mit Hilfe von Verweisen weitere Signaturen genannt, unter denen der gesuchte Sachverhalt eventuell zu finden ist.

Christa Rudnik

Bericht über die Jahrestagung der Ortsvorstände der Goethe-Gesellschaft vom 29. April bis 2. Mai 1999 in Hamburg

Zu ihrer Jahrestagung trafen sich die Ortsvorstände der Goethe-Gesellschaft vom 29. April bis 2. Mai 1999 in Hamburg. Von den 55 Ortsvereinigungen waren Vertreter aus 47 Ortsvereinigungen angereist. Entschuldigt hatten sich die Ortsvereinigungen Aachen, Dessau, Gotha, Hildburghausen, Magdeburg, Rosenheim, Wuppertal und Zittau.

Vom Vorstand der internationalen Goethe-Gesellschaft waren anwesend: Prof. Dr. Werner Keller (Präsident), Prof. Dr. Lothar Ehrlich (Vizepräsident) sowie Prof. Dr. Volkmar Hansen (Goethe-Museum Düsseldorf). Von der Weimarer Geschäftsstelle nahmen Dr. Petra Oberhauser und Christa Müller teil.

Den Auftakt bildete ein Begrüßungsabend im Restaurant des Tagungshotels „Hafen Hamburg", wo Herr Dr. Klaus Baumann, 1. Vorsitzender der Hamburger Goethe-Gesellschaft, die Teilnehmer willkommen hieß. Einem Grußwort der Hamburger Kultursenatorin, Frau Dr. Christina Weiß, folgte die Begrüßung durch den Präsidenten der Goethe-Gesellschaft, Prof. Dr. Werner Keller. Mit Freude lauschten die Teilnehmer danach den Rezitationen der Herren Edgar Bein und Gerhard Nöthlich, die Hamburg in literarischen Zeugnissen vorstellten. Bei angeregter Unterhaltung klang der Abend aus.

Am darauffolgenden Vormittag fand die erste Arbeitssitzung statt. Im Mittelpunkt standen Berichte aus den einzelnen Ortsvereinigungen zur Arbeit seit der Jahrestagung 1998, zu speziellen Projekten im Goethe-Jahr sowie Informationen zur Mitgliederentwicklung.

Einigkeit bestand darüber, daß die Goethe-Gesellschaft im Internet präsent sein muß. Dies wird durch die Weimarer Geschäftsstelle veranlaßt werden.

Herr Prof. Keller berichtete, daß durch das Stipendiatenprogramm seit 1993 81 Wissenschaftler gefördert werden konnten. Dazu wurden ca. 1,6 Millionen Mark von Privatpersonen eingeworben. Informiert wurde weiterhin über die Vorbereitungen für die 76. Hauptversammlung vom 26. bis 29. Mai 1999.

Am Nachmittag erwartete die Teilnehmer eine Fahrt durch die Vier- und Marschlande nach Zollenspieker an der Elbe. Höhepunkte waren die Besichtigung des Rieck-Hauses, der Altengammer Kirche, der Petri- und Pauli-Kirche in Bergedorf sowie des Bergedorfer Schlosses. Ein festlicher Abend im „Patriotischen Gebäude" in Hamburg, wo das „Ensemble Vocal" musizierte, beschloß diesen Tag intensiver Gespräche und eindrucksvoller Erlebnisse.

Am Samstagvormittag wurde die Arbeitssitzung der Vorstände mit Berichten aus den Ortsvereinigungen fortgesetzt. Prof. Ehrlich informierte über die 76. Hauptversammlung im Mai, über den Kongreß Literarischer Gesellschaften im Juli in Gotha und die Konferenz der Goethe-Übersetzer im August in Erfurt – drei Projekte der Goethe-Gesellschaft im Goethe- und Kulturstadtjahr. In Zusammenarbeit mit der Stiftung Weimarer Klassik veranstalte die Goethe-Gesellschaft im Juli das Symposion „Goethes Diagnose der Moderne".

In Anerkennung ihrer 25jährigen Tätigkeit bei der Goethe-Gesellschaft wurde Frau Christa Müller von der Weimarer Geschäftsstelle für ihr Engagement herzlich gedankt.

Der Nachmittag stand ganz im Zeichen Johann Peter Eckermanns. Eine vorzüglich organisierte Exkursion führte die Teilnehmer nach Winsen an der Luhe, den Heimatort Eckermanns, wo wir das Eckermann-Museum besuchten und die Stadt besichtigten. Von dort ging es weiter nach Lüneburg, wo wir im Rathaus durch den Oberbürgermeister, Herrn Ulrich Mädge, empfangen wurden. Mit Geselligkeit und Gespräch auf der barocken Diele des Lüneburger Kronen-Brauhauses und unter dem großartigen Eindruck niederdeutscher Rezitation klang der Tag aus.

Beschlossen wurde diese exzellent organisierte Tagung, die in ausgezeichneter und produktiver Atmosphäre verlief, am Sonntag durch eine festliche Abschiedsveranstaltung im Spiegelsaal des Museums für Kunst und Gewerbe, wo neben Schubert und Beethoven Goethes „Reineke Fuchs" erklang.

Dank den Hamburger Organisatoren unter Federführung von Herrn Dr. Klaus Baumann, vorzüglich unterstützt durch seine Gattin, für diese ausgezeichnete Jahrestagung! Und Respekt und Anerkennung für die Pößnecker Ortsvereinigung, die die Mühen der Jahrestagung 2000 mit Elan auf sich nimmt. Auf Wiedersehen in Pößneck: vom 27. bis 30. April!

Petra Oberhauser

Prof. Kellers Rede am 30. April 1999 bei der Jahrestagung der Ortsvorstände der Goethe-Gesellschaft in Hamburg

Frau Senatorin,
verehrter und lieber Herr Dr. Baumann,
verehrte Damen und Herren der Hamburger Goethe-Gesellschaft,
verehrte Vorsitzende der Ortsvereinigungen,
liebe Freunde!
Wir kamen fröhlich hierher, zugleich voll Dankbarkeit für die Mühe, die Ihnen die Vorbereitung dieser Tagung abnötigte. Wir alle wissen aus Erfahrung, welche Sorgfalt und welchen Fleiß jedes Symposion voraussetzt. Daher wünschen wir, daß ein gutes Gelingen die treuen Mitarbeiter belohnt, und wir vergessen dabei nicht, daß jeder von uns zur freundlich-produktiven Atmosphäre beizutragen hat. Wir kamen mit Erwartungen, die niemanden überfordern wollen, und mit der Freude, Gleichgesinnten wiederzubegegnen.

In den schweren Jahren nach dem Ersten Weltkrieg wurde die Goethe-Gesellschaft Hamburg gegründet. Damals hoffte man, mit der Besinnung auf Goethe der inneren und äußeren Not begegnen und auch der politischen Desorientierung widerstehen zu können. Es ist bekannt, wie bitter diese Hoffnung trog und wie wenig die erste deutsche Demokratie, bewußt Weimarer Republik genannt, den links- und den rechtsextremen Verheißungen und Drohungen entgegenzusetzen hatte. Seitdem wissen wir auch, daß die ästhetische Kultur wehrloser ist als angenommen und unverbindlicher, als man sich eingestehen möchte.

75 Jahre alt ist die Goethe-Gesellschaft Hamburg. Vor fünf Jahren konnte ich in Erinnerung an eine bedeutende Vergangenheit einen doppelten Glückwunsch auf den Weg geben: an die Ortsvereinigung der Hansestadt, ihren Vorstand und alle ihre Mitglieder, zugleich war der Muttergesellschaft in Weimar zu dieser Tochter zu gratulieren, „die, obschon in vorgerückten Jahren, uns das Geheimnis einer erneuerbaren Jugendlichkeit vorlebt".

Es ist ermutigend für uns alle, wenn zur reiferen Jugend der Nachwuchs – in Gestalt von Neugründungen – hinzutritt, wenn, was Goethe dem Arzt und Maler C. G. Carus gegenüber als Glück erachtete, das Alter mit der Jugend gemeinsam fortwächst. Wir bedauern, daß Herr Schmid aus Rosenheim nicht anwesend sein kann, heißen aber dankbar und froh Herrn Dr. Konrad Huber aus Freiburg in unserer Mitte willkommen. Er ist hier unter Gleichgesinnten, die alle einen erklecklichen Teil ihrer Kraft und ihrer Zeit für die Mitglieder aufbringen. Jede Ortsvereinigung lebt vom Idealismus der wenigen, jede besitzt ihre eigentümliche Physiognomie, jede handelt kraft eigener Verantwortung autonom. Sind wir wie heute beisammen, verbindet uns ein einziges liberales Gebot, ein Motto, das in den *Unterhaltungen deutscher Ausgewanderten* nachzulesen ist: „Lassen Sie uns an der Form sehen, daß wir in guter Gesellschaft sind."

Wir begrüßen die erwähnten Neugründungen in Freiburg im Breisgau und in Rosenheim – und hoffentlich bald auch im Oberschwäbischen. (In Kleinstädten nimmt man oft mehr Anteil an kulturellen Dingen als in Großstädten mit ihrer Anonymität und dem Übermaß an Zerstreuung.) Es bekümmert mich, daß Rostock keine Goethe-Gesellschaft mehr besitzt, daß mehrere ostdeutsche Ortsvereinigungen nicht überdauerten und die Wiederbelebung fehlschlug: Wir ließen es weder in Frankfurt/Oder noch in Eisenhüttenstadt an unaufdringlicher Mühe fehlen. Indes kennen wir das Absurde der Situation, daß vielen Mitbürgern nie zuvor eine vergleichbar kurze Wochenarbeitszeit zugestanden wurde, jedoch nie ein solcher Mangel an Zeit fürs Wesentliche uns bedrängte. Wir bedauern vielerorts das fehlende Engagement für die öffentlichen Dinge, wir beklagen den Mangel an Bereitschaft, für andere Mühen auf sich zu nehmen, und vermissen oft die Entschiedenheit, sich mitverantwortlich zu fühlen fürs Ganze. Wir alle, mit der Leitung und das heißt, mit dem Dienst – dem Dienen – für eine Sache betraut, machten häufig die Erfahrung, wie allein man bei der Arbeit ist (und wie sich die Menge flugs einstellt, wenn Gelungenes zu feiern ist). Einen guten Teil des Kulturlebens der Städte verdanken diese ihren ungezählten ehrenamtlichen Helfern. Ich freue mich, daß man dies in Hamburg zu würdigen weiß: auch dafür, sehr verehrte Frau Dr. Weiß, unseren Dank. Nun, die Verfassung der Bundesrepublik formuliert genau die Rechte des einzelnen, die gelebt, oft auch ausgelebt werden, sie besteht aber zu wenig auf jenen freiwilligen Pflichten, die die Lebendigkeit einer demokratischen Kultur garantieren. Unsere tröstliche Erfahrung: Die Nivellierung greift zwar um sich, doch ohne den Willen jener einzelnen lähmen zu können, die einen bedeutenden Teil der kulturellen Tradition an unsere Gegenwart weitergeben.

Goethes 250. Geburtstag erinnert an ein ungewöhnlich tätiges und unvergleichlich produktives Leben. Ungezählte Gedenkveranstaltungen finden im In- und Ausland statt, die allesamt die Frage stellen, wie eine angemessene Erinnerung aussehen müßte, die dem Dichter und Naturforscher, dem Politiker und menschlichen Menschen gerecht werden könnte. Viel Kluges und Gutes wird zu hören sein, doch das Marktschreierische und Selbstgefällige wird, so ist zu fürchten, überwiegen. Die international tätige Goethe-Gesellschaft hofft dagegen, über das flüchtige Jahr hinaus einige neue Leser zu werben.

Um Goethe selbst das Wort zu geben und um unsere Verehrung für ihn textnah zu begründen, wollte ich einige Verse – „Und wenn mich am Tag die Ferne / Luftiger Berge sehnlich zieht“ – zitieren und kurz interpretieren. Gestern entschied ich mich aber notgedrungen, mit knappen Worten auf Schmähschriften zu entgegnen, denen es gelang, die verantwortungsvolle Forschung in den Medien zu verdrängen und den gierigen Markt mit Unterstellungen und Nachreden zu beliefern.

Wir wissen über Goethes äußeres Leben von Tag zu Tag Bescheid; wir wissen von ihm und über ihn wohl mehr als von jedem anderen Menschen der Neuzeit. Wen kann es wundern, daß in jedem Urteil seiner Zeitgenossen der Urteilende mit seiner Eigenart, seiner Gunst und Mißgunst, seiner Verehrung, aber auch seinem Neid präsent ist? Wem es um Gerechtigkeit gegenüber Goethe und nicht um vorsätzliche Verunglimpfung geht, wird nicht eine einzelne Begegnung isolieren und ein einziges Gespräch verabsolutieren, – er wird vielmehr das Detail im Ensemble des ganzen Lebens zu werten versuchen. Um Gerechtigkeit bemüht, wird der Kenner Goethes Verhalten gegenüber seinem bedauernswerten Freund Lenz, dessen Geisteskrankheit sich über Jahre hin ankündigte, mit Fragezeichen versehen, da wir zu wenig wissen, und hinweisen auf das, was Goethe für andere Freunde, für Herder beispielsweise, für Jung-Stilling, Klinger und Maler Müller tat. Er wird sich auch an Peter im Baumgarten erinnern und an Johann Friedrich Krafft, den Goethe sieben Jahre finanziell und psychisch stützte, und sich bei der Nachprüfung des anteiligen Honorars für den Briefwechsel mit Schiller des Arztes Dr. Vogel entsinnen, der in Goethes Auftrag arme Patienten durch Geldgeschenke unterstützte: Dr. Vogel durfte dabei nie den Namen des Spenders nennen. Jede einzelne Begebenheit muß also mit allen verwandten verknüpft werden, jede bedarf der vielfachen „wiederholten Spiegelung“. Reden sollte nur, wer alle Dokumente kennt und, dem alten Grundsatz gemäß, im Zweifelsfall für den „Angeklagten“ votiert. Er wird mit Friederike Brion mitleiden, sich aber auch an Weislingen und Clavigo als „poetische Beichten“ erinnern und an Lili Schönemann denken, die im Rückblick ihrem früheren Verlobten nur überschwenglich zu danken wußte. Wer ohne Schuld ist, mag dann den ersten Stein werfen.

Man redet neuerdings von Goethe als „Ikone“, – wir verwenden angemessenere Begriffe für sein Lebenswerk; man will ihn vom Sockel herabstoßen – unsere Lesebegegnung, die unser Leben reicher machte, war die von Mensch zu Mensch und ohne Podest; man will den Mythos Weimar bloßlegen – aber dieser besteht nur in den Köpfen der Unwissenden, denn wir wußten immer, daß in Weimar – wie anderswo auch – unverwirklicht blieb, was von bedeutenden Männern im Gang der Jahre gedacht wurde. Nochmals – die Goethe-Gesellschaft ging und geht nicht mit einer „Ikone" um, und der Kult, der heutzutage jeden Star und jedes Sternchen umgibt, ist ihr fremd. Ein jeder von uns ist auf Nachsicht angewiesen – so auch Goethe, dieser menschliche Mensch – trotz manchem, trotz diesem und jenem. (Er suchte seine leidende Frau in ihren letzten Lebenstagen nicht auf; es ist zu mutmaßen, daß er die innere Verstörung fürchtete, den Anblick ihrer Schmerzen, seine eigene Hilflosigkeit wie die überlange Nachwirkung auf die Produktivität seines Dichtens und Denkens. Wir sind bedrückt darüber, kennen aber durch Tolstoi, Ibsen und Thomas Mann den Werkegoismus wie auch die Verpflichtung großer Künstler genauer.) Wir fühlen uns nicht zu urteilen berufen, verwahren uns aber gegen die Häme, mit der andere freiweg verurteilen, gegen die Anmaßung und Selbstgerechtigkeit, mit der das Mittelmaß über einen Mann richtet, in dem sich das, was wir europäischen Geist nennen, ein letztes Mal, ins Universale erweitert, verkörpert.

Wir wenden uns ab von der Schmähsucht der Kritikaster, die sich dem faden Zeitgeschmack andienern, der andere erniedrigt, um sich selbst unterm Beifall der Masse zu erhöhen, der Gültiges, Gelungenes, Vorbildliches anzweifelt und unterm Schein der Wahrhaftigkeit zur Desorientierung junger Menschen beiträgt. Wie sagte Goethe (am 18. Juni 1826) im Beisein des Kanzlers von Müller? „Ich wollte mich doch lieber aufhängen, als ewig negieren", – als ewig die Mängel, die Gebrechen und Eigenheiten der Mitlebenden aufzuspießen. Der Wahrheit über Goethe am nächsten kommt – nach meiner Einsicht – Schiller, der sich auf Herders Zeugnis beruft, wonach Goethe „rein von allem Intrigengeist" sei: „er hat wissentlich noch niemand verfolgt, noch keines anderen Glück untergraben". Mehr noch – Herder bewundert, wie zuvor schon Wieland, den Politiker Goethe nicht weniger als den Dichter. Die eindrucksvollste Summe zieht Schiller in seinem Brief vom 23. November 1800 an Charlotte von Schimmelmann, den man Wort für Wort zitieren müßte. Hier heißt es: „Die Natur hat ihn reicher ausgestattet als irgend einen der nach Shakespeare aufgestanden ist. Und außer diesem, was er von der Natur e r h a l t e n, hat er sich durch rastloses Nachforschen und Studium mehr g e g e b e n als irgend ein anderer."

Im Spätherbst 1775 schrieb der Arzt Zimmermann an Frau von Stein, Lavater habe ihm gesagt, im allgemeinen „hat man nur eine Seele, aber Goethe hat hundert". Nun – im Proseminar lernt man, daß ein Autor nicht einfach mit einer einzelnen gedichteten Person identifiziert werden darf. Es läßt sich leicht einsehen, daß, wer über Jahrzehnte hinweg Faust und Mephisto „durchs handelnde Leben" führt, beide Antagonisten als Existenzform, als eine Möglichkeit neben anderen in sich trägt. Goethes Phantasie war unvergleichlich und unvorstellbar reich. Daß sich in ihr viele Gestalten stritten, kann nicht verwundern, daß er die Widersprüche des politischen Lebens seiner Zeit in sich auszutragen und auszugleichen hatte, ist nur folgerichtig – die dauernde Rivalität zwischen der nötigenden Wirklichkeit, die ihn täglich bedrängte, und dem Ideal, das er wie wir alle erträumte. Der alte Goethe war skeptisch in Dingen des menschlichen Treibens, er war voll Sorge im Blick auf die beginnende Maschinenzeit mit ihren sozialen Umbrüchen, und er ahnte die Gefahren, die der Nationalismus durch die Verführbarkeit der Massen mitbrachte. Und dennoch am Ende jeder Dichtung die Bejahung des Lebens, die Liebeserklärung ans Vergängliche als dem Gleichnis des Unvergänglichen.

Wollte man Goethe gerecht werden, müßte man zugestehen, daß ein so produktiver wie störbarer Mann nur durch seinesgleichen beurteilt werden darf. Kein Vorwurf, der sich nicht relativieren und durch andere Beispiele korrigieren ließe. Da Goethe alle Dinge von allen Seiten besieht, da vieles aus dem Augenblick gesprochen ist und oft ein langer zeitlicher Abstand zwischen zwei Aussagen besteht, drängen sich fruchtbare Widersprüche vor, so daß jeder Leser seine eigene Erfahrung dagegen oder daneben setzen kann.

Die Goethe-Gesellschaft verklärte niemanden; sie wußte, daß ihrem Namenspatron nichts Menschliches fremd blieb, daß Goethe, wie wir anderen auch, an jenem „Erdenrest" – „zu tragen peinlich" – litt, der jedem gelebten Leben anhaftet. Dieses „Peinliche", Peinigende ganz abzustreifen, ist bei Fausts gradueller Verwandlung auf dem Weg der Entelechie, der Seele nach oben das ausschließliche Werk der „ewigen Liebe".

Verehrte Anwesende, am Ende meinen Dank für das von Ihnen im vergangenen Jahr Geleistete. Ihre Berichte deuten das Getane an, belegen die Vielfalt an Vorträgen, Lesungen und Reisen und den Reichtum an Begegnungen, verschweigen aber die aufgewandte Mühe. Das Goethe-Jahr stellt ungewöhnliche Forderungen an die einzelnen Ortsvereinigungen. Unsere guten Wünsche gelten jedem, der mithilft, damit im Gang des Jahres Goethes Werk zusätzliche Leser gewinnt. Wenn selbst d a s verklungen ist, was gut war am Goethe-Jahr, und wenn vor allem das Laute, Unernste und Anmaßende verhallt sein wird, setzen wir unsere Arbeit still und uneigennützig, aber mit der bisherigen Leidenschaft fort. Wie sagte Ernst Beutler aus gegebenem Anlaß vor genau fünfzig Jahren? „Für uns ist jedes Jahr ein Goethe-Jahr."

Herr Dr. Baumann – Ihnen und allen, die mitdachten und mithandelten, um Ihren Gästen ein so festliches Willkommen zu bereiten, sei nochmals und von Herzen gedankt. Für uns alle, die wir in der Hansestadt Hamburg versammelt sind, soll ein Briefwort Goethes an Boisserée (vom 7. Juni 1824) auch künftig gelten: „Lassen Sie uns das schöne Verhältnis weiterhin pflegen."

Brief des neugewählten Präsidenten, Dr. habil. Jochen Golz, vom 24. Juni 1999 an die Ortsvorsitzenden unserer Gesellschaft

Meine sehr verehrten Damen und Herren,
liebe Mitglieder der Goethe-Gesellschaft,
mein erstes „offizielles" Wort als Präsident der Goethe-Gesellschaft in Weimar sei an Sie, die Ortsvorsitzenden unserer Gesellschaft, gerichtet. Ihnen allen, dessen bin ich mir bewußt, kommt in der Arbeit unserer Gesellschaft eine besondere Verantwortung zu.

Erlauben Sie mir zunächst ein Wort zu meiner Person, weil sicher nicht alle von Ihnen an der Weimarer Hauptversammlung teilnehmen konnten. 1942 in Stettin geboren, habe ich in Jena von 1960 bis 1965 Germanistik studiert, dort 1969 bei Joachim Müller promoviert und mich 1994 dort auch habilitiert. Seit 1965 habe ich im Aufbau-Verlag Weimar als Lektor gearbeitet – eine wissenschaftliche Laufbahn blieb mir, gewiß nicht aus fachlichen Gründen, zunächst verwehrt. Doch im Aufbau-Verlag hatte ich die Möglichkeit, mich sehr genau mit Goethe beschäftigen und als Herausgeber von Einzel- und Sammeleditionen tätig sein zu können. 1978 wechselte ich als wissenschaftlicher Mitarbeiter ans Institut für Klassische Deutsche Literatur der Nationalen Forschungs- und Gedenkstätten (NFG) in Weimar, wo ich meine Arbeit – nunmehr als Interpret wie als Editor von Texten – auf klassischem Feld fortsetzen konnte. Seit 1991 nahm ich das Amt eines Direktors für Germanistische Edition und Forschung an den NFG wahr, aus denen sich dann 1991 die Stiftung Weimarer Klassik entwickelte. 1994 wurde ich zum Direktor des Goethe- und Schiller-Archivs berufen. Es ist für mich heute ein großes Glück, die klassischen Schätze verwahren, präsentieren und wissenschaftlich betreuen zu dürfen. Mit seinen Beständen und Projekten zur Goethe-Forschung ist das Goethe- und Schiller-Archiv eine erstklassige Adresse für Wissenschaftler und Gäste aus aller Welt. Daß ich bereits 1962 als zwanzigjähriger Student an einer Hauptversammlung der Goethe-Gesellschaft teilnahm und seither kaum eine versäumte, sei nicht unerwähnt. So kann ich sagen, daß das wissenschaftliche Leben der Goethe-Gesellschaft zu einem essentiellen Teil meiner eigenen Biografie geworden ist.

Die Goethe-Gesellschaft, dies ist eine beglückende Erfahrung meines Lebens, vereinigt Menschen unterschiedlicher Bildung und Herkunft, die sich in Kenntnis und Zuneigung Leben und Werk des Dichters verbunden wissen und aus dieser Kenntnis und Zuneigung Lebenskraft und Lebenszuversicht beziehen. Wir sind keine Gesellschaft nur von Spezialisten, und wir werden niemanden, dem es um die Sache zu tun ist, zurückweisen. Freilich gilt es zu prüfen und zu bedenken, wo und wie sich unsere Gesellschaft in der heutigen, von Spannungen zerrissenen Welt selbst sieht. Bewußtzumachen bleibt, daß auch unsere Gesellschaft Vergangenheit und Gegenwart in eine fruchtbare Beziehung bringen, Tradition und Erneuerung sinnvoll verbinden muß. Die Goethe-Gesellschaft sollte sich Auseinandersetzungen künstlerischer wie wissenschaftlicher Natur offen erweisen, sofern sich darin ein ernsthafter Anspruch dokumentiert; im schwer entscheidbaren Einzelfall sei tolerante Offenheit die Maxime. Goethes Werk, die jüngste Hauptversammlung hat es eindrucksvoll gezeigt, fordert nach wie vor zum Gespräch und zur Auseinandersetzung heraus. Gleichwohl darf angesichts einer gelegentlich trivialisierenden Vernutzung Goethes nicht vergessen werden, daß Bildung und

Vertrautheit mit dem historischen Gegenstand Interpretation und Genuß eines Textes erst reich machen können, und es ist kein Makel, wenn Menschen Goethes Werke als Lebenshilfe in des Wortes bester Bedeutung begreifen. Die jüngere Vergangenheit hat gezeigt, welche Überlebenskraft von Goethes Versen auszugehen vermag, und wer heute den *West-östlichen Divan* zu lesen versteht, der ist imstande, in west-östlichen Auseinandersetzungen eben jene Position des Wissens und der Toleranz einzunehmen.

In diesen geistigen Prozessen muß den Ortsvereinigungen unser besonderes Augenmerk gelten. Ihr reges geistiges Leben ist gleichsam der Pulsschlag der Gesellschaft, und so wichtig und dringlich es ist, der Gesellschaft – und damit Goethe – weltweit zu Wirkung und Ansehen zu verhelfen, das Verhältnis der Muttergesellschaft zu ihren Töchtern bedarf dabei sorgfältiger Pflege. Daß in dieser Aufgabe vor allem ich gefordert bin, ist mir bewußt. Mit Sympathie und Respekt habe ich bereits in den vergangenen Jahren das Leben in den Ortsvereinigungen begleitet.

Gern werde ich, sofern es die Zeit irgend zuläßt, Einladungen in die Ortsvereinigungen wahrnehmen, denn die persönliche Begegnung mit Ihnen ist mir wichtig. Einige Briefe von gegenwärtigen und ehemaligen Ortsvorsitzenden haben mich in diesen Tagen erreicht, und für die darin ausgesprochenen Wünsche danke ich von Herzen. Sie geben mir, mit Goethe zu reden, „Lust und Mut zu neuen Taten". Lassen Sie mich teilhaben an Ihren Erfolgen, an dem, woran Sie sich freuen konnten. Doch möchte ich Sie auch ermuntern, mir Ihre Sorgen und Probleme anzuvertrauen. Ihre Bekundungen werde ich sehr ernst nehmen, und gemeinsam mit dem Vorstand und der Geschäftsstelle werde ich versuchen, Ihnen Rat und Unterstützung zu geben.

Gestatten Sie mir bitte, an Sie alle zu appellieren, der Muttergesellschaft bei der Förderung des wissenschaftlichen Lebens in den Ländern Ost- und Südosteuropas auch künftig Ihren materiellen und geistigen Beistand zu gewähren. Das von Herrn Prof. Keller so erfolgreich ins Leben gerufene Stipendiatenprogramm bedarf dieses Beistands, und auch ich sehe darin einen Schwerpunkt meiner Arbeit. In der Gewißheit, für Sie alle sprechen zu dürfen, möchte ich abschließend das Wort an unseren Ehrenpräsidenten, Herrn Prof. Werner Keller, richten: Welch verdiente Würdigung für einen großen Gelehrten und menschlichen Menschen, der unsere Gesellschaft nachhaltig geprägt hat! Ihm sei an dieser Stelle von seinem Nachfolger für das, was er ihm übergibt, in Hochachtung gedankt.

Das Amt des Präsidenten wird jetzt wieder in Weimar ausgeübt. Sie und die Mitglieder Ihrer Ortsvereinigung lade ich ein, auch zwischen den Hauptversammlungen nach Weimar zu kommen. Von den Mitarbeiterinnen der Geschäftsstelle und von mir werden Sie „wohl empfangen" sein.

Auf ein vertrauensvolles, tätiges Miteinander
mit besten Empfehlungen

Ihr

Jochen Golz

Bericht über den Gothaer Kongreß Literarischer Gesellschaften

Vom 14. bis 18. Juli 1999 fand unter der Schirmherrschaft der Thüringer Ministerin für Bundesangelegenheiten in der Staatskanzlei, Frau Christine Lieberknecht, in Schloß Friedenstein, Gotha, ein Kongreß Literarischer Gesellschaften mit dem Thema „Die europäische Kultur und Goethe – Goethe und die europäische Kultur" statt. Er wurde gemeinsam veranstaltet von der Goethe-Gesellschaft in Weimar, der Deutschen Shakespeare-Gesellschaft, der Deutschen Puschkin-Gesellschaft, der Diderot-Gesellschaft, der Societas Jablonoviana, Leipzig, und dem Deutschen Poleninstitut, Darmstadt, und war von knapp 100 Teilnehmern besucht.

Am Vortragsprogramm beteiligten sich Gelehrte aus Deutschland, England, Frankreich, Polen, Rußland und der Schweiz. In Vorträgen und den lebhaften Diskussionen spielte die weltweite Wirkung Shakespeares naturgemäß eine große Rolle, insbesondere in den Vorträgen zu „Shakespeare und die Literatur des östlichen Europa" (Malgorzata Sugiera, Krakow), „Wilhelm Meisters Shakespeare-Verständnis" (Roger Paulin, Cambridge) und „Shakespeares *Maß für Maß* und Puschkins *Angelo*" (Efim Etkind, St. Petersburg/Potsdam). Der Präsident der Deutschen Shakespeare-Gesellschaft wirkte als Moderator an der Veranstaltung mit. Zudem wurde im Rahmen der Tagung von der „Bonn University Company" ihre Inszenierung des *Merchant of*

Venice im historischen Ekhof-Theater mit großem Erfolg gespielt. Ferner stand auf dem Programm eine Aufführung von *Romeo und Julia* des Erfurter Schülertheaters „Die Schotte". Insgesamt war es eine ausgesprochen anregende und harmonische Tagung, die Anlaß gab zu zahlreichen fachübergreifenden Begegnungen und Gesprächen. Wiederholt wurde der Wunsch nach ähnlichen interdisziplinären Veranstaltungen und nach engerer Zusammenarbeit zwischen den literarischen Gesellschaften geäußert.

Dieter Mehl
Präsident der Deutschen
Shakespeare-Gesellschaft

„Wieviel Goethe braucht der Mensch, Herr Dr. Golz?" Editorial im „Weimar Kultur Journal" 8 (1999)

Diese von einem namhaften Taschenbuchverlag zur Allerweltsmaxime erhobene Frage, in einem Goethejahr ohnehin häufig gestellt, drängt sich im eigentlichen Jubiläumsmonat mit doppelter Gewalt auf, und manch einer mag den Namen des Klassikers vielleicht schon gar nicht mehr hören können. Dem Präsidenten der Goethe-Gesellschaft kann zunächst nur eine Antwort einfallen: Von Goethe kann man nie genug bekommen, und er hat in diesem Jahr Konjunktur in des Wortes schillernder Bedeutung. Bei aller respektablen Sachlichkeit, die sich mit der Ehrung des Weimarer universalen Geistes verbindet oder verbinden kann, sehe ich gleichwohl auch einen Zeitgeist am Werke, der zu kritischem Einspruch herausfordert.

Gern wird immer noch mit dem Argument operiert, Goethe sei stets idealisiert und auf den Sockel des Olympiers gehoben worden, nun aber komme es darauf an, ihm endlich die Maske vom Gesicht zu reißen oder ihn zu enttabuisieren. Darauf darf man gelassen erwidern: Die neuere Goethebiographik hat die kritische Historisierung des Dichters längst besorgt, und wer heute die Aufhebung sogenannter „Tabus" einfordert, gibt zu erkennen, daß er den tatsächlichen Kenntnisstand nicht wahrnehmen will oder kann. Daß sich solche „Tabus" nicht selten als ideelle Konstrukte des vermeintlichen Tabubrechers herausstellen, sei noch hinzugefügt. Auch wer heute gegen den „Olympier" Goethe zu Felde zieht, setzt sich einen alten Hut auf, und das ist im allgemeinen nicht sehr kleidsam.

Eine andere, nicht minder wirksame Zeitgeisttendenz ist die trivialisierende Vermarktung des Klassikers. Ob es nun der Goethe-Schnuller oder die Salve-Fußmatte ist, jeder sieht im Goethejahr seine Marktchance und kann sich letztlich immer darauf berufen, etwas zur zeitgenössischen Designkultur oder zum höheren Ruhme Goethes beizutragen. Im einzelnen mag ich gar nicht entscheiden, wo der Geschmack aufhört und die Geschmacklosigkeit beginnt, und allzu sittenwächterisch sollte man auch nicht auftreten; die Salve-Fußmatte z. B. halte ich für einen hübschen Einfall. Die Gefahr liegt insgesamt eher darin, daß über allem Markttreiben der Anlaß selbst in Vergessenheit gerät, daß Lessings Maxime „Wir wollen weniger erhoben und fleißiger gelesen sein" aus dem Blick verloren wird und man sich mit dem Gedanken beruhigt, durch den Kauf eines Souvenirs oder die Stippvisite an diesem oder jenem Ort seinen Tribut entrichtet zu haben. Goethe selbst mag hier in eigener Sache zu Wort kommen: „Man sollte alle Tage wenigstens ein kleines Lied hören, ein gutes Gedicht lesen, ein treffliches Gemälde sehen und, wenn möglich, einige vernünftige Worte sprechen!"

Mit alledem soll nicht der puren Verehrung, wohl aber der ernsthaften Auseinanderstezung das Wort geredet werden. Goethes Werk erlaubt viele Zugänge – das vorliegende Heft vermittelt davon einen lebendigen Eindruck –, und es ist substantiell genug, um auch der vergnüglich-frechen oder humorvollen Perspektive, der theatralischen Provokation oder dem multimedialen Spektakel standzuhalten. Tolerante Offenheit sollte für alle gelten, und man ist gut beraten, zunächst einmal die Ernsthaftigkeit eines Anliegens in Rechnung zu stellen, bevor man den Stab bricht. Daß es nicht leicht ist, den seriösen Künstler und den Ritter von der kommerziellen Konjuktur auseinanderzuhalten, sei nicht verschwiegen. Über vieles wird die Zeit hingehen. Darum sei zuletzt an einen Satz erinnert, der, zwar in anderem Zusammenhang niedergeschrieben, gleichwohl auch auf das geräuschvolle Dichter-Jubiläum paßt: „Darüber aber wartet das Werk."

Dr. Jochen Golz
Direktor des Goethe- und Schiller-Archivs
Präsident der Goethe-Gesellschaft

Tätigkeitsberichte der Ortsvereinigungen für das Jahr 1998

Aachen

Vorsitzender: Prof. Dr. Georg-Michael Schulz, Wiesenweg 49, 52072 Aachen; stellv. Vorsitzende: Renate Schmidt, Morillenhang 2 a, 52064 Aachen. – Priv.-Doz. Dr. Jürgen Egyptien (Aachen): *„Dreingreiffen, packen ist das Wesen ieder meisterschafft." Kunst und Liebe in Goethes „Die Leiden des jungen Werther"*. – Prof. Dr. Helmut Scheuer (Kassel): *Inszenierte Lebensläufe. Goethe und seine Biographen.* – Prof. Dr. Rudolf Drux (Köln): *Goethes Homunculus und seine Nachkommen.* – Prof. Dr. Andreas Beyer (Aachen): *Reisen. Bleiben. Sterben. Die Goethes in Italien.* – Priv.-Doz. Dr. Sibylle Schönborn (Aachen): *Textvereinigung und Textgeburt. Zu Goethes „Tagebuch der Italienischen Reise" für Charlotte von Stein.* – Prof. Dr. Gerhard Schulz (Melbourne): *„Es wandelt niemand ungestraft unter Palmen." Goethe, Alexander von Humboldt und ein Satz aus den „Wahlverwandtschaften"*. – Prof. Dr. Martin Brunkhorst (Potsdam): *Ein Mensch unter Marionetten. Garrick, Shakespeare und Goethe* (Lichtbildervortrag). – Priv.- Doz. Dr. Burkhard Dohm (Bochum): *Novalis und die Mystik des Leibes.* – Dr. Alfred Hirsch (Aachen): *Goethe und das Jahrhundert der Übersetzung.* – Prof. Dr. Dorothea Kuhn (Marbach): *Goethe und die Morphologie.* – Dr. Hans Joachim Schaefer (Kassel): *Goethe und die Musik. Variationen über ein unterschätztes Thema.* – Hanns-Josef Ortheil: *Lesung aus „Faustinas Küsse"*. – Eckart Kleßmann: *Lesung aus „Fürst Pückler und Machbuba"*. – Bernt Hahn/Peter Lieck: *Lesung aus dem „Musenalmanach auf das Jahr 1798"*. – Unter der Leitung von Dorothée Ermold (Aachen): Exkursionen nach Düsseldorf, in den Rheingau und nach Leipzig.

Altenburg

Vorsitzende: Adelheid Friedrich, Zeitzer Str. 68 a, 04600 Altenburg; stellv. Vorsitzender: Helmut von Senden (†), Juri-Gagarin-Ring 22/0603, 99084 Erfurt. – Prof. Dr. Karl Czok (Leipzig): *Frankfurt am Main zur Goethezeit, Goethe in Frankfurt.* – Dr. Erhard Naake (Weimar): *Kultur im vorklassischen Weimar.* – Dr. Angelika Reimann (Jena): *Vom Vater erdrückt? Nachdenken über Goethes Sohn August.* – Prof. Dr. Lothar Ehrlich (Weimar): *Goethe im Nationalsozialismus.* – Prof. Hans-Jochen Beyer/Heinz Pilz (Leipzig) u. Helmut von Senden: *Gustav Mahler: ein Tondichter und seine Textdichter. Goethe, Rückert und Nietzsche* (literarisch-musikalischer Abend). – Dr. Angelika Reimann (Jena): *„Welch ein Getümmel füllt Thaliens Haus?" Die Geschichte des Weimarer Liebhabertheaters unter Goethes Leitung.* – Margrit Straßburger (Hamburg): *Maria Stuart: eine Königin in Ketten – nach dem Roman von Stefan Zweig* (literarisch-musikalischer Abend). – Prof. Dr. Martin Wehnert (Leipzig): *Goethes Beethoven-„Syndrom"*. – Helmut von Senden: *Manfred Hausmann – Begegnungen mit dem Wort. Goethe, Samuel Fischer, Erich Ponto, Ernst Wiechert, Peter Suhrkamp, Wilhelm Kempff, Karl Heinrich Waggerl.* – Adelheid Friedrich/Helmut von Senden: Geselliges Beisammensein zum Jahresausklang. Literarische Gaben durch Wolfgang Lindner.

Aue

Vorsitzender: Dr. Karl Peter Gregori, Auer Str. 79, 08301 Schlema; Stellvertreter: OStR Martin Ebert, Hauptstr. 46, 08301 Schlema; Stellvertreter: MR Dr. Manfred Jähne, Semmelweissiedlung 7, 08301 Schlema. – Dr. Angelika Reimann (Jena): *Auf der Suche nach Liebe. Zur Erinnerung an Ottilie von Goethe und ihre Kinder.* – Dr. Günter Adler (Zwickau): *Goethes „Faust" – am Ende des Jahrtausends neu gelesen.* – Prof. Dr. Bernd Leistner (Chemnitz): *Goethe in den böhmischen Bädern.* – Studienfahrt in die böhmischen Bäder zum Kennenlernen der Goethe-Stätten und des Goethe-Museums. – Priv.-Doz. Dr. Dietmar Schubert (Zwickau): *Ein Sachse in Persien. Die lange Reise des Poeten Paul Flemming.* – Dr. Günter Adler: *Glanz und Elend der Goethe-Stadt Weimar zum Ausgang des Jahrtausends.* – Manfred Blechschmidt (Zwickau): *Goethe im Erzgebirge.* – Dr. Jochen Golz (Weimar): *Ansichten einer künftigen Kulturhauptstadt. Goetheforschung an der Stiftung Weimarer Klassik im Blick auf 1999.* – Dr. Karl Peter Gregori: *Johann Wolfgang von Goethes leidenschaftliche Zuneigung zu Ulrike von Levetzow – „die Lieblichste der lieblichen Frauengestalten".* – OStR Martin Ebert: *Der Freundschaftsbund zwischen Goethe und Schiller – Höhepunkt der deutschen klassischen Literatur des 19. Jahrhunderts.*

Auerbach

Vorsitzender: Ekkehard Taubner, Falkensteiner Str. 6, 08239 Bergen. – Aufgrund eines bedauerlichen Versehens im Jahrbuch 1998 erfolgt an dieser Stelle zugleich der Nachtrag des Jahresprogramms 1997: Walter Arzt/Irmgard Gräf (Treuen): Der *„König der Romantik": Ludwig Tieck.* – Erich Reyer (Falkenstein): *Goethe und die Familie Schopenhauer.* – Günter Gerstmann (Jena): *Ottilie von Goethe.* – Harri Müller (Plauen): *„Ich bin nun, wie ich bin". Goethe, wie er wirklich war.* – Prof. Dr. Lothar Ehrlich (Weimar): *Goethe im Nationalsozialismus und im Sozialismus.* – Christa Freifrau von Waitz (Winterbüren bei Kassel): *Die Brüder Grimm und ihre Zeit. Eine Idylle?* – Joachim Reinhold (Auerbach): *Goethes erstes Weimarer Jahrzehnt und seine Italienische Reise.* – Dr. Ulrich Stoll (Kassel): *„Michelangelos Farben leuchten" – die Decke in der Sixtinischen Kapelle nach der Reinigung.* – Dr. Josef Mattausch (Leipzig): *„und bildet seine Leute". Goethe und Leipzig.* – Jahresabschlußfeier, gestaltet von den Mitgliedern der Ortsvereinigung: *Vermischtes zur Weihnachtszeit.* – 1998: Walter Arzt/Irmgard Gräf (Treuen): *Weimar: Goethe und Nietzsche.* – Erich Reyer (Falkenstein): *Goethe und die Fürstin von Gallitzin.* – Günter Gerstmann (Jena): *Ricarda Huch und die deutsche Geschichte.* – Dr. Christine Meißner (Weimar): *Goethe und der Harz.* – Dr. Jochen Golz (Weimar): *Ansichten einer künftigen Kulturhauptstadt. Goethe-Forschung an der Stiftung Weimarer Klassik im Blick auf das Jahr 1999.* – Joachim Reinhold (Auerbach): *Goethes zweiter römischer Aufenthalt.* – Dr. Bernd Niemann (Naumburg): *Eduard Mörike. Eine poetische Spurensuche.* – Harri Müller (Plauen): *Bertolt Brecht kontra Goethe und Schiller?* – Jahresabschlußfeier, gestaltet von den Mitgliedern der Ortsvereinigung: *Vermischtes zur Weihnachtszeit.*

Bad Harzburg

Vorsitzender: StD Eberhard Völker, Eichendorffstr. 46, 38667 Bad Harzburg; stellv. Vorsitzender: Berthold Held, Bismarckstr. 41, 38667 Bad Harzburg. – Cordula Matthias/Eberhard Völker: *Einführung in Schillers „Don Carlos".* – Prof. Dr. Klaus Manger (Jena): *Sarah Kirschs Gedichtzyklus „Wiepersdorf".* – Prof. Dr. Theodor Wolpers (Göttingen): *Charles Dickens' „David Copperfield" als Bildungs- und Erlebnisroman.* – Dr. Gotthard Erler (Berlin): *Thedor Fontanes Roman „Mathilde Möhring".* – Klaus Tudyka (Berlin): *Mann von Stein. Die Geschichte des armen Josias.* – Margrit Straßbuger (Hamburg): *„Das Leben ist eine Rutschbahn". Eine musikalische Frank-Wedekind-Revue.* – Prof. Dr. Reinhard Lauer (Göttingen): *Tolstois Roman „Anna Karenina".* – Berthold Held: *Fontanes Roman „Unwiederbringlich"* (8 Lese- und Gesprächsabende).

Bamberg

1. Vorsitzender: Dr. Ernst Schneider, Promenade 15, 96047 Bamberg; stellv. Vorsitzender: Prof. Dr. Heinz Gockel, Wildensorger Str. 42, 96049 Bamberg. – Dr. Wolfgang Butzlaff (Kiel): *Goethes Mystifikationen.* – Dr. Jochen Klauß (Weimar): *Goethe als Medaillensammler* (Lichtbildervortrag). – Prof. Dr. Heinz Gockel (Bamberg): *„Faust im Faustus": Thomas Mann und Goethe. Nachweis einer dichterischen Wahlverwandtschaft.* – Ruth Rahmeyer (Hannover): *Lotte in Weimar 1816. Versuch einer Entmythologisierung.* – Fahrt nach Bad Lauchstädt mit Besuch der Ausstellung zur Lauchstädter Bade- und Theatergeschichte und der Opernaufführung *„Die Zauberflöte"*.- Prof. Dr. Wulf Segebrecht (Bamberg): *„und Goethe mußte sterben". Die Wiederbelebung Eckermanns in der deutschen Gegenwartsliteratur.* – Lesung anläßlich des 100jährigen Todestages der Ulrike von Levetzow. – Literarisches Erinnern zum 100. Todestag Theodor Fontanes.

Berlin

Vorsitzender: Hans-Wolfgang Kendzia, Geitnerweg 28, 12209 Berlin; ab März 1999 neuer Vorstand: Vorsitzende: Beate Schubert, Rönnestr. 7, 14057 Berlin; stellv. Vorsitzender: Prof. Dr. Ekkehart Krippendorff, Schulenburgring 5, 12101 Berlin. – Dr. Peter Trzeciok: Drei Leseabende *„Italienische Reise".* – Besuch der Inszenierung *„Faust II"* im Anhaltinischen Theater Dessau. Leitung: Bärbel von Lehmann. – Prof. Dr. Otto

Krätz (München): *Alexander von Humboldt: Wissenschaftler, Weltbürger, Revolutionär.* – Dr. Josef Mattausch (Leipzig): *„und bildet seine Leute". Klein-Paris und der junge Goethe.* – Exkursion nach Leipzig unter der Leitung von Dr. Josef Mattausch. – Besuch der Inszenierung *„Faust I"* im Anhaltinischen Theater Dessau unter der Leitung von Beate Schubert. – Goethe-Geburtstagsfeier mit künstlerischen Darbietungen. – Führung durch die Potsdamer Gärten unter der Leitung von Prof. Dr. Seiler. – Prof. Dr. Ekkehart Krippendorff (Berlin): *56 Jahre Geheimrat Goethe. Deutschlands dienstältester Minister.*

Bonn

Vorsitzender: Prof. Dr. Helmut Schneider, Germanistisches Seminar, Universität Bonn, Königsstr. 76, 53116 Bonn; stellv. Vorsitzender: Dr. Wolfgang Müller, Südring 15, 98693 Oberpörlitz. – Jahresmitgliederversammlung und Vortrag von Prof. Dr. Helmut Schneider: *Kunstnatur in Weimar. Zur Entstehung des Ilm-Parks und das Bild des Parks in Goethes Dichtung.* – Theaterveranstaltung mit Regine Heintze (DNT Weimar): *„Ein Gespräch im Hause Stein über den abwesenden Herrn von Goethe"* (Peter Hacks). – Dr. Dorothea Hölscher-Lohmeyer (München): *„Zwar ist es leicht, doch ist das Leichte schwer". Anmerkungen zu einer neuen Edition von Goethes „Faust II".* – Prof. Dr. Gerhard Schulz (Melbourne): *„Es wandelt niemand ungestraft unter Palmen." Goethe, Alexander von Humboldt und ein Satz aus den „Wahlverwandtschaften".* – Ausstellung *„Via Regia". Thüringer Impressionen* von Kamen Pawlow. Fotografien und Zeichnungen mit einem Dokumentationsteil aus Karten und Luftbildern. – Dr. Stephan Schneckenburger (Darmstadt): *„In tausend Formen magst du dich verstecken". Goethe und die Pflanzenwelt.* – Die „Lenz"-Novelle von Georg Büchner (Lesung).

Bremen

Vorsitzender: OStR Klaus Ehlert, Dimhausen 7, 27211 Bassum; stellv. Vorsitzender: OStD Herbert von der Heide, Buchenstr. 11, 28844 Weyhe. – Prof. Dr. Volkmar Hansen (Düsseldorf): *Das Idyllische in Goethes „Hermann und Dorothea".* – Margrit Straßburger (Hamburg): *„Ich rief den Teufel und er kam"* (Rezitation). – Klaus Ehlert: *Goethes „Römische Carneval".* – Prof. Dr. Joachim Dyck (Oldenburg): *Goethes Gedicht „Auf dem See".*

Chemnitz

Vorsitzender: Siegfried Arlt, Hüttenberg 13, 09120 Chemnitz; stellv. Vorsitzender: Dr. Klaus Herold, Küchwaldring 6, 09113 Chemnitz; Geschäftsführerin: Dr. Helga Bonitz, Heinrich-Beck-Str. 47, 09112 Chemnitz. – Prof. Dr. Bernd Leistner (Chemnitz): *„Der beleidigte Halbgott." Zum entstehungsgeschichtlichen Hintergrund von Schillers Balladen.* – Beate Schubert (Berlin): *Goethe und sein Haus am Frauenplan* (Filmaufführung und Gespräch mit Frau Schubert als Filmautorin und Regisseurin). – Darbietung eines Frühlingskonzerts durch Schüler der Musikschule Chemnitz. – M. Letizia Mancino-Cremer (Heidelberg): *Licht und Schatten – Luce ed ombra* (Vernissage). – Prof. Dr. Lothar Ehrlich (Weimar): *Die Goethe-Gesellschaft im Dritten Reich.* – Exkursion nach Frankfurt am Main. – Zum Goethe-Geburtstag gastierte das „Brentano Theater Bamberg" mit Martin Neubauer. – Dr. Jochen Klauß (Weimar): *„Du einziger Anker meines Lebens". Charlotte von Stein, die Frau in Goethes Nähe* (Vortrag und Buchpräsentation). – Dr. Hans Joachim Schaefer (Kassel): *Goethes Freundschaft mit Zelter.* – Dr. Wolfgang Butzlaff (Kiel): *Goethes Mystifikationen.* – Lesung und Musik zum Jahresausklang: *„Ergebenst der Ihre". Aus weniger bekannten Briefen und Notizen.*

Darmstadt

Vorsitzender: Dr. Fritz Ebner, Frankfurter Landstr. 18, 64291 Darmstadt; stellv. Vorsitzender: Werner Wegmann, Liebigstr. 9, 64293 Darmstadt. – Prof. Dr. Volkmar Hansen (Düsseldorf): *Das Idyllische in Goethes „Hermann und Dorothea".* – Dr. Wolfgang Butzlaff (Kiel): *Goethes Mystifikationen: „Die erste Maske hat mich in die zweite getrieben".* – Dagmar von Gersdorff (Berlin): *Bettina und Achim von Arnim – Lesung aus der Doppelbiographie.* – Dr. Siegfried Seifert (Weimar): *Caroline Jagemann: „Weimars angebetete Göttin" am Theaterhimmel.* – Hartmut

Schmidt (Wetzlar): *Goethe in Wetzlar: Biographisches, Anekdotisches, Literarisches.* – Ganztägige Exkursion nach Wetzlar mit Besuch des Museums in Volpertshausen unter der Leitung von Hartmut Schmidt. – Prof. Dr. Matthias Luserke (Darmstadt): *„Ich bin anders." Goethes Literarisierung der Gesellschaft zwischen Aufklärung und Empfindsamkeit.* – Dr. Manfred Wenzel (Gießen): *Goethes Entdeckung des menschlichen Zwischenkieferknochens 1784.* – Ursula Ebner (Darmstadt): Lesung aus Goethes Lieblingswerk *„Hermann und Dorothea"*.

Dessau

Vorsitzender: Eberhard Schmidt, Lindenstr. 129, 06847 Dessau; stellv. Vorsitzender: Heiner Siegmund, Muldstr. 81, 06844 Dessau. – Eberhard Schmidt: *Mit Fürst Franz und Goethe durch Dessau.* – Werner Berghoff (Dessau): *Goethe und Böhmen.* – Joachim Specht (Dessau): *Schriftstellergespräch.* – Eberhard Schmidt: *Frau Christiane von Goethe geb. Vulpius.* – Brunhilde von Moisy (Dessau): *„Wie im Vorüberschreiten eines leisen Traumbildes."* – Eberhard Schmidt: *Die Freundschaft zwischen Goethe und Schiller.* – Ders.: *Balladen, wie wir sie mögen.* – Ders.: *Charlotte von Stein: Phänomen einer unerfüllbaren Liebe.* – Ders.: *Die unerfüllbare Liebe im jungen Goethe bis zur Zäsur 1788. – Ders.: „Oftmals habe ich geirrt, und habe mich wieder gefunden, aber glücklicher nie; nun ist dies Mädchen mein Glück."*

Dresden

Vorsitzender: Prof. Dr. Günter Jäckel, Seidelbaststr. 2, 01259 Dresden; stellv. Vorsitzender: Dr. Wolfgang Bunzel, Ermelstr. 15, 01277 Dresden; Geschäftsführer: StD Werner Lippmann, Gustav-Adolf-Str. 8, 01219 Dresden. – Dr. Sigrid Schulz-Beer (Hamburg): *„Die Medicin ist die centralste Naturwissenschaft". Zum 200. Geburtstag des Dresdner Arztes August Wilhelm Hedemus.* – Prof. Dr. Bernd Leistner (Chemnitz): *Goethe in den böhmischen Bädern.* – Prof. Dr. Martin Wehnert (Leipzig): *Was den alten Goethe am jungen Mendelssohn fesselte. Auf den Spuren einer denkwürdigen Begegnung* (mit Musikbeispielen). – Prof. Dr. Dietrich Grohnert (Erfurt): *Goethe und der Islam.* – Klaus Günzel (Zittau): *Vorstellung des Buchs „Romantik in Dresden"* (mit Diskussion). – Dr. Sabine Schetelich (Freiberg): *E. T .A. Hoffmanns Oper „Undine": ein romantisches Gesamtkunstwerk* (mit Musik-, Text- und Bildbeispielen). – Prof. Dr. Ingo Zimmermann (Dresden): *Sachsens Dante-König Philalethes.* – Aufführung von Goethes *„Urfaust"* im Theater „Junge Generation". (Regie: Gerd Häntsch/Dr. Jürgen Klose). – Dr. Wolfgang Butzlaff (Kiel): *Goethes Mystifikationen.* – Dresdner Geschichtsverein: *Kolloquium zur Romantik in Dresden.*

Eisenach

Vorsitzender: Volkmar Schumann, Am Wartenberg 28, 99817 Eisenach; stellv. Vorsitzende: Marlene Päsler, Palmental 41, 99817 Eisenach; stellv. Vorsitzender (ab 1999): Gerhard Lorenz, Am Hängetal 5, 99817 Eisenach. – Dr. Wolfgang Strack (Gießen/Buseck): *Auf den Spuren Johann Sebastian Bachs* (Ton-Dia-Schau, Teil I). – Dr. Manfred Osten (Bonn): *Goethe als Japaner.* – Dr. Gunter Rentzsch (Weimar): *Die Anfänge der Goethe-Gesellschaft in Weimar.* – Herbert Oranien/H. G. Schmidt (Eisenach): *Traditionelle „Faust"-Matinee am Ostermontag.* – Prof. Dr. Bernd Leistner (Chemnitz): *Goethe in den böhmischen Bädern.* – Musikalisch-literarischer Abend: *Der heitere Goethe.* Herbert Oranien (Rezitation), Hildrun Scheidt (Flöte), Bruno Ritzmann (Cembalo). – Volkmar Schumann, Klaus Bischoff (Ruhla), Silke Vogel (Gitarre) u. Ulrike Gruner (Klarinette): *Carl August von Sachsen-Weimar-Eisenach.* (zum 170. Todestag). – Studienfahrt: *Auf Goethes Spuren in den böhmischen Bädern.* – Herbert Oranien: *„Das Tagebuch" und der „Divan"* (Rezitation). Musikalische Umrahmung: Hildrun Scheidt (Flöte) u. Bruno Ritzmann (Cembalo). – Dr. Egon Freitag (Weimar): *Wieland und die Liebe.* Lesung von Goethe-Texten im Bechtolsheimschen Palais zum Tag des offenen Denkmals. – Helga Timmler (Eisenach): *Die Herzoginmutter Anna Amalia.* – Tagesfahrt nach Zillbach und in die vordere Rhön. – Helga Timmler (Bad Salzungen): *Anna Amalia.* – Hermann Rosenau (Darmstadt): *Goethe und Persien.* – Außerordentliche Mitgliederversammlung zum 20jährigen Bestehen der Ortsvereinigung. – Verlesung des Vortrags von

Prof. Effi Biedrzynski (Stuttgart): *Eine Frau setzt sich durch: Marianne von Willemer und ihre Dichter.*

Erfurt

Vorsitzender: Prof. Dr. Dietrich Grohnert, Puschkinstr. 16, 99084 Erfurt; stellv. Vorsitzender: Herbert Rudovsky, Am Hubertus 5, 99096 Erfurt; Geschäftsführer: Volkmar Birkholz, Goethestr. 2, 99096 Erfurt. – Dr. Wolfgang Strack (Gießen/Buseck): *Goethes Italienische Reise* (Ton-Dia-Schau, Teil I). – Prof. Dr. Günter Jäckel (Dresden): *Dresden um 1800.* – Dr. Wolfgang Müller (Bonn): *Faszination Thüringen. Gedanken zur Kultur und Identität Thüringens nach der Wende.* – Prof. Dr. Bernd Leistner (Chemnitz): *„Gegen die Kritik kann man sich weder schützen noch wehren". Goethes „Werther" und seine zeitgenössischen Kritiker.* – Dr. Wolfgang Strack (Gießen/Buseck): *Goethes Italienische Reise* (Ton-Dia-Schau, Teil II). – Dr. Jochen Klauß (Weimar): *Medaillen der Goethezeit.* – Dr. Ulrich Stoll (Kassel): *Ein Stück Weltkultur: Michelangelos Fresken in der Sixtinischen Kapelle* (Dia-Vortrag). – Prof. Dr. Dietrich Grohnert: *Theodor Fontane als Kriminalschriftsteller. Zum 100. Todestag des Schriftstellers.* – Exkursion zum Amtshaus Ilmenau und zum Histrorischen Friedhof Ilmenau, zum Jagdhaus Gabelbach und zur Jagdaufseherhütte am Kickelhahn. – Geselliges Beisammensein und Mitgliederversammlung zum Jahresausklang.

Essen

Vorsitzender: Prof. Dr. Klaus Hufeland, Eibergweg 9, 45279 Essen. – Dr. Josef Mattausch (Leipzig): *„und bildet seine Leute." Klein-Paris und der junge Goethe.* – Prof. Dr. Reinhardt Habel (Hannover): *Goethes „Wilhelm Meister" und die Entstehung des Entwicklungsgedankens.* – Dr. Klaus Neuhoff (Witten/Herdecke): *Die „Civil Society" im Denken Goethes. Stiftungen und Anstalten als Institutionen eines Erziehungsprozesses.* – Prof. Dr. Christoph Perels (Frankfurt/M.): *Der Dichter als Dienstherr. Gesinde und Dienerschaft in Goethes Weimarer Haushalt.* – Exkursion nach Ostwestfalen. – Gerhard Nöthlich (Hamburg): *Englisches, Französisches und Preußisches im Werk Theodor Fontanes.* – Prof. Dr. Joachim Dyck (Oldenburg): *Sinnliches Dichten und Schreiben. Die vergessene Bedeutung der antiken Rhetorik für die Literatur der Goethe-Zeit.*

Gotha

Vorsitzender: Dr. Christoph Köhler, Waltershäuser Str. 17, 99867 Gotha; stellv. Vorsitzende: Dr. Maria Mitscherling, Ludwig-Jahn-Str. 12, 99867 Gotha. – Dr. Angelika Reimann (Jena): *„denn jede Freude ist nur halb, wenn Du nicht dabei bist". Eine Annäherung an Christiane von Goethe geb. Vulpius.* – Dr. Wolfgang Strack (Gießen/Buseck): *Goethes Italienische Reise* (Ton-Dia-Schau, Teil III). – Helga Rühle von Lilienstern (Hildburghausen): *Friedrich Schiller und Charlotte von Wolzogen. Bauerbach und Bedheim.* – Dr. Jochen Klauß (Weimar): *Charlotte von Stein. Eine Weimarer Legende.* – Dr. Jochen Golz (Weimar): *Ansichten einer künftigen Kulturhauptstadt. Goetheforschung an der Stiftung Weimarer Klassik.* – Exkursion nach Saalfeld, Eisenberg und Altenburg. – Hans-Jürgen Schmitt (Kronach): *Friedrich Nietzsche: Leben, Werk und Wirkung.* – Prof. Dr. Dietrich Grohnert (Erfurt): *Über Goethes Jugendlektüre.* – Dr. Heinrich Macher (Jena): *Friedrich Justin Bertuch: der „Kaufmann" der Goethezeit.* – Prof. Dr. Helmut Brandt (Jena): *Fontanes Berliner Romane in der Sicht von „Allerlei Glück".*

Güstrow

Vorsitzender: Dr. habil. Erwin Neumann, Werderstr. 18, 18273 Güstrow; stellv. Vorsitzender: Dr. Dr. Dieter Pocher, Grüner Winkel 36, 18273 Güstrow. – Prof. Dr. Erwin Neumann: *„Ich werde immer zum Göthischen Freykorps gehören". Das Goethe-Bild des jungen Heine.* – Ders.: *Freiheit des Denkens und Freimut im Reden. Zur geistig-kulturellen Entwicklung Güstrows in der zweiten Hälfte des 18. Jahrhunderts.* – Prof. Dr. Dieter Schmidmaier (Berlin): *Goethe und die Bibliotheken Sachsen-Weimars.* – Prof. Dr. Peter Heidrich (Rostock): *Gesellschaft als Fest. Die Mummenschanzszene in „Faust II".* – Exkursion in die Altmark. Besichtigung der Backsteingotik in Werben, Stendal, Tangermünde und Jerichow unter der Leitung von Dr.

Dr. Dieter Pocher. – Prof. Dr. Knut Kiesant (Potsdam): *Krieg und Frieden in der Lyrik des Andreas Gryphius.* – Prof. Dr. Erwin Neumann: *Weimar und Jena. Klassik und Frühromantik im Jahre 1798.* – Dr. Renate Löschner (Berlin): *Berühmte Frauen um Alexander von Humboldt: Bettina von Arnim, Caroline von Wolzogen, Caroline von Humboldt und Helene von Mecklenburg.* – Dr. Christa Naumann (Warin): *Spiel und Spaß am Weimarer Hofe zur Goethezeit.* – Dr. Rudolf Gregor (Güstrow): *Goethe in der russischen Literatur des ausgehenden 18. und 19. Jahrhunderts.* – Dr. Regina Erbentraut (Güstrow): *Ivan Miassojedoff alias Eugen Zotow (1881 bis 1953): eine vielseitige russische Künstlerpersönlichkeit.*

Gunzenhausen

Vorsitzender: Dr. Johann Schrenk, Weißenburger Str. 22, 91710 Gunzenhausen; stellv. Vorsitzende: Bärbel Ernst, Steinweg 20, 91741 Theilenhofen. – Dr. Johann Schrenk: *Goethes Weimar* (Dia-Vortrag). – Studienfahrt nach Knittlingen, Maulbronn und Bretten. – *Alles Goethe oder was?* (Vortrags- und Liederabend mit Urs. M. Fiechtner und Sergio Vesely). – Dr. Johann Schrenk: *Prosa und Lyrik von Theodor Fontane, anläßlich seines 100. Todestags* (Lesung). – Dr. Erwin Seitz: *Landschaft, Kunst und Wein in Franken* (Dia-Vortrag mit Weinprobe). – Besuch der Kunstausstellung des „Klosterforums Heidenheim e. V.“ mit Lesung von Goethe-Gedichten, Kammermusik und vorweihnachtlichem Umtrunk.

Halle

Vorsitzender: Prof. Dr. Thomas Höhle, Schleiermacherstr. 28, 06114 Halle; Geschäftsführer: Günther Kühne, Hegelstr. 11, 06114 Halle. – Prof. Dr. Manfred Beetz (Halle): *Ein Auftakt nach Maß: Heines Prologgedicht zur „Harzreise“.* – Prof. Dr. Bernd Leistner (Chemnitz): *Goethe in den Böhmischen Bädern.* – Bärbel Reetz (Kiel): *Carl Loewe und Goethe.* – Prof. Dr. Oldrich Feijfar (Prag): *Goethe und die Paläontologie in Böhmen.* – Prof. Dr. Dietrich Sommer (Frankfurt/M.): *Geschichte, Politik und persönliche Kultur in Fontanes „Der Stechlin“.* – Leonore Becker/Dieter Streithof (Halle): *Lieder nach Gedichten und Balladen von Gottfried August Bürger.* – Margrit Straßburger (Hamburg): *Goethe und seine „Suleika“.* – Prof. Dr. Heinz Hamm (Halle): *Fausts letzte Worte.* – Prof. Dr. Karl Richter (Saarbrücken): *„Wiederholte Spiegelungen“ im „West-östlichen Divan“.* – Prof. Dr. Günter Hartung (Halle): *Linke Opposition gegen Goethe von Börne bis Brecht.* – Prof. Dr. Thomas Höhle: *Plaudereien um Goethe vor zweihundert Jahren.*

Hamburg

Vorsitzender: Dr. Klaus Baumann, Haidbrook 53, 22880 Wedel/Holstein; Ehrenvorsitzender: Curt Zahn; 1. stellv. Vorsitzender: Clemens Heithus; 2. stellv. Vorsitzender: Edgar Hein; Geschäftsführer: Holger Dobat, Sinstorfer Kirchweg 50, 21077 Hamburg. – Peter Feddersen (Hamburg): *Bezugspunkte. Goethe und Mozart.* – Prof. Dr. Friedhelm Debus (Kiel): *Luthers Bedeutung für die neuhochdeutsche Schriftspache.* – Herbert Oranien (Eisenach): *Lyrik aus fünf Schaffensperioden Goethes* (Rezitation), begleitet von Hildrun Scheidt (Flöte) und Bruno Ritzmann (Cembalo). – Prof. Dr. Eberhard Mannack (Kiel): *Schriftsteller der ehemaligen DDR und die Schwierigkeiten des Zusammenwachsens.* – Prof. Dr. Dorothea Kuhn (Marbach): *Bildung und Umbildung organischer Naturen. Goethe und die Biologie.* – Wolfgang Stendar (Hamburg): *„Ein Mann wie Lessing täte uns not.“* – Klaus Tudyka (Berlin): *„Mann von Stein“ oder „Die Geschichte des armen Josias“* (Rezitation). – Dr. Harald Steffahn (Hamburg): *„Sonnenscheibe“ und „Möndlein“. Goethe und Albert Schweitzer.* – Prof. Dr. Hans-Jürgen Benedict (Hamburg): *„Sie werden lachen, die Bibel.“ Brecht, die Bibel und die Gottesfrage.* – Prof. Dr. Klaus M. Kodalle (Jena): *Gnade und Recht. Über das ‚Unberechenbare‘ in sozialen Verhältnissen.* – Prof. Dr. Helmut Nürnberger (Freienwill): *Fontane und seine literarischen Freunde.* – Goethe-Klassik-Seminar mit Prof. Dr. Heinrich Detering (Kiel), Prof. Dr. Volkmar Hansen (Düsseldorf), Prof. Dr. Ludolf von Mackensen (Kassel), Theaterintendant Jan Aust (Lüneburg): *Unser Goethe? Schwierigkeiten und Möglichkeiten heutiger Zugänge. Kein Weg zu Goethe? Zur Modernität der Klassik.* – Studienreise nach Oberitalien, Exkursion auf Goethes und Hauptmanns Spuren durch Schlesien und Südpolen, Fahrt in Goethes Heimatstadt Frankfurt am Main und nach Darmstadt.

Hannover

Vorsitzender: StR Peter Meuer, Kolbeweg 43, 30655 Hannover; 2. Vorsitzender: StR Norbert Junker, Orffstr. 34, 30966 Hemmingen-Arnum; Geschäftsführerin: Barbara Gerth, c/o St. Ursula-Schule, Simrockstr. 20, 30171 Hannover. – Cordula Grewe (St. Gallen): *Goethe und die Nazarener.* – *„Die im Dunkeln sieht man nicht". Bertolt Brecht. Ein Lebensbild.* Cornelia Kühn-Leitz (Rezitation), Andreas Burckhardt (Saxophon) (beide Hannover). – Hanjo Kesting (Hannover): *Literatur vom laufenden Band.* – Hans-Georg Meyer (Hannover): *Thomas Mann und Goethe. „Das siebente Kapitel" aus „Lotte in Weimar".* – Hanjo Kesting (Hannover): *„Theodor Fontane. Bürgerlichkeit und Lebensmusik"* (Autorenlesung). – Gespräch mit Theaterleuten über die Inszenierung des *Urfaust* im Hannoverschen Staatstheater. – Gert Westphal (Zürich): *Goethes Gespräche mit Eckermann* (Lesung). – Gerlinde Hahn (Hannover): *Die „Sammlung Kestner" in der Stadtbibliothek und die Geschichte des „Kestner-Konvoluts"* (Dia-Vortrag). – Literarisch-musikalische Soirée mit Ricarda Buttkus (Sopran) und Margrit Ovesiek (Klavier) (beide Hannover): *Lieder aus dem „Wilhelm Meister" und aus dem „West-östlichen Divan".* Einführung von Prof. Dr. Klaus Gerth. – Klaus Seehafer (Diepholz): *„Mein Leben – ein einzig Abenteuer". Eine Goethe-Biographie* (Autorenlesung). – Wiederholung des Rezitationsabends mit Cornelia Kühn-Leitz und Andreas Burckhardt. – Gerhard Nöthlich (Hamburg): *Englisches, Französisches und Preußisches im Werk Theodor Fontanes.* – Exkursionen nach Frankfurt/M. und ins Elsaß.

Heidelberg

Vorsitzende: Dr. Letizia Mancino-Cremer, Mombertplatz 23, 69126 Heidelberg; stellv. Vorsitzender: Prof. Dr. Dieter Borchmeyer, Germanistisches Seminar der Universität, Hauptstr. 207–209, 69117 Heidelberg. – Jürgen Tröger (Heidelberg): *Ein Neujahrstag im Hause Goethe.* – Prof. Dr. Peter Michelsen (Heidelberg): *Die Wette. Zum „Prolog im Himmel" aus Goethes „Faust".* – Jochen A. Bär (Heidelberg): *Goethe und die Romantik* (Dia-Vortrag). – Prof. Dr. Lothar Ehrlich (Weimar): *Goethe im Dritten Reich.* – Wolfgang Butzlaff (Kiel): *Goethes Mystifikationen.* – Prof. Dr. Hannelore Schlaffer (Stuttgart): *Antike als Gesellschaftsspiel. Die Nachwirkungen der italienischen Reise in Weimar.* – Prof. Dr. Reiner Wild (Mannheim): *Natur und Subjekt in Goethes später Lyrik.* – Anja Höfer/Dieter Borchmeyer (Heidelberg): Lesung aus dem *„West-östlichen Divan"*, musikalisch umrahmt von Joachim Sum (Laute/Gitarre). – Prof. Dr. Hans J. Becker (Heidelberg): *Demonstration und Erläuterung biologischer Objekte, die Goethe bearbeitet hat.* – Lesung aus den Werken des am 15. September verstorbenen Eberhard Cyran. – Letizia Mancino-Cremer: Ausstellung *„Confluentia – Licht an Rhein und Mosel"* mit Tagesfahrt nach Koblenz. – Siegfried Arlt (Chemnitz): *Goethe und die Königliche Kunst.* – Prof. Dr. Volkmar Hansen (Düsseldorf): *Thomas Manns Goethebild.*

Hildburghausen

Vorsitzender: Dieter Schrimpf, Am Kümmelhag 10, 98646 Hildburghausen; Ehrenvorsitzende: Margit Appelt, Schulstr. 18, 98660 Themar. – Gabriele Just (Hildburghausen): *Über die Wahrheit des Märchens.* Bildergalerie und Lesung zu Märchen der Gebrüder Grimm. Musikbeitrag von Prof. Dr. G. Just (Klavier), Frau Jeschke (Sopran) (beide Musikhochschule Weimar). – Schüler des Gymnasiums Georgianum (Hildburghausen) tragen eigene Gedichte zu den Themen *Winter, Frühling, Liebe und Unsere Welt* vor, umrahmt von musikalischen Schülerbeiträgen. – Christoph Eisenhut (Eisenach): *Johannes Bobrowski: „Wo Liebe nicht ist, sprich das Wort Mensch nicht aus"* (musikalisch-literarischer Abend). – Matthias Biskupek (Rudolstadt): *„Das kurvenreiche Leben des Mario Clausius Zwintscher" und „Der Quotensachse"* (Autorenlesung). – Prof. Dr. Helmut Brandt (Jena): *„Allerlei Glück". Theodor Fontanes Steinbruch zu einem neuen Roman.* – Dr. Klaus Brückner (Schönbrunn): *„Teezeit". Eine Novelle* (Autorenlesung). – Exkursion zum Schloß Kochberg, Besuch des Museums und der Aufführung von Goethes „Torquato Tasso" im Liebhabertheater. – Helmut von Senden (Erfurt): *„Schläft ein Lied in allen Dingen."* Musikalisch-literarische Veranstaltung mit Dajana König, Gitarre (Weimar). – Prof. Dr. Alfred Erck (Meiningen): *Goethe und das Spannungsfeld von Kreativem und Ästhetischem.* – Zur offiziellen Vereinsgründung festliche Veranstaltung, musikalisch und literarisch umrahmt von Catharina-Clara Witzel, Sopran (Hildburghausen) und Gusalia Hopf, Klavier (Hildburghausen). – Prof. Dr. Lothar Ehrlich (Weimar): *Die Anfänge der internationalen Goethe-Gesellschaft Weimar*, anschließend festlicher Jahresausklang mit vertonten Goethe-Gedichten (Prof. Dr. Just, Klavier und Frau Jeschke, Sopran).

Hildesheim

1. Vorsitzender: Rolf Wagenknecht, von-Emmich-Str. 40, 31135 Hildesheim; 2. Vorsitzender: Dr. Jürgen Stillig, Dorfstr. 14 E, 31135 Hildesheim. – Roland Werner (Hamburg): *Auf Luthers Lebenswegen heute* (Dia-Vortrag, Teil III). – Dr. Wolfgang Strack (Gießen/Buseck): *Der Lebensweg des Johann Sebastian Bach* (Ton-Dia-Schau, Teil II). – Dr. Georg Striehl (Mannheim): *Der ganze Kniep (nicht nur Goethes) in einem Band. Das Tocco-Album, eine Neuerwerbung des Roemer-Museums Hildesheim.* – Ursula Kamm (Karlsruhe): *„Denn das Leben ist die Liebe, und des Lebens Leben Geist". Ein Beitrag zur Entstehungsgeschichte von Goethes Altersdichtung „West-östlicher Divan".* – Rolf Wagenknecht: *Die Revolution von 1848 in Hildesheim. Friedrich Wilhelm Weinhagen und das „merkwürdige Jahr 1848".*

Ilmenau

Vorsitzender: Prof. Dr. Heinrich Arnold, Steinstr. 4, 98693 Ilmenau. – Stefan Battige (Bremen): *Harfenmusik aus fünf Jahrhunderten.* – Theateraufführung *„Faustwerk"*, Theaterscheune Teutleben unter der Regie von Norbert Churavy. – Gemeinschaftsveranstaltung des Thüringischen Hauptstaatsarchivs Weimar in Verbindung mit dem Stadtmuseum Ilmenau: *Goethes Amtstätigkeit für den Ilmenauer Bergbau.* Archivalienausstellung. Eröffnungsvortrag von Dr. Volker Wahl (Weimar) sowie Finissage mit dem Ilmenauer Bergmannsspiel, dargeboten von Dr. Wolfgang Müller und Gunter Lacroix (Ilmenau). – Eröffnungsveranstaltung des Vorbereitungskomitees „Goethestadt Ilmenau 1999". Festvortrag Prof. Dr. Werner Keller (Köln): *„Von der Mühe zu werden, der man ist".* – Carola Sedlacek (Weimar): *Alltag im Hause Goethe.*

Jena

Vorsitzender: Prof. Dr. Helmut Brandt, Leo-Sachse-Str. 24, 07749 Jena; neuer Vorsitzender ab 1999: Prof. Dr. Klaus Manger, Friedrich-Schiller-Universität Jena, Institut für Germanistische Literaturwissenschaft, Ernst-Abbe-Platz 3, 07740 Jena; Geschäftsführerin: Dr. Andrea Heinz, dito. – Prof. Dr. Udo Ebert (Jena): *Poesie und Recht. Schillers Ballade „Die Bürgschaft".* – Dr. Gunter Rentzsch (Weimar): *Die Anfänge der Goethe-Gesellschaft in Weimar.* – Cornelia Kühn-Leitz (Hannover): *„O, Deutschland, meine ferne Liebe". Ein Lebensbild Heinrich Heines in Briefen und Gedichten.* – Dr. Wolfgang Butzlaff (Kiel): *Goethes Mystifikationen. „Die erste Maske hat mich in die zweite getrieben".* – Dr. Christoph Köhler (Gotha): *Freiherr H. Wilhelm Thümmels Pariser Tagebuch 1807–1808. Ein bemerkenswertes kulturhistorisches Dokument.* – Prof. Dr. Frank Hellwig (Jena): *Jenas Botanischer Garten und Goethe.* (Vortrag mit Führung durch die Gewächshäuser).

Karlsruhe

1. Vorsitzende: Gertrud Staffhorst, Bismarckstr. 15, 76133 Karlsruhe; 2. Vorsitzender: Dr. Gerhard Kaller, Richard-Wagner-Str. 2, 76185 Karlsruhe. – Dr. Ulrich und Gertud Staffhorst: *Goethes Briefwechsel mit seiner Frau, Bad Lauchstädt betreffend* (Lesung). – Prof. Effi Biedrzynski (Stuttgart): *Goethes Weimar oder Ein Kulturzentrum entsteht* (Dia-Vortrag). – Prof. Dr. Erhard Hirsch (Halle): *Dessau-Wörlitz. Zierde und Inbegriff des 18. Jahrhunderts* (Dia-Vortrag). – Dr. Maria-Verena Leistner (Leipzig): *„Der Hut flog mir vom Kopfe". Auskünfte über Wilhelm Müller.* – Prof. Hans Hölzer (Karlsruhe): *„Ihre Briefe sind für mich reich beladene Schiffe" (Schiller). Der Briefwechsel zwischen Schiller und Goethe.* – Studienfahrt nach Wittenberg und Dessau-Wörlitz mit Oranienbaum und Mosigkau. Führungen:

Prof. Dr. Erhard Hirsch (Halle), Leitung: Gertrud Staffhorst. – Hermann Rosenau (Darmstadt): *Goethe und Persien, Morgenland und Abendland. Eine poetische Wiederbegegnung.* – Prof. Dr. Otto Krätz (München): *Alexander von Humboldt. Wissenschaftler, Weltbürger, Revolutionär.* – Prof. Dr. Reiner Wild (Karlsruhe): *Natur und Subjekt in Goethes später Lyrik.* – Tagesfahrt nach Frankfurt mit Besuch des Goethe-Hauses und -Museums.

Kassel

Vorsitzender: Prof. Dr. Ludolf von Mackensen, Leiter des Museums für Astronomie und Technikgeschichte mit Planetarium, Orangerie, Karlsaue, 34117 Kassel; Geschäftsführerin: Anneliese Hartleb, Eckenstücker Weg 24, 34130 Kassel. – Dr. Werner Weiland (Kassel): *Goethes Schwiegertochter Ottilie geb. Freiin von Pogwisch.* – Dr. Konrad Scheurmann (Bonn/Weimar): *Original, Aura und Reproduktion am Beispiel Casa di Goethe und Weimar 1999.* – Prof. Dr. Georg Michael Schulz (Kassel): *Der Krieg gegen das Publikum. Über die Rolle des Publikums in den Konzepten der Theatermacher des 18. Jahrhunderts.* – Dr. Hans Joachim Schaefer (Kassel): *Goethe und Beethoven* (mit Musikbeispielen). – Prof. Dr. Ludolf von Mackensen: *Die Alchemie unter Moritz dem Gelehrten und ihre Fortwirkungen in die Goethezeit.* – Besichtigung der Ausstellung *„Moritz der Gelehrte“*. Führung: Prof. Dr. Ludolf von Mackensen. – Prof. Dr. Dr. Walter Hinck (Köln): *„Eh' er singt, [...] muß der Dichter leben“. Selbstbilder des Dichters in Goethes Lyrik.* – *Balladen, gesprochen und gesungen* (Kasseler Studenten unter der Leitung von Dr. Horst Müller). – Prof. Dr. Joachim Dyck (Oldenburg): *Instetten und Effi: ein Musterpaar. Zu Theodor Fontanes „Effi Briest“.* – Prof. Dr. Ilse Jahn (Berlin): *Goethes Metamorphosen-Lehre in den Morphologie- und Landschaftsstudien von Carl Gustav Carus.* – Dr. Wolfgang Strack (Gießen/Buseck): *Der Lebensweg des Johann Sebastian Bach. Von Eisenach bis Köthen* (Ton-Dia-Schau, Teil I). – Leseabende mit Hans-Rudolf Löbbermann (Kassel): *„Wilhelm Meisters Lehrjahre“.* – Zwei Exkursionen nach Italien: Verona, Vicenza, Padua, Venedig; Tagesfahrten nach Mainz mit Besichtigung der Altstadt, Dom, Chagall-Fenster in St. Stephan, nach Weimar und Bad Lauchstädt in Verbindung mit Besichtigungen der Goethestätten; Zweitagesfahrt nach Magdeburg und Halle. Leitung: Anneliese Hartleb und Gerhard Franke (beide Kassel). – Dr. Barbara Richarz-Riedl (Kassel): *Kassel zur Goethezeit.* Gemälde von Künstlern der Kasseler Akademie im ausklingenden 18. und 19. Jahrhundert. – Besichtigung der Ausstellung *„Kasseler Silber“*. Führung: Prof. Dr. Ekkehard Schmidberger und Dr. Barbara Richarz-Riedl. – Carola Sedlacek (Weimar): *Charlotte und Christiane: zwei Frauen um Goethe.* – Martin Hausmann (Rinteln): Aus Anlaß des 100. Geburtstages seines Vaters Manfred Hausmann Lesung aus dessen Lyrik und Prosa. – Besichtigung der Universität Gesamthochschule Kassel. – Prof. Dr. Günter Jäckel (Dresden): *Das deutsche Florenz. Dresden zur Goethezeit* (Dia-Vortrag). – Gert Sperling (Fuldatal): *Das Pantheon in Rom: Abbild und Maß des Kosmos* (Dia-Vortrag). – Siegfried Arlt (Chemnitz): *Goethe und die Königliche Kunst.* – Prof. Dr. Peter Boerner (Bloomington/USA): *„Sie lassen sich mit Pflanzen, ihren Blüten und Früchten vergleichen.“ Goethe blickt auf die Nationen der Welt.* – Prof. Dr. Jost Schillemeit (Braunschweig): *Judentum und Gesellschaft als Thema Fontanes.* – Prof. Dr. Helmut Fuhrmann (Kassel): *200 Jahre Schillers „Wallenstein“.* – Vorweihnachtliches Zusammentreffen mit Lesungen, Rezitation und Musik. Mit Elga Fornoff, Susanne Huss, Veronica Kraneis u. a. – Leseabende mit Hans Rudolf Löbbermann (Kassel): *„Reineke Fuchs“.*

Kiel

Vorsitzender: Prof. Dr. Albert Meier, Institut für Literaturwissenschaft der Christian-Albrechts-Universität Kiel, Leibnizstr. 8, 24098 Kiel; Geschäftsführer: Thiel J. Martenson, c/o Universitätsbuchhandlung Walter G. Mühlau, Holtenauer Str. 116, 24100 Kiel. – Dr. Ulrike Leuschner (München): *Eine Tasse Tee für Christiane Vulpius. Johanna Schopenhauer in Weimar.* – Dr. Jörg Joost (Kiel): *Goethe-Geschwätz oder: Wäre Goethe kleinzukriegen? Hans Magnus Enzensbergers „Nieder mit Goethe“.* – Prof. Dr. Lesly Sharp (Exeter/Großbritannien): *Eine Naturerscheinung, die keinen Charakter hat. Schillers Schwägerin Caroline von Wolzogen kritisiert Goethe.* – Prof. Dr. Joseph Kiermeier-Debre (München): *Goethes priapeische Lyrik* (Vortrag und Lesung). – *Fragmente eines Selbstportraits.* Heinrich Detering liest aus Goethes Werken. – Dr. Hans-Ulrich Wagner (Frankfurt/M.): *Goethe im Radio. Dichter-Kult und Radio-Rummel.* – Eberhard Elmar Zick (Schauspielhaus Kiel): *Zwischen Kasperlbühne und Hoftheater. Goethes Theatralische Sendung.* – Stefan Wuttke/Prof. Dr. Albert Meier (Kiel): *Ein Klassiker aus dem Telefonanschluß: Möglichkeiten einer elektronischen Goethe-Lektüre.*

Köln

1. Vorsitzender: Prof. Dr. Hans Dietrich Irmscher, Ahrstr. 25, 50859 Köln; 2. Vorsitzender: Stud.-Dir. i. R. Franz Josef Scheuren, Grünewaldstr. 19, 50933 Köln; Geschäftsführerin: Marlene Encke, Friedenstr. 68, 50226 Frechen. – Prof. Dr. Per Øhrgaard (Kopenhagen): *Roman oder Bildung. Goethes „Wilhelm-Meister"-Romane.* – Bernt Hahn/Peter Lieck (Köln): *Gedichte von Goethe und Schiller im Kontext ihres Briefwechsels zum „Musenalmanach auf das Jahr 1798"* (Lesung). – Prof. Dr. Tadeusz Namowicz (Warschau): *Goethes ikonologische Deutungen der Malerei in der Zeit nach 1805.* – Priv.-Doz. Dr. Ulrich Joost (Darmstadt): *„Der gute Kopf leuchtet überall hervor". Goethe und Lichtenberg.* – Prof. Dr. Gerhard Schulz (Melbourne): *„Es wandelt niemand ungestraft unter Palmen." Goethe, Alexander von Humboldt und ein Satz aus den „Wahlverwandtschaften".* – Prof. Dr. Volker Neuhaus (Köln): *Goethe und das Rheinland.* – Exkursion nach Straßburg und Sesenheim. Vortrag Prof. Dr. Gonthier-Louis Fink: *Goethe und das elsässische Volkslied.* – Dieter Kühn (Köln): *„Goethe zieht in den Krieg – 1792"* (Lesung). – Prof. Dr. Günter Blamberger (Köln): *Kleists „Findling".* – Prof. Dr. Peter Hanau (Köln): *Goethe als Jurist. Eine Plauderei.*

Kronach

Vorsitzender: Hans-Jürgen Schmitt, Fehnstr. 51, 96317 Kronach; stellv. Vorsitzender: Herbert Schwarz, Gießübel 38, 96317 Kronach. – Hans-Jürgen Schmitt: *Goethe und Dürer.* – Ders.: *Die Schweiz literarisch.* – Ders.: *Die Zeit der Markgräfin Wilhelmine von Bayreuth.* – Ders.: *Goethe in Gotha, Eisenach und auf der Wartburg.* – Martin Rohde (Kronach): *Hartmann von Aues „Erec".* – Horst Pfadenhauer (Kronach): *Christiane von Goethe.* – Willy Mayer (Kronach): *Annette von Droste-Hülshoff.* – G. P. Becker (Gütersloh): *Cervantes im Exlibris.* – Prof. Dr. Werner Loewenstein (Kronach): *1000 Jahre deutsch-tschechische Beziehungen.* – Renate Leive (Kronach): *Theater der Shakespearezeit.* – Ekbert Arneth (Kronach): *Stefan Zweigs Novellen.* – Dr. Friedrich Leitz (Kronach): *Goethes Wirken in Westböhmen.* – Heike Spies (Düsseldorf): *Goethes Bildungsroman „Wilhelm Meisters Lehrjahre".* – Dieter Frölking (Kronach): *Geschichte des Ascher Landes in Westböhmen.* – Museumsbesuche: *Deutsche Malerei der Dürerzeit* im Germanischen Nationalmuseum Nürnberg; Kabinettausstellung des Goethe-Museums Düsseldorf in der Kreisbibliothek Kronach: *„Wilhelm Meisters Lehrjahre"*; Markgrafenschloß Bayreuth: *Wilhelmine und ihre Zeit*; Kreisbibliothek Kronach: *Stefan Zweig „Leben und Werk"*; Schiller-Museum Bauerbach; Fränkische Galerie Kronach: *Bildtypen der heiligen Anna*; Kongreßzentrum Davos: *Thomas Manns Roman „Doktor Faustus"*; Kunsthaus Zürich: *Die Werke Füßlis*; Bündner Landesmuseum Chur: *Angelika Kauffmann*; Schloßmuseum Weimar: *Im Blick der Goethezeit*; Frankfurter Goethe-Museum: Führung für Jugendliche; Kreisbibliothek Kronach: *Don Quijote im Exlibris.* – Exkursionen: Tagesfahrten nach Weimar, Westböhmen, Bauerbach, Nürnberg. Zweitagesfahrt nach Gotha und Eisenach. Studienreise in die Schweiz. – Lesungen: Hans-Jürgen Schmitt: *Jean Paul „Titan"*; Hans Pfreundner: *Cervantes „Don Quijote"*; Hans Wollschläger (Bamberg): *James Joyce „Ulysses".* – Zwei Liederabende mit Hans Pfreundner (Bariton) und Larissa Efremova (Klavier). – Theaterbesuche: *H. M. Enzensberger „Nieder mit Goethe"*; *G. E. Lessing „Emilia Galotti"*; *J. W. Goethe „Iphigenie auf Tauris"* (sämtlich Aufführungen der Schulbühnen am Kaspar-Zeuß-Gymnasium Kronach). – *J. W. Goethe „Scherz, List und Rache"*; *F. Schiller „Die Räuber"*; *nach F. Schiller „Gasthof Wilhelm Tell"*; *„Il Trionfo della Musa"* (Markgräfliches Opernhaus Bayreuth). – Vier Seminare für Jugendliche zu: *„Wilhelm Meisters Lehrjahre"*; Luise Rinser: *„Mirjam"*; *Kunsttheorie des Klassizismus und der Romantik im Vergleich.*

Leipzig

Vorsitzender: Dr. Josef Mattausch, Beethovenstr. 1, 04416 Markkleeberg; stellv. Vorsitzende: Dr. Maria-Verena Leistner, Brockhausstr. 61, 04229 Leipzig; Geschäftsführer: Hilmar Dreßler, Plaußiger Str. 4, 04318 Leipzig. – Dr. Jochen Golz (Weimar): *Ansichten einer künftigen Kulturhauptstadt. Goethe-Forschung an der Stiftung Weimarer Klassik im Blick auf das Jahr 1999.* – Prof. Dr. Lothar Ehrlich (Weimar): *Goethe im Dritten Reich.* – Bärbel Reetz (Kiel): *Carl Loewe und Goethe.* – Prof. Dr. Helmut Fuhrmann (Kassel): *Goethe lesen, mit Goethe leben, über Goethe sprechen. Ein autobiographischer Bericht.* – Prof. Dr. Bernd Leistner (Chemnitz): *„Was ich dort gelebt, genossen". Goethe in den böhmischen Bädern.* – Prof. Dr. Paul Raabe (Halle): *Goethe in Halle.* – Exkursion nach Stuttgart, Tübingen und Umgebung unter der Leitung von Bernd Mahl (Tübingen): *Auf den Spuren Goethes, Schillers und der schwäbischen Romantiker*, verbunden mit Lesungen vor Ort durch Dr. Josef Mattausch und Staatsschauspieler Wolfgang Höper (Stuttgart). – Besuch der Franckeschen Stiftungen in Halle anläßlich ihres 300jährigen Gründungsjubiläums. – Prof. Dr. Karl Richter (Saarbrücken): *Wiederholte Spiegelungen in Goethes „West-östlichem Divan". Zum Verhältnis von Literatur und Naturwissenschaft in seinem Alterswerk.* – Dr. René Jacques Baerlocher (Basel): *Walther von Goethe (1818 – 1885). Annäherung an einen Menschen.* – Dr. Maria-Verena Leistner (Leipzig): *Clemens Brentanos „Geschichte vom braven Kasperl und dem schönen Annerl".*

Ludwigsburg

Vorsitzende: Monika Schopf-Beige, Metzlerweg 7, 70185 Stuttgart. – Prof. Dr. Volkmar Hansen (Düsseldorf): *Die Freundschaft zwischen Goethe und Schiller.* – Prof. Dr. Werner Keller (Köln): *Der späte Goethe und das Christentum seiner Zeit.* – Monika Schopf-Beige: *Das Leben Goethes* (ein Wochenendseminar). – Sommerfest im Monrepos mit vorausgehender kleiner Wanderung über den Hohen Asperg. – Exkursion nach Frankfurt zum Goethe-Haus und Goethe-Museum. – Heinrich Schirmer (Stuttgart): *Goethe als Lehrkunstdidaktiker.* – Prof. Dr. Klaus Gerth (Hannover): *Das Wechselspiel des Lebens. Ein Versuch, „Wilhelm Meisters Lehrjahre" (wieder) einmal anders zu lesen.*

Magdeburg

Vorsitzende: Dr. Charlotte Köppe, Bernhard-Kellermann-Str. 32, 39120 Magdeburg; stellv. Vorsitzende: Dr. Heike Steinhorst, Kiefernweg 2, 39326 Wolmirstedt. – Dr. Heike Steinhorst: *Novellenklassiker ohne Theorie – zur Novellistik Johann Wolfgang von Goethes.* – Dieter Nathow (Magdeburg): *Ausschnitte aus der Oper „Faust" von Dieter Nathow.* – Dr. Holger Dainat (Magdeburg): *„Und in des Waldes düstern Gründen". Die Räuberromane der Zschokke, Vulpius & Co.* – Günter Gerstmann (Jena): *Hanns Cibulkas Tagebücher als Zeitspiegel.* – Dr. Charlotte Köppe: *„Die profanen Stunden des Glücks" – das Leben der Sophie von La Roche in der Darstellung von Renate Feyl.*

München

Vorsitzender: Prof. Dr. Walter Müller Seidel, Schellingstr. 3, 80799 München; neuer Vorsitzender ab 1999: Prof. Dr. Günter Häntzschel, Von-Erckert-Str. 40, 81827 München; stellv. Vorsitzender: Dr. Werner Pleister, Hollandstr. 13, 80805 München. – Prof. Dr. Thomas Anz (Bamberg): *„Eine gerade Linie von Goethe zu Freud". Zum Streit um die Verleihung des Frankfurter Goethe-Preises im Jahre 1930.* – Dr. Peter Huber (München): *Goethes Sicht der Natur und die moderne Literatur.* – Prof. Dr. Heinz Gockel (Bamberg): *Thomas Manns Goethe.* – Dr. Renate Müller-Krumbach (Weimar): *Museumspolitik: Harry Graf Kessler contra Carl Ruland, Direktor des Goethe-Nationalmuseums.* – Prof. Dr. Hilmar Hoffmann (München): *Im Namen Goethes. Zur auswärtigen Kulturpolitk heute.* – Dr. Martin Mulsow (München): *„Steige also, wenn du kannst, höher und höher zu uns herauf". Adam Weishaupt als Philosoph.* – Prof. Dr. Theo Stammen (München): *Knigge und die Illuminatenbewegung.* – Prof. Dr. Eberhard Weis (München): *Der Illuminatenorden in Bayern (1776–1785) und die Frage seiner Fortwirkung in der späteren Zeit.* – Bruni Löbel rezitiert Gedichte von Goethe.

Naumburg

Vorsitzender: Dr. Bernd Niemann, Käthe-Kollwitz-Siedlung 6, 06618 Naumburg; stellv. Vorsitzende: Erika Seidel, Buchholzstr. 46, 06618

Naumburg. – Exkursion nach Jena (Institut für Anatomie der Friedrich-Schiller-Universiät): Besuch des Museums Anatomicum Jenense unter der Leitung von Dr. Rosemarie Fröber. – Dr. Wolfgang Strack (Gießen/Buseck): *Goethes Italienische Reise* (Ton-Dia-Schau, Teil II). – Eberhard Völker (Bad Harzburg): *Goethe in Schlesien.* – Prof. Dr. Günter Jäckel (Dresden): *Romantik in Dresden 1798–1813.* – *Clara-Schumann-Liederabend* mit Herma Völker, Sopran; Martin Bujava, Klavier; Eberhard Völker, Sprecher (alle Bad Harzburg). – Dr. Bernd Niemann: *Aleksander Tisma: „Bam" und „Kapo". Romane einer nicht endenden Vergangenheit.* – Dr. Wolfgang Strack: *Goethes Italienische Reise* (Ton-Dia-Schau, Teil III). – Adventsfeier zum Jahresausklang.

Nordenham

1. Vorsitzender: Burkhard Leimbach, Im Sonnenwinkel 4, 26954 Nordenham; 2. Vorsitzender: Stefan Tönjes, Goethestr. 5, 26954 Nordenham. – Dana Mimrova/Josef Ksica (Prag): *Duo-Abend für Flöte und Cembalo: Blavet, Bozza, Bach, Vanhal, Heinichen.* – Ulrich Khuon (Hannover): *„Darum ist man verheiratet, daß man den Rest der Welt nicht braucht." Zur Darstellung der Ehe im zeitgenössischen Drama.* – Wilken Ranck (Hannover)/Roland Krüger (Berlin): *Duo-Abend für Violine und Klavier: Mozart, Bartok, Messiaen, Brahms.* – Reinhard Kaiser (Frankfurt/M.): *Literarische Spaziergänge im Internet.* – Trio Parnassus (Stuttgart): *Kammerkonzert: Schubert, Schumann, Beethoven.* – Prof. Dr. Lothar Ehrlich (Weimar): *Ansichten einer künftigen Kulturhauptstadt. Weimar 1999.* – Margrit Straßburger (Hamburg): *„Ich rief den Teufel und er kam." Eine Collage aus Lyrik, Briefen, Prosa und Memoiren von Heinrich Heine.* – Albert-Schweitzer-Jugendorchester (Hamburg): *Sinfoniekonzert: Weber, Bruch, Beethoven.* – Generalintendant Stephan Mettin (Oldenburg): *Theater in der Krise? Theater heute: Probleme und Herausforderungen.* – Schubert-Kammerensemble (Hannover): *Kammerkonzert: Witt, Mozart, Dohnanyi.* – Dr. Wolfgang Strack (Gießen/Buseck): *Johann Sebastian Bach. Sein Leben und Werk* (Ton-Dia-Schau). – Dr. Gerhard Müller (Wiesbaden): *Orthographische Guillotine? Die Deutschen und die Rechtschreibreform.* – Vokalquartett Drops (Hannover): *Immergrünes. Musikalische Kabinettstückchen mit Klavierbegleitung.*

Nürnberg-Erlangen

Vorsitzende: Mona Henken-Mellis, Leitenfeldstr. 2, 90427 Nürnberg; stellv. Vorsitzender: Prof. Dr. Ulrich Fülleborn, Loewenichstr. 11, 91054 Erlangen. – Ulrich Przybylla (Nürnberg): *Goethe-Rezitationsabend.* – Dr. Wolfgang Butzlaff (Kiel): *Goethes Mystifikationen.* – Monika Ch. Schopf-Beige (Stuttgart): *Workshop zu Goethes Leben und Werk.* – Prof. Dr. Peter Horst Neumann (Erlangen): *Felix Mendelssohn-Bartholdy. „Ein schöner Zwischenfall der Musik?"* – Festveranstaltung auf Schloß Egloffstein mit Burgführung und Konzert in der Schloßkirche mit Ewald Hackenberg und Insa Schmidt. – Hans Köhler (Nürnberg): *Deutschsprachige Literatur im Elsaß.* – Exkursion ins Elsaß unter Leitung von Hans Köhler (Nürnberg) und Heida Ziegler (Erlangen). – Prof. Dr. Manfred Engel (Erlangen/Hagen): *Die neue Ethik in „Wilhelm Meisters Wanderjahren".*

Oldenburg

1. Vorsitzender: Prof. Dr. Joachim Dyck, Schloßplatz 21–22, 26037 Oldenburg; 2. Vorsitzende: Gina Klatte, Adlerstr. 16, 26121 Oldenburg. – Prof. Dr. Wilhelm Kühlmann (Heidelberg): *Das Erdbeben von Lissabon (1755) als literarisches Thema des 18. Jahrhunderts.* – Prof. Dr. Harald Steinhagen (Bonn): *„Bey mir ist das Auge vorwaltend": zur poetischen Bildlichkeit bei Goethe.* – Dr. Reinhard M. G. Nickisch (Göttingen): *„So wird Ihr Brief natürlich sein". Zur Praxis des Briefschreibens im 18. Jahrhundert.* – Exkursion auf Goethes Spuren durchs Elsaß. – Prof. Dr. Christoph Perels (Frankfurt/M.): *„Bewundert viel und viel gescholten": Goethe unter den Dichtern des 20. Jahrhunderts.*- Prof. Dr. Ulrike Prokop (Marburg): *Die Fremden: überraschende Konstellationen bei Lessing.* – Prof. Dr. Wilfried Barner (Göttingen): *Lessing und Goethe.* – Sigrid Löffler (Hamburg): *Vom Verschwinden der Literaturkritik.* – Dr. Reinhard Tschapke (Oldenburg): *Die Rhetorik bei Wieland.*

Plauen

Vorsitzender: Marc Ernesti, Karlstr. 45, 08523 Plauen; stellv. Vorsitzender: Andreas Schuster, Martin-Luther-Str. 8, 08525 Plauen; Vorsitzende seit 1999: Gertraud Markert, Julius-Fučik-Str. 5 a, 08523 Plauen. – Helmut von Senden (Erfurt): *„Blau – eine Fahne dem Wunder." Ein literarisch-musikalischer Abend zu Rose Ausländer.* – Harri Müller (Plauen): *Bertolt Brecht contra Goethe und Schiller? Über das Verhältnis zur Tradition.* – Günther Schliwa (Plauen): *Thomas Manns Weg zu Goethe.* – Jörg Seidel (Plauen): *„Guten Tach". Philosophieren nach Helge Schneider.* – Marc Ernesti (Univ. of London): *Der Jazz in der Weimarer Literatur und Musik. Zwischen Pop und Provokation.* – Sabine Michaelis (Plauen): *Geschlechterprobleme bei Schriftstellerinnen der DDR. Besonderheiten des weiblichen Schreibens.* – Andreas Schuster (Plauen): *„Oh, gebt euch der Natur, eh sie euch nimmt!" Die ekstatische ökologische Revolution bei Hölderlin und Bahro.* – Marga Koch (Plauen): Die Schriftstellerin stellt ihre Schreibwerkstatt vor.

Pößneck

Vorsitzender: Karl-Hermann Röser, Obere Grabenstr. 25, 07381 Pößneck; stellv. Vorsitzende: Dr. Rosemarie Reichmann, Altenburgring 12, 07381 Pößneck; Ehrenvorsitzende: Ursula Kluge, Rudolf-Diesel-Str. 2, 07381 Pößneck. – Prof. Heinz Gockel (Bamberg): *Iphigenie und der Mythos.* – Dr. Egon Freitag (Weimar): *„Das Volk interessiert mich unendlich." Goethes Alltagsentdeckungen.* – Gertrud Aepfler (Apolda): *Der Garten am Goethehaus und seine Entwicklung über zwei Jahrhunderte* (Dia-Vortrag). – Sabine Nöthlich (Hamburg): *Die Frau und der Künstler, dargestellt an amerikanischen Erzählungen des 19. und 20. Jahrhunderts.* – Exkursion nach Pommersfelden bei Bamberg. – Hans-Jürgen Schmitt (Kronach): *Friedrich Nietzsche. Leben, Werk, Wirkung.* – Peter Feddersen (Hamburg): *Bezugspunkte zwischen Goethe und Mozart.* – Oliver Köhler (Mainz): *Meditation in Farbe. Alexej Jawlensky: Leben und Werk* (Dia-Vortrag). – Feierliche Mitgliederversammlung anläßlich des 10jährigen Bestehens der Ortsvereinigung. – Dr. Wolfgang Strack (Gießen/Buseck): *„Die Leiden des jungen Werthers"* (Ton-Dia-Schau). – Cornelia Kühn-Leitz (Hannover): *„Die im Dunkeln sieht man nicht". Brecht-Rezitationen im 100. Geburtsjahr des Dichters.* – Karl-Hermann-Röser: *Zu Gast im Goldenen Löwen und was man sich dort über Goethes „Hermann und Dorothea" erzählen könnte* (Dia-Vortrag).

Rothenburg ob der Tauber

Vorsitzender: Dr. Georg Heuser, Judengasse 1 a, 91541 Rothenburg o. d. T.; stellv. Vorsitzender: Erich Landgraf, Wilhelm-Schacht-Str. 5, 91541 Rothenburg o. d. T. – Dr. Hans Joachim Schaefer (Kassel): *Goethes Freundschaft mit Zelter.* – Zweitagesfahrt: Weimar, Buchenwald, Bad Sulza und Erfurt (Gemeinschaftsveranstaltung mit dem Evangelischen Bildungswerk). – Herbert Krämer-Niedt (Rothenburg): *Vergleich einiger Gedichte Goethes mit themengleichen Gedichten moderner Lyriker.* – Dr. Karl Heinrich Rexroth (Schloß Elnhausen): *Goethe und Ossian.* – Lesung der Novelle *„Die Heilige Cäcilie oder Die Gewalt der Musik" von Heinrich von Kleist* und Orgelkonzert in der Franziskanerkirche zu Rothenburg. Ausführende: Dr. Georg Heuser und Stadtkantor KMD Ulrich Knörr. – Dr. Ernst Schneider (Bamberg): *Napoleon, Goethe und Wieland im Jahre 1808.* – Dr. Peter Sina (Aachen): *Goethe als Jurist* (gemeinsame Veranstaltung mit dem Mittelalterlichen Kriminalmuseum). – Theaterfahrt nach Dinkelsbühl zur Premiere *„Mutter Courage und ihre Kinder".* – Herbert Krämer-Niedt/Dr. Udo Niederreuther: *„Die Wahlverwandtschaften"* (Einführung in den Roman mit chemischen Demonstrationen). – Dr. Georg Heuser und Mitglieder der Ortsvereinigung: *Die persischen Dichter Firdusi und Hafis und Goethes „West-östlicher Divan".* – Arnold Hamburger (Nürnberg): *Der 9. November in der deutschen Geschichte.* – Jürgen Wolfram (Insingen): *Literarische Jubiläen 1998.*

Rudolstadt

Vorsitzender: Hans-Günther Otto, Ahornweg 55, 07407 Rudolstadt; stellv. Vorsitzender: Dr. Dietrich Buskies, Schillingstr. 19, 07407 Rudolstadt. – Ute Fritzsch (Jena): *Friedrich Hölderlin in seinem Verhältnis zu Goethe und Schiller.* – Dr. Wolfgang Strack (Gießen/Buseck): *Der Lebensweg des Johann Sebastian Bach* (Ton-Dia-Schau, Teil I und II). – Eberhard Völker (Bad Harzburg): *Goethes Straßburger Zeit.* – Exkursion nach Straßburg, Sesenheim und Colmar. – Dr. Werner Weiland (Kassel): *Goethe und die Bibel.* – Exkursion zu den Bach-Gedenkstätten in Eisenach, Ohrdruf und Arnstadt. – Prof. Dr. Klaus Gerth (Hannover): *„Das Wechselspiel des Le-*

bens". Ein Versuch, „Wilhelm Meisters Lehrjahre" (wieder) einmal anders zu lesen.- Auf Goethes Spuren nach Paulinzella. Eine Wanderung mit Sieglinde Huß. – Zum Goethe-Geburtstag Veranstaltung in Großkochberg mit Besuch einer Aufführung im Liebhabertheater. – Dr. Detlef Ignasiak (Jena/Bucha): *Schiller in seinen Beziehungen zu berühmten Zeitgenossen.* – Dr. Manfred Wenzel (Gießen): *Goethe und die Medizin* (Dia-Vortrag). – Dr. Ursula Steinhaußen (Rudolstadt): *Goethes „Reineke Fuchs".* – Prof. Dr. Lothar Ehrlich (Weimar): *Goethe im Dritten Reich.* – Wahlversammlung.

Saalfeld

Vorsitzende: Doris Seidler, Wielandstr. 19, 07318 Saalfeld; stellv. Vorsitzende: Christel Ozimek, Lendenstreichstr. 74, 07318 Saalfeld. – Dr. Erhard Naake (Weimar): *Der Kampf um das Erbe Nietzsches unter besonderer Berücksichtigung der Rolle des Nietzsche-Archivs in Weimar.* – Dr. Wolfgang Strack (Gießen/Buseck): *Der Lebensweg des Johann Sebastian Bach* (Ton-Dia-Schau, Teil I und II). – Sabine Nöthlich (Hamburg): *Die Rolle der Frau in amerikanischen Künstlernovellen.* – Dr. Angelika Reimann (Jena): *„Welch ein Getümmel füllt Thaliens Haus". Die Geschichte des Weimarer Liebhabertheaters unter Goethes Leitung.* – Besuch der Oper *„Tosca"* von Giacomo Puccini im Theater Meiningen. – Dr. Lutz Unbehaun (Rudolstadt): *Goethes Hymnus an Erwin von Steinbach.* – Exkursion nach Würzburg: „Auf den Spuren Tilmann Riemenschneiders". – Klaus Steinhaußen (Rudolstadt): *Goethe und sein schreibender Bibliotheksdiener Johann Christoph Sachse.* – Renate Jüttner (Saalfeld): *Dunkelgeschenk* (Lesung). – Christel Ozimek (Saalfeld): *Literarische Soiree.*

Sondershausen

Vorsitzender: Helmut Köhler, Possenallee 23, 99706 Sondershausen; Geschäftsführerin: Heide Schödl, Güntherstr. 37, 99706 Sondershausen. – *Balladendichtung.* Eine Lesung zum 250. Geburtstag von Gottfried August Bürger mit einem Schauspieler vom Theater Nordhausen. – Heide Schödl: *„Wenn der Lebende mit Geist und Herz lebt, ist jedes Leben interessant". Über Wilhelm von Kügelgens (1802–1867) „Jugenderinnerungen eines alten Mannes".* – Helmut von Senden (Erfurt): *Manfred Hausmann (1898–1986). Begegnungen mit dem Wort: Goethe, S. Fischer, W. Kempff, E. Ponto, P. Suhrkamp u.a.* – Sabine Nöthlich (Hamburg): *Die Rollen der Frau in der Kunst, dargestellt an Beispielen amerikanischer Künstlernovellen des 19. und 20. Jahrhunderts.* – Prof. Dr. Klaus Manger (Jena): *„nach Wundern schnappen." Goethes Zeitstück „Der Groß-Cophta".* Festveranstaltung zum 25jährigen Bestehen der Ortsvereinigung. – Dr. Irmtraut Schmid (Weimar): *Goethes amtliche Tätigkeit, aufgezeigt an anschaulichen Schriften.* – Dr. Wolfgang Strack (Gießen/Buseck): *Reichsstraße Nr. 1, Teil III: von Küstrin nach Eydtkuhnen* (Ton-Dia-Schau). – Sigrid Diez (Sondershausen): *„Das Gedicht ist zur Ruhe gekommene Unruhe" (Reiner Kunze). Gedanken zur Poesie des Worts.* – Schüler des Staatlichen Gymnasiums (Sondershausen): *„Sah ein Knab' ein Röslein stehn"* (Vortrag zum deutschen Volkslied mit Musikbeispielen). – Zum Jahresausklang: *Musikalisch-literarische Besinnung.*

Stuttgart

1. Vorsitzender: Dr. Bernd Mahl, Hainbuchenweg 23, 72076 Tübingen; 2. Vorsitzende: Hannelore Jouly, Stadtbücherei, Konrad-Adenauer-Str. 2, 70173 Stuttgart. – Theater SCHRÄGLAGE: *Mißliche Verständnisse: Texte, Lieder und Szenen von Karl Valentin und Bert Brecht.* – Prof. Dr. Hartmut Fröschle (Stuttgart): *Goethe als Gesprächspartner. Goethes Themen und Strategien im Gespräch.* – Rainer Woihsyk (Stuttgarter Ballett): Theaterführung *„Geheimnisse hinter den Bühnen"*, anschließend Besuch der Ballettvorstellung *„Eugen Onegin".* – Doris Runge (Cismar): *„Daß ich eins und doppelt bin". Goethe und Marianne von Willemer.* – Prof. Dr. Volkmar Hansen (Düsseldorf): *Heines Goethe-Bild.* – Dr. Wolfgang Strack (Gießen/Buseck): *Das Leben des Johann Sebastian Bach* (Ton-Dia-Schau, Teil I u. II). – Kunst- und Studienfahrt: *Auf Goethes Spuren durch die Schweiz. Auf Tells Pfaden um den Vierwaldstädter See* mit Konzert unter künstlerischer Leitung von Wolfgang Höper, Organisation Dr. Bernd und Sylvia Mahl. – Priv.-Doz. Dr. Henriette Herwig (Bern): *Das ewig Männliche zieht uns hinab. Goethes Roman „Wilhelm Meisters Wanderjahre".*- Prof. Dr. Gunter Grimm (Duis-

burg): *Elektronische Hirne. Zur literarischen Genese des „künstlichen Menschen"* (Vortrag mit Filmausschnitten). – Kunst- und Studienfahrt nach Rom. Führungen: Hermann Meinhold, Leitung: Dr. Bernd und Sylvia Mahl. – Irmgard Förch, Rezitation; Hildegund Treiber, Klavier (beide Stuttgart): *Annette von Droste-Hülshoff. Die schönsten Gedichte, Briefe und Erzählungen, die am Bodensee entstanden sind.* – Dr. Gotthard Erler (Berlin): *Fontanes Briefwechsel mit seiner Frau* (Lesung und Buchpräsentation). – Literarisch-musikalische Soiree: *Goethe und Zelter: Lieder und Briefe. Goethe-Gedichte in der Vertonung von Carl Friedrich Zelter.* Christa Reimer, Sopran; Gerulf Mertens, Klavier; Nikolaus Schneider, Lesung aus den Briefen und Kommentierung. – Dr. Sophia Kaempf-Dimitriadou (Tübingen): *Delphi: Mythos, Kunst und Orakel* (Dia-Vortrag). – Dr. Bernd Mahl: *Goethes „Faust" auf der Bühne (1806–1998). Fragment. Ideologiestück. Spieltext* (Edition und Präsentation des gleichnamigen Bildbandes beim Verlag J. B. Metzler, Stuttgart und Weimar).

Ulm und Neu-Ulm

Vorsitzende: StD Ursula Heldmann, Albecker Steige 32, 89075 Ulm; stellv. Vorsitzender: OStD Dr. Hans-Ulrich Schäfer, Gleißelstetten 91, 89081 Ulm. – Lesung mit Walter Frei: *„Der Gaulschreck im Rosennetz". Erzählungen von Herzmanovsky-Orlando (1877–1954).* – Dr. Ilse Jahn (Berlin): *„Alles ist Blatt." Goethes Idee einer Metamorphose der Pflanzen: ihre Entstehung, Verwandlung und Rezeption* (Dia-Vortrag). – Dr. Pia Daniela Schmücker (Ulm): *Gesundheit und Krankheit des „vielfachen" Menschen. Nietzsches Goethebild.* – Prof. Effi Biedrzynski (Stuttgart): *Goethes Weimar oder Ein Kulturzentrum entsteht* (Dia-Vortrag). – Mitgliederversammlung. – Lieder-Matinee zugunsten des 1200 Jahre alten Klosters Mar Gabriel im Tur Abdin (Türkei) mit Maria Fischer (Sopran) und Thomas Schreiner (Klavier). – Prof. Dr. Bernd Leistner (Chemnitz): *Goethe in den böhmischen Bädern.*

Wetzlar

1. Vorsitzender: Dr. Manfred Wenzel, Hedwig-Burgheim-Ring 38, 35396 Gießen; 2. Vorsitzender: Friedrich Petry, Atzbacher Str. 12, 35576 Wetzlar. – Neujahrskonzert: 125 Jahre Union-Chor Wetzlar. Chor- und Sologesang. Rezitation von J. Seewald und K.-H. Hofmann: *Anekdoten über Goethe u.a.* – Dia-Vortrag von Gertrud Walter (Wetzlar): *Goethe in Sizilien.* – Tagesfahrt nach Frankfurt mit Besichtigung des Goethe-Museums. Führung: Dr. Petra Maisak (Museumsleiterin). – Gesprächsrunde mit Hellmut Schliephake (Leun): *Goethe und Christiane* (Teil 1). – Prof. Dr. Volkmar Hansen (Düsseldorf): *Heinrich Heines Goethe-Bild.* – Anneliese Meidt (Wetzlar): *Aus den Werken von Eugen Roth* (Lesung). – Besuch eine Aufführung am Stadttheater Gießen: *„Werther"-Oper von Jules Massenet.* – Gesprächskreis mit Hellmut Schliephake: *Goethe und Christiane* (Teil 2). – Dr. Karl-Josef Müller (Langgöns): *Tod und Sterben in Goethes Werk.* – Exkursion nach Thüringen. – Dr. Irmtraut Schmid (Weimar): *Goethes amtliche Schriften* (Dia-Vortrag). – Liederabend zu Goethes 249. Geburtstag. Einführungsvortrag: Hans-Günter Kolb; Ausführende: Cornelia Muth (Sopran), Hans-Günter Kolb (Klavier): *Franz Schuberts Goethe-Vertonungen.* – Tagesfahrt nach Münster/Westfalen: *Goethe und der Kreis von Münster.* – Paula Döll und Ewald Loh (Wetzlar): *Von Riga nach anderswo. Leben und Werk des Dichters Werner Bergengruen* (Lesung). – Dr. Shu Ching Ho (Taiwan/Freiburg): *Goethes Begegnung mit China. „Die Chinesisch-Deutschen Jahres- und Tageszeiten".* – Gesprächskreis mit Hellmut Schliephake: *Goethes Harzreisen.* – Dr. Wolfgang Strack (Gießen/Buseck): *Der Lebensweg des Johann Sebastian Bach* (Ton-Dia-Schau, Teil II). – Feier anläßlich des 25jährigen Bestehens der Ortsvereinigung mit literarisch-musikalischem Programm. *Johann Wolfgang von Goethe „Proserpina" (Versfassung), ein vergessenes Melodram.* Vertonung von Karl Eberwein. Ausführende: Cornelia Kühn-Leitz (Rezitation), Hans-Günther Kolb (Klavier). – Advents-Lesung: Gäste lesen für Gäste.

Wuppertal

Vorsitzender: Dr. Stephan Berning, Remscheider Str. 28, 42899 Remscheid-Lüttringhausen; stellv. Vorsitzender: Martin Griesemer, Hofaue 54, 42103 Wuppertal. – Prof. Dr. Theodor Ickler (Erlangen): *Schrift und Sinn. Rechtschreibung für freie Menschen.* – *Autorenlesung mit Uwe Kolbe.* – Prof. Dr. Hanno Beck (Bonn): *Alexander von Humboldt und Goethe.* – Horst Weyerstall (Nikosia)/Dr. Antje Birthälmer (Wuppertal): *Gespräch über Horst Weyerstalls Ausstellung „Flußbuch".* – Prof. Dr. Klaus Goebel (Dortmund): *Heinrich Wolfgang Seidel. Ein Porträt des Autors in Briefen und Geschichten.* – Prof. Dr. Walter Haug (Tübingen): *Mystik und Lyrik. Korrespondenzen in der Geschichte der Mystik und Liebeslyrik.* – *Goethes „West-östlicher Divan".* Rena Liebenow/Gerd Mayen (Rezitation); Caterina Lichtenberg (Neapolitanische Mandoline). – Uwe Kolbe: *Wege zur Lyrik* (Workshop für Schüler der Oberstufe zum Verfassen eigener Lyrik). – Prof. Dr. Joachim Dyck (Oldenburg): *Der gute Ehemann: Geert von Instetten. Eine Rettung. Zu Theodor Fontanes Roman „Effi Briest".* – Prof. Dr. Albrecht Betz (Aachen): *Heine und die Musik.*

Zittau

Vorsitzender: Klaus Günzel, Marschnerstr. 1, 02763 Zittau. – Klaus Günzel: *Von Maximiliane zu Bettine. Goethe und die Brentanos.* – Ders.: *Richard Wagner auf Goethes Spuren.* – Ders.: *„Es ist, als ob man bei Sonnenaufgang stürbe." Goethe und die österreichische Kaiserin Maria Ludovica.* – Ders.: *Ein weimarisch-wienerisches Gipfeltreffen. Franz Grillparzer bei Goethe.* – Ders.: *Goethes Bäder-Residenz. Ems, Pymont, Lauchstädt und der „böhmische Zauberkreis".* – Ders.: *Der dämonische Kaiser. Goethe und Napoleon.*

Freundeskreis des Goethe-Nationalmuseums e. V. (Weimar)

Vorsitzender: Dieter Höhnl, Friedensgasse 3 a, 99423 Weimar; stellv. Vorsitzende: Dr. Christine Meißner, Böhlaustr. 7, 99423 Weimar. – Dr. Jochen Klauß (Weimar): *Gespräch zur Kriminalität um 1800.* – Eberhard Zenker (Leutenbach): *Über den Buchhändler, Drucker, Verleger und Schriftsteller Georg Joachim Göschen.* – Dr. Frank Boblenz (Sömmerda/Weimar): *Zum 400. Todestag des Herzogs Wilhelm IV. von Sachsen-Weimar.* – Familienwandertag der Vereinigung der Freunde des Liebhabertheaters Schloß Kochberg e. V., des Schiller-Vereins Rudolstadt e. V. und des Freundeskreises des Goethe-Nationalmuseums e. V. – Justus Ulbricht: *Bewahren, Verdrängen, Erinnern. Über den schwierigen Umgang mit dem Erbe Weimars.* – Konzert auf der Ilmbrücke mit Anne Folger (Klavier) und einer Bläsergruppe der Musikhochschule Weimar. – Busfahrt nach Bad Lauchstädt anläßlich des 30jährigen Bestehens der Kureinrichtung und Besichtigung der neueingerichteten Historischen Kuranlagen. – Dr. Jens-Fietje Dwars (Jena). *Vortrag zum 40. Todestag von Johannes R. Becher.* – Prof. Effi Biedrzynski (Stuttgart): *Die Frau, die sich durchsetzte. Marianne von Willemer und ihre Dichter.* – Dr. Jochen Golz (Weimar): *Zur Neuausgabe der Tagebücher Goethes.*

Freies Deutsches Hochstift
Frankfurter Goethe-Museum

Direktor: Prof. Dr. Christoph Perels, Goethe-Haus, Großer Hirschgraben 23–25, 60311 Frankfurt am Main. – Prof. Dr. Karl Eibl (München): *„Faust. Der Tragödie zweiter Teil" und die ‚Bestimmung des Menschen'.* – Prof. Dr. Peter Horst Neumann (Erlangen): *Felix Mendelssohn: ein schöner Zwischenfall der deutschen Musik.* – Prof. Effi Biedrzynski (Stuttgart): *Marianne von Willemer: Goethes Suleika.* – Prof. Dr. Luciano Zagari (Pisa): *Über Clemens Brentanos „Romanzen vom Rosenkranz".* – Prof. Dr. Helmut Börsch-Supan (Berlin): *Carl Friedrich Schinkels Gemälde „Blick in Griechenlands Blüte"* (Dia-Vortrag). – Dr. Wolfgang Butzlaff (Kiel): *Käthe Kollwitz. Ein Leben mit Goethe.* – Prof. Dr. Wolfgang Martens (Murnau): *Goethe, ein „redlicher Mann am Hofe".* – Ausstellungen: Fotoausstellung *Goethe in Sizilien.* Konzeption: Konrad Heumann; Fotografien: Frank Horvat. – Ausstellung zur Gründung und Geschichte des Freien Deutschen Hochstifts für Wissenschaften, Künste und allgemeine Bildung: *„Ein Bundestag des deutschen Geistes"* (Otto Vogler). – Kabinettausstellung *Clemens Brentano und Achim von Arnim. Eine Dichterfreundschaft der Romantik.* Zur Eröffnung Lesung aus dem Briefwechsel der beiden Dichter durch die Schauspieler Martin Horn und Clemens Löhr. – *Zeichenfieber. Zeichnungen und Radierungen Goethes aus dem Besitz des Freien Deutschen Hochstifts.* Verantwortlich für Ausstellung und Katalog: Petra Maisak.

Goethe-Museum Düsseldorf
Anton-und-Katharina-Kippenberg-Stiftung

Direktor: Prof. Dr. Volkmar Hansen, Schloß Jägerhof, Jacobistr. 2, 40211 Düsseldorf. – Musik im Schloß Jägerhof. Konzert-Matinee mit dem „ensemble à propos Berlin" mit Prof. Dr. Robert Hill (Hammerflügel), Andrea Klitzing (Flöte), Thomas Kretschmer (Violine), Juris Teichmanis (Violoncello). – Prof. Dr. Hanno Beck (Bonn): *Alexander von Humboldt und Goethe.* – Prof. Dr. Paul Derks (Essen): *Goethe und die griechische Liebe.* – Prof. Dr. Bernd Leistner (Chemnitz): *Liebe als „Reisezehrung"? Umschweifendes zu einem Goethe-Gedicht.* – Prof. Dr. Bernhard Witkop (Bethesda/Maryland): *Goethes Naturschau heute.* – Prof. Dr. Elena Agazzi (Università di Bergamo): *Die Bedeutung Cellinis für Goethes Renaissance-Verständnis.* – Prof. Dr. Michael Hertl (Kinderklinik Neuwerk/Universität Heidelberg): *Physiognomik der Totenmaske* (Dia-Vortrag). – Prof. Dr. Christine Maillard (Strasbourg): *Seelenkunde in Goethes Romanen.* – Priv.-Doz. Dr. Andreas Meier (Wuppertal): *„Ein Lied schloß sich an's andere". Goethe und die Zweite Berliner Liederschule.* – Ausstellungseröffnung *„Hermann und Dorothea".* Einführungsvortrag Prof. Dr. Volkmar Hansen: *Goethes bürgerliche Idylle „Hermann und Dorothea".* – Projekt des Goethe-Museums und des Ministeriums für Stadtentwicklung, Kultur und Sport des Landes Nordrhein-Westfalen: Kolloquium und Ausstellung: *„Goethezeit und Nordische Länder":* Eröffnung des Kolloquiums mit Konzert, einführende Worte: Dr. Peter Michael Mombaur.

AUS DEM LEBEN AUSLÄNDISCHER GOETHE-GESELLSCHAFTEN

Amerika

Goethe Society of North Amerika

Präsident: Prof. Dr. Benjamin Bennett, Department of Germanic Languages and Literatures, Cocke Hall, University of Virginia, Charlottesville, VA 22903. – Die Goethe-Gesellschaft unterhält ein umfangreiches Jahresprogramm, welches in englischer Sprache vorliegt. Neben der Herausgabe eines Jahrbuchs standen wissenschaftliche Veröffentlichungen, Vorträge, Symposien, Theater- und Konzertveranstaltungen auf dem Programm. Bekannte Goethe-Wissenschaftler und -Forscher wie Thomas P. Saine, Meredith Lee, James Hardin, Ehrhard Bahr, Horst Lange, Paul Kerry, Jane K. Brown, Rose Mauro, Nicholas Vazsonyi und W. Daniel Wilson gestalteten das Programm aktiv mit.

Armenien

Eriwan

Eine armenische Goethe-Gesellschaft wurde am 6. November 1998 in Eriwan gegründet. An der Gründungsversammlung nahm Prof. Dr. Lothar Ehrlich, Vizepräsident der Goethe-Gesellschaft Weimar, teil. Zur Vorsitzenden wurde Frau Dr. Evelina Piradova, wissenschaftliche Mitarbeiterin am Matenadaran, Mashtoz-Str. 53, 375009 Eriwan, gewählt.

China

Beijing

Präsident: Prof. Tingfang Ye; tätig am Forschungsinstitut für Ausländische Literatur der Chinesischen Akademie für Sozialwissenschaften; priv. Adresse: Jin Song 901–1106, 100021 Beijing. – Die Gesellschaft wurde bereits am 14. November 1996 gegründet, erhielt aber erst im April 1998 die staatliche Genehmigung. Es fand ein musikalisch-literarischer Abend mit Goethe-Gedichten statt sowie ein Goethe-Symposion; auch sollen *Egmont, Faust* und *Tasso* auf die Bühne gebracht werden.

Georgien

Eine Kontakt- und Vortragsreise nach Georgien unternahm unser Vorstandsmitglied Prof. Dr. Volkmar Hansen, Direktor des Goethe-Museums Düsseldorf, im April 1998.

Tbilissi

Präsident: Prof. Dr. David Laschkaradse, Tschawtschawadse-Prosp. 44, 380000 Tbilissi; stellv. Vorsitzende: Prof. Dr. Nodar Kakabadse und Prof. Dr. Manana Paitschadse; Geschäftsführerin: Dozentin Dr. Nino Bakanidse. – Veranstaltung anläßlich des 80. Geburtstages von Heinrich Böll. Prof. Dr. David Laschkaradse hielt den Festvortrag, Vorträge zur Erinnerung an Heinrich Böll hielten Dozentin Dr. Nelly Amaschukeli und Prof. Dr. Nodar Kakabadse. – Dr. Nelly Amaschukeli: *Hermann Wedekinds Leben und Werk.*

Goethe-Tage in Tbilissi – Wissenschaftliche Konferenz.

Prof. Dr. David Laschkaradse: Begrüßung, Prof. Dr. S. Tscharchalaschwili: *Faustische Idee im ersten Tschavtschavadse Poem „Gespenst“.* M. Palawandischwili: *Licht und Dunkelheit. Die Thematik in Goethes Schaffen und ihre optische und literarisch-ästhetische Dimension.* Prof. Dr. Dalila Pandshikidse: *Dichtung und Wahrheit.* Auszug aus der georgischen Übersetzung. Dr.

Nana Gogolaschwili: „*Wilhelm Meister*". Auszug aus der georgischen Übersetzung. Prof. Dr. A. Gwacharia: *Westliche und persische literarische Parallelen und Goethes „West-östlicher Divan"*. Literarisch-musikalischer Abend, moderiert von Prof. Dr. Manana Paitschadse. – Prof. Dr. Volkmar Hansen (Düsseldorf): *Goethe in Thomas Manns Schaffen*. – Dr. Venera Kawtiaschwili: *Rezension zu „Gerhart Hauptmann" von Prof. Dr. Gwrtischwili*. – Dr. Dalila Sichuralidse: *Rezension zur georgischen Übersetzung „Eine Pilgerfahrt zu Beethoven" von Richard Wagner*. – Prof. Dr. Kacha Katzitadse: *Heidegger und die vor-sokratische Philosophie*. – Gespräche mit Jugendlichen und Goethe-Freunden. – Vorstandssitzung unter Leitung von Prof. Dr. David Laschkaradse. Bestätigung des Arbeitsplanes für das gesamte Studienjahr. – Dr. Nana Gogolaschwili: *Interpretation des schöngeistigen Textes aus der Sicht der Translation (nach Goethes „Wilhelm Meister")*. Dr. Nelly Amaschukeli und Prof. Dr. Nodar Kakabadse: *Österreichische Impressionen*. – Prof. Dr. Dalila Pandshikidse: *Zur georgischen Übersetzungsgeschichte*. – Prof. Dr. Nino Pirzchalawa: *Das mystische Element in Goethes „West-östlichem Divan"*. – Student Nika Dsordshaneli: *Die Rolle des Mephistopheles bei der Erlösung des Menschen*.

Indien

Baroda

Vorsitzender: Dr. M.K. Natarajan, Goethe Society of Baroda, c/o German Language Society Department of German, D.N. Hall Campus, M.S. University of Baroda, Vadodara 390 002, India. – Neugründung dieser Goethe-Gesellschaft im Januar 1998 (s. Bericht GJB 115/1998, S. 339 f.). Der Vorsitzende schreibt: „Einen Monat vor dem Seminar habe ich die Verantwortung der deutschen Abteilung übernommen, und ich bin jetzt in der Lage, die Aktivitäten aller drei – nämlich der Goethe-Gesellschaft von Baroda, der Deutschen Sprachgesellschaft und der Deutschen Abteilung – gut zu koordinieren. Ich danke für die Goethe-Ausgabe und die finanzielle Unterstützung. Im März erfolgt ein Doppelseminar: *Interkulturelle Perspektiven: das Lesen und Interpretieren der deutschen Klassiker* und *Interkulturelle Perspektiven: Deutsch/German Studies in Indien von den Anfängen bis zur Gegenwart*."

New Delhi

Präsident: Prof. Dr. Anil Bhatti, Centre of German Studies, Jawaharlal Nehru Universtity, New Delhi 110 067. – Die Goethe-Gesellschaft wurde offiziell am 9.5.1997 in Madras registriert. Zur Arbeit schreibt der Präsident, daß „die Goethe Society of India eine Reihe von Programmen durchführen wird und zwar in Zusammenarbeit mit dem Centre of German Studies unserer Universität und dem hiesigen Goethe-Institut". Im Bericht über die Gründung schreibt er: „Mit der Beteiligung von Gelehrten aus New Delhi/Delhi (Nord Indien), Hyderabad (Mittel-Indien), Madras (Süd-Indien) ist eine gesamtindische Perspektive erreicht worden. Konkrete Veranstaltungen sind ab 1998 geplant. Wir müssen durch eine breite Kampagne ersteinmal eine sichere finanzielle Grundlage schaffen."

Italien

Rom

Gründung der Casa di Goethe am 29. Oktober 1997 (s. Bericht im Dokumententeil GJB 115/1998, S. 328–331). Vorsitzender: Prof. Dr. Marino Freschi, Casa di Goethe, Via del Corso 18 (Piazza del Popolo) 00186 Rom. Lesungen: zwei Abende mit Herbert Kroman und Tebbe Kleen: *Reisen in ein anderes Land. Goethe und Heine in Italien 1786/1828*. – Konrad Scheurmann (Weimar): „*Goethes Schatten*". *Historische Anmerkungen zur Überwachung Goethes in Rom durch den Wiener Hof*. – Hanns-Josef Ortheil (Stuttgart): „*Die Geheimnisse des Herrn von Goethe in Rom*". – Hanns-Josef Ortheil: Lesung aus seinem neuen Roman *Faustinas Küsse*. – Jens Sparschuh: „*Der große Coup. Aus den geheimen Tage- und Nachtbüchern des Johann Peter Eckermann*". – Bernd Kolarik (Schauspiel), Frank-Roland Pohl (Musik): „*Gedichte sind gemalte Fensterscheiben*". Präsentation in der Casa di Goethe *Weimar 1999 Kulturstadt Europas*. – *Konzert der Goethezeit* von deutschen und italienischen Künstlern. – Dauerausstellungen: *Goethe in*

Rom, Barlach und Goethe, Goethe in Sizilien. Begegnung mit dem Berliner Maler Alexander Dettmar mit Führung.

Korea

Seoul

Präsident: Prof. Dr. Tschong-Dae Kim, German Department, Hannam-dong, Yongsangu, 140–714 Seoul. – Vom 22. bis 28. März 1999 weilte Prof. Dr. Albert Meier zu einer Kongreß- und Vortragsreise in Seoul, sein Reisebericht (siehe S. 490 f.) dokumentiert zugleich die Arbeit der südkoreanischen Goethe-Gesellschaft.

Lettland

Riga

Vorsitzende: Dr. Gundega Grinuma, Kr. Barona iela 32–20, 1011 Riga. – Neugründung dieser Goethe-Gesellschaft am 18. November 1998. Prof. Dr. Bernd Leistner war bei der Gründungsveranstaltung anwesend und überbrachte die Grüße und Glückwünsche der Weimarer Goethe-Gesellschaft. In einem Reisebericht (siehe S. 481) gibt Prof. Leistner seine Eindrücke wieder.

Rußland

Ishewsk/Udmurtische Republik

Vorsitzender: Prof. Dr. Vladimir Avetisjan, Udmurtische Staatliche Universität, Universitetskaja Str. 1, 426034 Ishewsk; stellv. Vorsitzender: Dr. A.V. Jerochin, Truda ul. 56–76, 426067 Ishewsk. – Vorträge: Prof. Dr. V.A. Avetisjan: *Goethes Erbe und unsere Gegenwart; Goethes Konzept der Weltliteratur; Goethe und Puschkin; Goethes „Faust II" und das Problem der Weltliteratur.* – Prof. Dr. A.I. Orlova: *Goethes Aphoristik im Lehrfach Deutsch als Fremdsprache.* – Dr. N.K. Alexandrova: *Das Faust-Museum in Knittlingen.* – Dr. A.V. Jerochin: *Deutsche und russische Klassik: ein Vergleich; Goethe in Italien: Anfänge neuer Ästhetik.* – Dr. N.V. Lekonzewa: *Goethe in der udmurtischen Literatur.* – Dr. G.M. Tichonov: *Goethes Philosophie.* – E.E. Terentjewa: Dia-Vortrag über Weimar.

St. Petersburg

Neugründung Ende 1998. – Vorsitzender: Dr. Rostislav Danilevski, Prosp. Engelsa 135, Kv. 53, 194356 St. Petersburg. – Dr. R. Danilevski: *Goethe und das silberne Jahrhundert.* – Dr. O. Kulischkina: *Das „Faust"-Thema in Odojewskijs Roman „Die russischen Nächte".* – A. Sisojewa: *„Wilhelm Meisters Lehrjahre" im Schaffen deutscher und österreichischer Komponisten.* – Prof. Dr. Figut (Koblenz-Landau): *Der „italienische" Goethe in der deutschen Literatur.* – Dr. A. Astwazaturow: *Johann Wolfgang Goethe und das Problem des Spiels.* – O. Smolina: *Novalis und Goethe.*

Tambov

Vorsitzende: Prof. Dr. Lili Kaufmann, Tambover Staatliche Dershawin-Universität, Sowjetskaja 93–64 A, 392622 Tambov. – Auszüge aus der Arbeit der Goethe-Gesellschaft: Konzerte mit den Tambover Symphonikern, dem Tambover Kammerchor, mit dem Orchester der Volksinstrumente der Tambover Universität. Gespielt wurden *Russische Romanzen, Antonio Vivaldi, Franz Schubert, Robert Schumann, Peter Tschaikowskij* und *Russische Volksmusik,* unter der Leitung bekannter russsicher Künstler, Sänger und Musiker. – Walentina Kutschenkova: *Tambover Architekten.* – Zusammenstellung der Bibliographie *200 Jahre Goethe-Übersetzung in Rußland.* – Dr. Boris Winokurov: *Gefühlsproblematik bei Michail Lermontov und Arthur Miller.* – Dr. Irina Blochina und Ludmila Hochlava rezitieren *Ivan Burnins Lyrik.* – Prof. Dr. Lili Kaufmann: Gedenkabend für den Tambover Bürgermeister Walerij Kowal. – Organisation eines vierwöchigen Studienaufenthalts (Universität Marburg) für eine Assistentin der Tambover Universität auf Einladung der Wetzlarer Goethe-Gesellschaft. – Fahrt nach Iwanovka mit Besichtigung des Rachmaninov-Museums. – Ausstellung: Nikolaj Woronkov (Malerei): *Rachmaninovs Landsitz Iwanovka.* – Stadtführung mit Dr. Nina Toropzeva: *Geschichte der Tambover Schulen.* – Filmvorführungen: *Minna von Barnhelm, Maria Stuart, Der zerbrochene Krug, Effi Briest.* – Prof. Dr. Lili Kaufmann: Vortrag in Marburg: *Russische Literatur der Gegenwart,* Vortrag in Essen: *Günther Weisenborn* (auf Einladung der Wetzlarer Goethe-Gesellschaft). – Sergej Liamin: Vortrag in Wetzlar: *Unterhaltungen deutscher Ausgewanderten, Goethes Auseinandersetzung mit Schillers „Briefen über die ästhetische Erziehung des Menschen"* (auf Einladung der Wetzlarer Goethe-Gesellschaft). – Organisation eines dreiwöchigen Aufenthalts in Deutschland für acht Studenten der Tambover Universität auf Einladung des Evangelischen Kirchenkreises Wetzlar. – Walentina Kutschenkova: *Tambover Persönlichkeiten um die Jahrhundertwende.* – „Goethe-Tag" im Tambover linguistisch-mathematischen Lyzeum. Vortrag von Prof. Dr. Lili Kaufmann: *Goethes Schaffen.* Larissa Apisa und Olga Dronova rezitieren *Goethe-Balladen,* Dr. Boris Winokurov referiert über Tolstojs Philosophie.

Ausschreibungstext zur Vergabe von Stipendien

Die Goethe-Gesellschaft fördert seit 1992 durch Stipendien, die sich weithin der Großzügigkeit unserer Mitglieder verdanken, wissenschaftliche Projekte, die der Erforschung von Leben und Werk Goethes dienen oder die Rezeption des Dichters in den verschiedenen Nationalliteraturen zum Gegenstand haben.

Wissenschaftlerinnen und Wissenschaftler aus ost- und südosteuropäischen Ländern werden besonders berücksichtigt.

Bedingungen

Voraussetzung für die Bewerbung um ein Goethe-Stipendium ist die Promotion oder die weit fortgeschrittene Arbeit an der Dissertation. Über die Vergabe entscheidet eine Kommission, der der Präsident der Goethe-Gesellschaft vorsteht.

Das Stipendium beträgt 2 000 DM monatlich. Vergeben werden im allgemeinen dreimonatige Stipendien; eine Verlängerung ist nach begründetem Antrag möglich. Regelungen zur Übernahme der Reisekosten werden individuell vereinbart.

Das Stipendium ist an einen Aufenthalt in Weimar gebunden; Ausnahmeregelungen für andere Universitätsstädte sind möglich. Die Goethe-Gesellschaft vermittelt den Stipendiaten Gästezimmer. Der Mietpreis beträgt drei- bis vierhundert DM monatlich. Zusätzlich ist einmalig ein Krankenversicherungsbeitrag von 150 DM zu entrichten.

Die Stipendiaten können in öffentlichen Kolloquien, die dem interdisziplinären wissenschaftlichen und kulturellen Diskurs dienen, über ihre Projekte berichten. Diese Stipendiaten-Kolloquien werden vom Bereich Forschungsförderung der Stiftung Weimarer Klassik organisiert. Die Goethe-Gesellschaft ermöglicht die Publikation besonders qualifizierter wissenschaftlicher Abhandlungen im Goethe-Jahrbuch. Von den Stipendiaten wird ein kurzer Abschlußbericht über ihre Tätigkeit erwartet. Gebeten sei zudem, bei einer Publikation der Ergebnisse auf die Förderung durch die Goethe-Gesellschaft hinzuweisen.

Arbeitsmöglichkeiten

Stipendiaten der Goethe-Gesellschaft können im Goethe- und Schiller-Archiv, im Goethe-Nationalmuseum und in der Herzogin Anna Amalia Bibliothek arbeiten. Zudem stehen die Bestände des Thüringischen Hauptstaatsarchivs, der Hochschule für Musik „Franz Liszt" und der Bauhaus-Universität Weimar (Sammlungen, Bibliotheken) für Forschungsarbeiten zur Verfügung.

Ausgewiesene Goethe-Kenner sind in regelmäßigen Abständen zu Gesprächen mit den Stipendiaten über methodische und sachliche Probleme bereit.

Bewerbungen

Anträge für die Vergabe des Goethe-Stipendiums sind schriftlich an die

Goethe-Gesellschaft, Geschäftsstelle, Postfach 2251, 99403 Weimar

zu senden.

Telefon: (0 36 43) 20 20 50; Fax: (0 36 43) 20 20 61; E-Mail: goetheges@aol.com

Die Bewerbungsunterlagen sollten bestehen aus einer ausführlichen Projektbeschreibung, einem kurzen Lebenslauf, der die wissenschaftliche Entwicklung erkennen läßt, zwei Referenzen und, falls gegeben, einer Publikationsliste.

Die Bewerbung ist jederzeit möglich. Die Kommission, die über die Vergabe der Stipendien entscheidet, tagt im Juli und Dezember. Die Unterlagen sollten spätestens am 15. Juni oder 15. November vorliegen.

Die Mitarbeiter dieses Bandes

Professor Dr. *Jeremy Adler*, King's College London, Department of German, Strand, London WC2R 2LS

Dr. *Andreas Anglet*, Venloer Straße 353, 50823 Köln

Professor Dr. *Wladimir Avetisjan*, ul. Lichvinzeva 68 a, kw. 7, 426034 Ishevsk, Rußland

Professor Dr. *Ehrhard Bahr*, University of California, Department of Germanic Languages, BOX 951539, Los Angeles, California 90095–1539

Professor Dr. Dieter Borchmeyer, Universität Heidelberg, Germanistisches Seminar, Hauptstraße 207–209, 69117 Heidelberg

Volker Braun, Wolfshagener Straße 68, 13187 Berlin

Professor Dr. *Jane K. Brown*, Universiy of Washington, Department of Germanics, Box 353130, Seattle, WA 98195–3130, USA

Doz. Dr. *Ivan Cvrkal*, Pädagogische Fakultät der Comenius Universität Bratislava, Lehrstuhl für Germanistik, Račianska 59, 81334 Bratislava

Professor Dr. *Lothar Ehrlich*, Stiftung Weimarer Klassik, Leiter des Bereichs Forschungsförderung und -organisation, Burgplatz 4, 99423 Weimar

Professor Dr. *Karl Eibl*, Institut für Deutsche Philologie, Ludwig-Maximilians-Universität München, Schellingstraße 3, 80799 München

Professor Dr. *Dietrich von Engelhardt*, Medizinische Universität zu Lübeck, Institut für Medizin- und Wissenschaftsgeschichte, Königstraße 42, 23552 Lübeck

Professor Dr. *Wolf von Engelhardt*, Paul-Lechler-Straße 5, 72076 Tübingen

Professor Dr. Dr. h. c. *Gonthier-Louis Fink*, Université des Sciences Humaines de Strasbourg „Marc Bloch", Department d'Etudes Allemandes, 22, rue Descartes, 67084 Strasbourg

Dr. *Volkhardt Germer*, Oberbürgermeister der Stadt Weimar, Postfach 2014, 99421 Weimar

Dr. *Wladimir Gilmanow*, Karl-Marx-ul. 57–2, 236001 Kaliningrad, Rußland

Professor Dr. *Heinz Gockel*, Otto Friedrich Universität Bamberg, Fakultät Sprach- und Literaturwissenschaft, Kapuzinerstraße 16, 96047 Bamberg

Dr. phil. habil. *Jochen Golz*, Stiftung Weimarer Klassik, Direktor des Goethe- und Schiller-Archivs und Präsident der Goethe-Gesellschaft, Burgplatz 4, 99423 Weimar

Professor Dr. *Eduardo Gómez*, Apartado Aéreo 22108, Bogota, Südamerika

Dr. *Karina Gómez-Montero*, Universität zu Köln, Institut für Deutsche Sprache und Literatur, Albertus-Magnus-Platz, 50923 Köln

Professor Dr. *Claus Günzler*, Pädagogische Hochschule Karlsruhe, Hodegetisches Institut, Postfach 11 10 62, 76060 Karlsruhe

Professor Dr. *George Guţu*, General Salmen 3, 7324 Bukarest 2, Rumänien

Professor Dr. Dr. h. c. *Volkmar Hansen*, Direktor des Goethe-Museums Düsseldorf, Schloß Jägerhof, Jacobistraße 2, 40211 Düsseldorf

PD Dr. *Henriette Herwig*, Universität Bern, Institut für Germanistik, Länggass-Str. 49, 3000 Bern 9, Schweiz

Dr. *Dorothea Hölscher-Lohmeyer*, Georgenstraße 20, 80799 München

Dr. *Peter Hofmann*, Simrockstraße 15, 30171 Hannover

Dr. *Peter Huber*, Franziskanerstraße 7, 81669 München

Professor Dr. Johannes Irmscher (†), Nordendstraße 49, 13156 Berlin

Dr. *Angelika Jacobs*, Universität Hamburg, Institut für Germanistik II, Neuere deutsche Literatur und Medienkultur, Von-Melle-Park 6, 20146 Hamburg

Dr. *Michael Jaeger*, Hähnelstraße 2, 12159 Berlin

Dr. *Horst Jesse*, Berlstraße 6 a, 81375 München

Dr. *Benedikt Jeßing*, Ruhr-Universität Bochum, Germanistisches Institut, 44780 Bochum

Marie-Luise Kahler, Shakespearestraße 16, 994235 Weimar

Professor Dr. *Lili Kaufmann*, Tambower Staatliche Universität, Sowjetskaja ul. 93, 392622 Tambow, Rußland

Professor Dr. Dr. h. c. *Werner Keller*, Friedrich-Schmidt-Straße 54, 50933 Köln

Dr. *Dirk Kemper*, Universität Hildesheim, Institut für Deutsche Sprache und Literatur, Marienburger Platz 22, 31141 Hildesheim

Professor Dr. *Tschong-Dae Kim*, Dankook University, German Department, Hannamdong, Yongsan-gu, 140714 Seoul, Südkorea

Dr. *Larissa Kritschil*, Dernburgstraße 2, 14057 Berlin

Dr. *Georg Kurscheidt*, Kleikamp 14 b, 48351 Alverskirchen

Professor Dr. *Bernd Leistner*, Technische Universität Chemnitz, Philosophische Fakultät/Fachgebiet Germanistik, 09107 Chemnitz

Dr. phil. habil. *Günther Mahal*, Direktor des Faust-Museums und Faust-Archivs, Kirchplatz 2, 75438 Knittlingen

Professor Dr. *Christine Maillard*, Université des Sciences Humaines de Strasbourg „Marc Bloch", Département d'Etudes Allemandes, 22, rue Descartes, 67084 Strasbourg, Frankreich

Professor Dr. *Karl Robert Mandelkow*, Heilwigstraße 37 II, 20249 Hamburg

Dr. *Peter Matussek*, Humboldt-Universität zu Berlin, Kulturwissenschaftliches Seminar, Sophienstraße 22 a, 10178 Berlin

Professor Dr. *Dieter Mehl*, Präsident der Deutschen Shakespeare-Gesellschaft, Uckerather Straße 74, 53639 Königswinter

Professor Dr. *Albert Meier*, Waitzstraße 3, 24105 Kiel

Professor Dr. *Katharina Mommsen*, 980 Palo Alt*o, California 94301–2223, USA*

Professor Dr. *Irmgard Müller*, Leiterin des Instituts für Geschichte der Medizin und der Medizinhistorischen Sammlung der Ruhr-Universität Bochum, Markstraße 258 a, Malakowturm, 44799 Bochum

Professor Dr. *Günter Niggl*, Universität Eichstätt, Luitpoldstraße 1, 85072 Eichstätt

Dr. *Petra Oberhauser*, Leiterin der Geschäftsstelle der Goethe-Gesellschaft, Burgplatz 4, 99423 Weimar

Dr. *Manfred Osten*, Generalsekretär der Alexander von Humboldt-Stiftung, Jean-Paul-Straße 12, 53173 Bonn

Dr. phil. habil. *Regine Otto*, Stiftung Weimarer Klassik, Leiterin des Bereichs Editionen, Burgplatz 4, 99423 Weimar

Professor Dr. *Christoph Perels*, Direktor des Frankfurter Goethe-Museums, Freies Deutsches Hochstift, Großer Hirschgraben 25–25, 60311 Frankfurt/M.

Dr. *Ingrid Reul*, Stettiner Weg 2, 50354 Hürth

Professor Dr. *Karl Richter*, Universität des Saarlandes, Fachbereich 8 – Neuere Sprach- und Literaturwissenschaften, Postfach 1150, 66041 Saarbrücken

Christa Rudnik, Stiftung Weimarer Klassik, Goethe- und Schiller-Archiv, Burgplatz 4, 99423 Weimar

Professor Dr. *Liisa Saariluoma*, Universität Turku, 20014 Turku, Finnland

Professor Dr. *Günter Saße*, Albert-Ludwigs-Universität Freiburg, Deutsches Seminar II, Institut für Neuere Deutsche Literatur, Postfach, 79085 Freiburg
Professor Dr. *Hans-Jürgen Schings*, Freie Universität Berlin, Fachbereich Germanistik, Habelschwerdter Allee 45, 14195 Berlin
Professor Dr. *Friedrich Schlawe*, Peter-Goessler-Straße 7, 72076 Tübingen
Professor Dr. *Gerhard Schmid*, Brucknerstraße 19, 99423 Weimar
Dr. *Irmtraut Schmid*, Brucknerstraße 19, 99423 Weimar
Professor Dr. *Eberhard Schmidhäuser*, Schulteßdamm 40, 22391 Hamburg 65
Professor Dr. *Jochen Schmidt*, Albert-Ludwigs-Universität Freiburg, Deutsches Seminar II, Institut für Neuere Deutsche Literatur, Postfach, 79085 Freiburg
Professor Dr. *Marisa Siguan*, Universitat de Barcelona, Secció de Filologia Alemanya, Gran Via de les Corts Catalanes, 585, 08007 Barcelona, Spanien
Professor Dr. *James Simpson*, University of Liverpool, Department of German School of Modern Languages, Modern Languages Building, Liverpool, L69 3BX
Doris Strack, Ziegelhäuser Landstraße 29, 69120 Heidelberg
Professor Dr. *Yoshito Takahashi*, University of Kyoto, Graduate School of Human and Environmental Studies, Yoshida-Nihonmatsu-cho, 606 Kyoto-Sakyoku, Japan
Professor Dr. *Sergej W. Turajew*, ul. Bol. Gnesdnikowski 10/704, 10300 Moskau, Rußland
Thorsten Valk, Albert-Ludwigs-Universität Freiburg, Deutsches Seminar II, Institut für Neuere Deutsche Literatur, Postfach, 79085 Freiburg
Dr. *Bernhard Vogel*, Ministerpräsident des Landes Thüringen, Regierungsstraße 73, 99084 Erfurt
Professor Dr. *Wilhelm Voßkamp*, Institut für deutsche Sprache und Literatur, Albertus-Magnus-Platz, 50923 Köln
Dr. *Volker Wahl*, Direktor des Thüringischen Hauptstaatsarchivs Weimar, Marstallstraße 2, 99423 Weimar
Prof. Dr. *Joachim Wohlleben*, Freie Universität Berlin, Fachbereich Philosophie und Geisteswissenschaften, Habelschwerdter Allee 45, 14195 Berlin
Heidi Zeilinger, Stiftung Weimarer Klassik, Burgplatz 4, 99423 Weimar

GOETHE-BIBLIOGRAPHIE 1998

Bearbeitet in der Herzogin Anna Amalia Bibliothek zu Weimar von

HEIDI ZEILINGER

Die Bibliographie erfaßt die wesentliche Goethe-Literatur des Berichtsjahres und Nachträge aus dem Jahr 1997. Teil- und Einzelausgaben Goethes, die lediglich den Text bieten, Tonträger und unveränderte Nachdrucke sowie Miszellen, Zeitungsartikel und Rezensionen sind nicht verzeichnet. Die Gliederung der Bibliographie entspricht der des Goethe-Teils in der „Internationalen Bibliographie zur deutschen Klassik 1750–1850" (Weimar), die dieser Folge wiederum zugrunde liegt und in welcher die Goethe-Literatur annähernd vollständig nachgewiesen wird. Im Abschnitt „Zu einzelnen Werken" werden die vorliegenden Arbeiten in der alphabetischen Ordnung der Originaltitel genannt. Die Titelaufnahmen entsprechen den Regeln für die alphabetische Katalogisierung (RAK). Das Register enthält die Namen von Autoren, Übersetzern, Herausgebern usw. Redaktionsschluß für diese Folge war der 30. Juli 1999.

I. Primärliteratur

1. Werkausgaben

1. Sämtliche Werke, Briefe, Tagebücher und Gespräche : 40 Bd. / hrsg. von Friedmar *Apel* … – Frankfurt a. M. : Dt. Klassiker Verl., 1998.
   Abt. 1. Sämtliche Werke. Bd. 11. Leben des Benvenuto Cellini. Übersetzungen. 1 / hrsg. von Hans-Georg *Dewitz* u. Wolfgang *Proß*. – 1557 S. : Ill. – (Bibliothek deutscher Klassiker ; 150) – Abt. 1. Sämtliche Werke. Bd. 18. Ästhetische Schriften : 1771–1805 / hrsg. von Friedmar *Apel*. – 1373 S. : Ill. – (Bibliothek deutscher Klassiker ; 151) – Abt. 1. Sämtliche Werke. Bd. 19. Ästhetische Schriften : 1806–1815 / hrsg. von Friedmar *Apel*. – 945 S. : Ill. – (Bibliothek deutscher Klassiker ; 152) – Abt. 1. Sämtliche Werke. Bd. 21. Ästhetische Schriften : 1821–1824. Über Kunst und Altertum. III–IV / hrsg. von Stefan *Greif* u. Andrea *Ruhlig*. – 1042 S. : Ill. – (Bibliothek deutscher Klassiker ; 158) – Abt. 1. Sämtliche Werke. Bd. 26. Geheimes Consilium und andere bis zur Italienreise übernommene Aufgabengebiete. Teil 1 / hrsg. von Reinhard *Kluge*. – 917 S. – (Bibliothek deutscher Klassiker ; 157) – Abt. 2. Briefe, Tagebücher und Gespräche. Bd. 4. Mit Schiller : Briefe, Tagebücher u. Gespräche vom 24. Juni 1794 bis zum 9. Mai 1805. Teil 1. Vom 24. Juni 1794 bis zum 31. Dezember 1799 / hrsg. von Volker C. *Dörr* u. Norbert *Oellers*. – 1202 S. – (Bibliothek deutscher Klassiker ; 156)
2. Werke / hrsg. von Friedmar *Apel* … – Jubiläumsausg. – Frankfurt a. M. ; Leipzig : Insel-Verl., 1998.
   In Kassette. Dünndr.
   Bd. 1. Gedichte. West-östlicher Divan / hrsg. von Hendrik *Birus* u. Karl *Eibl*. – 888 S. – Bd. 2. Dramen. Novellen / hrsg. von Dieter *Borchmeyer* … – 808 S. – Bd. 3. Faust I und II. Die Wahlverwandtschaften / hrsg. von Albrecht *Schöne* u. Waltraud *Wiethölter*. – 951 S. – Bd. 4. Die Leiden des jungen Werthers. Wilhelm Meisters Lehrjahre / hrsg. von Wilhelm *Voßkamp* u.

Waltraud *Wiethölter* unter Mitarb. von Christoph *Brecht*. – 747 S. – Bd. 5. Dichtung und Wahrheit / hrsg. von Klaus-Detlef *Müller*. – 889 S. – Bd. 6. Versepen. Schriften. Maximen und Reflexionen / hrsg. von Friedmar *Apel* … 755 S.

3. Sämtliche Werke nach Epochen seines Schaffens : 21 in 26 Bd. / hrsg. von Karl *Richter* … – Münchner Ausg. – München ; Wien : Hanser, 1998.
   Bd. 11. Divan-Jahre : 1814–1819. 1,1 / hrsg. von Karl *Richter* u. Christoph *Michel*. – 733 S. : Ill. – Bd. 11. West-östlicher Divan. 1,2 / hrsg. von Karl *Richter* in Zsarb. mit Katharina *Mommsen* u. Peter *Ludwig*. – 885 S. : Ill. – Bd. 20. Briefwechsel zwischen Goethe und Zelter in den Jahren 1799 bis 1832 / hrsg. von Edith *Zehm* u. Sabine *Schäfer* … 2. Text 1828–1832, Dokumente, Register. – S. 1090–1911 : Ill. – Bd. 20. Briefwechsel zwischen Goethe und Zelter in den Jahren 1799 bis 1832 / hrsg. von Edith *Zehm* in Zsarb. mit Hans-Georg *Dewitz* … 3. Einführung, Kommentar. – 1311 S. : Ill. – Bd. 21. Register sämtlicher Werke / bearb. von Gisela *Fichtl*. – 474 S.

2. *Teilausgaben*

4. Tagebücher : histor.-krit. Ausg. / im Auftrag der Stiftung Weimarer Klassik hrsg. von Jochen *Golz* unter Mitarb. von Wolfgang *Albrecht*, Andreas *Döhler* u. Edith *Zehm*. – Stuttgart ; Weimar : Metzler, 1998.
   Bd. 1. 1775–1787. 1. Text / hrsg. von Wolfgang *Albrecht* u. Andreas *Döhler*. – XVI, 351 S. : Ill. – Bd. 1. 1775–1787. 2. Kommentar / hrsg. von Wolfgang *Albrecht* u. Andreas *Döhler*. – S. 357–911.

3. *Briefausgaben und Briefwechsel*

5. „Behalte mich ja lieb!“ : Christianes u. Goethes Ehebriefe / Ausw. u. Nachw. von Sigrid *Damm*. – Frankfurt a. M. ; Leipzig : Insel-Verl., 1998. – 115 S. – (Insel-Bücherei ; 1190)
6. Geschichte meines Herzens : Briefe an Ernst Wolfgang Behrisch / hrsg. u. mit e. Anh. vers. von Wilhelm *Große*. – Frankfurt a. M. ; Leipzig : Insel-Verl., 1998. – 121 S. – (Insel-Bücherei ; 1189)

4. *Einzelausgaben*

7. Die erste Weimarer Gedichtsammlung / hrsg. u. mit e. Nachbemerkung vers. von Helmut *Brandt*. – Weimar : Bernd Dietzel, 1997. – 74 S. – (Klassik)
8. Selected poems / transl. by John *Whaley*. Introd. by Matthew *Bell*. – London : Dent, 1998. – XXXIX, 175 S.
   New translation.
9. Über Laokoon (1798). – Nachdr. der Ausg. von 1896 in: Goethes Werke, Weimarer Ausgabe. I. Abt., 47. Bd. / mit e. Nachw. von Ernst *Osterkamp*. – Stuttgart ; Weimar : Metzler ; Weimar : Verl. Hermann Böhlaus Nachf., 1998. – S. 102–117, 34 S. : Ill.
10. Poems of the West and East : West-Eastern Divan – West-östlicher Divan ; bi-lingual ed. of the complete poems / verse transl. by John *Whaley*. With an introd. by Katharina *Mommsen*. – Bern [u. a.] : Lang, 1998. – XXX, 490 S. – (Germanic studies in America ; 68)

II. Sekundärliteratur

1. *Allgemeines. Gesamtdarstellungen über Leben und Werk. Bibliographie und Sammelbände*

11. *Gille*, Klaus F.: Zwischen Kulturrevolution und Nationalliteratur : ges. Aufsätze zu Goethe u. seiner Zeit / hrsg. von Hannelore *Scholz* … – Berlin : Trafo-Verl., 1998. – 308 S. : Ill.

12. Goethe-Handbuch : in 4 Bd. / hrsg. von Bernd *Witte* ... – Stuttgart ; Weimar : Metzler, 1998. Bd. 4. Personen, Sachen, Begriffe / hrsg. von Hans-Dietrich *Dahnke* u. Regine *Otto*. 1. A–K. – XVII, 644 S. : Ill. – Bd. 4. Personen, Sachen, Begriffe / hrsg. von Hans-Dietrich *Dahnke* u. Regine *Otto*. 2. L–Z. – XVII S., S. 645–1270 : Ill.
13. Goethes Gespräche : e. Sammlung zeitgenöss. Berichte aus seinem Umgang / auf Grund der Ausg. u. des Nachlasses von Flodoard Freiherrn von *Biedermann* erg. u. hrsg. von Wolfgang *Herwig*. – Biedermannsche Ausg., Taschenbuchausg. – München : Dt. Taschenbuch-Verl., 1998.
Bd. 1. 1749–1805. – 1027 S. – Bd. 2. 1805–1817. – 1230 S. – Bd. 3. Teil 1. 1817–1825. – 883 S. – Bd. 3. Teil 2. 1825–1832. – 967 S. – Bd. 4. Kommentar. – XVIII, 578 S. – Bd. 5. Nachklang, Nachträge, Register. – 642 S.
14. Goethe-Wörterbuch / hrsg. von der Berlin-Brandenburg. Akad. der Wiss. ... – Stuttgart [u. a.] : Kohlhammer.
Bd. 3. Lfg. 12. Gemäldeausstellung–Gesäusel / wiss. Ltg. Heimo *Reinitzer* ... – 1998. – Sp. 1409–1536.
15. Johann Wolfgang Goethe : zum 250. Geburtstag / zsgest. von Hans-Joachim *Simm*. – Frankfurt a. M. ; Leipzig : Insel-Verl., 1998. – 255 S. : Ill. – (Insel-Almanach auf das Jahr 1999)
16. *Lösch*, Michael: Who's who bei Goethe. – Orig.-Ausg. – München : Dt. Taschenbuch-Verl., 1998. – 336 S. – (dtv ; 32535)
17. *Matussek*, Peter: Goethe zur Einführung. – Hamburg : Junius, 1998. – 235 S. – (Zur Einführung ; 172)
18. *Perels*, Christoph: Goethe in seiner Epoche : 12 Versuche. – Tübingen : Niemeyer, 1998. – 251 S.
19. *Schulz*, Gerhard: Exotik der Gefühle : Goethe u. seine Deutschen. – München : Beck, 1998. – 223 S.
20. *Weitz*, Hans-J.: Der einzelne Fall : Funde u. Erkundungen zu Goethe. – Weimar : Verl. Hermann Böhlaus Nachfolger, 1998. – 365 S. : Ill. – (Schriften der Goethe-Gesellschaft ; 66)
21. *Wilpert*, Gero von: Goethe-Lexikon. – Stuttgart : Kröner, 1998. – X, 1227 S. – (Kröners Taschenausgabe ; 407)

2. *Biographisches. Beziehungen zu Zeitgenossen*

22. *Appel*, Sabine: Im Feengarten : Goethe u. die Frauen. – Stuttgart : Dt. Verl.-Anst., 1998. – 592 S. : Ill.
23. *Birus*, Hendrik: „Ich möcht nicht gern vergessen sein" : Goethes Stammbuchverse. – In: Erkennen und Erinnern in Kunst und Literatur : Kolloquium Reisensburg, 4.–7. Januar 1996 / in Verbindung mit Wolfgang *Frühwald* hrsg. von Dietmar *Peil* ... – Tübingen, 1998. – S. 487 bis 515.
24. *Böttiger*, Karl August: Literarische Zustände und Zeitgenossen : Begegnungen u. Gespräche im klass. Weimar / hrsg. von Klaus *Gerlach* u. René *Sternke*. – Berlin : Aufbau-Verl., 1998. – 601 S.
25. *Cardinal*, Roger: The passionate traveller : Goethe in Italy. – In: Publications of the English Goethe Society. N. S. Vol. 67. 1997. Leeds 1998. S. 17–32.
26. *Constantine*, David: Goethe and the Hamiltons. – In: Oxford German studies. Vol. 26. 1997. Oxford 1998. S. 101–131.
27. *Damm*, Sigrid: Christiane und Goethe : e. Recherche. – Frankfurt a. M. ; Leipzig : Insel-Verl., 1998. – 540 S. : Ill.
28. *Debon*, Günther: Nachlese zu Goethes Tagen in Heidelberg. – In: Heidelberger Jahrbücher. Bd. 42. Berlin [u. a.] 1998. S. 191–208.
29. *Dinglinger*, Wolfgang: Goethes Verlust ist eine Nachricht, die Einen wieder so arm macht! : Begegnungen zwischen Goethe u. Mendelssohn. – In: Goethe-Spuren : e. Lese-Buch zum Konzertprojekt ; Konzerthaus Berlin 1998/99 / Hrsg. Konzerthaus Berlin/Schauspielhaus

am Gendarmenmarkt. Konzeption u. Red. Heike *Hoffmann* … – Göttingen, 1998. – S. 269 bis 279 : Ill.

30. *Dusini*, Arno: „Leere und Todtenstille in und außer mir" : Goethes Tagebuch zum 6. Juni 1816. – In: Germanisch-romanische Monatsschrift. N. F. Bd. 48. Heidelberg 1998. H. 2, S. 165–178.
31. *Ebersbach*, Volker: Carl August von Sachsen-Weimar-Eisenach : Goethes Herzog u. Freund. – Köln [u. a.] : Böhlau, 1998. – 276 S. : Ill.
32. *Guthke*, Karl S.: Mißgunst am „Musensitz" : e. reisender Engländer bei Goethe u. Schiller. – In: German life and letters. N. S. Vol. 51. Oxford ; Cambridge 1998. Nr. 1, S. 15–27.
Es handelt sich um George Butler, der 1798 u. 1801 mit Goethe u. Schiller zusammentraf.
33. *Klauß*, Jochen: Goethes Deutschland : Orte u. Stätten von Aachen bis Zwickau aus der Sicht des Dichters. – Stuttgart : Dt. Verl.-Anst., 1998. – 331 S. : Ill.
34. *Kneffel*, Heidelore ; *Junker*, Jörg-Michael: Vieles gibt uns die Zeit : Goethe-Begegnungen / hrsg. vom Inst. für Regionalgeschichte u. Denkmalpflege e. V. Bleicherode. – Nordhausen : Kodi-Satzstudio Neukirchner, 1998. – 123 S. : Ill.
35. *Köhler*, Christoph: Goethes Beziehungen zur Gothaer Residenz. – In: Die Residenzstadt Gotha in der Goethe-Zeit / Hans *Erkenbrecher* ; Helmut *Roob* … – Bucha bei Jena, 1998. – S. 23–50 : Ill. – (Palmbaum-Texte ; 5 : Kulturgeschichte)
36. *Lacoste*, Jean: Goethe en grand homme. – In: Romantisme. Année 28. Paris 1998. No. 100, S. 115–129.
37. *Raabe*, Paul: Goethe in Halle. – In: Die Franckeschen Stiftungen zu Halle im Goethe-Jahr 1999 : Jahresprogramm / hrsg. von Penelope *Willard*. – Halle, 1998. – S. 12–35 : Ill. – (Schriften der Franckeschen Stiftungen ; 9) (Jahresgabe … des Freundeskreises der Franckeschen Stiftungen e. V. ; 1998)
38. *Rychner*, Max: Goethe und Sulpiz Boisserée (1951). – In: M. *Rychner*: Bei mir laufen Fäden zusammen : literar. Aufsätze, Kritiken, Briefe / hrsg. von Roman *Bucheli*. – Göttingen, 1998. – S. 135–142. – (Veröffentlichungen der Deutschen Akademie für Sprache u. Dichtung ; 74)
39. *Schwedt*, Georg: Goethes Reisen an den Rhein. – Bonn : Bouvier, 1998. – 186 S. : Ill.
40. *Seehafer*, Klaus: Mein Leben ein einzig Abenteuer : Johann Wolfgang Goethe ; Biografie. – Berlin : Aufbau-Verl., 1998. – 496 S. : Ill.
41. „Unwandelbar G." : e. Lesebuch zu Goethes Leben in 12 Kap. / eingel. u. hrsg. von Peter *Schünemann*. – Orig.-Ausg. – München : Beck, 1998. – 350 S. – (Beck'sche Reihe ; 1279)
Chronik von Goethes Leben in Texten von ihm selbst u. seinen Zeitgenossen.
42. *Williams*, John R.: The life of Goethe : a critical biography. – Oxford ; Malden/Mass. : Blackwell Publ., 1998. – XIV, 318 S. : Ill. – (Blackwell critical biographies ; 10)

3. *Weltanschauung. Dichterisches und wissenschaftliches Schaffen*

43. *Adler*, Jeremy: The aesthetics of magnetism : science, philosophy and poetry in the dialogue between Goethe and Schelling. – In: The third culture: literature and science / ed. by Elinor S. *Shaffer*. – Berlin ; New York, 1998. – S. 66–102 : Ill. – (European cultures ; 9)
44. *Ashizu*, Takeo: Die Architektur als verstummte Musik. – In: Gête-nenkan. Goethe-Jahrbuch. Bd. 40. Tôkyô 1998. S. 7–19. [In dt. Sprache.]
45. *Bertho*, Sophie: Les Anciens et les Modernes : la question de l'ekphrasis chez Goethe et chez Proust. – In: Revue de littérature comparée. Année 72. Paris 1998. No. 1, S. 53–62.
46. *Bestebreurtje*, Frank: „Das Unbeschreibliche / hier ist's getan" : die Bedeutung der Schweizer Natur für Goethes Kunstauffassung. – In: Vivat Helvetia : die Herausforderung e. nationalen Identität / hrsg. von Jattie *Enklaar* u. Hans *Ester*. – Amsterdam ; Atlanta/Ga., 1998. – S. 141–154. – (Duitse kroniek ; 48)
47. *Brandmeyer*, Rudolf: Die Gedichte des jungen Goethe : e. gattungsgeschichtl. Einf. – Göttingen : Vandenhoeck & Ruprecht, 1998. – 236 S. – (UTB für Wissenschaft : Uni-Taschenbücher ; 2062)

48. *Buck*, Theo: Goethe als Dramatiker. – In: Goethe-Yŏngu. Goethe-Studien. Bd. 9. Seoul 1997. S. 377–405. [In dt. Sprache.]
49. *Canisius*, Claus: Goethe und die Musik. – München ; Zürich : Piper, 1998. – 265 S. : Ill.
50. *Chon*, Young-Ae: Die künstlerische Existenz heute und bei Goethe : zu seinen Künstlergedichten. – In: Goethe-Yŏngu. Goethe-Studien. Bd. 9. Seoul 1997. S. 221–236. [In dt. Sprache mit korean. Zsfassung S. 237–238.]
51. *Costazza*, Alessandro: Das „Charakteristische" als ästhetische Kategorie der deutschen Klassik : e. Diskussion zwischen Hirt, Fernow u. Goethe nach 200 Jahren. – In: Jahrbuch der Deutschen Schillergesellschaft. Jg. 42. Stuttgart 1998. S. 64–94.
52. *Dressler*, Hilmar: Chladnis Klang- und Seebecks Farbfiguren in Goethes Vergleich und einige Widerspiegelungsaspekte der Farbe-Ton-Analogien in der Ästhetik der Goethe-Zeit. – In: Jahrbuch des Wiener Goethe-Vereins. Bd. 100/101. 1996/97. Wien 1998. S. 55–68 : Ill., Noten
53. *Ehrich-Haefeli*, Verena: Individualität als narrative Leistung : zum Wandel der Personendarstellung in Romanen um 1770 – Sophie LaRoche, Goethe, Lenz. – In: Geschichte und Vorgeschichte der modernen Subjektivität / hrsg. von Reto Luzius *Fetz* ... Bd. 2. – Berlin ; New York, 1998. – S. 811–843. – (European cultures ; 11)
54. *Fetscher*, Justus: Verzeichnungen : Kleists „Amphitryon" u. seine Umschrift bei Goethe u. Hofmannsthal. – Köln [u. a.] : Böhlau, 1998. – VIII, 448 S. – (Literatur u. Leben ; 43)
55. *Fink*, Gonthier-Louis: L'image du peuple chez Goethe. – In: Recherches germaniques. No. 27. Strasbourg 1997. S. 33–55.
56. *Fink*, Gonthier-Louis: Die narrativen Masken des romantischen Erzählers: Goethe, Novalis, Tieck, Hoffmann : von der symbol. zur phantast. Erzählung / ins Dt. übertragen von Ute *Harbusch*. – In: Dimensionen des Phatastischen : Studien zu E. T. A. Hoffmann / Jean-Marie *Paul* (Hrsg.) Red. der dt. Ausg.: Michael *Hofmann*. – St. Ingbert, 1998. – S. 71–110. – (Saarbrücker Beiträge zur Literaturwissenschaft ; 61)
57. *Folkers*, Horst: Ein Tag im Leben Goethes und sein Wort zur neueren Philosophie. – In: Jahrbuch des Freien Deutschen Hochstifts. Jg. 1998. Tübingen 1998. S. 36–67.
58. *Frantzke*, Thomas: Goethes Schauspiele mit Gesang und Singspiele 1773–1782. – Frankfurt a. M. [u. a.] : Lang, 1998. – 308 S. – (Europäische Hochschulschriften : Reihe 1, Dt. Sprache u. Literatur ; 1671)
59. Goethe scienziato / a cura di Giulio *Giorello* e Agnese *Grieco*. – Torino : Einaudi, 1998. – X, 558 S. : Ill., graph. Darst. – (Piccola Biblioteca Einaudi ; 651)
Darin: *Giorello*, Giulio ; *Grieco*, Agnese: Una bella successione di molteplici forme, S. 3–25. – *Engelhardt*, Dietrich von: Goethe e la scienza dell'epoca romantica / trad. di Lucia *Parlato*, S. 29–50. – *Sini*, Carlo: Della progressione nell'infinito attraverso il finito, S. 51–70. – *Basfeld*, Martin: Il colore è la natura conforme al senso dell'occhio / trad. di Anna Maria *Morazzoni*, S. 71–90. – *Tagliagambe*, Silvano: Simbolo e confine : Goethe e la culture russa, S. 91–121. – *Schmitz*, Hermann: La teoria dei colori goethiana alla luce della nuova fenomenologia / trad. di Anna Maria *Morazzoni*, S. 125–146. – *Grieco*, Agnese: L'apparire del bello e il manifestarsi del vero : considerazioni scettiche, S. 147–168. – *Fink*, Karl J.: Immagini virtuali nella scienza di Goethe / trad. di Maria Luisa *Donati*, S. 169–193 : Ill. – *Giacomoni*, Paola: „Vis superba formae" : Goethe e l'idea di organismo tra estetica e morfologia, S. 194–229 : Ill. – *Dreyer*, Ernst-Jürgen: La via di Goethe verso una nuova visione del fenomeno dei suoni armonici / trad. di Gabrio *Taglietti*, S. 230–249 : Ill. – *Thom*, René: Goethe e la pregnanza delle origini / trad. di Marco *Panza*, S. 253–297 : Ill. – *Moiso*, Francesco: La scoperta dell'osso intermascellare e la questione del tipo osteologico, S. 298–337. – *Bockemühl*, Jochen: La fecondità della concezione scientifica di Goethe per il presente / trad. di Anna Maria *Morazzoni*, S. 338–360 : Ill. – *Ziegler*, Renatus: Matematica come scienza dello spirito / trad. di Marialuisa *Donati*, S. 361– 390 : Ill. – *Sarà*, Michele: Un'interpretazione olistica dell'evoluzione, S. 393–409. – *Mondella*, Felice: Visione ideografica della natura e gerarchia nei viventi, S. 410–425. – *Goodwin*, Brian: Goethe e la scienza qualitativa / trad. di Maria Rosa *Accettola*, S. 426–455. – *Webster*, Gerry: La lotta con Proteo : Goethe, Cassirer e il concetto di forma / trad. di Maria Rosa *Accettola*, S. 456–478. –

Welch, G. Rickey: Gestalt, Bildung, Urphänomen : un'interpretazione fisicalista / trad. di Francesco *Bertuzzi* e Maria Luisa *Donati*, S. 481–507. – *Bozzi*, Paolo: Cacciatori e cuochi : alcuni appunti di Goethe nelle perplessità di un percettologo d'oggi, S. 508–523. – *Sermonti*, Giuseppe: Miseria dello sperimentalismo, S. 524–538. – *Gögelein*, Christoph: Conoscere la natura attraverso l'uomo / trad. di Lucia *Parlato*, S. 539–549.

60. Goethe und die Verzeitlichung der Natur / hrsg. von Peter *Matussek*. – München : Beck, 1998. – 571 S. : Ill., Noten, graph. Darst. – (Kulturgeschichte der Natur in Einzeldarstellungen)
Darin u.a.: *Matussek*, Peter: Transformationen der Naturgeschichte: Thema und Kompositionsprinzip : Einl., S. 7–14. – *Nisbet*, Hugh Barr: Naturgeschichte und Humangeschichte bei Goethe, Herder und Kant, S. 15–43. – *Kuhn*, Dorothea: Geschichte, begriffen als Beschreibung, als Biographie und als Historie : Goethes Konzepte, S. 44–57. – *Engelhardt*, Dietrich von: Natur und Geist, Evolution und Geschichte : Goethe in seiner Beziehung zur romant. Naturforschung u. metaphys. Naturphilosophie, S. 58–74. – *Barkhoff*, Jürgen: Tag- und Nachtseiten des animalischen Magnetismus : zur Polarität von Wissenschaft u. Dichtung bei Goethe, S. 75–100. – *Pörksen*, Uwe: Raumzeit : Goethes Zeitbegriff aufgrund seiner sprachl. Darst. geolog. Ideen u. ihrer Visualisierung, S. 101–127 : Ill. – *Fehrenbach*, Frank: „Das lebendige Ganze, das zu allen unsern geistigen und sinnlichen Kräften spricht" : Goethe u. das Zeichnen, S. 128–156. – *Zabka*, Thomas: Ordnung, Willkür und die „wahre Vermittlerin" : Goethes ästhet. Integration von Natur- u. Gesellschaftsidee, S. 157–177. – Literaturverz. S. 518–548.

61. Goethe-Spuren : e. Lese-Buch zum Konzertprojekt ; Konzerthaus Berlin 1998/99 / Hrsg. Konzerthaus Berlin/Schauspielhaus am Gendarmenmarkt. Konzeption u. Red. Heike *Hoffmann* … – Göttingen : Wallstein-Verl., 1998. – 293 S. : Ill.
Darin u.a.: *Budde*, Elmar: Goethe und die Musik, S. 15–35. – *Kimpel*, Dieter: Goethes gestaltästhetische Betrachtung der Natur, S. 39–54. – *Traber*, Habakuk: Nichts ist musikalischer als ein Sonnenuntergang : wie Goethes Naturanschauung musikal. Wirkung zeigte, S. 57–75. – *Stellmacher*, Wolfgang: Goethe und die Volkspoesie, S. 79–95. – *Mertens*, Volker: Neue, bedeutende Melodien : Kunstmusik, Volkslied u. Goethe, S. 97–107. – *Borchmeyer*, Dieter: Goethe – Universalist des Theaters, S. 113–126. – *Müller*, Gerhard: Goethe und das musikalische Theater, S. 129–151. – *Riedel*, Volker: Goethe und die Antike, S. 171–187. – *Andraschke*, Peter: Von Helden und Mythen, S. 191–210.

62. *Grimm*, Reinhold R.: Die Weimarer Preisaufgaben für bildende Künstler im europäischen Kontext. – In: Die schöne Verwirrung der Phantasie : antike Mythologie in Literatur u. Kunst um 1800 / hrsg. von Dieter *Burdorf* u. Wolfgang *Schweickard* … – Tübingen ; Basel, 1998. – S. 207–234 : Ill.

63. *Hamm*, Heinz: Goethe und die französische Zeitschrift „Le Globe" : e. Lektüre im Zeichen der „Weltliteratur". – Weimar : Verl. Hermann Böhlaus Nachfolger, 1998. – 500 S. : Ill.

64. *Horn*, Eva: Trauer schreiben : die Toten im Text der Goethezeit. – München : Fink, 1998. – 266 S. – (Theorie u. Geschichte der Literatur u. der schönen Künste ; 95 : Reihe A, Hermeneutik, Semiotik, Rhetorik ; 11)
Darin: Tropen der Abwehr : Goethe, S. 95–163.

65. *Hortschansky*, Klaus: Das Händel-Bild Goethes und Zelters. – In: Händel-Jahrbuch. Jg. 44. Kassel 1998. S. 8–14.

66. *Hummel*, Siegbert: Goethes Beziehung zum Orient. – Ulm : Fabri-Verl., 1998. – 120 S. : Ill.

67. *Hyss*, Lothar: Johann Wolfgang von Goethe und das Residenzschloß zu Weimar : die Geschichte vom Wiederaufbau des Weimarer Residenzschlosses in den Jahren 1789–1803. – Meckenheim : Warlich, 1997. – 96 S. : Ill.

68. *Kaiser*, Gerhard: Idee oder Körper : zu Schillers u. Goethes Rezeptionsweise antiker Plastik. – In: Antiquitates Renatae : dt. u. franz. Beitr. zur Wirkung der Antike in der europ. Literatur ; Festschr. für Renate Böschenstein zum 65. Geburtstag / hrsg. von Verena *Ehrich-Haefeli* … – Würzburg, 1998. – S. 165–176.

69. *Koopmann*, Helmut: Schriften von Schiller und Goethe. – In: Schiller-Handbuch / hrsg. von Helmut *Koopmann*. – Stuttgart, 1998. – S. 639–652.

70. *Krüsmann*, Elke: Goethe als Geologe. – In: Welfengarten. Jahrbuch für Essayismus. Jg. 9. 1999. Hannover 1998. S. 110–125.
71. *Kuhn*, Bernhard: Natural history and the history of the self : botany, geology, and autobiography in the works of Goethe and Rousseau. – In: Colloquium Helveticum. H. 25. Bern [u. a.] 1997. S. 41–62.
72. *Linder*, Luz-María: Goethes Bibelrezeption : hermeneut. Reflexion, fiktionale Darstellung, histor.-krit. Bearbeitung. – Frankfurt a. M. [u. a.] : Lang, 1998. – VIII, 210 S. – (Europäische Hochschulschriften : Reihe 1, Dt. Sprache u. Literatur ; 1691)
73. *Molnár*, Géza von: Goethes Einsicht in die „Wissenschaftslehre". – In: Athenäum. Jahrbuch für Romantik. Jg. 7. Paderborn [u. a.] 1997. S. 167–192.
74. *Mommsen*, Katharina: „Liegt dir Gestern klar und offen ..." : „Multikulturelles" in Goethes Spruchdichtung. – In: Kairoer germanistische Studien. Bd. 10. Kairo 1997. S. 555–572.
75. *Mori*, Yoshihito: Goethes „offenbares Geheimnis" als Symbol und das Problem der Sprache. – In: Herder-Studien. Herder-Ges. Japan. Bd. 4. Tokyo 1998. S. 72–91. [In japan. Sprache mit dt. Zsfassung S. 92–93.]
76. *Müller-Dietz*, Heinz: Goethe und die Todesstrafe. – In: Jahrbuch der Deutschen Schillergesellschaft. Jg. 42. Stuttgart 1998. S. 120–145.
77. *Neubauer*, John: Goethe and the language of science. – In: The third culture: literature and science / ed. by Elinor S. *Shaffer*. – Berlin ; New York, 1998. – S. 51–65. – (European cultures ; 9)
78. *Oesterle*, Günter: Goethe und Diderot: Camouflage und Zynismus : „Rameaus Neffe" als dt.-franz. Schlüsseltext. – In: Marianne – Germania : dt.-franz. Kulturtransfer im europ. Kontext 1789–1914 / hrsg. von E. *François* ... Bd. 1. – Leipzig, 1998. – S. 361–382. – (Deutsch-französische Kulturbibliothek ; 10)
79. *Ponzi*, Mauro: Passione e melanconia nel giovane Goethe. – Roma : Lithos Ed.
Vol. 1. – 1997. – 261 S. – (I saggi ; 7)
80. *Reed*, T[erence] J.: Rhyme and reason : enlightenment by other means. – In: Publications of the English Goethe Society. N. S. Vol. 67. 1997. Leeds 1998. S. 1–16.
81. *Rölleke*, Heinz: Beiträge zur Goethe-Philologie. – In: Euphorion. Bd. 92. Heidelberg 1998. H. 1, S. 125–133.
82. *Rothe*, Wolfgang: Goethe, der Pazifist : zwischen Kriegsfurcht u. Friedenshoffnung. – Göttingen : Vandenhoeck & Ruprecht, 1998. – 142 S. – (Kleine Reihe V & R ; 4002)
83. *Rothe*, Wolfgang: Der politische Goethe : Dichter u. Staatsdiener im dt. Spätabsolutismus. – Göttingen : Vandenhoeck u. Ruprecht, 1998. – 239 S. – (Sammlung Vandenhoeck)
84. *Schieren*, Jost: Anschauende Urteilskraft : method. u. philos. Grundlagen von Goethes naturwissenschaftl. Erkennen. – Düsseldorf ; Bonn : Parerga, 1998. – 240 S.
85. *Schneckenburger*, Stefan: In tausend Formen magst du dich verstecken – Goethe und die Pflanzenwelt : Begleitheft zur Ausstellung anläßl. des Goethe-Jahres 1999 im Palmengarten der Stadt Frankfurt a. M. – Frankfurt a. M. : Palmengarten der Stadt Frankfurt a. M., 1998. – 94 S. : Ill. – (Palmengarten ; Sonderh. 29)
86. *Schober*, Angelika: Goethe zwischen Orient und Okzident, Tradition und Innovation. – In: Kairoer germanistische Studien. Bd. 10. Kairo 1997. S. 693–701.
87. *Schödlbauer*, Ulrich: Der „schreckliche Zug" : Lesarten des Irrationalen bei Goethe. – In: Zeitschrift für deutsche Philologie. Bd. 117. Berlin 1998. H. 4, S. 497–515.
88. *Schwedt*, Georg: Goethe als Chemiker. – Berlin [u. a.] : Springer, 1998. – VIII, 373 S. : Ill.
89. *Trunz*, Erich: Frauengestalten in Goethes Leben und Dichtung : e. Briefwechsel [zwischen Maria Wimmer u. Erich Trunz] / mitget. von Erich *Trunz*. – In: Jahrbuch des Wiener Goethe-Vereins. Bd. 100/101. 1996/97. Wien 1998. S. 7–13.
90. *Ueki*, Michiko: Heckenausdrücke in Goethes naturwissenschaftlichen Schriften. – In: Gêtenenkan. Goethe-Jahrbuch. Bd. 40. Tôkyô 1998. S. 47–56. [In dt. Sprache.]
91. *Weber*, Heinz-Dieter: Goethe und der Historismus. – In: Saeculum. Bd. 48. Freiburg i. Br. ; München 1997. Halbbd. 1, S. 72–94.

92. *Wyder*, Margrit: Goethes Naturmodell : die Scala Naturae u. ihre Transformationen. – Köln [u. a.] : Böhlau, 1998. – VIII, 340 S. : Ill.
93. *Yom*, Syng-Sup: Der strebende Mensch bei Goethe und Hölderlin. – In: Goethe-Yŏngu. Goethe-Studien. Bd. 9. Seoul 1997. S. 239–253. [In dt. Sprache mit korean. Zsfassung S. 254–255.]

4. *Zu einzelnen Werken*

94. Babić, Josip: Geteova pesma „Mesecu" u nemačkoj nauci o književnosti. – Beograd : Geteova Društvo, 1998. – 185 S. – (Studije Geteovog društva u Beogradu ; 1 = Schriften der Goethe-Gesellschaft in Belgrad ; 1) [Goethes „An den Mond" in der deutschen Literaturwissenschaft.]
95. *Yu*, Tianxin: Goethes später Gedichtzyklus „Chinesisch-Deutsche Jahres- und Tageszeiten". – In: Welfengarten. Jahrbuch für Essayismus. Jg. 9. 1999. Hannover 1998. S. 140 bis 158.
96. *Gärtner*, Michael: Zur Psychoanalyse der literarischen Kommunikation : „Dichtung und Wahrheit" von Goethe. – Würzburg : Königshausen u. Neumann, 1998. – 228 S. – (Freiburger literaturpsychologische Studien ; 4)
97. *Wyka*, Kazimierz: „Dichtung und Wahrheit" in Adam Mickiewiczs „Pan Tadeusz" (Vortrag 1972). – In: Adam Mickiewicz : Leben u. Werk / hrsg. von Bonifacy *Miązek*. – Frankfurt a. M. [u. a.], 1998. – S. 161–179.
98. *Erochin*, A. V.: Vlast' i simvol v „Ėgmonte" Gete. – In: Naučnye doklady vysšej školy. Filolog. nauki. God izd. 40. Moskva 1998. Nr. 5/6, S. 38–46. [Macht u. Symbol in Goethes „Egmont".]
99. *John*, David G.: Images of Goethe through Schiller's „Egmont". – Montreal [u. a.] : McGill-Queen's Univ. Press, 1998. – X, 326 S. : Ill.
100. *John*, David G.: Margarete von Parma in Goethe's „Egmont" : text and performance. – In: Queering the canon : defying sights in German literature and culture / ed. by Christoph *Lorey* and John L. *Plews*. – Columbia/SC, 1998. – S. 126–141 : 1 Ill. – (Studies in German literature, linguistics, and culture)
101. *Simpson*, James: Freud and the Erl King. – In: Oxford German studies. Vol. 27. Oxford 1998. S. 30–63.
102. *John*, Hans: Felix Mendelssohn Bartholdys Kantate „Erste Walpurgisnacht" op. 60. – In: Werner Felix : Festschrift zum 70. Geburtstag / Hrsg. Torsten *Fuchs* u. Michael *Zock* ... – Frankfurt (Oder), 1997. – S. 152–168.
103. *Takahashi*, Yoshito: Japanisches und europäisches Frühlingsfest : mit e. Blick auf den volkskundl. Hintergrund des „Walpurgisnachtstraums" in Goethes „Faust I" u. seine Ballade „Die erste Walpurgisnacht". – In: Gête-nenkan. Goethe-Jahrbuch. Bd. 40. Tôkyô 1998. S. 97–115. [In dt. Sprache.]
104. *Böhme*, Hartmut: Fetisch und Idol : die Temporalität von Erinnerungsformen in Goethes „Wilhelm Meister", „Faust" u. „Der Sammler und die Seinigen". – In: Goethe und die Verzeitlichung der Natur / hrsg. von Peter *Matussek*. – München, 1998. – S. 178–201. – (Kulturgeschichte der Natur in Einzeldarstellungen)
105. *Corkhill*, Alan: Language discourses in Goethe's „Faust II". – In: Unravelling the labyrinth : decoding text and language ; Festschr. for Eric Lowson Marson / Kerry *Dunne* ; Ian R. *Campbell* (eds.). – Frankfurt a. M. [u. a.], 1997. – S. 57–73.
106. *Danuser*, Hermann: Natur-Zeiten in transzendenter Landschaft : Gustav Mahlers „Faust"-Komposition in der „Achten Symphonie". – In: Goethe und die Verzeitlichung der Natur / hrsg. von Peter *Matussek*. – München, 1998. – S. 301–325 : Noten. – (Kulturgeschichte der Natur in Einzeldarstellungen)
107. *Destro*, Alberto: Faust, Johannes und die Geschichte. – In: Studi germanici. N. S. Anno 35. Roma 1997. Nr. 1, S. 7–23.

108. *Dettmering*, Peter: „Wie eine große Schwammfamilie ...“ : psychoanalyt. Anmerkungen zu Goethes „Faust“ (1996). – In: P. Dettmering: Formen des Grandiosen : literaturanalyt. Arbeiten 1985–1995. – Eschborn bei Frankfurt a. M., 1998. – S. 18–34.
109. *Falkner*, Silke R.: „Love only succors / Those who can love“ : Mephisto's desiring gaze in Goethe's „Faust“. – In: Queering the canon : defying sights in German literature and culture / ed. by Christoph *Lorey* and John L. *Plews*. – Columbia/SC, 1998. – S. 142–158. – (Studies in German literature, linguistics, and culture)
110. *Giesen*, Sebastian: „Den Faust, dächt' ich, gäben wir ohne Holzschnitte und Bildwerk“ : Goethes „Faust“ in der europ. Kunst des 19. Jh. – 1998. – 329 S.
Aachen, Techn. Hochsch., Diss., 1998.
111. *Guţu*, George: Echivalenţe lingvistice în noua versiune a lui „Faust“ de Goethe în româneşte. – In: Die Sprache ist das Haus des Seins : sprachwiss. Aufsätze / hrsg. von George *Guţu* ... – Bucureşti, 1998. – S. 305–320. – (GGR-Beiträge zur Germanistik ; 3) [Sprachäquivalente in e. neuen rumän. Version von Goethes „Faust“.]
112. *Haehn*, Walter: Gedanken und Illustrationen zu Johann Wolfgang von Goethes „Faust, der Tragödie II. Teil“. – [Köln] : Eigenverl., [1998]. – 155 S. : Ill.
113. *Jakuševa*, Galina Viktorovna: Faust i Mefistofel' včera i segodnja. – Moskva : Trudy Getevskoj Komissii pri Sovete po Istorii Mirovoj Kul'tury RAN, 1998. – 118 S. [Faust u. Mephisto – gestern u. heute.]
114. *Jasper*, Willi: Faust und die Deutschen. – Berlin : Rowohlt, 1998. – 303 S. : Ill.
115. *Jeon*, Dong-Youl: Gretchen und Helena in Goethes „Faust“ : von der poet. u. geschichtl. Struktur des Werkes aus betrachtet. – In: Goethe-Yŏngu. Goethe-Studien. Bd. 9. Seoul 1997. S. 29–51. [In korean. Sprache mit dt. Zsfassung S. 51–52.]
116. *Jung*, Su-Ung: Die griechischen Mythen in Goethes „Faust“. – In: wie oben, S. 53–73. [In korean. Sprache mit dt. Zsfassung S. 73–74.]
117. *Koepnick*, Lutz P.: Simulating simulation : art and modernity in „Faust II“. – In: Seminar. Vol. 34. Toronto 1998. Nr. 1, S. 1–25.
118. *Kreutzer*, Leo: Tod in blühender Landschaft : woran in „Faust II“ Philemon u. Baucis sterben. – In: Welfengarten. Jahrbuch für Essayismus. Jg. 9. 1999. Hannover 1998. S. 159–170.
119. *Lipiński*, Krzysztof: Politik in Goethes „Faust II“. – In: Literatur und Politik in der Heine-Zeit : die 48er Revolution in Texten zwischen Vormärz u. Nachmärz / hrsg. von Hartmut *Kircher* u. Maria *Kłańska*. – Köln [u. a.], 1998. – S. 27–39.
120. *Mahal*, Günther: Faust : Untersuchungen zu e. zeitlosen Thema. – Neuried : Ars Una, 1998. – V, 803 S.
121. *Mattenklott*, Gert: Das Schöne als Zwischenspiel : über den III. Akt des „Zweiten Faust“ ; (vorgetragen am 13. Juni 1996). – In: Berliner Wissenschaftliche Gesellschaft e. V. Jahrbuch. Jg. 1996. Berliner 1997. S. 235–252.
122. *Matussek*, Peter: Formen der Verzeitlichung : der Wandel des Faustschen Naturbildes u. seine histor. Hintergründe. – In: Goethe und die Verzeitlichung der Natur / hrsg. von Peter *Matussek*. – München, 1998. – S. 202–232. – (Kulturgeschichte der Natur in Einzeldarstellungen)
123. *Möbus*, Frank: Die Meyrink-Hypothese : zur aktuellen Verwendung geflügelter Worte – das Beisp. „Faust“. – In: Muttersprache. Jg. 108. Wiesbaden 1998. H. 3, S. 232–251 : Ill.
124. *Nelles*, Jürgen: Bedeutungsdimensionen zwischen dem Gesagten und dem Ungesagten : intertextuelle Korrespondenzen in Fontanes „Effi Briest“ u. Goethes „Faust“. – In: Wirkendes Wort. Jg. 48. Bonn 1998. H. 2, S. 192–214.
125. *Oh*, Soon-Hee: Liebe und Tod in Goethes „Faust“. – In: Goethe-Yŏngu. Goethe-Studien. Bd. 9. Seoul 1997. S. 97–115. [In korean. Sprache mit dt. Zsfassung S. 116.]
126. *Oh*, Soon-Hee: Ontologie und Geschichte in Goethes „Faust“ : der Doppelcharakter des Bösen. – Frankfurt a. M. [u. a.] : Lang, 1998. – 184 S. – (Europäische Hochschulschriften : Reihe 1, Dt. Sprache u. Literatur ; 1689)
127. *Schings*, Hans-Jürgen: „Gesundheit des Moments“ oder Winckelmann und Faust. – In: Perspektiven der Philosophie. Bd. 23. Amsterdam ; Atlanta 1997. S. 387–397.

128. *Small*, Andrew: „Faust" in „De l'Allemagne". – In: Rivista di letterature moderne e comparate. N. S. Vol. 51. Pisa 1998. Fasc. 3, S. 293–304.
129. *Tzvetanov*, Tzvetan: Die Gretchen-Tragödie aus Goethes „Faust" im Kontext der Strukturanalyse der Verwandtschaftsbeziehungen von Claude Lévi-Strauss. – In: Germanica. Jahrbuch für deutschlandkundl. Studien. Jg. 5. Sofia 1998. S. 113–124.
130. *Vogel*, Matthias: Max Beckmanns Illustrationen zu Goethes „Faust II". – In: Welfengarten. Jahrbuch für Essayismus. Jg. 9. 1999. Hannover 1998. S. 171–191 : Ill.
131. *Waldmann*, Helmut: Zu den Quellen von Goethes Mysterienspiel „Faust" : Goethes „Faust", Hildegards „Scivias" u. die Ekklesiologie der Evangelien. – Tübingen : Verl. der Tübinger Gesellschaft, 1998. – 38 S. – (Wissenschaftliche Reihe / Tübinger Gesellschaft ; 8)
132. *Yu*, Chang-Kook: Entelechische Erscheinungen in Goethes „Faust". – In: Goethe-Yŏngu. Goethe-Studien. Bd. 9. Seoul 1997. S. 75–94. [In korean. Sprache mit dt. Zsfassung S. 94–95.]
133. *Zabka*, Thomas: Dialektik des Bösen : warum es in Goethes „Walpurgisnacht" keinen Satan gibt. – In: Deutsche Vierteljahrsschrift für Literaturwissenschaft und Geistesgeschichte. Jg. 72. Stuttgart ; Weimar 1998. H. 2, S. 201–226.
134. *Titzmann*, Michael: Vom „Sturm und Drang" zur „Klassik" : „Grenzen der Menschheit" u. „Das Göttliche" – Lyrik als Schnittpunkt der Diskurse. – In: Jahrbuch der Deutschen Schillergesellschaft. Jg. 42. Stuttgart 1998. S. 42–63.
135. *Breger*, Claudia: Ortlosigkeit des Fremden : „Zigeunerinnen" u. „Zigeuner" in der deutschsprach. Literatur um 1800. – Köln [u. a.] : Böhlau, 1998. – VIII, 423 S. : Ill. – (Literatur – Kultur – Geschlecht : Große Reihe ; 10)
Darin u. a.: Ein Bilderregen, oder: Zu Beginn eines Diskurses : „Zigeunerinnen" u. „Zigeuner" in Goethes „Götz von Berlichingen", S. 65–124. – Wilhelm Meisters „theatralische" – und die „künstliche" Bildung Mignons : von der „Zigeunerwirtschaft" in den Saal des Lebens, wo die Toten ruhn, S. 125–186.
136. *Friedrich*, Wolf-Hartmut: Die schöne Seele und die Bajadere. – In: W.-H. *Friedrich*: Gegenwärtige Vergangenheit : Studien zur antiken Literatur u. ihrem Nachleben / mit e. Vorw. von Ernst *Heitsch* u. Ulrich *Schindel*. – Göttingen, 1998. – S. 173–184.
137. *Hillenbrand*, R.: Cophtisches bei Goethe. – In: Neophilologus. Vol. 82. Dordrecht [u. a.] 1998. Nr. 2, S. 259–278.
138. Goethes Harzreise 1777 : Spuren e. Abenteuers / hrsg. u. komment. von Jens-F. *Dwars*. – Bucha bei Jena : quartus-Verl., 1998. – 136 S. : Ill. – (Illustrierte Klassiker-Bibliothek ; 2)
139. *Elsaghe*, Yahya A.: Säbel und Schere : Goethes Revolutionierung des Epos u. die Rezeptionskarriere von „Hermann und Dorothea". – In: Seminar. Vol. 34. Toronto 1998. Nr. 2, S. 121–136.
140. *Kaiser*, Gerhard: Französische Revolution und deutsche Hexameter : Goethes „Hermann und Dorothea" nach 200 Jahren ; e. Vortrag. – In: Poetica. Bd. 30. München 1998. H. 1/2, S. 81–97.
141. *Stammen*, Theo: „Ilmenau den 3. September 1783" : über Goethes Verhältnis zur Politik. – In: „In Spuren gehen ..." : Festschr. für Helmut Koopmann / hrsg. von Andrea *Bartl* ... – Tübingen, 1998. – S. 93–126.
142. *Hara*, Kenji: Die Stimme und der Schatten : zu Goethes „Iphigenie auf Tauris". – In: Gêtenenkan. Goethe-Jahrbuch. Bd. 40. Tôkyô 1998. S. 21–33. [In dt. Sprache.]
143. *Kim*, Yun-Seop: Die klassische Moralität im Drama „Iphigenie auf Tauris" von Goethe. – In: Goethe-Yŏngu. Goethe-Studien. Bd. 9. Seoul 1997. S. 7–25. [In korean. Sprache mit dt. Zsfassung S. 26–27.]
144. *Lange*, Horst: Goethe's „Iphigenie auf Tauris" and the first amendment. – In: Politics in German literature : essays in memory of Frank G. Ryder / ed. by Beth *Bjorklund* and Mark E. *Cory*. – Columbia/SC, 1998. – S. 8–26. – (Studies in German literature, linguistics, and culture)
145. *Sergl*, Anton: Das Problem des Chors im deutschen Klassizismus : Schillers Verständnis der „Iphigenie auf Tauris" u. seine „Braut von Messina". – In: Jahrbuch der Deutschen Schillergesellschaft. Jg. 42. Stuttgart 1998. S. 165–194.

146. *Vogel*, Martin: Ein Theaterabend auf Schloß Ettersburg. – Bonn : Orpheus-Verl., Verl. für Systemat. Musikwiss., 1998. – 209 S. : Ill., Noten. – (Musiktheater ; 15) (Orpheus-Schriftenreihe zu Grundfragen der Musik ; 92)
„Vorliegender Band stellt jenen denkwürdigen Theaterabend vom 20. Oktober 1778 nach, an dem Goethes ‚Jahrmarktsfest zu Plundersweilern' mit der Musik von Anna Amalia zur Aufführung kam."
147. *Adler*, Jeremy: „Kein wissenschaftlicher Gärtner …" : Werther's letter of 10 may and his reading of Hirschfeld's „Landleben". – In: London German studies. Vol. 6. London 1998. S. 71–119 : Ill.
148. *Beniscelli*, Alberto: Wertherismo in scena : tra Sografi e Foscolo. – In: Lettere italiane. Anno 50. Firenze 1998. Nr. 2, S. 220–236.
149. *Horváth*, Géza: Goethe: Die Leiden des jungen Werther : Dimensionen der Flucht. – In: Neohelicon. T. 25. Budapest ; Amsterdam 1998. Nr. 2, S. 197–213.
150. *Kamio*, Tatsuyuki: Vermittlung und Vereinigung : Goethe u. Werther zwischen Rousseau u. Linné. – In: Gête-nenkan. Goethe-Jahrbuch. Bd. 40. Tôkyô 1998. S. 57–68. [In dt. Sprache.]
151. *Koopmann*, Helmut: Goethes „Werther" – der Roman einer Krise und ihrer Bewältigung. – In: Aurora. Jahrbuch der Eichendorff-Ges. für die klass.-romant. Zeit. Bd. 58. Sigmaringen 1998. S. 1–17.
152. *Krebs*, Roland: Lenz' Beitrag zur Werther-Debatte : die „Briefe über die Moralität der Leiden des jungen Werthers". – In: Die deutsche Aufklärung im Spiegel der neueren französischen Aufklärungsforschung / hrsg. von Robert *Theis*. – Hamburg, 1998. – S. 67–79. – (Aufklärung ; Jg. 10, H. 1)
153. *Lamport*, F. J.: Goethe, Ossian and „Werther". – In: From Gaelic to romantic : Ossianic translations / ed. by Fiona *Stafford* ; Howard *Gaskill*. – Amsterdam ; Atlanta/Ga., 1998. – S. 97–106. – (Textxet ; 15)
154. *Liebrand*, Claudia: Briefromane und ihre „Lektüreanweisungen" : Richardsons „Clarissa", Goethes „Die Leiden des jungen Werthers", Laclos' „Les Liaisons dangereuses". – In: Arcadia. Bd. 32. Berlin ; New York 1997. H. 2, S. 342–364.
155. *Pöder*, Elfriede: Literatur – ein Konstrukt zwischen Fiktionalität und Autorintention? : Am Beisp. der „Wertherwirkung" erörtert. – In: Literatur? : 15 Skizzen / Martin *Sexl* (Hrsg.). – Innsbruck ; Wien, 1997. – S. 175–189.
156. *Shimbo*, Sukeyoshi: Goethes frühe Briefe und der Briefroman „Werther" : e. computergestützte Studie zum Wortschatz der Frömmigkeit. – In: Gête-nenkan. Goethe-Jahrbuch. Bd. 40. Tôkyô 1998. S. 69–83. [In dt. Sprache.]
157. *Tang*, Chenxi: Two German deaths : nature, body and text in Goethe's „Werther" and Theodor Storm's „Der Schimmelreiter". – In: Orbis litterarum. Vol. 53. Copenhagen 1998. Nr. 2, S. 105–116.
158. *Solbrig*, Ingeborg H.: Modulationen von Gold und Licht in Goethes Kunstmärchen. – In: Kairoer germanistische Studien. Bd. 10. Kairo 1997. S. 739–764.
159. *Cusatelli*, Giorgio: Klassische Mythologie in Goethes „Pandora". – In: Die schöne Verwirrung der Phantasie : antike Mythologie in Literatur u. Kunst um 1800 / hrsg. von Dieter *Burdorf* u. Wolfgang *Schweickard* … – Tübingen ; Basel, 1998. – S. 103–110.
160. *Klinnert*, Sabine ; *Kowalczyk*, Kathrin: Zu Goethes letzter Publikation „Principes de Philosophie Zoologique". – In: Welfengarten. Jahrbuch für Essayismus. Jg. 9. 1999. Hannover 1998. S. 126–137.
161. *Fineron*, Andrew: Goethe, Schelling's theology and the genesis of „Prooemion". – In: Deutsche Vierteljahrsschrift für Literaturwissenschaft und Geistesgeschichte. Jg. 72. Stuttgart ; Weimar 1998. H. 1, S. 81–114.
162. *Lüderssen*, Klaus: Die Geburt des Rechts aus dem Geist der Gewalt, demonstriert durch Goethes „Reineke Fuchs". – In: Der fremdgewordene Text : Festschr. für Helmut Brackert zum 65. Geburtstag / hrsg. von Silvia *Bovenschen* … – Berlin ; New York, 1997. – S. 397–410.

163. *Glaser*, Horst Albert: Karneval und Karnevalstheorien – anläßlich Goethes „Das römische Carneval“. – In: Das Subversive in der Literatur, die Literatur als das Subversive / hrsg. von Karol *Sauerland*. – Torun, 1998. – S. 15–26.
164. *Köhler*, Astrid: Redouten und Maskenzüge im klassischen Weimar : Variationen zum Thema Chaos u. Ordnung. – In: Internationales Archiv für Sozialgeschichte der deutschen Literatur. Bd. 23. Tübingen 1998. H. 1, S. 30–47.
Dargest. am Beisp. von „Das römische Carneval“.
165. *Sato*, Takuo: Zwei Liebesarten und Dichterbilder in der deutschen Elegie : Goethes „Römische Elegien“ u. Mörikes „Die schöne Buche“. – In: Gête-nenkan. Goethe-Jahrbuch. Bd. 40. Tôkyô 1998. S. 35–46. [In dt. Sprache.]
166. *Ammerlahn*, Hellmut: Produktive und destruktive Einbildungskraft : Goethes Tasso, Harfner u. Wilhelm Meister. – In: Orbis litterarum. Vol. 53. Copenhagen 1998. Nr. 2, S. 83 bis 104.
167. *Ruwe*, Donelle R.: The canon-maker : Felicia Hemans and Torquato Tasso's sister. – In: Comparative romanticisms : power, gender, subjectivity / ed. by Larry H. *Peer* and Diane Long *Hoeveler*. – Columbia/SC, 1998. – S. 133–157. – (Studies in German literature, linguistics, and culture)
168. *Moeller*, Hans: Differenz und Bewegung : Untersuchungen zu Goethes „Trilogie der Leidenschaften“. – Paderborn : FIT-Verl., 1998. – IV, 234 S.
169. *Golz*, Jochen: Alle Ordnung ist vorläufig : über den Zshang von Textgenese u. Entstehungskontext in Goethes „Venezianischen Epigrammen“. – In. Editio. Internat. Jahrbuch für Editionswiss. Bd. 12. Tübingen 1998. S. 69–78.
170. *Oswald*, Stefan: „Wie man Geld und Zeit verthan“ : Goethes „Venezianische Epigramme“ u. ihre Entstehungslegende. – In: Animo italo-tedesco : Studien zu den Italien-Beziehungen in der Kulturgeschichte Thüringens ... / hrsg. von Siegfried *Seifert*. Folge 2. – Weimar, 1997. – S. 31–48.
171. *Lalke*, Izabela: Goethes Hymnen in Prosa : „Von deutscher Baukunst“, „Zum Shakespeares-Tag“. – In: Acta Universitatis Nicolai Copernici. Nauki humanistyczno-społeczne. Filologia Germańska. Zesz. 321. Toruń 1997. T. 23, S. 143–156.
172. *Bersier*, Gabrielle: „Buchstäblich genommen“ : zur parodist. Machart von Goethes „Wahlverwandtschaften“. – In: Jahrbuch des Freien Deutschen Hochstifts. Jg. 1998. Tübingen 1998. S. 15–35.
173. *Blondeau*, Denise: La figure d'Ottilie dans les „Wahlverwandtschaften“ : le discours de l'inconscient. – In: Recherches germaniques. No. 27. Strasbourg 1997. S. 57–73.
174. *Herrmann*, Elisabeth: Die Todesproblematik in Goethes Roman „Die Wahlverwandtschaften“. – Berlin : Erich Schmidt, 1998. – 291 S. – (Philologische Studien u. Quellen ; 147)
175. *Hörisch*, Jochen: Die Dekonstruktion der Sprache und der Advent neuer Medien in Goethes „Wahlverwandtschaften“. – In: Merkur. Jg. 52. Stuttgart 1998. H. 9/10, S. 826–839.
176. *Hohlfeld*, Klaus: Experimente und Experimentierer : Mozarts „Cosi fan tutte“ u. Goethes „Wahlverwandtschaften“. – In: Athenäum. Jahrbuch für Romantik. Jg. 8. Paderborn [u. a.] 1998. S. 253–260.
177. *Horn*, Eva: Chemie der Leidenschaft : Johann Wolfgang von Goethes „Die Wahlverwandtschaften“. – In: Leidenschaften literarisch / Reingard M. *Nischik* (Hg.). – Konstanz, 1998. – S. 163–182. – (Texte zur Weltliteratur ; 1)
178. *Kim*, Young-Zu: Goethes Reflexion zur Ehe in Johann Wolfgang von Goethes „Die Wahlverwandtschaften“. – In: Goethe-Yŏngu. Goethe-Studien. Bd. 9. Seoul 1997. S. 203–219. [In korean. Sprache mit dt. Zsfassung S. 219–220.]
179. *Krobb*, Florian: „In den dunkelsten Teil des weitläufigen Parkes ...“ : rococo gartens, Fin-de-Siècle epigonality and „Wahlverwandtschaften“ echoes in Richard von Schaukal's novella „Eros“. – In: Modern Austrian literature. Vol. 31. Riverside 1998. Nr. 2, S. 52–70.
180. *Lippert-Adelberger*, Eberhard: Das Fenster vor Eduards Brust : über e. Lukianzitat in Goethes „Wahlverwandtschaften“. – In: Euphorion. Bd. 92. Heidelberg 1998. H. 1, S. 115–123 : Ill.

181. *Weigel*, Sigrid: Das Kunstwerk als Einbruchstelle eines Jenseits : zur Dialektik von göttl. u. menschl. Ordnung in Walter Benjamins Essay „Goethes Wahlverwandtschaften". – In: Paragrana. Internat. Zeitschr. für histor. Anthropologie. Bd. 7. Berlin 1998. H. 2, S. 140–151.
182. *Ehrich-Haefeli*, Verena: Die Frau als Hüterin der Idylle : zur Ausdifferenzierung der Geschlechter am Beginn der bürgerl. Moderne (Geßner, Goethe, Voß). – In: Antiquitates Renatae : dt. u. franz. Beitr. zur Wirkung der Antike in der europ. Literatur ; Festschr. für Renate Böschenstein zum 65. Geburtstag / hrsg. von Verena *Ehrich-Haefeli* ... – Würzburg, 1998. – S. 113–132.
Darin u. a. über „Der Wandrer".
183. *Birus*, Hendrik: West-östlicher Divan oder Versammlung deutscher Gedichte in stetem Bezug auf den Orient. – In: Goethe-Spuren : e. Lese-Buch zum Konzertprojekt ; Konzerthaus Berlin 1998/99 / Hrsg. Konzerthaus Berlin/Schauspielhaus am Gendarmenmarkt. Konzeption u. Red. Heike *Hoffmann* ... – Göttingen, 1998. – S. 215–231 : Ill.
184. *Bosse*, Anke: Magische Präsenz : zur Funktion von Schrift u. Ornament in Goethes „West-östlichem Divan". – In: Arcadia. Bd. 33. Berlin ; New York 1998. H. 2, S. 314–336 : Ill.
185. *Buck*, Theo: Goethes „Ginkgo biloba". – In: Études germaniques. Année 53. Paris 1998. No. 2, S. 277–290.
186. *Danuser*, Hermann: Heimische Fremde : musikal. Orientalismusfragen im Anschluß an Goethes „West-östlichen Divan". – In: Goethe-Spuren : e. Lese-Buch zum Konzertprojekt ; Konzerthaus Berlin 1998/99 / Hrsg. Konzerthaus Berlin/Schauspielhaus am Gendarmenmarkt. Konzeption u. Red. Heike *Hoffmann* ... – Göttingen, 1998. – S. 233–246.
187. *Röhling*, Horst: „Sonety Krymskie" und „Westöstlicher Divan" (1965). – In: Adam Mickiewicz : Leben u. Werk / hrsg. von Bonifacy *Miązek*. – Frankfurt a. M. [u. a.], 1998. – S. 117–128.
188. *Unseld*, Siegfried: Goethe und der Ginkgo : e. Baum u. e. Gedicht. – Frankfurt a. M. ; Leipzig : Insel-Verl., 1998. – 105 S. : Ill. – (Insel-Bücherei ; 1188)
189. *Ahn*, Sam-Huan: Politische Bedeutung des Goetheschen Romans „Wilhelm Meisters Lehrjahre". – In: Goethe–Yŏngu. Goethe-Studien. Bd. 9. Seoul 1997. S. 117–135. [In korean. Sprache mit dt. Zsfassung S. 135–136.]
190. *Bahr*, Ehrhard: The novel as archive : the genesis, reception, and criticism of Goethe's „Wilhelm Meisters Wanderjahre". – Columbia/SC : Camden House, 1998. – XVIII, 121 S. – (Studies in German literature, linguistics, and culture)
191. *Dorschel*, Andreas: Utopie und Resignation : Schuberts Deutungen des Sehnsuchtsliedes aus Goethes „Wilhelm Meister" von 1826. – In: Oxford German studies. Vol. 26. 1997. Oxford 1998. S. 132–164 : Noten
192. *Egger*, Irmgard: Die Nacht der Lebendigen und die Helligkeit des Todes : Wilhelm Meister u. die Verweigerung des klin. Blicks. – In: Körper ohne Leben : Begegnung u. Umgang mit Toten / Norbert *Stefenelli* (Hg.). – Wien [u. a.], 1998. – S. 536–542.
193. *Frantz*, Julia: Krankheit und Heilkunde in den „Wilhelm Meister"-Romanen. – In: Welfengarten. Jahrbuch für Essayismus. Jg. 9. 1999. Hannover 1998. S. 96–109.
194. *Ishihara*, Aeka: Makarie und das Weltall : Astronomie in Goethes „Wanderjahren". – Köln [u. a.] : Böhlau, 1998. – XII, 261 S. – (Kölner germanistische Studien ; 42)
195. *Jeon*, Chang-Bae: Bildung in Goethes „Lehrjahren" als Bildung der Ich-Identität. – In: Goethe-Yŏngu. Goethe-Studien. Bd. 9. Seoul 1997. S. 137–154. [In korean. Sprache mit dt. Zsfassung S. 155–156.]
196. *Käser*, Rudolf: Arzt, Tod und Text : Grenzen der Medizin im Spiegel deutschsprachiger Literatur. – München : Fink, 1998. – 355 S. : Ill.
Darin u. a.: Die narrative Funktion medizinischer Diskurse in Goethes „Wilhelm Meister", S. 39–95.
197. *Kim*, Suk-Hie: Die Funktion und die Bedeutung der Kunst in Goethes Roman „Wilhelm Meisters Wanderjahre". – In: Goethe-Yŏngu. Goethe-Studien. Bd. 9. Seoul 1997. S. 157–175. [In korean. Sprache mit dt. Zsfassung S. 175–177.]

198. *Naumann*, Barbara: Geistererscheinungen : Wiederholung u. Symbolisierung in Goethes Roman „Wilhelm Meisters Wanderjahre". – In: Dasselbe noch einmal: Die Ästhetik der Wiederholung / Carola *Hilmes* ; Dietrich *Mathy* (Hrsg.). – Opladen ; Wiesbaden, 1998. – S. 38–62. – (Kulturwissenschaftliche Studien zur deutschen Literatur)
199. *Naumann*, Barbara: Philosophie und Poetik des Symbols : Cassirer u. Goethe. – München : Fink, 1998. – 218 S.
Darin u. a.: „Wilhelm Meisters Wanderjahre" als Roman der symbolischen Formen, S. 107 bis 191.
200. *Park*, Kwang-Ja: Wilhelm und Lenardo : zur Haupthandlung in „Wilhelm Meisters Wanderjahren". – In: Goethe-Yŏngu. Goethe-Studien. Bd. 9. Seoul 1997. S. 179–200. [In korean. Sprache mit dt. Zsfassung S. 200–201.]
201. *Paul*, Jean-Marie: Le „Wilhelm Meister" de Goethe : le roman et la prose dans l'"Esthétique" de Hegel. – In: L'esthétique de Hegel / Véronique *Fabbri* et Jean-Louis *Vieillard-Baron* (éd.). – Paris, 1997. – S. 193–215. – (L'Ouverture philosophique)
202. *Saße*, Günter: „Der Abschied aus diesem Paradies" : die Überwindung der Sehnsucht durch die Kunst in der Lago Maggiore-Episode in Goethes „Wanderjahren". – In: Jahrbuch der Deutschen Schillergesellschaft. Jg. 42. Stuttgart 1998. S. 95–119.
203. *Saße*, Günter: Vom „heimlichen Geist des Widerspruchs" : der Bildungsroman im 18. Jh. ; Goethes „Wilhelm Meisters Lehrjahre" im Spannungsfeld von Subjektivität u. Intersubjektivität. – In: Das 18. Jahrhundert / Monika *Fludernik* ... (Hg.). – Trier, 1998. – S. 69–89. – (Literatur, Imagination, Realität ; 17)
204. *Schößler*, Franziska: Mechanische Uhr und Sonnenwende-Zeit in Goethes Roman „Wilhelm Meisters Wanderjahre". – In: Recherches germaniques. No. 27. Strasbourg 1997. S. 75–92.
205. *Stephan*, Inge: Mignon und Penthesilea : Androgynie u. erot. Diskurs bei Goethe u. Kleist. – In: Kritische Revisionen – Gender und Mythos im literarischen Diskurs : Beiträge der Tateshina-Symposien 1996 u. 1997 / hrsg. von der Japan. Ges. für Germanistik. – München, 1998. – S. 159–180.
206. *Wohlfahrt*, Irving: Der Zauberlehrling oder: die Entfesselung der Produktivkräfte : zu e. Motiv bei Goethe, Marx u. Benjamin. – In: Walter Benjamin : Ästhetik u. Geschichtsphilosophie / Gérard *Raulet* ; Uwe *Steiner* (Hg.). – Bern, 1998. – S. 165–198.
207. *Kalenberg*, Thomas: Die Befreiung der Natur : Natur u. Selbstbewußtsein in der Philosophie Hegels. – Hamburg : Meiner, 1997. – XXVII, 422 S. – (Hegel-Deutungen ; 5)
Darin u. a.: Goethes Farbenlehre, S. 232–263. – Zu Goethes wissenschaftlicher Methode, S. 263–281. – Hegel über Goethe und Newton, S. 281–287.
208. *Kötter*, Rudolf: Newton und Goethe zur Farbenlehre. – In: Deutsche Zeitschrift für Philosophie. Jg. 46. Berlin 1998. H. 4, S. 585–600 : graph. Darst.
209. *LeRider*, Jacques: Les couleurs et les mots. – Paris : Presses Univ. de France, 1997. – 428 S. – (Perspectives critiques)
Darin u. a.: Goethe : anthropologie, histoire naturelle et poésie des couleurs, S. 97–130.
210. *Sölch*, Reinhold: Die Evolution der Farben : Goethes Farbenlehre in neuem Licht. – Ravensburg : Ravensburger Buchverl. ; Leipzig : Seemann, 1998. – 178 S. : Ill., graph. Darst.

5. *Wirkungs- und Forschungsgeschichte. Text- und Buchgeschichte. Gesellschaften und Jahrbücher. Gedenkstätten, Sammlungen und Ausstellungen*

211. *Barner*, Wilfried: Jüdische Goethe-Verehrung vor 1933 (1986). – In: W. *Barner*: Pioniere, Schulen, Pluralismus : Studien zu Geschichte u. Theorie der Literaturwissenschaft. – Tübingen, 1997. – S. 129–149.
212. *Belski*, Franca: Die Goethe-Rezeption in der italienischen Zeitschrift „La Nuova Antologia" (Florenz 1866–1996). – In: Beiträge zu Komparatistik und Sozialgeschichte der Literatur : Festschr. für Alberto Martino / hrsg. von Norbert *Bachleitner* ... – Amsterdam ; Atlanta/Ga., 1997. – S. 151–191. – (Chloe ; 26)

213. *Block*, Ed: Goethe and romantic figuration as a key to some „Late-Romantic" forms of philosophical discourse. – In: European romantic review. Vol. 9. San Francisco 1998. Nr. 4, S. 453–468.
214. *Chapeaurouge*, Donat de: Carus' Gemälde „zu Goethes Ehrengedächtnis" von 1832. – In: Zeitschrift für Kunstgeschichte. Bd. 61. München 1998. H. 1, S. 113–117 : 1 Ill.
215. *Corsinovi*, Graziella: La persistenza e la metamorfosi : Pirandello e Goethe ; (prima ristampa delle „Conversazioni col Goethe" di Eckermann tradotte da Pirandello nel 1896). – Caltanissetta-Roma : Salvatore Sciascia Ed., 1997. – 155 S. – (Nuovo smeraldo)
216. *Eisenhauer*, Gregor: Antipoden : Ernst Jünger u. Johann Wolfgang von Goethe, Rudolf Borchardt u. Hugo von Hofmannsthal. – Tübingen : Niemeyer, 1998. – V, 109 S. – (Untersuchungen zur deutschen Literaturgeschichte ; 99)
217. *Farrelly*, Daniel J.: Goethe in East Germany, 1949–1989 : toward a history of Goethe reception in the GDR. – Columbia/SC : Camden House, 1998. – X, 168 S. – (Studies in German literature, linguistics, and culture)
218. *Fuhrmann*, Helmut ; *Gidion*, Jürgen ; *Hansen*, Volkmar: Thomas Mann und Goethe : Vorträge des 3. Kasseler Goetheseminars / hrsg. von Helmut *Fuhrmann* ... – Kassel : Georg Wenderoth, 1998. – 78 S. – (Jahresgabe ... der Goethe-Gesellschaft Kassel e. V. ; 1998)
Darin: *Hansen*, Volkmar: Heilungskraft Goethe : Thomas Manns Goethe-Nachfolge, S. 11–30. – *Fuhrmann*, Helmut: Kritische Bewunderung : Thomas Manns Goethe-Essayistik, S. 31–59. – *Gidion*, Jürgen: „Lotte in Weimar" : Thomas Manns Goethe-Roman, S. 61–78.
219. *Gleisberg*, Dieter: „Ja, Er trat durch meine Träume ..." : Max Klinger in seinem Verhältnis zu Goethe. – In: Marginalien. H. 151. Wiesbaden 1998. S. 3–25 : Ill.
220. Goethe und die Verzeitlichung der Natur ... (s. Nr. 60).
Darin u. a.: *Mandelkow*, Karl Robert: Natur und Geschichte bei Goethe im Spiegel seiner wissenschaftlichen und kulturtheoretischen Rezeption, S. 233–258. – *Ingensiep*, Hans Werner: Metamorphosen der Metamorphosenlehre : zur Goethe-Rezeption in der Biologie von der Romantik bis in die Gegenwart, S. 259–275. – *Hoppe-Sailer*, Richard: Genesis und Prozeß : Elemente der Goethe-Rezeption bei Carl Gustav Carus, Paul Klee u. Joseph Beuys, S. 276–300 : Ill. – *Abel*, Angelika: Natur als Klangphänomen : zur Umsetzung von Goethes Methodik der Farbenlehre in der Dodekaphonie Weberns, S. 326–344 : Noten. – *Schad*, Wolfgang: Zeitgestalten der Natur : Goethe u. die Evolutionsbiologie, S. 345–382 : Ill., graph. Darst. – *Schweitzer*, Frank: Naturwissenschaft und Selbsterkenntnis, S. 383–398. – *Krohn*, Wolfgang: Goethes Versuch über den Versuch, S. 399–413. – *Schmitz*, Hermann: Das Ganz-Andere : Goethe u. das Ungeheure, S. 414–435. – *Böhme*, Gernot: Phänomenologie der Natur : e. Perspektive, S. 436–461 : Ill. – *Meyer-Abich*, Klaus Michael: Der Atem der Natur : Goethes Kritik der industriellen Wirtschaft, S. 462–476.
221. Goethes Aufstieg ins Elysium : Nachrufe auf e. dt. Klassiker ; Dokumente 1832–1835 / ausgew., hrsg. u. mit e. Nachw. vers. von Ralf Georg *Bogner*. – Heidelberg : Palatina, 1998. – 310 S. – (Bibliotheca funebris ; 2)
222. *Hamlin*, Cyrus: Nur nicht lesen! immer singen! : Goethe im Lied. – In: Goethe-Spuren : e. Lese-Buch zum Konzertprojekt ; Konzerthaus Berlin 1998/99 / Hrsg. Konzerthaus Berlin/Schauspielhaus am Gendarmenmarkt. Konzeption u. Red. Heike *Hoffmann* ... – Göttingen, 1998. – S. 249–267 : Ill.
223. *Hilscher*, Eberhard: Annäherungen an einen Klassiker : zum Goethe-Gedenktag am 28. August 1994 in Düsseldorf. – In: Beobachtungen und Überlieferungen : germanist. Beiträge / hrsg. von Norbert *Honsza*. – Wroclaw, 1998. – S. 63–80. – (Acta Universitatis Wratislaviensis ; 2068 : Germanica Wratislaviensia ; 121)
224. *Hörisch*, Jochen: Symbol, Allegorie, Fetisch : Marx mit Benjamin u. Goethe. – In: Walter Benjamin : Ästhetik u. Geschichtsphilosophie / Gérard *Raulet* ; Uwe *Steiner* (Hg.). – Bern, 1998. – S. 143–163.

225. *Itoda*, Soichiro: Goethe und Georg Fuchs : die Erschaffung neuer Theaterräume u. die Revolution der Schauspielkunst. – In: Gête-nenkan. Goethe-Jahrbuch. Bd. 40. Tôkyô 1998. S. 145–161 : graph. Darst. [In dt. Sprache.]
226. *Kimura*, Naoji: Goethe und die Wiener Moderne. – In: wie oben, S. 179–194. [In dt. Sprache.]
227. *Kimura*, Naoji: Goethes Bedeutung für die japanische Bildungstradition. – In: Sprache, Literatur und Kommunikation im kulturellen Wandel : Festschr. für Eijiro Iwasaki anläßl. seines 75. Geburtstags / hrsg. von Tozo *Hayakawa* ... – Tokyo, 1997. – S. 427–440 : Ill.
228. *Krolop*, Kurt: „In Goethes Hand". – In: Brücken. Germanist. Jahrbuch Tschechien-Slowakei. N.F. Bd. 6. Berlin [u. a.] 1998. S. 197–215.
229. *Maertz*, Gregory: Henry Crabb Robinson's 1802–1803 translations of Goethe's lyric poems and epigrams. – In: Jahrbuch des Wiener Goethe-Vereins. Bd. 100/101. 1996/97. Wien 1998. S. 69–92.
230. *Marx*, Friedhelm: „Die Menschwerdung des Göttlichen" : Thomas Manns Goethe-Bild in „Lotte in Weimar". – In: Thomas-Mann-Jahrbuch. Bd. 10. 1997. Frankfurt a. M. 1998. S. 113–132.
231. *Menke*, Timm: Die Goethe-Rezeption Arno Schmidts. – Bielefeld : Aisthesis, 1998. – 138 S.
232. *Metzger*, Heinz-Klaus: Metamorphose und Nomos : über den Sinn von Weberns Anrufung Goethes. – In: Goethe-Spuren : e. Lese-Buch zum Konzertprojekt ; Konzerthaus Berlin 1998/99 / Hrsg. Konzerthaus Berlin/Schauspielhaus am Gendarmenmarkt. Konzeption u. Red. Heike *Hoffmann* ... – Göttingen, 1998. – S. 155–167 : Ill.
233. *Mix*, York-Gothart: Mit Goethe und Diderot gegen die Pächter des klassischen Erbes : U. Plenzdorfs „Die neuen Leiden des jungen W.", V. Brauns Texte zu „Hinze und Kunze" u. die Kontrolle der literar. Kommunikation in der DDR. – In: Jahrbuch der Deutschen Schillergesellschaft. Jg. 42. Stuttgart 1998. S. 401–420.
234. *Moering*, Renate: Bettine Brentanos Vertonung von Goethes „Ach neige, du Schmerzensreiche ..." : e. unbekanntes Autograph im Goethe- u. Schiller-Archiv. – In: Internationales Jahrbuch der Bettina-von-Arnim-Gesellschaft. Bd. 10. Berlin 1998. S. 11–21 : Noten
235. *Neumann*, Thomas: ... fast ein Frühstück bei Goethe : Thomas Mann u. die Goethe-Woche in Weimar. – In: Thomas-Mann-Jahrbuch. Bd. 10. 1997. Frankfurt a. M. 1998. S. 237–247.
236. *Ortheil*, Hanns-Josef: Faustinas Küsse : Roman. – München : Luchterhand, 1998. – 350 S. Roman über Goethes Rom-Aufenhalt.
237. *Potapova*, G. E.: Puškin, Gete i Nikolaj Polevoj. – In: Russkaja literatura. God izd. 41. St. Peterburg 1998. Nr. 4, S. 71–86. [Puškin, Goethe u. N. Polevoj.]
238. *Rienäcker*, Gerd: „Ein Reich, das Goethe heißt" : Errungenschaften u. Probleme klassizist. Kunstkonzepte. – In: Werner Felix : Festschrift zum 70. Geburtstag / Hrsg. Torsten *Fuchs* u. Michael *Zock* ... – Frankfurt (Oder), 1997. – S. 13–28.
239. *Röder-Bolton*, Gerlinde: George Eliot and Goethe : an elective affinity. – Amsterdam ; Atlanta/Ga. : Rodopi, 1998. – 290 S. – (Textxet ; 13)
240. *Rohde*, Carsten: Blicke auf Rom : Goethe u. Brinkmann. – In: Sprache im technischen Zeitalter. Jg. 36. Berlin 1998. H. 146, S. 205–223.
241. *Rychner*, Max: Zum 28. August (1938). – Thomas Manns Goethe-Schriften : zu den Essays: „Neue Studien" (1948). – Theorie der Literatur : zu dem Buche „Goethe und seine Zeit" von Georg Lukács (1948). – In: M. *Rychner*: Bei mir laufen Fäden zusammen : literar. Aufsätze, Kritiken, Briefe / hrsg. von Roman *Bucheli*. – Göttingen, 1998. – S. 132–134, 256–261 u. 262–267. – (Veröffentlichungen der Deutschen Akademie für Sprache u. Dichtung ; 74)
242. *Seng*, Joachim: „Ich kann von Goethe nicht anders sprechen als mit Liebe" : Thomas Manns Briefwechsel mit Ernst Beutler. – In: Jahrbuch des Freien Deutschen Hochstifts. Jg. 1998. Tübingen 1998. S. 242–275 : Ill.
243. *Takahashi*, Yoshito: Goethe und Lévi-Strauss. – In: Sprache, Literatur und Kommunikation im kulturellen Wandel : Festschr. für Eijiro Iwasaki anläßl. seines 75. Geburtstags / hrsg. von Tozo *Hayakawa* ... – Tokyo, 1997. – S. 441–461 : Ill.

244. *Tanaka*, Iwao: Katsuichiro Kamei und Goethe : e. Fall der Goethe-Rezeption in Japan. – In: Gête-nenkan. Goethe-Jahrbuch. Bd. 40. Tôkyô 1998. S. 129–144. [In dt. Sprache.]
245. *Tihanov*, Galin: The ideology of „Bildung" : Lukács and Bakhtin as readers of Goethe. – In: Oxford German studies. Vol. 27. Oxford 1998. S. 102–140.
246. *Willmann*, Françoise: „Goethe und kein Ende" : trois physiologistes du XIXe siècle face au savant Goethe. – In: Le texte et l'idée. No. 12. Nancy 1997. S. 49–70.
Darin über DuBois-Reymond, Virchow u. Helmholtz.
247. *Wysling*, Hans: Thomas Mann in den Spuren Goethes. – In: Hans Wysling – zum Gedenken / hrsg. von Eckhard *Heftrich* u. Thomas *Sprecher*. – Frankfurt a. M., 1998. – S. 28–42.

*

248. *Albrecht*, Wolfgang: Zeitgenössische Alpen- und Italienbeschreibungen in Goethes „Reise-Tagebuch 1786" : Probleme ihrer Berücksichtigung für die Textkonstitution u. Kommentierung innerhalb e. neuen histor.-krit. Ausg. der Tagebücher Goethes. – In: Quelle – Text – Edition : Ergebnisse der österr.-dt. Fachtagung der Arbeitsgemeinschaft für germanist. Edition in Graz vom 28. Febr. bis 3. März 1996 / hrsg. von Anton *Schwob* u. Erwin *Streitfeld* ... – Tübingen, 1997. – S. 179–185. – (Beihefte zu Editio ; 9)
249. *Birus*, Hendrik: Philosophisch-philologische Editionsprobleme bei Goethes „Ästhetischen Heften". – In: Philologie und Philosophie : Beiträge zur VII. Internat. Fachtagung der Arbeitsgemeinschaft philos. Editionen (12.–14. März 1997 München) / hrsg. von Hans Gerhard *Senger*. – Tübingen, 1998. – S. 89–97. – (Beihefte zu Editio ; 11)
250. *Bunzel*, Wolfgang: Goethe als Almanachbeiträger : e. Versuch zur Autortypologie. – In: Literarische Leitmedien : Almanach u. Taschenbuch im kulturwissenschaftl. Kontext / hrsg. von Paul Gerhard *Klussmann* u. York-Gothart *Mix*. – Wiesbaden, 1998. – S. 101–119. – (Mainzer Studien zur Buchwissenschaft ; 4)
251. *Kraft*, Herbert: Die Weimarer Goethe-Ausgabe. – In: Goethe-Yŏngu. Goethe-Studien. Bd. 9. Seoul 1997. S. 407–425. [In dt. Sprache.]
252. *Ludwig*, Johannes: Zur Ökonomie der Medien: Zwischen Marktversagen und Querfinanzierung : von J. W. Goethe bis zum Nachrichtenmagazin Der Spiegel. – Opladen ; Wiesbaden : Westdt. Verl., 1998. – 414 S. : graph. Darst. – (Studien zur Kommunikationswissenschaft ; 33)
253. *Schwartz*, Peter J.: An unpublished essay by Goethe? : „Staatssachen. Ueber mündliche deutsche Rechtspflege in Deutschland". – In: The Germanic review. Vol. 73. Washington/DC 1998. Nr. 2, S. 107–131.
254. *Trunz*, Erich: Sechs kleine Goethe-Studien. – In: Jahrbuch des Wiener Goethe-Vereins. Bd. 100/101. 1996/97. Wien 1998. S. 15–37.
Darin: Probleme einer heutigen Goethe-Ausgabe. – Die Extreme und die Mitte. – „Faust" und die „Wanderjahre". – Natur – Idee – Tätigkeit – Liebe : e. Gespräch über Goethe im Jahre 1949. – Goethes letztes Gedicht. – Wie findet man ein Goethe-Zitat?
255. Wieviel Goethe braucht der Mensch? : Johann Wolfgang Goethe, Sämtliche Werke nach Epochen seines Schaffens, Münchner Ausg. Hrsg. von Karl Richter ... – München : Hanser, 1998. – 47 S. : Ill.
Darin: *Wapnewski*, Peter: Das Werk als Ganzes betrachtet, S. 7–13. – *Richter*, Karl: Zur Konzeption der Münchner Ausgabe, S. 15–26. – Stimmen zur Münchner Ausgabe, S. 27–31. – Inhaltsübersicht der Münchner Ausgabe, Ausstattung und Preise, S. 33–43. – Weitere Goethe-Veröffentlichungen bei Hanser, S. 45–47.

*

256. Gête-nenkan. Goethe-Jahrbuch / Goethe-Ges. in Japan. – Tôkyô : Goethe-Ges. in Japan. Bd. 40. – 1998. – 200 S. : Ill., graph. Darst.
257. Goethe-Jahrbuch / im Auftrag des Vorstands der Goethe-Gesellschaft hrsg. von Werner *Keller*. – Weimar : Verl. Hermann Böhlaus Nachfolger.
Bd. 114. 1997. – 1998. – 489 S. : Ill.

258. Goethe-Yŏngu. Goethe-Studien / Korean. Goethe-Ges. – Seoul : Korean. Goethe-Gesellschaft.
Bd. 9. – 1997. – 437 S.
259. Jahrbuch des Freien Deutschen Hochstifts / hrsg. von Christoph *Perels*. – Tübingen : Niemeyer.
Jg. 1998. – 1998. – 326 S. : Ill.
260. Jahrbuch des Wiener Goethe-Vereins / hrsg. von Herbert *Zeman*. – Wien : Verl. Fassbaender.
Bd. 100/101. 1996/97. – 1998. – 288 S. : Ill., Noten
261. Publications of the English Goethe Society / ed. by Jeremy D. *Adler*, Martin W. *Swales* and Ann C. *Weaver*. – Leeds : W. S. Maney & Son LTD.
N. S. Vol. 67. Papers read before the Society 1997. – 1998. – 108 S. : Noten, Ill.

*

262. *Maisak*, Petra: Goethes Zeichnungen und Radierungen : Bestandskatalog. – Frankfurt a. M. : Freies Deutsches Hochstift ; Frankfurter Goethe-Museum, 1998. – 85 S. : Ill.
263. *Trunz*, Erich: Goethes Haus und seine Sammlungen. – In: Jahrbuch des Wiener Goethe-Vereins. Bd. 100/101. 1996/97. Wien 1998. S. 39–54.

Autorenregister

Abel, Angelika 220
Accettola, Maria Rosa 59
Adler, Jeremy 43, 147, 261
Ahn, Sam-Huan 189
Albrecht, Wolfgang 4, 248
Ammerlahn, Hellmut 166
Andraschke, Peter 61
Apel, Friedmar 1, 2
Appel, Sabine 22
Ashizu, Takeo 44

Babić, Josip 94
Bachleitner, Norbert 212
Bahr, Ehrhard 190
Barkhoff, Jürgen 60
Barner, Wilfried 211
Barte, Andrea 141
Basfeld, Martin 59
Bell, Matthew 8
Belski, Franca 212
Beniscelli, Alberto 148
Bersier, Gabrielle 172
Bertho, Sophie 45
Bertuzzi, Francesco 59
Bestebreurtje, Frank 46
Biedermann, Flodoard v. 13
Birus, Hendrik 2, 23, 183, 249
Bjorklund, Beth 144
Block, Ed 213
Blondeau, Denise 173
Bockemühl, Jochen 59
Böhme, Gernot 220
Böhme, Hartmut 104
Böttiger, Karl August 24
Bogner, Ralf Georg 221
Borchmeyer, Dieter 2, 61
Bosse, Anke 184
Bovenschen, Silvia 162
Bozzi, Paolo 59
Brandmeyer, Rudolf 47
Brandt, Helmut 7
Brecht, Christoph 2
Breger, Claudia 135
Bucheli, Roman 38, 241
Buck, Theo 48, 185
Budde, Elmar 61
Bunzel, Wolfgang 250
Burdorf, Dieter 62, 159

Campbell, Ian R. 105
Canisius, Claus 49
Cardinal, Roger 25
Chapeaurouge, Donat de 214
Chon, Young-Ae 50
Constantine, David 26
Corkhill, Alan 105
Corsinovi, Graziella 215
Cory, Mark E. 144
Costazza, Alessandro 51
Cusatelli, Giorgio 159

Dahnke, Hans-Dietrich 12
Damm, Sigrid 5, 27
Danuser, Hermann 106, 186
Debon, Günther 28
Destro, Alberto 107
Dettmering, Peter 108
Dewitz, Hans-Georg 1, 3
Dinglinger, Wolfgang 29
Döhler, Andreas 4
Dörr, Volker C. 1
Donati, Maria Luisa 59
Dorschel, Andreas 191
Dressler, Hilmar 52
Dreyer, Ernst-Jürgen 59
Dunne, Kerry 105
Dusini, Arno 30
Dwars, Jens-F. 138

Ebersbach, Volker 31
Egger, Irmgard 192
Ehrich-Haefeli, Verena 53, 68, 182
Eibl, Karl 2
Eisenhauer, Gregor 216
Elsaghe, Yahya A. 139
Engelhardt, Dietrich v. 59, 60
Enklaar, Jattie 46
Erkenbrecher, Hans 35

Erochin, A. V. 98
Ester, Hans 46

Fabbri, Véronique 201
Falkner, Silke R. 109
Farrelly, Daniel J. 217
Fehrenbach, Frank 60
Fetscher, Justus 54
Fetz, Reto Luzius 53
Fichtl, Gisela 3
Fineron, Andrew 161
Fink, Gonthier-Louis 55, 56
Fink, Karl J. 59
Fludernik, Monika 203
Folkers, Horst 57
François, E. 78
Frantz, Julia 193
Frantzke, Thomas 58
Friedrich, Wolf-Hartmut 136
Frühwald, Wolfgang 23
Fuchs, Torsten 102, 238
Fuhrmann, Helmut 218

Gärtner, Michael 96
Gaskill, Howard 153
Gerlach, Klaus 24
Giacomoni, Paola 59
Gidion, Jürgen 218
Giesen, Sebastian 110
Gille, Klaus F. 11
Giorello, Giulio 59
Glaser, Horst Albert 163
Gleisberg, Dieter 219
Gögelein, Christoph 59
Golz, Jochen 4, 169
Goodwin, Brian 59
Greif, Stefan 1
Grieco, Agnese 59
Grimm, Reinhold R. 62
Große, Wilhelm 6
Guthke, Karl S. 32
Guţu, George 111

Haehn, Walter 112
Hamlin, Cyrus 222
Hamm, Heinz 63
Hansen, Volkmar 218
Hara, Kenji 142
Harbusch, Ute 56
Hayakawa, Tozo 227, 243
Heftrich, Eckhard 247
Heitsch, Ernst 136
Herrmann, Elisabeth 174
Herwig, Wolfgang 13
Hillenbrand, R. 137
Hilmes, Carola 198
Hilscher, Eberhard 223
Hörisch, Jochen 175, 224
Hoeveler, Diane Long 167
Hoffmann, Heike 29, 61, 183, 186, 222, 232
Hofmann, Michael 56
Hohlfeld, Klaus 176
Honsza, Norbert 223
Hoppe-Sailer, Richard 220
Horn, Eva 64, 177
Hortschansky, Klaus 65
Horváth, Géza 149
Hummel, Siegbert 66
Hyss, Lothar 67

Ingensiep, Hans Werner 220
Ishihara, Aeka 194
Itoda, Soichiro 225

Jakuševa, Galina Viktorovna 113
Jasper, Willi 114
Jeon, Chang-Bae 195
Jeon, Dong-Youl 115
John, David G. 99, 100
John, Hans 102
Jung, Su-Ung 116
Junker, Jörg-Michael 34

Käser, Rudolf 196
Kaiser, Gerhard 68, 140
Kalenberg, Thomas 207
Kamio, Tatsuyuki 150
Keller, Werner 257
Kim, Suk-Hie 197
Kim, Young-Zu 178
Kim, Yun-Seop 143
Kimpel, Dieter 61
Kimura, Naoji 226, 227
Kircher, Hartmut 119
Kłańska, Maria 119
Klauß, Jochen 33
Klinnert, Sabine 160
Kluge, Reinhard 1
Klussmann, Paul Gerhard 250
Kneffel, Heidelore 34
Köhler, Astrid 164
Köhler, Christoph 35
Koepnick, Lutz P. 117
Kötter, Rudolf 208

Koopmann, Helmut 69, 151
Kowalczyk, Kathrin 160
Kraft, Herbert 251
Krebs, Roland 152
Kreutzer, Leo 118
Krobb, Florian 179
Krohn, Wolfgang 220
Krolop, Kurt 228
Krüsmann, Elke 70
Kuhn, Bernhard 71
Kuhn, Dorothea 60

Lacoste, Jean 36
Lalke, Izabela 171
Lamport, F. J. 153
Lange, Horst 144
LeRider, Jacques 209
Liebrand, Claudia 154
Linder, Luz-María 72
Lipiński, Krzysztof 119
Lippert-Adelberger, Eberhard 180
Lösch, Michael 16
Lorey, Christoph 100, 109
Ludwig, Johannes 252
Ludwig, Peter 3
Lüderssen, Klaus 162

Maertz, Gregory 229
Mahal, Günther 120
Maisak, Petra 262
Mandelkow, Karl Robert 220
Marx, Friedhelm 230
Mathy, Dietrich 198
Mattenklott, Gert 121
Matussek, Peter 17, 60, 104, 106, 122
Menke, Timm 231
Mertens, Volker 61
Metzger, Heinz-Klaus 232
Meyer-Abich, Klaus Michael 220
Miązek, Bonifacy 97, 187
Michel, Christoph 3
Mix, York-Gothart 233, 250
Möbus, Frank 123
Moeller, Hans 168
Moering, Renate 234
Moiso, Francesco 59
Molnár, Géza v. 73
Mommsen, Katharina 3, 10, 74
Mondella, Felice 59
Morazzoni, Anna Maria 59
Mori, Yoshihito 75
Müller, Gerhard 61
Müller, Klaus-Detlef 2
Müller-Dietz, Heinz 76

Naumann, Barbara 198, 199
Nelles, Jürgen 124
Neubauer, John 77
Neumann, Thomas 235
Nisbet, Hugh Barr 60
Nischik, Reingard M. 177

Oellers, Norbert 1
Oesterle, Günter 78
Oh, Soon-Hee 125, 126
Ortheil, Hanns-Josef 236
Osterkamp, Ernst 9
Oswald, Stefan 170
Otto, Regine 12

Panza, Marco 59
Park, Kwang-Ja 200
Parlato, Lucia 59
Paul, Jean-Marie 56, 201
Peer, Larry H. 167
Peil, Dietmar 23
Perels, Christoph 18, 259
Plews, John L. 100, 109
Pöder, Elfriede 155
Pörksen, Uwe 60
Ponzi, Mauro 79
Potapova, G. E. 237
Proß, Wolfgang 1

Raabe, Paul 37
Raulet, Gérard 206, 224
Reed, Terence J. 80
Reinitzer, Heimo 14
Richter, Karl 3, 255
Riedel, Volker 61
Rienäcker, Gerd 238
Röder-Bolton, Gerlinde 239
Röhling, Horst 187
Rölleke, Heinz 81
Rohde, Carsten 240
Roob, Helmut 35
Rothe, Wolfgang 82, 83
Ruhlig, Andrea 1
Ruwe, Donelle R. 167
Rychner, Max 38, 241

Sarà, Michele 59
Saße, Günter 202, 203
Sato, Takuo 165

Sauerland, Karol 163
Schad, Wolfgang 220
Schäfer, Sabine 3
Schieren, Jost 84
Schindel, Ulrich 136
Schings, Hans-Jürgen 127
Schmitz, Hermann 59, 220
Schneckenburger, Stefan 85
Schober, Angelika 86
Schödlbauer, Ulrich 87
Schöne, Albrecht 2
Schößler, Franziska 204
Scholz, Hannelore 11
Schünemann, Peter 41
Schulz, Gerhard 19
Schwartz, Peter J. 253
Schwedt, Georg 39, 88
Schweickard, Wolfgang 62, 159
Schweitzer, Frank 220
Schwob, Anton 248
Seehafer, Klaus 40
Seifert, Siegfried 170
Seng, Joachim 242
Senger, Hans Gerhard 249
Sergl, Anton 145
Sermonti, Giuseppe 59
Sexl, Martin 155
Shaffer, Elinor S. 43, 77
Shimbo, Sukeyoshi 156
Simm, Hans-Joachim 15
Simpson, James 101
Sini, Carlo 59
Small, Andrew 128
Sölch, Reinhold 210
Solbrig, Ingeborg H. 158
Sprecher, Thomas 247
Stafford, Fiona 153
Stammen, Theo 141
Stefenelli, Norbert 192
Steiner, Uwe 206, 224
Stellmacher, Wolfgang 61
Stephan, Inge 205
Sternke, René 24
Streitfeld, Erwin 248
Swales, Martin W. 261

Tagliagambe, Silvano 59
Taglietti, Gabrio 59
Takahashi, Yoshito 103, 243
Tanaka, Iwao 244
Tang, Chenxi 157
Theis, Robert 152
Thom, René 59
Tihanov, Galin 245
Titzmann, Michael 134
Traber, Habakuk 61
Trunz, Erich 89, 254, 263
Tzvetanov, Tzvetan 129

Ueki, Michiko 90
Unseld, Siegfried 188

Vieillard-Baron, Jean-Louis 201
Vogel, Martin 146
Vogel, Matthias 130
Voßkamp, Wilhelm 2

Waldmann, Helmut 131
Wapnewski, Peter 255
Weaver, Ann C. 261
Weber, Heinz-Dieter 91
Webster, Gerry 59
Weigel, Sigrid 181
Weitz, Hans-J. 20
Welch, G. Rickey 59
Whaley, John 8, 10
Wiethölter, Waltraud 2
Willard, Penelope 37
Williams, John R. 42
Willmann, Françoise 246
Wilpert, Gero v. 21
Witte, Bernd 12
Wohlfahrt, Irving 206
Wyder, Margrit 92
Wyka, Kazimierz 97
Wysling, Hans 247

Yom, Syng-Sup 93
Yu, Chang-Kook 132
Yu, Tianxin 95

Zabka, Thomas 60, 133
Zehm, Edith 3, 4
Zeman, Herbert 260
Ziegler, Renatus 59
Zock, Michael 102, 238

Bildnachweis

Abb. 1–7: Richard-Strauss-Archiv Garmisch

Abb. 8: Paul-Sacher-Stiftung – Sammlung Paul Sacher – Basel

Abb. 9–10: Thüringisches Hauptstaatsarchiv Weimar, HA A XIX Nr. 42, Bl. 217

Abb. 11: Foto Rudolf Thiem, 1998

Abb. 12: nach: Gisela Maul, Margarete Oppel, *Goethes Wohnhaus*, München, Wien 1996, S. 25

Abb. 13: Goethe-Nationalmuseum, Inv.-Nr. GGe/00957

Abb. 14: Vatikan, Galleria dei Candelabri, nach: *Die dionysischen Sarkophage*. Bearb. von Friedrich Matz. Tl. 3. 1969, Beil. 100

Abb. 15: Florenz, Museo Archeologico, nach: Enrico Brunn, *I rilievi delle urne etrusche*, Vol. 1, Ciclo troico, Roma 1870, LXXXVI, 1

Abb. 16: Goethe-Nationalmuseum, Inv.-Nr. GGe/00956

Abb. 17: Rom, Kapitolinisches Museum, nach: Gösta Säflund, *The Belvedere Torso*. In: Opuscula Romana 11 (1976), Fig. 18 (Ausschnitt)

Abb. 18: nach: Diane DeGrazia Bohlin, *Prints and related drawings by the Carracci family*, Bloomington (usw.) 1979, (Nr.) 210

Abb. 19: London, National Gallery, nach: Terisio Pignatti, Filippo Pedrocco, *Veronese*. T. 2, Milano 1995, S. 363, (Kat.-Nr.) 249

Abb. 20: Goethe-Nationalmuseum, Inv.-Nr. GGe/00958

Abb. 21: nach: The Illustrated Bartsch, Vol. 26, p. 218

Abb. 22: nach: The Illustrated Bartsch, Vol. 26, p. 231

Abb. 23: Goethe-Nationalmuseum, Inv.-Nr. GGe/00959

Abb. 24: Kunsthistorisches Museum Wien, Antikensammlung, Inv.-Nr. IX A 37

Abb. 25: nach: J. H. von Eckhel, *Choix de pierres gravées du Cabinet Impérial des Antiques*. Wien 1788, Taf. XXIX

Abb. 26: Freies Deutsches Hochstift, Goethe-Museum Frankfurt/M., Inv.-Nr. 15 264, nach: JbFDtHochst 1991, Abb. 10 (Ausschnitt)

Abb. 27: Kunsthistorisches Museum Wien, Antikensammlung, Inv.-Nr. XII 329

Abb. 28: Stiftung Weimarer Klassik, Goethe- und Schiller-Archiv, Inv.-Nr. GSA 25/V, 2, 11a

Siglen-Verzeichnis

AA	Johann Wolfgang von Goethe: Gedenkausgabe der Werke, Briefe und Gespräche. Hg. von Ernst Beutler. 24 Bde. u. 3 Ergänzungsbde. Zürich 1948–1971 [Artemis-Gedenkausgabe].
AS	Goethes Amtliche Schriften. Veröffentlichung des Staatsarchivs Weimar. 4 Bde. Hg. von Willy Flach und Helma Dahl. Weimar 1950–1987.
BA	Goethe: Poetische Werke. Kunsttheoretische Schriften und Übersetzungen. 22 Bde. Berlin, Weimar 1960–1978 [Berliner Ausgabe].
DjG	Der junge Goethe. Neu bearbeitete Ausgabe in fünf Bänden. Hg. von Hanna Fischer-Lamberg. Berlin 1963–1973. Registerband 1974.
FA	Johann Wolfgang Goethe: Sämtliche Werke. Briefe, Tagebücher und Gespräche. 40 Bde. Hg. von Hendrik Birus u. a. Frankfurt/M. 1987 ff. [Frankfurter Ausgabe].
HA	Goethes Werke. Hamburger Ausgabe in 14 Bänden. Hg. von Erich Trunz. Hamburg 1948–1964 [Hamburger Ausgabe].
HA-Br	Briefe von und an Goethe. Hamburger Ausgabe. Hg. von Karl Robert Mandelkow und Bodo Morawe. Hamburg 1962–1967.
JA	Goethes sämtliche Werke. Jubiläumsausgabe. Hg. von Eduard von der Hellen. Stuttgart, Berlin 1902–1912 [Jubiläumsausgabe].
LA	Goethe. Die Schriften zur Naturwissenschaft. Vollständige mit Erläuterungen versehene Ausgabe im Auftrage der Deutschen Akademie der Naturforscher. Leopoldina. Begr. von Lothar Wolf und Wilhelm Troll. Hg. von Dorothea Kuhn und Wolf von Engelhardt. 17 Text- und Kommentarbde. Weimar 1947 ff. [Leopoldina].
MA	Johann Wolfgang Goethe: Sämtliche Werke nach Epochen seines Schaffens. Münchner Ausgabe. Hg. von Karl Richter in Zusammenarbeit mit Herbert G. Göpfert, Norbert Miller und Gerhard Sauder. München 1985 ff. [Münchner Ausgabe].
WA	Goethes Werke. Hg. im Auftrag der Großherzogin Sophie von Sachsen. 143 Bde. Weimar 1887–1919. Nachdruck München 1987. [nebst] Bd. 144–146: Nachträge und Register zur IV. Abt.: Briefe. Hg. von Paul Raabe. Bde. 1–3 München 1990. [Weimarer Ausgabe].

Hinweise zur formalen Gestaltung von Typoskripten

1 Typoskripte bitte in zweifacher Ausfertigung – 1 1/2zeiliger Abstand (auch bei den Anmerkungen), vierzig Zeilen je Seite, Zeilenbreite durchschnittlich 60 Anschläge – in einem Umfang von höchstens 22 Seiten (einseitig beschrieben und einschließlich Anmerkungen; durchgängige Schriftgröße: 12 Punkte) und zusätzlich in Form einer Diskette (ab WORD 6.0; als DOC- oder RTF-Datei) einsenden an:

Redaktion des Goethe-Jahrbuchs, Dr. Petra Oberhauser
Postfach 2251, D-99423 Weimar.

2 Der Name des Verfassers steht in Versalien über der Hauptüberschrift. Überschriften enden ohne Punkt.

3 a Die erste Zeile jedes Absatzes beginnt mit drei Anschlägen Einzug; damit erübrigen sich Leerzeilen zwischen den Abschnitten.

3 b Strophen- und Prosazitate (Primär- und Sekundärliteratur) von vier und mehr Zeilen werden in der Regel durch Einzug (drei Anschläge) hervorgehoben. Anführungszeichen entfallen dann.

4 Alle Titel von Werken und Aufsätzen werden im Text und in den Anmerkungen kursiv (oder unterstrichen) und ohne Anführungszeichen wiedergegeben. Ausnahme: Anführungszeichen werden benötigt bei Zitaten oder im Titel; Beispiel: Meyer, Herman*: „Zarte Empirie“. Studien zur Literaturgeschichte.* Stuttgart 1963; vgl. auch die Beispiele unter Punkt 12.

5 a Zitate werden im Text und in den Anmerkungen durch „Anführungszeichen“ kenntlich gemacht.

5 b Zitate in Zitaten werden durch ‚einfache Anführungszeichen‘ wiedergegeben.

6 Hervorzuhebende Stellen (bitte nur im Ausnahmefall anwenden!) sind im Typoskript zu sperren oder mit unterbrochener Linie zu unterstreichen.

7 Einklammerungen innerhalb von runden Klammern und Auslassungen in Zitaten werden durch eckige Klammern [...] gekennzeichnet.

8 a Anmerkungen (Endnoten) bitte auf gesonderten Blättern einreichen. Sie werden innerhalb eines Beitrags stets durchgezählt.

8 b Die Endnotenziffern im Text werden hochgestellt und nicht mit Klammern versehen. Eine Endnotenziffer folgt auf das Satzzeichen, wenn sie sich auf den ganzen

Satz, sie steht vor dem Satzzeichen, wenn sie sich nur auf das vorausgehende Wort oder die vorausgehende Begriffseinheit (Wortgruppe) bezieht.

8 c Die Endnotenziffern erscheinen freistehend und ohne Klammer vor dem Text der Anmerkungen (Fußnoten). Auch bei langen Fußnoten sollten Absätze möglichst vermieden werden; statt dessen kann ein neuer Abschnitt durch einen Gedankenstrich vom vorherigen abgesetzt werden.

8 d Die Fußnoten beginnen mit einem Großbuchstaben und enden mit einem Punkt. Namen von Autoren, Herausgebern oder Bearbeitern werden nicht hervorgehoben.

9 Allgemeine bibliographische Begriffe werden abgekürzt (z.B.: Aufl., Diss., Hrsg., hrsg. von, Jg., Bd., Nr., S., Zs., Jb. usw.).

10 Die verwendete Goethe-Ausgabe wird mit der entsprechenden Sigle im direkten Zitatanschluß nachgewiesen (z.B.: WA I, 5.1, S. 100; vergleichbar wird verfahren bei: JA, AA, HA, MA, FA). Die Auflösung der Siglen erfolgt über ein Siglen-Verzeichnis am Ende des Jahrbuchs.

11 Wird ein Titel wiederholt zitiert, erscheint lediglich der Nachname des Autors mit Verweis auf diejenige Stelle, an der er vollständig genannt ist: Vulpius (Anm. 10), S. 132 f.

12 Für die Zitierweise in den Endnoten gelten folgende Beispiele:

Italienische Reise. In: HA 11, S. 9–349.

Friedrich Schiller: *Ueber das Erhabene.* In: Schillers Werke. Nationalausgabe. Band 21. Philosophische Schriften. Zweiter Teil. Unter Mitwirkung von Helmut Koopmann hrsg. von Benno Wiese. Weimar 1963, S. 38–54.

Katharina Mommsen: *Goethe und die arabische Welt.* Frankfurt am Main 1988, S. 86 f.

Vgl. Reinhart Kosellek: *Goethes unzeitgemäße Geschichte.* In: GJb 110 (1993), S. 27–39.

Margarethe Beckurts: *Zur Bedeutung der Novelle in Goethes „Wahlverwandtschaften“.* In: Zeitschrift für deutsche Philologie 103 (1984), Sonderheft, S. 75 f.

Peter Michelsen: *Fausts Erblindung.* In: *Aufsätze zu Goethes „Faust II“*, hrsg. von Werner Keller. Darmstadt 1992 (Wege der Forschung, Bd. 445), S. 345–356.

Heinrich Voß an Charlotte von Schiller, 12. 11. 1809. Zit. nach: Härtl (Anm. 4), S. 73.

Bitte zitieren Sie stets einheitlich und folgerichtig.